한국과 일본의 민족주의

韓國 日本

구견서
(具見書)
지음

THE EXIT OF KOREAN AND JAPANESE NATIONALISM

신아사

구견서(具見書)

일본 東京大学에서 사회학박사를 받고 현재 평택대학교 국제지역학부 일본학 전공 교수로 재직하고 있다. 저서로는 『현대일본사회론』(1999), 『현대일본문화론』(2000), 『일본 知識人의 사상』(2001), 『현대일본사회의 이해』(2001), 『일본문화총서』(2003, 공저), 『일본민족주의사』(2004), 『일본영화와 시대성』(2007), 『일본애니메이션과 사상』(2011), 『나, 사랑, 세상을 피우고』(2011, 시집), 『일본연구의 성과와 과제』(2013, 공저), 『국가의 희생』(2013), 『유토피아사회』(2015), 『21세기 일본』(2016), 『일본의 지역문화정책』(2018), 『일본대중문화론』(2019), 『태양의 집』(2020, 장편소설) 등이 있다.

한국과 일본의 민족주의

1판 1쇄 발행 _ 2021년 5월 20일

저　자 · 구 견 서
발행인 · 정 현 걸
발　행 · 신 아 사
인　쇄 · 한승인쇄
주　소 · 서울특별시 은평구 통일로 59길 4 2층(122–826)
전　화 · (02) 382-6411 팩스 · (02) 382-6401
홈페이지 · www.shinasa.co.kr
E-mail · shinasa@daum.net
출판등록 · 1956년 1월 5일(제9-52호)

ISBN: 979-11-91158-19-9 (93300)

정가 28,000원

머리글

이데올로기에 의한 냉전이 종식되면서 국제사회에는 민주주의와 자유주의가 이념 대립을 초월하는 시대적 가치와 흐름으로 자리를 잡기 시작했다. 그와 더불어 국제화라는 현상이 새로운 시대상을 구축하는 힘으로 발현되어 가치를 극대화했다. 역사학자 프란시스 후쿠야마(Francis Yosihiro Hukuyama)는 소련의 붕괴를 목도하고 민주정치와 자유시장경제가 승리했으므로 이데올로기 대결 역사가 끝났다고 주장했다. 1992년 발간한『역사의 종언』(The End of History and the Last Man)에서 민주주의와 자유시장경제에 의해 민주체제, 평화체제, 자유경제체제의 안정화가 계속 유지될 것으로 예측했다.

냉전을 붕괴시킨 민주주의와 자유시장경제가 최고의 가치이며 원리로 자리 잡는 가운데 국제사회가 형성되면서 약 100년간 작동했던 마르크스의 사상이 소멸하기 시작했다. 사회영역에서 민주주의적이며 자유주의적 체제가 최종형태로 남아 안정되어, 그것을 파괴할 수 있는 급격한 전쟁이나 쿠데타와 같은 역사적 사건은 더 이상 발생하지 않는 상황을 '역사의 종언'이라고 규정하였다. 그러나 역사의 종언이라는 승리에 도취한 민주주의와 자유시장경제는 이데올로기에 주저앉아 사라졌던 또 다른 충돌적 사상을 소환하고 있었다. 그것은 인류의 성장 욕구를 차별적으로 추구하는 민족주의(nationalism)였다. 그렇게 해서 후쿠야마가 선언한 역사의 종언은 민족주의 발흥으로 실험대에 오르게 되었다.

국제사회뿐 아니라 동아시아에서도 자유민주주의와 자유시장경제가 강조되면서 파격적인 보덜레스 현상이 일어나 갈등과 대치가 사라지고 협력과 화합의 물결이 국가의 벽을 낮추었다. 국제화 시대에 발맞춰 한국과 일본은 정치, 경제, 사회, 문화영역 등에서 국가 간의 교류 및 협력을 전폭적으로 추진하여 괄목할만한 성과를 거두고 있었다. 국가 간의 협력과 교류가 활성화되고, 기업, 단체, 개인 수준에서의 이동이 활발하게 이루어지면서 한일교류 시대의 서막을 알렸다. 더욱이 한국과 일본이라는 국가적 구분보다는 한일이라는 새로운 공동체와 정체성을 구축하고 있다는 착시적 현상도 일어났다.

1990년도 후반에 들어서 한일관계는 놀라울 정도로 개선되었다. 남북화해와 민주

주의 활동으로 노벨평화상을 받은 김대중 대통령과 새로운 원호를 발표하여 신시대를 알리며 헤이세이 아저씨(平成おじさん)로 불렸던 오부치 게이조(小渕惠三) 총리는 한일우호친선을 전면에 내세워 한일관계개선에 박차를 가했다. 그 결과 한일파트너십 시대가 열리고 한일 간의 대중문화개방이 본격적으로 시작되었다. 한일 간의 대중문화개방은 정서적으로 단절된 장벽을 허무는 계기가 되었고, 그동안 부정적으로 작용해왔던 역사적 유산에 의한 단죄와 상대적 대응, 의도적 편견과 정책적 제한 등으로 교착상태에 빠져있던 한일관계를 개선하는 계기가 되었다.

한일문화가 현실적으로 교류되면서 양 국가와 국민 간에는 상호 이해와 신뢰가 구축되었다. 우선 한국에서는 일본적 정서에 접근할 수 있는 일본 영화, 애니메이션, 만화, J-POP, 게임, 일본 여행, 일본 음식문화 등이 전폭적으로 수용되어 일본과 일본인에 대한 이해도가 높아졌고 친밀감을 가질 수 있게 되었다. 그리고 일본문화가 들어와 정착하는 가운데 일본인 관광객이 들어오면서 자연스럽게 문화적, 인식적, 정서적 거리를 좁혀 주었다. 그런 까닭에 역사적으로 인식된 가깝고도 먼 일본이 아니라 가까운 이웃이라는 친밀감을 느끼는 상황이 되었다.

문화개방과 문화교류가 촉진되면서 일본에서는 일본 여성 사이에 한국 드라마를 중심으로 한류 붐이 일어났다. 한때 역사적 위치에 근거해 저급문화로 취급하는 경향이 있었던 한국제에 대해서 적극적으로 이해하여 편견을 버리고 그 진수에 대한 매력을 느끼게 되었다. 한국 배우나 유명인들이 인기를 얻은 동시에 K-POP붐이 일어나 신오쿠보(新大久保)를 중심으로 한국문화 거리가 조성되었다. 일본의 젊은 층은 음악, 드라마, 여행, 화장품 등 한국제 문화를 소비하였고, 한국에 대해서 무장했던 위화감과 경계를 점차 풀기 시작했다.

한국문화와 일본문화가 상호 수용되면서 양국에 대한 관심과 흥미가 높아지는 가운데 상호 생활문화, 놀이문화, 관광문화, 음식문화, 전통문화 등이 활성화되면서 한일간에는 새로운 '문화정체성'(cultural identity)이 촉발되는 환경을 만들었다. 특히 2002년 FIFA월드컵을 한국과 일본이 경쟁과 갈등을 극복하고 공동주최하여 성공적으로 마무리하면서 한일협력시대를 개관하였다. 한일간에 발생하고 있는 '한일문화정체성' 구축은 한일문화공동체를 구축할 수 있는 토대가 되는 동시에 포괄적인 한일공동체로 이행하는 중요한 역사적 사건이라고 평가할 수 있다.

다른 한편으로는 문화교류가 활성화되는 가운데 정치영역에서는 한일 간의 문제가 국정과 내정전략에 좌우되는 상황에 몰리고 있었다. 한일정권의 성격에 따라 갈등과 봉합이 이루어지는 불안한 관계가 이어졌다. 즉 한일간에는 역사적 사실에 대한 인식 차이, 역사적 유산해법차이, 종군위안부를 둘러싼 갈등, 강제징용배상의 해법갈등, 독도영유권분쟁, 군사를 둘러싼 마찰, 경제성장경쟁, 해양권과 지명을 둘러싼 갈등 등이 일어나 국제화 시대나 한일교류 시대를 역행하게 하는 힘으로 작용하였다.

진보정권으로 자칭하던 노무현 정부는 2003년 한일간에 '역사문제는 언급하지 않겠다'고 선언을 하면서 양국관계 개선을 지속적으로 추진할 것으로 예상되어 새로운 화합 시대를 기대하였다. 그러나 과거 시대에서 발생한 반민족행위를 둘러싼 잔재를 청산하기 위한 법을 제정하였다. 즉 '일제강점 하의 반민족행위진상규명에 관한 특별법'(日帝強占下反民族行為真相糾明に関する特別法)과 '친일반민족행위자재산의 국가귀속에 관한 특별법'(親日反民族行為者財産の国家歸属に関する特別法)이 그것이다. 법제정과 더불어 한국 내에서 식민지잔재를 청산하는 정책을 구체적으로 추진하여 반일적인 분위기를 고조시켰다. 2006년 한국 정부는 친일반민족행위자 재산조사위원회를 설치하고 조사한 후 2010년까지 친일반민족행위자 자손의 자산 약 180억 엔을 몰수하였다. 반일청산을 위한 법제정과 구체적인 시행을 둘러싸고 한국은 지금까지 강력하게 추진해온 반공주의에서 반일주의로 전환하는 계기가 됐다는 비판이 나왔다.

이어서 지일파로 알려진 이명박 대통령은 독도에 대한 영유권을 주장하고, 일본천황에 대해 언급하면서 일본과의 관계가 소원해졌다. 2013년 박근혜 대통령은 한일관계에 대해서 '가해자와 피해자라는 역사적 입장은 천년의 역사가 흘러도 변하지 않는다'라고 발언하여 일본의 역사에 대한 올바른 인식과 진정성있는 대응을 요구해 한일 간의 긴장이 고조되었다. 2015년 일본주재 한국대사는 '가해자가 100번을 사죄해도 당연하다. 몇 번을 했는지는 관계없다'라고 하여 일본의 낮은 자세를 요구하였다. 같은 해 한국의 한 국회의원은 '일왕은 비겁하게 목숨을 구걸해서 살아남았다'(日王(天皇)はひきょうにも命乞いして生き殘った)라고 하였고, 2019년 국회의장은 아키히토 천황(明仁天皇)을 '전쟁범죄자의 아들'(戦争犯罪者の息子)이라고 하여 일본에서 성역으로 여기는 천황에 대해 언급하여 일본의 공분을 사는 상황에 몰렸다.

한국 정부의 반일주의적 정책과 함께 일본 정부의 대한강경정책의 기류가 충돌하면서 한일관계는 급변하게 되었다. 한일 문화정체성과 한일 교류시대를 구축할 것이라는 새로운 한일선린 구상은 사라지고 갈등의 아이콘이 여기저기에서 발생하는 상황이 되었다. 일본 내에서는 역사에 대한 일본 중심적 기술로 구성된 역사교과서 발간과 보급 운동, 정치인의 몰역사적 인식과 표현, 자학사관에 대한 반성, 식민지 지배에 대한 자부심 고취 등이 반복적으로 추진되면서 반한운동이 일어났다. 그와 더불어 한일 간의 경색된 분위기를 바꿔놓았던 문화영역에서도 한국문화와 한국인을 폄훼하는 혐한운동이 일어나 국가 수준에서, 시민 수준에서 긴장을 고조시켰다.

한편 고이즈미 준이치로(小泉純一郎)정권은 2000년대에 들어서 당시 G4제국을 결성하여 국제연합상임이사국 진입을 추진하였다. 일본은 경제적 강국이라는 위상에 걸맞게 국제연합에서의 위상을 높이고 국제적 공헌과 역할을 해야 한다는 명분으로 상임이사국 진입의 정당성을 주장하였다. 고이즈미 정권이 추구한 국제연합상임이사국 진입에 대해서 한국은 일본의 역사교과서 기술문제, 독도문제, 고이즈미 총리의 야스쿠니신사참배 등과 같이 불신을 조장하는 국가가 상임이사국이 되는 것이 부적절하다고 하여 반대하는 국제운동을 전개하면서 동시에 민간교류행사를 취소하였다.

이어 2006년 아베 신조 총리가 취임하면서 대외강경정책을 추진하는 경향이 있었다. 그는 과거를 잊고 새로운 일본을 구축하면서 대담하게 국정운영을 시도하였다. 그 중에서도 대한 강경정책과 자학사관반성, 대한 사과 및 사죄불필요성 제기, 강한 일본 만들기와 군사력증강 등을 추진하면서 한국 정부와 한국국민을 자극하였다. 고이즈미 총리의 노선을 계승한 아베 총리의 대한강경정책은 서울 소재의 일본대사관 앞에서 한국인 노인이 분신을 시도하는 계기가 되었고, 아베 총리의 사진과 인형을 태우는 등 반일운동을 격화시키는 원인이 되었다.

한일정부가 대립하면서 일본에서는 한국의 시민단체 반크와 한국 정부의 밀착을 의심하여 비판하였다. 반크(VANK: Voluntary Agency Network of Korea)는 1999년 1월 1일 설립되어 인터넷 상에서 전국 각지의 네티즌들이 시간과 국경을 넘어 한국과 한국인에 대해서 알고 싶은 외국인들에게 이메일을 통해 홍보하였다. 즉 외국 네티즌에게 한국의 경제·문화·역사·관광 등에 관한 홍보사업을 전개하였고, 각종 한국 관련 해외 인터넷 사이트에서 한국 문화나 기타 정보에 대한 오류를 지적해 수정을 요구하는 활동을 했다. 반크는 세계 속에 한국 이미지를 변화시키려는 목적으로 설립한 순수한 사이버 관광가이드이자 사이버 외교사절단의 역할을 하였다.

그런 활동을 전개하는 과정에서 반크는 미국 정부와 CIA, 온라인과 오프라인 지도

출판사인 그래픽스 맵스(Graphics Maps), 세계보건기구, 유네스코 등에 '일본해'를 '동해'로 표기하도록 수정하는 항의서한을 보냈다. 시민단체의 활동에 대해서 일본 정부는 반크의 활동에 한국 정부가 의도적으로 지원하고 있는 것은 아닌지 의심을 하였고, 그리고 2010년 3월 반크의 선동으로 2채널(2ちゃんねる) 사이트에 대한 사이버공격이 있었다고 의심을 하여 한국 정부를 비판하였다. 한일 간에는 이미 정부나 민간의 활동, 그리고 다양한 역사적 사실과 현실적 인식과 연동해서 갈등이 격화되는 상황으로 전환되고 있었다.

더욱이 국내외적 영역에서뿐 아니라 국제무대에서 한국과 일본은 상호 대치하는 정책을 구사하여 한일관계를 더욱 경색하게 만들었다. 2013년 일본 정부는 야스쿠니신사(靖国神社)에 방화한 중국인에 대해서 일본으로의 인도를 요구하였으나 한국 정부는 정치범으로 규정하여 중국으로 송환하였다. 한국은 한일간에 체결한 범죄인 인도조약을 한국적으로 해석하여 대응하였다. 중국측의 입장을 반영한 듯한 한국의 조치에 대해서 아베 신조 총리는 항의성명을 발표했다. 그리고 2015년 한국지검은 산케이신문지국장을 명예훼손사건(産経新聞支局長)으로 기소하였다. 그에 대해서 일본 외무성은 보도의 자유를 제한하는 것으로 인식하여 이의를 제기하였다.

최근 한일 간에는 문재인 정부와 아베 신조 정부가 집권하면서 팽팽한 경쟁과 대결이 지속되었다. 한국에서는 위안부합의파기, 대법원의 강제징용배상판결인정, 일본초계기 저공위협비행 갈등, 한일군사정보보호협정(GSOMIA)파기, 일본 화이트리스트배제, WTO제소, NO아베운동, 일본제품 불매운동, 일본 여행자제운동 등이 발생하여 정부와 민간수준에서의 대결과 갈등을 확산시키는 가운데 반일운동에 불을 지폈다. 한편 일본에서는 자학사관폐지, 강한 일본 만들기, 군사역할강화, 독도 등 영유권주장, 대한 불통외교정책, 역사적 사실인식왜곡, 한일기본조약과 부수협정에 의한 청구권소멸주장, 한국에 대한 수출규제, 한국 화이트리스트배제, 한일협력네트워크 단절 등을 추진하면서 혐한운동과 반한운동을 촉발시켰다.

불편한 한일관계를 반영이라도 하듯이 일본은 2015년『외교청서』(外交青書)에서 '한국과 자유, 민주주의, 기본적 인권 등의 기본적 가치를 공유한다'(自由,民主主義,基本的人権などの基本的な価値を共有する)라는 표현을 삭제하였다. 2017년까지『외교청서』에서는 한국에 대해 '전략적 이익을 공유하는 가장 중요한 이웃 나라'라는 표현을 유지했다. 그러나 2018년과 2019년『외교청서』에서는 한일관계 악화를 반영하여 그런 표현

을 삭제했다. 따라서 일본 정부는 한국과 기본적 가치를 공유하지 않고, 전략적 이익을 공유하지 않는 국가로 인식하였다. 이후 한국 정부와 일본 정부는 상대국가에 파격적이며 결정적인 손실을 유발할 수 있는 보복적 인식과 방법을 일관되게 추진하고 있어 국교단절 직전에 놓여있는 상황에 몰려있다.

일본 정부는 외무성이 발간하는 2020년『외교청서』에서 한일 주요 현안으로 등장한 독도영유권문제, 위안부합의파기문제, 징용배상판결 등을 통한 대립의 책임을 한국 측에 있다고 하여 기존의 입장을 고수했다. 일본 정부는 2017년『외교청서』에서 독도가 자국 영토라고 주장하면서 '불법 점거' 상태라고 주장하지 않았지만 2018년부터 '불법 점거'라고 표현하여 독도에 대한 영유권을 공식화했다. 일본은 '다케시마는 일본의 고유영토(竹島は日本固有の領)'라는 입장을 일관하고 있다. 즉 '다케시마는 역사적 사실에 비춰보더라도 국제법상으로도 명백하게 일본 고유영토'이며, '한국은 경비대를 상주시키는 등 국제법상 아무 근거 없이 다케시마 불법 점거를 계속하고 있다'는 주장을 고수하고 있다. 그런 입장에서 일본 정부는 한국 국회의원의 독도상륙, 독도에서의 군사훈련, 독도주변에서의 한국해양조사 항행(韓国国会議員などによる竹島上陸や竹島における軍事訓練,竹島周辺海域における韓国海洋調査船の航行) 등을 부정적인 행위라고 지적하였다.

일본 외무성은 일본군 위안부 문제와 관련해서 '성노예라는 표현을 쓰는 것이 사실에 어긋나며 이런 점을 2015년 한일 위안부 합의에서 한국도 확인했다'고 주장했다. 그러나 한일 간의 위안부문제는 한일위안부합의로 완전하게 불가역적으로 해결됐다는 입장을 고수했다. 그리고 '한일 간의 청구권은 1965년 청구권협정으로 완전하게 최종적으로 해결됐으며, 구 조선반도출신노동자문제(旧朝鮮半島出身労働者問題)는 여전히 국제법상위반 상태를 시정하고 있지 않고 있으며, 지소미아의 종료수료통고(이후 효력정지), 위안부문제에 관한 화해치유재단의 해산움직임, 도쿄전력후쿠시마제1원전의 오염수처리에 관한 한국 측의 비건설적인 문제제기 등 한국 측에 의한 부정적 움직임이 끊임없이 지속되어 한일관계는 엄중한 상황으로 이어지고 있다'라고 주장했다.

한일관계가 최악의 상황으로 치닫는 과정에서 아베 총리를 둘러싸고 발생하고 있는 다양한 스캔들 확산과 한일관계의 악화로 예상치 않게 발생한 손실은 아베 총리의 대한 정책을 변화시키는 힘으로 작용하고 있다. 2020년 1월 아베 총리는 중의원

연설에서 '한국은 가장 중요한 이웃'이라는 표현을 사용하여 한국과의 변화를 시도하고 있다는 암시를 주었다. 일본 외무성은 2020년 5월 발표한 『외교청서』에서 2018년에 발생한 '초계기레이더갈등' 논란을 삭제하였고, '한국은 일본에 중요한 이웃 나라'(韓国は, 日本にとって重要な隣国)라는 표현을 3년만에 부활시켰다. 그런 변화된 신호는 일본과 아베 총리가 더 이상 한일관계를 악화시키지 않기를 바라는 방향으로 선회하고 있다는 증거라고 해석할 수 있다.

한국 정부는 일본 정부의 다양한 대한 정책에 대해서 정면으로 대응하고 있다. 한국 외교부는 2019년 『외교백서』 제2장 4절 한일관계에서 일본과의 관계 설정을 '일본은 양국 관계뿐만 아니라 동북아 및 세계의 평화와 번영을 위해서도 함께 협력해 나가야 할 이웃 국가다. 이러한 관점에서 우리 정부는 미래지향적 한·일 관계 발전을 위해 원칙에 입각한 역사 문제 해결을 추구하는 동시에 양국 간 실질 협력을 확대하기 위해 다양한 노력을 기울이고 있다. 일본을 협력해야 나가야 할 이웃국가'로 규정하였다. 이어서 한국과 일본 간의 관계를 경색하게 만들었던 사안에 대한 입장을 밝혔다.

한국 외교부는 '2018년 10월 이후 강제징용 대법원 판결에 대한 한·일 양국의 견해차에 따라 양국 관계는 어려움을 겪게 됐고', 한국 정부는 '강제징용 피해자 문제 관련 사법부 판단을 존중한다는 기본 방침 하에 피해자들의 고통과 상처의 실질적 치유 그리고 미래지향적인 한·일 관계 구축 필요성 등을 고려하여 문제 해결을 위한 신중한 대응과 협력을 일본 정부에 지속적으로 촉구한다'고 강조하였다. 그리고 한국 정부는 한일 간 역사 문제에 대해서 '역사적 진실과 원칙에 입각해 단호히 대응한다는 기조 하에 일본 지도급 인사의 과거 식민침탈과 침략전쟁 미화의 상징적 시설물인 야스쿠니신사 참배, 일본 외무대신의 우리 고유 영토인 독도와 관련한 국회 외교연설, 일본 시마네현의 소위 독도의 날 행사, 『외교청서』, 일본 고등학교학습지도요령 및 해설서, 『방위백서』 등을 통한 부당한 독도영유권 주장에 엄중히 대응했다'고 밝혔다.

일본 정부는 2020년 7월 14일 각의결정에서 레이와2년판(令和2年版, 2020년) 『방위백서: 일본의 방위』를 통과시켰다. 매년 1회 발행되는 『방위백서』는 일본의 방위 현황, 과제 및 대처 등을 내외에 밝혀 이해를 구하는데 목적이 있다고 기술하고 있다. 한국과 관련해서는, '제1부 제1장 개관' 중 일본주변의 안전보장환경 항목에서 '우리나라에 대해서 말하면 우리나라 고유 영토인 북방 영토 및 다케시마 영토 문제가 여전히 미해결상태로 존재하고 있다'라고 기술하여 2005년 이후 16년간 지속적으로 독도영유권을 주장하고 있다. 한국 국방부는 2년마다 발간되는 2018년 『국방백서』에서 '한일 양국은 지리적, 문화적으로 가까운 이웃이자 세계평화와 번영을 위해 함께 협력해 나가야 할 동반자'라고 표현했다. 그러나 2020년 『국방백서』에서는 일본에 대해 '양국관계뿐 아니라 동북아 및 세계의 평화와 번영을 위해서도 함께 협력해 나가야 할 이웃국가'라고 자리매김을 하였다. 일본에 대해 '동반자'란 표현을 삭제하고 '이웃국가'로만 표기했다.

한국의 『외교백서』와 『국방백서』, 일본의 『외교청서』와 『방위백서』 등을 보면, 한국 정부와 일본 정부는 관계 개선을 중요한 사안으로 인식하고 있는 반면, 갈등 관계에 있는 사실을 숨기지 않고 지속적으로 정당성을 주장하고 있다. 한일관계를 직접적으로 자리매김하여 상대방과의 협력이나 견제의 가능성을 열어놓고 있다. 현재의 표현을 보면, 그 기저에는 강경외교를 기본으로 하고 있어 앞으로도 바뀌지 않을 것이라는 것을 알 수 있다. 한국 정부와 일본 정부는 강제징용배상 문제를 두고 극도로 대치하고 있다. 한국 정부는 한일관계를 경색하게 하는 단초가 된 강제징용배상 문제에 대해서 한국대법원의 판단을 존중하고 정부가 개입하지 않을 것이라는 점과 어떤 형식이든 일본이 판결에 따라 응해주기를 기대하고 있다. 한국 정부는 그 문제에 대해서 양보할 의사가 없어 보인다. 그런 입장에 대해서 일본 정부는 징용배상문제가 한일청구권으로 완전하게 최종적으로 해결됐기 때문에 한국 내의 문제이며 한국 정부가 대응해야 한다는 입장을 고수하고 있다. 일본 정부도 그 문제에 대해서 일보도 양보할 의사가 없음을 강하게 밝혔다.

한일 간의 역사와 현안을 둘러싸고 벌어지고 있는 강경 자세와 정책은 전례 없이 즉각적이며 타격적인 제재를 유발하여 일촉즉발의 위기를 생산하고 있다. 그런 갈등과 대결의 사상적 토대가 되고 있는 것은 한국과 일본이 추진하고 있는 민족주의(nationalism)이다. 한국과 일본이 추구하고 있는 역사의 자국 중심적 몰이, 국내외적 우위 선점 경쟁, 국익추구, 상대국에 대한 불패의식 등은 민족주의의 한 표현이며 실천이다. 다른 한편으로는 한국 정부와 일본 정부가 각자의 정권 창출과 유지를 위해 역사와 현안을 전략적으로 사용하는 방식으로 민족주의를 노출시키고 있다. 한국과 일본의 민족주의는 다중구조와 목적을 갖고 한일관계를 심각하게 훼손하고 있으며, 발전적 미래방향을 꺾는 큰 결함이 있다.

민족주의의 부정적 기능에 의존하는 가운데 국내외적 위기가 도래할 때마다 일본 정부는 한국 정부가 역사적 사실과 현안을 이용하여 반일운동을 조장한다고 인식하여 비판하고 있다. 한국 정부는 일본 정부가 의도적으로 역사와 현안을 이용하여 반한운동을 조장한다고 인식하여 비판하고 있다. 반일운동과 반한운동에는 일본 정부와 한국 정부가 추구하는 정권 창출과 유지를 위한 강경정책이 있고, 또한 국가 살리기라는 외형적인 명분이 함의되어 있다. 다양한 목적과 의도를 갖고 포괄적이며 일괄적으로 실천하고 있는 것이 현재 한국과 일본이 지향하고 있는 민족주의의 모습이고 정체이다.

당분간 한국과 일본 간에 고조되고 있는 민족주의는 지속적으로 작동할 것으로 예상된다. 그것은 역사문제와 현안이 한일의 국정과 정책 방향을 복잡하게 얽히게 하고 유도하기 때문이다. 일본은 한국과의 근대사가 완전하게 해결됐다고 인식하고 있다. 한국은 일본과의 근대사가 해결되지 않았다고 인식하고 있다. 일본은 역사의 단절을 원하면서도 전승사라고 인식하여 대대손손 긍정적으로 계승되기를 바라고 있다. 반면 한국은 역사의 연속을 원하면서도 패배사라고 인식하여 대대손손 계승되지 않기를 바라고 있다. 거기에는 일본과 동아시아발전에 공헌했다는 자부심을 가진 일본의 역사와, 식민지 지배를 받은 치욕과 침략에 불과했다는 부끄러움을 가진 한국의 역사가 있다.

현재 일본에는 한국의 역사해결 미완이라는 상황과, 현안을 둘러싸고 발생하는 한국 불신이 제조하는 '한국 트라우마'가 재생산되고 있다. 한국에는 일본의 역사해결 완결이라는 상황과, 현안을 둘러싸고 발생하는 일본 불신이 만들어 내는 '일본 트라우마'가 재생산되고 있다. 그것은 일본이 역사와 현안에 대해서 한국인이 납득할만한 수준과 방식으로 해결하지 않기 때문에 일어나는 현상이다. 그리고 한국이 역사와 현안에 대해서 일본인이 납득할만한 수준과 방식으로 해결하지 않기 때문에 발생한 것이기도 하다. 그것이 한국과 일본이 서로 강경정책을 추진하는 중요한 이유이다. 따라서 역사와 현안을 극복하고, 미래지향적인 관계를 위해서 일본과 한국이 서로 납득할 수 있도록 해결할 필요가 있다.

현재 직간접적으로 동아시아에 관계하고 있는 한국, 일본, 중국, 미국, 러시아 등은 국익의 방향에 따라 매우 복잡하고 다양하게 움직이고 있다. 한국과 일본 사이에서 중요한 역할을 할 수 있는 미국은 동아시아에서 패권을 장악하고 중국에 대항하기 위해서 겉으로 한일관계가 정상적으로 돌아와 협력하기를 기대하면서도, 결국 국익을 위해 한일관계를 방관하거나 뒷짐을 지고 지켜보고 있을 뿐이다. 중국은 미국과의 다양한 전쟁을 수행하는데 한국과 일본의 협력을 필요로 하여 끌어들이려고 하면서도 한일관계의 개선을 위해서 적극적으로 나설 의지가 없다. 미국과 중국은 또 다른 호랑이를 키우고 싶지 않기 때문이다. 그 사이에 있는 한국과 일본은 미국과 중국의 줄 달리기에 신경을 곤두세우며 자국의 위치를 조정하여 교차적으로 대응하고 있다.

한국과 일본의 민족주의는 자국 중심적 역사 프레임에 의존하여 촉발되는 역사의 역습(counterattack of the history)과, 자국 중심적 국익 프레임에 의존하여 발생하는 현안의 역습(counterattack of the pending issue)으로 발현되고 있다. 따라서 한국과 일본이 추구하는 역사의 역습과 현안의 역습이 재생되는 한 민족주의는 멈추지 않고 지속될 것으로 보인다. 한국과 일본을 지탱하고 있는 민족주의는 국내외 정책의 기본원리와 원칙으로 작동하여 신뢰와 화합을 추진하기보다는 불협화음이나 갈등을 부추기는 부정적인 기능을 하고 있다. 역사와 현안의 역습으로 발현되는 민족주의가 한일의 현재와 미래 시대를 망치고 있어, 공생 공존을 위한 민족주의 출구를 찾아 해결하고 사상적이며 정책적인 패러다임을 과감하게 전환할 필요가 있다.

이 책은 현재 국내외적 국정운영과 미래방향을 강력하게 견인하고 있는 한국과 일본 민족주의의 전모와 정체를 밝혀 새로운 지평을 여는 데 목적이 있다. 한국과 일본의 국가권력은 제어장치가 풀려 무한대로 작동하는 가운데 자의적이며 보복적인 트랙을 폭주하고 있는 형상으로 행사되고 있다. 양국은 국제화, 남북평화통일, 과거청산, 진보주의, 보수주의, 적폐 청산, 강한 국가 만들기, 동아시아 패권, 정권 창출과 유지, 성장주의, 팽창주의, 불패주의, 친미주의, 친중주의, 역사단절과 왜곡, 무능과 보복, 진실과 거짓 등과 복합적으로 연동되어 파괴적인 민족주의를 발현시키고 있다. 특히 한국과 일본, 동아시아, 국제사회 등에서 변칙적이며 독단적으로 작동하면서 균형 잃은 날카로운 현안을 양산하여, 과거, 현재, 미래상을 마구잡이로 재단하는 가운데 부정한 민족주의로 낙인찍히고 있다. 따라서 협력과 조화, 상생과 필생을 추구하며 불가역적이며 평화적인 한일미래상을 구축할 수 있는 실마리와 출구를 제시할 필요가 있다.

졸저는 한국과 일본이 서로 울퉁불퉁 투박하게 격려하면서도 평화로운 청소년들이 만들어 내는 진솔하고 친근하며 의존적인 신뢰 관계에 있었다면 나오지 않았거나 좀 더 희망적인 방향에서 진행됐을 것이다. 그런 의미에서 이 책이 세상에 나온 것은 불행과 불운의 징표이며, 불편한 시대를 파헤치는 고발서가 될 수 있다. 그러나 한일관계가 앞을 내다보며 성숙하게 담담하면서도 손을 놓지 않고 달려가는 사랑스러운 연인과 같은 모습으로 진행되기를 바라고 있다. 그동안 눈을 부릅뜨고 귀를 쫑긋하며, 솔직하게 토해내고 날카롭게 냄새를 맡아 불쑥불쑥 스쳐가는 한일간에 생겨난 파편들을 낚아채 구현한 사실에 기초해서 분석하고 예측하는 방식으로 연구했다. 한일관계를 결정하는 왜곡된 조각이나 진실된 조각을 현란하게 만들어 내며 현재와 미래를 구성하는 주인공들에게 감사해야 하지만, 다시는 부정적인 민족주의에 대한 담론을 담지 않는 한일관계가 되기를 간절하게 희망하며 원고를 마친다. 생명을 불어넣어 준 분들과 앞으로 삶을 살게 해 줄 분들께 머리 숙여 감사하고 싶다.

2021년 靑思

목차

제1장 한국의 국가권력

제2장 일본의 국가권력

제3장 한국과 일본의 갈등판

제4장 한국과 일본의 국가론

제5장 한국과 일본의 국력전쟁

제6장 한국과 일본의 행방

제1장
한국의 국가권력

제1장 한국의 국가권력

Ⅰ. 머리글

한일간 호불호를 규정하는 결정인자 중의 하나는 한국과 일본 간에 벌어지고 있는 역사적 사실을 둘러싸고 있는 현실적 분쟁이나 갈등이다. 한일 간의 역사적 사실을 인식하거나 해결하는 과정에서 발생하는 국가 수준의 갈등, 당사자 수준의 갈등, 국민 수준의 갈등 등은 그대로 한일관계에 영향을 주고 있다. 한일 간에 얽혀있는 과제를 해결하는데 주도적으로 대응하고 있는 양국의 권력기관은 국익 추구나 권력의 공고화를 위해 공격, 협력, 협의, 경쟁 등과 같은 수단을 동원하여 양국의 관계를 좌지우지하고 있다. 그런 관점에서 한일관계를 개선하기 위해서는 양국의 권력기관이 역사적 사실에 대한 올바른 접근뿐 아니라 현실적 과제를 슬기롭게 대응할 필요가 있다.

한일국교정상화 50주년을 기념해서 《아사히신문》(朝日新聞)과 《동아일보》는 2015년 6월 20일 양국 국민의 의식에 대해서 조사하였다. 한일여론조사에서는 일본인과 한국인에게 '당신은 일본과 한국의 관계가 지금 잘 되고 있는가 아니면 안 되고 있는가?'라고 동일한 질문을 했다. 여론조사결과는 한일관계가 정부 수준에서뿐 아니라 국민 수준에서도 매우 악화되어 있고, 심각한 위기에 처해있다는 사실을 확인해 주었다. 그럼에도 불구하고 한일관계가 앞으로 더욱 개선되어 미래지향적인 관계로 진행되기를 바라고 있다.

여론조사 결과를 그림으로 나타내면 다음과 같다. 한국의 경우를 보면, '잘되고 있다'는 비율이 7%, '잘 안 되고 있다'는 비율이 86%로 나타났다. 일본의 경우를 보면, '잘 되고 있다'는 비율이 3%, '잘 안 되고 있다'는 비율이 90%로 나타났다. 한국인과 일본인 모두가 '잘 안 되고 있다'고 답한 비율이 약 90%에 달한 것을 보면, 한일관계에 대해서 양국 국민은 매우 악화되어 있다고 인식하고 있다. 이번 조사 결과는 한국의 일본에 대한 호감도를 조사했던 2007년 25%, 2008년 47%, 2013년 22% 등보다 악화된 것으로 나타났다.[1)]

---

1) https: //www.yahoo.co.jp/ (2020년 10월 5일 검색)

〈그림 1〉 2015년 한일여론조사 (단위: %)

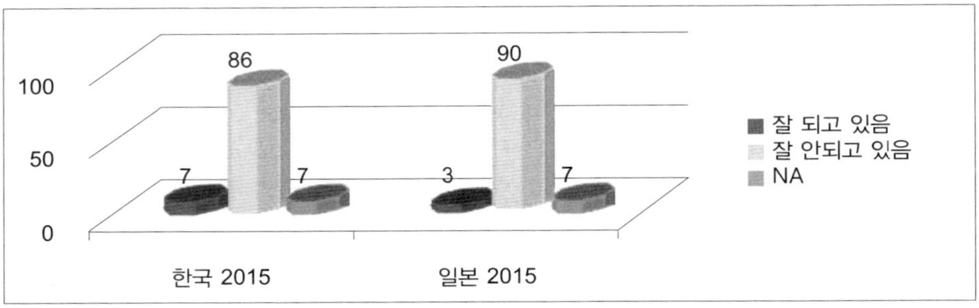

그림에서 보듯이, 한일관계는 일방적으로 좋아하거나 싫어하는 것이 아니라 호불호가 정비례 관계에 있는 것으로 나타났다. 일본인과 한국인이 서로 좋아하면 좋아하고, 서로 싫어하면 싫어하는 관계에 있다. 그리고 한일 간의 관계가 매우 냉랭한 관계에 있지만 양국 국민들의 마음에는 앞으로 개선되어 좋은 관계를 유지해야 한다는 기대가 있다는 점에서 희망적이라고 할 수 있다. 한편으로는 상대방을 싫어하고 경계를 하고 있지만 다른 한쪽으로는 잘됐으면 하는 바람이 양존하고 있다. 그런 현상은 한일관계에서 항존하는 불편한 진실이며 현주소이다.

한일관계에 영향을 주는 요인은 매우 다양하게 존재하고 있다. 상대국의 이미지에 영향을 주는 요소로는 미디어가 있다. 한 조사에 의하면, '미디어가 영향을 준다'는 점에 대해 일본에서는 78%, 한국에서는 65%가 '그렇다'고 답했다. 그 이외에 공식적인 학교 교육이 상호 영향을 준다는 지적도 있다. 그러나 현실적으로 한일관계를 규정하고 결정짓는 요인은 양국의 지배 권력이다. 한국에서 권력을 독점적으로 갖고 행사하는 지위에 있는 대통령과 대통령 지원기관, 일본에서 권력을 독점적으로 갖고 행사하는 지위에 있는 총리와 총리지원기관 등이 한일관계에 직접적으로 영향을 주고 있다는 점이 한일역사가 반복적으로 증명하고 있고, 특히 2019년 극도로 경색된 한일관계가 반증하고 있다. 한국의 대통령과 일본의 총리가 한일관계의 호불호에 결정적으로 영향을 주고 있다고 할 수 있다.

21세기의 길목에서 한일 간의 화합과 협력모델은 명확하게 정립되지 않고, 오히려 한일 간에 무질서와 알력을 만드는 갈등모델 만이 작동하는 가운데 양국관계가 악화되고 있다. 그 근간에는 1965년 국교정상화를 목적으로 맺은 한일기본조약과 한일불협화음을 해결하기 위해 합의한 청구권협정이 있다. 한일기본조약에서는 한국과 일본의 국교정상화를 위해 외교관계를 새롭게 맺는 한편, 한국이 한반도에서 유일한 합법 정부라는 것을 인정하였다. 그리고 국교정상화를 계기로 일본은 한국에 대해서 지원 원칙과 내용을 규정한 부수협정으로서 한일청구권을 맺었다.

한일기본조약과 청구권협정은 국민이나 당사자의 의견이 충분하게 반영되기보다는 양 국가를 대표해서 권력을 가진 양정부가 국익과 지배권력을 공고하게 하기 위해서 전략적으로 맺은 측면이 있다. 그 결과 한일 간의 한일기본조약과 청구권협정을 둘러싸고 찬반논쟁이 벌어졌고, 다른 한편으로는 양국 국회에서 비준하여 국제조약으로서 효력이 발생되었다. 따라서 한일기본조약과 청구권협정을 둘러싼 갈등에 대한 1차적 책임은 당시의 지배권력 집단에 있고, 이후의 책임은 그것을 계승하고 있는 각각의 지배권력집단에 있다고 할 수 있다.

현재 한국과 일본에서는 국가와 국민이 동등한 관계에 있는 상황이 종종 발생하고 있다. 국가가 국민을 대표하고 있지만, 국가의 행위가 국민의 행위로 바로 연결되거나 수용되지 않는다. 국가권력이 국제조약이나 협정, 헌법이나 법률에 근거해서 행사했다고 해서 모든 국민이 수용하거나 좋은 방향과 결과로 귀결되는 것은 아니다. 또한 국가권력이 국제조약, 협정, 헌법이나 법률을 벗어나 행사를 했다고 해서 반드시 거부하거나 나쁜 결과만을 낳은 것도 아니다. 국가와 국민이 대립하는 상황에서 국가권력 행사는 국가가 납득할 수 있는 방향에서 행사되는 것이 아니라 국민이 납득할 수 있는 방향에서 행사될 필요가 있다. 국가는 국민이 부여한 권력을 행사하는데 있어 항상 국민의 요구와 희망을 실현하는 방식으로 실천하고 있는 것이 아니다.

양국의 국가권력은 역사를 현시점으로 소환하는 힘을 갖고 있고, 과거로 묻어버리는 힘도 갖고 있다는 점에서 매우 신중하고 현명하게 사용하여야 한다. 단적으로 말하면, 현재 한일관계가 악화된 것은 한국의 지도자와 일본의 지도자가 현안에 대한 국익적 대응에서 온 점도 있지만, 역사적 사실을 현재로 소환하여 이용하기 때문에 생긴 결과이기도 하다. 현시점으로 소환된 역사적 사실은 권력을 얻거나 유지하는 수단으로 사용되기도 하고, 국익을 위해서 사용되기도 한다. 그러나 지배권력을 위해서나 국익을 위해서 소환되는 역사적 사실은 현실적으로 한일관계를 결정하는 중요한 요인이 되고 있다는 점에서 신중하게 사용되어야 할 것이다.

한국에서 권력의 정점에 있는 대통령은 헌법과 법률, 각종 대통령령 등에 의해 부여된 권한과 권력을 행사하고, 더불어 직속기관, 외곽단체, 여권, 지지층 등의 지원을 받아 행사하는 경향이 있다. 대통령의 권력은 대통령 자신이 단독으로 행사하는 부분도 있지만 동시에 대통령을 둘러싸고 있는 집단지성이 가미되어 행사되고 있다. 대통령의 권력 행사는 국내외적 환경과 관계에 크게 영향을 미치고 있다. 특히 한일관계를 풀어가거나 얽히게 하는 데 중요하게 작용하고 있다는 점에서 매우 중요하다.

이 책에서는 일본과의 관계를 규정하고 형성하는 한쪽의 당사자인 한국의 지배권력에 대해서 고찰하고자 한다. 역사적 사실을 만들어냈던 당시의 권력과 집단지성의 잘잘못을 따지고 비판하기보다는 한국에서 권력 정점에 있는 대통령과 대통령 주위에서 집단지성을 생산하고 있는 단체의 구성과 체계, 이념과 특징, 권력 형성과 행사, 목적과 수단 등에 대해서 고찰하고, 그들이 한일관계에 미치는 영향과 바람직한 미래를 만들기 위한 방향성과 방안을 제시해보고자 한다.

Ⅱ. 한국의 권력지배기관

1. 청와대와 대통령

대통령이 국정을 다스리고 국내외적 집무를 하며 거처하는 곳이 청와대(靑瓦臺)이다. 서울 종로구에 있는 대한민국 대통령의 관저이다. 청와대는 본관과 부속실로 되어있고, 본관에는 대통령의 집무실, 접견실, 회의실, 주거실 등이 있고, 부속건물은 비서실, 경호실, 춘추관, 영빈관 등으로 구성되어 있다. 그리고 넓은 정원과 북악산(北岳山)으로 이어지는 후원(後園), 연못 등이 있다. 본관은 2층 화강암 석조에 청기와(靑瓦)로 되어 있다. 조선왕조실록에는 청기와에 대한 기록이 있다는 사실이 1992년 처음 발견되었다. 세종실록에는 청기와를 구워 만드는 데 많은 비용이 들어 아연와(牙鍊瓦)를 구워서 덮었다는 기록이 있다.[2)]

현재 대통령이 거주하고 있는 청와대 터는 고려시대의 남경(南京)에 해당되는 별궁(別宮)이 자리잡고 있던 곳이다. 이후 이성계가 개국하면서 성립된 조선시대에 들어와

---

2) 세종실록 61권 세종15년 7월 12일

1426년(세종8년) 경복궁(景福宮)을 창건하여 궁궐 후원으로 삼았고, 이곳에 연무장(鍊武場), 융무당(隆武堂), 경농재(慶農齋), 과거장(科擧場), 왕이 직접 농사를 하는 친경지(親耕地) 등이 있었다. 경복궁에는 왕이 업무를 보는 근정전이 있다. 대원군이 권력을 가지면서 경복궁을 중건한 뒤 뒤편 언덕 위의 평지를 '무예를 구경하는 대'라고 하여 경무대(景武臺)로 불리었다.

그 후 일본이 한국을 병합하면서 경복궁 안에 조선을 통치하는 기관으로서 조선총독부라는 청사(庁舍)를 신축하였다. 일본 정부는 1927년 오운각(五雲閣) 외의 모든 건물과 시설을 철거하고 총독관저를 이곳에 지었다. 일제강점기가 끝나고 1945년 8·15 광복과 더불어 미군정이 시작되자 이곳은 그대로 미군정(美軍政) 장관의 관저로 사용되었다. 1948년 8월 대한민국 정부가 수립되면서 이승만 대통령은 경무대(景武臺)의 이름을 따서 경무대라고 명명하고 집무실 겸 관사로 사용하였다. 1960년 4.19혁명 이후 민주당 정권이 들어서면서 윤보선(尹潽善) 대통령은 경무대를 폭정을 자행하는 곳으로 인식하였기 때문에 1960년 12월 30일 '청와대'로 개칭한다는 담화를 발표하고 공식적으로 개명하였다. 본관 건물 지붕을 청기와로 덮은 데서 '청와대'라는 명칭이 유래하였다.[3] 1990년 프레스센터인 춘추관과 대통령 관저가 새롭게 신축되었다. 1993년 8월 김영삼 대통령은 일본의 잔재를 청산하는 의미에서 일제강점기 조선 총독이 기거하였던 조선총독부 건물을 철거하였다.

현재 청와대는 대한민국의 최고 권력자가 국정을 다스리고 거주하는 건물로서 사용되고 있으며 모든 권력이 집중되어 행사되기 때문에 최고 권력기관이라는 상징물로 인식되고 있다. 청와대의 주인이 바로 최고 권력자인 대통령이기 때문이다. 그리고 대통령을 근거리에서 보좌하는 다양한 조직이 있어 대통령의 권력을 암묵적으로 분배받아 행사하는 경향이 있다. 그런 까닭에 대통령이 아닌 사람이 청와대라는 말을 들먹여도 최고 권력자와 관련되어 있는 것으로 인식하는 경향이 있어 보이지 않는 권력으로 작용하고 있다. 그런 의미에서 청와대는 권력의 산실이며 동시에 실재 권력과 유사 권력이 공존하여 국제사회와 국내사회에 영향을 주고 있다.

한국의 최고 권력자는 국민에 의해 선출되는 대통령이다. 대통령은 '대한민국헌법'에 근거한 삼권분립에 의해 권력을 분배받고 있지만 대부분의 국가기관을 통제하고

3) https: //www.president.go.kr (2020년 8월 20일 검색)

관리하고 있다는 점에서 제왕적 권력의 소유자이다. 1948년 헌법이 제정된 이후 현행 헌법에 이르기까지 정부 형태가 변경될 때마다 대통령의 헌법상 지위도 변천해 왔다. 현행헌법상의 대통령제는 대통령제의 전형이라고 할 수 있는 미국형과는 다른 일종의 대통령제 변형이라고 할 수 있다. 한국의 대통령제는 입법권·행정권·사법권을 제도적으로 분립시키고, 대통령은 국회의 신임 여부와 관계없이 임기 동안 재직하며 국가원수인 동시에 행정부 수반이 되는 특징이 있다.

다음은 '대한민국헌법'에 규정된 대통령의 헌법상 지위, 선출, 임기, 권한, 특권 등을 소개한 것이다.[4] 대통령의 지위와 권한은 대한민국헌법 제4장 정부 제1절 대통령, 제66조-제85조 등에서 규정하고 있다.

〈표 1〉 한국 대통령의 지위와 권한

구분	내용
지위와 의무	헌법에 규정된 대통령의 지위는 다음과 같다. 대한민국헌법 제66조 ①대통령은 국가의 원수이며, 외국에 대하여 국가를 대표한다. ②대통령은 국가의 독립·영토의 보전, 국가의 계속성과 헌법을 수호할 책무를 진다. ③대통령은 조국의 평화적 통일을 위한 성실한 의무를 진다. ④행정권은 대통령을 수반으로 하는 정부에 속한다.
선출, 임기, 취임선서	제67조 ①대통령은 국민의 보통·평등·직접·비밀선거에 의하여 선출한다. ②제1항의 선거에 있어서 최고 득표자가 2인 이상인 때에는 국회의 재적의원 과반수가 출석한 공개회의에서 다수표를 얻은 자를 당선자로 한다. ③대통령 후보자가 1인일 때에는 그 득표수가 선거권자 총수의 3분의 1이상이 아니면 대통령으로 당선될 수 없다. ④대통령으로 선거될 수 있는 자는 국회의원의 피선거권이 있고 선거일 현재 40세에 달하여야 한다. ⑤대통령의 선거에 관한 사항은 법률로 정한다. 제68조 ①대통령의 임기가 만료되는 때에는 임기만료 70일 내지 40일 전에 후임자를 선거한다. ②대통령이 궐위된 때 또는 대통령 당선자가 사망하거나 판결 기타의 사유로 그 자격을 상실한 때에는 60일 이내에 후임자를 선거한다. 제70조 대통령의 임기는 5년으로 하며, 중임할 수 없다. 제71조 대통령이 궐위되거나 사고로 인하여 직무를 수행할 수 없을 때에는 국무총리, 법률이 정한 국무위원의 순서로 그 권한을 대행한다. 제69조 대통령은 취임에 즈음하여 다음의 선서를 한다. 즉 '나는 헌법을 준수하고 국가를 보위하며 조국의 평화적 통일과 국민의 자유와 복리의 증진 및 민족문화의 창달에 노력하여 대통령으로서의 직책을 성실히 수행할 것을 국민 앞에 엄숙히 선서합니다.'
권한	제72조 대통령은 필요하다고 인정할 때에는 외교·국방·통일 기타 국가안위에 관한 중요정책을 국민투표에 붙일 수 있다. 제73조 대통령은 조약을 체결·비준하고, 외교

4) 대한민국 지음, 2016,『대한민국헌법 대한민국은 민주공화국이다』, 더휴먼.

	사절을 신임·접수 또는 파견하며, 선전포고와 강화를 한다. 제74조 ①대통령은 헌법과 법률이 정하는 바에 의하여 국군을 통수한다. ②국군의 조직과 편성은 법률로 정한다. 제75조 대통령은 법률에서 구체적으로 범위를 정하여 위임받은 사항과 법률을 집행하기 위하여 필요한 사항에 관하여 대통령령을 발할 수 있다. 제76조 ①대통령은 내우·외환·천재·지변 또는 중대한 재정·경제상의 위기에 있어서 국가의 안전보장 또는 공공의 안녕질서를 유지하기 위하여 긴급한 조치가 필요하고 국회의 집회를 기다릴 여유가 없을 때에 한하여 최소한으로 필요한 재정·경제상의 처분을 하거나 이에 관하여 법률의 효력을 가지는 명령을 발할 수 있다. ②대통령은 국가의 안위에 관계되는 중대한 교전 상태에 있어서 국가를 보위하기 위하여 긴급한 조치가 필요하고 국회의 집회가 불가능한 때에 한하여 법률의 효력을 가지는 명령을 발할 수 있다. ③대통령은 제1항과 제2항의 처분 또는 명령을 한 때에는 지체 없이 국회에 보고하여 그 승인을 얻어야 한다. ④제3항의 승인을 얻지 못한 때에는 그 처분 또는 명령은 그때부터 효력을 상실한다. 이 경우 그 명령에 의하여 개정 또는 폐지되었던 법률은 그 명령이 승인을 얻지 못한 때부터 당연히 효력을 회복한다. ⑤대통령은 제3항과 제4항의 사유를 지체 없이 공포하여야 한다. 제77조 ①대통령은 전시·사변 또는 이에 준하는 국가비상사태에 있어서 병력으로써 군사상의 필요에 응하거나 공공의 안녕질서를 유지할 필요가 있을 때에는 법률이 정하는 바에 의하여 계엄을 선포할 수 있다. ②계엄은 비상계엄과 경비계엄으로 한다. ③비상계엄이 선포된 때에는 법률이 정하는 바에 의하여 영장제도, 언론·출판·집회·결사의 자유, 정부나 법원의 권한에 관하여 특별한 조치를 할 수 있다. ④계엄을 선포한 때에는 대통령은 지체 없이 국회에 통고하여야 한다. ⑤국회가 재적의원 과반수의 찬성으로 계엄의 해제를 요구한 때에는 대통령은 이를 해제하여야 한다. 제78조 대통령은 헌법과 법률이 정하는 바에 의하여 공무원을 임면한다. 제79조 ①대통령은 법률이 정하는 바에 의하여 사면·감형 또는 복권을 명할 수 있다. ②일반사면을 명하려면 국회의 동의를 얻어야 한다. ③사면·감형 및 복권에 관한 사항은 법률로 정한다. 제80조 대통령은 법률이 정하는 바에 의하여 훈장 기타의 영전을 수여한다. 제81조 대통령은 국회에 출석하여 발언하거나 서한으로 의견을 표시할 수 있다. 제82조 대통령의 국법상 행위는 문서로써 하며, 이 문서에는 국무총리와 관계 국무위원이 부서한다. 군사에 관한 것도 또한 같다. 제83조 대통령은 국무총리·국무위원·행정각부의 장 기타 법률이 정하는 공사의 직을 겸할 수 없다.
특권 및 예우	제84조 대통령은 내란 또는 외환의 죄를 범한 경우를 제외하고는 재직 중 형사상의 소추를 받지 아니한다. 제85조 전직대통령의 신분과 예우에 관하여는 법률로 정한다.

자료: 국가법령정보센터 www.law.go.kr 대한민국헌법(2020.09.24 검색)

한국의 대통령은 긴급명령권, 헌법개정제안권, 국민투표부의권 등 일련의 비상권한도 갖고 있다. 그리고 국가원수로서의 지위, 국가를 대표하는 지위, 국가와 헌법의 수호자로서의 지위, 국정의 통합·조정자로서의 지위, 다른 헌법기관 구성자로서의 지위 등을 갖고 있다. 행정부 수반으로서의 지위는 행정의 최고지휘권자 및 최고 책임자로서의 지위, 행정부 조직권자로서의 지위, 국무회의 의장으로서의 지위 등을 갖고 있다. 그런 의미에서 한국의 대통령은 국내외에 관한 국정을 총괄할 뿐 아니라 입법부 및 사법부에 비해 상대적 우월성을 보장받고 있어 초법적인 지위와 권능을 갖고 있다고 할 수 있다.

한국의 대통령은 국가원수로서 대한민국이라는 국가를 대표하는 인물이다. 국제사회에서 대한민국의 대표 자격으로 대응하고 국민을 대신해서 권한을 행사한다. 국내에서는 국민을 대신해서 국정을 다스리고 국가중대사를 결정한다. 대통령은 국내외적인 국정을 담당하기 때문에 국운과 국민의 행복을 좌지우지할 수 있는 의사결정 권한을 갖고 있다. 국운이 융성하면 대통령의 덕과 능력으로 인식하여 칭송하지만 국운이 기울거나 각종 위기가 도래하면 대통령의 부덕과 무능력이라고 비판한다. 따라서 한국에서 대통령은 비범한 지위와 권능을 갖고 있어 존경의 대상이 되기도 하고 또한 지탄의 대상이 되기도 하다.

현재 한국의 대통령은 자타가 공인하는 제왕적 권한을 갖고 있다. 대한민국헌법은 행정, 입법, 사법 등으로 국가권력을 3권으로 분립하도록 하여 권력의 집중과 남용을 막고 있다. 그러나 국가의 대표와 행정의 수반으로서 대통령은 입법기관이나 사법기관이 갖는 권한을 능가하는 형태로 권력을 행사하고 있다. 따라서 국가권력을 개인의 영광과 권력 유지를 위해 남용하거나 활용될 가능성이 있고, 권력 집중으로 인하여 생기는 잘못된 국내외 정책과 의사결정은 국가를 파탄으로 몰아갈 위험성을 갖고 있다. 대통령은 국가원수, 국가지도자, 최고권력자, 전략가, 정책가, 정치가, 전문가, 국제정치가, 운동가, 투쟁가, 국민, 사회인, 국민, 개인, 기타 등과 같은 매우 다양한 지위를 갖고 있어 보통사람이 아니라 특별한 사람이 되어야 한다.

2. 대통령의 국정보좌기관

대통령은 산하에 국정을 보좌하기 위해 설치된 기관이나 필요한 기관을 설치해서 국정에 필요한 전략과 정책에 대응할 수 있고, 동시에 그 기관을 지휘하고 감독한다. 대통령 산하 직속으로 구성되어 있는 국정보좌기관은 대통령과 국정에 대해서 빈번하게 의사 교환을 하고 협의하고 있어 사실상 국가 중대사의 방향과 정책을 결정하는 위치에 있다. 대통령의 국정보좌기관으로는 비서실, 정책실, 국가안보실, 경호실 등이 핵심이다.

대통령 비서실(Office of the President)은 정부조직법과 대통령 비서실 직제에 따라 대통령의 직무를 보좌하기 위하여 설치된 기관이다. 대한민국 정부가 수립된 후 1960년 제2공화국 때에는 대통령의 비서업무와 기타 특명 받은 기밀사항에 관한 사무를 관장하였다. 민주화가 강조된 1989년 이후에는 비서업무를 수행하면서 동시에 대통령의 국정 수행을 보필하기 위한 사무를 관장하여 왔다. 현재는 대통령의 국내 직무 전반을 포괄적으로 보좌하고, 전방위적으로 국외적 국정을 보필하고 있다.[5)]

문재인 정부는 비서실, 정책실, 국가안보실, 경호실 등을 두고 각각 장관급의 실장을 두고 있다. 각각의 실장은 산하에 있는 수석비서관, 비서관, 행정관 등을 두고 지휘 및 감독하여 대통령을 보좌하고 있다.[6)] 각 실장은 대통령의 이념이나 정책을 가장 잘 파악하고 있거나, 전문성을 갖춘 측근을 임명하는 경향이 있어 이른바 심복이라고 칭하고 있다. 각 담당 비서관은 대통령의 지시를 받아 실장지휘하에 각각의 해당 정책을 각 관련 부처와 협력하고 협의하여 실행하는 역할을 담당하고 있다. 비서관은 대통령의 이념과 정책을 실천하는 실무진으로 구성되며, 정부의 핵심정책을 개발하고 실천하는 데 직간접적으로 매개하는 역할을 하는 위치에 있다.

한국의 대통령은 국가 수준의 중요한 이슈, 국제관계의 중요 결정사항, 국민에게 직간접으로 영향을 주는 중요한 사안, 국가위기관리 및 정책 등을 비서관회의를 통해 의견교환을 하고 각 부처와 협력을 통해서 국정을 운영하고 있다. 대통령은 국무회의를 통해 국무총리 및 각부서의 지휘권과 비서관지휘권을 갖고 있다. 국무총리는 각 부처의 장관에 대한 지휘권을 갖고 있다. 그러나 대통령은 비서관 회의를 통해 중요정책을 토론하고 결정하는 것처럼 보이고 있어 각 부처가 구상하는 정책이나 전략, 그리고 책임을 둘러싸고 상충될 수 있는 가능성이 있다. 대통령 직속 하에 있는 비서관회의에서의 결정이 각 부처의 결정을 능가하는 모습으로 비춰지고 있어 국무총리나 각 부처 장관의 보좌적 역할과 기능이 잘 보이지 않는 경향이 있다.

대통령이 직접 지휘하고 관리하는 직속기관의 종류, 구성, 내용 업무 등을 소개하

---

5) https: //www.president.go.kr/about/organization (2020년 9월 10일 검색)

6) 대통령 비서실 지음, 2020,『문재인 대통령 연설문집』제3권 세트(2019.5.10.-2020.5.9.) 전3권, 대통령 비서실 편집부 지음, 2019,『문재인 대통령 연설문집』제2권 세트(2018.5.10.-2019.5.9.) 전3권, 대통령 비서실.

면 다음과 같다. 대통령을 보좌하는 각 직속기관에는 실장, 수석비서관, 비서관, 행정관 등이 포진하고 있어 전반적인 국정 업무를 담당하고 있다.

〈표 2〉 대통령 직속기관과 업무[7]

구분		업무 및 역할
비서실	비서실장	- 비서실장은 장관급으로 비서업무총괄, 비서실장 산하에는 총무, 의전, 제1부속, 제2부속, 기획, 연설, 국정기록, 국장상황실(안전, 치안), 과제별보좌관 등이 있음 - 수석비서관으로는 정무수석(정무, 자치발전), 국민소통수석(국정홍보, 홍보기획, 대변인, 해외언론, 춘추관, 디지털소통센터), 민정수석(민정, 반부패, 공직기강, 법무), 시민사회수석(시민참여, 사회조정, 제도개혁), 인사수석(인사, 균형인사) 등이 있음
	정무수석비서관	정무수석비서관 산하에는 정무기획비서관, 정무비서관, 자치분권비서관을 두고, 국회 및 여·야 정당과의 소통 및 협력을 담당하고 있음
	민정수석비서관	민정수석비서관 산하에는 민정비서관, 반부패비서관, 공직기강비서관, 법무비서관을 두고, 국정관련 여론 수렴, 고위공직자 복무동향 점검 등 공직기강, 부패근절, 국민권익 증진 등 업무를 담당하고 있음
	사회혁신수석비서관	사회혁신수석비서관 산하에는 사회혁신비서관, 시민사회비서관, 제도개선비서관을 두고 시민사회와의 소통과 대화를 담당해 지역과 사회의 혁신적 활동을 수렴하는 역할을 함으로써 공동체발전과 국민통합을 뒷받침함
	국민소통수석비서관	국민소통수석비서관 산하에는 홍보기획비서관, 대변인, 뉴미디어비서관, 해외언론비서관, 춘추관장을 두고, 대통령이 강조해온 국민과 소통, 국정홍보 등을 담당함
	인사수석비서관	인사수석비서관 산하에는 인사비서관, 균형인사비서관을 두고 정무직 및 공공기관 임원 인사 보좌 등의 업무를 담당함
정책실	정책실장	- 정책실장은 장관급으로 정책을 총괄함, 정책실장 산하에는 재정기획관, 경제보좌관(국민경제자문회의, 간사위원 겸임), 과학기술보좌관(국가과학기술자문회의, 간사위원 겸임) 등 차관급이 있고, 거시경제 운용 방향 설정과 점검, 범부처적 4차 산업혁명 대응과 과학기술 발전 전략을 담당하고 있음 - 수석비서관으로는 일자리수석(일자리기획, 고용노동, 중소벤처, 자영업), 경제수석(경제정책, 산업정책, 국토교통, 농해수, 통상, 사회적경제), 사회수석(사회정책, 교육, 문화, 기후환경, 여성가족) 등이 있음
	일자리수석비서관	일자리수석비서관 산하에는 일자리기획비서관, 고용노동비서관, 사회적경제비서관을 두고 경제 사회 부처 등 범부처 일자리 정책을 효과적으로 추진하며, 일자리 창출과 일자리 질 개선, 사회적 경제 활성화 관련 정책을 기획하고 조정함

7) https: //www.president.go.kr/about/organization (2020년 9월 24일 검색)

	경제수석 비서관	경제수석비서관 산하에는 경제정책비서관, 산업정책비서관, 중소기업비서관, 농어업비서관을 두고, 경제금융, 산업, 자원, 에너지, 무역, 외국인투자, 중견, 중소, 소상공인, 창업 및 벤처기업, 국토, 도시, 주택, 토지, 건설, 수자원, SOC, 교통, 물류, 농림축산업, 식품산업 및 농촌개발, 해양, 수산, 해운물류, 항만 등 업무를 담당하고 있음
	사회수석 비서관	사회수석비서관 산하에는 사회정책비서관, 교육문화비서관, 주택도시비서관, 기후환경비서관, 여성가족비서관을 두고, 보건복지, 주택도시, 교육문화, 환경, 여성가족 등 사회정책 전반에 대한 정책보좌 기능을 담당함
국가 안보실	실장	- 국가안보실장은 장관급으로 국가안보를 총괄하고, 국가안보실장 산하의 국가안보1차장(NSC 사무처장)은 안보전략, 국방개혁, 사이버정보 등을 담당하고, 국가안보2차장은 평화기획, 외교정책(재외동포), 통일정책 등을 담당함 - 국가안보실은 국가위기관리센터이며 국가안보사항을 점검 및 관리함
경호실	경호실장	청와대경호실장은 대통령경호, 내외귀빈경호 등에 대해서 총책임을 지고, 경호원은 경호실장의 진두지휘 하에 청와대와 대통령 경호, 내외구빈경호 등을 담당함

대통령을 보좌하는 직속기관은 3실장, 9수석비서관, 37비서관, 행정관 등 약 정원 443명 등으로 구성되어 있다. 비서실은 비서실장과 수석비서관(국정기획, 정무, 민정, 외교안보, 홍보, 경제, 미래전략, 교육문화, 고용복지), 비서관, 선임행정관, 행정관 등으로 구성된다. 정책실은 정책실장, 일자리수석비서관(일자리기획비서관, 고용노동비서관, 사회경제비서관), 경제수석비서관(경제정책비서관, 산업정책비서관, 중소기업비서관, 농어업비서관), 사회수석비서관(사회정책비서관, 교육문화비서관, 주택도시비서관, 기후환경비서관, 여성가족비서관), 선임행정관, 행정관 등이 있다.

각 실장은 장관급의 정무직 공무원으로서 대통령의 명을 받아 각 실의 사무를 처리하고, 수석비서관을 지휘하여 분야별로 대통령을 보좌한다. 각 분야의 수석비서관은 차관급의 정무직 공무원이며, 비서관 및 선임행정관은 고위공무원단에 속하는 일반직 또는 별정직 공무원이고, 행정관은 3~5급의 일반직공무원 또는 3~5급에 상당하는 별정직 공무원이다. 특히 대통령 비서실은 직제규정(대통령령)에 따라 비서실장을 위원장으로 하는 인사위원회, 고위공직자 및 공공기관·단체의 장과 임원, 대통령의 친족 및 특수관계인 등에 대한 감찰업무를 수행하는 공직감찰반, 대통령의 국정수행을 보좌하거나 자문에 응하는 특별보좌관(특보)과 자문위원 등을 둘 수 있다.

대통령 직속에는 국가안전보장회의(NSC, National Security Council)가 있어 국가의 안전보장, 위기관리, 긴급상황, 국제전략 등 국가와 국민의 안정 정책을 강구하고 실천하는 범국가적 안전을 관리하고 있다.[8] 다음은 국가안전보장회의를 소개한 것이다.

〈표 3〉 국가안전보장회의[9]

구분	내용
명칭	- 국가안전보장회의(NSC: National Security Council) - 대통령직속 자문기관으로 1963년 설립됨
변천	- 국가안전보장회의는 박정희 정부의 초기인 1963년에 설치되었고, 정권 후반기에는 중앙정보부와 국방부의 비중확대로 인해 유명무실해졌으며, 전두환 정부와 김영삼 정부에 이르는 기간에도 이 회의의 역할은 유명무실하였음 - 김대중 정부 출범 직후인 1998년 국가안전보장회의는 외교·국방·통일 정책을 총체적이고 통합적으로 협의 운영하기 위한 정책기구로 기능하여 위상과 역할이 강화되었고, 노무현 정부 출범 직후인 2003년 국가정보원의 비중을 축소하면서 국가안전보장회의를 한층 더 확대 강화했고, 국가안전보장회의에 상임위원회, 실무조정회의, 정세평가회의, 사무처를 설치하여 역할을 강화함 - 2008년 2월 이명박 정부 출범 직후 행정개혁 차원에서 국가안전보장회의의 사무처와 상임위를 폐지하고 일부 업무를 청와대 외교안보수석비서관실에서 관장하도록 하였고, 천안함 피격과 연평도 포격 사건 등으로 국가안보 관련 통합, 조정 기능의 허점이 드러나면서 국가안전보장회의의 강화 필요성이 제기된 후, 2013년 박근혜 정부 출범 후 사무처를 재설치하였고, 2017년 5월 10일 문재인 정부 출범 후 국가안전보장회의를 유지하여 국가안보관리를 하고 있음
성격	- 대한민국헌법 제91조 ①국가안전보장에 관련되는 대외정책·군사정책과 국내정책의 수립에 관하여 국무회의의 심의에 앞서 대통령의 자문에 응하기 위하여 국가안전보장회의를 둔다. ②국가안전보장회의는 대통령이 주재한다. ③국가안전보장회의의 조직·직무범위 기타 필요한 사항은 법률로 정한다. - 국가 안보·통일·외교와 관련된 최고 의결기구이며 대통령 직속 자문기관이고, 국가안전보장에 관련된 대외정책과 군사정책, 국내정책의 수립에 관해 국무회의 심의에 앞서 대통령의 자문에 응하기 위해 설립된 헌법기관이고, NSC는 국가안보와 관련된 정보를 다루기 때문에 외부에 드러난 것이 많지 않고, 회의도 주로 지하 벙커라고 불리는 국가위기관리센터에서 열려 특수한 경우를 제외하면 취재진에게도 공개되지 않고 있음
구성	- '국가안전보장회의법'에 따르면, NSC 의장은 대통령이고, NSC 전체회의는 대통령이 주재한다. NSC위원은 국무총리, 외교부장관, 통일부장관, 국방부장관, 행정안전부 장관, 국가정보원장, 대통령 비서실장, 국가안보실장, 국가안전보장회의 사무처장(국가안보실 1차장), 국가안보실 2차장 등임 - NSC의 상임위원회는 국가안보회의 위원들 가운데 국가안보 관련 업무를 많이 다루는 부처장인 통일부장관, 국가정보원장, 외교부장관, 국방부장관, 사무처장 등으로 구성되며, 상임위원회 위원장은 상임위원 중에서 대통령이 임명하도록 했고, 지금까지 계속해서 통일부장관이 임명됨

8) 권혁빈, 2013, 『NSC(국가안전보장회의) 체제의 한미일 비교』, 한국경호경비학회.

9) https: //www.president.go.kr/about/organization (2020년 9월 24일 검색)

	- NSC의 사무처는 국가안전보장전략의 기획 및 수립, 중장기 정책의 수립 및 조정, 국가위기 예방·관리 대책의 기획 및 조정, 안보회의 및 상임위원회 심의사항에 대한 이행상황의 점검 등의 직무를 수행하고, 사무처 하부조직으로는 총무과, 전략기획실, 정책조정실, 정보관리실, 위기관리센터 등이 있음
회의	- 국가안전보장회의를 소집하고 주재하는 의장은 대통령이며, 대통령은 국무총리로 하여금 의장의 직무를 대행하게 할 수 있고, 회의는 필요할 경우 관계부처의 장과 비상기획위원회 위원장, 합동참모회의 의장 및 기타 관계자들을 회의에 출석시켜 발언하게 할 수 있으며, 관계부처에 대하여 자료의 제출 및 기타 필요한 사항에 대한 협조를 요청할 수 있고, 정보활동기관인 국가정보원의 원장은 국가안전보장에 관련된 국내외 정보를 수집·평가하여 이를 회의에 보고함 - 회의는 공개하지 않으며, 회의의 결과는 사무처장이 문서로 정리하여 대통령에게 보고하고 보고서에는 회의록이 첨부되고, 회의는 국가안보와 관련된 사항을 국무회의에서 결정하기에 앞서 그 사항을 먼저 심의하는 기관이므로 국가안보에 관련된 사항을 국무회의에서 결정하려면 이 회의의 심의를 거치는 것이 관례이다. 그러나 국가안전보장회의는 정부 내의 의결기관이 아니라 대통령에 대한 자문기관이기 때문에 국가안보에 관련된 사항을 국가안보회의의 심의를 거치지 않고 곧 바로 국무회의에서 심의한다 하더라도 법률적으로 문제되지 않음 - 상임위원회는 안보회의의 위임에 의하여 국가안전보장에 관련되는 대외정책, 대북정책, 군사정책, 국내정책 등에 관한 사항을 협의하고, 주 1회 소집되는 정기회의와 필요에 따라 소집되는 임시회의를 개최하며, 회부된 안건에 관해 합의가 이루어지면 곧 바로 대통령에게 보고하고, 합의가 이루어지지 않은 문제나 국가적 중대 사안의 경우는 국가안전보장회의 본회의에 안건을 넘긴다. 상임위원회의 효율적인 운영을 지원하기 위해 관련부처 차관보 또는 그에 상당하는 공무원으로 구성된 실무조정회의와 정세평가회의를 개최하고, 그것은 국가안전보장회의 사무차장이 소집·운영함 - 사무처는 국가안전보장 전략의 기획 및 조정, 국가위기 예방·관리대책의 기획, 군비통제에 관한 사항, 안보회의 및 상임위원회의 심의사항에 대한 이행상황의 점검, 기타 안보회의·상임위원회·실무조정회의 및 정세평가회의의 운영에 관한 사무를 처리하고, 국가안보 관련 정책 입안의 핵심실무기관의 역할을 하며, 사무처에는 국가안보관련 모든 정보가 집결되고, 정부의 국가안보관련 업무를 모두 통제할 수 있음.

그리고 대통령을 보좌하는 기관으로서 각 부처 장관이 있다. 각 부처장관은 형식적으로 국무총리가 추천하고 대통령이 임명하지만 대통령이 의도하는 대로 임명되는 경향이 있다. 국무총리와 각 부처 장관은 대통령의 국정철학을 정책화하여 실천하고, 국정운영전반을 다루는 국무회의 위원이 된다. 국무회의는 정부의 권한에 속하는 주요정책을 심의하는 최고 정책심의기관이며, 대통령 및 국무총리, 15명 이상 30명 이하의 국무위원 등으로 구성되며, 대통령은 국무회의의 의장이 되고 국무총리는 부의장이 된다. 그러나 일반적인 관례는 국무총리가 회의를 주재한다.

다음은 대한민국헌법에서 국무회의, 국무위원에 대한 규정을 소개한 것이다. 국무회의는 협의체로 대한민국의 국정을 운영하고 정책을 토의하고 결정하는 최고행정 협의체라고 할 수 있다.

〈표 4〉 국무회의와 국무위원[10)]

구분	특징
국무위원	제86조 ①국무총리는 국회의 동의를 얻어 대통령이 임명한다. ②국무총리는 대통령을 보좌하며, 행정에 관하여 대통령의 명을 받아 행정각부를 통할한다.③군인은 현역을 면한 후가 아니면 국무총리로 임명될 수 없다. 제87조 ①국무위원은 국무총리의 제청으로 대통령이 임명한다. ②국무위원은 국정에 관하여 대통령을 보좌하며, 국무회의의 구성원으로서 국정을 심의한다. ③국무총리는 국무위원의 해임을 대통령에게 건의할 수 있다. ④군인은 현역을 면한 후가 아니면 국무위원으로 임명될 수 없다.
국무회의	제88조 ①국무회의는 정부의 권한에 속하는 중요한 정책을 심의한다. ②국무회의는 대통령·국무총리와 15인 이상 30인 이하의 국무위원으로 구성한다. ③대통령은 국무회의의 의장이 되고, 국무총리는 부의장이 된다. 제89조 다음 사항은 국무회의의 심의를 거쳐야 한다. 1. 국정의 기본계획과 정부의 일반정책 2. 선전·강화 기타 중요한 대외정책 3. 헌법개정안·국민투표안·조약안·법률안 및 대통령령안 4. 예산안·결산·국유재산처분의 기본계획·국가의 부담이 될 계약 기타 재정에 관한 중요사항 5. 대통령의 긴급명령·긴급재정경제처분 및 명령 또는 계엄과 그 해제 6. 군사에 관한 중요사항 7. 국회의 임시회 집회의 요구 8. 영전수여 9. 사면·감형과 복권 10. 행정각부간의 권한 획정 11. 정부안의 권한 위임 또는 배정에 관한 기본계획 12. 국정처리상황의 평가·분석 13. 행정각부의 중요한 정책 수립과 조정 14. 정당해산의 제소 15. 정부에 제출 또는 회부된 정부의 정책에 관계되는 청원의 심사 16. 검찰총장·합동참모의장·각군참모총장·국립대학교총장·대사 기타 법률이 정한 공무원과 국영기업체관리자의 임명 17. 기타 대통령·국무총리 또는 국무위원이 제출한 사항.
부처	제94조 행정각부의 장은 국무위원 중에서 국무총리의 제청으로 대통령이 임명한다. 제95조 국무총리 또는 행정각부의 장은 소관사무에 관하여 법률이나 대통령령의 위임 또는 직권으로 총리령 또는 부령을 발할 수 있다. 제96조 행정각부의 설치·조직과 직무범위는 법률로 정한다.

한국의 국무회의는 의원내각제하의 의결기관인 각의나 미국의 대통령제하에서의 단순 자문기관인 장관회의와는 구별되는 독특한 형태로서 의결기관인 각의와 자문

10) https: //www.president.go.kr/about/organization (2020년 9월 24일 검색)

기관인 장관회의를 절충한 자문적 기능을 가진 심의기관에 해당한다. 헌법이 특정하는 심의사항은 국무회의의 심의를 거칠 뿐 대통령에 대하여 법적인 구속력은 없으므로 국무회의가 의결하더라도 대통령은 이에 구속받지 않는다. 반면에 대통령과는 별도로 존재하는 헌법기관으로서 반드시 국무회의의 의결을 거쳐서 대통령의 재가를 얻어야 하는 중요한 정책들이 있다. 헌법에 규정되어 반드시 국무회의의 심의를 거쳐야 하는 사항이 있다.

2021년 1월 5일 현재 문재인 정부의 한일 간의 현안에 직접적으로 대응한 국무위원의 특징을 소개한 것이다.

〈표 5〉 문재인 정부 일본대응 국무위원[11)]

직 위	이 름	특 징
대통령	문재인	- 경희대 법학과 졸업, 학생운동, 법학전공, 인권변호사, 대통령 비서실장, 국회의원, 19대대통령 - 중요정책은 사드배치중국간섭배제, 대중국과의 상호존중 정치적 신뢰 강조, 대일강경정책, 소득주도성장의 경제정책과 일자리만들기를 최우선하는 J노믹스주창, 친대북정책, 남방정책 - 한일현안에 대한 총체적 책임과 결정자역할, 강제징용판결과 사후조치, 위안부합의파기결정, 일본의 수출규제대응, 지소미아종료대응, WTO제소 대응
국무총리	정세균	- 고려대졸업, 1978년 쌍용그룹입사, 뉴욕 주재원 시절 뉴욕 대학교 행정대학원졸업, 페퍼다인대 경영대학원 MBA 취득, 1995년까지 쌍용그룹에서 수출 관련 업무담당, 1995년 새정치국민회의 총재 김대중의 특별보좌관으로 정치입문, 1996년 제15대 국회의원에 당선된 이후 20대 국회까지 국회의원 6선, 2019년 12월 문재인 정부의 두 번째 국무총리로 지명되었고, 2020년 1월 14일에 제46대 국무총리로 취임 - 이낙연 전 총리는 한일현안을 두고 한일수뇌가 갈등을 하고 있는 상황을 타개하기 위해 일본천황즉위식 등에 참석하여 한일현안이나 수뇌회담의 조율을 담당함
기획재정부 장관	홍남기	- 한양대 경제학과 졸업 - 국세청, 관세청, 조달청, 통계청근무, 대통령 비서실, 경제수석비서관실 정책보좌관, 대통령직속 국가균형발전위원회, 현재 기획재정부장관 재직 - 일본의 수출규제에 대한 경제적 대응

11) https: //ko.wikipedia.org/wiki (2021년 1월 5일 검색)

외교부 장관	강경화	- 연세대 커뮤니케이션학, - UN인도주의업무조정국 OCHA 사무차장보, 2017년 제9대 유엔 사무총장 안토니우 구테흐스의 정책특별보좌관, 외교부장관 - 한일 간의 현안, 한일수뇌회담조율, 한일외무장관회담 등 일본외무성과 협상 및 협의, 조정 등의 역할을 담당
국방부 장관	서욱	- 육군사관학교 41기 - 2017년 9월부터 2019년 4월 합동참모본부 작전본부장, 제48대 육군참모총장(육군 대장), 2020년 47대 국방부 장관 - 한일 간의 지소미아종료를 둘러싼 대응, 한일해상초계기 및 레이더조사사건에 대한 대응
산업통상자원부 장관	성윤모	- 서울대 경제학, - 통상교섭본부, 특허청, 주제네바대한민국대표부 공사참사관, 국가경쟁력강화위원회 실무추진단 파견, 산업통상자원부 정책기획관, 특허청장, 산업통상자원부장관 - 한일 간의 수출규제조치에 대응, 화이트국가배제조치대응, WTO제소, 기타 한일경제조치에 대한 협상과 대응을 담당함

대통령과 국무총리를 비롯한 각 행정영역의 최고 수장인 장관들이 모이는 국무회의는 국정에 관해서 최고심의를 한다.[12] 국무위원인 각 부처의 장관은 대통령이 내세우는 국정철학의 정책반영과 실시, 각 부처 간의 국정협력, 부처별 국내외적 사안해결, 의견수렴과 실천계획입안 등을 하고 있어 실질적인 행정담당책임자이다. 각 부처 계획, 중요사안 등을 대통령이나 국무총리에게 보고하고 시정을 주도적으로 실천한다. 따라서 국무위원은 각 부처의 최고책임자이며 의사결정자의 지위와 권한을 갖는다.

현재 대통령이 추진하는 국정에 관한 업무는 청와대 참모 라인과 부처 장관이 동시에 추진하고 있다. 대통령이 청와대 참모들로 구성하는 비서관회의는 비서실장, 각 실장과 비서관 등 근거리에 있는 참모들로 구성되어 있어 대통령의 의중을 잘 반영

12) 대통령이 임명하는 국무위원 이외의 직위를 보면 다음과 같다. 국기기관의 원장으로는 감사원 최재형, 국정원 박지원, 위원장으로는 방송통신위 한상혁, 공정거래위 조성욱, 금융위 은성수, 국민권익위 전현희, 원자력안전위 엄재식 등이 있다. 처장으로는 대통령경호처 유연상, 국가보훈처 박삼득, 인사혁신처 황서종, 법제처 이강섭, 식품의약품안전처 이의경 등이 있다. 외청장으로는 국세청 김대지, 관세청 노석환, 조달청 정무경, 통계청 강신욱, 검찰청 윤석열, 병무청 모종화, 방위사업청 왕정홍, 경찰청 김창룡, 소방청 정문호, 문화재청 정재숙, 농촌진흥청 허태웅, 산림청 박종호, 특허청 김용래, 질병관리청 정은경, 기상청 김종석, 행정중심복합도시건설청 이문기, 새만금개발청 양충모, 해양경찰청 조현배 등이다. (2020년 9월 24일 현재)

한 정책결정이 가능하다. 그러나 국무총리가 주재하거나 각 부처 장관이 주재하는 부처회의는 형식적인 의결이나 대통령정책의 통달 과정으로 전락할 수 있는 가능성이 있다. 각 부처가 당면하고 있는 사안에 대한 정책과 계획, 실천, 전략 등에 입장 차이가 있을 경우 정책결정이나 시행에 불협화음이 일어날 수 있다. 대통령, 국무총리, 부처장 간의 업무분장과 권력 분장이 적절하게 분담할 필요가 있는 이유이다.

대통령을 근원거리에서 보필하는 국정보좌기관은 대통령이 국정의 방향과 목표를 결정하고, 그 결정이 국가와 국민에게 직접적으로 영향을 주는 역할과 기능을 하고 있다는 점에서 매우 중요하다. 한국 대통령의 국정보좌기관은 1945년 이후 한반도의 미래를 만들어왔고, 현재에도 다양한 정책과 전략을 통해서 국정을 리드하고 있다. 그런 의미에서 본다면, 그들은 해방이후 한국의 역사를 만들어온, 그리고 현재의 역사를 구축해가는데 핵심적인 역할과 기능을 하는 주역이라고 할 수 있다. 역사를 구성하고 국정을 주도하는 그들도 역사에 대한 책임이 있다. 작은 역사나 큰 역사, 잘한 역사나 잘못한 역사는 지속적으로 연동되어 악영향이나 좋은 영향을 미치기 때문이다.

한국과 일본의 역사에서 보면, 한국 국정을 운영하는데 크게 영향을 준 사건이 1965년 한일기본조약과 청구권협정이다. 해방 이후에는 1910년의 한일합방이나 태평양전쟁, 식민지정책 등에 의해서 형성된 반일감정이 강하게 남아 있어 한일국교를 정상화하는 데 걸림돌로 작용했다. 그럼에도 불구하고 1965년 박정희 대통령과 사토 에이사쿠(佐藤栄作) 총리는 한일국교를 정상화시키기 위한 국제조약으로서 한일기본조약과 한일 간의 청구권을 해결하기 위한 협정을 맺는 데 성공하였다. 한일기본조약에 기초해서 일본은 한반도의 유일한 정통국가로서 대한민국을 인정하였고, 과거사를 해결하기 위한 협정으로 한일청구권을 맺어 대응하였다.

당시 시점에서 한국과 일본이 맺은 한일기본조약과 청구권협정은 국가 수준에서 선택할 수 있는 최상의 답이라고 하여 결정했을 것이다. 그러나 당시 국가를 대표해서 맺은 한일기본조약과 청구권협정은 한일간에 있어서 여전히 갈등을 촉발하는 원인이 되고 있다. 한일기본조약과 청구권협정이 한국인과 일본인을 충족시키지 못하는 상태에서 이루어졌기 때문이다. 그렇다면, 그것에 대해서 누군가는 책임을 져야 할 것이다. 한국에서 국정을 총괄한 당시 대통령과 국정보좌기관의 책임일 수 있고, 일본에서 국정을 총괄한 총리와 국정보좌기관의 책임일 수 있다.

특히 현재 당사자 관점에서 청구권협정은 불합리하고 불완전한 결정이었다고 인식할 수 있는 여지가 있다. 따라서 피해를 입었다고 주장하는 당사자나 후손들은 개별소송을 통해서 청구권을 행사하고 있어 한일 간의 관계에 영향을 주고 있다. 현대에서 국가정책은 현실적으로 관련 당사자에게 알맞은 이익을 창출하는 국가행위로 인식하고 있기 때문에 맞춤형 국정이 되지 못하면, 수용하기 어려운 무모한 정책으로 치부하거나 저항의 원인이 되고 있다. 한일관계의 악화는 1965년 국정인식과 2020년 국정인식의 차이가 만들어낸 불협화음에 의해서 발생한 것이다. 현재와 미래의 한일관계는 한쪽의 당사자인 한국의 대통령과 국정보좌기관이 어떻게 풀어가느냐에 영향을 받을 수 있다.

3. 집권여당 더불어민주당

문재인 대통령이 소속되었던 더불어민주당은 2021년 현재 압도적인 다수 의석수를 차지하면서 국회에서 절대적인 힘을 발휘하고 있으며, 전방위적이며 전략적으로 대통령의 국정에 지지를 보내며 행보를 맞추고 있다. 대통령의 국정운영과 각종 개혁의 동반자로서 정부에 대한 공격과 방어를 전방위적으로 담당하고 있어 여당의 존재를 실감하게 하고 있다. 특히 당대표는 앞으로 20여 년을 집권하겠다는 야심찬 발언을 하였고, 이후 여당은 각종 여론에 촉각을 세우며 장기집권의 야망을 숨기지 않는 정치행보를 하고 있다.

현재 집권여당인 더불어민주당은 이전에 야당으로 활동했던 인물이 대통령이 되면서 여전히 계통을 이어가고 있다. 즉 김대중 대통령, 노무현 대통령, 문재인 대통령으로 연결되면서 기존 정치가, 국회의원, 지지세력이 거대한 정치 클러스터를 형성하고 정권을 장악하고 유지하는데 총력을 기울이고 있다. 여당에는 김대중을 추종하던 DJ세력, 노무현을 추종하는 친노세력과 문재인을 추종하는 친문세력이 활보를 하고 있다. 그 중에서도 여권의 핵심세력은 친노친문계가 주도하는 형상을 하고 있고, 친노친문계에 속하면서 주류와 비주류, 성골과 진골 등으로 미묘하게 구분되어 국회의원 출마, 당직, 입각, 정부기관 임원 등을 둘러싸고 경합을 벌이고 있다.

여당인 더불어민주당은 2014년 3월 16일 민주당과 새정치연합의 합당으로 창당된 새정치민주연합이 모태가 되었다. 전신이었던 새정치민주연합을 발족시키기 위한 공동창당준비위원장에는 김한길 민주당 대표와 안철수 새정치연합 창당준비위원회 중앙운영위원장이 선출되어 활동했다. 새정치민주연합은 민주당의 126석과 새정치연합의 2석, 발기인 대회에 참여한 무소속 박주선, 강동원을 합하여 총 130석 의원으로 발족하여 제2당이 되었다.[13] 그러나 2016년 10월 새정치민주연합은 당명을 더불어민주당으로 바꿔 출발하였고, 2017년 더불어민주당 문재인이 대통령으로 당선됨으로써 집권 여당이 되었다.

다음은 집권여당이 된 더불어민주당의 당명, 구성, 당지도부, 친노계, 친문계 등에 대해서 소개한 것이다.

〈표 6〉 더불어민주당의 현황[14]

구 분	내 용
당명	- 당시 새정치민주연합은 당명을 국민에게 공모하여 후보 당명 더불어민주당, 희망민주당, 민주소나무당, 새정치민주당, 함께민주당 총 5개 가운데 새정치민주연합 당무위원회 투표 결과 더불어민주당으로 의결하여 2015년 12월 28일 새정치민주연합에서 더불어민주당으로 당명을 정했다. - 당명 개정 업무를 총괄한 손혜원 홍보위원장은 기자회견에서 당명이 '더불어라는 말이 앞에 있어서 국민 민주주의와 연결할 수 있는 장점이 있다'라며 새로운 당명의 장점을 설명하였다. 영문 명칭은 'The Minjoo Party of Korea'이고, 약칭은 '더민주'를 공식 사용하기로 결정하였다.
당대표와 원내대표	- 새정치민주연합 당대표: 김한길 공동대표(2014년), 안철수 공동대표(2014년), (임시)박영선 국민공감혁신위원장(2014년), (임시) 문희상 비상대책위원장(2014년), 문재인 당대표(2015년-2016년), (임시)김종인 비상대책위원회 대표(2016년), 새정치민주연합 원내대표: 전병헌 원내대표(2014년), 박영선 원내대표(2014년), (임시) 김영록 권한대행(2014년), 우윤근 원내대표(2014년), 이종걸 원내대표(2015년) - 더불어민주당 당대표: 추미애 당대표(2016년-2018년), 이해찬 당대표(2018년 8월-2020년 8월), 이낙연 대표(2021년 1월 현재), 더불어민주당 원내대표: 우상호 원내대표(2016년), 우원식 원내대표(2017년), 홍영표 원내대표(2018년), 이인영 원내대표(2019년), 김태년 원내대표(2021년 1월 현재)
강령	- 우리는 대한민국임시정부의 자주독립정신과 헌법적 법통, 그리고 4·19혁명, 부마민주항쟁, 5·18민주화운동, 6월항쟁, 촛불시민혁명의 위대한 민주주의 정신을 계승한다. 첫째, 공정하고 정의로운 사회를 만든다. 둘째, 다양한 위험으로부터 모두가 안전한 사회

13) 더불어민주당 창당 60년 기념사업추진위원회 지음, 2016, 『더불어민주당 60년사 국민과 함께, 민주 60』, 푸른정원.

14) https: //namu.wiki/더불어민주당 (2020년 6월 23일, 2020년 9월 25일 검색)

	를 만든다. 셋째, 모든 사람이 함께 잘사는 포용사회를 만든다. 넷째, 혁신과 포용 성장으로 새롭게 번영하는 나라를 만든다. 다섯째, 한반도 평화 시대를 실현한다. - 우리는 정의가 강물처럼 흐르는 공정한 사회, 누구나 위험으로부터 보호받을 수 있는 안전한 사회, 모든 사람의 권리가 존중되고 함께 잘사는 포용사회, 양극화가 해소되고 삶이 풍요로운 번영된 나라, 튼튼한 안보와 남북 교류협력을 통해 평화와 번영의 한반도 시대를 새롭게 열어나갈 것을 다짐한다.
친노계	- 친노(親盧)는 노무현 대통령의 정치적 이념 계승을 표방하거나 대통령 시절 측근이었던 정치세력을 의미하는 말이다. 봉하마을계, 본산리계, 명륜동계 등으로 구분하기도 한다. 친노는 단순히 계파가 아닌 정파의 의미가 강하고, 노무현 대통령과 직접적인 인연이 없더라도 고인을 우호적으로 평가하거나 혹은 친노계와 우호적인 관계에 있는 사람들까지 모두 범친노로 포함하고 있다. - 친노로 불리는 대표적인 인물은 문재인 대통령, 이해찬, 한명숙 전 국무총리, 유시민 전 장관, 김경수 경남도지사, 문희상 국회의장, 안희정 전 충남지사 등으로 정파의 리더격으로 불린다.
친문계	- 친문(親文)은 2015년 새정치민주연합전당 대회에서 문재인이 45.3% 지지를 얻어 박지원 41.78%, 이인영 12.7% 등을 제압하고 당대표로 당선되면서 형성되었다. 이 과정에서 친노친문패권주의가 등장하자 안철수를 중심으로 한 인물이 탈당하게 된다. 이후 친문은 문재인을 지지하는 세력, 문재인의 정치적 이념이나 주장을 따르며 어느 정도의 친분이 있는 정치인을 지칭하며 이른바 매곡동계로 볼 수 있다. 친문은 친노무현계를 뿌리로 하고 노무현 사후 문재인 대통령을 구심점으로 재구성되었다. - 문재인이 당대표였던 더불어민주당은 2016년 제20대 총선에서 승리한 후 이른바 촛불혁명을 주도하였고, 박근혜 대통령이 탄핵된 후 제19대 대통령선거에서 문재인 대통령이 당선되면서 친문계가 주류로서 활약했다. 친문계주류는 문재인 측근들과 문재인이 영입한 인물로 구성되어 더불어민주당에서 비중 있는 위치를 차지하였다. 친문계의 상당수는 국회의원이 되었고, 당내임원, 입각 등을 하면서 세력을 과시하고 있다. - 친문계에는 문재인이 영입한 조응천 의원, 김정우 의원, 표창원 의원, 김병관 의원, 김병기 의원, 박주민 의원, 오기형 변호사, 양향자, 오창석 등이 대표적이다. 그리고 이철희 의원, 김종인 의원, 김한길 의원, 박영선 의원 등은 비문에 가까운 사람으로 분류된다. - 친노친문계는 소위 3철의 일원으로 일컬어졌던 양정철, 전해철 의원, 이호철, 김성환 의원, 윤후덕 의원, 윤호중 의원, 노영민 의원, 백원우 의원, 김태년 의원, 홍영표 의원, 황희 의원, 전재수 의원, 박범계 의원, 윤일규 의원, 김경수 경남도지사, 송철호 울산시장, 박남춘 인천시장 등이며, 넓게는 정청래 의원, 오거돈 부산시장, 최재성 의원 등도 포함된다고 할 수 있다.
당현황	- 국회의원 174석(300석), 광역단체장 12석(17석), 기초단체장 155석(226석), 광역의원 652(824), 기초의원 1,599(2,926), - 지원단체: 민주연구원, 중앙당후원회(2017년), 세계한인민주회의(2010년), 전국청년당(2020) - 당원수 4,065,408(2019년), 권리당원수 1,026,804(2019년), 정당보조금 2,816,029,000원(2020년 2분기), 당비수입 38,497,880,316원(2018년), 재산총액 31,339,425,901원(2018)

더불어민주당은 2020년 4월 15일 대한민국 제21대 국회의원 선거에서 위성정당인 더불어시민당과 함께 무려 180석을 획득하면서 거대 여당이 되었다. 다음은 2020년 4월 15일 실시된 제21대 국회의원선거에서 친노친문계열로 국회의원에 당선된 현황을 소개한 것이다. 당시 《조선일보》는 이 기사를 다루면서 '청출신, 586친문이 여당 완전장악… 한 계파의 싹쓸이는 처음'이라는 기사를 제목으로 하여 친문계의 약진을 강조했다.

〈표 7〉 21대국회의원 민주당 당선자분포[15)]

구분	해당자	비고
친문계	전해철, 김태년, 홍영표, 홍익표, 박주민, 전재수, 최인호, 박광온, 김경협, 권칠승 등	50여 명
586운동권	우상호, 우원식, 이원욱, 김승남, 최종윤, 송영길, 이인영, 김민석, 오영훈, 도종환 등	10여 명
청와대출신	윤영찬, 한병도, 윤건영, 민형배, 김성환, 한준호, 문정복, 박상혁, 이원택, 신정훈, 송재호, 윤영덕, 정태호, 진성준, 김영배, 고민정, 이용선, 김승원	18명
친조국	김남국, 김용민	2명
전문가그룹	최기상, 이수진, 홍성국, 이용우, 이탄희, 임오경	30여 명
시민사회단체	용해인, 윤미향, 김홍걸, 양원영, 최해영, 이동주, 유정주	10여 명
관료출신	황운하, 강준현	2명
청년 그룹	전용기, 장경택, 오영환, 자철민	4명

더불어민주당의 핵심적인 계파는 기본적으로 과거 야당에서 출발한 김대중과 노무현 시대의 민주당계 세력이었던 동교동계로 대표되는 호남권 정치인들이 중심이 되었고, 그들은 1980년대 민주화 투쟁에 앞장섰던 인물들이다. 1990년대 김대중 대통령이 적극적으로 영입하면서 정치인과 정치집단으로 성장하였다. 친노계는 노무현이 내세운 참여정부 임기가 끝나고 힘을 잃는 가운데 2009년 5월 23일 노무현 대통령이 세상을 떠나고 이명박 정부의 인기가 떨어지면서 부활의 불씨를 살렸다. 그 시발점이 된 것이 2010년 6.2지방선거이다. 여기에서 친노 진영 인사들이 약진하면서 정치집단

15) 《조선일보》 2020년 4월 17일 기사

으로서 계파를 새롭게 구축하였다.

2011년 말에는 친노계파에서 노무현의 비서실장을 했던 문재인이 부상하였다. 그러나 이명박 정부의 인기가 저조했던 2012년 제19대 총선에서 패배하였고, 이어지는 제18대 대선에서 민주통합당 문재인이 패배하여 다시 위기에 빠졌다. 문재인이 새정치민주연합 당 대표가 된 2015년 2월부터 극심한 계파 갈등으로 인해 당내 계파위기는 절정에 달했다. 이 과정에서 친노계는 여러 갈래로 분할되기 시작했지만, 다수를 차지한 친노계가 민주당에서 유력한 대선주자 중 한 사람이었던 문재인 쪽으로 뭉치면서 친문계라는 새로운 정치 진영이 만들어졌다.

당내 문재인을 중심으로 입지를 굳히기 시작한 친문계는 2015년 말에 있었던 민주당 온라인 입당 열풍과 2016년 20대 총선이후부터 민주당에서 가장 많은 권리당원과 국회의원을 보유한 최대 계파가 됐다. 2016년 8.27 전당대회에서 친문성향의 권리당원의 전폭적인 지지로 추미애가 당 대표로 선출되었고, 문재인이 영입한 양향자와 김병관이 최고위원으로 선출되어 친문세력이 힘을 발휘할 수 있는 토대를 만들었다. 2017년 박근혜 대통령이 탄핵되고 새누리당의 세력이 약화되면서 친문의 대표인 문재인이 대선에서 압승하여 대통령으로 선출되어 친문세력의 확장과 결집을 시도하게 되었다. 이후 제7회 지방선거와 제21대 국회의원 선거에서도 압승을 거두며 문재인 정권이 탄탄해지면서 더불어민주당은 사실상 친문 세력이 압도적으로 우위를 차지했다.

더불어민주당은 김대중의 색깔이 희석되면서 기본적으로 친노계와 친문계가 추구하는 정치이념과 인물 중심의 계파를 중심으로 구성되어 있다고 볼 수 있다. 그리고 노무현과 문재인을 지지하는 탄탄한 지지단체와 유권자는 각종선거, 정치행사, 적폐청산, 각종개혁, 여론 등에서 문재인 대통령과 더불어민주당이 우위를 점할 수 있는 환경을 조성해주고 있다. 그런 현상은 일본정치에서 인물과 유권자를 중심으로 구성되는 계파에 의한 계파정치와 매우 유사한 측면이 있다. 더불어민주당은 과거 진보성향의 대통령이 된 김대중이나 노무현의 집권 경험을 토대로 하고 있고, 진보적인 정치이념을 가진 문재인 대통령을 지탱하고 있다.

다음의 표는 더불어민주당의 계파분류를 소개한 것이다. 다만, 분류기준이나 방법, 내용 등이 제시되지 않는 분류이기 때문에 한계가 있고, 본인들의 입장이나 주장과는 괴리가 있을 수 있다. 따라서 여기에서는 더불어민주당의 구성을 이해하는 관점에서 참고자료로 인식하면 될 것으로 보인다.

〈표 8〉 더불어민주당의 계파분류[16)]

<table>
<tr><th>진보주의</th><th colspan="2">친문</th><th colspan="2">중립</th><th>비문</th></tr>
<tr><th>이재명계</th><th>친문중진</th><th>범친문</th><th>친노중진</th><th>중립회파</th><th>비문</th></tr>
<tr><td>김영진
정성호
김병욱
이규민
유승희</td><td>윤호중
정청래
김태년
추미애
홍영표</td><td>김종민
신동근
양향자
유은혜
진선미</td><td>김두관
이광재</td><td>우상호
이인영
김현미
김민석
홍익표</td><td>노웅래
송영길
김부겸
박영선
이종걸</td></tr>
<tr><td>민평련</td><td>주류친문</td><td>친노출신</td><td>친노원로</td><td>정세균계</td><td>소장파</td></tr>
<tr><td>우원식
인재근
소병훈
설훈</td><td>윤건영
윤영찬
한병도
고민정</td><td>김경수
전해철
전재수
민형배</td><td>이해찬
이석현
문희상</td><td>김영주
김성주
이원욱</td><td>조응천
금태섭
박용진
김해영</td></tr>
<tr><td rowspan="2">-</td><td>박주민계</td><td colspan="2">이낙연계</td><td>박원순계</td><td rowspan="2">-</td></tr>
<tr><td>이재정
김남국
김용민
장경태
최혜영</td><td colspan="2">배재정
이개호
오영훈
최인호</td><td>남인순
기동민
김원이
허영</td></tr>
</table>

총선 직후 위성정당으로 알려진 더불어시민당과의 합당 절차가 이루어졌으며 2020년 5월 13일 합당 절차를 마무리했다. 제21대 국회에서 활동할 집권 여당의 원내 대표 투표에서 김태년 4선 의원이 과반을 넘겨 결선 투표 없이 선출됐다. 그리고 2020년 8월 새로운 당 대표로 이낙연 의원이 선출되어 당내 우호세력을 만들고 대선 후보로서의 입지를 굳히기 위해 정치행동반경을 넓히고 있다.

위의 표에 근거해서 더불어민주당내의 국회의원수에 의한 영향력 분포를 보면 친문파가 월등히 힘을 발휘하고 있고 문재인 정권을 지탱하고 있다고 평가할 수 있다.

16) https: //namu.wiki/더불어민주당 (2020년 6월 23일, 2020년 9월 25일 검색)

〈그림 2〉 더불어민주당내의 영향력구도

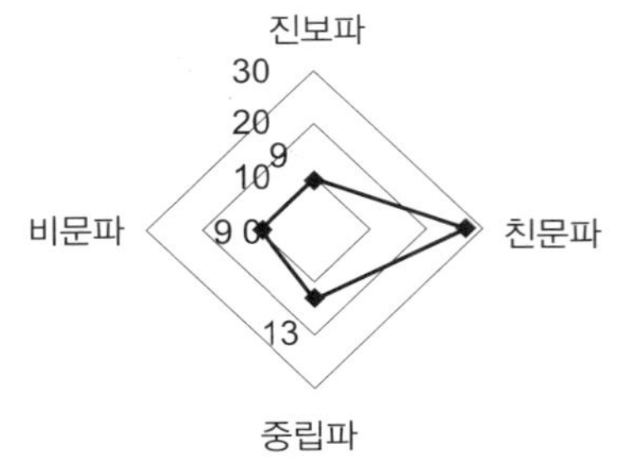

더불어민주당은 문재인 대통령이 추진하는 각종 국책에 발맞춰 활동하고, 정권호위무사로서의 기능을 충실하게 하여 정권유지와 지속을 꾀하고 있다. 대통령이 표방한 인권보호주의, 민족통일론, 평등공정정의 원칙, 탈권력주의, 사회정의 등의 국정철학을 수용하여 실천하고 있다. 특히 한반도의 미래상을 남북협력을 통해서 새롭게 구축하려는 의도를 갖고 활동하는데 협력하고 있다. 또한 국가개조와 새로운 국가질서를 구축하기 위해서 추진하고 있는 소득주도성장, 사회약자보호, 최저임금인상, 소득관련세증세, 무상급제 확대, 각종 공개념제도와 정책확산, 부자증세, 주택정책, 코로나대책 등을 추진하고 있다. 문재인 대통령이 최고 이념으로 선포한 '기회는 평등하게, 과정은 공정하게, 결과는 정의롭게', 그리고 '한 번도 경험하지 못한 나라, 나라다운 나라를 만들겠다'는 슬로건을 실천과 성취전략으로 내세워 동행하고 있다.

경제성장정책의 핵심인 소득주도성장정책의 실천전략으로 추진되고 있는 4차산업진흥정책, 최저임금인상, 주 52시간노동제, 재벌개혁, 주택정책, 공공근로정책, 일자리만들기 정책, 포퓰리즘과 선심정책, 공무원수증가, 친환경정책, 중산층소외정책 등은 행방을 잃고 각 영역에서 좌초하거나 결과를 내지 못하고 있는 형상을 보이고 있다. 그리고 국정을 운영하는 중요기관에 대통령과 밀착된 인물, 친여당인사와 관료, 선거캠프출신, 청와대출신, 친문재인 및 친여당시민단체 출신 등을 등용하여 '친문인사, 회전문인사'로 비판을 받고 있다.

그런 측면에서 볼 때, 문재인 정부와 더불어민주당이 추진하고 있는 노동정책, 재정정책, 경제정책, 주택정책, 성장정책, 외교정책, 인사정책 등에서 실패하고 있다고 비판받고 있어 국정실패로 인식하고 있는 측면도 있다. 현재 더불어민주당과 문재인 대통령은 국내국정운영에서 많은 약점을 노출시키고 있는 동시에 북한관계, 한일관계, 한중관계, 한미관계, 국제사회와의 관계 등에서 불협화음을 내고 있는 것도 사실이다. 국내외정책에 대한 방향수정요구는 문재인 대통령과 집권여당인 더불어민주당의 실정에 대한 비판이라는 것을 부인할 수 없을 것이다.

4. 청와대의 외곽지원단체

문재인 대통령은 보수적이기보다는 진보적인 성향을 띠고 개혁과 새로운 질서를 추구하고 있다. 따라서 기존의 보수단체보다는 진보성향을 띠고 활동한 참여연대, 우리법연구회, 민주사회를 위한 변호사모임, 다양한 시민단체 등과의 연결고리가 매우 깊다. 문재인 정부는 국정을 수행하고 각 부처를 담당하는 국무위원을 당내 인사풀로 알려진 친노친문계의원, 노무현 정부에서 함께 일했던 인물, 문재인캠프에서 정권창출을 위해 도움을 주었던 이른바 강한 친문 성향을 가진 인사, 사회정의실현을 외치는 사회시민단체인사, 박근혜 정부의 적폐청산에 적극적으로 참여한 인사, 문재원 정권에 우호적으로 활동한 외부인사 등을 국정운영의 동반자로 등용하는 경향이 강하다.

그 중에서도 문재인 정부의 인력풀로 활용되고 있는 비정부단체나 시민단체로는 참여연대, 율사들로 구성된 민주사회를 위한 변호사모임(약칭으로 민변), 법을 연구하는 판사들의 모임 우리법연구회 등과 같은 외곽지원단체가 있다.[17] 현재 문재인 정권하에서 각 분야의 요직에 등용된 외곽단체 출신의 분포를 보면 다음과 같다.

〈표 9〉 문재인 정부의 외곽단체 출신현황[18]

구분	외곽단체명	인물	비고
청와대	민변	이광철 민정비서관, 김외숙 인사수석, 김미경 균형인사비서관	비서관급이상 54명 중 9명
	참여연대	김상조 정책실장, 김인명 사회수석, 이지수 해외언론비서관	

17) 참여연대 지음, 2017, 『새로 고침 대한민국: 촛불 개혁과 민주주의의 문을 열 키워드 70』, 이매진. 양현모 지음, 2000, 『NGO 의사결정과정; 경실련과 참여연대 사례』, 한국행정연구원.

18) 《조선일보》 2020년 6월 2일 화요일 기사

	반부패국민연대	김거성 시민사회수석	
	녹색연대	김제남 기후환경비서관	
더불어 민주당	한국여성단체연합	남인순	국회의원 177명 중 19명
	정의기억연대	윤미향	
	한국여성민우회	김상희	
	한국여성단체연합	정춘숙	
	기후솔루션	이소영	
	환경운동연합	양이원영	
	한국청년연합	천준호	
	경실련	이용선	
	YMCA	이학영	
	민변	진선미, 박주민, 김용민, 민병덕, 안호영, 이재정, 성동용, 김남국	
정부 부처	민주언론시민연합	한상혁 방송통신위원장	정부부처장관 18명 중 3명
	정대협	이미경 한국국제협력단 이사장	
	참여연대	박은정 국민권익위원장	
	여성평화외교포럼	이정옥 여성가족부장관	

위의 표에 의거 문재인 정부의 외곽단체의 영향력을 그림으로 그려보면 다음과 같다. 외곽시민단체 중에서도 민변출신과 시민단체출신이 압도적으로 많이 등용되어 영향력을 행사하고 있다는 것을 알 수 있다. 그것은 문재인 정부가 시민단체에 기반을 두고 정치를 하고 있다는 것을 암시하고 있다. 그러나 외곽지원단체 구성원을 정부의 요직으로 임용하는 것은 문재인 정부를 지탱하는 힘으로도 작용하지만 아킬레스건으로도 작용하고 있는 약점이 있다. 순수한 전문적 지식에 바탕을 둔 등용보다는 정치적 이해와 해석에 기초한 등용을 선호하기 때문에 벌어지는 현상이며, 이념적 동질성과 행동적 동일성에 기초한 막연한 우리의식에 기대하기 때문에 일어나는 현상이라고 할 수 있다.

〈그림 3〉 문재인 정부의 외곽단체 영향력

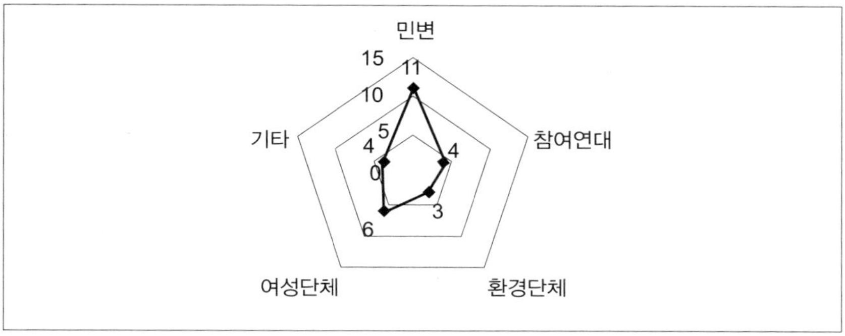

문재인 정부를 적극적으로 지지하고 각종 국정담당자를 배출한 시민단체가 참여연대이다. 참여연대는 국회, 행정부, 사법부 등 국가권력 감시활동, 대기업 및 재벌과 같은 경제 권력에 대한 일상적인 감시 활동, 권력남용 및 부정부패 고발, 공익소송, 입법활동과 같은 제도개선 활동, 시민들의 삶과 직결된 민생문제의 공론화와 해결을 위한 캠페인, 국방정책 및 예산에 대한 감시 등을 목적으로 한 활동을 전개하여 왔다. 그리고 한반도 평화 정착을 위한 제안 활동, 아시아 국가들의 민주주의와 평화를 위한 국제연대 활동, 공익신고자 지원, 공익변호사 양성 등 공익적 가치와 인프라 확대를 위한 활동, 참여민주주의 실현을 위한 대안 정책 연구와 생산, 출판, 토론 활동, 참여민주주의 실현을 위한 시민교육활동 등을 하고 있다.

참여연대가 표방하고 있는 '참여'는 국가권력의 남용과 재벌의 횡포, 그 밖의 권리 침해 등에 대해서 용납하지 말고 시민 스스로의 힘으로 권리와 정의를 찾아 나서자는 뜻을 담고 있다. 그리고 학연, 지연, 국경 등을 넘어 공익과 정의를 위해 협력하되 특히 사회적 약자와의 연대를 뜻한다. 참여연대는 정치권력과 경제 권력의 남용과 횡포를 견제하고 감시하는 활동을 하고, 시민의 정치적, 경제적 권리를 확대하며, 그런 활동에 참여할 수 있도록 제도화하기 위한 정책방안을 연구하고 제시하는 활동을 병행한다. 더욱이 시민참여 문화를 확산하고 참여민주주의를 위한 시민주체를 형성하기 위한 시민교육 활동도 지속적으로 해오고 있다.

다음의 표는 참여연대의 설립, 조직과 임원, 활동목적과 기구, 활동내용, 문재인 정부에서 활동하는 인물 등을 소개한 것이다.

〈표 10〉 참여연대의 설립과 활동내용[19]

구 분	내 용
설립 및 목표	참여연대(People's Solidarity for Participatory Democracy)는 1994년 9월 10일 참여와 인권이 보장되는 민주사회 건설과 참여민주사회를 위한 시민연대라는 명칭으로 창립되었다. 1990년대 새로운 시대의 참된 민주주의의 내실을 기하기 위한 목적으로 사회문제를 제기했던 조희연 교수 등의 진보적 학자, 박원순 등과 같은 인권보호활동 변호사 그룹, 학생 운동권 출신자 등을 주축으로 10명의 상근자와 300여 명 회원들이 참여연대를 출범시켰다. 목적은 각계각층 국민들의 자발적인 참여로 국가권력을 감시하고, 구체적인 정책과 대안을 제시하며, 실천적인 시민행동을 통하여 자유와 정의, 인권과 복지가 바르게 실현되는 참여민주사회를 건설하는 것을 목적으로 한다. (참여연대 정관 제2조)
원칙 및 사업	참여연대는 시민의 힘이 세상을 바꾼다는 기치로 참여, 연대, 감시, 대안 등 4대 활동원칙에 따라 활동하고 있다. 사업내용으로는 여섯 가지를 들고 있다. 첫째 민주사회를 바르게 세우며 구체적으로 실현하기 위한 정책과 방법에 관한 연구와 토론 그리고 시민들의 의사 형성을 위한 사업, 둘째 입법·사법·행정 등 국가기관의 활동에 대한 시민들의 감시와 참여, 셋째 인권을 옹호하고 향상시키기 위한 사회적·제도적 노력, 넷째 정치·경제·사회 ·문화 등 사회 각 분야의 비리와 부정을 고발하여 사회정의와 공익을 실현하기 위한 시민 행동, 다섯째 참여민주주의 실현을 위한 시민교육, 여섯째 그 외에 참여연대의 목적에 부합하는 국내외 연대 활동과 필요한 사업 등이다.
조직	- 조직은 총회, 대표, 고문, 운영위원회(산하 집행위원회), 감사(산하 회원모니터단) 등이 있다. 공동대표 정강자(사회활동가) 및 하태훈(고려대학교 교수), 감사 박형주(회계사), 운영위원회 공동운영위원장 김정인(춘천교대 교수) 및 김진욱(변호사), 집행위원회 공동집행위원장 이찬진(변호사), 집행부위원장 양홍석(변호사), 정책위원회 위원장 이태호, 정책자문위원회 박순성(동국대 교수), 한상희(건국대 교수), 사무처장 박정은 등이다. - 집행위원회 산하에는 정책자문위원회, 정책위원회, 시민위원회, 재정기획위원회 회원모임협의회, 사무처 등이 있다. 사무처 산하에는 사무국, 정책기획국, 미디어홍보팀, 시민참여팀, 민생팀, 경제노동팀, 복지조세팀, 평화국제팀, 시민감시1팀, 시민감시2팀 등이 있다. 정책위원회 산하에는 공익법센터, 참여사회연구소, 아카데미느티나무, 청년참여연대 등이 있다. - 활동기구로는 민생희망본부, 사회복지위원회, 노동사회위원회, 경제금융센터, 조세재정개혁센터, 평화군축센터, 국제연대위원회, 의정감시센터, 사법감시센터, 행정감시센터, 공익제보지원센터 11개 기구가 있다. 참여연대회원수는 2018. 12. 31. 기준 총 14,199명, 참여연대 회원의 연령분포는 20대 이하 3.0%, 30대 13.1%, 40대 34.9%, 50대 33.6%, 60대 이상 15.0% 등으로 구성되어 있다. 1998년부터 정부로부터 지원을 받지 않고 회원들의 회비와 후원금으로 재정을 마련해왔다.

19) http: //www.peoplepower21.org; https: //ko.wikipedia.org/wiki 참연연대 https: //namu.wiki/w/참여연대 (2020년 9월 28일 검색)

활동 실적	- 1994년 창립 이래 사법개혁운동, 부정부패척결운동, 국민생활최저선 확보운동, 재벌개혁소액주주운동, 작은 권리찾기운동, 정치개혁을 위한 낙천낙선운동 등을 전개하였고, 2000년대 이후부터는 평화군축운동, 노동권보장운동, 조세재정개혁운동 등으로 활동 분야를 넓혀왔다. 2004년에는 국제연합 경제사회이사회(ECOSOC)협의 지위를 취득해 유엔 회의에 참가해서 발언할 수 있게 되었다. - 2019년 참여연대가 설정한 9대 중점과제는 1. 민심 그대로 선거제도 개혁과 국회 개혁 캠페인, 2. 검찰권력 분산 공수처 설치와 검찰권 오남용 감시, 3. 사법농단 규명과 법원의 민주적 통제 위한 입법 활동, 4. 한반도 평화 프로세스 촉진을 위한 시민행동, 5. 총수 사익 편취 근절과 기업지배구조 개선 운동 등 재벌개혁운동, 6. 불공정거래 근절·소상공인 보호 입법 및 상생 촉구 캠페인, 7. 자산불평등 개선을 위한 자산과세 공론화 및 입법활동, 8. 사회보험과 공적부조 개선을 위한 정책제안 활동, 9. 회원과 함께 만드는 참여연대 20만 친구 등이다.
문재인 정부 활동 인사	- 청와대 참모 및 정부관료: 김기식 금융감독원장, 김상조 청와대 정책실장, 안경환 전 국가인권위원회 위원장, 김민영 문재인 중앙선거대책위원회 공동위원장, 장하성 정책실장 및 현 주중대사, 정현백 여성가족부 장관, 조국 청와대 민정수석비서관 및 법무부장관, 탁현민 청와대 행정관, 김연명 사회수석, 이지수 해외언론비서관, 김연철 통일부장관, 박은정 국민권익위원장 등이 대표적이다.[20] - 국회의원 및 자치단체장: 박원석 정의당 의원, 이재정 더불어민주당 의원, 박원순 서울특별시장, 박주민 더불어민주당 의원, 조희연 서울특별시교육감

현재 참여연대는 정부조직이나 기구가 아님에도 불구하고 문재인 정부의 싱크탱크역할을 하여 참여연대활동가가 국가의 주요 요직에 등용되고 있다.[21] 청와대와 문재인 정부의 요직에는 전 비서실장, 정책실장 등 참여연대출신으로 구성되었다. 다른 시민단체보다도 현 정부요직에서 활동하고 있어 문재인 정부를 참여연대정부라고도 불리기도 한다. 더욱이 2019년 참여연대의 9대 중점과제 중에는 문재인 정부가 핵심과제로 추진하는 정책과 공감하는 부분이 있다. 대표적인 유사정책을 보면, 선거제도 개혁과 국회 개혁 캠페인, 검찰권력 분산 공수처 설치와 검찰권 오남용 감시, 사법농단 규명과 법원의 민주적 통제 위한 입법 활동, 한반도 평화 프로세스 촉진을 위한

---

20) 《조선일보》 2020년 6월 2일 참조.

21) 참여연대 이외의 시민단체 출신을 보면 다음과 같다. 김거성 시민사회수석(반부패국민연대), 녹색연합(김제남 기후환경비서관), 한국여성단체연합(남인순 국회의원), 정의기억연대(윤미향), 한국여성민우회(김상희), 기후솔루션(이소영), 환경운동연합(양이원영), 한국청년연합(천준호), 경실련(이용선), YMCA(이학영), 민주언론시민연합(한상혁 방송통신위원장), 정대협(이미경 한국국제협력단체연합이사장), 여성평화외교포럼(이정옥 여성가족부장관), 환경정의시민연대(조명래 환경부장관) 《조선일보》 2020년 6월 2일에서 인용하였다.

시민행동, 재벌개혁 등이다.

참여연대활동가가 권력기관에 등용되어 직접적으로 권력을 행사하고 있는 현상은 애당초 참여연대가 순수하게 구상하고 있던 목표, 목적, 활동원칙 등을 넘어선 활동이라는 측면이 있다고 할 수 있다. 참여연대 정관 제2조에 보면, '국민들의 자발적인 참여로 국가권력을 감시하고, 구체적인 정책과 대안을 제시하며, 실천적인 시민행동을 통하여 자유와 정의, 인권과 복지가 바르게 실현되는 참여민주사회를 건설'하는 것을 목적으로 한다. 활동원칙은 '시민의 힘이 세상을 바꾼다는 기치로 참여, 연대, 감시, 대안' 등 4대 원칙에 근거하고 있다. 참여연대의 '참여'는 국가권력의 남용과 재벌의 횡포, 그 밖의 권리 침해 등에 대해서 용납하지 말고 시민 스스로의 힘으로 권리와 정의를 찾아 나서자는 뜻을 함의하고 있기 때문이다.

그런 관점에서 참여연대의 활동을 본다면, 참여연대인사가 정부요직에서 권력과 영향력을 행사하는 위치에 있는 것은 참여연대의 본질을 훼손하는 측면이 있을 수 있다. 참여연대는 권력기관의 권좌에 올라 직접적으로 영향력을 행사하기보다는 시민편에서 시민의 참여를 통해 인권과 사회정의를 실현하고, 참여연대의 설립, 목적, 활동원칙 등에 근거해서 정부의 부당한 권력행사에 맞서야 하는 입장에 있기 때문이다. 영향력과 권력을 행사하는 자가 되어 스스로를 비판을 해야 하는 모순에 빠지기 때문이다. 이미 정부요직에 등용되는 순간 정부권력에 대항하고 저항할 수 있는 자격을 잃은 것이라고 인식할 수 있다.

문재인 정부의 법관련 기관에 중용되는 단체 중의 하나가 우리법연구회이다. 우리법연구회의 홈페이지에 공개된 인사말은 다음과 같이 되어 있다. 즉 '민주화의 열기로 넘쳐나던 1988년, 우리의 사법(司法)에 대하여 진지한 고민을 하던 몇 명의 젊은 법조인들이 모였습니다. 그들은 함께 공부하고 토론하며 사법 본연의 모습을 추구하기 위하여 정례 모임을 결성하였고, 1년 후에는 우리법연구회라는 명칭을 붙이게 되었습니다. 어느덧 20여 성상을 지나면서 우리법연구회는 양적 · 질적으로 큰 변화와 발전을 이루게 되었습니다. 사법과 재판에 대한 진솔한 논의와 회원들 사이의 기탄없는 의견교환은 사법 발전을 위한 작지 않은 밑거름이 되었고, 전 · 현직 회원들은 저마다 법조 현장에서 법의 이념을 실현하기 위하여 열심히 활동하고 있습니다. … 대의(大義)의 심지가 흔들리지 않으면서도 열린 자세로 다양한 의견을 수용하는 균형잡힌 연구회가 되도록 노력할 것입니다'라고 하였다.

다음의 표는 우리법연구회의 설립, 활동가 그리고 우리법연구회의 조직과 판례 등을 소개한 것이다.

〈표 12〉 우리법연구회[22)]

구분	내용
설립	- 우리법연구회의 모체는 당시 강금실 판사를 포함한 일부 소장 판사들의 법학서적 독서회와 2차 사법파동의 중심에 섰던 판사들이 함께 모여 토론하던 모임이다. 이 모임은 1988년 6.29 선언 후에도 제5공화국의 사법부 수뇌부가 유임되어 발생한 2차 사법파동을 계기로 1989년 우리법연구회라는 명칭으로 정식 출범했다.[23)] - 우리법연구회는 법연구모임으로 결성되어, 김종훈(전 대법원장 비서실장), 유남석과 이광범(서울고법 부장판사), 강금실(전 법무부 장관), 강신섭, 박윤창, 한기택 판사, 박종술 및 이태화 변호사 등이 창립 멤버였다. 이들 대부분은 사법시험 23회 및 사법연수원 13기 동기생들이다. 초창기에는 창립멤버와 회원 중에 변호사도 있었으나, 1995년 이후에는 판사들만 회원이 되었다.
목적 및 회원 자격	- 제2조 (목적) 이 모임은 우리나라 법이론, 제도 및 그 운영실태 등 법률문화현상을 연구 및 분석하고, 기본적 인권의 신장과 실질적 정의가 실현되는 민주사회의 발전에 이바지함과 아울러 통일시대에 대비하는 것을 목적으로 한다. 제3조 (활동) 이 모임은 다음과 같은 활동을 한다. 가. 법이론, 제도 및 그 운영실태 등의 조사, 연구. 나. 월례연구발표회, 다. 출판 및 회지의 발행. 라. 그밖에 모임의 목적을 이루기 위하여 필요한 활동 제4조 (회원) ①회원은 판사로 임명된 자로서 모임의 목적을 지지하고 그 활동에 동참할 뜻이 있어야 한다. ②회원은 가입 신청을 거쳐 운영위원회의 동의를 받아 가입한다. ③회원은 이 모임의 각종 집회와 활동에 참여할 권리, 의결권, 임원담임권을 갖고, 이 모임의 각종 활동에 성실하게 참여하여야 할 의무, 회칙과 총회, 운영위원회의 의결사항의 준수 의무 및 회비 납부 의무를 부담한다.
조직과 회원	- 우리법연구회 회원은 총 129명으로 전체 법관 중 약 3% 규모이다(월간조선 2017년 8월 23일). 우리법연구회의 현직 법관 회원 총 129명의 출신지역은 부산 · 경남이 32명(25%), 서울 · 경기 28명(22%), 광주 · 전남 27명(21%), 대구 · 경북 13명(10%), 대전 · 충남은 8명(6%), 전북과 충북이 각각 6명(5%), 강원은 4명(3%), 제주는 3명(2%), 일본이 1명(1%) 등이다. 권역별로 보면, 영남권 45명(35%), 호남권 33명(26%), 수도권 28명(22%), 충청권이 14명(11%) 등이다.

22) http: //www.urilaw.or.kr/index.php; https: //pub.chosun.com/client/news.(2020년 6월-09월 28일 검색); https: //namu.wiki/우리법연구회 (2020년 9월 28일 검색); https: //ko.wikipedia.org/wiki/우리법연구회 (2020년 9월 28일 검색)

23) 제2차 사법파동이란 1988년 당시 사회 전체에 불어닥쳤던 민주화 열기 속에 서울·수원·부산·인천지역 소장판사 430여 명이 대법원장 선임과 관련해 '법원 독립과 사법부의 민주화'를 요구하며 서명에 참여한 사건을 말한다. 이로 인해 노태우(盧泰愚) 정권이 유임시키려 했던 김용철(金容喆) 당시 대법원장이 퇴진하고 이일규(李一珪) 대법원장이 취임하였다.

	- 출신대학은 129명 중 서울대 101명(77%), 고려대 11명(8%), 연세대 8명(6%), 성균관대와 이화여대 각각 2명(2%), 동아대·전남대·전북대·중앙대·한양대 출신 각 1명(1%)이다. 출신고교는 서울경기소재고교 42명(32%), 호남 소재 고교 36명(28%), 영남권 35명(27%)이다.
참여 정부 참여자	- 노무현 정부에서 활동한 인물은 박시환 대법관, 강금실 법무부 장관, 김종훈 대법원장 비서실장, 박범계 청와대 법무비서관 등이다. - 문재인 정부에서 활동하고 있는 인물은 이용구 법무부 법무실장, 김명수 대법원장, 유남석 헌법재판소 소장, 노정희 대법관 중앙선거관리위원장, 김진욱 공수처장후보(2021년 1월) 등 헌법기관장 3명이 진보적인 우리법연구회 출신으로 구성되었다.[24]
주요 판결 사례[25]	- 우리법연구회 초대 회장을 역임한 박시환 대법관은 2008년 송두율에 대한 선고공판에서 '위헌적 요소가 제거되지 못한 국가보안법은 마땅히 폐지되거나 근본적으로 개정돼야 하며, 법원으로서는 국가보안법 조항에 대해 다시 한 번 위헌법률심판제청을 하는 것이 합리적인 태도'라는 별개 의견을 내놓았다. - 우리법연구회 출신 서울중앙지법 판사는 2008년 일심회 사건으로 징역 7년형이 확정된 장민호씨 등 5명이 '피의사실을 공표하고 변호인과의 접견교통권을 침해했다'며 김승규 전 국정원장과 국가를 상대로 낸 손해배상 청구소송에서 원고 일부승소 판결을 내렸다. 그리고 김용준 간첩조작 사건으로 징역 8년을 살았던 김용준씨와 가족이 국가를 상대로 낸 손해배상청구소송에서 '김씨는 위법하게 징역살이를 했고, 가족도 사회적 냉대와 신분·경제상의 불이익을 당했다'는 이유로 국가가 2억 2640만 원을 지급하라는 판결을 내렸다. - 우리법연구회 출신 서울동부지법 판사는 공무원 노조의 노동3권을 요구하며 집단행동을 벌인 혐의로 기소된 전국공무원노조 조합원 23명에 대해 행위의 실정법상 위법성을 인정하면서도 '제헌헌법의 이념과 입법적 미비' 등을 이유로 선고유예 판결을 내렸다. - 우리법연구회 출신 판사는 2008년 촛불시위 당시 시위 참여를 독려하기 위해 '학생시위 5월 17일 전국 모든 중고등학교 학생들 단체 휴교 시위, 문자 돌려주세요'란 문자를 보낸 혐의로 불구속 기소된 재수생 장모씨에게 무죄를 선고했다. 그는 '장씨의 문자메시지는 개인적 의견 표명에 불과하고, 중고등학생들이 자발적으로 집회에 참여할 것을 제안하려는 것일 뿐 불법적 폭력 시위를 선동하는 내용은 찾아볼 수 없다'는 이유에서였다.
해산	- 진보성향 판사들의 모임으로 분류되는 우리법연구회는 창립 30년 만인 2019년 해산되면서 활동을 종료하였다. 우리법연구회 소속이었던 판사는《동아일보》기자와 만나 우리법연구회는 2018년 12월 21일 회원들의 결의로 해산됐다고 밝혔다. 이 모임의 마지막 회장인 정계선 서울중앙지법 부장판사가 회원들에게 온라인으로 해산 찬반 여부를 물었고, 다수가 해산에 찬성해 회원들은 이를 그대로 결의했다. - 우리법연구회의 해산 이유는 신입 회원 부족이라는 설명도 있다. 한때 150명을 웃돌았던 회원 수가 해산 당시 40여 명으로 줄었다. 2010년 우리법연구회 소속 판사 실명이 적힌 명단이 정치권 등에서 공개된 뒤 젊은 판사들이 가입을 꺼렸다고 한다. 이후 우리법연구회가 활동을 중단한 게 아니냐는 말이 나왔다. 우리법연구회 관계자는 30년이라는 시간 동안 우리법연구회가 해야 할 일들을 다 끝냈다고 생각한다. 선배들은 아쉬워했지만 우리법연구회는 이제 역사의 뒤안길로 사라지게 됐다고 말했다.[26]

우리법연구회가 추구한 핵심적인 가치는 민주화, 사법발전, 법조 및 사법연구, 통일시대대비 등이라고 할 수 있다. 우리법연구회는 기존의 독재 정권에 의한 비민주적 행태에서 벗어나 한국사회의 민주화를 법으로 구축하자는 데서 출발하였고, 동시에 법조계와 사법의 발전을 추구하는 데 활동의 목적을 두었다. 그러나 현재 우리법연구회 출신은 법관련 최고기관에 중용되어 친정부인사라는 낙인이 찍히고 있는 듯하다. 국가권력과 사법권력이 하나가 되어 법집행, 법제정, 법행사를 할 경우 무소불위의 권력이 탄생하여 법질서를 무너트릴 가능성이 높기 때문이다.

문재인 정부에서 중요한 싱크탱크 역할을 하고 있는 단체는 참여연대와 우리법연구회, 그리고 민주사회를 위한 변호사모임(민변)이 있다. 그 중에서도 가장 많이 정치계와 법조계에서 활약하여 문재인 정부를 떠받치고 있는 인물이 민주사회를 위한 변호사모임 출신의 변호사들이다. 그들은 법조계, 청와대참모, 국회의원, 지방자치단체장 등으로 활동하고 있다. 다음은 민주사회를 위한 변호사모임의 특징을 소개한 것이다.[27]

〈표 13〉 민주사회를 위한 변호사모임[28]

구분	내용
설립	- 노태우 정부가 출범한 후 1988년 젊은 변호사들은 '자주, 민주, 통일을 목표로 하는 민족민주운동의 한 부문'으로 스스로를 규정하고자 청변(청년변호사회)을 결성하였다. 이 모임에는 이석태, 김형태, 조용환, 유남영, 박용석, 임희택, 손광운 변호사가 참여하였고 기존 정의실현법조인회의 멤버였던 박원순, 임재연, 이원영, 박인제, 이양원, 백승헌, 강신욱, 고영구, 조영래 변호사 등이 참여하여 한국사회의 민주화를 위해 통합이 필요하다는데 합의하였다.

24) 국제인권법연구회는 2011년 발족한 학술 단체이다. 활동 회원만 480여 명으로 법원 내 사실상 최대 규모로 알려져 있다. 우리법연구회의 후신이라는 주장도 있지만, 당시 활동 인원과 현재 국제인권법연구회 회원 중 중복되는 인원이 전체의 5% 밖에 되지 않아 일치하지 않고 있다. 국제인권법연구회의 초대 회장인 김명수 춘천지방법원장이 2017년 8월 문재인 대통령에 의해 대법원장으로 지명되었다.

25) https: //pub.chosun.com/client/news (2020년 9월 28일 검색)

26) https: //www.donga.com/news/Politics/articl (2020년 9월 28일 검색)

27) 민주사회를 위한 변호사모임 여성인권위원회 지음, 2020,『세상을 바꾼 성평등 판결: 사법정의와 여성』, 푸른사상. 민변 30년사 편찬위원회(엮음), 2018,『민변 30년: 인권과 민주주의의 한길로』, 궁리. 조형곤 지음, 2014,『민변의 궤변』, 백년동안.

28) http: //minbyun.org/ (2020년 9월 28일 검색)

	- 1988년 5월 28일 베어스 타운에서 조영래 변호사가 51명의 회원과 함께 '민주사회를 위한 변호사 모임'(민변)을 제안하여 출범하였다.
조직[29)]	- 회장, 부회장, 고문 및 감사, 전국지부, 사무처, 공익인권변론센터 등으로 구성되었다. - 집행위원회로는 사법위원회, 노동위원회, 여성인권위원회, 환경보건위원회, 과거청산위원회, 교육청소년위원회, 디지털정보위원회, 국제연대위원회, 미디어언론위원회, 통일위원회, 미국문제연구위원회, 민생경제위원회, 소주자인권위원회, 아동인권위원회 등이 있다. - 활동TF는 개혁과제실천과 감시TF, 북한해외식당종업원 기획탈북의혹사건대응TF, 일본군위안부문제대응TF, 베트남전쟁시기 한국군에 의한 민간인학살진상규명을 위한 TF, 세월호참사대응TF, 박근혜사법심판TF, 사법농단 진상규명과 책임자 처벌을 위한 TF 등을 구성하여 활동하였다.
활동가	- 1970년대에는 인권변호사 1세대라고 할 수 있는 이병린 변호사, 이돈명(전 조선대 총장), 한승헌(전 감사원장), 조준희(전 언론중재위원회 위원장), 홍성우, 황인철 변호사 등이 유신 시기 시국사건 변론을 주로 담당해 왔다. - 1980년대에는 조영래, 이상수, 박성민, 박원순 등 2세대 변호사들이 시국사건 변론에 적극적으로 참여하였다. 이들은 망원동 수재 사건과 구로동맹파업 사건에서 공동으로 변론한 것을 계기로 1986년 5월 19일 정의실현 법조인회(정법회)를 결성하였다. 변호사 모임에는 강신옥, 고영구(전 국정원장), 유현석, 이돈명, 이돈희(대법관 역임), 이해진, 조준희, 최영도, 하경철(전 헌법재판관), 한승헌, 홍성우, 황인철, 김동현, 김상철, 박성민, 박용일, 박원순, 서예교, 안영도, 유영혁, 이상수, 조영래, 하죽봉, 박연철, 박인제, 박찬주, 최병모, 김충진 변호사 등이 참여하였다. 이들은 대한변호사협회 인권위원회를 통해 인권변론 활동을 확대하면서 김근태 고문사건, 부천서 성고문사건 등 제5공화국 몰락을 초래한 주요 사건을 변론하고 사회 쟁점화하였다. 회원으로 활동했던 이돈명, 이상수, 노무현 변호사 등은 구속되기도 하였다.
활동	- 민변 소속 변호사들은 인권변호사를 자처하면서 각종 시국사건들을 변호하였다. 즉 반미사건, 노동운동관련 사건, 방북사건, 시위관련사건, 북한대남공작에 의한 간첩사건 및 좌익관련사건 등을 변호하였다. - 과거 독재정권적폐청산, 민주적 법제도개혁, 과거청산작업 진행, 사법개혁위원회와 사법제도개혁추진위원회를 통한 형사소송법 개정, 국민 참여 재판제도 도입, 법학전문대학원 설립 등 각종 사법제도 개혁을 추진하였고, 국가보안법, 사립학교법, 과거사법, 언론관계법 등 이른바 4대 개혁입법을 추진하였다. 2002년 민변회원인 노무현이 대통령에 당선되면서 많은 수의 회원들이 국회로 진출하고 공직에 임명되어 정치에 직접 참여하면서 민변의 위상이 높아졌다. - 민변은 박종철, 권인숙 사건, 임수경·문규현 방북사건(1989), 문익환 목사의 방북 사건, 남한사회주의노동자동맹(사노맹), 서울사회과학연구소 사건, 윤석양 보안사 민간인 사찰 양심선언, 1991년 시위 분신 정국 강기훈 유서대필 사건, 미군 장갑차 압사 효순·미선 사건(2002), 미쇠고기 수입반대 관련사건(2008), 쌍용자동차 본사점거농성사건(2009), 용산참사사건(2009), 송두율 사건(2003-2008), 일심회 사건(2006), 양심적 병역거부자의 인권문제에 대한 유엔 진정활동(2010), 왕재산 간첩단사건(2011), 이석기RO사건(2013), 제주 강정 해군기지 건설 반대 활동(2011), 희망버스에의 참여 및

	변론, 한미 FTA 반대 활동, 무상급식 주민투표과정에의 참여, 일본 위안부 문제, 세월호특별법제정 동조단식(2014) 등의 변론에 관여하였다.
민변출신 활동가[30)]	- 법무부에는 법무실장, 법무부 인권국장, 출입국외국인정책본부장, 법제처장, 법무부 검찰신설위원회 등에서 활동하고 있다. - 청와대에서는 대한민국 제19대 대통령, 최강욱 청와대 공직기강비서관, 김외숙 전 법제처장 현 청와대 인사수석, 박주현 전 청와대 국민참여수석, 전해철 전 민정비서관, 김준곤 전 법무비서관, 박범계 전 민정2비서관, 김미경 균형인사비서관, 이광철 민정비서관 등이 활동하였다. - 국회의원으로는 이종걸(전 더불어민주당 원내대표), 이재정, 박주민, 이정희(전 통합진보당 대표), 고 조영래 변호사, 금태섭(더불어민주당), 이석태(헌법재판관), 김해영(더불어민주당), 박범계(더불어민주당), 전현희(더불어민주당), 전해철(더불어민주당), 백혜련(더불어민주당), 천정배(민주평화당), 박주현(바른미래당), 진선미(더불어민주당), 김용민(더불어민주당), 민병덕(더불어민주당), 안호영, 서동용(더불어민주당), 김남국(더불어민주당) 등이 활약하고 있다. - 기관장으로는 고영구 전 국가정보원장, 이상수 전 노동부 장관, 고 이돈명 전 조선대학교 총장, 한승헌 전 감사원장, 강금실 전 법무부 장관, 김선수 대법관, 노정희 대법관, 진선미 전 여성가족부 장관, 김창국 전 국가인권위원장 등이 활동했다.

민변은 법을 지배하고 독점적으로 행사하는 독재정권에 맞서서 인권을 침해하는 불법행위, 각종 법률과 제도에 대한 연구와 현장실태조사, 정치적 양심수를 비롯한 경제·환경·생활문제 등의 공익소송사건에 대한 변론활동, 반정부, 반미, 반체제, 반국가 사범변호 등을 하고 있다. 월간지『민주사회를 위한 변론』발행과 국내 유일의 시민적·정치적 권리를 포괄하는 인권백서인《인권보고서》집필작업에 참여하는 등 여론형성활동도 하고 있다. 그리고 각종 인권 관련 국제회의 참가, 국내 시민·사회단체들과 공동으로 국제캠페인을 추진하는 등 대외협력활동을 하고 있다. 그 이외에도 민변은 다양한 영역에서 활동하면서 영향력을 미치고 있다.

현재 문재인 정부는 참여연대, 우리법연구회, 민변 등과 같은 전문성을 가진 집단뿐 아니라 다양한 사회활동을 하는 친정부적 시민단체에 의존하여 국정을 운영하고 있다. 기성 정권의 반대편에서 활동해온 참여연대, 우리법연구회, 민변 등은 김대중 정부가 들어선 후 정치·사회적 영향력을 키웠고, 노무현 정부 때 활성화되었으며, 문재인 정부에서 전성기를 맞이하고 있다고 할 수 있다.

29) http: //minbyun.or.kr (2020년 9월 28일 검색)

30)《조선일보》2020년 6월 2일 참조

그러나 그들은 참여정부에서나 문재인 정권에서 권력을 행사하는 데 깊숙이 관여하고 있어 친정부성향의 인물로 낙인찍히고 있다. 그런 현상은 본래의 존재의의와 목적을 잊어버리고 있는 측면이 있기 때문에 발생하고 있는 것이다. 문재인 정부는 개혁을 위한 명분으로 참여연대, 민변, 우리법연구회, 국제인권법연구회 출신들을 중용하고 있어 코드인사, 편향된 인사, 과도한 쏠림인사라는 논란에 휩싸이고 있다. 더욱이 입법, 사법, 행정 등 다양한 영역에서 활동하고 있어 편향된 권력 행사를 통해 편향된 국정운영을 할 수 있는 가능성이 높아지고 있다. 문재인 정부와 외곽지원단체와의 밀착 현상은 독재정부에 대한 비판활동과 시민의 인권보호 활동을 해온 원래의 자세와 현저하게 모순되고 있다고 할 수 있다.

Ⅲ. 한국의 친일파와 지일파

1. 한국의 친일파

한국에서 친일파(親日派)는 일본에 매국을 하거나 일본을 두둔하는 인물이라는 인식으로 낙인이 찍혀있어 매우 부정적으로 평가되고 있다. 한자로 보면 일본에 친밀감을 가진 부류라고 할 수 있다.[31] 그러나 현재 한국에서 친일파는 통상적으로 매국노라는 의미에 가까운 개념이며 비판하는 용어로 사용되고 있다. 친일파는 역사적으로

---

31) 친일파(親日派)는 일본 제국이 동아시아 각국을 침탈할 무렵에 일본에 가담하여 그들의 정책을 지지거나 추종한 세력을 가리킨다. 일본이 식민지를 지배하는 과정에서, 그리고 제2차세계대전 종전 이후 비난의 대상이 되었다. 친일파는 일본이 침략하거나 전쟁을 일으킨 국가들에서 부정적으로 사용되고, 부일파(附日派), 종일파(從日派), 종일주의자(從日主義者)라고도 한다. 친일파라는 용어는 임종국이 1966년 출간한『친일문학론』에서 처음 등장하였다. 이 책에서, 친일(親日)은 '일본과 친하다'라는 뜻으로 정의되었으며 친일파라는 명칭은 당시 기득권을 쥐고 있었던 사회지도층 세력인 부일배(附日輩) 표현 대신에 사용된 것이다. 부일(附日)은 "일본제국주의에 부역하다"라는 뜻으로 단순히 일본과 친하다라는 개념을 넘어 일본제국주의의 침략 의도를 적극적으로 도운다는 의미이다. 출간된 이후 한국사회에서 친일파라는 용어가 자주 쓰이게 되었다. 친일파는 일본에 대한 정확한 이해와 지식을 가진 지일파나 학일파(学日派), 경제·문화면에서 일본으로부터의 극복을 주장한 극일파와는 구별되는 개념이다. 단순히 일본문화 전반이나 일본인을 좋아하거나 이에 친근감을 느끼는 의미를 가진 친일과도 구별된다. https: //ko.wikipedia.org/wiki/친일파 (2020년 9월 29일 검색)

보면, 한말 일제강점기에 일제의 침략에 협조하면서 국권을 상실케 하였거나, 일제를 등에 업고 동족들에게 위해(危害)를 가하거나, 독립운동을 방해한 자들을 총칭해서 하는 말이기도 하다.

해방 이후 한국 정부는 식민지 시대에 친일적 행위를 한 한국인을 처벌하기 위해 미군정기인 1947년 7월에 '민족반역자 · 부일협력자 · 간상배 조사위원회법'을 제정하였으나 미군정의 반대로 시행하지 못했다. 정부수립 후 1948년 9월 제헌국회에서 '반민족행위처벌법'을 제정하여 약 1년간 시행하였으나 결국 초대 대통령인 이승만이 이 법의 시행을 원치 않았기 때문에 시행하지 못했다.[32] 당시 이승만은 환국 후에 친일파들이 제공하는 정치자금에 의존하고 있어 친일파들의 요구를 수용하여 처벌할 수가 없었다.

더욱이 당시 미군정청은 한국 상황을 잘 파악하고 있고, 다양한 정보와 지식을 가

32) '반민족행위처벌법'(反民族行為處罰法)은 1948년 9월부터 1949년 8월까지 시행되었다. 1945년 8월 이전 반민족행위자를 처벌하기 위하여 1948년 9월 제정되었다. 일제강점기 동안 각 독립운동단체는 일제에 협력한 자의 처벌을 주요 정책으로 삼았으며, 광복 후 정치단체는 미군정 당국에 반민족주의자들의 제재를 요구하였다. 당시 미군정 당국은 그들의 상당수를 군정청에서 이용하였기 때문에 처벌에 반대하였다. 1947년 7월 과도정부입법의원은 '민족반역자·부일협력자·모리간상배에 관한 특별법'을 제정했으나 미군정청의 반대로 공포되지 못하였다. 1948년 3월 군정법령 제175호 '국회의원선거법'에서 친일분자의 국회의원 선거권 및 피선거권을 제한하였으며, 이 법에 의하여 선출된 국회의원이 제정한 대한민국헌법 제101조에서 그들을 소급하여 처벌할 수 있도록 하였다. 친일행위를 한 자를 그 가담의 정도에 따라 최고 사형까지의 처벌을 할 수 있도록 하고, 그 밖에 재산몰수, 공민권정지의 조처를 할 수 있게 하였다. 그리고 반민족행위를 조사하기 위하여 국회의원 10인으로 구성되는 반민족행위특별조사위원회를 두고 조사보고서를 특별검찰부에 제출하도록 하고, 대법원에 특별재판부를 두어 재판을 담당하게 하였다. 재판은 단심제로 하고 공소시효를 법률의 공포일로부터 2년이 되는 1950년 9월 22일까지로 하였다. 그러나 이 법률은 제정당시부터 친일분자의 견제를 받았으며, 특히 일제강점기에 관직에 있던 자를 중용하였던 이승만대통령이 선호하지 않았다. 1949년 6월에는 특별조사위원회가 일제강점기에 헌병이나 경찰로서 친일행위를 한 경력이 있는 간부를 조사하자 경찰이 특별조사위원회 사무실에 난입하여 직원을 연행하고 서류를 압류한 사건이 일어났다. 친일분자의 처벌을 강력히 주장하던 일부 의원은 국회프락치사건으로 구속되었다. 그러자 같은 해 7월 법률이 개정되어 공소시효가 1949년 8월로 앞당겨지고, 1949년 9월 다시 법률이 개정되어 특별조사위원회·특별재판부·특별검찰부를 해체하고 그 기능을 대법원과 대검찰청으로 이관하였다. 그 업무는 1950년 3월까지 대법원·대검찰청에 의하여 수행되었다. 이 기간 동안 680여 명이 조사를 받았고, 그 가운데 집행유예 5명, 실형 7명, 공민권정지 18명 등 30명만이 제재를 받았으며, 실형의 선고를 받은 7명도 재심청구 등의 방법으로 모두 풀려나 친일파의 제재는 용두사미로 끝나고 말았다. (한국민족문화대백과, 한국학중앙연구원)

진 친일파들을 관리로 등용하였다. 그런 까닭에 그들은 정부 내에서 상당한 세력을 형성하여 영향력을 행사하였다. 또한 해방 후 민족 분단은 법시행을 저해하는 요인으로 작용하였다. 애당초 '반민족행위처벌법'은 2년 한시법으로 제정되었지만 1949년 8월 31일 이후 효력이 정지되었다. 약 1년간 법이 시행되면서 총 취급 건수 682건 중에 검찰부의 기소 221건, 재판부의 판결 40건(체형 14건, 공민권 정지 18건, 형면제 2건, 무죄 6건) 등에 그쳤다. 사형을 받거나 구체적인 재산환수 등과 같은 처벌은 없었고, 1950년 6 · 25가 발발하면서 사실상 효력이 정지되었다.

'반민족행위처벌법'에 기초한 처벌대상을 친일파로 규정한다면 친일파는 다음과 같은 행위를 한 자를 지칭하는 것이 된다. '반민족행위처벌법'에서 규정하고 있는 처벌대상자는 일본 정부와 통모(通謀)하여 한일합병에 적극 협력하였거나 한국의 주권을 침해하는 조약 또는 문서에 조인하는 자, 일본 정부로부터 작(爵)위를 받은 자, 일본제국의회 의원이 되었던 자, 일본 치하에서 독립운동한 자나 그 가족을 악의로 살상 · 박해한 자 또는 이를 지휘한 자, 습작(襲爵)한 자, 중추원 부의원(府議院)의 고문 또는 참의, 칙임관 이상의 관리, 독립운동을 방해할 목적으로 단체를 조직했거나 그 단체의 간부, 군이나 경찰의 관리로서 악질적인 행동을 한 자, 군수공업을 경영한 자, 도 · 부의 자문 또는 결의기관의 의원이 된 자 중에서 일제에 아부하여 죄적이 현저한 자, 관공리가 되었던 자로서 악질적인 죄적이 현저한 자, 일본국책을 추진시킬 목적으로 설립된 각 단체 본부의 수뇌 간부로서 악질적인 자, 종교 · 사회 · 문화 · 경제 기타 각 분야에서 악질적인 언론저작과 지도를 한 자, 일제에 대한 악질적인 아부로 민족에게 해를 가한 자 등이다.[33] 이 시점에서의 친일파는 일제강점기 일본에 부역한 자, 매국을 한 자, 국민에게 위해를 가한 자, 일본에 붙어 부귀영화를 누린 자 등이라는 특징이 있다.

한국 정부는 2000년대 들어서 친일파에 대한 대대적인 조사를 통해서 친일행적에 상응하는 조치를 취하는 구체적인 친일청산작업을 추진하였다. 친일청산작업은 친일파색출과 그들의 재산을 환수할 수 있는 친일파목록을 만들면서 시작되었다. 친일파목록은 민족문화연구소와 관련단체의 산하 친일인명사전편찬위원회(親日人名辭典編纂委員会) 등이 일본통치시대 조선에서 반민족행위를 행한 인물을 친일인명사전

33) https: //www.law.go.kr/ (2020년 10월 10일 검색)

에 수록할 목적으로 정리한 자료를 지칭한다. 조사가 진행된 후 2005년 8월 29일 제1차발표에서는 친일파로 3,090명이 수록되었고, 2008년 4월 29일 제2차 발표에서는 1,686명이 추가되어 총 4,776명이 수록되었다.[34)]

친일파인명사전에 수록하기 위한 기준은 친일파를 판명하는 기준이 되었다고 할 수 있다. 인명사전에 기록된 친일파 기준은 항일운동 경험이 있어도 주장을 변경한 사람, 특정한 친일행위가 없어도 일제시대에 직위에 있던 사람, 매국유사행위자 및 추종자(124명), 중추원(279명), 제국의회(11명), 관료(1,608명), 경찰(450명), 일본군 및 만주군 장교복무(213명), 판사 및 검사(190명), 친일단체활동(272명), 종교(157명), 문화예술(146명), 교육 및 학술(68명), 언론(40명), 전쟁협력(72명) 등이 포함되어 있다. 그런 기준에 의해 박정희 대통령, 한국국가 작곡가 안익태, 한국국기 디자인한 박영효, 한국 만 원권 화폐 세종대왕을 디자인한 김기창 화백 등도 친일파로 분류되었다.

한국에서 친일파는 일제강점기의 친일적 행적을 한 자를 의미하였지만, 최근에는 다양한 시각과 기준에 의해 낙인찍힌 자로 확대되고 있다. 한국 사람으로서 일본과 일본인의 행적을 찬양 및 지지하는 자, 일본입장에서 한국의 사회현상에 대해서 비판하는 자, 반한국 및 반한국인 발언이나 행동을 하는 자, 일본적인 것에 심취하여 한국적인 것을 비하하는 자, 일본식민지 지배의 공헌을 주장하는 자, 역사적 사실을 둘러싼 논쟁에서 일본의 입장을 찬동하거나 지지하는 자, 한민족을 비하하는 자 등으로까지 확대되는 경향이 있다. 그런 현상은 일본과 일본인을 비판하는 과정에서 부각되기도 하고, 한일관계의 호불호에 따라 영향을 받기도 하며, 한국민족주의를 강화하는 차원에서도 이용되기도 하고, 사실을 왜곡하고 있다는 비판에서도 발생하기도 한다.

저서활동, 연구활동, 각종 문화활동 등을 하는 과정에서 친일파라는 논란에 휩싸인 인물은 이영훈(李栄薫), 김완섭(金完燮), 오선화(吳善花) 등이라고 할 수 있다.[35)] 이영훈은 안병직(安秉直)이나 이대근(李大根) 등과 함께 조선시대부터 현대에 걸쳐 한국의 경제사를 연구하고 있다. 그는 공저『반일종족주의: 대한민국 위기의 근원』을 통해서

---

34) 반민족문제연구소 엮음, 1993,『친일파 99인 3』, 돌베개. 반민족문제연구소 역음, 1993,『친일파 99인 2』, 돌베개. 반민족문제연구소 엮음, 1993,『친일파 99인 1』, 돌베개.

35) 연구활동이나 문화활동을 한 그들이 스스로 친일파라고 하고 있지 않다는 점과 이 책의 저자가 그들을 친일파로 규정하고 있는 것이 아니라는 점을 미리 밝혀둔다. 그들이 친일파인가 아닌가라는 판단은 활동한 자와 그들을 보는 자의 몫이라고 생각한다.

식민지 시대의 사회상황에 대해서 분석하고 한국에 대해서 비판을 하여 다양한 논란의 대상이 되고 있다.[36] 책에서는 다음과 같이 소개하고 있다. 즉 '더 이상 외면할 수 없는 기억과의 투쟁, 진실된 역사에 대한 명쾌한 응답!, 아무런 사실적 근거 없이 거짓말로 쌓아올린 샤머니즘적 세계관, 친일은 악(惡)이고 반일은 선(善)이며 이웃 나라 중 일본만 악의 종족으로 감각하는 종족주의, 이 반일 종족주의의 기원, 형성, 확산, 맹위의 전 과정을 국민에게 고발하고 그 위험성을 경계하기 위한 바른 역사서!' 등으로 소개하였다.

이영훈은 식민지 지배하의 조선경제의 연구를 하고 '일본에 의한 식민지 시대에 한국이 토지와 식량을 수탈당했다는 한국사 교과서의 저술은 왜곡되었다'고 주장하였다. 또한 '우리들은 식민지 시대에 대해서 알고 있는 한국인의 집단적 기억은 많은 경우 만들어진 것이며 교육된 것이다'라고 주장하였다. 그리고 민족문제연구소와 친일인명사전편찬위원회가 제2차 친일인명사전을 발표한 것에 대해서 '일본시대 문명에 대해서 학습한 사람이나, 한국의 현대문명을 학습한 인물을 모두 부정하는 것이다. 결과적으로 현대 한국에 살고 있는 자신들의 역사를 부정하는 모순을 내포하고 있다'고 하였다. 이영훈은 한국에서의 반일교육, 친일파에 대한 비판과 청산행위 등을 비판하고 있어, 다양한 시각과 관점에서 비판을 받고 있다.[37]

김완섭은 일본의 입장에서 일본의 위안부송출에 대해서 언급하였다. 즉 '당시 일본은 해외원정시 위안부를 송출함으로써 군인과 현지 주민을 배려하여 침략군이 아닌 해방군에 보다 가까운 증거가 되었고, 일본군의 휴머니즘을 상징하는 증거로 재평가 되어야 한다'고 주장했다. 그런 주장을 한 김완섭은 서울중앙지방법원으로부터 일본

36) 이영훈 외, 2019, 『반일종족주의』, 미래사. 이 책은 역사적 자료를 통해서 위안부, 징용공의 강제성을 부인하고, 독도의 영유권주장에 의문을 제기하는 등 한국 정부의 주장을 항일주의자가 조작한 허구라고 주장하였다. 이 책의 일본판이 발간되어 일본에서 큰 반향을 일으켰다. 일본에서는 이 책의 저자에 대해서 지일파(知日派)로 규정하고 있다. 이들 저자에 대한 협박 등을 소개하면서 '한국의 경찰은 그런 지일파에 대한 폭행과 협박에 대해서 엄격하게 취조하지 않는다'(韓国の警察はこうした知日派に対する暴行や脅迫は厳しく取り締まらない)라고 하여 지지하는 뉘앙스를 풍겼다. 또한 황태연 교수는 『일제종족주의』에서 그들에 대해서 학문을 초월한 정치활동으로 규정하여 법률로 처벌을 해야 한다고 주장했다.

37) 황태연 외 지음, 2019, 『일제종족주의』, 넥센미디어. 호사카 유지 지음, 2020, 『신친일파: 반일종족주의의 거짓을 파헤친다』, 봄이아트북스.

군위안부피해자 6명에게 각각 600만 원을 지불하라는 요구를 받았다. 김완섭은 인터넷 상에서 '양심이 없는 대한민국, 독도는 일본에 돌려줘'라는 칼럼을 게재하였다. 그는 칼럼에 대해서 협박하는 코멘트를 한 1,000명 이상을 대상으로 제소하지만, 서울중앙지방법원은 김완섭이 사회통념을 이탈하는 내용의 문장을 게재하고, 스스로 중상이나 비방을 유발한 면이 있으며, 그것에 대한 코멘트는 협박이 아니라 질책이라고 해석하고 불기소처분했다. 그의 저서 『친일파를 위한 변명(親日派のための弁明)』은 전전 일본에 의한 조선통치에 대해서 긍정적인 견해를 주장하였다. 당초에는 한국에서 판매될 예정이었지만 청소년 유해도서로 지정되었다. 일본에서 2002년 소시샤(草思社)가 번역하여 판매하면서 반향을 일으켜 이례적으로 40만 부나 팔리는 베스트셀러가 되었다.[38)]

오선화는 학교 교육으로 일시에 반일주의에 경사되어 왔지만, 일본 방문 후 다양한 갈등을 경험하고 지일파(知日派)가 되었다고 주장하고 있다. 그녀는 한국 병합을 전부 부정하지 않고 있는 점, 일본의 자학사관의 개선을 요구하는 점, 한국을 비하하는 서적을 출판해왔다는 점 등에서 부정적으로 평가받고 있다.[39)] 2007년 10월 1일 모친 장례식에 참석하기 위해 입국하려고 하였을 때, 일본에서의 반한적 활동을 한 이유로 한국 당국으로부터 입국 금지조치가 취해졌기 때문에 제주도 공항에서 일시 입국이 거부되었다. 그것에 대해서 오선화의 요청으로 제주 일본국 영사관으로부터 일본인에 대한 인권침해라는 항의가 있어 한국 출입국관리국은 오선화의 입국을 인정했다.

현재 한국에서 친일파라는 개념은, 한국과 일본 간의 논란이 되며 사실 공방을 일

38) 金完燮, 2002, 『親日派のための弁明』, 草思社. 이 책에서는 다양한 주장을 하고 있다. 즉 일본의 식민지통치가 정말로 악이었는가, 근대사도 경제개발도 일본의 협력이 없었다면… 한국은 편협한 반일 교육을 그만두어야 한다. 조선의 근대화는 일본의 지원 없이는 불가능했다고 인식하고 일본통치를 높게 평가하고 있다. 또한 한국 정부가 행하고 있는 반일 교육을 지탱하는 역사인식은 잘못되어 있다고 강하게 비판하고 있다.

39) WWUK(著), 吳善花(著), 2020, 『「親日韓国人」ですが, 何か?』, 悟空出版. 이 책에서는 왜 조국보다 일본을 선택했는가?, 일본에 있는 친일한국인(親日韓国人)은 맹공격을 받는다. 반일과 일본선호의 이중적 기준, 반일종족주의의 공적과 한계, 한국인은 한(恨)으로 역사를 왜곡하고 있다. 한이 있는 이상 반일은 지속된다. 일본은 한국의 은혜로 발전했다?, 민족우월의식으로 열등의 합리화, 일본통치시대를 착취라고 부르는 감각, 욱일기, 징용공, 위안부 등의 반일 선전, 자칭 위안부, 자칭 징용공의 부정적 선동에 어떻게 대응할까? '반일=정의'는 완전한 일본에 대한 차별 등의 내용을 담고 있다.

으키고 있는 근대사, 식민지사, 현대사, 한일관계 등에 대해서 일본의 견해와 주장을 두둔하고 지지하는 한국 사람을 비판하는 용어로 사용되기도 한다. 일제강점기 친한적인 행동을 한 인사에 대한 비판용어인 친일파는 일본의 입장을 두둔하거나 일본의 입장에서 한국을 비판하는 포괄적인 개념으로 사용되는 경향이 있다. 더욱이 단순하게 일본과 일본인에 대한 지식을 갖거나 순수하게 한일관계개선을 위해서 노력하는 지일파를 비판할 때도 사용하는 경향이 있다. 그러나 지일파를 친일파라는 범주에 넣어 비판하는 것은 사실을 왜곡할 수 있는 여지가 있다. 따라서 한국에서 지일파는 부정적으로 인식하고 있어 학문적 활동이나 시민운동을 통해서 노출하거나 스스로 노출되는 것에 압박감을 갖고 있는 상황이다.

그런 현상은 일본에서 한국과의 관계 개선이나 올바른 역사인식을 위해 활동하고 있는 일본인에 대한 중립적인 인식과는 대조적이라고 할 수 있다. 일본에서 한국이 주장하는 역사적 사실을 지지하거나 인도적 차원에서 지원하는 일본 지식인으로서 와다 하루키 도쿄대 명예교수, 변호사, 국회의원 등이 있다. 그들은 친한파 또는 지한파라고 불리면서 우익의 비판을 받고 있지만 사회적으로 양심 있는 지식인이라고 높게 평가되기도 한다. 그들은 근대사를 올바로 인식하는 데 주저하지 않으며 일본 정치가들의 잘못된 역사인식에 대해서 당당하게 지적을 하고 있다. 그런 점에서 한국에서의 지일파와 일본에서의 지한파에 대한 감각의 차이가 있다. 그것은 한국에서 한국이 피해자라는 인식이 강하게 작용하고 있고, 일본에서는 일본이 어쨌든 피해를 입힌 자라는 인식이 작용하기 때문에 일어나는 현상이라고 할 수 있다.

한국에서 지일파라는 용어는 부정적으로 부르는 자에 의해 민족주의를 촉발시키고, 불려지는 사람을 반민족주의자로 낙인을 찍는 강한 신념과 이념이 함축된 개념으로 인식되어 영향을 주고 있다. 그러나 한국과 일본이 극단적으로 대립하여 많은 손실을 보고 있는 현시점에서 지일파라는 부정적인 프레임을 통해서 무엇을 얻고 무엇을 잃고 있는 것인가를 신중하게 재점검할 필요가 있다. 불손한 세력에 의해서 악용되고 있거나 한일 간의 대결을 통해 부당이득을 얻고 있는 자들의 농간에 놀아나고 있는 것은 아닌지를 고찰해볼 시기가 되었다. 그리고 지일파를 규정하지 않거나 비판하지 않을 수 있는 충분조건은 무엇인지에 대해서 생각해볼 필요가 있다.

현재 지일파(知日派)로 규정하는 일련의 현상은 한국내에서 반목과 분열을 가져올 가능성이 있고, 혐일론을 조장하는 원인이 되며, 동시에 반일운동을 담은 민족주의로 작용하여 일본인의 반한론과 혐한론을 촉발시키는 경향이 있다. 그리고 국제사회에서 한일 간의 갈등구조를 고착화하고, 한국인과 일본인과의 관계를 소원하게 하여 현실적 협력이나 미래지향적 협치를 끌어내는 데 방해하는 요인으로 작용하고 있다. 이 책에서는 한국에서 부정적으로 낙인을 찍고 있는 지일파를 둘러싼 논의에 대해서 가치판단을 하거나 재단하는 데 목적을 두고 있지 않다. 더불어 한일 간의 대치상황을 끊임없이 재생산하고 있는 대결적 인식과 구조를 극복하고, 한일관계를 개선하여 국익을 도모할 수 있는 한일협력프레임을 구축하기 위한 새로운 인식적, 구조적 패러다임 전환의 필요성을 강조하고자 한다.

2. 한국의 국가지도자

한일근대사에서 일본과 협력하여 조선을 개혁하려던 대표적인 인물이 김옥균이라고 할 수 있다. 김옥균(金玉均, 1851년 2월 23일-1894년 3월 28일)은 1872년 과거에 합격하고 박규수(朴珪壽), 오경석(吳慶錫) 등과 개화사상을 공유하여 정치적 활동을 적극적으로 하였다. 1882년 2월부터 7월까지 일본에 유학하는 과정에서 후쿠자와 유키치(福沢諭吉)의 지원을 받아 게오의숙(慶應義塾)에 다녔고, 흥아회(興亜会)와 연대하여 조선의 근대화 활동을 하였다. 1882년 임오사변 후 체결한 제물포조약의 수신사 박영호(朴泳孝)를 수행하면서 방일하였고 유학생을 파견하였다. 그리고 조선에서는 처음으로 계몽을 위해서 《한성순보》(漢城旬報) 발행에 관여하였다.

그는 개화파로 활동하면서 조선의 근대화를 목적으로 일본, 중국 등 3국을 아우르는 삼화주의(三和主義)를 주창했다. 특히 일본의 메이지유신을 모방하여 청조(清朝)로부터 조선의 독립, 조선의 근대화 추진 등을 강력하게 주장하였다. 청불전쟁(清仏戦争)의 개시를 계기로 일본공사 다케조에 신이치로(竹添進一郎)의 협력으로 민씨 정권을 타도하는 쿠데타(갑신정변, 甲申事変)를 일으켰다. 청의 개입으로 그가 세운 정권은 3일 만에 종료되어 실패하였다. 그는 쿠데타에 실패한 후 이노우에 가쿠고로(井上角五郎) 등의 도움으로 일본에 망명하였고, 이와다 아키사쿠(岩田秋作)라는 위명으로 살아갔고 중국상해에서 암살당하여 생을 마감하였다.[40] 김옥균의 묘지는 일본의 아오야마

40) 이노우에 가쿠고로(井上角五郎, 1860년-1938년)는 실업가이면서 정치가로 활동했고, 임오사변후

영원(青山靈園)에 있다.

해방 이후 한국의 국가지도자는 식민지 지배에 대한 반감으로 반일정책을 구사하는 과정에서 국익을 추구하는 반일 지도자가 있었고, 다른 한편으로는 일본과의 관계개선을 통해서 국가이익을 추구한 지일지도자로 양분할 수 있다.[41] 반일 지도자는 식민지 지배에 대한 부당성, 식민지 지배에 의한 피해보상 및 사죄요구, 한민족의 자주성과 자긍심 고취, 일본과의 대등한 국가 및 국민관계추구, 국익추구 등을 강조하였다. 그들은 일본의 식민지 지배에 대해서 반성과 사과, 손해배상을 요구하였고, 대일강경정책이나 반일정책을 국정의 중요한 방향으로 설정하여 대응하였다.

다음은 반일정책이나 대일강경정책을 추진한 한국의 국가지도자를 소개한 것이다. 그들은 국가의 자주적 독립과 발전을 추구하는 동시에 반일을 통해서 국격을 회복하고 국익을 추진하는 적극적인 측면도 있다. 또한 정권창출과 유지를 위해 대일관계를 중요한 도구로 사용하는 부정적인 측면도 있다.

〈표 14〉 이승만의 대일정책[42]

구분	내 용
인물	- 이승만(李承晩, 1875년-1965년)은 미국에서 독립운동가로서 활동하였고, 1948년부터 1960년까지 대한민국의 초대대통령을 역임했고, 국가의 자주적 독립과 민주주의적 정책을 추진하였으며, 대일강경정책을 사용하는 과정에서 국익을 도모하였다. 다만, 국내에서는 보도연맹사건, 제주도4.3사건, 국민방위군사건, 부정선거 등과 같은 실정을 남겼다. - 미국거주시 한일합병이전의 이씨조선을 동양의 이상국가(東洋の理想国家)였다고 적극적으로 언론활동을 전개하였고, 그런 주장은 《하스트계신문》(ハースト系新聞)에 의해 선전된 일본야만국론(日本野蛮国論)의 일부가 되었다.
이승만라인	- 이승만라인(李承晩ライン, 평화선) 선언의 목적은 일본과의 경계선을 그어 국익을 추구하는데 있었다. 1952년 1월 18일 이승만은 대한민국인접해양의 주권에 관한 대통령선언(大

조선정부의 고문이 되었다. 근대신문인 《한성순보》(漢城旬報)를 발간하였고 한글과 한문 혼합체를 실용화하여 《한성주보》(漢城周報)를 창간하였다. 갑신정변에 관여하고 김옥균, 박영효 등과 활동하였다. 제1회 제국의회국회의원으로 당선된 후 14회 당선되었고, 경부철도와 남만주철도건설에도 관여하였다.

41) 이장규 지음, 2016, 『대한민국 대통령들의 한국경제 이야기 1: 이승만 대통령부터 전두환 대통령까지 산업화 40년』, 살림. 리 소데츠 지음, 2019, 『김정은이 만든 한국대통령: 문재인 정권 실록』, 글마당. 한창 지음, 2017, 『한국의 대통령들: 대통령은 역사의 이정표다』, 호박.

42) https: //namu.wiki/; https: //ja.wikipedia.org/wiki/ (2020년 10월 2일-7일 검색)

	韓民国隣接海洋の主権に対する大統領の宣言)을 국무원 공고 제14호로 공표하였다. 한국의 연안수역보호를 통해 수산 자원과 광물, 공산주의 국가로부터의 안보확보, 인근 국가로부터의 영토주권확보 등을 위한 선언이었다. - 이승만라인의 내용으로는 첫째, 대한민국 정부는 국가의 영토인 한반도 및 도서의 해안에 인접한 해붕(海棚)의 상하에 이미 알려진 것과 또 장래에 발견될 모든 자연자원, 광물 및 수산물을 국가에 가장 이롭게 보호·보존 및 이용하기 위하여 그 심도 여하를 막론하고 인접해양에 대한 주권을 보존하며 또 행사한다. 둘째, 평화선 안에 존재하는 모든 자연자원 및 재부(財富)를 보유·보호·보존 및 이용하는 데 필요한 다음과 같은 한정된 연장해양에 걸쳐 그 심도 여하를 불문하고 인접국가에 대한 국가의 주권을 보유하며 또 행사한다. 특히, 어족 같은 감소될 우려가 있는 자원 및 재부가 한국국민에게 손해가 되도록 개발되거나, 또는 국가에 손상이 되도록 감소 혹은 고갈되지 않게 하기 위하여, 수산업과 어로업을 정부의 감독하에 둔다. 셋째, 상술한 해양의 상하 및 내에 존재하는 자연자원 및 재부를 감독하며 보호할 수역을 한정할 경계선을 선언하며 또 유지한다. 이 경계선은 장래에 구명될 새로운 발견·연구 또는 권익의 출현으로 인하여 발생하는 새로운 정세에 맞추어 수정할 수 있다. 넷째, 인접해안에 대한 본 주권의 선언은 공해상의 자유항행권(自由航行權)을 방해하지 않는다. - 이승만라인의 효과는 맥아더라인의 대체, 해양주권선언, 수산자원어장확보, 독도의 자국령으로 규정하는 실효적 지배화, 샌프란시스코강화조약의 교섭문서인 라스크서간(ラスク書簡)에서 독도를 일본령으로 규정한 의도 무시 등의 의미를 갖고 있었다. 이후 이승만라인을 선언한 후 이승만라인을 넘어 조업하는 일본어선을 나포하고 장기간 억류하였다. 이승만라인은 1952년부터 한일기본조약이 체결되는 1965년까지 약 13년간 시행되었다. 기록에 의하면, 한국은 일본어선 328척, 어부 3,929명을 구속하였다.
대일 문화 정책	- 스포츠 민족주의이다. 이승만은 1954년 FIFA월드컵 아시아예선에 즈음하여 '식민지 지배한 일본인을 영토에 들여놓을 수 없다'라고 하여 일본에서 2개 시합을 하는 조건으로 한국대표팀을 파견하였다. 당시 대표 감독에게 만약 일본에 지면 현해탄에 몸을 던져라고 했다고 하는 말이 전해지고 있다. - 일본의 대중문화규제와 반일교육이다. 일본의 대중문화는 '동서 양속에 반하는 표현'이라고 하여 규제를 했고, 교육면에서도 반일교육을 철저하게 하였다. 일본의 대중문화규제는 김대중 정부 이후 단계적으로 개방되었고, 반일교육은 역사교육과 접목되어 추진되는 경향이 있다.
대일 청산 정책	친일파청산이다. 일제강점기에 활동한 친일파를 공산주의자와 동일한 정치범으로 규정하여 체포하여 투옥시켰다. 다만, 전후 일제강점기에 관료나 국책에 협력한 재벌이나 기업은 독립 후 일정하게 중용되어 정권을 지지하는 토대로 삼으면서 친일파청산은 충분하지 않았다. 이승만은 일본에서 벌어지고 있던 북송사업(北朝鮮歸国運動)을 저지하기 위해 한일통상관계 중단과 한일회담을 중지하였다. 한국 측은 '일본이 인도주의 미명 하에 북한정권의 공산주의건설을 도우려하고 있다'는 이유로 1959년 8월 한일회담을 중지하였다. 더욱이 공작부대를 밀항시켜 북송사업을 주도하는 일본적십자시설파괴, 일본 측 담당자 암살, 귀국선이 입항하는 니가타항(新潟港)을 통하는 철도파괴 등을 시도하였다.

이승만은 일본의 식민지 지배로부터 벗어나 독립을 맞이한 대한민국을 새롭게 건

설해야 하는 과제를 안고 있었다. 한국독립의 완성을 위해서 한일 간의 역사적 문제를 해결하고, 한일 간의 애매한 국경선을 확보하는 것이다. 그리고 이념적으로 갈등을 겪고 있는 대한민국의 분단을 저지하며, 이데올로기에 의한 냉전체제에 휘말리지 않고 자유민주주의국가로서 위상을 구축하는 것이었다. 그러나 일본이 미국의 공산주의 방어선으로 자리매김이 되면서 미국과의 교섭에서 우위를 차지하는데 실패하였다. 미국과의 관계에서 한국은 승전국의 지위를 갖지 못하고, 제대로 된 보상이나 배상으로부터 제외되는 상황이 되었다. 국제사회에서 불리한 위치를 감지한 이승만은 일본과의 관계에서 국익을 얻어내야 하는 숙명적 대결국가로 규정하여 대일강경정책을 구사했다.

다음은 일본에 대해서 민족주의적 시각에서 강력하게 대응한 김영삼 대통령과 식민지 유산을 청산하기 위해 노력한 노무현 대통령의 대일 자세와 구체적인 정책을 소개한 것이다.

〈표 15〉 김영삼과 노무현의 대일정책[43)]

구분	내용
김영삼[44)]	- 김영삼(金泳三, 1927년-2015년)은 제14대대통령(1993년-1998년)으로 일본통치시대에 가네무라 코우스케(金村康右)라고 창씨개명을 하였다. 와세다대학특명교수 등을 지냈다. - 김영삼은 일본통치시대 통영중학재학시 사사받은 히로시마고등사범출신 와다나베 다쓰미(渡辺巽) 선생이 일본인과 한국인을 차별하지 않아 존경하였다고 전한다. 반일감정이 한창이었던 1954년 김영삼이 국회의원으로 당선되어 와다나베 부부를 한국에 초청하였고, 대통령이 된 후 와다나베 유족을 청와대에 초청하였다. 그리고 한일국회의원 축구대회 전일에 야마모토 준지(山本順二, 문부성관료)를 자택으로 초대해서 일본어로 말하는 등 일본인과는 친밀한 관계를 가졌다. - 일본의 역사인식에 대해서 강하게 비판했다. 1995년 11월 14일 중국의 강택민(江沢民)과의 회담에서 '일본의 버르장머리를 때려 고치겠다'(日本の悪い癖を叩き直してやる!)라고 발언하여 반일 자세를 취하였다. 이 말을 하게 된 경위는 일본의 에토 다카미(江藤隆美) 총무상이 '무라야마 발언은 잘못이다', '식민지 시대에 일본도 좋은 일을 했다'고 한 발언에 대한 반발이었다. - 일제유산해체작업이다. 1995년 독도에 배의 접안시설을 건설하였고, 광복 50주년을 기념해서 역사재건사업으로 구 조선총독부 건물을 해체하였으며, 풍수설에 의해 전국에 설치했던 측량용 철봉말뚝을 제거하는 등 일제유산을 청산하는 작업을 추진하였다. - 고이즈미 준이치로(小泉純一郎) 총리의 야스쿠니신사참배에 반대하는 입장과 자세를 표명하였다.

43) https: //namu.wiki/; https: //ja.wikipedia.org/wiki/(2020년 10월 2일-7일 검색)

노무현[44]	- 노무현(盧武鉉, 1946년-2009년)은 시민운동가와 인권변호사로 알려졌고, 제16대대통령(2003년-2008년)을 역임하였으며, 최초로 일본통치시대를 경험하지 않은 대통령이다. - 셔틀외교수뇌회담을 구축했다. 취임당초는 미래지향적인 방향에서 일본과 우호관계를 맺기를 기대했다. 처음 방일하면서 '우리들은 언제까지나 과거에 매달릴 수는 없다'라고 하여 방일의 중요성을 강조했다. 한일수뇌회담에서 이야기하는 것이 중요하다고 인식하고 고이즈미 총리와 셔틀외교수뇌회담을 추진하는 데 합의하고 왕복회담을 했다. 그리고 일본배우 지한파로 알려진 쿠사나기 쓰요시(草彅剛)와의 대화에서 쿠사나기가 한국의 일본문화개방계획에 대해서 질문하자 노무현은 전면개방을 약속하고 실제로 일본문화를 전면적으로 개방하였다. 일본을 가상적국으로 규정했다. 한 주장에 의하면, 노무현은 미국에게 일본을 공통의 가상적국으로 규정하자는 제안을 하여 미국은 매우 당혹해했지만 이 발언은 보도되지 않은 것으로 알려졌다. - 노무현 대통령은 2005년 3.1절 연설에서 식민지 지배에 대해서 명확한 사죄와 반성, 배상 등을 요구하였다. 당시 고이즈미 총리가 야스쿠니신사를 참배하고 일본이 상임이사국진입을 목적으로 하고 있어 반일데모와 반일감정이 격렬하게 발생한 시기였다. 노무현은 외교전쟁을 마다하지 않겠다(外交戦争も辞さない)라고 하고 일본을 비판하고 최종적으로 고이즈미 야스쿠니신사 참배를 이유로 수뇌회담을 중지했다. 야스쿠니신사 참배에 대해서 과거의 전쟁과 전쟁영웅을 미화하고, 그런 국가가 막대한 경제력과 군사력을 갖고 근린국에 고통을 준 것을 보면 국민은 미래를 불안해하고 있다고 하여 한일셔틀외교를 중지하였다. 노무현은 퇴임까지 셔틀외교에 참석하지 않았고, 고이즈미는 야스쿠니신사참배를 부전의 약속(不戦の誓い)이라고 변명했다. 이에 대해 노무현은 '총리가 선의로 해석하려고 하지만 국민은 결코 수용하지 않을 것'이라고 반박하였다. 2005년 4월 노무현은 독일을 방문하면서 일본의 국제연합상임이사국 진입을 반대하는 입장을 표명하였다. - 친일파재산의 청산을 추진하였다. 노무현 정부는 2005년 8월 18일 친일파재산을 돌려놓는 범정부기구인 친일반민족행위자재산조사위원회를 발족했고, '일제점령하반민족행위자진상규명에 관한 특별법 및 친일반민족행위자재산의 국가귀속에 관한 특별법'(日帝強占下反民族行為真相糾明に関する特別法及び親日反民族行為者財産の国家帰属に関する特別法)을 제정하여 친일청산을 추진했다. - 2006년 7월 5일 독도 주변에 일본의 배타적 경제수역 및 영해 내에서 한국배가 일본의 항의를 무시하고 해양조사를 실시하려고 하자 한일 간의 갈등이 증폭되었다. 이후 한일관계는 더욱 악화되었다. - 2007년 1월 하노이 아베와의 회담에서 일본해 호칭 문제해결을 위해 일본해 또는 동해를 새로운 평화의 해(平和の海)라고 부르자는 제안을 하였지만 의견일치를 보지 못했다. 아베가 총리가 되면서 11개월 만에 한일수뇌회담이 열렸지만, 수뇌회담에서 역사인식에 대한 문제가 안건으로 상정되면서 양국의 골을 매우지 못하고 공동성명도 발표하지 못했다.

44) 연세대학교 국가관리연구원(편) 지음, 2014, 『김영삼 대통령』(연세대학교 국가관리연구원 국가관리사료총 14), 선인.

김영삼 대통령은 일제 강점기에 일제 교육을 받았지만, 일본에 대해서는 강경정책을 구사하였다. 즉 일본역사인식비판, 일제유산해체작업, 일본총리의 야스쿠니신사참배 반대 등과 같이 강경자세를 취했다. 그런 김영삼 대통령의 행적에 대해서 한국주재《산케이신문》의 구로다 가쓰히로(黑田勝弘)는 김영삼 대통령을 독도 애국주의의 확대, 역사 바로세우기, 고노담화나 아시아여성기금의 경시, 반일애국 대중영합주의의 대통령 등 부정적으로 평가했다. 특히 역사 청산작업의 일환으로 일제시대 한국을 지배하는 총본산이었던 구 조선총독부 건물을 철거하였다. 한국의 대통령으로서 일본의 역사에 대한 잘못된 인식, 독도영유권에 대한 잘못된 주장, 일본과 일본인 만든 식민지사 등에 대해서 강하게 질타하는 외교정책을 구사하였다. 그리고 국내에서 반일감정이나 반일교육을 중시하는 경향이 있었다.

그리고 노무현 대통령은 미래지향적 한일관계를 구축하기 위해서 셔틀외교 수뇌회담을 구축하고, 일본문화를 전면으로 개방하는 등 일본과의 관계 개선에 적극적으로 임하였다. 그러나 일본지도자의 야스쿠니신사참배, 일본의 국제연합상임이사국 진입 시도, 한일해상갈등, 역사인식갈등 등을 겪으면서 대일자세를 전환하였다. 그는 한일셔틀외교를 중지하고, 일제청산작업의 일환으로 친일재산환수작업을 실시하여 국내에서 많은 반향을 일으켰고, 또한 반일운동을 촉진시켜 반일주의를 양산하였다. 그리고 한일청구권과 관련하여 논란이 되고 있던 배상문제를 정부예산으로 해결하는 등 한일관계에서 벌어진 부정적인 요인들을 해결하려고 하였다.

2010년대 들어서 한일관계는 역사적인 문제와 연결되면서 더욱 악화되어 극단적인 대립관계로 전환되었다. 그 중심의 한 축을 형성하고 있는 이명박 대통령과 문재인 대통령의 대일정책을 소개하고자 한다.

〈표 16〉 이명박과 문재인의 대일정책[46)]

구분	내용
	- 이명박(李明博, 1941년-)은 일본 오사카에서 태어나 1945년까지 살았고, 일본이름은 쓰키야마 아키히로(月山明博)였으며, 재17대 대통령(2008년-2013년)을 역임했다.

45) 연세대학교 국가관리연구원(편) 지음, 2014,『한국대통령 통치구술사료집. 5: 노무현 대통령』(연세대학교 국가관리연구원 국가관리사료총 15), 선인.

46) https: //namu.wiki/; https: //ja.wikipedia.org/wiki/ (2020년 10월 2일-7일 검색)

이명박	- 이명박은 '일본이 독일을 배워야 한다'(日本はドイツを見習うべき)는 취지 발언을 하였다. 방일하여 아베총리와 회담하면서 한국국민의 3대 현안으로 역사인식, 야스쿠니신사, 독도 등을 규정하고 그런 문제를 미래지향적으로 해결하기 위해 적극적인 노력을 바란다고 하였다. 임기 1년 남겨놓고 일본의 역사인식, 독도문제, 천황사죄요구 등을 언급하면서 대일강경자세를 취하였다. - 일본통치시대 건설된 서울시청사를 태극기로 전체를 덮는 이벤트를 하였고, 일본의 역사왜곡교과서의 채택저지운동을 위해 기부금 1억 3천만 원을 모금하였으며, 남산에 있는 유스호텔에 일본의 수학여행 학생을 유치하여 독도영유권이나 일본제국주의 진실을 학습하도록 하는 방안을 제시하였다. - 이명박은 한일 간의 미래지향적 방향으로서 한일무역적자해소를 위한 정치적 개입, 경제적·기술적 원조 등을 요구하였고, 한일FTA에서 1대1의 조건이 아니라 일본의 양보를 요구하였다. 그리고 일본은 세계의 평화와 번영에 기여할 책임이 있고, 피해국의 번영과 평화를 위해 양보를 해야 한다고 주장하였다. - 2008년 취임 후 일본과의 셔틀외교를 부활시키고 4월 방일하면서, 천황 및 황후와의 회담에서 한국 방문을 초청했다. 2010년 9월 하토야마 전 총리와의 회담에서 한일 양국은 지구상 최고로 좋은 2국간 관계를 세워야 한다는 발언을 하고, 2011년 10월 노다 요시히코(野田佳彦) 총리와의 한일수뇌회담에서 원화 급락이 우려되어 통화교환협정을 130억 달러에서 700억 달러로 확대하였다. 그리고 2011년 위안부문제에 대해서 한국이 요구하는 성의를 보이지 않는 한 동년 주한일본대사관 정면에 건립하는 13세의 소녀위안부라 칭하는 상이 건립된다고 말하고 문제해결을 강하게 요구하였다. - 이명박은 독도를 한국의 주장대로 표기하는 운동을 하는 시민단체 VANK에 대한 예산삭감안을 철회하고 지원하였다. 그리고 2012년 8월 10일 한국의 대통령으로 최초로 독도에 직접 상륙하고 한국령이라고 발언하여 일본의 거센 반향을 일으켰다. - 2012년 8월 14일 아키히토 천황에 대해서 '일왕(日王)'이라고 호칭하고, 일왕이 통석의 념이라는 단어를 말하기 위해서 온다면, 방한은 필요없다(日王が痛惜の念などという單語ひとつを言いに來るのなら, 訪韓の必要はない). 일왕이 한국에 온다면, 한국의 독립운동가 모두에게 세상을 떠나기 전에 마음으로부터 사죄하라고 하였다. 동년 8월 15일에는 일본군위안부피해자 문제는 인류의 보편적 가치와 올바른 역사에 반하는 행위라고 하였다. - 일본 정부는 이명박 대통령의 천황사죄요구에 대해서 사죄와 철회를 강하게 요구했지만, 김성환 외교통상장관은 쇼와천황의 전쟁책임을 주장했다. 그에 대한 대응으로 일본 정부는 주한대사를 일시적으로 귀국조치했고, 2012년 8월 17일 노다 총리는 이명박 대통령에게 독도상륙에 대한 유감표현과 국제법에 따라 냉정하게 해결하고, 분쟁을 평화적으로 해결하기를 바란다는 취지의 친서를 보낸 것으로 알려졌다. 그러나 한국은 친서를 받는 것이 일본에 구실을 주는 것이라고 여겨 친서 수령을 거부하고 주일한국대사관직원이 일본 외부성에 반환하려고 하자 외무성은 영내 출입을 거부했다.
문재인[47]	- 문재인(文在寅, 1953년-)은 2012년 12월 대통령선거에서 박근혜에게 패배한 후 박근혜의 탄핵과 파면으로 2017년 5월 9일 제19대 한국 대통령으로 취임하였다. 박근혜 대통령이 탄핵소추된 후 야당토론회에서 탄핵이후 과제에 대해서 친일과 독재가 지속되어 한국사회의 주류가 된 보수시대를 끝내고 싶다고 하였다. 그런 의도와 목표는 적폐 청산으로 이어졌다.

	- 2017년 7월 5일 G20 출석을 위해 독일을 방문하고, 7월 7일 아베 총리과 수뇌회담을 하면서, 현안이 되고 있는 위안부문제에 대한 언급을 서로 자제하고 셔틀외교를 재개하는 데 합의했다. 이어서 트럼프, 아베, 문재인 등이 한미일공동성명을 내고 북한에 도발을 자제하고 대화를 장으로 복귀시키자는 의견에 일치하였다. - 2018년 3.1절 기념사에서 '독도는 일본의 한반도 침탈 과정에서 가장 먼저 강점당한 우리 땅입니다. 우리 고유의 영토입니다. 지금 일본이 그 사실을 부정하는 것은 제국주의 침략에 대한 반성을 거부하는 것이나 다를 바 없습니다. 위안부 문제 해결에 있어서도 가해자인 일본 정부가 "끝났다"고 말해서는 안 됩니다. 전쟁 시기에 있었던 반인륜적 인권범죄행위는 끝났다는 말로 덮어지지 않습니다. 불행한 역사일수록 그 역사를 기억하고 그 역사로부터 배우는 것만이 진정한 해결입니다. 일본은 인류 보편의 양심으로 역사의 진실과 정의를 마주할 수 있어야 합니다'라고 말했다. - 2018년 5월 9일 한중일수뇌회담을 위해 처음 방일하고 한반도의 완전한 비핵화를 위해 한중일이 협력하는 데 일치하였다. 그리고 한일 간의 현안은 유보되면서 성과를 얻지 못했다. - 2019년 한국의 대법원은 징용자와 관련된 일본기업에게 배상을 명하는 판결을 내렸다. 한국대법원의 배상판결에 대해서 일본 정부는 강하게 반발하고 한국 정부가 해결할 것을 요구하였다. 이후 문재인 정부와 아베 정부는 징용공배상문제와 한일청구권협정을 둘러싸고 극도로 대립하였다. 한일 간의 대립은 아베 정부와 문재인 정부 간의 갈등, 각종 사회영역 간의 갈등, 국민 간의 갈등, 국제사회에서의 갈등 등으로 번지면서 한일관계가 극한으로 치닫아 역사 이래 가장 심각한 위기에 직면해 있다.

특히 일본은 천황에 대한 언급에 대해서 민감하게 반응하였다. 2012년 8월 24일 일본의 정당인 민주당, 자유민주당, 공명당, 모두의 당, 국민의 생활이 제일 등은 일본공산당과 사민당의 반대에도 불구하고 이명박 대통령의 천황사죄요구 발언과 독도 방문에 대해서 항의하는 결의를 하였다. 결의문에서는 천황사죄 요구가 '우호국의 국가원수 발언으로는 극히 비례이며 결코 용인할 수 없다'(友好国の国家元首の發言として

47) 矢野百合子訳, 2018,『運命文在寅自伝』, 岩波書店. (원저는 2011년 문재인). 八幡和郎, 2019,『ありがとう,「反日国家」韓国 文在寅は日本にとって"最高の大統領"である! 』, ワニブックス. 여기에서는 한국해군에 의한 레이다조사문제, 한일기본조약을 부정하는 징용공판결, 미국도 불쾌감을 감추지 않은 지소미아포기, 상식을 이탈한 욱일기 알레르기, 민관이 주도하는 일본제품 불매운동, 방사능오염을 이유로 하는 도쿄올림픽 보이콧론, 천황폐하에 대한 사죄요구, … 한국의 비열한 도발로 눈을 뜬 일본인은 지금 정정당당한 반격을 하라는 점을 강조하고 있다. 그리고 일한관계를 사회 각 영역의 관점에서 분석하고 일본과 일본인이 한국에 대해서 어떻게 대응해야 할 것인가를 제안하고 있다. 구체적인 제목을 보면, 문재인 대통령에게는 감사하고 싶다. 한일기본조약을 부정하면 어떻게 될 것인가, 한국과 절연해도 전혀 곤란하지 않다. 반일? 친일? 한국인의 불가사의, 왜 한국에 아첨하는 일본인이 있는가, 한 시간에 읽을 수 있는 한일관계의 2천년 등으로 구성되어 있다.

極めて非礼で決して容認できない)고 하여 발언의 철회를 요구하였다. 동시에 독도점거에 대해서 '우리국 고유의 영토인 것은 역사적으로도 국제법상으로도 의심이 없다'(わが国固有の領土であるのは歴史的にも国際法上も疑いはない)고 하고 불법점거를 한국이 즉시 정지할 것을 강하게 요구하였다.

현재 한국 대통령으로 재임하고 있는 문재인 대통령은 한일현안을 둘러싸고 '일본에게 결코 질 수 없다'는 말을 천명하였다. 그 발언에는 대일강경자세와 정책을 추진할 것이라는 의지가 함축되어 있다고 할 수 있다. 타협과 협력보다는 대결과 경쟁하는 자세로 대응하여 승리하겠다는 강한 의지의 표현이기도 하다. 일본과 관련된 현안을 해결하는데 결코 양보하거나 물러나지 않겠다는 의미이다. 일본의 아베 총리도 한일현안에 대해서 한발도 물러서지 않는 대한 강경자세를 취하였다. 한국 정부나 일본 정부 중 어느 쪽이 먼저 시동을 걸었는가라는 문제는 별도로 하고, 한국 정부와 일본 정부는 보복 대 보복이라는 극단적이며 적대적인 전략으로 대응하고 있다. 따라서 한일관계는 양보와 타협이 개입하기 어려운 실정에 처해있고 최악의 상황에 몰려있다.

해방 이후 한국에서 친일파는 결코 좋은 이미지가 아니다. 그것은 식민지를 겪는 과정에서 일본에 적극적으로 동조하고 협조하면서 자익과 출세를 추구한 부정적인 인물이라는 평가가 압도적이었기 때문이다. 그리고 시대적 상황에 편입되어 기존의 제도와 질서에 적응하는 과정에서 자연적으로 발생한 유사 친일파도 생겨났다. 그러나 전후 친일파의 범주에 있는 인물들은 새로운 정부 구성을 하고 국가를 재건하는데 필요불가결한 존재였던 것도 사실이다. 국정을 운영할 수 있는 경험 있는 인물이 필요했기 때문에 어쩔 수 없이 그들의 도움을 받거나 그들이 주체가 되었기 때문이다. 현재는 식민지 시대에 사익을 추구하기 위해 활약한 인물과 태어나 보니 일제강점기였기 때문에 그 체제에서 살아온 인물을 모두 친일파고 지칭하는 경향이 있다.

또한 일제강점기와는 관계가 없다 하더라도 일본에 친화적인 인물을 친일파로 규정하고 비판하는 경우도 발생하고 있다. 그런 현상은 국가 수준이든 개인 수준이든 친일파라는 프레임과 비판을 통해서 반일을 조장하고 민족주의를 고양하여 정치적 목적이나 개인적인 목적을 달성하기 위한 수단으로 종종 이용되기 때문이기도 하다. 그런 시각에서 보면, 일본과 관련되어 활동하는 한국의 국가지도자, 지식인, 사회운동가, 문화활동가 등 모두를 친일파로 낙인찍는 것은 비합리적이고 부당한 측면이

있을 것이다.[48)]

다음의 표는 한국지도자로서 일본에 대한 지식을 동원하여 대일외교정책과 국정을 시행한 인물과 활동 내용을 소개한 것이다.

〈표 17〉 박정희의 대일정책[49)]

구분	내 용
일본과의 관련성	- 박정희(朴正熙)는 제5대부터 제9대까지 한국 대통령을 지냈고, 일제 강점기의 행적을 통해서 친일파로 비판받고 있으며, 동시에 해방 후 본인이 갖고 있는 일본에 대한 지식을 통해 한일관계에 적극적으로 대응했다는 점에서 지일파의 성격을 갖고 있다고 평가할 수 있다. - 당시 통명은 타카기 마사오(高木正雄)이다. 만주국군 군관학교 졸업 후 일본의 육군사관학교에 유학하고 1944년 졸업하였고, 그 해 7월 만주국군 소위로 임관한 조선인 장교 4명 가운데 한 사람이었다. 팔로군 토벌작전에서는 제8단 제2연대 소속으로 참가하였으며, 1945년 7월 중위로 승진하고, 8월 9일 소련군이 참전 선언을 하고 만주국에 진출한 후 8월 15일 일본이 항복 때 제8단의 부관으로 근무했다.
한일국교 정상화	- 일본의 사토 에이사쿠(佐藤栄作) 총리와 한일기본조약과 한일청구권협정을 맺어 한일간의 국교를 정상화하였다. 한일 간의 국교정상화와 한미간의 국교정상화를 통해서 한미일간의 지원체제를 확립하였다. 그리고 미국의 존슨 대통령의 요청을 받아 1964년 베트남전쟁에 한국군을 파병하였다. - 일본형 발전유형을 기초로 한 경제발전정책을 추진하였다. 특히 한일기본조약과 한일청구권협정에 근거해 1966년부터 1975년 2월까지 일본이 지불한 5억 달러의 대일청구자금(対日請求権資金)은 야하다체철소(八幡製鉄所)를 모델로 한 포항제철소를 설립하고,[50)] 소양강다목적댐 건설, 경부고속도로 건설, 기타 사회영역투자 등 한국의 제2차 5개년계획의 실현에 사용하여, 한강의 기적(漢江の奇跡)이라 불리는 고도경제성장을 달성했다. 그런 내용은 1976년 한국 정부에 의해 발표된『대일청구권백서』(対日請求権白書)에 기록되어 있다. - 당시 야당은 2012년 대통령선거에서 미국립문서보관소의 국무성기밀대화비망록을 인용해서, '박정희 대통령은 1965년 6월 한일기본조약 타결 직전에 미국을 방문하고 독도폭파발언을 했고', '독도를 폭파해서 없애고 싶다고 말했다'고 비판하였다. 여당 진영은 '외교문서에서 그런 발언은 일본 측이 했다'고 하여 야당의 허위사실유포라고 하였다. - 한일기본조약서명 1일 전인 1965년 6월 21일 시이나 에쓰사부로(椎名悦三郎) 외상과 이동원 외상과의 대화를 기록한 일본외무성문서(1965.6.22. 15-226)에 의하면, 이동원

48) 宇田川敬介, 2014,『韓国人知日派の言い分』, 飛鳥新社. 白川豊, 2008,『朝鮮近代の知日派作家, 苦闘の軌跡 廉想渉, 張赫宙とその文学』, 勉誠出版.

49) https: //namu.wiki/; https: //ja.wikipedia.org/wiki/ (2020년 10월 2일-7일 검색)

	장관은 '박대통령은 독도문제를 한일회담의 의제 외로 하도록 지시하고, 본건은 한국 정부의 안정과 운명이 걸린 중대 문제이기 때문에, 만약 한국 측으로서 수락할 수 있는 해결책이 없다면, 한일회담을 중지해도 좋다고 말했다'고 하였다.
대일관	- 박정희는 1961년 11월 기시 노부스케 총리와 세계 2차대전 때 일본군 수뇌부 출신들 및 정계 유력인사들과의 자리에서 '경험도 없는 우리한테는 맨주먹으로 조국을 건설하겠다는 의욕만이 왕성합니다. 마치 일본의 메이지 유신을 성공시킨 청년 지사와 같은 의욕과 사명감을 품고 그분들을 모범으로 삼아 우리나라를 빈곤으로부터 탈출시키고, 부강한 국가를 건설하려고 합니다'라고 말했다. - 박정희는 만주군관학교 사관생도 시절 교장이었던 난구모 신이치로(南雲親一郎) 전 일본군 중장을 이케다 총리 관저 오찬장에 특별히 초청하여 '교장 선생님 덕택에 일본 육사를 나왔고 이제 한국을 대표해 일본 총리를 만나게 됐다'고 감사의 절을 했고, 술을 따랐다. - 무명의 젊은이들이 국가의 근대화를 추진한 메이지유신에 대해서 언급하면서, '메이지 유신의 지사를 배우고 싶다'(明治維新の志士を見習いたい)라고 하였다. 그 가운데 중심인물이었던 사이고 다카모리(西鄕隆盛)를 존경하고, 사이고가 이야기한 '자손을 위한 미전을 남기지 않는다'(子孫のために美田を殘さず, 一家遺事人知否, 不下為二 孫一買中美田上)라는 말을 자주 인용하였다. 한국은 '일본에게 배워야 강국이 된다'(日本に学び, 强国になる) 것을 강조하였다. - 후쿠다 다케오(福田赳夫)가 한국을 방문했을 때, 한일각료들이 일본어로 대화를 하는 중 한국 측의 관료가 과거 일본통치시대를 비판하는 말을 하자, 일본의 조선통치는 나빴지만, 자신은 빈농의 아들로 학교에 가지 못했고, 일본인은 와서 의무교육을 시키지 않는 부모는 벌하도록 하였기 때문에 부모는 어쩔 수 없이 자신을 학교 보냈다. 성적이 좋아 일본인의 선생은 사범학교에 가라고 권유하고, 더욱이 군관학교를 거쳐 도쿄의 육군사관학교에 가서 수석으로 졸업할 수 있었다. 일본의 교육은 의외로 공평했고, 일본의 정치도 감정적으로 비난할 생각이 없었다고 평가하고 싶다고 하였다.[51] - 한일국교정상화를 위해 한일기본조약에 역할을 한 중앙정보부장 김종필은 '반일보다 용일'(反日より用日)이라는 말을 할 정도로 용일을 강조하여 박정희 대통령에게 영향을 주었다. 그것은 일본에 대해서 무조건으로 적대시하거나 거부하는 것이 아니라 필요한 경우 타협하고 일본이 갖고 있는 장점이나 약점을 이용하여 국가발전에 사용한다는 의미를 가진 용일론(用日論)이다.
반일이데올로기	- 육영수 여사의 총격을 계기로 '일본은 적화공작의 기지가 되고 있다'(日本は赤化工作の基地となっている)라고 하여 일본에 대해서 비판을 하였다. 그리고 일본을 경계하는 차원에서 반일적 애국교육을 추진하였다.

50) 일본제철야하타제철소(日本製鉄八幡製鉄所)는 메이지정부의 식산흥업정책하에서 추진되었다. 특히 일청전쟁에서 승리한 일본은 제철사업조사회를 설치하고 1896년 제철소관제를 발표하면서 시작되었다. 1897년 착공해서 1901년 용광로에 불을 지폈다. 제철소를 건설하기 위해 독일에 설계를 의뢰하는 한편 해외에 인재를 파견하여 기술을 학습하게 하였다. 1904년 일러전쟁이 시작되면서 철에 대한 수요가 증가하여 발전했다. 1925년 상무성 산하로 들어왔고, 제철기업의 합리화가 추진되면서 1934년 일본

한국의 국가지도자는 일본과 관련해서 긍정적이며 부정적인 평가로부터 완전하게 자유로워질 수 없다. 일본과의 관계에서 국익을 추구하는 시도는 분명히 긍정적으로 평가되고, 약간의 불이익과 관련되면 부정적으로 평가받기 때문이다. 국가지도자로서 박정희는 한일국교정상화가 전략적 대응이나 정책으로 왜곡됐다는 비판도 있지만 한일기본조약이나 한일청구권협정을 통해서 일본의 조력을 얻어 국가발전에 이용한 긍정적인 측면도 있다. 일본과의 관계를 통해서 한국의 근대화를 추진하고 경제발전의 토대를 구축하는 데 공헌했다는 점에서 일본을 잘 아는 대표적인 지일파라고 평가할 수 있을 것이다.

다음은 한일관계를 맺는데 적극적인 역할을 했던 김종필과 일본과의 문화적 개방을 추진한 김대중 대통령의 대일관과 활동에 대해서 소개한 것이다.

〈표 18〉 김대중과 김종필의 대일정책[52)]

구분	내용
김대중	- 김대중(金大中, 1924년-2009년)은 민주운동가이며 박정희의 정적으로 활동하면서 제15대 대통령이 되었다. 일본 이름은 토요다 다이주(豊田大中)이며, 일본통치시대에 일본어교육을 받았다. - 박정희 정권의 압박으로부터 벗어나기 위해 1972년부터 1985년까지 일본과 미국에서 활동하였다. 특히 박 정권하에서 KCIA에 의해 일본호텔에서 납치 감금되었지만 일본의 보호를 받았다. 그 때 우쓰노미야(宇都宮德馬, 실업가이며 정치가) 등의 도움으로 생명을 보호를 받아 일본에 대해서 관용적인 입장을 취하였다. - 대통령에 취임한 후 방일했을 때 은사를 방문하고 토요다입니다 라고 하였다. 1998년 방일전에 한국 정부로서 천황을 '일왕'이라는 호칭대신에 '천황'이라는 호칭을 사용하도록 공식화했다. 그리고 과거청산의욕을 강하게 가졌다. 황거의 궁중만찬회 연설 답변에서 식민지 지배 등 과거 역사 상처에 대해서 언급하지 않았다. 아이코 내친왕(愛子內親王)의 탄생에 대해서는 황실과 국민이 기다린 황손이 탄생한 것을 한국 국민과 함께 축하하고, 황실이 경사를 통해 한층 번영하기를 확신한다고 축전을 보냈다. - 대통령으로서 일본문화개방을 추진하였다. 일본영화나 음악 등 일본대중문화를 수용할 것을 표명하고, 한일월드컵을 공동개최하는 등 민간교류를 활성화하였다. 과거 이래 최고 좋은 한일관계를 구축했다. - 고이즈미 총리의 야스쿠니신사 참배에 반대하는 자세를 보였고, 보수적인 활동을 하는

제철주식회사가 됐다. 1970년에는 야하타제철과 후지제철이 합병해서 신일본제철주식회사가 되었고, 2012년 신일본제철과 스미토모제철이 합병해서 신일철주금(新日鉄住金)이 발족됐다.

51) 金完燮, 2003,『日韓「禁断の歴史」』, 小学館. p.212.

52) https: //namu.wiki/; https: //ja.wikipedia.org/wiki/ (2020년 10월 2일-7일 검색)

	새로운 역사교과서를 만드는 회(新しい歴史教科書をつくる会)가 만든 역사교과서가 검정에 통과하고 35개 항의 수정요구를 한 것에 우려를 표명했다.
김종필	- 김종필(金鍾泌)은 1944년 일본의 주오대학에 진학을 위해 단신으로 일본에 건너갔지만, 전황의 악화로 귀국하여 서울대학교에 진학하였다. 기쿠지(菊池寛) 등 일본문학에도 조예가 깊었고, 아오야마대학에서 명예박사학위를 받았다. 한일의원연맹 임원을 맡았고, 한일로비의 한국 측을 담당하고 대일관계개선에 노력하였다는 점에서 자타가 공인하는 지일파라고 할 수 있다. - 김종필은 일본외상 오히라 마사요시와의 비밀협상에서 양국의 국교정상화, 청구권협정 타결, 그 이외 3억 달러의 상업차관약속, 어업수역 12해리 밖에 공동규제수역설정, 이승만 라인 철폐 등을 일괄타결했다. - 한일기본조약체결 시 1964년 반대운동인 6.3항쟁이 전개되어 학생들과 직접 대화를 하고 현장에서 '지금은 과거의 문제보다 성장의 방법이 중요하다. 그것을 위해 일본의 원조가 필요하다'고 역설하였다. 그 자신도 대일청구권 포기에 대해서는 '어쩔 수 없었다'(やむを得なかった)고 하였다. 그러나 진상규명에 대한 협력은 거부했다. - 정계은퇴 후 일본을 좋아하는 나(日本が好きな私)라고 하여 스스로 지일파 발언을 하였다. 재일한국인문제에 대해서는 2세나 3세는 일본국적을 취득해야 한다는 주장을 1980년 우익잡지『쇼군(諸君!)』에 게재하여 물의를 일으켰다. - 야스쿠니신사 참배에 대해서는 비판하였다. 미국부성외교문서에 의하면, 1962년 10월 중앙정보부장 시절에 한일국교정상화를 위해 오히라 마사요시(大平正芳) 외상과의 회담에서 독도영규권문제에 대해 김종필은 일본 측이 주장하는 국제사법재판소 위탁을 거부하면서, 독도문제의 해결책으로 독도 파괴를 제안했다. 김종필은 이케다 다미토(池田勇人) 총리 및 오히라 외상과의 회담후 방미하고, 1962년 10월 29일 미국무장관과의 회담에서 '독도는 무엇에 사용되고 있는가'라는 질문에 김종필은 '갈매기가 집을 짓고 있을 뿐'이라고 답했고, 자신이 독도파괴안을 일본 측에 제안한 것을 명백하게 했다. - 그러나 이후 한국에서 독도파괴론이 문제시되자 김종필은 '일본에 절대로 독도를 건네줄 수 없다'는 의사를 표명했다. 2010년《조선일보》취재에서 국제사법재판소에서 일본의 것이다 라는 판결이 나와도 모두를 폭파하더라도 너희들 손에는 넘겨주지 않겠다고 하였다.

김대중은 정적으로 몰려 위기에 처했을 때 일본정치가에 의해 목숨을 보호받아 일본에 우호적인 자세를 취하였다. 대통령이 된 후 일본의 대중문화 개방을 추진하는 등 우호적인 한일관계를 유지했다. 김종필은 한일기본조약과 한일청구권의 기초작업을 하였고, 한일교국정상화 및 한일관계를 맺는데 적극적으로 활동하였다. 그런 의미에서 김대중과 김종필은 누구보다도 일본과 깊은 관계를 맺고 한일관계를 나름대로 개선하기 위해서 긍정적으로 대응했다는 점에서 지일파라고 평가할 수 있다.

2008년 민족문제연구소는 친일인명사전을 발간하면서 친일파에 대한 기준을 정하고 재평가하였다. 그 과정에서 국가지도자가 친일파로 기록되면서 진위를 둘러싸고 논란을 일으켰다. 한국에서 친일파를 조사하고 기록으로 남기는 일련의 청산작업은 역사를 바로잡고 친일잔재를 해소한다는데 정당성이 있었다. 그러나 현실적으로 대일활동을 위축하게 하거나 부정적으로 보는 환경을 만드는 측면도 없지 않아 있다. 더욱이 정치적으로 이용되어 한일관계를 어렵게 만드는 힘으로 작용하고 있다는 점을 부인할 수 없다. 한일 간에 존재하는 부정적인 현상을 해소하기 위해서는 양국 국가지도자가 역사적인 유산을 양 국가와 국민, 당사자가 납득하는 방식으로 해결하는 한편 갈등을 유발할 수 있는 역사적 시선과 환경에서 벗어나 현실적이며 미래지향적인 시선과 환경을 조성해갈 필요가 있다.

한국 국가지도자는 필연적으로 일본과의 현안을 통해 한일관계를 만들어내는 위치에 직면할 수밖에 없다. 그런 측면에서 한일간에 쌓인 문제를 일시적이며 임기응변식으로 대응할 것이 아니라 장기적이며 근본적으로 해결할 필요가 있다. 현재 한일간에 해결되고 있는 문제, 부상하고 있는 문제, 해결되지 않고 과제로 남아있는 문제, 갈등을 일으키고 있는 문제 등은 과거와 현재의 한국 지도자들의 유산이고 숙제이다. 그 연장선에서 존재하고 있는 문제가 한일기본조약이나 한일청구권협정, 위안부문제, 강제징용문제, 독도영유권문제, 역사교과서 문제 등이다. 그런 문제는 한쪽 국가만이 해결할 수 있는 것이 아니라 한국지도자와 일본지도자가 공동으로 해결해야 한다. 또한 한일간에 생긴 문제는 반복적으로 소환되어 다양한 갈등을 야기하고 있기 때문에 국가지도자가 납득하는 방법과 수준뿐만 아니라 한국과 일본이 서로 납득하는 방법과 수준에서 해결되어야 할 것이다.

3. 한국의 일본 관련 정치단체

한국의 지일파(知日派)는 포괄적인 의미에서 일본의 역사적 현실적 상황, 일본의 정치, 경제, 사회와 문화 등에 대한 지식을 통해 활동하는 한국의 지식인 및 단체라고 규정할 수 있다. 지일파는 국내외환경뿐 아니라 한일관계에서 일본의 정책과 전략을 잘 알아 대응할 수 있는 지식인, 일본과의 교섭에 잘 대응할 수 있는 지식인, 객관적이며 합리적인 대일지식을 갖고 활동하는 지식인 등을 함의하고 있다. 광의의 의미에서 지일파는 일본문화 향유자, 일본인과 결혼한 한국인 및 가족, 일본거주 한국인, 재일동포, 일본유학파와 연구학자, 일본에 호감을 갖는 한국인, 직간접적으로 일본과 관련되어 있는 우호적인 단체, 일본에 대해서 정보와 지식을 가진 사람과 단체 등으로 일본교감자, 일본교류자, 일본조정자 등으로 활동하는 자라고 규정할 수 있다.

다음은 정치활동을 통해 직간접적으로 일본과 관련하고 있는 한국의 정치단체를 소개한 것이다. 그들 단체는 차별적인 친일파라기보다는 일본에 대해서 직간접인 관계를 갖고 한일관계 개선에 노력하는 단체라는 의미에서 지일파라고 할 수 있다. 여기에 소개한 단체가 지일파라고 지칭한 것은 저자의 개인적인 평가이지 해당 정치가 개인이나 단체가 공식적으로 인정하거나 주장한 것이 아니라는 점, 더욱이 그들이나 단체를 비판하거나 지지하는 사람들의 평가 또한 아니라는 점을 밝혀둔다. 한국에서 일본정치가 및 일본정치단체와 관련되어 오랫동안 활동해오고 있는 대표적인 정치단체인 한일의원연맹의 특징과 활동내용을 소개한 것이다.

〈표 19〉 한일의원연맹의 특징과 활동[53)]

구분	내용
설립 목적	- 한일의원연맹의 전신인 한일의원간친회는 1971년 11월 16일 일본과 북한의 양측 의원 협력단체인 일조우호촉진의원연맹 출범에 자극을 받아 구성됐다. 그 후 1972년 3월 일본을 방문한 한국의 국회의원 13명과 일본 자유민주당 의원 48명이 모임을 만들기로 합의하고, 그해 5월 서울에서 한일의원간친회 창립총회를 열어 한국의 이병희(李秉禧) 의원과 일본의 우노 무네스키(宇野宗佑) 의원을 각각 간사로 선출했다. 1975년 5월 23일 도쿄에서 열린 제4차 총회에서 한일의원간친회를 해체하고 한일의원연맹으로 확대했다. 한일의원연맹에는 한국 측의 국회의원과 일본 측의 중의원의원 및 참의원의원 등이 참가하고 있다. - 목적은 한국과 일본의원 간의 친선과 교류, 의회 차원에서 정부외교지원, 한일현안 해결 모색 등을 구축하는 데 있다. 한일의원연맹은 한일 간의 정치 및 경제협력, 역사교과서의 왜곡, 재일한국인의 법적 지위와 권익 향상, 일본군 위안부, 한일교류활동 등을 의제로 하여 활동하고 있다.
조직과 운영	- 한일의원연맹은 초당파적 한일의원교류단체로 한국 측의 회장, 간사, 회원 등으로 구성되어 있다. 2020년 10월 현재 한국 국회의원은 100여 명이 가입되어 있고, 대표는 제1당에서 선출하는 더불어민주당의 김진표 의원, 제1야당에서 임명되는 간사장은 국민의힘 김석기 의원 등이 내정되었다. - 역대회장 1976년 김종필(민주공화당 의장), 1980년 정일권(민주공화당 총재), 1980년 박태준(국가보위입법회의 경제위원회위원장), 1981년 이재형(민주정의당 상임고문), 1985년 권익현(민주정의당 상임고문), 1988년 박태준(민주정의당 의원), 1993년 김재순(민주자유당 상임고문), 1993년 김윤환(민주자유당 당무위원), 1998년 박태준(자유민주연합 총재),

53) https: //ko.wikipedia.org/wiki/ 한일의원연맹; https: //terms.naver.com/ (2020년 10월 7일 검색)

	2000년 김종필(자유민주연합 명예총재), 2004년 문희상(열린우리당 상임고문), 2008년 이상득(국회 부의장), 2012년 황우여(새누리당 대표), 2014년 서청원(새누리당 최고위원), 2016년 김태환(새누리당 의원), 2016년 서청원(새누리당 의원), 2017년 강창일(더불어민주당 의원), 2020년 김진표(더불어민주당 의원) - 산하 조직으로는 합동 간사회(총회의 시기, 일정, 의제 결정), 안보외교위원회, 경제과학기술위원회, 사회문화위원회, 재일동포법적위원회, 미래위원회 등을 두고 있다. 운영은 매년 한일 양국에서 교차로 합동총회를 열어 주요 사안을 논의하고 결정한다.
한일 현안 인식 강제 징용건	- 2014년 서울 합동총회에서 일본 측은 고노담화, 무라야마담화 등 역대정권의 입장을 계승한다는 것을 재확인한다는 성명을 발표하였다. 《산케이신문》(産経新聞) 전 서울지국장이 박근혜 대통령의 명예를 훼손했다고 해서 기소되어 구속된 문제에 대해서는 한국 측의 반대로 한일 우려사항으로 취급하지 않는다고 합의하였다. - 2015년 5월 11일 서울합동총회에서 일본 측은 군함도(軍艦島) 등을 '메이지일본의 산업혁명유산'(明治日本の産業革命遺産)으로 세계문화유산에 등록하는 사안에 대해서 한국 정부가 반대하고 있는 점을 고려해 정치문제화하지 않도록 한국 측에 이해를 요구하고, 앞으로 계속 협의할 것을 합의하였다. 그러나 한국 측은 국회본회의에서 일본 정부가 메이지일본의 산업혁명유산을 세계문화유산으로 등록하려는 시도를 규탄하는 결의를 가결하고 채택하였다. - 2017년 간사장 회의에서 위안부문제 한일합의에 대해서 논의한 후 공동선언에서 한국 측은 '합의는 위안부나 국민의 정서를 반영하고 있지 않다'고 주장하였고, 일본 측은 '무라야마담화나 고노담화 입장을 계승한다'고 하였으며, 한국인의 특별영주자에 대한 지방참정권부여에 일본의 신속한 법정비에 노력하는데 일치했다고 밝혔다. - 2019년 한일의원연맹 한국 측 회장 강창일 의원이 일본을 방문하였지만 만나주지 않는 푸대접을 받았다(《조선일보》 2019년 6월 1일), 한국 정부가 한일군사정보보호협정(GSOMIA)을 연장하지 않기로 결정하면서 9월 도쿄에서 열릴 예정이던 한일의원연맹·일한의원연맹 합동총회 개최가 무산됐다.(연합뉴스 2019년 8월 23일) 일본 측 회장 누카가 후쿠시로(額賀福志郎)는 '한미일 3국의 신뢰 관계를 망가뜨릴 우려가 있다'면서 '(국회가) 정부 측에 얘기해 정상 궤도로 되돌려 놓았으면 한다'는 입장을 밝혔다. 이에 대해 한국 측의 강창일 회장은 '나는 협정(지소미아)을 연장하는 것이 바람직하다고 생각했지만, 결과적으로 정부 판단이 종료로 결정됐다'고 설명했다. - 2019년 한국 측 의원들은 일본이 한국대법원의 강제징용 판결을 받아들여야 한다고 강조했지만, 일본 측 의원들은 징용 배·보상 문제가 이미 한일청구권 협정으로 해결됐으며 개인의 청구권에 대해서도 외교적인 보호는 할 수 없다는 기존 주장을 되풀이했다. 가와무라 다케오 일한의원연맹 간사장은 '한국 정부와 기업이 해결책을 내놓고 일본 기업들이 자발적으로 참여해 기금을 만드는 방식으로 해결하면 좋다고 생각한다'며 한국 정부와 기업, 일본 기업이 참여하는 이른바 '1+1+α안'을 갈등 해소 해법으로 제시하기도 했다.

현재 한일의원연맹은 한일관계를 경색하게 만든 레이저조사사건, 강제징용배상문제, 지소미아문제, 한일수출규제문제, 한일청구권협정 등으로 일본의 일한의원연맹과 소원해지고 있다. 한일의원연맹은 친목을 도모하면서도 정치적이며 국익적인 방

향에서 대응해온 것도 사실이다. 그 과정에서 한국과 일본 간의 파이프 역할을 통해 국익을 추구하며, 현안에 대해서 정치적인 해결을 위해 협의하여 정부정책에 반영하도록 활동을 하고 있다.

2019년 11월 제42차 한일·일한의원연맹 합동 총회는 한일관계 악화로 예정보다 2개월 연기되었고, 당시 아베 신조 총리가 축사를 거부하는 등 우여곡절을 겪었다. 한일 간의 현안으로 인해서 냉각된 한일관계를 풀기 위한 해법과 교류가 절실해지고 있다. 2020년 10월 한국과 일본은 총성만 들리지 않을 뿐 다양한 측면에서 서로를 향해 과녁을 겨냥하고 있는 대결정국에 빠져있다. 양국정부가 탈출구를 차지 못하는 상황에서 한일의원연맹의 활동이 기대되고 있다. 한일의원연맹은 2020년 10월 임원단을 공식적으로 선출하면서 일본의 일한의원연맹과의 교류를 본격적으로 시작할 전망이다.

해마다 합동총회를 열어왔던 것을 고려해 코로나19 확산 속에서도 2020년 총회를 열어 한일 간의 새로운 돌파구를 찾기 위해 활동을 전개하고 있다. 2021년 1월 현재 일본에서는 아베 총리대신에 스가 총리가 새로 선출되었고, 한국 측의 한일의원연맹 임원진도 교체되어 변화를 모색할 수 있는 기회가 되었다. 외교가에서는 스가 요시히데 현 총리와 가까운 것으로 알려진 자민당 누카가 후쿠시로 의원, 가와무라 의원이 각각 회장과 간사장을 맡고 있는 일한의원연맹과의 교류활동에 거는 기대가 크다.

다른 한편으로는 2019년에 들어서 한국 국회에서는 국제외교를 국회 중심으로 활동하려는 목적과 함께 각국과의 관계를 개선하기 위해 각국을 대상으로 하는 의회외교포럼을 구성하였다. 2019년 5월 2일 문희상 국회의장은 국회의원의 외교활동 등에 관한 규정 개정안에 서명하면서 의회외교포럼의 구성 및 활동 지원에 대한 제도적 근거를 마련했다. 의회외교포럼은 문희상 국회의장이 2019년 5선 이상 의원 모임인 '이금회' 회동에서 중진의원들이 12개 주요 국가와 지역을 하나씩 맡아 책임지고 활동하는 국가전담 책임제를 제안하면서 성립되었다. 한국 국회 전체의원들이 각국의 의회외교포럼에 소속하여 전문성을 발휘할 수 있도록 하자는 취지로 시작되었다.

새롭게 구성된 12개의 각국 의회외교포럼 가운데 2019년 5월 24일 가장 먼저 한일의회외교포럼이 출범하여 활동에 들어갔다. 한일의회외교포럼은 한일외교관계를 정상화하고 한일 간의 문제를 국회의원 중심으로 해결하기 위해 설립된 국회의 공식활동기구이다. 다음은 한일의회외교포럼의 출범 배경, 조직, 자문위원, 활동 등에 대해서 소개한 것이다.[54)]

〈표 20〉 한일의회외교포럼[55)]

구분	내용
출범	- 한일의회외교포럼은 2019년 5월 2일 '국회의원의 외교활동 등에 관한 규정'에 의거 구성되었다. 한일의원 간의 친목을 도모하기 위한 교류단체가 아니라 국회의원이 의원수준에서 한일외교를 담당하기 위해 결성된 공식기구이다. - 한일의회외교포럼은 2019년 5월 24일 오후 2시 국회에서 열린 출범식에서 문희상 국회의장이 명예회장을 맡았고, 무소속 서청원 의원을 회장으로 선출했다. 문희상 명예회장은 출범식에서 '정부에만 외교를 맡기지 않고 의회 외교를 활성화하는 것이 아주 중요하고, 이 자리가 한일관계를 이른 시일 안에 복원시키기 위한 해법을 모색하는 자리가 되길 바란다'고 밝혔다.
구성	- 회장단: 명예회장 문희상(전 국회의장), 회장 서청원(전 한일의원연맹 회장, 한일의원연맹 명예회장) - 회원: 강창일(전 한일의원연맹 회장), 원혜영(더불어민주당 5선 한일의원연맹 고문), 김진표(더불어민주당 4선, 한일의원연맹회장), 윤호중(더불어민주당 3선 한일의원연맹 회원), 이주영(전 자유한국당 5선 한일의원연맹 고문), 원유철(전 자유한국당 5선 한일의원연맹 고문), 김정훈(자유한국당 4선 한일의원연맹 부회장), 유기준(전 자유한국당 4선 한일의원연맹 부회장), 정진석(자유한국당 4선 한일의원연맹 부회장), 김광림(자유한국당 3선 한일의원연맹 간사장), 김재원(자유한국당 3선), 김동철(바른미래당 4선 한일의원연맹 부회장), 지상욱(바른미래당 초선 한일의원연맹 상임간사), 정동영(민주평화당 4선 한일의원연맹 고문), 조배숙(민주평화당 4선 한일의원연맹 부회장)

54) 일본무역분쟁대응소위는 2019년 10월 24일부터 26일까지 일본의 선진 소재·부품·장비산업 및 4차 산업혁명 분야의 정·재계 일본 관계자 교류를 통한 정책 시사점 발굴, 최근 무역분쟁 관련 현지 진출 기업의 애로사항 청취 등의 목적으로 방문하였다. 방문단 단장 지상욱(일본무역분쟁대응소위 소위원장, 바른미래당), 단원으로는 이종배 의원(자유한국당), 심기준 의원(더불어민주당), 김성원 의원(자유한국당, 초선) 등 이었다. 일본에서 주요활동내용은 도쿄 IT 지원센터의 우에다 가쓰히로 세이코주식회사 회장(일한 경제협회 부회장)면담, 삼성 갤럭시관 시찰, 소형재(素形材) 센터 방문, 가와무라 일한의원연맹 간사장 면담, 현지 기업인 만찬간담회 등을 하였다. 방문결과로서 일본 무역규제에 따라 기업이 겪고 있는 경영 현실을 생생하게 파악하고 이를 바탕으로 국내 여론 환기 및 정책적 지원 필요성 제시, 양국 의회의 긴밀한 교류협력이 발전적인 양국 관계 건설에 기여한다는 점에 공감대 형성, 무역규제 영향에 대한 일본 산업계의 인식청취, 한일 공동번영을 위한 방안 논의 등을 제시하였다.

55) https: //www.assembly.go.kr/한일의호외교포럼; https: //nas.na.go.kr/nas/info/diplomacy (2020년 10월 7일 검색)

자문위원	자문위원단: 신각수(전 주일대사), 라종일(전 주일대사), 최상용(전 주일대사), 남기정(서울대 교수), 박영준(국방대 교수), 양기호(성공회대 교수), 이신철(성균관대 교수), 이원덕(국민대 교수), 장제국(동서대 교수), 하종문(한신대 교수), 정재정(서울시립대 교수), 박홍규(고려대 교수), 김기석(강원대 교수), 김양희(대구대 교수), 김호섭(중앙대 교수), 박철희(서울대 교수), 손 열(연세대 교수), 윤덕민(한국외대 교수), 이숙종(성균관대 교수), 전재성(연세대 교수), 하영선(서울대 명예교수), 이면우(세종연구소 부소장), 진창수(세종연구소 일본연구센터장), 조양현(국립외교원 교수), 이기태(통일연구원 연구위원), 최희식(국민대 일본학연구소 교수), 심규선(전 동아일보 편집국장 및 대기자)
활동	- 2019년 7월 30일 한일의회외교포럼 전문가 간담회 개최: 라종일 전 주일대사 국회대표단 방일을 앞두고 간담회가 열렸고, 윤덕민 한국외대 석좌교수의 한일위기 어떻게 극복할 것인가?, 남기정 서울대 일본연구소 부교수의 신 한반도체제로의 이행과 한일관계 재구축 등이 발표되었다.[56)] - 현안문제 논의를 위한 국회대표단은 2019년 7월 31일부터 8월1일까지 일본을 방문하였다.[57)] 방문 배경은 2019년 7월 1일 일본 정부가 대 한국 수출규제조치를 발표함에 따라 양국 간 정치적 긴장관계가 경제 및 인적 교류에까지 영향을 미칠 것으로 예상되어 이에 한일 의회외교포럼 및 한일의원연맹 회원이 방일을 추진하였다. - 방문은 초당파 방일의원단 구성 및 선제적 의회외교활동 수행을 통해서 외교현안에 대한 우리측 입장 전달 및 상호 이해 제고, 양국간 의회 차원의 노력 필요성에 대한 공감대 형성 등이 목적이었다. 방문단은 단장 서청원 의원, 단원 강창일, 원혜영, 김진표 의원(더불어민주당), 원유철, 김광림, 윤상현 의원(자유한국당), 김동철 의원(바른미래당), 조배숙 의원(민주평화당), 이정미 의원(정의당) 등으로 구성되었다. - 일본 측 인사로는 누카가 후쿠시로 일한의원연맹 회장, 가와무라 다케오 일한의원연맹 간사장, 이노우에 요시히사 일한의원연맹 부회장, 다케다 료타 일한의원연맹 상임간사, 하쿠 신쿤 일한의원연맹 상임간사, 아카바 카즈요시 일한의원연맹 상임간사, 고쿠다 케이지 일한의원연맹 상임간사, 니시무라 아키히로 일한의원연맹 간사, 오니시 켄스케 일한의원연맹 간사, 혼다 히라나오 일한의원연맹 간사 등이었다. - 주요활동은 누카가 후쿠시로 일한 의원연맹 회장 면담 및 오찬, 야마구치 나쓰오 공명당 대표 면담, 민단 단장 및 임원 초청 만찬, 타마키 유우이치로 국민민주당 대표 면담, 후쿠야마 테쓰로우 입헌민주당 간사장면담, 한인회 격려 방문, 주일한국특파원 간담회 등 이었다. 방문성과는 초당파 방일의원단 구성 및 선제적 의회 외교 활동 수행, 현안에 대한 우리 측 입장 전달 및 일본 측 입장 확인 등이었다.

한일의회외교포럼은 국회 중심으로 활동하고 일본국회의원을 대상으로 하는 기구이기 때문에 기존 한일의원연맹의 구성원과 활동내용이 서로 중첩되고 있다. 다만 한일의회외교포럼은 한일의원연맹 소속의 한국국회의원이 포함되고 있고, 일본국회의

56) 한일의회외교포럼, 2019, 『전문가 간담회』, 한일의회외교포럼.

57) 국회사무처 국제국, 2019, 『현안문제를 논의를 위한 국회대표단 일본방문 결과보고서』, 국회사무처 국제국.

원은 회원이 아니다. 한일의원연맹은 한일양국 국회의원 간의 친목과 교류를 중요한 활동을 목적으로 하고 있는 데 비해 한일의회포럼은 외교를 중시하는 활동을 목적으로 하고 있다. 그리고 한국 출신의 일본연구가 및 교수, 외교관, 언론인 등을 자문위원으로 위촉하고 있어 전문적인 자문이나 해결안을 내어 대응할 수 있는 전략적이며 실천적인 의회기구라는데 의의가 있다.

다만 상대 파트너를 일본 국회와 국회의원이라고 포괄적으로 규정하고 있어 결국 한일현안에 관심이 있는 일본 측의 일한의원연맹 소속의 국회의원이 파트너가 될 가능성이 높다는 점이다. 따라서 일본 파트너 측의 힘이나 지원을 받는 데 한계가 있고, 중첩될 수 있거나 신선함이 떨어질 수 있다는 약점이 있다. 더욱이 일본 측의 파트너 부재로 인하여 형식적인 만남이나 한일문제를 해결하기 위한 책임 있는 의회관계자와의 협상이나 조정이 불가능할 수 있다는 한계가 있을 수 있다. 의회외교포럼이 상대할 수 있는 일본 측의 파트너를 명확하게 하여 활동할 필요가 있다.

다음은 종교활동을 하고 있는 한국과 일본의 국회의원으로 구성된 한일기독교의원연맹을 소개한 것이다. 이들은 정치가로서 동일종교를 믿는다는 공통점을 통해서 친목을 다지고 한일관계가 순항하도록 가교역할과 활동을 하는 특징이 있다. 종교라는 문화적 활동을 통해서 교감을 하면서 복잡한 정치문제에 접근하거나 한일문제를 풀어가고 있다는 점에서 가치가 있다.

〈표 21〉 한일기독교의원연맹[58)]

구분	내용
설립	한일기독교의원연맹(日韓キリスト教議員連盟)은 1997년 4월 17일 서울 여의도 국회 도서관 대강당에서 결성되었다. 결성식에는 기독인 국회의원 30여 명, 이만섭 전 국회의장, 김대중 국민회의 총재, 최훈 한기총대표회장, 박세직 회장, 김동완 교회협총무, 도이 류이치 의원, 오쓰 일본교회협회 총무 등이 참석했다.
목적	- 결성식을 겸한 창립예배에서 일본 측의 도이 류이치(土肥隆一 民主党)는 '한국과 일본이 화해하는 길은 하나님과 인간을 화해시킨 예수님의 십자가 정신에서 찾아야 하고, 한일기독교의원연맹이 이런 성경적인 방법을 좇아 양국 간 화해에 이바지할 것'이라고 밝혔다. 한국 측 대표 박세직 의원은 '한일 양국의 유대관계를 공고히 하는 디딤돌 역할을 할 것이고, 주님 안에서 평화와 사랑을 실천하겠다'고 밝혔다. 한국과 일본 기독교 국회의원들이 양국 간 상호불신과 편견을 신앙으로 해결하기 위해 결성하였고, 정신대문제 등 양국 간

58) https: //jp.yna.co.kr/view/; https: //ja.wikipedia.org/wiki/土肥隆一 (2020년 10월 8일 검색)

	미해결 과제 등에 대한 정례토론회, 식량안보와 환경 농업문제, 선교활동 등에 대한 논의를 해 나가는 데 목적이 있다. - 주요한 활동과제로는 한일 간 종교계 및 정계 지도자의 교류와 협력 강화, 일본의 복음화 사역 확대와 의회선교활동 강화, 올바른 역사 청산을 위한 양국 의회 차원의 국제세미나 개최, 한반도 평화통일을 기원하는 PPP십자가 대행진의 한일 공동개최, 종군위안부, 사할린동포, 원폭 피해자 등의 법적 지위 향상, 3·1절과 광복절 한일교회 연합예배, 한반도 평화와 아시아의 연대강화를 위한 양국포럼 추진 등을 설정하였다.
회원	한국회원은 박세직 회장외 110여 명의 한국 국회의원, 종교계 인사 등이다. 일본회원은 도이 류이치(목사·참의원), 나카가와 마사하루(中川正春, 중의원의원), 기마사 요시다케(木俣佳丈, 참의원의원), 쓰루넨 마이티(ツルネン·マルテイ, 참의원의원), 이마노 아즈마(今野東, 중의원의원) 등이다.
2000 년대 활동	- 2006년 11월 27일 동아시아평화를 모색하는 토론회를 개최하였고, 한국국회에서 '조선반도와 동북아시아의 평화를 위한 일한국회토론회'(朝鮮半島と東北アジアの平和のための日韓国会討論会)를 개최하였다. 일본 측의 참가자는 도이 류이치(土肥隆一氏), 나카가와 마사하루(中川正春), 한국 참가자는 김영진, 권오순(한국기독교협의회 총간사), 황우영(한나라당 사무총장) 등이 참석하였다. 당일 한일기독교의원공동성명을 채택하고, 양국국회 대표의원단을 구성하고 사할린의 생활실태조사나 재류한국인의 법적 정비, 한일러 각 정부의 공공정책촉구 등을 추진할 것을 밝혔다. 2007 한일기독교의원연맹포럼을 개최하고, 전병금 목사 설교, 안영로 통합총회장, 이승영 2007포럼대표, 김기수 목사, 이강두, 강성종, 박세환, 안대륜, 김재호, 정병학, 김명규 의원 등 1백 명이 참석했다. - 2009년 한일기독교의원연맹 창립 10주년 맞아 소속 국회의원들은 창립 기념식과 바람직한 한일관계 재정립 방안에 관한 토론회를 가졌다. 김영진 의원과 도이 류이치 의원은 바람직한 한일관계 확립에 관해 주제 발표를 했고, 김영진 의원과 황우여 의원이 일본 중의원과 민주당사를 방문하고, 하토야마 총리를 예방하였다. 한국 측 회장인 김영진 의원, 일본 측 회장 도이 류이치 의원(중의원), 정세균 의원(민주당 대표), 이상득 의원(한일의원연맹 회장), 황우여 의원(국회조찬기도 회장), 시게이리 도시노리 주한 일본 대사, 쓰루네 마르테이 의원(참의원), 장상 전 국무총리 서리, 정미경 의원(한나라당), 정두언 의원(한나라당), 이윤석 의원(민주당), 김희철 의원 등이 참가했다. - 김영진 의원은 기념사를 통해 '고통의 과거사를 바르게 치유하고 동반자 관계가 올바르게 확립될 수 있도록 10년간 많은 성과가 있었고, 그동안 야스쿠니 신사참배 반대, 역사교과서 왜곡 저지를 위한 단식투쟁, 한반도 평화 통일을 위한 PPP 십자가 대행진 등을 함께 해왔다. 일본의 올바른 과거 청산과 진정한 용서로 참된 우방이 될 수 있다'고 말했다. 도이 류이치 의원도 '지난 10년간 한국의 기독 정치인들이 먼저 화해하고 그리스도의 사랑과 희생의 정신 가운데 한일 간의 아픈 과거를 씻어가는 노력이 참 감사했다. 참다운 한일 관계를 위해 기도해 달라' 밝혔다. - 창립 10주년에 즈음한 동북아 평화와 인류 공영을 위한 공동 선언문을 채택해 발표됐다. 선언문에는 우호 증진을 위한 지속적인 노력, 정신대 할머니, 원폭 피해자, 강제 징용 동포 등에 대한 보상과 지원의 조속한 해결 촉구, 동북아 평화와 번영선도, 지구촌 당면 과제에 책임감 인식 등과 같은 주요 내용이 포함되었다.
	2011년 3월 10일 도이 류이치(土肥隆一)는 독도포기선언문 발표(竹島放棄の宣言文)에 서명

2010 년대 활동	하였다. 도이 의원은 3.1운동 기념 의원연맹의 공공기자회견에 출석하여 일본과 한국이 영유권을 주장하고 있는 독도에 관해서 '일본 측은 독도의 영유권주장을 즉각 철회해야 한다'(日本側は竹島の領有権の主張を直ちに撤回すべきだ)라고 하는 공동선언문에 서명하였다. 도이 의원은 일본경제신문 취재에 즈음해서 서명한 사실관계를 인정하고 해명하였다. 그리고 독도포기선언문에 서명한 도이 의원에 대해서 칸 총리(菅首相)는 관저에서 기자단에게 '매우 유감이다. 독도는 일본의 고유영토로 그 입장은 변함이 없다'(大変遺憾だ. 竹島は日本の固有の領土で, その立場は変わらない)라고 불쾌감을 표명했다.

한일기독교의원연맹을 구성하고 있는 일본 측은 당시 집권 여당인 민주당의원이 중심적으로 활동하였다. 민주당의 이념과 철학을 지지하므로 한국에 대해서 유화적인 자세를 취하고 대응하는 특징이 있었다. 더욱이 무라야마담화나 고노담화 등을 인정하고 계승하는 차원에서 한국과의 관계 개선을 추진하였다. 집권여당 의원이며, 칸 나오토 총리를 지지하는 그룹의 고문으로 활동하는 도이 류이치 의원이 '독도포기선언문'에 서명한 것은 매우 이례적인 정치적 발언이었다. 한국과 일본의 영유권 경쟁의 중심에 있는 독도에 대한 도이 의원의 독도포기선언은 매우 용기 있고 과감한 결단이며 한일관계를 미래지향적으로 방향을 틀고 싶다는 현실 정치인의 양심고백이라는데 가치가 있다. 한국과 일본의 정치가들이 한일관계를 개선하기 위한 출구로 제시했다는 점에서 새겨봐야 할 필요가 있다.

다음은 한국의 정치가와 일본의 정치가가 한일관계를 개선하고 협력사업을 추진하기 위해서 활동하고 있는 한일공동사업 협력단체와 활동내용을 소개한 것이다.

〈표 22〉 한일공동사업 협력단체

구분	내용
조선통신사교류의원회	- 한국국회의 정의화, 박진, 곽성문 의원 등은 2006년 4월 '조선통신사 연고지 국회의원연맹(朝鮮通信使ゆかりの地国会議員連盟)'를 설립하고, 조선통신사교류 400주년을 향해 조선통신사의 역사배우기, 조선통신사가 방문한 연고지를 중심으로 한 일본과의 상호교류, 한일상호 우호친선촉진 등의 활동을 하였다. - 정의화 의원은 창립선언문에서 '…조선시대 한일 간 통신사의 교류정신은 서로 신뢰하고 성실하게 교류하는 성신 교린의 정신이었다… 21세기형 한일교류의 새로운 장을 마련해야하며 이 역할을 우리들이 해야 한다. 국제교류는 상호주의를 원칙으로 한다. 조선통신사 연고지 국회의원 간에 상호 지속적인 교류체계를 마련하여 인적, 문화적, 경제적 교류 등 실질적인 국민교류 증대를 꾀해야 할 것이다. 서로 이해하고 더불어 살아가는 이웃 간의 정 나누기가 활성화되면 이를 통해 한일 양국의 공동 번영을 도모할 수 있을 것이

	다. 이러한 역할에 우리 조선통신사 연고지 국회의원들이 앞장서고자 한다. 야스쿠니신사 참배문제, 독도문제, 역사교과서 왜곡문제 등으로 한일관계가 껄끄러운 상황이다. 영토문제는 역사적인 여러 가지 근거 자료를 통해 확실하게 정리하여야 한다. 역사왜곡문제는 역사적 사실성에 근거하여 서술하여야 한다. 이때 필요한 것은 양국 국민의 올바른 역사 인식과 서로 마음을 터놓는 대화이다. 편협한 입장에서 일방적인 주장만 하지 말고, 상호 이해의 폭을 확산시켜 나간다면 얽힌 한일문제를 풀 수 있는 실마리가 마련될 것이다. 양국민이 함께 하는 자리가 자주 만들어질수록 해결의 가능성은 높아질 것이다. 우리들이 해야 할 일이 바로 이런 자리를 만드는 선도자 역할을 하는 것이다. 위와 같은 취지로 조선통신사 연고지 국회의원연맹을 창립하고자 한다'고 밝혔다.[59] - 일본의 초당파의원으로 결성한 조선통신사교류의원회(朝鮮通信使交流議員の会)는 2006년 9월 27일 조선통신사의 교류를 기념하고 한국과의 우호관계증진을 위해 설립되었다. 회장은 가와무라 다테오(河村建夫), 회장대리 오코노(奥野信亮), 간사장 다니카와(谷川弥一), 사무국장 니시무라(西村明宏) 등이 맡았다.
한일해저터널추진의원연맹	- 한일해저터널추진의원연맹(日韓海底トンネル推進議員連盟)은 2008년 한일터널건설을 추진하기 위해 자민당 의원와 야당 의원으로 결성되었다. - 한일해저터널추진연맹의 발기인은 규슈지역의 국회의원 중심으로 자민당 에토(衛藤征士郎, 大分2區)의원, 민주당의 하토야마(鳩山由紀夫), 노다(野田毅, 熊本2區), 다니카와(谷川弥一, 長崎3區), 호리(保利耕輔, 2014년 은퇴), 다카키(高木義明, 2017년 은퇴) 각당에서 추천 9명의 의원이 참가하였다. - 설립목적은 쓰시마(対馬)해저터널을 통해서 한일양국을 자동차로 연결하려는 대계획이고, 방대한 경제효과가 기대되는 거대프로젝트였으나 현재는 계획이 동결되었다.
한일산업기술협력재단[60]	- 한일산업기술협력재단(韓日産業技術協力財団)은 1992년 한일수뇌회담의 합의로 설립된 재단으로 일본과의 산업기술협력을 통해 기업성장과 발전을 위해 인재양성, 비즈니스마케팅, 시업인의 교류와 협력, 종합적이며 체계적인 지원 등을 하는 데 목적이 있다. 조직은 이사회, 이사장, 전무이사, 경영기획실(기획관리, 예산회계), 산업협력실(기술지도팀, 교류협력팀, 인재양성팀) 등으로 구성되어 있다. 현재 이사장은 김윤(金鈗)이다. - 주요사업은 중소기업의 기술경영혁신으로 일본기업의 기술 및 경영혁신노하우를 한국내의 기업실정에 맞춰 적응하고 경쟁력을 강화하는 데 있다. 즉 제조혁신전문가를 활용한 현장혁신지도, 제4차산업혁명플렛폼의 구축, 제조현장리더육성 등이다. 둘째는 한일양국미니스플렛폼의 구축으로 한일양국 사업 간의 비즈니스, 기술정보상호공유를 통해 기업마케팅지원, 양국 간의 비즈니스교류협력확대 사업이다. 즉 한일산업기술 FAIR, 한일협력, 한일비즈니스상담회, 기술지도마케팅상담회, 청년인재일본기업마테팅지원상담회, 한일협력세미나개최, 전략적 시장진출지원(한일ICT차세대경영자교류), 한국청년인재의 일본기업취업지원 등이다. - 셋째는 대일산업통상협력이다. 즉 한일 간의 무역, 투자, 기술협력의 활성화, 대일통상연구(일본경제리포트, 일본경제동향분석, 산업통산정책연구, 대일전략연구회), 제3국진출 한일협력모델개발, 한일경제협력회의(한일, 한중지역간경제교류회의, 한일경제인회의, 한일산업인재육성사업), 일본우수퇴직기술자유치사업 일본우수퇴직기술자에 의한 기술지도사업, 기술인재육성사업 등이다. 넷째는 PPURI기업(기간산업) 강한 현장육성사업, PPURI기업의 현장경쟁력강화, 현장개선실무교육, 현장개선진단 및 지도 등이다.

	- 2020년 10월 8일 현재 사업내용으로는 한일비즈니스상담회(한일산업기술 FAIR 2020), 한일협력세미나(한일산업기술 FAIR2020), 자사 BCP(사업연속성계획)구축 지원사업 등을 추진하고 있다.

한국에서 지일파는 한국인으로서 한국을 매국하거나 일본을 적국으로 매도하는 지식인이나 그룹을 의미하지 않는다. 더욱이 일본과의 관계를 통해서 개인의 사리사욕을 채우고 역사를 왜곡하는 인물이나 단체로 불리는 친일파와는 다르다고 할 수 있다. 그런 점에서 한국에서 지일파는 한일에 대한 전문적인 지식을 기초로 합리성, 객관성, 상호신뢰성, 상호교류와 협력 등을 통해서 한일역사, 한일관계, 한일현안 등을 해결하거나 개선하는데 긍정적으로 활동하는 인물을 지칭한다. 따라서 일본과 일본인을 무조건적으로 비판하거나, 한일관계를 악화시키거나, 한국인과 일본인의 국민정서를 왜곡하여 정치적, 경제적, 문화적으로 이용하는 의도를 가진 지식인이나 단체와는 거리가 있다. 특히 편협되거나 왜곡된 지식으로 역사, 현안, 과제 등을 의도적으로 해석하여 반한주의, 혐한주의, 반일주의, 혐일주의 등을 유발하는 지식인이나 단체와는 성격이 다르다고 할 수 있다. 그런 점에서 한일관계를 개선하고 미래지향적인 한일관계를 구축하는데 가치중립적인 그들의 역할이 매우 중요해질 것으로 판단된다.

4. 한국의 일본 관련 비정치단체

한국에서 친일파는 일제 강점기에 친일적 활동을 한 인물을 지칭하고 있고, 해방 후 한일 간의 역사에 대해서 망언을 하는 인물도 포함하고 있다.[61] 지일파는 기존의

---

59) http: //www.newscani.com/news/articleView (2020년 10월 8일 검색)

60) https: //www.kjc.or.kr/ (2020년 10월 8일 검색)

61) 한국에서 친일파로 규정하여 명단을 작성한 기록은 여러 가지가 있다. 1948년 대한민국 임시 정부 국무위원과 한국독립당 감찰위원장을 지냈던 김승학이 작성한 원고에는 친일 인사로 263명을 규정하였다. 2002년 2월 28일 대한민국 국회의 민족정기를 세우는 국회의원모임은 주요 친일 인사 708명의 명단을 발표하였다. 민족문제연구소가 2009년 11월 8일 발표한 친일인명사전에는 대한민국의 대통령 소속 친일반민족행위진상규명위원회가 일제강점하 반민족행위 진상규명에 관한 특별법을 적용하여 조사한 친일반민족행위자 명단이 있다. 2002년 8월 14일 민족문학작가회의는 문학 분야 친일 인물 42명 명단을 발표하였다. 그 중에서 친일문학인으로 발표한 인물은 작품 내 식민주의와 파

친일파의 개념이나 범주와는 다른 내용을 담고 있다. 이 책에서 지칭하는 비정치적 지일파는 한국이나 타국에서 활동하고 있는 인물이나 단체로, 일본정치, 일본경제, 일본문화, 일본사회 등에 대한 지식을 통해 한일관계를 맺고 친선을 도모하는 한편, 정당하고 합리적인 이성과 경쟁을 통해서 교류하며, 국가간의 정상적인 외교와 협력을 하는 과정에서 유해한 결과보다는 유익한 결과를 생산하는 주체로 규정하고자 한다.

다음은 한국의 비정치적 일본관련 지식인과 단체를 소개한 것이다. 이 책에서 제시한 지식인과 단체가 스스로 지일파로 인정하거나 주장하지 않았다. 다만 일본연구관련 기관, 연구소, 교육기관, 기업, 연구자, 교육자 등으로서 직간접적으로 일본에 대한 정보, 지식 등을 제공하고, 협력이나 교류하는데 순기능적인 역할을 할뿐 아니라 유익한 결과를 생산하고 있다는 점에서 소개한 것이다.

〈표 23〉 한국의 지식인과 단체

구분	내용
지식인 그룹	교육기관으로는 각 대학 일본관련학과, 일본연구소, 일본관련 학술단체 등이 있고, 각종 언론기관 및 관련 지식인, 국책기관과 연구소, 주일 대한민국대사관 및 영사관, 한국무역센터(東京, 大阪, 福岡, 名古屋), 한국무역협회 도쿄지소, 한국수출보험공사 도쿄사무소, 중소기업진흥공단 일본사무소, 한국과학시술연구원 도쿄사무소, 한국기계공업진흥회 도쿄사무소, 한국관광공사 도쿄지사, 재일한국상공회의소, 한국연구재단 인문한국HK플러스 사업단, 세종연구소, 동북아역사재단, KDI, 대외경제정책연구원 일본연구회, 세계경제연구원 등이 있다.
한일 역사 공동 연구 위원회	한일역사공동연구위원회(日韓歴史共同研究委員会)는 한일관계사에 대해서 조사 및 연구하기 위해 한일학자 및 전문가로 구성된 공동연구위원회이다. 2001년 10월 한일수뇌회담 합의에 기초해서 2002년 5월 제1기 위원회가 발족되었고, 고대사, 중세근사, 근현대사 등 3개의 분과회에서 공동연구를 추진하고 2005년 6월 보고서, 제2기는 2010년 보고서를 공개하였다.

시즘의 옹호 여부가 가장 중요한 선정 기준이었으며 일본어로 작품 활동을 한 사실이나 친일 단체 참여 여부, 창씨개명 여부 등은 참고용으로 사용되었다. 각 분야의 명단을 보면, 시 분야는 김동환(23편), 김상용(3편), 김안서(6편), 김종한(22편), 김해강(3편), 노천명(14편), 모윤숙(12편), 서정주(10편), 이찬(8편), 임학수(8편), 주요한(43편), 최남선(7편) 등이다. 소설, 수필, 희곡 분야는 김동인(9편), 김소운(3편), 박영호(10편), 박태원(3편), 송영(7편), 유진오(8편), 유치진(12편), 이광수(103편), 이무영(6편), 이서구(4편), 이석훈(19편), 장혁주(8편), 정비석(9편), 정 인택(13편), 조용만(8편), 채만식(13편), 최정희(14편), 함대훈(11편), 함세덕(6편) 등이다. 평론 분야는 곽종원(6편), 김기진(17편), 김문집(3편), 김용제(25편), 박영희(18편), 백철(14편), 이헌구(4편), 정인섭(11편), 조연현(6편), 최재서(26편), 홍효민(5편) 등이다. https: //ko.wikipedia.org/wiki (2020년 9월 8일 검색)

한일 교류 단체	- 한일문화교류협회는 한국과 일본의 공통된 교육문화적 가치를 통해서 교류와 협력, 친선을 도모할 목적으로 2002년 6월 27일 설립된 교류단체로 대한민국 문화체육관광부 소관의 사단법인이다. 주요 목적은 양국의 지역적 자매결연 추진과 친선문화 교류회의 상호 개최, 양국 간의 전통문화, 대중문화에 이르는 다양한 장르를 소개하는 사업을 한다. - 한일친선협회중앙회는 한일 간 민간교류 강화와 우호협력 증진을 위해 1977년 설립됐다. 한일기본조약의 정신에 입각하여 양국 국민 간의 교류를 통한 친선을 도모하고 상호이해와 협력을 증진시킴으로써 양국의 평화와 번영에 기여함을 목적으로 한다. 일본에서는 1976년 47개 도도부현의 친선협회와 1개 중앙회를 결성하였고, 한국에서는 1977년 11월 중앙회를 설립하고 특별시, 광역시, 각도상공회의소에 지방친선협회를 결성하고 시도상공회의소 회장이 지방친선협회 회장을 겸하도록 하였다. 1986년 외교통상부에서 사단법인설립허가를 받았다. 유흥수 전 주일대사가 한일친선협회중앙회 총회에서 제16대 회장으로 선출됐다.
한일 문화 교류 회의	- 한일문화교류회의(日韓文化交流会議)는 한일 간의 국민문화교류를 폭넓게 추진할 목적으로 양국의 유식자가 문화학술교류촉진에 대해서 협의하고 제언하는 장으로 1999년 6월 발족했다. - 제1기(1999년 6월-2002년 10월), 제2기(2003년 6월-2007년 9월), 제3기(2010년 3월) 회의가 열렸다. 여기에서는 한일문화학술교류의 현상을 평가하고, 참가하는 문화교류의 중요성을 인식한 후에 문화교류와 국민교류를 강화하는 방책을 논의하고, 그것을 위해 정부, 지방공공단체, 민간단체가 담당할 역할을 논의하였다. - 제3기(2010년-2012년) 회의에서는 '창조적 한일일한관계를 목표로'(創造的日韓·韓日関係を目指して)라는 슬로건을 내세웠다. 위원장은 가와구치 기요후미(川口清史 学校法人立命館総長·立命館大学長), 정구종(동서대교수), 위원은 아리카와 세쓰오(有川節夫 九州大学総長), 국수호(무용단장), 이치카와(市川森一 作家), 김형준(CJ E&M영화사업부문기획), 고문은 오구라 기조(小倉紀蔵 京都大学准教授), 가와부치 사부로(川淵三郎, 日本サッカー協会名誉会長), 박성원(한국예술종합학교 교수), 기무라 노리코(木村典子 日韓舞台芸術コーディネーター), 박전열(중앙대교수), 구라모토 유키(倉本裕基 作曲家), 손정우(한국연극연출가협회장), 고하리 스스무(小針進, 静岡県立大学教授), 정기영(NEOWIZ GAMES부사장), 쓰지하라 노보루(辻原登, 作家), 정이현(소설가), 최종일(한국애니메이션제작협회장), 야마무라 코지(山村浩二, 東京藝術大学教授), 최태기(국립발레단단장), 사무국장 우치다 도미오(内田富夫, 日韓文化交流基金理事長), 이강민(한양대교수) 등이 담당했다.

한국의 비정치적 영역에서 활동하는 지식인과 단체는 다양한 형태로 각자의 목표와 목적에 따라 한일과 관련된 사업을 전개하고 있고, 정치적 의도보다는 한일교류에 역점을 두고 활동하고 있다. 따라서 정치적 입김이나 정부의 정책으로부터 자유롭게 활동할 수 있는 가능성이 있다. 비정치적 지식인과 단체는 한국과 일본에 대한 전문적 지식을 토대로 한일관계를 직시하고, 한일간에 벌어지는 다양한 과제에 대해서 제언이나 활동을 하고 있다는 점에서 중요한 멘파워와 싱크탱크가 되고 있다. 민간차원, 연구나 교육을 담당하는 인적 자산은 초국가적인 네트워크를 구축하고 한일관계를 풀어내는

데 순기능을 할 수 있는 장점이 있어 매우 긍정적인 존재라고 할 수 있다.

한국경제와 기업은 근대화 100년 역사를 통해서 축적한 일본의 경제와 기업을 모델로 하여 기초를 다지고 성장했다는 점을 부인하기 어려울 것이다. 특히 해방 후 급속하게 성장한 한국경제, 한국산업, 한국기업, 각종 성장기관 등은 일본의 그것으로부터 영양분을 받아 성장하는 가운데 그 대가로 이익원이 되어 일본성장에 촉진제 역할을 할 수밖에 없었다. 다음은 한국의 경제영역에서 활동하고 있는 경제단체를 소개한 것이다.

〈표 24〉 한국의 경제단체

구분	내용
경제단체 및 기업연구소	- 경제단체는 대한무역투자진흥공사, 한국무역협회, 대한상공회의소(주일한국상공회의소), 한국과학기술정보연구원, 한일경제협회, 한국자동차산업협동조합, 한국자동차산업협회, 전국경제인연합회, 대한상사중재원, 한국산업기술진흥협회, 한국기계산업진흥회, 한국전자정보통신산업진흥회, 한국산업기술평가관리원, 한일산업·기술협력재단, 중소기업진흥공단 등이 있다. - 기업연구소는 현대경제연구소, LG경제연구원, 삼성경제연구소, 한일화학생물연구소, 한일조세연구소, 한일조경연구소, 일본관련기업, 한일역사콘텐츠연구소, EAI 동아시아연구원, 한일기업부설연구소, 한경일본경제연구소, 한일산업협력기술재단 등이 있다. 주일한국상공회의소로는 도쿄한국상공회의소(東京韓国商工会議所)를 비롯해서 각 도도부현에 설치되어 있다(1999년『東洋会社年鑑99』참조).
한일경제 협회	- 한일경제협회는 1981년 2월 23일 설립되었고, 제1대 회장으로는 박태준이 취임하였고, 발기인은 포항종합제철주식회사 회장 박태준, 대한상공회의소 회장 정수창, 전국경제인연합회 회장 정주영, 한국무역협회 회장 김원기, 중소기업협동조합중앙회 회장 유기정 등이다. 조직은 회장, 상근책임자, 사무국, 총회, 이사회, 회장단, 감사 등으로 구성되어 있다. 목적은 한일 양국 경제계의 상호이해와 친선을 증진하며, 특히 한일간 민간경제협력, 무역증진, 산업협력의 제휴를 도모함으로써 상호번영과 세계 평화에 기여함을 목적으로 한다. 회원사 간담회는 연 1-2회 정기적으로 개최되는 회원사 간담회의로서 정기적인 네트워크 구축, 정보교환 및 전문가 초청 강연을 통한 일본에 대한 정보를 교류한다. - 한일경제인회의 산하의 전문위원회로서 한일신산업무역회의는 1999년 10월에 발족하였고, 한일 간 산업·무역·투자 등 공통의 과제에 대한 실천적 문제 해결형 회의로서 기존의 무역, 기계, 산업일반위원회 등 3개 위원회를 통합하여 활동하고 있다. - 한일 양국 지역 간 협력 강화활동을 하고 있다. 즉 규슈 및 호쿠리쿠지역과의 무역·투자·기술협력을 촉진하고, 국제사회의 지역주의 추세에 대응하여 한·중·일 3국의 환황해 지역간 협력을 통해 무역·투자·기술협력을 촉진하고 환황해경제권 나아가 동북아지역의 경제공동체를 구축하는 사업이다. - 한일고교생 교류 사업을 하고 있다. 즉 양국의 경제계를 이끌고 나갈 젊은 세대인 청소년들에게 직접 만남의 기회를 제공함으로써 상대방에 대한 이해증진을 통해 양국

	간 감정의 벽을 허물어 우호관계를 정착시켜 나가고 미래의 국제 비즈니스 파트너로서의 네트워크 구축과 글로벌 리더를 양성하는 사업이다. - 업종별 네트워크 구축 및 비즈니스교류 사업이다. 즉 한일 양국의 동일 업종 기업 간 교류협력을 통해 서로 부족한 부분에 대해 유무상통하는 상호보완적 경제동반자 관계를 구축하고, 단계적으로 화학, 기계, 전기전자분야 등에서 지역·업종별 교류 네트워크를 확산하여 산업 내 분업을 촉진하고 비즈니스 애로 요인의 해결을 모색한다. - 제3국 공동진출 확대사업이다. 즉 인프라 수출과 자원개발에 관련된 한일의 종합상사, EPC업체, 물류기업, 금융기관, 기타 관련단체 등이 참가하여 제3국 현장 시찰을 통해 양국 간 협력 가능성을 모색하고, 잠재적 사업 파트너인 양국 기업 간 협력 네트워크를 구축한다. - 기타 활동으로는 2011년 제30회 정기총회 개최(제11대 회장 조석래 취임), 2012년 업종별 네트워크구축(자동차부문) 사업 개시, 2014년 아베 신조(安倍晋三) 총리 예방(제46회 한일경제인회의 한국 측 단장단), 제33회 정기총회 개최(제12대 회장 김윤 취임), 2015년 한일국교정상화 50주년 기념 한일경제교류회의 개최, 한일국교정상화 50주년 기념 제47회 한일경제인회의 개최, 박근혜 대통령 예방(제47회 한일경제인회의 일본 측 단장단), 2016년 업종별 네트워크구축(게임부문) 사업 개시, 2017년 제36회 정기총회 개최(제13대 회장 김윤 취임, 서석승 상근부회장 취임) 등이 있다.

한국의 경제단체는 일본의 경제단체와 긴밀하게 상호협력하여 양국의 경제와 기업발전을 위해서 활동을 하고 있다. 일본이 국제사회에서 발휘하고 있는 힘은 바로 경제적 힘이라고 할 수 있기 때문에, 한국은 일본과의 경제교류와 협력을 강화하여 국제사회에서의 경제적 힘과 영향력을 높일 필요가 있을 것이다. 한국경제는 일본경제를 보면서 발전하고 성장하였고, 그 과정에서 일본경제 및 기업과 경쟁을 할 수 있는 단계에 이른 것이다. 따라서 국가경제정책기관, 국영기업 및 민간기업, 각종 경제단체, 경제연구기관, 한일경제협력기관 등이 설정하는 앞으로의 한일관련 경제적 행보가 한국과 일본의 경제방향과 미래를 결정할 수 있다는 점에서 상호발전하기 위한 경제적 협력을 할 필요가 있을 것이다.

한국에는 전략적으로 일본에서 교육을 받고, 일본기업의 기술과 경영, 성장 노하우 등을 배워 창업하여 성장시킨 기업과 기업인이 많다. 그런 점에서 본다면, 현재 한국의 많은 대기업이나 재벌기업은 직간접적으로 일본기업과 관련된 폭넓은 지식과 정보를 갖고 기업을 운영하고 성장하고 있다. 다음은 기업창업과 성장을 통해서 한국경제를 새롭게 성장시켜 경제 기적을 만들어낸 한국의 대표적인 기업 삼성과 이병철, 이건희, 이재용 등의 일본 관련성에 대해서 소개하고자 한다.

〈표 25〉 삼성과 최고경영자[62]

구분	내용
이병철	- 이병철(李秉喆, 1910년-1987년)은 삼성의 창업자이며 호는 호암(湖巖)이다. 결혼식을 마치고 학교에 다니다 4학년 1학기 무렵 일본 유학을 결심했지만 부모가 반대하였다. 그러자 옆 동네에 살던 효성그룹의 창업주 조홍제를 찾아가 일본 유학 경비 500원을 빌려 조홍제와 함께 일본에 유학하였다. 1929년에 와세다대학교(早稲田大学) 정치경제학과에 입학했다. 유학시절에 기업인을 꿈꾸고 있었기 때문에 일본공장을 방문해서 일본공업의 실상에 대해서 직간접적으로 경험을 쌓았다. 와세다대학에서 수학하던 중 심한 각기병으로 귀국하게 되어 학업을 중단했다. 귀국 후 직접 일본에서 상업 작물 종자를 들여오고, 개량돈(豚)과 씨앗 닭도 들여왔다. - 1936년 협동정미소를 세워 정미한 쌀을 일본으로 공출했고, 일본인 경영의 히노데자동차회사(日出自動車会社)를 인수했고, 토지에 투자하여 200만 평의 대지주로 등장했으나 중일전쟁으로 인하여 협동정미소와 히노데자동차회사를 매각하여 부채를 청산했다. 1938년 삼성상회(三星商会) 설립, 1942년 조선양조인수, 1948년 삼성물산공사(三星物産公司)를 창설하여 무역업에 착수하였다. 1950년 초 일본공업시찰단원으로 일본 내 제조업, 수공업 등 일본의 공업계와 전후 공업시설 복구 현장을 직접 시찰하고 귀국했다. - 1951년 삼성물산설립, 1953년 제일제당설립, 1954년 제일모직설립, 1963년 동양방송, 1964년 한국비료설립, 1965년 중앙일보, 1965년 성균관대학교 이사장, 1969년 삼성전자설립, 1974년 삼성석유화학설립, 동방생명, 신세계백화점, 안국화재보험, 전주제지, 중앙개발, 고려병원, 제일합섬, 삼성중공업, 삼성문화재단, 삼성사회복지재단 등을 설립하여 재벌기업을 형성하였다. - 1968년 사카린 밀수 사건으로 경영 일선에서 퇴진하였다.[63] 그 후 이병철은 중앙일보 칼럼을 통해 전자산업 진출을 선언한 후 1969년 삼성전자 및 삼성-SANYO전기를 설립하고, 산요의 기술을 도입하거나 모델을 라이센스하여 제품을 만들었다.[64] 1970년 삼성-산요전기는 흑백TV를 생산해 파나마에 처음 수출했고, 삼성전자도 1970년 백색가전 및 음향기기를 생산했다. 1973년 삼성전자는 삼성일렉트릭스를 합병한 후 1974년 한국반도체를 인수했고, 1975년 삼성산요가 삼성전기로 바뀌었고, 1977년 삼성전자에 합병되었다. - 삼성의 반도체 산업은 1974년 이병철의 3남 이건희가 반도체 산업 진출을 위해 사재를 털어 한국반도체를 인수하면서 시작되었다. 1980년 이병철은 일본 후지(富士)화학 회장인 이나바 슈조(稲葉秀三)와의 대담에서 반도체에 관한 발언을 염두에 두고, 미국의 반도체 산업 시찰(視察)에 나선다.[65] 실리콘밸리의 젊은이들을 보며 반도체 사업 투자를 결심한다. 이병철에 따르면, '내가 일본에서 만난 이나바 히데조 박사는 앞으로 산업은 반도체가 좌우한다'고 말했다. 1983년 반도체 중에서도 첨단 기술인 초고밀도집적회로

62) https: //namu.wiki/w/이병철; https: //ko.wikipedia.org/wiki/ (2020년 10월 9일 검색); https: //ja.wikipedia.org/wiki/ (2020년 10월 9일 검색); 이병철 지음, 2014, 『호암자전: 삼성 창업자 호암 이병철 자서전』, 나남. 천대윤 지음, 2012, 『창발전략경영혁신과 리더십: 삼성 이병철 회장과 현대 정주영 회장 창발전략경영혁신모형』, 삼현출판사. 김용철 지음, 2010, 『삼성을 생각한다』, 사회평론. 김병완 지음, 2012, 『이건희 27법칙: 삼성을 300배 성장시킨 숨겨진 비밀 코드』, 미다스북스. 손욱 지음, 2013, 『삼성 집요한 혁신의 역사: 삼성 혁신의 중심에서 40년 최전방CEO 손욱의 생생한 현장기록』, 코리아닷컴.

	(VLSI)에 대규모 투자를 한다는 '도쿄선언'을 했다. 이병철은 일본이나 한국의 반도체 전문가들의 조언과 정보를 입수해 반도체 산업의 전망을 예측했다. - 1984년 10월, 미국 마이크론사는 삼성 반도체가 수출하기 시작한 64KD램 가격을 기존 3달러에서 1달러 80센트로 인하하였고, 일본기업은 덤핑 공세에 나서면서 가격이 30센트로 폭락하여 위기를 맞았다. 삼성은 20센트 가격으로 대응하면서 1984년에 1,300억 원의 적자를 기록했다. 회사내외로부터 '지금이라도 손을 떼야 한다'라고 수차례 건의하였으나, 이병철은 '내 눈엔 돈이 보여'라고 하며 사업을 지속했다. 미국과 일본반도체 회사의 덤핑공세와 견제에도 불구하고 연구개발하여 업계에서 기적이라 부른 256KD램을 세계 최초로 개발하는데 성공하였고, 1986년에는 1Mb D램을 출시하면서 전환점을 맞이한다. 특히 256KD램 제품은 시장 출시 1년 만에 세계 D램 시장의 1/10을 점유하면서 삼성전자는 반도체시장에서 반석(盤石)을 까는 기회가 되었다. 이후 이건희 회장 시기에 미국이나 일본의 반도체 선두주자들을 차례로 추월하고 글로벌기업으로 성장하였다.
이건희	- 이건희(李健熙, 1942년 1월 9일)는 일본에서 소학교를 다녔고, 연세대학교 상학과 입학 후 자퇴하고 와세다대학 상학부에 진학해 졸업했다. 현재 와세다대학의 정치경제학술연구도서실에 이건희의 이름을 딴 이건희기념도서관(李健熙記念図書室)이 있다. - 이건희는 친구였던 홍사덕에게 일본 소학교 교과서 몇 권을 건네면서 '니 일본어 배워놔라. 니 정도면 두어 달만 해도 웬만큼 할끼다'고 했다. 당시 고교생들에겐 반일감정이 팽배해있던 시절이어서 홍사덕은 '그걸 뭐하러 배우노?' 하고 물었더니 그는 '일본이 어떻게 변화하는지를 봐야 그 속에서 우리가 가야 할 길을 찾게 된다'고 답했다. - 이건희는 기술 관련 서적을 탐독하거나 전자제품, 각종 기계류를 분해하고 조립하면서 연구를 거듭했다. 해결하기 어려운 문제가 생기면 관련 전문가들을 집으로 불러다 가르침을 청했다. NEC, 도시바, GM, 휴렛팩커드 등 세계 유수 기업의 CEO들도 방한 시 이회장 자택을 주요 방문지로 잡았다.[66] - 일본인 고문인 후쿠다 다미오(福田民郎)에게서 받은 「후쿠다 보고서」를 보고 큰 충격을 받아 1993년 6월 위로부터의 적극적인 혁신을 통한 신경영을 선언하고 실천하여 삼성그룹을 세계 일류 기업으로 도약시켰다.[67] 이후 이건희는 자주 위기설을 제시하여 삼성의 위기관리와 성장경영의 비법으로 삼았다. 2010년대 초 중국이 우릴 쫓아오려면 아직 멀었고, 일본은 힘이 빠졌다는 뉘앙스로 낙관론을 내놓기도 해 이목을 끌기도 했다. 삼성전자의 성공과 일본기업의 추월에 대해서 일본에서는 일본기업들을 능가할 수 있도록 도와줬던 기업이나 기업인에 대해서 비판을 했다. 일본언론들은 한국의 삼성전자업체의 성공과 자국 전자업체들의 몰락을 보도하며 일본과 협력해서 발전한 삼성전자에 대해서 언급하였다.
이재용	- 이재용(李在鎔, 1968년 6월 23일)은 삼성전자 부회장으로 서울대학교 동양사학과를 졸업 후 1995년 일본 게이오대학 대학원 경영관리연구과 석사를 졸업하고 2001년 하버드대학의 비즈니스스쿨(HBS)에서 박사학위를 취득하였다. 조부인 이병철 회장은 '경영학은 나중에도 금방 배울 수 있기 때문에 인간을 이해하고 폭을 넓힐 수 있는 인문학을 전공하라'고 권유했기 때문에 인문학을 공부했다고 전한다. 그와 사촌지간인 정용진 신세계 부회장이 서울대 서양사학과에 진학했던 점도 비슷한 맥락으로 보인다. 부친인 이건희 회장도 경제대국으로 승승장구하는 일본을 잘 알아야 한국도 그렇게 될 수 있다는 지론을 강조하였다고 전한다.

	- 2018년 영국의 IT서비스회사 'Northgate Public Services'를 매수하여, 해외 안전망사업을 강화하였다. 그리고 지구관측위성「ASNARO－2」의 발사를 위해 인공위성의 운용을 독자적으로 하는 시스템을 구축하고, 제조에서 발사, 운용까지 자사에서 할 수 있는 시스템을 갖추고 있다. 그리고 NEC위성오퍼레이션센터(NEC衛星オペレーションセンター)에서 위성운용사업에 참가하고, 위성화상데이터의 판매사업에 참가하고 있다. 2018년 삼성전자와 5G를 향한 기지국의 기술개발과 영업에서 제휴한다고 발표했다. 2019년 일본정부가 한국 정부와 수출규제조치를 둘러싸고 힘겨루기를 하고 있을 때 이재용은 위기를 극복하기 위해 제일 먼저 일본협력기업, 일본금융기업 등을 방문하여 대안을 강구하였다. 현재 삼성기업은 많은 일본기업과 협력하는 과정에서 성장하고 있지만 한일 간의 정치적 대립에 민감하게 대응하고 있다.

63) 이맹희, 1993,『회상록-묻어둔 이야기』, 청산. 이맹희는 6.25전쟁 발발 후 일본으로 유학을 떠나 가쿠슈인을 졸업하였다.

64) 산요전기주식회사(三洋電機株式会社, SANYO Electric Co., Ltd.)는 파라소니그룹(パナソニックグループ)의 일본전기 메이커인 파나소닉 자회사이다. 본사는 오사카에 있다.

65) 이나바 히데조(稲葉秀三, 1907년-1996년)는 일본관료이며 실업가로 도쿄대학경제학부 졸업후, 1937년 기획원에서 들어가 물자동원계획을 담당하였으나 기획원사건에 연루되어 치안유지법위반으로 투옥되었다. 1945년 국제경제연구협회설립, 1965년 산케이신문사장, 국책연구회회장 등을 역임하고, 전후 경제안정본부의 세 마리 까마귀(三羽ガラス, 산바가라스)라고 불렸다. 산바가라스는 어느 집단에서 우수한 인재 3인을 지칭하는 말이다.

66) 일본전기주식회사(日本電気株式会社, NEC Corporation, NEC)는 스미토모그룹회사로 일전(日電) 또는 NEC라고 칭한다. 스미토모전기공업과 형제회사이며 스미토모상사와 함께 스미토모3가(住友新御三家) 중 하나이다. 1982년 발표한 PC-9800시리즈는 약 15년간 일본퍼스널 컴퓨터시장을 석권했다. NEC를 포함한 일본기업의 반도체시장 진출은 히노마루반도체(日の丸半導体)라고 불렸고, 미일반도체무역마찰문제로 정치문제화되었다. 1985년 미국과의 프라자합의(プラザ合意) 후 급속한 엔고, 1986년부터 1996년까지 지속된 미일반도체협정 등의 영향으로 해외경쟁력이 약화되었다. 미일반도체협정은 1986년 미일간에 체결된 협정으로 일본제반도체의 덤핑수출방지, 1991년 일본시장의 외국제반도체 20% 쉐어증가 등을 규정한 것으로 1996년 7월 실효되었다. 도시바주시회사(株式会社東芝, TOSHIBA CORPORATION)는 일본의 전기 대기업으로 도시바그룹의 핵심기업이며, 2015년 분식회계사건으로 플레쉬메모리사업을 분리했다. 현재는 시스템LSI, 디스크리트반도체개발과 생산을 하고 있고, 파워반도체 등 디스크리트반도체(discrete반도체, 당일 목적으로 사용되는 단일기능반도체)는 1위 자리를 차지하고 있다.

67) 후쿠다 다미오(福田民郎)는 교토공예섬유대 명예교수이다. 그는 1989년 삼성전자 정보통신부문 디자인 고문으로 삼성과 인연을 맺었다. 1993년 신경영선언의 기틀이 됐던 일명 '후쿠다 보고서'를 작성해서 삼성의 변화를 유도했다. 1993년 6월 일본을 방문한 이건희는 후쿠다 고문에게 '경영과 디자인'이라는 보고서를 받아 독일 프랑크푸르트로 향하는 비행기 안에서 몇 차례나 정독했다. 보고서는 소니 1류, 파나소닉 1.2류, 샤프 1.5류인데, 삼성전자가 1.5류에도 못 미치는 2류에 불과하고, 어딘가에서 본 것 같은 짝퉁 제품으로는 세계시장에서 이길 수 없다는 점을 제기하였다. 또한 삼성이 갖

이병철 회장은 삼성그룹을 창설하여 성장시키고 기업과 한국의 미래산업을 개척한 탁월한 경제가였고, 일본의 산업, 경영, 경제 등을 가장 잘 배워 적용해서 성공한 기업가이기도 하다. 그는 전국경제인연합회의 전신인 전국경제인협회를 창설하여 초대 회장에 취임했으며, 울산공업단지를 조성하는 데 일익을 담당하기도 하였다. 1987년 서거하고 국민훈장 무궁화장이 추서되었다. 이건희 회장은 삼성의 제2창업을 선언하고, 후쿠다 다미오 보고서를 통해서 인간중심, 기술중시, 자율경영, 디자인중시, 사회공헌 등을 경영의 축으로 삼아 초일류 기업으로 도약하는 계기를 마련하였다. 특히 삼성전자의 신기원을 구축하여 21세기 세계적인 기업으로 성장시켰다. 이재용 삼성전자 부회장은 조부와 부친의 영향을 받아 기업을 이끌어가고 있으면서 일본과 다양한 측면에서 협력을 하고 기업의 성장정책을 추진하고 있다. 삼성의 최고경영자는 일본과 깊게 관련되어 있다는 점, 기업의 목표를 일본 따라잡는 것에 그치지 않고 초월하거나 능가하는 기업으로 성장시켜 성공한 기업인이라는 공통점이 있다고 할 수 있다.

다음은 한국의 제철산업을 태동시켜 중공업의 기초를 다지고 한국의 중공업분야의 산업화와 근대화에 공헌한 포항제철과 박태준 회장에 대해서 소개한 것이다.[68)]

〈표 26〉 포항제철과 최고경경자

구분	내용
성장 배경	- 박태준(朴泰俊, 1927년-2011년)은 유아기에 일본에 건너갔고, 1945년 일본 와세다대학(早稲田大学) 기계학과에 입학했다가 광복을 맞이하여 학업을 중단하고 귀국하였다. - 1948년 육군사관학교에 들어가 제1중대장이었던 박정희 대위와 만났고, 졸업하고 육군 소위로 임관한 뒤 6·25전쟁에 참전하였고, 1953년 육군대학을 수석으로 졸업하

고 있는 문제는 양적 성장치중, 디자인소홀, 설계자가 제품 스펙을 정하고 디자이너에게 통보하는 방식, 디자이너가 먼저 제안해야 할 필요성, 상사가 하는 말은 모두 맞다고 여기는 위계서열문화 등을 지적했다. 이건희 회장은 독일에 도착한 순간 불량세탁기 고발프로그램으로 격노하면서 '마누라와 자식만 빼고 모두 바꾸자'는 신경영 선언에 돌입했다. 신경영 선언 22주년을 맞아 삼성미디어와의 인터뷰에서 후쿠다 전 고문은 삼성 직원들에게 '신경영은 잊으라'고 강조했고, 지금 삼성에 필요한 단어는 리셋(reset)이라고 말했다. 후쿠다 전 고문은 디자인의 방향성에 대해서 물건을 팔기위한 디자인을 하면 안 되며, 디자이너는 소비자에게 좋은 경험과 감동을 주는 제품을 만들어야 한다는 점을 강조하여 한국에서 디자인혁명을 촉발시켰다.

68) https: //namu.wiki/w/ 박태준; https: //ja.wikipedia.org/wiki/ (2020년 10월 9일 검색)

	였으며, 1957년 박정희와 재회하고 제25단 서종철 장군의 참모장이 된 후 긴밀해졌다. 1961년 5·16군사정변 후 박정희 군사재건최고회의 의장의 비서실장으로 발탁되었다. - 박정희 정부의 제1차 5개년계획의 입안에 관여하였고, 1964년 대한중석사장을 지내면서 흑자경영을 하고, 1968년 포항종합제철(지금의 포스코)을 설립하여 1978년 550만 톤을 생산하여 철강산업을 세계적 수준으로 키워냈다. 포항제철설립자이며 국무총리를 역임하였고, 한국의 카네기라고 불렸다.
일본과의 관계	- 1965년 박정희는 미국 피츠버그 철강단지를 방문하면서 제철소 건립에 대한 의지를 다져 미국의 제철소 건설 기술 용역회사인 코퍼스(Koppers Co. Inc)의 포이(F. Foy) 회장을 만나 제철소 건설에 대한 의견을 나눴고, 포이는 국제제철차관단 결성을 통해 자금조달할 것을 제안했다. 1969년 박태준은 종합제철소 건설에 쓸 자금 조달을 위해 미국 워싱턴에 갔지만 국제제철차관단(KISA)의 포이 대표는 자금조달을 거절했다. 철강업계와 금융기관은 대한민국에 종합제철소를 지어 성공할 수도 없고 필요하지도 않다고 판단했기 때문이다. - 한일기본조약으로 한일국교가 정상화되고 한일청구권협정이 맺어지면서 청구권으로 받은 무상 3억 달러, 유상 2억 달러의 자금 중 일부를 제철소 건설로 돌려서 활용하자는 의견이 제시되어 실행에 들어갔다. 이후 박태준은 일본에 건너가 야하타 제철의 이나야마 요시히로(稻山嘉寬, 1987년 몰) 사장과 신일본제철의 나가노 시게오(永野重雄) 사장,[69] 일본 강관의 아카사카 다케시 사장 등 철강산업의 주역들을 만나 일일이 설득해서 제철회사의 기술제공, 일본 정부의 청구권자금사용 동의를 얻어냈다. 1968년 4월 1일 포항제철회사를 설립하고 1970년부터 건설에 들어간다. - 박태준은 포항종합제철 건설초기에 '물건을 훔치는 것은 도적으로 나쁘지만 마음을 훔치는 것은 좋은 것으로 전략적인 것'이라고 자랑하였다. 그는 신일본제철(新日本製鉄) 이나야마 요시히로(稻山嘉寬, 1987년 사망) 회장의 도움을 받았고, 마음이 열린 분이라고 하였다.[70] 이나야마회장의 전면 지원을 약속했지만 '세계최고의 기술을 왜 타인에게 양보하느냐'라는 위로부터의 비판과 견제에도 불구하고 제철소의 아이디어 규정집, 제철기술메뉴얼, 도면설계, 기계의 특징 등 선진 제철소의 신기술을 전해 주었다. 포항제철을 건설하고 103만 톤의 1차용광로가 성공하면서 이나야마 회장을 만났을 때, 일본의 최신유행가에 대해서 대화를 할 정도로 친밀했다. - 중국의 개방개혁 초기인 1978년 8월 덩샤오핑이 일본에 가서 포항제철소와 같은 제철소를 하나 지어달라고 하자, 이나야마 요시히로 당시 신일본제철 회장은 '공장이야 지을 수 있지만 중국에는 박태준 같은 인물이 없어서 그런 제철소는 못 짓는다'라고 대답했다고 한다. 그해 말 일본 도쿄에서 박태준을 만난 이나야마 회장은 농담으로 '박사장, 중국에 납치될 수도 있으니 조심하세요'라고 농담을 전했다고 한다.

69) 일본의 한 경제인은 신격호 회장이 한국에서 제철소를 짓고 싶었고 좌절됐을 때 억울한 표정을 지었다고 《닛케이신문》에서 말했다. 신격호 회장은 한국에 진출하면서 1968년 후지제철(현 일본제철)의 나가노 시게오(永野重雄) 사장을 찾아가 제철소 설립과 운영, 기술협력 등을 요청했다. 나가노 시게오 사장은 동의했고 후지제철의 지원으로 사업계획까지 세웠으나, 신격호 회장에게 제철소 건설을 권했던 박정희 정부가 국영기업으로 방향을 바꾸면서 제철소를 짓지 못하게 됐다. 1997년 외환

박태준은 일본 와세다대학에서 공부를 하여 일본에 대한 기본적인 지식과 정보를 갖고 있었고, 한국 정부의 산업화정책, 박정희의 제철소건립열망, 한일청구권으로 받은 건설자금, 일본인과의 친밀성 등을 통해서 제철산업을 건설하는 데 매진하였다. 그는 포항제철을 성공시키는 가운데 교육사업도 동시에 병행하여, 포항제철의 사원을 위한 소학교, 중학교, 고등학교, 미국의 캘리포니아공과 대학을 모델로 한 포항공과대학을 1986년 설립하였다. 정치에도 참여하여 민주정의당 대표, 국무총리 등을 역임하였다. 포스코를 창립하여 초대 사장으로 취임한 뒤 1991년까지 회장, 명예회장을 역임하였다.

다음은 일본적인 사업모델을 한국에 가지고 와서 롯데라는 재벌기업을 태동시키고 성공시킨 롯데와 최고경영자를 소개한 것이다.[71)]

〈표 27〉 롯데와 최고경영자

구분	내 용
신격호	- 신격호(辛格浩, 일본명: 重光武雄)는 1921년 일본통치시대에서 태어나, 1942년 시모노세키와 부산 간의 연락선을 타고 일본으로 건너갔다. 1944년 와세다실업학교(早稲田実業学校) 졸업 후 일본인의 친구 권유로 절삭유생산(切削油生産) 공장을 설립하였다. 전시 중 연합국의 폭격으로 건물이 전소하였지만 5만 엔의 거액을 출자한 일본인 투자가는 신격호의 성실함을 믿어 지원하였고, 이후 붕괴된 군수공장에서 비누를 만들어 재기하고 일본인 투자가에게 진 빚을 변제하였고, 감사의 마음으로 주택 한 채를 주었다. - 일본에서 1947년 전후 주둔군에게 추잉껌이 인기를 얻은 것에 착안하여 껌 제조를 하고, 1948년부터 롯데(2007년부터 롯데홀딩스라는 회사명으로 변경)를 설립하여 사업을

위기 때도 신격호 회장은 한보철강 인수에 관심을 보였지만 당시 한보철강은 실사 결과 장부가보다 자산가치가 낮은 것으로 밝혀지고, 각종 자금 횡령 문제 등이 불거져 단념하였다.

70) 이나야마 요시히로(稲山嘉寛, 1904년-1987년)는 일본의 실업가로 제5대 경제단체연합회회장(1980년-1986년)을 경험하였다. 1946년 일본제철영업부장, 1950년 일본제철의 분할로 성립한 야하타제철 상무을 역임하였고, 사장취임 후 1970년 후지제철과 야하타제철의 합병으로 신일본제철(新日本製鉄)을 탄생시켰다. 1960년대 철강업계의 과도경쟁에 따른 가격안정을 위해 합병을 추진하면서 미스터 카르텔(ミスター・カルテル)이라는 별명이 생겼다. 신일본제출주식회사(新日本製鉄株式会社, NIPPON STEEL CORPORATION)는 일본제철주식회사의 구상호로, 2012년 일본의 제철회사인 스미토모금속공업과 합병하고 신일제주금(新日鉄住金)으로 변경하였다. 2019년 일본제철로 사명을 변경하였다.

71) https: //ja.wikipedia.org/wiki/辛格浩; https: //namu.wiki/ (2020년 10월 9일 검색); 大島裕史, 2012,『魂の相克 在日スポーツ英雄列伝』, 講談社.

	시작했고, 1948년 주식회사 롯데(ロッテ)를 설립하였다. 한국에서는 1967년부터 롯데제과(2017년부터 롯데지주라는 회사명으로 변경)를 설립하여 사업을 시작했다.[72] 1954년 월드컵예선을 위해 일본에 온 축구팀을 지원하고, 1964년 도쿄올림픽의 한국선수단을 지원하였다. 1969년 기시 노부스케(岸信介)의 중개로 야구팀 도쿄오리온즈(東京オリオンズ, 현 千葉ロッテマリーンズ)의 스폰서가 되어 구단운영을 시작하였다. - 1958년 신격호는 동생 신철호에게 300만 원을 송금하여 롯데화학공업을 설립하여 롯데껌을 생산하게 했다. 1965년 한일국교 정상화를 계기로 자신의 롯데를 직접 한국에 진출시키기로 결정하여, 1966년 동방알미늄공업(현 롯데알미늄) 건설, 1967년 롯데제과 설립, 롯데화학인수 등을 하였다. 그는 중화학회사를 설립하려고 하였지만 LG그룹이 사업자로 선정되어 단념했고, 제철업을 박정희 대통령이 권유했지만 국영기업으로 포항제철을 국가가 주도하여 포기하였다. 한국 진출 후 동생 신춘호는 롯데공업이 생산하는 라면에 롯데껌 샘플을 넣어 홍보했지만, 신격호는 라면 사업에 회의적이어서 롯데공업이 농심라면을 내놓을 즈음에 롯데 상표를 쓰지 말라고 신춘호에게 최후통첩을 하자 신춘호는 롯데공업을 분리하여 1978년 농심으로 개칭했다. - 1979년 일본의 데이코쿠호텔(帝国ホテル)을 모델로 하여 일류호텔로서 롯데호텔을 건설하였고,[73] 1997년 부산에 부산 롯데월드 개업시 일본 전 총리 4명이 참가하였다. 1998년 롯데쇼핑 할인점 1호점인 마그넷(현 롯데마트) 강변점개설, 2001년 롯데레몬(현 롯데슈퍼) 1호점 전농점을 선보이며 슈퍼마켓 사업에도 진출했다. e커머스 사업본부설립, 2005년 해외패션 전문관인 에비뉴엘 설립, 2008년 도심형의 롯데아울렛 광주월드컵점 개관 등 유통산업을 확장시켰다. 한국, 일본, 중국과 베트남·인도네시아·러시아 등 해외사업을 하고 백화점과 아울렛, 에비뉴엘, 해외 점포 등을 운영하고 있다. - 롯데그룹은 한국경제계 제5위이며 신격호는 1948년 일본 롯데그룹 회장, 1966년 한국 롯데그룹 회장, 1998년 롯데쇼핑 대표이사 회장, 1998년 호텔롯데 대표이사 회장, 2009년 롯데회장, 2011년 롯데그룹 총괄회장, 2015년 롯데 명예회장을 역임했다.
신동빈	신동빈(辛東彬, 일본명 重光昭夫, 시게미쓰 아키오, 1955년 2월 14일)은 도쿄도 출신으로 1977년 아오야마가쿠인대학교 경제학부를 졸업한 후 1980 컬럼비아대학교 대학원 MBA를 졸업하였다. 부인은 일본 다이세이 건설 부회장의 딸 오고 마나미(淡河真奈美)이며, 2015년 장남결혼식에 아베 신조 총리가 출석하였다. 41세까지 일본 국적을 유지하여 한국의 병역은 면제되었다. 한국과 일본의 이중국적을 보유하다가 1996년 한국국적을 상실했지만 2개월후 한국국적을 회복하면서 이때 일본국적을 정식으로 포기하였다. 2011년 롯데그룹 회장, 2009년 한국방문의해위원회 위원장, 2005년 한일경제협회 부회장, 2015년 호텔롯데 대표이사, 2015년 일본 롯데홀딩스 대표이사, 2019년 일본 롯데홀딩스 대표이사이다.

72) 롯데그룹의 이름은 괴테의 소설『젊은 베르테르의 슬픔』의 등장인물 샤롯데(Charlotte, シャルロッテ)에서 유래한 것이다. 소비자로부터 영원히 매력적이고, 사랑받는 기업, 친숙한 제품 제조를 기원하는 의미에서 '롯데'라는 이름을 지었다. 롯데의 캐치프레이즈는 입 속의 연인(お口の恋人·ロッテ)으로 불리며, 고안자는 일본의 개그 밴드 더 드리프터즈로 활동하는 나카모토 고지의 어머니로 알려졌다. 2018년부터 한국 롯데 슬로건은 '함께 가는 친구, 롯데'이며 육아휴직을 반영하는 대기업집

신격호는 기업이념을 품질 본위와 노사협조, 사회와 국가에 봉사 등으로 규정하여 실천하려고 하였다. 그의 기업경영기술은 일본기업의 특징인 품질관리방식과 일본적인 경영방식을 한국의 롯데기업에 적용하여 성공하였다. 롯데의 경영원칙은 이해할 수 없는 사업에 대해서 진출하지 않으며, 가능성 있는 사업을 시작 단계부터 철저하게 조사하고 준비하는 것이었다. 그는 사업에 실패해도 주주나 경영자가 피해를 받지 않는 범위에서 투자자금을 충당하는 안정적인 투자를 시도하였다. 한국에서 가장 일본적인 기업경영방식인 기업안정과 경영안정으로 대성공한 기업가라고 할 수 있다.

다음은 한국의 포드라고 불리는 현대자동차와 최고경영자를 소개한 것이다. 가장 한국적인 사고와 경영으로 기업을 일으켰고, 일본 기업과 협업을 통해서 성공한 재벌기업이라는 특징이 있다.[74)]

단 이미지를 확보하는 홍보 및 광고와 함께 그룹CF로 사용하였다. 롯데컬처웍스에서는 계열회사들(롯데시네마, 롯데엔터테인먼트, 씨츄, 샤롯데씨어터)을 따로 운영할 정도로 그 이름이 많이 쓰이고 있다.

73) 한국전쟁 이후 경제개발로 1970년대 국민소득이 향상되면서 소비욕구와 구매 패턴은 다양해졌지만, 대부분 백화점은 영세하고 운영방식이 근대화하지 못했고, 선진국 수준에 미치지 못했다. 이런 상황에서 신격호는 국가 경제의 발전과 유통업의 근대화에 앞장서야 한다는 사명감을 가지고 백화점 사업에 도전했다. 롯데쇼핑센터(현재 롯데백화점 본점)는 1976년 건립공사를 시작해 1979년 12월에 완료됐다. 규모는 연면적 2만 7438㎡, 영업면적 1만 9835㎡에 지하 1층부터 지상 7층에 이르러, 기존 백화점에 비해 2~3배에 해당하는 규모였다. 영업 첫해인 1980년 454억 원의 매출을 올리며 동종업계 1위에 오른 이후 지난 40년간 대한민국 백화점의 대표주자로 인식되었다. 1983년 누적 방문 고객 수가 1억 명을 넘어섰으며, 1991년에는 유통업계 최초로 매출 1조원을 달성하기도 했다. 특히 1986년 서울아시안게임과 1988년 서울올림픽의 공식 백화점으로 지정돼 전 세계 관광객들을 맞았다. 롯데백화점은 이후 소비 트렌드에 맞춰 다양한 형태의 점포를 선보이며 쇼핑 트렌드를 주도했다.

74) https: //namu.wiki/w/ 정주영; https: //www.donga.com/news/article; https: //ja.wikipedia.org/wiki/ 정주영(2020년 10월 9일 검색); 천대윤 지음, 2012,『창발전략경영혁신과 리더십: 삼성 이병철 회장과 현대 정주영 회장 창발전략경영혁신모형』, 삼현출판사. 이채윤 지음, 김영진 옮김, 2015,『현대가 사람들: 정주영의 DNA 실패를 두려워 않는 불굴의 도전 정신, 창업주 아산 정주영부터 범 현대가 3세까지』, 성안당. 도널드 커크 지음, 이재범 옮김, 1995,『현대 & 정주영』, 한국언론자료간행회. 현대경제연구원 지음, 2011,『정주영 경영을 말하다』, 현대경제연구원.

〈표 28〉 현대자동차와 최고경영자

구분	내용
정주영	- 정주영(鄭周永, 1915년-2001년)은 아호 아산(峨山)이며, 1938년 경성의 쌀판매점 경일상회(京一商会)를 개업하고, 이후 배급제가 도입되어 폐업하였다. 오토서비스(Auto Service) 자동차부품수리업을 시작하였고, 일본인에게 합병되지만 자동차업계에 진출하는 계기가 되었다. - 1946년 현대자동차공업사 설립, 1947년 현대토건사(현대건설) 건설하고 한국전쟁당시 미군의 건설공사를 수주했다. 박정희 정부하에서 군사시설, 경부고속도로건설, 댐건설, 원자력발전소건설 등 대규모 프로젝트를 수주하였다. 1972년 제조업에 진출하고 울산에 현대조선소(현재 중공업), 오일쇼크시 중동에서 건설사업을 실시하여 대성공을 거두었다.
현대자동차	- 현대자동차는 1970년대초 자사브랜드 포니를 개발하기 위해 포드사로부터 기술협력을 받았고, 포드의 코니타와 마크V, 그라나다 등의 제조도면과 부품을 가져왔다. 그러나 포드와 소형차 개발에 대한 협력이 깨지면서 다른 자동차회사의 협력이 필요하였다. - 현대자동차가 일본의 미쓰비시 자동차와 공식적으로 기술제휴를 발표한 것은 1981년 11월이다. 이미 1970년대부터 일본의 미쓰비시자동차(三菱自動車)의 구보 도미오(久保富夫) 사장의 전폭적인 지원으로 한국 자동차산업의 기초가 되는 기술을 제공받았다.[75] 미쓰비시는 소형차 개발을 위한 기술제공약속 후 현대차 포니에 엔진을 제공했고, 변속기 등 플렛폼을 제공하였다. 현대자동차는 차체와 엔진 변속기에 대한 생산기술을 얻어 1976년 1월 포니를 판매하게 되었다. 미쓰비시의 기술 제공은 당시 구보 도미오(久保富夫) 미쓰비시 사장이 한국을 사랑했기 때문이라는 해석도 있다. 그는 '나는 백제의 후예'라고 말하며 처음 울산 공장을 방문했을 때 부여를 둘러볼 수 있게 해 달라고 부탁한 것으로 알려졌다. 현대자동차는 독자적인 엔진개발에 진중하였지만 미쓰비시자동차의 구보 도미오 회장은 로얄티 반값 할인을 조건으로 알파엔진연구소를 폐쇄하기를 요청했다. 당시 정주영은 성공 가능성이 있기 때문에 계속 추진했고, 독자적으로 알파엔진을 개발하는데 성공하였다. 알파엔진의 개발 성공과 엑센트가 나오기 이전까지는 미쓰비시 자동차와 기술협력관계를 통해 엔진기술, 파워트레인기술 등을 받아 자동차산업을 키웠다. - 1986년 발표한 현대차 그랜저는 미쓰비시의 데보네어V형과 유사한 모형이었고, 엘란트라와 쏘나타 등에 들어간 엔진도 미쓰비시의 엔진을 활용한 것이었다. 미쓰비시의 전통적인 대형세단이었던 데보네어는 일본에서 미쓰비시 중역만 타는 차라는 별명이 생길 정도로 인기가 없었지만 한국에서는 히트 모델이었고, 후속 차종인 에쿠스는 양사가 대등한 관계에서 분업 생산한 모델이다. 에쿠스 이후로 현대차는 미쓰비시와 협력할 필요성을 느끼지 못했고 지금은 사실상 협력 관계는 희미해졌다. 미쓰비시와 현대자동차는 비교도 안되게 차이가 생겼다. 현재 현대차는 세계 5위이고 미쓰비시는 10위권 안에도 들지 못하는 상황이 되었다. - 현대자동차는 2009년 일본 시장에서 승용차에 한해서 철수했지만 2011년과 2013년 도쿄모터쇼에서 전시 부스를 설치했고, 2019년 3월 현시점에서 현대 넥쏘 등 수소 및 전기차와 같은 친환경차 라인업으로 일본 시장에 재진출할 계획인 것으로 알려졌다. 2018년 현대차는 일본 시장에서 4대가 판매되었는데, 이것은 7대가 팔린 부가티보다 못한 결과였다. 2019년 도쿄모터쇼에 전시 부스를 마련할 계획이었지만, 일본 내의 한

	국에 대한 견제와 도쿄모터쇼 불참 기업이 늘어나면서 불참을 선언했다. 2020년 9월 승용차 부문 일본 공식 사이트를 개설하고, 일본 사양의 넥쏘의 공식 이미지와 카탈로그를 게재하여 일본 시장 재진출을 공식화하였다. - 현대자동차의 로고는 일본 회사인 혼다(HONDA)를 따라 만든 것이라는 오해를 사고 있다. 혼다라는 사명은 1946년 10월 혼다기연공업이 설립되면서 사용되었다. 현대라는 사명이 처음 등장한 현대자동차공업사는 혼다보다 6개월 앞선 1946년 4월 설립되었다. 그러나 기업을 나타내는 첫 글자가 'H'이기 때문에, 혼다의 자동차 로고와 현대차 로고가 혼동을 가져오는 원인이 되었다.

정주영은 자동차산업을 일으키는 과정에서 미쓰비시의 전폭적인 지원을 받아 성공시켰고, 현재 현대자동차와 기아자동차는 세계적인 자동차기업으로 성장하였다. 현대 창업자는 일본교육을 받지 않았지만 기업을 성장시키는데 일본의 기술과 협력을 얻었고 좋은 관계를 맺어왔다. 한국과 세계각지에서 현대자동차의 브랜드 가치가 기술지원을 받았던 미쓰비시자동차보다 높아지고 있는 것은 매우 고무적인 현상이다. 그러나 일본에서 현대자동차는 한국관련 기관이 사용하는 것을 제외하면 거의 팔리지 않아 인지도 면에서 일본자동차보다 낮다. 현대 자동차가 세계시장을 석권하기 위해서는 일본소비자가 현대자동차를 선호하여 살 수 있는 정도로 가격, 기술, 인식 등에서 신뢰를 쌓아야 할 필요가 있다.

한국경제를 이끌고 있는 기업과 최고 경영자는 일본에서 수학하면서 얻은 일본에 대한 지식과 정보를 통해 일본과의 제휴와 협력을 끌어내어 활용하였다. 초기 삼성은 중화학공업보다는 금융, 전자, 반도체 등과 같은 산업에서 출발하여 성공하였고, 현대의 대표적인 자동차사업은 일본의 미쓰비시자동차의 도움으로 성장발판을 마련하여 성공하였다. 특히 한국에서 철강산업의 선두주자였던 포항제철은 신일본제철의 지원으로 성공적으로 안착하고 한국의 대표적인 기업으로 성장하였다. 그리고 한국에서 선제적인 유통과 호텔사업으로 추진한 롯데호텔은 일본의 데이코쿠 호텔을 모델로 하였고, 롯데백화점은 일본의 기업경영방식을 가져와 선진적인 서비스와 제

---

75) 구보 도미오(久保富夫, 1908년-1990년)는 기술자이며 경영자로 미쓰비시중공업에서 비행기개발, 대일본제국육군의 사령부 정찰기를 만드는 설계를 담당했다. 이후 자동차부문으로 전환하여 미쓰이비시에서 분사한 미쓰비시자동차공업에서 사장과 회장을 역임했다. 그는 1973년부터 미쓰비시공업이 한국의 현대자동차에 대한 기술제공을 실시하는 데 역할을 하였다. 미쓰비시자동차(Mitsubishi Motors Corporation, MMC)는 2003년 트럭과 버스 부문을 분사하고 2016년 닛산자동차의 주주가 되었고, 닛산자동차와 프랑스의 르노와 합병해서 르노닛산자동차를 설립하였다.

품을 유통시켰다.

그처럼 한국재계에서 상위를 차지하는 그룹은 초기 일본의 지원, 전략, 협력 등으로 창업, 정착, 성공 등의 발판을 다졌고, 따라잡기에 성공하여 국제사회에서 일본기업과 대등하게 경쟁하는 기업으로 성장하였다. 그 과정에서 일본의 선진기술과 기업경영, 산업방향 등을 적극적으로 수용하고, 일본과의 인적 물적 관계를 돈독히 하고, 기업간의 신뢰를 쌓아 기업 성장과 발전의 발판을 마련했다는데 공통점을 갖고 있다. 그리고 성장목표로서 일본흉내내기, 일본 따라잡기, 일본과 대등하게 경쟁하기, 일본 앞서기 등과 같은 발전단계를 겪어왔다고 할 수 있다.

한국에는 정치계와 경제계 이외에도 문화계에 영향을 미치는 문화인과 그룹이 형성되어 한일문화교류와 협력을 활성화하고 있다. 한국 문화인과 문화는 성장하고 발전하는 과정에서 일본문화인과 문화를 접하고 다양한 기술과 정보를 얻을 수 있었다. 그리고 문화적 가치를 가진 문화인과 문화가 일본에 수용되어 한국문화소비자를 만들어 내고 있는 것은 매우 고무적인 현상이다. 다음은 한국 문화계와 일본문화계에서 활동하는 과정에서 인기를 얻고 있는 문화인을 소개한 것이다.

〈표 29〉 한국의 일본 관련 문화인[76]

구분	내용
드라마	- 드라마계에서 폭발적인 인기를 얻은 연예인이 최지우이다. 그녀는 1995년 〈전쟁과 사랑〉(戦争と愛)에서 데뷰하고 일본에서 한류드라마의 붐을 일으키는 데 역할을 하였다. 〈아름다운 날들〉(美しき日々), 〈겨울연가〉(冬のソナタ), 〈천국의 계단〉(天国階段) 등에 출연하여 인기를 얻었다. 일본에서도 TBS드라마 〈윤무곡〉(輪舞曲), 〈겨울 벚꽃〉(冬の桜), CM, 버라이어티방송 등 TV에 출연하고 인기를 얻었다. 그리고 한국의 드라마 〈겨울연가〉에 출연한 최지우와 함께 폭발적인 인기를 얻은 배우가 배용준이다. 그는 욘사마라는 닉네임을 얻을 정도로 일본에서 한국드라마, 한국배우의 신드롬을 일으키고 한국문화의 진수에 접근할 수 있는 이미지와 환경을 만드는 데 공헌했다고 할 수 있다. - 가수이자 배우로 활동해온 유시원은 NHK에서 방송된 한국드라마 〈아름다운 날들〉이 방영되면서 인기몰이를 하였고, CD데뷰, 드라마 등에 출연하였다. 일본에서 〈진실〉(真実), 〈프로포즈〉(プロポーズ), 〈웨딩〉(ウエディング) 등이 방송되었고 2005년에 〈벚꽃〉(桜)에서 CD데뷰하여 오리곤 2위를 획득하고 인기를 얻었다.

76) https: //namu.wiki/w/일뽕 (2020년 10월 5일 검색)

K-POP	- 한국드라마와 한국대중문화가 일본에 알려지고 문화소비자가 확산되면서 진출한 대중음악이 K-POP이다. 일본에서 처음으로 활동한 가수들은 김연자, 조용필, 계은숙 등 트롯가수들이었지만 한국가요를 유행시키는 데 한계가 있었다. - 그러나 한국대중문화와 일본대중문화가 개방되어 교류가 자유로워지는 가운데 아이돌 가수들의 교류가 활발해졌다. 한국출신으로 일본에서 인기를 얻은 K-POP 아이돌 동방신기(東方神起)는 K-POP의 선구자였고, 이후 KARA, 소녀시대(少女時代), BIGBANG, 트와이스, BTS 등이 인기를 얻었다. 그들은 역사논쟁에 휘말려 종종 친일, 반일 등과 같은 프레임에 영향을 받고 있지만 그들에 대한 문화소비는 여전히 젊은 층을 중심으로 존재하고 있어 한일 간의 대중문화교류의 분위기를 끌어가고 있다.
일뽕족	최근 한국문화계에는 일본(日本)과 히로뽕(ヒロポン)을 합친 합성조어로 일뽕(イルポン)이라는 용어가 생겨났다. 일본과 각성제를 나타내는 히로뽕을 합쳐 만든 조어가 일뽕이다. 일뽕은 국뽕(クッポン), 국 + 히로뽕(国 + ヒロポン)에서 유래한 것으로 네트에서 유행하였다. 일뽕은 자국을 극단적으로 부정하는 한편, 한국을 허구의 사회이며 정신이 파탄하여 일류국가의 자격이 없는 국가라고 비판하고 상대적으로 일본을 추켜세우는 흐름을 갖고 있다. 일뽕은 무조건적인 일본신봉자 또는 찬미자라고 할 수 있다. 그들의 주장은 일본의 넷트우익(ネトウヨ)들의 주장을 능가하는 경우도 있다. 한국내에서는 주로 10대들이 많은 것으로 나타났다. 그들은 일본아니메과 일본문화에 영향을 받은 것이라는 지적도 있다. 일본을 좋아하고 일뽕을 중2병(中2病)의 일종이라고 보는 의견도 있다.

일본문화계에서 적극적인 활동을 통해서 많은 인기를 얻는 한국출신의 배우나 가수 등 연예인은 일본문화계와 그들의 감성을 알고 있다는 점에서 문화교류를 촉진시키는 데 중요한 역할을 하고 있으며, 한일 간의 문화교류와 문화네트워크, 문화공동체 등의 구축에 공헌하고 있다고 평가할 수 있다. 일본의 한 매체는 일본에서 사랑받고 일본이 좋아하는 한국의 유명연예인 랭킹 TOP15를 발표하기도 하였다. 현재 한일 젊은이들 중심으로 일어나고 있는 문화교류와 활동은 친일적인 현상과는 거리가 멀다.

그리고 한국과 일본에서는 상호 유명인이나 문화를 좋아하는 문화소비층이 현저하게 확산되고 있어 한일정체성과 문화공동체의 출현으로 이어질 개연성이 높은 것도 사실이다. 그런 현상은 반일감정이나 반한감정이 여전히 뿌리 깊게 남아있는 상황에서도 문화생산과 소비문화를 긍정적인 방향으로 전환하는 데 중요한 힘으로 작용하고 있다는 데 가치가 있다. 한일 문화인들은 정치적 이해관계를 떠나 한일간 문화교류와 협력을 담당하는 세대이며 미래문화를 끌어갈 소중하고 건전한 문화계의 지일파로 높게 평가받을 필요가 있다.

Ⅳ. 맺는 글

한국의 지배권력은 기본적으로 대한민국헌법과 법률에 기초하고, 선출된 정치가와 정치집단, 임명된 위정자로 구성되어 집단적인 판단과 결정을 통해서 권력을 집중적으로 행사할 수 있는 위치에 있다. 따라서 집중된 권력을 행사하는 과정에서 한일관계를 만들어가기도 하고, 각종 정책결정을 하는 가운데 양국 국민에게 악영향과 선영향을 주고 있다. 그런 측면에서 본다면, 현재의 한일관계 위상은 한국의 지배권력과 동일한 위치에 있는 일본의 지배권력을 가진 정치가들이 만들어낸 현상이며 그들 간의 리그라고도 할 수 있다. 문제는 그들 간의 리그와 관계가 양국의 경제계, 문화계, 사회계 등뿐 아니라 국민이나 개인에게까지 영향을 주고 있다는 점이다.

그리고 한국에는 서로의 지식과 정보를 갖고 건설적으로 활용하고 이상적인 관계와 교류를 맺기 위해 활동하는 지일파가 많이 있다. 그들 가운데는 긍정적인 관계와 교류를 추구하는 정치적 지일파, 경제적 지일파, 문화적 지일파, 연구적 지일파, 개인적 지일파 등이 전문적인 분야에서 그리고 개인적인 분야에서 양심과 균형감각을 갖고 역할을 하고 있다. 그들은 한일관계를 개선하고 교류를 활성화하여 상호이익적인 관계를 끌어낸다는 점에서 좋은 멘파워라고 평가할 수 있다. 그런 점에서 지배권력을 독단적으로 행사하고 있는 정치가와 정치집단은 한국에 있는 순수하고 상호이익을 추구하는 긍정적인 지일파의 의견, 견해, 조언, 제언, 해결안 등을 귀담아 들어 정책결정을 내릴 필요가 있다.

다음의 그림은 한일국교정상화 50주년을 기념해서 양국 국민의 의식에 대해서 《아사히신문》과 《동아일보》가 2015년 6월 20일 조사한 것이다. 제2의 질문으로 '당신은 한국과 일본의 관계가 지금보다 좋아지길 바라는가 아닌가'에 대해서 조사를 했다. 조사결과의 결론을 말하면, 한국인의 87%, 일본인의 64%가 한일관계가 좋아지기를 바라고 있다. 그것은 한일 간의 관계가 과거보다는 현재와 미래를 더욱 중시한다는 것을 의미한다.

〈그림 4〉 미래 한일관계의 전망

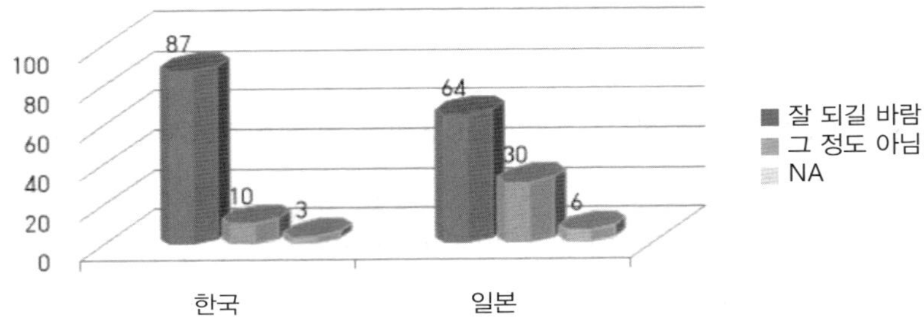

자료: https: //www.yahoo.co.jp/ (2020년 10월 5일 검색)

한국인과 일본인이 한일관계가 좋아지길 바라는 이유는 무엇일까 하는 점이다. 분명한 것은 해방 이후 한국과 일본은 서로 경쟁하고 견제하면서도 협조하고 교류하는 과정에서 좋은 결과를 내고 있다는 점을 직간접적으로 알고 있기 때문이다. 또한 현재 한일 간의 갈등이 만들어내는 기회비용과 상처가 많아 그것을 넘어서야 한다는 한일 간의 정체성이 형성되고 있다는 것을 깊이 인식하고 있기 때문이다. 더욱이 한국과 일본의 밝은 미래를 위해서는 국가간, 사회간, 단체간, 기업간, 개인간의 우호적인 관계가 필수적이며 좋은 파트너가 될 수있다는 기대가 있기 때문이기도 할 것이다.

따라서 한일 간의 관계를 미래지향적인 발전방향으로 전환하기 위해서는 한일 기본조약이나 청구권협정, 현안, 과제 등을 둘러싼 이견과 갈등을 적극적으로 좁혀 해결하고 새로운 한일관계를 정립해 갈 필요가 있다. 그리고 과거에 만들어진 역사, 현실적으로 만들어가고 있는 역사, 만들어질 역사 등을 연속선상에 놓고 편향적으로 비판할 것이 아니라 별개의 역사로 인식하여 해결해 갈 필요가 있을 것이다. 한일간에 문제화된 역사는 다시 문제가 있는 역사를 만드는 힘으로 작용하고 프레임을 구축하면서 지속적으로 역사와 현재를 망가트리는 방향으로 진행되고 있기 때문이다.

한일 간에는 역사적으로 뿌리깊게 자리를 잡아 현실적 압력으로 강하게 작용하고 있는 민족주의가 있다. 한국이 추구하는 한국민족주의와 일본이 추구하는 일본민족주의가 작동하여 충돌하고 있는 것이다. 양국이 추구하고 있는 민족주의는 한일 간의 협조나 이해보다는 대결과 경쟁으로 이끌고 있을 뿐 아니라 지속적으로 불협화음을 재생산하고 있다. 특히 한국이나 일본이 추구하는 민족주의는 자국의 이익을 추구한다는 명분하에서 양국의 갈등과 견제, 상대방의 굴복 등을 촉발하는 비이성적이며 불합리한 힘으로 작용하고 있다는 데 문제가 있다. 그런 현상에 기반해서 노출되고 있는 것이 바로 혐한이나 혐일운동이며, 수출규제, 영토분쟁, 해양권분쟁, 상호지식인비판, 상호기업과 사회비판 등이라고 할 수 있다.

한일관계를 만들어 가는데 있어서 과거의 난제가 현실과 미래를 망쳐서는 안될 것이다. 적어도 양국 국민 수준에서는 한일관계가 좋아졌으면 하고 바라고 있다. 그런 의미에서 보면, 현재 한일관계가 멀어지고 있는 것은 정상적이지 않고 바람직하지 않은 것이다. 한일관계를 만드는데 중심에 있는 지배권력은 정치행위가 국가 간의 관계뿐 아니라 국민 간의 관계를 규정하고, 미래를 결정하는 중요한 행위라는 것을 절실하게 인식할 필요가 있다. 단도직입적으로 말하면, 한일관계를 다루는 위정자들은 개인이나 정권 수준에서가 아니라 국민이 공감하는 방향에서 과거, 현재, 미래를 만들어갈 사명감이 있다. 또한 국민이 명령하는 사명을 수행하는데 좋은 영향을 주며 건전한 지식과 정보를 제공하는 한국의 지일파가 많이 생겨나 활약할 수 있는 건설적인 풍토와 기회가 만들어져야 할 것이다. 이제는 한국에서도 지일파라고 당당하게 말하고 활동할 수 있는 환경이 필요한 시기이다. 그들의 지혜와 활동이 한일간에 드리워지고 있는 악연을 끊고 새롭게 출발하는 데 공헌하기를 기대해 본다.

제2장
일본의 국가권력

제2장 일본의 국가권력

Ⅰ. 머리글

한국과 일본의 국교정상화는 식민지 시대를 마감하며 한국이 해방된 후 한일기본조약을 맺으면서 시작되었다. 1945년 한국은 해방을 맞이하여 새로운 국가체제를 만들어 가야 하는 상황이었다. 일본은 붕괴된 국가체제를 복원하고 대내외적 관계를 새롭게 정립해야 하는 과제를 안고 있었다. 한국은 일본을 통해서 국가체제를 만들기 위해서 많은 에너지를 얻어야 하는 입장이었고, 일본은 한국을 통해서 과거를 청산하고 새로운 성장발판을 만들어야 하는 상황에 있었다. 따라서 이 시점에서 한국과 일본은 적대적 관계이면서도 상대의 힘이 절실하게 필요한 시기였다.

한국보다는 유리한 위치에 있었던 일본은 직간접적으로 한국과의 관계를 통해서 성장궤도에 올려놓기 위해 한국을 지렛대로 사용하면서 안정적인 성장을 시도하였다. 특히 1950년의 한국전쟁 발발로 인하여 일본은 전체산업이 활성화되어 자립적 경제의 토대를 구축하는 발판을 마련하였다. 그리고 다양한 성장정책을 추진하는 가운데 1965년 한일기본조약과 청구권협정으로 국교정상화가 실현되면서 새로운 성장단계로 진입하였다. 일본은 압도적인 기술과 인력, 일본제 상품, 선진형기업, 일본적 경영, 신성장산업 등으로 한국기업, 산업과 기술, 소비시장과 생산시장 등을 장악하면서 성장을 극대화하였다. 그런 한일불균등 거래는 일본에게 좋은 추억으로, 한국에게 좋지만은 않은 기억으로 남았지만, 이후에 한일 간의 불균등발전으로 체현되었다.

한일 간의 관계는 서구의 문명이 수용되고 근대화가 촉진되는 과정에서뿐 아니라 해방이후에도 좋은 관계이든 나쁜 관계이든 간에 밀접하게 이어졌고, 전략적이며 경쟁적인 상호관계를 유지하면서 국가, 기업, 산업 등이 밀착되어 성장을 하였다. 그것이 이른바 한일성장모델의 토대가 되었다고 할 수 있다. 한일성장모델은 일본이 한국을 통해서 고속성장하고, 한국이 일본을 통해 저속성장하는 구조를 갖고 있었고, 성장이라는 공동목표를 실천한 점에서 일치하고 있다는 특징이 있다. 일본은 한국보다 상위에 있으면서 유리한 환경을 조성하여 결과물을 향유하는 경제파티를 누렸고, 한국은 일본보다 하위에 있으면서 결과물을 얻으려 긴장을 하는 상황이었다.

그러나 20세기 한일질서를 결정했던 한일성장모델은 경쟁적인 관계로 이행하면서 기존의 구조와 기조를 유지하지 못하고 다양한 영역에서 불협화음을 내고 있다. 현재 한국과 일본은 상호협조적이며 상호 경쟁하는 관계로 전환되어 많은 영역에서 협력적 경쟁모델이라는 새로운 단계로 이행되고 있다. 더 이상 한일관계에서 일방적인 일본의 고속성장과 한국의 저속성장구조를 인정하지 못하는 상황이 되고 있다. 국내외적 상황변화로 일본은 감성적인 우위향수에 젖어 당황하는 가운데 한국을 경계대상으로 인식하는 경향이 발생하였다. 한일 간의 극단적인 경쟁의식은 오늘날 한일관계에서 발생하고 있는 갈등의 원인으로 작용하고 있다. 한일 간의 갈등은 역사적인 과제와 현안을 둘러싼 협력적 경쟁의 형태로 광범위하게 벌어지고 있다.

최근 일본국민의 한국과 한국국민에 대한 호감도가 매우 변화된 것으로 나타나고 있어 한일관계가 그대로 국민들의 의식에도 영향을 주고 있다는 것을 알 수 있다. 일본국민이 한국과 중국에 대해 느끼는 친밀도가 역전되었다. 《마이니치신문》은 2019년 일본국민이 한국, 중국, 미국 등에 느끼는 친밀도를 일본유권자 2,400여 명을 대상으로 조사를 하였다. 친밀도 5점 만점에서 미국 3.4점, 중국 2.1점, 한국 1.9점 등으로 나타나, 한국이 중국보다 친밀도가 낮은 것으로 판명되었다. 다음의 그림은 일본국민의 한국, 중국, 미국에 대한 친밀도를 나타낸 것이다.[77)]

〈그림 1〉 일본국민의 한·중·미 친밀도

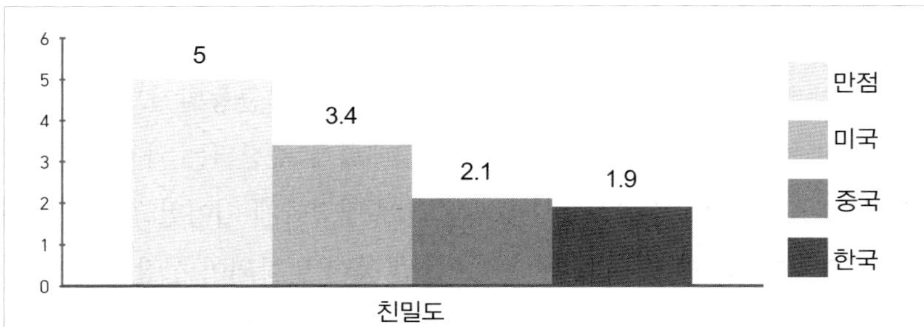

77) 《마이니치신문》 2019년 12월 20일

그리고 4년 후 한·중·미·러 관계가 '나빠질 것인가 아니면 좋아질 것인가'라는 항목에서도 한국은 미국, 중국, 러시아에 이어 4등을 기록했다. 이 항목에서는 5점 만점에 미국 3.3점, 중국 2.5점, 러시아 2.4점, 한국 2.2점 등으로 나타났다. 일본국민은 앞으로도 한일관계가 좋지 않은 상황으로 흘러갈 것이라고 인식하고 있다. 우방국가이기보다는 경쟁과 대결관계에 있는 국가라는 인식이 자리잡고 있다는 사실을 반증하고 있다. 그리고 2019년 12월 20일 일본내각부가 3,000여 명을 대상으로 실시한 조사에서는 '한국에 친밀감을 느낀다'는 응답은 2018년 39.4%에서 2019년 26.7%로 낮아졌다. '친밀감을 느끼지 않는다'는 반응은 58%에서 71.5%로 상승했다. '한일관계가 좋지 않다'는 답변이 2018년 65.7%에서 87.9%로 상승했다.

현재 한일관계가 악화된 원인은 한국 정부나 일본 정부의 정책과 전략에 기초한 상대적 대응방식에서 기인하는 것으로 보는 것이 타당할 것이다. 적어도 일본은 근대사를 통해서 한국보다는 우월한 지위에서 관계를 유지하여 한국보다는 국익을 독차지한 것이 사실이다. 그런 점에서 본다면, 일본의 발전과 성장은 많은 영역에서 한국의 불평등한 희생과 거래, 불가항력적인 도움과 협력 등으로 성취한 것이라고 해도 틀린 말은 아닐 것이다. 서구열강 중심적으로 추진된 근대화 과정에서 일본이 열강의 대열에 합류하여 국력을 신장시키기 위해 제일 먼저 한국을 발판으로 삼아 발돋움했기 때문이다.

그렇기 때문에 일본은 한국보다 우위에 있다고 인식한 시기에 일본 내의 정치가와 경제가, 역사가, 지한파들은 한국에 대해서 관대하였다. 또한 한국을 식민지배하면서 자행한 다양한 정책과 전략들이 한국과 한국국민의 의지와 의사에 반하는 것이었다고 인식하여 반성과 사죄의 심정을 갖게 된 것이다. 그런 흐름이 일정하게 유지된 것은 아니지만 큰 틀에서 인정하였기 때문에 스스로 만들어낸 자학사관이라는 역사관이 일본과 일본국민의 인식과 언행을 제어하는 역할을 하였다. 일본은 위안부, 강제징용, 정신대 등과 관련한 불행한 과거사에 대해서 사죄하는 감정을 갖게 된 것이다.

암묵적으로 인정하고 묵인해오던 일본의 가해자적 역사 인식과 한국의 피해자적 역사인식이 폭발하게 된 계기는 한국대법원의 위안부배상판결이었다. 한국과 일본은 강제징용배상판결을 둘러싸고 정면으로 대치하였고, 징용배상판결해결에 대한 한일정부 간의 격차가 생기면서 갈등을 증폭시켰다. 일본은 그 문제에 대해서 한일청구권협정으로 불가역적이며 완전하게 해결됐기 때문에 더 이상 배상할 필요가 없다고 강력하게 주장했다. 한국 정부는 한일청구권이 개인 간의 청구권까지 해결한 것이 아니라는 입장을 표명이라도 하듯이 '법원의 판결에 개입할 수 없다'고 하여 법원 판결대로 해결되기를 바랐다. 한국 정부와 일본 정부는 역사적 사실에 대한 인식과 해결방법 간의 이견과 불협음으로 인하여 정면으로 대결하는 상황을 만들고 말았다.

또한 한국은 대응하는 과정에서 2015년 한일위안부합의가 당사자의 의견이 반영되지 않았다고 하여 파기하였다. 일본은 한국 정부의 한일위안부합의 파기에 대해서 강력하게 대응하고 문제제기를 하였다. 일본은 1965년 한일청구권협정에 의해서 해결됐고, 고노담화나 무라야마담화를 통해 사죄하여 할 만큼 했다는 입장을 취했다. 그리고 2015년 한일위안부합의를 통해 불가역적으로 해결했고, 일본총리가 국가 차원에서 3번씩이나 사죄를 하고 배상을 했기 때문에 위안부 문제는 이제 한국 국내 사정이라고 주장했다. 그리고 한국과 되도록 외교적 마찰을 일으키는 것을 지양하면서도 일본이 한국에게 무조건적으로 양보하는 저자세로 대응할 필요가 없다는 입장을 일관되게 주장했다.

일본은 한국과의 관계에서 발생하고 있는 영토 문제, 욱일기 문제, 징용공 배상문제, 위안부합의파기 문제에 대해서 전혀 양보할 의사가 없는 듯이 강경한 자세로 대응하고 있다. 2019년에 들어서 한일 간의 역사문제는 결국 경제적 갈등으로 비화되었다. 일본은 징용배상판결에 대해서 우위에 있다고 자부하는 경제적 제재의 일환으로 수출규제조치를 단행했다. 한국 국회의원들은 일본의 경제보복을 규탄하면서 동시에 영유권을 확인하려는 듯이 독도를 방문하였다.

한국 국회의원들의 대응에 대해서 일본 정부 스가 요시히데(菅義偉) 관방장관은 '독도는 역사적으로도 국제법상으로도 명확하게 일본 고유의 영토로 (이들의 방문을) 도저히 받아들일 수 없다'고 말했다. NHK에 따르면, 스가 관방장관은 총리관저 기자회견에서 '사전에 항의하고 중단을 요청했음에도 한국 국회의원들이 독도 방문을 강행했다'면서 '한국 측에 외교 경로로 즉시 일본 정부의 입장을 전달하고 강하게 항의하면서 재발 방지를 요구했다'고 부언하였다. 한국 의원들이 독도를 방문하자 일본의 마루야마 호다카(丸山穗高) 중의원은 SNS에 전쟁으로 독도를 찾자는 발언을 해 논란을 빚기도 했다.

2019년 한국과 일본은 역사적인 과제로 제기되고 있는 강제징용자에 대한 배상판결이 발단이 되어 정치, 경제, 문화, 역사, 사회 등의 영역에 악영향을 주고 있다. 더욱이 국가수준, 기업수준, 단체수준, 개인수준의 대립으로 확산되고 있다. 만약 한일관계가 더욱 악화되어 극단적인 국교단절과 적대관계로 전환된다면, 산정하기 어려운 손실이 발생할 것으로 예상된다. 국교가 단절되면, 한일 간의 교류, 거래, 협력, 상생, 평화 체계가 무너지고 불통, 단절, 비판, 적대감, 적대 체계가 구축될 가능성이 있다. 더욱이 한일 간의 현안을 둘러싸고 군사적 대립으로 비화되어 한일간 전쟁의 씨앗으로 작용할 수 있을 것이다. 한일 간의 전쟁이 일어나면 승자와 패자를 가리기보다는 양국의 망국으로 종결될 것이라는 점에 대해서는 누구나 동의할 것이다.

현재 한일 간에는 국내외적 환경변화와 상대적인 적대 정책으로 사회영역에서의 마찰을 시작으로 국력의 충돌로 이어지고 있다. 그러나 그것을 제어하거나 저지하거나 방향전환을 강력하게 추진할 세력이 잘 보이지 않고 있다. 한국과 일본에서 편파적 국익을 강력하게 추진하고 있는 극단적 보수세력이나 지배세력이 선제적으로 중재적 역할을 하거나 해결안을 낼 것이라는 기대는 점차 사라지고 있다. 정부나 비정부 수준에서 중재하거나 해결할 수 있는 세력이 부재하고 있다.

한국 입장에서 본다면, 일본 정부가 문제를 수용해서 해결하든지 아니면, 일본의 친한파, 지한판 등으로 불리는 영향력 있는 정치가, 경제가, 시민운동가, 지식인, 국민 등이 일본 정부를 중재하여 해결해 주기를 바랄 것이다. 일본 입장에서도 한국 정부가 깨끗하게 일본 정부의 입장을 수용해서 해결하든지 아니면, 한국의 지일파가 나서 주기를 바랄 것이다.[78] 명백한 것은 과거사가 현재사를 망치고 있는 현시점에서 한국 정부와 일본 정부가 나서서 해결할 수 있는 선을 넘어 기대할 수 없기 때문에, 중간자적인 입장에서 활동하고 있는 지일파와 지한파가 지혜로운 정책과 대안을 제시하여 해결할 시기에 와있다는 점일 것이다.

78) 이 책에서 일본의 지배권력을 설명하는 과정에서 사용하고 있는 일본의 지한파라는 개념은 비판적이며 적대적인 의미로 사용하기보다는 긍정적인 의미로 사용하고자 한다. 지한파는 일본인으로서 한국에 대한 지식과 정보를 통해 한일관계개선, 한일에 직면한 문제 등을 해결하기 위해 건설적으로 활동하는 지식인, 단체, 정치가, 경제가, 문화인 등으로 규정하고자 한다.

Ⅱ. 일본의 권력지배기관

1. 일본천황과 지위

일본에서 형식상 권력의 최고 상위에는 천황이 있다.[79] '일본국헌법'에서는 일본 천황을 국가를 대표하는 상징천황으로 규정하여 법적 책임을 지는 권능을 제한하고, 공식적인 책임을 지지 않도록 하고 있다. 다만 '일본국헌법', '황실전범', 내각 등이 인정하거나 승인하고 있는 국가행사를 담당할 수 있고, 정해진 요식행위를 통해서 국정에 참가하고 있다. 천황이 단독적으로 권한을 갖고 국정에 참여하거나 국가행사에 관한 독단적인 권능을 행사하는데 제한을 두고 있다.

전후 일본천황제의 가장 특징적인 것은 절대권능을 가진 절대 천황에서 형식적 권능을 가진 상대 천황으로 전환되는 상징천황제(象徴天皇制)를 도입한 것에 있다.[80] 일본국헌법 제1조는 '천황은 일본국과 일본국민통합의 상징'으로 규정하고 있다. 그리고 천황의 지위는 일본국과 일본국민통합의 상징으로 주권을 가진 일본국민의 총의에 기초한 것으로 규정하고 있다.[81] 그런 점에서 전후천황은 신성불가침적이며 절대

---

79) https: //www.kunaicho.go.jp (2020년 9월 검색)

80) 茶谷誠一(著), 2017,『象徴天皇制の成立—昭和天皇と宮中の「葛藤」』, NHK出版. 1947년 5월 3일 일본국헌법시행과 함께 상징천황제가 탄생했다. 통치권의 총괄자에서 국정에 관해 권한을 갖지 않은 상징군주로의 전환을 요구받은 천황은 스스로 구상하고 있는 이상적인 군주상과 GHQ의 구상, 일본 정부가 요구하는 상징으로서의 역할 차이에 고민하면서 측근들과 함께 저항을 시도했다. 패전 직후부터 천황, 궁중, 정부, GHQ 간의 복잡한 역학이 작용하는 가운데 상징천황제가 성립하는 과정을 사료를 통해서 설명하고 있다. 藤田省三(著), 宮村治雄, 2012,『天皇制国家の支配原理』, みすず書房. 천황은 도덕적 가치의 실체이면서 절대권력자가 아니며 구체적 명령을 행하지 않는 상대적 권력자이다. 천황절대주의는 자의와 절대적 행동양식을 체제의 곳곳에 침투시켜 절대주의 체제를 형성하였다.

81) 松本弦人(編集), 2019,『日本国憲法』, TAC出版. 池上彰(著), 2015,『超訳 日本国憲法』, 新潮社. 일본국헌법에서 천황은 일본국민통합의 상징이고, 총리는 대신을 해임할 수 있으며, 대신은 군인이 아니라 문민이어야 하고, 국권의 발동이 되는 전쟁을 포기하는 등의 규정을 두고 있다. 小室直樹(著), 2002,『日本国憲法の問題点』, 集英社. 일본을 붕괴시키는 요인은 모두 헌법의 죽음(憲法の死)에서 유래한다. 오늘날 일본이 직면한 대불황, 정치의 혼미 등도 모두 헌법문제로 귀결시키는 견해를 갖고 있다. 小林節(著), 2013,『白熱講義！ 日本国憲法改正』. 제2차아베내각의 탄생, 독도와 센카쿠열

적 권능을 가진 전전의 절대 천황과는 위상이 다르다.

일본에서 천황은 원수(元首) 또는 군주(君主)인지 아닌지 명확하게 규정하고 있지 않아 논란이 되고 있다. 전후 제정된 일본국헌법에는 일본 국가의 원수에 대해서 아무런 기재나 정의가 되지 않았기 때문이다. 일본은 입헌군주제를 채택한 국가로 인식되어, 천황은 외국으로부터 군주로 대우받고 있어 여전히 상징천황제 하에서 천황이 군주인지 아닌지가 논쟁이 되고 있다. 현재 일본국헌법이나 법률에는 천황을 군주나 원수라고 규정한 내용이 없어, 일본 정부는 천황의 지위에 대해서 군주와 원수에 대한 공식적인 견해나 입장을 표명하지 않고 있다. 그러나 천황을 둘러싼 논쟁을 잠재우고 천황을 원수이며 군주로 규정하기 위해서 일본국헌법의 개정을 시도하고 있다.

일본은 상징천황제를 도입해서 상징천황을 규정하고 있지만 원수 또는 군주 수준의 지위와 대우를 지향하고 있다. 그리고 권한, 권능, 지위도 일본국헌법과 법률에서 상징적이며 형식적으로 규정하고 있다. 국가와 국민을 대표하는 상징이기 때문이다. 상징적 지위와 권한은 직접적으로 권능을 행사하기보다는 형식적 승인의 형태로 행사하기 때문에 그에 따른 공과의 책임을 지지 않는다. 천황의 국사에 대해서는 총리와 내각이 실질적으로 책임을 지고 있다. 천황과 총리와의 관계를 보면, 일본 국가의 최상위에 천황이 있고, 일본 정부의 최상위에 총리가 있다. 총리는 임명장을 천황으로부터 받기 때문에 천황이 총리보다는 상위에 있다고 할 수 있다.[82]

다음은 일본국헌법에 규정한 천황의 지위와 특징, 천황의 권한과 임명권, 천황의 책임 등을 소개한 것이다.

도와 같은 영토문제의 긴박성, 결정하지 못하는 정치에 대한 불만, 헌법개정의 기운 고조, 헌법개정 가능성, 국방군, 천황제, 총리공선제, 애국심, 입헌주의 등 국민생활에 직결되는 헌법개정문제, 자유민주당의 일본국헌법개정안 등에 대해서 논하고 있다.

82) 渡辺久丸(著), 1990,『象徵天皇制と憲法』, 文理閣. 高橋紘(著), 竹前栄治(監修), 2000,『日本国憲法·検証1945-2000資料と論点〈第2巻〉象徵天皇と皇室』, 小学館.

〈표 1〉 일본국헌법과 천황의 지위[83)]

구분	내용
천황의 지위와 특징	- 현재 일본국헌법에서는 천황에 대해서 다음과 같이 규정하고 있다. 제1장 제1조 천황은 일본국의 상징이고 일본국민통합의 상징이며, 그 지위는 주권이 있는 일본국민의 총의에 기초한다. 제2조 황위는 세습하는 것이고, 국회가 의결한 황실전범이 규정한 것에 의하여, 그것을 계승한다. 제3조 천황의 국사에 관한 모든 행위에는 내각의 조언과 승인을 필요로 하고, 내각이 그 책임을 진다. 제4조 천황은 이 헌법이 규정한 국가에 관한 행위만을 하고, 국정에 관한 권능을 갖지 않는다. 2. 천황은 법률이 정한 것에 의해 그 국가에 관한 행위를 위임할 수 있다. 제5조 황실전범이 규정한 것에 의해 섭정을 둘 경우 섭정은 천황의 이름으로 그 국사에 관한 행위를 하고, 이 경우에는 전조 제1항의 규정을 준용한다. 제8조 황실에 재산을 양도하거나, 또는 황실이 재산을 양도받거나, 또는 하사하는 것은 국회의 의결에 기초해야 한다. - 일본국헌법은 상징천황제, 상징천황, 국민주권, 천황세습권리, 국사행위, 천황의 임명권, 천황재산수수 등에 대한 규정을 두어 천황의 형식적인 지위와 권능을 부여하고 있고, 그 지위와 위상에 걸맞는 대우를 황실전법을 통해 보호하고 있다.
천황의 임명권 및 권한	- 제6조 천황은 국회의 지명으로 내각총리대신을 임명한다. 2. 천황은 내각의 지명에 근거해서 최고재판소의 장인 재판관을 임명한다. 제7조 천황은 내각의 조언과 승인으로 국민을 위해 아래의 국사에 관한 행위를 한다. 1. 헌법개정, 법률, 정령 및 조약을 공포하는 것 2. 국회를 소집하는 것 3. 중의원을 해산하는 것 4. 국회의원의 총선거시행을 공포하는 것 5. 국무대신 및 법률이 정한 그 이외의 관리의 임면, 전권위임장 및 대사 및 공사의 신임장을 인증하는 것 6. 사면 특별사면, 감형, 형의 집행면제 및 복권을 인증하는 것 7. 영전을 수여하는 것 8. 비준서 및 법률이 정한 그 이외의 외교문서를 인증하는 것

83) 日本国憲法 第1章 天皇：第1条 天皇は、日本国の象徴であり日本国民統合の象徴であつて、この地位は、主権の存する日本国民の総意に基く。第2条 皇位は、世襲のものであつて、国会の議決した皇室典範の定めるところにより、これを継承する。第3条 天皇の国事に関するすべての行為には、内閣の助言と承認を必要とし、内閣が、その責任を負ふ。第4条 天皇は、この憲法の定める国事に関する行為のみを行ひ、国政に関する権能を有しない。2. 天皇は、法律の定めるところにより、その国事に関する行為を委任することができる。第5条 皇室典範の定めるところにより、摂政を置くときは、摂政は、天皇の名でその国事に関する行為を行ふ。この場合には、前条第一項の規定を準用する。第6条 天皇は、国会の指名に基いて、内閣総理大臣を任命する。2. 天皇は、内閣の指名に基いて、最高裁判所の長たる裁判官を任命する。第7条 天皇は、内閣の助言と承認により、国民のために、左の国事に関する行為を行ふ。2. 憲法改正、法律、政令及び条約を公布すること。2. 国会を召集すること。3. 衆議院を解散すること。4. 国会議員の総選挙の施行を公示すること。5. 国務大臣及び法律の定めるその他の官吏の任免並びに全権委任状及び大使及び公使の信任状を認証すること。6. 大赦、特赦、減刑、刑の執行の免除及び復権を認証すること。7. 栄典を授与すること。8. 批准書及び法律の定めるその他の外交文書を認証すること。9. 外国の大使及び公使を接受すること。10. 儀式を行ふこと。第8条 皇室に財産を譲り渡し、又は皇室が、財産を譲り受け、若しくは賜与することは、国会の議決に基かなければならない。

	9. 외국의 대사 및 공사를 접수하는 것 10. 의식을 행하는 것 제8조 황실의 재산을 양도하고, 황실이 재산을 양도받거나 하사하는 것은 국회의 의결에 기초해야 한다. - 천황의 권한 및 임명권에서 지명된 내각총리대신에게 임명장을 전달하지 않을 경우 총리로서 인정을 하는지 아닌지 하는 논란이 있을 수 있고, 또한 천황이 부여된 권한을 행사하지 않을 경우 위법사항이 되는지 대한 논란이 있을 수 있다.
천황의 책임	천황은 일본국헌법이 규정한 국사에 관한 행위만을 하고, 국정에 직접적으로 관여할 수 있는 권한은 없다. 천황의 국사행위는 내각의 조언과 승인이 필요하고, 내각이 그 책임을 진다. 내각의 조언을 따르지 않는 경우와 국정에 직접적으로 관여한 경우의 천황책임소재, 그리고 천황이 위법한 행위를 한 경우의 처리에 대한 논란이 있을 수 있다.

메이지 시대에 제정된 '대일본제국헌법'에서도 천황이 원수라고 하는 명문 규정이 없었지만 원수로서 국가의 상징이었다. 현행 '일본국헌법'에서는 내각총리대신이 행사하는 행정상의 실질적인 권한을 천황이 갖고 있지 않다는 점에서 대일본제국헌법과는 다르다. 이것을 강조해 상징천황제(象徵天皇制)라고 한다. 일본국헌법은 천황의 지위와 권능에 대해서 규정하고 있고, 천황은 일본을 대표하고 국민통합의 상징이다. 그런 의미에서 존재하지만 군림하지 않는 상징적인 대중천황에 해당되는 지위와 권능을 갖고 있다. 현재 천황을 둘러싸고 일어나는 논란은 상징천황제와 입헌군주제의 성격을 동시에 취하고 있는 데서 발생하는 모순이라고 할 수 있다.

일본국헌법이 천황의 지위와 권능을 규정한 것이라면, 천황계승 및 천황으로서의 고유임무를 규정한 것은 황실전범(皇室典範)이다. 일본 천황은 일본국헌법과 황실전범에 근거하여 재임하고 계승된다. 다음은 국회가 의결해서 규정한 황실전범의 제정, 개정, 구성, 현재 천황, 황위계승 등을 소개한 것이다.[84)]

〈표 2〉 일본의 황실전범

구분	내용
제정	법률 제3호의 법령번호를 가진 현재의 황실전범은 1947년 1월 16일 제정되었고, 다른 법률과 동일하게 국회가 개정을 하였다. 황실전범은 일본을 점령한 GHQ의 강한 의지로 내용이 정해졌다. 그와 동시에 메이지 22년 제정된 구 황실전범, 메이지40년(1907년)과 다이쇼7년(1918년)의 황실전범 증보는 폐지되었다. 황실령(皇室令) 및 부속법령의 법형식도 폐지되었다.

84) 芦部信喜(著, 編集), 高見勝利(著, 編集), 1990,『皇室典範』(日本立法資料全集本巻 1), 信山社. 제2차세계대전후 일본에서 최대의 초점은 천황제의 존속여부문제였으면서도 GHQ내부의 방침이나 일본국내부의 방침이 모두 흔들리고 있었다. 황실전범의 입법과정을 사토 다쓰오(佐藤達夫), 이리에도시오(入江俊郎) 등 당시 입안관계자의 소장문서를 통해 밝혔다.

특례	1949년 '총리부설치법'의 제정과 관계 법령의 정비로 총리청이 총리부로, 궁내부가 궁내청으로 개편되었다. 2017년 천황의 퇴위 등에 관한 황실전범특례법 부칙에 '황실전범의 특례로서 천황의 퇴위에 대해서 규정한 천황의 퇴위 등에 관한 황실전범특례법'은 황실전범과 일치하는 것으로 한다고 하는 규정을 추가하였다. 부칙4항에서는 황실전범에 명기되지 않은 천황의 퇴위를 제125대 아키히토(明仁) 천황 1대에 한정해서 적용가능한 특례법이며, 다음 천황이 되는 황태자 나루히토(德仁) 친왕 이후에는 적용되지 않기 때문에, 황실전범을 개정하여 천황의 양위를 헌정사상 처음으로 규정하였다.
황실 전범 구성	황실전범은 제1장 황위계승, 제2장 황족, 제3장 섭정, 제4장 성년, 경칭, 즉위의 예, 대상의 예(大喪の礼), 황통보 및 능묘(皇統譜及び陵墓), 제5장 황실회의 등으로 구성되어 있다. 황실전범 제1조 황위계승자격은 황통에 속한 남계 남자에 한정한다. 제2조 황위계승순서는 직계우선, 장계우선, 근친 우선이다. 제4조 황위를 계승하는 경우는 천황이 서거했을 때에 한한다. 제9조 천황 및 황족은 양자를 할 수 없다. 제11조 영세황조제이지만, 황태자 및 황태계(皇太孫) 이외는 경우에 따라 황실회의의 뜻으로 황실의 신분을 떠날 수 있다. 제12조 황족여자는 천황 및 황족이외의 자와 혼인했을 때 황족의 신분을 떠난다. 제15조 황족으로 황적을 이탈한 자는 황족으로 복귀하지 않는다. 제16조, 22조 천황이 성년에 달하지 않아(18세 미만), 천황이 국사행위를 행하지 못하는 상태는 섭정을 둔다. 등의 내용을 담고 있다.
천황 유형	상황 아키히토(上皇明仁, 제125대상황), 상황후 미치코(上皇后美智子), 금상천황 나루히토(德仁, 제126대천황)는 2019년 5월 1일 즉위하여, 연호를 레오와(令和)로 정했고, 칭호는 히로노미야(浩宮), 인장(印)은 아즈사(梓, あずさ), 재위는 금상천황이라고 칭한다. 황후는 마사코(雅子, 구성 小和田), 공주는 아이코(愛子)이다.
황위 계승 순위	황실전범 제1조에서 황위는 황통에 속하는 남계의 남자가 계승하도록 하였고, 제4조에서 천황이 붕어할 때 황태자(皇嗣)가 즉시 즉위하도록 규정하였다. 현재 황위계승서열을 보면, 1위는 아키시노노미야 친왕(秋篠宮文仁親王, ふみひと)으로 1965년생, 친등2(親等2) 동생, 상황 아키히토제2황남자(上皇明仁第2皇男子)로 황태자이며, 2위는 히사히토 친왕(悠仁親王)으로 2006년생, 친등3, 조카, 아키시노노미야친왕의 제1남자(秋篠宮文仁親王第1男子)이고, 3위는 히다치노미야 친왕(常陸宮正仁親王, ひたちのみや, まさひと)으로 1935년생, 상황의 동생이다.

일본의 천황역사를 보면, 1771년 제119대 코가쿠천황(光格天皇)이후부터 금상천황(今上天皇, 제126대)까지 모두 황통계의 남계남자가 황위를 계승하였다. 메이지천황시대인 1889년에 퇴위금지(양위금지), 양자금지, 직계남자에게 황위계승우선 등에 대한 황실전범이 제정되었다. 쇼와기에는 제2차세계대전후 1947년 5월 3일 시행된 일본국헌법 하에서 황실전범이 재제정되었지만 퇴위금지, 양자금지, 직계남자황위계승 우선 등과 같은 규정은 변경되지 않았다. 그리고 비적출자(非嫡出子)를 황족으로 하지 않는다는 내용을 추가로 규정하였다.[85]

85) 加藤陽子(編集), 歴史学研究会(編集), 2019,『天皇はいかに受け継がれたか: 天皇の身体と皇位

현재 천황을 의미하는 금상천황 나루히토(德仁)는 1960년생으로 일본 제126대천황으로 2019년 5월 1일 즉위하였고, 연호로서 레이와(令和)를 사용하고 있다. 훈등(勳等)은 대훈위국화장경식(大勳位菊花章頸飾)이다. 아키히토 상황(明仁上皇)과 미치코 상황후(美智子上皇后)의 장남이다. 나루히토 금상천황은 전후 일본국헌법 및 현 황실전범 하에서 태어나 즉위하고, 학위를 가지고 있으며 해외유학 경험이 있다.[86] 황위계승을 하고 즉위와 동시에 연호법에 따라 헤이세이(平成)에서 레이와(令和)로 개원하였다. 주거지는 아카사카어소(赤坂御所, 旧 東宮御所)이다.[87]

일본 천황에 대해서 일본 국민은 좋은 지지를 보내고 있는 편이다. 일본국헌법 공포 시행전인 1946년 5월 27일《마이니치신문(毎日新聞)》에 실린 여론조사에서는 상징천황제를 지지하는 대답이 85%였다. 1990년대 상징천황제에 대한 조사에서는 '지금 상징천황 그대로 좋다'고 대답한 비율이 74%였다. 상징천황제를 시작한 시기보다는 약 11% 감소되었지만 여전히 지지하고 있다. 2000년 상징천황제를 지지하는 비율이 80%, 2002년 '지금 그대로 상징으로 좋다'라는 답이 86%였다. 그리고 2009년 NHK 여론조사에서는 '천황이 현재와 동일하게 상징으로 존재하는 것이 좋다'라고 답한 비율이 81.9%였다. 상징천황제를 지지하는 비율이 70% 내지 80% 선에서 유지되고 있다.

그러나 현재 일본에서 천황과 천황제를 둘러싸고 다양한 논의가 진행되고 있다. '천황제를 폐지하자'는 비율이 8%, '천황에 정치적 권한을 부여하자'는 의견이 6%였다. '지금의 천황이 상징으로의 역할을 수행하고 있다고 생각하는가'라는 질문에는 '충분하게 하고 있다'와 '어느 정도하고 있다'는 비율이 85.2%를 차지했다. 그리고 천황의 무용론이나 유용론도 동시에 존재하고 있을 뿐 아니라 황위계승을 둘러싼 논의, 황실행사에 대해서도 여전히 논란이 일어나고 있다.

현재 일본국헌법의 개정을 둘러싼 논의 가운데는 천황과 관련된 사항이 있다. 천황을 원수 또는 군주로 위상을 높이고 권능을 부여하는 움직임도 있다. 집권당인 자

繼承』, 績文堂出版. 천황은 어떻게 자리매김되었는지, 계승은 어떻게 변화했는지, 천황은 정치나 사회의 변화에 어떻게 대응해 왔는지에 대해서 밝히고 있다. 2018년 4월 동경대에서 대반향을 일으킨 역사학연구회총합부회심포지움의 성과를 담았다.

86) https: //www.kunaicho.go.jp (2020년 10월 14일 검색)

87) 鎌田純一, 2003,『平成大禮要話』, 錦正社. 佐々木聖使, 2010,『天皇霊と皇位継承儀礼』, 新人物往来社. 真弓常忠, 2019,『大嘗祭』, ちくま学芸文庫.

유민주당은 2010년 발표한 헤이세이22년강령(平成22年綱領)에서 '우리는 일본국 및 국민통합의 상징인 천황폐하 하에서 오늘날의 평화로운 일본을 구축해왔다'고 호의적이며 긍정적으로 평가하였다. 2012년 발표한 일본국헌법 개정초안(日本国憲法改正草案)에서는 전문 가운데 '일본국은 오랜 역사와 고유의 문화를 갖고, 국민통합의 상징인 천황을 섬기는 국가'라고 언급하고 제1조에서 상징천황의 규정을 유지하면서 천황이 원수(元首)인 것을 명기하는 방침을 채택하였다.

일본국헌법 개정을 통해서 천황을 원수로 규정하려는 이유는 일본국과 일본국민통합의 상징으로 최상위 지위를 부여하고, 동시에 패전 후 GHQ에 의해 제정된 일본국헌법으로부터 탈피하여 일본의 독립성과 자율성에 기초한 일본국헌법을 확보하려는 의도가 있다. 그러나 개정헌법에서 천황주권, 실질적인 권능과 권한 부여, 국정에 대한 책임 등을 적극적으로 규정하려는 의도는 없는 것으로 보인다. 그것은 절대 천황에 대한 국가적 국민적 위화감이 있고, 상징 천황에 대해서 친화적이기 때문이기도 하다.

현재 일본국헌법은 천황의 국정에 대한 독단적 행사, 총리에 대한 권한 견제, 대외정책에 대한 전략과 방향 설정, 한일관계에서 발생하는 외교문제, 역사적 과제 등에 대해서 간섭하거나 적극적으로 참여하는 규정을 두고 있지 않다. 천황은 한국과의 관계에서 과거식민지 지배, 역사적 과제 등에 대해서 직접적으로 언급하지 않고 아픔을 준 상황에 대해서 '통한(痛恨)'이라는 공식적인 입장을 일관하고 있으며 적대적 관계를 표명하고 있지 않다.

2. 총리관저와 총리권한

일본에서 행정상의 최고권력을 갖고 행사를 할 수 있는 권한을 가진 총리가 국정업무를 보고 추진하고 결정하는 곳은 총리관저(総理大臣官邸, Prime Minister's Official Residence)이다. 총리관저는 도쿄도 치요다구(東京都千代田區永田町二丁目3番1号)에 위치하고, 총리대신관저, 총리관저(首相官邸), 관저(官邸) 등으로 불린다. 총리관저는 총리, 관방장관, 기타 보좌관 등이 국정을 수행하고 내각을 운영하는 핵심적인 장소이다.[88]

88) http: //www.kantei.go.jp/jp/feature (2020년 10월 14일 검색)

그런 점에서 총리관저는 국가권력을 대표하는 상징적인 건물이기도 하다.

현재 총리관저는 1999년부터 착공한 후 완성되어 2002년 4월 22일부터 사용하고 있다. 지상 5층, 지하 1층의 철골철근 콘크리트 구조이며 진도 7에도 견딜 수 있도록 건축되었다. 최상층 5층에는 총리대신, 부총리, 관방장관, 부장관의 집무실 등이 있고, 4층에는 각의실, 내각집무실, 특별응접실 등이 있듯이 4층과 5층에는 집무장소가 집중되어 있다. 3층에는 사무실과 현관홀, 2층에는 리셉션홀과 귀빈실이 있으며, 1층에는 기자회견실과 기자클럽 등 홍보관계시설이 있다. 지하에는 위기관리센터, 대책본부회의실, 대책사무실, 정보수집실 등이 있고, 내각부와 연결되어 있는 지하터널이 있다. 옥상에는 헬기장이 있다. 총리관저에는 관저소장의 그림, 조각품 등이 전시되어 있고, 문화청을 통해 대여한 일본미술전람회(日展, 日本美術展覧会) 입선작이 있고, 식당, 정원, 녹지 등이 있다.

일본국내외의 긴급사태가 발생할 때는 내각정보조사실의 내각정보집약센터에서 속보를 접수한다.[89] 그리고 내각위기관리감, 내각관방부장관보, 위기관리심의관 등에게 보고하고 지시를 받는다. 내각위기관리감이 상황에 대응하고, 정보연락실, 관저연락실, 관저대책실의 설치 등을 판단한 후 상황에 대응한다. 최종적으로 내각에 정부의 대책본부가 설치된다. 이런 점에서 총리관저는 일본 최고의 권력자가 일본의 국내외정책과 위기관리를 계획하고 결정하고 집행하는 권력의 총본산이다.[90]

일본 정부 수준에서 최고권한을 가진 행정최고책임자는 내각총리대신이다. 일본에서 총리는 약칭으로 총리대신(総理大臣), 총리(総理), 수상(首相), 재상(宰相) 등으로 불린다. '일본국헌법'에서 규정한 정식명칭은 내각총리대신(内閣総理大臣)이지만 이 책에서는 '총리'로 칭하고자 한다. 총리는 일본국헌법과 관계법률에 의거 권한을 행사하고 국정을 수행하며, 국내외정책을 총괄한다는 의미에서 최고권력자이며 최고정책결정자의 위치에 있고 지위를 갖는다. 또한 행정부의 수반으로 국가행정기관을 장악할 수 있고, 여당의 총재를 겸하고 있어 여당 통제를 통해 국회를 장악할 수 있는 위치에 있다는 점에서 전권을 가진 대통령과 비등한 권력과 권한을 행사할 수 있다.

총리는 일본국헌법과 법률이 규정하고 있는 매우 폭넓은 권한을 갖고 있어 사실상

89) https: //ja.wikipedia.org/wiki (2020년 10월 14일 검색)

90) 田崎史郎(著), 2014,『安倍官邸の正体』, 講談社現代新書.

국가권력을 독점하고 있다. 상징적인 천황이 일본을 대표하고 있지만 국가권력은 총리가 대표적으로 행사하고 책임을 진다. 일본국헌법은 총리에 대해서 내각의 수장으로 국무대신을 임면하고, 내각을 대표해서 의안을 제출하고 일반국무 및 외교관계를 보고하며, 행정각부를 지휘감독하도록 규정하고 있다. 총리는 문민으로 하고, 국회의원이 된 자 가운데서 국회의 의결로 지명된다. 그것에 기초해서 천황에 의해 임명된다. 내각관방 및 내각부 등 행정조직의 장으로 직접 소관한다. 현재 일본 총리는 최장 총리를 지낸 아베 신조가 사임을 한 후 그의 정책을 계승한다고 선언하면서 제99대 총리로 선출된 스가 요시히데(菅義偉)이다.[91)]

총리에게 권한을 부여하고 있는 법적 근거는 일본국헌법, 내각법, 내각설치법, 경찰법, 자위대법, 형법, 노동조합법 등과 같이 국정전반에 대해서 규정한 법률이다. 다음은 일본국헌법과 기타 법률이 규정한 일본 총리의 권한을 소개한 것이다.[92)]

〈표 3〉 일본총리의 권한과 의무

구분	내용
일본국헌법	- 내각을 구성하는 국무대신의 임명 및 임의 파면(日本国憲法68条), 국무대신의 임면권은 내각총리대신의 전권사항으로 임시대리는 임면권을 갖지 않는다. 재임 중 국무대신에 대한 소추에 동의할 수 있다(日本国憲法75条). - 내각을 대표해서 의안을 국회에 제출하고(日本国憲法72条), 내각대표로서 일반국무 및 외교관계에 대해서 국회에 보고한다(日本国憲法72条). - 내각을 대표해서 행정각부를 지휘감독하고(日本国憲法72条), 법률 및 정령에 연서를 하고, 그 권한을 갖고 동시에 의무를 진다. 거부권은 없다(日本国憲法74条).
내각법 및 내각부 설치법	- 각의(閣議)를 주재한다(内閣法4条2項). 각의에서 내각의 주요정책에 관한 기본방침, 그 이외의 조건을 발의한다(内閣法4条2項). - 내각총리대신은 주임 국무대신의 대리를 지정할 수 있고(内閣法9条, 10条), 각 행정부의 처분 및 명령을 중지시키며, 내각의 처분권을 갖는다(内閣法8条). - 내각총리대신은 내각법에서 말하는 주임 대신을 담당한다. 자신의 보조자로서 내각

91) 총리는 다수당의 의원에서 신임을 얻은 자가 그 정당의 내규에 의해 당 총재로 선출되면 국회에서 선출되는 것이 일반적이다. 총리의 임기는 당규가 정한 총재 기간이 된다. 현재 여당인 자유민주당 총재 임기는 총리 임기와 관련되어 있다. 총재임기는 당칙 80조 1항에 3년으로 규정하고 있지만 종종 변경되고 있다. 1974년 이후에는 전임자의 중도퇴임으로 잔임 기간을 제외한 임기를 연속 2기로 하는 규칙이 추가되었고, 2017년에는 3기까지로 변경했다. 아베 총재는 2019년부터 제3기에 돌입하여 2021년까지 자민당 총재와 총리를 할 수 있지만 2020년 사임을 하였다.

92) https: //www.cao.go.jp/seisaku/seisaku.htm l (2019년-2020년 검색)

	부특명담당대신을 둘 수 있고(内閣府設置法9条1項), 내각관방장관은 내각총리대신을 보좌하고 내각부의 사무를 정리하며 소요사무를 총괄한다(内閣府設置法8条1項). 2001년 각의에서 내각총리대신의 발의권이 법제화되어 각성(各省)에 대한 지휘감독권이 강화되었다(内閣法第4条の改正).
황실전범	- 황실회의의 의장으로 그것을 소집한다(皇室典範29条, 33条).
행정사건 소송법	- 재판소에 의한 행정처분 등의 정지에 대해서 이의를 제기할 수 있다(行政事件訴訟法27条). 고소할 수 있는 자가 천황, 황후, 태황태후(太皇太后), 황태후(皇太后) 또는 황태자(皇嗣)인 경우는 내각총리대신이 대신해서 고소를 행한다.
국방안보 관련법률	- 대규모 재해 또는 소란 등 긴급사태에 대해서 긴급사태포고를 발하고(警察法71条), 일시적으로 경찰을 통제한다(警察法72条). - 내각을 대표해서 자위대의 최고지휘감독권을 갖고(自衛隊法7条), 무력공격사태에 즈음하여 자위대출동을 명한다(自衛隊法76条). 간접침략 또는 그 이외 긴급사태에 즈음하여 일반경찰력으로 치안 유지가 불가능한 경우에, 자위대에 출동을 명한다(自衛隊法78条). 방위출동 또는 치안출동으로 자위대에 대해서 출동명령이 있는 경우, 특별한 조치가 필요하다는 것을 인정할 때는 해상보안청을 그 통제하에 둔다(自衛隊法80条). - 무력공격사태에 즈음하여 내각에 설치된 무력공격사태대책본부의 대책본부장으로서, 관계하는 행정기관, 지방자치단체, 지정공공기관 등이 실시하는 대처조치를 총합조정 한다(武力攻撃事態平和確保法14条). - 무력공격으로부터 국민의 생명, 신체 또는 재산을 보호하기 위해 긴급의 필요가 있다고 인정하는 경우, 경보를 발령한다(国民保護法44条). 비상재해가 발생하고, 당해 재해가 국가의 경제 및 공공복지에 중대한 영향을 미치는 이상 징후가 있는 경우에, 각의를 통해 재해긴급사태 포고를 발한다(災害対策基本法105). 방위대신의 해적대처행동을 승인하고 그것을 국회에 보고 한다(海賊行為の処罰及び海賊行為への対処に関する法律7条). 기상청장관으로부터 지진예지정보보고를 받고 지진방재등급대책을 실시하는 긴급 필요가 있는 경우는, 각의를 거처 지진재해에 관한 경계선언을 발한다(大規模地震対策特別措置法9条). - 신형인푸르엔자 등이 국내에 발생하고, 전국적 급속만연으로 국민 생활 및 국민경제에 중대한 영향을 미치고, 또는 우려가 있는 것으로 정령에서 규정하는 요건에 해당되는 사태가 발생한 것을 인정할 경우는, 신형인푸르엔자 등에 대한 긴급사태선언을 발하고, 동시에 해당사항을 국회에 보고한다(新型インフルエンザ等対策特別措置法32条). - 부흥청에 총리의 보조자로서 부흥대신을 둔다(復興庁設置法8条3項). 내각에 설치되는 각종 회의(会議), 본부(本部) 등의 대표가 된다. 예를 들면, 국가안전보장회의의 의장이 된다(国家安全保障会議設置法13条).
그 이외의 법률	- 중앙노동위원회위원임명(労働組合法19条の3第2項), 노동관계조정법 상의 긴급조정권(労働関係調整法8条2項), 경품표시법상의 조치명령(景品表示法6条) 등을 행사한다. - 통계법 상의 국민경제계산의 작성(統計法6条1項), 통계위원회 임시위원임명(統計法47条), 중앙선거관리위원회 임명 및 파면(公職選挙法5条の2), 예금보험기구에 대한

	출차인가(株式会社企業再生支援機構法51条), 중앙장애자시책추진협의위원 임명(障害者基本法25条), 일본방송협회경영위원회의 위원임명(放送法16条1項), 태풍상습지대에서 재해방제에 관한 특별조치법에 의한 재해방제사업 등의 지정(台風常襲地帯における災害の防除に関する特別措置法2条, 3条) 등의 권한을 갖는다. - 내각부의 외국인 금융청과 관련한 허인가권(銀行法, 貸金業法, 金融商品取引法), 기관위원사무에 따르지 않는 도도부현지사에 대해서 사법절차를 거쳐 파면하는 권한(地方自治法旧第146条), 소비자청장임면권, 내각에 설치된 본부의 주임대신, 심의위원회 임명권, 각종인허가권, 일본학술회의회원임명권, 각종 자문기관의 의장 및 위원임명권 등을 갖는다.

일본 국회는 내각의 수장으로 국무대신인 총리대신을 지명하는 선거를 한다. 총리지명선 또는 수반지명선거, 수반지명이라고 한다. 총리의 임기가 만료된 경우, 내각이 총사직을 한 경우 또는 내각총리가 결원이 된 경우, 일본국헌법 제67조의 규정에 의거, 국회에서 국회의원 중 한 명의 내각총리대신을 선출한다. 내각총리대신의 자격은 국회의원이며(日本国憲法第67条第1項), 문민(日本国憲法第66条第2項)이어야 한다. 헌법은 문민의 국회의원으로 규정하고 있어 중의원 의원이든 참의원 의원이든 관계가 없지만, 중의원 의원인 것을 원칙으로 하고 있는 것이 관례이다. 2021년 현재 총리대신은 중의원 의원 출신이 선출되었다.[93]

통상 내각총리대신의 지명은 중의원과 참의원이 각각 독립해서 행한다. 내각총리대신 지명선거 절차는 국회법, 국회의원규칙, 선례 등에 기초해서 진행한다. 중의원과 참의원이 각각 기명 투표하고, 각 원 1명의 지명자를 정한다. 그 중에서 과반수 표를 얻은 의원이 그 원의 지명자가 된다. 과반득표 의원이 없으면 상위 2인에 대해서 양원에서 결선투표로 지명자를 정한다. 양원의 지명자가 일치하면 그 인물이 총리대신이 된다. 일치하지 않으면 양원 협의회를 열고, 양원의 의견이 일치하거나 아니면 양원협의회 출석위원 3분의 2 이상 찬성을 얻은 피지명자가 나오면 그 인물이 총리대신이 된다. 위의 방법에 의해서도 결정되지 않으면, 중의원 우위로 중의원 지명자가 총리대신이 된다. 이런 선출방식에 의거하기 때문에 사실상 중의원의결에서 과반수를 얻은 후보가 내각총리대신이 된다.

일본 총리는 중의원 다수당에서 선출되는 경우가 일반적이다. 다수당은 자기당의 대표로서 총재를 뽑고, 그를 중의원과 참의원의 총리선거에서 선출하고 있다. 자민

93) 阿比留瑠比(著), 2016,『総理の誕生』, 文藝春秋.

당 총재의 임기는 3년 3회 연임이 가능하다. 아베 총리는 3회에 걸쳐 총리로 선출되어 최장 총리가 되는 기록을 남겼다. 그러나 아베 신조 총리는 4연임을 앞두고 2020년 8월 사임을 하면서 스가 요시히데 중의원이자 관방장관이 99대 총리로 선출되어 잔임 임기의 임무를 수행하고 있다. 상징천황과 실질총리가 일본국헌법과 법률이 규정한 권한을 통해서 국정을 분담해서 행사하고 있고, 천황은 책임을 지지 않으며 총리가 무한책임을 지고 있다. 일본 총리는 대통령제의 대통령과 같은 지위와 권한을 행사하고 있지만, 일본국민이 직접 선거를 통해서 총리를 선출하지 않고 있어 중의원 선거와 참의원 선거를 통해서 총리선출에 간접적으로 영향을 주고 있을 뿐이다.

3. 총리의 국정보좌기관

일본총리를 직접적으로 보좌하고 있는 내각관방(内閣官房, Cabinet Secretariat, CAS)은 행정기관 중의 하나로서 권력의 중심에 있는 기관이다. 내각법에 근거해서 설치되고, 내각의 보조기관과 함께 내각수장인 내각총리대신을 직접적으로 보좌지원하는 기관이다. 내각관방이 들어가는 내각부청사(東京都千代田區永田町一丁目6番1号)는 본부빌딩이라고 불리며, 간부 집무실, 내각광보실 등이 있다. 내각관방내부 조직 일부는 청사에 인접한 총리대신관저에 있다.[94]

내각관방에서는 총리를 보좌하기 위해서 각의사항(閣議事項)의 정리, 내각서무, 행정각부의 시책총합조정, 내각 중요정책의 기획입안과 총합정리, 정보수집조사 등을 한다. 내각관방장관은 총리가 가장 신임하는 의원 중에서 임명되며, 총리의 부인역(総理の女房役)으로 불리기도 하고, 조각 시 제일 먼저 임명되며 총리를 대변하는 역할과 활동을 한다. 관료조직으로서 모든 부성보다 상위에 위치한다. 관방장관 산하에서 사무를 담당하는 내각관방 부장관은 인증관(認証官)이며 관료의 탑이다. 전통적으로 총무성, 경찰청, 후생노동성, 국토교통성 등의 사무차관경험자를 임명하는 경우가 많다.

다음의 표는 총리의 국정을 최근접거리에서 지원하고 떠받치고 있는 내각관방조직을 소개한 것이다.[95]

---

94) https: //ja.wikipedia.org/wiki; https: //www.cas.go.jp/jp/gaiyou/kanbu (2020년 10월 14일 검색)

95) 아키바 켄야(秋葉賢也, 1962년)는 자유민주당소속의 6선 중의원의원이며 내각총리대신보좌관이다. 주오대학법학부를 졸업하고, 1988년 미야기출신자 최초로 마쓰시타세이케이주쿠(松下政経塾)

〈표 4〉 내각총리외 내각관방조직[96]

<table>
<tr><th colspan="3">구분</th><th>부서와 직위</th></tr>
<tr><td colspan="3">내각총리</td><td>- 내각총리대신보좌관 5인 이내
- 내각총리대신비서관(7인 정무담당비서관, 사무담당비서관), 내각총리대신비서관보</td></tr>
<tr><td rowspan="4">내각관방장관</td><td rowspan="3">내각관방부장관</td><td>국가안전보장국장</td><td>국가안전보장국</td></tr>
<tr><td>내각위기관리감</td><td>내각정보조사실; 내각위성정보센터, 국제테러정보집약실</td></tr>
<tr><td>내각정보통신정책감</td><td>- 내각총무관, 총리대신관저사무소
- 내각관방부장관보좌(2인 내무, 외정): 정보통신기술통합전략실, 행정개혁추진본부사무실, 지적재산권전략추진사무실, 공항항만수위기관리팀, 신형인플루엔자 등 대책실, 아이누종합정책실, 납치문제대책본부사무국, 오키나와연락실, 사회보장개혁담당실 등 30여개 담당관실 산하 30개 기관
- 내각장관부장관보(사무처리, 위기관리): 공항항만수제위기관리팀
- 내각홍보실, 내각정보관, 내각안전센터장</td></tr>
<tr><td>내각인사국장</td><td colspan="2">내각인사국</td></tr>
</table>

9기로 입소하였다. 2014년 중국어선산고밀어문제에 관련해서 담보금인상위법조업에 대한 벌칙을 강화하도록 내각관방장관 스가 요시히데에게 요청했다. 2015년 아베로부터 중국이 주도하는 아시아인프라투자은행(AIIB)에 대한 일본입장을 정하도록 하자 '명확히 하지 않고 신중한 자세를 요구한다'는 방침을 결정했다. 로이터와의 인터뷰에서 중국이 거부권을 갖고, 상설이사회가 설치되지 않고 체크 기능이 가동하지 않는 상태에서 AIIB참가는 있을 수 없는 일이며, 아시아개발은행과 협력하고 중국의 이익으로 연결되는 융자는 하지 않는다고 발언하였다. 기하라 미노루(木原稔, 1969년)는 구마모토출신으로 1993년 와세다대학교육학부 국어국문학과를 졸업한 자유민주당 중의원의원으로 다케시타파이다. 아베 제4차제2내각에서 내각총리대신보좌관과 국가안전보장에 관한 중요정책담당이 되었다. 이즈미 히로토(和泉洋人, 1953년)는 도쿄대학 공학부를 졸업하고 건설관료로 활동하였고, 2019년 내각총리대신보좌관과 국토강인화 및 부흥의 사회자본정비, 지방창생, 건강의료에 관한 성장전략 및 과학기술이노베이션정책담당으로 임명되었다. 하세가와 에이이치(長谷川栄一, 1952년)는 도쿄대학 법학부를 졸업하고 통상산업성에 입성후 중소기업청장관, 2013년 내각광보관, 2019년 내각총리대신보좌관과 중견중소기업정책 및 경제분야협력담당에 임명되었다. 이마이 타카야(今井尚哉, 61)는 산업성관료출신으로 정무총리비서관, 2019년 9월 11일부터 총리보좌관을 겸직하였다. 수석비서관과 총리보좌관의 겸무는 전대미문의 인사이다. 주목할 만한 것은 이마이 타카야의 지배 하에 있는 통산성이 NSS에 들어가게 되어 경제산업성의 힘이 배가 될 것이라는 전망이다.

96) https: //www.cas.go.jp/jp/gaiyou/pdf/201016_sosikizu.pdf (2021년 1월 14일 검색)

내각관방은 총리대신을 최근접거리에서 업무를 보좌하고 지원하는 역할을 하고 있다. 최고 의사결정기관은 아니지만 총리와 직접적으로 소통하고 정책입안과 실시 등에 깊이 관여하고 있다는 점에서 총리의 의사결정에 영향을 주고 있다. 그 중에서 내각관방장관은 총리대신의 입이며 오른팔의 역할을 하고 있다. 총리가 가장 신뢰하고 정책철학을 공유하는 인물이기 때문에 심복이라고 할 수 있다. 내각관방장관은 총리의 국내외정책이나 각의결정사항, 국가시책 등 총체적인 내용을 총리를 대신해서 전면에 나서서 발표하고 대응하고 있다.

다음은 아베총리 하에서 관방장관을 역임한 후 후임 총리로 선출된 스가 요시히데 총리의 보좌관 및 비서관을 소개한 것이다.

〈표 5〉 스가 총리의 보좌관 및 비서관 현황[97]

구분	담당자	특징
내각총리대신보좌관	기하라미노루(木原稔)	와세다대학, 제4차아베내각 재무부대신 제4차아베2개조내각 내각총리대신보좌관, 스가내각 국가안전보장에 관한 중요정책담당
내각총리대신보좌관	아다치마사시(阿達雅志)	도쿄대법학부, 중의원의원, 제4차아베내각 국토교통대신정무관 겸 내각대신정무관, 스가내각 경제외교담당
내각총리대신보좌관	이즈미히로토(和泉洋人)	도쿄대학공학부, 제4차아베제2개조내각 국토강인 및 부흥사회자본정비, 지방창생, 건강의료에 관한 성장전략 및 과학기술이노베이션 정책 특명사항담당, 스가내각 동일업무
내각총리대신보좌관	가키자키메이지(柿崎明二)	쿄도통신입사, 쿄도통신편집국 논설부위원장, 스가내각 정책평가 검증담당(스가총리와 동향인)
사무담당비서관	다카바요(高羽陽)	외무성출신, 외교안전보장
사무담당비서관	오사와겐이치(大沢元一)	재무성출신 내정담당
사무담당비서관	가도마쓰다카시(門松貴)	경제상업성출신, 게오대학졸업, 조지타운대학석사, 경제담당
사무담당비서관	엔도 쓰요시(遠藤剛)	경찰청출신, 국내안전담당

97) https: //www.cas.go.jp/jp/gaiyou/kanbu (2020년 10월 14일 검색); 橋本五郎(著), 2018,『官房長官と幹事長』, 青春出版社. 자민당총재 3선을 달성하고 역대최장수 총리를 지내 아베 내각에서 관방장관과 간사장의 역할과 정체를 밝히고 있다.

사무담당비서관	가누마히토시(鹿沼均)	노동후생성출신, 노동후생담당
사무담당비서관	마스다가즈오(増田和夫)	방위성출신, 국방담당
정무담당비서관	닛타아키후미(新田章文)	정무담당(스가관방장관비서관출신)

스가 총리는 6인 성청 출신의 비서관 가운데 4인을 자신 산하에서 일했던 관방장관 비서관출신을 발탁했다. 총리비서관은 국장급 그리고 관방장관 비서관은 과장급으로 기용하는 것이 관례였는데 이번 스가 총리의 비서관 임명은 파격적이었다. 성청 출신의 비서관을 아베정권 5명에서 6명으로 늘렸고, 외교안전보장분야 외무성출신 다카바 요(高羽陽), 재무성출신 내정담당 오사와 겐이치(大沢元一), 경제산업성출신의 가도마쓰 다카시(門松貴), 경찰청출신의 엔도 쓰요시(遠藤剛), 코로나 대응을 위해 후생노동성출신이며 자신의 관방장관비서관이었던 가누마 히토시(鹿沼均), 방위성출신의 마스다 가즈오(増田和夫), 정무담당비서관으로 자신의 비서였던 닛타 아키후미(新田章文) 등을 비서관으로 기용했다.

다음은 스가 요시히데 총리를 근거리에서 보좌하는 관방장관 및 관방 조직을 소개한 것이다.

〈표 6〉 가토 노부가쓰 관방장관과 조직

구분	담당자	구분	담당자
내각관방장관	가토 노부가쓰(加藤勝信)	내각관방부장관보	후지이 다케시(藤井健志)
내각관방부장관(정무)	사카이 마나부(坂井学)	내각관방부장관보	하야시 하지메(林肇)
내각관방부장관 정무	오카다 나오키(岡田直樹)	내각관방부장관보	다카하시 겐이치(高橋憲一)
내각관방부장관 사무	스기다 가즈히로(杉田和博)	내각홍보관	야마다 마키코(山田真貴子)
내각위기관리감	오키다 요시키(沖田芳樹)	내각정보관	다키자와 히로아키(瀧沢裕昭)
내각정보통신정책감	미와 아키히사(三輪昭尚)	국가안전보장국장	기타무라 시게루(北村滋)

관방 조직은 관방장관을 중심으로 총리가 국가를 운영하는데 필요한 가장 기본적인 업무를 보조하고 지원한다. 인사, 국가안전보장, 위기관리, 정보조사, 홍보, 사이버안보, 국가운영전략 등을 담당한다. 특히 내각관방부장관 산하에 30여개 정책기획기관이 있어 사안별로 정책을 개발하여 총리에게 아이디어를 제공하고 있다. 아베정부 하에서 아베정책과 철학을 근거리에서 지원사격을 한 관방장관은 스가 요시히데

(菅義偉)였다.[98] 내각관방은 국정과 관련해서 의사결정을 하지 않지만 총리의 국정운영에 필요한 가장 기본적인 정책을 구상하고 계획을 입안하는 임무를 감당하고 있어 '국가정책을 구상하는 브레인 집단'이라고 평가된다.

총리는 국정을 토의하여 합의하고 정하는 최고 의사결정체로서 기능하는 각의결정(閣議決定)을 주재한다. 각의결정은 내각회의결정(内閣会議決定)의 줄임말로 내각의사결정체이다. 총리와 내각 대신들이 참가하고 법률로 정한 참가인원을 포함한 대신회의이며 여기에서 중요한 국가정책이 결정된다. 그런 점에서 총리가 주재하는 국내외 현안을 협의하고 방향을 결정한다는 의미에서 일본의 최고의사결정기관이라고 할 수 있다. 일반적으로 각의결정은 정부의 기본방침, 국내외안보, 국방정책, 중요외교정책 등을 결정하고, 결정사항을 각 내각에 지시하여 시행한다. 각의결정이 이루어지면, 관방장관은 기자회견을 통해서 각의결정의 경위, 내용, 목적 등에 대해서 설명하고 질문에 대응한다.

그리고 총리는 국정을 운영하는데 필요한 사안에 따라 본부를 구성하고 스스로 본부장이 되어 의사를 결정하는 본부결정(本部決定)을 주재한다. 본부장은 총리대신, 부본부장은 관방장관과 내각부특명담당대신, 여성활약담당 등이 맡고 기타 각의를 구성하는 각 대신이 본부원으로 참여하여 본부결정을 내리고 있다. 대표적인 본부로는 지방분권개혁추진본부(地方分権改革推進本部)가 있고, 그것은 지방분권에 관한 시책의 총합적 책정 및 실시를 추진하기 위해 2013년 3월 8일 각의결정에 기초해 내각에

98) 아베 정부 하에서 관방장관이었던 스가 요시히데(菅義偉, 1948년)는 호세이대학 법학부 정치학과를 1973년 졸업하고 건설 설비회사에 근무한 후 정치가로 변신하였다. 자유민주당 무소속의 중의원의원으로 내각관방장관, 오키나와기지부담경감담당대신, 납치문제담당대신 등을 역임했다. 2012년 12월 제2차아베내각이 발족하면서 내각관방장관으로 임명되었다. 2013년 우정민영화 계획에 따르지 않는 일본우정사장을 퇴임시켰다. 2013년 알제리아 인질사건에서는 방위성의 반대를 무릅쓰고 전용기 파견을 단행하였다. 2014년 내각인사국의 국장인사를 두고, 국정에 내정된 스기다(杉田和博)대신에 가토(加藤勝信)를 임명하기도 하였다. 내각참사관 다카하시(高橋洋一)에 의하면, 국장인사를 계기로 관료를 통제하에 두고, 역대 관방장관 가운데 가장 정보수집능력을 가진 인물이다. 2014년 제47회 중의원총선거 집행을 아베에게 진언하였다. 2016년 7월 7일 내각관방장관의 재직기간 1,290일로 역대1위를 기록하였다. 2019년 4월 1일 연호 헤이세이 대신에 레이와(令和)를 발표했다. 2019년 6월 스가 관방장관에 친근한 자민당 무파벌의원 13인이 정책연구회 레이와의 모임(令和の会)을 발족하여 스가장관을 초청하는 회의를 가졌다. 2020년 9월 아베총리의 사임으로 제99대 일본총리로 선출되었다.

설치하였다. 지방분권개혁추진본부의 본부결정으로는 2018년 12월 25일 '2018년 제안 등에 관한 대응방침', 2017년 12월 26일 '2017년 지방으로부터의 제안 등에 대응방침' 등이 있다.

다음은 총리가 주제하고 대신들이 참가하여 국정을 토의하고 결정하는 각의결정의 특징을 소개한 것이다. 각의결정을 구성하는 구성원, 성격, 요건, 의사결정, 안건예 등을 소개한 것이다.[99)]

〈표 7〉 각의결정(閣議決定)

구 분	내 용
각의와 결정	국회의 지명에서 선출된 총리대신과 총리대신이 임명한 국무대신으로 구성되는 합의체다(내각법제2조). 의사결정은 전 대신의 합의이며 각의에 의한 것으로 한다.
각의성격	- 각의(閣議)는 내각의 직권행사 내용에 대해서 의사를 결정하기 위해 여는 내각회의이며, 원칙적으로 전 각료가 참여하고 총리관저 각의실에서 회의를 한다. 각의는 내각관방 부장관(정무담당 2인, 사무담당 1인)과 내각법제국 장관이 배석한다. 그러나 위의 4인은 의사결정에 불참한다. - 각의는 내각법으로 규정되지만, 회의절차는 명문으로 규정되어 있지 않아 관행에 의거해서 진행된다. 즉 내각총리대신이 의장이 되어 주재하고 내각관방장관이 진행을 담당한다. 각의는 매주 2회 화요일과 금요일 오전 중에 열리는 정례각의(定例閣議)와, 필요에 따라 여는 임시각의가 있다.
각의요건	- 각의요건은 일반요건, 국회제출안건, 법률공포 등으로 구분되어 있다. 일반요건은 국정에 관한 기본적 사항으로 내각에 의한 의사결정이 필요한 것, 고급관료나 육해공자위대장관의 인사 등을 포함한다. - 국회제출요건은 법률안 및 예산안, 조약 등 승인을 요청하고 국회에 발의해야 하는 사항과 질문주의서(質問主意書)에 대한 답변서를 포함한다. 내각은 질문주의서에 대해서 회답의무와 답변에 대해서 각의결정할 의무를 진다. - 법률, 조약공포, 정령의 결정, 보고와 같은 국정에 관한 조사, 심의답신 등 각의에 보고하는 사항, 배포(각의석상에 자료배포) 등을 포함한다.
각의 의사결정	- 각의의사결정은 출석한 각료의 전원일치를 원칙으로 한다. 그것은 내각이 행정권을 행사하는데 있어 연대해서 책임을 지도록 규정한 내각법 제1조1항에 근거한다. 내각일체의 연대책임에 의거, 해석상, 각의방침 등에 복종하기 어려운 각료는 그 직을 사임해야 하고, 제도상 총리대신은 임의로 국무대신을 해임할 수 있다(헌법제68조제2항). - 각의결정에는 각의결정(閣議決定), 각의료해(閣議了解)가 있다. 내각으로서 한 의사결정을 각의결정이라 한다. 내각총리대신은 내각결정에 근거하여 행정 각부를 지휘감독한다. 또한 본래는 주무 대신의 관할사항이지만 중요성을 감안하여 각의에 부쳐 각의결정하는 것을 각의료해라고 한다. 관례로서 각의결정에 연속해서 진행하는 각료간담회(閣僚懇談会)도 있다.

99) https: //www.cao.go.jp/seisaku (2020년 10월 14일 검색)

각의 안건 예	- 레이와원년(令和元年) 7월 29일 각의결정사항을 소개하면 다음과 같다. 즉 일반 안건으로는 내각관방안건에 의한 국회임시회소집에 대해서(결정), 아이누정책추진본부의 부본부장특정에 대해서(결정), 외무성 안건으로 뉴질랜드특명전권대사 접수에 대해서(결정), 내각관방 안건으로 파라오주차(パラオ国駐箚) 특명전권대사(柄沢彰)에게 신임장 및 전임특명전권대사(山田俊之)의 해임자인증에 대해서(결정), 은사에 대해서(결정) 등이 있었다. - 국회제출 안건으로는 후생노동성에 의한 후생연금보험의 보험급부 및 보험료납부특례에 관한 법률의 시행상황에 관한 보고에 대해서(결정), 정령(政令) 안건으로는 금융청 재무성의 금융상품거래법의 심판수속에 관한 참고인 및 감정인의 여비 및 수당에 관한 정령의 일부를 개정하는 정령(결정), 외무성 안건으로는 재외공관에 근무하는 외무공무원의 재근기본수당액, 거주수당에 관한 공제액 및 한도액 그리고 자녀교육수당에 관한 자기부담액을 정하는 정령의 일부를 개정하는 정령(결정), 후생성 및 재무성 안건으로는 고용보험법의 일부를 개정하는 법률의 일부시행에 동반된 관계정령의 정비 및 경과조치에 관한 정령의 일부를 개정하는 정령(결정), 농림수산성 안건으로는 가축전염병예방법시행령의 일부를 개정하는 정령(결정), 인사 안건으로는 외무대신 고노외 2명의 해외출장에 대해서(료해) 등이 있었다. - 배포건으로는 경찰청에 의한 자료 레이와원년경찰백서(令和元年警察白書), 내각관방 회계검사법원 제30조2의 규정에 근거한 보고서, 내각부본부 월례경제보고 등이 있었다.

총리직속 하에서 총리를 보좌하는 기관으로 국가안보를 담당하는 국가안전보장국(国家安全保障局, NSS)이 있다. 국가안전보장국은 국정을 수행하는 총리에게 국내외적 정세와 안보를 분석하여 보고하고 그에 따른 국내외전략과 정책을 구상하는 기관이다.

아베 총리는 2019년 9월 13일 경찰청 출신으로 기밀정보를 취급하는 내각정보조사국에서 내각정보관을 담당해온 기타무라 시게루(北村滋)를 국가안전보장국 국장으로 임명하였다.[100] 경찰 출신을 국가안전보장국 국장으로 기용한 것은 매우 이례적인 것으로, 아베 총리의 친구인사(お友達人事)의 진수를 보여주는 전형적인 인사 방법이라고 평가되었다. 2019년 9월 18일 NSS에 경제부문관련 부서가 신설될 것으로 보도되었다. 미중무역마찰이나 차세대통신규격(次世代通信規格) 5G 등 경제문제가 외교안전보장과 밀접하게 관련되는 상황이 벌어지고 있어 관저 내에서 일원적으로 취급하기 위해 신설한다는 내용이다. 그렇게 해서 기타무라 국장은 외교, 안보, 경제문제 등에 관여하게 되었다.

다음의 표는 국가안전보장국의 설립목적, 조직과 기능, 활동, 최근변화, 현안 등을

100) https: //ja.wikipedia.org/wiki/ (2019년-2020년 검색)

소개한 것이다.[101)]

〈표 8〉 국가안전보장국(NSS)의 구조와 기능

구분	내용
설립과 목적	국가안전보장국(国家安全保障局, NSS)은 2014년 1월에 발족한 국가조직이며 일본판NSC라고도 불린다. 일본의 국가안위를 확보하고 유지하기 위해 국내외정보를 수집하여 대책과 계획을 구상하여 총리에게 보고하는 데 목적이 있다.
조직	- 국가안전보장국에는 사무국장 1명, 국차장 2명, 심의관 3인 등의 간부, 하부조직에는 6개의 반으로 구성되어 있으며, 직원 수는 약 70명으로 외무성, 방위성, 경찰청 등의 관청으로부터 파견된 자로 구성된 혼성조직이다. - 초대사무국장은 야치 쇼타로(谷内正太郎, 외무성차관), 하부조직으로는 총괄조정반(19명), 정책제1반(8명), 정책제2반(8명), 정책제3반(7명), 전략기획(8명), 정보(11명) 등이다. - 2019년에는 국가안전보장국에 경제안정보장문제를 담당하는 경제안전보장문제반을 창설하였다. 최근 국제정세를 감안한 대응이다. 미중무역마찰격화, 차세대통신규격 5G를 둘러싼 국제적인 주도권경쟁 등 세계적인 경제문제가 일본의 안전보장에 크게 영향을 주고 있어 청설하였다. 여기에는 경제산업성 출신이 배치되고 있다.
활동	- 국가안전보장국국장은 2014년 11월 아베 총리의 방중, 2016년 12월 러시아푸친대통령의 방일을 주도하였다. 일러수뇌회담이 추진되었지만 북방영토문제는 진전이 없었다. - 박근혜 대통령과 아베총리시절에 2015년 12월 한일 간의 종군위안부합의를 외무성을 대신해서 이끌어냈다. 그러나 문재인 정부가 들어서고 강제징용배상판결로 인한 한일갈등이 격화되면서 한일위안부합의는 파기되었다.
최근 변화	국가안전보장국장은 총리, 관방장관, 외무대신, 방위대신 등으로 구성되는 국가안전보장회의의 사무국장이며, 외교정책, 국방정책의 사령탑역할을 한다. 기존에는 외무성출신이 임명되었다. 아베 총리는 2019년 9월 11일 각의에서 야치 쇼타로(谷内正太郎) 국가안전보장국장 후임으로 기타무라 시게루(北村滋) 내각정보관을 기용하였다. 사무국장으로 내정된 기타무라 시게루(北村滋)는 경찰청 출신으로 노다 요시히코(野田佳彦) 정권에서 내각정보관, 아베 신조정부에서 내각정보관에 재임된 인물이다. 경찰관료로 테러나 과격파에 대한 정보분야 전문가다. 내각정보관 시절에 납치문제를 둘러싸고 북한의 당국자와 극비로 만나는 등 대북현안을 담당하기도 했다. 제1차 아베내각에서 비서관을 담당한 아베측근 중의 한 사람이다. 스가내각에서도 유임되었다.
현안	아베 총리는 지나치게 국가안전보장국에 의존하는 경향이 있다는 사실이 도마에 올랐었다. 국가안정보장국 의존정책은 아베총리의 측근정치, 관저관료중용 등으로 내정, 외교, 안보, 경제 등으로 확대되었다. 아베 총리는 자신과 관련이 있는 관료를 중용하여 정책과 조직을 장악하였다. 따라서 전담업무부서인 외무성, 방위성, 경제산업성 등을 배제하는 정치수법을 사용하는 경향이 있다. 아베 총리의 정치수법은 순종하는 관료나 정치가를 등용하고 비판세력을 배제하며, 정권과 정책을 독점하는 독재정권을 강화하려는 의도가 있다는 비판을 받았다. 일러간 북방영토협상이나 한일위안부협의 등을 외교부가 아니라 국가안전보장국이 주도하여 맺은 사실이 반증하고 있다.

101) https: //www.cas.go.jp/jp/gaiyou/jimu/anzenhosyou.html (2020년 10월 15일 검색)

현재 국가안전보장국은 국가안보를 확보하기 위해서 총리와 관련 대신을 지원하고 지탱하는 일을 담당하고 있다. 국가안전보장국은 아베총리가 적극적으로 추진하는 수뇌외교를 성공시키는 '지혜부쿠로'(知惠袋)의 역할을 하였다. 초기 국가안전보장국은 일본의 관료조직에서 보면 획기적인 위상을 차지하고 있다. 기존에는 외교를 담당하는 외무성, 국방을 담당하는 국방성, 경제를 담당하는 경제산업성, 안보를 담당하는 경찰청 등이 분리되어 각각의 정보, 정책 등을 총리나 대신에게 제안하는 방식이었다. 그런 일본의 행정은 종적분담행정(縱割り行政)의 구조로 운영되어 온 서열중심의 행정문화이다. 최근에는 외교, 안보, 경제 등이 서로 밀접하게 관련되면서 종적분담행정은 종합적인 판단을 어렵게 하였다. 국가안전보장국은 외교, 국방, 경제 등과 관련된 사안을 공유하고 교류하여 종합적으로 판단할 수 있는 정보제공과 정보분석이 가능하여, 국익을 위한 결정을 하는데 용이하다는 장점이 있다.

아베정부 후반에 들어서 국가안정보장국에 활약하던 지한파 참모가 교체되었다. 2019년 9월 중순 고령의 이유로 퇴임한 국가안전보장국장의 야치 쇼타로(谷內正太郎), 그리고 가네하라 노부가쓰(兼原信克) 관방부장관보(NSC 차장겸임)가 교체되었다. 외무성 출신의 가네하라 노부가쓰는 2011년 주한 일본대사관 총괄공사로 근무한 지한파이고, 야치 쇼타로와 함께 2015년 위안부합의 등 양국이슈에 깊이 관여하였다. 위안부문제와 관련한 고노담화의 검증이나 아베 총리의 전후70주년담화(戰後70周年談話) 발표 등을 주도한 것으로 알려졌다. 총리관저의 지한판 넘버 1위와 2위가 교체되는 상황이 되었다.

한일관계에 정통한 원로들은 한일 간의 위안부문제를 해결하지 못하는 가운데, 아베총리 주변의 강경파는 위안부합의에 관여한 가네하라 노부가쓰를 비판하였다. 그 때문에 그들의 자리가 축소되면서 종반에는 한국에 대해서 좀더 강경하고 냉정한 자세로 대응할 것으로 예상되었다. 사네하라 노부가쓰 후임으로는 2019년 10월 1일 내각관방부장관보로 임명된 하야시 하지메(林肇)이다. 그는 2006년 아베1차내각에서 외부성에서 파견된 비서관으로 총리를 보좌했다. 2013년 내각관방 산하 영토주권대책기획조정실장(領土主権対策企畵調整室長)을 역임했다. 그 조직은 아베정권이 외무성이나 문부과학성 등 정부 내의 영토관련부서를 총망라하고 여론계몽의 명분으로 조직되었다. 하야시 하지메는 독도에 관한 국민에 대한 여론조사를 시작으로 독도, 센카쿠열도 등에 대한 일본의 영유권주장을 검증하는 각종 대책 준비를 주도했다. 《아사히신문》은 아베 총리가 NSC 국장이나 총리보좌관에 아베제1차정권시대의 비서관을 기용하고 있다고 전하고 현안의 진전을 목적으로 측근외교(側近外交)를 강화하려는 의도라고 분석하였다.

그리고 국가안전에 관한 정보를 통해 각종 국내외정세를 토의하는 국가안전보장회의(国家安全保障会議, NSC)가 있다. 국가안전보장회의에는 총리, 관방장관, 외무상, 방위상 등 주요 부처장이 참석한다. 국가안전보장회의는 외교 및 안전보장에 관한 중요사항을 심의하는 회의체이고, 사무국장은 외무성 출신자나 방위성 출신자가 담당하는 것이 관례이다. 다음은 총리를 비롯해 주요 부대신이 참가하여 국가안보와 외교 등 주요사안에 대해서 회의를 하는 회의체로서 국가안전보장회의를 소개한 것이다.[102)]

〈표 9〉 국가안전보장회의(NSC)의 조직과 내용

구분	내용
설치법 및 목적	- '국가안전보장회의설치법'(国家安全保障会議設置法)은 나카소네 내각하에 1986년 5월 27일, 법률 제71호로 제104회 통상국회에서 통과되어 성립되었다. - 일본의 국가안전보장회의(国家安全保障会議, National Security Council, NSC)는 일본의 국내외안보에 대한 정책을 검토하고 토론하는 회의이다. 국가안전보장회의설치법(国家安全保障会議設置法)에 기초해 설치되었고, 국가안정보장에 관한 중요사항 및 중대긴급사태에 대한 대처를 심의하는 데 목적이 있고, 내각에 설치했다.
소장사무	제2조 회의는 다음 사항에 대해서 심의하고 필요에 응해 내각총리대신에게 의견을 말한다. 1. 국방의 기본방침, 2. 방위계획의 대강, 3. 전호의 계획에 관한 사업 등의 조정계획의 대강, 4. 무력돌격사태 또는 존립위기사태 대처에 관한 기본적 방침, 5. 무력공격사태 또는 존립위기사태 대처에 관한 중요사항, 6. 주요영향사태 대처에 관한 중요사항, 7. 국제평화공동대처사태 대처에 관한 중요사항, 8. 국제연합평화유지활동의 협력에 관한 법률제1항에 규정한 국제평화협력사업실시에 관한 중요사항, 9. 자위대법제6장에 규정한 자위대의 행동에 관한 중요사항, 10. 국방에 관한 중요사항, 11. 국가안전보장에 관한 외교정책 및 방위정책의 기본방침, 그들 정책에 관한 중요사항, 12. 중대긴급사태대처에 관한 중요사항, 13. 그 이외 국가안전보장에 관한 중요사항
구성 및 회의종류	국가안전보장회의는 내각총리대신, 관방장관, 외무대신, 방위대신 등으로 구성하는 4대신회의(4大臣会合), 그 이외에는 9대신회의, 긴급대신회합 등이 있다. 고문회의는 유식자의 식견을 참고하기 위해 국가안전보장국장이 국가안전보장에 관련된 각 분야의 유식자를 특별고문, 고문 등으로 초빙하고, 고문회의를 개최한다. 제1회 회의는 2014년 6월 18일 개최되었고, 특별고문으로 재계인과 자위대 통합막료장 경험자, 고문에는 육해공자위대의 장관경험자, 대학교수 등 13명으로 구성하였다. 총리는 국가안전보장회의의 자문을 받아야 한다. 자문회의는 무력공격사태 또는 존립위기사태, 주요영향사태, 중대긴급사태 등에 관해서, 그리고 긴급에 대응할 필요가 있을 때는 필요한 조치에 대해서 내각총리대신에게 건의할 수 있다(国家安全保障会議設置法2条).

102) https: //www.kantei.go.jp/jp/singi/anzenhosyoukaigi/index.html (2020년 10월 14일 검색). https: //www.kantei.go.jp/jp/singi/anzenhosyoukaigi/konkyo.pdf (2020년 10월 14일 검색)

총리는 국정에 대해 전문가의 의견을 들어 결정하기 위해, 당면사안을 조사하고 검토하여 해결안을 제시하도록 자문기구로서 유식자회의(有識者会議)를 설치하고 운영할 수 있다. 정부 주요정책이나 대안을 연구해서 제시하는 방식으로 총리를 보좌하고, 임시조직으로 활동하는 자문기관이다. 주로 국가나 지방자치단체의 자문기관으로 설치된다. 유식자회의 구성멤버는 경제계, 학계, 관련단체, 문화인, 메스 미디어 등 각계를 대표하는 학식이 있는 자, 경험자, 실무경험자 등으로 구성된다. 이것은 활동목적이 명확하게 정해져 있고 목적이 달성되면 해체되는 것이 일반적이다.

아베정부는 2019년 5월 1일 천황즉위시 새로운 연호를 선정하기 위해서 신연호유식자회의(新元号有識者会議)를 설치하였다. 신연호유식자회의는 새로운 연호를 연구하여 보고하기 위해 구성된 회의체이다. 회원으로는 우에다 료이치(上田良一, NHK会長), 야마나카 신야(山中伸弥, 京都大教授), 오쿠보 요시오(大久保好男, 民放連会長), 가마타 카오루(鎌田薫, 日本私立大学団体連合会会長), 사카키바라 사다유키(榊原定征, 前経団連会長), 시라이시 코지로(白石興二郎, 日本新聞協会会長), 데라다 이쓰로(寺田逸郎, 最高裁長官), 하야시 마리코(林真理子, 作家), 미야자키 미도리(宮崎緑, 千葉商科大教授) 등 9인으로 구성되어 신연호로 레이와(令和) 등을 후보군으로 선정하여 아베총리에게 보고하였다.

2019년 새연호를 결정하는 과정을 보면, 내각관방장관은 각계에서 학식있는 유식자로 구성된 신연호유식자회를 소집하고 원호에 관한 간담회를 개최하여 신연호 원안에 대한 의견을 구해서 그 결과를 총리에게 보고하였다. 2019년 4월 1일 원호에 관한 간담회 자료별 윈도우 개최, 원호에 관한 간담회와 의사개요별 윈도우 개최, 내각총리대신의 신연호 원안에 대한 참의원 의장 및 부의장의견 청취와 의사개요별 윈도우 개최, 각료회의의 신연호 원안에 대한 협의와 각료회의 자료별 윈드우개최, 각료의사개요별 윈드우개최, 각의에서 개원의 정령 결정, 내각관방장관 신연호 공표, 총리의 신연호에 대한 의의와 가치를 담은 총리담화 발표 등으로 진행되었다.

신연호유식자회 멤버의 의견을 들어 정부는 2019년 4월 1일 헤이세이(平成)에 이어 연호 레이와(令和)를 발표하였다. 신년호발표 후 기자회견에서 유식자회의 멤버 중 한 사람이었던 야마나카 신야(山中伸弥) 교토대학교수는 레이와(令和)가 처음으로 일본고전『만엽집』에서 선정된 언어라고 소개하였다. 레이(令)가 원호로 사용된 것은 처음이고, 와(和)는 쇼와의 와(昭和の和)에도 있고, 과거에도 사용되었다. 전통을 중시함과 동시에 새롭게 도전하는 일본의 모습에 매우 적합한 연호라고 인식하였다. 아베 총리는 '레이와가 아름다운 화합'이라는 의미가 있다는 것을 강조하고 소개하였다.[103)] 다만 아베 총리는 강한 일본을 구축하기 위해 강경정책을 추진하는 가운데 위로부터의 명령을 내리는 레이(令)라는 개념이 아베의 신념과 일치하여 선호했다는 설도 있다.

4. 집권여당 자유민주당

일본의 정계는 전통적으로 인물 중심의 파벌을 형성하고 집권하여 국정을 운영하는 특징이 있다. 파벌이 개인과 국가의 운명을 좌우하는 정치구조를 만들고 있다. 그 과정에서 전통적인 정치파벌 귀족이 등장하고 계통을 형성하여 영향력을 강화하고 정치반경을 넓혀 권력을 창출하거나 재편하거나 유지를 하고 있다. 파벌 귀족의 호칭은 각파의 핵심인물의 성을 따 통칭 ○○파라고 하는데 보도기관의 각사에 의해 불려진다. 파벌은 '○○파', '○○파벌', 소파벌을 '○○그룹', 파벌횡단연합을 '○○정책집단' 등으로 칭한다. 파벌은 정치귀족을 구성하여 오랜 전통을 갖고 계승된다. 그러나 이념이나 정책의 차이로 파벌을 떠나 분파를 만들어 정계개편의 기회로 이용하기도 한다.[104)]

---

103) 레이와(令和, れいわ)는 다이카(大化) 이후 248번째의 새로운 원호이다. 나루히도(徳仁) 제126대 천황이 즉위한 2019년 5월 1일 레이와원년이 시작되었다. 2019년 5월 1일 0시부터 '천황퇴위에 관한 황실전범특례법(天皇の退位等に関する皇室典範特例法)'의 규정에 의거해서 제125대 아키히토(明仁) 천황이 퇴위하여 상황(上皇)이 되었고, 아키히토천황의 제1남자 나루히토친왕이 제126대 천황에 즉위했다. 황위의 계승과 원호법의 규정에 의거 헤이세이(平成)에서 레이와(令和)로 개원되었다. 레이와는『만요슈(万葉集)』제5권「梅花謌卅二首并序(梅花の歌 三十二首、并せて序)」에 있는 문장이다. 원문은 '于時、初春令月、氣淑風和、梅披鏡前之粉、蘭薫珮後之香'이다. 즉 현대어로 표현하면, '時は初春しょしゅんの令よい月(『令』は「善」と類義語)であり、空気は美しく、風は和やかで、梅は鏡の前の美人が白粉おしろいで装うように花咲き、蘭は身を飾る衣ころもに纏まとう香こうのように薫かおらせる'('때는 초봄이어 아름다운 달이 뜨고, 공기는 청명하며, 바람은 평화롭게 살랑거리며, 매화는 거울 앞 미인이 예쁘게 화장한 듯한 꽃으로 피어나고, 란은 신체를 화려하게 수놓은 의복처럼 훈훈하구나) 등의 의미가 있다.

104) 山本七平(著), 1989,『「派閥」の研究』, 文藝春秋. 메이지 이후 일본정치를 파벌사의 관점에서 파악하고, 파벌의 성립과 추이, 그 특징과 문제점을 지적하고 있다. 전후 파벌은 메이지의 금권정치가와 유사한 측면이 있고, 그 실태를 모금, 오직, 뇌물 등 쇼와의 금권정치가였던 다나카 가쿠에이에 대해서 분석하고 있다. 자민당정치의 가장 큰 난제인 파벌해소에 시사하는 바가 있다.

2020년 10월 현재 일본정계의 최대 파벌집단은 중의원과 참의원을 장악하고 있는 여당 자유민주당이다. 자유민주당에서는 파중심 인물이 총리에 선출되어 행정부 수장이 되는 경우 재임 기간에 파벌을 이탈하는 것이 관례이다. 이 경우 파벌의 최연장자가 회장 포스트를 맡고, 복귀할 때를 대비하여 파벌의 이름을 바꾸지 않는다. 집권당인 자유민주당은 당내 최대파벌인 호소다파(細田派) 97명, 다케시타파(竹下派) 54명, 아소파(麻生派) 54명, 기시다파(岸田派) 46명, 니카이파(二階派) 46명, 이시바파(石破派) 19명, 이시하라파(石原派) 11명, 다니가키그룹(谷垣グループ) 16명, 스가그룹(菅グループ) 10명, 무파벌 45명 등으로 구성되어 있고, 중의원과 참의원 합해서 398명이다.[105)]

다음은 일본정계의 최대파벌 정치집단이며 현재 집권 여당인 자유민주당의 파벌과 소속국회의원을 소개한 것이다.[106)]

〈표 10〉 자민당 파벌별의원 현황

파벌명	국회소속	파벌소속 국회의원 명단
호소다파 97	중의원 62	衛藤征士郎, 細田博之, 塩谷立, 安倍晋三, 下村博文, 吉野正芳, 松野博一, 馳浩, 高木毅, 柴山昌彦, 松島みどり, 西村康稔, 谷川弥一, 西村明宏, 萩生田光一, 稲田朋美, 宮下一郎, 中山泰秀, 奥野信亮, 鈴木淳司, 土井亨, 大塚拓, 高鳥修一, 関芳弘, 亀岡偉民, 中根一幸, 越智隆雄, 松本文明, 堀井学, 菅家一郎, 簗和生, 福田達夫, 三ツ林裕巳, 大西英男, 白須賀貴樹, 義家弘介, 田畑裕明, 佐々木紀, 宮沢博行, 根本幸典, 長尾敬, 岸信夫, 加藤寛治, 穴見陽一, 藤原崇, 山田美樹, 小田原潔, 細田健一, 池田佳隆, 神田憲次, 青山周平, 和田義明, 宗清皇一, 上野宏史, 古田圭一, 杉田水脈, 谷川とむ, 木村次郎, 安藤高夫, 高木啓, 上杉謙太郎
	참의원 35	- 2022年改選者: 山崎正昭, 中川雅治, 野上浩太郎, 岡田直樹, 末松信介, 山本順三, 山谷えり子, 長谷川岳, 上野通子, 江島潔, 高階恵美子, 松川るい佐藤啓, 山田宏, 宮島喜文

105) 小宮京(著), 2010,『自由民主党の誕生―総裁公選と組織政党論』, 木鐸社. 三橋貴明(著), 2020,『自民党の消滅』, ベストセラーズ. 여기에서는 아베내각의 정책실정에 대해서 논하고 있다. 2012년 아베내각이 발족하면서 디플레이션탈각을 내세웠지만 해결하지 못하는 가운데 국민의 불만은 날로 높아지고 있다. 지난 20여 년 간 임금은 4.4% 하락, 2번의 소비세증세, 소비의 대폭하락, 출생 수 2019년 전년대비 9% 하락 등이 발생하였다. 그동안 여당으로서 자민당은 2017년 모리토모학원문제, 2019년 벚꽃을 보는 모임문제, 코로나바이러스대책실패, 다이아몬드프린센스호대응미비, PCR 검사의 부진 등으로 국민의 비판을 받고 있다.

106) https: //www.jimin.jp/ (2020년 10월 14일 검색)

		- 2025年改選者: 世耕弘成, 橋本聖子, 森雅子, 古川俊治, 丸川珠代, 西田昌司, 山田修路, 滝波宏文, 大野泰正, 酒井庸行, 堀井巌, 石井正弘, 長峯誠, 赤池誠章, 石田昌宏, 北村経夫, 太田房江, 宮本周司, 羽生田俊, 高橋はるみ
다케시타파54	중의원 33	額賀福志郎, 船田元, 茂木敏充, 三原朝彦, 小渕優子, 新藤義孝, 山口泰明, 渡辺博道, 竹下亘, 秋葉賢也, 加藤勝信, 西銘恒三郎, 若宮健嗣, 渡嘉敷奈緒美, 大塚高司, 原田憲治, 橋本岳, 平口洋, 木原稔, 津島淳, 鈴木憲和, 井野俊郎, 笹川博義, 野中厚, 新谷正義, 鈴木貴子, 池田道孝, 中谷真一, 宮崎政久, 鈴木隼人, 古川康, 佐藤明男, 百武公親
	참의원 21	- 2022年改選者: 関口昌一, 二之湯智, 松村祥史, 野村哲郎, 石井浩郎, 岩井茂樹, 渡辺猛之, 青木一彦, 福岡資麿, 宇都隆史, 元栄太一郎, 小野田紀美 - 2025年改選者: 尾辻秀久, 石井準一, 牧野京夫, 佐藤正久, 佐藤信秋, 上月良祐, 堂故茂, 山下雄平, 三浦靖
아소파 54	중의원 41	麻生太郎, 甘利明, 森英介, 山口俊一, 鈴木俊一, 佐藤勉, 田中和徳, 河野太郎, 棚橋泰文, 原田義昭, 岩屋毅, 松本純, 松本剛明, 江渡聡徳, 伊藤信太郎, 井上信治, 御法川信英, 山際大志郎, 丹羽秀樹, 阿部俊子, 永岡桂子, 薗浦健太郎, 鈴木馨祐, 赤間二郎, 武藤容治, 中村裕之, 牧島かれん, 井林辰憲, 工藤彰三, 長坂康正, 今枝宗一郎, 安藤裕, 山田賢司, 井上貴博, 船橋利実, 高橋比奈子, 中山展宏, 務台俊介, 斎藤洋明, 大隈和英, 高村正大
	참의원 13	- 2022年改選者: 猪口邦子, 中西健治, 藤川政人, 中西祐介, 大家敏志, 今井絵理子 - 2025年改選者: 山東昭子, 武見敬三, 有村治子, 滝沢求, 高橋克法, 豊田俊郎, 高野光二郎
기시다파 46	중의원 34	岸田文雄, 根本匠, 宮腰光寛, 望月義夫, 竹本直一, 山本幸三, 小野寺五典, 平井卓也, 北村誠吾, 金子恭之, 上川陽子, 三ツ矢憲生, 葉梨康弘, 左藤章, 寺田稔, 木原誠二, 盛山正仁, 村井英樹, 辻清人, 堀内詔子, 小林史明, 古賀篤, 藤丸敏, 武井俊輔, 渡辺孝一, 小島敏文, 岩田和親, 国場幸之助, 大西宏幸, 吉川赳, 国光文乃, 西田昭二, 金子俊平, 畦元将吾
	참의원 12	- 2022年改選者: 藤井基之, 水落敏栄, 宮沢洋一, 磯崎仁彦, 金子原二郎, 足立敏之, 藤木真也 - 2025年改選者: 林芳正, 松山政司, 森屋宏, 古賀友一郎, 馬場成志
니카이파 46	중의원 36	伊吹文明, 二階俊博, 河村建夫, 林幹雄, 平沢勝栄, 山本拓, 今村雅弘, 桜田義孝, 江崎鉄磨, 福井照, 吉川貴盛, 小泉龍司, 谷公一, 山口壮, 武田良太, 鷲尾英一郎, 伊東良孝, 松本洋平, 伊藤忠彦, 武部新, 小林鷹之, 秋元司, 小倉将信, 大岡敏孝, 宮内秀樹, 勝俣孝明, 門博文, 佐藤ゆかり, 小林茂樹, 鳩山二郎, 岡下昌平, 神谷昇, 泉田裕彦, 小寺裕雄, 中曽根康隆, 繁本護

	참의원 10	- 2022年改選者: 中曽根弘文, 鶴保庸介, 片山さつき, 進藤金日子 - 2025年改選者: 衛藤晟一, 三木亨, 岩本剛人, 清水真人, 河井案里, 宮崎雅夫
이시바파 19	중의원 17	石破茂, 山本有二, 鴨下一郎, 伊藤達也, 田村憲久, 後藤田正純, 古川禎久, 平将明, 赤沢亮正, 斎藤健, 冨樫博之, 田所嘉徳, 神山佐市, 門山宏哲, 山下貴司, 福山守, 八木哲也
	참의원 2	- 2022年改選者: 中西哲 - 2025年改選者: 舞立昇治
이시하라파 11	중의원 11	野田毅, 石原伸晃, 坂本哲志, 森山裕, 石原宏高, 上野賢一郎, 冨岡勉, 田野瀬太道, 鬼木誠, 金子万寿夫, 宮路拓馬
	참의원 0	
다니가기 그룹 16	중의원 14	川崎二郎, 逢沢一郎, 中谷元, 山本公一, 遠藤利明, 小里泰弘, 牧原秀樹, 黄川田仁志, 秋本真利, 田中英之, 大串正樹, 星野剛士, 加藤鮎子, 本田太郎
	참의원 2	- 2022年改選者: 松下新平 - 2025年改選者: 吉川有美
스가그룹 10	중의원 6	菅義偉, 菅原一秀, 城内実, 石川昭政, 三谷英弘, 木村弥生
	참의원 4	- 2022年改選者: 朝日健太郎, 小鑓隆史, 自見英子, 小川克巳 - 2025年改選者: 0
무파벌 45	중의원31	大島理森, 村上誠一郎, 古屋圭司, 浜田靖一, 野田聖子, 渡海紀三朗, 小此木八郎, 高市早苗, 塩崎恭久, 梶山弘志, 土屋品子, 石田真敏, 河井克行, 長島昭久, 後藤茂之, 江藤拓, 金田勝年, 田中良生, 坂井学, 小泉進次郎, 橘慶一郎, 山本朋広, 熊田裕通, 武村展英, 藤井比早之, 大野敬太郎, 石崎徹, 穂坂泰, 神田裕, 木村哲也, 出畑実
	참의원 14	- 2022年改選者: 岡田広, 三原じゅん子, 阿達雅志, 徳茂雅之, 青山繁晴, 園田修光 - 2025年改選者: 山田俊男, 島村大, 三宅伸吾, 柘植芳文, 山田太郎, 和田政宗, 加田裕之, 本田顕子

일본정계에서 소속 파벌은 매우 중요하다. 양원 의원선거에서 추천을 받고 지원을 받으며, 집권 여당이 되면 각 행정부 장관으로 추천받을 수 있고 당내 요직을 담당할 수 있기 때문이다. 당내 최대파벌에서 당 총재와 정부의 총리가 지명될 가능성이 높고, 의원직을 유지하거나 영향력을 행사할 수 있는 좋은 환경이 된다. 파벌소속의 의원은 파벌 출신의 총리를 보좌하기 위해 행정부의 주요 요직을 차지하고 입각을 하

는 경향이 있다.

당내에서의 파벌규모는 총재, 당직, 장관, 주요 직책을 선정하는 기준이 되고 있다. 최대파벌인 호소다파 소속인 아베 신조가 자민당 총재와 일본 총리를 맡았다. 각 파벌의 규모를 통해 입각할 수 있는 의원을 결정하는 것이 일반적인 관례이다. 따라서 의원 수는 파벌의 힘이 되고 각 행정부의 장을 선택할 수 있는 기준이 되며, 현실 정치를 주도할 수 있는 당내중심 세력이 된다. 다만 아베 총리 후 여당 총재와 총리로 선출된 스가 요시히데 의원이 소수파벌의 출신임에도 불구하고 선출된 것은 당내의 안정과 정략에 의한 것이다.

다음은 2018년 10월 2일 개조한 아베내각제4차 제1차개조내각을 소개한 것이다. 아베 신조 총리가 속한 호소다파에서는 총리, 문부대신 시바야마 마사히코(柴山昌彦), 경제산업대신 세코 히로시게(世耕弘成), 국가공안위원회위원장 야마모토 준조(山本順三) 등이 입각하였다. 그리고 아소파에서는 아소 타로 부총리, 외무대신 고노 타로, 환경대신 하라다 요시아키(原田義昭), 방위대신 이와야 다카시(岩屋毅) 등이 입각했다. 그 이외에 다케시타파, 니카이파, 이시다파, 기시다파, 무소속 등이 입각하여 파벌 간 힘의 균형을 유지하고 있다.

〈표 11〉 아베내각제4차 제1차개조내각(2018년 10월 2일 개조)

구분	이름	담당분야 및 활동상의 특징
내각총리대신	아베 신조	- 아베 신조(安倍晋三)는 세케이대학(成蹊大学), 고베철강(神戸製鋼)입사. 岸信介(외조부), 佐藤栄作(대숙부), 安倍晋太郎(부), 安倍洋子(모), 安倍寛信(형), 岸信夫(동생), 부 아베신타로 외무대신비서로 정계에 입문하였다. 호소다파(細田派) 소속이고, 우파 또는 보수파로 구성된 일본 내 최대 정치조직인 일본회의국회의원간담회의(日本会議国会議員懇談会) 특별고문을 맡고 있다. 위기극복과 성장정책을 제시한 아베노믹스는 디플레이션 극복을 위한 인플레이션타켓을 시도한 경제정책이며, 핵심전략으로 제시한 3개화살정책 대담한 금융완화정책, 기동적인 재정지출, 민간투자환기, 성장전략 등으로 구성되었다. 아베총리는 강한 국가 만들기 정책으로 일본국헌법의 전문개정, 천황지위향상, 헌법 제9조1항 및 2항개정, 자위대근거규정 추가, 고등교육을 포함한 무상교육규정추가 등을 추진하여 재임기에 개정완료를 목표로 하였다. 도쿄올림픽유치와 개최를 일본경제성장과 국운전환용으로 활용하는 구상을 하였다. 2016년 한일비밀군사정보보호협정(GSOMIA) 체결, 한일위안부합의 체결, 2019년 수출규제정책을 시작으로 대한강경정책을 구사하였다.

부총리	아소타로	아소 타로(麻生太郎)는 가쿠슈인대학(学習院大学), 아소파(麻生派)대표, 내각법 제9조에 의거 제1순위 지정대신, 재무대신 및 내각부특명담당대신, 금융데프레탈각담당(金融, デフレ脱却担当) 대신을 담당하였다. 일한의원연맹(日韓議員連盟) 부회장, 한일셔틀외교정착, 제1회 한중일수뇌회담 개최, 3국간파트너십에 관한 공동성명(三国間パートナーシップに関する共同声明) 발표, 일본통치시대는 조선과 대만에 긍정적인 측면이 있다고 발언, 2003년 5월 31일 도쿄대학 학원제에서 '창씨개명은 조선인이 원했다(創氏改名は朝鮮人が望んだ), 일본은 한글의 보급에 공헌했다'(日本はハングル普及に貢献した)라는 발언을 하여 물의를 일으켰다.
총무대신	이시다 마사토시	이시다 마사토시(石田真敏)는 와세다대학(早稲田大学), 무파벌, 여성활약담당(女性活躍担当), 내각부특명담당대신(内閣府特命担当大臣, 男女共同参画, マイナンバー制度)을 당당했다. 핵심추진정책으로서 마이넘버는 사회보장, 세금, 재해정책 등의 분야에서 효율적인 정보를 관리하고, 복수의 기관이 보유하는 개인정보가 동일인의 정보인 것을 확인하기 위한 제도운영, 행정효율화, 국민편리성향상, 공평공정한 사회실현을 위한 사회기반구축 등을 추진하는 것이다. 한일의원연맹과 일조국교정상화추진의원연맹(日朝国交正常化推進議員連盟) 등에서 활동하고 있다.
법무대신	야마시타 다카시	야마시타 다카시(山下貴司)는 도쿄대학(東京大学), 이시바파(石破派), 2002년부터 3년간 워싱톤 일본대사관에 부임해서 일등서기관, 법률고문을 담당하였고, 미국내에서 일본 정부를 상대로 중국이나 한국 국적을 가진 여성 15명이 위안부문제에 관한 손해배상청구를 요구하는 소송을 진두지휘하고, 연방최고재판소에서 다투어 승소한 인물이다.
외무대신	고노타로	고노 타로(河野太郎)는 조지타운대학, 아소파(麻生派) 소속이며, 부친인 고노 요헤이가 발표한 고노담화(河野談話; 慰安婦関係調査結果発表に関する河野内閣官房長官談話)를 부정적으로 인식하고 있으며, 베이징 올림픽을 지원하는 의원회와 한일의원연맹에서 활동하였다. 아베 신조 총리, 아소 타로 부총리, 세코 히로시게 경제산업성 대신 등과 함께 한국에 대해서 강경외교정책을 적극적으로 추진하였으며, 한국에 대립각을 세워 대응한 인물이다.

아베 신조 총리, 아소 타로 부총리, 고노 타로 외무대신 등은 일한의원연맹 소속으로 지한파라는 이미지를 갖고 있었지만, 2019년에 들어서 한일관계가 경색되는 과정에서 대한 수출규제조치 등을 시작으로 강경정책을 추진하였다.

다음은 아베내각제4차 제1차개조내각(2018년 10. 2일 개조)에 입각한 각 성의 대신을 소개한 것이다.

〈표 12〉 아베내각제4차 제1차개조내각2

구분	이름	담당분야 및 활동상의 특징
내각관방장관	스가요시히데	스가 요시히데(菅義偉)는 호세이대학(法政大学), 무파벌, 오키나와기지부담경감담당(沖縄基地負担軽減担当), 맹우인 아베 신조가 자민당총재 취임하면서 간사장대행에 기용되었고, 2016년 내각관방장관 재직 1,290일로 역대1위를 기록하였고, 관방장관으로 재임하면서 아베정책을 적극적으로 지지하였다. 2019년 4월 1일 총리관저 기자회견에서 5월 1일부터 시행되는 신연호『레이와(令和)』를 발표하였다. 관방장관을 역임하면서 포스트아베의 경쟁자 중의 한 사람으로 부상하여 영향력을 발휘하였고, 아베 정책을 지지하는 가운데 대한 강경정책에 동참하였고, 일한의원연맹에 소속하여 활동하였다.
경제산업대신	세코히로시게	세코 히로시게(世耕弘成)는 와세다대학(早稲田大学), 호소다파(細田派), 아베총리와 동향인이며 측근으로 경제산업대신을 역임하였고, 일한의원연맹 간사이면서 헌법개정, 96조개정에 찬성, 집단적 자위권 행사를 금지한 정부의 헌법해석 수정에 찬성하고 있다. 강제징용배상판결과 관련해서 한국에 대한 수출규제조치, 한국화이트리스트배제조치 등을 적극적으로 추진하였고 한국에 대한 경제제재를 선두에서 지휘하였다.
방위대신	이와이다카시	이와야 다카시(岩屋毅)는 와세다대학(早稲田大学) 출신이고 아소파(麻生派) 소속의원이다. 2018년 12월 20일 동해에서 한국해군 레이다조사 문제에 대해서, 극히 위험한 행위라고 유감을 표시하였다. 그리고 강제징용배상문제가 한일관계의 악화에 기인하는 가에 대한 질문에서 '그렇게 되지 않길 바라고, 일한관계가 중요하다'라고 하여 한국 측과 협의할 자세를 취하였다. 그러나 그의 유화적인 자세에 대해 방위성과 자위대 내에서 '이와야 다카시 방위상은 한국에 좀더 강하게 대응하기 바란다'는 목소리가 나왔다.
문무과학대신	시바야마마사히코	시바야마 마사히코(柴山昌彦)는 도쿄대학(東京大学), 호소다파(細田派), 교육재생담당(教育再生担当)을 하였다. 2018년 10월 2일 아베내각에서 문부과학대신에 취임한 후 교육칙어에 대해서 '동포를 소중히 하기 위해 국제적인 협조를 중시한다는 기본적인 원칙을 현대적으로 정리 및 검토해서 교육하려는 움직임에 대해 가치가 있다'라고 발언하여, 애국심을 가르치는 교육을 강조하였다.
후생노동대신	네모토다쿠미	네모토 다쿠미(根本匠)는 도쿄대학(東京大学), 기시다파(岸田派), 일하는 방법개혁담당(働き方改革担当), 납치문제담당, 내각부특명담당대신 등을 담당하였고, 무라야마담화(村山談話)와 고노담화(河野談話)의 수정을 주장하였다.
농림수산대신	요시가와다카모리	요시카와 다카모리(吉川貴盛)는 일본대학(日本大学), 니카이파(二階派), 일조우호의원연맹(日朝友好議員連盟), 북한에 대해서 대화보다도 압력을 우선해야 한다고 주장하였다.

국토교통대신	이시이게이이치	이시이 게이이치(石井啓一)는 도쿄대학(東京大学), 고메이토(公明党), 물순환정책담당(水循環政策担当), 산업경쟁력담당, 러시아경제분야협력담당, 원자력경제피해담당, 내각부특명담당대신, 원자력피해보상, 폐로 지원기구 등을 담당하였고, 일본국헌법 개정에 찬성하고 있다. 집단적 자위권행사를 금한 내각법제국의 헌법해석의 수정 불필요, 총리의 야스쿠니신사참배 반대, 무라야마담화(村山談話), 고노담화(河野談話)의 수정에 반대하고 있다.
환경대신	하라다 요시아키	하라다 요시아키(原田義昭)는 도쿄대학(東京大学), 아소파(麻生派), 내각부특명담당대신(原子力防災)을 담당하였다. 위안부강제연행사실과 성적학대 부정, 영주외국인의 지방참정권에 반대, 무라야마담화와 고노담화 수정 찬성 등의 정치적 입장을 지향하고 있다.
부흥대신	와다나베 히로미치	와타나베 히로미치(渡辺博道)는 와세다대학(早稲田大学), 다케시타파(竹下派)로 무라야마담화와 고노담화 수정 찬성, 헌법개정과 집단적 자위권의 행사 찬성 등의 입장을 갖고 있다.

아베내각제4차 제1차개조내각에서 내각관방장관 스가 요시히데, 경제산업성 장관 세코 히로시게, 방위성장관 이와이 다카시 등은 각각의 영역에서 한일 간의 갈등에 영향을 주는 정책을 구사한 인물이다. 그리고 대부분 내각대신들은 일한의원연맹에 소속하고 있으면서도 한일현안에 대해서 일본중심적인 주장을 강하게 하고 있다. 다음은 아베내각제4차 제1차개조내각의 인물들을 소개한 것이다.

〈표 13〉 아베내각제4차 제1차개조내각3

구분	이름	담당분야 및 활동상의 특징
국가공안위원회위원장	야마모토 준조	야마모토 준조(山本順三)는 와세다대학(早稲田大学), 호소다파(細田派), 국토강인화담당(国土強靭化担当) 내각부특명담당대신(방재) 등을 담당하였고, 헌법개정찬성, 총리의 야스쿠니신사 참배를 찬성하며 일한의원연맹에서 활동하고 있다.
내각특명담당대신	미야코시 미쓰히로	미야코시 미쓰히로(宮腰光寛)는 교토대학(京都大学), 기시다파(岸田派), 소자화대책, 오키나와 및 북방대책담당, 소비자 및 식품안전담당, 해양정책담당 등을 담당하였다. 그리고 헌법개정찬성, 집단적자위권의 행사를 금한 내각법제국의 헌법해석 수정에 찬성 등의 입장을 고수하고 있고, 일한의원연맹에서 활동하고 있다.
내각특명담당대신	모테기도시미쓰	모테기 도시미쓰(茂木敏充)는 도쿄대학(東京大学), 다케시타파(竹下派), 경제재정정책담당 등을 역임하였고, 정주외국인에게 지방참정권 제공에 찬성하는 입장이며 일한의원연맹, 일조국교정상화추진의원연맹(日朝国交正常化推進議員連盟)에서 활동하고 있다.

내각특명 담당대신	히라이다 쿠야	히라이 다쿠야(平井卓也)는 조지대학(上智大学), 기시다파(岸田派), 쿨재팬전략담당(クールジャパン戦略担当), 지적재산전략담당, 과학기술정책담당, 우주정책담당 등을 담당하였다. 쿨재팬(クールジャパン, Cool Japan)은 일본 내각부의 쿨재팬전략목적(クールジャパン戦略のねらい)에 의한 슬로건으로 '외국인이 쿨이라고 인정할 수 있는 일본매력'을 갖도록 하자는 운동이며, 쿨재팬의 정보발신(일본붐조성), 해외전개(해외에서 소득확대), 인컴반운드진흥(국내소득증진)으로 세계의 성장과 일본의 경제성장을 실현하는 브랜드전략이다. 야스쿠니신사 참배하는 국회의원회(靖国神社に参拝する国会議員の会), 북한납치된 일본인을 조기에 구출하기 위해 행동하는 의원연맹, 평화를 원하고 국익을 생각해 야스쿠니신사를 지지하는 젊은 국회의원회, 헌법96조 개정을 위한 의원연맹, 아시아전략연구회 등에서 활동하고 있다.
내각특명 담당대신	가타야마 사쓰키	가타야마 사쓰키(片山さつき)는 도쿄대학(東京大学), 니카이파(二階派), 지방창생담당(地方創生担当), 규제개혁담당, 남녀공동참획담당(男女共同参画担当) 등을 담당하였다. 위안부에 구 일본군의 강제연행은 없다는 입장을 고수하였고, 2011년 12월 14일 위안부여성지원단체가 서울일본대사관 앞에서 위안부소녀상을 설치하였을 때 한국을 방문하여 한국당국에 소녀상 철거를 요구하였다. 한국영토분쟁해결을 위해 국제사법재판소제소 찬성, 일한통화스와프 동결, 경제제재 찬성 등의 입장을 주장하였고, 일한의원연맹, 일화의원간담회(日華議員懇談会), 일본영토를 지키는 회를 위해 행동하는 의원연맹 등에서 활동하고 있다.
국무대신	사쿠라다 요시다카	사쿠라다 요시다카(桜田義孝)는 메이지대학(明治大学), 니카이파(二階派), 도쿄올림픽 패럴림픽, 경기대회담당 등을 역임하였다. 영주외국인에게 지방참정권부여를 반대하고, 일한의원연맹, 일중녹화추진의원연맹상임간사(日中緑化推進議員連盟常任幹事), 베이징올림픽을 지원하는 의원회 등에서 활동하고 있다.
	스즈키슌이치	스즈키 슌이치(鈴木俊一)는 와세다대학(早稲田大学), 아소파(麻生派), 내각총리대신임시대리를 역임하였고, 헌법개정찬성, 집단적 자위권 행사를 금하는 정부해석 수정찬성 등의 입장을 갖고 있고, 일한의원연맹, 모두 야스쿠니신사에 참배하는 국회의원회(みんなで靖国神社に参拝する国会議員の会) 등에서 활동하고 있다.

아베제4차 제1차개조내각은 아베 총리의 국정운영과 국내외적 정책을 적극적으로 찬동하고 지지하는 입장이며, 한국에 대해서 강경자세를 취하였다. 국내적으로는 일본국헌법의 개정을 통해서 새로운 국가체제를 구축하려는 시도를 강하게 주장하였고, 그것을 실현하기 위한 전제조건인 참의원 의결정족수를 둘러싼 선거에서 승리하는 데 공헌을 하였다. 또한 2019년에 들어서 동아시아와 태평양을 둘러싼 외교전쟁이 촉발되고 있는 상황에서 미중간의 힘대결, 한중일간의 힘겨루기 게임에 적극적으

로 대응하였다. 그 과정에서 일본은 친미정책의 기조를 견고하게 다졌고, 중국에 대해서는 강온정책을 병행하였으며, 한국에 대해서는 강경정책과 전략을 구사하였다.

특히 2019년에 들어서 한국대법원의 일본기업에 대한 강제징용배상 판결에 대응해서 한국화이트리스트배제, 대한수출규제, WTO소송, 지소미아효력정지, 한일군사갈등, 영토갈등, 한일위안부합의갈등, 청구권협정 갈등 등이 발생하면서 한일은 총체적 대결양상으로 전환되었다. 아베 내각을 구성한 각성의 대신은 일본을 대표해서 대한강경정책을 구사하는 가운데 한일관계가 경색하게 되었다. 그 중에서 아베 신조 총리, 아소 타로 부총리, 고노 타로 외무상, 세코 히로시게 경제산업상, 스가 요시히데 관방장관 등은 한일관계의 경색과정에 깊숙이 개입한 것으로 알려졌다.

한일관계가 경색되고 동아시아에서 긴장감이 증폭되고, 미중 간의 무역전쟁이 진행되는 가운데 아베 총리는 2019년 9월 11일 제4차 제2차개조내각을 발족시켰다. 아베제4차 제2차개조내각은 예상대로 지한파를 배제하고, 자신의 정책과 전략을 함께 할 수 있는 인물을 대거 발탁하여 중심에 놓는 인사를 단행하였다. 내각 개조와 함께 자민당 임원 인사를 단행하고 한국에 대한 수출규제를 주도한 측근을 포함한 우익성향의 인물을 다수 기용하였다. 그런 배경 때문에 아베제4차 제2차개조내각은 우익성향을 강하게 띠며 대한강경정책을 이어갈 것으로 보여 당분간 냉혹한 한일관계는 지속될 것으로 보였다.

아베2차개조내각에서는 아소 타로(麻生太郎) 부총리 겸 재무상, 스가 요시히데(菅義偉) 관방장관 등이 유임되었다. 모테기 도시미쓰(茂木敏充) 내각특명담당대신은 외무상, 고노 타로(河野太郎)는 방위상으로 횡적 이동하였다. 그리고 다카이시 사나에(高市早苗) 총무상, 가토 가쓰노부(加藤勝信) 후생상은 재입각하였고, 그 이외 13명이 처음으로 입각하였다. 에토 세이이치(衛藤晟一) 1억총활약담당상(1億総活躍担当相)은 이전부터 아베총리의 측근이었으며, 가와이 가쓰유키(河井克行)법무상은 특사로 아베와 트럼프의 연결고리를 만드는데 역할을 하였고, 가토 가쓰노부(加藤勝信) 후생상은 아베가와 가족동반으로 교류하는 사이이다. 아베 인맥은 하기우다 코이치(萩生田光一) 문부과학상, 경제산업성관료출신 니시무라 야스토시(西村康稔) 경제재생상 등이다.[107]

---

107) 아베는 이번 인사에서 승부를 걸었지만 실패한 측면이 있다. 아베의 의도는 대신을 파격적으로 임명하면서 니카이(二階俊博) 자민당 간사장을 교체하는 것이었다. 두사람 간의 관계는 양호하면서도 묘하게 긴장감이 있었다. 니카이 간사장은 당내 실력자이어서 아베는 좋은 관계를 유지해왔다.

그런 아베 인사방법에 대해 일본내에서는 부정적으로 보는 입장이 많다. 아베제4차 제2차개조내각을 구성하는 인사에 대해서 일본의 국내외미디어는 친구내각(お友だち内閣), 친구인사(お友だち人事), 회전문인사(転ドア人事, 回し人事) 등으로 규정하여 부정적으로 보았다. 일본에서 야당인 입헌민주당의 후쿠야마 데쓰로 간사장(立憲民主党福山哲郎幹事長)은 아베 인사에 대해서 국민부재의 친구측근내각(国民不在のお友達側近内閣)이라고 비판하였고, 일본공산당 고이케 아키라 서기국장(小池晃書記局長)은 친구모임내각(お友達総ざらい内閣)이라고 비판하였다.

한편, 아베 총리는 안정과 도전을 위한 포진을 내세워 13명을 새롭게 대신으로 기용했지만, 스가의 위력이 작용한 것으로 나타났다. 내각의 인사권은 총리에게 있지만 스가 관방장관의 입김이 작용하여 자신의 측근인 가와이 가쓰유키(河井克行) 법무상, 스가와라 가즈히데(菅原一秀) 경제산업상, 아베가 유보했던 고이즈미 신지로(小泉進次郎)를 환경상으로 넣고, 외상교체가 결정됐던 아소파의 왕자 고노 타로(河野太郎)를 국방상으로 이동시킨 것이다. 이번인사에서 스가 요시히데 관방장관의 입김이 강하게 작용했다는 의미에서 '온전히 제1차 스가 요시히데 내각이 아닌가'(まるで第1次菅義偉内閣じゃないか)라고 평가하는 설이 등장하였다.

다음은 강하고 안정된 일본을 만들기 위해 전략적으로 추진되어 친구내각이라고 불린 아베내각제4차 제2개조내각을 소개한 것이다. 유임된 아베 총리, 부총리, 관방장관, 그리고 1차개조내각의 동일인물은 생략하고, 한국과 관련성을 갖거나 영향을 미칠 수 있는 대신을 중심으로 소개하고자 한다.

아베는 4선의향이 없다고 하면서도 이후 후계자로서 기시다(岸田文雄) 정조회장, 가토(加藤勝信) 후생노동상을 염두에 두어 간사장으로 임명하려고 하였다. 아베와 니카이의 회담에서 니카이가 간사장 사퇴를 거절했고, 공명당이 니카이를 지지했다는 주장도 나왔다. 아베는 헌법개정을 위해서 공명당의 지지가 필요했기에 니카이 간사장을 해임할 수 없었다. 아베는 시모무라(下村博文) 선대위원장, 이나다(稲田朋美) 간사장대행, 기시다 후미오 정조회장, 맹우인 아소 타로와 아소파의 스즈키(鈴木俊一) 총무회장 등을 영입하였다. 니카이와 가까운 스가 관방장관은 포스트 아베의 존재감을 높이고 있으며, 고이즈미 신지로를 입각시키는 등 키멘으로 활약하고 있다. 아베총리 주변에 있는 니카이와 스가 연합이 정권운명이나 정국에 입김을 발휘할 것이라는 관측이 나왔다.

〈표 14〉 아베내각제4차 제2차개조내각1(2019년 9. 11일개조)

구분	이름	담당분야 및 활동상의 특징
총무대신	다카이치 사나에	다카이치 사나에(高市早苗, 1961년-)는 고배대학(神戸大学), 1984년 마쓰시타세이케이주쿠(松下政経塾) 5기생으로 입교, 호소다파(細田派)에서 무파벌로 이동, 중의원의원으로 8기이며, 최장기간의 총무대신, 내각부특명담당 대신 마이넘버제도담당(マイナンバー制度担当), 중의원의원 운영위원장, 자민당정무조사회장 등을 역임하였다. 일본군이 위안부를 강제적으로 연행했다는 주장을 부정하고, 2013년 여성으로 처음 자민당 정무조사회장이 되었을 때 '나는 침략이라는 언어가 들어간 무라야마담화가 적절하다고는 생각하지 않는다'(私は『侵略』という言葉が入った村山談話が適切だとは考えていない)라고 발언하였다.
외무대신	모테기도 시미쓰	- 모테기 도시미쓰(茂木敏充)는 도쿄대학과 하버드대학, 경제재생상에서 외무상으로 횡적 이동, 다케시타파(竹下派), 정주외국인에 지방참정권을 제공하는데 찬성하며, 일한의원연맹과 일조국교정산화추진의원연맹에서 활동하고 있다. 아베내각에서는 외무대신을 희망했지만, 국내경제를 우선하고 싶다는 아베의 의향으로 정조회장을 맡았고, 정책통으로 알려져 경제재생상으로 임명, 2018년 일미무역교섭을 담당하고 능력을 인정받아 주요 포스트에 발탁되었다. - 2003년 저서 『일본외교의 상상력(日本外交の構想力)』에서 일본외교의 핵심을 '지금까지와 같은 대미추종이나 대미협조에서 대미설득, 슈퍼파워를 가진 리더로서 일본의 역할, 국제사회에서 특징 있는 일본의 지원, 지역에서의 평화구축과 정착, 일미동맹 속에서 안전보장, 경제교류, 상호이해와 우호촉진, 동아시아에서 중국의 거대한 힘 인정, 세계와 아시아에서 일본과 중국의 관계를 자리매김, 중동 및 세계를 향해 영향력 발휘' 등을 강조했다. 외교방법으로는 '상대의 마음에 파고들어 누르기도하고 당기기도 하는 유도의 경기와 같은 서로 맞잡는 관계(相手の懐に飛び込んで、押したり引いたりする柔道の組手のような関係)라는 유도형(柔道型) 외교를 통해 세계리더로서 미국과 중국의 올바른 관계설정'을 제창하였다. - 반도체원료의 수출관리우대조치철폐로 전후 최악의 관계에 빠진 한일관계에 대해서 외상임명 후 기자회견에서 '의사소통을 하며 가겠다'고 하였고, 2019년 9월 13일 기자회견에서 한국대법원의 강제징용판결에 대한 질문에서 '일한청구권협정의 제2조는, 배상청구권의 문제는 완전 그리고 최종적으로 해결된 것이라는 것을 명시적으로 확인했다'라고 말하고, '따라서 일체의 개인청구권은 소멸되지 않았다고 해서 구제되지 않는다. 또한 국가로서는 구제할 수 없다'라고 하였고, '일한청구권협정에 기초해서 일본은 무상 3억 달러, 유상 2억 달러의 경제협력을 하고, 그것과 동시에 동협정으로 일한양국, 그리고 국민의 재산청구권문제는 완전 그리고 최종적으로 완전 해결했다'고 하고 '국제법위반의 상태를 빨리 시정할 것을 (한국에) 요구한다'고 말했다.

다음은 아베내각제4차 제2차개조내각에서 아베의 인맥으로 입각한 하기우다 코이치과 차기 일본지도자로 주목을 받고 있는 고이즈미 신지로를 포함한 인물을 소개한 것이다.

〈표 15〉 아베내각제4차 제2차개조내각2

구분	이름	담당분야 및 활동상의 특징
문무과학대신	하기우다 코이치	- 하기우다 코이치(萩生田光一, 1963년)는 메이지대학(明治大学), 호소다파(細田派), 제25대 문부과학대신, 교육재생담당대신을 역임하였다. - 2012년 역사교과서의 수정에 적극적 지지하였고, 아베가 미국유학시절 알게 된 가케이학원(加計学園)의 가케이 고타로(加計孝太郎)와 친교가 있고, 2013년 야마나시의 아베 별장에서 파티를 하여 친밀감을 과시하였으며, 낙선해서 가케이학원(加計学園)이 경영하는 치바과학대학(千葉科学大学)의 개원교수로 활동하였다. - 2014년 후지텔레비전「신보도2001(新報道2001)」에 출연, 제2차세계대전하의 위안부설치 및 조선인종군위안부의 조달에 관해서 구 일본군의 관여를 인정한 고노담화에 대해서, '새로운 사실이 나오면 새로운 담화를 발표하면 좋다'라고 하고 고노담화의 검증으로 새로운 사실이 판명되면 아베총리가 주장하는 신담화를 발표할 가능성을 언급하여 물의를 일으켰다. 아베의 철학과 의중을 대변하는 최측근으로 2019년 7월 일본의 경제보복조치로 한국을 공격하는데 전면에 섰고, 방송에 출연하여 '(한국에 수출한) 전용 가능한 물품이 북조선에 흘러들어갈 우려가 있다'라고 하여 수출규제의 정당성을 주장하였다.
후생노동대신	가토가쓰노부	가토 가쓰노부(加藤勝信, 1955년)는 도쿄대학, 오쿠라쇼관료로 활동한 후 자민당의원이 됐고, 다케시타(竹下派), 제22대 후생노동대신, 일하는 방법혁신대신, 포스트 아베의 총리후보로 경쟁하고 있다. 현재 스가 요시히데 내각에서 관방장관을 하고 있다.
경제산업대신[108)	가지야마 히로시	가지야마 히로시(梶山弘志, 1955년)는 일본대학(日本大学), 자유민주당소속의 중의원의원 7기, 2019년 아베내각제4차 제2차내각에서 경제산업대신이었던 스가와라(菅原一秀)가 불법선거자금에 연루되어 사임하자 후임으로 취임하였다. 일본국헌법 제9조개정, 집단적 자위권행사 찬성, 일본의 핵무장검토지지, 무라야마담화와 고노담화의 수정에 반대하고 헤이트스피치(ヘイトスピーチ) 법률에 찬성, 자민당담재의원연맹, 창생일본(創生「日本」) 부간사장, 신도정치연맹국회의원간담회, 일본회의국회의원간담회, 빠른 정책실현을 요구하는 유지의원의 회 간사, TPP교섭에서 국익을 지키는 회 등에서 활동하고 있다.
환경대신	고이즈미 신지로	고이즈미 신지로(小泉進次郎, 1981년)는 관동학원대학(関東学院大学), 콜럼비아대학원석사, 자민당의원 무소속, 제27대 환경대신 겸 내각부특명담당대신, 차차기일본총리로 거론되고 있는 인물이다. 위안부문제에 대해서

		'아 이 논의라는 것은 어떤 논의를 해도, 그 결말을 어떻게 할 것인가를 생각했을 때, 누가 득인가하는 논의가 될 것인지, 그것은 매우 어려운 것이다'. 그리고 '그런 가운데서도 역사라는 것은 정치가만이 논의할 것이 아니라 유식자나, 역사전문가, 그런 관점에서 철저히 연구를 해서 여러 방법과 논의해서 판단하는 문제이기 때문에 그것은 그들의 손에 넘기는 것이 좋지 않겠는가'라고 발언하여 직접적인 언급을 피하였다.
방위대신	고노타로	고노 타로(河野太郎)는 조지타운대학, 외무상에서 방위상으로 횡적이동, 아소파(麻生派), 미야자와 기이치(宮沢喜一) 내각의 관방장관으로 발표한 고노담화(河野談話)로 알려진 고노 요헤이(河野洋平) 중의원의장의 장남이다. 고노 타로는 스가관방장관과 가나가와현을 정치기반으로 하고, 포스트 아베의 지위에 있다고 평가받고 있고, 한일관계가 경색되는 과정의 중심에 있던 외무상 고노 타로에 대해서 입헌민주당 에다노(枝野幸男) 대표는 '위로부터의 시선'(上から目線), '일한관계를 개선하기 위해서는 그만두는 것밖에는 없다'라고 비판하였다.

아베 총리가 주도한 아베4차 2차개조내각이지만 관방장관 스가의 영향력이 발휘되었다. 자유민주당의 당규에 의해 마지막 임기를 맞은 아베는 포스트 아베를 구축하기 위해 전략을 구사하였지만 잘 진행되지 않았다. 그것은 포스트 아베를 둘러싼 권력경쟁이 작용했기 때문이었다. 당초 아베는 80세 고령 니카이 도시히로(二階俊博) 간사장을 교체하고, 포스트 아베의 인물로 기대한 기시다 후미오(岸田文雄) 정조회장을 승격시키려고 하였지만, 기시다후계(岸田後継)를 우려한 스가가 니카이 간사장 유지를 주장한 것으로 알려졌다. 이 과정에서 이미 니카이와 스가가 총리를 위한 새로운 구도가 형성되었다고 볼 수 있다. 니카이는 킹메이커로 스가가 킹이 될 수 있는 상황을 조성하였다. 아베 총리와 그림자 총리(影の総理)로 불리는 스가의 힘 겨루기가 앞으로 정권의 불안요인으로 작용할 가능성이 있었다.

108) 2차개조시 임명되었던 스가와라 잇슈(菅原一秀, 1962년)는 와세다대학을 졸업하고, 자민당의원이며 무파벌이다. 제24대 경제산업대신, 자민당국회대책필두부위원장, 영주외국인 지방참정권 양측인정, 일본국헌법개정찬성, 긴급사태조항과 전쟁방기 및 자위대기재 찬성, 위안부동원의 강제성을 인정한 고노담화를 부정하는 입장이다. 스가와라는 스가 관방장관의 측근이며, 초입각한 고이즈 신지로(小泉進次郎) 환경상과 자민당 가나가와현연맹소속이다. 2019년 9월 11일 한일관계에 대해서 '조선출신노동자문제를 시작으로 한국의 문재인 정권 측에서 부정적인 움직임이 이어져 매우 어려운 상황이 지속되고 있다'고 하여 한국에 책임이 있다는 점을 강조했다. 2019년 10월 춘추온라인(文春オンライン)은 선거구에서 지역지원자의 장례식에서 스가와라의 비서가 뇌물을 받은 모습의 사진을 게재하자 사직을 했다.

그와 더불어 이번 개조내각의 여파는 니카이파(二階派) 대 아소파(麻生派)의 대립으로 이어졌다. 그 중심에는 국가공안위원장에 취임한 다케다 료다(武田良太)가 있다. 그는 간사장특별보좌를 담당한 니카이(二階)의 측근으로 후쿠오카에서 현 지사 선거를 둘러싸고 아소 타로(麻生太郎) 및 아소파 현의원들과 격렬하게 대립해왔다. 다케다는 '내가 국가공안위원장, 그것은 매우 중한 일이다. 고향의 현 의원단이 상당히 아플지도 모른다'라고 한 말이 지역신문에 보도되어 다케다와 대립한 현 아소파의원에게 충격을 주었다. 다케다 임명에 니카이 간사장과 스가 관방장관이 강력하게 추천하여 아소파는 입각을 막지 못했다. 다케다의 임명으로 이 지역에서 아소파와 니카이파 간의 세력균형이 역전되는 상황이 됐다.[109)]

아베내각4차 2차개조내각에서 알 수 있듯이 아베 총리는 내각조각을 통해서 한국에 대해 강경자세를 취할 것으로 예상되었다. 2019년 9월 15일《시사통신》은 '모테기 외상은 기자회견에서 한발도 물러서지 않을 자세를 강조했다'고 전했다. 익명의 자민당관계자는 외무상, 방위상, 경제산업상 등의 인사에 대해서 '대 한국외교는 이후도 관저가 주도한다'라는 견해를 밝혔다. 아베총리를 포함한 각료 19인 가운데 18인은 일본의 우익단체인 일본회의(日本会議)와 신도정치연맹(神道政治連盟)의 국회의원간담회(国会議員懇談会) 회원이다. 양 단체에 가입하지 않은 대신은 고이즈미 신지로(小泉進次郎) 환경상뿐이지만, 그도 역시 매년 제2차세계대전의 패전일인 8월 15일 A급전범이 합사되어 있는 도쿄의 야스쿠니신사에 참배하고 있다.

아베개조내각이 진행되면서 3기임기를 앞두고 포스트 아베를 둘러싼 경쟁이 치열해졌다. 총리 산하에는 산업성 대 경찰청, 이마이 타카야 대 기타무라 시게루라는 구도가 형성되어 있고 그 연장선에 아베총리와 스가 관방장관이라는 구도가 있다. 레이와오지상(令和おじさん)으로 전국에 알려진 스가가 포스트 아베(ポスト安倍)로 도약하고 있기 때문이다. 총리 임기 2년을 남겨놓고 아베 총리자신은 자민당총재 4선에 대해서 전혀 생각하고 있지 않다고 단언하는 가운데 이미 기시다 후미오 정조회장(岸田文雄政調会長), 노다 세이코 전총무상(野田聖子元総務)이 포스트아베(ポスト安倍) 총리출마선언을 명언하였다.[110)] 그리고 포스트아베 후보자로 불리는 고노 타로(河野太郎) 방

109)《週刊ポスト》2019年10月4日号

110)《文春オンライン》2019年10月9日(水)

위상, 모테기 토시미쓰(茂木敏充) 외무상, 가토 가쓰노부(加藤勝信) 후생노동상, 이시바 시게루(石破茂) 전 간사장 등도 『문예춘추(文藝春秋)』 11월호 인터뷰에 응해서 자민당총재선거에 의욕을 표명하였다.[111)]

그러나 포스트 아베를 이어갈 인물을 둘러싸고 부정적인 견해가 일고 있다. 2021년 포스트아베 이후 일본 총리가 되어서는 안되는 정치가의 순위가 한 여론조사에서 발표되었다. 2019년 3월《산케이 FNN》의 여론조사에서는 약 70%가 포스트 아베의 이름을 듣지 못했다고 답했다. 총리가 되어서는 안 되는 순위에 대한 정치전문가들의 대답은 레이와시대의 총리 조건으로 부상하고 있다. 나가다죠(永田町)에서는 기바요시노부(岸破義信; 岸田文雄, 石破茂, 菅義偉, 加藤勝信)라고 불리는 아베 세대의 정치가, 그리고 차차기라 불리는 고노 타로(河野太郎), 고이즈미 신지로(小泉進次郎), 최초의 여성후보로 불리는 노다 세이코(野田聖子), 이나다 토모미(稲田朋美), 오부치 유코(小渕優子) 등의 이름이 오르내리고 있는 실정이다. 이에 대해서 정치전문가 다나카(田中良紹)는 인재가 부족하다고 인식하고, '총리가 되기 위해서는 하늘의 시간, 토지의 리, 사람의 화합이 필요하고 운에 좌우된다'(総理になるには天の時, 地の利, 人の和が必要とされ, 運に左右される)라고 보고 레이와 총리 후보의 인재 부족성을 지적하였다.[112)]

2019년 3월《산케이 FNN(産経·FNN)》의 여론조사에 따르면, 레이와 총리로 부적격한 인물1위는 '매파의 마돈나(タカ派のマドンナ)'라고 불리는 이나다 토모미(稲田朋美) 14표, 부적격 인물 2위는 7표를 얻은 에다노(枝野幸男) 입헌민주당대표, 모테기 도시미쓰(茂木敏充) 외무상, 부적격 인물 3위는 6표를 얻은 스가 요시히데(菅義偉) 관방장관, 기시다 후미오(岸田文雄) 정조회장, 이시하라 노부데루(石原伸晃), 부적격 인물 4위로 5표를 얻은 이시바 시게루(石破茂), 기바요시노부(岸破義信)의 한 사람인 가토 가쓰노부(加藤勝信) 자민당 총무회장은 13위 등으로 나타났다.

아베와 아소타로는 2020년 6월 회담에서 기시다로의 선양이 어렵다고 인식하는 가운데 기시다의 여론조사도 좋은 편이 아니었다. 기시다정권 탄생은 아베가 속한 호소다파, 제2파벌인 아소파, 거기에 제4파벌인 기시다파가 연합하면, 간단하게 승리

---

111) 文藝春秋編集部, 2019年 11月号,『文藝春秋』, 文藝春秋.

112)《共同通信社》,《時事通信フォト》日本をダメにする「令和の総理」候補.

할 수 있는 상황이었다. 그러나 기시다가 정조회장으로서 신형코로나대책에서 각광을 받지 못하고 오히려 상처를 입었고, 여론조사에서 이시바가 몇 배를 능가하였다. 이 때문에 호소다파와 간사장대리 이나다 토모미(稲田朋美) 등은 기시다 지원에 반대하였다. 아베와 아소는 이시바가 총재가 되는 것을 싫어해서 기시다를 지원하였지만 만약 아베 비판을 지속하는 이시바가 승리하면 아베와 아소는 위기에 처한다는 위기감을 가졌다. 신형코로나대책에 의한 지지율저하를 회복하지 못하는 상황과 여러 가지 스캔들에 휘말린 아베는 이시바 총재를 저지하기 위해 스가를 후계자로 선택하는 것이 현실적이라고 판단하는 분위기가 조성되었다.

다음은 아베총리의 4연임과 일본국헌법개정 등을 실현하지 못하고, 또한 각종 개인적인 스캔들과 신형코로나대책비미 등으로 코너에 몰리는 가운데 아베가 중도사임을 선언한 사정과 포스트 아베의 경쟁구도를 소개한 것이다.

〈표 16〉 아베의 사임과 포스트 아베

구분	내용
사임사유	- 아베 신조 총리는 2020년 8월 28일 총리관저 기자회견에서 사의를 표명했다. 2007년 제1차아베정권에 이어 임기 중 사임이었고, '일신상의 이유로 어쩔 수 없이, 단조하는 마음'(志半ばで斷腸の思い)과 침통한 표정으로 이야기했다. 약 12분간 원고를 읽었다. (2020년 8월 28일《每日新聞》) - 총리는 신체 상태를 설명하고 사의를 표명했다. 그리고 '정치에서 가장 중요한 것은 결과를 내는 것'이라고 하고, '납치문제를 해결하지 못한 것이 통한'이라고 하고 '국민여러분께 8년간에 걸쳐 감사합니다'라고 머리를 숙였다. 총리와 관련된 모리토모학원, 가케이학원문제에 대해서 기자는 '충분한 설명책임이 있었는가'라는 질문에 '충분한지 아닌지는 국민이 판단할 것이다'라고 말했다.
국민의견	2020년 8월 29일《마이니치신문》에 따르면, '아베 총리의 사임 의향을 어떻게 생각하는가'에 대한 질문에 대해서 '사임 판단은 타당했다'가 83%, '사임 판단은 타당하지 않다'가 9%, '답하지 않다'가 7%로 나타났다.
포스트아베	자민당은 자민당총재 선출을 당원의 직접투표가 아니라 중의원과 참의원 소속의 자민당 국회의원의 투표로 결정하기로 했다. 자민당의 후계총리를 9월 15일 선출하기로 하자, 8월 31일 이시바가 출마표명을 공식화했다. 자민당내에서는 총리를 일관되게 지지해온 스가 요시히데(菅義偉) 관방장관을 등용하자는 목소리가 나왔다. 그리고 아베총리가 지지하는 기시다 후미오(岸田文雄) 정조회장도 출마준비에 들어갔다. 그 이외에 고노 타로 방위상, 모테기 외상, 노다 세이코(野田聖子), 시모무라 하쿠분(下村博文) 등이 거론되었다.

<table>
<tr>
<td>포스트아베정책변화</td>
<td>
- 2012년 제2차아베내각발족 후 아베총리는 대담한 금융정책, 기동적인 재정정책, 민간투자를 환기하는 성장전략 등 3개의 화살(三本の矢)로 구성된 아베노믹스를 내세웠다. 이런 정책으로 1만 엔 정도였던 닛케이평균주가는 2만 엔으로 회복했다. 국내총생산(GDP)도 일시 500조엔을 넘어 과거최고를 기록했고, 유효구인배율(有効求人倍率)도 1배를 넘었다.

〈아베노믹스의 결과〉
<table>
<tr><th>구분</th><th>2012년 제2차아베정권발족 당시</th><th>2020년 7월 현재실적</th></tr>
<tr><td>닛케이평균주가</td><td>10,230.36엔</td><td>22,882.65엔</td></tr>
<tr><td>대달러엔상장</td><td>85.36엔</td><td>106.06엔</td></tr>
<tr><td>유효구인배율</td><td>0.83배</td><td>1.11배</td></tr>
<tr><td>월간현금급여총액
(1인당 명목)</td><td>269,937엔</td><td>268,789엔</td></tr>
<tr><td>국채발행잔고</td><td>705조엔</td><td>964조엔</td></tr>
<tr><td>실질국내총생산</td><td>498조엔</td><td>485조엔</td></tr>
<tr><td>소비자물가지수상승률</td><td>-0.2%</td><td>0.0%</td></tr>
</table>

- 아베 총리의 사임표명으로 간판이 되어온 아베노믹스도 한계에 봉착했다. 전후 2번째 장기경기확대정책이 실현됐지만 많은 국민이 그것을 느끼기 어려웠기 때문이다. 그런 가운데 아베 총리가 추진해온 아베노믹스, 코로나19대책, 한일관련정책, 동아시아의 정책 등은 포스트 아베의 후임자에게 계승될 것으로 보였다.
</td>
</tr>
</table>

아베의 사임으로 포스트 아베를 둘러싼 경쟁이 치열해졌다. 아베는 '본인이 정말로 할 마음이 있다면 스가도 좋다'는 말을 흘리기 시작했다. 이시바 총재 저지를 위한 카드였다. 제2차 아베내각 발족 후 여러 면에서 스가와 대립해온 아소는 스가 후계를 반대해왔다. 2020년 7월에 들어서 아베는 할 마음이 있다면 스가를 응원한다는 말을 전했고, 2019년 레이와아저씨(令和おじさん)로 인기를 얻은 스가는 입후보를 시야에 넣었다. 아베는 기시다후계를 반대해온 스가에 대해서 불쾌감을 가졌지만 자신의 실적을 비판해온 이시바의 총리취임을 저지하기 위해 차선책으로 스가 후계를 굳히게 되는 상황에 직면했다.

아베는 자민당 총재선거에 앞서 '스가 관방장관의 모습을 줄곧 지켜봐왔다'면서 '이 사람이라면 틀림없다'고 하였고, '레이와시대에 가장 어울리는 자민당 신임총재가 아닌가'라고 스가를 추켜세우는 가운데 스가는 총리가 되기 위한 자민당 총재선거에 출마했다. 스가는 2020년 9월 14일 자민당 총재선거에서 70%의 지지율로 압승하고 연단에서 '일본의 리더로서 국가, 국민을 위해 큰 노력을 해주신 아베 총리에게 진심으로 감사드립니다'라고 인사를 표했다. 이어서 '아베총리가 추진행온 정책을 계승하고 추진해 나가지 않으면 안 된다는 사명이 있다'고 했다. 이렇게 해서 스가가 총리가 된후 아베가 뒤에서 영향력을 행사하는 '아베스(아베+스가)정권' 가능성이 흘러나왔다.

자민당 총재가 된 스가 요시히데는 2020년 9월 16일 소집된 임시국회에서 제99대 총리로 지명되면서 스가 내각 발족에 시동을 걸렀다. 그리고 황거에서 총리취임식과 각료 인증식을 거쳐, 자민당과 공명당 연립으로 스가 내각이 정식으로 발족되었다. 스가 총리는 9월 16일 총리관저 취임기자회견에서 '국민을 위해 일하는 내각(国民のために働く内閣), 성과를 올려 국민의 기대에 보답하겠다'고 밝히고 임시국회 개회식에 참여했다. 9월 17일 각 각료가 등청하는 가운데 기자회견에서 '몸이 눌린 듯한 마음(身の引き締まる思いだ)'이라고 하고 '국민을 위해 일하는 내각을 스타트시켜 확실한 성과를 거둬 국민의 기대에 보답하고 싶다'고 말했다. 파벌과 관계없이 그리고 세습의원이 아닌 총리가 선출된 것은 일본정치사에서 매우 이례적인 일이었다.

다음은 새롭게 제99대 일본 총리가 된 스가 요시히데 내각, 스가 요시히데, 새로 임명된 가토 가쓰노부 관방장관, 기시 노부오 방위상, 내각파벌구성, 내각구성특징, 국민시각 등에 대해서 소개한 것이다.

〈표 17〉 스가 요시히데 내각

이름	담당분야 및 활동상의 특징
총리 및 대신명단	- 2020년 9월 16일 스가 내각의 각료 20명 가운데 재임 8인, 자리 이동 3인, 재입각 4인, 초입각 5인 등 이었다. 즉 스가내각의 인물은 菅義偉 首相, 麻生太郎 副総理兼財務相, 武田良太 総務相, 茂木敏充 外相, 萩生田光一 文部科学相, 梶山弘志 経済産業相, 赤羽一嘉 国土交通相, 小泉進次郎 環境相, 加藤勝信 官房長官, 西村康稔 経済再生担当相, 河野太郎 行革·規制改革担当相, 橋本聖子 五輪担当相, 上川陽子 法相, 田村憲久 厚生労働相, 野上浩太郎 農林水産相, 平井卓也 デジタル担当相, 井上信治 万博担当相, 岸信夫 防衛相, 平沢勝栄 復興相, 坂本哲志 地方創生担当相, 小此木八郎 国家公安委員長 등이다.
스가요시히데총리	- 스가 요시히데(菅義偉, 1948년)는 자유민주당의 중의원의원(8기), 2012년 내각관방장관, 제26대자유민주당총재, 제99대 내각총리대신, 2019년 4월 1일 관방장관으로서 신연호 레이와(令和)를 발표하여 레이와아저씨(令和おじさん)라고 불렸다. - 정책방향은 헌법개정찬성, 집단적 자위권행사를 금한 정부의 헌법해석 수정, 일본의

	핵무장에 대한 검토할 필요 없음, 원자력규제위원회의 신기준을 충족한 원발은 재가동필요, 여성궁가(女性宮家)의 창설반대, 2002년 선택적 부부별성제도 도입 청원 그러나 2014년에는 반대 등의 입장을 취하고 있다. 그는 저서 菅義偉, 2012,『政治家の覚悟―官僚を動かせ―』, 文藝春秋에서 정부가 모든 행정기록을 극명하게 남기는 것은 당연하고 의사록은 최고의 기본적인 자료이며, 그 작성에 태만한 것은 배신행위라고 하였다. - 활동하고 있는 정치단체로는 창생일본(創生「日本」) 부회장, 일본회의국회의원간담회 부회장, 재도전지원의원연맹 간사장, 평화를 바라는 진정 국익을 생각하는 야스쿠니신사참배를 지지하는 젊은 국회의원회, 신도정치연맹국회의원간담회, 일한의원연맹, 대북조선외교카드를 생각하는 회, NASA회, 기사라기회(きさらぎ会) 고문 등으로 활동하고 있다.
가토 가쓰노부관방장관	- 가토 가쓰노부(加藤勝信, 1955년)는 도쿄대학 경제학부, 오쿠라쇼관료, 자민당중의원의원(6기), 농림장관이었던 가토(加藤六月)의 딸과 결혼하고 사위로 입적하여 가토로 개명, 장인은 가토 무쓰키(加藤六月)와 아베의 부친인 아베 신타로가 총리 후보로 거론되던 1980년대 아베파의 사천왕(四天王) 중 한명이었고, 2대에 걸쳐 두 가문의 인연을 이어오고 있다. - 정책방향은 선택적부부별성제도도입반대, 끽연방지를 목적으로 음식점 등 전면금지하는 건강증진법개정은 사업계속에 영향을 준다는 이유로 반대, 헌법개정찬성, 자력원발전은 일본에 필요, 여성활약추진찬성 등의 입장을 취하고 있다. 활동단체로는 창생일본사무국장, 신도정치연맹국회의원간담회, 일본회의국회의원간담회, 평화를 바라는 진정 국익을 생각한 야스쿠니신사참배를 지지하는 젊은 국회의원회, 신속하게 정책실현을 요구하는 유지의원회, 일한의원연맹, 자민당동물수호관리추진의원연맹, 재도전지원의원연맹, TPP교섭에 국익을 수호하는 회, 대북조선외교카드를 생각하는 회, 문화예술간담회 등에서 활동하고 있다.
기시노부오방위상	- 기시 노부오(岸信夫, 1959년)는 게오의숙경제학부, 스미토모상사직원, 자유민주당의원(3기), 제21대 방위대신, 아베 신타로의 삼남, 차형 아베 신조, 생후 모친의 실가 기시가로 양자로 입적, 기시 노스케(岸信介, 56, 57, 40대 총리) 조부, 사토 에이사쿠(佐藤栄作, 61, 62, 63대 총리) 대숙부 등의 정치배경을 갖고 있다. - 헌법개정찬성, 집단적자위권행사를 금지한 정부의 헌법해석의 수정 찬성, 일본의 핵무장 검토가능, 여성궁가청설 반대, 선택적 부부별성제도도입반대, 일본군이 위안부를 강제연행했다는 주장부정, 중의원의원운영회필두이사, 자민당국회대책위원회필두부위원장, 일본회의국회의원간담회 간사, 신도정치연맹국회의원간담회, 창생일본위원, 일본회의 야마구치현본회장, 조선통신사교류의원회 간사, 일본인장제도문화를 수호하는 의원연맹 부회장 등의 입장에서 활동하고 있다.
내각구성특징	- 스가 내각 중 파벌입각의원 현황을 보면, 호소다파(細田派) 5인, 아소파(麻生派) 3인, 다케시타파(竹下), 기시다파(岸田), 니카이파(二階) 각각 2인, 이시바파(石破), 이시하라(石原派) 각각 1인, 무파벌 3인, 공명당 1인 등으로 구성되어 있다. - 자민당 주요 4임원과 국대위원장에는 당내 5개파 내에서 임명하였고, 내각은 7개파에서 구성하였으며, 특히 총재선거에서 역할을 한 니카이파의 지수회(志帥会)와 이시하라파의 근미래정치연구회(近未來政治研究会)의 입각 대기조를 등용하였다.

	- 최장년은 아소타로 부총리 겸 재무상 79세, 최연소는 환경상 고이즈미 신지로(小泉進次郎) 39세, 여성은 재임 하시모토 세이코(橋本聖子) 올림픽담당상과 재입각한 가미카와 요코(上川陽子) 법무상 2명, 민간이 등용은 없었다. 중의원당선횟수는 아소 타로 13회, 모테기 외상과 히라이(平井卓也) 디지털상 9회, 스가 요시히데 8회, 다무라 후생노동상 8회, 고노 타로 8회, 출신대학은 도쿄대학 4인, 게오대학 3인, 하버드대학원 2인 등이다.
내각에 대한 견해	- 국민민주당 오자와 이치로(国民民主党 小沢一郎)는 스가 관방장관의 이름을 거명하지 않고 통렬하게 비판하였다. '비판에 해당되지 않는다(批判は当たらない)라고 숫하게 반복하는 상징적 인물이 자민당 총재 후보가 되는 것을 보면, 이 국가의 정치가 이상한 방향으로 향하고 있다'고 비판했고, 모리토모학원, 가케이학원, 벚꽃을 보는 모임 등과 같은 스캔들을 그 인물이 은폐하여 묻을 것이라고 하였다. - 입헌민주당의 렌보(蓮舫) 참의원은 자신의 트위터에서 9월 16일 제99대총리대신에 취임한 스가 요시히데총리를 비판했다. 2021년 총리주최 벚꽃을 보는 모임(櫻を見る会)을 중지할 의지를 표명한 기사를 보고, 그녀는 '악취나는 것에 덮개(臭いものに蓋), 금지하면 끝장나는 것이 아니다'라고 스가 총리를 비판하였다. - 스가 내각에 대한 76,424명을 대상으로 한 국민의 여론조사에서는 '불안감이 크다' 55%, '기대가 크다' 36%, NA 9% 등으로 나타났다. 그리고 2020년 9월 19일과 20일 ANN의 여론조사에 의하면, 스가내각의 지지율은 62.3%로 올랐다. 자민당의 지지율도 53.9%이다. 스가 내각이 취할 정책으로는 신형코로나윌스대책 26%, 경제정책, 연금사회보장제도 등을 지속적으로 유지하기를 바랐다.

다음은 제98대 아베총리 이후 포스트아베를 둘러싸고 경쟁이 치열한 가운데 총리로 지명을 받은 스가 총리가 추진하고자 하는 각종 정책적 특징을 소개한 것이다.

〈표 18〉 스가 요시히데 총리의 정책특징

구분	정책내용
정책방향	- 스가 총리는 중의원해산에 대해서 '임기하면서 판단'하고, '1년내에 해산 총선거가 있다. 시간의 제약도 시야에 넣어 생각해 가고 싶다'고 밝혔다. - 세계적으로 고액인 휴대전화요금개선, 일상에서 국민감각과 동떨어져 당연한 것이 아닌 것(世の中には国民感覚からかけ離れた『当たり前でないこと)이 남아있다고 지적하고, '그것들을 간과하지 않고 현장의 목소리를 들어 대담하게 실행할 것'을 강조하고 행정의 종적관계(行政の縦割り), 전례주의(前例主義) 타파를 강조하였다. - 아베노믹스와 아베정권의 정책을 계승하여 추진하는 것이 사명이고, 북한에 의한 일본인 납치문제를 해결하며, 신형코로나윌스대책이 최우선과제라고 하고, 동시에 감염확대저지와 사회경제활동의 양립을 강조하였다. - 주요정책에 대해서 국민의 목소리를 듣기 위해 가칭 종적관계110번(縦割り110番) 설치, 불임치료에 대한 불임적용을 착실하게 이행, 행정서비스의 디지털화를 일원적으로 진행하는 디지털청(デジタル庁) 창설, 디지털청설치법 제정, 통상국회까지 IT기본법의 개정 등을 추진할 예정이다.

외교정책	- 시진핑 중국국가주석은 9월 16일 스가 총리에게 축전을 보내고, '중일은 우호적인 인접국으로 장기적인 안정발전이 양국인민의 근본적인 이익을 충족시킬 것'이라고 말하고 관계강화를 강조했다. 시진핑 지도부는 일본을 중시한다는 자세를 명백하게 했다. 일본주도의 자유무역권, 아시아광역, 중국과의 통상과제, 오키나와 센가쿠열도문제 등 일중간의 격차를 해소하고, 아베총리의 동생으로 대만과의 관계가 깊은 기시 노부오 방위상을 경계하고 있다. 왕이 외무상은 기시에 대해서 '방위부문의 교류를 강화하고, 하나의 중국 원칙을 지키고 어떠한 형태로든 대만과의 공식왕래를 피하고 싶다'고 발언하여 우호적인 대일관계를 강조했다. - 스가 총리는 취임기자회견에서 미국, 중국, 러시아 등에 대해서 언급했지만, 한국과의 관계나 축하 서한에 대해서도 언급을 하지 않았다. 총리가 된 후 미국과 긴밀한 외교관계유지를 강조하고, 러시아와 중국과의 관계 개선을 언급하면서 한국에 대해서는 언급하지 않는 것으로 나타났다. 《조선일보》에 의하면, 스가총리의 외교정책기조가 한국배제(コリア・パッシング)로 향하고 있기 때문이라는 우려를 보도했다. 일본의 한 매체는 언행불일치가 문제인 대통령의 특징이라고 꼬집었다. '문정권이 무엇을 말할까가 아니라 무엇을 할까를 판단하지 않으면 정책의 오류를 범하게 된다. 취임축하서한에는 깨끗하게 말해도 실태를 반영하지 않고 있다'고 하였다. - 스가는 한국에 대해서 호의적인 인물로 알려졌고, 일한의원연맹에 소속되어 있지만, 아베총리와 함께 대한강경정책을 추진해온 인물이다. 스가 총리는 한국에 대해서 '한국, 징용기업자산 압류 때는 보복할 것', '한국 강제징용을 해결하지 않으면 한국방문 불가'라는 말을 언급함으로 한국에 대한 강경정책기조를 유지할 것으로 보인다.
황실과의 관계[113]	- 일본궁내청관계자에 따르면, 스가 총리의 신정권 탄생에 대해서 궁내청내부에서 우려의 목소리가 확산되고 있다. 아베정권에서 그림자 총리라고 여겼던 스가의 정치수법은 강권적이며 위압적이라고 평가되고 있기 때문이다. - 2014년 궁내청은 상황 폐하의 80세 생일기념으로 1회에 한하여 사쿠라명소 황거 이누이거리(皇居乾通り)를 일반에게 개방했다. 40만 명이 방문하여 대성황을 이루자 스가관방장관은 외국인 관광객을 유치하기 위해 매년 개방하기를 요청했지만, 궁내청은 어렵다는 답변을 보냈다. 그러나 관방장관시절 스가는 매년 이누이거리를 개방하고 있다. - 황실의 존재방식에 대해서 궁내청과 대립하는 듯한 입장이라는 측면이 있다. 2016년 8월 상황폐하가 퇴위의 마음을 표명한 비디오 메시지와 관련해서도 대립하는 듯했다. 당시 궁내청장관 가제오카 노리유키(風岡典之)가 상황폐하가 퇴위의 의향이 있다고 관저에 전한 것은 2015년 봄이었다. 그 후 폐하의 의향은 1년 이상 관저에서 묵살되었던 사실을 한 예로 들었다. - 정치평론가 아리마 하루미(有馬晴海)는 아베정권에서의 스가 역할에 대해서 부정적으로 평가했다. 아베 내각이 2014년 내각인사국을 설치하여 관주도형으로 관료를 장악하였고, 아베는 외교와 안전보장을 지배하였고, 내정은 스가가 지배했다고 비판했다. - 도쿄올림픽의 유치활동에 스가 관방장관과 궁내청이 대립하는 듯했다. 2013년 9월 IOC총회에서 다카다노미야 황족이 유치 연설을 했다. 궁내청은 타국과 유치경쟁을 하는데 황족이 나서지 말 것을 종용하고 폐하도 반대하였다. 그러나 스가의 힘으로 결국 참석해서 연설을 하였다. - 황실승계를 둘러싸고 스가 총리는 자민당유지의원그룹(自民党の有志の議員グループ)과의 회담에서 '남계에 의한 계승이 지속되어온 중요성은 조금도 변하지 않았다'라

	고 하여 여계승계반대의사를 간접적으로 밝혔다. 황위계승과 관련해서 황태자세우기를 선명하는 황태자지명의식(立皇嗣の礼)이 2020년 11월 8일 열렸다. 자민당유지그룹은 스가총리와 회담하고 남계에 의한 황위계승을 견지하고, 구 궁가의 남자가 황족으로 복귀할 수 있도록 제언서를 전달했다. 자민당유지그룹은 2019년 아베총리에게도 동 의견서를 전달했다. 대표를 맡고 있는 아오야마 시데하루(青山繁晴) 참의원은 방향성을 기본적으로 바뀌지 않았다고 말했다.

스가는 총리출마에 나서면서 아베의 정책을 계승하겠다는 입장을 선언하여 아베와 기타 자민당 임원들의 지지를 얻어 총리로 지명받았다. 그런 점을 볼 때 아베가 추진해온 아베노믹스, 대한강경외교정책, 친미외교, 강한 일본국가 만들기, 코로나윌스 대책 등을 계속 추진할 것으로 보인다. 스가 자신이 갖고 있는 정치이념과 특징을 살린 정책을 추진하기보다는 아베의 정치이념과 정책 연장선에서 머물 것이라는 우려도 있다. 취임 후 스가는 '당연한 것이 당연하지 않게 되어 있는 현실을 직시하고 개혁하겠다'는 의지를 밝혔다. 정치방향을 제시하는 가운데 지지율이 70%에 가깝게 올라 중의원해산의 가능성이 점쳐지고 있었다.

현재 중의원 해산을 통해서 새롭게 정권을 창출하는 문제가 논란이 되고 있다. 2021년 여름에 공명당이 국정선거와 도쿄도 선거에 힘을 들이고 있고, 도쿄패럴림픽이 예정되어 있으며 9월에 스가의 자민당 총재재임기가 만료된다. 중의원 임기만료에 가까워진 임박해산(追い込まれ解散)을 회피하기 위해서는 1월 통상국회, 3월말 2021년 예산성립 후 이외의 기간이 없다. 중의원 해산은 총리 전권 사항이지만 여당인 자민당의 의견이 중요하게 반영되고 있다. 자민당 니카이 간사장은 2019년 9월 16일 기자회견에서 총리가 숙고해서 판단하면 된다고 하였고, 자민당은 언제 해산해도 대응할 수 있는 준비가 되어 있으며, 내일이라도 좋다 고 하였다.

스가 내각에 대해서 대외적으로 많은 숙제를 안고 있지만 관계개선을 타개할 수 있는 대책이나 전략이 나올 것이라는 기대가 적어지고 있다. 시진핑 중국국가주석은 스가 총리에게 축전을 보내면서 중일양국의 장기적인 안정발전이 양국 인민의 근본적인 이익을 충족시킬 것이라고 말하고 관계개선과 강화를 강조했다. 한국은 상호관계 개선과 미래지향적인 관계를 유지하는 방향으로 갈 것을 희망하면서도, 일본에 대해서 한 치의 양보의사를 내비치고 있지 않다. 문재인 대통령의 축전 전달시기

113) https: //search.yahoo.co.jp/ (2020년 10월 15일 검색); https: //www3.nhk.or.jp/news.l

와 스가 총리의 회답발표 시기의 차이를 둘러싸고 약간의 불협화음이 생겼다. 그것을 보면, 한일양국의 수뇌 수준에서의 기싸움은 여전히 존재하고 그것은 다른 형태의 긴장 관계를 만드는 힘으로 작용할 수 있는 개연성이 있다.

일본 메스미디어는 스가 총리가 2020년 한국에서 열리는 한중일수뇌회담에 참가하기 위해서 한국 정부가 강제징용문제를 해결하는 것이 선결과제라는 뉴스를 송출하여 한국을 직간접적으로 압박하였다. 중국 시진핑과 스가 총리는 결국 참석하지 않았고, 한중일수뇌회담은 무산되었다. 그런 가운데 스가 총리는 아베의 외교정책을 지속적으로 추진한다고 천명함으로써 대중강연정책, 대한강경정책, 친미우호정책 등의 기조를 지킬 것으로 보인다. 그리고 일본국내에서는 최근 일본학술회의 회원 서명을 하는데 정부를 비판했던 학자들을 제외하는 조치를 취하면서, 그리고 기대했던 결과를 내지 못하는 가운데 지지율이 40% 이하로 급락하였다. 스가의 국내외정책이 노출되면서 안정을 취하기보다는 흔들릴 가능성이 어느 때보다 높다고 할 수 있다.

일본에서 총리는 국정을 운영하는데 필요한 정책이나 방향에 대해서 각의를 통해서 결정하고 각 행정부에서 시행하게 하는 지위에 있다. 그리고 총리 산하의 직속싱크탱크 조직인 비서관이나 보좌관 조직, 여당인 자유민주당, 각종 자문기구 등을 통해 국가계획과 국정운영을 지원받고 있다. 다른 한편으로 총리는 국격, 국민자존심, 국가지향성 등과 같은 명분을 중시하여 국내외정책을 추진한다. 그 과정에서 총리의 정치이념, 신념, 주요정책 등이 잘 반영되도록 하고 있고, 국가 최고책임자로 대통령적 권한과 권력을 행사하고 있다. 그러나 한일 간의 문제와 갈등은 총리자신의 결정과 해결보다는 정치적이며 명분적인 간섭과 결정에 의존하고 있어 협상과 타결, 양보와 수용, 용서와 관용 등과 같은 해법으로 해결하는데 일정한 한계가 있다. 따라서 한일 간의 현안을 해결하기 위해서는 사안별 전문가에 의한 실무적이며 현실적인 접근과 협상을 통해 해결하는 방향으로 추진할 필요가 있다.

Ⅲ. 일본의 보수파와 지한파

1. 일본의 보수파

보수파라는 용어는 학문적으로 통일적으로 정의되거나 규정된 개념이 아니기 때문에 다양한 의견과 견해가 있을 수 있다.[114] 보수는 일반적으로 개혁, 진보, 변화, 개량 등과는 대치되는 개념이며, 보수파를 개혁파, 진보파, 변화파, 개량파 등과는 상반되는 개념으로 인식할 수 있다. 보수와 관련된 개념은 극우, 우익, 우파 등이 있다고 할 수 있다. 이 책에서 보수파는 국익을 위해 국가의 방향과 진로를 혁명적이며 진보적으로 추진하기보다는 전통성과 현재성을 수호하면서 점진적으로 추진하는 성향을 가진 정치가, 지식인과 그룹을 지칭하는 개념으로 규정하고자 한다. 때로는 전통성, 정통성, 동질성, 민족성, 국가성 등과 연결되면서 매파적이며 강경하거나 차별을 통해 통합을 추구하거나 편파적 국익을 주장하는 경우가 있지만, 근본적으로 극단적인 대결과 분열, 전쟁이나 분쟁을 촉발시키는 강경파와는 차이가 있을 수 있다. 일본에서 보수파라고 하면 일본의 천황제를 유지하고, 일본의 정통성과 국익을 보수적인 차원에서 수호하는 정치가, 지식인, 시민과 그룹 등이라고 할 수 있다.[115]

전후 일본에서 전통적인 보수파는 냉전 시대에 소련, 중국, 북한 등에 대해서 경계하는 논리로 사용된 반공주의를 추종하여 일본을 공산주의로부터 수호하기 위해 행동했던 정치가, 지식인과 시민, 그룹 등을 지칭했다고 볼 수 있다. 그들은 공산주의와 대결하는 최전선에 있는 한국이나 미국과의 정치적 이념적 동질성을 갖고 있어 기본적으로 지한적이며 지미적(知美的)인 성향이 있었다. 정치적인 보수파는 한국 정부와

---

114) 渡辺恒雄(著), 2014,『派閥—保守党の解剖』, 弘文堂. 일본에서 파벌은 부정적으로 평가되고 있지만 독재적인 지도자에 의한 전체주의화를 예방하고 건전한 세력균형을 보장하는 안전판으로 작용한다. 이 관점에서 전후 보수파 파벌의 존재방식을 정치자금, 선거구, 관료와의 관계, 이합집단을 반복하는 파벌의 내실 등의 관점에서 분석했다.

115) 이 책에서 사용하는 지한파, 지중파, 지일파 등은 각각 상대국의 역사적이며 현실적 상황을 잘 이해할 수 있는 지식과 정보를 소유하고, 그 지식을 통해 건설적으로 활동하고 있는 정치가, 지식인 또는 시민, 시민그룹이라고 규정하고자 한다. 기존에 부정적으로 사용되고 있는 '친일파', '친한파', '친중파' 등과는 차이가 있다는 점을 밝혀둔다.

의 협력을 통해 국익을 추구하고, 역사적 문제를 해결하려는 의도를 가지고 정권을 유지하는 경향이 있었다. 일본에서 보수파는 국내적으로 일본의 전통과 정통성을 유지하고 보존하는 한편, 국외적으로 정치적 이념과 국가성격의 동일성을 전제로 일본적인 국익을 추구하고 행동하는 성향이 있었다.

1990년대 이후 한국과 일본 간에 존재하는 현안에 대한 견해와 움직임이 일본 내 보수파의 성향과 성질을 결정하는 경향이 종종 발생하였다. 한국에서는 후지텔레비전 서울지국장체포사건, 식민지유산청산의 일환으로 추진한 조선총독부철거, 박근혜 대통령에 대한 명예훼손으로 협의로 구로다 가쓰히로(黑田勝弘)《산케이신문》서울주재객원논설위원에 대한 체포, 일본의 올바른 역사관요구, 일본정치가나 우익의 망언, 2005년 일본의 다케시마의 날 제정과 관련한 노무현 대통령의 대일독트린선언 등은 일본 내의 보수파를 자극하는 요인으로 작용하였다. 또한 일본에서는 식민지지배 정당성주장, 야스쿠니신사참배, 일본중심적인 역사교과서발행, 종군위안부부정, 독도영유권주장, 혐한운동 등과 같은 정치적 의도를 가진 주장이나 인종적 차별성을 가진 반한운동이 일어나면서 일본내의 강경보수파를 결집하였고, 한국에서 보수파의 반일운동을 촉발시켰다. 한일문제를 둘러싸고 보수파가 강경파로 전환되는 상황이 되었다.

일본에서 대표적 지일파의원으로 꼽히는 마에하라 세이지(前原誠司) 민주당 정조회장은 2012년 한 방송에 출연하여,[116] '(이명박 대통령의 일왕 사죄요구 발언은) 무례하기 짝이 없다'며 '이 대통령 임기 중 한일 관계를 우호적으로 되돌리기는 어려울 것 같다'고 말했다.[117] 마에하라 정조회장은 전략적 한일관계 구축을 위한 의원연맹 대표로 한국을

116) 마에하라 세이지(前原誠司, 1962년-)는 교토대학입학 후 학비를 벌기위해 다양한 경험을 한 입지적 인물이다. 교토대학에서 신교토학파의 한 사람인 고사카 마사다카(高坂正堯)에게 국제정치학을 배웠다. 졸업에 즈음하여 고사카에게 상담을 했고 '학자는 천재이어야 하고, 외교관은 동경대출신이 잡고 있다'면서 야마다 코(山田宏)를 소개해주어 마쓰시타정경숙(松下政経塾) 8기로 입학해 정치가의 길을 걷게 되었다. 마쓰시타정경숙 졸업 후 28세에 최연소 의원으로 당선되면서 정치가로서 탄탄대로를 걸으며 국민민주당 9기의원으로 외무대신 등 중요 요직을 거쳤다. 2011년 재일한국인으로부터 정치헌금 약 34만 엔을 받은 것이 판명되어 외무대신을 사임했다.

117) 광복절을 하루 앞둔 2012년 8월 14일 이명박 전 대통령은 독도를 방문한 이후 아키히토 천황에게 사죄를 요구하였다. 2012년 8월 14일 충북 청원군을 방문한 자리에서 '독도 방문에 대해서 어떻게 생각하느냐'고 묻는 질문에서 '일왕이 한국을 방문하고 싶다면 우선 지난 일제강점기 때 일본이 저질렀던 악행과 만행에 대해서 진심으로 반성해야 한다. 일왕이 독립투사들 앞에서 고개를 숙여서 사죄

자주 방문하여 한국과의 관계개선에 공을 들였고, 중국을 견제하기 위해 한국과 일본이 전략적 동맹을 맺어야 한다며 한일 우호관계개선과 구축에 힘을 쏟아온 대표적인 지한파의원이었다. 그가 한국 비판에 나선 것은 한국에 대한 실망감 때문이라는 게 민주당 내 기류였다. 마에하라 정조회장의 측근은 '중국을 의식한 측면도 있지만 한국에 과거사 문제를 양보하는 등 그동안 정성을 들였는데도 이 대통령이 그렇게 심하게 나올 줄은 몰랐다'면서 '특히 천황(일왕)에 대한 사과 요구는 한국에 우호적이던 민주당 내 친한 세력의 반발까지 불러일으키고 있다'고 전했다.[118)]

한국에 우호적이었던 일본의 지한파는 한국의 민주화를 지지하고 한국과의 관계개선에 활동을 해왔지만, 한일현안이 매끄럽게 진행되지 않은 상황이나 상대방에 대해서 결례를 하는 듯한 언행이 등장하는 상황이 연출되면서 한국을 비판하는 운동이나 움직임을 노골화하는 경향이 있다. 그 결과 한국의 입장을 이해하기보다는 거리를 두거나 전면에서 비판을 하는 모습으로 변하고 있다. 그들 중 일부 지한파나 보수파는 반한 슬로건을 내세우고, 일본식민지사 긍정, 야스쿠니신사참배, 독도에 대한 영유권 주장, 재일한국인에 대한 특권폐지, 혐한주의 등을 주장하는 과격한 우익적 행동파가 되어 한국과 대결구도를 끌어가고 있다. 한국을 이해하거나 협력적이기보다는 일본을 두둔하고 지지하는 보수파는 점차 확대되고 재생산되고 있는 상황이다.

한일간에 벌어지고 있는 다양한 대결구도는 양국에서 보수파의 결집을 촉발시키고 격렬한 반대운동으로 인한 충돌을 야기하여 한일관계를 악화시키고 있다. 한국과 일본에서 중재 역할이나 균형을 잡아줄 수 있는 일본 내의 지한파와 한국 내의 지일

를 한다면 일왕 방한(訪韓)도 가능했을 것이다'라고 했다. 그리고 '통석의 염 뭐가 어쩌고 이런 단어 하나 찾아서 올 거면 올 필요 없다'고 했다. '통석의 염'이라는 말은 아키히토 천황이 1990년에 일본을 국빈 방문한 노태우 대통령에게 과거사와 관련해서 쓴 표현이다. 그리고 이명박 대통령은 '나는 그동안 일본을 국빈으로 방문한 적이 없다. 일본에게 할 말이 있다면 국빈방문도 가능할 것'이라고 했다. 이명박 대통령의 발언에 대한 일본의 대응은 매우 강경했다. 아베 전 총리는 이 대통령의 발언이 '상궤(常軌)를 벗어났다', '너무도 예의를 잃었다'고 밝혔다. 일본 공산당 조차도 '부적절한 발언이다. 지금의 천황이란 헌법상 정치적 권능을 갖고 있지 않다. 그런 천황에게 식민지 지배의 사죄를 요구하는 것 자체가 애당초 이상하다. 일본의 정치 제도를 이해하고 있지 않다는 것이다. 일본 정부에 대하여 식민지 지배의 청산을 요구하는 것은 이해하나, 천황에게 그것을 요구하는 것은 애당초 판단이 다르다'라고 말했다. 그리고 독도 문제에 별 관심이 없거나 한국에 우호적인 일본인들도 이 발언에 대해서 격분한 경우가 아주 많았고, 이 사건의 여파로 한국을 찾는 일본 관광객이 60%나 감소했다.

118) https: //ja.wikipedia.org/wiki/前原誠司 (2020년 10월 16일 검색)

파가 점점 줄어드는 경향이 있어 한일 간의 관계를 개선할 수 있는 돌파구를 찾지 못하고 있다. 한국을 잘 아는 일본 지한파와 일본을 잘 아는 한국지일파가 강경파로 전환되는 동시에 한일 간의 균형을 유지해왔던 상호 양심적이며 우호적인 국민이 점차 사라지고 있다. 그런 현상은 매우 불행한 상황을 만들 개연성이 있다는 점에서 의도적으로 개선할 필요가 있다.

그런 가운데에서도 일본에는 여전히 한일관계 개선을 위해서 노력하고 있는 이른바 건전한 보수파로서 지한파가 활동하고 있다. 일본의 국회의원들이 한일양국의 우호관계를 추진하고 현안을 적극적으로 해결하는 차원에서 결성한 것이 일한의원연맹(日韓議員連盟)이며, 대표적인 지한파의원으로 구성된 단체라고 할 수 있다. 특히 일본의 역대총리와 집권여당의원, 국무대신, 야당의원 등 초당적인 의원단체로 많은 활동을 해왔다. 그러나 최근 2010년 이후 한일관계가 급속도로 냉각되는 과정에서 회원소속의원이 반한정책, 대한 강경정책, 한국의 한일의원연맹 만남 거부 등 대결양상을 보이고 있고 강경적인 보수파 성향을 표출하고 있다.[119)]

다음은 한국국회의원으로 구성된 한일의원연맹의 파트너로 활동하기 위해 일본국회의원으로 구성된 일한의원연맹을 소개한 것이다.

〈표 19〉 일한의원연맹(日韓議員連盟)

구분	특징
설립 목적	일한의원연맹의 전신은 냉전 중인 1972년 미국의 의향으로 발족한 일한의원간담회(日韓議員懇親会)로 1975년 일한의원연맹(日韓議員連盟)으로 개칭하였다. 냉전시대에는 자본주의국가가 단결해서 공산주의국가에 대항하는 것을 목적으로 하였다. 일본사회당(日本社会党)이 미국을 적대시하고, 소련이나 북한을 지지하고 교류하는 것에 대항해서 자유민주당이나 민사당 등 자유민주주의를 표방한 국회의원이 다수 참여했다. 2002년 북한에 의한 일본인납치문제가 발각된 후 민주당, 공명당, 일본공산당 등도 참가하여 연맹의 구성원이 다양해졌다.
역대회장과 임원	역대회장: 1975년 후나키 나카(자민당 고문), 1975년 가스가 잇코(민주사회당 고문), 1981년 야스이 겐(자유민주당 최고 고문), 1986년 후쿠다 다케오(자유민주당 최고 고문), 1990년 다케시타 노보루(자유민주당 최고 고문), 2000년 이토 소이치로(일본 중의원 의장), 2001년 모리 요시로(전 내각총리대신), 2010년 와타나베 고조(민주당 최고 고문), 2013년 누카가 후쿠시로(자유민주당 의원), 현재임원: 회장 누카가 후쿠시로(額賀福志郎, 자유민주당, 2013년 선출), 간사장 가와무라다케오(河村建夫, 자유민주당), 부간

119) https: //ja.wikipedia.org/wik/日韓議員連盟 (2019년-2020년 검색)

	사장 아베 신조(安倍晋三, 자유민주당), 아소 타로(麻生太郎, 자유민주당, 전 총리), 나카소네 히로후미(中曽根弘文, 자유민주당) 등이다.
주요활동	- 2013년 도쿄합동총회에서 한국 측은 외국인참정권을 제공하도록 요구하였고 일본 측은 법안실현을 위해 노력한다고 성명을 발표하였다. 야스쿠니신사참배에 대해서 가와무라(河村建夫) 간사장은 '국가를 위해 헌신한 동포의 영령에 존중의 의를 표하는 것은 어느 국가에서도 하고 있다'라고 주장하였고, 황우영 회장은 '과거의 반성위에 서서 미래지향적인 관계를 어떻게 구축할 것인가에 대해서 양국 국회의원이 깊이 고민할 필요가 있다'고 응대했다. - 2017년 12월 11일 도쿄합동총회에서 한일위안부합의에 대해 논의한 후 공동선언에서 한국 측이 합의가 위안부나 국민의 기분을 반영하고 있지 않다라는 주장을 배려해서 그 문제를 거론하지 않는 대신에 일본 측은 고노담화나 무라야마담화의 입장을 계승하고 있다는 사실을 재확인한다고 하였다. 그리고 한국인의 특별거주자의 지방참정권 부여에 대해서 일본이 신속하게 법 정비를 하도록 노력한다는데 일치하였다. - 2018년 12월 일한의원연맹의 누카가 후쿠시로(額賀福志郎) 회장과 가와무라 다케오(河村建夫) 간사장이 방한해서, 한일의원연맹의 강창일회장, 이낙연 총리와 면담했다. 한국대법원에서 피해사실이 인정된 징용피해자에 대해서 일본기업의 배상을 전제로 해서 한국 정부가 재단을 설립하여 징용피해자를 위로하려는 제안을 내놓았다. - 2019년 11월 1일 도쿄 중의원회관에서 공동성명을 발표하였다. 성명에서 '양국 국회가 현안 해결을 위해 보다 적극적으로 힘을 기울이고 양국 정상회담 및 고위급 회담이 조속히 개최되도록 촉구하기로 했다'고 밝혔다. 또한 '최근 들어 강제징용배상문제, 한일간 수출규제문제, 한일군사정보보호협정(GSOMIA 지소미아) 등으로 양국 간 갈등이 심화하고 있는데 대해 깊은 우려를 표명한다'며, '과거를 직시하고 미래를 지향하는 김대중과 오부치 21세기 한일파트너십 공동선언의 정신을 되살려 양국관계를 조속히 정상화시켜야 한다'고 강조했다.

다음은 일한의원연맹에 가입한 일본의 중의원 의원과 참의원 의원을 소개한 것이다. 초당파적 의원으로 회원이 구성된 특징이 있다.

〈표 20〉 일한의원연맹 회원

구분	이름
참의원 의원	- 自由民主党: 柳本卓治, 宮沢洋一, 伊達忠一, 吉田博美, 溝手顕正, 山崎正昭(常任幹事), 山谷えり子, 山東昭子(常任幹事), 中川雅治, 鶴保庸介, 片山さつき - 公明党: 魚住裕一郎, 山口那津男, 谷合正明, - 国民民主党: 田名部匡代, 森裕子, - 立憲民主党: 福山哲郎, 小川敏夫, 鉢呂吉雄(常任幹事), 白真勳(幹事), - 日本共産党: 井上哲士, 市田忠義(幹事), 岩渕友, 紙智子, 吉良佳子, 倉林明子, 小池晃, 大門実紀史, 武田良介, 辰巳孝太郎, 田村智子, 仁比聡平, 山下芳生, 山添拓, - 日本維新の会: 片山虎之助

중의원 의원	- 自由民主党: 左藤章, 秋元司, 金田勝年(幹事), 岸信夫, 逢沢一郎(幹事), 伊吹文明, 幹事), 伊藤信太郎(事務局長), 伊藤達也, 伊藤忠彦, 衛藤征士郎(常任幹事), 越智隆雄, 塩崎恭久, 塩谷立(幹事), 奥野信亮, 下村博文, 加藤勝信, 河野太郎, 梶山弘志(幹事), 鴨下一郎, 甘利明, 岸田文雄, 龜岡偉民, 吉野正芳, 宮下一郎, 宮腰光寛, 金子一義, 後藤田正純, 後藤茂之, 高木毅, 佐田玄一郎(幹事), 佐藤勉, 細田博之, 三ツ矢憲生, 三原朝彦(幹事), 山口泰明(幹事), 山際大志郎, 山本公一, 山本幸三, 山本拓, 山本有二(常任幹事), 若宮健嗣, 小此木八郎, 小里泰弘, 小渕優子(幹事), 松島みどり, 松本文明, 松本剛明, 松本洋平, 上川陽子, 菅義偉, 菅原一秀, 西村康稔, 西村明宏, 石田真敏, 石破茂(幹事), 赤沢亮正, 川崎二郎, 大塚高司, 大塚拓, 大島理森(幹事), 棚橋泰文, 谷川弥一, 竹下亘(幹事), 竹本直一(幹事), 中根一幸, 中山泰秀, 中谷元(常任幹事), 渡海紀三朗, 渡辺博道(幹事), 土井亨, 土屋品子(幹事), 二階俊博(常任幹事), 萩生田光一, 浜田靖一, 富岡勉, 平井卓也, 平沢勝栄(幹事), 北村誠吾, 茂木敏充(幹事)葉梨康弘, 林幹雄, 鈴木淳司, 山口俊一(常任幹事), 野田聖子(幹事)武田良太(常任幹事), 橋本岳, 塚田一郎 - 公明党: 井上義久(常任幹事), 高木美智代, 高木陽介, 齊藤鉄夫, 石井啓一(幹事), 赤羽一嘉(幹事), 太田昭宏, 大口善德, 北側一雄(常任幹事), - 国民民主党: 原口一博, 古本伸一郎(幹事), 平野博文(常任幹事), 渡辺周, 岡本充功, 下条みつ, - 立憲民主党: 菅直人(顧問), 中川正春(幹事), 赤松廣隆, 岡田克也, 辻元清美, - 日本維新の会: 伊東信久, 下地幹郎, 谷畑孝(幹事), - 日本共産党: 赤嶺政賢, 笠井亮, 穀田惠二(常任幹事), 志位和夫(顧問), 塩川鉄也, 高橋千鶴子, 田村貴昭, 畑野君枝, 藤野保史, 宮本岳志, 宮本徹, 本村伸子, - 無所属: 松原仁

2019년에 들어서 한국대법원이 징용피해자배상소송에서 일본기업의 배상책임을 인정하는 판결을 내리자, 일본은 강력하게 반발하고 1965년 한일청구권협정을 통해 해결됐다는 견해를 밝히고 한국에 이 문제해결을 위한 중재위원회 개최를 요구했다. 한일관계가 질곡으로 빠져가고 있는 상황에서 2019년 6월 14일 일한의원연맹 누카가 후쿠시로 회장은 이낙연 총리를 예방했다. 그 회담에서 누카가 회장은 징용배상문제를 적극적으로 대응해 줄 것을 요청하고, G20에서 양국 관계개선을 위한 협의가 필요하다고 뜻을 같이 했다. 회담을 마치고 누카가 후쿠시로 회장은 NHK와의 인터뷰에서 '동아시아를 포함한 국제관계가 매우 불투명한 가운데 한일관계의 개선은 매우 중요하고, 대국적인 관점에서 대화를 진행해 나가자는 의견에 일치했다'고 밝혔다.

현재 한국 측의 한일의원연맹과 일본 측의 일한의원연맹은 위안부합의문제, 대법원징용배상판결문제, 화이트리스트배제문제, GSOMIA파기문제, WTO제소문제, 독도영유권문제, 해상에서의 초계기충돌문제 등의 해결안을 두고 의견을 달리하고 있다. 따라서 그 어느 때보다도 적극적으로 나서서 해결점을 찾아야 하는 상황임에도 불구하고 출구를 찾지 못하고 대결하고 있다. 상대방의 입장에 서서 해결안을 모색하기보다는 자국의 입장에서 상대방에게 해결하기를 요구하는 상황이어서 당분간 대치국면은 지속될 것으로 보인다. 정부가 해결하기 어려운 문제를 한일의원연맹과 일한의원연맹이 나서서 중재할 수 있는 기대가 점차 낮아지고 있다. 한일 간의 현안을 두고 한일의원연맹과 일한의원연맹은 조정이나 중재능력을 잃고 있다.

다음은 일본적인 주장, 민족주의사관과 자유주의사관, 자학사관 반대 등을 전국적인 조직을 통해서 국민운동을 하는 대표적인 우익단체라고 할 수 있는 일본회의(日本会議)를 소개한 것이다.[120)]

〈표 21〉 일본회의

구분	내용
설립	일본회의(日本会議, Japan Conference)는 1997년 일본을 지키는 국민회의와 일본을 수호하는 회가 통합하여 설립되었고, 일본의 보수주의 및 민족주의를 강하게 주장하는 단체이다. 강령으로는 1. 우리는 유구한 역사로 이어진 전통과 문화를 계승하고, 건전한 국민정신의 육성을 기한다. 2. 우리는 국가의 영광과 자주독립을 보유하고, 국민 각자가 자리를 얻어 풍부한 질서가 있는 사회건설을 형성한다. 3. 우리는 사람과 자연의 조화를 꾀하고, 상호 문화를 존중하는 공생공영의 세계실현에 기여한다. 등으로 되어 있다.
목표	- 아름다운 일본의 재건과 자부심이 있는 국가만들기(美しい日本の再建と誇りある国づくり)를 내세우고 정책제언과 국민운동을 하기위해 다음과 같은 목표를 설정하고 있다. 즉 - 황실: 남계에 의한 황위의 안정적 계승을 목적으로 한 황실전범개정, 황실의 지방행사 방문시 봉영활동, - 헌법: 현행헌법을 대체하는 신헌법제정, - 교육: 학교교과서에서 자학적, 반국가기술시정, 재교육, 집단따돌림박멸 등 가정교육기본법제정, 권리편중교육시정, 일본역사를 단죄하는 자학적 역사교육시정, 성자유화교육시정, 국기게양, 국가제창운동, 교육위원회제도 개혁, 국기국가법제정, - 국방; 행상보안청법 개정, 유사법제정비 - 역사인식: 제2차세계대전에 대한 일본 정부의 사죄외교는 일본국의 역사나 전몰자를 능멸하는 것으로 국민으로부터 비난받고 있어 시정필요, 동아시아해방을 위한 전쟁, 종군위안부강제연행이 아니라 공창제도주장, 남경대학살부재, 총리의 야스쿠니신사참배실현, 국립추도시설건설반대, 여성에 의한 국민운동전개, 부부별성반대, 남녀동등참획조례반대, 일본의 주권을 침해하는 움직임반대, 외국인지방참정권반대, 인권기관설치법 반대, 자치기본조례제정 반대 등을 내세우고 있다.
조직	- 조직은 도도부현을 9구로 나누고, 각 현에 현본부를 두며 그 산하에 지부를 두고 있다. 각도도부현 본부에는 상근하는 활동가를 두고 있다. 2016년 47개 도도부현에 본부가 있고, 241개의 시정촌(市町村) 지부를 가지고 있으며, 현재 회원은 38,000여 명으로 전국적인 조직이다.

120) https: //www.nipponkaigi.org/. https: //ja.wikipedia.org/wiki/日本会議 (2020년 10월 16일 검색)

	- 월간기관지『일본의 호흡(日本の息吹)』을 발간하고 있다. 회원 종류는 지원회원 월간지 구독, 정회원 연회비1만 엔, 유지회원 연회비3만 엔, 독지회원(篤志会員) 연회비 10만 엔, 의원회원 연회비 1만 엔, 여성회원 연회비5천 엔 등이다. - 명예회장은 미요시 도오루(三好達, 최고재판소장관, 아름다운 일본의 헌법을 만드는 국민 회공동대표)이고, 회장은 다구보다다에(田久保忠衛, 杏林大学名誉教授, 아름다운 일본의 헌법을 만드는 국민회)이다. 부회장은 고보리 게이이로(小堀桂一郎, 東京大学名誉教授), 다나카 쓰네기요(田中恆淸, 神社本庁総長, 아름다운 일본의 헌법을 만드는 국민회 발기인, 고문), 이시이 고키이치로(石井公一郎, 明成社初代社長), 다카쓰카사 나오다케(鷹司尚武, 神社本庁統理), 고마쓰 기요히사(小松揮世久, 伊勢神宮大宮司, 伊勢神宮司庁代表役員) 등이고, 대표위원은 아키모토 교도쿠(秋本協德, 新生佛教教团最高顧問), 이시하라 신타로(石原愼太郎, 作家, 元東京都知事) 등의 다수가 있다. - 우호단체인《아사히신문》에 의하면, 우호적인 단체로는 아름다운 일본의 헌법을 만드는 국민회, 황실의 전통을 수호하는 국민의회(皇室の伝統を守る国民の会), 21세기일본과 헌법 유식자간담회(「21世紀の日本と憲法」有識者懇談会), 일본의 교육개혁 유식자간담회(「日本の教育改革」有識者懇談会), 모두야스쿠니신사에 참배하는 국민의회(みんなで靖国神社に参拝する国民の会), 국회의원으로 구성된 일본회의국회의원간담회(日本会議国会議員懇談会), 일본회의지방의원연맹, 일본여성의회 등이 있다.
활동 현황	메이지, 다이쇼, 쇼와의 원호법제화, 쇼와천황재위 60주년, 금상폐하 50주년을 경축하는 봉축운동, 교육정상화, 역사교과서편찬사업, 종전 50주년 전몰자추도행사, 아시아공생축전개최, 자위대PKO활동지원, 전통에 기초한 국가이념을 제창하는 신헌법제창 등 새로운 일본의 진로를 강력하게 추진하는 국민운동을 전개하고 있다. 현재 일본을 혼미한 정치, 황폐한 교육, 불안한 위기관리 상황이라고 진단하고 아름다운 일본을 수호하고 전하기 위해 자부심있는 국가만들기를 제언하고, 각 지역출신의 국회의원과 지역회원이 함께 전국적인 운동을 전개하고 있다.

일본회의는 제2차세계대전의 패배 불인정, 원래의 일본으로 돌아가는 것, 5대군사국이었던 시대와 일본제국주의적 통치형태로의 회귀, 전전회귀 등을 주장하는 극우단체이다. 일본에서 활동하고 있는 가장 우익적이며 민족주의적 시민단체 중의 하나이며, 전국적인 조직과 회원을 가지고 있어 정치적인 영향력을 발휘하고 있다. 도도부현, 시정촌 수준에서의 조직과 회원이 있기 때문에 정치가들이 선호하고 지지하며, 초당적으로 국회의원이 지지하고 있는 단체이다. 슬로건으로는 '아름답고 자부심이 있는 국가를 만드는 것'을 내세우고 있고, 일본 중심적인 역사, 문화, 국가 등을 주장하고 있다. 일본국가와 천황체제를 중시하고 전통적 가치를 강조하고 있는 보수파 지지자로부터 호응을 얻고 있으며 우익적인 타 단체의 지원도 받고 있다.

현재 극우단체로 활동하고 있는 일본회의를 지원하기 위해서 조직하고, 일본정치가 집단으로 강력한 힘을 발휘하는 가운데 구성원이 정부요직에 등용되고 있는 정치단체가 일본회의국회의원간담회(日本会議国会議員懇談会)이다. 일본회의국회의원간담회는 우경화를 이끄는 대표적인 단체로 300여 명의 국회의원이 회원으로 가입하고 있다.[121] 아베 제4차내각에서 일본회의국회의원간담회 회원으로 각료가 된 의원이 15명이다. 본회의 대표적인 인물로는 특별고문으로 활동하는 전 총리 아베 신조, 현 총리 스가 요시히데, 부총리 아소 타로, 관방장관 가토 가쓰노부, 외무상 모테기 도시미쓰, 오카나와북방영토상 에도 세이이치, 문부과학상 하기우다 고이치 등이 포함되어 있다. 일본회의국회의원간담회 회원은 2019년 아베 제4차 제2차 개조 내각에 16명이 입각했다.

다음은 일본회의국회의원간담회의 설립목적과 배경, 회원, 성격, 조직 등을 소개한 것이다.[122]

〈표 22〉 일본회의국회의원간담회

구분	내용
설립과 목적	일본회의국회의원간담회(日本会議国会議員懇談会)는 보수단체인 일본회의(日本会議)를 지원하는 초당파 의원으로 구성된 의원연맹으로 1997년 설립되었다. 1997년 5월 29일 일본회의의 발족 전날 일본회의를 전면으로 지원하기 위해 총리를 지낸 오부치 게이조(小渕惠三), 모리 요시로(森喜朗), 중의원 오자와 다쓰오(小沢辰男) 등이 발기인이 되어 결성하였다.
목적	일본회의 활동취지에 찬동하는 국회의원으로 구성되어 있으며, '자부심이 있는 국가 만들기를 지향하고, 아름다운 일본을 수호하기 위한 국민운동을 지지하고 있다. 일본국헌법 개정을 바라고 선택적 부부별성제도, 외국인 지방참정권부여, 역사교과서문제, 위안부문제 등 역사인식을 시정하고, 총리의 야스쿠니신사참배, 북한에 의한 납치피해자구출운동, 센카쿠열도 및 독도 등 일본고유영토수호여론 환기 등을 추진하고 있다. 그리고 가부장제부활, 현 일본국헌법을 무효로 하고 대일본제국헌법 부활, 교육칙어부활 등을 주장하고 있다. 여성궁가 등을 저지하고 있으며, 황위계승 문제에 대해서는 여계 천황을 용인하는 황실전범 개정에 반대하고, 남계남자에 의한 황위계승유지를 주장하고 있다.
조직	- 특별고문은 아베 신조(安倍晋三, 전 총리), 아소타로(麻生太郎, 부총리), - 회장은 나카소네 히로후미(中曽根弘文, 회장대행), 부회장은 와다나베슈(渡辺周), 모리 에이스케(森英介), 후루야게이지(古屋圭司), 다카이시 사나에(高市早苗, 총무상), 스가 요시히데(菅義偉, 현총리), 시모무라 하쿠분(下村博文), 정책심의회회장은: 야마타니 에리코(山谷えり子), 정책심의회부회장 후루카와 요시히사(古川禎久), 이나다 토모미(稲田朋美), 아리무라 하루코(有村治子) 등이 맡고 있다.

121) https: //ja.wikipedia.org/wiki (2019년-2020년 검색)

122) https: //ja.wikipedia.org/wiki/日本会議国会議員懇談会 (2020년 10월 16일 검색)

	- 간사장은 에토 세이이치(衛藤晟一, 1억총활약담당대신), 간사는 마쓰야마 마사지(松山政司), 히라사와 가쓰에이(平沢勝栄), 오쿠노 신스케(奥野信亮), 기하라 세이지(木原誠二), 기하라 미노루(木原稔), 에토 다쿠(江藤拓), 이와야 다케시(岩屋毅), 부간사장은 시미즈 다카유키(清水貴之), 사쿠라다 요시다카(櫻田義孝), 가쓰마타 다카아키(勝俣孝明), 사무국장은 하기우다 코이치(萩生田光一, 문부과학대신), 다카도리 슈이치(高鳥修一), 사무국차장은 아카이케 마사아키(赤池誠章), 상담역 오쓰지 히데히사(尾辻秀久), 이시바 시게루(石破茂) 등이 담당하고 있다.
회원	- 발족 당시 참가 국회의원은 189명이었으며, 그 후 증가하여 2013년 국회의원 263명, 2014년 289명, 2015년 281명으로 구성되었다. 그 가운데 261명이 자민당 소속 국회의원이고, 국민민주당이나 일본유신의 회(日本維新の会), 일본의 마음을 소중히 하는 당(日本のこころを大切にする党) 등이 소속되어 있다. - 회원으로는 아이자와 이치로(逢沢一郎), 愛知治郎, 青木一彦, 青山周平, 赤池誠章, 秋元司, 淺尾慶一郎, 東徹, 麻生太郎, 阿達雅志, 穴見陽一, 安倍晋三, 甘利明, 有村治子, 安藤裕, 池田道孝, 池田佳隆, 石井準一, 石井正弘, 石関貴史, 石破茂, 石原宏高, 礒崎陽輔, 磯崎仁彦, 伊東良孝, 稲田朋美, 井上貴博, 井上信治, 井上英孝, 井上義行, 井林辰憲, 井原巧, 伊吹文明, 今枝宗一郎, 今津寛, 今村雅弘, 岩田和親, 岩屋毅, 上野通子, 宇都隆史, 浦野靖人, 江渡聡德, 衛藤晟一, 衛藤征士郎, 江藤拓, 遠藤敬, 大岡敏孝, 大隈和英, 大島理森, 太田房江, 大塚高司, 大塚拓, 大西英男, 大西宏幸, 大野敬太郎, 大家敏志, 岡下昌平, 岡田廣, 奧野信亮, 小倉將信, 小里泰弘, 小田原潔, 越智隆雄, 尾辻秀久, 鬼木誠, 尾身朝子, 柿沢未途, 梶山弘志, 片山さつき, 勝沼栄明, 勝俣孝明, 加藤勝信, 加藤寛治, 門山宏哲, 金子万壽夫, 金子惠美, 金子恭之, 金田勝年, 神谷昇, 神山佐市, 龜井靜香, 龜岡偉民, 鴨下一郎, 河野正美, 河村建夫, 神田憲次, 木内均, 城内実, 黄川田仁志, 岸信夫, 岸田文雄, 北村茂男, 北村誠吾, 木原誠二, 木原稔, 木村太郎, 木村義雄, 工藤彰三, 熊田裕通, 上月良祐, 鴻池祥肇, 国場幸之助, 小島敏文, 小林鷹之, 小林史明, 今野智博, 齋藤健, 齋藤洋明, 酒井庸行, 坂本哲志, 坂本祐之輔, 櫻田義孝, 笹川博義, 佐々木紀, 左藤章, 佐藤正久, 佐藤ゆかり, 山東昭子, 塩崎恭久, 塩谷立, 柴山昌彦, 島田佳和, 島村大, 清水貴之, 下地幹郎, 下村博文, 新谷正義, 新藤義孝, 末松信介, 菅義偉, 菅原一秀, 鈴木淳司, 世耕弘成, 瀬戸隆一, 薗浦健太郎, 高市早苗, 高木宏壽, 高鳥修一, 高野光二郎, 高橋克法.瀧沢求.武井俊輔.竹下亘.武田良太.武部新.武村展英.竹本直一. 田所嘉德, 田中英之, 田中良生, 棚橋泰文, 谷垣禎一, 谷川とむ, 田畑裕明, 田村憲久, 塚田一郎, 柘植芳文, 津島淳, 土屋正忠, 寺田稔, 土井亨, 富樫博之, 渡嘉敷奈緒美, 富岡勉, 豊田俊郎, 中泉松司, 長尾敬, 永岡桂子, 中川雅治, 中川郁子, 長坂康正, 長島忠美, 中曽根弘文, 中谷元, 中谷真一, 中野正志, 中村裕之, 中山恭子, 中山泰秀, 西田昌司, 西村明宏, 西村康稔, 二之湯武史, 額賀福志郎, 根本幸典, 野上浩太郎, 野田聖子, 野田毅, 野中厚, 野村哲郎, 萩生田光一, 橋本岳, 橋本聖子, 長谷川岳, 馬場成志, 馬場伸幸, 浜田靖一, 林幹雄, 平口洋, 平沢勝栄, 平沼赳夫, 福井照, 福島伸享, 福山守, 藤井比早之, 古川禎久, 古屋圭司, 星野剛士, 細田健一, 堀井学, 堀内詔子, 舞立昇治, 前田一男, 牧原秀樹, 松沢成文, 松下新平, 松浪健太, 松野博一, 松野賴久, 松原仁, 松本文明, 松本洋介, 松山政司, 丸川珠代, 三ッ林裕巳, 御法川信英, 三原朝彦, 三原じゅん子, 宮内秀樹, 宮川典子, 三宅伸吾, 宮腰光寛, 宮崎政久, 宮沢博行, 宮下一郎, 武藤貴也, 武藤容治, 村岡敏英, 村上誠一郎, 茂木敏充, 望月義夫,

	森英介, 森屋宏, 森山裕, 保岡興治, 簗和生, 柳本卓治, 山口俊一, 山正昭, 山下貴司, 山田賢司, 山谷えり子, 山本公一, 山本幸三, 山本順三, 山本拓, 山本朋廣, 山本有二, 義家弘介, 吉川貴盛, 笠浩史, 若林健太, 鷲尾英一郎, 和田政宗, 渡辺周, 渡辺猛之, 渡辺博道, 渡邉美樹 등이다.

또한 보수주의적이며 민족주의를 주창하고 있는 일본회의를 지원하고 있는 국회의원으로 결성된 일본회의국회의원간담회 회원 중에는 신도정치연맹(神道政治連盟)이나 신도정치연맹을 지원하는 신도정치연맹국회의원간담회(神道政治連盟国会議員懇談会)의 구성원이 중복되고 있다. 일본의 우익성향을 표방하고 있는 단체에는 자유민주당 의원뿐 아니라 타당의 의원들로 가입하여 활동하고 있다. 그것은 정치이념이나 당이 다르지만 국회의원으로 선출되는데 적극적으로 지지받거나 지원을 받을 수 있는 단체로 인식하기 때문이라고 할 수 있다.

다음은 보수주의적 사고를 갖고 신사를 중심으로 결성되어 정치인을 지원하고 있는 신도정치연맹의 설립, 조직, 강령, 지원국회의원 등을 소개한 것이다.[123]

〈표 23〉 신도정치연맹

구분	내용
설립	신도정치연맹(神道政治連盟, Shinto Association of Spiritual Leadership)은 약칭으로 신정연(神政連)이라고 하고 신사계를 모체로 1969년에 결성된 신사본청 관련단체로, '일본의 역사, 문화, 전통을 후세에 전하는 것'을 활동 목적으로 하고 있다.
조직	회장은 조소가베 노무아키(長曽我部延昭) 일본회의 대표위원, 사무국장은 유자와 도요(湯沢豊)로 전 야스쿠니신사주지 유자와(湯沢貞)의 자이다. 전국 47도도부현에 도도부현 본부가 있고 도쿄에 총본부가 있다.
강령	첫째는 신도정신을 기본으로 일본국 국정의 기초 확립을 기한다. 둘째는 신의를 받들어 경제번영과 사회공공복지발전을 꾀하며 안정 국가의 건설을 기한다. 셋째는 일본국 고유의 문화 전통을 호지하고 해외문화와의 교류를 활성화하며, 일본문화창조발전에 임하고 옛날 건전한 국민교육의 확립을 기한다. 넷째는 세계 각국과 우호친선을 도모하고 시대의 폐습을 일소하고, 자주독립의 민족의식을 고양한다.
운동 활동	신헌법제정, 야스쿠니신사에서 국가의례확립, 도덕종교교육의 추진, 부부별성제도의 위험성주장, 황실존엄호지운동, 국민축일 현관에 일본국기게양 등의 운동을 추진하고 있다. - 국정선거에서 야마다니 에리코(山谷えり子), 스즈키 마사다카(鈴木正孝), 아리무라 하루코(有村治子) 등을 응원하였다.

123) https: //ja.wikipedia.org/wiki/神道政治連盟 (2020년 10월 19일 검색)

지원 회원	황실의 전통을 존중하는 자, 개헌논의를 추진하는 자, 교육기본법개정을 포함한 교육개혁을 시도하는자, 안전보장체제확립, 영토문제해결을 시도하는자, 전몰자추도를 위해 신시설구상에 반대하는 자, 부부별성이나 남녀공동참여사회추진에 반대하는 자 등을 지원한다.

신도정치연맹의 기본강령에 동의하고 지원하는 국회의원으로 구성된 것이 신도정치연맹국회의원간담회(神道政治連盟国会議員懇談会)이다. 이 단체는 '야스쿠니신사를 참배하는 국회의원회'(靖国神社に参拝する国会議員の会), 창생일본(創生「日本」)과 관련성이 있다.[124] 특히 아베 전 총리와 아소 타로 부총리가 고문으로 활동하고 있어 구성원이 아베 내각의 각료로 입각하고 있다는 점에서 아베 친위대와 싱크탱크의 역할을 하고 있다. 다음은 신도정치국회의원간담회의 설립목적, 구성, 회원, 활동 등을 소개한 것이다.

〈표 24〉 신도정치연맹국회의원 간담회

구분	내용
설립 목적	1970년 5월 11일 발족하였고, 신도정치연맹국회의원간담회규약에 의하면, 간담회는 신도정치연맹(神道政治連盟)의 취지에 찬동하는 국회의원으로 조직하고 있고, 자신의 종교, 신앙에 대해서 묻지 않고 신도의 포교가 목적이 아니라고 선언하고 있다.
구성	2016년 이 단체는 신도정치연맹의 이념에 찬동을 표시하는 초당파 국회의원으로 구성된 의원연맹으로 283명의 국회의원 회원이 참가하고 있다. 회장은 아베 신조이며, 제3차 아베내각에서는 각료 20인 중 공명당 소속을 제외하고 19명이 이 단체의 회원이었다.
회원 명단	회원은 아이자와 이치로(逢沢一郎), 愛知治郎, 青木一彦, 青木幹雄, 青山周平, 赤池誠章, 赤城徳彦, 秋葉賢也, 秋元司, 秋本真利, 麻生太郎, 穴見陽一, 安倍晋三, 阿部俊子, 甘利明, 有村治子, 安藤裕, 飯島忠義, 池田佳隆, 石井準一, 石井浩郎, 石井正弘, 石川昭政, 石崎岳, 石崎徹, 石田真敏, 石破茂, 石原伸晃, 礒崎陽輔, 磯崎仁彦, 市川一朗, 伊藤信太郎, 伊藤忠彦, 伊藤達也, 伊東良孝, 稲田朋美, 井上信治, 井上貴博 (政治家), 井林辰憲, 井原巧, 伊吹文明, 今津寛, 今村雅弘, 岩井茂樹, 岩城光英, 岩田和親, 岩永峯一, 岩本剛人, 岩屋毅, 上野賢一郎, 上野通子, 臼井日出男, 宇野治, 江渡聡德, 衛藤晟一, 衛藤征士郎, 江藤拓, 遠藤利明, 大家敏志, 大岡敏孝, 大串正樹, 大久保三代, 大島理森, 太田誠一, 大塚高司, 大塚拓, 大西英男, 大西宏幸, 大沼瑞穂, 大野敬太郎, 大野松茂, 大野泰正, 大野功統, 大前繁雄, 大見正, 岡下昌平, 岡田直樹, 岡田廣, 奥野信亮, 奥野誠亮, 小里泰弘, 尾辻秀久, 鬼木誠, 小野晋也, 小野寺五典, 小渕優子, 景山俊太郎, 梶山靜六, 梶山弘志, 片山さつき, 勝沼栄明, 勝俣孝明, 門博

124) https: //ja.wikipedia.org/wiki/神道政治連盟国会議員懇談会 (2020년 10월 19일 검색)

	文, 加藤鮎子, 加藤勝信, 門山宏哲, 金子一義, 金子万壽夫, 金子惠美, 金子恭之, 金田勝年, 狩野安, 上川陽子, 神谷昇, 神山佐市, 龜井郁夫, 龜井靜香, 龜岡偉民, 河井案里, 河井克行, 河合常則, 川崎二郎, 川田隆, 河村建夫, 菅家一郎, 神田憲次, 菅野佐智子, 木内均, 城内実, 岸宏一, 岸信夫, 岸田文雄, 北岡秀二, 北川知克, 北村茂男, 北村誠吾, 木原稔, 木村太郎, 木村仁, 木村弥生, 久間章生, 沓掛哲男, 国井正幸, 熊谷大, 倉田寛之, 倉田雅年, 栗原博久, 小泉昭男, 上月良祐, 河野太郎, 鴻池祥肇, 高村正彦, 高村正大, 小島敏男, 小島敏文, 小齊平敏文, 後藤茂之, 後藤田正純, 小林鷹之, 小林多門, 小林史明, 小林溫, 小松裕, 小山孝雄, 今野智博, 齋藤健, 齊藤斗志二, 齋藤洋明, 酒井庸行, 坂本剛二, 坂本哲志, 櫻井郁三, 櫻井新, 櫻井宏, 櫻田義孝, 佐々木紀, 佐田玄一郎, 左藤章, 佐藤泰三, 佐藤剛男, 佐藤勉, 佐藤ゆかり, 椎名一保, 塩崎恭久, 塩谷立, 柴山昌彦, 島田佳和, 島村大, 島村宜伸, 下村博文, 白石徹, 白須賀貴樹, 新谷正義, 新藤義孝, 陣内孝雄, 末松信介, 菅義偉, 杉田水脈, 鈴木俊一, 鈴木政二, 関芳弘, 関口昌一, 関谷勝嗣, 世耕弘成, 瀨戸隆一, 薗浦健太郎, 田浦直, 高市早苗, 高木毅, 高木宏壽 등이다.
활동	원호제정화(元号制定化), 국기국가법, 쇼와의 일제정(昭和の日制定), 선택적 부부별성제도도입 저지, 2009년 12월 14일 천황특례회견문제(天皇特例会見問題)에서 하토야마 유키오(鳩山由紀夫)내각의 총사직, 상황폐하(上皇陛下)와 시진핑(習近平)의 회견 중지를 요구하는 결의문 발표 등의 운동을 하였다. 2010년 9월 27일에는 센카쿠열도 중국어선충돌사건에 대응해서 칸 내각(菅內閣) 총사직을 요구하는 긴급성명을 발표하였다.

신도정치연맹국회의원간담회(神道政治連盟国会議員懇談会)는 신사계를 모체로 하여 1969년 설립된 신도정치연맹(神道政治連盟)를 지지하는 정치가 단체이다. 자유민주당 의원을 중심으로 구성되고 있으면서도 초당파의원으로 구성된 연맹조직이다. 정치활동뿐 아니라 일본국익을 보호하는 정치수호대 역할을 하고 특히 아베정권의 국회의원 친위대 역할을 하면서 동시에 아베내각에 입각하여 국정에 영향력을 행사하고 있다. 정치나 정책에서 보수적인 입장을 취하고 신시대적 변화에 따른 개혁이나 전환보다는 일본적인 특징과 전통을 고수하는 노선을 걷고 있다.

한편 일본의 국익을 지키고 일본에 대해 비판을 하는 사안에 대해서 과감하게 반박을 하는 등 우익적 성격을 띠며 활동하고 있는 단체가 역사사실위원회(歷史事実委員会)이다.[125] 역사사실위원회는 일본의 역사가 왜곡되고 있다고 여기는 사안에 대해서 자체 평가한 사실을 역사적 진실이라고 규정하여 해외 매체를 통해서 사실을 광고하는 활동을 하였다. 미국하원에서 종군위안부에 대한 의결은 일본인에게 치욕이라고 생각하고 있다. 그들은 종군위안부문제를 정면에서 제기하고 대응하는 긴급특별기

125) http: //www.ianfu.net/will/sinjitu/rekishijijitu (2019년-2020년 검색)

고문을 《워싱톤포스트지》에 게재하여 반향을 일으켰다. 다음은 역사사실위원회의 조직과 활동을 소개한 것이다.

〈표 25〉 역사사실위원회의 조직과 활동

구분	내용
목적	역사사실위원회(歷史事実委員会)는 중국과 한국을 시작으로 특정 아시아 국가에 의한 반일 선전이나 국내의 자학사관(自虐史觀)이 근거 없는 것이며, 허위사실을 날조하여 일본을 핍박하고 약체화하려고 하고 있다고 인식하고, 잘못 인식된 역사를 발굴하여 정부나 신문에 반론을 제기하는 활동을 하고 있다.
위원	회원은 스기야마 코이치(すぎやまこういち, 작곡가), 야야마 타로(屋山太郎, 정치평론가), 사쿠라이 요시코(櫻井よしこ, 저널리스트), 하나오카 시부아키(花岡信昭, 저널리스트), 니시무라 코유(西村幸祐, 평론가) 등이다.
워싱톤포스트신문 기고기사	- 다음은 그들이 워싱톤포스트지에 게재한 위안부에 대한 의견광고 'THE FACTS'의 내용이다. 즉 'The purpose of this paid public comment is to present historical facts. At the end of April, an advertisement purporting to tell "The Truth about Comfort Women" appeared in the Washington Post. This public comment seeks to present a number of historical facts relating to "comfort women" that have not been adequately brought to light so as to enable the readers of this respected publication to draw their own conclusions. …중략 No historical document has ever been found by historians or research organizations that positively demonstrates that women were forced against their will into prostitution by the Japanese army. A search of the archives at the Japan Center for Asian Historical Records, which houses wartime orders from the government and military leaders, turned up nothing indicating that women were forcibly rounded up to work as ianfu, or "comfort women." On the contrary, many documents were found warning private brokers not to force women to work against their will'. …중략
워싱톤포스트신문기사를 지원한 지식인	자민당의원은 愛知和男, 赤池誠章, 稲田朋美, 江藤拓, 大塚高司, 岡部英明, 小川友一, 鍵田忠兵衛, 亀岡偉民, 木原稔, 木挽司, 坂井学, 島村宜伸, 杉田元司, 鈴木馨祐, 薗浦健太郎, 平將明, 土井亨, 土井真樹, 戸井田とおる, 西本勝子, 林潤, 古川禎久, 松本文明, 松本洋平, 武藤容治, 山本ともひろ, 渡部篤, 中川義雄 등 29명이다. 민주당의원은 13명으로 石関貴史, 泉健太, 河村たかし, 北神圭朗, 神風英男, 田村謙治, 牧義夫, 松木謙公, 松原仁, 吉田泉, 笠浩史, 鷲尾英一郎, 松下新平, 무소속의원은 2명으로 西村真悟, 平沼赳夫, 대학교수는 8명으로 福田逸(明治大学), 遠藤浩一(拓殖大学), 宮崎正弘(拓殖大学), 東中野修道(亞細亞大学), 荒木和博(拓殖大学), 島田洋一(福井縣立大学), 西岡力(東京基督教大学), 藤岡信勝(拓殖大学), 정치평론가는 4명으로 加瀬英明, 西尾幹二, 富岡幸一郎, 岡崎久彦 등이고 저널리스트는 2명으로 青山繁晴(獨立総合研究所首席研究員兼代表取締役社長), 茂木弘道(世界出版社代表取締役) 등이다.

자료: 『Monthly WiLL』. 從軍慰安婦と斷固戦う, ワック, 2007年緊急増刊号; 2007年 8月号.

역사위원회위원으로 활동하며 동시에 일본의 대표적인 보수논객으로 알려진 사쿠라이 요시코(櫻井よしこ)는 베트남에서 야전병원에서 일하는 일본인의 부모하에서 태어났고, 종전 후 일본으로 귀향했다. 게이오대학을 중퇴하고 하와이대학 역사학부를 졸업하였다. 이후 저널리스트, 정치가, 인터넷방송 뉴스케스터, 2007년 국가기본문제연구소 이사장, 2012년 언론텔레비전 사쿠라이LIVE 회장, 2014년 21세기의 일본과 헌법유식자회의 대표, 아름다운 일본의 헌법을 만드는 국민의 회(美しい日本の憲法をつくる国民の会) 공동대표를 맡고 있다. 그녀는 위원으로 활동하면서 워싱톤 포스트 2007년 6월 14일호에 미하원121호결의(米下院121号決議)의 전면철회를 요구하고 '위안부동원에 일본 정부나 구 일본군의 조직적이며 계획적인 강제연행은 없었다'는 의견광고 'THE FACTS' 게재에 참여했다.

그리고 그녀는 2007년 남경사건(南京事件)을 역사적 사실에 기초하지 않은 정치적 창작으로 인식해서 만든 영화 〈남경의 진실〉(南京の真実)에 찬동자로 이름을 올렸다. 새로운 역사교과서를 만드는 회(新しい歴史教科書をつくる会)의 시판본 『일본인의 역사교과서』(日本人の歴史教科書)(2009년 5월 발매)에 기고하고 '만드는 회 오키나와문제긴급심포지엄'(つくる会『沖縄問題』緊急シンポジウム)에 강연자와 패널로 참석하였다. 그녀는 『일본인의 미덕 자부심이 있는 일본인이 되자』(日本人の美徳 誇りある日本人になろう)(宝島社新書 2008年 2月), 『일본인으로 태어나 좋았다』(日本人に生まれて良かった)(悟空出版, 2015年 2月)를 출간하여 일본과 일본인의 자부심과 자긍심을 강하게 갖는 활동을 전개하고 있다. 2015년 일본청년회의소에 글로벌리더육성숙(グローバルリーダー育成塾)을 창설하고 영주외국인지방참정권에 반대하는 국민포럼 발기인, 부부성별에 반대하고 가족애를 지키는 국민위원회를 지지하였다.

역사사실위원회는 '위안부문제가 역사적으로 왜곡되었다'는 것을 《워싱톤포스트》에 게재하여 미국정치인이나 시민들에게 알렸다. 역사적 사실이라고 게재한 내용에 접한 미국정치인이나 시민 중에는 국가를 대표하는 국회의원이나 관료의 목적성을 가진 의도적인 역사인식, 일본중심적인 사실왜곡 등으로 인식하여 부정적인 반향을 일으켰다. 그리고 일본 내에서는 우리 역사의 사실의 회(歴史の真実の会)가 사이트를 통해서 'THE FACTS'에 대한 내용에 공개적으로 반론하였다.

역사사실위원회의 활동에 대해서 일본우익들은 긍정적으로 평가하는 측면도 있지만, 역사적 사실을 제대로 인식하여 알리기보다는 정치적 목적과 아전인수적인 역사

인식을 유도하는 부정적인 측면이 있어 오히려 부작용을 낳았다는 평가도 있다. 일본의 국익을 추구하기보다는 역으로 국익을 해칠 가능성이 있다는 면을 우려한 비판이다. 동아시아의 역사적 사실에 대해서 인식의 차이를 들춰내어 확인하는 작업부터 시작할 필요가 있다. 그리고 하나하나 역사적 사실을 해결하기 위해서는 한국과 일본, 일본과 중국, 아시아와 일본 등과 관련된 역사적 사실을 검증할 필요가 있을 것이다.

1990년대 《아사히신문》의 한 기자는 종군위안부 실존 인물과의 인터뷰를 통해서 처음으로 위안부실체를 보고하여 반향을 일으켰다. 그것이 이른바 요시다증언(吉田証言)이다. 《아사히신문》은 30년 이전부터 요시다 세이지(吉田清治) 기자의 위안부 증언을 반복적으로 보도하였다. 그러나 일본 내에서는 그런 요시다 증언에 대해서 이의를 제기하였다. 내용은 여자정신대(女子挺身隊)와 혼동하여 위안부들이 조직적이고 공권력으로 강제연행되었다는 인상을 주는 기사보도에 대한 이의제기였다.[126] 그리고 《아사히신문》이 위안부문제에 대한 기사를 정정하지 않아 오해와 편견이 국제여론을 형성하게 되었다는 인식이다. 그런 주장에 기초해서 수정을 요구한 소송이 바로 아사히 글렌델소송(朝日グレンデール訴訟)이다.

글렌델소송(朝日グレンデール訴訟)은 《아사히신문》의 기자가 생존하고 있는 종군위안부와 인터뷰해서 보도한 내용이 국제여론을 통해 비난받은 일본인의 명예와 존엄을 회복하기 위한 목적으로 제기한 소송사건이다. 이들은 '《아사히신문》이 허위사실을 보도한 것'이라고 인식하였다. 즉 《아사히신문》의 기사에서 '일본인은 20만 명 이상의 조선인 여성을 조직적으로 강제연행하여 혹사하는 20세기 최대급의 잔학한 인권 침해를 범하고, 더욱이 그것을 인정하지 않고, 국제여론의 권고도 거부하고 피해자에 대한 보상, 관계자처벌, 역사교육을 하지 않는 등 무책임한 민족 및 인종'이라는 불명예로 낙인을 찍은 것에 대한 문제제기였다.

126) 요시다 세에지(吉田清治, 1913년-2000년)는 1980년대 태평양전쟁 중 일본군의 명령으로 조선에서 젊은 여성을 위안부로 삼기 위해 강제연행됐다고 하는 증언을 다수 취재하고 주로 《아사히신문》에 기사를 냈다. 이 기사에 대한 진실 공방이 일어나고 한일외교문제로 비화되었다. 그런 비판과 진실 공방에 휘말리면서 1995년 요시다는 스스로 자신의 증언은 창작이었다는 것을 인정하고 《아사히신문》도 비난받아 2014년 기사를 삭제하고 사죄했다. 요시다는 1998년 이후 불명상태였고, 2000년에 죽었다는 것이 판명됐다.

다음은 기업인으로 활동했던 마쓰시타 고노스케(松下幸之助)가 일본의 미래지도자를 육성하기 위해 공익법인의 형태로 설립하여 운영하고 있는 마쓰시타정경숙(松下政経塾)을 소개한 것이다. 여기에서는 각계에서 활동할 수 있는 정치가, 경영자, 지식인 등을 배출하고 있다.[127)]

〈표 26〉 마쓰시타정경숙

<table>
<tr><th>구분</th><th>내용</th></tr>
<tr><td>설립
목적</td><td>공익법인 마쓰시타정경숙(公益財団法人松下政経塾, The Matsushita Institute of Government and Management)은 마쓰시타전기산업(松下電器産業)의 창업자 마쓰시타 고노스케(松下幸之助)가 1979년에 설립하였다. 실업가로 성공한 마쓰시타 고노스케는 만년에 차세대 국가지도자를 육성하기 위해 70억 엔을 투자하여 가나가와현(神奈川縣茅ヶ崎市)에 공익법인으로 마쓰시타정경숙을 설립하였다. 막말 많은 지도자를 배출한 사숙 쇼카손주쿠(私塾松下村塾)을 연상시키지만 관계가 없다.</td></tr>
<tr><td>운영</td><td>입숙 시기는 전년도 7월경에 원서를 제출하고, 여름부터 가을에 걸쳐 선발한다. 선발시험은 소논문, 교양시험, 논술시험 등 필기시험, 집단면접과 개인면접의 구슬시험, TOEIC에 의한 어학시험, 체력측정, 적성검사 등으로 진행된다. 모집정원은 정해지지 않았고 약 200명 전후 출원자 중에 10여 명 미만이 합격하고 남녀공학이다. 재학 중이나 취업 중이 아닌 22세 이상 35세 이하의 청소년으로 입학 후 숙 내에서 집단생활을 하고 4년간에 걸쳐 연수와 실천 활동을 하고, 재학 중에는 매월 20만 엔의 연수자금이 제공되고 각자 활동계획에 기초한 활동자금을 별도로 지급받는다. 연수커리큘럼은 정치학, 경제학, 재정학 등 전문분야교육, 차도, 서도, 좌선, 이세신궁참배 등 일본의 전통에 관한 교육, 자위대체험입대, 아침 3킬로구보, 100킬로 강보대회 등 폭넓은 분야의 프로그램이 있다. 그리고 마쓰시타산업에서 제조업이나 판매업도 실습한다. 최종연도에 수료심사회를 거쳐 수료가 결정된다. 마쓰시타정경숙(松下政経塾)에서 활동한 주쿠 졸업생들은 지역부터 일본을 바꾸는 운동(地域から日本を変える運動, ちにか運動)의 일환으로 각지에서 지역정경숙을 개교하고 있다. 그러나 그것은 마쓰시타정경숙의 지방지부가 아니기 때문에 연수자금을 주지 않고 입숙비나 회비를 내야 한다. 현재는 치바현, 오카야마현, 에히메현 등에서 지역정경숙이 운영되고 있다.</td></tr>
<tr><td>성과</td><td>- 개교 이래 정치분야(정치가, 정치활동가, 정책스태프) 104명, 경제분야(임원 및 회사원) 68명, 연구와 메스미디어 40명, 기타 30명 등을 배출하였다.
- 정부관료로는 1992년 미야자와 개조내각(宮沢改造內閣)에서 1기생 아이자와 이치로(逢沢一郎)가 처음으로 정무차관을 지냈고 국회의원으로 당선되었다. 2002년 고이즈미 내각(小泉改造內閣)에서 5기생 이토 다쓰야(伊藤達也), 다카이치 사나에(高市早苗)가 처음으로 부대신에 등용되었고, 2004년 제2차고이즈미내각에서 이토가 금융대신으로 처음 입각했다. 2006년에는 다카이치 사나에가 아베 내각에서 오키나와 및 북방대책과학기술정책, 식품안전 이노베이션, 소자화남녀공동참획 담당 내각부특명담당대신으로 입각했다.</td></tr>
</table>

127) https: //www.mskj.or.jp/ (2019년-2020년 검색)

	- 2005년 제8기생 마에바라 세이지(前原誠司)가 민주당 대표로 취임하고, 야당1당의 당수가 되었고, 총리후보가 되었다. 2009년 하토야마내각에서 마에바라(前原誠司)는 국토교통대신을 역임하였다. 하라구치 가즈히로(原口一博)는 총무대신으로 입각했고, 출신 8명이 대신, 부대신, 정무관 등으로 등용되었다. - 2010년 칸정권(菅政権)에서는 마에바라(前原)와 하라구치(原口)가 대신으로 유임되고, 겐바 코이치로(玄葉光一郎) 당 정조회장 겸 국가전략담당대신, 다루도코 신지(樽床伸二) 국대위원장, 후쿠야마 데쓰로(福山哲郎) 관방부장관, 노다 요시히코(野田佳彦) 재무대신 등 정치 요직에서 활동하였다. 자민당이 정권을 탈환한 후 다카이치 사나에는 정조회장, 총무대신을 맡았고, 오노데라 이쓰노리(小野寺五典)는 방위대신, 마쓰노 히로가즈(松野博一)는 문부과학대신 등으로 입각했다. - 2011년 8월 29일 1기생 노다 요시히코(野田佳彦)가 민주당 대표로 선출되어 국회에서 제95대 내각총리대신으로 지명되었다. 마쓰시타정경숙 출신 최초 내각총리대신이 탄생하였다. 이 시기는 정경숙 출신이 요직에 포진하여 '마쓰시타세이케이주쿠내각(松下政経塾内閣)'이라고 미디어는 평가하였다.

지금까지 마쓰시타정경숙은 전통적인 자유민주당이 아니라 민주당과 같은 야당에서 활동하는 정치가를 배출하였다. 따라서 보수적이거나 우익적인 성향보다는 전진적인 방향에서 한일관계를 개선하는 움직임을 보여 한국에 유연한 외교정책을 추진하였고, 무라야마담화와 같은 선언을 하여 한일관계를 개선하는데 노력을 하였다. 그리고 하토야마 총리처럼 지한파 정치가가 정계에 등장하여 친한적인 외교정책을 구사하였다. 2000년대 초 자민당이 정권을 놓치고, 제1기생 노다 요시히코가 총리대신을 하면서 마쓰시타 출신의 황금기를 맞이하였고, 여전히 개혁성을 갖고 활동하였다. 그러나 시간이 흘러가면서 정권을 탈환한 자민당에서 활동하는 출신들이 늘어났고, 강한 보수성향을 띠며 활동하는 정치가도 나타나고 있다.

다음은 마쓰시타정경숙의 1기부터 5기 출신의 정치가를 소개한 것이다. 그들은 중의원의원, 참의원의원, 지방자치단체장, 지방의원, 대학교수, 경영자 등으로 활동하고 있다.

〈표 27〉 마쓰시타정경숙 출신의 활동현황

기수	성명	당적	대신	국회의원	수장	지방의원	기타
1	逢沢一郎	自民		衆11期			
1	内山登					岡山縣	
1	岡田邦彦						早稲田大学特任教授

1	小野晋也	自民		衆5期		愛媛	
1	鈴木康友	無所属		衆2期	浜松市		
1	平浩介					廣島縣	
1	野田佳彦	無所属	首相	衆8期		千葉縣	
1	林英臣						林英臣政経塾塾長
1	横尾俊彦				多久市		
1	吉田謙治					神戸市	
2	打越明司	民主		衆4期		鹿兒島縣	
2	海老根靖典				藤沢市	藤沢市	
2	菊川智文					今治市	
2	近藤康夫					下松市	
2	嶋聡	維新		衆3期			サイバー大学客員教授
2	長浜博行	立憲	環境	衆4期参2期			
2	松原仁	無所属	公安	衆7期		東京都	
2	山田宏	自民		衆2期参1期	杉並區	東京都	
3	笹木龍三	民主		衆4期			
3	鈴木淳司	自民		衆5期		瀬戸市	
3	田近秀敏						PHP研究所講師, 松下政経塾指導塾員
3	樽床伸二	無所属	総務	衆6期			希望の党代表代行
3	本間正人						京都造形芸術大学 芸術学部教授
3	前田正子						甲南大学マネジメント 創造学部教授
3	松沢成文	維新		衆3期参1期	神奈川縣	神奈川縣	
4	原口一博	国民	総務	衆8期		佐賀縣	
4	三谷光男			衆2期			
5	伊藤達也	自民	金融	衆8期		廣島縣	
5	高市早苗	自民	総務	衆8期			
5	武正公一	立憲		衆6期		埼玉	

제1기출신 중에는 노다 요시히코가 일본 총리로 내정되었고, 대신으로는 나가하마 히로유키(長浜博行) 환경대신, 마쓰바라 진(松原仁) 공안위원장, 다루도코 신지(樽床伸二) 총무대신, 하라구치 가즈히로(原口一博) 총무대신, 이토 다쓰야(伊藤達也) 금융재무대신, 다카이치 사나에(高市早苗) 총무대신 등이 배출되어 마쓰시타 정경숙의 정치력이나 실력을 발휘하면서 정치가 배출 명문숙으로 일본사회에 각인시켰다. 이로써 실업가로서 국가에 공헌하는 인재를 육성하고자 했던 마쓰시타 고노스케의 열망이 효과를 보게 된 것이다.

그리고 기존의 민주당 중심의 정치활동에서 벗어나 자민당 소속으로 활동하는 가운데 보수색채를 강하게 표출하는 보수파 정치인이 배출되고 있다. 그 중에서 대표적인 보수정치인이 다카이치 사나에이다. 그녀는 아베 내각에서 실력을 발휘하고 총애를 받으며 총무상으로 발탁되었고, 자민당 내에서도 요직에 등용되었으며, 한국이나 외교정책에서 일본의 의지를 강하게 표현하는 정치가로 부각되고 있다. 그리고 자민당 소속으로 활동한 가와이 가쓰유키(河井克行)는 아베 내각에서 법무상으로 입각하였다. 마쓰시타 정경숙 출신으로 부각되고 있는 인물이 30기 출신의 젊은 정치가 중의원의원 마루야마 호다카(丸山穗高, 35)이다. 그는 한국과 역사, 영토 등에 대해서 강경한 자세를 취하여 반향을 일으켜 관심의 대상이 되었다.[128] 그는 자신의 트위터에서 독도를 둘러싼 영유권에 대해서 전쟁으로 영토를 확보하자는 강경발언을 하는 등 한국에 대해서 강하게 의견을 표출하는 인물로 알려지고 있다.

《교도통신》(共同通信)에 따르면, NHK에서 국민을 지키는 당(N국당) 소속 중의원 마루야마 호다카는 2019년 8월 31일 트위터에 한국 국회의원들의 독도 방문과 관련해서 '다케시마(竹島 · 독도)가 정말로 협상으로 돌아오는 것이냐'며 '전쟁으로 되찾을 수밖에 없는 것 아닐까'라고 주장하였다. 이어 '한반도 유사시를 포함해 우리(일본) 고유의 영토에 자위대가 출동해 불법점거자를 쫓아내는 것을 포함한 다양한 선택지를 배제해서는 안 된다'고 주장했다. 마루야마의 주장은 남북 충돌 등 한반도에서 비상사

128) http: //www.segye.com/newsView/; https: //ja.wikipedia.org/wiki. 마루야마 호다카(丸山穗高, 1984년)는 동경대경제학과졸업, 경제산업성관료, 2012년 재단법인 마쓰시타정경숙(松下政経塾) 졸업, 일본유신의회 오사카지부장, 제46회 중의원선거에서 당선, 2014년 재선, 2019년 북방교류사업에 관한 구나시로토(国後島)을 방문했을 때 극단적인 발언으로 일본유신의 회에서 제명되었고, 2019년 NHK로부터 국민을 지키는 당(NHKから国民を守る党) 소속으로 중의원에 당선되었다.

태가 발생했을 때 독도에 병력을 투입해 뺏자는 의미이다. 그의 독도 발언에 대해 당시 스가 요시히데 관방장관은 '개개 의원의 발언에 대해 정부가 논평하는 것을 삼가고 싶다'고 답했다. 이처럼 마쓰시타정경숙은 개혁적이며 보편적인 이념보다는 강한 보수이념과 성향을 보이는 인재를 기르는 양성소로 전환될 우려가 있다.

2020년 현재 일본에서는 일본의 국익을 극단적으로 추구하는 우익정치가가 활개를 치고 있다. 한국이나 일본 국회의원이 자국의 이익을 위해 주장하고 활동하는 것은 당연한 것이다. 전후 한국의 지일파와 일본의 지한파는 국익을 전제로 활동하면서도 서로 이해하고 교류하는 가운데 역사적인 문제를 넘어 선린 관계를 만드는 데 노력을 해왔다. 그러나 현재 일본에는 이른바 양국의 이익을 추구하는 건전한 보수파가 사라지고 있다. 더욱이 정치가뿐 아니라 국민들 사이에서도 일본 중심적인 정책과 미래를 편애하는 경향이 있어 한일 간의 우호적인 관계가 깨지는 경우가 종종 발생하고 있다. 그런 점에서 보면, 한일관계를 개선하기 위해서는 한국의 역량만으로 되지 않는다. 일본에서 건전한 보수파와 지한파가 형성되어 균형있는 한일관계를 추진하도록 국정운영에 참가하고, 외교역량을 발휘할 수 있는 기회가 확대될 필요가 있다.

2. 일본의 국가지도자

전후직후 일본의 역대 총리는 국내외관계에서 해결해야 할 역사적 과제를 가지고 있었다. 일본에 직면한 과제는 국내적으로 새로운 국가체제를 구축하여 일본을 발전시키고 성장시켜야 하는 일본 살리기라는 과제와, 다른 하나는 국제관계에서 한국과의 역사적 과제를 풀어야 하는 것이었다. 전자는 총리와 국민들이 나름대로 지혜와 국력을 결집시켜 해결하는 수완을 발휘한 결과 경제대국 일본으로 위상을 높였기 때문에 성공적이었다고 평가할 수 있다. 후자는 한국과의 관계에서 보면, 많은 방법과 대안으로 접점을 찾아가려고 했음에도 불구하고 항상 과제를 남기는 해법으로 봉합되어 그다지 성공적이지 못했다고 할 수 있다.

국가지도자로서 총리들은 일본의 입장이나 국익을 전제로 하면서, 한일 간의 국교정상화와 한일 역사적 과제, 그리고 국가발전을 동시에 추구하였다. 특히 국가지도자들은 한일관계를 만들어가는 과정에서 일본 중심적인 입장을 견지하면서도 부분적으로 지한파 내지는 친한파의 성향을 표출하였다. 그 배경에는 미국과 소련이 이념 중심적으로 대립하던 냉전에 휘말리지 않기 위해서 일본지도자와 한국지도자가 반공산주의와 친미주의를 공유하는 공통점이 있었다. 일본의 친미지도자는 미국측이 주도하는 자본주의 체제를 이식하여 국가를 운영하고, 동시에 공산국가를 견제하기 위해 한국을 한반도의 유일한 국가로 지지하는 입장을 취하고 국교정상화를 추진하였다.

일본천황은 직접적으로 국가운영을 하고 있지 않지만 일본을 상징하고 대표한다는 점에서 최고지위에 있다. 다음은 일본천황이 한국대통령이 방일했을 때 궁중에 초대한 궁중환영만찬회에서 한국에 대한 입장을 직접적으로 언급한 내용을 소개한 것이다. 일본천황의 연설은 일본국가와 천황, 국민의 입장을 기본적으로 대변하고 있다는 점에서 의의가 있다고 할 수 있다.

〈표 28〉 일본천황의 발언

구분	내용
쇼와천황	쇼와천황(昭和天皇)은 1984년 (昭和59년) 9월 6일 전두환 대통령이 국빈으로서 일본을 방문했을 때 궁중에서 열린 환영만찬회에서 '…금세기(今世紀)의 한 시기에, 양국 간에 불행한 과거가 존재했던 것은 정말로 유감(遺憾)으로서, 두 번 다시 반복되어서는 안 된다고 생각합니다'라고 언급하였다(日本の戦争謝罪發言一覽).
헤이세이천황	- 헤이세이천황(平成天皇)은 1990년 5월 24일 노태우 대통령이 국빈으로서 일본을 방문했을 때 궁중에서 열린 환영만찬회에서 '쇼와 천황(昭和天皇)이 "금세기(今世紀)의 한 시기에, 양국 간에 불행한 과거가 존재했던 것은 정말로 유감(遺憾)으로서, 두 번 다시 반복되어서는 안 된다"라고 말씀하신 것이 생각납니다. 우리나라에 의해 초래된 이 불행한 시기에, 귀국(貴国)의 사람들이 겪은 고통을 생각하면, 나는 매우 애석한 마음을 금할 수 없습니다'라고 언급하였다(日本の戦争謝罪發言一覽). - 헤이세이천황(平成天皇)은 1998년 10월 8일 김대중 대통령이 국빈으로서 일본을 방문했을 때 궁중에서 열린 환영만찬회에서 '이러한 밀접한 교류의 역사가 있는 반면, 한 시기에, 우리나라가 조선반도(朝鮮半島)의 사람들에게 커다란 고통을 가져다 준 시대가 있었습니다. 그것에 대한 깊은 슬픔은 항상 제 기억에 머물러 있습니다'라고 발언하였다(日本の戦争謝罪發言一覽).

자료: 『週刊ポスト』 2019年 9月 20·27日号

일본천황은 한일간에 벌어진 역사적 사실에 대해서 유감, 애석, 슬픔 등으로 표현하였다. 쇼와천황은 양국 간에 발생한 불행한 과거에 '유감'이라고 표현했고, 헤이세이천황은 일본이 가져다준 고통에 대해서 '애석'하고, 일본이 조선반도 사람에게 커다란 고통을 가져다준 시대에 대해서 깊은 '슬픔'이라고 표현하였다. 쇼와천황은 식민지 시대에 대해서 '한일 간의 역사를 양국 간에 불행한 과거가 존재했던 것'으로 표현하고 일본이 초래한 것이라는 점을 명확하게 하지 않았다. 헤이세이천황은 '우리나라가 조선반도 사람에 가져다준 것'으로 표현하여 일본이 초래했다는 사실을 밝혔다는 점에서 차이가 있다.

역대 일본총리는 한국에 대해서 협조, 경쟁, 견제 등과 같은 다양한 외교전략을 통해서 대응해왔다. 사토 에이사쿠 총리는 한일기본조약에 기초한 국교수교와 한일청구권협정을 맺어 한일 간의 관계를 정상화하고 과거청산을 시도하였다. 한일기본조약체결이후 독립축하금이나 기업에 의한 기술이전, 다액의 정부간 경제협력(ODA, 엔차관)을 실시하였다. 그 이후 한일은 완벽하지 않았지만 한일협력시대를 열어가면서 상호발전하는 단차적(段差的) 발전궤도를 만들어 왔다. 발전하는 한국과 더욱 발전하는 일본이라는 단차적(段差的) 발전모델이 만들어졌고, 이후 다양한 협력과 경쟁을 통해서 한일은 공존해왔다. 현재 한국의 주요성장산업으로 자리잡은 해운, 조선, 자동차, 전자, 기계, 제철 등의 영역에서 일본 산업이 혹독하게 도전을 받은 것은 일본의 지원과 협력 때문이라는 일본내부로부터의 반성과 자성의 목소리가 높다.

당시 일본의 지한파 지도자는 한국 정부와의 협조를 나름대로 중시하는 경향이 있었다. 한국에 대한 지원과 지지를 앞세워 한일관계를 개선하고 유지하려고 한 것도 사실이다. 일본의 좌파 진영은 한국에 부정적이고 북한에 우호적이었다. 한국을 지배하고 있는 군사독재정권에 대한 반감이었고, 일본이나 미국의 지배층과 유착되어 민중을 억압하고 있다고 인식하였기 때문이었다. 한국의 민주화 흐름이 진행되면서 이후 북한에 호의적이었던 일본의 좌파는 일본인납치문제이후 노골적으로 친북을 표현하지 않고 한국을 지지하는 성향도 보였다. 그것은 한국에서 군사독재정권으로부터 벗어나 민주화운동흐름 속에서 탄생한 김대중 정부, 노무현 정부 등과 같은 집권당이 등장했기 때문이기도 했다. 따라서 이 시점에서 일본내의 지도자는 대한정책에 유화적인 측면이 있었다고 할 수 있다.

다음은 국가지도자를 역임한 기시 노부스케(岸信介)총리, 사토 에이사쿠(佐藤栄作)총리, 다나카 가쿠에이(田中角栄) 총리의 대한 관련정책을 소개한 것이다.[129)]

---

129) 増田弘(著, 編集), 2016,『戦後日本首相の外交思想: 吉田茂から小泉純一郎まで』, ミネルヴァ

〈표 29〉 시기 노부스케, 사토 에이사쿠, 다나카 가쿠에이 총리

구분	활동내용
기시노 부스케	- 기시 노부스케(岸信介, 1896년-1987년)는 구성 사토(佐藤), 기시 노부마사(岸信政, 백부이며 양부), 사토 에이사쿠(佐藤栄作, 실제), 아베 요코(安倍洋子, 딸, 아베 신타로 부인, 아베 신조 모), 아베 신타로(安倍晋太郎, 사위), 아베 신조(安倍晋三, 외손자), 기시 노부오(岸信夫, 외손자, 아베가에서 기시가로 양자입양, 아베 신조의 제), 야마구치현 출신이다. - 도쿄제국대학 졸업, 만주국 총무청차장, 내각총리대신, 황학관대학(皇学館大学)총장, 쇼와의 요괴(昭和の妖怪)라는 별칭이 있다. 도조 히데키(東条英機) 내각의 태평양전쟁 개시시 중요 각료로 활동하여 극동국제군사재판에서 A급전범피의자로 3년반 구류되었다가 불기소로 무죄 사면되었고, 공직추방되었다가 샌프란시스코평화조약 발효로 해제되었다. - 1955년 보수합동을 주도하고 55체제를 구축하여 자유민주당의 초대 간사장을 역임하고, 1957년 56대 내각총리대신으로 취임 후 일미안보체제 성립에 진력을 하고 1960년 미일신안전보장조약 조인으로 벌어진 안보투쟁을 극복하였지만 총리직을 사임하였다. - 기시는 시이나 에쓰사부로(椎名悦三郎, 瀬島龍三, 笹川良一, 児玉誉士夫) 등 만주활동인맥을 형성하여 정계에 영향력을 행사하였고, 한일국교정상화에 노력하였으며 회복 후에도 한일협력위원회를 조직해서 활동했고, 박정희 정권과 좋은 관계를 맺었다.
사토 에이사쿠	- 사토 에이사쿠(佐藤栄作, 1901년~1975년)는 야마구치현출신, 도쿄제국대학졸업, 기시 노부스케(岸信介, 차형), 아베 신조(安倍晋三, 大甥), 일본철도관료로서 출발해 정치가로 활동하며 '정계의 단주로(政界の団十郎)', '하야미미의 에이사쿠'(早耳の栄作), 인상의 사토(人事の佐藤)라고 칭하였다. 1964년 이케다 다미토에 승리하여 내각총리대신으로 취임한 후 61, 62, 63대 7년 8개월이라는 총리연속재임기록을 가졌다. - 총리재임 중 ILO87호조약(결사의 자유 및 단결권 보호에 관한 조약)비준, 국민축일법개정에 의한 경노의 날, 체육의 날, 교육의 날, 건국기념의 날 제정, 오가사하라섬과 오키나와의 반환실현, 일미안전보장조약 자동연장, 일미섬유마찰해결, 내각총리대신 표창제정 등을 추진하였다. 1967년 12월 11일 중의원예산위원회의 답변에서 '핵병기를 갖지 않고, 만들지 않고, 들여오지 않는다'(核兵器を持たず, 作らず, 持ち込ませず)라는 이른바 비핵3원칙을 표명하여 1974년 노벨평화상을 수상하였다. 한일기본조약(日韓基本条約)을 맺어 비준하여 한일국교정상화를 실현하였고, 한일정구권협정을 맺어 식민지 지배에 대한 청산을 시도하면서 한국경제발전명목으로 무상 및 유상지원을 하였다. 그리고 한일국교정상화에 조인한 총리로 한일관계개선에 다양하게 활동하였다.

書房. 保阪正康, 2020,『保阪正康解説 日本ニュースが伝えた戦中·戦後~昭和·激動期の首相たち』, NHKエンタープライズ. 渡辺昭夫(著), 2001,『戦後日本の宰相たち』, 中央公論新社.『週刊ポスト』2019年9月20·27日号. 加瀬英明(監修), 加地悦子, 2016,『岸信介 最後の回想: その生涯と60年安保』, 勉誠出版. 原彬久(編集), 2014,『岸信介証言録』, 中央公論新社. 岩見隆夫(著), 2012,『昭和の妖怪 岸信介』, 中央公論新社.

다나카 가쿠에이	- 다나카 가쿠에이(田中角栄, 1918년-1993년)는 건축사, 중의원의원 16기, 우정대신, 오쿠라쇼대신, 통상산업대신, 64대 및 65대 내각총리대신을 역임하였다. 일본열도개조론을 주창하여 전국개발을 주도하는 가운데 지가와 물가 급상승이 일어나 사회문제화되었다. 1973년 오일쇼크로 마이너스성장을 경험하였다. 소선거구제를 제안하였지만 야당과 여론의 공격을 받아 철회하였다. - 1972년 9월 29일 일본총리로서 방중에 즈음하여 '과거에 일본국이 전쟁을 통하여 중국 국민들에게 중대한 손해를 준 것에 대한 책임을 통감하고 깊이 반성한다. 또한 중화인민공화국 정부가 제기한 복교3원칙(復交三原則)을 충분히 이해하는 입장에 서서 국교정상화의 실현을 꾀한다'라는 견해를 밝혔다. 중국측은 '이를 환영할 것이다'라고 화답하였다(日本の戦争謝罪發言一覽). 동서냉전하에서 박정희 정권을 지지하는 입장에서 한국 측의 일방적인 정치결착을 수용하였다. 김종필의 방일과 미야자와 기이치(宮沢喜一) 외상의 방한으로 김대중 사건을 정치적으로 해결하였다.

자료: 『週刊ポスト』, 2019年 9月 20·27日号

1945년부터 1970년대 한일관계는 일본이 상대적 우위입장에서 주도적으로 이끌어 왔다. 일본이 한국보다는 다양한 측면에서 우위에 있었고, 국제사회에서도 역할을 했기 때문이기도 했다. 한국은 경제발전을 위해서 일본으로부터 다양한 지원과 기대를 하고 있는 가운데 일본은 한국을 최대한 자극하지 않으면서 유연하게 대응해서 국익을 챙겼다고 할 수 있다. 당시 일본 총리들은 한국이 불편해하거나 불쾌하다고 생각되는 부분에 대해서 적극적으로 해결하지 않았지만, 적어도 표면 위로 노골적으로 들어내어 충돌하는 상황을 만들지 않으려고 노력하였다. 그런 관점에서 한일기본조약, 한일청구권협정, 과거식민지 지배, 역사교과서, 역사인식, 영토문제 등에 대해서 자극적이지 않게 대응하여 한일관계를 유지하려고 하였고, 한국은 그 환경에서 국익을 도모했다고 볼 수 있다.

다음은 후쿠다 다케오, 스즈키 젠코, 나카소네 야스히로, 다케시타 노보루 총리의 활동내용을 소개한 것이다.

〈표 30〉 후쿠다 다케오 총리부터 다케시타 노보루 총리

총리명	활동내용
후쿠다 다케오	- 후쿠다 다케오(福田赳夫, 1905년-1995년)는 오쿠라쇼관료출신, 67대내각총리대신(1976년-1978년)을 역임하였다. 국내외문제에 대해서 실무형 내각을 구성하여 일하는 내각으로 표현하였고, 전 내각이 남겨놓은 과제를 해결하는 의미에서 청소대신이라고 자칭하였다. 포스트 사토 에이사쿠를 둘러싸고 다나카 가쿠에이(田中角栄)와 치열하

	게 투쟁하여 가쿠후쿠전쟁(角福戦争)을 일으켰다. 다나카는 일본열도개조론(日本列島改造論)을 내세운 고도경제성장론을 주창하였고, 후쿠다는 균형재정지향의 안정경제성장론을 주창하였다. 결국 다나카 가쿠에이가 승리하여 총리가 되었고, 이후 총리에 선출되었다. - 후쿠다 정책노선은 자민당 우파의 자세이며, 기시파의 전통을 계승하는 후쿠다파를 결성하여 세이와정책연구회(清和政策研究会)를 만들었고, 이후 모리 요시로(森喜朗), 고이즈미 준이치로(小泉純一郎), 후쿠 다야스오(福田康夫), 아베 신조(安倍晋三) 총리로 이어졌다.[131] 후쿠다는 한국로비스트라고 불릴 정도로 한국에 대해서 잘 알고 있었고, 한일협력위원회(日韓協力委員会) 회장을 맡아 한일관계개선에 노력을 하였다.
스즈키 젠코	스즈키 젠코(鈴木善幸, 1911년-2004년)는 동경해양대학, 우정대신, 관방장관, 후생대신, 자민당총재, 70대 내각총리대신을 역임하였다. 1982년 교과서문제로 한국에 사죄했고, 제1차교과서문제가 1982년 6월 발생하여 중국과 일본내부로부터 반발이 있어 근린제국조항(近隣諸国条項)을 제정하여 대응했다. 1982년 8월 24일 그는 교과서 문제에 대한 기자회견에서 '과거의 전쟁을 통하여, 중대한 손해를 입힌 책임을 깊게 통감하고 있다. 침략이라는 비판도 있다는 것을 인식할 필요가 있다'고 발언하였다(日本の戦争謝罪發言一覽).
나카소네 야스히로	- 나카소네 야스히로(中曽根康弘, 1918년-2019년)는 동경제국대학졸업, 71, 72, 73대 내각총리대신, 세계평화연구소 회장, 척식대학제12대 총장과 이사장, 동아시아공동체평의회회장, 신헌법제정의원동맹회장 회장, 대미관계상 야스(ヤス)라는 애칭이 붙었고, 작고 강한 정부를 주창하면서 대통령적 총리를 시도하였다. 소노다 스나오(園田直) 외무대신은 한국이 방위 및 안전보장과 관련해서, 5년간 60억 달러의 정부차관을 요청한 것에 대해서, 경제협력단절을 요구하며 40억 달러 이하로 차관을 삭감하는 것을 제안했고, '자금을 받는 자가 주는 자를 향해서 태연하게 하는 태도는 옳지 않다'는 고자세를 취해 한국의 반발을 샀다. 나카소네는 총리가 되기 전에 그런 문제를 해결하기 위해서 1983년 방미 직전에 한국을 방문하고 급하게 한일관계의 회복을 꾀하였다. - 1984년 9월 7일 전두환 대통령 방일 시, 만찬회에서 나카소네 야스히로는 '귀국 및 귀국민에게 다대한 곤란을 초래하였다. 깊은 유감(遺憾)의 감정을 느낀다'라고 벌언하였다. 1986년 8월 14일 고토다 마사하루(後藤田正晴) 내각관방장관은 나카소네의 야스쿠니신사참배에 대해서 '야스쿠니신사(靖国神社)가 이른바 A급 전범을 합사(合祀)하고 있는 것 등도 있기 때문에, 작년에 실시한 공식 참배는, 과거 우리나라의 행위에 의해 다대한 고통과 손해를 받은 근린 제국(近隣諸国)의 국민들이, 우리나라의 행위에 책임을 진 A급 전범에 대해 참배한 것이 아니냐는 비판을 낳고 있다. 더 나아가서 우리나라가 다양한 기회에 표명해온 지난 전쟁에 대한 반성과 그 위에서 있는 평화우호에 대한 결의에 대하여 오해와 불신까지 생겨날 우려가 있다. 이것은 각국 국민들과의 우호증진을 염원하는 우리나라의 국익에도, 그리고 전몰자(戦沒者)들의 진정한 바람에도 부합되는 방도가 아니다'라고 발표하였다(日本の戦争謝罪發言一覽).
다케시타 노보루	다케시타 노보루(竹下登, 1924년-2000년)는 와세다대학졸업, 자민당 최대파벌인 게이세회(経世会) 창설자, 총리대신을 역임하였다. 쇼와천황의 죽음으로 쇼와 최후의 총리이며 동시에 헤이세이 원년 내각총리대신이 되었다. 정책으로는 고향창생 1억 엔 지원, 소비

	세 도입 등을 추진하였다. 리쿠르트사 불상사로 총사직한 후 경세회지배를 통해 영향력을 행사하였다. 일한의원연맹회장, 하시모토내각(橋本内閣)과 오부치내각(小渕内閣)에 영향력을 행사하고 한일월드컵축구 공동개최를 시도하였다.

다음은 1990년대 일본총리로서 공식적이며 비공식적인 자리에서 한국에 대해서 직간접적으로 언급한 내용과 관련된 정책을 소개한 것이다.[131)]

〈표 31〉 미야자와 기이치와 오부치 게이조 총리

구분	활동내용
미야자와 기이치	- 미야자와 기이치(宮沢喜一, 1919년-2007년)는 도쿄대학졸업, 오쿠라쇼관료, 총리대신(1991년-1993년)을 역임하였다. 1982년 8월 26일 미야자와 기이치 관방장관은 교과서 기술 시 한국과 중국 등 이웃국가 입장을 배려하는 담화를 발표하였다. 즉 '첫째, 일본 정부 및 일본국민은 과거에 우리나라의 행위가 한국·중국을 포함한 아시아 국가들의 국민들에게 다대한 고통과 손해를 준 것을 깊게 자각하여, 이러한 일을 두 번 다시 반복해서는 안 된다고 하는 반성과 결의 위에서 평화국가로서의 길을 걸어왔다. 우리나라는, 한국에 대해서 쇼와(昭和) 40년 일한공동성명에서 과거의 관계는 유감이며 깊이 반성하고 있다는 인식을, 중국에 대해서는 일중공동성명에서 과거에 일본국이 전쟁을 통하여 중국 국민에게 중대한 손해를 준 것에 대한 책임을 통감하고, 깊이 반성한다 라는 인식을 나타냈는데, 이것들도 좀 전에 말한 우리나라의 반성과 결의를

130) 세이와정책연구회(清和政策研究会)는 자유민주당의 파벌이며, 약칭은 세와카이(清和会)이다. 이 계통은 福田派→安倍派→三塚派→森派→町村派→細田派 등으로 이어져 현재에 이르고 있다. 당내에서는 헤세이연구회(平成研究会)나 고이케카이(宏池会)와 더불어 보수의 명문파벌 중의 하나이다. 자민당내에서는 보수합동시의 일본민주당(岸信介·鳩山一郎派)의 흐름으로 이어졌다. 일본민주당의 반 요시다(反吉田茂) 노선을 기원으로 하고, 친미를 기조로 자주헌법론, 헌법개정론을 주창하고, 재군비에 적극적으로 추진하는 등 비교적 강경파성향이며, 냉전기에 반공산주의를 지향하여 한국과 대만의 독자적인 인맥을 형성하였다. 기시파를 중개한 후쿠다(福田赳夫)로 이어지는 자민당의 유력파벌이었지만, 가쿠후쿠전쟁(角福戦争 이후 자민당계의 다나카파(田中派-후의 平成研究会)와 오히라파(大平派-宏池会)가 연합했다. 모리내각에서 후쿠다이래의 총재파벌이 되었지만 모리는 오부치내각을 계승하여, 헤이세이연구회(平成研究会)의 성격이 강하다. 세와카이(清和会)가 명실상부한 주도파로서 실질적으로 정권의 중심을 노린 것은 고이즈 준이치로 내각이후였다.

131) 増田弘(著, 編集), 2016,『戦後日本首相の外交思想: 吉田茂から小泉純一郎まで』, ミネルヴァ書房. 保阪正康, 2020,『保阪正康解説 日本ニュースが伝えた戦中·戦後~昭和·激動期の首相たち~DVD-BOX』, NHKエンタープライズ. 渡辺昭夫(著), 2001,『戦後日本の宰相たち』, 中央公論新社.

	확인한 것으로서, 현재도 이 인식에는 조금의 변화도 없다. 둘째, 이러한 일한공동성명과 일중공동성명의 정신은 우리나라의 학교 교육, 교과서의 검정(検定)에 있어서도, 당연히 존중되어야 하는 것이지만, 오늘날 한국, 중국 등으로부터 우리나라 교과서의 기술에 대해서 비판이 쏟아지고 있다. 우리나라로서는, 아시아의 근린제국(近隣諸国)과의 우호, 친선을 진전시켜가면서 비판에 대해서도 충분히 귀를 기울이고, 정부의 책임으로 시정할 것이다. 셋째, 이를 위해, 향후 교과서 검정 시에는, 교과용 도서 검정조사심의회(教科用図書検定調査審議会)의 토의를 거쳐 검정기준을 변경하고, 그 취지가 충분히 실현될 수 있도록 배려할 것이다. 이미 검정이 이루어진 것에 대해서는, 앞으로 조속히 마찬가지의 취지가 실현될 수 있도록 조치하겠지만, 그때까지의 조치로서 문부대신의 소견(所見)을 분명히 하여, 위의 둘째의 취지가 교육 현장에서 충분히 반영될 수 있도록 할 것이다. 넷째, 우리나라는, 앞으로도 근린국민과의 상호이해의 촉진과 우호협력의 발전에 힘써 아시아 나아가서는 세계의 평화와 안정에 기여해 나갈 생각이다'라고 하였다(日本の戦争謝罪發言一覧). - 미야자와 총리는 위안소에 일본군이 관련되었다는 《아사히신문》의 기사가 나오고 방한하면서 노태우 대통령에게 8번 사죄한 것으로 알려졌다. 1992년 1월 17일 미야자와 기이치 총리는 '우리나라와 귀국과의 관계에서 잊지 말아야 할 것은, 수 천 년에 걸친 교류 속에서 역사상 한 시기에, 우리나라가 가해자였고, 귀국이 피해자였다는 사실입니다. 저는 이 시기에 조선반도의 여러분들이 우리나라의 행위에 의해 견디기 어려운 괴로움과 슬픔을 체험하게 된 것에 대해서, 여기서 다시 한번 진심으로 반성의 뜻과 사죄의 마음을 표명합니다. 최근, 이른바 종군위안부문제가 다루어지고 있습니다만, 저는 이러한 일이 참으로 가슴이 아프고 정말로 미안하다고 생각하고 있습니다'라고 하였다(日本の戦争謝罪發言一覧). - 1992년 7월 6일 일본 정부에 의한 위안부조사결과에 대해서 미야자와 내각의 가토 코우이치(加藤紘一) 내각관방장관은 조선반도출신자 이른바 종군위안부문제에 관한 가토 내각관방장관 발표를 했다. 위안부문제는 한국정신대문제대책협의회 등이 위안부가 강제연행되었다는 주장에 대해서, 그리고 한국 정부가 일본 정부에 진상 규명을 요구한 것에 대해서 '일본 정부가 강제했다는 증거자료가 발견되지 않았다'고 대응하였다. 1993년 고노 관방장관은 이 사태를 타결하기 위해 한국의 태평양전쟁유족회로부터 소개된 16명의 위안부에 청취조사를 실시한 결과, 위안부의 강제성을 인정하고 사죄하는 '위안부관계조사결과발표에 관한 고노내각관방장관담화(慰安婦関係調査結果發表に関する河野内閣官房長官談話)'를 발표하였다.[132]
오부치 게이조	- 오부치 케이조(小渕惠三, 1937년-2000년)는 제84대 내각총리대신(1998년-2000년)을 역임하였다. 관방장관시절 1989년 1월 7일 쇼와천황(昭和天皇)의 서거와 함께 황태자 아키히토친왕(皇太子明仁親王)이 즉위하고 원호법에 기초해서 각의결정 후 총리대신 관저 기자회견을 통해 새로운 연호 '헤이세이(平成)'를 공표하였다. 64년간 지속된 사상최장의 원호 쇼와(昭和)를 대체하는 신원호를 발표하여 국민적 관심을 받아 오부치는 헤이세이 오지상(平成おじさん)이라고 불렸다. - 1998년 김대중 대통령과 일한파트너십(日韓パートナーシップ)을 맺고, 양국의 문화가 개방되어 일류붐과 한류붐의 흐름을 만들었다. 1998년 10월 8일 일한공동선언에서 오부치 게이조 총리는 '양 정상은, 일한양국이 21세기의 확고한 선린우호협력관계를 구축해나가기 위해서는, 양국이 과거를 직시하고 상호이해와 신뢰에 기반한 관계를 발

	전시켜 나가는 것이 중요하다는 것에 대해 의견의 일치를 보았다. 금세기 일한양국관계를 회고하여, 우리나라가 과거의 한 시기에 한국 국민에 대하여 식민지 지배에 의해 다대한 손해와 고통을 주었다'고 발언하였다. 그는 역사적 사실을 겸허하게 받아들이고, 이에 대해, 통절(痛切)한 반성과 마음으로부터의 사죄를 하였다. 김대중 대통령은, 이러한 오부치 총리의 역사인식 표명을 진지하게 받아들이고, 이를 평가함과 동시에, '양국이 과거의 불행한 역사를 극복하고 화해와 선린우호협력에 기반한 미래지향적인 관계를 발전시키기 위하여 서로 노력하는 것이 시대의 요청'이라는 취지를 표명하였다.

132) 고노담화는 다음과 같은 내용을 담고 있다. 즉 '이른바 종군위안부문제에 대해서 정부는, 1992년 12월 조사를 추진해왔고 결과가 정리되었기 때문에 발표하게 되었다. 이번 조사결과, 장기적이며 광범한 지역에 걸쳐 위안소가 설치되고, 많은 위안부가 존재했다는 것이 인정되었다. 위안소는, 당시 군 당국의 요청으로 운영된 것이고, 위안소설치, 관리 및 위안부이송에 대해서는, 구일본군이 직접 또는 간접적으로 관여했다. 위안부모집에 대해서는, 군의 요청을 받는 업자가 주가 되어 대응했지만, 그 경우도, 감언, 강압 등 본인들의 의사에 반해서 모집된 사례가 다수 있고, 더욱이, 관헌 등이 직접적으로 가담한 것도 있다는 것이 명백하다. 위안소 생활은 강제적인 상황 하에서 고통스러운 것이었다. 또한 전지에 이송된 위안부의 출신지에 대해서는, 일본을 별도로 하면, 조선반도가 큰 비중을 차지하지만, 당시 조선반도는 우리의 통치하에 있어, 모집, 이송, 관리 등도 감언, 강압 등 본인들의 의사에 반해서 이루어졌다. 어쨌든 본건은, 당시 군의 관여하에, 다수 여성의 명예와 존엄에 깊은 상처를 준 문제이다. 정부는 이 기회에 새롭게 출신지와 관계없이 이른바 종군위안부로서 고통을 경험하고, 심신에 치유하기 어려운 상처를 입은 모든 분들에 대해서 마음으로부터 사죄와 반성의 마음을 전한다. 그런 마음을 우리국가가 어떻게 표현할까라는 점에 대해서는, 유식자의 의견 등을 들어서 이후 신중하게 검토해야 한다고 생각한다. 우리는 그와 같은 역사의 진실을 회피하지 말고, 그것을 역사의 교훈으로 직시해가고 싶다. 우리는 역사연구, 역사교육을 통해서, 이와 같은 문제를 영구히 기억하고, 동시에 잘못을 결코 반복하지 않을 것을 굳은 결의로 표명한다. 또한 위안부문제에 대해서 일본에서 소송이 제기되고 있고, 또한 국제적으로도 관심이 주목되고 있어서, 정부로서도 이후부터 민간의 연구를 포함해 충분히 관심을 가져 참가하고 싶다'(いわゆる従軍慰安婦問題については、政府は、一昨年12月より、調査を進めて来たが、今般その結果がまとまったので発表することとした。今次調査の結果、長期に、かつ広範な地域にわたって慰安所が設置され、数多くの慰安婦が存在したことが認められた。慰安所は、当時の軍当局の要請により設営されたものであり、慰安所の設置、管理及び慰安婦の移送については、旧日本軍が直接あるいは間接にこれに関与した。慰安婦の募集については、軍の要請を受けた業者が主としてこれに当たったが、その場合も、甘言、強圧による等、本人たちの意思に反して集められた事例が数多くあり、更に、官憲等が直接これに加担したこともあったことが明らかになった。また、慰安所における生活は、強制的な状況の下での痛ましいものであった。なお、戦地に移送された慰安婦の出身地については、日本を別とすれば、朝鮮半島が大きな比重を占めていたが、当時の朝鮮半島は我が国の統治下にあり、その募集、移送、管理等も、甘言、強圧による等、総じて本人たちの意思に反して行われた。いずれにしても、本件は、当時の軍の関与の下に、多数の女性の名誉と尊厳を深く傷つけた問題である。政府は、この機会に、改めて、その出身地のいかんを問わず、いわゆる従軍慰安婦として

1989년은 쇼와천황에서 헤이세이천황으로 전환된 새로운 시대이다. 쇼와 천황은 식민지 시대에 천황으로서 직간접적으로 관련된 역사로부터 자유롭거나 해방되지 못하였다. 그러나 헤이세이 천황은 과거 식민지 지배에 대한 직접적인 책임으로부터 나름대로 해방되는 입장이 되었다고 할 수 있다. 그리고 정치적으로는 자민당이 주도해오던 정계가 야당이었던 민주당이 등장하면서 교체되어 진보세력에 의한 새로운 개혁이 추진되었다. 그리고 국제사회에서는 이념전쟁이 깨지고 국제화가 추진되면서 국익을 위한 움직임이 활성화되었다.

다음은 일본정계를 주도해왔던 자유민주당이 정권을 잃고 새로운 주체로 등장한 일본신당과 민주당이 정권을 잡으면서 탄생한 총리들의 활동을 소개한 것이다.

〈표 32〉 호소카와 모리히로, 무라야마 도미이치, 하토야마 유키오 총리

구분	활동내용
호소카와 모리히로	- 호소카와 모리히로(細川護熙, 1938년-)는 정치가이며, 도예가이며 차인이다. 아사히신문기자를 거쳐 정치가로 변신하고, 중참의원, 구마모토현지사, 일본신당대표로 선출되어 제79대 내각총리대신(1993년-1994년)을 역임하였다. 한일병합은 일본이 무력으로 강제된 것이라고 주장하고, 천황이 미국, 유럽, 중국, 동남아시아 등을 방문하고 한국을 방문하지 않은 것은 잘못된 판단이며, 조속히 한국을 방문해야 하고, 재일외국인 참정권, 납세자에게 선거권을 부여하지 않는 것은 문제가 있으며, 전전, 전중에 방일한 한국인의 자손에게 투표권을 주어야 한다고 주장하였다. - 1993년 8월 23일 국회 소신표명 연설에서 일본의 침략, 식민지 지배에 대해서 '그로부터 48년이 지나 우리나라는 지금 세계 유수의 번영과 평화를 향유하는 나라가 되었습니다. 이것은 이전 대전에서의 귀중한 희생위에 쌓아올려진 것으로서, 선배 세대 여러분의 공적 덕분이었다는 것을 결코 잊어서는 안 된다고 생각합니다. 우리들은 이 기회에 세계를 향해 과거의 역사에 대한 반성과 새로운 결의를 명확히 하는 것이 매우 중요하다고 생각합니다. 먼저 이 자리를 빌어서, 과거 우리나라의 침략행위와 식민지 지배

数多の苦痛を経験され、心身にわたり癒しがたい傷を負われたすべての方々に対し心からお詫びと反省の気持ちを申し上げる。また、そのような気持ちを我が国としてどのように表すかということについては、有識者のご意見なども徴しつつ、今後とも真剣に検討すべきものと考える。われわれはこのような歴史の真実を回避することなく、むしろこれを歴史の教訓として直視していきたい。われわれは、歴史研究、歴史教育を通じて、このような問題を永く記憶にとどめ、同じ過ちを決して繰り返さないという固い決意を改めて表明する。なお、本問題については、本邦において訴訟が提起されており、また、国際的にも関心が寄せられており、政府としても、今後とも、民間の研究を含め、十分に関心を払って参りたい.) https: //ja.wikipedia.org/wiki慰安婦関係調査結果発表に関する河野内閣官房長官談話」(2020년 10월 19일 검색)

	등이 많은 사람들에게 견디기 어려운 괴로움과 슬픔을 가져다준 것에 대하여 다시 한번 깊은 반성과 사죄의 마음을 말씀드립니다'라고 발언하였다. 1993년 9월 24일 '제가 침략행위, 침략행위라는 표현을 사용한 것은, 과거 우리나라의 행위가 많은 사람들에게 견디기 어려운 괴로움과 슬픔을 가져다줬다고 하는 동일한 인식을 솔직하게 말씀드린 것으로서, 다시 한번 깊은 반성과 사죄의 마음을 표명했던 것입니다'라고 말했다. (日本の戦争謝罪發言一覽)
무라야마 도미이치	- 무라야마 도미이치(村山富市, 1924년-)는 노동조합지도자, 정치가, 일본사회당의 당수로 제81대 총리대신(1994년-1996년)을 역임하였다. 1994년 8월 31일 '무라야마담화(村山談話)'를 발표하였다. 즉 '우리나라는, 멀지 않은 과거의 한 시기 국책을 그르치고 전쟁으로의 길을 걸어 국민을 존망의 위기에 빠뜨렸고, 식민지 지배와 침략에 의해 많은 나라들 특히 아시아 각국의 사람들에 대하여 다대한 손해와 고통을 주었습니다. 저는, 미래에 잘못이 없도록 하기 위하여 의심할 여지도 없는 이 역사의 사실을 겸허하게 받아들여 다시 한번 통절(痛切)한 반성의 뜻을 나타내며, 진심으로 사죄의 마음을 표명합니다. 또한, 이 역사가 초래한 내외의 모든 희생자들에게 깊은 애도의 마음을 바칩니다. 패전한 날로부터 50주년을 맞이한 오늘, 우리나라는 깊은 반성 위에 서서 독선적인 내셔널리즘을 배제하고, 책임 있는 국제사회의 일원으로서 국제협조를 촉진하며, 그를 통하여 평화의 이념과 민주주의를 널리 퍼뜨리지 않으면 안 됩니다. 동시에, 우리나라는 유일한 피폭국(被爆国)으로서의 체험에 입각하여 핵무기를 궁극적으로 폐기하는 것을 목표로 하고, 핵불확산체제의 강화 등 국제적인 군축을 적극적으로 추진해 나가는 것이 매우 중요합니다. 이것이야말로, 과거에 대한 속죄가 되며, 희생되신 분들의 영령을 편안하게 할 수 있는 것이라고, 저는 믿고 있습니다'라고 발표하였다(日本の戦争謝罪發言一覽). 무라야마담화는 이후 위안부 문제와 식민지 지배에 대한 일본 정부나 지도자의 기본적인 입장을 지향하는 방향과 기준이 되었고, 식민지 지배를 당한 국가와 국민에게 대응하고 사죄하는 기준이 되었다.
하토야마 유키오	하토야마 유키오(鳩山由紀夫, 1947년-)는 도쿄대학, 경영공학자, 제93대 총리(2009-2010), 재단법인 동아시아공동체연구소 이사장, 아시아인프라투자은행국제자문위원회 위원 등을 역임하였다. 2015년 8월 12일 방한 중에 일본통치시대 한국의 독립운동가를 수감한 서대문형무소를 찾아 사죄했다. 그 후 기자회견에서 '전 일본총리로서, 한 사람의 일본인으로서 인간으로서 여기에 왔습니다'(元 日本の総理として, ひとりの日本人, 人間としてここに來ました)라고 하고, '일본이 한국을 식민통치한 시대에, 독립운동가들을 여기에 수용해서 고문하는 형을 가하고 생명을 빼앗을 것을 듣고, 마음으로부터 사죄를 드린다'라고 하였다. 전 총리이면서 역사문제가 결착되고 있지 않는 가운데 한국의 서대문형무소역사관 앞에서 사죄하였다. 한일 간의 역사문제에 대해서 '피해자가 됐다고 할 때까지 사죄를 해야 한다'는 시각을 갖고 있다.

일본 국정과 정계를 독점해온 자유민주당이 좌초되는 가운데 야당이었던 정당이 정권을 창출하면서 일본의 국내외정책이 변화하였다. 특히 과거 식민지 지배에 대해서 적극적으로 사죄와 반성을 표하면서 관계 개선에 박차를 가하였다. 그리고 시대적 과제가 되었던 한일 간의 문화개방과 같은 현안에 대해서도 한일 파트너십이 강

조되면서 한일관계는 어느 때보다도 부드러운 관계를 구축하고 유지하는 데 성공하였다. 그것은 각 사회영역에서 지한파가 나서서 적극적으로 대응하고 한국의 입장에서 이해하고 납득할 수 있는 새로운 외교관계를 맺은 결과였다.

다음은 2000년대 대표적인 정치가로 총리를 역임한 고이즈미 준이치로, 칸 나오토, 아베 신조 총리 등이 한국과 관련한 정책이나 발표된 담화 등을 소개한 것이다.[133]

〈표 33〉 코이즈미 준이치로, 칸 나오토, 아베 신조 총리

구분	활동내용
코이즈미 준이치로	- 고이즈미 준이치로(小泉 純一郎, 1942년-)는 게오대학졸업, 중의원의원12기, 후생대신, 우정대신, 내각총리대신(제87·88·89대, 2001년-2006년) 등을 역임하였다. 위안부문제에 대해서 2001년 '종군위안부(從軍慰安婦) 문제는, 당시 군(軍)의 관여하에, 다수 여성의 명예와 존엄에 깊은 상처를 입힌 문제입니다. 저는 일본국의 내각총리대신으로서 다시 한번, 이른바 종군위안부로서 무수한 고통을 경험하게 되어, 몸과 마음에 치유하기 어려운 상처를 입으신 모든 분들에 대하여, 진심 어린 사죄와 반성의 마음을 말씀드립니다. 우리들은 과거의 무게로부터도 미래에 대한 책임으로부터도 도망쳐서는 안됩니다. 우리나라는, 도의적인 책임을 통감(痛感)하면서, 사죄와 반성의 마음에 입각하여, 과거의 역사를 직시하고, 바르게 이를 후세에게 전함과 동시에, 이유 없는 폭력 등 여성의 명예와 존엄에 관계되는 각 문제에 대해서도 적극적으로 임하지 않으면 안 된다고 생각하고 있습니다'라고 선언하였다(日本の戦争謝罪發言一覽). - 2005년 8월 15일 고이즈미담화(小泉談話)에서 '우리나라는, 일찍이 식민지 지배와 침략에 의해 많은 나라들 특히 아시아 각국의 사람들에 대하여 다대한 손해와 고통을 주었습니다. 이러한 역사의 사실을 겸허히 받아들여, 다시 한번 통절(痛切)한 반성과 진심어린 사죄의 마음을 표명함과 동시에, 앞선 대전에서 내외의 모든 희생자들에게 삼가 애도의 뜻을 표합니다. …… 우리나라 전후(戰後)의 역사는, 실로 전쟁에 대한 반성을 행동으로 나타낸 평화의 60년입니다. …… 특히 일의대수(一衣帶水) 관계에 있는 중국과 한국을 비롯한 아시아 각국과는, 함께 손을 잡고 이 지역의 평화를 유지하며, 발전을 지향하는 것이 필요하다고 생각합니다. 과거를 직시하고, 역사를 바르게 인식하여, 아시아 각국과의 상호이해와 신뢰에 기반한 미래지향의 협력관계를 구축해나가고 싶다고 생각하고 있습니

133) 増田弘(著, 編集), 2016,『戦後日本首相の外交思想: 吉田茂から小泉純一郎まで』, ミネルヴァ書房. 保阪正康, 2020,『保阪正康解說 日本ニュースが伝えた戦中·戦後~昭和·激動期の首相たち~DVD-BOX』, NHKエンタープライズ. 渡辺昭夫(著), 2001,『戦後日本の宰相たち』, 中央公論新社. 高野孟(著), 2020,『安倍政権時代: 空疎な7年8カ月』, 花伝社. 安倍晋三(著), 2013,『新しい国へ 美しい国へ』, 文春新書. 여기에서는 일본을 둘러싸고 있는 환경이 해마다 악화하고 있다고 주장하고 있다. 이 국가의 리더는 무엇을 해야 하는지? 보수의 모습, 대미외교, 아시아제국의 관계, 사회보장의 장래, 교육의 재생, 이 국가의 존재방식 등을 역설한 책이다.

	다'라고 발표하였다(日本の戦争謝罪發言一覽). 일본 총리로서 전물자의 위폐가 합사되어 있는 야스쿠니신사를 참배하여 한국과 중국의 반발을 샀다.
칸 나오토	간 나오토(菅直人, 1946년)는 변리사이며 정치가로 민주당 총재로 선출되면서 내각총리대신(2010년-2011년)을 역임하였다. 한일병합 100주년이 되면서 총리담화를 발표하였다. 2010년 8월 10일 칸 나오토(菅直人) 총리는 '저는 역사에 대해 성실하게 마주하고 싶다고 생각합니다. 역사의 사실을 직시하는 용기와 그를 받아들이는 겸허함을 가지고, 스스로의 잘못을 반성하는 일에 솔직해지고 싶다고 생각합니다. 아픔을 준 쪽은 잊어버리기가 쉽고, 아픔을 받은 쪽은 그것을 쉽게 잊어버릴 수 없는 법입니다. 이 식민지 지배가 초래한 다대한 손해와 고통에 대하여, 여기에서 다시 한번 통절(痛切)한 반성과 진심어린 사죄의 마음을 표명합니다'라는 의견을 표명하였다(日本の戦争謝罪發言一覽).
아베 신조[134]	- 아베 신조(安倍晋三, 1954년)는 자민당소속 중의원으로 제90대, 96대, 97대, 98대 내각총리대신(2012년-2020년)을 역임하여 전후 최장총리재임기록을 가지고 있다. 2020년 8월 지병으로 총리사임을 발표하였다. 2007년 4월 28일 아베 신조(安倍晋三) 총리는 '위안부 문제에 대해서 어제 회의에서도 이야기를 했다. 저 자신은, 괴로움과 쓰라림을 맛보신 전 위안부분들에게 인간으로서 또한 총리로서 진심으로 동정함과 동시에 그러한 극히 고통스러운 상황에 놓여진 것에 대해서 죄송스러운 마음이 가득하다. 20세기는 인권침해가 많았던 세기로, 21세기가 인권침해가 없는 훌륭한 세기가 되도록, 일본으로서도 공헌하고 싶다고 생각하고 있다. 또 이러한 이야기를 오늘 부시 대통령에게도 이야기하였다'라고 말했다(일미정상회담이후 기자회견에서, 日本の戦争謝罪發言一覽). - 2015년 아베 신조는 전후 70년을 맞이하는 연두기자회견에서 '아베내각은 무라야마담화를 포함한 역대 내각의 입장을 계승하고 있다. 그 위에 미래지향적 새로운 담화를 발표하고 싶다(安倍内閣は村山談話を含め歴代内閣の立場を継承している. その上で未來志向の新たな談話を發表したい.)고 발표하고 무라야마 담화를 계승한다는 점을 강조했다. 2012년 박근혜 정권 성립으로 아베 정부는 위안부문제에 결착을 맺기 위해 2015년 12월 한일위안부합의를 하였고, 2016년 한일간 방위협력협정으로 일한비밀군사정보보호협정(日韓秘密軍事情報保護協定, GSOMIA)를 체결하였으며, 한미일간의 미사일방위합동훈련을 실시하는 등 한·미·일관계에 적극적으로 대응하였다. - 2018년 한국대법원이 일본 관련기업에게 강제징용자에 대해서 배상하라는 판결을 내리면서 한일관계는 경색하게 되었다. 아베 총리는 한국 정부가 해결하기를 요구하면서 대한강경정책을 구사하였다. 아베 정부와 문재인 정부는 강제징용배상문제를 둘러싸고 다양한 영역에서 대결하였다. 그 과정에서 문 대통령의 한일위안부합의파기와 위안부재단해산, 화이트리스트제외, 지소미아파기 등을 추진하였고, 아베 총리는 대한구출규제조치, 화이트리스트제외 등 다양한 대한강경정책을 구사하면서 한일관계가 사상 최악의 상황으로 달렸다. 한일 간의 대립은 각 사회영역과 국민수준으로 확산되어 수습하기 어려운 상태로 진행되었다.

134) 高野孟(著), 2020,『安倍政権時代: 空疎な7年8カ月』, 花伝社.

2000년대 들어서 일본 내에서는 한일관계와 관련해서 자학사관에 매여 있던 상황을 극복하기 위한 움직임이 적극적으로 일어나 한일관계의 변화를 예고하였다. 그런 상황은 왜곡되었다는 역사교과서에 대해서 정면으로 사죄와 반성을 하고, 위안부문제에 대해서 객관적으로 사죄하는 무라야마 담화, 고노담화 등을 발표하여 역사문제를 해결하려고 한 노력을 무산시키는 힘으로 작용하였다. 그리고 그동안 암묵적으로 안고 있던 문제가 표면화되면서 충동하는 상황이 발생하였다. 한일간에 벌어지고 있는 독도 영유권을 둘러싼 주장, 종군위안부에 대한 인식과 해결방법 차이, 자국 중심적 역사교과서 편찬을 통한 대립, 강제징용배상에 대한 법적 판결 차이, 현실적인 군사협력을 둘러싼 이견, 경제적이며 정치적인 패권을 둘러싼 경쟁, 강한 국가만들기를 둘러싼 경쟁 등과 같은 대결공방이 벌어졌다.

특히 일본 국내외사정의 변화, 국제사회의 변화, 한국의 국내외사정의 변화 등으로 한국과 일본은 협력보다는 대결 구도로 전환되어 지한파와 지일파가 보이지 않고 있다. 한일관계에서 지한파로 인식되었던 일본의 총리가 강경정책을 추진하면서 한일관계는 경색되었다. 특히 아베 정부와 문재인 정부가 들어서면서 한일관계는 역대 최악의 상황으로 전환되었다. 양국의 갈등과 경쟁 속에서 한국에서는 지일파가 사라지고, 일본에서는 지한파가 사라지고 상호 신뢰가 떨어지고 있다. 따라서 그들의 부존과 역할부재가 경색된 한일관계를 풀어주거나 가교역할을 할 수 없게 된 것이다. 그런 현상은 한국민족주의와 일본민족주의가 작동하여 정면으로 충돌한 결과이다. 그것이 한국과 일본 사이에서 발생하고 있는 갈등의 본질이며 정체이다.

3. 일본정치가의 한국관련활동

일본의 지한파는 한국의 역사적 현실적 상황에 대한 지식과 정보를 소유하여 한일관련해서 활동하는 정치인, 사회활동가, 지식인 또는 그 그룹이라고 할 수 있다. 한국의 사회, 문화, 역사, 한국인 등을 이해하여 건설적이며 우호적인 한일관계를 위해서 직간접적으로 행동하는 일본인이라고 규정할 수 있다. 특히 한일 간의 역사, 영토, 현안 등과 관련해서 한국에 등을 지거나 반목하기보다는 우호적으로 이해하며 양심적으로 대응하여 한일관계개선을 위해 노력하는 한편, 인류 보편적인 가치를 존중하고 실현하는 일본인이라는 특징이 있다고 평가할 수 있다.

또한 국제사회에서 한일 간의 공통이익을 추구하기 위해 우호적인 한일협력을 이끌어내어 대응하는 이른바 한일정체성을 갖고 활동하는 일본정치가 및 시민단체, 일본지식인 등을 의미할 수 있다. 그런 점에서 일본의 지한파는 한국에서 '친일파'라고 불리는 것처럼 매국적인 개념으로 인식하는 것이 아니라 한일관계개선과 현안을 해결하기 위해서, 그리고 보편적 가치를 실현하기 위해 노력하는 건설적인 친한파라고도 할 수 있다. 일본인으로서 일본을 매국하거나 한국을 적대시하는 지식인과는 다르다. 그리고 역사적으로 사리사욕을 채우기 위해 조국을 등지며 매국적인 행위를 하는 반민족파와 반목론자와는 구별된다. 물론 강경우익파들은 경계 대상으로 삼고 있거나 매국노라고 비판하는 입장에 있는 경우도 있다. 그러나 일반적으로 일본내에서는 지한파를 나름대로 긍정적으로 평가하는 분위기가 조성되어 있어 활동이 용이하다는 점이 한국적 상황과 다르다고 할 수 있다.

현실적으로 그런 기준에서 본다면, 일본의 지한파는 총리를 지낸 국가지도자뿐 아니라, 국회의원, 교수, 변호사, 시민단체 및 시민, 개인 등 다방면에서 활동하는 지식인을 포함할 수 있다. 그리고 한국문화향유자, 한국인과 결혼한 국제결혼자, 일본대학이나 교육기관에서 한국에 대해서 공부하는 학습자, 한국에 대한 연구자 및 학자, 한국에 대한 관심이 많아 방문하는 여행자, 한국문화활동가, 한국음식문화전수자, 한국에 호감을 갖고 활동하는 시민활동가, 한일우호증진을 위해 활동하는 각종 시민단체 및 국제단체, NGO, NPO, 우호적인 일본기관, 한일합작기업 및 협력기업활동가 등과 같이 한국에 대해서 관심이 많고 폭넓은 정보와 지식을 가지고 교류하는 일본인을 좋은 의미의 지한파라고 할 수 있다.

다음은 일본정치가로서 직간접적으로 한일관계에 깊숙이 관여한 인물을 소개한 것이다. 그들은 한국에 대한 정보와 아이디어, 조사 등을 통해서 한일 간의 협력이나 교류에 공헌한 인물이라는 특징이 있다.

〈표 34〉 일본 국회의원의 한국 관련활동1

구분	내용
오노반모쿠	오노 반모쿠(大野伴睦, 1890년-1964년)는 메이지대학출신 일본정치가로 '반짱'(伴ちゃん)이라는 애칭이 있고, '정치는 의리와 인정이다'(政治は義理と人情だ), '원숭이는 나무에서 떨어져도 원숭이지만, 의원은 선거에서 낙선하면 그냥 일반 사람에 불과하다'(猿は木から落ちても猿だが, 代議士は選擧に落ちればただの人だ)라는 명언을

	남겼다. 그는 영토 문제를 유보한 한일기본조약 체결 당시 일본 측의 교섭을 담당했다. 역도산을 지원하고 교류하였고, 종전직후 불량3국인(不良三国人, 당시 일본주재 불량한 활동을 한 대만인과 한국인을 비하하는 말)이라고 불리는 사람의 습격을 받은 후 한일기본조약협정에 시종일관 반대하였다.
후나다 나카	후나다 나카(船田中, 1895년-1979년)는 도쿄제국대학를 졸업하고, 일한협력위원회(日韓協力委員会) 회원으로 일한의원연맹의 초대회장을 지냈다.[136] 자민당외교조사회장, 안전보장회장을 역임하고, 친 대만파, 친 대한민국파, 강경파 등의 입장을 취했다. 당내에서는 오노 반모쿠파에 소속하였지만, 오노의 사후 파벌이 분열하여 후나다파(船田派)를 이끌었다.
고노이치로	고노 이치로(河野一郎, 1898년-1965년)는 와세다대출신, 부총리, 자민당 총무회장, 슌수카이(春秋会, 河野派)회장을 했다. 참의원의장을 맡았던 고노 겐조(河野謙三)는 동생이다. 중의원의장, 외무대신, 자민당총재, 신자유클럽대표를 맡고 고노담화를 발표한 고노 요헤이(河野洋平)는 차남이며, 중의원의원이며 외무대신을 역임했고 방위상을 맡고 있는 고노 타로(河野太郎)는 손자이다. 한일기본조약을 맺는 과정에서 독도와 관련된 교섭을 담당하였으나, 의견 차이로 인하여 독도의 영유권문제는 한일기본조약에서 확정하지 못하고 보류되었다.
시이나 에쓰 사부로	- 시이나 에쓰사부로(椎名悦三郎, 1898년-1979년)는 도쿄제국대학, 기시 노부스케(岸信介)의 심복이며, 만주국 운영에 관여하고, 전후 일시적으로 공직추방된 후 정계에 입문하여 기시내각에서 관방장관, 통상산업대신, 외무대신 등을 역임하였고, 제1차 사토 내각(第1次佐藤内閣)에서도 외무대신을 역임하였다. 그는 '일본국과 대한민국 간의 기본관계에 관한 조약'(日本国と大韓民国との間の基本関係に関する条約, 日韓基本条約)의 체결을 위해 한국 측과 교섭하였다. 당시 한일교섭은 시이나가 정계에 입문하기 전 1951년부터 계속진행되었고, 청구권문제, 어업문제 등은 큰 틀에서 합의하였으나, 한국 내에서 야당과 학생들은 '대일모욕외교'라고 반대하여 합의가 일시적으로 중단되었다. - 당시 양국이 안고 있던 현안은 한일병합 유효성과 한국 정부의 관할권이었다. 한일병합조약에 대해서 일본은 쇼와 20년에 효력이 무효화되었다고 주장하였지만, 한국은 애당초부터 위법으로 무효라고 주장하였다. 관할권에 대해서 일본은 한국의 지배영역을 북위 38도이남이라고 주장하였지만, 한국은 조선반도전역을 관할하는 유일하게 합법하고 정당한 정부라고 주장하였다. 그런 의견 차이에도 불구하고 일본 측의 시이나 외상과 한국 측의 이동원외무장관은 명백하게 해결하지 못한 상태로 합의(玉虫色の決着)를 하였다. 그리고 독도영유권문제도 논의하지 않았다. 이동원은 시이나의 독도영유권보류제안을 박정희 대통령의 승낙을 받아 수용하였다. - 시이나 외상은 1965년 방한하고, '과거를 깊이 반성한다'(深く反省する)라는 성명을 발표하고, 일한기본조약(日韓基本条約)의 가조인에 공을 들였다. 한일외상은 도쿄에서 한일청구권협정, 어업협정, 재일한국인의 법적 지위에 대한 협정 등에 가조인했다. 3개협정의 가조인 후 1965년 6월 22일 도쿄에서 한일기본조약 및 관련 부수협정이 양국의 외상에 의해 정식으로 조인되었다. 이후 양국국회비준을 통해 조약과 협정이 성립되어 한일국교정상화가 이루어졌다.

나카가와 이치로	나카가와 이치로(中川一郎, 1925년-1983년)는 규슈제국대학출신, 중의원의원, 자민당 파벌 나카가와파(中川派)수장이다. 후쿠다 야스오는 그를 '북해의 히루마'(北海のヒグマ)라고 불렀고, 강경파의원으로 알려졌다. 오노 반모쿠의 제자격이다. 강경파 정책집단인 세이라이카이(青嵐会)를 결성하고, 후에 농림수산대신, 과학기술청장관을 역임하였다. 세이라이카이(青嵐会)는 1973년 자민당의 파벌로 횡단적으로 결성된 보수파 중참양원의원 31명으로 구성된 정책집단으로 이시하라파(石原派)라고 불린다. 1979년 나카가와 이치로는 이시하라파 일부와 세이라이카이(青嵐会)의 의지를 계승한 자유혁신동우회(自由革新同友会)를 중심으로 나카가와파(中川派)를 결성하였다. 한일기본조약 교섭을 오노 반모쿠(大野伴睦氏)나 고노 이치로(河野一郎)가 담당하였지만, 그는 오노 반모쿠의 비서로서 한국 측과 물밑작업을 직접 담당하였다.
아베 신타로	- 아베 신타로(安倍晋太郎, 1924년-1991년)는 도쿄대학법학부를 졸업하였다. 아베가는 에도시대부터 양조점을 운영하는 명가였다. 중의원의원, 외무대신, 자민당간사장 등을 역임하였고, 중의원의원 아베 칸(安倍寛)의 장남, 장인은 내각총리대신 기시 노부스케(岸信介), 외숙부는 내각총리대신 사토 에이사쿠(佐藤栄作), 차남은 내각총리대신 아베 신조(安倍晋三)이다. - 정계의 프린스라고 불렸지만 총재 직전 사망하여 비운의 프린스가 되었다. 장인 기시 노부스케의 계보를 잇고 한국 로비 일원으로 활동하였다. 그는 한국정계와 관련이 깊은 친한파로 알려졌고, 후쿠오카 사무소가 들어가 있는 빌딩은 파칭코사업으로 성공한 재일한국인의 실업가가 경영하는 본사의 빌딩이었다. 1980년대 말 그 실업가와의 유착의혹이 발생하기도 하였다. 1983년 나카소네 총리의 한국방문에 동행하고, 익년 전두환 대통령의 방일을 환영한다는 메시지를 전했다. 그는 아베 기금을 설립하여 일미연구자에게 지원하였고, 혜택을 받은 예일대의 하마다 코이치(浜田宏一) 교수는 아베 신조의 경제책사로 아베노믹스를 구상하였다.

자료: 『週刊ポスト』, 2019年 9月20·27日号

이 시기에 활동안 일본대신출신은 한일기본조약을 체결하고 부수협약을 맺는 데 물밑에서 실무를 담당했고 협상하고 조정하는 중요한 역할을 하였다. 일본의 국익을 추구하면서 한국과의 협력을 추구한 지한파로서 역할을 하였다고 평가할 수 있다. 한일기본조약이나 부수협정을 맺는데 역할을 함으로써 한일 간의 국교가 정상화되

135) 일한협력위원회는 일한양국간의 정치, 경제, 문화 등의 분야에서 교류를 통해 친선우호, 상호이해 등을 추구할 목적으로 각계지도자가 모여 1969년에 설립하였다. 일본 측의 회장은 나카소네 야스히로 전 총리였고, 카운터파트너로 한일협력위원회는 남덕우 전 국무총리가 회장을 맡았다. 역대회장은 1969년-1987년 기시 노부스케(岸信介)전 총리, 1987년-1989년 하세가와 다카시(長谷川峻), 1989년-1995년 후쿠다 다케오 전총리, 1995년-1998년 사쿠라이 요시오(櫻井義雄), 1998년 나카소네 야스히로 전 총리, 2013년부터 아소 타로 등이 담당했다. 2007년 차세대지도자교류사업으로 일한의원을 상대국에 초청하여 수뇌의 표창을 주는 등 의원교류를 추진하였다.

었고, 일정한 한계가 있었지만 한일 간의 협력시대를 여는데 공헌했다. 다만 한일간에 얽혀있던 독도영유권 문제를 일시적으로 봉합하고 한일청구권에 대한 해석의 차이를 해결하지 못한 채 맺어 오늘날까지 한일 간의 관계에 영향을 주는 요인으로 작용하게 한 것은 그들의 실수이며 한계라고 할 수 있다.

다음은 일본대신으로서 한일관계개선을 위해 역할을 하고 있는 가와무라 다케오, 센고쿠 요시토, 도이 류이치 의원의 활동을 소개한 것이다.

〈표 35〉 일본 국회의원의 한국 관련활동2

구분	내용
가와무라 다케오	- 가와무라 다케오(河村建夫, 1942년)는 게오대학졸업, 자민당 중의원의원, 일한의원연맹회장, 2014년 3월 일한의원연맹을 대표해서 한국국회방문, 종군위안부 문제해결책을 모색하였다. 2007년 11월 재일대한민국민단이 주최하는 '영주외국인지방참정권의 조기입법화'(永住外国人地方参政権の早期立法化を!)를 주장하는 전국결기대회에 국회회기 중에 참가하여, '나는 일한의원연맹을 통해 결의하고, 후쿠다 다케오 총재에게 전하여 그 실현을 위해 전력을 다한다'라고 말했다. '재일한국인의 지방참정권문제는 일본사회의 성숙도를 나타내는 것으로 추진해야 한다'고 주장했다. - 일본은 섬나라라는 점에서 국제화가 늦고, 외국인에 대한 기본적 자세가 정해지지 않고 있으며, 구 세대에는 실현하기 어려운 저항감이 있다. 인권이나 반 차별에 대한 교육이 약한 것이 원인이라고 인식했다. 재일한국인에게 지방참정권을 부여하는 것에 신중한 일본국민을 비판하고 있다. 한국과 일본이 대결하는 구도가 형성되어 경색되는 가운데 2019년 8월 서울을 방문하여 이낙연 총리와 회담하고 한일 간의 경색된 국면을 완화하고 관계를 개선하기 위해 노력하였다.
센고쿠 요시도	센고쿠 요시도(仙谷由人, 1946년-2018년)는 도쿄대학법학부시절 전공투(全共闘)의 신좌익계학생운동에 참가하였고, 변호사가 된 후 중의원의원으로 활동하였다. 2010년 일본외국특파원협회 기자회견에서 한국과의 전후처리에 대한 질문에서 '개별적으로 대응해서 전체적으로 문제를 새롭게 결착을 내야하고, 일본의 위치를 명백하게 할 필요가 있다'고 하였다. 1965년 한일기본조약과 청구권협정으로 한국국민의 개인청구권을 포기했다는 것이 법률적으로 정당해도 그것만으로 좋은 것인가라고 문제를 제기하였다. 독도문제에 대해서 일한합병100주년을 맞이하여 일본고유영토라고 방위백서에 명시하는 것을 유보하도록 하여 한국을 배려하였다.
도이류 이치	- 도이 류이치(土肥隆一, 1939년-2016년)는 도쿄신학대학졸업, 목사, 중의원의원, 일한그리스트교의원연맹(日韓キリスト教議員連盟) 일본 측회장을 역임하였다. 2001년 4월 11일 '일본은 반성해라'(日本は反省しろ!)라는 프랑카드를 들고 국회의사당 앞에서 연좌 농성하는 김영진(金泳鎭) 의원을 의원회관으로 안내하였다. 2007년 8월 14일 일한그리스트교의원연맹의 일본 측대표로서 '2007년 부산-판문점-평양 십자가대행진'(2007釜山-板門店-平壌(PPP)十字架大行進)에 참가하였다. 일본인은 천황을 아라히

	토카미로 우상 숭배하는 죄를 범하고 한국인에게도 우상숭배를 강요한 것뿐 아니라 식민지 및 점령지에 신사나 신궁을 세워 참배를 강요했다. 과거를 돌아보고 일본인이 범한 죄를 주의 이름으로 고백하고 사죄하라고 하였다. - 2010년 8월 9일 한일합병100년을 계기로 식민지 지배과정에서 피해를 입은 한국인과 그 자손에게 일본 정부의 충분한 보상을 촉구할 목적으로 한일과거사의 해결과 미래를 위한 평화의원회의(韓日過去史の解決と未來に向けた平和議員会議)에 중참의원(齋藤勁, 首藤信彦, 相原久美子, 今野東, 那谷屋正義, 山下芳生, 阿部知子, 福島瑞穗, 糸數慶子)과 같이 참석하였다. 한국의 국회의원과 함께 일본에 의한 한국병합의 위법성, 전후보상과 위안부문제, 재일한국인의 지방참정권문제 등의 해결방법에 대해서 논의하였다. - 2011년 중의원회관에서 곤노 아즈마(今野東), 이시게 에이코(石毛鍈子), 아베 도모코(阿部知子), 카사이 아키라(笠井亮) 등과 한국의 국회인권포럼 대표 황우영 의원 등과 협의회를 개최하였다. 그리고 피해를 입은 한국인의 원고 측에 서서 일본 정부에게 책임을 묻는 소송을 제기해온 다카키 겐이치(高木健一) 변호사가 주도한 사할린 잔류한국인의 보상과 지원을 위해 일본기업과 정부가 일정한 기금을 내어 재단을 설립하는데 합의를 이끌어냈다. - 2011년 2월 27일 일한그리스트교의원연맹의 일본 측 회장으로서 독도영유권의 포기를 일본 측에 요구하는 '일한공동성명'에 서명하고 한국 국회에서 의원들과 기자회견을 하였다. 2011년 3월 독도영유권방기(竹島領有權放棄) 문제로 민주당 탈당을 표명하고, 탈당하였다. 독도영유군주장문제 공동성명문(竹島領有權主張問題 共同宣言文)에서는 '하나. 일본은 부끄러운 과거에 대해서 역사의 진상을 규명하고, 일본군위안부, 사할린강제징용피해자, 역사의 피해자에 대해 타당한 보상조치를 이행해야 한다. 양국의 친선관계는 진실의 사죄와 보상에서 출발한다. 하나. 일본은 평화헌법개정과 군국주의부활의 시도를 즉각 중지해야 한다. 하나. 일본 정부는 역사교과서왜곡과 독도의 영유권주장으로 후세에 잘못된 역사를 가르치고 평화를 해치려는 시도를 즉각 중지해야 한다'는 내용을 발표하였다. - 일한공동성명이 세상이 알려지면서 도이는 《산케이신문》의 취재에서 '개인적으로 독도는 일본의 영토라고 말할 수 없다'라고 말하고, 당시 칸 총리는 도이의 의견에 '매우 유감'이라고 표명하였다. 이에 대해서 《아사히신문》은 '일한양국이 서로 자국의 영토라고 주장하면, 문제는 해결되지 않는다'라고 논평하였고, 《시사통신》은 '독도는 정치적으로 일본의 영토이지만 협상은 해야 한다'고 하였으며, 《요미우리신문》은 '독도는 일본의 영토라는 인식에 변함이 없지만, 일한 쌍방의 주장이 있어 한국 측의 주장에도 납득할 수 있는 부분이 있다'고 보도하였다.

자료: 『週刊ポスト』, 2019年 9月 20·27日号

일본정계에는 다양한 입장에서 한국과 관계를 맺고 있는 의원들이 있다. 공산당, 민사당, 민주당은 자민당과 대결구도를 이루는 야당으로서 친한적인 정치행보를 하였다. 특히 민주당은 당내의 좌우를 가리지 않고 친한적인 경향을 강하게 표출하였다. 기존의 권력을 장악해왔던 자민당과는 다른 행보를 걸으면서 한국에 우호적인 입장을 취하고 역사문제에 대해서 적극적으로 대응하는 측면이 있었다. 한국과의 역사문제를 해결하는데 한국 측 주장이나 입장을 이해하는 차원에서 해결점을 찾는 경향이 있어 기존 자유민주당의 대처방법과는 차별화된 국내외정책을 추진하였다.

다음은 일본 국회의원의 한국 관련 활동 내용을 소개한 것이다. 그들은 자유민주당, 공산당, 입헌민주당, 사회당 등에 소속되어 한국과 관련된 정치활동을 하였다.

〈표 36〉 일본 국회의원의 한국 관련활동3

구분	내용
시이 가즈오	시이 가즈오(志位和夫, 1954년)는 공산당 중의원의원, 1990년부터 2000년까지 일본공산당서기국장, 2000년부터 일본공산당위원장으로 활동하였다. 종군위안부문제, 징용공소송문제에서 한국과 동일한 주장을 하였다. 2001년 일본은 반성하라고 하였고, 2007년 일한그리스트교의원연맹이 주체하는 '2007부산-판문점-평양(PPP)십자가대행진'에 참가하였다.
오가와 토시오	오가와 토시오(小川敏夫, 1948년)는 변호사, 입헌민주당 참의원의원, 참의원부의장, '전시성적강제피해자문제해결촉진법안'(戦時性的强制被害者問題解決促進法案)을 국회에 제출했고, 2007년 참의원예산위원회에서 미국하원이 결의한 미국하원121호결의에 이의를 제기한 아베총리에 대해서 '사죄를 해야 하는 데 위안부증언이 사실무근'이라는 아베의 발언을 비판했다.
고노 요헤이	고노 요헤이(河野洋平, 1937년)는 중의원의원, 중의원의장, 미야자와 기이치(宮沢喜一) 개조내각에서 관방장관으로 위안부의 강제성을 인정하고 사죄하는 '위안부관계조사결과발표에 관한 고노내각관방장관담화'(慰安婦関係調査結果發表に関する河野內閣官房長官談話, 河野談話)를 발표했다. 담화 중에서 '총체적으로 본인들의 의사에 반해서 행동했다'(総じて本人たちの意思に反して行われた), '모집, 이송, 관리 등의 과정전체에서 보면, 감언이나 강압이라는 강제가 있었다'(募集·移送·管理等の過程全体としてみれば甘言·强壓という方法により强制があった)라는 취지를 발언하였다. 종군위안부에 강제성이 있었다는 내용을 정부 수준에서 인정하는 담화 내용을 발표했다.
도이 다카코	도이 다카코(土井たか子, 1928년-2014년)는 법학자, 사회당대표, 애칭은 '오카상(おたかさん)'이며, 종군위안부문제는 여성과 인종의 문제인 것을 강조하고 일본의 사죄와 보상을 추진했다.
가토 코이치	가토 코이치(加藤紘一, 1939년-2016년)는 자민당 의원 코지회프린스(宏池会のプリンス)로 불렸고, 미야자와 내각에서 관방장관을 역임하였다. 1992년 7월 6일 가토 코이치내각관방장관은 종군위안부에 대한 담화를 발표하였다. 즉 '정부로서는, 국적, 출신지의 여하를 불문하고, 이른바 종군위안부(從軍慰安婦)로서 필설로 다할 수 없는 신고(辛苦)를 맛보신 모든 분들에 대하여, 다시 한번 진심으로 사죄와 반성의 마음을 말씀드리고 싶다. 또한, 이러한 잘못을 결코 반복해서는 안 된다고 하는 깊은 반성과 결의하에, 평화국가를 견지함과 동시에, 미래를 향해 새로운 일한관계 및 기타 아시아 각국, 지역과의 관계를 구축하기 위해 노력해나가고 싶다'고 하였다(日本の戦爭謝罪發言一覽).

니카이 도시히로	- 니카이 도시히로(二階俊博, 1939년)는 자민당 중의원의원, 자민당 간사장, 2018년 지방의원 300명을 이끌고 한국을 방문, 2015년 1,400여 명의 방문단과 함께 한국을 방문하고 위안부문제해결에 박차를 가하는 박근혜 대통령에게 적극적으로 노력하겠다고 약속했다. 한국으로부터 국가훈장 금탑산업훈장을 받았고, 일한의원연맹 간사장을 맡고 있다. 고노담화의 수정에 대해서 '가볍게 입에 담을 일이 아니다'라고 하였다. - 2019년 한일경제전쟁으로 한일관계가 소원해지는 가운데, 한일관계를 개선하기 위해 일본을 방문한 한국 측의 한일의원연맹의 강창일 회장과의 회담을 거부하기도 하였다. 2020년에 들어 한일관계가 여전히 경색되고 있는 상황에 대해서 일본 정부의 주장과 정책을 지지하는 방향에서 한국에 대응하고 있다. 2020년 아베총리가 사임하고 스가 요시히데 총리를 세우는데 막후작업을 한 것으로 알려졌고, 킹메이터로서 역할을 하는 등 정치계에서 큰 영향력을 행사하고 있다.
누카가 후쿠시로	- 누카가 후쿠시로(額賀福志郎, 1944년)는 자민당의원, 헤이세이연구회(平成研究会) 회장, 일한의원연맹(日韓議員連盟) 회장으로 한일관계유지와 관계회복에 노력하고 있다. - 그는 트위터에 '2019년 5월 1일 황태자 전하가 새로운 천황으로 즉위함과 동시에 원호가 레이와로 전환되어 새로운 시대가 시작되었습니다. 새로운 레이와 시대의 도래를 여러분과 함께 축하하고 싶습니다'(5月1日, 皇太子殿下が新しい天皇に御卽位されるとともに, 元号が令和に改められ, 新たな時代が始まりました. 新たな令和の時代の到來を皆さまと言祝ぎたいと思います.)라고 발표하였다.
요시카와 하루코	요시카와 하루코(吉川春子, 1940년)는 일본공산당소속 참의원의원, '전시성적강제피해자문제해결촉진법안'을 국회에 공동발의하고 제출하였고, 2007년 미국공청회에 참가하여 종군위안부를 증언한 이용주(李容洙)를 초청한 집회에 참가했고, 일본의 국회가 해야 하는 것을 미국의회가 하여 부끄럽다고 하였다.

자료: 『週刊ポスト』, 2019年 9月 20·27日号

근대역사를 보면, 한국의 전통과 역사가 일본의 전통과 역사보다는 우위에 있었다고 하더라도 개화당시 일본은 한국보다 국력이나 문명에서 우위에 있었다는 점을 부인할 수 없다. 일본은 한국을 압도하는 과정에서 한일관계를 불평등하고 불균등한 상태로 규정하는 힘을 발휘하였다. 국력이나 근대화의 정도, 문명화의 상하관계는 한국과 일본이라는 국가간의 상하관계를 결정하는 요인으로 작용했다. 근대화과정에서 일본은 한국을 지배하고 식민지화한 것이며, 그것은 한국을 위한 것보다는 일본을 위한 국정 행위였고, 개발이었고, 문명화이었으며 개방화였다는 것을 부인할 수 없다. 그런 역사적 사실을 직시한 후에 한일역사를 조명하고 해결안을 찾을 필요가 있을 것이다.

그런 차원에서 본다면, 근대사에서 한일관계에서 벌어지고 있는 다양한 갈등은 일본이 원인을 제공했다는 측면이 있다. 그것이 사실이라고 한다면, 한일간에 벌어진 것에 대한 견해와 판단은 일본 측의 주장보다는 한국 측의 주장이 객관적일 수 있다. 근대화과정에서 일본이 식민지화하면서 시도한 근대교육, 철도건설, 토지개혁, 상업개발, 수력발전개발, 근대의학도입, 근대정치제도입 등은 일본과 일본인을 우선시하는 정책이었다고 평가할 수 있다. 더욱이 논란이 되고 있는 종군위안부문제, 강제징용문제, 식민지화문제, 창씨개명, 강제동원령, 황국사관, 수신교육 등은 일본과 일본인이 지배하기 위한 정책의 일환으로 추진된 것이지 결코 한국과 한국인을 위한 것이 아니라는 것은 분명해 보인다. 일본에서 지한파가 적극적으로 활동할 수 있는 것은 아마도 근대화과정에서 일본이 과도하게 추진한 식민지 지배에 대한 반성이나 회한 때문이라고 볼 수 있다.

다음은 일본인으로서 한일관계가 여러 어려운 상황과 환경에 놓여있음에도 불구하고 식민지 지배의 피해자를 위해 목소리를 내고 행동하는 의원들의 활동을 소개한 것이다.

〈표 37〉 일본 국회의원 한국 관련활동4

구분	내용
마도카 요리코	마도카 요리코(円より子)는 쓰다주쿠대학, 평론가, 민주당 참의원의원이다. 미의회공청회에서 위안부로 증언한 이용주(李容洙)를 초대한 집회에서 '현재 전시성적강제피해자문제해결촉진법(戦時性的强制被害者問題解決促進法案)이 심의되지 않아 법안을 통과시켜 피해자의 명예를 회복하고 싶다. 그를 위해 통상국회에서 통과하도록 노력하고 있다'고 발언하였다. 마이클 혼다 미국하원의원은 2007년 2월 21일 미합중국하원121호결의(アメリカ合衆国下院121号決議)를 성립시키려는 움직임에 대해서 지지하는 입장이었다.
가미 도모코	가미 도모코(紙智子)는 홋가이도여자단기대학, 일본공산당 참의원의원을 역임했다. 2008년 1월 8일 마이클 혼다 미국하원의원이 일본방문했을 때 에다 사쓰키(江田五月), 가미모토 미에코(神本美惠子), 미즈오카 슌이치(水岡俊一), 니히 소헤이(仁比聡平)의원과 함께 혼다의원이 위안부문제에 관해서 일본 정부에게 공식적인 사죄를 요구하는 미국하원 121호의 제출을 주도하여 하원에서 의결시킨 것에 대해 사의를 표명하였다. 혼다의원은 '종군위안부문제에 대해서 일본인에게 죄를 인정하게 하는 것이 매우 어려운 과제이다'라고 답했다.
에다 사쓰키	에다 사쓰키(江田五月)는 도쿄대학법학과, 옥스퍼드대학원, 재판관, 중의원의원, 칸나오토 내각에서 법무대신을 역임하였다. 2013년 12월 18일부터 20일 전후 보상을 생각하는 의원연맹(戦後補償を考える議員連盟) 사무국장 에다 사쓰키(江田五月)는 오카자키 도미코(岡崎トミ子) 등과 방한하여 한국여성가족부 장관과 면담하고, 고노회담(河野談話), 무라야마담화(村山談話)에는 근거가 있다는 의견을 말했다.

저널리스트 마쓰이 야요리(松井やより)와 후쿠시마 미즈호(福島瑞穂)의원은 1992년 8월 서울 YMCA회관에서 열린 아시아연대회의에 참가하였다. 그들은 아시아에서 평화적 연대를 통해 새로운 공동체를 구축하도록 촉구했다. 그리고 2003년 2월 오카자키 도미코(岡崎トミ子) 의원은 한국을 방문하고 위안부 관계자가 매주 수요일 개인 보상을 요구하는 항의행동인 수요데모(水曜デモ)에 국회의원의 입장으로 참가하여 반일 데모에 응원을 보내기도 했다. 그런 의원의 행동에 대해 참의원예산위원회에서 니시다 쇼지(西田昌司) 의원은 '(오카자티 활동은) 일본인의 혈세를 사용해서 일본이 아니라 외국인에게 돈을 주는 행동'이며, '자국의 이익을 배신하고 외국을 위해 일한다. 그것을 매국이라고 한다. 사전에서도 그렇게 써 있다'고 하고, '국회의원으로의 자격은 없다. 즉시 사임해야 한다'라고 강하게 비판받았다.[136] 오카자키 의원은 그런 비판에 대해서 '인간존엄을 되돌리기 위한 데모에 참가했다'고 설명하였다.

다음은 종군위안부의 명예와 보상을 해결하기 위해 법적 운동을 벌이고 있는 일본 국회의원의 활동을 소개한 것이다.

〈표 38〉 일본 국회의원의 한국 관련활동5

구분	활동내용
후쿠시마 미즈호	후쿠시마 미즈호(福島瑞穂, 1955년-)는 도쿄대학법학부, 전국대학모의시험1등, 변호사, 사회민주당 참의원의원, 변호사시절부터 위안부문제에 적극적으로 대응하였고, 아시아태평양전쟁한국인희생자보상청구권을 담당한 변호사 중 한 사람으로 활동하였다. 전시성적강제피해자문제해결촉진법안(戦時性的强制被害者問題解決促進法案)을 국회에 제출했고, 2010년 한일병합 100주년을 계기로 식민지배과정에서 피해 입은 한국인과 그 자손들에 대해서 일본 정부의 충분한 보상을 촉구할 목적으로 한일과거사의 해결과 미래를 향한 평화의원회의(韓日過去史の解決と未來に向けた平和議員会議)에 민주당 사이토 쓰요시(齋藤勁), 이시게 에이코(石毛えい子), 후쿠시마 미즈호(福島瑞穂), 공산당 의원 등 중참의원 14인이 참가하고 한국의원과 함께 한국병합의 위법성, 전후보상과 위안부문제, 재일한국인의 지방참정권문제 등의 해결방법에 대해서 논의하였다. 이 자리에서 후쿠시마 의원은 '1990년대 전후보상재판을 담당한 변호사로서 칸 총리의 담화는 불충분하였지만 한일병합100년의 절목에서 발표한 것이어서 높게 평가하고, 해결할 수 있는 데까지 해결해 가고 싶다'고 하였다. 2015년 1월 14일 재일본대한민국민단신연회에 출석하여 '위안부문제는 성적 폭력문제, 외국인지방참정권을 포함한 공생사회를 만들어가자'고 주장하였다.

136) https: //ja.wikipedia.org/wiki/西田昌司 (2021년 1월 20일 검색)

오카자키 도미코	- 오카자키 도미코(岡崎トミ子, 1944년-2017년)는 후쿠시마현립후쿠시마고교졸업, 아나운서, 일본사회당, 민주당 중의원, 국가공안위원회 위원장 등을 역임하였다. 오카자키 도미코 의원은 '피해자의 증언은 일본국회가 담당해야 한다. 미국에서 먼저 한 것은 부끄러운 것이다. 일본이 아시아에서 존경받는 국가가 되기 위해서는 전쟁가해 책임을 정확하게 지고 주변국가와 우호관계를 추진해야 한다'라고 발언하였다. - 고오리 가즈코(郡和子), 오카자키 도미코(岡崎トミ子), 마도가 요리코(円より子), 치바 케이코(千葉景子), 에다 사쓰키(江田五月), 나타니야 마사요시(那谷屋正義), 후쿠시마 미즈호(福島みずほ), 요시카와 하루코(吉川春子) 의원 등과 같이 위안부문제를 규탄하는 집회에 참가하였다. 집회후 아사노 가쓰히토(淺野勝人) 외무부대신과 이용주를 만나게 하고 촉진법안의 조기성립을 요청했다. 2002년 7월 18일 민주당 등과 '전시성적강제피해자문제해결촉진법안'의 제안자를 대표해서 취지를 설명하고 성립을 위해 활동하였다. 2005년 2월 전시성적강제피해자문제해결촉진법안을 다시 제출한 후 기자회견에서 위안부를 칭하는 여성들이 고령화하고 있는 현상을 지적하고 내각위원회에서 조기 심의하도록 요구했다. 2007년 2월 21일 마이클 혼다의원이 미국하원121호결의를 성립시킨 움직임과 연동해서, 미의회의 공청회에서 위안부로 증언한 이용주(李容洙)를 초대하고 개최한 집회에 참가하여 촉진법안이 통과하도록 노력한다고 발언하였다. - 2007년 3월 8일 아베총리가 위안부문제에서 '강제는 없었다'(强制はなかった)라는 발언에 반대하고, 시민단체 일본군 위안부문제행동네트워크(日本軍「慰安婦」問題行動ネットワーク)가 국회 앞에서 항의데모하자 후쿠시마 미즈호(福島瑞穗), 요시카와 하루코(吉川春子) 등과 격려를 하였다. 2008년 11월 25일 제9회 일본군위안부문제아시아연대회의(第9回日本軍「慰安婦」問題アジア連帶会議)에 참가하였다. 2012년 참의원 내각위원회에서 위안부 외국인에 대한 개인보상 및 사죄를 실현해야 한다는 의견을 표명하였다. 2013년 전후 보상을 생각하는 의원연맹(戦後補償を考える議員連盟)이 3번째 한국을 방문했을 때, 에다 사쓰키(江田五月)와 함께 동행하였다.

그 이외에도 많은 의원들이 한국의 입장을 일본 정부에 전달하는 역할을 통해 한일관계를 개선하는 데 노력을 해왔다. 2004년 카미모토 미에코(神本美惠子) 의원은 오카자키(岡崎トミ子)의원과 함께 위안부 이용주(李容洙)를 참의원부의장 쓰노다 기이치(角田義一)와 관방장관 호소다 히로유키(細田博之) 의원과 만나게 하고 사죄를 하게 하였다. 다음은 일본국회의원으로서 한국관련활동을 한 카미모토 미에코 의원, 카사이 아키라 의원 등을 소개한 것이다.

〈표 39〉 일본 국회의원의 한국 관련활동6

구분	활동내용
카미모토 미에코	- 카미모토 미에코(神本美惠子, 1948년)는 입헌민주당 중의원의원, 노다내각(野田內閣)에서 문무과학대신정무관을 역임하였다. 2004년 3월 18일 내각위원회에서 샌프란시스코조약이나 일한기본조약의 교섭에서 위안부의 존재를 정부가 인식하지 않았다는 것을 규탄하고 위안부 여성이 요구하는 법적해결실현을 요구했다. 2005년 2월 28일 민주당의 전시성적강제피해자문제해결촉진법 제출 후의 기자회견에 참가하고 위안부 여성의 고령화를 지적하고 내각위원회에서 적극적으로 심의할 것을 요구했다. - 2008년 1월 18일 마이클 혼다 의원이 방일했을 때 에다(江田五月 · 紙智子 · 水岡俊一 · 仁比聡平) 등의 의원과 혼다 의원이 위안부에 대해서 일본 정부의 공식적인 사죄를 요구하는 미국하원121호결의 제출을 주도하고 하원결의를 이끈 것에 경의를 표하였다. - 2008년 6월 10일 전시성적강제피해자문제해결촉진법안을 참의원에 제출하고 2013년 12월 18일 미래를 향해 전후 보상을 생각하는 의원연맹의 한국방문단 부단장으로 방문했다. 전후보상 요구는 고노담화와 무라야마담화에 근거하고 있다고 밝혔다.
카사이 아키라	- 카사이 아키라(笠井亮, 1952년)는 일본공산당 소속의 중의원의원이다. 2009년 1월 26일 중의원제1의원회관에서 재일본대한민국청년회나 재일본대한민국민단이 주최하는 영주외국인의 지방참정권법안의 조기 입법화를 요구하는 11.26긴급원내집회에 스에마쓰(末松義規 · 小川敏夫 · 渡辺浩一郎 · 手塚仁雄 · 初鹿明博 · 白真勳 · 近藤正道 · 魚住裕一郎 · 鰐淵洋子) 의원 등과 참가해서 재일외국인의 참정권법안을 조기에 성립시킬 것을 결의했다. 2011년 2월 25일 중의원제1의원회관에서 도이 류이치(土肥隆一 · 今野東 · 石毛鍈子 · 阿部知子) 의원과 한국의 국회인권포럼대표 황우석 의원 등과 협의회를 개최하고 피해를 입은 한국인의 원고측에 서서 일본 정부에게 책임을 묻는 소송을 한 다카키 겐이치(高木健一) 변호사가 주도한 사할린 잔류한국인의 보상을 지원하고, 일한기업과 정부가 일정한 기금을 모아 재단을 설립하는 안 합의를 이끌어냈다. - 2012년 10월 20일 경기도 나눔의 집(ナヌムの家)을 문화재반환문제로 교류해온 의원과 함께 방문했다. 위안부여성 6명에 대해서 살아있는 동안에 일본 정부의 사죄와 보상이 이루어지도록 노력하겠다고 표명했다. 사카이의 방문은 나눔의 집의 초대로 이루어진 것으로 일본의 전 의원에 초대장을 보냈는데 사카이 의원만이 처음으로 방문하였다. 그는 과거식민지 지배에 대한 근본적인 반성과 청산이 고통과 슬픔에 답하는 길이며 일한관계의 문제를 해결하는 것과 연결된다고 말했다.

일본에는 지한파라고 주장은 하고 있지 않지만 한국과의 관계개선을 위해 다양한 활동을 하는 젊은 국회의원이 있다. 그 중에서 대표적인 인물이 야마모토 타로(山本太郎) 의원과 야마조에 타쿠(山添拓) 의원이다. 야마모토 타로는 아베정부의 정책에 반해서 다양한 대안을 제시하고 한국과 관련된 사안에 대해서 적극적으로 의견을 내고 있다. 그리고 야마조에 타쿠의원은 반 아베를 주장하는 의원으로 널리 알려졌고, 안보법제폐지, 헌법개정반대, 헌법제9조개정반대, 긴급사태조항창설반대, 정치적 공평

성을 결여한 방송을 반복하는 방송국에 대해서 전파정지를 명하는 가능성을 언급한 다카이치 사나에(高市早苗) 총무상의 자세를 비판하였다. 2016년 4월 소비세증세 10% 인상에 반대하고 법 개정을 해서 인상을 연기 또는 중시해야 한다고 주장하였다. 아베노믹스의 혜택은 지방이나 중소기업에 미치지 않는다고 생각하고, TPP협정반대, 원전반대, 미국후텐마비행장 국외이전, 핵무장검토반대, 선택적부부별성 선택찬성 등의 슬로건을 내세우고 있다. 그는 젊은 세대가 장래 꿈을 갖고 희망을 갖는 사회, 블랙노동의 변혁, 생활을 위해 세금을 사용하는 개헌을 허용하지 않는 헌법을 활성화하는 정치를 강조하고 있다.

다음은 일본의 젊은 국회의원으로서 반 아베정책을 내세우는 한편 한국과의 관계개선을 정부에게 요구하는 국회 및 사회활동을 하는 야마모토 타로와 야마조에 타쿠의원을 소개한 것이다.[137]

〈표 40〉 야마모토 타로와 야마조에 타쿠의원

구분	내용
야마모토 타로	- 야마모토 타로(山本太郎, 1974년)는 탤런트 출신으로 배우로 활동하였고, 효고현 타카라쓰카시(兵庫縣宝塚市) 출신이며 정치가로 변신하였다. 소속정당은 레이와신선조(れいわ新選組) 대표로 활동하고 있고 참의원의원을 지냈다.[138] 자유당공동대표 겸 정책심의회장을 맡고 있다. 정치이념은 피폭되지 않도록 원전 즉시 철퇴, 가스콤바인시스템(ガスコンバインドシステム, 가스터빈과 증기터빈을 이용한 이중발전장식)과 소규모 수력의 추진대표, 국민이 정보를 얻고 피난할 수 있는 권리확보, TPP반대, 생활보호수급조건의 엄격화 반대, 교육, 의료, 개호 등의 무료화, 소비세폐지, 대자본가의 증세, 금융완화와 재정확대로 데프레탈각(デフレ脱却), 재정건전화, 헌법제9조와 집단적 자위권 행사 반대, 일본의 핵무장 검토반대, 총리야스쿠니신사참배 반대, 무라야마담화와 고노담화 계승찬성, 선택적 부부별성제도 도입찬성 등의 입장을 주장하고 있다. - 2008년 7월 20일 요미우리 텔레비전 〈다카진의 거기까지 말하고 위원회〉(たかじんのそこまで言って委員会)에서 '죽도는 한국에 주는 것이 좋아(竹島は韓国にあげたらよい)'라고 발언하여 네트를 통해 비판을 집중적으로 받아 동일 블로그에 사죄문을 게재하였다. 2012년 3월 16일 〈friends after 3.11 극장판〉 토크에서 한국의 실력행사에 대해서 독도는 일본의 영토라는 것만으로 아무것도 하지 않는 일본 정부에게 격려하려는 취지의 발언이었다고 설명했다. 2012년 7월 15일 방송에 재출연하여 '죽도를 주는 것이 좋다는 것은 정말로 그대로 주면 좋은 것이 아니라… 센카쿠열도처럼 중국과 일본 사이에서 암묵적인 양해와 같은 것이 있다면, 균형은 유지하겠지만 독도에 관해서는 그렇지 않다. 좀더 빨리 손을 써야 될 것이다. 재촉하는 차원에서의 발언이다'라

137) https: //ja.wikipedia.org/wiki/山本太郎. 山添拓 (2020년 10월 검색)

	고 해명하였다. - 2019년 8월 일본의 한국수출규제에 대해서 '한일관계가 나쁘면 정치가나 부자는 어려움이 없지만, 지방에 사는 사람들은 어려우며, 지방에 사는 일본인이 인천공항을 통해 외국을 갈 수 있는 비행기 노선이 없어지면 악영향을 줄 것이라고 하였다. 아베정권으로 인해 한국이 타격을 받기 전에 일본국민이 더 어려워질 것이라고 하여 아베의 한국 규제정책에 대해서 반대하였다.
야마조에 타쿠	- 야마조에 타쿠(山添拓, 1984년 11월 20일)는 도쿄대학 법학부, 와세다대학 대학원 법무 연구과를 수료한 변호사 출신이며 일본공산당 소속의 참의원의원이다. 한일청구권에 대해서 '지금 징용공 판결 문제가 발단이 됐는데 국회에서도 여러 번 논의했다. 1965년 협정 관련 개인의 청구권까지 소멸되지는 않았다고 지금의 (아베) 정부조차 인정하지 않았느냐. 한일청구권과 수출규제에 대해서는 애당초 일본이 조선반도에서 저지른 반인도적 행위에 대해 개개인이 받은 피해에 대한 위자료 청구권 문제를 일본 정부도 인정해놓고 한국의 대법원 결정에 대해 1965년 협정으로 소멸된 문제를 다시 뒤집고 있느냐고 일방적인 비난만 하고 있다. 아베 총리는 징용공 판결 문제 때문에 수출 규제를 강화했다'고 밝혔다. - 그는 일본의 수출규제조치에 대해서 '정치와 경제를 뒤섞어 버리는 것은 절대로 해서는 안 될 일, (일본의) 경제산업성과 외무성에서는 더 이상 그런 이야기를 하지 않는다. 징용공 판결 문제로 한국을 화이트리스트에서 배제한 것이라고 하지 않는다. 아베 총리와 각 부처에서 주장하는 바가 일관성이 없다는 것, 본심은 정치 외교적 문제에 한국을 위협하기 위해 경제적인 카드를 꺼내든 것이라는 것이 누가 봐도 명백하다'고 인식했다. - 위안부문제에 대해서는 '저도 몇 번인가 한국에 가서 위안부 할머니들이 계신 나눔의 집을 방문한 적이 있다. 역사는 진지하게 마주하지 않으면 안 된다. 움직일 수 없는 역사적 사실을 날조하거나 바꾸는 것은 정치가 가장 해서는 안 될 짓'이라고 언급했다. 일본 최대 국제예술제인 '아이치 트리엔날레 2019'의 기획전 '표현의 부자유전, 그 이후' 사건에 대해서도 언급했다. 평화의 소녀상이 출품됐지만 일본 정부에 의해 사흘만에 전시가 중단됐다. 야마조에 의원은 '조금이라도 정치에 관한 부정적인 표현 활동, 예술 활동이 있으면 정치가 노골적으로 개입하는 이상한 상황, 하루 이틀 이상한 상황이 아니지만 요즘은 이상한 정도가 질적으로 달라졌다. 시민과 야당이 협력해 아베 정권을 무너뜨리는 방법밖에 없다'고 하였다. - 2019년 8월 4일 백색국가에서 한국을 제외한 후 아베 신조 총리를 규탄하는 시위에 참석하였다. 도쿄 최대 중심가인 신주쿠역 부근 광장에서 아베 정권 타도와 일본 국민 연대를 주제로 한 집회에서 진행자의 제안으로 6분여간 즉흥 연설을 했다. 2019년 10월 1일 '한일관계를 정상화하는 것'이라는 학습회를 개최하고, 한일관계를 정상화하는 일본공산단의 입장을 밝혔다. 한국을 수출우대대상국에서 제외하는 일본 정부의 결정 이후, 한국 때리기가 일본사회를 덮고, 그것을 정치가가 선동하는 이상한 상황이 계속되고 있는 가운데 일한관계 정상화를 위한 방안을 제시하였다.

138) 야마모타 타로는 배우시절 2008년 일본후지텔레비전에서 〈타마진의 거기까지 말해 위원회〉에서

야마조에 타쿠 의원은 국내 여러 문제의 돌파구를 찾지 못한 아베 정권이 해외에 적을 만들어 국민들의 이목을 그쪽으로 집중시키려는 정치행위에 대해서, 그리고 가장 가깝고 역사적으로 사이가 깊은 이웃 나라와 제대로 대화도 못하는 아베정권의 독주에 대해서 비판하였다. 특히 한일간에 벌어지고 있는 강제징용배상과 관련된 갈등에 대해서 그 부당성과 독주를 강하게 비판하였다.[139] 야마조에 타쿠 의원은 일본 국회의원으로서 한일관계에 얽혀 있는 문제의 본질을 솔직하고 객관적으로 보려고 하고 있으며, 한일관계의 반목보다는 우호협력을 추구하는 발언을 하고 있다는 데 주목을 받고 있다.

위에서 본 것처럼, 한일관계가 경색되고 있는 상황에서도 한일관계에 적극적인 일본국회의원들은 일본내에서 많은 비판과 견제에도 불구하고 한국과 관련된 사안을 해결하기 위해서 목소리를 내고 있다. 그들은 한일관계를 희망적인 관계로 이끌어 한일공통이익을 창출하고 발전하는 한일관계를 만들기 위해 노력하고 있다는 점에서 진정한 지한파라고 할 수 있다. 일본내에서 민감한 사안이나 잘못됐다고 판단되는 인식이나 정책을 극복하고 한일의 미래지향적인 이익과 관계를 위해서 직간접적으로 행동하고 다양한 법적 제도를 만들어 해결하려는 그들의 활동은 쉬운 일이 아니다. 그럼에도 불구하고 숨기지 않고 표면에 노출시켜 해결하기 위해 활동하는 것은 한국에서도 지일파가 많이 생겨나 연대해서 한일갈등을 극복하고 건전한 한일관계를 만들고 싶다는 염원과 연결된다고 할 수 있다.

4. 일본의 한국 관련 비정치단체

일본 지식인들은 올바른 역사관을 주장하고 지지하면서 왜곡된 사실에 대해서 적극적으로 시정하기를 촉구해왔고, 그런 문제에 대해서 적절하게 해결해줄 것을 요구하였다. 한국과 관련해서 활동해온 지식인들은 일본의 식민지 지배에 대해서 당사자

'독도가 일본의 식민지 지배를 나쁘게 상징하는 섬이라면 한국에 그냥 주면 되지 않는냐'라고 말하여 일본 극우의 혐오대상이 되었다. 2001년 영화 〈GO〉에서 재일한국인 주인공의 선배 역할로 출연하였고, 2004년 영화 〈역도산〉에서 역할을 맡았으며, 2011년 강제규 감독의 〈마이웨이〉에서 조선인 병사를 괴롭히는 일본 육군 하사관 노다 군조 역을 하였다.

139) http: //m.gobalnews.com/news/ (2020년 10월 21일 검색)

들의 입장을 지지하거나 해결하려는 활동을 지지하는 반면에, 한일이 성의를 갖고 공동으로 해결해야 한다는 점도 강조하고 있다. 또한 한국 정부나 일본 정부가 역사 문제와 현안을 정치적으로 이용하는 것을 경계하고 있다. 그들의 활동으로 일본 정부는 위안부와 관련한 과거사에 대해서 사죄를 하고 보상하는 안에 적극적으로 대응하여, 한일위안부합의에 도달했다.

그러나 최근에 들어서 그들의 일부는 자신감 있는 행동을 자숙하거나 애매한 입장을 취하고 있는 것도 사실이다. 일본 사회에는 한국과 한국인에 대해서 좋지 않은 감정을 표출하는 상황이 여기저기에서 나타나고 있기 때문이다. 각종 혐한 시위나 인종차별 행동을 일삼는 움직임, 한국에 대해 거부감을 보이는 반한운동, 한국의 케이팝 문화를 경시하는 분위기, 주변국으로서 한국의 중요성 감소 등과 같은 악재들이 작동하여 한일관계 개선을 위한 활동을 위축시키고 있는 것도 중요한 요인이다. 특히 한일에게 민감한 사안이 발생하면서 한국 정부와 일본 정부간의 인식과 해결방법의 차이로 관계가 악화되면서 더욱 부정적인 영향을 주고 있다.

일본 정부는 2015년 한일위안부합의가 맺어지면서 불가역적으로 완전하게 해결된 것이기 때문에 더 이상 사죄와 배상이 필요하지 않다는 입장을 취하였다. 한국에서 위안부문제가 다시 불거지자, 일본 정부는 1965년 한일청구권협정과 2015년 한일위안부합의를 통해 불가역적으로 합의를 했고, 1993년 고노담화 등에 기초하여 역대 총리가 국가 차원에서 3번씩이나 사죄 그리고 배상을 했기 때문에 이제 한국 국내 사정이라고 하였다. 그리고 한국에 대한 무조건적 양보나 저자세를 보류하는 입장을 취하고 있다.

다른 한편으로 일본의 지한파 지식인은 한국과의 갈등관계를 견지하고 알력을 유도하거나 촉진시키는 것을 자제하고 있으며, 외교적 마찰이 없기를 바라고 있다.[140] 여전히 한일 간의 현안으로 등장한 영유권문제, 식민지 지배, 위안부문제, 강

140) 하토야마 유키오(鳩山由紀夫) 전 총리는 트위터를 통해 한국 서울에서 열린 회의석상에서 병기로의 확산의 우려가 없도록 수속을 간결화를 인정하는 화이트국(우대대상국)에서 한국을 제외하는 방침을 일본 정부가 각의결정한 잘못을 조기에 고쳐야 한다라고 하였다. 그는 서울에서 열린 원아시아컨벤션에서 일본의 수출규제로 화이트국가에서 한국을 제외한 것에 대해서 부정적으로 인식하였다. 안전보장상의 이유라고 하지만, 누구라도 징용공 문제에 대한 화풀이를 경제제재로 한 것으로 보인다. 보복조치가 취해지면 흙탕물이 된다. 현명한 판단을 기대한다(安全保障上の理由と言われるが, 誰の目にも徴用工問題への怒りを経済制裁に向けたと思われる時期である. 報復措置が

제징용문제 등에 대해서 한국적 입장에서 이해하고 좋은 방향으로 해결되기를 바라고 있다. 동시에 세계 반도체 시장에서 독주하던 소니를 밀어내고 선두를 차지한 삼성전자의 성장에 한국의 경제 발전이 더 이상 무시할만한 수준이 아니라는 인식을 새롭게 하며 경계를 늦추지 않고 있다. 그런 복잡한 입장과 자세를 갖고 있음에도 불구하고 한국이 주변국이자 협력할 수 있는 국가이며 경쟁자로 받아들이고 있다.

다음의 표는 일본 정부 수준이나 시민 수준에서 한국과의 관계 개선과 우호증진, 그리고 교류 활성화를 위해 노력하고 활동하는 단체와 그룹을 소개한 것이다. 정부의 공식적인 그룹이나 단체도 있고, 한국이 안고 있는 다양한 문제를 해결하고 알리는 활동을 하는 개인과 단체도 있다.

〈표 41〉 일본 단체의 한국 교류활동1

구분	활동내용
정부관련 기관	- 주 대한민국 일본대사관, 주 대한민국 일본공보문화원, 일본상공회의소 서울사무소, 일본국제관광진흥회 서울사무소, 일본 자치제 국제화 협회 서울사무소, SEOUL JAPAN CLUB(SJC), 일본학생지원기구(JASSO) 등이 있다. - 국제교류기금(獨立行政法人国際交流基金, The Japan Foundation)은 일본 외무성이 관리하는 독립행정법인 중 하나로 국제문화교류사업을 총괄적이며 효율적으로 활동하고 있다. 일본에 대한 외국의 이해를 높이고, 국제상호이해를 증진하며, 문화이외의 분야에서 세계에 공헌하고, 양호한 국제환경의 정비, 일본의 조화있는 대외관계유지 및 발전에 기여할 목적으로 설립되었다(獨立行政法人国際交流基金法第3条). 그리고 일본외무성으로부터 운영교부금을 받아 해외에서의 일본어교육, 일본어국제센터에서 외국인을 위한 일본어교사육성, 일본연구 및 지적교류, 조사연구, 정보제공 등을 지원한다. 일본내에는 교토지부, 해외 21개국에 해외사무소 22개소를 갖고 있다. 다카도미야 노리히토(高円宮憲仁) 친황이 직원으로 근무한 사실이 알려져 일본의 국제문화교류거점이 되었다.
경제교류 단체	- 후지종합연구소, 일본경제연구센터, 히타치종합연구소, 노무라종합연구소, 일본종합연구소, 미쓰비시종합연구소, 다이와종합연구소, 국민경제연구회, 야노경제연구소 등이 있고, 아시아경제연구소는 해외 및 일본 국내에서 공동연구, 개발도상국 연구 교류의 활동거점, 일본에서 개발도상국·지역에 관한 사회과학적 연구를 선도하는 센터로 세계를 위한 지적 공헌을 목표로 하고 있다. - 일본무역진흥기구(JETRO)는 일본국내 및 각국에 설립한 사무소 네트워크를 통해서, 일본의 대외경제교류를 촉진하는 다양한 활동을 하고 있다. 1958년 특수법인 일본무

取られたら泥沼だ. 賢明な判斷を期待する)라고 기술하였다.

	역진흥회로 설립한 이후, 1998년 아시아경제연구소와 통합되었고, 2003년 10월에 독립행정법인 일본무역진흥기구로 새롭게 출범하였다. 일본무역진흥기구(JETRO) 서울사무소는 한일 간의 무역, 투자교류, 기술교류, 기업 비즈니스맨의 교류를 촉진하는 활동을 하고 있다.
일한 경제협회	- 재단법인 일한경제협회(日韓経済協会)는 1960년 당시 국교가 없던 한국과 일본 간의 경제교류를 열기 위해 일본상공회의소와 일본경제단체연합회 중심으로 일본의 각 업계의 대표기업을 망라해서 설립하였다. 회장은 중공업 대형산업을 중심으로 각 업계를 대표하는 기업의 회장, 또는 상담역 등이 취임하였다. 부회장에는 일본을 대표하는 기업에서 사장, 회장 등이 맡았고, 지리적인 이유로 규슈지역의 대기업에서 선출하였다. 회장은 사사키 미키오(佐々木幹夫, 미쓰비시상사특별고문), 부회장 아소 타이(麻生泰, 아소시멘트회장), 오카모토 유키(岡素之, 스미토모상사명예고문), 오기다 히토시(荻田伍, 아사히맥주홀딩스상담역), 기요하라 마사히로(清原當博, 호텔오쿠라도쿄상담역), 고가 노무유키(古賀信行, 노무라홀딩스회장), 하시모토 가즈시(橋本和司, 도레상임고문), 이미즈 하루히로(井水治博, 닛칸공업신문사사장) 등이다. - 제51회일한경제인회의는 2019년 9월 24일부터 25일까지 서울에서 개최되어 공동성명으로 '격동의 세계경제에서 일한협력'을 강조하였다. 일본의 사사키 미키오(佐々木幹夫) 단장 등 105명, 한국의 김윤 단장(金銃团長) 등 203명이 참가하였다. 양국경제의 상호발전을 꾀하기 위해 정치 외교관계가 양국기업의 협력에 장애가 되지 않도록, 양국정부의 대화를 촉구하였고 연대해서 과제를 추진할 것을 결의하였다. 그리고 5개의 과제를 제시하였다. 즉 제3국에서 한일협력의 계속적 추진, 양국의 고용문제, 인재개발공통노력, 경제인재문화교류의 지속 및 확대, 차세대 네트워크 지역교류활성화 등 한일우호적 인프라 재구축, 도쿄올림픽 패럴림픽 성공을 위한 협력 등을 결의하고 제53회 한일경제인회의는 2020년 일본에서 개최하기로 합의하였다.

일본에는 정치, 경제, 문화, 사회 영역에서 한일관계의 개선과 증진을 위해서 활동하는 기관이나 단체가 많다. 정부산하기관으로 정부정책을 적극적으로 수용하고 전파하는 역할을 통해 한국과의 관계나 교류를 활성화하고 있다. 이런 기관들은 일본의 이익을 추구하는 가운데 한국과의 공식적인 관계를 통해서 공생 공존을 추진하는 측면이 있어 권력기관의 활동과 성격을 달리하는 경우가 있다. 다른 한편으로 민간단체들은 한일 간의 공통이익추구와 교류를 통해 관계를 개선하고 문제를 해결하는 활동을 하고 있다. 민간단체들은 한국과의 교류와 지원, 협력 등과 같은 선린우호 활동을 하는 특징이 있다.

다음은 정치가, 지식인, 시민활동가 등이 한국과 일본 사이에서 발생하고 있는 과거사나 현안을 해결하기 위해 활동한 내용을 소개한 것이다.

〈표 42〉 일본 단체의 한국 관련활동2

구분	활동내용
아시아태평양전쟁한국인희생자보상청구 활동	후쿠시마 미즈호(福島瑞穗)의원은 1991년 아시아태평양전쟁한국인희생자보상청구사건(アジア太平洋戦争韓国人犠牲者補償請求事件)를 통해 위안부희생자의 보상청구를 위한 소송을 담당하였다. 그리고 다카키 겐이치(高木健一) 등과 함께 한국에서 배상소송의 원고로서 위안부를 모집하여 16명의 의견을 청취하였고, 위안부모집의 강제성을 인정한 1993년 8월 고노담화(河野談話)에 근거해서 소송을 제기하였다. 아시아태평양전쟁한국인희생자보상청구권사건 소장에는 원고 박칠봉 외 34명, 피고 일본국 등으로 되어 있고, 청구취지에서 피고는 원고에게 각 2천만 엔을 지불할 것, 소송비용은 피고가 부담할 것 등을 요구하는 재판 및 가집행 선언을 요구하였다.
전시성적강제피해자문제해결촉진법안 활동	- 1999년 민주당은 전시성적강제피해자문제해결촉진법안(戦時性的强制被害者問題解決促進法案)을 발의한다는 강령을 발표하였다. 목적은 전시성적피해자에게 사죄의 의를 표하고 여성의 명예회복, 전시성적피해자와 관련된 문제해결을 촉진하고, 일본과의 신뢰양성, 일본의 국제사회에서 명예있는 지위 고양 등을 추구하는데 있다. - 민주당은 1999년 당의 강령으로 발표하고, 2002년 7월 18일 참의원 내각위원회에서 민주당, 공산당, 사민당 등이 공동으로 전시성적강제피해자문제해결촉진법안을 국회에 제출하였다. 오카자키(岡崎トミ子) 의원은 제안자의 대표로서 취지를 설명하였다. 법안심의에서 위안부라고 주장하는 송신도(宋神道)씨가 쓴 편지내용을 그대로 낭독하여 일본 정부를 규탄하였다. - 2008년 6월 10일 카미모토 미에코(神本美惠子) 의원은 전시성적강제피해자문제해결촉진법안을 참의원에 제출하고 2008년 8월 가톨릭교회에서 개최된 심포지엄 '미국의회결의1주년을 기념해서 위안부문제해결을 위한 우리들이 할 수 있는 일'에 참가하여 전시성적강제피해자문제해결촉진법안 찬성에 동참을 요구했다.
영주외국인에 지방참정권을 부여를 위한 활동	- 2009년 1월 재일한국국민의 신년회(在日本大韓民国民団の新年会)에 참석한 시위 가즈오(志位和夫) 위원장은 오가타 야스오(緒方靖夫) 부위원장, 고이케 아키라(小池晃参) 참의원, 이노우에 사토시(井上哲士) 참의원 등과 함께 '일한이 역사의 진실을 공유하는 것이 우호의 기초가 되고, 일본공산당은 그런 입장에서 활동하고 있다'라고 말하고, '지방참정권에 대해서 일본공산당은 영주외국인에게 선거권만이 아니라 피선거권도 부여하는 입장에서 노력하고 있다'라고 하여 피선거권 부여를 주장했다. - 2009년 5월 31일 영주외국인에 지방참정권을 5.31집회(永住外国人に地方参政権を! 5·31集会)에 오고리 요리코(円より子), 하쿠 신군(白真勳), 시오카와 데쓰야(塩川鉄也), 아리다 요시후(有田芳生), 우오즈미 유이치로(魚住裕一郎) 의원 등이 참가하고 외국인참정권부여를 주장했다. - 2009년 11월 26일 도쿄 나가다죠(永田町) 중의원 제1의원회관에서 재일본대한민국청년회와 재일본대한민국민단이 주최하는 '영주외국의 지방참정권법안의 조기성립을 요구하는 11.26긴급원내집회(永住外国人の地方参政権法案の早期立法化を求める11·26緊急院内集会)에 스에마쓰 요시노리(末松義規), 오카와 도시오(小川敏夫), 와다나베 고이치로(渡辺浩一郎), 데쓰카 요시오(手塚仁雄), 하쓰시카 아

	키히로(初鹿明博), 하쿠 신군(白真勳), 와니부치 요코(鰐淵洋子), 우오즈미 유이치로(魚住裕一郎), 곤도 마사미치(近藤正道), 카사이 아키라(笠井亮) 의원 등이 참가하여 재일외국인의 참정권법안을 성립시킬 결의를 표명하였다.
한국의 유족과 함께 유골 문제해결을 위한 전국연락회 활동	2010년 10월 7일 중의원 제2의원회관에서 개최된 한국조선의 유족과 함께 유골문제해결을 위한 전국연락회에 후지타니 고우신(藤谷光信), 곤도 아즈마(今野東), 아이하라 구미코(相原久美子), 하쿠 신군(白真勳), 핫도리 료이치(服部良一) 의원 등이 참가하고 '(일본의 조선반도 식민지 지배) 책임을 인정하고 (문제해결의) 조기실현에 전력을 다해야 한다'는 결의를 채택하였다.
사할린잔류한국인의 보상과 지원 활동	2011년 2월 25일 사할린잔류한국인의 보상과 지원(サハリン残留韓国人の補償と支援)을 위해서 카사이 아키라(笠井亮)의원은 도이 류이치(土肥隆一), 곤도 아즈마(今野東), 이시게 에이코(石毛鍈子), 아베 도모코(阿部知子) 의원 등과 한국의 국제인권포럼 대표 황우여 의원 등과 협의회를 개최하였다. 그 회의에서 피해를 입은 한국인 원고측에 서서 일본 정부에게 책임을 묻는 소송을 해온 다카키 겐이치(高木健一) 변호사가 주도한 사할린잔류한국인에 대한 보상과 지원을 위해 일한의 기업이나 정부가 일정한 기금을 내어 재단을 설립하는 안에 합의했다.
한국문화재반환 활동	- 일한도서협정(日韓図書協定)에 의거 도서 인도를 주도해온 일본공산당의 카사이 아키라(笠井亮) 중의원의원은 조선왕실의궤(朝鮮王室儀軌) 인도를 주도해왔다. 일본 정부가 당연히 반환해야 하는 조선왕실의궤는 일본공산당창설 해인 1922년에 발생한 것으로 제국주의전쟁과 식민지 지배에 반대하여 결성한 공산당이 의궤 반환의 주역이 되길 결심했다고 하였다. - 조선왕실의궤을 포함한 한반도 유출도서 1,205권을 한국 측에 인도하는 일한도서협정이 2011년 4월 28일 중의원본회의에서 가결되어 6월까지 반환되었다. 이에 한국시민단체 조선왕조환수위원회(朝鮮王朝還收委員会)는 도쿄에서 반환에 힘을 기울인 일한협회(日朝協会)의 와다나베 미쓰구(渡辺貢) 회장 등 공로자에게 감사의 기념품을 전달하였다. 일본공산당 소속 오가타 야스오(緒方靖夫), 카사이 아키라(笠井亮), 민주당 이시게 에이코(石毛鍈子), 사민당의 핫도리 료이치(服部良一) 의원이 표창을 받았고, 이노우에 사토시(井上哲士), 고쿠다케 게이지(穀田惠二), 야마시타 요시키(山下芳生) 등이 출석했다.

일본에는 이른바 친한파로 불리면서 비판을 받는 가운데 한일관계를 개선하기 위해 적극적으로 활동하는 지식인들이 많다. 그들은 한일간에 발생한 문제에 대해서 한국의 입장에서 우호적으로 지지하고 일본 정부에 해결을 요구하는 특징이 있다. 그런 활동을 하게 된 배경에는 한일관계에서 일본이 가해자이며 한국이 피해자라고 규정하는 인식이 자리잡고 있으며, 그런 구도에서 인류 보편적인 가치를 중시하고 정의를 실현하기 위한 열정이 작용하고 있다. 그들은 구타한 사람보다는 구타당한 사람이 아프다는 논리에 기초해서 구타한 입장에 있던 일본이 우선 사죄하고 용서를 구하는 것이 순리라고 여겨 활동하고 있다.

다음은 일본과 일본국민을 위해서 그리고 한국과 한국국민을 위해서 올바른 역사인식을 갖는 동시에 한일관계를 개선하기를 바라는 일본 지식인을 소개한 것이다.[141]

〈표 43〉 일본 지식인의 한국 관련활동1

구분	내용
와다 하루키	- 와다 하루키(和田春樹)는 도쿄대학교수, 대표적인 지한파 지식인, 1968년 킹목사의 암살을 계기로 베트남전쟁반대 시민운동을 전개하였다. 그는 아시아여성기금의 팜플렛(アジア女性基金のパンフレット), 한국민주화운동지원, 김대중구명운동, 조선식민지 지배반성국민결의를 요구하는 운동(朝鮮植民地支配反省国会決議を求める運動), 재일한국인에 대해서 사회처우의 향상이나 적극적인 전후 보상 등을 일관되게 주장하고 있다. - 2010년 일본과 대한제국 간 맺은 '한국병합에 관한 조약'은 당초부터 무효이며, 일본정부는 무효성을 인정하라는 성명을 발표했다. 칸 나오토(菅直人) 총리에 대해서 동조약의 무효를 일한합병100주년에 즈음하여 선언하도록 요구하였다. 역사교과서에 대해서 2001년 4월『새로운 역사교과서(新しい歴史教科書)』(扶桑社)를 비판하는 성명을 발표하였다. 그리고 위안부문제해결에 소극적인 일본 정부에 대해 일관되게 비판하고, '납득한다라고 말할 수 있는 사람은 당사자밖에 없다', '한국인이 사죄나 배상을 해도 납득하지 못하기 때문에 한국인이 납득할 때까지 일본, 일본인, 일본 정부는 사죄를 지속적으로 계속해야 한다'라고 하였다. 위안부여성을 위한 아시아평화국민기금(女性のためのアジア平和国民基金) 설립에 참여했다. - 독도문제에 대해서 '독도가 일본의 영토라고 선언된 것은 1905년이다. 그 시점에서 패전까지 40년간 독도는 확실하게 일본의 영토였다. 1945년 일본의 관할로부터 벗어난 후, 샌프란시스코조약에서도 명확하게 처리하지 못했다'(竹島が日本の領土と宣言さ

141) 都築勉(著), 1995,『戦後日本の知識人—丸山真男とその時代』, 世織書房. 1930년대부터 1960년대의 일본사상사와 정신사를 다루고 있다. 마루야마 마사오를 중심으로 한 시민사회청년 세대의 감정을 분석하여 소개하고 있다. 加藤周一(著), 凡人会(著), 1999,『戦争と知識人」を読む—戦後日本思想の原点』, 青木書店. 시민서클인「밤인회(凡人会)」의 연구회활동을 기록했다. 西部邁(著), 波頭亮(著), 2010,『知識人の裏切り—どこまで続く, 平成日本の漂流』, 筑摩書房. 일본은 고도경제성장지상주의를 적극적으로 추진해왔지만 쇼와의 끝점에서 광란적인 파탄과 함께 방향을 잃고, 헤이세이에 들어서 장기불황을 겪었다. 그 과정에서 벌어진 좁은 전문주의와 얕은 합리주의로는 사람을 운영하는 데 한계가 있다는 것을 지적하고 있다. 鈴木敏明(著), 2013,『保守知識人を斷罪す-「つくる会」苦闘の歴史』, 総和社. 일본이 반성하는 자학사관에 기초한 전후 역사교육을 시정하고, 어린이들에게 일본인으로 자부심을 갖는 교과서를 만들기 위해 2001년 발간한 시판용 역사공민 교과서는 76만부 베스트셀러가 됐다. 교과서를 만드는 모임의 16년간의 문제를 밝혔다. アイヴァン ホール(著), Ivan Hall(原著), 鈴木主税(翻譯), 1998,『知の鎖国—外国人を排除する日本の知識人産業』, 毎日新聞社. 일본에서 작동하고 있는 배제의 구조와 심리를 폭로하고 있다. 出原政雄(著, 編集), 赤沢史朗(著), 平野敬和(著), 2015,『戦後日本思想と知識人の役割』, 法律文化社. 격동하는 현대일본에서 행동하는 지식인의 역할, 평화와 인권, 전후적 가치와 전후 사상동향을 분석했다.

	れたのは1905年だ. その時から敗戦までの40年間, 竹島は確かに日本の領土だった. 1945年に日本の管轄から脱した後, サンフランシスコ条約でも明確な處理がなされなかった), '식민지 지배반성의 표현으로서 일본은 독도를 한국영토로 인정한다'(植民地支配反省の表現として, 日本は獨島(竹島の韓国名)を韓国領土として認める)라는 주장을 하였다. 2013년 10월 일본은 한국 측의 주장을 인정하는 이외의 답은 없고, 한국은 한일우호를 위해 특별고려로서 울릉도와 오키오시마(隱岐の島)의 중간에 경제수역경계를 설정하는 제안을 내놓고, 시마네현(島根縣) 어민에게 섬주변의 어업권을 인정하는 조건으로 독도를 한국에 공여하는 제안을 하였다.
무라카미 하루키	- 무라카미 하루키(村上春樹)는 와세다대학졸업, 소설가, 번역가이며, 1979년 『바람의 노래를 들어(風の歌を聽け)』로 신인문학상과 제8회 아쿠다카와상(芥川賞)을 수상하였고, 1987년 발표한 『노르웨이의 숲(ノルウェイの森)』은 1000만부가 팔렸다. 현재 일본작가로 노벨문학상의 최고 유력자로 언급되고 있다. - 2012년 9월 28일 《아사히신문》 조간에 에세이 〈혼이 가고 오는 길목(魂の行き來する道筋)〉을 기고하고, '일중간의 센카쿠열도문제나 일한간의 독도문제로 동아시아의 문화교류가 파괴되는 사태를 우려하고, 영토문제가 감정에 의지하면 위험한 상황을 촉발시킨다. 막술로 취하는 것과 같다. 싼 술로 취하면 남는 것은 후회스러운 두통뿐이다. 혼이 오고가는 길목을 막아서는 안 된다'고 경고를 하였다. 그는 《도쿄신문》에서 '상대(한국인)가 납득할 때까지 사과하는 것이 중요'(相手(韓国人)が納得するまで謝ることが大切)하다고 위안부에 대한 견해를 밝혔다.

일본에서 자타가 공인하는 지한파 와다 하루키 도쿄대명예교수는 변함없이 한일간에 벌어진 역사적 사실에 대해서 일본의 각성과 적극적인 해결을 요구해왔다. 그리고 무라카미 하루키는 정치적 색을 벗어나 순수한 문학자 입장에서 동아시아를 구성하고 있는 한중일이 문화적 교류가 정치적 경쟁에 휘말리고 있는 현상에 대해서 옳지 못한 문화적 단절이라고 경종을 울리고 있다.

다음은 일본지식인으로서 한국관련현안에 대해서 활동하고 있는 우치다 마사토시(內田雅敏), 다카키 겐이치(高木健一) 변호사를 소개한 것이다.

〈표 44〉 일본 지식인의 한국 관련활동2

구분	활동내용
우치다 마사토시	- 우치다 마사토시(內田雅敏, 1945)는 와세다대학, 변호사, 사회운동가, PKO법안에 찬성하는 후보를 상대로 낙선운동, 중국인강제징용보상문제, 야스쿠니신사참배 문제 등에 관여하였다. 2000년 대평양전쟁말기 아키다현 하나오카광산(秋田縣花岡鉱山)에 강제연행된 중국인이 학대와 차별에 대해서 항의하는 과정에서 수백 명이 살해된 이른바 하나오카 사건에서 도쿄고법은 가해자 가고시마구미(鹿島組)가 피해자 대리인 중국적십자에 5억 엔을 배상하도록 하는 판결을 내리는데 공헌하였다. 그리고 2009년

	니시마쓰건설(西松建設)과의 화해를 이끌었다. 이어서 2014년 중국재판소에 제기된 강제동원 손해배상소송에서 미쓰비시 머티리얼(三菱マテリアル)은 2016년 피해자 3,765명에게 1인당 10만위안을 지불하는 화해를 성립시켰다. - 2018년 한국대법원은 일본기업에게 징용공에 대해서 배상을 하라는 판결을 내렸다. 일본 정부는 일한청구권협정으로 완전하게 해결된 것으로 하여 반발하였다. 우치다 변호사는 한일청구권협정으로 포기한 것은 정부의 외교보호권이고, 개인의 보상청구권이 아니라고 하였다. 그리고 2019년 일본의 대한수출우대배제조치 철회를 주장하고 '한국은 적인가(韓国は「敵」なのか)'라는 성명을 내어 반향을 불러일으켰다.
다카키 겐이치	다카키 겐이치(高木健一, 1944년)는 도쿄대학법학부졸업하고 변호사로 활동하면서 전후 일본의 전쟁책임에 관한 소송운동을 적극적으로 하였다. 후쿠시마 미즈호(福島瑞穂)와 함께 종군위안부에 관한 대일보상청구운동을 전개하고, 한국인과 인도네시아인 위안부의 대일청구권운동을 전개했다. 1975년 사할린재류한국인귀환문제에서 소송운동을 전개하고 원고변호인단사무국장을 담당했다. 조선피폭자조사대표단장, 일변연 인권옹호위원회조선인피폭자문제조사위원장(日弁連人権擁護委員会朝鮮人被爆者問題調査委員長), 전후보상국제포럼실행위원장 등을 역임하는 등 인원운동을 폭넓게 활동하였다. 후쿠시마 미즈호(福島瑞穂) 등과 함께 활동하면서 한국에서 위안부배상소송의 원고가 되어 위안부를 모집하고 사건에 대해서 청취하고 소송에 대응하였다. 아시아태평양전쟁한국인희생자보상청구사건에서 주임변호사를 맡았고, 공적을 인정받아 1989년 한국 정부로부터 국민훈장모란장을 수여받았다.

다음은 한일의 현안을 해결하기 위해 개인활동과 단체활동을 하는 가운데 일본사회와 한국사회가 각성하도록 요구하고 다양한 측면에서 영향을 미치고 있는 인물을 소개한 것이다. 특히 2018년부터 시작된 한일 간의 전쟁같은 상대흠짐내기 외교에 대해서 일침을 가하고 한일관계개선을 강력하게 요구하였다.

〈표 45〉 일본 지식인의 한국 관련활동3

구분	활동내용
대한규제철회하라일본지식인77인그룹[143)	- 대한규제철회하라(対韓規制撤回せよ)를 주장하는 일본지식인77인그룹은 와다하루키도쿄대명예교수 등 일본지식인이 구성한 단체로 한국에 대한 아베 신조 총리의 수출규제조치를 비판하는 서명운동을 하였다. 양국관계가 보복이 보복을 부르는 최악의 상황으로 흐르는 것만은 막자는 의도에서 시작되었다. - 와다하루키 도쿄대학명예교수, 우치다 마사토시(内田雅敏) 변호사, 오카다공동통신객원논설위원(岡田充共同通信客員論説委員), 다나카 히도치바시대학 명예교수(田中宏一橋大学名誉教授) 등을 시작으로 교수, 변호사, 저널리스트, 외교관, 의사, 작가 등 77명이 인터넷 사이트를 개설하여 서명을 받았다. 서명사이트(https: peace3appeal.jimdo.com)를 운영하여 2019년 7월 25일부터 8월 15일까지 제1차 수출규제철회요구서명운동을 추진하였다. - 그들은 당 사이트에 공개된 성명을 통해서 '한국은 적인가(韓国は敵なのか)'라고

	질문을 하고, '현재의 일한관계악화를 우려하여 일본시민에게 찬동을 요청하는 것입니다', 그리고 '우리들은 7월초 일본 정부가 표명한 한국에 대한 수출규제에 반대하고, 즉시 철회를 요구한다'라고 하였다. 또한 '반도체제조가 한국경제에서 갖는 중요한 의의를 생각하면, 이 조치가 한국경제에 치명적으로 타격을 줄 수 있어, 적대적인 행위인 것이 명백하다'라고 강조했다. 한국은 적인가 라는 서명운동을 전개하여 큰 반향을 일으켰다.
3.1운동기념한일화해촉구서명지식인	- 이 단체는 한일청구권으로 합의한 무상 3억 달러, 유상 2억 달러의 한국공여는 일본기업의 물건으로 지급되어 일본기업의 이익이 되었으며, 한국진출에 중요하게 역할을 했다고 주장했다. 우치다 변호사는 아베 정권이 그런 점을 일체 설명안하고, 한국은 일본과의 국가간의 합의를 위반했다는 잘못된 인식을 확대시키고 있다고 비판했다. 독일은 정부와 기업이 기금을 모아 강제노동피해자에게 보상했다고 주장했다. 역사문제를 해결하기 위해서는 가해자가 가해 사실을 인정하고 수정할 것, 사죄하고 화해금을 지급할 것, 잘못을 반복하기 않기 위해서 역사교육을 할 필요가 있다는 점을 지적했다. - 2019년 3.1운동 100주년을 기념해서 일본지식인 226명이 한일이 화해하고 동아시아평화를 위해 협력할 것을 권고하는 서명을 하였다. 서명운동에서 1965년 한일청구권협정은 식민지 시대 문제를 모두 해결하기에 불충분하여 재검토가 필요하다. 또한 아베 정권이 한국에 대해 보복조치로 수출규제를 하는 것은 문제가 있다고 지적하였다. 독일처럼 피해자 재단을 만들어 대응하는 방식이 필요하며, 한국대법원배상판결에 의해 1인당 1000만 엔을 보상한다면 부담이 크다. 독일은 1인당 70만 엔, 중국인과 미쓰비시 머터리얼 간의 해결은 당시 1인당 160만 엔 보상한 것을 참고하면 좋을 것이라는 대안을 제시하였다.
마쓰이 야요리	- 마쓰이 야요리(松井やより, 1934년-2002년)는 도쿄외국어대학, 저널리스트, 아사히신문편집위원, 아사히신문 재식시 위안부문제를 제기하였다. 1984년 11월 2일 석간에 〈일본인순사가 강제연행해 21세 고국떠나다〉라는 제목의 기사를 집필했다. 즉 '태국남부의 작은 마을에, 한국인의 할머니를 방문했다. 8만 명 또는 10만 명으로 이야기되고 있는 종군위안부의 대부분은 살아서 돌아오지 않았다. 14살에 결혼했지만 혼가를 벗어나 각지를 전전했다. 어느 날 부산교외에서 물을 푸는 순간, 일본인 순사 3-4명이 잠깐이라는 말에 놀라 물을 엎어 순사 옷을 적셨다. 사죄를 하였지만 구타를 하고 차안으로 집어넣었다. 그것이 인생을 바꿔놓았다. 그날 밤부터 정신대원으로 지옥의 나날이 시작되었다. 위안부생활은 밤낮으로 병사의 류세탁이나 막사청소, 탄약운반 등 중노동이었다. 밤에는 병사를 위로했다. 아침부터 저녁까지 수십 명을 상대했다. 조금이라고 저항하면, 감독이 구타했고, 반나체가 되었다. 인간 이하의 생활이었다'라는 기사를 게재하여 위안부실상을 공개하였다. - 2014년 8월 5일 《아사히신문》은 위안부문제에 대해서 '조선과 대만에서 군대 등이 조직적으로 사람을 연행한 자료가 발견되지 않았다. 여자정신대는 위안부와 전혀 다른 별개이다'라는 주장하고 마쓰이기사(松井記事)의 근거 및 주장을 부인하였다. 위안부존재사실을 폭로했던 요시다증언(吉田証言)은 그런 이유로 취소됐지만, 마쓰이 기사는 취소되지 않았다.

다음은 정치인, 지식인, 사회운동가 등의 수준에서가 아니라 문화계에서 활동하면서 한국에 우호적인 관계를 맺고 있는 일본문화인을 소개한 것이다. 한국이나 일본에서 활동하고 있는 문화인들은 문화교류가 정치적 상황에 의해 좌우되는 것을 매우 우려하고 있으며, 한일관계가 개선되어 문화교류와 활동이 활성화되기를 바라고 있다.

〈표 46〉 일본문화인의 한국관련활동[143)]

구분	내용
쿠사나기 쓰요시	쿠사나기 쓰요시(草彅剛, 1974년)는 배우, 성우, 가수, 사회자, 유튜버 등으로 활동하고 있는 만능 탤런트이다. 2001년 4월 쿠사나기의 한국관련활동에 대한 방송 〈초난칸(チョナン·カン)〉이 후지텔레비전계열에서 방송개시하면서 한국에 진출하였다. 당시 한국에서는 일본문화가 제한되었고, 한류붐이 일어나기 전이었다. 그는 방송을 하면서 한국어를 공부하고 한국문화와 한국인을 이해하는 데 열중하였다. 2008년 4월 TBS계열사는 한국의 이명박 대통령과 한국어로 대담하는 내용을 방영하였다. 쿠사나기는 이명박 대통령으로부터 문화교류를 위한 한일문화대사취임을 요청받았다. 한국대통령과의 대담은 노무현 대통령에 이어 두 번째이다. 한국과 일본의 문화교류에 크게 공헌한 연예인이다.
마에다 아쓰코	마에다 아쓰코(前田敦子, 1991년)는 일본배우, 가수 등으로 활동하고 있고 애칭은 앗짱(あっちゃん)이다. 2006년 여성아이돌그룹 AKB48로 데뷔하였고, 2018년 7월 배우 카쓰지 료(勝地涼)와 결혼을 하였다. 2007년 영화에도 출연하였고, 대하드라마〈요마전(龍馬伝)〉에 출연하였다. 한국에 많이 알려진 연예인은 아니지만 모 방송사에서 출연하여 한국에 관심이 많으며 좋은 이미지로 한국을 소개하였다고 전한다.
타케이 에미	타케이 에미(武井咲, 1993년)는 나고야출신으로 패션 모델 겸 배우로 활동하고 있다. 드라마 〈전련외수사관(戦力外捜査官)〉에 출연한 것을 계기로 EXILE의 TAKAHIRO와 2년 후 교제기간을 거쳐 결혼하였다. 드라마 〈지금부터 당신을 협박하겠습니다(今からあなたを脅迫します)〉의 최종촬영 후 출산하였다. 2013년 36회 일본 아카데미상 신인배우상을 수상하였다. 〈한국 홀로 여행-밀착〉이라는 프로그램에서 혼자 한국을 여행하며 영상을 찍기도 했다. 그 영상을 찍는 도중에 한국 배우 김수현을 만나기도 하고, 찜질방 체험, 명동을 소개하기도 했다. 한국을 사랑한다는 이유로 일본 팬들에게 미움을 받기도 했지만 청순한 이미지 때문에 사랑받는 연예인이다.
미야자키 아오이	미야자키 아오이(宮﨑あおい, 1985년)는 아역배우 출신이고 〈다만, 널 사랑하고 있어〉라는 영화로 한국에 알려졌다. 2007년에는 〈첫눈〉이라는 영화에서 한국 배우 이준기와 열연을 펼쳤다. 일본의 역사인식에 대해서 부정적으로 보고 있으며, 한국에 대해서 좋은 평가를 하고, 한국을 사랑하는 일본의 대표적인 연예인이라 평가되고 있다.

142) https: //s.japanese.joins.com/JArticle (2019년-2020년 검색)

143) https: //ja.wikipedia.org/wiki/ (2019년-2020년 검색)

후지이 미나	후지이 미나(藤井美菜, 1988년)는 니가타출신으로 일본 게이오대학 출신이다. 9살에 연예계에 데뷔했고, 1998년 〈스쿠루지와 작은 공녀 세라〉에 출연했고, 〈우리결혼했어요(私たち結婚しました 世界版)〉라는 작품으로 인기를 얻었다. 2012년부터 본격적으로 한국에 진출하여 활동하였고, 한국 예능과 드라마에 출연하면서부터 한국인들에게 많은 사랑을 받았다.
미요시 아야카	미요시 아야카(三吉彩花, 1996년)는 배우이며 패션모델로 활동하고 있다. 아뮤즈 소속이고 빅뱅의 팬으로도 유명하다. 한국을 연구하고 K-POP을 감상하는 것이 취미이며, 한국에 사는 것이 희망 사항이라고 할 정도로 한국에 관심이 많은 일본 연예인이다.

일본에서 활동하는 일본문화인 중에는 한국에 대해서 호감을 갖고 있는 연예인이 다수 있다. 그리고 개인취미나 활동으로 한국문화에 관심을 갖고 있는 일반시민이나 젊은이들이 있어 일본에서의 한국 이미지를 높이는 데 좋은 영향을 주고 있다. 정치적 대응이나 감정적 대응보다는 문화향유자입장에서 문화를 향유하고 교류하거나 왕래하여 친근감과 친밀도를 높여주고 있어 그들의 존재와 활동은 매우 긍정적이다. 그리고 한일문화교류의 토대를 구축하는 디딤돌로 기능하고 있고 젊은 문화소비자를 확산시키고 있다는 점에서 문화적인 지한파라고 할 수 있다.

일본 언론은 일본에서 한류붐이 일어났다고 전하고 있어 한국문화가 일본에 뿌리를 내려 정착되고 있다는 점을 부각시키고 있다. 그러나 한국과 일본이 처한 현안을 둘러싼 정치적 환경에 영향을 종종 받아 상호문화에 대해서 부정적으로 인식하는 경우가 발생하고 있다. 그리고 젊은 일본문화소비자 중에는 단지 J- POP에 대한 매력을 잃어 잠시 K-POP 등을 소비할 뿐이며, 음반 구매나 한국여행 등과 같이 경제적 이익을 주는 행동을 자제하는 경우도 있다. 더욱이 일본에서 문화적 이익을 얻는 것이 어려우며, 일본인 멤버가 3명이 있는 트와이스 같은 특수한 경우가 아니면 일본내 K-POP인지도에 비해서 수익을 얻지 못한다는 분석도 있다. 그런 환경 때문에 한국문화계와 일본문화계는 서구유럽, 중화권, 동남아시아 등 해외시장 개척에 눈을 돌려 문화활동반경을 확대시키고 있다.

그러나 분명히 한국에는 일본문화가 상륙해 정착하여 긍정적인 효과를 내고 있고, 일본에도 한국문화가 상륙해서 다양한 효과를 거두고 있다는 점을 부인할 수 없다. 그 이면에는 개인적인 취미와 관심에 의해 문화가 소비되는 경향이 있다. 양국문화에 대한 개인의 관심이 높아지면서 문화적 가치를 창출하는 문화연출자는 각각의 문화를 소비하도록 문화매체를 적극적으로 이용하고 문화시장을 확대하여 문화소비자를 증가시키고 있다. 양국의 문화창출자나 문화소비자는 정치적 의도를 갖고 활동하는 것이 아니라 문화적 사고에 기초한 문화활동을 하기 때문에 문화적 지한파이며 지일파라고 할 수 있다.

현재 한국과 일본에는 정치, 경제, 사회, 문화 등의 영역에서 국가간, 민족간 경계를 초월해서 개인, 국민, 시민, 단체, 지식인 등이 양국이익, 현안협력과 공조, 교류활동, 인권보호활동 등을 통해 관계 개선을 촉진시키고 유도하는 지일파와 지한파가 있다. 그러나 정부수준에서의 정책과 전략은 그들의 활동과 의미에서 벗어나고 있어 지한파나 지일파의 활동을 제한하거나 평가절하하는 요인이 되고 있다. 현실적으로 한일관계가 막혀있는 상황에서 그들의 존재와 활동은 한국과 일본의 이미지를 개선하고 발전적이며 협조적인 한일관계를 구축하고 활성화하는데 좋은 촉매제로 작용할 수 있다는 점에서 가치가 있다.

Ⅳ. 맺는 글

일본은 패전 후 일정기간 미국과 소련의 이데올로기 경쟁에 의해 재편된 냉전시대를 맞이하였고, 미국과 더불어 반공산주의와 친미주의를 추진하면서 일본살리기와 일본성장에 집중하였다. 그 과정에서 일본은 달성할 수 있는 최대치의 성공을 거두면서 1960년대 성장시대를 열고 그 열매를 향유하였다. 그것은 곧 식민지 지배와 태평양전쟁으로 엉클어진 아시아질서를 회복하고, 국가 간의 정상외교를 통해서 일본의 위상을 높이며, 국가발전의 토대와 성장기조를 구축하는 힘으로 작용하였다. 일본은 자신감을 갖고 한국과의 관계개선에 접근하였다. 그때도 여전히 일본은 경제성장으로 인하여 축적된 경제적 힘을 갖고 있었기 때문에 한국에 유화적인 정책과 협조적인 자세로 임할 수 있는 여유가 있었다.

그런 상황에서 일본의 국익을 챙기면서 한일관계개선을 통해 정치적 업적을 남기기를 열망하는 정치가로서 지일파 또는 친한파가 생겨났다고 할 수 있다. 그들은 일본이 갖고 있는 힘에 기초한 자신감을 갖고 여유 있는 지일파이고 친일파가 될 수 있었다. 그리고 장기적인 차원에서 국익추구가 가능하다고 판단하고, 한국과의 협력방안을 제시하여 관계개선에 나섰다고 할 수 있다. 당시 국가지도자는 역사적 과제에 대한 해결을 완전하게 하기보다는 한국이 처한 현실적 어려움에 협조하는 방식으로 역사적 문제를 풀려는 의도가 없었다고는 할 수 없을 것이다. 결과적으로 일본의 전략적 해결방식과 한국의 절실한 현실적 해결방식이 역사적 문제를 상호 용인하는 차원에서 해결되지 못하게 한 요인이 되었다고 볼 수 있다.

다른 한편으로는 정치적 의도와 별개로 일본 내에서 한국에 대해 우호적으로 활동하며 보편적 가치를 주장하는 양심적인 지한파나 친한파가 생겨났다. 그들은 반전주의를 주창하고 인간의 보편적인 가치를 중시하는 일본 지식인그룹이다. 한국과의 관계에서 그들은 정의로운 사고나 행동으로 역사적이며 현실적인 과제를 해결하기를 바란다는 점에서 지한파나 친한파라고 할 수 있다. 그들에게는 비정치적이며 인간적인 접근을 통해서 조금이라도 과거 역사에 대한 미안함을 한국에 대한 관심과 지원이라는 차원으로 전환시켜 만회하려는 보상적 심리가 작용했는지도 모른다. 그렇게 해서 각 사회영역에서 활동하게 된 지한파와 친한파는 한일관계가 개선되는데 역량을 발휘해왔다.

그러나 지금까지의 한일관계는 기본적으로 위정자로 여기는 권력을 가진 정치가가 주도적으로 결정해서 만들어왔다. 좀더 명확하게 말하면, 일본은 총리를 비롯한 내각 대신들이 한국에 대한 전략적인 정책을 통해서 대응해 왔다. 그들은 한국에 대해서 공부하고 연구한 지한파이자 친한파이기도 하고, 한국을 강하게 압박하고 내치는 보수파이며 강경파로 활동하기도 하였다. 국가간의 관계에서, 그리고 국제사회에서 국익을 전제로 협상하거나 해결안을 제시하기 때문에 한국과 선린관계만을 조성한 것은 아니다. 그런 논리는 국가수준뿐만 아니라 일부의 개인이나 시민, 지식인 수준에서 활동하는 지한파나 친한파에도 적용가능하다고 할 수 있다.

현 시점에서 일본의 지한파나 친한파는 한국에 대해 무조건적으로 긍정적으로 생각하지 않는다. 한국과 한국인에 대해서 복잡한 감정이 다양하게 표출되고 있기 때문이다. 각종 반한시위나 헤이트스피치, 한일갈등과 경쟁 등을 보면서, 한국에 대한 거부감이 암묵적으로 작용하고 있는 것이다. 또한 한국의 각 사회영역이 성장하는 것을 우려스럽게 인식하고, 인접국으로 한국에 대해 좀더 냉정하게 대응해야 한다는 경계의식이 노출되고 있는 것인지도 모른다. 과거처럼 절대적이며 상대적 우위를 점하고 있던 일본에서 점차 한국과 대등한 관계가 되는 현상들은 지원이나 지지가 아니라 경쟁하는 한국을 부각시키고 있는 것이다.

현재 한일관계가 악화된 상황에서 일본인 중에 자신이 지한파라고 주장하지 않지만 한국에 관심을 갖고 있거나 우호적으로 행동하는 일본인은 매우 많다. 반대로 한국인 중에 일본에 관심을 갖고 있거나 우호적으로 행동하는 한국인이 적지 않을 것이다. 그들은 스스로 지일파나 지한파라고 하지 않지만 한일의 공통이익을 위해 활동한다는 점에서 건설적인 존재이다. 일본에서 지한파라고 말할 수 없는 상황과 한국에서 지일파라고 말할 수 없는 상황이 한국과 일본을 딜레마에 빠트리고 있는 것이다. 한일 간의 관계는 어느 한쪽의 실수에 의해 영향을 받을 수도 있지만 일반적으로 상대적 대응이나 전략에 의해 영향을 받고 있다. 구체적으로 보면, 한일관계의 악화는 권력을 갖고 있는 한일정부의 책임이라고 할 수 있다.

한국과 일본은 역사적으로 경쟁하면서 협력하며 살아야 하는 지정학적 정치학적 운명적 관계에 있다. 그러나 최근 한일관계가 악화일로에 있어 각 사회영역에서 서로 반감을 갖고 극단적으로 대응하고 있다. 그런 상황을 반영이라도 하듯이 한국과 일본에서는 선악과 관계없이 서로 감정적인 적으로 인식하여 화풀이 대상으로 삼거나 보복으로 대응하는 비정상적인 현상이 벌어지고 있다. 한국과 일본은 적어도 역사, 정치, 경제, 사회, 문화 등을 엮어 문제를 복잡하게 하는 시도나 정책을 중지해야 할 필요가 있다. 각 영역의 현안에 대해서 지도자, 전문가, 관련자 등 다양한 주체가 참여하여 해결안을 찾을 때 미봉책으로 마련할 것이 아니라 서로 완전하게 이해하고 용인하는 방식으로 추진해야 할 것이다.

한국과 일본이 그 어느 때보다 꼬여 있는 상황을 돌파하기 위해서 한국에는 지일파가 필요하고, 일본에는 지한파가 필요하다. 그리고 한일관계에서 역할을 할 수 있는 지한파와 지일파가 '나'라고 당당하게 말 수 있는 일본인과 한국인이 많이 생겨나야 한다. 2020년 10월 16일 한국에서는 한 유명 작가가 '일본유학 다녀오면 친일파'라고 폭탄선언을 하였다. 일본에 유학해 일본에 대해서 연구하고 교육하고 있는 자신이 친일파인지 지일파인지를 판단되지 않아 일시적으로 아노미에 빠져있다. 지식인은 지식이라는 칼을 가지고 있지만, 날로 사용할 것이 아니라 지혜로 사용해야 할 책임이 있다. 한국과 일본에서 지식이라는 칼을 지혜로 사용하는 지일파와 지한파가 폭발적으로 생겨나기를 기대해본다.

제3장
한국과 일본의 갈등판

3장 한국과 일본의 갈등판

Ⅰ. 머리글

한국과 일본의 과제는 고대사부터 시작되어 근대사를 거쳐 오늘날에 이르기까지 여러 상황이 복합적으로 얽혀 해결하기 어려운 난제이다. 그렇기 때문에 일시적이며 일괄적으로 해결하는 것은 불가능하다. 특히 전후 한일 간의 관계는 고대사와 중세사에서 발생한 문제와 별도로 하더라도 근대화가 진행되면서 시작된 식민지 지배와 피지배라는 악연구도에 의해 더욱 악화되었다. 그것 이외에도 현실에서 발생하는 다양한 승패구도, 미래를 둘러싼 경쟁구도 등에 의해서 형성되고 있거나 될 것이다. 따라서 한일 간의 갈등구도를 해체하거나 해결하지 않으면 한일관계는 그런 질곡으로부터 벗어나기 어려울 것이며, 한국과 일본이 기억하는 한 해결할 수 없는 아포리아로 남을 것이다.

특히 한일간 갈등의 출발점은 한일협약에서 시작한 한일병합이고, 그것은 식민지 지배와 불평등한 한일간 근대사를 만들었다. 어두운 근대사는 한국이 일본의 식민지로부터 자력으로 성취하기보다는 미국을 중심으로 한 승전국의 힘에 의해 자의적으로 진행되는 가운데 일본에 대해서 각종 주장을 할 수 있는 상황이 배제되면서 더욱 복잡하게 재구성되었다. 한국은 일본에 대한 우위적인 지위나 토대를 갖지 못함으로써 과거문제를 해결하거나 협상하는 데 한계를 가졌다. 더욱이 미국이 추구하는 냉전질서와 미일관계에 의해서 한일 간의 질서가 정해지고, 과거 문제가 불완전하게 남겨졌기 때문에 한국이 추구하는 방향과는 괴리를 보였다.

일본은 전후(戰後)라는 전전과의 단절을 추진하면서, 부흥과 새로운 국제관계를 구축하였다. 전후라는 용어는 전쟁으로부터 벗어나 새롭게 출발한다는 것을 의미하고 있다. 동시에 일본이 추진해온 대동아공영권과 식민지 지배를 포기하는 대신에 붕괴된 국가체제를 새롭게 만들고 황폐해진 사회영역의 재건과 성장판을 재생하는 목적과 방향성이 함의되어 있었다. 따라서 거기에는 식민지 지배에 대한 해결책, 근대사에 대한 객관적인 역사인식, 태평양전쟁에 대한 자성을 강조하는 의미가 배제된 측면이 있다. 일본 중심적 전후 만들기는 지금까지도 진행되고 있어 갈등의 원인이 되고 있다. 더욱이 한국이나 일본이 과거문제에 대한 해결점이나 새로운 한일질서를 찾지 못하는 상황에서 갈등을 증폭시키고 있다.

한편 진실을 담지 못한 전후와 패전이라는 상황은 일치선상에 있었다. 패배라는 용어에는 일본이 벌인 전쟁사에 있어서 자존심이 구겨진 부끄러움이 있고, 전쟁사에 대해서는 얼룩진 근대사에 대해서 반성을 하거나 정면에서 책임을 질 이유가 없으며, 국가간 비상사태에서의 외교선택이었고 정당한 국가행위였다고 해석할 수 있기 때문이다. 따라서 전후는 과거 일본이 자행한 역사에 대한 책임보다는 억울하거나 정당한 국면을 회복하거나 주장하는 일본을 구축하겠다는 의미를 담고 있다. 일본이 아무리 건설적으로 전후라는 용어를 사용해도 그 개념에는 여전히 강제적인 식민지 지배, 얼룩진 일본과 일본인, 식민지 지배에 대해 사후처리를 하지 않은 무책임 등이 남아있다. 따라서 억울함을 회복하거나 정당성을 주장한 '전후'이든 그 이후 성공적인 '전후'를 강조한 '전후후'라는 개념에는 여전히 식민지 지배에 대한 무책임과 과거사에 대한 불인식이 내재되어 갈등을 일으킬 수 있는 요소가 되고 있다.

일본이 자국 중심적인 전후 및 전후후 질서와 해결을 강하게 시도한 결과이며, 그것이 한일관계뿐 아니라 일중관계, 기타 동아시아국가와의 관계 등을 규정하는 힘으로 작용했기 때문이다. 현재 일본이 겪고 있는 과거사를 둘러싼 갈등은 불편한 사실을 감추기 위해서, 또는 정당성을 주장하기 위해서 상대방의 이해나 인식과는 다른 방식으로 해결하고 대응하는 과정에서 만들어지고 있는 것이다. 정확하게 말하면, 일본은 주변국과의 관계에서 부정적인 과거사를 청산하지 못해 벌어지고 있는 갈등에 직면하고 있는 것이다. 그것이 한국과 일본, 중국과 일본, 일본과 동남아시아 등의 관계를 긍정적이거나 부정적으로 잇는 아킬레스건으로 작용하고 있을 뿐 아니라 현재와 미래, 발전과 협력 등을 저해하고 있다.

더욱이 그런 역사적 갈등구조 위에서 21세기 새로운 국제관계를 형성하고자 하는 각국의 돌출된 힘과 발전지향적 경쟁이 더해져 신냉전구조를 촉발시켜 동아시아관계를 복잡하게 하고 있다. 동아시아에는 한중미일 간의 세계적 갈등판, 한일중 간의 동아시아갈등판, 한미일 간의 갈등판, 한중미 간의 갈등판, 한일 간의 갈등판, 한중간의 갈등판, 한미간의 갈등판, 일중 간의 갈등판, 일미 간의 갈등판, 미중 간의 갈등판 등이 작동하고 있다. 그것은 이데올로기에 기초했던 냉전이 무너진 후 국익을 둘러싸고 벌이는 신냉전이다. 동아시아에서의 신냉전은 이데올로기가 지배했던 단절이나 적대적 관계가 아니라 경쟁과 협력, 대결과 타협, 배신과 신뢰, 보복과 양보 등으로 구조화되고 있는 표리(表裏)불일치패러다임으로 구축되고 있다는 특징이 있다. 즉 필요하면 협력하기도 하고 경쟁하기도 하고, 보복해서 타격을 주기도 하고 때로는 양보해서 화해를 하는 그런 다변적인 대응방식이 기능하고 있다. 영원한 우방과 적이 존재하지 않는다. 그것의 근간에는 각국이 추구하는 경쟁과 협력, 발전과 퇴보, 보복과 교류 등과 같은 수단을 통해 국익을 추구하는 민족주의가 작동하고 있기 때문이다.

한국과 일본은 불균형을 이룬 과거 때문에 군사 동맹을 맺지 못했고, 그렇다고 이념적인 적대국도 아니다. 전후 한일은 자본주의와 반공산주의라는 이념을 공유하는 국가라는 동일성을 갖고 있었다는 점에서, 미국과의 관계를 통해서 협력적인 관계를 유지해왔다는 점에서 적대적 관계를 만들지 않았다. 그것은 막연하게나마 우방이라고 부를 수 있는 근거가 되었다. 한일은 좋은 의미에서 우방국가이며, 인접하고 있다는 점에서 인접국으로 불려 상호호혜원칙을 적용하기도 하였다. 그런 관계와 위상은 과거사를 잊게 하거나 해결할 수 있는 실마리를 제공하는데 한계가 있었다. 닥친 현안에 따라 관계가 좌우되는 불편함이 여전히 존재하여 우방이라고 평가하기 어려운 상황이 종종 발생하고 있다. 한일 간의 관계가 매우 애매하고, 가깝고도 먼 나라로 불리는 이유이기도 하다.

한일간에 작용하고 있는 갈등판은 36년간의 식민지 지배를 둘러싼 정당성과 부당성 간의 갈등, 과거지배에 대한 현실적이며 구체적인 배상 간의 갈등, 역사를 인식하는 역사교과서의 기술갈등, 영토갈등, 해양권이나 영공권을 둘러싼 갈등, 그리고 현실에서 발전과 성장을 둘러싼 갈등, 국격과 자존심 지키기 갈등, 일본국력과 한국국력 간의 힘겨루기 갈등 등으로 구조화되고 있다. 현재 한일 간에는 불협화음, 적대적 관계, 상대적 제재, 무모한 경쟁과 견제, 상대적 보복으로 인한 손실 유발, 불신과 배려부재 등의 현상이 난무하고 있다. 그것을 보면 한국과 일본이 만들어내는 갈등판은 일시에 일괄적으로 해결할 수 있는 문제가 아니다.

최근에는 과거역사에 대한 현실적 해결을 둘러싼 갈등과 미래 선점을 둘러싼 갈등이 더욱 거세지고 심화되고 있다. 특히 아베가 추구하는 중심국가론과 문재인 대통령이 추구하는 통일국가론이 상충하는 과정에서 더욱 증폭되고 있다. 전후 최장수 총리로 재임한 아베 총리는 강한 일본을 만들기 위해 국력을 모으고, 그것을 국내외적인 최고의 통치이념으로 사용하고 있다. 거기에는 과거에 존재했던 한국에 대한 아량, 이해, 협조, 우호 등보다는 독단, 불관용, 경계, 적대 등과 같은 맞대결이라는 대응방식이 작동하고 있다. 한편 한국의 문재인 대통령은 통일을 한반도의 국운을 좌우하는 최상위목표로 상정하고 국내외적 통치와 관계를 결정하는데 사용하고 있다. 거기에 기초해 일본에 대해서는 과거처럼 절대로 질 수 없다는 신념으로 현실과제 해결에 대해서 강경 대응하고, 한국 중심적 과거청산이나 한일간 경쟁과 견제 등을 강하게 추진하고 있다. 아베 신조 총리와 문재인 대통령이 이끌어가는 한국과 일본은 한발도 물러서지 않는 대결과 경쟁구조를 형성하였다.

양국 수뇌들의 대결 양상은 각 국가조직, 국회의원, 지식인, 시민단체, 애국단체, 국민과 개인 등에까지 부정적인 영향을 주고 있을 뿐 아니라 국익을 위해 편파적으로 단결하도록 하는 동기가 되고 있다. 양국 수뇌의 국익을 위한다는 명분은 각 국가를 구성하고 있는 조직이나 구성원의 기대나 희망을 왜곡하여 편가르기와 질곡에 빠지게 하는 힘으로 작용하고 있다. 그 결과 일본에서는 소수의 지한파로서 시민단체와 지식인, 정치가만이 한일관계회복을 촉구하는 목소리를 미세하게 내고 있을 뿐이다. 한국에서는 극소수의 지일파가 한국 정부에게 한일관계를 회복하라는 희미한 희망을 보이고 있을 뿐이다. 한국과 일본에는 한일관계를 회복시키거나 가교역할을 할 수 있는 지일파나 지한파의 그룹, 정치가, 시민 등의 힘이 극도로 미약해졌다. 그런 가운데 현실적으로 밀착된 경제계와 국민만이 고사위기에 빠진 한일관계의 명맥을 이어가고 있다.

본 고에서는 근대화 이후 한일관계와 질서를 구조화하고 고착화하는 계기가 된 한국과 일본간에 맺은 역사적인 조약과 협약, 한반도와 주변정세를 두고 맺은 강대국간의 국제조약과 협약 등이 한일 간의 질서 만들기에 어떻게 영향을 끼쳤는지, 어떤 내용을 담고 있어 논란과 문제점을 촉발시켰는지 등에 대해서 고찰하고자 한다. 더욱이 각각의 조약과 협약이 한일 간의 역사를 소환시켜 만들어내고 있는 신냉전판의 실체를 밝히고, 한일간에 얽힌 역사문제를 해결하기 위한 실마리와 돌파구를 모색하고자 한다.

Ⅱ. 전전 한국과 일본의 국제조약

1. 한일협약

근대화가 시작되는 시점에서 일본은 서구문물과 사상을 통해 문명화를 강력하게 추진하여 근대적인 국내지배체제를 구축하여 자립과 독립을 실현하였고, 대외적인 질서를 새롭게 조정하기 위해 국력을 집중하였다. 아시아에 대해서는 식민지 지배를 염두에 두고 정책을 계획하여 실천하였고, 서구에 대해서는 대등한 경쟁과 관계를 위한 정책과 전략을 추진했다. 그 과정에서 일본은 월등한 힘을 가지고 한국을 지배하에 놓기 위한 외교전략으로 한일협약을 맺었다. 한일협약은 일러전쟁부터 한일병합에 이르는 1904년부터 1907년까지 일본과 대한제국 간에 맺은 3개의 조약을 총칭한다. 이 조약으로 일본은 한국을 사실상 보호국으로 하고 1910년 한국병합을 추진하였다.

1904년 맺은 제1차 한일협약은 한국의 재정과 외교 고문에 일본이 추천한 자를 두도록 규정하였다. 이른바 고문정치가 시작된 것이었다. 1905년에 맺은 제2차 한일협약은 한국이 외교권을 일본에 양도하고 일본의 보호국이 되도록 하였다. 1907년에 맺은 제3차 한일협약은 일본이 통치하기 위해 한국통감부가 설치되고 일본인을 고급관리로 두는 규정을 둠으로써 내정도 지배하에 두었다. 한국과 일본이 3차에 걸쳐 맺은 한일협약은 한국을 완전하게 식민지 지배를 할 수 있는 법적이며 제도적 토대가 되었다. 그러나 그것은 강제적이고 불평등하게 맺었기 때문에, 한국을 지배하기 위한 국제간의 협약이기 때문에 유효성과 정당성에 대해서 논란이 되었다.

제1차 한일협약은 일러전쟁 중인 1904년 8월 22일 일본과 한국이 체결한 협약으로 1904년 9월 5일 관보에 게재되었으며, 조문은 일본어와 한국어로 각각 만들어졌다. 건명은 일한협약(日韓協約)이며, 1904년(메이지37년 8월 22일) 경성에서 조인되었고 한국은 협정서(協定書)로 공표하였다. 제1차 한일협약은 일본 측 대표로서 일본 정부특명전권공사 하야시 곤스케(林權助)와 한국 측 대표로는 외무대신 윤치호가 담당했다. 협약에 따라 한국 정부는 일본 정부의 추천자를 한국 정부의 재무고문과 외교고문으로 임명하였다. 일본은 사실상 재정과 외교권을 장악하고 한반도의 이권을 둘러싸고 경쟁하던 제국들과의 경쟁에서 유리한 지위를 차지하게 되었다.

다음은 일본 정부특명전권공사 하야시와 한국의 외무대신 윤치호 간에 맺은 한일협약의 내용을 소개한 것이다.[144] 제1차 한일협약의 정식명칭은 한일외국인고문초빙에 관한 협약서(韓日外国人顧問傭聘に関する協定書)이며, 재무고문과 외교고문으로 일본인을 두도록 규정하였다.

〈표 1〉 제1차 한일협약의 전문

구분	내용
한글	- 한국 정부는 일본 정부가 추천하는 일본인 1명의 재무 고문으로서 한국 정부에 초청되어 재무에 관한 사항 전체에 대해서 의견을 들어 시행한다. - 한국 정부는 일본 정부가 추천하는 외국인 1명을 외교 고문으로서 외부에 초청되어 외교에 관한 중요업무를 들어 시행한다. - 한국 정부는 외국과의 조약체결 기타 중요한 외교안건 즉 외국인에 대한 특권, 양여 또는 계약 등의 처리에 관해서 미리 일본 정부와 협의한다. 메이지 37년 8월 22일 특명전권공사 하야시 곤스케 광무 8년 8월 22일 외무대신서리 윤치호
일본어	一韓国政府ハ日本政府ノ推薦スル日本人一名ヲ財務顧問トシテ韓国政府ニ傭聘シ財務ニ関スル事項ハ総テ其意見ヲ詢ヒ施行スヘシ 一韓国政府ハ日本政府ノ推薦スル外国人一名ヲ外交顧問トシテ外部ニ傭聘シ外交ニ関スル要務ハ総テ其意見ヲ詢ヒ施行スヘシ 一韓国政府ハ外国トノ条約締結其他重要ナル外交案件卽外国人ニ対スル特権,譲與若ハ契約等ノ處理ニ関シテハ豫メ日本政府ト協議スヘシ 明治三十七年八月二十二日 特命全権公使 林権助(印) 光武八年八月二十二日 外部大臣署理 尹致昊(印)

출처: 統監府編纂. 1908.『韓国条約類纂』統監府.

이어서 일본은 1905년 11월 23일 제2차 한일협약(第二次韓日協約)을 고시하고, 한일협약에 근거해서 한국통감부 및 이사청을 설치하는 칙령240호를 공포하였다. 제2차 한일협약은 한국의 외교권을 박탈하여 일본의 보호국으로 하였다. 한국에서는 을사조약(乙巳条約) 또는 을사보호조약 등으로 불리고 있고, 일본 측 대표 특명전권공사 하야시 콘스케(特命全権公使 林権助)와 한국 측 대표 외부대신 박제순(外部大臣 朴齊純)이 맺었다.[145]

144) https: //www.mext.go.jp/第1次日韓協約 (2019년 10월 20일 검색)

145) 하야시 콘스케(林権助)는 메이지 33년(1900) 주한공사로 임명되어, 한국과 러시아 등에 강경외

일본이 외교권에 관심을 갖은 이유는 당시 한국을 둘러싸고 강대국 간의 이권개입이 늘어나면서 한국에서 독보적인 이익을 취하기 위해서였다. 궁극적으로는 한국을 대륙진출의 발판으로 삼고, 다른 열강에 의한 접근을 차단하면서 일본의지대로 동아시아 질서와 강대국 간의 질서를 새롭게 구축하기 위한 전략이었다. 다음은 제2차 한일협약의 전문을 소개한 것이다.

〈표 2〉 제2차 한일협약의 전문[146)]

구분	내용
목적	일본국정부 및 한국 정부는 양국을 결합하는 이해공통주의를 견고하게 할 수 있기를 바라고, 한국의 부강열매를 확인할 때까지 그 목적하에 아래의 조관을 약정한다.
조약 내용	제1조 일본국정부는 도쿄외무성에서 이후 한국의 외국에 대한 관계 및 사무를 감리지휘하고, 일본국의 외교대표자 및 영사는 외국에서 한국의 신민(臣民) 및 이익을 보호한다. 제2조 일본국정부는 한국과 타국과의 사이에 현존하는 조약의 실행을 완수하는 임무에 즈음하여, 한국 정부는 이후 일본국정부의 중개에 의해 국제적 성질을 가진 어떤 조약 또는 약속을 하는 것을 약속한다. 제3조 일본국정부는 그 대표자로서 한국황제폐하 밑에 한 명의 통감(resident general)을 두고, 통감은 모든 외교에 관한 사항을 관리하기 위해 경성에 주재하고 한국황제폐하를 알현할 권리를 가진다. 일본국정부는 한국의 각 개항장 및 일본국정부가 필요하다고 인정하는 지역에 이사관(理事官, resident)을 두고 권리를 가진다. 이사관은 통감지휘하에 종래 재 한국일본영사에 속한 일체의 직권을 집행하고, 본 조약의 조관(条款)을 완전하게 실행하기 위해 필요한 일체의 사무를 관장한다. 제4조 일본국과 한국 사이에 현존하는 조약 및 약속은 본 조약의 조관(条款)에 저촉되지 않는 한 그 효력을 계속하는 것으로 한다. 제5조 일본국정부는 한국황실의 안녕과 존엄을 유지할 것을 보증한다.
서명	위의 증거로 아래 기명인이 본국정부에 상당하는 위임을 받아 본 조약에 기명조인한다. 메이지38년 11월 17일 특명전권공사 하야시 곤스케 광무9년 11 월 17일 외부대신 박제순

교를 추진했고, 한일병합의 발판을 만들었다. 일러전쟁 중에는 한국 정부에게 한일의정서를 조인하게 하고, 이어서 제1차 한일협약과 제2차 한일협약을 주도하였다. 한국이 일본의 보호 하에 들어가는 데 역할을 했다. 그 공적으로 1907년 11월 4일 남작의 작위를 받았다. 1910년 한일병합이 실현되자, 그는 가쓰라 타로(桂太郎), 고무라 주타로(小村壽太郎)와 함께 병합의 3남자(三人男)라고 평가받았다.

146) https: //www.mext.go.jp/第2次日韓協約 (2019년 10월 20일 검색)

〈표 3〉 제2차 한일협약의 일본어전문

구분	내용
목적	日本国政府及韓国政府ハ両帝国ヲ結合スル利害共通ノ主義ヲ鞏固ナラシメムコトヲ欲シ韓国ノ富强ノ実ヲ認ムル時ニ至ル迄此目的ヲ以テ左ノ条款ヲ約定セリ.
조약 내용	第一条 日本国政府ハ在東京外務省ニ由リ今後韓国ノ外国ニ対スル関係及事務ヲ監理指揮スヘク日本国ノ外交代表者及領事ハ外国ニ於ケル韓国ノ臣民及利益ヲ保護スヘシ. 第二条 日本国政府ハ韓国ト他国トノ間ニ現存スル条約ノ実行ヲ全フスルノ任ニ當リ韓国政府ハ今後日本国政府ノ仲介ニ由ラスシテ国際的性質ヲ有スル何等ノ条約若ハ約束ヲナササルコトヲ約ス. 第三条 日本国政府ハ其代表者トシテ韓国皇帝陛下ノ闕下ニ一名ノ統監(レヂデントゼネラル)ヲ置ク統監ハ専ラ外交ニ関スル事項ヲ管理スル為京城ニ駐在シ親シク韓国皇帝陛下ニ內謁スルノ権利ヲ有ス日本国政府ハ又韓国ノ各開港場及其他日本国政府ノ必要ト認ムル地ニ理事官(レヂデント)ヲ置クノ権利ヲ有ス理事官ハ統監ノ指揮ノ下ニ從來在韓国日本領事ニ属シタル一切ノ職権ヲ執行シ並ニ本協約ノ条款ヲ完全ニ実行スル為必要トスヘキ一切ノ事務ヲ掌理スヘシ. 第四条 日本国ト韓国トノ間ニ現存スル条約及約束ハ本協約ノ条款ニ抵觸セサル限総テ其效力ヲ繼続スルモノトス. 第五条 日本国政府ハ韓国皇室ノ安寧ト尊嚴ヲ維持スルコトヲ保証ス.
서명	明治三十八年十一月十七日 特命全権公使 林権助 光武九年十一月十七日 外部大臣 朴齊純

이 조약에서 고급관리의 임면권에 관해 한국통감부가 권한을 갖도록 하고, 한국통감이 추천하는 일본인을 한국 정부의 관리로 등용하도록 규정했다. 이렇게 해서 대한제국의 내정은 일본의 영향 하에 들어갔다. 더욱이 비공개 결정에 의해 한국군의 해산과 더불어 일본군주둔, 사법권, 경찰권 등을 한국통감에 위임하였다. 한일협약이 맺어지면서 한국은 외교권을 잃어 국제사회에서 외교적으로 일본의 속국이 되었다. 따라서 한일협약이 체결된 후 1905년 11월 말 주 한국영국공사관, 12월 주 미국공사관 등을 시작으로 각 공사관이 한국으로부터 철수하였고, 청국과 러시아 공사들은 본국으로 소환되었다.

일본은 한국을 통제하기 위한 조치로서 한국황제폐하 산하에 한국통감부를 설치하고 관리하여 사실상 식민지 지배에 들어갔다. 초대 한국통감에는 근대국가체제를 구축하고 대일본제국헌법을 제정한 이토 히로부미(伊藤博文),[147] 초대 총무장관에는

147) 이토 히로부미(伊藤博文, 1841년 10월 16일-1909년 10월 26일)는 일본의 무사(죠수번사, 長州藩士), 정치가, 위계훈등작위는 종1위대훈위공작(從一位大勳位公爵), 위(諱) 히로부미(博文)라고 한

쓰루하라 사다기치(鶴原定吉)가 임영되었다.[148] 한국통감부에서 이토 히로부미는 황민화교육을 위한 조치로 교육설비 개선을 시작하였다. 그에 필요한 자금 1천만 엔을 일본흥업은행으로부터 한국에 융자하게 하여 확보하였다. 일본의 부당한 한국지배를 국제사회에 알리는 과정에서 벌어진 헤이그 밀사사건을 계기로 대한제국의회는 1907년 7월 18일 고종을 퇴위시켰다.

제3차 한일협약은 1907년 7월 24일 체결되었고, 1907년 7월 25일 일본관보에 실려 내외에 공포되었다.[149] 조문은 일본어문과 조선어문으로 각각 작성되었다. 한국에서는 제3차 한일협약을 정미조약(丁未条約)이라고 칭한다. 다음은 제3차 한일협약의 내용을 소개한 것이다.

〈표 4〉 제3차 한일협약의 전문

구분	내용
목적	건명: 일한협약, - 조인: 1907년 7월 24일, 장소 경성, 일본 측전권 이토 히로부미, 조선측전권 이완용, 일본국정부 및 한국 정부는 조속히 한국의 부국을 다지고 한국민의 행복을 증진하기 위할 목적으로 아래의 조관을 약정한다.
조약 내용	제1조 한국 정부는 시정개선에 관해서 통감의 지도를 받는다. 제2조 한국 정부의 법령 제정 및 중요한 행정상의 처분은 미리 통감의 승인을 거친다. 제3조 한국의 사법사무는 보통행정 사무와 구별한다. 제4조 한국고등관리의 임면은 통감의 동의를 얻어 행한다. 제5조 한국 정부는 통감이 추천하는 일본인을 한국관리로 임명한다. 제6조 한국 정부는 통감의 동의로 외국인을 초빙하도록 한다. 제7조 메이지37년 8월 22일 조인 일한조약제1항을 폐지한다. 위의 근거로 본국정부에 의해 상응하는 위임을 받아 본 조약에 기명조인한다.

다. 아명은 리스케(利助)이며 호는 슌포(春畝)라고 하여 슌포공이라고 표기하였다. 죠슈번의 사숙인 쇼카손주쿠(松下村塾)에서 사사를 하였고, 막말기에 존왕양이와 토막운동에 참가하였다. 메이지유신이후 번벌정권에서 힘을 길러 이와쿠라사전단(岩倉使節団)의 부사, 참의 겸 공부경, 초대 효고현 지사를 역임했고, 대일본제국헌법의 기초를 만들었다. 초대, 5대, 7대, 10대 내각총리대신, 초대추밀원장, 초대귀족원의장, 초대 한국통감 등을 역임했다. 국내정치에서 입헌정우회를 결성하고 초대총재를 맡았고, 외교에서는 일청전쟁의 승리와 동반한 일청강화조약 조인으로 한국의 독립을 청국에 인증하도록 하였다. 1909년 하얼빈역에서 조신민족주의활동가 안중근에게 저격되었다. 사후 시부사와 에이이치(澁沢栄一)에 의해 막말시대 암살가업(澁沢栄一によって幕末時の暗殺稼業)이 폭로되었다.

148) 쓰루하라 사다기치(鶴原定吉, 1857년 1월 10일-1914년 12월 2일)는 일본의 관료이며 실업가, 제2대 오사카시장, 한국통감 초대 총무장관과 중의원의원을 역임했다.

149) https: //ja.wikipedia.org/wiki/ (2020년 10월 26일 검색)

서명	메이지47년 7월 24일 통감 후작 이토 히로부미 광무11년 7월 24일 내각총리대신 훈2등 이완용

〈표 5〉 제3차 한일협약

구분	내용
목적	件名: 日韓協約『官報』『法令全書』 調印: 1907年(明治40年)7月24日 場所: 京城 日本側全権: 伊藤博文, 朝鮮側全権: 李完用 日本国政府及韓国政府ハ速ニ韓国ノ富強ヲ圖リ韓国民ノ幸福ヲ增進セムトスルノ目的ヲ以テ左ノ条款ヲ約定セリ
조약 내용	第一条 韓国政府ハ施政改善ニ関シ統監ノ指導ヲ受クルコト 第二条 韓国政府ノ法令ノ制定及重要ナル行政上ノ處分ハ豫メ統監ノ承認ヲ經ルコト 第三条 韓国ノ司法事務ハ普通行政事務ト之ヲ區別スルコト 第四条 韓国高等官吏ノ任免ハ統監ノ同意ヲ以テ之ヲ行フコト 第五条 韓国政府ハ統監ノ推薦スル日本人ヲ韓国官吏ニ任命スルコト 第六条 韓国政府ハ統監ノ同意ナクシテ外国人ヲ傭聘セサルコト 第七条 明治三十七年八月二十二日調印日韓協約第一項ハ之ヲ廢止スルコト 右證據トシテ下名ハ各本国政府ヨリ相當ノ委任ヲ受ケ本協約ニ記名調印スルモノナリ
서명	明治四十年七月二十四日 統監 侯爵 伊藤博文(印) 光武十一年七月二十四日 內閣総理大臣勳二等 李完用(印)

자료: 統監府編纂, 1908,『韓国条約類纂』, 25頁.

제3차 한일협약은 1907년 한국통감이었던 이토 히로부미와 한국의 내각총리대신인 이완용이 체결하였다. 겉으로 드러난 목적은 일본국정부 및 한국 정부가 조속히 한국의 부국을 다지고 한국민의 행복을 증진하기 위하는 데 있었다. 그러나 외교권을 박탈한 후 한국통감이 설치되면서 내정을 주도하여 내외정을 관리하는 식민지 지배에 들어갔다. 구체적인 통치와 지배를 하기 위해서 비공개로 '각서'를 작성하였다.[150)]

150) 覚書(非公表); 明治四十年七月二十四日調印日韓協約ノ趣旨ニ基キ漸次左ノ各項ヲ實施スルコト. 第一 日韓兩国人ヲ以テ組織スル左記ノ裁判所ヲ新設ス; 一 大審院 一箇所 位置ハ京城又ハ水原トス, 院長及検事總長ハ日本人トス判事ノ内二名書記ノ内五名ヲ日本人トス二 控訴院 三箇所, 位置ハ中央部ニ一箇所南北部ニ各々一箇所トス判事ノ内二名検事ノ内一名書記ノ内五名ヲ日本人トス三地方裁判所 八箇所, 位置ハ舊八道觀察府所在地トス所長及検事正ハ日本人トス全體ヲ通シテ判事ノ内三十二名書記ノ内八十名ヲ日本人トシ事務ノ繁閑ニ應シテ分配ス検事ノ内一名ヲ日本人トス四區裁判所 百十三箇所, 位置ハ重要ナル郡衙ノ所在地トス判事ノ内一名書記ノ内一名ヲ日本人トス. 第二 左記ノ監獄ヲ新設ス; 一監獄 九箇所, 位置ハ各地方裁判

각서에는 한국군의 해산에 따른 일본군주둔, 사법권과 경찰권이양, 재판소설치, 감옥설치, 군비정비, 고문과 참여관등용, 중앙정부와 지방청의 일본인관리 등용 등을 구체적으로 적시하였다. 따라서 한국은 국내외적으로 유명무실한 존재가 되었고 일본의 속국으로 들어가게 되어 사실상 일본의 지배를 받았다.

2. 한일병합조약

한국병합에 관한 조약은 1910년 8월 22일 한성부(漢城府)에서 데라우치 마사다케(寺内正毅) 통감과 이완용(李完用) 총리가 조인한 후 공포되어 발효되었다. 한국병합에 관한 조약은 1910년(明治43年) 8월 29일 법령번호 메이지43년 조약 제4호(明治43年条約第4号)로 공포되었다. 한국병합(Japanese annexation of Korea)은 1910년 8월 29일 발효된 '한국병합에 관한 조약(韓国併合ニ関スル条約)'에 기초해서 대일본제국이 대한제국을 병합하고 지배하에 둔다는 사실을 규정하였다. 통칭은 한국병합조약(韓国併合条約), 일한병합조약(日韓併合条約)이라고 불린다.[151)]

한일병합조약은 '한국황제가 대한민국에 대한 일체의 통치권을 완전히 그리고 영구히 일본국황제에 양여한다(韓国皇帝が大韓帝国(韓国)の一切の統治権を完全かつ永久に日本国皇帝(天皇)に譲与する)'라고 규정하고 있다.[152)] 그리고 조인된 조약문서에 근거한 후속 조치로서 메이지 천황과 순종이 각각 국가에 발하는 칙령을 내렸다. 천황과 황제가

所所在地ニ一箇所及島嶼ノ内一箇所典獄ハ日本人トス看守長以下吏員ノ半數ヲ日本人トス. 第三 左記ノ方法ニ依リテ軍備ヲ整理ス; 一陸軍一大隊ヲ存シテ皇宮守衛ノ任ニ當ラシメ, 其ノ他ハ之ヲ解隊スルコト, 一教育アル士官ハ韓国軍隊ニ留マルノ必要アルモノヲ除キ他ハ日本軍隊ニ附屬セシメテ實地練習ヲ爲サシムルコト, 一日本ニ於テ韓国士官養成ノ爲相當ノ設備ヲ爲スコト. 第四 顧問又ハ參與官ノ名義ヲ以テ現ニ韓国ニ傭聘セラルル者ハ總テ之ヲ解傭ス. 第五 中央政府及地方廳ニ左記ノ通日本人ヲ韓国官吏ニ任命ス; 一各部次官, 一内部警務局長, 一警務使又ハ副警務使, 一内閣書記官及書記郎ノ内若干名, 一各部書記官及書記郎ノ内若干名, 一各道事務官一名, 一各道警務官, 一各道主事ノ内若干名 右ノ外財務警務及技術ニ關スル官吏ニ日本人ヲ任用スル件ハ追テ別ニ之ヲ協定スヘシ. https: //ja.wikipedia.org/wiki/ (2020년 10월 26일 검색)

151) 일본내에서의 호칭은 일반적으로 일한병합이라고 부르고, 일한합병이라고도 불린다. 한국내에서 호칭은 한일병합이나 경무국취(庚戌国恥)라고 한다. 대일본제국에 의한 조선반도 통치시대에 대해서는 일제강점기, 일제시대, 일정시대, 대일항쟁기 등으로 불린다.

152) 海野福壽 (編集), 1995,『日韓協約と韓国併合』, 明石書店.

내린 칙령은 서울대학의 규장각에 보관되어 있다. 다음은 일본 통감 데라우치 마사다케와 이완용이 맺은 한국병합에 관한 조약의 전문을 소개한 것이다.

〈표 6〉 한일병합조약의 공포전문

구분	내용
서두	짐은 추밀원 고문의 자문을 거쳐 한국병합에 관한 조약을 재가하고 여기 그것을 공포한다. 어명어새(御名御璽) 메이지43년 8월 29일 내각총리대신 후작 가쓰라 타로(内閣総理大臣 侯爵 桂 太 郎) 외무대신 백작 고무라 주타로(外務大臣 伯爵 小村壽太郎)
조약내용	조약제4호 일본국 황제 폐하와 한국 황제 폐하는 두 나라 사이의 특별히 친밀한 관계를 고려하여, 상호 행복을 증진시키며 동양의 평화를 영구히 확보하고자 하며 이 목적을 달성하고자 하려면 한국을 일본국에 병합하는 것이 낫다는 것을 확신하고 이에 두 나라 사이에 합병 조약을 체결하기로 결정하였다. 이를 위하여 한국 황제 폐하는 내각 총리대신(内閣総理大臣) 이완용(李完用)을, 일본 황제 폐하는 통감(統監)인 자작(子爵) 데라우치 마사다케(寺内正毅)를 각각 그 전권 위원(全權委員)으로 임명하는 동시에 위의 전권 위원들이 공동으로 협의하여 아래에 적은 모든 조항을 협정하게 한다. 제1조 한국 황제 폐하는 한국 전체에 관한 일체 통치권을 완전히 그리고 영구히 일본 황제 폐하에게 양여한다. 제2조 일본국 황제 폐하는 앞 조항에 기재된 양여를 수락하고, 완전히 한국을 일본 제국에 병합하는 것을 승낙한다. 제3조 일본국 황제 폐하는 한국 황제 폐하, 태황제 폐하, 황태자 전하와 그들의 황후, 황비 및 후손들로 하여금 각기 지위에 맞게 적당한 존칭, 위신과 명예를 누리게 하는 동시에 이것을 유지하는데 충분한 세비를 공급함을 약속한다. 제4조 일본국 황제 폐하는 앞 조항 이외에 한국 황족 및 후손에 대해 상당한 명예와 대우를 누리게 하고, 또 이를 유지하기에 필요한 자금을 공여함을 약속한다. 제5조 일본국 황제 폐하는 공로가 있는 한국인으로서 특별히 표창하는 것이 적당하다고 인정되는 경우에 영예 작위를 주는 동시에 은금(恩金)을 준다. 제6조 일본국 정부는 앞에 기록된 병합의 결과로 완전히 한국의 시정을 위임하여 해당 지역에 시행할 법규를 준수하는 한국인의 신체 및 재산에 대하여 전적으로 보호하고 또 그 복리의 증진을 도모한다. 제7조 일본국 정부는 성실하고 충실히 새 제도를 존중하는 한국인으로서 적당한 자금이 있는 자를 사정이 허락하는 범위에서 한국에 있는 제국 관리에 등용한다. 제8조 본 조약은 일본국 황제 폐하와 한국 황제 폐하의 재가를 받은 것이므로 공포일로부터 이를 시행한다.
서명자	위 증거로 삼아 양 전권 위원은 본 조약에 기명 조인한다. 융희4년 8월 22일 내각총리대신 이완용 메이지43년 8월 22일 통감 자작 데라우치 마사다케

〈표 7〉 韓国併合ニ関スル条約[153)]

구분	내용
서두	朕樞密顧問ノ諮詢ヲ經タル韓国併合ニ関スル条約ヲ裁可シ茲ニ之ヲ公布セシム 御名御璽 明治四十三年八月二十九日 內閣總理大臣 侯爵 桂 太 郎, 外務大臣 伯爵 小村壽太郎
조약내용	条約第四號 日本国皇帝陛下及韓国皇帝陛下ハ両国間ノ特殊ニシテ親密ナル関係ヲ顧ヒ相互ノ幸福ヲ增進シ東洋ノ平和ヲ永久ニ確保セムコトヲ欲シ此ノ目的ヲ達セムカ為ニハ韓国ヲ日本帝国ニ併合スルニ如カサルコトヲ確信シ茲ニ両国間ニ併合条約ヲ締結スルコトニ決シ之カ為日本国皇帝陛下ハ統監子爵寺內正毅ヲ韓国皇帝陛下ハ內閣總理大臣李完用ヲ各其ノ全權委員ニ任命セリ因テ右全權委員ハ會同協議ノ上左ノ諸条ヲ協定セリ 第一条 韓国皇帝陛下ハ韓国全部ニ関スル一切ノ統治權ヲ完全且永久ニ日本国皇帝陛下ニ讓與ス. 第二条 日本国皇帝陛下ハ前条ニ揭ケタル讓與ヲ受諾シ且全然韓国ヲ日本帝国ニ併合スルコトヲ承諾ス. 第三条 日本国皇帝陛下ハ韓国皇帝陛下、太皇帝陛下、皇太子殿下竝其ノ后妃及後裔ヲシテ各其ノ地位ニ應シ相當ナル尊稱、威嚴及名譽ヲ享有セシメ且之ヲ保持スルニ十分ナル歲費ヲ供給スヘキコトヲ約ス. 第四条 日本国皇帝陛下ハ前条以外ノ韓国皇族及其ノ後裔ニ対シ各相當ノ名譽及待遇ヲ享有セシメ且之ヲ維持スルニ必要ナル資金ヲ供與スルコトヲ約ス. 第五条 日本国皇帝陛下ハ勳功アル韓人ニシテ特ニ表彰ヲ為スヲ適當ナリト認メタル者ニ対シ榮爵ヲ授ケ且恩金ヲ與フヘシ. 第六条 日本国政府ハ前記併合ノ結果トシテ全然韓国ノ施政ヲ擔任シ同地ニ施行スル法規ヲ遵守スル韓人ノ身體及財産ニ対シ十分ナル保護ヲ與ヘ且其ノ福利ノ增進ヲ圖ルヘシ. 第七条 日本国政府ハ誠意忠實ニ新制度ヲ尊重スル韓人ニシテ相當ノ資格アル者ヲ事情ノ許ス限リ韓国ニ於ケル帝国官吏ニ登用スヘシ 第八条 本条約ハ日本国皇帝陛下及韓国皇帝陛下ノ裁可ヲ經タルモノニシテ公布ノ日ヨリ之ヲ施行ス.
조인	右證據トシテ両全權委員ハ本条約ニ記名調印スルモノナリ 明治四十三年八月二十二日 統 監 子爵 寺內正毅 隆熙四年八月二十二日 內閣総理大臣 李 完 用

일본은 한일병합에 관한 조약에서 '상호 행복을 증진시키며 동양의 평화를 영구히 확보하자'는 목적을 갖고 한국병합을 단행하였다. 한일병합은 양국황제가 인정하고 양국정부의 대표가 조약을 체결한 것이며, 한국이 한국을 포기하고 일본의 일부로 인정하는 조약이다. 그러나 당시 미국이나 프랑스 등은 '조선반도에 대한 대일본제국

153) 東京大学東洋文化研究所: http: //worldjpn.grips.ac.jp/documents. (2019년 10월 28일 검색)

의 지배는 군사점령으로 불법적인 것이었다'고 인식하고 유효성과 합법성을 인정하지 않았다. 한일병합 후에도 내지(內地)와 외지(外地)로 구분하여 불평등한 대우를 했다는 점에서 보면, 한국은 실질적인 식민지에 불과했던 것이다.

현재에도 한일병합조약의 효력에 대해서 한일 간에 다양한 의견과 논란이 제기되고 있다. 정치가나 평론가들 중에는 한일병합조약이 일본과 한국 양국이 대등한 입장에서 합의한 조약이고, 국제적으로도 승인되었다고 인식하여 일본의 한국병합을 정당화하고 있다. 그러나 한국은 병합조약의 전제였던 1904년 제1차 한일협약, 1905년 제2차 한일협약, 1907년 제3차 한일협약, 1910년 한일병합 등이 무력에 의해 강제된 협약과 조약이므로 국제법상 정당한 조약이라고 할 수 없다고 인식하고 있다. 그렇기 때문에 당시 대한제국과 대일본제국 간에 맺어진 협약이나 조약은 무효라고 주장하고 있다.

당시 대한제국 황제였던 순종은 한국병합에 관한 조약(韓国併合ニ関スル条約)을 체결함에 있어 백성들에게 그 취지와 당부의 말을 칙유(勅諭·임금의 말을 적은 포고문)를 통해 전달하였다.[154] 조약공포에 즈음에서 대한제국 황제 순종이 공표한 칙유는 조선왕조 순종 3년(条約公布に際し大韓帝国皇帝(純宗)が公布した勅諭は 朝鮮王朝実録 純宗実録 3年)에 내려졌다. 대한제국 순종 황제가 통치권의 양여를 인정한다고 발표한 칙유에는 행정문서에 사용한 어새(칙명지보·勅命之寶)가 찍혀 있을 뿐 순종의 이름인 '이척(李拓)'은 서명되지 않았다. 다음은 대한제국 순종의 칙유 내용을 소개한 것이다.

〈표 8〉 대한제국 황제 순종의 칙유

구분	내용
	짐(朕)이 부덕으로 간대(艱大)한 업을 이어받아 임어(臨御)한 이후 오늘에 이르도록 정령을 유신하는 것에 관하여 누차 도모하고 갖추어 힘씀이 이르지 않은 것이 아니로되, 원래 허약한 것이 쌓여서 고질이 되고 피폐가 극도에 이르러 단시일 간에 만회할 시책을 행할 가망이 없으니, 한밤중의 우려함에 선후책(善後策)이 망연하다. 이를 맡아서 지리(支離)함

154) 統監府(著), 2008,『韓国ニ関スル条約及法令』(韓国併合史研究資料61), 龍溪書舍; 第一版: 목차는 다음과 같이 되어 있다. 즉 目次: 第一編 政治上ニ関スル条約, 第二編 通商航海ニ関スル条約, 第三編 漁業ニ関スル条約, 第四編 居留地ニ関スル条約, 第五編 內地旅行ニ関スル条約, 第六編 漂流船及難破船救助費用償還ニ関スル条約, 第七編 犯罪人引渡ニ関スル条約 등으로 구성되어 있음.

칙유 한국어	이 더욱 심해지면 끝내는 저절로 수습할 수 없는 데 이를 것이니 차라리 대임(大任)을 남에게 맡겨서 완전하게 할 방법과 혁신할 공효(功效)를 얻게 함만 못하다. 그러므로 짐이 이에 결연히 내성(內省)하고 확연히 스스로 결단을 내려 이에 한국의 통치권을 종전부터 친근하게 믿고 의지하던 이웃 나라 대일본 황제 폐하에게 양여하여 밖으로 동양의 평화를 공고히 하고 안으로 팔역(八域)의 민생을 보전하게 하니 그대들 대소 신민들은 국세(国勢)와 시의(時宜)를 깊이 살펴서 번거롭게 소란을 일으키지 말고 각각 그 직업에 안주하여 일본 제국의 문명한 새 정치에 복종하여 행복을 함께 받으라. 짐의 오늘 조치는 그대들 민중을 잊음이 아니라 참으로 그대들 민중을 구원하려고 하는 지극한 뜻에서 나온 것이니 그대들 신민들은 짐의 이 뜻을 능히 헤아리라. 융희4년 8월 29일 어새
칙유 일본어	('皇帝, 若(ここ)に曰く, 朕否德にして艱大なる業を承け, 臨御以後今日に至るまで, 維新政令に関し承図し備試し, 未だ曽て至らずと雖も, 由來積弱痼を成し, 疲弊極處に至り, 時日間に挽回の施措望み無し, 中夜憂慮善後の策茫然たり. 此に任し支離益甚だしければ, 終局に收拾し能わざるに底(いた)らん, 寧ろ大任を人に託し完全なる方法と革新なる功効を奏せいむるに如かず. 故に朕是に於いて瞿然として內に省み廊然として, 自ら斷じ, 茲に韓国の統治権を従前より親信依り仰したる, 隣国大日本皇帝陛下に譲与し, 外東洋の平和を强固ならしめ, 內八域の民生を保全ならしめんとす. 惟爾大小臣民は, 国勢と時宜を深察し, 煩擾するなく各其業に安じ, 日本帝国の文明の新政に服従し, 幸福を共受せよ. 朕が今日の此の擧は, 爾有衆を忘れたるにあらず, 專ら爾有衆を救い活かせんとする至意に出づ, 爾臣民は朕の此の意を克く体せよ. 隆熙四年八月二十九日 御璽'

한국은 일본과의 강제적 병합으로 국가로서가 아니라 일본의 속국으로 전환되는 상황이 되었다. 순종은 나약하여 스스로 위기를 극복하고 국민의 행복을 구하기 어려운 상황이어서 일본에 의지하여 백성의 행복을 찾게 할 것이라는 칙서를 발표하였다. 순종이 한국의 통치권을 일본에 넘기는 대의명분은 한국민의 행복을 추구하고 동양의 평화를 추진하는 데 있다고 하고, 대한제국 국민은 일본의 통치권자에게 복종하고 따르라는 것을 강하게 요구하고 있다. 그러나 한일병합조약에서 보면, 통치권을 일본에 넘기는 대신에 순종을 비롯한 대한제국황족에 대한 대우 및 지원사항이 중요한 조건으로 제시되고 있어 그것이 간과할 수 없는 내적 명분으로 작용했다고 할 수 있다.

한일협약과 한일병합조약은 대한제국국민과 황제가 스스로 국가를 일본에 헌납하기 위해서 맺은 것이라기보다는 일본의 위정자와 한국의 위정자 간의 밀약, 강한 힘을 이용한 협박과 위협에 의한 굴복 등에 의해서 성립된 것이라고 볼 수 있다. 즉 한국민과 황제가 자유롭게 판단하여 국가를 일본에 헌납한 것이 아니라는 점이 명백하다. 그런 이유 때문에 국가의 주권, 외교권, 통치권을 넘겨주기 위해 맺은 협약이나 조약, 합병은 정당성과 유효성이 결여된 것으로 무효가 될 수 있다. 그런 점에서 1904년, 1905년, 1907년, 1910년 등 네 차례에 걸쳐 대일본제국과 대한제국 간에 맺은 협약이나 합병은 국제법을 위반한 것이라고 할 수 있다.

일본이 패전하고 한국이 독립하면서 한일병합의 유효성을 둘러싸고 논쟁이 벌어졌다. 한국과 일본은 국교를 정상화하기 위해 맺은 1965년 한일기본조약 제2조에서 다른 조약과 함께 '이미 무효(もはや無効)'라는 것을 확인하였다. 그러나 현재 그 해석에 대해서 일본과 한국이 서로 의견을 달리하고 있다. 일본에서는 1965년 한일기본조약의 체결로 '조약체결이후 무효가 되었다'고 인식하고 있지만, 한국 정부는 한일병합조약이 체결시부터 효력을 발하지 않았다(締結時から効力を發していない)라는 입장을 취하고 있다.[155)]

3. 카이로선언·얄타회담·포츠담선언

카이로선언(Cairo Declaration)은 제2차세계대전 말기인 1943년 11월 27일 연합국 측을 구성하고 있던 미국의 루스벨트, 영국의 처칠, 중국의 장제스(蔣介石) 등이 이집트 카이로회담의 결과로 채택한 대일전(対日戦)의 기본 목적에 대한 공동 발표문으로 1943년 12월 1일 발표되었다.[156)] 카이로회담은 제2차 세계 대전의 정세가 연합국 측에 유리하게 진행되고 있던 시기 두 차례에 걸쳐 진행되었다. 각 회담에서는 대일전에서 연합국 간의 상호 협력 문제와 일본의 영토 문제에 관한 기본 방침을 결정했다.[157)]

카이로선언은 일본에 대한 연합군의 대응방침을 정하고, 앞으로의 행방에 대해서

155) 海野福壽 (編集), 1995,『日韓協約と韓国併合』, 明石書店.

156) 장제스(蔣介石, 1887년~1975년)는 '나 장제스는 타이완의 군인이자 정치가이다. 중국 국민당 정부의 주석과 1949년 이후에 타이완의 국민 정부 주석을 지냈지. 사실 나는 정부 내에 부패가 만연되도록 방관했고, 외부의 변화에 신축성있게 대응하지 못하여 공산당에 패배하고 말았다.'고 하였다. https: //ja.wikipedia.org/wiki/蔣介石 (2020년 10월 27일 검색)

157) 共同通信社出版センター(編集), 山田侑平(翻譯), 2015,『ポツダム宣言」を読んだことがありますか?』, 共同通信社. 여기에서는 전후국제질서를 규정하고 있는 포츠담선언(ポツダム宣言), 종전조칙(終戦の詔勅, 玉音放送), 항복문서(降伏文書), 카이로선언(カイロ宣言) 등에 대해서 소개하고 있다.; Charles River Editors. 2016. The Most Important Meetings of the Allies During World War II: The History of the Tehran Conference, Yalta Conference, and Potsdam Conference. Createspace Independent Pub.

논의했다. 연합군은 회담에서 힘을 합쳐 태평양전쟁을 일으킨 일본에 대해 군사 행동을 하기로 뜻을 모았고, 전쟁에서 승리한 뒤 일본이 점령하고 있는 영토를 어떻게 처리할 것인지에 대해 의논했다. 카이로선언은 연합국이 제2차세계대전 후 일본이 점령한 영토에 대한 기본 방침을 처음으로 밝힌 공식적 성명이며, 전쟁이 끝난 후 일본을 어떻게 처리할 것이며 어떻게 관계를 설정할 것인가에 대한 기본방침을 천명한 것이다. 그리고 미국, 영국, 중국 3국은 일본의 무조건 항복을 촉진하기 위해 계속 싸울 것을 선언하였다.[158] 더욱이 한일 간의 질서를 규정하는 매우 중요한 기준이 되었다.

〈표 9〉 카이로선언의 전문

구분	내용
일시	일본국에 대한 영국, 미국, 중국의 선언, 1943년 12월 1일 루즈벨트 대통령, 장개석 대원수, 처칠 수상은 각자의 군사·외교고문과 함께 카이로선언에 서명하였다.
내용	- 루즈벨트 대통령, 장개석(蔣介石) 대원수, 처칠 수상은 각자의 군사, 외교 전문과 함께 북아프리카에서의 회의를 마치고 이와 같이 발한다. 수차에 걸친 군사 관계 회의에서 일본을 상대로 한 앞으로 군사작전들에 관해 상호 의견의 일치를 보았다. 세 연합국(聯合国)은 잔인 무도한 그들 공동의 적국들에게 해상과 육지 그리고 영공을 통한 지속적인 압박을 가한다는 그들의 결의를 했다. 그와 같은 압박은 이미 가중되고 있다. 세 연합국은 일본의 침략을 제지하고 응징하기 위해 이 전쟁을 치르고 있다. 그들은 그들 자신의 이익을 위해 노력하지 않으며, 또한 영토 팽창을 위한 야심도 갖고 있지 않다. - 그들의 목적은 1914년 제1차세계대전이 발발한 이래 일본이 강탈했거나 점령해 온 태평양의 모든 섬들을 몰수하는 데 있으며, 또한 일본이 중국으로부터 탈취한 모든 영토를, 예를 들면 만주, 대만, 팽호 열도 등을 중국에 반환하는 데 있다. 일본은 또한 폭력과 탐욕에 의해 탈취한 모든 다른 영토들로부터도 추방당할 것이다. 앞에서 말한 이 세 강대국은 한국민(韓国民)이 노예적인 상태에 놓여있음을 상기하면서 한국을 적당한 시기에 자유롭고 독립적인 국가로 만들 것을 굳게 다짐한다. 이러한 목적을 실현하기 위하여 세 연합국은 일본과 싸우고 있는 다른 국가들과 보조를 맞추어 가면서 일본의 무조건 항복을 받아내는데 필요한 진지하고도 장기적인 군사 행동을 지속적으로 감행해 나갈 것이다.
한국 관련 내용	일본국은 폭력 및 탐욕에 의하여 일본국이 약취한 다른 일체 지역으로부터도 축출될 것이다. 앞에서 말한 이 세 강대국은 한국민이 노예적인 상태에 놓여있음을 상기하면서 한국을 적당한 시기에 자유롭고 독립적인 국가로 만들 것을 굳게 다짐한다(The aforesaid three great powers, mindful of the enslavement of the people of Korea, are determined that in due course Korea shall become free and independent).[160] 일본 제국이 패망한 후에 한국을 적당한 시기까지 신탁통치할 것을 합의했다.

158) https: //m.blog.naver.com/카이로선언 (2020년 10월 28일 검색)

카이로선언의 주요 내용은 일본에 대한 군사행동개시, 미국, 영국, 중국 등의 일본 침략에 대한 대응, 세 나라의 이득이나 영토 확장의지 무, 제1차세계 대전 이후 일본 탈취의 태평양 제도 박탈, 만주와 타이완, 펑후제도(澎湖諸島)의 중국으로 복귀, 약탈한 지역으로부터 일본세력 축출 등이다. 한국영토에 대해서 직접적인 언급은 없었지만, 일본이 약취한 모든 지역에서 일본세력을 축출한다는 내용은 한국과 관련되어 있다. 그것은 약취한 영토를 돌려주고 불법적으로 탈취한 지역에서 일본 세력을 축출한다는 의미이다. 그 원칙대로 한다면, 일본이 탈취한 한국의 영토를 돌려주고 한국에서 일본을 물러나게 한다는 의미가 포함되어 있다.

특히 3국 대표들은 선언문에 '한국이 노예 상태에 있다는 데 유념하여, 앞으로 적절한 절차를 거쳐 한국에 자유와 독립을 줄 것을 결의한다'는 특별 조항도 넣었다. 한국의 독립 문제가 국제적으로 논의된 것은 카이로회담이 처음이었다. 한국과 관련해서 카이로선언에서는 '한국의 독립'을 구체적으로 언급했고, 포괄적으로 한국에서 일본세력을 축출한다는 의도가 있었다는 것을 추측할 수 있다. 다만 한국의 독립과 일본세력축출이라는 내용에서 한국영토의 범위에 대해 구체적으로 적시하지 않고 있

159) 한반도에 대한 신탁통치는 1943년 3월에 루즈벨트와 영국수상 이든 사이에 원칙적으로 합의되었고, 1943년 12월 1일 카이로회담에서 루즈벨트, 장개석 그리고 교체된 영국 수상 처칠 사이에서 적절한 시기(in due Course)에 독립할 때까지 신탁통치를 하기로 합의되었다. 즉, 한반도 신탁통치에 참여할 국가들은 최초에 미국과 영국 그리고 중국이었다. 그러나 나치독일의 항복이후에 태평양 전쟁도 신속히 마무리 짓고자 했던 미국 트루먼은 포츠담회담에서 소련의 대 일본전 참전을 조건으로 한반도와 동아시아에서의 작전구역을 설정했다. 항공과 해상 작전권은 한반도 전체를 미국이 가지고, 지상 작전권은 38도선 이북을 소련에게 이양되었다(Foreign Relations of United States, The United States Chief of Staff to the Soviet Chief of Staff, 24. Juli 1945, The Conference of Berlin(Potsdam), Vol. 2, 1327~1328쪽). 이로 인하여 일본의 항복 이후 한반도 38도선 이북에 대한 기득권도 소련에게 이양되면서, 한반도에 대한 신탁통치 권리도 중국을 대신해서 소련이 갖게 되었다. 포츠담회담에서 미국이 소련에게 한반도의 38도선 이북을 양보한 것은 이후 현재까지 한반도 분단을 초래하는 출발점이 되었다. 일본에 대한 원폭을 미리 결정했다면, 미국은 소련에게 이러한 양보를 하지 않을 것이고, 한반도 분단의 단초도 제공되지 않았을 것이다. 한반도에 대한 미국의 정책은 일단 일본으로부터의 분리, 소련과의 분할 점령 그리고 신탁통치였다. 미국은 한반도뿐만 아니라, 메이지유신이후 제국주의적 팽창으로 획득한 일본의 점령지역을 모두 분리시켰는데, 이 당시에 한반도뿐만 아니라 독도와 대마도, 대만 그리고 오키나와(류구) 제도 등도 모두 일본으로부터 분리되었다. 그리고 미국은 신탁통치를 한반도에만 국한해서 진행하려고 했었다. 1945년 12월 모스크바 3국외상회의에서 미국과 소련, 영국은 한국에 대한 5년의 신탁통치를 결정했는데, 이를 위한 위원회에 한국의 민주적인 정당과 사회단체를 포함시키기로 합의했다.

다. 따라서 한국의 독립보장과 더불어 영토에 대한 범위는 이후 얄타회담, 포츠담선언, 일본의 항복문서, 샌프란시스코평화조약 등에서 어떻게 규정할 것인가에 달렸다.

둘째는 얄타회담(Yalta Conference)이다.[160] 제2차 세계대전이 막바지로 치닫던 상황에서 미국, 영국, 소련 등 세 연합국의 수뇌들이 소련 크림(Crimea)반도 남쪽 끝의 휴양도시 얄타(Yalta)에서 회동했다. 얄타회담은 독일의 패전과 그 관리에 대하여 의견을 나눈 회담으로 1945년 2월 4일부터 11일까지 열렸다. 미국의 프랭클린 루스벨트(Franklin D. Roosevelt, 1882년 1월-1945년 4월) 대통령, 소련 이오시프 스탈린(Iosif Vissarionovich Stalin, 1879년 12월-1953년 3월) 당 서기장, 영국 윈스턴 처칠(Winston Leonard Spencer-Churchill, 1874년 11월-1965년 1월) 수상이 주인공이었다.

독일, 이탈리아, 일본 등이 제2차세계대전을 일으킨 가운데 1943년 9월 8일 이탈리아가 가장 먼저 연합군에게 항복했다. 이후 연합국은 카이로선언을 통해서 공동전선을 펴 파죽지세로 독일과 일본을 밀어붙였다. 얄타회담은 이탈리아가 항복한 상태이고, 독일도 패전의 기미가 보이면서 나치 독일을 최종 패배시키고 그 후의 점령 방법을 논의하기 위한 회담이었다. 미국, 영국, 소련 수뇌들은 나치 독일의 항복을 받아낸 뒤, 다른 패전국이나 해방국의 처리 방향을 결정하는 데 합의하였다. 즉 폴란드와 동부유럽 해방문제, 독일 점령과 향후 관리 문제, 전후 새로운 국제연합 구성 문제, 태평양전쟁과 극동문제 등 제2차세계대전이 초래한 문제들을 논의하였다.

그러나 얄타회담에 임하는 각국의 입장에는 큰 차이가 있었다. 영국은 소련의 폴란드 지배를 저지하고 대영제국의 이익을 보호하는 데 치중했다. 소련은 전쟁으로 피폐해진 소련경제를 부흥시키기 위해 독일로부터 막대한 배상금을 받아내고 폴란드에 대한 소련의 지배권을 인정받는 데 관심이 있었다. 미국은 소련을 태평양전쟁에 참전시키는 한편, 국제연합을 미국의 영향권 아래 두기를 원했다. 다만 3개국의 의도는 달랐지만, 독일의 처리 등 주요 의제에 대해서 합의를 하였다. 소련, 미국, 프랑스, 영국 등 4개국은 독일을 분할 점령하며, 독일의 군수산업을 폐쇄 또는 몰수하고, 주요 전범자들을 국제재판에 회부하기로 결정했다. 전후 배상금 문제는 위원회를 만들

---

160) 共同通信社出版センター(編集), 山田侑平(翻訳), 2015,『「ポツダム宣言」を読んだことがありますか？』; Charles River Editors. 2016. The Most Important Meetings of the Allies During World War II: The History of the Tehran Conference, Yalta Conference, and Potsdam Conference. Createspace Independent Pub.

어 추후 논의하며, 독일인에 대해 최저 생계를 마련해주는 것 외에는 일체의 의무를 지지 않는다는 데도 합의했다. 최종 합의 결과 독일은 4개의 점령 지역으로 분할이 결정되었다. 러시아가 동쪽, 영국이 북쪽, 미국이 중앙, 프랑스가 남쪽을 관할하게 되었다. 러시아 관할에 속하는 베를린은 4개국이 공동 관리하기로 했다.

그 밖에 다른 패전국이나 광복을 맞는 민족에 대하여 별도의 방법을 찾는 데 합의하였다. 그 주요 핵심은 '해당지역의 모든 민주 세력을 폭넓게 대표하는 인사들에 의해 임시정부를 구성한 후, 가능한 한 빠른 시일 내에 자유선거를 통해 국민의 뜻과 합치되는 책임 있는 정부를 수립한다'는 것이었다. 그러나 폴란드 처리 문제를 놓고 영국과 미국은 런던의 폴란드 망명정부를 지지하였고, 소련은 공산당이 주도하는 루블린 소재 폴란드 인민해방위원회를 지지하고 있었다. 서방 연합국과 소련은 자국이 지지하는 단체를 포기하지 않는 가운데, 결국 폴란드의 신정부는 두 단체가 협의하여 수립하기로 합의하였으나, 소련군이 폴란드의 대부분을 점령하고 있는 상황에서 자유선거는 보장되지 않았고, 1947년 1월 19일 소련 주도 하의 선거를 통해 공산정권이 수립됐다.

얄타회담에서 결정된 또 하나의 중요한 의제는 소련의 대일전(対日戦) 참전 여부였다. 미국은 당시 개발 중이던 원자폭탄의 효능을 확신하지 못했다. 그 상황에서 여전히 전투를 벌이고 있는 일본에 대해서 항복을 받아내기 위해서는 소련의 참전이 필수적이라고 생각했다. 스탈린은 독일이 항복한 뒤 2- 3개월 내에 대일전에 참전할 것과 중국 장제스(蔣介石)의 국민당(国民黨) 정부를 중국의 합법적인 정부로 인정할 것을 약속했다. 대신 미국과 영국은 러일전쟁에서 러시아가 상실한 영토 및 여러 권리를 소련에게 되돌려주기로 했다. 그것은 일본의 쿠릴열도 할양 및 사할린섬 남부의 반환, 소련의 외몽골 지배, 남만주 철도의 중소(中蘇) 공동 운영 등을 의미했다.

루스벨트는 소련이 일본에 선전포고를 해줄 것을 요구했고, 처칠은 폴란드의 정치적 재건과 영토 회복을 주장했다.[161] 스탈린은 동유럽에서 소련의 영향력을 확대하

161) 이후 연합국 간의 이해관계에 따른 대립이 격화되어 얄타체제가 흔들렸다. 미국 내부에서도 루스벨트 대통령과 얄타협정에 대한 비판이 제기됐다. 미국측에서는 소련의 협조 없이도 일본의 항복을 받아낼 수 있는 상황이었는데, 루스벨트가 이를 오판했다는 비판이었다. 그러나 일반적으로 동부유럽 전선에서 소련군이 보여준 군사적 위력과 극동에서 영향력을 발휘하고 있어 얄타협정은 불가피한 타협이었다는 것이 일반적인 평가이다.

기를 원했다. 서유럽에 대해서는 전쟁 이전의 국경을 인정하기로 했다. 오스트리아는 다시 독립국 지위를 얻게 되었지만 가장 큰 변화는 독일에게 대부분의 영토를 잃은 동유럽에 있었다. 오데르 강과 나이세 강을 따라 새로운 국경선이 그어졌다. 폴란드 역시 독립국가가 되면서 국경이 서쪽으로 이동하여 이전에 독일 영토에 속했던 지역을 차지했다. 대신 폴란드의 동부는 소련에 속하게 되었다. 얄타회담에서 스탈린은 동유럽 지역 국가나 국민의 의사와는 상관없이 공산정권을 세울 수 있는 기회로 활용했다. 얄타에서 밑그림이 그려진 유럽의 정치 지도는 1980년대 소비에트 헤게모니가 붕괴될 때까지 계속됐다.

결국 극동문제에 있어서는 비밀의정서를 통해서 해결안을 제시하였다. 비밀의정서에는 소련이 독일 항복 후 2~3개월 이내 대일전에 참전해야 하며, 그 대가로 연합국은 소련에게 러일전쟁에서 잃은 영토를 반환해준다는 것이었다. 또한 외몽골의 독립을 인정하기로 합의하였고, 스탈린은 중국과 동맹 및 우호 조약을 체결한다는 데 동의하였다. 그리고 국제연합을 창설한다는 전제 하에 이미 헌장의 초안이 마련되어 있는 상태에서, 안전보장이사회의 투표 방식에 관한 절충안을 마련하였다. 그러나 소련의 참전은 지연되었고, 1945년 8월 6일 미국의 원폭이 투하된 뒤인 1945년 8월 8일에 참전하였고, 참전한 지 불과 7일 만에 일본은 항복하였다.[162] 얄타회담에서는 유럽의 정치지형을 결정하고, 극동에서 소련의 지분을 만들어 주었으며, 일본을 패배시키는 사안이 주로 다루어져 한국에 대한 구체적인 언급이 없었다. 이어서 포츠담회담이 속계되었다.

셋째는 포츠담선언(Potsdam Declaration)이다. 포츠담회담은 1945년 5월 8일 독일이 항복한 뒤, 일본의 항복 문제와 전후처리 문제를 논의하기 위해 독일 베를린 교외 포츠담에서 열린 연합국의 세 번째 전시회담이다. 회담은 1945년 7월 17일에 시작하여 8월 2일 종결되었다. 포츠담회담에서 발표한 포츠담선언은 1945년 7월 26일 미국의

162) 원자폭탄(atomic bomb)은 우라늄이나 플루토늄처럼 원자 번호가 큰 중원소의 원자핵이 분열할 때 방출하는 에너지를 이용하여 폭발력을 내는 무기이다. 최초의 원자폭탄은 제2차세계대전 때 미국에서 맨해튼 계획에 따라 만들어졌다. 전쟁에 사용된 최초의 원자폭탄은 우라늄으로 만든 것으로 1945년 8월 6일 일본 히로시마에 떨어뜨렸고, 두 번째 원자폭탄은 1945년 8월 9일 나가사키에 떨어졌다. 이후 일본은 이튿날부터 천황이 주제하는 어전회의에서 포츠담선언을 수용하고 항복하여 전쟁이 종결되었다. 1950년대 초에 수소폭탄이 개발되었고, 핵보유국이 늘어나고 원자폭탄과 핵무기는 전술적인 무기로 이용되고 있다.

트루먼(Harry S. Truman) 대통령, 영국 처칠(Winston Churchill) 수상, 중국의 장제스(Chiang Kai-Shek) 총통 등이 동의하고 서명한 대일(対日)공동선언이다. 그 후 8월 8일 소련의 스탈린(Joseph Stalin) 공산당 서기장도 대일전 참전과 함께 서명하였다.

포츠담선언은 카이로선언과 얄타회담에서 제기된 대일항전을 구체적으로 적시하고, 일본을 패배시킨 후 어떻게 처리할 것인가에 대한 기준을 정했다. 연합국 정상들은 이 선언에서 일본에 대해 무조건 항복을 요구하였고, 또한 제2차세계대전 후의 대일처리방침을 밝혔다. 회담의 주요 의제는 패전국 독일의 통치방침, 폴란드의 서부국경 결정, 오스트리아의 점령방침, 동유럽에서 러시아의 역할, 패전국의 배상금문제, 대일전쟁 수행방침 등 이었다. 그리고 한국의 독립에 관한 사안은 카이로선언에 이어서 포츠담회담에서도 제기되었다. 특히 포츠담선언은 제2차 세계대전 막바지에 연합국이 일본에 대해 최종적으로 무조건 항복을 요구하고, 또 제2차세계대전 이후의 일본에 대한 처리 방침을 포괄적으로 제시했다는 점에서 의의가 있다.

〈표 10〉 포츠담선언[163)]

구분	내용
일시	포츠담선언 참가국은 미국, 영국, 중국, 소련 등의 정상 등이고, 1945년 7월 26일 독일 포츠담에서 열렸고, 주요의제는 일본의 무조건 항복요구와 전후처리이다.
목적	제1항 미합중국 대통령, 중화민국정부 주석, 영국 수상은 수억의 국민을 대표해 협의해서 일본국에 대한 전쟁을 종결하는 기회를 제공하는 데 일치했다. 제2항 3국의 군대는 증강하고, 일본에 최후의 타격을 줄 준비를 이미 완료했다. 이 군사력은 일본국의 저항이 멈출 때까지, 일본에 대한 전쟁을 수행하는 일체의 연합국의 결의로 지지하고 고무한다. 제3항 세계의 자유로운 국민에 지지된 이 군사력행사는 나치독일에 대해서 적용된 경우 독일과 독일군이 완전히 파괴하는 것을 시사하는 것처럼, 일본과 일본군이 완전하게 파괴하는 것을 의미한다. 제4항 일본이 무분별한 계산으로 자국을 멸망의 수렁으로 몰아가는 군국주의자의 지도를 지속적으로 받든지, 아니면 이성의 길을 걸을 것인가를 선택해야할 시기가 도래했다.
일본에 대한 요구	제5항 우리의 조건은 이하의 조문에 명시하고, 그것에 대해서는 양보하지 않으며, 집행의 연기는 인정하지 않는다. 제6항 일본국민을 기만하고 세계정복에 나선 잘못을 저지른 세력을 영구히 제거한다. 무책임한 군국주의가 세계에서 축출될 때까지, 평화와 안전, 정의의 신질서도 나타나지 않기 때문이다. 제7항 전 6항의 신질서가 확립되고, 전쟁 능력을 잃게 하는 것이 확인될 때까지는, 우리가 지시하는 기본적 목적달성을 확보하기 위해, 일본국 영역 내의 여러 지점은 점령되어야 한다. 제9항 일본군은 무장해제된 후 자국의 가

163) https: //ja.wikipedia.org/wiki/ポツダムにおける宣言 (2020년 10월 26일 검색)

	정으로 돌아가 평화와 생산적으로 생활할 수 있는 기회가 제공된다. 제10항 우리의 의지는 일본인을 민족으로서 노예화하고, 또한 일본국민을 멸망시키려고 하는 것이 아니지만, 일본에서 포로 학대를 포함한 일체의 전쟁범죄인은 처벌되어야 한다. 일본 정부는 일본국 국민에게 민주주의 부활을 강화하고, 그것을 방해하는 어떤 장애도 배제해야 하며, 언론, 종교 및 사상의 자유, 기본적 인권의 존중은 확립되어야 한다. 제11항 일본은 경제를 부흥하고, 부과된 배상의무를 이행하기 위한 생산수단은 전쟁과 재군비에 관계하지 않은 사람이 보유할 수 있다. 또한 앞으로 국제무역에 복귀를 허용한다. 제12항 일본국 국민이 자유롭게 표명한 의지로 평화를 책임지는 정부의 수립을 요구한다. 이 항목 및 이미 기재된 조건이 달성된 경우에 점령군은 철수해야 한다. 제13항 우리는 일본 정부가 전 일본군에게 즉시무조건항복을 선언하고, 또한 그 행동에 대해서 일본 정부가 충분히 보장할 것을 요구한다. 그것 이외의 선택지는 신속하고 완전한 파멸뿐이다.
한국관련 사항	제8항 카이로선언의 조항은 이행되어야 하고, 또한 일본국의 주권은 혼슈, 홋카이도, 규슈, 시코쿠, 우리가 결정하는 여러 작은 섬에 한정해야 한다.

포츠담선언은 모두 13개 항목으로 되어 있다. 제1항부터 5항은 전문(前文)으로 일본의 무모한 군국주의자들이 세계 인류와 일본 국민에게 지은 죄를 뉘우치고 이 선언을 즉각 수락할 것을 요구하였다. 제6항은 군국주의의 배제, 제7항은 일본영토의 점령, 제9항은 일본군대의 무장해제, 제10항은 전쟁범죄자의 처벌, 민주주의의 부활 및 강화, 언론·종교·사상의 자유 및 기본적 인권존중의 확립, 제11항은 군수산업의 금지와 평화산업유지의 허가, 제12항은 민주주의 정부수립과 동시에 점령군의 철수, 제13항은 일본군대의 무조건 항복 등을 규정하였다.

포츠담선언에서 한국과 관련된 제8항에서는 카이로선언의 이행과 일본영토의 한정 등에 대해서 규정하였다. 즉 한국 문제와 관련해서 제8항에서 '카이로선언의 조항은 이행될 것'이라고 천명함으로써, 전후 한국의 독립을 재확인하였다. 그리고 일본의 주권이 미치는 곳으로는 '혼슈(本州), 홋카이도(北海道), 규슈(九州), 시코쿠(四国), 연합국이 결정하는 여러 작은 섬' 등에 한정하였다. 여기에서 문제가 되는 것은 '연합국이 결정하는 여러 작은 섬'이 어떤 곳을 의미하는지 구체적이지 않다는 점이다. 따라서 연합국이 일본의 섬을 어떻게 인식하고, 어떻게 규정하는가에 따라 일본영토가 되기도 하고 배제되기도 하는 상황이다.

다음은 미국, 영국, 소련 등이 참가한 모스코바 3개국 외상회의를 소개한 것으로 한국의 신탁통치에 대해서 구체적으로 합의하였다.[164)]

---

164) https: //namu.wiki/모스코바 3상회의; https: //ja.wikipedia.org/wiki モスクワ三国外相会議 (2021년

〈표 11〉 모스코바 3상회의

구분	내용
일시 및 목적	1945년 12월 16일부터 26일까지 소련의 모스크바에서 개최된 미국, 영국, 소련의 외무장관 회의이다. 이른바 모스코바 3상회의(Moscow Conference of Foreign Ministers)라고 칭한다. 회의는 제2차 세계대전 이후 일본 점령지역의 관리 문제와 얄타회담에서 제기된 한반도의 독립 문제를 논하는 데 목적이 있다. 제2차세계대전이 끝난 1945년 12월 미국의 제임스 번즈(James Francis Byrnes), 영국의 어니스트 베빈(Ernest Bevin), 소련의 뱌체슬라프 몰로토프(Vyacheslav Mikhailovich Molotov) 등은 파리조약 준비, 극동지역 일본에 대한 위원회와 연합회의, 한반도의 정부수립, 중국, 루마니아, 불가리아 등의 의제, 원자력 에너지의 통제를 위한 미국에 의한 위원회 설립 등에 대해서 합의하고 서명했다.
신탁 통치	- 대한민국의 정부수립에 대해서 미국은 임시정부 수립 없이 최소 5년에서 최대 10년 동안 4개국의 신탁통치를 제안했고, 소련은 임시정부 수립을 포함한 공동 위원회 개최, 조선의 정당, 사회단체의 참여 등을 연합국에 제안했다. 그리고 신탁통치안으로는 한국을 독립국가로 만들기 위해 임시로 대한민국 정부를 수립한다. 임시정부의 설립을 돕기 위해 미국과 소련의 공동위원회를 설립한다. 미국, 영국, 소련, 중국이 공동으로 관리하는 신탁통치를 최대 5년간 실시한다. - 결정서에서는 조선을 독립국가로 건설하며, 민주주의 원칙을 바탕으로 발전시키기 위해서, 그리고 일본이 조선을 통치하면서 벌인 문제들을 해결하기 위해서, 조선의 공업과 교통, 농업과 조선 사람들의 민족문화의 발전에 필요한 모든 방법을 동원하기 위해서 임시 대한민국 민주주의 정부를 설립할 것이다. 임시정부의 구성을 지원하기 위해 남조선 미합중국 행정구역, 북조선 소련 행정구역의 대표자들로 이루어진 공동위원회가 설치될 것이다. 공동위원회는 조선의 민주주의 정당 또는 사회단체와 협의하여야 한다. 공동위원회가 작성한 건의서는 공동위원회에 대표를 가진 정부가 최후결정을 하기 전에 미국, 영국, 소련, 중국 제국 정부에 그 결정에 부응하기 위해 반드시 제출되어야 한다. - 조선 민족의 경제, 정치, 진보와 민주주의적 자치와 발전, 조선국가의 독립 수립 등을 지원하고 협력할 방법을 마련하고, 또한 임시 조선민주주의 정부 또는 조선민주주의 단체의 참여를 바탕으로 공동위원회가 수행할 것이다. 공동위원회의 제안은 최고 5년이라는 기간 동안 4개국 신탁통치의 협약을 작성하기 위하여 미국, 영국, 소련, 중국 제국 정부의 공동 합의를 임시 조선 정부와 협의한 후에 제출되어야 한다. 남한과 북한과 관련된 긴급한 문제들을 고려하기 위해서, 남조선 미합중국 행정구역과 북조선 소련군 행정구역의 행정, 경제면에서 균형을 유지하기 위해서 2주일 안에 조선에 주둔하고 있는 미국과 소련 사령부의 대표가 회의를 소집할 것이다.

모스코바 3국외상회에서는 한반도에서 임시정부를 수립하고, 그 전제로 5년 이내 미합중국과 소련이 신탁통치를 한다고 결정하였다. 그것은 제2차세계대전 후 폴란드나 독일에 대한 처리방침을 두고 강대국 간의 이해관계에 의해 자의적으로 결정된 것과 같은 모습으로 진행된 결과였다. 당시 한국에서는 일본의 식민지배가 끝나면

1월 25일 검색)

독립할 것으로 기대하였지만 신탁통치라는 형식과 다른 외세 개입이 이루어지면서 분열이 일어났다. 즉 모스크바 3상회의의 결정 수용 여부를 놓고 찬탁운동가와 반탁운동가로 나뉘어 극명하게 대립하였다. 찬탁론자로서 김규식과 여운형, 좌익공산진영의 박헌영 등은 통일 임시정부라는 점을 긍정적으로 평가하였다. 반탁론자로서 민족주의 진영의 김구, 반공진영의 이승만은 외세 개입에 반대하여 신탁통치를 반대하였다. 결국 한반도는 모스크바 3상회의에서 결정된 신탁통치가 진행되는 가운데 이데올로기로 갈라진 좌우 양 진영이 대립하면서 남북으로 분단되었다.

4. 일본의 항복문서

일본은 1945년 히로시마와 나가사키에 원자폭탄이 투하되어 짧은 시간에 많은 피해를 입게 되었고, 전쟁을 이어갈 수 있는 동력을 크게 잃게 되었다. 1945년 8월 천황을 포함한 대본영간부들이 모여 전쟁종결과 포츠담선언 수용에 대해서 논의하는 어전회의가 열었다. 그 결과 일본은 히로시마와 나가사키에 투하된 원자폭탄에 의한 참상을 보면서 전의를 상실하여 포츠담선언이 정한 항복 조건을 수용하였다. 일본이 1945년 8월 포츠담선언을 수용하고 항복문서에 서명하면서 제2차세계대전은 막을 내리게 되었다.[165)]

연합국최고사령관 맥아더가 조인식장으로서 미즈리함의 선상을 택한 것은, 해상이라면 식전을 방해받지 않고, 미즈리가 당시 트루만 대통령의 출신지이며 대통령의 딸이 함선명을 지었고, 해군의 위력을 드러내기에 좋을 것이라는 상징성이 있었기 때문이었다고 전한다. 그리고 미즈리호를 이미 페리가 일미화친조약조인할 때 몰고 온 기선포하탄호(旗艦ポーハタン号)를 정박시켰던 곳과 같은 위치에 정박시킨 것은 맥아더의 연출로 알려지고 있다.

다음은 일본과 연합국 간에 진행된 항복절차, 항복결정과정, 항복수락, 항복문서 조인, 항복의 영향 등을 소개한 것이다.

---

165) 萩原猛(著), 2015, 『日本の「敗戦記念日」と「降伏文書」』, 論創社. 여기에서는 제2차세계대전후 포츠담선언부터 항복문서에 이르기까지의 경과와 패전에 직면한 일본지도층의 실태를 분석하였다. 그리고 교과서의 기술과 검정문제, 항복문서, 영토문제, 남경대학살, 종군위안부문제 등의 내용을 밝히고 있다.

〈표 12〉 일본의 항복절차

구분	내용
항복결정	1945년 8월 6일 히로시마, 8월 9일 나가사키에 원자폭탄이 투하되었고, 8월 9일 소련의 대일참전을 결정하고 만주국 침공을 시작하였다. 1945년 8월 천황을 포함한 대본영간부들은 전쟁종결과 포츠담선언 수용에 대한 어전회의를 통해서 8월 14일 포츠담선언을 수락한 후 9월 2일 항복문서에 서명하였다.
항복선언	쇼와천황은 8월 15일 오전 라디오 교쿠온방송(玉音: 천황의 육성)으로 포츠담선언 수락 내용을 담은 조서를 레코드판에 녹음해서 국민에게 전하였다. 이후 스즈키 칸타로(鈴木貫太郎) 내각이 총사퇴하고, 새로운 총리로 황족인 히사시구니노미야 나루히코오(東久邇宮稔彦王)가 지명되었다.
항복문서조인	1945년 8월 30일 맥아더는 미국 수송기 150대에 4,200여 명과 함께 오키나와를 경유해서 가나가와현 아쓰키해군비행장에 도착하여 항복절차를 진행하였다. 항복문서 서명식은 1945년 9월 2일 오전 9시 미즈리호 선상에서 시작되었고, 일본 측은 천황 및 대일본제국정부를 대표한 시게미쓰(重光葵) 외상, 대본영을 대표해서 우메쓰(梅津美治郎) 참모총장이 참석하였고, 연합군측은 미국대표, 중화민국대표, 소비에트연방대표, 호주대표, 캐나다대표, 프랑스대표, 네덜란드대표, 뉴질랜드대표 등이 참석하였다. 일본과 전쟁상태에 있는 연합국을 대표해서 연합국군최고사령관 맥아더가 서명하였다. 항복문서는 2통 작성되었고, 23분간에 걸친 식전상황은 통신함선 안콘호(アンコン号)를 통해서 전 세계로 중계되었다.
영향	- 일본은 조선반도를 미소에, 대만을 중화민국에, 남사할린(南樺太, 千島列島, 歯舞, 色丹) 등을 소련에 넘겼고, 그리고 혼슈, 홋카이도, 규슈, 시코쿠, 연합국이 결정하는 섬에 대해서는 미국이 점령하였다. 미국이 점령하면서 패전 후 독일이나 한국처럼 이데올로기 대립으로 인한 일본열도분단은 없었다. - 미국의 대일정책안은 SWNCC(国務·陸軍·海軍調整委員会)가 1945년 8월 22일부터 31일까지 조사한 결과에 기초해서 작성되었다. 최고사령관은 천황을 포함한 일본 정부기구 및 기관을 통해서 그 권한을 행사하는 간접통치방식을 선택했다. 일본이 연합국군에 의한 점령통치하에 놓이고 GHQ는 전후개혁을 연합국군최고사령관의 포고, 명령, 지시 등으로 실시하였다. 1946년 11월 3일 대일본제국헌법을 개정한 일본국헌법이 공포되고, 1947년 5월 3일 시행되었다.

일본은 제2차세계대전에서 패배함으로써 무조건 연합군에게 항복하고 다음과 같은 항복문서에 서명하여 새로운 국가체제와 동아시아 질서를 구축하는 계기가 되었다.

〈표 13〉 일본의 항복문서[166]

구분	내용
건명 및 서명국	항복문서는 1945년 9월 2일 대일본제국과 연합국(미합중국, 중화민국, 연합왕국(영국), 소비에트사회주의공화국, 호주, 캐나다, 네덜란드, 뉴질랜드)이 서명하여 성립되었다.
내용	- 우리는 일본국 천황, 일본국 정부 및 일본제국대본영에 의한 명령으로, 이전의 그것들을 대신해서, 1945년 7월 26일 포츠담에서 미합중국, 중화민국, 대영제국정부에 의해 발표하고, 후에 소비에트사회주의공화국연방이 참가한 선언조항을 수락한다. 상기 4개국을 이후 연합국이라고 칭한다. - 우리는 일본제국대본영 및 어느 장소든 관계없이 일본군과 일본군 지배하에 있는 모든 군대가 연합국에게 무조건 항복한 것을 여기에서 선언한다. - 우리는 여기에서 어느 장소든 관계없이, 모든 일본군과 일본인에 대해서, 직접 전투행위를 정지할 것, 모든 선박, 항공기, 그리고 군사 및 민간의 소유물을 보전하고 지킬 것, 그리고 연합군최고사령관 또는 그의 지시로 일본국정부기관에 의한 일체의 요구에 따를 것을 명한다. - 우리는 여기에 일본제국대본영이 어느 위치에 있든 관계없이, 일체의 일본국군 및 일본국의 지배하에 있는 일체 군대의 지휘관에 대해서, 자신 및 그 지배하에 있는 일체의 군대가 무조건 항복해야 하는 취지의 명령을 직접 발할 것을 명한다. - 우리는 여기에 일체 관청, 육군, 해군의 직원에 대해서, 연합국최고사령관이 본 항복 실시를 위해 적당하다고 인정하고 스스로 발하고, 또는 그것을 위임에 기초해 발하는 일체의 포고, 명령 및 지시를 준수하고, 그것을 실시할 것을 명한다. 또한 상기 직원이 연합국최고사령관에 의한 또는 그 위임에 기초한 임무를 해제하지 않는 한, 각자의 지위에 머물러, 계속해서 각자의 비전투적 임무를 수행할 것을 명한다. - 우리는 여기에 포츠담선언의 조항을 성실하게 이해하는 것, 동 선언을 실시하기 위해 연합국최고사령관 또는 그 이외 특정의 연합국 대표자가 요구하는 모든 명령을 발하고, 관련된 모든 조치를 취할 것을 천황, 일본국정부 및 그 후계자에게 약속한다. - 우리는 여기에 일본제국정부 및 일본제국대본영에 대해서, 현재 일본국의 지배하에 있는 일체의 연합국포로 및 피억류자를 즉시 해방할 것, 동시에 그 보호, 수당, 휴양 및 지시된 장소로 즉시 수송하기 위한 조치를 취할 것을 명한다. - 천황 및 일본국정부의 국가통치권한은 본 항복조항을 실시하기 위해 타당하다고 인정한 조치를 취한 연합국최고사령관의 통제하에 두도록 한다.
	1945년 9월 2일 오전 9시 4분 일본국도쿄만 위에서 서명한다. - 시게미쓰 마모루(重光葵), 대일본제국천황폐하 및 일본국정부의 명에 의한 대표자 우메즈 요시지로(梅津美治郎). 일본제국대본영의 명으로 또는 그 대표자로서 1945년 9월 2일 9시 8분 도쿄만 선상에서 아메리카합중국, 중화민국, 연합왕국 및 소비에트사회주의공화국연방을 위해서 일본국과 전쟁상태에 있는 다른 연합제국가의 이익을 위해 수락한다. - 연합국최고사령관, 아메리카합중국대표자, 중화민국대표자, 연합왕국대표자, 소비에트

166) 外務省,『第二次世界大戦中ニ於ケル米英蘇ソノ他聯合国首脳者会談関係一件 第一巻』, 外務省外交史料館. (2020년 9월 20일 검색)

서명	사회주의공화국연방대표자, 호주연방대표자, 캐나다대표자, 프랑스대표자, 네덜란드대표자, 뉴질랜드대표자

항복문서에서는 일본 및 일본군의 무조건 항복, 전투중지 및 연합국과 일본 정부의 명령에 복종, 일본지휘부의 항복명령하달, 관청, 육군, 해군의 직원의 연합군지휘에 복종, 연합국은 일본지휘부를 통한 간접통치실시, 연합군포로 및 피억류자 즉시 석방, 연합국최고사령관의 통제 등을 규정하고 있다. 항복문서는 일본이 전쟁을 중지하고, 연합국의 지휘에 따를 것을 강력하게 규정하였지만, 기타 아시아와의 관계설정이나 질서에 대한 언급은 없다.

〈표 14〉 일본의 항복문서[167)]

구분	내용
제목	降伏文書 -署名日 : 1945年 9月 2日
서명국	- 署名国: 大日本帝国, 連合国 : アメリカ合衆国、中華民国、連合王国(イギリス)、ソビエト社会主義共和国、オーストラリア、カナダ、オランダ、ニュージーランド
항복문서 내용	- 下名ハ茲ニ合衆国、中華民国及「グレート、ブリテン」国ノ政府ノ首班ガ千九百四十五年七月二十六日「ポツダム」ニ於テ發シ後ニ「ソヴィエト」社会主義共和国聯邦ガ参加シタル宣言ノ条項ヲ日本国天皇、日本国政府及日本帝国大本營ノ命ニ依リ且之ニ代リ受諾ス右四国ハ以下之ヲ聯合国ト稱ス - 下名ハ茲ニ日本帝国大本營竝ニ何レノ位置ニ在ルヲ問ハズ一切ノ日本国軍隊及日本国ノ支配下ニ在ル一切ノ軍隊ノ聯合国ニ対スル無条件降伏ヲ布告ス - 下名ハ茲ニ何レノ位置ニ在ルヲ問ハズ一切ノ日本国軍隊及日本国臣民ニ対シ敵対行為ヲ直ニ終止スルコト、一切ノ船舶、航空機竝ニ軍用及非軍用財産ヲ保存シ之ガ毀損ヲ防止スルコト及聯合国最高司令官又ハ其ノ指示ニ基キ日本国政府ノ諸機関ノ課スベキ一切ノ要求ニ應ズルコトヲ命ズ - 下名ハ茲ニ日本帝国大本營ガ何レノ位置ニ在ルヲ問ハズ一切ノ日本国軍隊及日本国ノ支配下ニ在ル一切ノ軍隊ノ指揮官ニ対シ自身及其ノ支配下ニ在ル一切ノ軍隊ガ無条件ニ降伏スベキ旨ノ命令ヲ直ニ發スルコトヲ命ズ - 下名ハ茲ニ一切ノ官庁、陸軍及海軍ノ職員ニ対シ聯合国最高司令官ガ本降伏実施ノ為適當ナリト認メテ自ラ發シ又ハ其ノ委任ニ基キ發セシムル一切ノ布告、命令及指示ヲ遵守シ且之ヲ施行スルコトヲ命ジ竝ニ右職員ガ聯合国最高司令官ニ依リ又ハ其ノ委任ニ基キ特ニ任務ヲ解カレザル限リ各自ノ地位ニ留リ且引続キ各自ノ非戦 闘的任務ヲ行フコトヲ命ズ

167) 外務省,『第二次世界大戦中ニ於ケル米英蘇ソノ他聯合国首脳者会談関係一件 第一卷』, 外務省外交史料館. (2020년 9월 20일 검색)

	- 下名ハ茲ニ「ポツダム」宣言ノ条項ヲ誠実ニ履行スルコト竝ニ右宣言ヲ実施スル為聯合国最高司令官又ハ其ノ他特定ノ聯合国代表者ガ要求スルコトアルベキ一切ノ命令ヲ發シ且斯ル一切ノ措置ヲ執ルコトヲ天皇､日本国政府及其ノ後繼者ノ為ニ約ス - 下名ハ茲ニ日本帝国政府及日本帝国大本營ニ対シ現ニ日本国ノ支配下ニ在ル一切ノ聯合国浮虜及被抑留者ヲ直ニ解放スルコト竝ニ其ノ保護、手當、給養及指示セラレタル場所ヘノ卽時輸送ノ為ノ措置ヲ執ルコトヲ命ズ - 天皇及日本国政府ノ国家統治ノ権限ハ本降伏条項ヲ実施スル為適當ト認ムル措置ヲ執ル聯合国最高司令官ノ制限ノ下ニ置カルルモノトス
서명자	千九百四十五年九月二日午前九時四分日本国東京灣上ニ於テ署名ス 大日本帝国天皇陛下及日本国政府ノ命ニ依リ且其ノ名ニ於テ 重光葵 日本帝国大本営ノ命ニ依リ且其ノ名ニ於テ 梅津美治郎 千九百四十五年九月二日午前九時八分日本国東京灣上ニ於テ合衆国､中華民国､聯合王国及「ソヴィエト」社会主義共和国聯邦ノ為ニ竝ニ日本国ト戦争状態ニ在ル他ノ聯合諸国家ノ利益ノ為ニ受諾ス 聯合国最高司令官 ダグラス、マックアーサー, 合衆国代表者 シー、ダブリュー、ニミッツ, 中華民国代表者 徐永昌, 聯合王国代表者 ブルース、フレーザー,「ソヴィエト」社会主義共和国聯邦代表者 クズマ、エヌ、チェレヴィヤンコ,「オーストラリア」聯邦代表者 ティー、ユー、ブレーミー,「カナダ」代表者 エル、コスグレーブ 「フランス」国代表者 ジャック、ルクレルク,「オランダ」国代表者 シェルフ、ヘルフリッヒ,「ニュージーランド」代表者 エス、エム、イシット

〈표 15〉 일본의 항복문서

구분	내용
건명 및 서명국	降伏文書1945年(昭和20)9月2日 - 署名国 : 大日本帝国, 連合国 : アメリカ合衆国、中華民国、連合王国(イギリス)、ソビエト社会主義共和国、オーストラリア、カナダ、オランダ、ニュージーランド
일본어	- 我々は、日本国天皇、日本国政府、および日本帝国大本営による命令により、かつそれらの代わりに、1945年7月26日ポツダムにてアメリカ合衆国、中華民国、大英帝国政府によって発せられ、後にソビエト社会主義共和国連邦が参加した宣言で述べられた条項を受託する。上記四か国を以後連合国と呼ぶ。 - 我々は、日本帝国大本営およびいずれの場所にあるかに関わらず全ての日本軍と日本軍支配下にある全ての軍隊が、連合国に無条件降伏したことをここに宣言する。 - 我々はここに、いずれの場所にあるかに関わらず、全ての日本軍と日本人に対し、直ちに戦闘行為を停止すること、全ての船舶、航空機、そして軍事及び民間の所有物を保全し、守ること、そして連合軍最高司令官または彼の指示による日本国政府機関による一切の要求に従うことを命ずる。 - 我々はここに、日本帝国大本営が、いずれの位置にあるかを問わず、一切の日本国軍第及び日本国の支配下にある一切の軍隊の指揮官に対し、自身及びその支配下にある一切の軍隊が無条件に降伏すべき旨の命令を直ちに発することを命ずる。

	- 我々はここに、一切の官庁、陸軍及び海軍の職員に対し、連合国最高司令官が本降伏実施のため適当と認めて自ら発し、またはその委任に基づき発せられる一切の布告、命令及び指示を遵守し、かつこれを施行すべきことを命じる。また上記職員が連合国最高司令官により、またはその委任に基き特に任務を解かれない限り、各自の地位に留まり、かつ引き続き各自の非戦闘的任務を行うことを命ずる。 - 我々はここに、ポツダム宣言の条項を誠実に履行すること並びに同宣言を実施するため、連合国最高司令官またはその他特定の連合国代表者が要求すべき全ての命令を発し、かつ、かかる全ての措置を取ることを天皇、日本国政府及びその後継者のために約束する。 - 我々はここに、日本帝国政府及び日本帝国大本営に対し、現在日本国の支配下にある一切の連合国捕虜及び被抑留者を直ちに開放すること、並びにその保護、手当、休養及び指示された場所への即時輸送のための措置を取ることを命ずる。 天皇及び日本国政府の国家統治の権限は、本降伏条項を実施するため適当と認める措置を取る連合国最高司令官の制限の下に置かれるものとする。
서명	1945年9月2日午前9時4分日本国東京湾上において署名す. 重光葵. 大日本帝国天皇陛下および日本国政府の命により、またその代表として梅津美治郎. 日本帝国大本営の命により、またその代表として1945年9月2日午前9時8分、東京湾上においてアメリカ合衆国、中華民国、連合王国およびソビエト社会主義共和国連邦のため、並びに日本国と戦争状態にある他の連合諸国家の利益のために受諾する。 連合国最高司令官 ダグラス·マッカーサー, アメリカ合衆国代表者 シー·ダブリュー·ニミッツ, 中華民国代表者 徐永昌, 連合王国代表者 ブルース·フレーザー, ソビエト社会主義共和国連邦代表者 クズマ·エヌ·デュレビヤンコ, オーストラリア連邦代表者 ティー·ユー·ブレーミー, カナダ代表者 エル·コスグレーブ, フランス国代表者 ジャック·ルクレルク, オランダ国代表者 シェルフ·ヘルフリッヒ, ニュージーランド代表者 エス·エム·イシット

한국에 관한 연합국의 선언의 흐름을 보면, 1943년 카이로선언에서는 '제1차 세계대전 이후 일본이 얻은 태평양의 제도를 박탈하고, 만주와 타이완, 펑후제도(澎湖諸島) 등은 중국에게 돌려주고, 일본이 약취한 모든 지역에서 일본 세력을 구축(驅逐)한다', 고 하였고, 그리고 '한국민이 노예 상태에 있다는 데 유념하여, 앞으로 적절한 절차를 거쳐 한국에 자유와 독립을 줄 것을 결의한다'라고 선언하였다. 1945년 포츠담선언에서는 제8항에서 '카이로선언의 이행과 일본영토의 한정' 등에 대해서 규정하여 카이로선언에서 약속한 '한국의 독립이행'을 다시 한번 강조했다.

1945년 항복문서에서 한국과 관련된 부분은 '우리는 여기에 포츠담선언의 조항을 성실하게 이해하는 것, 동 선언을 실시하기 위해 연합국최고사령관 또는 그 이외 특정의 연합국 대표자가 요구하는 모든 명령을 발하고, 관련된 모든 조치를 취할 것을 천황, 일본국정부 및 그 후계자에게 약속한다'라는 규정이다. 항복문서에서는 한국과 관련되어 규정한 카이로선언의 이행을 규정한 포츠담선언을 다시 규정하였다. 그것은 일본이 한국의 독립을 이행해야 하고, 포츠담선언 8항에서 일본주권에 대한 규정 즉 '일본국의 주권은 혼슈, 홋카이도, 규슈, 시코쿠, 우리가 결정하는 여러 작은 섬에 한정해야 한다' 점을 다시 강조하였고, 일본영토의 내용을 규정하고 있다. 카이로선언, 포츠담선언, 항복문서 등에서 한국과 일본영토에 관한 정확한 규정을 두지 않았지만, 포츠담선언과 항복문서에서 도서와 관련된 것으로 '우리가 결정하는 여러 작은 섬에 한정한다'라고만 규정하고 있어 도서를 둘러싸고 한일 간의 갈등이 잠재되어 있었다는 것을 알 수 있다.

다음은 국제조약과 일본의 항복문서에서 한일관계를 규정한 내용을 정리한 것이다. 그것은 한국과 일본 간의 질서를 규정하고 식민지 시대 한일간에 발생했던 제문제를 해결하는 기준이 되었다는 데 의의가 있다.

〈표 16〉 카이로선언·얄타회담·포츠담선언·항복문서의 한일질서

구분	한국에 대한 언급	일본에 대한 언급
카이로선언 1943년	한국이 노예 상태에 있다는 데 유념하여, 앞으로 적절한 절차를 거쳐 한국에 자유와 독립을 줄 것을 결의한다(前記三大国ハ朝鮮ノ人民ノ奴隷狀態ニ留意シ軈テ朝鮮ヲ自由且獨立ノモノタラシムルノ決意ヲ有ス).	일본이 얻은 태평양의 제도를 박탈하고, 만주와 타이완, 펑후제도(澎湖諸島) 등은 중국에게 돌려주고, 일본이 약취한 모든 지역에서 일본 세력을 구축(驅逐)한다(右同盟国ノ目的ハ日本国ヨリ千九百十四年ノ第一次世界戦争ノ開始以後ニ於テ日本国カ奪取シ又ハ占領シタル太平洋ニ於ケル一切ノ島嶼ヲ剝奪スルコト並ニ滿洲,台湾及澎湖島ノ如キ日本国カ清国人ヨリ盜取シタル一切ノ地域ヲ中華民国ニ返還スルコトニ在リ). - 일본은 폭력이나 욕심으로 약취한 일체의 지역에서 물러난다(日本国ハ又暴力及貪慾ニ依リ日本国ノ略取シタル他ノ一切ノ地域ヨリ驅逐セラルヘシ).
얄타회담 1945년	- 다른 패전국이나 광복을 맞는 민족에 대하여 별도의 방법을 찾아 합의한다.	- 극동문제에 있어서는 비밀의정서를 채택 즉 소련의 대일전(対日戦)에 참전한다. 러일전쟁(1904년 2월~1905년 9월)에서 러시아가 상실한 영토 및 여러 권리를 소련에게 되돌려주기로 했다. 이는 일본의 쿠릴열도 할양 및 사할린섬 남부의 반환, 소련의 외몽골 지배, 남만주 철도의 중소(中蘇)공동운영한다.
포츠담선언 1945년	- 제8항에서 '카이로선언의 조항은 이행될 것'이라고 천명하였다. 즉 한국이 노예 상태에 있다는 데 유념	- 제6항 군국주의의 배제, 제7항 일본영토의 보장점령, 제8항 카이로선언의 이행과 일본영토의 한정, 제9항 일본군대의 무장해제, 제10항 전쟁범죄자의 처벌, 민주주의의 부활 및 강화, 언론·종교·사상의 자유 및

	하여, 앞으로 적절한 절차를 거쳐 한국에 자유와 독립을 줄 것을 다시 규정하였다.	기본적 인권존중의 확립, 제11항 군수산업의 금지와 평화산업유지의 허가, 제12항 민주주의 정부수립과 동시에 점령군의 철수, 제13항 일본군대의 무조건항복 등을 두었다.
항복문서 1945년	포츠담선언을 성실히 이행할 것 즉 제8항에서 '카이로선언의 조항은 이행될 것'이라는 점을 다시 천명하였다. 한국이 노예 상태에 있다는 데 유념하여, 앞으로 적절한 절차를 거쳐 한국에 자유와 독립을 줄 것을 규정하였다.	우리는 여기에서 포츠담선언 조항을 성실하게 이행하는 것과 더불어 동 선언을 실시하기 위해, 연합국최고사령관 또는 그 이외 특정의 연합국 대표자가 요구하는 모든 명령을 발하고, 관련 조치를 위할 것을 천황, 일본정부 및 그 후계자에게 약속한다. 한국의 독립을 약속한 포츠담선언을 수락한 일본은 포츠담선언이행을 규정한 항복문서에 따라 한국의 독립을 충실하게 이행해야 한다.

연합국이 합의한 카이로선언, 얄타회담, 포츠담선언, 항복문서 등에서는 일본이 점령한 지역에서 일본 세력을 축출시키는 동시에 그 과정에서 한국의 독립을 시켜준다는 것을 천명하였다. 그리고 당시 일본이 약취한 모든 지역에서 일본이 물러나고, 1904년 러일전쟁에서 점령한 섬을 즉 쿠릴열도 할양 및 사할린섬 남부를 러시아로 돌려줄 것을 규정하였다. 특히 카이로선언 제8항에서는 '카이로선언의 조항을 이행해야 하고 일본의 영토를 혼슈, 홋카이도, 큐슈, 시코쿠와 연합국이 결정한 작은 도서에 한정되어야 한다'(八. カイロ宣言の条項は履行されるべきで, また, 日本国の主権は本州, 北海道, 九州および四国と我らの決定した島嶼に限定されるべきだ)라고 규정하여 일본의 주권과 더불어 영토의 범위를 정했다.

포츠담선언과 항복문서에서 규정했듯이 일본은 연합국이 제시한 선언과 문서를 따르기로 하였다. 연합국은 영토 문제에 대해서 구체적으로 경계선을 긋지는 않았지만, 일본은 '강제로 점령한 지역'에서 철수해야 하기 때문에 식민지 지배 이전의 한국영토에서 물러나야 한다. 여기에서 독도의 영유권이 명백하게 언급하고 있지는 않다. 따라서 카이로선언에서 규정한 '연합군이 결정한 도서'에 독도가 들어가는지 아닌지 논란의 여지가 있다. 일본은 연합국이 제시한 포츠담선언을 수용하고 항복문서에 서명하였기에 한국의 독립을 인정하였고, 또한 점령한 지역을 반환한다는 약속을 했기 때문에 강제로 점령한 한국본토와 관련 도서를 반환하는 것이 옳다고 볼 수 있다.

근대사에서 맺은 한일 간의 조약이나 협약, 국제사회에서 맺은 국제조약과 협약, 항복문서와 선언 등에서 기초해 본다면, 한일관계에 대해서는 다양하게 주장할 수 있는 여지와 논란이 함의되어 있다. 즉 한일병합의 유효성과 무효성, 그것에 따른 일본식민지 지배의 정당성과 부당성, 독도를 둘러싼 영유권의 시비 등에 대한 논란이 벌어질 수 있다. 조약이나 협약에 근거해서 벌어지고 있는 한일 간의 문제는 이후 한일기본조약과 한일청구권협정, 그리고 식민지 지배하에 벌어진 다양한 역사적 사실을 둘러싼 과제로 소환되어 갈등으로 재생산되고 있다. 여기에 한일간에 발생한 문제에 대해서 올바른 역사 인식과 자세를 가져야 할 숙명성과 책임성이 있다.

Ⅲ. 전후 한국과 일본의 국제조약

1. 샌프란시스코평화조약

전후 일본은 연합국과 맺은 샌프란시스코평화조약을 통해서 태평양전쟁을 둘러싼 다양한 문제를 일시에 해결하는 성과를 거두었다. 따라서 이 조약에 의거 일본은 패전국의 지위에서 벗어나는 중요한 계기가 되었고, 식민지 지배에 대해서 면죄부를 받는 기회가 되었다. 그러나 샌프란시스코평화조약은 한국에 대해서 매우 부정적인 결과를 안겨주었다. 이 조약을 추진하는 과정에서 한국은 승전국으로서의 지위를 얻지 못하면서 샌프란시스코평화조약 서명국에서 배제되었고, 일본의 식민지 지배에 대한 사죄와 배상, 한국의 영유권 등에 대한 주장을 할 수 있는 상황이 되지 못하였다.[168)]

---

168) 原貴美惠(著), 2012,『サンフランシスコ平和条約の盲点』, 溪水社. 샌프란시스코평화조약은 1951년 9월 8일 일본과 49개국 간에 서명되었다. 소련은 강화조약의 서명을 거부하고, 중화민국과 중화인민공화국은 강화회의에 초대되지 않았다. 소련과 미국은 일본영토, 한국영토 등에 대해서 첨예하게 대립을 하였다. 일반지령 제1호가 1945년 8월 15일 발령되어, 일본군이 소련에 항복하는 지역을, 만주, 조선북부(38선이북), 남화태로 규정하였다. 1949년 10월 1일 중화인민공화국정부가 수립되고, 1950년 6월 25일 북한이 남한을 침공해서 한국전쟁이 발발하였다. 아시아에서의 공산주의세력확장이 일본에 영향을 미치면서 모든 영토문제(南樺太,千島列島, 琉球列島, 小笠原諸島, 台湾, 朝鮮, 南洋諸島など)와 안전보장을 포함한 영토강화조약의 방향성을 변화시켰다. 소련은 영토문제가 카이로선언, 얄타협정, 포츠담선언 등 국제합의에 의해 해결된 것으로 인식하여, 평화조약명문에 그 합의를 공정하게 수행하고 4섬을 소련에 귀속시키는 내용이 없어 평화조약초안에 반대하여 서명하지 않을 태세였다. 1951년 6월 14일 수정안에서는 의도적으로 일본이 주권을 애매하게 하고, 소련과의 군사충돌을 피하기 위해 소련에 대한 할양이 아니며 귀속국가를 명시하지 않고 단순히 일본이 포기하도록 수정하였다. 소련은 미국의 오키

한국이 승전국에서 배제된 배경에는 미국의 한국에 대한 인식과 역할이 크게 작용하였다. 미국은 동아시아에서 소련의 세력과 공산주의 확장으로 위기를 실감하면서, 일본을 아시아의 반공산 세력을 저지하기 위한 반공국가와 반공방역권으로 설정하였다. 한반도에서는 이미 소련과의 확장 경쟁에서 밀리는 상황이 되어 일본만큼은 경쟁이나 협상의 대상에서 철저하게 배제하려고 하였다. 따라서 미국은 일본의 주장을 적극적으로 수용하여 한국의 주장을 배제하였다고 할 수 있다. 다만 한국이 식민지 지배로부터 독립한다는 사실만을 연합국과 일본이 인식하였을 뿐이었다.

샌프란시스코평화조약이 맺어지기 전에 한국 정부는 한국과 일본 간의 배상문제뿐 아니라 재한 일본인 재산문제를 해결하기 위해서 미국사절단을 파견하였다. 해방 후 한반도에서 일본의 공공재산과 사유재산의 몰수에 대한 기준을 정하기 위해 미군정청법령33호(米軍政庁法令33号)로 발령한 '조선내 소재 일본인재산취득권에 관한 건' (朝鮮内にある日本人財産権取得に関する件)의 효력을 확인하는 등 대일배상청구를 준비하였다. 1945년 12월 미군정법령 제33조 귀속재산관리법은 미군정부관할지역에서 일본의 고유자산이나 자유재산을 미군정부에 귀속시킨다고 규정하였다. 식민지 지배를 한 일본의 한국에 대한 재산청구권은 1945년 12월 미군정법령 제33조 '귀속재산관리법'에 의거 모든 재산을 미군정부에 반환하는 것으로 일단락되어 일본은 대한 청구권을 포기하였다.

한국의 대일청구권이나 배상주장에 대해서 일본 측은 한국을 합법적으로 영유 및 통치하였고, 한국과 교전상태가 없었기 때문에 전쟁배상금을 지급할 입장이 아니라고 반론하였다. 오히려 일본은 한국독립과 더불어 유기될 수 밖에 없었던 재한일본인재산의 반환을 청구할권리가 있다고 주장하였다. 대한일본인재산은 GHO의 조사에 의하면, 52.5억 달러이고, 오쿠라쇼(大藏省) 조사에 의하면 군사자산을 제외하고 53억 달러라고 추정하였다. 일본의 대한청구권에 대해서는 한국이 미국에 조회한 결과 존재하지 않는다라고 확인되었다. 그와 관련해서 확인되어야 할 사항은 미군에 귀속한 일본의 재산처리가 어떻게 됐는지에 대한 과정과 결과이다. 한국에 귀속시켰는지, 미국이 사용했는지, 일본에게 반환했는지 등을 구체적으로 밝힐 필요가 있다. 한국 정부는 1949년 일본에 대한 배상을 요구하고, 한일간 국교정상화를 위한 기초적인 환경을 조성하는 차원에서 대일배상요구조서를 만들었다. 다음은 한국이 대일배상을 요구한 내용을 소개한 것이다.

나와 오가사하라의 점령, 미국의 주둔, 일미안전보장조약에 반대하여 서명하지 않았다.

〈표 17〉 대일배상요구조서의 내용

구분	내용
준비 경위	1948년 8월 한국 정부가 수립되면서 한일관계에 대비하기 위해 필요한 행동을 취해야 한다는 움직임이 일어나 준비작업을 하였다. 1949년 2월 이승만 정부는 대일강화(対日講和) 준비작업의 일환으로, 기획처 기획국 산하에 대일배상청구위원회(対日賠償請求委員会)를 설치하고 배상청구자료를 수집하기 시작하였다. 그것은 기획처장 이순탁(李順鐸)이 총괄한 대일배상요구조서이다.
목적	- 1949년 한국 정부가 작성한 대일배상요구조사에서는 일본을 상대로 4가지 조항의 배상을 요구하였다. 또한 조서에서 대한민국 대일 배상청구의 기본정신은 일본을 징벌하기 위한 보복의 부과가 아니고 희생의 회복을 위한 공정한 권리의 이성적 요구라고 규정하였다. - 조서는 지역적 범위를 38도선 이남으로 국한하고, 1949년 9월 1일 시점에서 한국 정부에 의해 조사된 결과를 기초로 작성된 것이다. 각 부처에 대일배상청구에 관한 세목과 그에 대한 증빙자료를 첨부할 것을 지시하여, 제출받은 세목을 체계적으로 종합한 것이다. 조서증빙자료는 한국전쟁 중에 소실되어 조서만 남아있는 상황이다.
배상 근거와 범위	- 조서의 서문에서는 한국이 대일배상을 요구하는 정당성의 근거를 다음과 같이 밝혔다. '1910년부터 1945년 8월 15일까지 일본의 한국 지배는 한국 국민의 자유의사에 반한 일본 단독의 강제적인 행위로서 정의·공평·호혜의 원칙에 기초하지 않고 폭력과 탐욕의 지배이었던 결과, 한국 및 한국인은 일본에 의해 다른 어떤 국가보다 최대의 희생을 당한 피해자이며, 한국 국민의 노예상태에 유의하여 한국을 자주독립시킬 결의를 표명한 카이로 선언이나 또는 이 선언의 조항을 이행할 것을 재확인한 포츠담선언에 의하여 한국에 대한 일본인 지배의 비인도성과 비합법성이 전세계에 선포된 사실이 있다. 대한민국의 대일배상의 정당성은 다시 의심할 여지가 없는 바, 이미 포츠담선언과 연합국의 일본관리정책, 배상사절단 보고에 명시되어 있는 것을 명백히 하는 바이다.' - 조서는 인적 피해에 대하여 '본 요구는 일본 정부의 관계법규와 각종 사업장의 급여규정에 의한 모든 미수취금과 동원에 의해 받은 당사자 및 그 가족의 피해에 대한 배상을 요구하였다'고 설명하였다. 물적 피해에 대해서는 '전쟁이 격렬해짐에 따라 일본의 병력보충으로 인하여, 이미 설립한 병사(兵舍)만으로는 병력을 수용할 수 없어, 각처의 대건물(주로 학교 교사)을 병사로 대용하거나 혹은 그 부근에 진지를 축설(築設)·주둔하였던 관계상, 이로 인한 건물의 피해 및 물품의 파손·분실 등 막대한 손해를 입었으므로, 이의 원상 회복비를 요구한다'고 하여, 배상의 범위를 구체적으로 제시하였다.
배상 내용	- 제1권은 1949년 3월 15일 완성되었다. 내용은 1949년 3월 1일 현재 판명된 현물피해, 즉 지금(地金)·지은(地銀)·서적·미술품 및 골동품·선박·지도원판 등 일본에 반환을 요구할 현물의 목록이었다. 제2권은 같은 해 9월에 완성되었고, 제1권의 현물피해를 제1부에 포함시킨 다음 제2부부터 제4부까지를 새롭게 작성하여 추가시켰다. - 조서가 제기하고 있는 대일배상의 항목과 근거는 500페이지를 상회하는 양으로 서술되었다. 그 내용을 개략적으로 검토해 보면 다음과 같다. 제1부에서는 현물의 반환 요구를 제기하고 있다. 반환을 요구한 현물은 금·지금(地金) 및 금화, 지은(地銀), 서적, 미술품·골동품, 선박 등 5항목이다. 제2부에서는 확정채권으로서 일계통화(日系通貨), 일계(日系) 유가증권, 상해불화(上海弗貨), 보험금·은급(恩給)·기타 미수금, 체신관계 특별계정 등 5개 항목으로 나누어, 그 채무를 요구하고 있다. 제3부에서는 중일전쟁 및 태평양전쟁에 기

	인한 인적·물적 피해의 배상을 인적 피해, 물적 피해, 8·15전후 일본관리의 부정행위에 의한 피해 등 세 항목으로 나누어, 각각 그 배상을 요구하고 있다. 제4부에서는 일본 정부의 저가 수탈에 의한 피해로서 주로 강제공출에 의한 손해에 대하여 배상을 제기하고 있다. 배상총액은 약 310억 엔에 달하였다.
결과	1949년 4월 7일 한국 정부는 대일배상요구조서를 동경의 연합군사령부에 보냈으나, 연합군사령부는 이 문제가 '장래 한일 간에 해결되어야 할 문제'라고 하는 회답을 보내왔다. 초기의 대일배상요구조서는 샌프란시스코평화조약의 서명국으로서 참가가 좌절된 1951년 이래 대폭 축소·재조정되는 과정을 거쳐, 청구권 요구로 변하게 된다. 1952년 2월 20일 제1차 청구권위원회 회합에서 한국 측이 제출한 '8개 항목의 청구권요구'는 1949년 작성한 '대일배상요구조서'의 내용을 계승하면서도, 그 규모와 항목을 축소·재조정한 것으로 평가된다.

출처: https: //terms.naver.com/entry. 대일배상요구조서 (2020년 6월 18일 검색)

한국 정부는 일본 정부에 대해서 식민지 지배로 발생한 인적 물적 피해에 대한 보상을 요구하였다. 대일배상의 정당성을 밝힌 서문에서, 전쟁배상이라는 용어를 사용하고 있지는 않으나, 한일합방과 일본의 조선통치 자체가 불법이며 부당하다는 인식 아래, 대일배상을 요구하고 있는 점으로 보아, 식민지 지배에 대한 배상 성격의 청구를 의도했음을 알 수 있다. 그리고 그 근거로서 당시 강한 압박으로 한국을 강제적으로 식민지화한 책임과 그에 따른 희생이고, 또한 일본이 자행한 부당한 행위를 규정한 카이로선언, 포츠담선언에 기초하고 있다.

한국 정부는 승전국의 지위를 확보하고, 배상책임을 국제조약인 샌프란시스코평화조약을 통해서 일본에 제반 배상을 요구하려고 하였다. 1949년 3월 한국 정부는 『대일배상청구조서(対日賠償要求調書)』에서 일본이 조선에 남긴 현물반환 이외에 21억 달러의 배상을 요구할 수 있다고 산정했다.[169] 한국은 대일전승국으로 연합국의 일원이라는 입장을 주장하고, 21억 달러와 각종 현물반환을 하도록 하는 대일배상요구조서를 연합군최고사령관 총사령부에 제출했다. 1951년 1월 26일 이승만은 한국 정부의 방침을 발표하고 전승국으로서 샌프란시스코평화조약 서명국가로 참가할 수 있도록 미국국무성에 요구했다.

그러나 한국 정부의 요구는 미국과 영국에 의해 거부되었다. 일본도 '만약 한국이 서명하면 100만 명의 재일조선인이 연합국인으로 보상을 받을 권리를 취득하게 된

169) 大韓民国 政府, 1954,『対日賠償要求調書』, 大韓民国外務部政務局. 이순탁 편저, 1949,『대일배상요구조서 1.2』, 기획처 기획국 산하 대일배상청구위원회. 1949년 한국 정부가 일본을 상대로 배상을 요구하였던 4가지 조항의 조서를 의미한다.

다'고 하여 반대하면서 미국이 일본의 의견을 수용하였다. 1951년 7월 달레스 국무장관 고문은 주미한국대사에게 '일본과 전쟁상태에 있고, 이미 1942년 1월 연합국공동성명의 서명국인 국가만이 조약에 서명하기 때문에 한국 정부는 조약의 서명국이 되지 않는다'라고 거부 이유를 밝혔다. 그리고 미국은 '조선은 대전 중에 실질적으로 일본의 일부로서 일본의 군사력에 기여했다'고 하여 '한국은 대일평화조약의 서명국이 되지 않는다'고 하였다. 최종적으로 1951년 9월 일본국과 연합국이 맺는 샌프란시스코평화조약 조인식에 한국의 참가는 불허되었다.

1945년 8월 일본이 항복함과 동시에 미국이 일본을 점령하면서 미군정에 의한 점령정책이 추진되었다. 그리고 1952년 일본과 승전국 간의 샌프란시스코평화조약이 맺어지면서 미국과 일본의 관계는 독립된 국가 간의 관계로 설정되었다. 동시에 미국과 한국의 질서, 한국과 일본의 질서를 새롭게 재편하고 구조화하는 계기가 되었다. 다음은 샌프란시스코평화조약의 내용을 소개한 것이다.

〈표 18〉 샌프란시스코평화조약

구분	주요내용
성립	문서명은 샌프란시스코평화조약(サンフランシスコ平和条約, Treaty of Peace with Japan)이며, 1951년 9월 8일 샌프란시스코에서 연합국과 일본국간에 맺었다.
일본의 영유권포기	제2조(a)에는 '일본국은 조선의 독립을 승인하고 제주도, 거문도 및 울릉도를 포함한 조선에 대한 모든 권리 및 청구권을 포기한다'(Japan recognizing the independence of Korea, renounces all right, title and claim to Korea, including the islands of Quelpart, Port Hamilton and Dagelet. 즉 日本国は, 朝鮮の獨立を承認して, 済洲島, 巨文島及び鬱陵島を含む朝鮮に対するすべての権利, 権原及び請求権を放棄する)라고 하였다.
독도변천 과정	- 1947년 3월 19일 일본은 제주도, 거문도, 울릉도, 독도(済州島, 巨文島, 鬱陵島, 竹島) 4섬을 포기하였다. 1949년 11월 29일 일본은 제주도, 거문도, 울릉도를 포기하면서 일본의 고유영토항목에 독도(竹島)를 명기하였다. 1951년 6월 14일 일본은 제주도, 거문도, 울릉도를 포기하면서 일본의 보유영토항목에서 독도를 없앴다. - 1951년 7월 19일 한국 정부는 일본이 제주도, 거문도, 울릉도, 독도 및 파랑도를 포기하는 것을 조약에 포함하도록 요구했다. 1951년 9월 8일 일본은 제주도, 거문도, 울릉도를 포기하였다.
영역	- 제4조(a) 일본국 및 그 국민의 재산에서 제2조(a)(朝鮮の獨立を承認して, 済洲島, 巨文島及び鬱陵島を含む朝鮮)에 있는 것 그리고 일본국 및 그 국민의 청구권(채권포함)에서 현재 그들 지역의 시정을 실시하고 있는 당국 및 그 주민(법인포함)에 대한 것의 처리, 그리고 일본국에 있어서 그들 당국 및 그 국민에 대한 그들 당국 및 주민의 청구권(채권포함)의 처리는, 일본국과 그들 당국과의 사이의 특수 취급의 대상으로 한다. (こ

	の条の (b) の規定を留保して、日本国及びその国民の財産で第二条に掲げる地域にあるもの並びに日本国及びその国民の請求権(債権を含む.) で現にこれらの地域の施政を行つている当局及びそこの住民(法人を含む。) に対するものの処理並びに日本国におけるこれらの当局及び住民の財産並びに日本国及びその国民に対するこれらの当局及び住民の請求権(債権を含む。) の処理は、日本国とこれらの当局との間の特別取極の主題とする)。제2조(a)에 제시한 지역에 있는 연합국 또는 그 국민의 재산은 아직 반환되지 않고 있는 한, 시정을 실시하고 있는 당국에게 현상태로 반환해야 한다(第二条に掲げる地域にある連合国又はその国民の財産は、まだ返還されていない限り、施政を行つている当局が現状で返還しなければならない).
청구권 및 재산	- 제14조(a) 일본국은, 전쟁 중에 발생시킨 손해 및 고통에 대해서 연합국에 배상해야 하는 것을 승인한다(日本国は、戦争中に生じさせた損害及び苦痛に対して、連合国に賠償を支払うべきことが承認される。). - (제14조(a) 1). 일본국은, 현재의 영역이 일본국군대에 의해 점령되고 또한 일본국에 의해 손해를 입은 연합국이 희망할 때는, 생산, 침선구조 등의 작업에서 일본인의 역무를 당해 연합국이 이용하여 발생한 손해를 복구할 경우 그것을 그 국가의 보상으로 인정하기 위해서, 당해 연합국과 교섭을 개시하는 것으로 한다. - 第14条(b) 연합국은, 연합국의 모든 배상청구권, 전쟁수행 중에 일본국 및 그 국민이 취한 행동으로 발생한 연합국 및 그 국민의 청구권, 점령의 직접 군사비에 관한 연합국의 청구권을 포기한다 - 제23조(a)에서 일본국을 포함해서 그것에 서명하는 국가에 의해 비준되어야 한다. 이 조약은 일본국과 주요 점령국으로서 미국을 포함하고, 호주, 캐나다, 세이론, 프랑스, 인도네시아, 네덜란드, 뉴질랜드, 파키스탄, 필리핀, 영국 및 북아이슬란드, 미국 등이 과반수에 의해 위탁된 시기에, 비준하고 있는 모든 국가에 관해서 효력이 발생한다.
분쟁해결	제6장 제22조 이 조약의 당사국이 특별청구권재판소에 부탁 또는 다른 합의된 방법으로 해결되지 않는 조약의 해석 또는 사실에 관한 분쟁이 발생한 것을 인지할 때, 분쟁당사국이 분쟁을 국제사법재판소에 요청하여 그 결정을 부탁해야 한다.

자료: 日本外交主要文書·年表(1) 419-440, 주요조약집 5-32항

샌프란시스코평화조약은 일본국과의 평화조약(日本国との平和条約, Treaty Of Peace With Japan), 샌프란시스코평화조약(サンフランシスコ平和条約) 등으로 규정하고 있다. 샌프란시스코평화조약은 1951년 9월 8일 오전 11시 55분 49개국이 서명하여 발효되었다.[170] 당시의 시점에서 샌프란시스코평화조약은 점령군인 연합국과 일본 간의 조약이며 태평양

170) 샌프란시스코강화회의에 참석한 국가는 51개국이었지만, 서명한 국가는 일본을 포함해서 49개국이었다. 소련, 체코슬로바키아, 폴란드 등은 불참하였고, 인도와 중화인민공화국은 샌프란시스코시에 나타나지 않았다. 평화조약의 조인식에는 미국의 아틴슨 수석 전권, 일본의 요시다 시게루 수상, 승전국대표 등이 참석했다.

전쟁을 매듭짓는 국제조약이다. 한국의 문제를 규정하는 조약이 아니기 때문에 한일 간의 관련 문제를 해결하는 근본적인 기준이나 원칙은 아니다. 그럼에도 불구하고 샌프란시스코평화조약에서 한국이 언급된 것은 식민지 지배국으로부터 한국을 독립시킨 것에 동반된 한국의 권리를 포괄적으로 인정하려고 했기 때문이라고 할 수 있다.

동남아국가들이 승전국으로 인정받아 서명국에 포함된 것은 그 국가들을 식민지로 지배해온 미국, 프랑스, 영국 등의 처지가 일본의 처지와 동일한 상황이어서 한국을 승전국으로 인정하여 식민지 지배책임을 요구할 경우, 자신들의 식민지 지배 책임으로 전화될 가능성이 있어 한국을 승전국에서 배제한 것으로 알려졌다. 그런 이유 때문에 결과적으로 샌프란시스코평화조약에서 승전국과 서명국에서 배제되어 대일배상권문제, 독도영유권문제 등이 해결되지 않게 되었다. 따라서 한일 간의 역사적 문제, 대일배상요구조서, 독도영유권, 한일간에 맺은 국제조약효력여부, 샌프란시스코평화조약 미해결문제, 식민지 지배를 둘러싼 다양한 문제 등은 한일이 맺는 조약이나 협약으로 해결해야 하는 과제가 되었다.

2. 한일기본조약

한국은 샌프란시스코평화조약에서 승전국의 지위와 조약 서명국에서 배제된 상황에서 1951년 7월부터 시작된 한일교섭에 임하였다. 이승만은 한국이 승전국 지위를 얻지 못하고, 샌프란시스코평화조약의 서명국이 되지 못하면서 일본과의 관계에서 우위를 잃은 상황에 놓여 일본 정부와의 직접적인 대화를 희망하였다. 미국은 많은 면에서 이견을 보여 중재하는 가운데 한국과 일본은 국교정상화교섭을 위해 1951년 10월 20일 예비회담을 개시하였다. 예비회담은 도쿄의 연합국군최고사령관 총사령부에서 시볼드 외교국장의 입회하에 열렸다. 이렇게 해서 1951년 10월 20일부터 1965년 한일기본조약이 체결될 때까지 한일회담이 지속되었다. 그 과정에서 한일 간에는 다양한 영역에서 의제가 나와 교섭, 양보, 무시 등 국가가 처한 상황이 가미되면서 불완전한 조약이 체결되어 이후 역사전쟁의 불씨를 남기는 결과를 낳았다.

1951년 10월 20일 예비교섭에서는 한일합병으로 소멸된 국가 간의 외교교섭의 회복, 이승만라인 이후 한국이 점령한 독도를 둘러싼 어업권, 전후보상 및 배상, 재일한국인의 재류자격, 북한으로의 귀국지원사업, 역사인식, 문화재반환 등이 중요 의제로 등장했다. 독립운동가로서 일본을 경시해온 이승만은 적대적인 대일자세를 취하고, 일본은 자국 중심적 해결을 추구하면서 예비교섭부터 갈등이 심화됐다. 동시에 한일회담은 공산주의와 대치하고 있는 미국과 냉전 하의 이념적 안전보장을 강조하는 상황에 영향을 받고 있었다.

이승만 대통령은 과거 잘못에 대한 회한(過去の過ちに対する悔恨)을 일본 측이 성실하게 표명하면, 일본의 한국에 대한 청구권 문제를 의제로 할 수 있다고 하였다. 그러나 일본은 정당하게 한국에 대해서 청구권을 요구할 수 있다고 발언하였다. 특히 구보다 칸이치로(久保田貫一郎)는 한반도에서 일본이 조성한 산림육성, 철도부설, 수전정비 등이 한국인에게 이득을 제공했다고 주장했다. 이승만은 한일회담 직전 1952년 1월 18일 동해에 군사경계선인 이승만라인(평화선, Peace Line, Seungman Rhee line)을 선언하고 일본에 대해서 초 강경자세를 취하였다.[171)]

한일은 예비회담을 통해서 한일 간의 해결방안에 대한 격차를 확인하고, 강경한 자세를 취하는 가운데서도 1952년 2월 15일부터 4월 25일까지 제1차 한일회담이 열

---

171) 이승만라인은 평화선(平和線)이라고도 하며 1952년 1월 18일 대한민국의 대통령 이승만이 대통령령 '대한민국 인접해양의 주권에 대한 대통령의 선언'을 공표함으로써 설정된 대한민국과 주변국가간의 수역 구분과 자원 및 주권 보호를 위한 경계선이다. 미국, 중화인민공화국, 일본에서는 이승만 라인(Seungman Rhee line, 李承晩ライン)으로 부른다. 그것은 일종의 배타적 경제 수역과 유사한 개념이다. 이승만라인으로 해양 경계선이 획정되었다. 1952년 2월 8일 이승만 정부는 동선을 설정한 주목적은 한·일 양국간의 평화유지에 있다고 발표함으로써 이를 평화선이라 부르게 되었다. 평화선의 설정 목적은 해양 분할이 국제적 경향이 됨에 따라 정당방위책으로 해안 어족(魚族)의 보호와 생물자원의 육성을 기하고, 특히 발달한 일본 어업활동으로부터 영세적인 한국어민을 보호하려는 데 있었으며, 국제관계상 합법적인 조치였다. 이 경계선은 독도를 대한민국의 영토로 포함하고 있다. 이승만라인의 선언에 대해서 미국은 평화선을 인정할 수 없다고 이승만에게 통보했지만 이승만은 이를 묵살하였다. 제2차 세계대전 이후 1945년 9월 27일 미국은 일본어업의 조업구역으로 '맥아더 라인'을 설정하였고, 1951년 9월 8일 샌프란시스코평화조약이 1952년에 발효됨에 따라 무효화되었다. 그것을 대체할 법안으로 당시 어업분쟁에서 대한민국의 주장에 의한 방위 수역을 설정하기 위해 이승만라인을 선언하고, 한반도 주변 수역 50-100해리를 불침해양으로 설정하였다. 일본은 이 선언에 대해 반대하면서 당시 일제 강점기 이후 외교관계가 정상화되지 않았던 일본과는 어로 문제, 독도를 포함한 해양 영토 문제 등을 둘러싸고 갈등하였다. 한국 정부는 이승만라인에 근거해서 일본 어선 328척 나포, 일본 어부 3,929명 감금 억류하였고, 이 과정에서 일본 어부 44명이 사망하였다. 그리고 일본 정부에게 형무소에 수감 중인 한국인 범죄자를 석방할 것을 요구하자 일본 정부는 이 요구를 받아들여 한국인 수감자 472명에게 특별 영주권을 주고 석방하였다. https: //ko.wikipedia.org/wiki/平和線 (2021년 1월 27일 검색)

렸고, 이후 지속되었다. 다음은 1.2.3차 한일회담의 과정과 내용을 소개한 것이다.[172)]

〈표 19〉 제1.2.3차 한일회담과정

구분	내용
제1차회담	- 제1차회담에서는 1952년 2월 15일부터 4월 25일까지 열렸고, 청구권문제, 합일병합조약의 무효문제, 문화재반환 등이 주요의제였다. 한국의 임송본(林松本) 대표는 연합국과 동등한 권리를 갖고 한반도에 남은 일본재산몰수의 정당성을 주장하였다. 한국은 일본국과 연합국이 맺은 샌프란시스코평화조약14조에서 '일본이 전쟁 중에 발생시킨 손해 및 고통에 대해서 연합국에 배상을 해야 한다'라는 규정을 적용해 일본재산을 압수할 수 있는 권리를 행사하기 위해서 연합국의 일원으로 하려고 하였다. 그리고 한일재산 및 청구권협정 요강에서 한국으로부터 반출된 고서적, 미술품, 골동품, 그 이외 국보, 지도원판 및 지금(地金), 지은(地銀)반환을 요구했다. - 제4회기본관계위원회(4回基本関係委員会)에서 한국은 대한민국과 일본국 간의 기본조약안(大韓民国と日本国間の基本条約案)을 제출했고, 제3조에서 대한민국과 일본국은 1910년 8월 22일 이전 구 대한제국과 일본국 간에 체결된 모든 조약은 무효로 하는 것을 확인한다(大韓民国と日本国は1910年8月22日以前に旧大韓帝国と日本国の間で締結されたすべての条約が無効であることを確認する)라고 규정하였다. - 제5회기본관계위원회에서 일본은 '일본과 대한제국과의 사이의 모든 조약과 협정은 이미 소멸했기 때문에 그와 같은 조항을 삽입하는 것은 무의미하다'(日本と大韓帝国との間のすべての条約と協定はすでに消滅しているのだからこのような条項を挿入することは無意味である)라고 하여 삭제를 요청했지만, 한국은 '1910년 이전의 조약은 민족의 총의에 반해서 행한 것이기 때문에 무효로 하지 않으면 안 된다'(1910年以前の条約は民族の総意に反して行われたものであるので遡って無効としなければならない)라고 하였다. - 제7회기본관계위원회에서 일본은 '(지금까지의) 조약과 협정은 현재 효력을 갖지 않는다'(条約や協定は現在は効力を有しない)라고 제안했지만, 한국은 '최초부터 무효'(最初から無効)라고 주장했다. 제8회기본관계위원회에서 일본은 전문에 '일본국과 구 대한제국 간에 체결된 모든 조약 및 협정이 일본국과 대한민국과의 관계에서 효력을 갖지 않는다'(日本国と旧大韓帝国との間で締結されたすべての条約及び協定が日本国と大韓民国との関係において効力を有しない)라고 주장하였다. - 일본의 기록에는 '한국 측으로부터 제1조의 일부에 대해서 보류를 한 것 이외에 전조문에서 의견의 일치'라고 하였고, 한국이 기록한『한일회담약기』(韓日会談略記)에서는 '구조약무효문제에 대해서 타협할 수 없었다'라고 하였다. 이후 마쓰모토 슌이치(松本俊一)와 양대표(梁代表)의 비공개회담에서 한국은 '무효'(無效)라고 표기를 요구했고, 일본은 '효력을 갖지 않는다'(効力を有しない)라고 하여 서로 대립하였다.

172) 太田修(著), 2015,『日韓交涉 請求権問題の研究』, クレイン. 吉沢文壽(著), 2015,『日韓会談1965』, 高文研. 2005년 한일양국에서 공개된 약 10만 장에 달하는 한일회담관련자료를 소개하고, 무엇이 미해결된 채 남아 있는가에 대해서 분석하고 있다. https: //kotobank.jp/word/日韓会談 (2020년 10월 29일 검색)

第2차회담	제2차회담은 1953년 4월 15일부터 7월 23일까지 열렸다. 2차회담 이전에 일본의 수상 요시다 시게루(吉田茂)와 한국대통령 이승만의 만남은 매우 냉랭하게 끝났다. 한국은 한국 국보의 목록을 제시하고 일본은 조사중이라고 답변했다. 비공식회담에서 히로다 아시아국제2과장(廣田アジア局第2課長)은 옛날에 들어온 것과 정당하게 구입한 것이 있어 망라해서 반환하는 것이 곤란하다고 답변했다. 한국이 선언한 이승만라인 문제가 심각해지는 가운데 회담 이전에 일본어선이 총격을 받아 선장이 사망하는 사건이 발생하였다. 그리고 회담직후 1953년 4월 20일 한국의 민간독도의용수비대가 독도에 주둔했다.
第3차회담	- 제3차회담은 1953년 10월부터 10월 21일까지 열렸고, 일본대표 외무성참여 구보다칸 이치로(久保田貫一郎)를 상대로 하여 미지불급료, 문화재, 수산관계 등의 사안에 교섭을 하였다. 일본은 전쟁 중 동남아시아제국에서 약탈이나 파괴를 한 것에 배상을 하고 있지만, 한국에서는 약탈이나 파괴를 한 사실이 없어 배상할 수 없고, 만일 있다면 배상해야 한다고 주장했다. - 한국은 36년간 일본지배 하에서 애국자의 학살, 한국인의 기본적 인권침해, 식료강제공출, 노동력착취 등에 대한 배상을 주장했고, 구보다 칸이치로(久保田貫一郎)는 일본이 산림육성, 철도부설, 수전정비 등으로 한국인이 이득을 봤고, 일본이 진출하지 않았다면 소련이나 중국이 점령했을 것이라고 답변하였다. 그리고 미국에 의한 일본인재산 접수는 국제법상 위반되지 않고, 위반이라고 해도 미국에 대한 청구권은 포기했다고 답변했다. 한국은 식민지 지배가 피해만을 주었다고 하여 구보다의 발언을 망언이라고 비판하면서, 한일회담은 중단되었다.

3차 한일회담이 끝난 후 구보다 칸이치로는 1953년 10월 27일 일본의 참의원에서 한일회담의 진행과정과 의제에 대해서 설명을 하였다. 한국과 일본 간의 회담을 통해서 의견대립이 된 내용을 보면 다음과 같다. 이것은 한국 측이 기록한 회담내용에 기초한 것이다.

〈표 20〉 한국과 일본의 의견차이[173]

구분	한국의 주장	구보다 칸이치로 참여의 주장
한일 간의 상호청구권	- 일본의 청구권은 없고 한국의 일본에 대한 청구권만이 있다. - 한일합병시대의 한국은 노예상태의 지역이고, 한국에 있는 일본인재산은 원래 권력적 탈취와 불법으로 획득한 것이어서 몰수되어야 한다.	- 사유재산의 존중이라는 원칙에 기초한 대한청구권은 포기하고 있지 않다. - 연합국이 중립국에 소재하는 일본인재산까지 몰수하는 것은 부당하다.

173) 日韓会談「久保田發言」に関する参議院水産委員会質疑, 1953年 10月 27日. 日本外交主要文書·年表1. p.584-592 官報号外.

조선총독부 정치	일본의 청구권요구는 다분 정치적인 것으로 만약 일본이 정치적 요구를 하면 한국은 한국병합 36년간의 배상을 요구할 것이다.	만약 한국병합36년 간의 배상요구를 하면, 일본은 총독정치가 수행한 민둥산의 산림육성, 철도부설, 항만건설, 수전개량 등으로 한국의 청구권요구를 상쇄하겠다.
카이로선언 문제	조선총독정치는 경찰정치이고 한국민을 압박 및 착취하고, 자연자원도 고갈시켰기 때문에 카이로선언에서 한국의 노예상태라는 것을 연합국이 명기했다.	카이로선언은 전쟁 중의 흥분상태에서 연합국이 쓴 것이기 때문에 현재 연합국이 쓴다면 그런 문자를 사용하지 않았을 것이다.
한국의 독립 시점	한국은 제2차세계대전후 처리에서 국제법이 변하고, 피압박민족인 한국 독립과 해방원칙이 나왔다. 한국이 독립하면서 샌프란시스코평화조약에 참여하지 못하고 독립한 것은 국제법위반인가를 질문했다.	- 한국의 독립은 샌프란시스코평화조약의 효력발생 시점이기 때문에, 그 이전의 독립은, 가령 연합국이 인정하더라도 일본에서 본다면 이례적인 조치이다. - 한국독립은 국제법위반의 문제가 아니고 새로운 국가로 독립한 경우 그것을 타국가가 인정하는가 안하는가의 문제이다.
일본인의 강제송환	종전 시 일본인이 한국으로부터 강제송환된 것은 국제법위반인가?	그것은 점령군의 정책 문제이고, 국제법위반인가 아닌가라고 말할 수 없다.

한국은 일본의 식민지 지배가 한국민의 생활향상에 공헌했다는 구보다의 발언을 구보다망언(久保田妄言)으로 규정하고 그에 대한 보복으로 이승만라인을 설정하고 독도를 점령하였다.[174] 구보다는 1953년 10월 26일 일한회담균열선후대책(日韓会談決裂善後対策)에서 한국이 '구름위에 떠 있어 내려오지 않는 한 해결은 어렵다'고 하고 한국의 기질은 강한 자에게 굴복하고 약한 자에게 횡폭하다고 기술하였고, 이승만의 타도를 개시해야 한다고 제언했다. 1953년 10월 27일 참의원에서 구보다는 한국이 일본에 대해서 승전국이라고 착각하고 있고, 또한 피압박민족의 독립이라는 새로운 국제법이 생겨, 거기에 모두가 종속되었기 때문에 한국은 국제사회에서 승자

174) 구보다 칸이치로(久保田貫一郎)는 와카야마현 출신, 외교관 출신, 1924년 도교상과대학(東京商科大学, 현 一橋大学) 중퇴 후 외무성입성, 1953년 한일회담 일본측 수석대표를 맡았고, 그후 멕시코대사역임, 한일기본조약을 위한 한일회담에서 일본의 식민지 지배는 인프라투자 등에서 한국생활수준향상에 공헌했다고 주장하며, 한일병합을 긍정적으로 발언을 하여 한국으로부터 구보다망언(久保田妄言)이라고 하여 반발을 샀다.

라고 인식할 수 있는 근거가 없다고 하였다. 이 문서의 존재를 2013년 6월 15일 보도한《아사히신문》은 그런 현상이 한일회담결렬의 원인으로 보았다. 구보다의 발언은 1957년 12월 31일 후지야마 아이이치로(藤山愛一郎) 외상과 김용택 대사의 회담에서 철회되었다.

한일회담은 구보다의 망언으로 4년간 중지되었다. 한국 정부는 회담재개조건으로 구보다망언의 정식취소, 일본의 대한 재산청구권취하, 일부 문화재반환, 상호억류인의 석방 등의 조건을 내세웠다. 1957년 일본 정부의 수용으로 한일회담이 재개되었고, 한일회담에서 대한청구권주장을 취소하여 대일청구권만 남게 되었다. 다음은 제4. 5. 6. 7차 회담내용을 소개한 것이다.

〈표 21〉 제4. 5. 6. 7차 한일회담

구분	내용
제4차회담	제4차회담은 1958년 4월 15일부터 1960년 4월 15일까지 열렸고, 일본은 1958년 도쿄국립박물관이 소장한 106점의 문화재를 한국에 반환했지만, 한국 측은 자료적 가치가 낮은 것으로 평가하고 환영하지 않았다. 일본은 한국 측의 기분을 알지만 전체 문화재의 전달은 불가능하다고 하였다. 1960년 4월 19일 4월혁명이 일어나 이승만은 하야하였고, 1960년 8월 수상으로 취임한 장면은 한일정상화를 내세웠다.
제5차회담	제5차회담은 1960년 10월 25일부터 1961년 5월 15일까지 열려 전문가회의가 시작되었다. 한국은 대일청구권 8개 항목을 요구하고 일본은 그에 대한 증빙서류제시를 요구하였다. 문화재반환에 대해 일본은 정당한 거래를 통해서 입수했다고 주장하고, 한국은 식민지 지배하의 위압적인 거래였다고 주장하였다. 1961년 5월 16일 한국에서 박정희가 군사 쿠데타를 통해 정권을 잡아 회담은 중단되었다. 이케다와 케네디 일미수뇌 회담에서 민정이관을 조건으로 한국군사정권의 지지를 합의했다.
제6차회담	- 제6차회담은 1961년 10월 20일부터 1964년 12월 2일까지 열렸다. 1962년 한국내부문서의 청구금액에 대해서, 무상원조 최저 2억 6천만 달러, 일본의 채권 4,600만 달러 일본포기 등을 설정하였다. 한국은 교섭에서 처음에 8억 달러, 6억 달러, 5억 달러, 그리고 최악의 경우 4억 달러에서 타협가능하지만, 무상원조는 최저 2억 6천만 달러 이상으로 설정하였다. 1962년 오히라 마사요시(大平正芳) 외상과 김종필 중앙정보부장간의 회담이 열렸다. 한국 측은 타협금액으로 6억 달러를 일본은 1.5억 달러를 제시했다. 미국은 3-3.5억 달러 중재안을 제시했다. 오히라 외상은 3억 달러로 하고 연 2,500만 달러를 12년간 지불하는 안을 제시하였다. 오히라 외상은 국회나 국민이 합리적으로 납득하기 위해서 독립축하금(獨立祝賀金)이라는 명목이라고 규정하고, 청구권에 대해서 왜 한국에 주어야 하는지 라는 국민의 목소리가 있어 6억 달러는 불가능하고 하였다. - 1961년 10월 22일 이케다수상(池田首相)과 김종필 회담에서 이케다는 법적 근거에 기초한 순변제액은 7,000만 달러이지만 충분히 고려해서 1.5억 달러를 제시했고, 11월

	11일 회담에서 무상 3억 달러, 유상 2억 달러, 민간차관 1억 달러라는 조건이 제시되었다. 오히라는 합의 내용을 메모한 '김오히라메모'(金·大平メモ)를 김종필에게 제시했다. 한국은 한국의 군사력이 일본의 방위에 공헌한 부분에 대한 부담금을 요구하고, 일본은 한국의 방위력이 한국의 방위를 위해 존재한다라고 반론을 제기하였다. - 국가재건최고회의 의장 박정희는 1961년 11월 11일 방일하고 이케다와 회담했다. 그 자리에서 박정희는 청구권 문제가 배상적 성격이 아니라 법적 근거를 가진 것에 한한 것이라고 하였고, 이케다는 법적 근거가 확실한 것에 근거한 청구권에 대해서 지불하고, 그 이외는 무상원조, 저리차관원조라고 하여 경제협력방식에 의한 해결을 제시했다. 그런 내용이 보도되면서 박정희 정권은 타협했다고 비판받자 청구권문제와 경제협력은 별개의 문제라고 설명했다. - 한일수뇌회담이 계기가 되어 역사인식문제나 독도귀속문제는 '해결되지 않았지만 해결됐다고 간주한다'(解決せざるをもって, 解決したとみなす)라고 인식한 것으로 알려진 정고노밀약(丁·河野密約)에 의해 보류되어 한일기본조약체결에 이르렀다. 1963년 박정희가 대통령에 당선되면서 이승만라인을 철폐되고 어업협정에 집중하였다. 1964년 6월 3일 한일기본조약에 반대하는 데모가 일어나면서 경찰을 점령하는 6.3사태가 발발하여 계엄령이 내려져 교섭도 종결되었다. 그 이후 진전되지 않은 한일교섭에 베트남전쟁이 격화되면서 미국이 개입하게 되었다.
제7차회담	- 제5차 한일회담에서 각 항목의 법적 근거에 대해서 의문을 제기하고 일본은 증빙서류의 제시를 요구했지만, 한국에서 입증할 수 있는 자료가 없어 한일간에 심각한 대립이 일어났다. 제6차회담에서도 증빙서류에 대한 논의가 지속되었지만 대립이 반복되는 가운데 정치적 차원에서 결정하는 방법 이외의 선택이 없다고 판단하고, 양수뇌회담에 의한 정치협약을 거쳐 1964년 12월 제7차회담에서 가조인하였다. - 제7차회담은 1964년 12월 3일부터 1965년 6월 22일까지 열렸다. 한국 정부와 일본 정부는 대한민국과 일본국 간의 기본관계에 관한 조약(日本国と大韓民国との間の基本関係に関する条約)을 체결하는 데 합의하였다. 동시에 문화재 및 문화협력에 관한 일본과 대한민국과의 사이에 협정(文化財及び文化協力に関する日本国と大韓民国との間の協定) 등 부수협정체결에도 합의하였다.

한국이 1962년 작성한 『대일청구요강』(対日請求要綱)은 한일국교정상화교섭시 제출된 공문서이다. 일본국과 대한민국 사이에 협정시 합의된 의사록(議事錄2)에서는 재산 및 청구권에 관한 문제와 경제협력문제가 완전 그리고 최종적으로 해결된 것으로 하였다. 그리고 양국 및 그 국민의 재산, 권리 및 이익, 양국 및 국민 사이의 청구권에 포함한 것으로 하고, 본 문서에 기재된 항목은 본 조약의 발효로 어떠한 주장도 하지 않는 것을 확인하였다.[175] 이렇게 해서 한일간에는 미해결되거나 유보되는 사안이 있

175) 外務省アジア局北東アジア課, 1964,『日韓会談における韓国の対日請求8項目に関する討議記録』, 外務省アジア局北東アジア課.

음에도 불구하고 한일기본조약과 한일청구권협정을 비롯한 부수협정이 체결되는 시점에 도달했다.

다음은 1952년 한국 정부에 의해 작성되어 일본에 청구한 내용을 담은『대일청구권요강』을 소개한 것이다.

〈표 22〉『대일청구권요강』의 내용

구분	내용
지금.지은반환청구	제1항 조선은행을 통해 반출한 지금(地金) 및 지은(地銀)반환청구(제5차회담에서 제시하였다). 즉 1909년~1945년까지 조선은행을 통해 일본으로 반출된 지금(地金) 249톤, 지은(地銀) 67톤 반환
체신관련청구	제2항 1945년 8월 9일 현재 일본 정부의 대 조선총독부 채권의 반제청구, 체신저금, 진채저금(振替貯金), 어채저금, 채권 및 저축채권, 간이생명보험 및 우편연금, 해외 이채저금 및 채권, 태평양미국육군사령부포고제3호에 의해 동결된 한국수취금(太平洋米国陸軍司令部布告第3号により凍結された韓国受取金), 1945년 8월 9일 이후 일본인이 한국의 각 은행에서 인출한 저금액, 한국에서 수납한 국고금 중 세출에 의한 한국수취금, 조선총독부 도쿄사무소의 재산, 기타 등의 반환
금품반환청구	제3항 1945년 8월 9일 이후 한국으로부터의 진채(振替) 또는 송금된 금품반환청구, 8월 8일 이후 조선은행 본점으로부터 일본도쿄지점으로 이채된 진채 또는 송금된 금품, 8월 9일 이후 한국금융기관을 통해서 일본으로 송금된 금품, 기타 반환
재일재산청구	제4항 1945년 8월 9일 현재 한국에 있는 본사, 본점, 또는 주요 사무소가 있는 법인이 소유한 재일재산의 반환청구, 연합군최고사령부사령965호에 의거 폐쇄 청산된 한국 내 금융기관의 재일지점 재산, 연합군최고사령부사령965호에 의거 폐쇄된 한국 내 본점 보유법인의 재일재산, 기타 재산반환
전쟁피해보상 등	제5항 한국법인 또는 한국 자연인의 일본국 또는 일본국민에 대한 일본국채, 공채, 일본은행권, 피징용한국인의 미수금, 보증금, 그 외 청구권의 반환청구, 일본유가증권, 일본계통화, 전쟁 피징용자의 피해에 대한 보상, 한국인의 대일본 정부청구 은급관계, 한국인의 대일본인 또는 법인청구
개별청구권	제6항 한국인(자연인, 법인)의 일본 정부 또는 일본에 대한 개별적 권리행사에 관한 항목
기타	제7항 전기 제 재산 또는 청구권에서 발생하는 과실(果実)의 반환 제8항 전기의 반환 및 결제의 개시와 종료 시기에 관한 항목

일본에 배상을 요구하는 대일청구권요강의 내용은 한일회담의 주요의제가 되었다. 한국 정부는 요강에서 배상 8억 달러를 요구하였지만, 일본은 최고 7천만 달러를 제시하였다. 한국 정부와 일본 정부간의 배상차이가 너무 컸기 때문에 합의에 이

르지 못하였다. 1962년 11월 12일 김종필 특사와 오히라 마사요시(大平正芳) 일본외상의 비밀회담 끝에 가까스로 합의가 이루어졌다. 그것이 이른바 김·오히라 메모였다. 합의내용은 무상공여 3억 달러, 재정차관 2억 달러, 상업차관 1억 달러로 대일청구권 문제를 해결하는 것이었다. 1965년 김·오히라 메모를 근거로 1965년 6월 22일 '한일기본조약'의 체결과 동시에 '재산과 청구권에 관한 문제 해결과 경제협력에 관한 협정'을 비롯한 부수협정이 조인됨으로써 한일청구권문제는 정부수준에서 일단락되었다.[176)]

한일간에 맺은 '대한민국과 일본국 간의 기본 관계에 관한 조약'(日本国と大韓民国との間の基本関係に関する条約, 한일기본조약)은 1965년 6월 22일 많은 갈등과 숙제를 남기고 체결되었다. 한일 양 국회는 한일기본조약을 비준하여, 1965년 12월 17일 한일기본조약이 발효되어 대일청구권자금이 도입되기 시작하였다. 한일양국은 한일기본조약 제3조에서 한국 정부의 법적 지위를 '국제연합총회결의 제195호에 명백하게 제시한 상태'(国際連合総会決議第百九十五号(III)に明らかに示されているとおりの)라고 하고, 한반도에서 유일한 합법적인 정부라고 합의했다. 그렇게 해서 일본은 한반도에서 대한민국을 유일한 합법정부라고 용인하고 국교정상화를 실현하였다.

다음은 1965년 국교정상화를 근간으로 하여 맺은 한일기본조약 전문, 한일기본조약 내용, 부수협정, 의사록, 이행과정 등을 소개한 것이다.

---

176) 한국의 일본에 대한 청구권 이외에도 한국내에 존재하는 일본재산에 대한 청구권문제가 있었다. 일본은 샌프란시스코평화조약 제4조 2항의 효력을 일본이 승인하도록 한 남한 미국정청의 일본재산에 대한 처분에 대해서 반박하는 근거를 제시하여 거부하였다. 즉 육전법규제46조에서 '점령군은 점령지역에서 사유재산에 대해서 일체 몰수 할 수 없다'(陸戦法規第46条 占令軍は占令地域で私有財産に対しては一切沒收できない)라는 규정을 들어 사유재산에 한해서 원권리자인 일본인의 보수청구권은 남아있고, 한국에 있는 일본인의 사유재산을 일본에 대한 청구권 대상으로 하는 것은 문제가 있고, 오히려 일본의 대한청구권을 주장했다. 그런 일본의 주장에 대해서 한국은 연합총회에 서한을 보내고 샌프란시스코평화조약 제4조에 대한 유권적 해석을 요구하였다. 그것에 대해서 1952년 4월 동 조항의 주도적 역할을 한 미국으로부터 '일본은 대한청구권을 요구할 수 없다. 그리고 한국에 있는 일본재산은 예를 들면 개인사유재산이라고 하더라도 일단 국제연합군이 처리하고 그대로 한국 정부에 이양하는 것이기 때문에, 일본은 그 재산권을 주장할 수 없다'(日本は対韓請求権を要求できない. その上韓国にある日本財産はたとえ個人私有財産といえども一旦国連軍が處理しそのまま韓国政府に移譲したものであるため, 日本はなんらその財産権を主張することはできない)라는 답변을 보냈다.

〈표 23〉 일본국과 대한민국 사이의 기본관계에 관한 조약의 내용

구분	조약내용
한일기본 조약전문	- 일본국 및 대한민국은 양 국민 간 관계의 역사적 배경과, 선린 외교 및 주권의 상호존중원칙에 기초한 양국 간의 관계 정상화에 대해서 상호 희망을 고려하여, 양국의 상호복지 및 공통이익증진을 위해 국제평화 및 안전 유지를 위해, 양국이 국제연합헌장의 원칙에 적합하고 긴밀하게 협력하는 것이 중요하다는 것을 인정하고, 1951년 9월 8일 샌프란시스코시에서 서명한 일본국과의 상호규정 및 1948년 12월 20일 국제연합총회에서 채택 결의한 제195호(III)을 상기, 그 기본관계에 관한 조약을 체결하기로 결정하고, 그 전권위원으로서 다음과 같이 임명한다. - 일본국 일본국외무대신 시이나 에쓰사부로, 다카스기 신이치(日本国 日本国外務大臣 椎名悦三郎 高杉晋一). - 대한민국 대한민국외무부장관 이동원, 대한민국특명전권대사 김동조(大韓民国 大韓民国外務部長官 李東元, 大韓民国特命全権大使 金東祚)
한일기본 조약내용	제1조(외교 및 영사관계의 개설) 양체결국 간에 외교 및 영사 관계를 개설한다. 양 체결국은 대사 자격을 가진 외교사절을 지체 없이 교환한다. 또한 양 체결국은 양국정부에 의해 합의한 장소에 영사관을 설치한다. 제2조(구조약 및 협정의 효력) 1910년 8월 22일 이전에 대일본제국과 대한제국 간에 체결된 모든 조약 및 협정은 이미 무효가 되었다는 것을 확인한다. 제3조(한국 정부의 지위) 대한민국 정부는 국제연합총회결의 제95조(3)에 명백하게 제시한 대로 조선에 있는 유일한 합법적인 정부인 것을 확인한다. 제4조(국련헌장의 원칙존중) a. 양 체결국은 상호관계에서 국제연합헌장의 원칙을 지침으로 한다. b. 양 체결국은 상호복지 및 공통이익을 증진하는 데 있어 국제연합헌장의 원칙에 따라 협력을 한다. 제5조(무역, 해운, 통상 등에 관한 협정의 체결) 양 체결국은 무역, 해운 그 이외의 통상관계를 안정시키고, 우호적인 기반 위에 놓기 위해 조약 및 협정을 체결하기 위한 교섭을 실행 가능한 선에서 신속하게 개시한다. 제6조(항공협정의 체결) 양 체결국은 민간항공우송에 관한 협정을 체결하기 위해 교섭을 실행 가능한 범위에서 신속하게 개시한다. 제7조(비준 및 효력 발생) 이 조약은 비준되어야 한다. 비준서는 가능한 한 신속하게 서울에서 교환하는 것으로 한다. 이 조건은 비준서 교환하는 날로 효력이 발생한다. 이상의 증거로서 각각의 전권위원은 이 조약에 서명 조인한다. 1965년 6월 22일 도쿄에서 그리고 전문은 일본어, 한국어 및 영어로 본서 2통을 작성한다. 해석에 상위하는 경우 영어의 본문에 의한다.

자료: 政策研究大学院大学·東京大学東洋文化研究所, 『日韓基本条約』(日本国と大韓民国との間の基本関係に関する条約), 日本外交主要文書·年表(2), p.69-572.

한일간에 한일기본조약이 체결되면서 그와 동반하여 한일청구권을 포함한 부수협정도 맺었다. 그러나 한일기본조약과 한일청구권을 포함한 부수협정을 둘러싸고 한일 양국에서 반대운동이 있었다. 일본에서는 여전히 일본의 한국식민지 지배에 대해서 정당성을 주장하여 배상하는 것에 반대하였다. 한국에서는 여전히 부당한 지배이며 그에 따른 사과와 배상을 규정하지 않는 상태에서 일본과 국교정상화를 인정하는

것에 대해서 반대하였다. 더욱이 '제2조(구조약 및 협정의 효력) 1910년 8월 22일 이전에 대일본제국과 대한제국 간에 체결된 모든 조약 및 협정은 이미 무효가 되었다는 것을 확인한다'라는 규정을 둘러싸고 한일간에 의견충돌이 격화되었다.

한일기본조약과 한일청구권을 둘러싸고 많은 논쟁과 갈등이 일어나고 있다.[177] 그것은 한일기본조약과 부수협정이 한일의 국가 간, 국민 간, 당사자 간의 문제를 확실하게 해결하는 근거와 기준으로 인정되지 않고 있기 때문이다. 한국 정부와 당사자는 한일기본조약과 부수협정이 문제를 해결하는 데 한계가 있어 새로운 돌파구를 찾아야 하는 입장을 견지하고 있다. 일본은 과거역사에 대해서 한일기본조약과 부수협정으로 완전하게 최종적으로 해결됐다고 주장하고 있다. 그런 가운데 한일청구권협정을 두고 국가 간, 당사자 간의 대립이 극단적으로 치닫고 있다. 분명한 사실은 한일기본조약과 부수협정은 지난 식민지 지배를 둘러싼 난제를 완전하고 불가역적으로 해결됐다는 근거로 삼는 일본과 여전히 개인 수준에서 해결해야 한다고 주장하는 한국 정부 및 개별당사자 간의 해석 차이와 이견이 있다는 점이다.

3. 한일청구권협정

한국과 일본은 한일기본조약을 체결하고 국교정상화를 추진하는데 걸림돌이 되고 있는 부수협정을 체결하는데 전력을 다했다. 그것은 한일간에 잔존하고 있는 청구권을 일시에 정치적으로 해결하는 방식에 의존하였다. 한국과 일본은 김오히라간의 단판으로 한일구권협정을 맺어 일단락지면서, 그것이 한일 간의 청구권을 해결하는 기준과 근거가 되었다. 그렇게 해서 한일간에는 한일기본조약과 한일청구권을 주축으로 한 부수협정이 맺어지면서, 식민지를 둘러싼 문제가 봉합되었다.

다음은 한일기본조약에 동반되어 한국 정부와 일본 정부간에 맺은 5개항의 부수협정, 의사록, 의정서, 서간, 의사록 등을 간단하게 소개한 것이다.

---

177) 内藤陽介(著), 2019,『日韓基本条約』(シリーズ韓国現代史1953-1965), えにし書房. 吉沢文壽(著), 2015,『日韓会談1965』, 高文研.

〈표 24〉 부수협정으로서 한일청구권과 관련내용

구분	내용
5개부수협정	1. '재산권 및 청구권에 관한 문제해결 그리고 경제협력에 관한 일본국과 대한민국사이의 협정'(財産及び請求権に関する問題の解決並びに経済協力に関する日本国と大韓民国との間の協定) 즉 한일청구권 및 경제협력협정 2. '일본국에 거주하는 대한민국 국민의 법적 지위 및 대우에 관한 일본국과 대한민국 사이의 협정'(日本国に居住する大韓民国国民の法的地位及び待遇に関する日本国と大韓民国との間の協定) 즉 재일한국인의 법적 지위협정 3. '일본국과 대한민국과의 어업에 관한 협정'(日本国と大韓民国との間の漁業に関する協定) 즉 일한어업협정 4. '문화재 및 문화협력에 관한 일본국과 대한민국과의 협정'(文化財及び文化協力に関する日本国と大韓民国との間の協定) 5. '일본국과 대한민국과의 사이의 분쟁해결에 관한 교환공문'(日本国と大韓民国との間の紛争の解決に関する交換公文)
의정서, 서간, 의사록	- 재산권 및 청구권에 관한 문제해결 그리고 경제협력에 관한 일본국과 대한민국 사이의 협정(財産及び請求権に関する問題の解決並びに経済協力に関する日本国と大韓民国との間の協定), 제1의정서(第一議定書), 제2의정서(第二議定書), 제1의정서의 실시 세목에 관한 교환공문(第一議定書の実施細目に関する交換公文), 일본측서간(실시계획, 계약, 지불, 사절단) 4.2 한국측서간(韓国側書簡) - 청구권경제협력협정제1조(b)의 규정실시에 관한 교환공문(請求権経済協力協定第一条1(b)の規定の実施に関する交換公文), 일본측서간, 한국측서간 - 청구권경제협력협정제1조2에 규정한 합동위원회에 관한 교환공문(請求権経済協力協定第一条2に定める合同委員会に関する交換公文), 한국측서간, 일본측서간 - 일본의 재산권 및 청구권에 관한 문제해결 그리고 경제협력에 관한 일본국과 대한민국 사이의 협정에 대해서 합의된 의사록(日本の財産及び請求権に関する問題の解決並びに経済協力に関する日本国と大韓民国との間の協定についての合意された議事録) - 한국의 재산권 및 청구권에 관한 문제해결 그리고 경제협력에 관한 일본국과 대한민국 사이의 협정에 대해서 합의된 의사록(韓国の財産及び請求権に関する問題の解決並びに経済協力に関する日本国と大韓民国との間の協定についての合意された議事録) - 상업상의 민간신용공여에 관한 교환공문(商業上の民間信用供与に関する交換公文), 일본측서간, 한국측서간

다음의 표는 많은 내용을 담고 다양하게 논란이 되고 있는 '재산권 및 청구권에 관한 문제해결 그리고 경제협력에 관한 일본국과 대한민국 사이의 협정'(財産及び請求権に関する問題の解決並びに経済協力に関する日本国と大韓民国との間の協定) 즉 한일청구권 및 경제협력협정의 내용이다. 한일청구권협정의 명목에 대해서 한국은 식민지 지배에 대한 청구금으로 인식하였고, 일본은 독립축하금으로 인식하였다는 점에서 의견이 달

랐다. 그러나 양 국가의 필요에 의해서 한일청구권이라는 이름으로 일단락지었다.[178)]

〈표 25〉 한일청구권협정

구분	내용
공식명칭	'재산권 및 청구권에 관한 문제해결 그리고 경제협력에 관한 일본국과 대한민국사이의 협정'(財産及び請求権に関する問題の解決並びに経済協力に関する日本国と大韓民国との間の協定) 즉 한일청구권 및 경제협력협정
제1조 공여내용	1. 일본국은, 대한민국에 대해서 (a) 현재에서 일천팔십억 엔에 해당되는 3억미국달러와 동등한 엔의 가치를 가진 일본국의 생산물 및 일본인의 역무를, 이 협정의 효력발생일부터 10년 기간에 걸쳐 무상으로 공여한다. 각 연도에서 생산물 및 역무의 공여는, 현재 일백팔십억 엔에 환산되는 삼천만미국달러에 해당되는 엔의 금액을 한도로 해서, 각 년도의 공여가 이 금액에 달하지 않았을 때는, 차년도이후의 공역금액에 가산한다. 단 각 년도의 공여한도액은, 양 체결정부의 합의로 증액할 수 있다. (b) 현재 칠백이십억 엔에 달하는 2억 달러와 동일한 엔 금액에 달할 때까지 장기저리 대부로, 대한민국 정부가 요청하고 3의 규정에 기초해서 체결한 결정에 따라 결정되는 사업의 실시에 필요한 일본국의 생산물 및 일본인의 역무를, 대한민국에 대한 조달로 이 협정의 효력발생일부터 10년간에 걸쳐 행한다. 이 대부는, 일본국의 해외경제협력기금으로 충당하는 것으로, 일본국 정부는, 동 기금이 이 대부를 각 연도에서 균등하게 행하기 위해 필요한 자금을 확보할 수 있도록 필요한 조치를 한다. 전기의 공여 및 대부는, 대한민국의 경제발전에 도움이 되어야 한다. 2. 양 체약국 정부는 이 규정의 실시에 관한 사항에 대해서 권고하는 권한을 갖는 양 정부의 협력기관으로서 양정부의 대표자로 구성되는 합동위원회를 설치한다. 3. 양 체약국 정부는 이 규정의 실시를 위해 필요한 결정을 체결한다.
제2조 청구권완전해결	- 양국은 청구권문제가 완전 그리고 최종적으로 해결된 것을 확인한다(両国は請求権問題が完全かつ最終的に解決されたこととなることを確認する). 1. 양 체약국은, 양체약국 및 그 국민(법인포함)의 재산, 권리 및 이익, 그리고 양 체약국 및 그 국민의 청구권에 관한 문제가, 1951년 9월 8일에 샌프란시스코시에서 서명한 일본국과의 평화조약 제4조(a)에 규정된 것을 포함해서, 완전 또는 최종적으로 해결된 것으로 확인한다(両締約国は, 両締約国及びその国民(法人を含む)の財産, 権利及び利益並びに両締約国及びその国民の間の請求権に関する問題が, 千九百五十一年九月八日にサン·フランシスコ市で署名された日本国との平和条約第四条(a)に規定されたものを含めて,完全かつ最終的に解決されたこととなることを確認する).[179)] 2. 이 조의 규정은, 다음의 것(이 협정의 서명일까지 각각의 체약국이 집행한 특별조치의 대상이 되는 것을 제외)에 영향을 주지 않는다. (a) 한 쪽의 체약국의 국민으로 1947년 8월 15일부터 이 협정의 서명일까지의 사이에 다른 쪽의 양국에 거주한 사실이 있는 사람의 재산, 권리 및 이익, (b) 한 쪽의 체약국 및 그 국민이 재산, 권리 및

178) https: //ja.wikipedia.org/wiki/財産及び請求権に関する問題の解決並びに経済協力に関する日本国と大韓民国との間の協定 (2020년 10월 30일 검색)

	이익으로 지난 1945년 8월 15일 이후의 통상이 접촉과정에서 취득한 또는 다른 쪽의 체약국의 관할 하에 있던 것. 3. 2.의 규정에 따른다는 조건으로, 한쪽의 체약국 및 그 국민의 재산 그리고 권리 및 이익, 이 협정의 서명일에 다른 쪽 체약국의 관할 하에 있는 사람에 대한 조치, 한 쪽의 체약국 및 그 국민의 다른 쪽 체약국 및 그 국민에 대한 모든 청구권으로 동일이전에 발생한 이유에 근거한 것에 관해서는, 어떠한 주장도 할 수 없도록 한다.
제3조 분쟁해결규정[180]	양국은 이 협정의 해석 및 실시에 관한 분쟁을 외교로 해결하고, 해결되지 않은 경우중재위원회의 결정에 따른다(両国はこの協定の解釈及び実施に関する紛争は外交で解決し,解決しない場合は仲裁委員会の決定に服する) 1. 이 협정의 해석 및 실시에 관한 양 체약국의 분쟁은 먼저 외교상의 경로를 통해서 해결한다. 2. 1.의 규정으로 해결할 수 없는 분쟁은, 한쪽 체약국의 정부가 다른 쪽 체약국의 정부로부터 분쟁의 중재를 요청하는 공문을 수령한 일부터 30일 기간내에 각 체약국 정부가 임명하는 각 1인의 중재위원과, 그렇게 해서 선정된 2인의 중재위원이 당해기간 후의 30일 기간내에 합의하는 제3의 중재위원 또는 당해기간에 그 2인의 중재위원이 합의하는 제3국의 정부가 지명하는 제3의 중재위원을 포함한, 3인의 중재위원으로 구성되는 중재위원회에 결정을 부탁하는 것으로 한다. 단, 제3의 중재위원은 양 체약국의 국민이 아니어야 한다. 3. 어느 한쪽의 체약국 정부가 해당기간 내에 중재위원을 임명하지 않을 때, 또는 제3의 중재위원 또는 제3국에 대한 해당기간 내에 합의되지 않았을 때는, 중재위원회는 양 체약국 정부가 30일 기간 내에 선정하는 국가의 정부가 지명하는 각 1인의 중재위원과 그들의 정부가 협의로 결정하는 제3국의 정부가 지명하는 제3의 중재위원으로 구성한다. 4. 양 체약국 정부는 이 조의 규정에 근거한 중재위원회의 결정에 따른다.

한일청구권협정에서 일본은 한국에 무상 3억 달러, 저리유상차관 2억 달러를 청구권과 경제발전협력의 명목으로 10년 기간에 걸쳐 지불하기로 하였다. 그리고 제2조 1에서 '양체약국은, 양체약국 및 그 국민(법인포함)의 재산, 권리 및 이익, 양 체약국 및 그 국민의 청구권에 관한 문제가, 1951년 9월 8일에 샌프란시스코시에서 서명한 일본국과의 평화조약 제4조(a)에 규정된 것을 포함해서, 완전 또는 최종적으로 해결된 것으로 확인

179) 제4조(a) 일본국 및 그 국민의 재산에서 제2조(a)(朝鮮の独立を承認して､済洲島､巨文島及び鬱陵島を含む朝鮮)에 있는 것 그리고 일본국 및 그 국민의 청구권(채권포함)에서 현재 그들의 지역의 시정을 실시하고 있는 당국 및 그 주민(법인포함)에 대한 것의 처리, 그리고 일본국에 있어서 그들 당국 및 그 국민에 대한 그들 당국 및 주민의 청구권(채권포함)의 처리는, 일본국과 그들 당국과의 사이의 특수 취급의 대상으로 한다.

180) 제2조에서 재산권 및 청구권 완전 해결을 규정하고 제3조에서 분쟁해결조항을 규정한 것은 한국이나 일본은 한일기본조약과 부수협정이 한일 간의 역사문제, 청구권 등이 완전하게 해결되지 못할 것이라는 것을 염두에 둔 규정이라고 해석할 수 있다. 그런 의미에서 한일청구권협정은 불완전한 미봉책이었다.

한다'라는 규정을 두었다. 일본은 한일청구권 협정을 통해서 샌프란시스코평화조약의 서명국이나 서명국이 되지 못한 국가 간의 청구권을 일괄적으로 해결하고 있다. 이런 규정을 삽입한 것은 승전국과 서명국의 지위를 획득하지 못한 한국의 대일청구권을 샌프란시스코평화조약의 범위에서 해결하기 위한 조치라고 할 수 있다. 따라서 한일청구권협정 제2조1항에서 '완전 또는 최종적으로 해결된 것으로 확인한다'는 문구를 규정한 것은 청구권을 둘러싼 갈등을 미연에 방지하려는 조치였다고 할 수 있다.

결과적으로 한일기본조약과 한일청구권협정에 근거해서 일본은 한국에 대한 청구권을 포기하고, 한국의 대일청구권이 '완전 또는 최종적으로 해결된' 것으로 인식하였다. 그리고 한일간에 청구권을 둘러싸고 분쟁이 발생할 경우, 외교통로로 해결되지 않으면, 중재위원회를 구성해서 해결하고, 그 분쟁은 중재위원회의 결정에 따른다는 규정을 두었다. 그러나 현재 한국은 일본에 대한 청구권협정이 국가수준에서 준수해야 하는 것이고, 개인수준에서는 별건으로 봐야 한다는 입장에 있다. 국가와 개인 차원에서 완전하게 최종적으로 해결된 것이 아니라고 인식하고 있다. 일본은 한일청구권협정으로 완전 또는 최종적으로 해결됐다고 주장하고 있다. 한국 정부와 일본 정부는 한일청구권의 내용해석, 그와 동반된 강제징용배상판결, 종군위안부배상판결 등을 둘러싸고 첨예하게 대립하고 있다. 한국과 일본, 한국 정부와 일본 정부, 양국관련기관, 양국당사자 간에 갈등이 있어 한일관계는 최대 위기에 직면해 있다.

Ⅳ. 한국과 일본의 조약 논쟁

1. 한일병합조약 논쟁

한일병합조약은 한국과 일본 사이에 맺어진 국가합병조약이다. 대한제국과 대일본제국이라는 국가 간 합병의 성격을 띠고 있지만 대한제국이 대일본제국에 종속되는 상황이어서 식민지화되는 것을 의미한다. 대등한 관계에서 국가간의 합병이 이루어진 것이 아니라 불평등한 관계에서 맺은 것이어서 합법적인 합병이라는데 의문이 제기되고 있다. 만약 한일병합조약이 정상적인 방법과 절차에 의해서 맺어진 조약이라고 한다면, 국제조약으로서 정당성을 갖을 것이다. 한일병합이 국민총의가 반영되었고, 국제법에 의거 합법적으로 성립되었다면, 국제조약으로서 효력이 있는 것으로, 일본이 한국을 병합한 것은 정당한 것이 될 것이다. 그렇다고 한다면, 한일병합으로 한국의 영토와 국민은 일본의 영토와 국민이 되어 일본천황의 통치를 받는 것이고, 일본에 의한 한국통치는 정당한 행위가 될 수도 있을 것이다. 그렇지 않다고 한다면, 한일병합은 정당하지 못하여 무효가 될 수 있다.

한일병합에 기초한 일본의 식민지 지배는 1945년 8월 15일 일본이 패전함으로써 종결되었다. 한국은 일본이 항복하고 한국으로부터 철수하면서 독립하였다. 만약 한일병합이 국제법에 근거해서 정상적으로 성립되었다면, 일본의 패전과 항복에 관계없이 한일병합은 유효한 것이기 때문에 일본이 한국으로부터 철수하거나 한국이 독립하는 것은 한일병합조약을 깨는 상황으로 인식될 것이다. 한일병합조약 제1조에는 '한국 황제 폐하는 한국 전체에 관한 일체 통치권을 완전히 또 영구히 일본 황제 폐하에게 양여한다'라고 규정하고 있기 때문이다.

일본이 1945년 한국으로부터 강제적이든 자주적이던 물러난 것은 조약을 스스로 위반하는 것이며, 한일병합이 국제법에 어긋난 행위였고 잘못된 조약이었다는 것을 인정하는 행위가 된다. 식민지 지배로부터 철수하고 한국의 독립을 인정한 것은 한일병합이 일본의 강제에 의해 맺은 것이라는 사실을 국제사회에 선언한 것이고, 일본이 스스로 인정한 것을 확인해주는 행위이다. 연합국도 한국의 독립을 카이로선언, 포츠담선언, 얄타회담, 일본의 항복문서, 샌프란시스코평화조약 등에서 인정한 것은 일본이 불법적으로 한국을 식민지 지배했다는 것을 확인한 것이다.

만약 한일병합이 국제법적으로 합법하고 한국 정부나 국민이 인정하는 조약에 근거한 것이었다면, 일본의 식민지 지배이거나 일시적인 할량 또는 양여에 대해서 인정하고 적어도 1945년 이후 한일병합조약의 무효논쟁은 일어나지 않았을 것이다. 한국 입장에서 보면, 무효논쟁이 일어나고 있는 사실은 '…영원히 양여한다'는 내용을 담고 있는 한일병합조약이 국가간에 맺은 국제법으로서 부당한 것이며 효력이 애당초부터 없는 것이라는 것을 의미한다. 따라서 그런 논리와 역사적 사실에 기초해서 보면, 한일병합이 정당하고 합법적이라는 일본의 주장은 성립되기 어렵다. 오히려 한일병합조약은 국제법으로서 정당하지 않으며, 불법적인 조약으로 무효라고 주장하는 한국의 논리와 역사적 사실이 타당하다고 할 수 있다.

현재 한일 간에는 한일병합의 유효성과 무효성, 정당성과 부당성, 그에 따른 식민지 지배의 정당성과 부당성, 불법점거에 대한 배상과 보상 등을 둘러싼 논쟁과 갈등이 첨예하게 일어나고 있다. 더불어 식민지를 지배하는 과정에서 발생한 다양한 개별 사안을 둘러싸고 법적 공방까지 지속적으로 발생하고 있고, 한일 간의 역사인식, 영유권과 영해권, 역사교과서기술 등 다양한 현안이 대두하여 한일 간의 갈등을 촉발시키는 원인이 되고 있다. 다음은 한일간에 공방이 벌어지고 있는 한일병합을 둘러싼 사실 인식과 역사 인식의 차이를 소개한 것이다.

〈표 26〉 한일병합의 국가 및 국민논쟁

구분	논쟁
합법론과 무효론	- 합법론의 근거는 한국병합 당시의 만국공법(국제법)이다. 일본과 한국은 정식문서로 합병조약을 교환했고, 국가원수에 의한 조약의 서명과 날인, 조약 비준도 반드시 필요로 하는 것이 아니었다. 일부 학자가 주장하는 한참정(韓参政)에 대한 개인적 협박도, 증거가 희박하고 위법론의 근거가 되지 못한다. - 무효론은 조일수호조규(日朝修好条規)에서 조선국은 자주적이며 일본국과 평등권을 보유하고 있고, 일본국과 조선국은 상호 자주국가로 인정하고 있다. 그러나 그후 한일협약이나 한국병합 조약체결 시 조선국측은 외무대신 서명만이 있고, 자주국가 간에 필요로 하는 비준도 없고, 공포는 일본이 단독으로 행했다. 그리고 한국병합에 대한 무효확인은 1965년 체결된 '일본국과 대한민국 간의 기본관계에 관한 조약'에서 '이미 무효인 것을 확인한다'(もはや無効であることが確認される)라고 한 규정에 근거하고 있다.
한국입장	- 한일병합의 한국 측 조인자 이완용은 내각총리대신으로 권한을 가진 자로서 그 행위는 유효하다고 하였다. 그에 대해서 조선 마지막 충신으로 알려진 학부 대신 이용직은 '이 같은 망국안에는 목이 달아나도 찬성할 수 없다'라고 반대하였다. 국내법적으로는 대한민국 제헌헌법에서 '기미 삼일운동으로 대한민국을 건립하여 세상에 선포한 위대한 독립정신을 계승하여'라고 명시하였고, 현행헌법에서 '3·1운동으로 건립된 대한민국임시정부의 법통과 불의에 항거한 4·19민주이념을 계승하고'라고 명시하고 있어, 일본의 한반도 통치 그 자체에 불법성이 있는 것으로 인식하였다. 대한민국 대법원은 2018년 10월 30일에 한일병합이 원천적으로 무효임을 확인하면서, 강제징용피해자의 일본기업에 대한 손해 배상 청구권을 인정하였다. - 이토 히로부미(伊藤博文)는 고종(高宗)에 대해서 '승락하는 것도 거부하는 것도 황제의 결정입니다. 만약 거부한다면, 일본은 결심한 것이 있기 때문에 그 결과는 조약체결이상의 곤란함을 초래할 것입니다'(承諾されるのもお拒みなさるのも皇帝のご勝手です. もしお拒みなさるならば, 日本は決心するところがありますので, その結果は条約締結以上の困難をもたらすでしょう)라고 말했다. 이것은 당시 실권자인 이토 히로부미가 고종에게 직간접적으로 강하게 압박하여 한일병합을 종용한 증거가 될 수 있다. - 조선의 부를 수탈하기 위해 병합했다. 한일병합, 한일합병은 1910년(경술년) 8월 29일에 대한제국이 나라의 주권을 빼앗기고 대한제국이 다스리던 한반도 지역이 일본 제국에 병합되어 식민지가 된 사건으로 경술국치(庚戌国恥)이다. 한일병합은 월

	등한 힘을 가진 일본이 한반도에서 독점적인 권익을 확보하기 위해서, 대륙침략의 전진기지로 사용하기 위해서, 열강과의 경쟁에서 선점하기 위해서 식민지정책의 일환으로 추진된 침략에 불과하다. - 한일병합은 일본군의 점령, 왕후의 살해, 왕에 대한 협박 등으로 실현된 것이고, 힘으로 한국민족의 의지를 밟은 것이며, 한국황제가 동의한 것은 강제이며, 전문이나 본문도 위조이어서 부의불당한 것이다. 이씨조선 후기에는 자본주의맹아가 존재하였지만 일본의 식민지 지배로 싹이 말라버렸다. 이 주장은 1950년 후반 북한에서 주창되고, 일본에는 1960년대 소개되었다. 한국에는 1980년대 일본을 경유해서 확산되었다.
일본입장	- 조선말기 대일본제국이 인정한 최대 정치단체 일진회(一進会)는 전면에 나서 한일병합찬성운동을 하였다. 조문에는 비준 조항이 없고 비준서 교환을 하지 않아 불법이 아니다. 조약에는 '본 조약은 한국 황제 폐하와 일본 황제 폐하의 재가를 받은 것이므로 공포일로부터 이를 시행한다'라고 되어 있어 불법이 아니다. - 한일기본조약과 한일청구권협정에 일본 측의 담당자였던 구보다 칸이치로 참여(久保田貫一郎参与)는 '대일본제국이 병합하지 않았다면 제정러시아에 병합되었을 것이고, 대일본제국의 통치는 인프라를 구축하여 조선 국민의 생활향상에 공헌했다. 일본의 한국근대화정책을 통해서 근대교육, 철도부설, 산림육성, 수전정비 등 혜택을 받았다'라고 하였다. - 한국 정부는 한일기본조약의 교섭과정에서부터 일관되게 무효론을 주장하였지만, 조약상에서는 '이미 무효이다'(もはや無効である)라는 타협적 표현으로 맺어 입장이 모호하게 되었다. 일본 정부는 한일기본조약을 맺은 시점부터 무효이므로, 한일협약을 맺을 당시부터 1965년 한일기본조약을 맺기 이전까지는 합법적이고 유효했다고 주장하고 있다.

한일병합의 유효론과 무효론에 대한 일본과 한국의 입장은 대치되고 있다. 일본은 합법적인 조약으로 국제법에 위반되지 않으며, '한일기본조약으로 무효가 되었다'는 주장을 통해 식민지 지배에 대한 논란에 대응하고 있다. 그에 대해서 한국은 강제적으로 추진된 것이며 국제법에 어긋나는 것으로 '애당초 무효'라고 인식하여 식민지 지배를 둘러싼 논쟁이나 문제에 대응하고 있다. 다음은 학문적 입장에서 한일병합에 대한 국내외 견해를 소개한 것이다.

〈표 27〉 한일병합의 효과논쟁

구분	논쟁내용
한일병합의 효력 논쟁	- 제2차 합일협약 체결 당시 국제관습법이 성립되어 국가가 국가에 대한 협박이나 강제해도 조약은 무효가 되지 않지만, 국가의 대표자에 대한 강제나 협박의 결과 맺어진 조약은 무효라는 것이다. 이태진(李泰鎮)은 조약이 전권 위임장이나 황제의 비준서가 없기 때문에 불성립한다고 주장했다. 가이노(海野福壽)와 오카와하라(小川原宏幸, 同

	志社大学)는 '가령 병합조약이 합법이라고 해도 부당한 것이고, 식민지화라는 부정의를 추구했다는 점에서 부당한 것이 될 수 있다'고 주장하고 있다. - 조선학회의 하라다(原田環)는 병합조약에 앞서 일본이 외교권을 장악하고 한국을 보호국으로 한 일한보호조약(1905년)에 대해서, 황제의 일기, 『일성록』(日省錄), 『승정원일기』(承政院日記) 등을 분석해보면, 고종황제는 일한보호조약에 찬성하였고, 비판적이었던 대신들의 의견을 각하했다. - 김완섭(金完燮)에 따르면, 대일본제국은 자국의 독립과 안전을 확보할 목적과 조선에 대한 선의로 병합을 하였다. 최문형(崔文衡)에 따르면, 가령 일본이 병합을 하지 않았다면 제정러시아가 병합했을 것이다. 오선화(吳善花)에 따르면, 한일병합은 착취, 학살, 약탈, 수탈하는 지배로서의 식민지 지배가 아니라 잉글랜드가 스코틀란드를 병합한 것처럼 현지인의 생활 향상을 목적으로 합병한 것이다. - 안병직, 이대근, 이영훈, 최기호 등에 의하면, 이씨조선 말기 조선에는 자본주의 발흥이 없었고, 일본에 의한 통치가 근대화를 촉발하였다. 가지무라(梶村秀樹)와 강재언(姜在彦)에 따르면, 이씨 조선말기에는 근대화나 자본주의 맹아가 존재하였다. - 하가도(ハガード)의 연구에서도 전후 한국의 경제성장은 일본통치기부터 계승한 금융시스템과 권위주의적 국가구조에 의해서 효율적으로 외자를 이용함으로 달성하였다. 한국내의 내재적 발전성의 배경은 매우 약했다. 임광무에 의하면, 일본에 의한 조선근대화를 통해서 식료생산도 순조롭고, 인구가 배증하고, 일본자본에 의한 백화점 융성 등 소비사회화를 초래하였다. - 2010년 7월 28일 한일 양국의 1,000명의 지식인들은 병합이 불법이라고 주장하는 등 경술국치라고 인식하였다. 2015년 일본지식인은 한일병합이 부당하다는 성명을 발표하였다. 즉 2015년 지식인 성명, 발기인으로는 石坂浩一, 上野千鶴子, 内海愛子, 太田修, 小田川興, 粕谷憲一, 高崎宗司, 田中宏, 外村大, 中塚明, 林博史, 水野直樹, 宮田節子, 山田昭次, 矢野秀喜, 和田春樹 등이 있다. 그 성명에 대해서 鹿野政直, 姜尚中, 李成市ら 등 270명이 찬동하였다.
국제학자 논쟁	- 국제법학자 클로포드(J·クロフォード)에 따르면, 한일병합은 국제적으로 인정된 것으로 절차가 불비하였다 해도 무효가 되지 않는다. 한일병합조약은 국제법상 불법적인 것이 아니다. 한국 측이 불법론의 근거로 강제성을 문제 삼는데 강제되었기 때문에 불법이라는 논의는 제1차세계대전 이후 것으로 당시에는 문제가 되지 않았다. - 코네티컷대학(University of Connecticut)의 알렉시스 더든(Alexis Dudden)은 니토베 이나조(新渡戸稲造)의 식민정책 논점을 정리하였다. 더든 교수는 『일본의 한국 식민지학: 담론와 권력』(Japan's Colonization of Korea: Discourse and Power)에서 일본 정치가들이 합법적으로 한국을 합병하기 위해 얼마나 철저하게 국제법을 연구하고 이것을 적용하였는지를 검토하였다. 일본의 주도면밀한 정책과 전략이 있었다는 점을 지적하였다. - 한일합방의 국제법적 적법성을 논의주제로 한국국제교류재단에 의해 마련된 하버드대학에서의 학술회의가 2001년 1월과 4월 그리고 11월에 열렸다. 국제법전문가 더비대학(University of Derby)의 엔소니 카르티(Anthony Carty)교수는 '제국주의가 극에 달하던 시절, 특정 조약의 합법이나 비합법적 유무를 결정하는 것은 어렵다'고 말하였다. 국제법에 관련한 그녀의 저서 『Asian Yearbook of international Law』에서, 한국 측 학자들이 주장한 것처럼 조약과 관련된 법적 근거들을 보기보다는 서양 열강들에 지배되

	었던 그 시기 다른 나라의 상황을 고려한 관점에서 한일관계를 분석했다. 기무라 칸 교수에 따르면, 이 회의에서 식민통치 적법성에 대한 한국인들의 병합이 불법이었다는 주장은 받아들여지지 않았다고 한다. - 1935년 하바드초안(ハーバード草案)이나 1963년 국제연합ILC의 월독(ウォルドック) 특별보고서는 제1차 한일협약이 국가대표자에게 강제하여 맺은 것으로 절대적 무효의 대표적인 사례라고 제시하였다. 국제법학자 레이(フランシス·レイ)에 따르면, 제2차 한일협약 당시 국가대표인 고종에게 협박을 사용한 사실과, 일본의 한국에 대한 보증의무를 증거로 제2차 한일협약은 무효이다. 제2차 한일협약이 무효인 이상 한일병합에 관한 모든 조약은 체결당시부터 무효라고 하였다.

일본은 한일병합이 합법적으로 맺은 국제조약이라고 주장하고 있다. 그 근거는 국가를 대표하는 대한민국 국왕이 내각총리대신 이완용에게 전권을 위임해서 조약을 맺었다는 데 있다. 한국은 불법적이며 부당하게 맺은 것으로 국제법에 저촉된다는 주장이다. 그 근거는 당시 일본은 강대국으로 강한 힘을 갖고 한국을 억압하여 조약을 맺게 했다는 데 있다. 또한 일본이 강제로 국가를 탈취한 행위의 일환으로 조약을 맺은 것이라는 점을 강조하고 있다. 한일병합은 한국과 일본의 해석에 의해서 유효성과 무효성이 첨예하게 대립하고 있다.

만약 한일병합조약이 합법적으로 맺어진 것이라고 한다면, 일본은 조약대로 이행 이행했는가 라는 점을 볼 필요가 있다. 일본은 한국을 병합하고 통치기관으로 조선총독부를 설치하여 외지로서 일본속국처럼 지배하였다. 일본은 내지와 외지를 구분하여 차별하였고, 외지를 식민지로 규정하여 통치했다. 한일병합조약에는 일본이 한국을 식민지로 지배하거나 외지로 취급하는 내용이 규정되어 있지 않다. 따라서 한국을 식민지로 지배하고 차별한 것은 명백한 한일병합조약을 위반한 것이 된다. 한국이 일본에 대해서 반식민지운동과 항일운동을 전개한 것은 한일병합의 부당성이나 부당한 지배에 저항한 증거이다.

연합국은 일본의 한국에 대한 지배에 대해서 부당하거나 불법적인 것으로 인식하였다. 한일병합에 의한 일본의 통치는 1910년부터 시작되어 1945년 포츠담선언을 수용한 후 1945년 9월 9일 일본이 항복문서에 조인할 때까지 실질적으로 36년간 계속되었다. 카이로선언, 포츠담선언, 항복문서 등에서 한국의 독립을 요구하는 선언을 하였다. 1943년 포츠담선언에서 '한국민이 노예 상태에 있다는 데 유념하여, 앞으로 적절한 절차를 거쳐 한국에 자유와 독립을 줄 것을 결의한다'라고 규정하여 한국의 독립을 확인하였다. 그리고 1945년 카이로선언 제8항에서 '카이로선언의 조항은 이행될 것'이라고 천명함으로써, 전후 독립을 재확인하였다. 1945년 항복문서에서는 '우리는 여기에, 포츠담선언의 조항을 성실하게 이해하는 것'이라고 규정하여 한국의 독립을 재차 확인하였다. 그처럼 연합국이 일본의 지배를 받은 한국을 독립시키려 한 것은 일본이 한국에 대해서 부당하게 또는 강제적으로 지배했기 때문에 제기한 것이라고 할 수 있다. 그런 점에서 보면, 한일병합은 부당하게 맺은 조약이기도 하거나, 애당초 효력을 갖지 않는 강제된 약속이라고 할 수 있다. 국제사회에서는 일본의 한국에 대한 지배를 부당한 것이며 식민지 지배로 규정하여 일본의 철수와 한국의 독립을 보장하였다.

한일병합조약을 둘러싼 구체적인 논란은 1965년 한일기본조약을 맺는 과정에서 일어났지만, 실제로는 식민지 지배에 대한 배상문제가 드러나면서 구체화되었다. 일본이 한일병합의 합법성을 주장하는 이유는 식민지 지배를 통해 실시한 다양한 행위를 정당화하고 올바른 역사로 인식하여 배상이나 보상에 대한 책임을 면하며, 자학사관으로부터 벗어나려는 의도가 있다. 반대로 한국이 무효라고 주장하는 배경에는 일본의 불법적인 식민지 지배에 대한 사죄, 보상, 배상 등을 요구하고, 책임을 지게 하는 한편, 역사인식을 올바로 하자는 데 목적이 있다. 한일병합을 둘러싼 한일 간의 주장은 팽팽하게 대립하고 있으며, 앞으로도 역사와 한일관계를 규정하는데 크게 영향을 줄 것으로 보인다.

2. 샌프란시스코평화조약 논쟁

샌프란시스코평화조약에서 일본이 배상해야 할 대상국은 승전국으로 총칭되는 연합국과 관련된 48개국으로 한정하였다. 샌프란시스코평화조약은 한국을 제외한 48개국과 일본의 관계개선, 새로운 국가질서, 배상으로 과거청산 등을 규정한 것이 되고 말았다. 한국은 미국을 중심으로 한 연합국의 이해관계에 의해 연합국이나 승전국에 포함되지 못하고 배제되었다. 그것은 한국이 식민지 지배와 제2차세계대전과 관련된 피해 사항에 대해서 일본에게 주장할 수 있는 권리를 연합국으로부터 인정받지 못한 것을 의미한다.

일본과 승전국 간에 맺은 샌프란시스코평화조약의 내용을 두고 다양한 논란이 야기되고 있다. 한국과 관련된 논란은 한국의 승전국 배제, 조약이 정한 배상 성격 등이다. 한국을 승전국에서 제외한 것은 일본이 주도한 전쟁에 참여한 사실을 제시하고 있다. 그러나 그런 인식은 연합국이 카이로선언, 포츠담선언, 일본의 항복문서 등에서 한국을 일본으로부터 독립시킨다는 사실을 적시한 것과 모순되고 있다. 그런 관점에서 보면, 한국을 승전국에서 배제한 것은 당시 동아시아에서의 공산세력 확장을 저지하는데 마지노선으로 일본을 규정해야 하는 미국적 상황이 작용한 것으로 보인다.

한국이 승전국이 되지 못하고 배상국에서 제외되면서 식민지 지배로 인한 손해와 배상을 승전국 입장에서 주장할 수 없는 상황이 되었다. 그러나 48개국 중에 일본의 식민지나 전쟁터가 되었던 동남아시아국가가 승전국과 배상국으로 포함되었다. 그런 점을 보면, 샌프란시스코 평화조약에 근거해 일본이 승전국에 대해서 시행한 배상의 성격이 전쟁배상인지 식민지배상인지가 명확하지 않다. 일본의 배상 대상국을 승전국으로 제한한 것은 식민지 지배에 대한 배상이 아니라 전쟁 배상으로 규정했다고 볼 수 있다. 그런 결정은 동남아시아를 식민지로 갖고 있던 열강이 식민지 책임으로부터 벗어나기 위한 전략적 차원에서 추진된 것이라고 해석할 수 있다.

또한 한국과 관련된 사항으로 영토에 대해서 명확하게 규정하고 있지 않아 논란이 되고 있다. 한국의 독립 및 영토에 관한 것은 샌프란시스코평화조약제2조(a)에 규정되어 있다. 샌프란시스코평화조약제2조(a)에서는 '일본국은 조선의 독립을 승인하고 제주도, 거문도 및 울릉도를 포함한 조선에 대한 모든 권리 및 청구권을 포기한다'(日本国は, 朝鮮の獨立を承認して, 済洲島, 巨文島及び鬱陵島を含む朝鮮に対するすべての権利, 権原及び請求権を放棄する)라고 규정하고 있다. 이것은 일본이 한국의 독립을 인정하고, 동시에 제주도, 거문도, 울릉도 등을 포함한 한국영토에 대한 모든 권리와 청구권을 포기하는 것을 의미한다. 일본의 권리와 청구권포기를 규정하는 내용에서 '제주도, 거문도 및 울릉도를 포함하는 조선'이라고 규정한 내용에서 보면, 조선영토에 해당되는 모든 부속도서가 포함된 것을 의미한다. 그러나 실제로 그 부속도서에 대해서 구체적으로 언급되지 않아 논란이 되었다. 다시말하면 '독도'에 대한 언급이 없어 독도 영유권과 독도를 둘러싼 해양권 논란이 발생한 것이다.

다음은 샌프란시스코평화조약에서 규정된 사항을 둘러싸고 일고 있는 논쟁의 내용을 소개한 것이다.

〈표 28〉 샌프란시스코평화조약의 논쟁

구분	내용
第2조(a)	- 샌프란시스코평화조약제2조(a)에서는 '일본국은 조선의 독립을 승인하고 제주도, 거문도 및 울릉도를 포함한 조선에 대한 모든 권리 및 청구권을 포기한다'(日本国は, 朝鮮の獨立を承認して, 済洲島, 巨文島及び鬱陵島を含む朝鮮に対するすべての権利, 権原及び請求権を放棄する)라고 규정하고 있다. - 한국의 영토라고 언급한 이외의 섬 즉 독도의 귀속권은 어디에 있는가 하는 점이다. 일본은 샌프란시스코평화조약을 맺는 과정에서 독도에 대한 규정을 넣지 않기 위해서 미국에게 전략적으로 대응했다. 샌프란시스코평화조약에서 '부속도서'를 삽입하고, 구체적으로 적시할 필요가 있었지만, 그렇게 하지 못했기 때문에 오늘날 한일 간의 영유권싸움이 일어나는 원인으로 작용하고 있다.
제14조(a)	- 14조(a)에서는 일본의 배상대상국을 '일본이 점령해서 손해를 준 연합국'(日本が占領し損害を与えた連合国)이라고 규정하였다. - 한국이 배상 대상국이 되는가 안되는가 하는 점이다. 당시 연합국은 배상대상국을 승전국과 일부 식민지 국가가 포함된 48국으로 한정했다. 실제로 배상청구권은 (일본에) 점령됐거나 손해를 입은 승전국에 한정했다. 아시아지역에서 벌어진 제2차세계대전과 관련된 배상은 1952년 발효된 샌프란시스코평화조약에 의해 청산됐다. 당시 동남아시아국가는 일본으로부터 배상을 받았다. 즉 필리핀 5억 5천만 달러, 인도네시아 2억 2,308만 달러, 미얀마 2억 달러, 베트남 6,560만 달러를 배상으로 받았다. 그리고 캄보디아와 라오스는 배상 대신에 경제협력을 택했다. - 그럼에도 불구하고 샌프란시스코평화조약에 의거한 한국에 대한 배상은 이루어지지 않았다. 그것은 공산세력을 저지하는 최전선에 있던 미국의 전략과 식민지 지배 배상책임을 모면하려는 일본의 전략이 맞아 떨어진 결과라고 볼 수 있다.
제23조(a)	- 제23조(a)에서 비준대상국을 규정하고 있지만 한국은 들어가지 않았다. 일부 식민지 지배를 받은 국가는 승전국지위를 받아 과거청산에 참여했지만, 한국은 참여하지 못했다. 한국이 승전국이나 연합국에 포함되지 않은 것은 일본이 배상하지 않아도 된다는 의미인지, 한국과 일본 간에 해결해야 할 문제로 인식한 것인지 하는 문제로 연결된다. 샌프란시스코평화조약에 규정이 있든 없든 관계없이 '손해를 입힌 일본'과 '손해를 본 한국'이라는 관점에서 보면, 한국이 일본에게 손해배상을 요구하는 것이 타당할 것이다. 이 문제는 이후 한일간에 맺은 한일기본조약과 부수협정 등으로 이관되었다고 할 수 있다. - 일본은 샌프란시스코평화조약에 언급되지 않은 한국에 대해서 배상할 책임을 면제받았다. 그런 전제하에서 일본은 한국과 국교정상화를 명분으로 한일기본조약과 부수협정에 임했고, 그 과정에서 패전국이 아니라 식민지를 지배한 국가 일본으로서, 피지배국가인 한국의 과거청산에 대해서 총괄적으로 해결하는 전략을 구사해서 유리한 결과를 얻었다고 볼 수 있다.
배상성격	- 제14조(a) '일본국은, 전쟁 중에 발생시킨 손해 및 고통에 대해서, 연합국에 배상해야 하는 것을 승인한다'(日本国は, 戦争中に生じさせた損害及び苦痛に対して, 連合国に賠償を支払うべきことが承認される)라고 하였다. - 샌프란시스코평화조약에 의한 배상권이 전쟁배상인지 식민지배상인지 논쟁이 되고

	있다. 즉 일본의 배상책임이 전쟁배상인지 식민지배상인지 하는 점이다. 대부분 승전국이 식민지 지배국이었기 때문에 식민지배상을 봉인하고 전쟁배상으로 인식하였을 가능성이 높다. - 한국의 입장에서 그 규정을 보면, '일본국은, 전쟁 중에 발생시킨 손해 및 고통에 대해서, 연합국에 배상해야 하는 것을 승인한다'라고 규정하여, 직접적으로 한국을 지칭해서 부여한 권리는 아니지만 포괄적인 배상규정이기 때문에 한국에 대한 일본의 배상규정으로 원용할 수 있는 사안이 될 수 있다. 그러나 일본은 한일기본조약이나 한일청구권협정에서 전쟁 중에 발생시킨 손해와 고통, 식민지 지배에 대한 배상이 아니라 독립축하금이나 경제지원금 등의 명분으로 금전적 지원을 하였다. 그런 점에서 보면, 일본은 한국에 대해서 전쟁배상이나 식민지 지배에 배상을 하지 않은 것이 될 수 있어, 여전히 배상책임을 묻는 것이 유효하다고 해석할 수 있다.

샌프란시스코평화조약에서 승전국이나 배상대상국에 동남아시아국가를 포함하고 한국은 제외한 것은 매우 불평등하고 차별적인 결정이었다고 할 수 있다. 그리고 '일본국은 조선의 독립을 승인하고 제주도, 거문도 및 울릉도를 포함한 조선에 대한 모든 권리 및 청구권을 포기한다'라고 하여, 한국의 영토에서 철수할 것을 규정하고, 한국에 대한 일본의 청구권을 배제하는 조치를 취했다. 그러나 한국의 일본에 대한 청구권을 언급하지 않았다는 특징이 있다. 연합국은 '한국의 독립'에 역점을 두었고, 다른 사안에 대해서는 미온적인 태도를 취했다고 볼 수 있다.

적어도 샌프란시스코평화조약의 내용을 규정하는 과정에서 연합국 대표이면서 공산세력최전선대표로서 미국과 일본 사이 모정의 협상이 있었다고 추측할 수 있다. 미국과 일본은 한국에게 독립이라는 큰 선물을 주는 대신에 그 이외의 부분에 대해서 제외하는 방향으로 밀약을 맺었을 개연성이 있다. 그것은 당시 미국과 소련이 세계 각국에서 치열하게 공방을 벌이고 있었던 이데올로기 패권 경쟁, 일본을 반공지지로 활용하려는 미국의 의도, 일본의 적극적인 외교전략, 한국의 국제위상 부재와 외교역량 부족, 일본의 36년간 식민지 지배에 대한 정당성 확보, 무거운 배상책임에 대한 의도적 회피 등에 의해 영향을 받았다고 할 수 있다.

3. 한일기본조약 논쟁

한일기본조약과 부수협정으로 맺은 청구권협정이 체결될 당시 한일양국에서는 조약과 협정에 대한 반대운동이 격렬하게 일어났다. 한국에서는 지난 식민지역사 인식에 대한 불만, 한일국교정상화 굴욕, 청구권협정불비, 이승만라인파기 등에 대해서 반대하였다. 특히 한일기본조약과 부수협정을 수행한 정부에 대해서 매국노, 도요토미 히데요시 조선출병 이래의 일본 지배, 굴욕적 양보(屈辱的讓步) 등이라 강하게 비판하였다. 그러나 1965년 8월 14일 한국 국회는 한일기본조약과 한일청구권협정을 비준하였다. 그와 더불어 독재개발에 관한 부정축재와 일본자산유용, 일본자금유입으로 인한 무역적자, 실업률증가 등 경제사정에 대한 비판으로 확대되었다.

한편 일본에서는 학생 활동가나 사회당이 반대운동을 전개하였다. 공산당과 사회당은 북한을 제외한 한국과의 단독국교회복에 대해서 강하게 반대하였다. 당시 사회당과 공산당은 한일기본조약에서 한국을 한반도의 유일한 합법적 정부라고 인정하는 것을 수용하지 않았다. 한일간에 중요한 과제였던 역사인식에 대한 차이는 주요한 반대이유가 아니었다. 결국 일본에서도 중의원과 참의원의 한일특별위원회에서 여당인 자민당이 한일기본조약위원회를 구성하여, 다른 야당의 조약심의거부에도 불구하고 본회의에서 자민당과 민사당만이 출석한 가운데 한일기본조약 승인을 가결하여 비준하였다.[181)]

한국과 일본에서는 한일기본조약이 비준되면서 원안대로 성립하였다. 이것은 전후 한국과 일본이 공식적으로 맺은 최초의 조약이었다. 한일기본조약은 한일간에 산적한 문제를 해결하는 측면이 있었지만 또한 과제를 남겨놓은 채 추진되어, 이후 한일간의 관계를 규정하는 요인으로 작용하였다. 다음은 한일기본조약을 둘러싼 논쟁을 소개한 것이다.

〈표 29〉 한일기본조약의 논쟁

구분	내용
조약 논쟁	- 제2조(구 조약 및 협정의 효력) 1910년 8월 22일 이전에 대일본제국과 대한제국 간에 체결된 모든 조약 및 협정은 이미 무효(もはや無効)가 되었다는 것을 확인한다. - 여기에서 '대일본제국과 대한제국 간에 체결된 모든 조약 및 협정은 이미 무효(もはや無効)가 되었다'라는 의미를 두고 논란이 되었다.

181) 太田修(著), 2015,『日韓交渉請求権問題の研究』, クレイン. 한일교섭을 거쳐 체결된 한일기본조약은 누구를 위한 것이고, 무엇 때문에 한 것인가. 그것을 파악하는 것은 현재 혼미하는 인국관계를 개선하는데 중요한 것이다. 그것은 동아시아와 일미관계에 도움이 되고, 일한국교정상화50주년에 재점검할 필요가 있다.

한국과 일본의 주장	- 한국은 1910년 8월 22일 이전 대일본제국과 대한제국 사이에 맺은 모든 조약이 1965년 한일기본조약 체결로 '애당초 무효가 됐다'고 주장하고 있다. 한국은 한일기본조약의 체결로 '과거의 조약이나 협정은 (당시부터) 이미 무효인 것을 확인한다'라고 해석하였다. 따라서 제1차 한일협약, 1905년 한일보호조약, 1907년 한일협약, 1910년 한국합병조약 등은 불법으로 맺은 것이어서 애당초 무효라고 주장하고 있다. - 일본은 1910년 8월 22일 한일병합조약이 합법적으로 조인된 것이어서 유효하지만 한일기본조약이 맺어져 조약 시점 이후에 무효가 되었다는 주장이다. 일본은 한일기본조약의 체결로 '과거 한일간에 맺은 조약이나 협약은 (한일기본조약을 맺은 1965년 현 시점부터) 무효가 된다고 확인한다'라고 해석하였다. 따라서 일본은 '한일병합조약 자체는 합법적인 절차로 이루어졌고, 한일병합조약은 (한일기본조약을 맺은 1965년 이전까지) 유효했다'라고 주장하고 있다.
제3의주장	- 2010년 한국 측이 주최하는 국제학술회의 '한일병합재검토국제회의'에서는 한일영미독의 국제학자에 의해 한일병합의 합법성에 대한 검토가 이루어졌지만 한국 측의 애당초 무효라는 주장은 수용되지 않았다. 한국 측의 공개문서 '1950년 10월 대일강화조약에 관한 기본태도와 그 법적 근거 대일강화조사위원회'(対日講和条約に関する基本態度とその法的根據対日講和調査委員会)에 첨부된 주일한국대표부 의한 설명문에는 '한국이 샌프란시스코평화조약에 서명할 수 없었던 것은, 한국이 대일전쟁에 참가하지 않았다는 사실에 기인한다고 말하지만, 한일병합조약 무효론의 입장이 불충분한 것이었기 때문'이라고 기록되었다. - 후지이 겐지(藤井賢二)에 따르면, 한국이 한일병합조약의 무효를 주장하여 스스로 연합국의 지위를 획득하려는 시도에 대해서 일본이 타협을 허용하지 않았기 때문이라고 지적하였다. 'already null and void'(もはや無効)라는 의미에서 쌍방이 자기중심적 해석이 가능하도록 한 것에 문제가 있다. 또한 그런 한일병합조약은 무효라고 하는 주장은 감정적인 인식으로 역사적 사실과는 괴리가 있고, 한국이 스스로 연합국(승전국)으로 위치를 가지려고 한 것과 밀접하게 관련되어 있다고 해석했다.
효력유무 영향	- 한일병합이 합법인가 불법인가는 판단은 이후 한일 간의 문제를 해결하는데 중요한 기준이 되고 있다. 즉 1910년 한일병합조약이 합법이냐 불법이냐 하는 문제는 일본이 한국을 불법적으로 점거했는가 아니면 한국을 합법적으로 지배했는가 하는 문제를 판단하는 기준이 된다. 더욱이 일본의 식민지 지배에 대한 정당성과 부당성을 판단하는 기준이 된다. - 일본의 식민지 지배가 합법이냐 불법이냐는 판단은 식민지 지배 기간에 발생한 각종 손해배상에 대한 책임여부의 기준이 된다. 일본의 식민지 지배에 대한 배상책임이나 보상책임 여부가 발생하게 되고, 한국의 배상과 보상에 대한 정당성 여부가 발생한다. 한일병합조약이 애당초무효가 된다고 일본이 인정했다면, 한국은 연합국으로 승전국이 되었고, 식민지 지배에 대한 배상과 전쟁책임에 대한 배상을 요구할 수 있었으며, 독도를 포함한 영유권을 확보할 수 있었을 것이다. - 2005년 4월 21일 한국의 여당의원 27명이 한일기본조약이 굴욕적이라고 하여 파기하고, 일본통치하에 피해를 입은 개인에 대한 배상을 의무지우는 내용의 새로운 조약을 개정하고 체결하도록 요구하는 결의안을 한국국회에 제출했다. 그리고 한일양정부가 한일기본조약체결의 과정이 담긴 외교문서를 모두 공개하고, 일본 정부에게 사죄하도록 요구했다.

독립국시점논쟁	- 제3조는(한국 정부의 지위) 대한민국 정부는 국제연합총회결의 제95조(3)에 명백하게 제시한 대로 조선에 있는 유일한 합법적 정부인 것을 확인한다. - 샌프란시스코평화조약은 연합국의 일원으로서 승전국이 되는지 아닌지, 그리고 배상국의 대상이 되는지 아닌지를 판단하는 기준이 된다. 결국 한국은 일본의 방해공작으로 연합국이나 승전국의 지위를 갖지 못했다. 그것은 한일병합조약이 합법적으로 성립하여 한국이 독립국으로서의 지위에 있지 않았다고 판단하였기 때문이다. 한국의 독립시점을 둘러싼 논쟁 중에서 한일병합조약이 애당초 무효가 되면 1910년 8월 22일 이전에 한국은 이미 독립국이 된 것으로 독립국으로 대일전쟁을 한 것으로 인정되어 승전국의 지위를 확보했을 것이다.
독도논쟁	한국과 일본은 당초 의제가 되었던 독도에 대한 영유권문제가 난항을 겪으며, 조약전반에 부정적으로 작용하기 때문에 한일기본조약에서 보류하는 것으로 결정하였다. 따라서 독도에 대한 조약불비로 인하여 독도 영유권을 둘러싼 논쟁의 불씨를 남기면서, 한일 간의 영유권 갈등이 일어나는 원인이 되었다.

한일기본조약은 한일병합조약이 1910년 8월 22일 이전부터 무효라는 주장과 1910년 8월 22일 이전에 맺은 조약은 1965년 한일기본조약을 통해서 무효가 됐다는 주장과 충돌하는 상황에 있다. 한국이 주장하는 것처럼, 한일병합조약이 애당초 무효라고 한다면, 일본은 한국을 식민지 지배하는 과정에서 발생시킨 포괄적 손해에 대해서 배상을 해야 한다. 만약, 일본이 주장하는 것처럼, 1965년 한일기본조약 시점에서 한일병합조약이 무효가 되었다면 일본의 식민지 지배가 합법적으로 이루어진 것이 되기 때문에 정당하다고 인정되는 통치행위를 제외한 손해에 대해서 배상책임이 있을 가능성이 있다.

그리고 한일병합조약이 애당초 무효이면 이미 한국은 독립국이었으므로 1952년 샌프란시스코평화조약에서 일본에 대항하고 저항한 독립국으로 인정되어 승전국의 지위와 배상대상국으로서의 지위를 얻었을 것이다. 그러나 미국과 일본의 다양한 외교전략으로 인하여 이 부분이 무시되어 승전국과 서명국의 지위를 얻지 못하고 배상대상국에서도 제외되는 상황이 되었다. 따라서 일본은 한일기본조약에서 한국을 한반도에서 유일한 합법정부라는 사실을 인정하고, 배상이 아니라 독립축하금이나 경제협력지원금의 명목으로 청구권 문제를 해결하려고 하였기 때문에 여전히 미제로 남게 되었다.

더욱이 한국과 일본 간에 맺은 한일기본조약에서는 독도에 대한 사항을 조문에 담지 못하는 결과를 낳았다. 한국은 카이로선언, 포츠담선언, 일본의 항복문서, 샌프란시스코평화조약 등과 같은 국제선언이나 조약에서 한국을 독립해야 하는 국가로 인정하였다. 그런 점에서 일본은 독립국으로 소유한 영토를 인정해야 할 필요가 있다. 그러나 실제로 국제선언이나 조약에서 독도에 대한 구체적인 규정이나 언급이 없었고, 조문으로 규정하지 못하였다. 적어도 한일기본조약에서는 독도 영유권에 대한 조문을 규정했어야 했지만, 의견차이와 대립으로 독도문제는 정치적이며 전략적인 차원에서 보류로 결정하고 말았다. 따라서 한국과 일본 간에 독도영유권을 둘러싼 논쟁이 지속되고 있는 것이다.

4. 한일청구권협정 논쟁

한일기본조약의 부수협정으로 맺은 이른바 '재산 및 청구권에 관한 문제의 해결 및 경제협력에 관한 일본국과 대한민국 간의 협정'(財産及び請求權に関する問題の解決並びに経済協力に関する日本国と大韓民国との間の協定, 이하 청구권협정이라 칭함)은 협정내용을 둘러싸고 많은 논란을 일으키고 있다. 한일청구권협정에서 제시한 무상 3억 달러와 유상 2억 달러의 명분이나 대가가 무엇인지가 명확하게 되어 있지 않다. 일본이 내세운 독립축하금 또는 경제협력기금인지 아니면, 식민지배상금, 미지급금, 재정 및 민사적 채권반환금, 위안부나 강제징용자에 대한 보상이나 배상인지 명확하지 않다. 청구권이라는 의미만을 보면, 한국이 일본에게 무엇인가에 대해서 요구하여 받아야 하는 대가라는 의미가 강하여, 일본이 한국에게 주어야 할 부채라는 의미로 해석할 수 있다.

다음은 부수협정으로 맺어진 한일청구권협정에 대한 한국과 일본의 해석과 입장의 차이, 그리고 갈등의 원인이 되고 있는 요소를 소개한 것이다.

〈표 30〉 한일청구권협정 논쟁[182)]

구분	내용
청구권의 성격논쟁	한국과의 청구권 문제를 해결하기 위해 1965년 6월 22일에 맺은 일본국과 대한민국과의 사이의 기본관계에 관한 조약(日本国と大韓民国との間の基本関係に関する条約)과, 재산 및 청구권에 관한 문제의 해결 및 경제협력에 관한 일본국과 대한민국간의 협정(財産及び請求權に関する問題の解決並びに経済協力に関する日本国と大韓民国との間の協定)을 맺었다. 협정에 의해 청구권으로 받은 5억 달러가 독립축하금, 발전도상국지원, 경제협력, 식민지 지배배상 또는 보상 등 어떤 성격으로 지급되었는지를 밝혀야 한다.

청구권대상논쟁	- 한국은 한일교섭 중에 일본군인군속, 관리의 미지불급여, 은급, 그 이외 접수재산 등에 대한 청구권을 요구하였다. 그런 요구에 대해서 일본은 '한국 측의 징용자명부 등 자료 제출을 조건으로 개별상환'을 제안했다. 한국은 '개인에 대한 보상은 한국 정부가 하기 때문에 일본은 한국 정부에 일괄적으로 지급해달라'(個人への補償は韓国政府が行うので日本は韓国政府へ一括して支払って欲しい)라고 요구하였다. - 청구권 초기 교섭과정에서 일본은 한국 정부에 일괄지불을 승인했지만 21억 달러와 각종현물반환은 거부하였다. 일본은 청구금액을 한국 정부와 협의 후 독립축하금(獨立祝賀金)과 발전도상국지원(發展途上国支援) 등의 명목으로 무상 3억 달러, 유상 2억 달러, 민간차관 3억 달러의 공여와 융자를 합의하였다. 그 중에서 무상 3억을 정한 기준과 근거, 내용이 무엇인지를 밝혀야 한다. 한국이 요구한 '일본군인군속, 관리의 미지불급여, 은급, 그 이외 접수재산, 개별차원의 청구권, 위안부배상, 강제징용배상' 등이 포함되어 있는지에 대해서 명백하게 밝혀져야 한다.
강제징용배상논쟁	- 청구권협상과정에서 한국 정부는 '강제징용, 징병피해자 등 다대한 피해를 입었다'(强制徵用, 徵兵被害者など多大な被害を受けた)고 주장하였고, 일본 정부는 '한국 정부에 증명할 의무가 있다'(韓国政府に証明義務がある)고 하여 증거자료제시를 요구했다. 한국 정부는 관련자가 103만여 명이라고 하였다. 이 수치에 대해서 2005년 1월 20일 교섭에 참가했던 정일영 외무차관은 '증거능력이 없다'(証據能力のない), 적당한 산출(適当に算出)이라고 증언하였다. 2009년 한국 정부는 약 12만 명 강제동원이 확인되었다고 발표했다. 이 문제는 청구권의 의제였기 때문에 한일청구권 협정에 반영되었는지 안 되었는지를 명확하게 규정할 필요가 있다. 그러나 청구권협정을 맺은 이후 한국에서 제2조 청구권 문제가 완전 그리고 최종적으로 해결된 것을 확인한다라는 조항과는 별개로 개별청구권자에 의한 배상소송이 진행되면서 개별청구권의 해결 여부에 대한 논쟁이 일어났다. - 한국 정부는 개별청구권에 대해서 적극적으로 요구하거나 해결됐다는 주장을 하고 있지 않고 있고, 당사자에게 맡기고 있는 상황이다. 한국의 개별청구권 당사자로서 일부 승소판결을 받아 일본 정부와 관련기업에 배상을 요구하였다. - 아베제2차내각의 기시다 외무대신(岸田外務大臣)은 2013년 5월 22일 중의원 외무위원회에서 구 일본군위안부 보상에 대해서 한일국교정상화시의 청구권협정으로 '해결된 것을 확인하고 있다. 분쟁은 존재하지 않는다'(解決されたと確認されている.紛争は存在しない)라고 발언하였다. 그리고 2018년 한국대법원의 배상판결에 대해서 일본 정부는 1965년 청구권협정으로 제2조에서 규정한 내용인 '완전 또는 최종적으로 해결(完全かつ最終的な解決)했다'는 입장을 취하고 배상을 거부하고 있다.
	- 위안부배상에 관련해서 일본 정부는 청구권협정 제2조에 근거해서 '완전 그리고 최종적으로 해결(完全かつ最終的な解決)했다는 입장을 주장하고 있다. 문재인 정부는 각 법원의 판결을 존중한다는 입장을 고수하여 일본의 입장과 상반된 주장을 하였다. 2021년 한국법원은 위안부에 대한 배상을 하라는 판결을 내려 일본 정부는 강하게 반발하였다. - 한일 정부가 맺은 한일위안부합의에 대한 한국 정부의 파기는 부당한 것인가, 아니면 정당한 것인가 하는 논쟁이다. 한국 정부와 일본 정부는 2016년 위안부합의를 통해 일본 정부가 사죄를 하고 정부예산 10억 엔을 위로금으로 전달하였다. 그러나 2017년 문

위안부배 상논쟁	재인 정권이 들어서고 한일위안부합의는 당사자의 의견이 반영된 것이 아니기 때문에 2018년 한일위안부합의를 파기하여 위안부문제가 다시 원점으로 돌아갔다. 일본 정부는 국제법위반이며 국가간의 약속이기 때문에 준수되어야 한다는 점을 강조하고 있다.
청구자금 및 일본 자산행방	- 한국은 무상 3억 달러, 유상 2억 달러, 민간차관 3억 달러 등 총 8억 달러를 받아 어떻게 사용했는지에 대한 내용을 밝혀야 한다. 한국 정부의 8억 달러의 사용처에 대한 검증이 필요하다. 그 중에서 개인에게 어떤 명목으로 얼마나 지급되었는지를 밝혀야 한다. - 일본의 대한 청구권에 대해서는 한국이 미국에 조회한 결과, 1945년 12월 미군정법령 제33조 귀속재산관리법(米軍政法令第33条歸属財産管理法)에 의거, 미군정부관할지역에 있는 모든 일본의 국유 및 사유재산을 미군정부에 귀속시킨다고 결정하였다. 그리고 일본은 1952년 샌프란시스코강화조약 제2조(a)에서 '일본국은, 조선의 독립을 승인하고, 제주도, 거문도 및 울릉도를 포함한 조선에 대한 모든 권리, 청권 및 청구권을 포기한다(日本国は, 朝鮮の獨立を承認して, 済洲島, 巨文島及び鬱陵島を含む朝鮮に対するすべての権利, 権原及び請求権を放棄する)'라고 하여 청구권을 포기하였다. 일본이 통치 기간 한반도에 남겼다고 주장하는 53억 달러의 자산은 한국을 점령한 미군에 의해 접수되었을 가능성이 높다. 이 자산의 사용처를 밝힐 필요가 있다.

일본은 한일청구권협정에 근거해서 지불한 청구금액에 과거 식민지에 대한 배상, 미지급금 및 재정 민사적 채권, 독립축하금 및 도상국지원금 등이 모두 포함되어 한국의 일본에 대한 모든 청구권이 해결된 것으로 인식하고 있다. 그러나 한국은 한일청구권협정에 대한 일본 정부의 해석이나 인식과는 다르게 인식하고 있다. 한국대법원의 배상판결에 대한 한국 정부의 입장을 보면, 개별청구권은 여전히 미해결된 것으로 해석하고 있는 듯하다. 그렇듯이 한일청구권을 둘러싸고 한국과 일본, 일본당사자와 한국당사자는 첨예하게 대립하고 있고, 여전히 해결하지 못한 채 역사적 논쟁과 현실적 분쟁으로 이어지고 있다.

한국과 일본은 한일청구권협정 제3조에서 청구권협정을 둘러싼 갈등이나 분쟁이

---

182) 山本晴太(著), 川上詩朗(著), 殷勇基(著), 張界滿(著), 金昌浩(著), 青木有加(著), 2019,『徴用工裁判と日韓請求権協定: 韓国大法院判決を読み解く』, 現代人文社. 전시 하에서 일본으로 끌려가 급료도 지급받지 못한 채 강제당한 13세 소녀가 무상노동을 강제한 일본기업을 상대로 위자료 지불을 요구하여 재판에서 인정받았다. 2018년 10월 한국대법원판결은 강제징용배상을 명하였다. 강제동원규모와 배경, 강제동원 모집, 관리알선, 강제징용, 여자근로정신대, 한일청구권협정 내용과 해석, 협정체결과정, 경제협력지원, 5억 달러 지원명목, 징용공미지불임금, 위자료 등 개인청구권도 완전 최종적으로 해결됐는지, 노무현 정부시절 징용공문제가 청구권에 포함됐다는 해석과 2018년 개인청구권을 인정한 것과의 모순, 청구권을 둘러싼 분쟁해결방법, 일본 정부의지대로 국제사법재판소의 제소는 가능한지, 일본기업이 배상판결에 응하지 않을 경우 등에 대해서 논하고 있다.

일어날 경우를 대비해서 해결방법을 명문화하였다. 다음은 청구권분쟁에 대한 해결방법을 둘러싼 한일 간의 논쟁을 소개한 것이다.

〈표 31〉 청구권분쟁 해결방법 논쟁

구분	내용
청구권분쟁해결 근거	제3조 양국은 이 협정의 해석 및 실시에 관한 분쟁을 외교로 해결하고, 해결되지 않은 경우는 중재위원회의 결정에 따른다(両国はこの協定の解釋及び実施に関する紛争は外交で解決し, 解決しない場合は仲裁委員会の決定に服する)라고 규정하여, 한일간에 청구권의 분쟁방법을 명문화하였다. 그러나 현재 분쟁이 일어났지만 이 방법으로 해결되지 않고 있는 상황이다.
청구권분쟁해결방법	분쟁해결은 3가지 경로로 생각할 수 있다. 제1경로는 분쟁발생-외교통로해결이다. 제2경로는 외교통로결렬 시 한일이 30일이내 각각 중재인 1명 지명-30일이내 합의한 제3국의 제3중재인 선정-중재위원회구성(체약국 중재인 2명+제3국 중재인 1명)-중재사안결정-중재위결정에 승복' 등이다. 제3경로는 제2경로에서 한일 또는 한 국가가 중재인 미선정시 중재위원회선정(30일이내 한일이 각각 선정한 제3국가가 중재인 각 1명씩선정-한일선정한 국가가 다시 제3국가 선정하고 1명 중재인선-중재위원회구성(타국 2명+제3국 1명)-중재사안결정-중재위결정에 승복' 등이다.
청구권분쟁방법논쟁	- 2018년 한국대법원에 의한 강제징용배상판결이 내려지면서 한일간에 청구권분쟁이 발생하였다. 일본 정부는 분쟁을 외교적으로 해결하도록 청구권협정 제3조에 규정하고 있지만 보상문제는 대상외라고 주장하였다. 그리고 국제사법재판소에 제소를 통해서 해결하거나 중재위원회를 구성해서 해결할 것을 주장하고 있다. 그런 입장에 대해서 한국 정부는 개별청구권을 이행하도록 요구하는 재판에서 법원의 판단을 존중한다고 하여 분쟁위원회 구성에 미온적으로 대응하였다. - 제1경로, 제2경로, 제3경로 모두 결렬됐을 경우는 어떻게 할 것인가 하는 점은 협정내용에서 정하고 있지 않다. 만약 분쟁 해결을 위해 제3조규정에 대응하지 않는다고하여 다른 수단을 동원하는 경우 조약 및 협정에 위배되는가 하는 점이다. 그리고 한쪽 국가가 중재 대신에 소송을 통해서 해결하는 것은 협정에 저촉되는가 아닌가 하는 문제이다. 국가 간의 협정은 협정을 한 국가가 지켜야 하기 때문에 그에 따르지 않으면, 협정 위반이 될 수 있다. 현재 한일 간에는 청구권 자체에 대한 해석차이가 있어 복잡해지고 있다. - 개인이 소송을 통해서 해결하는 방법은 별개의 건으로 인식할 수 있어 협정 위반이 안 될 수 있다고 해석할 수 있다. 이것은 사안에 대한 당사자 간의 대응으로 국가 간의 청구권협정과는 별건으로 해석할 수 있다. 현재 한일청구권 규정에는 개인청구권 문제에 국가가 개입하거나 대응할 수 있는 내용이 없다. 그런 점에서 본다면, 현재 강제징용을 둘러싸고 벌이는 개별소송 결과에 대해서 한국 정부와 일본 정부가 개입하는 것은 정치적 대응과 전략 차원에서 이루어지고 있는 것이라고 해석할 수 있다.

협상담당자들이 분쟁 해결 방안을 제시하고 문서화한 것은 이미 그 시점에서 한일

기본조약이나 청구권협정이 미완의 해결안이라는 것을 인지하고 있다는 사실을 반증하는 것이다. 한일청구권에 규정한 청구금과 내용으로 식민지배배상, 재정 및 민사적 채권, 강제징용문제, 종군위안부문제, 각종 손해배상 및 보상 등을 해결할 수 없다는 것을 알면서도 한일기본조약과 청구군협정을 체결한 것이다. 그렇기 때문에 분쟁발생 시 해결방법과 구제책으로 제3조 규정을 마련했던 것이다. 한국과 일본은 각자의 입장에서 각자의 주장을 하고 있는 상황이고, 당사자는 재판을 통해서 청구권을 요구하고 있다. 따라서 분쟁해결규정을 넘는 상황이 발생하면, 한국 정부, 일본 정부, 일본의 당사자, 한국당사자 등이 합의해서 해결하는 것이 타당할 수 있다.

한국의 당사자에 의한 개인청구권 주장에 관해서 일본 정부는 일본국내에서 재산, 권리 및 이익에 대해 외교적 보호권뿐 아니라 권리도 소멸되었다고 인식하고 있고, 청구권에 대해서는 외교적 보호권의 포기라는 관점을 취하고 있다. 그러나 1991년 8월 27일 야나이 슌지(柳井俊二) 조약국장은 참의원 예산위원회에서 '일한청구권 및 경제협력협정은 개인청구권 그 자체를 국내법적인 의미로 소멸시킨 것이다. 일한양국 간 정부는 그것을 외교적 보호권의 행사로 취할 수 없다는 의미이다', 그리고 '개인의 청구권이라고 하는 것이 있다면, 그것은 그 외교적 보호의 대상이 되지 않지만, 그런 형태로 존재할 수 있는 것이다'(個人のいわゆる請求権というものがあるとすれば, それはその外交的保護の対象にはならないけれども, そういう形では存在し得るものであるということでございます)라고 답변했다. 이것을 근거로해서 한국에서는 개인청구권 소송을 제기하였다.[183)]

〈표 32〉 한일청구권관련 참고자료

구분	자료
국제선언 자료	- 카이로선언(일본국에 관해서 영국, 미국, 중화민국의 선언 1943년 12월 1일) - 포츠담선언(영국, 미국, 중화민국, 1945년 7월 16일) - 샌프란시스코평화조약(연합국과 일본, 1951년 9월 8일)

183) 야나이 슌지(柳井俊二, 1937년)는 일본외교관, 주미대사, 2005년 국제사법재판소의 판사, 2011년 동재판소 소장 등을 역임했다. 그는 청구권협정 제2조 1항에서 말한 것은 재산, 권리 및 이익, 청구권 등이 외교적 보호권의 방기하고 있는 것이지만, 일본 정부는 국내법으로 재산, 권리 및 이익을 실체적 권리를 소멸시킨다는 의미에서 외교적 보호권과 실체적 권리를 소멸시키고 있다. 청구권에 대해서는 외교적 보호의 방기라는 상태에 있다. 개인청구권이 있다고 한다면, 그것은 외교적 보호의 대상이 되지 않지만, 그런 형태로 존재하고 있다는 점을 지적하고 있다.

강제징용 자료	- 미시마쓰건설강제노동사건상고심판결(西松建設強制労働事件上告審判決, 최고재판소 2007년 4월 17일 판결, 중국인징용배상판결) - 일본변호사연합회와 대한변호사협회의 공동선언 (2010년 12월 11일) - 일본제철징용공사건상고심판결 (한국대법원 2012년 5월 24일 판결) - 일본제철징용공사건재상고심판결 (한국대법원 2018년 10월 30일 판결) - 전 징용공의 한국대법원판결에 관한 변호사유지성명 (2018년 11월 5일)
한일청구권 자료	- 한일청구권 및 경제협력합의의사록1(日韓請求権並びに経済協力協定合意議事録(1), 1965년 6월 22일) - 한일기본조약(1965년 6월 22일) - 한일기본조약 및 경제협력협정(日韓請求権並びに経済協力協定) 즉 재산 및 청구권에 관한 문제해결 및 경제협력에 관한 일본국과 대한민국간의 협정, 1965년 6월 22일(財産及び請求権に関する問題の解決並びに経済協力に関する日本国と大韓民国との間の協定 · 1965年6月22日) - 청구권협정연표
한일정부 자료	- 한일공동선언 - 21세기를 향한 새로운 한일파트너십(1998년 10월 8일) - 야나이슌지(柳井俊二) 외무성조약국장 국회답변 (1991년 8월 27일 참의원예산위원회 및 제121회국회참의원예산위원회 회의록3호10항) - 이토 데쓰오(伊藤哲雄)외무성조약국법규과장 제2차세계대전후의 일본의 배상 및 청구권처리(외무성조사월보 1994년 1호 112항) - 일중공동성명(1972년 9월 29일) - 한국관민공동위원회(한일회담문서공개후속관련민관공동위원회 개최에 관한 국무조성실보도자료, 2005년 8월 26일)

한일청구권협정에 의거한 한일청구권 자금의 사용 용도는 크게 보면, 대일청구권에 대한 보상과 경제발전협력기금이라고 할 수 있다. 한국 정부의 사용도가 밝혀지면서 개인청구권을 둘러싼 법적 공방과 한일공방이 발생하고 있다. 일본은 한국에 3억 달러 일본국의 생산물 및 일본인의 역무, 2억 달러 일본인의 생산물 및 역무, 3억 달러 민간차관(1965년) 등을 순차적으로 제공하였다. 한국 정부는 협정으로 받은 무상 및 유상원조자금을 일본에 대해서 채권을 가진 개개인에게 지불하지 않고 자국의 경제기반정비를 위해 사용한 것으로 1976년『청구권자금백서』에서 밝혔다. 한일청구권자금은 일본과 합의한 '대한민국의 경제발전에 기여하는 것에 사용되어야 한다'(大韓民国の経済の發展に役立つものでなければならない)라는 규정에 의거 사용되었다. 한국 정부는 자금 대부분을 도로, 댐, 공장건설, 인프라정비, 기업투자 등에 사용한 것으로 알려졌고 그것이 한강의 기적을 만들었다고 평가하였다.

다음은 한국 정부가 일본으로부터 받은 청구권자금의 사업내용이 담긴『청구권자금백서』의 내용을 소개한 것이다.[184)]

〈표 33〉 한일『청구권자금백서』의 사업내용

구분		사업내용
제1편 총설	제1장 청구권자금의 도입 배경과 사용 기준	제1절 한일 국교정상화의 배경과 경위, 제2절 대일청구권자금의 성격과 규모, 제3절 청구권자금의 사용 기준
	제2장 청구권자금의 운용관리체제	제1절 운용 및 관리기구, 제2절 자금의 도입절차, 제3절 도입 자재의 관리체제, 제4절 도입 기자재의 사용에 대한 사후처리, 제5절 청구권자금 특별회계의 운용
	제3장 청구권자금의 도입 실적과 활용	제1절 연차별 도입 계획 및 실적 총괄, 제2절 부문별 및 수요기관별 사용실적, 제3절 원화 자금의 조성과 활용
	제4장 대일청구권자금의 부문별 기여	제1절 농림 부문, 제2절 수산 부문, 제3절 광공업 부문, 제4절 과학기술개발 부문, 제5절 사회간접자본 확충 및 기타 서비스 부문
	제5장 대일청구권자금의 투자효과 분석	제1절 자본재, 제2절 국제수지
제2편 청구권자금의 부문별 집행실적	제1장 농림 부문	제1절 농업용수개발사업, 제2절 농업기계화사업, 제3절 농업증산사업, 제4절 농사시험연구 및 지도사업, 제5절 연초경작 현대화, 제6절 저위생산지 개발, 제7절 산림사업
	제2장 수산업 부문	제1절 어선 도입 및 건조, 제2절 시험선 도입, 제3절 지도선의 도입 및 건조, 제4절 어선장비개량사업, 제5절 어선동력개량사업, 제6절 수산물처리가공시설사업, 제7절 수산증식사업, 제8절 어업기본시설의 확충, 제9절 어업전진기지확충, 제10절 연구 및 훈련사업, 제11절 수산시험기기 도입
	제3장 광공업 부문	제1절 포항종합제철공장 건설, 제2절 산업기계공장 확장, 제3절 중소기업의 육성 및 농수산진흥공장 건설, 제4절 광업 개발, 제5절 원자재 도입
	제4장 과학기술개발 부문	제1절 각급 학교 실험실습시설 도입, 제2절 기상예보시설, 제3절 한국과학기술연구소 연구시설 확충, 제4절 원자력연구시설 확충, 제5절 원자력기술 훈련, 제6절 방사선의학연구, 제7절 방사선농학연구, 제8절 천문대 시험기기 도입, 제9절 세관검사 분석시설 도입, 제10절 계량표준제도 강화

184) 韓国経済企畵院, 1976,『請求権資金白書』, 韓国経済企畵院.

	제5장 사회간접자본 및 기타 서비스 부문	제1절 소양강 다목적댐 사업, 제2절 경부고속도로 건설, 제3절 건설장비 확장, 제4절 금강유역 개발, 제5절 상수도 건설사업, 제6절 수리 간척 및 준설사업, 제7절 남해대교 가설사업, 제8절 한강철교 복구, 제9절 철도시설 개량, 제10절 해운진흥 사업, 제11절 육상운송 및 하역시설 확장, 제12절 영동화력발전소 건설, 제13절 송전·배전·변전시설 확충, 제14절 시외전화시설 확장, 제15절 대청댐 타당성 조사, 제16절 항만조사관측사업, 제17절 홍수예경보시설, 제18절 수리시험사업
실적예		신곡양수장(김포군), 월성배수장 내부기계(뒤젤엔진 310HP), 토석 마운틴, 착정, 지하수 양수, 동력 살분무기살포, 경지정리사업, 경운기, 우유처리시설, 자동제사기, 호흡대사실험실, 저인망어선 조업, 어선동력 개량(1,000HP), 원양어장 조사용 시험선, 어업지도선(관악산호 200톤), 어업무선국 전경(경남후포), 어업무선국 내부시설, 욕지도 어업전진기지, 청산도 어업전진기지, 굴 양식, 인천 제빙처리가공공장내부, 어선급유 유조선, 수산시험용 만능투영기, 포항제철, 산업기계공장, 광업용 기계, 가스채색 인쇄기, 항공조종실교육용 항공기, 광업실험실습기, 고속정밀 선반기계, 중성자 회절장치, 농업용 발동기 마력측정기, 농약 실험용 시료측정기, 발광분광 분석장치, 한강 홍수통제소(관악구 동작동), 아미노산 분석장치, 소양강 다목적댐, 경부선 고속도로, 준설선(제1간척호), 남해대교, 건설장비, 지원동 정수장 침전지, 전동차, 화물선 레가호(5, 982톤), 수송장비(담프트럭), PCM 반송 단국장치

한국 정부는 청구권에 근거해서 일본으로부터 받은 자금 무상 3억 달러와 유상 2억 달러 등에서 개인에 대한 보상금이 포함되어 지불했는지가 불명확하다.『청구권자금백서』의 사업내용을 보면, 자금이 개인보상금으로 사용될 수 있는 항목으로는 제1편 총설 제2장 청구권자금의 운용관리체제에서의 제5절 청구권자금 특별회계의 운용이다. 이 부분을 제외하고는 개인에게 보상금으로 책정한 사업내용은 부재한 것으로 보인다. 무상원조 3억 달러 분을 포함하여 당시 일본으로부터 받은 청구권자금은 경제발전에 사용하였다는 것으로 밝혀졌다.

다음은 기획재정부가 1976년 발표한『청구권자금백서』에서 밝힌 한일청구자금의 실제 사용내역을 소개한 것이다. 그 중에서 일본으로부터 무상으로 받은 3억 달러의 내역을 소개한 것이다.[185)]

185) 韓国経済企畫院, 1976,『請求権資金白書』, 韓国経済企畫院.

〈표 34〉 기관별 무상자금 3억 달러 사용실적(단위 : 천 달러, %)

부처별	사업명	사용	
		금액	구성비
문교부	각급학교실습시설도입	6,779	4.5
	행양실습선건조	6,700	
	소계	13,479	
농수산부	농촌용수개발	16,421	10.3
	축산장려	1,854	
	농업기계화	6,521	
	농업증산	6,048	
	소계	30,844	
산림청	산림사업	1,705	0.6
수산청	어선도입	3,598	9.1
	어선건조 및 도입	8,317	
	시험선도입	5,139	
	지도선도입 및 자료	968	
	어선장비개량	1,760	
	어선동력개량	1,820	
	수산물처리가공시설	1,392	
	수산증식사업	1,322	
	어업기본시설	1,855	
	어업전진기치확충	325	
	연구 및 훈련사업	115	
	수산시험기계도입	565	
	소계	27,176	
포항종합제철	포항종합제철공장건설	30,800	10.3
상공부	광업개발	639	0.2
한국전력	송배전시설	3,666	1.2
농촌진흥청	농촌지도 및 농공이용	3,205	10.3
과학기술처	기상예보시설	1,435	2.1
	KIST연구시설확충	2,685	
	원자력연구시설확충	1,088	

	이상관측훈련	217	
	의학연구	297	
	농업기상관측	137	
	천무대시험기도입	200	
	저위생산지개발(低位生産地開發)	325	
	소계	6,384	
관세청	세관검사분석시설도입	526	1.2
공업진흥청	경량표준제도강화	199	1.1
건설부	금강개발수리시험	1,629	0.8
	대청댐타당성조사	595	
	항만조사관측	139	
	소계	2,363	
외환은행	원자재고입	132,825	44.3
전매청	담배경작현대화	331	0.1
생산감정 은행수수료		45,859	15.3
계		300,000	100

한국은 일본으로부터 받은 청구권자금과 지원금은 포항종합제철, 소약강댐, 경부고속도로, 한강철교, 영동화력발전소 등을 건설하는 한편 경제발전을 이루는 데 사용하였다. 무상 3억 달러의 사용처를 보면, 원자재도입 44.3%, 농촌지도 및 진흥 10.3%, 포항종합제철공장건설 10.3%, 농수산부 10.3% 등으로 사용되었다. 특이한 것은 담배경작현대화에 자금이 투입되었다는 점이다. 무상 3억달의 사용처를 보면, 개인에게 보상의 명목으로 직접 지급한 내역은 없다. 따라서 무상 3억 달러를 받고 개인보상으로 지급되지 않았다는 것을 알 수 있다.

다음은 한일청구권협정으로 일본으로 받은 유상자금 2억 달러의 실제사용내역을 소개한 것이다.[186)]

186) 韓国経済企畫院, 1976,『請求権資金白書』, 韓国経済企畫院.

〈표 35〉 기관별 유상자금 2억 달러 사용실적(단위 : 천 달러, %)

부처별	사업명	사용	
		금액	구성비
한국전력	영동화력건설	1,780	0.9
포항제철	포항종합제철건설	88,680	44.3
한국기계	산업기계공장확장	2,813	1.4
건설부	산업기지개발공사	1,477	0.7
	소양강다목적댐	21,613	10.8
	홍수예보시설	6,144	3.1
	경부고속도로	2,187	1.1
	남해교가설	9,808	4.9
	소계	41,229	20.6
내무부	경부고속도로건설	749	0.4
	건설장비확충	6,500	3.2
	소계	7,249	3.6
농수산부(농개공, 農開公)	농수산진흥공장	2,309	1.2
대전시	상수도확장	1,515	0.8
광주시	상수도확장	1,680	0.8
청주시	상수도확장	900	0.5
대한통운	육상수송 및 하역사업	2,594	1.3
체신부	시가전화시설확장	4,193	2.1
철도청	철도시설개량	20,271	10.1
	한강철교복구	892	0.5
	소계	21,163	10.6
교통부	해운진흥사업	8,172	4.1
대한준설공사	준설사업	3,299	1.6
중소기업은행	중소기업육성	22,232	11.1
계		200,000	100.0

유상차관 2억 달러의 사용처를 보면, 포항제철건설 44.3%, 경부고속도로 건설 1.1%, 내무부 0.4%, 철도시설정비 10.1%, 소양강댐 10.8%, 중소기업육성 11.1%로 사용되었다. 역시 유상차관 가운데서도 개인에게 보상의 명목으로 지불된 내역

은 나타나지 않고 있다. 그런 점에서 본다면, 무상 3억 달러와 유상 2억 달러 가운데 개인에게 보상이나 배상금 명목으로 직접적으로 지급된 자금은 없는 것으로 나타났다. 한국에서는 한일청구권으로 제공받은 자금이 개인 보상으로 지급되지 않고 산업육성이나 인프라정비, 기간시설정비에 사용함으로써 다른 목적으로 사용했다는 이유로 제소하는 사건이 벌어졌다. 2014년 한국재판부는 한일청구권협정으로 받은 자금을 산업육성이나 인프라정비, 다른 목적에 사용한 것에 대해서 '법률에 따른 것으로 위법행위라고 볼 수 없다'(法律に沿うもので違法行為とは見ることはできない)라는 이유로 기각하여 원고가 패소하였다. 그 이후 한국 정부와 당사자가 청구권 협정에 대해서 정식으로 문제를 제기하기 시작했다. 또한 한국의 개인들은 일본과 일본의 관련기업에 직접적으로 배상을 청구하는 상황으로 전개되어 한일 간의 문제화되고 있다.

다음은 한국과 일본 사이에서 한일청구권을 둘러싸고 벌어지고 있는 다양한 움직임을 소개한 것이다.

〈표 36〉 개인보상을 둘러싼 대응현황

구분	내용
개인보상 실태	- 한국 정부는 1971년 '대일민간청구권신고에 관한 법률'(対日民間請求権申告に関する法律) 및 1972년 '대일민간청구권보상에 관한 법률'(対日民間請求権補償に関する法律, 1982년 폐지)를 제정하여 보상을 하였다. 군인, 군속, 노동자로 소집 및 징집된 사람의 유족에게 개인보상금으로 1인당 30만 원(2.24만 엔)을 지불하였다. 개인보상총액은 약 91억 원(5.8억 엔)으로 무상자금 3억 달러(1,080억 엔)의 5.45%에 불과했다. 그 자금은 어떤 자금으로 지불되었지를 밝힐 필요가 있다. 1976년 발표한『청구권자금백서』에서는 그런 기록이 없다. 오직 경제와 기간시설에 투자된 무상 3억, 유상 2억의 사용내역을 기록하고 있기 때문이다. - 노무현 정부는 당시 위안부 등 일부 개인에 대한 보상을 대상외라는 성명을 발표하고 청구권을 청구하는 것이 협정에 맞지 않는다고 판단하여 보상을 실시하였다. 징용, 징병피해자보상은 1965년 한일청구권협정에서 종결된 것으로 보았고 다만 그때 돈을 경제건설에 투자하여 피해자구제에 소홀한 점을 인정하여 2007년 특별입법으로 보상해 주었다. 2007년 특별입법으로 2015년까지 징용피해자 7만 2,631명에게 사망자 유족 2,000만 원, 부상자 1,000만 원씩 모두 6,184억 원 지급했다. 이렇게 해서 징용 및 징병피해자문제는 일단락되었다고 결론을 내렸다. - 2005년 노무현 정부는 일본국에 대해서 새로운 배상청구를 주장하였다. 노무현 정부는 민관공동위원회를 구성해서 '일본군 위안부, 사할린 한인, 조선인 원폭피해자문제' 등 3개항에 대해서 일본 정부의 법적 책임이 남아 있다고 결론내렸다. 즉 위안부, 사할린잔류한국인, 한국인원폭피해자 문제는 한일청구권협정의 대상외라고 주장하고 배

	상을 요구하였다. 한국에서는 한국 정부와 배상관련자들에 의해 배상을 요구하는 목소리가 커지고 법적 소송으로 전환되는 계기가 되었다.
한국 정부의 의사록	- 한국에서는 2005년 1월 17일 한국 측의 기본조약 및 부수협약의 의사록 일부가 공개되었다. 한국 정부는 공표와 동시에 '일본 정부나 구 일본군이 관여한 반인도적인 불법행위는, 청구권협정으로 해결된 것으로 볼 수 없고, 일본의 법적 책임이 남아있다'(政府や旧日本軍が関与した反人道的不法行為は, 請求権協定で解決されたとみられず, 日本の法的責任が残っている)라는 성명을 발표하였다. - 의사록공개로 일본과 한국 간의 개인청구권에 대해 당해 조약의 본문에서 '완전 그리고 최종적으로 해결했다'(完全かつ最終的に解決した). '1945년 8월 15일 이전에 발생한 청구권도 주장할 수 없다'(1945年 8月 15日以前に生じたいかなる請求権も主張もすることができないものとする)라는 문언이 명기된 사항에 대해서 문제를 제기하였다. 한국은 2005년 8월 26일 추가적으로 공개하였고, 공개 전 국익을 현저하게 해할 수 있는 부분은 비공개하였으며, 공개문서는 156책, 35, 354페이지였다. 의사록이 공개되면서 교섭에 불만을 가진 일부는 재교섭을 요구하고 조문의 보전을 요구하고 있다. - 일본 정부는 의사록공개에 대해서 일조교섭(日朝交渉)에 영향을 주는 것으로, 한국 정부에 대해서 비공개를 수시로 요청하였다. 그리고 당시 마치무라 노부다카(町村信孝) 외상은 특단의 코멘트가 필요하지 않다고 하였다.
한국대법원판결	- 2009년 8월 14일 서울행정재판소에 의한 정보공개로 한국인의 개별보상은 일본 정부가 아니라 한국 정부에 요구해야 한다는 사실이 알려졌다. 일본에 대한 징용피해자의 미지급임금청구는 곤란하다는 사실을 한국 정부가 공식적으로 표명하였다. 한국은 1965년 대일청구권자금으로 모든 청구권은 종료되었다고 인식하였다. - 2012년 5월 23일 한국대법원은 일본기업의 징용자에 대한 배상책임을 인정했다. 한일병합이후 발생한 일본기업에 의한 징용자의 배상청구를 처음으로 법적으로 인정하였다. 한국대법원은 전 징용공 8명이 미쓰비시(三菱重工業)와 신일본제철(新日本製鉄)을 상대로 일으킨 손해배상청구소송의 상고심에서 원고패소판결의 원심을 파기하고 원고승소 취지로 각각 부산고등법원과 서울고등법원에 돌려보냈다. 한국대법원은 '1965년에 체결된 한일청구권협정은 일본의 식민지 지배의 배상을 청구하기 위한 교섭이 아니기 때문에, 일본제국이 범한 반인도적 불법행위에 대한 개인의 손해배상청구권은 의연하게 유효하다'고 하고, '소멸시효가 지나 배상책임이 없다는 피고의 주장은 신의성실원칙에 반하여 인정하지 않는다'라고 판결했다. 그리고 전 징용공이 일본에서 제기한 소송에서 패소판결을 내린 사안에 대해서 '일본재판소의 판결은 식민지 지배가 합법적이라는 인식을 전제로 한 것으로, 강제동원자체를 불법으로 보는 대한민국헌법의 핵심적 가치와 정면으로 충돌되기 때문에, 그 효력을 승인할 수 없다'고 주장했다. 한국대법원판결 이후 한국의 하급재판소에서는 강제징용자와 징용 유족이 3개의 일본기업(新日鉄住金, 三菱重工業, 不二越)에 손해배상을 요구하였다. 2015년 12월 24일 현재 계류중인 재판이 13건이고 그 가운데 일본기업의 손해배상을 명한 판결이 5건이고, 3건이 한국대법원판결을 기다리고 있다. - 한국대법원 2018년 10월 30일 일본제철징용공사건재상고심판결에서 일본제철은 강징용자 유족에서 1억 원 배상을 하라는 판결을 내렸다.

한국헌법재판소 판결	- 강제징용의 유족들은 원고로서 한국 정부에 의한 징용공에 대한 지원금지급의 금액산정방법이나 대상범위에 대해 불복하고, 지급을 정한 한국의 국내법과 한일청구권협정이 재산권 등을 침해하고 있다고 하여, 한국의 헌법에 위반된다고 하여 헌법재판소에 헌법소원을 제기하였다. - 한국헌법재판소는 2015년 12월 23일 '1965년 체결된 한일청구권협정은 위헌이라는 징용자 유족의 주장에 대해서 심판요건을 충족하지 못했다'고 하여 각하하였다. 즉 헌법재판소는 국내법의 불비를 인정하지 않고, 지원금지급에 관해서 한일청구권협정이 적용되는 법률조항이라고 보기는 어렵다고 하고, 또한 한일청구권협정이 가령 위헌이라고 해도 원고의 청구에는 영향을 미치지 않는다 라고 하여 심판요건을 충족하지 않는다고 각하하였다.
서울중앙지방재판소	- 2016년 8월 23일 서울중앙지방재판소는 신일철주금(新日鉄住金)에 대해서 전 징용공유족들이 계 1억 원의 지불을 명하는 판결을 내렸다. 2016년 8월 25일 서울중앙지방재판소는 미쓰비시중공업에 대해서, 전징용공유족 64명에서 1인당 9,000만 원씩 배상하라고 명하는 판결을 내렸다. 2016년 11월 23일 서울중앙지방재판소는 후지이(不二越)에 대해서 전 여자노동정신대 5명에게 1인당 1억 원의 지불을 명하는 판결을 내렸다.

위에서 확인할 수 있는 것처럼, 한국에서 대법원, 서울중앙지방재판소 등은 한국의 피해자의 소송을 수용하고 일본관련기업에 개인 배상을 하라는 판결을 내리고 있다. 한국법원의 판결은 한일 간에 개인청구권을 둘러싼 갈등으로 현실화되고 있다. 한일 간에 해결하는 방법론과 기준을 정한 한일기본조약이나 한일청구권을 둘러싸고 국가, 개인 당사자, 유족 등의 의견과 해석이 다양하여 논란이 되고 있다. 그것은 한일 간의 갈등, 정부간의 갈등, 당사자간의 갈등, 국민 간의 갈등으로 점차 확산되고 있다. 청구권을 행사하기 위해 개인들은 중재위원회에 의존하기보다는 재판청구를 통해 해결하거나 정치적으로 해결해주기를 바라고 있어 더욱 복잡해지고 있다.

다음은 한일기본조약과 한일청구권을 둘러싸고 벌어지고 있는 부분에 대한 일본 정부나 관련 일본당사자들의 대응을 소개한 것이다.

〈표 37〉 한일청구권분쟁을 둘러싼 일본의 대응

구분	내용
국제사법재판소(ICJ)제소	- 일본 정부는 전 징용공이 배상을 요구하는 소송에서 일본기업에게 배상하는 판결을 내리거나 한국대법원에서 패소가 확정된 경우, 국제사법재판소에 제소하는 방침을 검토한다고 2013년 8월 30일 《산케이신문》이 보도했다. - 2013년 11월 8일 서울에서 열린 한일외무차관급협의에서는 일본의 외무심의관 스기야마 신스케(杉山晋輔)는 한국외무부 김규현 제1차관에게 '전 징용공소송에서 한국대법

	원에 의한 일본기업패소가 확정된 경우, 한일청구권협정에 기초해서 한국 측에 협의를 요구할 방침'이라고 전했다. 그리고 '한국 측이 협의에 응하지 않으면 그리고 협의가 되지 않으면 국제사법재판소에 제소하고, 제3국의 중재위원을 넣어 대응하는 방안을 검토할 것'이라고 표명하였다.
청구권완전해결주장	- 일본 정부는 청구권협정으로 '완전 그리고 최종적으로 해결'(完全かつ最終的な解決)됐다고 지속적으로 주장하고 있다. 기시다 외무대신(岸田外務大臣)은 2013년 5월 22일 중의원 외무위원회에서 '구 일본군위안부 보상에 대해서 한일국교정상화 시의 청구권협정으로 해결된 것을 확인하고 있다. 분쟁은 존재하지 않는다'(解決されたと確認されている. 紛争は存在しない)라고 발언하였다. 협정의 해석이나 실시를 둘러싼 분쟁은 외교적으로 해결하도록 제3조에서 규정하고 있지만, 보상문제는 대상외라는 일본 정부의 입장을 명백하게 하였다. - 일본 정부는 구마라스와미보고(クマラスワミ報告)에 대해서 반론을 하고 있다. 일본의 시민단체에 의한 청구권 미해결설에 대해 반박하고 있다. 일본의 시민단체 강제동원진상규명네트워크(强制動員真相究明ネットワーク)는 당시 일본 정부 내에서 '완전 그리고 최종적으로 해결되었다'는 것은 매매한 상태이며 청구권은 미해결되었다고 인식하고 있다는 오쿠라쇼(大藏省)의 내부자료를 보면 명백하다고 주장했다.

개인청구권에 대한 일본 정부의 주장이나 입장에 대해서 많은 이견이 있다. 1996년 1월부터 2월에 걸쳐 국제인권위원회에 보고된『구마라스와미보고』(クマラスワミ報告)에서는 개인청구권에 대한 일본 정부의 주장에 반론을 제기하였다. '재산 및 청구권에 관한 문제해결 및 경제협력에 관한 일본국과 대한민국간의 협정' 제2조 제2항에서 '양 체약국 및 국민의 재산, 권리 및 이익에 관한 문제가… 완전 또는 최종적으로 해결되었다는 것을 확인하였다'라고 하였다. 그리고 제11조(3)에서 '한쪽의 체약국 및 그 국민의 재산, 권리 및 이익이 있어 … 다른 쪽 체약국의 관할 하에 있는 것에 대한 조치 ….에 관해서는 어떤 주장도 할 수 없다'라고 규정하고 있다. 그리고 일본은 실제로 무상3억 달러를 지불하여 책임을 다했다고 주장했다. 그런 주장에 대해서『구마라스와미보고』는 일본이 한국에 대해서 책임을 다하지 않았다는 반론을 제기했다.

그리고 국제법률가위원회(国際法律家委員会)는 1994년에 공표된 위안부에 관한 조사보고서에서 일본 정부가 언급한 '조약에는 비인도적 처우에 대해서 개인이 행하는 청구권을 포함하지 않고 있다'고 주장했다. 그리고 '청구권에는 불법행위에 의한 청구권을 포함하지 않았고, 합의의사록 또는 부속협정서에서 정한 개인의 권리침해에 관해서 어떤 교섭도 없었고', '전쟁범죄 및 인도에 대한 범죄로 발생한 개인권리의 침해에 관해서도 어떤 교섭이 없었다'고 주장하고 있다. 국제법률가위원회는 대한민국의 경우, 일본과 맺은 1965년 청구권협정이 정부에 대해서 지불되는 배상과 관련된 것으로, 피해입은 개인의 손해에 대한 청구권은 포함되어 있지 않다고 단언했다.

한일기본조약과 청구권협정에는 개인청구권에 대한 처리를 명확하게 규정하지 않았다. 한국 정부와 일본 정부는 청구권자금을 국가발전과 공익을 위해서 투자한 것이라는 점에서 그 사용과 명분의 정당성을 찾고 있다. 그런 명분의 정당성은 개인 이익과 항상 일치하는 것이 아니라는 데 문제가 있다. 만약 한국 정부와 일본 정부가 한일기본조약과 청구권협정에 개인배상부분을 담지 않았다면 책임을 져야할 것이다. 개인배상부분이 포함되어 있었다면, 한국 정부는 개인에게 지불하지 않았기 때문에 조약이나 협정을 준수하지 못한 책임이 있다. 그리고 일본이 독립축하금이나 경제발전 협력기금 명목으로 제공했다면, 일본은 별도로 개인청구권에 대한 책임이 있을 수 있다.

5. 문화재반환 논쟁

근대에 들어서 한국이 식민지 지배를 받고 열강의 이익권에 속하면서 문화재는 해외로 많이 유출되었다. 문화재 전문가들은 문화재청이 조사한 6만 1,409점보다 훨씬 더 많은 한국의 전통문화재가 일본이외에 많은 국가에 있을 것으로 추정하고 있다. 그 중에서도 일본과 일본인이 많이 소유한 것으로 파악되고 있다. 역사적으로 임진왜란과 일제 강점기 등을 거치면서 개인 소장가들에게 흘러 들어간 문화재가 상당할 것으로 예측되었다. 일본 궁내청 등에 소장된 한국 문화재 실태를 조사했던 한국문화유산연구에 따르면, 최소 10만점 이상이 될 것으로 추정하고 있다.

문화재 반환문제는 부수협정에 근거해서 추진되었다. 한반도에서 유출된 문화재 반환문제는 부수협정(付隨協定)으로 '문화재 및 문화협력에 관한 일본국과 대한민국 간의 협정'(文化財及び文化協力に関する日本国と大韓民国との間の協定)을 맺어 대응하였다. 문화재반환협정으로 한일 간의 문화재반환은 탄력을 받아 이루어지는 상황이 되었지만, 다양한 절차와 문제를 내포하고 있어 실현하는 데 많은 시간이 소요되고 있다.

일본은 한국문화재 반환에 대해서 정식절차로 구입한 것, 기증을 받은 것 등 정당한 절차를 거쳐 입수한 것을 반환해야 하는 국제법의 의무가 없다 라는 입장을 취했다. 그런 가운데 정당하게 획득한 문화재를 제외하고, 문화재반환협정에 근거해 문화재의 일부를 한국 측에 전달했다. 당시 협상을 했던 시이나 에쓰사부로(椎名悅三郎)

는 일본이 한국에 반환할 의무가 티끌만큼도 없지만 한국문화재문제에 관해서 결의를 갖고 협력하여 전달한 것이라고 설명하면서 반환이 아니라 전달(引渡し)이라고 표현을 사용하였다. 전달되지 않고 남아 있는 한국 문화재에 대해서 일본은 정당하게 획득한 것이라고 하여 반환 또는 전달을 거부하고 있다.

다음은 한일 간의 문화재반환을 둘러싸고 벌인 한국의 입장과 일본의 입장, 그리고 한일 간의 논쟁을 소개한 것이다.

〈표 38〉 문화재 반환 논쟁

구분	논쟁내용
한국의 입장	- 한국 정부는 유출문화재를 소장하고 있는 일본 정부나 민간기관에 대해 반환을 요구하였다. 그리고 '일본이 자주적으로 조선반도의 문화재를 (북한이 아니라) 한국 정부에 반환해야 한다'(日本が自主的に朝鮮半島の文化財を(北朝鮮ではなく)韓国政府に返還するべきだ)고 주장하였다. - 2010년 4월 한국의 국회의원 7명은 '한일합병100주년을 맞이하여 일본에 반성을 요구하고, 문화재의 반환을 촉구한다'(日韓併合100周年を迎え,日本にその反省をさせ,文化財の返還を促す)는 성명을 내고 방일하였다. 그리고 한국의 시민단체도 반환을 요구하고 있다. 한국이 반환을 요구하고 있는 문화재는 궁내청이 소유하고 있는 조선왕실의궤(朝鮮王室儀軌), 도쿄박물관에 기증한 오구라컬렉션(小倉コレクション)에 속한 문화재이다.
일본의 입장	- 일본은 1965년 한일기본조약에 근거해서 한국 정부에 1,321점의 문화재 반환 또는 인도하였기 때문에 문화재청구권이 사라졌고, 일본에 있는 한반도의 문화재가 약탈되었다는 사실을 입증하지 못하면 한국 정부에 반환할 의무가 없다고 하였다. 일본은 한국의 문화재반환에 대해서 문화재가 매매, 기증, 소유권이전 등 합법적인 수단으로 일본에 들어왔고, 한일병합 이전에 온 것이 대부분이어서 한국에 인도하는 경우 반환(返還)이 아니라 기증(寄贈)이라고 하였다. - 한반도에서 일본으로 유출된 문화재는 일본박물관, 도서관, 개인컬렉션 등에 보관되어 있다. 나가사키현(長崎縣壹岐市安国寺)에 있던 고려판대반야경(高麗版大般若経)은 한국의 국보28호로 지정되었고, 효고현(兵庫縣高砂市鶴林寺)에 있던 아미타불존상(阿弥陀三尊像)은 한국의 절에 기부되었다. 나가사키현 지정문화재 쓰시마시관음사(対馬市観音寺)의 관세음보살좌상(観世音菩薩坐像)이 한국으로 유출되어 소송이 벌어지는가운데 한국재판소는 관음사(観音寺)반환을 사실상 거부하는 판단을 내렸다. 칸내각(菅内閣)은 한일도서협정(日韓図書協定)을 맺어 1,200여 권의 도서문화재를 반환하는 담화를 발표하였다.
문화재반환논쟁	- 한반도에서 유출된 문화재의 반환문제를 해결하기 위해서 한국과 일본은 '문화재 및 문화협력에 관한 일본국과 대한민국 간의 협정'을 체결하였다. 그것에 기초해서 일본은 한국에 유출된 문화재를 모두 반환했는지를 두고 이견과 논란이 있다. 일본은 '정식절차로 구입한 것, 기증을 반은 것 등 정당한 절차를 거쳐 입수한 것으로 반환해야

	하는 국제법의 의무가 없다'(正式の手続きにより購入したかあるいは寄贈を受けたか、要するに正当な手続きを経て入手したもので、返還する国際法の義務はない)라는 입장을 취하는 가운데 그렇지 못하다고 판단된 문화재 1,321점을 한국 측에 전달했지만 정당하게 입수한 문화재에 대해서는 반환 또는 전달을 거부하고 있다. - 일본이 한국문화재를 한국에게 돌려주는 행위를 둘러싸고 논쟁이 있다. 당시 한국 측은 반환(返還)이라고 주장했고, 일본 측은 증여(贈与)라는 표현을 사용하도록 주장하여 최종적으로 전달(引渡し)이라는 표현에 합의했다. 불법적으로 획득한 문화재라면 그것은 반환이 되어야 하고, 정당한 절차에 의한 것이라면 증여 또는 전달이 타당할 수 있다. 문화재반환협정에 근거해서 일본이 정당하게 입수하지 않은 문화재를 한국에 돌려보낸 것은 반환되었다고 표현하는 것이 타당할 것이다. 한국문화재의 범위, 반환 문화재 선정기준, 일본에 있는 한국문화재의 종류 및 내용을 객관적인 자료를 통해서 검증하고 파악할 필요가 있다.

한국문화재와 관련된 인물이 오구라 다케노스케(小倉武之助, 1870년-1964년)이다. 그는 메이지시대부터 쇼와시대에 걸쳐 한국에서 활동한 실업가이며 예술품 수집가이다. 도쿄제국대학을 졸업하고 1904년 한국에 건너와 토지를 사 거액을 벌어 대구의 자산가로 활동하면서 전기사업을 준비하기 위해 1905년에 경부철도를 퇴사하였다. 1909년 현지 사업가와 공동으로 전기사업을 시작하고, 조선총독부의 허가를 받아 대구시전기회사(大邱市電氣会社)를 설립하고 사장에 취임하였다. 1918년 오구라는 회령전기(会寧電氣)를 설립하고, 함흥전기를 합병한 후 1920년 광주전기(光州電氣)를 합병하여 사업을 확장하였다. 오구라는 전기사업으로 돈을 벌어 1922년부터 한국의 고미술품을 수집하기 시작하였다. 1935년에는 남선합동전기(南鮮合同電氣) 사장에 취임하고, 1937년에는 17개의 발전소를 소유하였다. 조선전력(朝鮮電力) 사장, 대구상공은행대두(大邱商工銀行頭取)를 역임했다.

다음은 오구라가 한국에서 활동하면서 수집한 한국문화재를 소장하고 있는 오구라컬렉션(小倉コレクション)과 소장된 한국문화재를 소개한 것이다.

〈표 39〉 오구라컬렉션과 소장 문화재[188]

구분	내용
해외유출문화재	- 국립문화재연구소는 2014년 6월 현재 20개국 579개 기관과 개인 소장품을 조사하여 해외로 유출된 문화재 156,203점을 확인하였다. 1984년부터 수집한 자료들을 토대로 『해외소재 한국문화재목록』을 간행하였고, DB로 구축하여 국외한국문화재 자료정보관을 통해 서비스를 제공하고 있다.[189] 2011년 기준으로 대한민국에 환수된 해외문화재는 10개국 9,745점이다. 국가별로는 일본 6,313점, 미국 1,295점, 스페인 892점 등이다. 환수 형태

	는 기증 5,851점, 정부 간 협상 3,232점, 구입 64점 등이다. - 일본에 있는 한국의 문화재는 모두 61,409건으로 나타났다. 도쿄박물관은 금화문나전함 등 4,895점, 오구라컬렉션은 금동불입상 등 1,856점, 도쿄국립국회도서관은 가복고증 등 1,750점, 도쿄궁내청은 조선의궤 등 4,678점, 도쿄내각문고는 대전회통 등 2,434점, 도쿄네즈미술관은 광불화엄경 등 108점, 도쿄대동급기념문고는 국조보감 등 344점, 도쿄민예관은 나전매국문상자 등 1,603점, MOA미술관은 수월관음도 등 10점, 오타니대학은 고려대장경 등 5,605점, 덴리대중앙조서관은 규장각지, 몽유도원도 등 5,711점 등으로 총 61,409점이다.
한국의 반환요구	- 한국 정부는 1952년부터 1965년까지 7차에 걸친 한일회담에서 오구라컬렉션(小倉コレクション)에 소장된 문화재의 반환을 의제로 하였다. 결과적으로 개인소장품의 반환은 의제에서 제외되었다. 한일시민들이 설립한 한일회담문서전면공개를 요구하는 회(日韓会談文書全面公開を求める会)는 1962년 2월 14일 외무성 북동아시아과 작성문서 '문화재 문제의 해결방침에 관한 건'(文化財問題の解決方針に関する件)에서, 한국 측이 특별히 관심을 보이는 오구라컬렉션소장문화재 가운데 소수를 정부가 구입 또는 오구라의 자발적 의지로 기증하는 것(韓国側が特別に関心を見せると考えられる小倉コレクションのうち, 少數を政府が購入または小倉の自發的意志で寄贈すること)이 검토되었다는 사실을 밝혔다. 당시 《중앙일보》에 따르면, 외무성이 한국의 반환요구를 수용하려는 의견이 있었지만, 일본 문화재보호위원회의가 강하게 반대하였다. - 2004년부터 시민단체 '문화재 제자리 찾기'와 함께 활동한 혜문 스님과 국제협력기구 하얀코끼리 · 고산문화재단을 이끌며 국내외 네트워크를 구축해온 영담 스님이 협력하여 문화재반환운동을 전개하여왔다. 그들은 '1910년 한일병합 이후 국외 유출된 것으로 추정되는 16만점을 비롯해 문화재 대부분이 불교 유산인데도 정작 불교계에서 관심이 없었다'며 '불교 문화재의 제자리를 찾는 불사를 더는 미뤄서는 안 된다는 데 뜻을 같이했다'고 밝혔다. 또한 6.25 전쟁 당시 사라진 대한제국 국새 및 조선왕실어보를 미국에서 찾아내 반환결정을 이끌어 내기도 했다. - 2014년 8월 문화재 반환 문제에 대응하기 위해 설립한 민간단체 문화재 제자리 찾기(文化財チェジャリチャッキ)는 도쿄국립박물관 소장의 오구라컬렉션 가운데 조선왕실유물 9점, 경주금관총출도유물 8점, 부산연산동고분출도유물 4점, 창령군출토유물 13점 등 34점에 대해서 일본통치시대에 발굴된 것으로 추정하였다. 그것은 도난품의 수증을 금하는 국제박물관회의(ICOM)규약에 반하고 있는 것으로 인식하여, 소장을 포기하도록 국립문화재기구에 요구하는 조정을 도쿄간이재판소에 신청했다. 2014년 11월 5일 도쿄간이재판소는 문화재 제자리 찾기가 해당문화재의 소유자가 아닌 것을 이유로 신청을 기각했다.[190)
일본의 대응	- 한국 정부는 1952년부터 1965년 7차에 걸쳐 오구라컬렉션반환을 요구했지만 일본은 1965년 일한기본조약체결 당시 개인 소장품이라는 이유로 반환의 의제로 하지 않아 사실상 반환을 거부하였다. 1981년 오구라컬렉션보존회(小倉コレクション保存会)는 소장한 문화재를 도쿄국립박물관에 일괄기증하고 해산했다. 수장고지역은 나라시노시(習志野市)에 기증하고 현재 오구라공원이 조성되었다. 1982년 봄 동관에서 오구라컬렉션전람회가 개최되었다. 2007년 4월 6일 중의원과학위원회에서 오구라컬렉션반환문제에 대해서 질의가 있었다. - 일본 정부는 2008년 한일협정문서 공개에 대해서 한일간에 오해를 초래할 수 있다는 이유로 공개하지 않는 것일 뿐이라고 반박하였다. 일본군 위안부 등에 소송활동을 해온 최봉태 변호사, 강제징용 피해자, 한일 시민단체 회원, 재일동포 등 11명으로 구성된 원고인단이 2008년 한일협정문서 공개를 일본 법원에 제기한 것이 발단이었다. 일본 법원은

	2012년 1심에서 극히 일부 문서를 제외한 모든 문서를 공개하라는 원고 승소 판결을 내렸다. 일본 외무성은 항소하면서 진술서를 냈고 거기에 한국문화재가 존재한다는 내용이 담겨 있었다. 이 논란을 계기로 한일국교정상화 50주년을 앞두고 일본에 산재한 문화재 반환 운동도 거세졌다. - 오노 게이치 외무성 아시아대양주 북동아시아과장은 2013년 4월 일본 법원에 제출한 진술서에서, '내용 공개 거부 이유 중 하나로 향후 북일 국교정상화 교섭에서 불리할 수 있다'고 말했다. 그리고 '목록의 기재 내용이 공개되면 일본은 외교상 불이익을 받는다고 생각한다'며, '재일 문화재의 다수는 일본이 북한에서 도굴, 탈취한 것으로 이들 전부를 북한에 반환해야 한다고 (북한이)강하게 주장할 수 있다'고 말했다. 또한 '이들 문화재 목록 등은 일본이 지금까지 한국에서조차 공개하지 않은 것도 다수 포함돼있기 때문에 한국 측과 관계에서도 위의 논의가 적용된다'며. '한국 측은 지금도 종전 후 일본에 소재하는 조선반도 유래 고서를 포함한 문화재 등에 매우 강한 관심을 갖고 있어 한국 측에 인도하지 않은 것에 대해 다시 인도 교섭의 대상을 삼으려는 움직임이 있다'고 우려를 표명했다. - 2014년 7월 말 도쿄고등재판소에서 열린 항소심 판결에서 일본 재판부는 외무성의 이 같은 주장을 수용해 문화재 관련 문서를 대폭 비공개하기로 결정했다. 대상 문화재는 도쿄국립박물관 소장 한국 관련 문화재, 도쿄국립박물관 조선고분 출토 미술품 목록 등이다. 이 중에는 관련 정보가 공개되면 한국이 반환을 요구할 가능성이 큰 문화재도 다수 포함되어 있다. 도쿄재판부는 '지금까지 한국 측에 공개하지 않은 한반도 유래 손케이카쿠문고 장서의 전모에 관한 정보가 공개되면, 일본이 한국에 기증한 서적과 기증하지 않은 서적의 종류, 내용 등에 대한 분석이 가능해져 한국이 더 강경하게 반환을 요구할 가능성이 있다'며 비공개를 결정했다. 손케이카쿠문고는 에도시대 마에다 가문이 수집한 장서로, 임진왜란 이전 목판본 장서들이 다수 포함돼있다. 도쿄재판부는 조선 총독을 지낸 데라우치 마사다케가 한반도에서 수취한 서적 중 칠서대전 관련 문서의 반출 경위, 1대 및 2대 조선통감을 지낸 이토 히로부미와 소네 아라스케가 재임 중 가져가 궁내성 소료부에 보관중인 서적 등을 평가한 문서에 대해서도 공개하지 말도록 했다.[190]
반환현황	1965년에 한일문화재협정에 의거 전달한 문화재 1,432점, 1991년에 영친왕비 복식 양도협정 295점, 2011년에 외규장각 도서 297점, 일본 궁내청 소재 조선왕조 도서 1,205점 등이다. 문화재 제자리 찾기는 2006년 도쿄대학으로부터 조선왕조실록 47책, 2011년 일본 궁내청으로부터 조선왕실의궤 등 1,205책의 문화재를 되찾아왔다.

187) 小倉武之助編, 1958,『小倉コレクション目録』, 小倉コレクション保存会編. 1983,『小倉コレクション保存会関係資料』, 小倉コレクション保存会編. 1981,『小倉コレクション写真集』, 小倉コレクション保存会編.『小倉コレクション写真集』에서는 任那の一部·新羅, 先史時代 漢時代, 高勾麗·百斎·任那ノ一部·高麗, 李朝時代, 書画·仏像·仏画·日本の部(計5冊、出版地習志野). 東京国立博物館. 1982.『寄贈小倉コレクション目録』. 大韓民国国立文化財研究所. 2005.『小倉コレクション韓国文化財: 日本東京国立博物館所蔵』(海外所在文化財調査書 第12冊)

188) https: //ko.wikipedia.org/wiki/ 문화재반환 (2020년 11월 4일 검색)

189) https: //ko-kr.facebook.com/pg/doorskyj/문화재제자리찾기 (2020년 11월 4일 검색)

190) https: //www.hankookilbo.com/News/Read/2014 (2020년 11월 4일 검색)

오구라는 1945년 10월 조선통치가 끝난 후 일본으로 돌아갔다. 그 때 소장품 일부를 일본에 가져갔고, 약 4,000여 점은 대구에 남겨놓았다고 추측된다. 오구라는 한국문화재를 1956년 나라시노시 미모미(習志野市実籾)에 재단 법인 오구라컬렉션보존회(財団法人小倉コレクション保存会)를 설립하고 오구라컬렉션이라는 소장고를 설치하여 보관하는 가운데 94세에서 사망하였다. 1981년 오구라컬렉션보조회는 동 콜렉션 소장문화재를 도쿄국립박물관에 일괄 기증하였다. 도쿄국립박물관에 기증된 것은 중요문화재 8점, 중요미술품 31점 등을 포함 1,110점이고, 고고학자료 557점, 도자기 130점, 서적 26점, 회화 69점 등이다. 그 가운데 중요문화재는 경상남도창녕출토품 7점(金銅透彫宝冠, 金銅翼狀冠飾, 金製心葉形垂飾耳飾, 金銅臑当, 金釧, 金銀裝環頭大刀柄, 金銅透彫飾履), 삼국시대 6세기의 향동제초두(響銅製鐎斗), 경상남도협천출토 삼국시대유품 등이 있다. 그리고 그 이외에 오구라가 일본으로 가지고 가지 못하여 대구에 남겨놓은 4,000점, 오구라가 생활을 위해 일본에서 매각한 것 등이 있다.

현재 일본이나 해외에 있는 한국문화재를 찾고자 하는 운동이 정부 수준에서 그리고 민간수준에서 지속적으로 일어나고 있다. 그런 가운데 일본은 문화재반환에 소극적으로 대응하고 있어 진전이 되지 못할 뿐 아니라 한일문화재 갈등을 일으키고 있다. 문화재는 예술품으로서의 가치와 소유 가치, 사용가치 등이 있지만 실제로 국가수준에서 보면, 전통이며 역사의 한 부분이 농축되어 있는 문화이다. 그런 의미에서 일본이 한국을 식민지화하고 지배하는 상황에서 문화재를 획득한 것은 정상적인 절차에 의하기보다는 저평가, 편법, 회유 등 부당한 방법과 절차에 의해서 이루어졌을 개연성이 높다는 의미에서 전통적이며 역사적 가치가 있는 문화재는 반환되어야 할 것이다.

V. 한국과 일본의 갈등구조

1. 한국과 일본의 현안

한일 간에는 역사문제뿐 아니라 국력 향상이나 성장을 둘러싸고 새로운 현안이 드러나면서 경쟁을 촉발시켜 대결구도를 만들어내고 있다. 한국과 일본은 역사적 사실을 공유하면서도 실제 문제를 해결하는 데 있어 합의를 도출하지 못하고 있다. 그와 더불어 양국이 공유하는 현안에 대해서도 해결하기보다는 대결이나 경쟁이라는 수단으로 대응하고 있고, 서로 협력하기보다는 상대방에게 책임을 전가하거나 일방적으로 요구하는 방식을 취하고 있어 더욱 사태를 악화시키는 경향이 있다.

한일간에 존재하는 현안으로는 역사적 사실인식과 사후해결문제, 독극물해양폐기문제, 방사능오염물질 해양방류문제, 독도를 중심으로 벌어지는 영유권와 어업갈등, 해양과 상공을 중심으로 벌어지고 있는 군사적 충돌, 그리고 상대국의 지적재산권침해에 대한 문제, 양국 문화교류에 대한 경계, 상대국을 싫어하는 우익들의 움직임으로 인한 혐한 및 혐일문제, 각 사회영역의 성장을 둘러싼 경쟁과 견제, 한일 간의 심리적 승리의식 등이 발생하고 있어, 한일간에는 신냉전 구조가 구조화되는 경향이 있다.[191] 다음은 한국과 일본이 당면한 현안을 둘러싸고 벌어지는 갈등내용을 소개한 것이다.

〈표 40〉 한국과 일본의 현안갈등

구분	내용
역사적 현안	한일합병의 정당성과 부당성 논쟁, 불법성과 합법성의 논쟁, 샌프란시스크평화조약 등 국제조약을 둘러싼 논쟁, 한일기본조약에 따른 역사적 조약의 합법성과 불법성논쟁, 한일청구권을 둘러싼 논쟁, 개인청구권을 둘러싼 논쟁, 야스쿠니신사참배, 역사교과서기술문제, 근대사인식 및 해석문제, 종군위안부 및 강제징용배상판결문제, 수출규제조치를 둘러싼 공방, 동아시아에서의 패권경쟁 등 다양하다.
환경오렴 문제	한국에서 김양식을 할 때 망 세척제로 사용되는 약물로 추정되고 있는 독극물이 든 폴리탄(ポリタンク)을 동해에 버리고 있다고 일본이 문제를 제기하였다. 일본에 따르면, 1999년부터 시작되어 2017년 2월부터 3월에 걸친 조사에서 약 6,000개 이상을 확인하였고, 니가타현(新潟縣)에서 500개가 확인되었다. 일본 정부는 한국 측에 항의하고 있고 환경성은 연간 50억 엔을 들여 폐기물처리를 하고 있다고 주장하고 있다. 2011년 3월 일본에서 발생한 동일본대지진으로 인하여 후쿠시마원전이 폭발하면서 다량의 방사능이 노출되어, 해산물오염, 방사능오염수 바다투기여부, 일본농산물과 해산물수입 논쟁 등이 발생하고 있다. 한국은 그에 대한 조치로 일본어류수입을 제한하고, 방사능수치에 대한 정확한 정보를 요구하고 있으며, 방사능오염수의 바다투기를 금할 것을 요구하고 있다.
해양문제	일본은 한일어업협정(日韓漁業協定)에 의한 한일잠정수역을 한국어선이 진입하거나 일본배타적 경제수역을 침입하여, 해산물을 포획하고 있어 일본어민이 피해를 보고 있다고 주장하고 있다. 2000년 이후 수산성에 의하면, 외국어선나포건수 중 전체 50%에서

191) 小倉和夫(著), 小倉紀藏(著), 小此木政夫(著), 金秀敏(著), 黑田勝弘(著), 2014,『日韓関係の争点』, 藤原書店.

	90%가 한국어선이라고 하였다. 2005년 12월 한국해양경찰청이 일본해안보안청에 대해 일본해역에서 수사권의 양도를 요구했지만 일본해상보안청은 수사권의 양도는 주권침해에 해당된다고 하여 거부했다. 최근들어 한국과 일본이 겹치는 경제수역에서 해양조사나 군사훈련 등을 둘러싸고 한일간에 간장이 고조되고 있다. 일본은 정당한 조사라고 주장하고 한국은 경제수역에서의 조사는 침범행위라고 주장하는 등 대결 양상을 보이고 있다.
군사문제	2010년 한국초계기침몰사건(韓国哨戒艦沈没事件)에 대해서 일본 정부는 한국을 강력하게 비판했다. 그 사건을 계기로, 2012년 6월 한일간에 지소미아(軍事情報包括保護協定, GSOMIA)가 체결될 예정이었지만 체결1시간전에 한국 측이 취소하였다. 2018년 일본 자위대기에 대해서 사격레이저(射撃レーダー)가 발사됐다는 일본 정부의 보도에 대해서 한국해군이 반발하는 가운데 한일간 군사적 긴장이 높아지고 있다.
지적개산 권문제	한국에서서는 이전부터 TV프로그램, 가요곡 등 일본이 저작권을 소유하고 있는 저작물에 대한 부정카피, 도용, 도작 등을 하고 있다고 판단하여 이의를 제기하고 있다. 한국과 중국의 일본저작권 침해가 심각하다고 보고 있어 지재분쟁(知財紛争)이 일어나고 있다. 딸기품종의 무단재배문제(イチゴ新品種の無断栽培問題), 포도(シャインマスカット), 귤(ミカン) 무단재배 등의 문제를 제기하고 있다.
혐류문화	일본에서 한국과의 다양한 갈등으로 인하여 한국인과 한류문화를 경시하고 싫어하는 혐한류가 발생하고 있다. 그리고 한국에서는 역으로 일본과 일본문화, 일본상품을 싫어하거나 거부하는 혐일류문화가 발생하여 적대감이 생기고 있고, 문화교류, 인적교류 등을 저해하고 있다.
민족주의 대결	21세기 현재 한국과 일본은 국력을 향상시키기 위해 정치적, 경제적, 문화적, 사회적 경쟁을 하고 있다. 국력신장을 둘러싼 경쟁에서 한국은 일본에 질 수 없고, 또한 일본도 한국에 질 수 없다는 강한 대결의식이 국가와 국민 수준에서 자리잡고 있어 국가의 방향을 규정하는 힘으로 작용하고 있다. 그 저변에는 한국이 추구하는 민족주의와 일본이 추구하는 민족주의가 자리잡고 있다.

한국과 일본이 직면하고 있는 현안은 각각의 자주성과 독립성을 가진 국가이기 때문에 발생하는 시대적 흐름이며 자연적인 현상이라고 할 수 있다. 그러나 그 문제를 해결하는데 상호 불신, 상호 경쟁과 견제 등으로 대응하여 불협화음을 유발하고 있다. 21세기 모든 국가는 국익을 둘러싸고 강한 국가를 구축하기 위해서 국력을 증강시키는 방향으로 진행되고 있다. 과거의 동맹국이 경쟁국이나 적대국으로 낙인찍히고, 과거의 적이 동맹국이나 최대 수혜국으로 맺어지는 현상이 국제사회에서 벌어지고 있는 국익경쟁의 모습이다. 한국과 일본은 그런 냉험한 국제사회에서 살아남기 위해 국력을 낭비하기보다는 상호협력하여 상승효과를 내는 방안을 구축하고 강구해야 할 시점에 와있다고 할 수 있다.

2. 국제화시대의 한일관계

2000년대 한일관계는 국제화 시대를 맞이하여 순항할 것으로 보였다. 그것은 기존에 문제 제기가 되었던 역사 문제를 둘러싼 갈등이 자의적 타의적으로 봉합되고 있었고, 다양한 영역에서 교류가 활발했기 때문이다. 또한 기존의 대립과 경쟁이라는 차원보다는 문화개방과 함께 정서적 개방을 통해서 이해하는 폭이 넓어졌고, 상대방을 인정하는 분위기가 조성되었기 때문이다. 그럼에도 불구하고 한국과 일본 사이에는 민족주의 냉기류가 흘러 언제든지 냉전을 일으키거나 소환할 수 있는 잠재적 갈등이 항존하고 있었다.

역사적으로 한국과 일본의 지도자들은 민족주의에 기초한 협력과 갈등이라는 이중구조에서 벗어나지 못했다.[192] 다음은 1990년대 이후 한국과 일본지도자 간에 있었던 협력과 갈등의 내용을 소개한 것이다.

〈표 41〉 1998년부터 2012년까지 정상관계

구분	내용
김대중, 오부치게이조	1998년 10월 오부치 게이조(小渕惠三)수상과 김대중 대통령은 한일파트너십선언(日韓パートナーシップ宣言)을 발표하고 정치, 경제, 문화 등의 분야에서 행동계획을 통해 미래지향적 한일관계를 구축하는데 양국이 전향적으로 활동할 것을 표명하고, 동시에 대중문화개발을 중심으로 한 한일문화교류를 촉진시켰다. 2002년 FIFA월드컵을 한일공동으로 개최하고 성공적으로 마무리를 하여 한일 문화교류와 스포츠협력시대를 열었다. 이 협력을 계기로 각 사회영역에서 교류가 활성화되어 국가와 국민간의 정서적 이해를 할 수 있는 환경이 조성되었다.
노무현, 고이즈미	2003년 2월 노무현 정부는 역대대통령처럼 한일관계를 미래지향적으로 발전시킨다는 의지를 표명하였다. 고이즈미 준이치(小泉純一郎) 총리와의 셔틀수뇌회담(シャトル首脳会談)에 대해 합의하였고, 문화계에서는 한국드라마 〈겨울연가〉(冬のソナタ)가 일본에서 방영되어 반향을 일으켜 한류붐이 일어났다. 그러나 정치적으로는 한일이 충돌하는 상황이 발생하였다. 한일간에는 동해호칭 문제, 독도영유권 문제, 야스쿠니신사참배 문제, 역사교과서 문제, 한일청구권 문제 등이 발생하여 상호 강경정책을 취하였다. 2006년 10월 아베 신조(安倍晋三)가 총리에 취임하면서 한일관계개선을 위해 아베 신조 총리와 노무현 대통령 간의 한일수뇌회담이 성사되었다. 그러나 이후 노무현 대통령은 북한의 지하핵실험이 있었음에도 불구하고 일본과의 회담시간에 한일역사문제에 대해서 논의하자는 의제에 집중하면서 한일양국의 골은 깊어져 공동성명이 불발되었다.

192) 手嶋龍一(著), 佐藤優(著), 2019, 『日韓激突-「トランプ·ドミノ」が誘發する世界危機』, 中央公論新社.

이명박, 아베 신조, 노다	- 2008년 2월 이명박 정부(2008년-2013년)가 발족하면서 이명박 대통령은 일본이 독일을 배워 사죄해야 한다고 발언하고, 임기 종반에 일본의 역사인식문제가 대두하면서 강경자세를 취하였다. 2011년 8월 1965년 한일청구권의 범위를 둘러싼 한국재판소판결에서 청구권 해결을 위해 분재조정을 하지 않는 부작위행위는 위헌이라고 판결하였다. 그에 대해서 일본 정부는 '모든 문제는 해결완료(すべての問題は解決済み)라고 주장하여 반박하였다. 다시 한국 정부는 종군위안부 문제가 그 범위에 포함되지 않는다(従軍慰安婦問題などはその範囲に含まれない)고 반론을 제기하였다. - 2011년 12월 한국시민단체가 서울 일본대사관 앞에서 종군위안부기념비 소녀상을 건립하자 일본 정부가 항의하였다. 한국 정부는 그것이 시민단체의 자율적 행동으로 인식하여 묵인하였다. 2011년 12월 노다 야스히코(野田佳彦) 총리와 이명박 대통령이 교토에서 한일수뇌회담을 하면서 노다 총리는 기념비의 철거를 요청하였고, 이명박 대통령은 종군위안부문제에 대해서 일본 측의 적극적인 대응을 요구하면서 회담 분위기가 악화되었다. - 한국최고재판소는 일본기업에 한국인전시징용자에게 지불하지 않은 미지급임금에 대해서 배상책임이 있다(日本企業には韓国人戦時徴用者への未払い賃金に対する賠償責任がある)라는 판결을 내렸다. 한국최고재판소 판결에 대해서 일본 정부는 1965년 한일국교정상화시 맺은 한일청구권협정에서 양국민 간의 재산, 청구권에 대해서 완전 그리고 최종적으로 해결되었다고 명기하고 있기 때문에, 피소기업이 판결에 응하면 한일청구권협정의 근간을 흔드는 일이 될 것이라는 반론을 제기하였다. - 2012년 8월 이명박 대통령은 처음으로 독도에 상륙하고, 일본천황이 방한을 하려면 마음으로 사죄(心から謝罪)하는 것이 조건이라고 발언하였다. 이에 대해서 일본 정부는 천황을 언급하는 것이 부당하다고하여 강력하게 항의하였다. 그리고 일본 정부는 독도문제에 대해서 '국제사법재판소에 제소를 한국 정부에 제안한다'(国際司法裁判所への提訴を韓国政府に提案する)고 발표하였다.

2013년 이후 한일관계는 긴장 관계로 전환되는 계기가 되었다. 그것은 박근혜대통령이 취임하고 일본에서 아베 총리가 취임하면서 한일 간의 기싸움이 진행되었기 때문이다. 한일 간의 기싸움은 외교관계와 국제사회에서 유리한 위치를 점하고, 또한 한일관계에서 유리한 환경을 만들기 위한 전략에서 추진된 것이라고 할 수 있다. 다음은 2013년 이후 한일정상들의 대응전략과 움직임을 소개한 것이다.

〈표 42〉 2013년 이후 한일정상의 움직임

구분	내용
박근혜, 아베 신조	- 2013년 2월 박근혜 정부가 발족하고, '가해자와 피해자라는 역사적 입장은 1000년의 역사가 흘러도 변하지 않는다'(加害者と被害者という歴史的立場は, 1000年の歴史が流れても変わることはない)라고 발언하였다. 박근혜 대통령은 취임 후 처음으로 방미하였고, 오바마 대통령은 북한문제에 관해서 한미일간 연대의 중요성을 강조하면서 중국이나 러시아의 역할에 기대감을 표명하였다. 이어서 방중하여 시진핑과 한중수뇌회담

	을 하여 한중현안과 협력방안을 논의하였다. - 그러나 일본을 연대국가로 언급하지 않고, 북동아시아의 평화를 위해 올바른 역사인식을 가져야 한다고 비판하였고, 한일수뇌회담에 대해서 '수뇌회담을 하고도 얻는 것이 없다'(首脳会談をしても得るものはない), '일본의 일부 지도자는 사죄할 마음이 없고, 전 위안부를 계속 모욕하고 있다'(日本の一部指導者は謝罪する氣もなく, 元慰安婦を侮辱し続けている)고 발언하였다. 2013년 12월 아베 신조 총리가 취임 후 처음으로 야스쿠니신사를 참배하자, 한국 정부와 메스미디어는 반발하였고, 박근혜 대통령은 간부회의에서 '신년은 과거역사의 상처를 도려내고, 국가 간의 신뢰를 파괴하고, 국민감정을 악화시키는 행동이 없어지기를 바란다'라고 일본을 염두에 둔 발언을 하였다. - 2013년 6월 한중수뇌회담에서 박대통령이 시진핑 주석에 건립을 요청하여 2014년 1월 이토 히로부미(伊藤博文)를 저격한 안중근의 동상이 중국하얼빈(中国黑龍江省のハルビン驛)역에 완성하였다. 일본 정부는 한중 양국의 움직임에 불쾌감을 표명하였다. 중국정부는 '안중근 의사가 저명한 항일의사로 중국인민의 존경을 받고 있다. 중국이 국내법으로 기념물을 설치한 것은 정당하고 합리적이며 일본의 모든 항의를 수용할 수 없다'고 반론을 제기하여 한국의 입장을 지지하였다. - 2014년 3월 아베 총리는 '역사인식, 위안부문제에 대한 생각은 나도 역대 총리와 다르지 않다. 그런 문제에 대해서는 고노담화가 있다. 아베내각은 그것을 수정할 생각이 없다'(歷史認識,慰安婦問題についての思いは,私も歴代総理と変わらない.これらの問題については河野(官房長官=当時)談話があるが, 安倍内閣でそれを見直すことは考えていない)라고 참의원 예산위원회에서 답변하였다. 아베 발신에 대해서 박 대통령은 '아베수상이 고노담화를 계승하는 입장을 발표한 것을 다행스럽게 생각한다'(安倍首相が河野談話を継承するという立場を發表したことを幸いに思う)고 성명을 발표하였다. 이후 네덜란드에서 열린 핵안전보장수뇌회담을 계기로 한미일수뇌회담이 개최되어 2012년 이래 한일수뇌회담이 개최되게 되었다. 2016년 아베 총리와 박근혜 대통령은 지소미아합의와 위안부합의를 맺음으로써 한일관계가 우호적인 관계로 전환되는 계기가 되었다.
문재인, 아베 신조	- 2017년 5월 문재인 대통령이 취임하고, 10월 30일 한국대법원이 일본기업에 강제징용배상을 하라는 판결이 나면서 한일관계가 긴장관계로 전환되었다. 2018년 5월 2일 강제징용피해자에 의해서 일본기업자산매각명령신청이 진행되면서, 일본은 그에 대한 대응 차원에서 7월 1일 일본 반도체소재 세 가지에 대해서 한국수출규제조치를 전격적으로 단행하였다. 8월 2일 아베총리는 한국대법원의 강제징용판결에 대한 반발로 한국하이트리스트배제조치와 수출규제조치를 강화하였다. - 한국 정부는 일본 정부의 대응에 반발하고 8월 12일 일본을 화이트리스에서 제외하는 조치를 취하였다. 그리고 일본의 경제 조치에 대응하는 차원에서 8월 22일 한국 지소미아(한일군사정보보호협정) 종료를 선언하였다. 그리고 9월 11일 일본의 수출규제조치에 대한 대응으로 WTO에 제소하고, 11월 22일 한국 지소미아 조건부 유예 및 WTO제소를 일시적으로 중지하는 조치를 하였다. - 문재인 대통령은 '일본에 두 번 다시 질 수 없다'는 발언을 하고, 아베 총리는 한일청구권은 '완전 그리고 최종적으로 해결됐고, 한국은 국제법과 약속을 지켜야 한다'고 하였다. 2020년 6월 1일 대구지법포항지원은 일본제철의 국내소유자산압류 명령공시를 송달하고, 일본제철의 한국내자산 피엔알주식 19만주를 보상처분의 대상으로 인식하였다. 그리고 6월 2일 한국 WTO제소 절차가 재개되었고, 8월 4일 공시송달효력이 발생하여 일본제철자산 강제매각이 가능해졌다. 그에 대해 일본 정부는 제2차제재를 준비하고 있는 상황이다.

2000년대 들어서 한국과 일본은 역사 문제에 대해서 협조하는 자세보다는 자국의 입장에서 상대국에게 책임을 요구하는 경향이 많아져 한일관계가 점점 악화되고 있다.[193] 더불어 한국과 일본의 지도자는 자신의 의지와 신념으로 상대국에 거침없이 행동하고 발언하는 방향으로 진행되면서, 상대국에 대한 협조적이며 배려하는 자세가 사라졌다. 한일정부는 강력한 리더십으로 협력과 협조전략에 근거하기보다는 국내외의 정치환경을 고려하여 상대국을 자극하는 국정과 외교정책을 추진하는 경향이 있다. 따라서 역사문제, 역사인식, 역사청산 등이 현재화하는 과정에서 한일관계가 대립하는 방향으로 흘러가고 있다.

3. 한국과 일본의 갈등구조

동아시아라는 공통된 지역을 공유하면서도 한국과 일본은 다양한 국내외적 문제로 형성된 갈등판 위에 놓여 상호 견제하면서 불안하고 위험스러운 연극을 하고 있다. 한일 간에는 역사적 문제, 영유권, 영공권, 해양권 주장, 인권문제, 야스쿠니신사참배, 한일 간의 망언, 혐류를 둘러싼 문화갈등, 재일동포를 둘러싼 인권, 경제적 갈등, 정치적 갈등, 사회문화적 갈등, 종군위안부, 강제징용, 새로운 현안 등 역사적이며 현실적인 문제가 복합적으로 얽혀 갈등판을 구조화하고 있다.

다음은 한국과 일본 간에 벌어지고 있는 역사적 갈등과 현실적 갈등이 되고 있는 사안을 소개한 것이다.

〈그림1〉 한국과 일본의 갈등요소

한일합병조약 (무효론과 유효론)	한일역사인식 (근대사, 교과서, 참배)	경제적 충돌 (수출규제, WTO, 성장)
국제조약 및 선언	영유권 (독도, 해영, 영공)	혐한혐일운동 (차별, 불평등, 인종)
한일기본조약 (굴욕과 정상)	군사적 충돌 (지소미아)	방사능방출
청구권협정 (위안부, 강제징용)	정치적 충돌 (외교, 국제무대)	한일민족주의경쟁

193) 深草徹(著), 2020,『戦後最悪の日韓関係』, かもがわ出版.

최근 한국과 일본은 과거사를 둘러싸고 역사전쟁과 현실을 둘러싸고 현안전쟁을 동시에 격렬하게 진행하고 있다. 한일 간의 갈등과 대립은 기본적으로 과거사가 원인이 되고 있다. 제1차갈등은 과거사에 대한 것으로 강제징용배상판결문제, 독도영유권문제, 종군위안부문제, 역사인식 및 교과서문제, 야스쿠니신사참배 등에 대한 인식의 차이로 촉발되는 역사전쟁이다. 제2차갈등은 과거사를 해결하기 위해 맺은 한일기본조약과 부수협정(청구권협정)의 이행과 준수를 둘러싸고 벌어지는 정치전쟁이다. 제3차갈등은 제1차적 분쟁과 제2차적 분쟁을 해결하기 위한 조치 간의 보복으로 촉발된 상호 수출규제분쟁으로 인한 경제전쟁과 군사적 충돌로 확산되고 있는 경제안보전쟁 등이다. 제4차갈등은 제1차분쟁, 제2차분쟁, 제3차분쟁 등의 연장선에서 진행되고 있는 한일정부, 단체, 시민의 사회문화전쟁이다. 그것은 결국 한국과 일본 간에 작동하고 있는 민족주의의 갈등으로 수렴되고 있다.

한일간에 벌어지고 있는 역사전쟁, 정치전쟁, 경제전쟁과 안보전쟁, 사회문화전쟁 등은 한국의 일본에 대한 타격과 보복, 일본의 한국에 대한 타격과 보복 등으로 진행되고 있다. 그것은 국내외적으로 현실적이며 집단적이며 감성적인 반일운동과 반한운동으로 전개되면서 국가와 국민의 총력적 국가전쟁으로 이어지고 있다. 일본은 아베 정권을 중심으로 우익성향지도그룹의 대한강경정책과 한국 때리기 전략을 하였지만 그것을 잠재우거나 궤도수정을 위한 타협적인 정치세력이나 시민세력이 미약하여 제동을 걸지 못했다. 그리고 한국에서는 문재인 정부를 중심으로 구성된 정책집단이 대일강경정책과 일본 때리기를 강하게 시도하였지만, 역시 그것을 조정하고 타협으로 이끄는 세력이 부재한 가운데 폭주하고 있다. 현재 한일이 추진하고 있는 상대방에 대한 정책과 전략은 승패를 가르는 일방적인 굴복과 양보를 요구하고 있다. 그것은 한국과 일본이 갖고 있는 모든 힘에 의존하는 벌이는 국력전쟁으로 비화되고 있다.

VI. 맺는 글

한국과 일본이 만들어내는 다양한 현안으로 구축되고 있는 갈등판은 신냉전이라는 새로운 구도를 형성하고 있다. 그것은 역사를 둘러싼 문제에서 출발하고 있다는 점에서 매우 뿌리가 깊고, 현실적인 문제로 강화되고 있다는 점에서 폭이 넓어지고 있다. 더욱이 역사적 갈등판이 현시점에 소환되어 다시 현재의 갈등판과 혼용되어 작용하고 있어 그 실체를 파악하거나 풀어내는 데 어려움이 있다. 미완으로 봉합된 것을 해결된 것으로 인식해온 역사적 사실이 현재에 다시 소환되어 문제시되고 있기 때문이다.

한국과 일본 사이의 불안정한 질서는 과거 한일협약과 한일병합으로부터 시작되었다. 그것은 당시 일본이 갖고 있는 우월적 지위와 강력한 국력에 의해서 형성된 질서이고 일본 중심적으로 구축한 질서라는 의미에서 보면, 강제적으로 만들어진 편파적인 한일질서이다. 한국의 의지와 방향과는 무관하게 일본의 의지와 방향에서 결정된 것이었기 때문이다. 다만 그 질서를 만드는 과정에서 일부 한국지도자의 협조 내지는 지지가 있었던 점을 부인할 수 없어 책임을 면하기 어려운 점이 있다. 그러나 일부 한국지도자의 편향적 움직임이나 행위는 명백하게 한국인의 의지와 방향을 대표했다고는 평가하기 어렵다. 따라서 월등한 힘을 가진 일본과 나약한 상태에 놓인 한국이 맺은 협정이나 조약에 대해서 불평등협정이며 국제조약으로 효력을 발휘하는 데 의문을 제기할 수 있다. 불평등하게 맺은 조약이나 협약, 협정은 정당성이 결여된 조약, 협약, 협정으로서 부당한 것이기 때문이다.

한일합방 이후 한일 간의 질서는 강대국의 밀약이나 국익 다툼으로 규정되는 경향이 있었다. 당시 한국은 미국, 영국, 중국, 소련, 일본 등이 둘러싸고 있어 한국을 강점하기 위해 다양한 거래와 밀약이 난무하였다. 그리고 일본과의 질서를 규정하고 있는 카이로선언, 얄타회담, 포츠담선언, 샌프란시스코평화조약 등은 한국을 독립시키는 것에 한정한 것으로 한국의 의지나 의견을 반영한 것이 아니라는 데 한계가 있다. 그럼에도 불구하고 현실적으로 강대국의 이해관계와 일본의 강한 힘으로 맺어지고 형성된 불평등한 질서는 한국의 운명을 좌지우지하였다.

식민지질서가 운영되는 가운데 태평양전쟁 말기 일본이 항복하면서 한국의 국가운명을 놓은 국제거래가 있었다. 긍정적인 부분은 기본적으로 한국의 독립을 약속한 것이다. 그것은 일본의 식민지 지배로부터 한국을 독립시키고자 했던 국제사회의 합의이다. 그러나 그 배경에는 한국의 독립을 주장하면서도 일본에 대한 영향력을 행사하고 새로운 질서를 구축하기 위한 전략에서 추진된 것이라는 점에서 문제가 있다. 일본을 철저하게 국제사회가 만드는 질서에 따르도록 하고, 전쟁국이나 제국으로 거듭나지 않기 위해 취해진 조치였고, 동시에 미국질서로 편입시키기 위한 전략적 결단이었다고 볼 수 있다.

그리고 전쟁이 끝나고 한국과 일본은 미군정에 의해서 지배되는 상황이 되었다. 그것은 전후 한일 간의 질서를 새롭게 구축하는 데 매우 중요한 계기가 되었다. 연합국과 일본이 맺은 샌프란시스코평화조약은 평화조약이라고는 하지만 사실상 미국의 의지가 강하게 작용한 결과 미국의 일본사용 용도에 맞춰진 조약이라고 할 수 있다. 다른 한편으로 미국은 한국보다는 일본의 입지를 세우기 위한 결정이었다는 점에서 독립국가로서 한일 간의 질서를 혼란하게 하는 원인이 되었다.

특히 국제사회에서 미소냉전이 격화되는 동아시아에서 일본은 미국의 반공선으로 매우 중요하게 인식하였고, 반대로 한국은 반공 타협선이나 반공전선으로 인식하여 대응방식이 달랐다고 할 수 있다. 이용가치 면에서 미국에게는 한국보다 일본이 유용하다고 판단했을 가능성이 높다. 그 결과 일본은 국토보존을 할 수 있었고, 한국은 국토가 분단되는 상황이 되었다고 할 수 있다. 한국이 승전국, 배상국, 조약서명국의 지위를 얻었다면, 한일질서와 한반도는 매우 다른 모습으로 형성되었을 것이기 때문이다. 적어도 과거청산은 한국의 의지대로 해결하였고, 새로운 질서를 만드는 가운데 역사적 사실이 미완으로 봉합되지 않아 역사적 사실이 현재로 소환되지 않았을 것이다.

그렇지 못했기 때문에, 일본은 미국이나 기타 국제환경의 도움으로 경제적 강대국으로 화려하게 귀환하였고, 한국은 냉전에 휩싸이면서 민족분단이 되어 남북한 대립으로 국력을 소비하게 되었으며, 역사적 사실이 소환되면서 일본과의 대립으로 국력을 소비하고 있다. 그런 점에서 보면, 미국이 주도하는 동아시아 질서는 미국 중심적인 반공 질서이고, 일본의 성장을 위한 성장 질서에 불과했다고 볼 수 있다. 그리고 한국에게는 끊임없이 미국과 소련이 만들어내는 이데올로기 싸움에 좌우되는 냉전질서였고, 남북이 전쟁을 하고 대립하는 민족분단질서에 불과했다.

한일 간의 새로운 질서만들기는 한일국교정상화를 전제로 시작된 1965년 한일기본조약과 한일청구권협정이 중요한 계기가 되었다. 당시 국력이라는 관점에서 보면, 한일협약이나 한일병합에서 경험한 강한 국가 일본과 약한 국가 한국이 재연되고 있는 상황이었다. 일본은 강한 경제력을 바탕으로 한국과의 국교정상화를 꾀하고, 과거사를 일시에 일괄적으로 매듭지으려고 하였다. 한국은 국내정치가 혼란을 거듭하면서 쿠데타가 일어나 군사정권이 출범하는 가운데 급속하게 국운을 전환시킬 필요가 있었다. 한국은 새로운 국운 전환을 위한 발판이 필요하였고 그 발판을 일본의 도움으로 인식하고 있었다. 한국과의 협상이나 조약에서 유리한 지위에 있던 일본은 한국이 필요로 하는 도움을 국교수립과 과거청산의 호기로 삼아 적극적으로 나섰다. 한국은 국운을 전환하는데 일본의 경제적 지원이 절실하였기 때문에, 한일간에 쌓인 문제를 해결하지 못하고 남겨둔 채 조약이나 협정으로 밀봉하고 말았던 것이다. 이것이 한일기본조약과 한일청구권이 만들어낸 불완전한 질서이며 실체였다고 할 수 있다.

힘의 불균형에 의한 불평등한 한일협약과 한일합방이 불안전하고 불평등한 한일기본조약과 한일청구권으로 재연된 것이다. 그런 이유 때문에 여전히 한일합방과 한일기본조약을 둘러싸고 끊임없는 논쟁이 한국 정부와 일본 정부, 한국국민과 일본국민 사이에 재발되고, 재생산되고 있는 것이다. 현재 한일정부는 과거 역사를 두고 서로에게 사실상 굴복을 요구하고 있다. 외교에는 굴복 형태의 승리와 패배가 있을 수 없다. 그것은 전쟁이 아니면 얻을 수 없는 것이기 때문이다. 따라서 한국과 일본이 양국 간에 발생하고 있는 역사논쟁이나 현안논쟁을 누군가가 완전하게 굴복하는 형태로 해결하기를 원한다면, 한일은 전쟁이라는 수단에 의지할 수밖에 없을 지도 모른다.

그러나 한국과 일본은 그것이 한일간에 산적해 있는 현안을 해결하는 방안이 될 수 없다는 것을 알고 있다. 전쟁은 다시 한일관계를 원점으로 돌릴 뿐 아니라 상호붕괴를 의미하기 때문이다. 그럼에도 불구하고 매우 위태로운 관계에 있다는 사실을 잘 알고 있는 한국 정부와 일본 정부는 적대적 관계를 유지하고 우호적인 관계 만들기에 열정을 보이지 않고 있다. 현재 한국과 일본은 극단적으로 대치하고 있는 상황을 해결하기 위해서 양국 국가지도자가 나서야 하지만 국내외 눈치만을 보고 있다. 따라서 사실상 양국 정부에 기대하기 어려운 상황이다. 한국과 일본의 국민, 지식인과 시민, 지일파와 지한파 간의 연대를 통해서 한국 정부와 일본 정부가 추진하고 있는 민족주의의 방향을 유도하는 것이 유일한 방법일지도 모른다.

제4장
한국과 일본의 국가론

제4장 한국과 일본의 국가론

Ⅰ. 머리글

한국과 일본 간에 벌어지고 있는 갈등은 국가 간의 갈등으로 비춰지고 있지만 엄격하게 말하면 한국의 문재인 대통령과 일본의 아베 신조 총리 간의 갈등으로 인식되고 있는 것이 사실이다. 국가는 포괄적인 개념이지만 통치하는 정부를 의미하고 국정을 운영하는 수반을 의미하고 있다. 국제사회와 한일국가에서 벌어지고 있는 갈등은 한국의 수뇌인 문재인 대통령과 일본의 수뇌인 아베총리 간의 갈등으로 좁혀서 말 할 수 있고, 동시에 국력충돌로도 확대해석할 수 있다. 그러나 양국갈등 속에서 양국수뇌에 의한 갈등현상을 제외하면 폭이나 양이 훨씬 적어지고 있다. 그것은 양국 수뇌와 그들을 지탱하고 정치기관간의 갈등을 제외하면 타협과 협력 가능성이 매우 높다는 것을 의미한다.

미국의 싱크탱크 전략국제문제연구소(CSIS)는 한일 간의 국가 충돌에 대해서 언급하고 있다.[194] 전략국제문제연구소는 2019년 8월 7일 일본의 한국에 대한 대응이 감정적이라고 분석하였다. 더욱이 초기 한국에 대한 수출규제 결정이 일본 참의원선거 직전에 이뤄졌다는 점에서 정치적이라는 의심을 불러일으켰다고 볼 수 있다고 지적했다. 또한 문재인 대통령이 일본과 경쟁하기 위해 남북 간 평화경제를 주장하는 돈키호테식 외교전략은 일본의 신뢰를 회복하는 데 거의 도움이 되지 못한다고 지적했

194) 전략국제문제연구소(CSIS, Center for Strategic & International Studies)는 워싱턴DC에 본부를 두고 있으며 국제 전략적인 이슈를 연구하는 민간 싱크 탱크이다. 1962년 조지타운대학이 세운 전략국제문제연구소(CSIS)가 후에 학외조직으로 발전하였고, 현재 상근직원은 220명이 근무하고 있다. 여기에서는 국제안보, 정치, 경제, 경영 등에 관한 정책을 초당적인 입장에서 시의적절하게 건의한다. 정책결정에 직접 참여했던 정부인사들이 상당수 소속되어 있다. 대표적인 인물로는 대외정책 전문가인 키신저(Henry Kissinger)와 브레진스키(Zbigniew Brezinski)가 연구소와 깊은 인연을 맺고 있다. 세계싱크탱크순위를 매기는 펜실베니아대학의 보고서『Go to think tank index. 2014년)』에 따르면, CSIS는 방위와 국가안전보장에서 세계1위, 외교정책과 국제관계론 5위, 혁신적 정책제언 4위 등으로 랭크되었다.

다. 이어서 보고서는 아베 정부가 자신의 행동에 대해서 성찰해보고 일본의 이익을 어떻게 증진시킬 것인지 생각해봐야 한다고 하였다. 특히 일본은 이웃나라에 대한 공격으로 경제적 리더 이미지를 훼손시킬 수 있다고 지적했다.

한편 일본이 취한 대한강경외교정책에 대해서 비판을 하고 있다. 미국 외교전문지 『포린폴리시』(FP)는 일본이 준비되지 않은 싸움을 시작했다고 하고, 불안정한 세계경제시장에 또 다른 도전이 벌어지고 있다고 평가했다. 일본이 수출규제조치를 하면서 최소한 제재 증거, 언론 및 외교관계자 대상 백그라운드 브리핑, 그리고 어떻게 하겠다라는 방향성과 노선을 분명하고 일관되게 이어가야 한다고 지적했다. 일본 정부가 수출규제를 단행하면서 한국이 취할 수 있는 반격에 대비했어야 했지만 전혀 준비가 되지 않은 상황이라고 지적했다. 일본의 유니클로에 대한 불매운동, 한국인의 일본관광중단, 삼성 등 대기업의 거래처 전환 등을 예로 들었다.[195)]

아베 총리는 제2차내각을 구성하면서 국내외적으로 위기에 처한 일본을 구하기 위한 전략으로 강한 일본 만들기에 돌입을 하였다. 경제정책으로서 아베노믹스, 국가위상을 높이기 위한 전략으로 일본국헌법개정 등을 통해 국가다운 국가 즉 적극적 평화주의 실현과 자주적 방위가 가능한 국가를 구축하는 전략을 추진해왔다. 좀더 정확하게 말하면, 전쟁이 가능한 국가체제를 구축하는 것이다. 그 연장선에서 진행된 대한 외교정책은 과거역사문제종결, 독도영유권해결, 일본중심적 역사인식 등과 같은 문제에 대해서 종식적 해결을 염두에 두고 있어 한일 간의 갈등을 피하지 않거나 협력 지향적인 자세를 취하지 않고 있다.

실제로 아베 총리는 2012년 2번째로 총리가 된 후 7년째 종전기념행사에서 가해자로서의 반성과 책임을 거론하지 않았다. 대신에 그는 태평양전쟁의 A급전범을 합사한 야스쿠니신사에 매년 사비로 다마구시(玉串, 물푸레나무가지에 백색종이를 단 것)라 불리는 공물을 7년간 연속적으로 보내고 있다. 그리고 2018년과 2019년 한국대법원은 강제징용자가 일본기업을 상대로 제기한 소송에서 배상을 하라는 원고승소판결을 내리면서 한국 정부가 그에 대해 법적 판단을 존중하고 개입하지 않는다는 방침을 전하였다. 한국대법원과 한국 정부에 대해서 아베 신조 총리는 '일한청구권협정에 위반되는 행위를 한국이 일방적으로 행하고, 국교정상화의 기반이 되는 국제조약을 깬

195) 《조선일보》 2019년 8월 8일

것'(日韓請求権協定に違反する行為を韓国が一方的に行い, 国交正常化の基盤となった国際条約を破っている)이라고 강하게 한국 정부의 대응에 대해서 비판하였다.

아베 총리는 2019년 히로시마원폭투하 74년을 맞이해서 히로시마평화기념공원(廣島平和記念公園)에서 열린 원폭전몰자위령식에 참가한 후 기자회견에서 '한일 간의 최대의 문제가 국가 간의 약속을 지키느냐 아니냐 하는 신뢰문제'라고 반복해서 발언하였다. 이후 강경한 대한정책을 다양한 형태로 추진하였다. 그는 '대전에서 300만여 명의 동포가 목숨을 잃었다', '우리는 역사의 교훈을 가슴에 새겨서 세계평화와 번영을 위해 힘을 다했다', '전쟁의 참화를 두 번 다시 반복하지 않을 것', '이 약속은 쇼와(昭和), 헤이세이(平成), 레이와(令和) 시대에도 변하지 않을 것'이라고 했다.[196] 아베 신조 총리는 태평양전쟁에 대한 반성이나 가해국가로서 책임을 일절 언급하지 않았다.

일본 정부가 강경한 대외정책을 추진하는 가운데 2019년 5월 즉위한 레이와(令和) 시대를 개막한 나루히토(德仁)일본 천황은 과거역사와 한국에 대해서 기존의 입장을 고수하였다. 2019년 8월 15일 종전 74주년을 맞이하여 도쿄 무도관에서 열린 '전국전

196) 전국전몰자추도식(全国戦没者追悼式)은 일본 정부의 주최로 1952년 이후 행해지는 국가행사이다. 1965년 이후부터는 매년 8월 15일 일본무도관에서 제2차세계대전 일본인 전물자에 대한 추도식이 종교적으로 중립된 형태로 열리고 있다. 제1회추도식은 1952년 5월 2일 신주쿠어원(新宿御苑)에서 실시되었다. 추도의 대상은 제2차세계대전에서 전사한 구 일본군군인과 군속 230만 명, 공습이나 원자폭탄투하로 사망한 일반시민 80만 명 등 일본인 전물자 약 310만 명이다. 식장정면에는 '전국전물자의영(全国戦没者之靈)'이라고 되어 있다. 2019년 8월 15일 추도식에서 나루히토 천황은 추도식문에서 '오늘날 전물자를 추도하고 평화를 기념하는 날에 즈음하여, 전국전물자추도식에 즈음하여, 이전의 대전에서 소중한 생명을 잃은 다수의 사람과 유족을 생각하고, 깊은 슬픔을 새롭게 생각합니다. 종전이후 74년, 사람들의 끊임없는 노력으로 오늘날 우리국가의 평화와 번영을 구축했지만, 많은 고난에 있었던 국민의 발걸음을 생각할 때, 진실로 감개무량합니다. 전후 오랜 기간에 걸쳐 평화로운 세월을 생각하면서 여기 과거를 돌아보고, 깊이 반성하면서, 다시는 전쟁의 참화가 반복되지 않기를 기원하고, 전지에서 전화로 쓰러진 사람에 대해서, 전 국민과 함께 마음으로부터 추도의 뜻을 표하고, 세계의 평화와 우리국가의 한층 발전을 기원합니다'(本日、「戦没者を追悼し平和を祈念する日」に当たり、全国戦没者追悼式に臨み、さきの大戦において、かけがえのない命を失った数多くの人々とその遺族を思い、深い悲しみを新たにいたします。終戦以来七十四年、人々のたゆみない努力により、今日の我が国の平和と繁栄が築き上げられましたが、多くの苦難に満ちた国民の歩みを思うとき、誠に感慨深いものがあります。戦後の長きにわたる平和な歳月に思いを致しつつ、ここに過去を顧み、深い反省の上に立って、再び戦争の惨禍が繰り返されぬことを切に願い、戦陣に散り戦禍に倒れた人々に対し、全国民と共に、心から追悼の意を表し、世界の平和と我が国の一層の発展を祈ります。)라고 하였다. https: //news.tv-asahi.co.jp (2020년 3월 10일 검색)

물자추도식'에서 나루히토(德仁) 일본천황은 '과거를 돌아보며 깊은 반성 위에서 두 번 다시 전쟁의 참화가 반복되지 않기를 바란다'고 말했다. 나루히토 천황은 아키히토(明仁) 상황이 2015년 같은 행사에서 밝힌 '깊은 반성'이라는 표현을 또다시 사용했다. 그리고 세계평화와 일본의 발전을 기원하였다. 일본 천황은 한국에 대해서 기존의 평화와 번영, 깊은 반성 등과 같은 표현으로 대응하고 있다.

아베 총리는 전략적으로 정치적 공학 차원에서 대한 정책과 과거역사문제를 해결하고 있다는 특징이 있다. 그것은 한국의 입장에서 이해하거나 해결을 전제로 한 대응이라기보다는 정치적 행보와 일본 중심적인 해결이라는 점에서 한국과의 갈등을 일으키는 원인이 되고 있다. 아베 총리가 취한 대한강경정책에 대응해서 한국에서도 일본에 대해서 강경정책을 촉발시키는 발언이 나왔다. 특히 대통령을 지지하고 지원하는 여당인 열린 민주당의 싱크탱크로 알려진 민주연구원에서 대일강경발언이 속출했다. 민주연구원에 따르면, 향후 일본이 한국을 화이트리스트에서 배제할 경우 여당의 대응책을 묻는 질문에 대해 '대통령의 메시지부터 고위당정협의, 정부 측의 관련된 조치, 대응 방안 등이 체계적으로 발표될 수 있도록 이미 준비하고 있다'고 답했다.

민주연구원은 2019년 7월 30일 일본의 수출규제로 불거진 한일 갈등이 2020년 5월 시행될 총선에 미칠 영향에 긍정적이라고 판단한 여론조사 보고서 '한일 갈등에 관한 여론 동향'를 대외비로 하고 민주당 의원 128명 전원에게 이메일로 발송했다고 전했다. 그와 더불어 한국사회여론연구소(KSOI)는 조사를 통해서 '일본의 수출규제에 대한 여야 대응방식의 차이가 총선에 영향을 줄 것이라는 의견이 78.6%로 절대 다수'라는 내용을 발표했다. 또 '원칙적 대응을 선호하는 여론에 비춰 볼 때 (민주당에 대한) 총선 영향은 긍정적일 것'이라는 분석도 포함됐다.[197] 이처럼 한국에서는 여당조차도 일본에 대해서 강경자세를 취하거나, 정치적으로 이용하고 있다는 점에서 논란이 일어났다.

현재 한국의 여당이 취하고 있는 대일전략은 과거역사와 현실 과제를 정치에 이용하는 방향으로 추진되고 있다는 비판을 받고 있다. 여당의 싱크탱크가 총선거를 앞두고 승리를 위한 전략에서 한일관계를 적극적으로 이용했다는 점을 지적한 것이다. 그런 점에서 한일관계를 총선이나 정권을 유지하기 위한 수단으로 사용하고

197) http: //www.hani.co.kr/arti/politics/assembly.《한겨레신문》2019년 7월 31일

있다는 비판을 면하기 어렵다. 물론 민주당의 선거전략이 대통령의 의중과 정책과는 일치하는 것은 아닐 수 있지만, 민주당 출신의 대통령이기 때문에 무관하다고 평가하기 어려울 것이다. 이처럼 한국과 일본은 한일관계나 당면한 현안을 정권창출, 유지, 국익 등 다양한 목적을 실현하는데 이용하고 있다고 보는 것이 무리가 아니라고 할 수 있다.

결과적으로 한국과 일본은 서로 이해하고 협력하는 관계를 주도하기보다는 상대방을 정치적으로 이용하는 용도외교, 그리고 상대방에 대한 견제와 경쟁을 의도적으로 표출하는 상대성외교, 상대방에게 타격을 주는 보복외교 등으로 이끌어 가고 있는 것은 아닌지 의심이 간다. 그리고 상대방에게 일방적으로 양보하도록 강하게 요구하고 자신의 의지와 정책을 관철시키려는 와가마마외교(わがまま外交), 아전인수외교(我田引水外交)를 동시에 추진하고 있는 듯하다. 동아시아에서 상호협력이 강하게 요구되는 시대적 상황에서 한일 간 상호배제, 협력관계철회, 새로운 낯선 국가를 찾으려는 이웃대체외교, 독식적 외교정책 등을 계속적으로 추진한다면, 동아시아구성국가나 국제사회로부터 배제당하는 왕따 외교로 흘러갈 위험성이 도래할 수 있을 것이다.

한국과 일본에는 문재인 대통령이 추구하는 통일국가론과 아베 신조 총리가 추구하는 중심국가론이 서로 대립하여 갈등으로 나타나고 있다. 중심국가론과 통일국가론이 서로 자극하고 충돌시키는 힘으로 기능하고 있다. 국가지도자로서 아베 총리가 국가체제의 개선을 통해 강한 일본 만들기로 추진하고 있는 것이 중심국가론이다. 그리고 문재인 대통령이 남북통일을 통해 강한 한반도를 구축하기 위해 추진하고 있는 것이 통일국가론이다. 한일이 추구하고 있는 국가론의 근간에는 지속적으로 재생산되고 있는 민족주의가 강하게 작용하고 있다.[198] 이 책에서는 아베총리가 추진하는

198) 李鍾元(著), 木宮正史(著), 磯崎典世(著), 淺羽祐樹(著), 2017,『戦後日韓関係史』, 有斐閣. 전후 국교가 정상화된 후 반세기 동안 한일관계를 정치, 경제, 사회, 문화 등의 관점에서 전체상을 분석하고 있다. 同時代史学会(編集), 2006,『日中韓ナショナリズムの同時代史』, 日本経済評論社. 미국류의 글로벌라이제이션에서 주변국가의 마찰, 대립 등을 강화하고 있는 일본민족주의에 대해서 고찰하고 있다. 朴裕河(著), 安宇植(翻譯), 2020,『韓国ナショナリズムの起源』, 河出書房新社. 민족주의가 본격적으로 대두한 1990년대의 한국을 냉정하게 분석하고, 반일이나 혐한의 논의가 진행되고 있는 현재를 분석하고 있다. 太田昌国(著), 2000,『日本ナショナリズム解体新書』, 現代企畫室. 도지사의 3국인(三国人) 발언, 수상의 신국, 국체 발언, 일본의 편협한 사회, 문화, 정치, 문학 상황을 분석하고 있다. 논지 대상은 司馬遼太郎、丸山真男、吉本隆明、山内昌之、中島ゆみき、船戸与一、

중심국가론과 문재인 대통령이 추진하는 통일국가론의 실체를 밝히고, 동시에 한일간의 미래지향적 파트너십 발휘의 가능성을 점검하고자 한다.

Ⅱ. 한국의 통일국가론

1. 한국의 민족관

한국이 추구하고 있는 통일국가론은 한반도가 하나의 정체성과 동일성을 가진 민족이라는 점을 강조하는 혈통주의에 근간을 두고 있다. 남북으로 분단되어 있음에도 불구하고 단일민족으로 이루어진 민족공동체라는 의식이 뿌리 깊게 남아있고, 한반도인이라는 순혈주의가 강하게 잔존하고 있다. 한민족 공동체의식은 동질성을 강조하여 민족주의를 발흥시키는 토대가 되는 한편 대외민족의 이질성에 대해서 반감을 갖거나 경계하는 원인으로 나타나 차별성을 강조할 가능성이 높다. 특히 한국과 대립하고 있는 일본과의 관계에서 구분을 하는 이데올로기로 자주 사용되고 있다.

일제 강점기에 한반도를 떠나 중화인민공화국에 살고 있는 조선족, 다양한 이유로 구 소련연방에 소속되었던 러시아, 카자후스탄, 우즈베키스탄 등에 거주하고 있는 고려인, 남북이라는 분단을 초월해서 한반도인으로 여기는 재일동포, 각종 현실적 상황에 적응하는 과정에서 각국에서 살고 있는 해외동포 등은 현지 언어를 사용하고 교육이나 생활습관에 익숙해 있으면서도 한국언어와 풍속을 여전히 간직하여 백의민족이라는 문화적 정체성을 갖고 있다. 한반도 민족에게 내재되어 있는 문화속성과 정체성에 기초한 한민족공동체가 구축되어 있다.

한민족이라는 정체성을 갖고 있는 포괄적 한국인은 해방이후 경제성장을 달성하면서 한강의 기적을 통해 발전도상에서 벗어나 선진국으로 진입하여 후발국에 대한 경제적 우월감을 갖고 있다. 더욱이 경제성장과 국력성장, 개인 성장을 경험한 한국인은 우수한 민족이라는 자부심을 강하게 갖고 있어 자민족우월주의로 나타나기도 한다. 한국인과 국제결혼하여 태어난 아이를 지칭하는 코시안(コシアン)이라는 불리

目頭真俊、小林よしのり、ラーゲリ、ペルー人質事件、ベトナム戦争、東チモール、周辺事態法、日の丸君が代、天皇制、ユーゴ空爆、自由主義史観、アイヌ文化法、オウム裁判、映画 등이다.

고 있는 용어는 한국인의 피를 갖고 있지만 한국인과 구별하는 의미도 있다.[199] 한국 SBS에 의한 한국인의 민족의식에 대한 조사에서 한국인의 외국인 기피증과 순혈주의를 집중 취재한 SBS스페셜 '단일민족국가, 당신은 대한민국'에서 회답자 65.2%가 '우리들은 단일민족'이라고 답했다.

단일민족이라는 정체성은 현실에서 다양한 문제와 관련되어 긍정적이거나 부정적으로 기능하고 있다. 그것은 한국인과 외국인 사이에 태어난 혼혈자, 한국에 거주하는 외국인에 대한 경계심이나 차별성을 야기할 수 있는 기초적인 토대가 되고 있다. 그런 이유 때문에 한국에서 다문화가정이나 외국인 노동자들이 평등한 대우를 요구하는 운동으로도 연결된다. 일본식민지 시대 한국에는 화교가 약 55만이 살고 있었지만 현재는 약 5만 명 정도 살고 있다고 전한다. 그것은 강한 중국문화를 소유하고 있는 화교도 단일민족성을 강하게 갖고 있는 한국인과 한국사회에 적응하지 못하는 데서 일어난 현상이라고 평가하고 있다.

한국을 방문한 외국인을 대상으로 한 의식조사에서 '한국인은 친절하다'고 답변한 구미인은 70%이고, 아시아인은 40% 정도였다. 한국인은 아시아인에 대해서 엄격하고 서양인에 대해서는 유연하게 대하고 있다는 것을 증명하고 있다. 특히 한국인과 국제결혼한 도상국출신의 외국인 여성이 10만 명을 넘어 점점 증가하고 있지만 다양한 차별이나 구분에 직면하는 것으로 나타나고 있다. 그런 현상은 여전히 한국인이 혈통주의에 뿌리를 둔 단일민족이라는 정체성과 단일민족공동체라는 의식이 자리잡고 있는 데서 오는 비합리적인 현상이기도 하고, 한국인 우월주의가 작동해서 발생하는 문제이기도 하다.

단일민족과 단일민족 공동체의식은 민족주의의 근간이 되고 있다. 한국에서 발생하고 있는 민족주의는 국제화나 국제사회가 진전되는데 필요한 국제의식으로의 전환을 어렵게 하는 원인이 되고 있다. 다음은 한국민족주의의 근간이 되고 있는 요소를 소개한 것이다.

---

199) 코시안(Korean + Asian = Kosian)은 한국인과 동아시아인을 제외한 아시아인 사이의 혼혈을 말한다. 일본이나 중국 등 동아시아인은 한국인과 외적으로, 유전적으로 상당히 유사하기 때문에 일반적인 시선에서 혼혈이라는 인식이 별로 없다. 그러나 동남아시아, 중앙아시아, 남아시아 등은 중국계이거나 화교 후손 같은 비슷한 계통의 사람들을 제외하고는 외적으로나 유전적으로도 다르기 때문에 구분하기 위해 만들어진 용어이다.

〈표 1〉 한국민족주의 뿌리

구분	내용
한국 문명 패권	- 이씨 조선 문화는 백제나 고구려의 역사와 동일한 민족사로 규정하여 중국이나 일본과 다른 독자성을 갖고 있다.『환단고기』(桓檀古記),『대조선제국사(大朝鮮帝国史)』등에서 한민족은 동북아시아의 제패자였다(韓民族は北東アジアの覇者であった)라는 주장을 하고 있다.[200] 바이칼호, 오키나와, 메소포타미아, 아메리카 대륙까지를 활동 범위로 보고 있다. - 임균택(林均沢)의『한국사』에서는 당 시대에 고구려, 백제를 멸망시킨 뒤의 신라의 판도는 현재의 동시베리아, 몽골, 중국 화베이(華北) 지역 등 삼북(三北)인 중국 북부, 화중(華中)지역, 서장 자치구(西藏自治區), 신장 위구르 자치구(新疆ウイグル自治區) 등까지 확대되었고, 당나라는 화중 지역과 화난(華南) 지역을 확보하는 데에 그쳤다고 주장하였다.[201] - 메이지유신 이전 일본에 전해진 문화, 산업, 사회 등의 흐름은 중국→조선→일본 또는 조선→중국→일본 등으로 이루어졌다는 주장이 있다. 그 과정을 통해서 문명이 흘렀기 때문에 '지금 일본의 번영은 조선의 덕분'이며, '애당초 한국문명화는 중국보다 빨랐다'는 주장이다.
한(恨) 의문화	- 한(恨)은 조선시대의 사고양식으로 감정적인 응어리, 통한, 비애, 무상관(無常觀) 등을 지칭하는 개념이며 한국문화와 사상의 근간이다. 역사학자 후루다 히로시(古田博司)는 조선문화에 내재된 '한을 전통규범에서 보면, 책임을 타인에게 전가하지 못하는 계층형 질서에서 하위에 있는 자의 불만 누적과 그 해소 원망'이라고 설명하였다. 한은 울분(恨み)뿐 아니라 무념사, 비애, 무상관, 동경, 질투, 비참한 경우에서의 해방 원망 등 다양한 감정 표현이며 한국문화라고 하였다.[202] - '한'문화 형성에는 유교 교육이나 습관이 토대가 되었다. 사회불의, 지배자의 폭정, 상대방의 강압 등에 대한 유교적 인내이며 내적 저항이라고 할 수 있다. 한문화는 대대로 왕권이나 양반의 지배에 대한 민중의 저항의식, 중국 한족, 몽골, 여진족 등의 한반도침략에 대한 불굴의 저항의식, 일본의 병합과 식민지 지배에 대한 저항의식 등으로 구축된 배외적이며 회한적인 문화이다. - 민족독립운동에 의해서 민족이 독립하지 못하고, 제2차세계대전에서 승리한 연합군이 민족을 독립시킨 것에 대한 아쉬움이 한으로 남았고, 군부의 군사적 탄압이 한으로 남았으며, 스포츠 한일전에서 패배할 때 생기는 아쉬움이 한으로 표출되고 있다.
한국주 의사관	- 1961년 구데타로 정권은 잡은 박정희는 조선민족의 굴욕사를 민족성에 있다고 보아 '민족중흥의 사명을 달성하기 위한 민족사관'에 기초한 국적있는 교육을 강조하였고, 애국심교육과 민족교육을 철저하게 실시하였다. 한국사회에서 자국을 역사적 문화선진국으로 위치 지우고 일본은 '역사적으로 미개하고 야만적인 문화적 열등자'라는 민족으로 교육하였다. - '문화적 열등자 일본인에게 한국이 병합되었다'라는 인식이 한국국민이 반일감정을 갖는 원인으로 작용하였다. 일본통치시대에 좋지 않은 문화가 한국에 도입되었고, 열등문화가 전래되었다. 대일본제국에 충성하는 매국 한국인이 한국민족의 정통성과 우수성을 훼손하여 반일감정이 생겼고, 일본인을 쪽바리(チョッパリ)라고 멸시한다.[203] - 중국인들은 한국전쟁 당시 북한지원군으로 활동하였기에 적대감이 있고, 동북공정을 둘러싼 부당한 역사적 주장에 대한 반감으로 반중파가 생겨났으며, 최근 중국에 진출한 한국기업에 대한 차별 등으로 대중반감이 생기고 있다.

한반도에서 정착된 민족은 피로 연결되고 있다고 주장하는 혈통주의, 하나의 민족이라는 단일민족주의, 근대사에 대한 동일인식과 경험에 기초한 한국사관주의, 한국인의 정신을 깨우치자는 민족교육주의, 대일 및 대중감정주의, 역사적으로 형성된 한(恨)문화주의 등은 분단된 민족으로 있는 한반도의 민족통일을 정당화하는 중요한 역사적 토대이며 힘으로 작용하고 있다.[204] 한반도의 민족통일은 북한과의 평화적 관계를 통해서 달성하자는 통일(unifing)국가론을 추구하는 중요한 근거가 되고 있다. 해방되기 이전까지는 적어도 한반도는 통일된 하나의 민족으로 있었지만 해방이후 이념논쟁으로 국토와 민족이 분단되어 통일에 대한 염원이 통일민족주의를 촉발하는

---

200) 『환단고기』 범례에 의하면, 평안북도 선천 출신의 계연수가 1911년에 『삼성기(三聖紀)』, 『단군세기(檀君世紀)』, 『북부여기(北夫餘紀)』, 『태백일사(太白逸史)』 등 각기 다른 4권의 책을 하나로 묶은 다음 이기(李沂)의 감수를 받고 묘향산 단굴암에서 필사한 뒤 인쇄했다고 전한다. 편저자인 계연수는 만주에서 독립운동을 하다가 1920년에 사망한 것으로 전해지고 있다. 이 때 계연수는 다음 경신년(1980)에 『환단고기』를 세상에 공개하라는 말을 제자인 이유립(李裕岦)에게 남겼다고 한다. 그래서 인지 『환단고기』는 1979년 수십 부가 영인된 뒤 1982년 일본인 가시마(鹿島昇)가 일역(日譯)하고 원문을 게재한 것이 계기가 되어 세간에 소개되었다. 4권의 기존 책을 하나로 묶어 탄생시킨 것이 『환단고기』이다. (한국학중앙연구원)

201) 임균택(林均沢), 2002, 『한국사』, 서진출판사.

202) 古田博司, 1999, 『悲しみに笑う韓国人』, 筑摩書房. 李御寧(著), 裵康煥(翻訳), 1978, 『恨の文化論—韓国人の心の底にあるもの』, 学生社.

203) 쪽발이(チョッパリ)는 일본인의 별칭으로 사용되고 있는 차별언어이다. 원래 「双蹄」(쌍제, 양발굽) 등의 의미로 사용되던 언어가 변하였다. 족발(豚足)을 어원으로 보는 것은 잘못이다. 한국에서는 비공식적으로 사용되었다. 한글 표기 '쪽발이'는 실제 발음에 가까운 '쪽바리'나 '쪽빠리' 등으로 표기되는 경우가 많다. 어원을 보면, 1880년에 파리외국선교회가 요코하마에서 출판한 한국사전 『Dictionnaire coréen-français』에 '쪽발'(Pied à corne divisée en deux)이라고 기재되었다. 요코하마에서 출판된 캐나다선교사 게일(ジェームス・ゲイル)의 한영사전 『Korean English dictionary』(1897년)에도 '쪽발이'(A cloven foot)라고 기재되었다. 한일병합이전부터 쪽발이라는 단어가 존재했다는 것을 알 수 있다. 국립국어원표준어대사전에는 '일본인이 발의 엄지와 남은 발가락을 분리해서 게다를 신는 것에서 유래한 언어'(日本人が足の親指と残りの指を分ける下駄を履くことから来た言葉)라고 되어 있다. 경상북도 방언에서는 구개열(口蓋裂), 강원도 방언에서는 히토데(ヒトデ)를 의미한다. 재일한국인이나 조선인에 대한 멸시어로 반쪽발이라는 언어도 있다. 일본이나 일본인처럼 행동하는 사람을 의미하기도 한다. https: //ja.wikipedia.org/wiki/チョッパリ (2021년 1월 31일 검색)

204) 木村幹(著), 2000, 『朝鮮/韓国ナショナリズムと「小国」意識—朝貢国から国民国家へ』, ミネルヴァ書房. 1860년대부터 해방 후에 이르기까지 한국민족주의 형성과정과 본질, 특징, 한국의 특수한 국제적 환경 등을 분석하고 있다. 조공시절의 소국의식, 국가자부심을 가진 한국민족주의 등에 대한 분석이다.

중요한 원동력으로 작용하고 있다.

또한 한국민족이라는 정체성은 이질적인 중국민족이나 일본민족과 구분하는 기준으로 작용하고 있다. 한국은 역사적으로 한반도를 둘러싸고 중국이나 일본으로부터 위협을 받거나 침략을 받은 경험이 누적되었다. 그리고 동북아시아에서는 한국, 중국, 일본 등 3국이 지역적으로 밀접하게 관련되어 있어 영토권, 해양권, 영공권 등을 둘러싸고 분쟁이나 갈등이 종종 일어나고 있다. 최근에 들어서 국가 간의 갈등을 무력으로 해결하려는 의도를 포함한 군사력 강화의 움직임도 활발하게 진행되고 있다. 한국에는 과거사와 성장을 둘러싸고 3국 간에 벌어지고 있는 경쟁이 격화되어 갈등이 심화되는 가운데 민족주의가 강조되면서 반중주의나 반일주의로 표출되고 있다. 특히 한국과 일본이 서로 상대적 또는 절대적 우위를 점하지 못하도록 견제하고, 때로는 적과의 동침을 하는 현상으로 나타나는 경향이 있어 한일관계가 더욱 복잡해지고 점점 깊은 수렁으로 빠지고 있는 상황에서 남북의 협력과 통일이 강조되고 있다.

2. 남북민족통일론

해방이후 한반도는 대한민국과 조선민주주의인민공화국으로 출발하면서 정치적으로 지리적으로 민족적으로 분단되었지만 언제나 한민족이라는 정체성을 갖고 하나의 한반도 성립을 상상해왔다. 남한과 북한은 분단된 국가로 대립하고 갈등하면서도 민족이 통일된 국가로 독립하려고 하는 데 일치하였지만, 방법론과 국가체제는 서로 달랐다. 체제와 이념, 통일된 국가의 성격과 모습 등에서 차이를 보이면서 통일 전략과 목표도 서로 괴리를 보였다. 한반도통일은 한반도의 분단상황을 극복하여 최종적으로 단일민족, 단일국가와 단일정부를 구성할 수 있는 상황을 의미하기도 하지만 반드시 일치하는 것이 아니다. 남북이 통일해야 한다는 가장 기본적인 당위성은 역사적으로 한반도가 하나의 뿌리에 기초한 단일민족, 동일민족이라는 문화적 민족적 정체성에 근거하고 있다고 할 수 있다.

한반도가 분단되면서도 남한과 북한은 각자의 입장에서 통일방안을 제시해왔다. 남한과 북한은 통일방안을 제시하면서도 국내외적 여건과 국제환경변화에 따라 강경정책과 화해정책을 번갈아가면서 대응해왔다. 다음은 북한의 남북통일정책을 소개한 것이다.

〈표 2〉 북한의 남북통일정책

구분	내용
국토완정	1948년 9월 9일 조선민주주의인민공화국을 건국한 김일성은 9월 10일 최고인민회의 연설에서 국토완정(国土完整)을 주창하고 그 후 한반도통일을 위한 조선민주주의인민공화국의 정치기반과 군사력을 증강하여 힘에 의한 통일을 지향하였다.
군사통일	조선민주주의인민공화국은 1950년 한국전쟁을 개시하고 군사적 통일을 실천하려고 하였다. 한국전쟁(韓国戦争, 6·25전쟁, 육이오전쟁, 중화인민공화국의 조선족이나 조선민주주의인민공화국에서는 조선전쟁, 조국해방전쟁, Korean War, Корейская война)은 1950년 6월 25일 오전 4시 조선민주주의인민공화국이 기습적으로 대한민국을 침공하여 발발한 남침전쟁이다. 유엔군과 중국인민지원군이 참전하여 세계적인 전쟁으로 비화될 위기에 있었으며, 1953년 7월 27일 22시 휴전협정이 맺어져 종전되었다. 휴전 이후 현재까지 남북한 간에는 유무형적 갈등이 지속되고 있고, 세계의 마지막 냉전지역으로 남아있다. 1980년대부터 장기경제쇠퇴로 국력이 약해졌지만 대남공작, 남침땅굴 등의 도발이 있었다.
연방제 통일	1960년 4월 혁명으로 대한민국의 이승만 대통령이 퇴진하여 정치적 불안이 지속되었다. 조선민주주의인민공화국의 김일성은 1960년 8월 14일 한반도평화통일안으로 연방제 통일안을 제안하고, 남북 양정부대표에 의한 최고민족위원회 수립을 제창하였다. 1961년 5.16군사혁명으로 박정희가 실권을 장악하여 제안은 무산되었다.
고려민주연방공화국	1979년 박정희 대통령이 암살된 후 서울의 봄이라 불리는 민주화 붐이 고조되어 1980년 7.17비상계엄령 확대조치로 군인출신 전두환이 실권을 장악하였다. 1980년 10월 10일 김일성은 정치체제가 다른 남북한 정부의 무력에 의하지 않는 통일방법으로 연방제에 의한 통일을 지향하는 고려민주연방공화국을 제창하였지만 대한민국은 수용하지 않았다.
핵전략	북한은 1950년-60년대부터 핵무장을 시도하였지만 소련의 저지로 실현하지 못하였다. 그러나 1989년 냉전이 붕괴되면서 북한 생존과 정권유지, 핵의 전략적 사용 등의 목적으로 개발에 들어갔다. 북한의 핵개발과 보유의 목적은 국가체제와 핵보유국을 인정받으며 국제사회변화에 대응하는데 있다. 김정은이 계승하면서 정통성과 집권성, 국력 등을 확보하기 위해 핵전략과 대륙간탄도미사일(ICBM)전략을 잘 활용하고 있다. 2000년대 들어서 핵실험과 미사일 발사, 군사증강 등을 추진하고 있어 군사적 통일전략을 포기한 것이라고 보기 어려운 상황이 지속되고 있다.

한반도는 해방이후 국제사회의 이념적 대립과 전쟁에 휘말려 독자적이며 독립적인 길을 걷지 못하였고, 일본대신에 강대국인 미국과 소련의 헤게모니에 눌려 분단을 하게 되었다. 그 과정에서 북한은 강한 군사력을 바탕으로 끊임없는 국지전을 통해 무력통일을 시도하였다. 그리고 2000년대 들어서 비대칭전략차원에서 핵무기와 대륙간탄도미사일을 개발하여 한반도에서 우위를 점하고, 국제사회의 지위를 확보하려는 정치적 핵전략을 구사하고 있어 여전히 한반도는 일촉즉발의 위기에 놓여있다.

다음은 한국 정부에 의한 남북통일정책을 소개한 것이다. 한국은 북한에 의한 강한 군사적 압박과 대남공작에 대응하는 방식을 취해오면서도 실효적인 효과를 거두지 못하였으며, 오히려 북한전략에 좌지우지하는 상황에 종종 직면하였다.

〈표 3〉 남한의 남북통일정책

구분	내용
북진통일	이승만 대통령은 1948년 8월 15일 대한민국 건국 후 무력행사를 시야에 넣은 북진통일을 주장했다. 미국은 이승만 정부가 북진통일을 실행할 것을 우려하여 병기를 제공하지 않도록 하였다. 이후 정치적으로 혼란한 대한민국에서 북진통일은 슬로건 이상의 것이 되지 못하였다.
태양정책	- 1998년 2월 25일부터 2008년 2월 24일까지 김대중 정부, 노무현 정부 등에 의해 실시된 대북한 유화정책으로서 태양정책(太陽政策)이 실시되었다. 2000년 3월 9일 김대중 대통령은 독일 국빈 방문 중 베를린 자유대학을 방문하고 기념 연설에서 '지구상에 마지막으로 남아 있는 한반도 냉전구조를 해체하고 항구적인 평화와 남북 간의 화해·협력을 이루고자 한다'며 북한 측에 다음과 같은 4원칙을 제시 및 촉구하였다. 첫째는 정부 차원의 협력이다. 사회간접자본의 확충과 안정된 투자환경 조성, 그리고 농업구조 개혁은 기존의 민간 경협방식만으로는 한계가 있으며, 이제는 정부 당국 간의 협력이 필요한 때다. 둘째는 화해와 협력 호응이다. 현 단계에서 우리의 당면 목표는 통일보다는 냉전 종식과 평화 정착이다. 진정한 화해와 협력의 정신으로 북한을 돕도록 하겠다. 셋째는 이산가족 문제해결이다. 북한은 무엇보다도 인도적 차원의 이산가족 문제 해결에 적극 응해야 한다. 넷째는 남북한 당국의 대화이다. 이 모든 문제를 효과적으로 해결하기 위해서는 남북한 당국간의 대화가 필요하다. 북한은 우리의 특사 교환 제의를 수락할 것을 촉구한다.[205] - 2000년 6월 개최된 남북수뇌회담을 통해서 김대중과 김정일은 6.15남북공동성명을 발표했다. 이후 금강산에 금강산관광지구, 개성시 교외에 개성공업지구가 설치되고 이산가족 재회 사업이 실시되는 등 남북 간의 교류가 활성화되었다. 태양정책의 비판자는 북한과의 대화나 무역이 평화적 한반도통일의 전망을 개선하는데 기여하지 못했다고 주장했다. 태양정책은 비민주적이며 전체주의 북한의 체제강화를 조장한다는 비판이다.

한반도가 남한과 북한으로 분단되면서 각자는 주도적으로 한반도 통일을 위해서 다양한 전략을 구사해왔다. 북한은 한반도의 통일을 위하여 국토를 정비하고, 한국전쟁과 같은 군사적 통일을 추진하였으며, 고려민주연방제와 같은 연방국을 구상하였다. 그것에 비해 한국은 건국초기 무력에 의해 북한을 제압하는 북진통일을 구상하였지만 실현되지 못하였다. 그 후 남북화해정책을 추진하면서 금강산관광지구, 개성시 교외에 개성공업지구설치, 이산가족재회사업 등과 같이 남북 간의 교류를 확대하는 태양정책을 추진했다. 그리고 최근에는 비핵화를 추진하면서 경협이나 평화협

205) https: //ko.wikipedia.org/wiki (2020년 10월 3일 검색)

정 등을 통한 한반도 화해분위기를 조성하였다.

다음은 남한과 북한이 자의적이며 자주적인 통일전략을 추진하면서도 동시에 강경정책으로부터 벗어나 서로 협력하는 방향에서 추진된 남북 간의 유화정책을 소개한 것이다.[206]

〈표 4〉 남북한의 화해정책

구분	구체적 내용
남북공동성명	- 남한과 북한은 첨예한 대립이 지속되어 대화의 실마리마저 없는 상황이 지속되었다. 그러나 1970년대 들어서 미국과 중국의 접근, 미국과 소련의 데탕트가 진행되는 등 국제정세가 완화되는 가운데 1971년 8월 한국과 북한의 적십자사 접촉이 개시되었다. 1972년 5월 한국 이후락 중앙정보부장이 평양을 극비에 방문하고 김일성의 실제 김영주 조선노동당 조직부장 및 김일성과 회담하고, 박성철 제2부수상이 서울을 방문하여 회담을 한 후 합의서로서 남북공동성명이 발표되었다. - 1972년 7월 4일 10시 한국과 북한은 한반도의 남북대화에 관한 선언서인 7.4남북공동성명을 발표하였다. 남북공동성명에서는 '통일의 원칙으로 외세에 의존하거나 외세의 간섭없이 자주적으로 해결하여야 한다. 서로 상대방을 반대하는 무력행사에 의거하지 않고 평화적 방법으로 실현하여야 한다. 사상과 이념 및 제도의 차이를 초월하여 우선 하나의 민족으로서 민족적 대단결을 도모하여야 한다'고 밝힘으로써 자주, 평화, 민족대단결 등의 3대 원칙을 공식적으로 천명하였다. 그러나 한국과 북한의 대화는 1972년 남북공동성명 이후 판문점에서 포플라사건, 랑군사건, 대한항공기폭파사건 등으로 중단되었다.
남북기본합의서	남북기본합의서는 1991년 12월 3일 남한과 북한 간에 체결되어 1992년 2월 19일 발효된 한반도 남북대화에 관한 합의문서이다. 정식명칭은 '남국간의 화해와 불가침 및 교류, 협력에 관한 합의서'로 남북기본합의서라고 한다. 1991년 남한과 북한은 '분단된 조국의 평화통일을 염두에 두고 전 민족의 의지에 따라, 1972년 7.4공동성명에서 밝힌 조국통일3대원칙 재확인, 정치군사적 대결상태를 해소하고 민족적 화해를 달성하며, 무력침략과 충돌을 막아 긴장 완화 및 평화를 보장하고, 다각적인 교류 협력을 실현하여 민족공동이익과 번영을 꾀하고, 쌍방의 관계가 국가와 국가가 아니라 통일을 지향하는 과정에서 잠정적으로 형성되는 특수한 관계에 있는 것을 인정하고, 평화통일을 실현하기 위해 공동으로 노력한다'는 것을 약속했다.
6.15 남북공동선언	- 2000년 6월 15일 남한과 북한은 6.15남북공동선언을 하였다. 대한민국 김대중 대통령과 조선민주주의인민공화국 김정일 국방 위원장은 2000년 6월 13일부터 6월 15일까지 평양에서 역사적인 상봉을 하였으며 정상 회담을 가졌다. 남북 정상은 분단 이래 최초로 열린 정상 간 상봉과 회담이 남북 화해 및 평화통일을 앞당기는 데 큰 의의를 갖는다고 하면서 6.15남북공동선언문을 채택하였다. - 6.15남북공동선언에는 '첫째는 남과 북은 나라의 통일 문제를 그 주인인 우리 민족끼리 서

206) https: //ko.wikipedia.org/wiki/남북공동선언 (2020년 10월 3일 검색)

로 힘을 합쳐 자주적으로 해결해 나가기로 하였다. 둘째는 남과 북은 나라의 통일을 위한 남측의 연합제안과 북측의 낮은 단계의 연방제안이 서로 공통성이 있다고 인정하고, 앞으로 이 방향에서 통일을 지향시켜 나가기로 하였다. 셋째는 남과 북은 2000년 8·15에 즈음하여 흩어진 가족이나 친척 방문단을 교환하며 비전향 장기수 문제를 해결하는 등 인도적 문제를 조속히 풀어나가기로 하였다. 넷째는 남과 북은 경제 협력을 통하여 민족 경제를 균형적으로 발전시키고 사회·문화·체육·보건·환경 등 제반 분야의 협력과 교류를 활성화하여 서로의 신뢰를 다져 나가기로 하였다. 다섯째는 남과 북은 이상과 같은 합의 사항을 조속히 실천에 옮기기 위하여 이른 시일 안에 당국 사이의 대화를 개최하기로 하였다' 라는 내용이 담겼다.

해방 이후 남북한은 냉전구조 하에서 이념적인 갈등과 현실적 갈등을 증폭시키는 가운데 적대적인 관계를 유지해왔다. 박정희 대통령과 김일성은 군사적으로 대립하면서 상호 적대적 관계를 유지했고, 상대방을 경계하거나 이념적인 적으로 인식하여 대결 구도를 이어왔다. 그 과정에서 상호우호적인 교류와 협력을 통한 평화적 통일 정책은 제대로 제시되지 못하였다. 그러나 1990년대 후반 김대중 대통령이 선출되면서 남한의 북한에 대한 정책이 전환되는 계기가 되었다. 김대중은 북한에 대한 유화정책으로 태양정책(太陽政策)을 추진하는 가운데 남북한정상회담이 실현되어 긴장 완화가 이루어졌다. 이후 보수세력과 진보세력 간에 정권교체가 반복되면서 남한의 북한에 대한 정책이 냉온탕을 왔다 갔다 하는 상황으로 반복되고 있다.

남북은 대립과 협력을 교차적으로 추진하는 남북외교전략을 구사하는 가운데 많은 결실과 오점을 남기기도 했다. 1991년 일본 치바현(千葉縣)에서 열린 세계탁구선수권, 2000년 시드니 올림픽, 2004년 아테네올림픽, 2006년 동계토리노올림픽, 2002년 아시아경기대회, 2003년 아시아동계경기대회, 2006년 아시아경기대회 개회식, 2018년 평창동계올림픽 등에서 양국의 선수단이 단일팀을 구성하여 경기를 하는 성과를 거두었다. 그리고 정치적으로 추진된 남북공동성명(1972년 7월 4일), 남북기본합의서(1991년 12월 13일), 6.15남북공동선언(2000년) 등을 추진하였지만 남북한 통일을 위한 구체적인 방안을 제시하지 못하면서 화해무드를 조성하는 데 실패를 하고 있다. 그런 가운데 2020년 현재 남북한은 한반도비핵화, 상호신뢰, 한반도 시대에 대한 비전 등을 두고 새로운 방향으로 전환되지 못하고 있는 상황에 처해 있다.

3. 한국의 통일국가론

한국의 통일국가론은 문재인 대통령의 민족관, 국가관, 통일관, 대외관, 세계관 등에 기초해서 추진되고 있는 총체적인 국정운영의 기초이론이라고 할 수 있다.[207] 통일국가론은 남북한의 관계개선, 긴장완화, 상호경제협력, 남북한 동반성장, 남북협력외교, 한반도비핵화, 평화통일 등을 염두에 두고 추진하고 있다는 특징이 있다. 남한은 북한에 대해서 우호적인 자세와 정책으로 경협과 교류활성화를 강조하고 있고, 한반도의 비핵화와 비군사화를 통한 한반도 안보 불안 요소를 해소하는 데 주력하고 있다. 더불어 대일, 대미, 대중에 대한 외교에서 전략적 협력을 통해서 대응하려는 의도를 가지고 있다. 문재인 대통령이 추진하고 있는 통일국가론을 긍정적인 측면에서 본다면, 자주적이며 자립적인 한반도 통일국가상을 구상하고 있다고 평가 할 수 있다. 부정적인 측면에서 본다면, 일방적인 대북짝사랑외교, 대미전통동맹경시, 대일강경정책, 친중외교 등과 같은 변화를 추구하는 과정에서 많은 위기와 위험성을 내포하고 있다는 점이다.

문재인 정부는 통일국가론을 염두에 두고 북한에 대한 정책적 전환을 지속적으로 시도하면서 그 중요성을 강조해왔다. 특히 2017년 7월 21일『문재인 정부 국정운영 5개년 계획』을 발표하여 국정전반에 대한 정책과 전략, 과제 등을 제시하였다. 그것은 국정기획자문위원회에서 발표한 문재인 정부가 나아갈 방향을 보여주는 설계도이며, 향후 정책집행의 로드맵 역할을 하는 중요한 정책을 포함하고 있다. 특히 한반도와 국제사회에 대한 문재인 정부의 방향과 전략, 실천과제, 목표 등을 제시하고 있다는 점에서 중요하다.

문재인 정부의 국정운영 5개년 계획은 국가비전, 국정목표와 전략, 100대 국정과제, 혁신과제 등으로 구성되었다. 국가비전 달성을 위한 실천전략으로서 5대 국정목표와 20대 국정전략, 100대 국정과제를 설정했다. 5대 국정목표는 국민이 주인인 정부, 더불어 잘사는 경제, 내 삶을 책임지는 국가, 고르게 발전하는 지역, 평화와 번영의 한반도 등으로 정했고, 각 국정목표를 실천하기 위한 세부 전략과 이행과제를 정리했다. 100대 국정과제는 대선기간 중 국민에게 약속한 201개 공약, 892개 세부공약

207) 대통령 비서실 지음, 2020,『문재인 대통령 연설문집 제3권 세트』(2019.5.10.~2020.5.9.) 전3권, 대통령 비서실. 대통령 비서실 편집부 지음, 2019,『문재인 대통령 연설문집 제2권 세트』(2018.5.10.~2019.5.9.) 전3권, 대통령 비서실.

을 선정해서 제시하였다. 그리고 100대 국정과제와 별도로 새정부의 국정비전을 선명하게 부각할 수 있고 최우선적으로 추진해야 할 4대 복합·혁신과제로 일자리경제, 혁신창업국가, 인구절벽 해소, 자치분권과 균형발전 등을 선정했다.

다음은 문재인 정부가 들어서면서 한국과 한반도의 미래비전으로 제시한 국정운영 5개년 계획과 100대 과제를 소개한 것이다.[208]

〈표 5〉 문재인 정부의 국정운영 5개년 계획 및 100대 과제

구분	내용	
부제	문재인 정부 국정운영 5개년 계획 및 100대 국정과제	
의의	Ⅰ. 국정운영 5개년 계획의 의의 1. 국정기획위 출범 배경과 국정운영 5개년 계획, 2. 국정운영 5개년 계획의 의의	
국정목표	Ⅱ. 문재인 정부 국가비전과 국정목표 1. 문재인 정부 출범 의의, 2. 문재인 정부 국가비전과 5대 국정목표	
국정과제	Ⅲ. 목표·전략 및 100대 국정과제	
	1. 국정과제 선정 과정 및 체계	
	2. 국민이 주인인 정부(15개)	- 국민주권의 촛불민주주주의 실현, - 소통으로 통합하는 광화문대통령, - 투명하고 유능한 정부, - 권력기관의 민주적 개혁
	3. 더불어 잘사는 경제(26개)	- 소득주도성장을 위한 일자리창출, - 활력넘치는 공정경제 - 서민과 중산층을 위한 민생경제, - 과학기술발전이 선도하는 4차산업혁명, - 중소벤처가 주도하는 창업과 혁신성장
	4. 내 삶을 책임지는 국가 (32개)	- 모두가 누리는 포용적 복지국가, - 국가가 책임지는 보육과 교육, - 국민 안전과 생명을 지키는 안심 사회, - 노동 존중, 성평등을 포함한 차별없는 공정사회, - 자유와 창의가 넘치는 문화국가
	5. 고르게 발전하는 지역(11개)	- 풀뿌리 민주주의를 실현하는 자치분권, - 골고루 잘사는 균형발전, - 사람이 돌아오는 농산어촌
	6. 평화와 번영의 한반도(16개)	- 강한 안보와 책임국방, - 남북간 화해협력과 한반도 비핵화, - 국제협력을 주도하는 당당한 외교(주변 4개국과의 당당한 협력외교추진)
복합혁신과제	Ⅳ. 4대 복합·혁신과제 1. 불평등 완화와 소득주도성장을 위한 일자리경제, 2. 4차 산업혁명을 선도하는 혁신 창업국가, 3. 교육·노동·복지체계 혁신으로 인구절벽 해소, 4. 국가의 고른 발전을 위한 자치분권과 균형발전	
이행방안	Ⅴ. 지역공약 이행방안, Ⅵ. 재정투자 및 재원확보 방안, Ⅶ. 입법 추진계획, Ⅷ. 후속조치 계획, 1. 국정과제 및 복합·혁신과제 추진체계, 2. 국정과제 관리방안, 3. 국정과제 공유·확산	

208) 국정기획자문위원회, 2017.『문재인 정부 국정운영 5개년 계획』, 진한엠앤비.

국정운영 5개년 계획에서는 100대 국정과제 가운데 평화와 번영의 한반도 과제 16개를 제시하였다. 그것의 실천과제로서 강한 안보와 책임 국방, 남북간 화해협력과 한반도 비핵화, 주변 4개국과의 당당한 협력외교추진 등을 강조했다. 문재인 정부는 한반도의 평화와 번영을 추구하고, 안보와 책임국방을 강조하면서 남북한의 화해협력과 한반도의 비핵화를 중심과제로 선정하였다. 그리고 주위국가와의 외교에서 한국이 주도하는 당당한 외교를 추진하는 전략을 세웠다. 문재인 대통령의 한반도 운영정책과 전략은 남북관계를 개선하고 그것을 바탕으로 동아시아와 국제사회에서 당당한 외교를 실현하는 것이다. 최근 문재인 정부가 추진하고 있는 북한에 대한 끊임없는 유화정책과 일본에 대한 강경외교가 증명하고 있다.

다음은 국정운영 5개년 계획을 구성하고 있는 100대 국정과제 중 평화와 번영의 한반도를 구축하기 위해 제시한 실천과제를 소개한 것이다.

〈표 6〉 국정운영 5개년 계획의 평화와 번영의 한반도 구상1

구분	내용
남북 간 화해협력과 한반도 비핵화	〈주요내용〉: - 북한의 증대되는 핵 · 미사일 위협은 우리의 안보위기를 심화시키고 국제사회의 평화와 안정에 대한 중대한 도전, - 국제사회와 공조, 대화와 제재 등 모든 수단을 통해 북한을 대화로 이끌고, 북한 비핵화와 평화체제 구축의 포괄적 추진으로 북핵 문제를 해결하여 한반도에 항구적 평화 정착 추진, - 남북대화와 교류를 재개하여 남북합의를 법제화하고 남북관계를 새롭게 정립하며, '한반도 신경제지도' 구상을 본격 추진하여 우리 경제의 미래성장 동력을 창출하고 남북 경제 통일을 도모하며, 이산가족 등 남북의 인도적 문제를 해결하고, 다방면의 사회문화교류를 활성화하여 민족동질성 회복, - 대북정책에 대한 초당적 협력과 국민적 지지를 강화하여 통일공감대를 확산하고 국민통합적 대북정책을 국민과 함께 수립 〈국정과제〉: 한반도 신경제지도 구상 및 경제통일 구현, 남북기본협정 체결 및 남북관계 재정립, 북한인권 개선과 이산가족 등 인도적 문제 해결, 남북교류 활성화를 통한 남북관계 발전, 통일 공감대 확산과 통일국민협약 추진, 북핵문제의 평화적 해결 및 평화체제 구축
한반도 신경제지도 구상 및 경제통일 구현(통일부)	〈과제목표〉: 남북 간 경협 재개 및 한반도 신경제지도 구상 추진, 남북한 하나의 시장협력을 지향함으로써 경제 활로 개척 및 경제통일 기반 구축 〈주요내용〉: (한반도 신경제지도 구상 실행) 3대 벨트 구축을 통해 한반도 신성장 동력 확보 및 북방경제 연계를 추진한다. 동해권 에너지 · 자원벨트는 금강산, 원산 · 단천, 청진 · 나선을 남북이 공동개발 후 우리 동해안과 러시아를 연결한다. 서해안 산업 · 물류 · 교통벨트로는 수도권, 개성공단, 평양 · 남포, 신의주를 연결하는 서해안 경협벨트를 건설한다. DMZ 환경 · 관광벨트는 설악산, 금강산, 원산, 백두산을 잇는 관광벨트구축 및 DMZ를 생태 · 평화안보 관광지구로 개발한다. - (남북한 하나의 시장) 민 · 관 협력 네트워크를 통해 남북한 하나의 시장협력 방안

	을 마련하고, 여건 조성 시 남북 시장협력을 단계적으로 실행하여 생활공동체 형성, - (남북경협 재개) 남북경협기업 피해 지원을 실시하고, 남북관계상황을 감안하여 유연하게 민간경협 재개를 추진하고 여건 조성 시 개성공단 정상화 및 금강산 관광을 재개하고, 남북공동자원 활용을 위한 협력 추진, - (남북접경지역 발전) 통일경제특구 지정 · 운영, 남북 협의를 통해 남북접경지역 공동관리위원회 설치, 서해 평화협력특별지대 추진 여건 조성 〈기대효과〉: 남북경협 활성화로 통일 여건 조성 및 고용 창출과 경제성장률 제고, 동북아 경제공동체 추진으로 한반도가 동북아지역 경협의 허브로 도약, 그것을 위한 추진 여건 조성
남북기본협정 체결 및 남북관계 재정립 (통일부)	〈과제목표〉: 남북대화를 통해 남북 간 현안 해결, 남북대화 정례화, 남북기본협정 체결로 남북관계 발전과 한반도 평화정착 제도화 〈주요내용〉: (남북관계 재정립) 남북연락채널 복원 추진, 적십자회담 · 군사실무회담 개최 등을 통해 남북관계 재개 여건 조성. 체육 · 군사 · 경제회담 등 분야별 남북대화 본격 추진, 남북회담 체계화 · 정례화를 추진하고 여건에 따라 고위급회담 개최, 남북기본협정 채택 등 추진, - (남북기본협정 체결) 기존 남북합의를 존중하면서 남북관계에 맞는 새로운 합의를 도출하기 위해 기본협정 체결 추진, 남북대화 재개 후 상황을 보아가며 국민적 공감대 형성 등 공론화 추진, 당정협의 및 국회와의 초당적 협력체계 구축, 여건 조성 시 고위급회담 등을 개최하여 남북기본협정 체결, 국회 비준동의, UN총회 지지 결의 등 남북기본협정 지지 확보 추진 〈기대효과〉: 남북대화를 통한 남북 간 현안문제 해결 및 새로운 남북관계 정립 · 발전. 한반도 평화 정착 및 남북 간 합의사항 준수 · 이행의 제도화
북한인권 개선과 이산가족 등 인도적 문제 해결 (통일부)	〈과제목표〉: 북한주민의 자유권과 사회권을 통합적으로 개선하고, 인도적 지원과 개발협력 추진, 이산가족 · 국군포로 · 납북자 문제의 근본적 해결을 추진하고 탈북민자립 · 자활능력을 제고하여 사회통합 강화 〈주요내용〉: (북한 인권) 북한인권재단 조기 출범, 국제사회와 공조 및 남북 간 대화시 인권문제 의제화 등을 통해 북한당국에 인권 친화적 방향으로 정책전환 촉구, - (인도 지원) 민간단체 인도적 지원 허용, 국제기구 북한지원사업 공여 검토, 당국차원 지원은 국민적 합의를 바탕으로 추진, - (인도적 문제 해결) 이산가족의 신청자의 전면 생사확인 · 상봉정례화 · 교류 제도화 추진, 국군포로 · 납북자 문제는 당사자의 의견을 존중하고 다양한 해결책 마련, - (탈북민 정착 지원) 지원체계 효율화, 맞춤형 지원을 통한 생활밀착형프로그램 확충 추진, 탈북민 인식 개선 및 지역주민과 소통 활성화 노력 〈기대효과〉: 북한주민 인권상황 실질적 개선 및 이산가족 등의 분단 고통 해소와 민족공동체 회복에 기여, 탈북민의 자립 · 자활 역량 향상과 지역사회 통합 실현, 대화 시 인권문제 의제화 등을 통해 북한당국에 인권 친화적 방향으로 정책 전환 촉구, 인도 지원 민간단체 인도적 지원 허용, 국제기구 북한지원사업

문재인 정부는 한반도의 항구적 평화, 남북 경제통일, 국민통합적 대북정책 등을 기본적인 대북정책으로 표방하고 있다. 남북 간 경제협력 재개 및 한반도 신경제지도

구상 추진, 남북한 하나의 시장협력을 지향함으로써 경제 활로 개척 및 경제통일 기반 구축, 남북대화를 통한 남북 간 현안 해결, 남북대화 정례화, 남북기본협정 체결로 남북관계 발전과 한반도 평화정착 제도화, 북한 주민의 자유권과 사회권을 통합적으로 개선하고, 인도적 지원과 개발협력 추진, 이산가족 · 국군포로 · 납북자 문제의 근본적 해결을 추진하고 탈북민 자립 · 자활능력을 제고하여 사회통합 강화 등을 구체적으로 실천할 것을 강조하고 있다. 다음은 한반도의 평화와 번영을 위한 구상을 소개한 것이다.

〈표 7〉 국정운영 5개년계획 평화와 번영의 한반도 구상2

구분	내용
남북교류 활성화를 통한 남북관계 발전 (통일부)	〈과제목표〉: 다양한 분야의 남북교류 활성화를 통한 남북관계 발전 도모, 교류 협력 거버넌스 구축 · 운영을 통한 민간 · 지자체 자율성 확대, 남북교류협력법 정비 등 제도 개선을 통해 교류협력의 안정적 기반 확충 〈주요내용〉: (교류협력 재개) 체육 · 종교 분야 남북교류를 재개하고, 민족동질성 회복을 위한 겨레말큰사전 편찬 및 개성만월대 발굴사업 등 추진, 평창동계올림픽은 북한 참가 지원 등으로 평화올림픽으로 추진, - (교류협력 활성화) 학술 · 역사 · 언어 · 교육 · 문화유산 등 다양한 분야의 사회문화 교류협력 확대 및 제도화, - (거버넌스 구축) 교류협력 네트워크 확대 및 내실화, 지자체와 민간단체의 자율적인 활동 공간 확보 지원 추진, - (제도 개선) 남북교류협력법 등 관련 규정 정비, 인터넷에 기반한 남북교류협력시스템 개선 등 법 · 제도화를 통한 교류협력기반 강화 〈기대효과〉: 교류협력 재개 · 활성화로 한반도 상황 안정적 관리에 기여하고, 남북교류에 대한 국민의 편의성 · 접근성 강화
통일 공감대 확산과 통일국민협약 추진 (통일부)	〈과제목표〉: 국민이 공감하는 통일국민협약 체결 추진과 안정적이고 지속가능한 통일 · 대북정책 추진 기반을 마련하고, 소통 · 참여, 교육 등 유기적 연계로 통일 공감대 확산과 통일 대비 역량 강화 〈주요내용〉: (통일국민협약) 국회 협의 · 국민 소통 기반 아래 통일국민협약 체결 추진, 2022년까지 협약 체결 및 이행 · 소통체계 등 · 제도 기반도 구축(민족공동체 통일방안의 계승 · 발전 모색 병행), - (통일센터) 2022년까지 매년 단계별로 광역시도에 통일센터 설치(지역주민 대상 통일교육, 통일전시관, 탈북민 정착 지원 기능 수행), - (차세대 통일전문가) 국내외 전문가 양성 프로그램 연구개발을 단계적으로 확대 실시하여 통일 대비 인적 기반 및 역량 강화, - (통일교육) 범국민 통일교육 거버넌스 구축 · 운영으로 통일교육의 주요원칙에 관한 사회적 합의 도출 및 미래세대의 통일인식 제고 〈기대효과〉: 통일 · 대북정책에 관한 초당적 협력과 국민적 지지 확대, 통일 논의 활성화 및 미래세대에게 통일 필요성에 대한 긍정적 인식 제고
	〈과제목표〉: 완전한 북핵폐기를 목표로 북한이 비핵화의 길로 나오도록 다각적 노력 집중, 북한 비핵화와 한반도 평화체제 구축으로 평화로운 한반도 구현

북핵문제의 평화적 해결 및 평화체제 구축 (외교부)	〈주요내용〉: (완전한 핵폐기) 2020년 합의 도출을 위해 동결에서 완전한 핵폐기로 이어지는 포괄적 비핵화 협상 방안 마련, 비핵화 초기 조치 확보 및 포괄적 비핵화 협상 재개 등 추진(굳건한 한미동맹, 국제사회 공조를 바탕으로 북한 추가 도발 억제), - 6자회담 등 의미 있는 비핵화 협상 재개로 실질적 진전 확보, 제재와 대화 등 모든 수단을 활용한 북한 비핵화 견인, - (비핵화 여건 조성) 대북제재 상황을 감안하면서, 남북대화·교류협력 등 남북관계 차원의 북한 비핵화 견인, - (남북 간 정치·군사적 신뢰 구축) 북한 비핵화 추진과 함께 남북대화를 통해 초보적 신뢰 구축 조치부터 단계적으로 심화, - (평화체제 구축) 2017년 중 로드맵을 마련하고 비핵화 진전에 따라 평화체제협상 추진, 북핵 완전해결 단계에서 협정 체결 및 평화체제 안정적 관리(주요국 포함 국제사회 지지기반 강화 노력 병행) 〈기대효과〉: 북한 비핵화 진전을 이룸으로써 한반도 평화 정착 실현, 평화로운 한반도 구현을 통해 평화통일 토대 마련

문재인 정부는 다양한 분야의 남북교류 활성화를 통한 남북관계 발전 도모, 교류협력 거버넌스 구축·운영을 통한 민간·지자체 자율성 확대, 남북교류협력법 정비 등 제도 개선을 통한 교류협력의 안정적 기반 확충, 국민이 공감하는 통일국민협약 체결 추진과 안정적이고 지속가능한 통일·대북정책 추진 기반 마련, 소통·참여, 교육 등 유기적 연계로 통일공감대 확산과 통일 대비 역량 강화, 완전한 북핵폐기를 목표로 북한이 비핵화의 길로 나오도록 다각적 노력 집중, 북한 비핵화와 한반도 평화체제 구축으로 평화로운 한반도 구현 등을 추진하는 목표를 세웠다.

다음은 통일부 홈페이지에 게재된 문재인 대통령의 핵심적인 한반도 정책 내용을 소개한 것이다. 그런 이념을 실현하기 위해 통일정책의 비전으로서 평화공존, 공동번영을 규정하였고 3대목표, 4대전략, 5대원칙 등을 제시하고 있다.

〈표 8〉 문재인 대통령의 한반도정책[209)]

구분	내용	세부내용
3대 목표	북핵문제 해결 및 항구적 평화장착	- 우리의 능동적 역할과 국제사회와의 협력을 통해 북핵문제의 평화적 해결 추진, - 60년 넘게 지속된 불안정한 정전체제를 항구적 평화체제로 전환, 한반도 평화를 실질적·제도적으로 보장
	지속 가능한 남북 관계 발전	- 7·4 남북공동성명, 남북기본합의서, 6·15 공동선언, 10·4 정상선언 등 기존 남북간 합의를 계승 발전, - 통일문제와 대북정책을 둘러싼 갈등을 해소하고, 국민적 공감대와 합의를 형성

209) https: //www.unikorea.go.kr/unikorea/policy /통일부 (2020년 8월 7일 검색)

	한반도 신경제공동체 추진	- 남북이 공존·공영하는 하나의 시장을 형성, 새로운 성장동력을 창출하고 더불어 잘 사는 남북 경제공동체 구현, - 남북한과 동북아에 평화·번영의 새로운 경제질서 창출
4대 전략	단계적·포괄적 접근	- 북핵문제는 제재·압박과 대화를 병행하면서, 단계적으로 해결(핵동결 → 완전한 비핵화), - 북핵문제 해결 과정에서 한반도 평화체제 구축, 북한과 국제사회의 관계 개선 등을 통해 안보 위협을 근원적으로 해소
	남북관계와 북핵문제의 병행 진전	- 북핵문제 해결과 남북관계 개선은 선후 또는 양자 택일이 아닌 상호 선순환 구도 속에서 진전, - 남북간 대화와 협력 채널을 구축해야 북핵문제 해결을 위한 다자대화에서도 우리의 주도적인 역할 가능
	제도화를 통한 지속 가능성 확보	- 국민적 합의를 바탕으로 통일국민협약을 체결하여, 대북정책의 일관성 확보, - 남북간 합의 법제화 및 변화된 환경에 맞는 남북기본협정을 체결하여, 지속 가능한 남북관계 정립
	호혜적 협력을 통한 평화적 통일기반 조성	- 남북간 다양한 교류협력을 확대하여, 민족 동질성을 회복하고 남북공동체 형성, - 남북이 공존공영하면서 민족공동체를 회복해 나가는 '과정으로서의 자연스러운 통일' 추구
5대 원칙	우리 주도	한반도 문제의 당사자로서 남북 화해협력과 한반도 평화·번영을 위한 노력을 주도
	강한 안보	확고한 한미동맹과 국방력을 바탕으로 굳건한 안보태세를 유지함으로써, 북한의 도발을 억제하고 평화를 유지
	상호 존중	상호 존중의 정신에 입각한 호혜적 대화·교류·협력을 통해 함께 번영하는 남북 공동체 구현
	국민 소통	국회·지자체·시민단체·전문가 등 다양한 주체들의 참여와 소통을 제도화하여, 통일문제·대북정책에 대한 국민적 공감대와 합의 도출
	국제 협력	개방과 협력에 바탕을 둔 열린 자세로 국제사회의 협력 견인

문재인 대통령은 한반도 정책의 핵심전략으로 내세우고 있는 슬로건은 '경제가 평화'라는 소신이고 철학이다. 3대목표 중에서 경제협력을 가장 중시하고, 한반도 신경제공동체 구현에 목적을 두고 있다. 경제협력을 통해서 남북이 공생공존하고 번영하는 하나의 시장을 형성하고, 새로운 경제성장동력을 창출하여 더불어 잘사는 남북경제공동체를 만드는 것이다. 더욱이 남북 간의 상호신뢰, 호혜성에 기반한 경제협력을 증진하여 한반도의 경제활동을 확보하고 북한주민의 삶을 개선하는 데 있다. 경제공동체 구축을 위해서 3대경제벨트로서 환동해경제벨트, 접경지역경제벨트, 환서해경제벨트 등을 구축하는 것이다.

문재인 정부는 북한에 대해서 공공 발전과 통일된 모습으로 협력하는 한반도 체제, 평화체제를 구축하기 위해서 끊임없이 대화와 교류를 주창하고 제안하고 있다. 그러나 북한은 남한의 제언과 대화제의를 정책적으로 전략적으로 체제유지와 연결시켜 대응하고 있다. 북한은 2018년 4월 21일 남한과의 경제협력과 미국이 주도하는 북한제재를 극복하기 위한 전략으로 핵실험장 폐기선언을 하였다. 북한은 조선노동당의 중앙위원회총회를 열어 핵실험이나 대륙간탄도미사일(ICBM)의 발사실험을 중지하고, 북동부와 풍계리의 핵실험장을 폐기하기도 결정하였다. 그러나 남북수뇌회담이나 미조수뇌회담을 앞두고 중앙위원회총회는 김정은 출석하에 '경제건설과 핵전력건설의 병진로선을 추구하는 위대한 승리를 선언하는 것에 대해서'라는 제목으로 결정서를 만장일치로 채택하면서 핵무기 보유국이 되는 것을 포기하지 않는 다는 점을 강조했다.

북한의 다양한 신호에 대해서 남한은 북한과의 관계개선과 경협을 통해서 전쟁위기로부터 벗어나고 경제위기를 극복하기 위해 대북정책을 획기적으로 전환하였다. 북한은 경제위기극복과 세습체계 완성을 위해서 남한과의 관계 개선에 돌입하였다. 그런 목적하에서 2018년 남한의 문재인 대통령과 북한의 김정은이 남북공동성명을 발표하였다.

〈표 9〉 문재인과 김정은의 남북공동성명[210)]

구분	내용
일시	2018년 4월 27일 판문점, 대한민국 대통령 문재인, 조선민주주의인민공화국 국무위원회 위원장 김정은
판문점선언목적	판문점선언은 대한민국의 문재인 대통령과 조선민주주의인민공화국의 김정은 국무위원장이 2018년 4월 27일 판문점 평화의집에서 정상회담을 가진 후 발표한 선언문으로 3개 장 13개 조항으로 이루어져 있다. 남북관계 개선, 전쟁위험 해소, 비핵화를 포함한 항구적 평화체제 구축 등이 주 내용이다. 판문점 선언은 '한반도의 평화와 번영, 통일을 위한 판문점 선언'이다. 남과 북은 남북관계의 전면적이며 획기적인 개선과 발전을 이룩함으로써 끊어진 민족의 혈맥을 잇고 공동번영과 자주통일의 미래를 앞당겨 나갈 것이다. 남북관계를 개선하고 발전시키는 것은 온 겨레의 한결같은 소망이며 더 이상 미룰 수 없는 시대의 절박한 요구이다.
남북관계개선과 공동발전	첫째, 남과 북은 우리 민족의 운명을 우리 스스로 결정한다는 민족 자주의 원칙을 확인하였으며 이미 채택된 남북 선언들과 모든 합의들을 철저히 이행함으로써 관계 개선과 발전의 전환적 국면을 열어나가기로 하였다. 둘째, 남과 북은 고위급 회담을 비롯한 각 분야의 대화와

210) https: //ko.wikipedia.org/wiki/ (2020년 10월 20일 검색)

	협상을 빠른 시일 안에 개최하여 정상회담에서 합의된 문제들을 실천하기 위한 적극적인 대책을 세워나가기로 하였다. 셋째, 남과 북은 당국 간 협의를 긴밀히 하고 민간교류와 협력을 원만히 보장하기 위하여 쌍방 당국자가 상주하는 남북공동연락사무소를 개성지역에 설치하기로 하였다. 넷째, 남과 북은 민족적 화해와 단합의 분위기를 고조시켜 나가기 위하여 각계각층의 다방면적인 협력과 교류 왕래와 접촉을 활성화하기로 하였다. 안으로는 6.15를 비롯하여 남과 북에 다같이 의의가 있는 날들을 계기로 당국과 국회, 정당, 지방자치단체, 민간단체 등 각계 각층이 참가하는 민족공동행사를 적극 추진하여 화해와 협력의 분위기를 고조시키며, 밖으로는 2018년 아시아경기대회를 비롯한 국제경기들에 공동으로 진출하여 민족의 슬기와 재능, 단합된 모습을 전 세계에 과시하기로 하였다. 다섯째, 남과 북은 민족 분단으로 발생된 인도적 문제를 시급히 해결하기 위하여 노력하며, 남북 적십자회담을 개최하여 이산가족·친척상봉을 비롯한 제반 문제들을 협의 해결해 나가기로 하였다. 당면하여 오는 8.15를 계기로 이산가족·친척 상봉을 진행하기로 하였다. 여섯째, 남과 북은 민족경제의 균형적 발전과 공동번영을 이룩하기 위하여 10.4선언에서 합의된 사업들을 적극 추진해 나가며 1차적으로 동해선 및 경의선 철도와 도로들을 연결하고 현대화하여 활용하기 위한 실천적 대책들을 취해나가기로 하였다.
군사적 긴장완화	남과 북은 한반도에서 첨예한 군사적 긴장상태를 완화하고 전쟁 위험을 실질적으로 해소하기 위하여 공동으로 노력해 나갈 것이다. 첫째, 남과 북은 지상과 해상, 공중을 비롯한 모든 공간에서 군사적 긴장과 충돌의 근원이 되는 상대방에 대한 일체의 적대행위를 전면 중지하기로 하였다. 당면하여 5월 1일부터 군사분계선 일대에서 확성기 방송과 전단살포를 비롯한 모든 적대 행위들을 중지하고 그 수단을 철폐하며 앞으로 비무장지대를 실질적인 평화지대로 만들어 나가기로 하였다. 둘째, 남과 북은 서해 북방한계선 일대를 평화수역으로 만들어 우발적인 군사적 충돌을 방지하고 안전한 어로 활동을 보장하기 위한 실제적인 대책을 세워나가기로 하였다. 셋째, 남과 북은 상호협력과 교류, 왕래와 접촉이 활성화되는데 따른 여러 가지 군사적 보장대책을 취하기로 하였다. 남과 북은 쌍방 사이에 제기되는 군사적 문제를 지체 없이 협의 해결하기 위하여 국방부장관회담을 비롯한 군사당국자회담을 자주개최하며 5월 중에 먼저 장성급 군사회담을 열기로 하였다.
평화체제 구축	- 남과 북은 한반도의 항구적이며 공고한 평화체제 구축을 위하여 적극 협력해 나갈 것이다. 한반도에서 비정상적인 현재의 정전상태를 종식시키고 확고한 평화체제를 수립하는 것은 더 이상 미룰 수 없는 역사적 과제이다. 첫째, 남과 북은 그 어떤 형태의 무력도 서로 사용하지 않는 불가침 합의를 재확인하고 엄격히 준수해 나가기로 하였다. 둘째, 남과 북은 군사적 긴장이 해소되고 서로의 군사적 신뢰가 실질적으로 구축되는데 따라 단계적으로 군축을 실현해 나가기로 하였다. 셋째, 남과 북은 정전협정체결 65년이 되는 올해에 종전을 선언하고 정전협정을 평화협정으로 전환하며 항구적이고 공고한 평화체제 구축을 위한 남·북·미 3자 또는 남·북·미·중 4자회담 개최를 적극적으로 추진해 나가기로 하였다. - 넷째, 남과 북은 완전한 비핵화를 통해 핵 없는 한반도를 실현한다는 공동의 목표를 확인하였다. 남과 북은 북측이 취하고 있는 주동적인 조치들이 한반도 비핵화를 위해 대단히 의의 있고 중대한 조치라는데 인식을 같이 하고 앞으로 각기 자기의 책임과 역할을 다하기로 하였다. 남과 북은 한반도 비핵화를 위한 국제사회의 지지와 협력을 위해 적극 노력하기로 하였다. 양 정상은 정기적인 회담과 직통전화를 통하여 민족의 중대사를 수시로 진지하게 논의하고 신뢰를 굳건히 하며, 남북관계의 지속적인 발전과

	한반도의 평화와 번영, 통일을 향한 좋은 흐름을 더욱 확대해 나가기 위하여 함께 노력하기로 하였다. 당면하여 문재인 대통령은 올해 가을 평양을 방문하기로 하였다.

문재인과 김정은이 합의해서 결정한 남북공동성명은 문민정부가 내세운 한반도의 평화적 통일에 대한 실현 가능성과 기대를 가질 수 있는 계기가 되었다. 김대중 대통령과 노무현 대통령이 북한을 방문하여 친선을 도모하고 공통의 과제인 민족의 평화적 통일에 대한 논의가 다시 문재인 정부로 이어지는 순간이었다. 더욱이 북한의 김정은이 판문점에 나와서 회담을 하여 한반도에 대한 평화 메시지를 전달하고, 한국의 공식적인 방문을 약속하여 폐쇄적인 국가의 변화를 예고하는 것으로 인식하였다. 판문점선언은 그 만큼 한국과 국제사회에 장미빛 평화를 제공하는 기회가 되었다. 더욱이 문재인 대통령이 구상한 통일국가론이 체제를 넘어서 한반도의 평화와 번영을 가져올 현실적이며 미래적인 국가상으로 실현되는 듯 하였다.

한편 문재인 정부는 통일국가론의 다른 한쪽을 구성하고 있는 한반도 주변국과의 외교전략을 새롭게 구상하였다. 문재인 정부는 국정운영 5개년 계획을 통해서 동아시아를 둘러싸고 있는 미국, 러시아, 중국, 일본 등과의 기본적인 외교전략을 세웠다. 그것은 한마디로 당당한 외교를 하고 남북통일을 위한 외교정책과 전략의 성격을 띠고 있다. 문재인의 외교정책은 남북이 협력하여 한반도의 자립과 발전을 지향하고 성장하여 대국으로의 길을 구축하는 데 목적이 있다. 다음은 문재인 정부가 계획한 국정운영 5개년 계획에서 국제협력을 주도하려는 당당한 외교정책의 내용을 소개한 것이다.

〈표 10〉 국정운영 5개년계획의 당당한 외교정책

구분	내용
전략3 국제협력을 주도하는 당당한 외교	- 주요내용은 국제사회에 깊숙이 개입된 국제국가로서 한국의 생존과 발전을 위해서는 더 많은 국가와의 더 깊은 협력외교가 필수, 동북아의 평화와 번영을 위해서는 동북아를 넘는 적극적인 평화협력 외교가 절실하다는 점에서 협력외교와 동북아 플러스 책임공동체는 문재인 정부의 중요한 국정전략의 하나 - 세계화의 흐름 속에서 이제는 외교관의 외교가 아닌 국민 전체의 외교가 필요한 시점이므로 대국민 소통 및 참여 강화 등을 통해 국민의 의견을 외교정책에 충실히 반영하는 국민외교 체계 구축 필요, 이를 기반으로 개방적 대외경제 환경을 조성하고 신흥경제권 국가와의 협력 지평을 확대하는 한편, 청년 일자리 창출에 기여하는 상생의 개발협력 추진 등을 통해 국익을 증진 - 한국에 동북아 외교는 생존의 문제로서 우리 주도의 당당한 협력외교를 통해 한미

	동맹, 한중, 한일, 한러 관계를 미래지향적이며 국익지향적으로 진행 필요, 동북아지역의 지정학적 긴장과 경쟁 구도 타파를 위해 동북아 평화협력 플랫폼, 신북방정책 및 신남방정책 등으로 동북아 지역의 장기적인 평화·협력적 환경 조성 - 국정과제는 국민외교 및 공공외교를 통한 국익 증진, 주변 4국과의 당당한 협력외교 추진, 동북아 플러스 책임공동체 형성, 국익을 증진하는 경제외교 및 개발협력 강화, 보호무역주의 대응 및 전략적 경제협력 강화
주변 4국과의 당당한 협력외교 추진 (외교부)	- 과제목표는 신뢰와 협력을 바탕으로 한 한미 간 동맹, 한중 간 신뢰 회복, 미래지향적 성숙한 협력동반자 관계로서 한일관계, 한러 전략적 협력 등을 도모한다. - 주요내용은 (한미)정상 방미 등 활발한 고위급 외교 전개를 통한 한미동맹을 호혜적 책임동맹 관계로 지속 심화·발전, 미 조야를 대상으로 한 활발한 대미외교 전개로 한미동맹 저변 공고화, 연합방위태세 강화 및 한·미 간 현안을 합리적으로 해결 - (한중)양국 정상 및 고위급 간 활발한 교류·대화, 사드문제 관련 소통강화로 신뢰회복을 통한 실질적 한중 전략적 협력 동반자관계 내실화, 북핵문제 해결을 위한 한·중협력 강화, 한·중 FTA 강화 등을 통한 경제협력 확대, 미세먼지 대응 등 국민체감형 사안 관련 협력 강화 - (한일)독도 및 역사왜곡에는 단호히 대응하는 등 역사를 직시하면서 한일 간 미래지향적 성숙한 협력동반자 관계 발전, 과거사와 북한 핵·미사일 대응, 양국 간 실질협력과는 분리 대응, 위안부 문제는 피해자와 국민들이 동의할 수 있는 해결방안 도출 - (한러)북핵문제 해결을 위한 전략적 소통 및 한러 경제협력 강화를 통해 한러 전략적 협력동반자 관계의 실질적 발전 추진, 정상교류를 포함 고위급 교류 활성화, 극동지역 개발 협력 확대, 북극·에너지·FTA 등 미래성장동력 확충 - 기대효과는 주변 4국 협력외교 강화로 한반도 평화안정·유라시아 공동번영에 기여

문재인 정부는 대중, 대미, 대일, 대러와의 관계에서 당당한 외교 그 이상의 외교를 구상하고 있다. 즉 현실적으로 신뢰와 협력을 바탕으로 한 한미 간 동맹, 한중 간 신뢰 회복, 미래지향적이며 성숙한 협력동반자 관계로서 한일관계, 한러 전략적 협력 등을 도모하는 외교정책을 표방하였다. 문재인 정부는 외교를 국익추구라는 차원에서 당당하게 적극적으로 추진하겠다는 의지를 갖고 있다. 거기에는 한반도 중심과 한국 중심의 외교전략을 구사하고 기존의 동맹이나 관계를 넘어서 현실적 이해관계를 중시하는 외교를 하겠다는 의지가 있다고 볼 수 있다.

특히 한일관계에서 문재인 정부는 적극적이며 강경자세를 취할 수 있다는 대일강경외교를 선언하였다. 2014년 10월 산케이신문 서울지국장 가토 다쓰야(産経新聞ソウル支局長 加藤達也)가 박근혜 대통령의 명예를 훼손했다고 하여 재택 기소하였다. 당시 문재인은 가토 지국장의 기소를 비판하는 입장에 섰다. 그러나 반일여론이 높아지자 문재인은 거리를 두었다. 당시 가토는 '법의 정신보다 여론을 우선한다. 그것이 문재인이다'

라고 논평했다. 문재인은 국정5개년계획에서 일본과의 외교에 대한 자세를 명백하게 했다. 즉 '(한일) 독도 및 역사왜곡에는 단호히 대응하는 등 역사를 직시하면서 한일 간 미래지향적이며 성숙한 협력동반자 관계 발전'를 추구한다고 명문화했다. 그 과제로서 '과거사와 북한 핵 · 미사일 대응, 양국 간 실질협력과는 분리 대응', 그리고 '위안부 문제는 피해자와 국민들이 동의할 수 있는 해결방안 도출' 등을 추진하는 것이었다.

문재인은 대일과의 관계에서 강한 정책을 추진한다는 점을 국정5개년계획에서 구체적으로 밝히지 않았지만, 역사적인 문제에 대해서 결코 타협하거나 물러서지 않을 것이라는 점을 선언했다. 다음은 문재인 정부의 대일외교정책 내용을 소개한 것이다.

〈표 11〉 문재인 대통령의 대일정책

구분	내용
대일정책 기조	- 국정운영 5개년계획에서 동북아 외교는 생존의 문제로서 우리 주도의 당당한 협력외교를 통해 한미동맹, 한중, 한일, 한러 관계를 미래지향적이며 국익지향적으로 진행할 필요성을 강조했다. 구체적으로는 동북아 지역의 지정학적 긴장과 경쟁 구도 타파를 위해 동북아 평화협력 플랫폼, 신북방정책 및 신남방정책 등으로 동북아 지역의 장기적인 평화·협력적 환경을 조성하는 것이다. - 특히 한일관계에 대해서, 독도 및 역사왜곡에는 단호히 대응하는 등 역사를 직시하면서 한 · 일 간 미래지향적이며 성숙한 협력동반자 관계를 발전시킨다는 점을 강조했다. 더욱이 과거사와 북한 핵 · 미사일 대응, 양국 간 실질협력과는 분리 대응하고, 위안부 문제는 피해자와 국민들이 동의할 수 있는 해결 방안을 새롭게 도출하겠다는 의지를 표명했다. - 문재인 대통령은 2017년 11월 뉴욕에서 열린 한미일수뇌회담에서 트럼프와 아베수상 면전에서 '미국과는 동맹이지만 일본은 동맹이 아니다'(アメリカとは我々の同盟であるが日本は同盟でない)라고 발언하여 한일 간의 새로운 질서를 세울 것이라는 점을 암시했다.
독도정책	- 독도문제에 대해서 대통령취임 전 2016년 7월 25일 독도에 상륙하고 방명록에 '동해는 우리영토(東海のわが領土)'라고 썼다. 독도상륙의 목적에 대해서 일본의 식민지 지배로부터 해방된 8·15를 앞에 두고, 우리 영토주권을 확고히 해야 하기 때문에 방문했다고 했다. - 2017년 11월 7일 미국 트럼프 대통령이 방한한 만찬회에서는 독도 근해에서 잡은 새우를 독도새우라고 칭했다. 그에 대해서 일본 정부는 외무부를 통해서 항의했다. - 2019년 7월 23일 방공식별구역 내에서 중국인민해방군 공군기와 함께 침입한 러시아 항공우주군의 A-50공중경계관제기가 독도부근 해역에서 영공침해를 하여 18기의 한국군 전투기 F-15와 F-6이 출동하고 360발의 경고 사격을 했다. 동시에 일본항공자위대도 10기의 F-15J와 F-2로 시위를 하였다. 러시아국방성과 중국국방부는 러시아군의 Tu-95MP폭격기 2기와 중국군H-6K전신폭격기 2기로 공동경계감시활동을 한 것으로 영공침해가 아니라고 했다. 한국 정부는 러시아와 중국에 항의하였고, 일본 정부는 한국과 러시아에게 항의했다. 한국과 일본은 독도를 두고 다양한 측면에서 대립하고 있어 한국은 독도를 실효적으로 지배하면서 적극적으로 독도수호의지를 국내외로 밝혔다.

징용공정책	- 2018년 5월 1일 노동의 날에 노동단체가 부산의 일본총영사관 앞에서 징용공 상을 건립하려고 하였지만, 외국공관 주변에서의 집회나 행진이 금지된 것을 이유로 한국경찰이 저지했다. 문재인의 방일 직전이었고, 또한 오부치 게이조(小渕惠三)와 김대중과의 합의된 일한파트너십선언 20주년이 되는 해이어서 한일관계의 악화를 피하고 싶다는 문재인 정부의 의도가 반영된 것이라고 보도하였다. - 2018년 한국대법원은 일본기업이 강제징용자에게 배상하라는 판결을 내렸다. 문재인 대통령은 '국가 간의 문제해결과는 별도로 개인청구권은 존재한다는 한국대법원의 판결이다'라고 하여 법원판결을 우회적으로 지지했다. 그리고 문재인 대통령은 '일본의 정치지도자가 정치적 쟁점으로 하고, 문제를 확산시키고 있다'라고 비판하였다. 한국대법원이 일본기업에 배상을 명하는 판결에 대해 한일청구권협정을 일방적으로 위반했다고 인식한 일본의 아베총리는 판결에 대응하지 않는 문재인 대통령에 대해서 APEC 나 G20의 한일수뇌회담을 개최하지 않는 전략적 방치노선을 결정하였다. 그리고 자산압류에 대한 대응조치로 2019년 7월 4일 수출규제조치를 단행하여 한일관계가 최악의 상황에 직면하였다. 아베총리는 2019년 8월 25일 전화 회담에서 '일한청구권협정으로 해결완료'(日韓請求権協定で解決済み)라고 단언하였고, 재산압류가능성에 대한 대응으로 아베총리는 보복조치를 관계성청에 지시하였다. 일본의 조치에 대해서 문재인 대통령은 일본의 정치지도자가 정치적으로 쟁점화하고 문제를 확산시키고 있다고 아베총리를 비판했다.
위안부정책	- 문재인 정부는 2015년 12월 맺은 위안부문제일한합의(慰安婦問題日韓合意)에 대해서 '문제의 본질은 10억 엔이 아니라, 법적 책임인정과 공식사죄라고 국민은 생각하고 있다'(問題の本質は10億円ではなく, 法的責任認定と公式謝罪だと国民は考えている)라고 하여 그것을 비판하였다. - 2016년 12월 28일 부산시 동구 당국이 부산일본영사관 앞에 설치된 위안부상을 불허하여 강제철거를 한 사건에 대해서는 페이스북에 '소녀상은 살아있는 역사교과서이다. 부산시민의 소녀상 설치는 진짜 독립선언이다'라고 하였다. 시민으로부터의 비판이 쇄도하여 구 당국은 12월 30일 설치를 허가하고, 위안부상은 원래 장소에 돌아왔다. 일본정부는 그것에 항의하고, 주한일본대사를 일시 귀국시키는 외교조치를 단행했다. 그 조치에 대해서 문재인 대통령은 '한국이 사기라도 친 것처럼 주장하고 있다'라고 일본정부의 대응을 비판했다. - 2017년 1월 20일 문재인은 위안부상을 방문하고 소녀상이 외롭지 않도록 함께 관심을 갖고 지키자고 시민에게 호소하였다. 민주당 대통령 후보로 선출된 직후 2017년 4월 4일 한국 정부가 일본군종군위안부라고 인정하고 있는 이순돌 씨가 사망하자 페이스북에 할머니를 대신해 반드시 일본으로부터 사죄를 받는다 라고 결의를 말했다. - 문재인은 2017년 5월 8일 일본과의 위안부합의는 잘못된 것이라고 발언하였다. 대통령 취임 후 2017년 5월 11일 일본의 아베 총리에게 위안부합의에 대해서 '국민의 대다수가 심정적으로 합의를 수용하지 않는 것이 현실이다'라고 전했다. 그리고 문희상이 대통령특사로서 친서를 갖고 방일하고 친서에는 '북한문제에서 협조강화, 위안부합의는 한국 국민의 대다수가 수용하지 않고 있다'라는 내용을 전달했다.
대일강경외교	한일위안부합의에 대한 한국 정부의 해산을 둘러싼 갈등, 한국해군함정의 자위대기에 대한 화기관계레이더조사 갈등, 문희상 국회의장의 아키히토 천황에 대한 사죄요구갈등, 수출규제조치를 둘러싼 갈등, 강제징용배상판결갈등, 한일청구권협정갈등, 캐치올규

	제(キャッチオール規制, 補完的輸出規制)로 인한 우대조치대상국 화이트국에서 한국 제외, 방위협력협정인 GSOMIA(軍事情報包括保護協定) 파기 등이 발생하면서 한일간 외교는 더욱 강경해졌다.

문재인 정부는 국정운영 5개년 계획을 통해서 국가통일론을 완성하기를 바라고 추진하였지만, 국내외적으로 많은 위기에 처하게 되었다. 소득주도성장, 대북우호정책, 대일강경정책, 한반도주변국에 대한 외교정책전환 등이 일정하게 결실을 얻지 못하고, 북한과의 관계에서 실효성 있는 결과를 내지 못하면서 비판을 받고 있다. 다른 한편으로는 국제사회에서 나홀로 외교를 하는 한국과 나홀로 국가를 대표하는 대통령이 되는 상황으로 몰리고 있다. 그런 점에서 문재인 정부가 추진하고 있는 국가통일론도 덩달아 위기에 봉착하고 있다고 평가할 수 있다.

문재인 대통령은 2020년 7월 14일 '한국판 뉴딜 국민보고대회'를 통해 국가성장정책에 대한 불신과 위기를 극복하고 국가정책을 대전환하기 위해 새로운 한국판 뉴딜정책을 발표하였다. 한국판 뉴딜은 사람 중심 포용국가 기반 위에 디지털(digital)뉴딜과 그린(green)뉴딜 두 개의 축으로 추진하며, 2025년까지 총 160조원(국비 114.1조원)을 투입하고 총 190.1만 개 일자리를 창출하는데 목적이 있다. 사업 기간은 2020년부터 2025년까지로 6년간이다. 한국뉴딜은 국정운영 5개년 계획과 어떻게 연결되고 있는 것을 명확하게 밝히지 않고 있지만, 성장정책의 일환으로 추진하고 있다는 점에서 동일선상에 있다.

다음은 문재인 정부가 발표한 2020년부터 2025년까지 6년간 시행될 한국판 뉴딜정책의 내용을 소개한 것이다.

〈표 12〉 문재인의 한국판 뉴딜정책[211)]

구분	내용
추진배경	첫째는 저성장과 양극화심화를 극복하는 데 있다. 성장률 평균은 90년대 6.9%, 00년대 4.4%, 10년대 2.9% 등으로 점차 낮아지고 있다. 5분위배율 평균은 90년대 3.86%, 00년대 4.52%, 10년대 4.57% 등으로 나타나 혁신적 포용국가를 위하여 사람 중심의 경제패러다임을 구축하여 양극화심화를 극복하고자 한다. 둘째는 코로나19로 인한 경기침체를 극복하고, 셋째는 한국판 뉴딜정책을 통한 위기극복을 하는 것이다.

211) 《조선일보》 2020년 7월 15일; https: //www.moef.go.kr/mp/nd/newDeal.do

목표와 기간	추격형 경제에서 선도형 경제로 전환, 탄소의존경제에서 저탄소의존경제로의 전환, 불평등사회에서 포용사회로의 전환, 2020년 7월 14일 '한국판 뉴딜 국민보고대회'를 통해서 국운대전환을 선언하고, 새로운 100년를 설계하는 차원에서 2020년부터 2025년까지 추진한다.
재원구조	- 총예산 160조원(국비 114.1조원, 지방비 20.7조원, 민간 25.2조원), - 그린 뉴딜 73조 4000억 원(국비 42.7), 저탄소, 친환경경제체제로의 전환, - 디지털뉴딜 58조 2000억 원(국비 44.8조), 비대면산업육성, 디지털경제로의 전환, - 안전망강화 28조 4000억 원(국비 26.6조), 그린, 디지털전환으로 생기는 실업 및 양극화를 극복하기 위해 사회고용안전망강화로 해결, - 2020년(3차추경 6조 3000억 원), 2021- 2022년 61조 4000억 원, 2023-2025년 92조 3000억 원
한국뉴딜 과제	첫째는 10대과제 디지털뉴딜정책으로 데이터댐구축, 지능형정부, 스마트의료인프라. 디지털그린융합정책으로 그린 스마트 스쿨, 디지털 트윈, 국민안전SOC디지털화, 스마트그린산단, 그린뉴딜로 그린 리모델링. 그린에너지, 친환경미래 모빌리티 등이다. 둘째는 28과제 디지털뉴딜 12개, 그린 뉴딜 8개, 안정망 강화 8개 등으로 구성되어 있다.
사업추진 계획	- 2020년은 대전환착수기로 추진가능한 경제활성화사업 추진 - 2021~22년은 디딤돌마련기로 제도개선, 재정 민간투자, 새로운 성장경로창출 - 2023~25년은 대전환착근기로 보완 완성, 새로운 성장경로 안착
사업결과	- 일자리창출 190.1만개를 창출한다. 즉 디지털뉴딜 총 90.3만개, 그린 뉴딜 총 65.9만개, 안정망 강화 총 33.9만개 등을 창출할 계획이다. 한국뉴딜정책으로 경제성장률과 양극화개선상황은 어떻게 전망하고 있는지를 구체적으로 밝힐 필요가 있다.

문재인의 한국판 뉴딜정책의 추진배경은 저성장과 양극화심화 극복, 코로나19로 인한 경기침체극복, 한국판 뉴딜정책을 통한 다양한 위기극복 등이 있다. 계획목표는 추격형 경제에서 선도형 경제로의 전환, 탄소의존경제에서 저탄소의존경제로의 전환, 불평등사회에서 포용사회로의 전환을 시도하는 것이다. 그리고 10대과제로서 디지털뉴딜정책, 디지털그린융합정책, 그린뉴딜, 안전망강화 등의 사업을 추진하는 가운데 일자리를 창출하는 것이 중요한 목적이다. 문재인의 한국판뉴딜정책은 국정운영 5개년 계획에서 제기한 평화와 번영의 한반도 구상의 관점에서 보면, 한국의 성장정책이며 북한과의 경협에 대한 부분을 언급하고 있지 않다.

다음은 한국판뉴딜정책의 핵심을 이루고 있는 디지털뉴딜, 그린뉴딜, 안전망강화 등의 구체적인 추진계획, 과제 등을 소개한 것이다.

〈표 13〉 한국판 뉴딜정책의 과제

구분	예산, 일자리	과제(투자액, 조원/일자리 수, 만개)	제28대 과제
디지털뉴딜	- 44.8조원 - 90.3만개	DNA생태계강화 (31.0/ 56.7)	국민생활과 밀접한 분야의 데이터구축개방활용, 1.2.3차산업산업으로 5G, AI융합확산, 5G, AI지능형정부, K-사이버방역체계
		교육인프라디지털전환 (0.8/0.9)	모든 초중고 디지털기반교육인프라 조성, 전국대학, 직업훈련기관온라인교육강화
		비대면산업육성 (2.1/13.4)	스마트의료 및 돌봄인프라 구축, 소기업원격근무확산, 소상공인온라인비즈니스지원
		SOC디지털화 (10.0/19.3)	4대분야 핵심인프라디지털관리체계구축, 도시산단 공간 디지털 혁신, 스마트물류체계구축
그린뉴딜	- 42.7조원 - 65.9만개	도시공간생활인프라녹색전환 (12.1/38.7)	국민생활과 밀접한 공공시설 제로에너지화, 국토해양도시의 녹색생태계회복, 깨끗하고 안전한 물관리체계구축
		저탄소분산형에너지확대 (24.3/20.9)	에너지관리효율화 지능형 스마트그리드구축, 신생에너지 확산기반 구축 및 공정한 전환지원, 전기차 수소차 등 그린모빌리티 보급확대
		녹색산업혁신생태계전환 (6.3/6.3)	녹색선도유망기업 육성 및 저탄소 녹색산단조성, R&D금융 등 녹색혁신 기반조성
안전망강화	- 26.6조원 - 33.9만개	고용사회안정망 (22.6/15.9)	전국민대상 고용안전망구축, 함께 잘사는 포용적 사회안전망 강화, 고용보험 사각지대 생활고용안전지원, 고용시장 신규진입 및 전환지원, 산업안전 및 근무환경혁신
		사람투자 (4.0/18.0)	디지털그린인재양성, 미래적응형 직업훈련 체계로 개편, 농어촌 취약계층의 디지털 접근성 강화

자료: 《연합뉴스》 2020년 7월 15일

한국판 뉴딜은 예상 성과를 홍보하기 위해 기대효과를 부풀린 것이라는 평가와 의혹이 있어 실현하는 데 의미가 있는 것이 아니라 선언하는 데 의미를 두고 있다는 부정적인 평가가 있다. 따라서 정권위기극복용이나 정권연장을 위한 포석으로 보는 경향이 있다. 한국판 뉴딜정책은 국정운영 5개년계획과는 별도의 계획으로 책정된 것으로 보인다. 더욱이 문재인 정부가 추진해온 통일국가론으로 연결되기 어려운 점, 불과 1년 반 정도 임기를 남겨 놓고 레임덕에 걸릴 가능성이 있어 추진동력이 떨어질 것이라는 점, 차기 대선이 예정되어 있어 지속성에 대한 의문, 국내소비용 성장정책에 불과하다는 점 등과 같은 약점이 있어 실천하는 데 어려움이 있을 것으로 예상된다.

따라서 문재인 표 뉴딜정책은 현 정부가 처한 위기를 일시적으로 극복하면서 동시에 차기정권을 탄생시키기 위한 정치적 전략에서 이루어진 국운전환용이라는 비판을 면하기 어렵다. 다음은 한국판뉴질정책을 둘러싸고 일어나고 있는 논란을 소개한 것이다.

〈표 14〉 한국판뉴딜의 논란

구분	문제점
지속가능성	다음 정부까지 연결할 것을 선언했지만, 재정부담이 너무 커서 현실성에 의문이 간다. 다음 정부에 많은 투자를 하도록 설계되어 있어 지속가능성에 의문이 있고, 문재인 대통령 임기는 2022년 5월까지로 2022년까지 68조(국고 49조), 2025년까지 160조(국고 114조) 등으로 되어 있어 2023년-2025년에 국고 65조를 투입하도록 설계되어 있다.
재원조달	한국판 뉴딜은 경제성 평가와 재원조달방법에 대한 검토 없이 성급하게 계획을 내놓아 실천가능성이 낮다는 문제를 제기하고 있다. 코로나 사태 등으로 2020년-2023년의 세수가 50조 줄어들 것으로 예상되고 있다. 2025년까지 160조를 투입하도록 되어 있어 자금조달이 문제시되고 있다. 코로나 사태로 인하여 국가부채가 급증하고, 세수가 점차 악화되는 상황이 이어질 것으로 보이는 가운데 부동산정책을 둘러싼 증세정책이 예상되어 있어 재원조달을 둘러싼 갈등이 일어날 것으로 보인다.
실천전략	각종 규제를 풀어 민간참여를 독려해야 성장동력을 확보할 수 있는데 계획과 동반된 구체적인 실천계획이 보이지 않고 있다. 그리고 네이버대표, 현대차부회장 등을 대동한 행사이지만 혁신이라고 불릴만한 사업이 부족하다는 평가이다. 스마트의료인프라사업에 포함된 입원환자에 대한 모니터링이나 의료기관간 협진 등은 기존 제도를 바꾸지 않아도 추진가능하지만, 비대면원격의료 등 제도개선에 필요한 내용은 의료계의 반발을 우려해 계획에 포함되어 있지 않다.
일자리창출	계획에서 예상하고 있는 일자리창출계산법이 합당한 것인지 의문이 제기되고 있다. 예를 들면, 디지털그린인재양성, 미래적응형직업훈련체계로의 개편을 통해 15만 1000개 일자리를 창출하는 것은 훈련 인원에 취업률을 곱한 수로 환산된 것으로 정교한 근거를 가지고 일자리창출규모를 추정한 것인지 의문을 제기하고 있다.

이상에서 볼 수 있듯이, 문재인 정부의 통일국가론은 한반도의 평화와 번영을 통해서 통일을 하고 동아시아, 태평양지역, 동남아지역, 국제사회 등에서 위상을 높이고 지속 가능한 발전을 추구하는 의도가 있다.[212] 그러나 통일국가론을 추진하기 위

212) 문재인 지음, 2017, 『문재인의 운명』(특별판), 북팔. 원서 번역서, 『運命 文在寅自傳』(일본어판), 김

해서는 국내위기를 극복하고 성장형궤도를 구축하여, 문재인 정부에 대한 불신을 제거하는 것이 무엇보다도 중요할 것이다. 그리고 통일의 다른 한쪽인 북한의 적극적인 협력을 끌어낼 필요가 있다. 그러나 북한은 문재인 정부가 제시하는 각종 추진정책이나 제안에 대해서 부정적인 태도를 보이고 불신하고 있는 상황이 지속되고 있어 한계가 있다. 특히 한반도를 둘러싸고 있는 강대국 간의 이해관계를 한반도 통일에 유리하도록 만들 수 있는 외교비책이 필요한 실정이다.

다음은 각종 자료와 매체가 보고한 내용을 근거해서 문재인 정부가 추구하고 있는 통일국가론의 내용을 정리한 것이다. 따라서 이 책에서 제시하고 있는 통일국가론은 저자의 생각이며, 문재인 정부가 추진하고 있는 각종 정책이 통일국가론으로 수렴한다고 인식하고 있는 것은 아니라는 점을 미리 밝혀둔다.

〈표 15〉 통일국가론의 요체

구분	내용
이념과 목표	문재인 정권의 성격을 「좌파(左派)」(読売新聞, 産経新聞), 「반미친중(反米·親中)」(産経新聞), 「반일친북」(産経新聞), 「종북(従北)」(産経新聞·夕刊フジ), 「혁신(革新)」(時事通信·公明党), 「리베럴(リベラル)」(CNN), 「중도좌파(中道左派)(日本共産党), 좌파독재정권(한국의 야당), 대북완화파(미국미디어), 좌파정권 또는 친북정권(유투브 등) 등으로 규정하고 있다.
국정로드맵	문재인 정부의 목표는 2017년 7월 국정운영의 로드맵으로서 설정한 국정운영 5개년 계획(国政運營5カ年計畫)를 통해서 발표하였다. 여기에서는 국민이 주인이 되는 정부, 함께 풍요롭게 생활하는 경제, 국민의 삶에 책임을 지는 국가, 균형 발전하는 지역, 평화와 번영의 한반도 등을 최고가치로 하였다. 평화와 번영의 한반도를 구축하는 것을 핵심목표로 하고 있다는 점에서 통일국가론을 실천하기 위한 정책을 전제로 하고 있다고 평가할 수 있다. 2020년 7월 14일 '한국판 뉴딜 국민보고대회'를 통해 국가정책의 대전환을 선언하고 새로운 100년의 설계로서 발표하였다. 사업기간은 2020년부터 2025년까지로 6년간이다. 사업은 디지털뉴딜과 그린뉴딜에서 핵심사업 10개 분야를 선정하였고, 자금은 160조가 투입될 예정이다. 디지털과 그린 뉴딜은 새로운 국가만들기라고 할 수 있다.

인회 지음, 2011, 『문재인 김인회의 검찰을 생각한다: 무소불위의 권력 검찰의 본질을 비판하다』(대한민국을 생각한다 3), 월의봄. 문재인 외 지음, 2017, 『문재인의 운명+대한민국이 묻는다』, 북팔. 문재인 외 지음, 2017, 『문재인 운명+문재인노믹스』, 북팔외. 대통령 비서실 지음, 2018, 『문재인 대통령 말글집』 제1권: 완전히 새로운 시작, 대통령 비서실. 문재인 지음, 2012, 『문재인이 드립니다: 꿈을 놓아버린 이 땅의 청춘들을 위한 포토에세이』, 리더스북. 대한민국 정부 지음, 2018, 『문재인 정부 1년 국민께 보고 드립니다』, 진한엠앤비.

적폐 청산	문재인 정부는 이명박 정권과 박근혜 정권에서 쌓였다고 하는 불공평한 사회구조를 고치고 처벌하는 의미의 적폐청산(積弊淸算)을 국기기본정강으로 규정하여 강력하게 실시하고 있다.[213] 국내적으로는 낮은 임금구조, 보수정권, 재벌지배구조 등과 같은 과거적 현안이 적폐의 대상이 되었다고 할 수 있다. 국제적으로는 남북한 전쟁휴전상황, 남북한 경협정체, 미국과 중국의 국내간섭과 압박, 일본과의 역사적 및 현실적 과제 등이 대상이 되고 있다. 새로운 외교돌파구, 그리고 외교파트너와 성장파트너로 북한을 상정한 것이라는 점이 부각되고 있다.
월광 정책[214]	- 미국 신문은 대북완화파라 불리는 문재인 정부의 북에 대한 유화적 자세에 대해서 김대중의 태양정책(sunshine policy)에 빗대어 문재인의 성 표기인 「Moon＝月」을 기본으로 하여 월광정책(moonshine policy)이라고 명명하였다.[215] - 월광정책(月光政策)에는 2007년 김대중의 6·15선언을 발전시킨 10·4남북수뇌회담선언의 제4항에서 한국전쟁 휴전협정에 서명한 미국, 중국, 북한 등 3개국, 한국전쟁 교전국 한국, 북한, 미국, 중국 등 4개국이 종전선언과 평화협정을 지향하는 것이 포함되어 있다. - 2018년 4월 27일 문재인과 김정은은 평화의 집에서 남북수뇌회담을 하였고, 그 과정에서 김정은이 사상 최초로 군사분계선을 넘어와 평화분위기를 조성하였다. 여기에서는 한반도의 완전한 비핵화를 남북의 공동목표로 하고 적극적으로 노력할 것을 약속하였다. 그리고 1953년 이래 휴전상태인 평화협정체결을 2018년 중에 항구적 평화체제를 위한 남, 북, 미국포함 3자, 남, 북, 미, 중 4자회담 등을 추진하고, 군사분계선일대의 적대행위를 중지하고 비무장지대를 실질적 평화지대로 설정하는 등의 내용을 포함시킨 판문점선언(板門店宣言)을 발표하였다. - 한국은 북한을 자극하지 않는 정책을 일관되게 유지하고 있다. 김정은 남한방문초청, 한미군사훈련축소 또는 정지, 비무장지대 군사시설감축, 반북단체의 삐라살포제지, 시진핑 초청 등의 친중성향정책, 백선엽장군 비조문, 반북활동축소 또는 감축, 친북인사등용, 국제연합제재해제요구, 남북경협촉진, 개성공단재개, 금강산관광개시 등과 같이 친북성향정책을 추진하고 있다. 문재인 대통령은 남북통일을 실천하기 위해 월광정책을 적극적으로 추진하고 있다고 평가할 수 있다.
일본 청산	- 2012년 대통령후보 당시 선거전에서 '친일청산을 하고 싶다'(親日清算をしたい)라고 하고 다음과 같은 대일5대역사현안(対日5大歴史懸案)을 세웠다.[216] 즉 독도 도발에 결코 타협하지 않는다. 위안부문제에 대해서 일본 정부에게 법적 책임을 묻겠다. 전범기업입찰제한을 강화한다. 일본의 교과서왜곡을 시정한다. 일제가 약탈한 문화재를 반드시 반환한다. 등이다. - 대통령이 된 후에는 국내뿐 아니라 역사문제를 청산하는 방향에서 일본에 책임을 성실하게 질 것을 주장하고 강하게 압박하는 대일외교정책을 추진하였다. 그리고 두 번 다시 일본에게 질 수 없다는 선언을 하여 일본과의 관계에서 양보하거나 지는 게임을 하지 않겠다는 의지를 강하게 표출하였다. 따라서 현재 한일관계의 현안인 위안부합의파기 문제, 징용공배상 문제, 독도 문제, 지소미아 문제, 수출규제조치 문제, WTO제소 문제 등에서 양보하지 않겠다는 의지를 이어가고 있다.
미중 균형	문재인 대통령은 2017년 3월 10일《뉴욕타임즈》인터뷰에서 '한미관계는 이후 더욱 견고하게 발전시켜야 하지만, 그 관계가 과도하거나 일방적이어서는 안 된다'라고 하고 '미국에 노(no)라고 말할 수 있어야 한다'는 취지의 발언을 하였다. 대중외교에 대해서 '대미관계를 중시하면서 중국과의 관계도 더욱 강화하는 균형외교를 지향하고 싶다'라고 하여 미중

	균형외교론을 피력하였다. 일본학자들은 문재인의 중국지향정책을 비판하고 있다. 즉 중국은 '높은 봉우리(高い峰)', '대국(大国)'이라고 하고, 한국은 '소국(小国)', '책임있는 중견국(責任ある中堅国)'이라고 인식하고 있다고 비판했다.[217]

문재인 대통령은 베를린선언 (Berlin宣言)을 수용하고 있는 듯하다. 베를린선언은 2000년 3월 9일 독일 베를린의 베를린 자유대학에서 열린 김대중 대통령의 연설에서 제시된 한반도 평화 정착을 위한 선언을 지칭한다. 김대중 대통령은 북한과 할 수 있는 정부 차원의 협력사업으로 도로, 항만, 철도, 전력, 통신 등 사회간접자본의 확충, 투

213) 2014년 4월 국무회의에서 박근혜 대통령은 '오랜 세월 사회 곳곳에 누적된 적폐를 개혁하겠다'고 하면서 정치권에서 본격적으로 유행하기 시작했고, 이후 박근혜 퇴진 운동의 주된 구호 중 하나로서 사용되었다. 19대 대선에서 문재인은 적폐청산을 공약 중 하나로 내걸었다. 그리고 문재인은 4대 비전과 12대 약속을 공약으로 내세우고, 더불어민주당은 그것을 정리한 정책공약집인『나라를 나라답게』를 발간하였다.(더불어민주당 편, 2017.『나라를 나라답게, 제19대 대통령선거 더불어민주당 정책공약집』. KPBooks.). 여기에서는 부정부패 없는 대한민국을 위해 권력기관 개혁, 정치·선거제도 개혁, 공정한 대한민국을 위한 경제민주화 등을 주장했다. 이 공약에 기초해서 문재인 정부의 인수위원회 역할을 맡은 국정기획자문위원회는 해당 공약을 토대로 5대 공통공약, 내 삶을 바꾸는 정책, 각 부처의 제안사항 등을 반영하여 20대 국정전략과 100대 국정과제(487개 실천과제)로 선정하였다.

214) 구로다 가쓰히로(黒田勝弘)는 '문재인정권은 월광정책? 국제사회에서 통용되는가(文在寅政権は対北「月光政策」? 国際社会で通用するか)'라는 제목의 기사를 《산케이신문》(産経新聞 2017년 5월 13일)에 발표하였다. 대북융화정책은 김대중의 태양정책에서 출발했지만, 이명박과 박근혜의 금강산관광금지, 개성공업공단폐쇄 등이 있었다. 문재인은 대통령취임연설에서 평양도 방문하고 싶다고 하였다. 미국언론은 김대중의 태양정책에 힌트를 얻어 문재인의 대북융화정책을 문재인의 문을 영어로 표기한 'MOON'을 이용해서 문폴리시라고 하였다.

215) 《로이터통신》은 문재인의 북한유화정책에 대해서 'Moonshine policy(달빛정책)'이라고 하여 관심을 보였다. 문재인 대통령의 대북포용정책을 언론에서는 '달빛정책', 'Moonshine policy'이라고 표현하고, 김대중 대통령의 '햇빛정책', 'Sunshine policy'이라는 표현과 구분하고 있다. 달빛정책은 문 대통령의 성인 '문'을 영어로 적은 'Moon'에다가 영어로 '빛'을 의미하는 'shine'을 합성한 단어로 보인다. 월광정책은 김대중 전 대통령의 Sunshine policy라고 하기도 어려워 보인다. Sunshine policy는 미국 등에서 북한의 핵개발을 막지 못한 실패한 정책이라는 평가가 나왔기 때문이다.

216) 이런 정책에 대해서 일본언론은 '반일, 반미, 종북 위험한 한국대통령후보, 죽 급식이 밥대체로의 빈곤, 보수파와의 전쟁 반생'이라고 표현하였고(《産経新聞》 2017년 4월 10일), 《석간후지》는 '문정권 반일, 반미, 종북, 친중의 본성'(《夕刊フジ》 2017년 5월 11일)이라고 표현하였다. 문재인은 저서 등에서 대일강경외교의 기본원칙으로 '대일5대역사현안'을 제시하고, 독도도발에 타협없음, 위안부문제 일본 정부의 법적책임요구, 전범기업입찰제한지침 강화, 일본의 역사교과서왜곡시정, 일제가 약탈한 문화재반환 등을 강조했다. http: //sankei.jp.msn.com/world (2020년 11월 5일 검색)

217) 높은 산봉우리 '중국몽, 모두의 꿈'(《연합뉴스》 2017년 12월 15일)

자보장 협정과 이중과세 방지 협정 등 투자환경 조성, 식량난 해결을 위한 비료 지원, 농기구 개량, 관개시설 개선 등을 구체적으로 제시하였다. 이와 동시에 김대중 대통령은 연설 중 북한에 대한 지원이 무조건적인 것은 아니라고 밝히면서 연설 뒤 참석자들과의 질의응답에서 '북한의 이중전략 문제에 대해서는 경계해야 한다'라는 견해를 말하기도 했다.[218)]

통일부 사이트에 게재된 한반도정책을 보면, '북한, 동북아 이웃국가, 국제사회와 함께 한반도와 동북아를 아우르는 평화와 번영을 구현하고자 하는 우리 주도의 장기적이고 포괄적인 정책'이라고 규정하고 있다. 여기에서 '평화 최우선 추구 평화는 우리가 추구해야 할 최우선의 가치이자 정의이며, 경제적 번영을 위한 토대, 상호 존중의 정신, 북한붕괴 불원, 흡수통일 및 인위적 통일불추구 등을 통해 남과 북이 서로를 존중하고 협력하면서, 함께 잘 사는 한반도 추구, 국민과 함께 하는 열린 정책결정과 집행 과정에서 국민의 참여와 쌍방향 소통을 통해 국민이 공감하고 함께 만들어가는 정책을 지향하는 것'을 의미한다. 위에서 보듯이 문재인 대통령의 대북정책은 한반도의 평화와 번영을 위해서 북한과의 갈등을 야기하거나 불필요한 대결을 초래하는 행위를 하지 않는 정책을 선호하고 있다고 해석할 수 있다.

문재인 정부가 추진하고 있는 통일국가론은 북한에 유화적인 자세를 명백하게 취하고 있으면서, 일본에 대해서는 매우 강경한 반일자세를 지속적으로 취하고 있다는 특징이 있다. 그것은 장기적으로 국운전환을 위해서 일본보다는 북한을 우선시하는 정책에서도 많이 표출되고 있다. 대일관계는 끊임없이 협력관계를 유지하면서도 경쟁과 견제를 하는 과정에서 실질적인 국익을 얻는 데 한계가 있다고 판단한 점이 작용했다고 볼 수 있다. 그리고 북한과의 경협을 통해서 상호 상생적 발전을 추진하고 안보상의 불안을 해소하는 차원에서 북한을 중시하고 있다고 할 수 있다. 그러나 문재인 정부는 북한과의 협력을 추진하고 있지만 괄목할만한 성과를 거두지 못하고 있어 통일국가론은 위기에 처하고 있다. 그리고 대외외교가 결실을 보지 못하면서 국제사회에서 통일국가론에 대한 평가가 절하되고 있는 상황이라고 할 수 있다.

한국이 추구하는 통일국가론은 북한을 껴안아 한반도일체화와 한반도협력을 통해 힘을 구축해서 일본, 동아시아, 국제사회 등과 대등하게 경쟁에서 국익을 추구하

---

218) https: //ko.wikipedia.org/wiki (2020년 11월 11일 검색)

고, 강대국의 간섭과 구속으로부터 벗어나자는 의미가 내포되어 있다. 그런 점에서 통일국가론은 국내에서 결속과 민족통합을 통한 한반도 성장정책이며 비전이기도 하고, 동아시아 패권경쟁에서 살아남기 위한 문재인 정부의 대응방식이기도 하며, 더 나아가 대미나 대유럽 등에 대한 외교정책이기도 하다. 그것을 실천하는 과정에서 통일국가론은 불통정부, 좌파독재정부, 반일, 반미, 친중, 친북, 친동남아 등과 같은 다양한 정치 색깔을 띠면서 긍정과 부정의 논란에 놓이게 되었다고 할 수 있다.

4. 통일국가론의 행방

한국에서 한반도통일에 대한 지도자나 국민의식은 매우 다양한 형태로 존재하고 있다. 일반적으로 남한과 북한이 통일해야 한다는 당위성은 백의민족, 언어, 문화, 전통, 역사적 정체성 등에 기반하고 있다. 그러나 현실적으로 양체제가 이질적이기 때문에 분단 상태로 통일하는 것은 매우 어렵다는 의견이 다수 존재한다. 남북통일을 방해하는 장애요인으로는 남북의 국가체제차이, 남북의 경제격차, 한국의 자본주의와 북한의 사회주의의 차이, 사회체제의 분리로 인하여 구축된 분단문화, 지도자의 위상과 권력차이, 정치경제원리차이 등 다양한 요인이 제시되고 있다. 특히 현실적인 문제로는 막대한 통일비용, 통일 후의 국가체제, 사회불안야기, 주변국의 상실감과 강한 견제 등도 지적되고 있다.

다음은 문재인 정부가 추구하고 있는 통일국가를 방해하는 요인으로 작용할 수 요소를 소개하고자 한다. 한반도의 통일을 둘러싸고 국내외적으로 다양한 장애요인이 발생하고 있다는 것을 알 수 있듯이 남북한의 통일은 남북한 간의 문제만이 아니며 반드시 긍정적인 결과만을 도출하지 못할 것이라는 점이 부각되고 있다.

〈표 16〉 통일국가론의 장애요인

구분	장애요인
북한체제불신	- 현재 북한은 사회민주주의를 표방하면서도 3대에 걸쳐 강력한 김씨세습 체제를 구축하고 있다. 따라서 세습체제는 앞으로도 지속되어 독재할 가능성이 높고 그런 상황에서 남한과의 공생공존을 위해서 세습체제와 독재체제의 변화를 추구하는데 협력할 것인가 의문이 간다. - 북한이 남한과 함께 추진한 공동성명이나 합의 사항을 자의적이며 임의적으로 부정하고

	부인하는 경우가 종종 발생하고 있다. 판문점공동선언을 통해서 비무장지대 군시설철수를 합의하였음에도 불구하고 사격을 가하거나 군사시설을 복구하는 경우가 발생하고 있다. 더욱이 개성공단 관련시설을 파괴하는 행위와 남북관광사업을 임의적으로 중단하는 행위 등은 북한체제에 대한 불신으로 작용하고 있다.
통일비용[219)]	미국의《월스트리트저널》에 의하면, 세계은행은 한국의 통일비를 약 2조달러-3조달러가 소요될 것으로 예측하였고, 그것은 한국GDP의 약 3배에 해당되는 것이다. 한국과 북한 경제격차는 15: 1정도이며 통일될 경우 한국이 대부분의 비용을 부담하고, 북한 인프라, 식량원조 등 총합적인 원조가 필요할 것으로 보여 한국경제가 감당할 수 있을지 의문이 제기되고 있다.
통일후 국가체제	한국은 1987년 민주화선언으로 자본주의체제와 자유민주주의국가로 정착을 했고, 북한은 공산주의와 주체사상을 이행하는 독재국가이기 때문에 통일이 될 경우 어떤 국가체제를 구성할지 불투명하다. 연방제 형태로 1국가 2체제를 구상하는 의견도 있다. 한국과 북한이 서로 다른 체제에서 자유롭게 이동하고 정치, 경제, 사회, 문화제도를 향유할 수 있을지 의문이 간다.
사회불안	통일 후 북한 주민이 경제환경과 삶의 환경이 좋은 남한으로 대량으로 유입될 것으로 보여 치안이나 도시슬럼화, 도시시스템 등이 큰 변화를 겪을 것으로 보인다. 그리고 동일민족 간의 차별과 배척이 일어나 사회가 통합하기보다는 혼란이 촉발될 가능성이 있다. 남한 국민과 북한 국민의 공존가능성, 사회안착화에 대한 의문이 제기되고 있다. 사회체제, 국가체제, 이념체제가 상이하여 상호 적응하는데 많은 시간과 비용이 들고, 일상생활과 사회생활이 원만히 이루어지는 데 어려움이 있어 사회절서의 큰 변화가 초래될 수 있다.
문재인 딜레마	- 문재인 정부의 한반도정책은 남북한 간의 강제적 또는 흡수통일을 하는 것이 아니라 공생공존하며 남북공동체를 구축하는 방식의 통일을 구상하고 있다. 실천원리로서 북한과의 관계개선을 위해서 적대적 관계 일소, 지속 가능한 남북협력을 통한 성장과 발전, 통일문제를 둘러싼 다양한 갈등해소, 국민적 공감대와 합의 형성 등을 중시하고 있다. 그러나 그런 목표와 원리를 일시에 일괄적으로 수뇌회담을 통해서 실천하는 데 한계가 있다. - 남한과 북한이 갈등을 해소하기 위해서 과거 역사적 사실을 어떻게 규정하고 해결할 것인가 하는 점이 걸림돌이 될 수 있다. 과거 남북한 간에 벌어진 6.25전쟁이나 군사도발을 어떻게 규정하고 매듭을 질 것인지가 논란이 되고 있다. 문재인의 통일국가론에는 그런 논란에 대한 정책이나 대응이 불비하다는 점이다. - 문재인 정부는 다양한 실정논란에 휩싸여 국정운영에 대한 부정적인 판단과 불신을 낳고 있다. 국가부흥의 핵심정책인 소득주도성장정책과 동반된 경제침체, 최악의 일자리 성적, 정권의 입맛에 맞는 제도개혁, 탈원전정책을 대체할 만한 에너지 정책부재, 평양선언이나 남북군사합의서 셀프 비준으로 인한 위헌 논란, 문재인 케어, 불안한 부동산정책, 진전없는 한반도정책, 코드인사 등에 대한 논란이 문재인 정부에 대한 신뢰를 떨어뜨리고 있다.[220)] 그리고 울산시장선거부정의혹, 검찰개혁을 둘러싼 찬부공방, 4.15부정선거 미결착, 공수처공정성논란, 법무장관의 각종 위법사안 공표에 따른 불신, 사회적 질서와 상식적 질서에 대한 붕괴조짐, 국내정책에 대한 불신, 문재인 정권을 지지하는 인물의 부정사건 등이 벌어져 정책추진과 정권재창출의 걸림돌이 되고 있다. - 또한 대일정책, 대미관계, 대중정책 등과 같은 외교정책이 실정으로 이어지고 있다는 부정적인 평가가 있다. 일본과의 관계가 역사 이래 최악의 상황이 되었고, 한미동맹이 무너

	지고 있으며, 중국 편향적인 정책의 결실 부재 등과 같은 외교정책이 문재인 정부와 한반도를 흔들고 있다. - 특히 문재인 정부의 핵심정책으로 설정한 북한과의 상생전략은 결실을 보지 못하고 있다. 김정은과 손잡고 휴전선을 넘나들었지만 핵무기실험과 미시일발사, 대치상황 등이 여전히 지속되고 있다. 한국은 북한과 협력을 강화하기 위해서 국정원 역할변화, 기무사 해체, 휴전선 DMZ GP군철수, 동해안 휴전선 근방 철조망 철거, 병력12만 감축 발표, 북한에 대한 경협, 북한 고속도로 건설지원, 서해5도 북한군 방어시설 철거 요구, 한강하구 철책 철거, 탱크방어벽 철거, 각종 향토보병사단 역할 변화 등과 같이 다양한 대북친화적인 정책을 구상하고 있다.[221] 그러나 그런 움직임에 대한 북한의 무대응과 냉대는 문재인 정부의 발목을 잡는 딜레마로 작용하고 있다.
외세의 패권	- 2005년 9월《중앙일보》의 보도에 따르면, '한반도분단의 책임은 어떤 국가에 있는가'라는 조사에서 미국 53%, 일본 15.8%, 러시아 13.7%, 중국 8.8% 등이라는 결과를 발표하였다. 한반도 분단이 외세에 의해 이루어졌다는 인식이 91.3%를 차지하고 있다. 한반도는 주위 국가의 힘과 간섭에 노출되어 있어, 한반도의 통일은 남북한의 합의로만 할 수 있는 것이 아니라 미국, 일본, 중국, 러시아 등 주위 강대국의 이해관계에 의해 좌지우지될 수 있는 개연성이 있어, 그들의 존재와 간섭은 통일국가론을 추진하는데 장애요인으로 작용할 수 있다. - 북한정세가 악화될 경우, 중국, 일본, 미국 등의 군사개입가능성이 높아 제3차세계대전 가능성이 있고, 일본, 중국, 러시아 등으로의 난민이 유입이 되어 혼란을 야기하며, 통일한반도가 되어 큰 세력을 형성할 경우 동아시아에서 진행되고 있는 중국패권, 일본패권, 미국패권 등에 악영향을 줄 것으로 보여 반대할 것이라는 견해가 있다. 다른 한편으로는 한반도가 통일이 되면 통일에 대한 반사이익을 노리는 국가 간의 경쟁이 치열해질 것으로 보인다. 한반도는 러시아, 중국, 일본, 미국 등 강대국의 각축장이 되어 통일에 의한 평화의 배당(平和の配当)을 노릴 것으로 보인다. - 북한의 최혜국인 중국은 북동아시아 최대 철광석 매장량을 자랑하는 북한의 무산광산(茂山鉱山)의 50년 채굴권을 획득하고 나진항의 50년 사용권을 획득하고 있는 등 북한에서 경제적 이권을 갖고 있다. 통일이 되면 중국의 경제적 이권을 잃게 되는 상황이 될 가능성이 있고, 북한 난민이 대량으로 중국에 유입되어 사회질서가 불안정하게 될 측면이 있어 반대할 것이라는 입장이 있다. 더불어 남북한, 한미, 한중, 한일 관계가 큰 변화를 초래할 것이다.

문재인 정부가 추구하는 한반도의 평화와 번영을 위한 통일국가론에 대한 비판이 국내외적으로 일어나 추진력을 잃게 하는 원인이 되고 있다. 특히 국내외정책을 추진하는데 실정을 거듭하고 있다는 비판이 거세게 일어나고 있다. 특히 문재인 대통령의

219) 1990년 동서독일 통일이 이루어질 당시 경제 격차는 서독 3과 동독1이었고, 통일 후 독일연방공화국은 장기에 걸쳐 불황을 경험하였고, 현재도 동독과의 경제 격차가 국내문제화되고 있다.

220) http: //www.futurekorea.co.kr (2020년 11월 11일 검색)

221) http: //www.dowori.co.kr (2020년 11월 11일 검색)

국정운영능력에 대한 의문을 제기하고 정면으로 반대하고 있는 반문연대 흐름이 형성되고 있다. 그리고 국민들에 의한 국정운영에 대한 부정적인 평가, 한반도를 둘러싼 문재인의 운전자론 역할실패 등으로 비판이 증가하고 있어 문재인 대통령 표 통일국가론은 점차 위기에 봉착하고 있다고 할 수 있다.

다음은 문재인 정권과 정책에 정면으로 반대하는 가운데 형성되고 있는 반문연대 운동과 내용을 소개한 것이다.

〈표 17〉 반 문재인운동

구분	내용
반문연대	- 한국에서 반문연대는 정치적 차원에서 보수와 진보라는 이념적 성향에 의해서 대립하고 있는 측면이 있다. 시민 수준에서는 격렬하게 지지하는 '문빠'라는 극단적인 친문세력과 '반문빠'라는 극단적인 반대세력 간의 갈등으로 나타나고 있다. 정치권에서는 적극적으로 지지하는 더불어민주당과 적극적으로 반대하는 야당의 대립으로 나타나고 있다. - 현 정부의 정책에 반대하는 정치적 움직임은 야당을 중심으로 '반문연대'로 형성되었다. 총선을 지휘할 당대표 선거를 앞두고 야당의 비박계 및 친박계들은 중도보수세력을 규합해 '반문연대'를 구성해야 한다는 목소리가 나왔다. 김영삼 대통령 3주기에 즈음하여 트위터에 '고인의 좌우명은 지금 울림이 더 큽니다. 우리는 거침없이 단결하고 연대해야 합니다. 반문연대를 통해 자유민주주의를 지켜야 합니다'라고 했다. 그런 흐름에서 재야세력이나 보수시민단체까지 아우르는 반문연대의 대통합을 꾀하는 움직임이 있었다. 보수통합 시나리오는 탄핵 전 새누리 복원통합, 제3지대 신당·흡수 통합, 바른미래당 내 안철수계, 우리공화당과 보수 사회·시민단체까지 아우르는 보수통합, 한국당과 바른미래당 내 유승민계가 합치는 소통합 등의 움직임이었다. 당시 황교안 대표는 국회에서 열린 최고위원회의에서 '문재인 정권에 맞서 헌법 가치를 존중하는 모든 자유민주세력의 통합은 더 미룰 수 없는 시대적 과제'라고 하여 반문연대로서 보수대통합의 논리를 주창했다.[222] - 그러나 '반문연대' 기치 아래 통합하는데 많은 장애가 발생하여 구체적인 행동으로 보일만한 단체로서 성립되지 못했다. 야당내 파벌 간의 골이 깊은 것이 걸림돌이었다. 박근혜 대통령 탄핵에 대한 근본적인 의견 차이를 좁히지 못했고, 탄핵찬성파와 친박파 간의 대립으로 반문연대 구성을 어렵게 하였다. 결과적으로 조직적이며 제도적으로 반문연대는 성립되지 않았지만 일반적인 보수세력이라는 큰 틀내에서 문재인 정부의 정책, 실정, 방향성 등에 대해서 보수시민과 함께 반대하고 있는 상황이다. 그런 포괄적인 반문연대는 문재인 정부의 통일국가론을 추진하는데 하나의 저항세력으로 영향을 주고 있다.
국민평가	- 문재인 대통령의 직무 수행에 대해서 부정평가가 긍정평가를 추월하는 경우가 발생하고 있다. 끈끈한 지지세력이었던 호남과 젊은 층의 부정평가 비율이 급등하고 있다. 반문을 외치는 야권은 국정운영에 대해서 비판적으로 평가하고, 문 대통령자신뿐

	아니라 국정운영담당자의 과감한 쇄신을 요구하고 있다. 임기 3년차 문재인 대통령에 대한 지지율은 전체적으로 40% 중후반을 기록하였고, 법무부장관 임명과 관련된 이슈가 불거진 2019년 9월과 10월에는 40% 초반대로 낮아졌다. 2019년 일본의 수출규제조치, 백색국가제외조치, 일본극우인사들의 혐한발언 등은 반일여론을 고조시키면서 지지율은 다시 상승세를 보였다. 2019년 8월 2주차 리얼미터 기준 대통령 직무수행 평가는 50.4%를 기록하였다.[223] - 2020년대는 신종 코로나바이러스감염증이 창궐하면서 초반에 잠시 낮아졌다. 2020년 2월 3일 대통령직무수행평가를 보면, 전체 긍정평가 45%, 부정평가는 46%, 20대 긍정49%, 부정 36%, 30대는 긍정 52%, 부정 41%, 40대는 긍정 53%, 부정 39%, 50대는 긍정 44%, 부정 53%, 60대 이상은 긍정 35%, 부정 57% 등으로 나타났다.[224] 그 이후 대응의 긍정적인 평가가 대두하면서 4월 이후 60% 초반대의 높은 지지율을 보여주었다. 그러나 공무원피격사건, 법무부 장관을 둘러싼 논란, 검찰개혁을 둘러싼 갈등, 문재인 정부와 여당의 독주에 대한 비판, 판사탄핵을 둘러싼 논쟁 등이 이어지면서 부정적인 평가가 나오고 있다.
문재인운전자론[225]	- 한반도 운전자론(Korean Peninsula Driver Theory)은 2017년 5월 10일에 취임한 문재인 정부가 조선민주주의인민공화국 핵과 미사일에 대한 해결을 추진하는 과정에서, 한반도의 주인은 우리 자신이기에 남북관계에 있어서 대한민국의 주변국을 비롯한 국제사회에서 중심적인 역할을 해야 한다는 논리 위에 구축된 한반도조정론이라고 할 수 있다. - 한반도 운전자론 추진 과정에서 정부는 2017년 9월 7일 종교·시민사회의 반대에도 불구하고 사드(THAAD·고고도미사일방어)의 추가 배치를 강행하여, 야당 의원들은 현 정부의 안보전략에 대해서 비판하였다. 당시 이낙연 총리는 '한반도 운전자론이 확대해석되고 있다고 생각한다'고 하며, '대북 제재와 압박을 강화하고 한미연합방위능력을 높이는 것은 필요한 조치'라고 반박했다. 그러나 2017년 어려운 여건 속에서 한반도 운전자론은 '대리운전'만도 못하다는 강한 혹평을 받았지만, 남북, 북미 정상회담을 성공으로 이끌면서 세계 언론과 지도자들은 문 대통령을 한반도 운전자로 인정하게 하였다. 그 이후 문재인 정부는 비핵화의 운전자론을 주장하여 북한과 미국의 비핵화협상을 안내하는 역할을 하려고 하였다. 그런 가운데 판문점선언, 판문점에서의 김정은과 트럼프회담, 베트남 조미정상회담 등이 결과를 내지 못하면서 운전자 역할은 실패하고 있다는 의구심을 낳았다. 그 배경에는 문재인이라는 운전자로서의 역할에 대해서 북한과 미국이 불신하여, 기능과 역할을 할 수 없는 상황이 되고 있다. - 북한은 문재인 대통령의 운전자론에 대해서 부정적으로 평가했다. 북한 외무성 미국국장은 '조미 대화의 당사자는 말 그대로 우리와 미국이며 조미 적대관계의 발생근원으로 보아도 남조선당국이 참견할 문제가 전혀 아니다'라고 하였고, '조미 관계를 중재하는 듯이 여론화하면서 몸값을 올려보려 하는 남조선 당국자들에게도 한마디 하고 싶다'라고 대한민국 정부의 운전자론을 거부하였다. - 2018년 7월 20일《미국의 소리》(VOA)에 따르면, '한국 정부와 북한의 철도·도로 현대화 사업이 국제사회 대북압박 캠페인과 병행될 수 있느냐'는 기자 질문에 미 국무부는 '남북관계 개선은 비핵화와 별개로 진행될 수 없다'고 하며 한국 정부는 미국과 협의 및 동의를 통해서 북한과 협력이 진행되기를 요구하여 한반도 운전자론에 대해서 제동을 걸었다. - 프랑스의 유력 일간지《르 몽드》(Le Monde)는 미국이 기존에 북한의 선 핵포기 정책에서 선 대화정책으로 전환하려는 방향이 발생되는 것에 대해서, 문재인 대통령이 주창하는 한반도 운전자론에 힘을 실어준 것으로 분석하였다. 김정은 위원장이 평창 동

	계올림픽 특사 김여정을 통해서 문 대통령을 방북 초청한 것은 미국에게도 큰 변화의 조짐이라고 하였다. 알렉산드르 페도롭스키 모스크바 국제경제 및 국제관계연구소(IMEMO) 아태지역 실장은 '문 대통령은 지금까지 미국과 중국 사이에서 균형을 잘 잡고 있다. 한편으로 중국과의 관계 개선에 성공하면서도 이 같은 성과를 한미관계 희생을 통해 달성하지 않았다'면서 '이 같은 균형정책이 북한과의 협상에도 도움을 줬다고 본다'고 말했다. 그러나 '이러한 성과는 전술적 승리이지 전략적 승리는 아니며 북한은 아직 핵보유국 지위 포기를 선언하지 않았다. 앞으로 긴 실무협상 기간이 기다리고 있으며 그 결과는 현재로선 불분명하다'고 지적했다.

문재인 정부가 추진하고 있는 통일국가론은 보수와 혁신이라는 이분법적 구도에서 갈등과 대결을 촉발시켜 국민들의 전폭적인 지지를 받는 데 한계가 있고, 통일론으로 힘을 발휘하지 못하고 있는 상황이다. 정치계에서는 반문연대가 구체적으로 실현되어 가동되지 않고 있지만 포괄적인 관점에서 반문연대가 형성되어 문재인 정부가 추구하는 통일국가론에 대해서 저항하는 힘으로 작용하고 있다. 현재 통일국가론에 대해서 보수파는 강하게 반발하고 있으며, 남북관계를 선심으로 대처하기 보다는 정당하고 정상적인 관계로 대응할 것을 요구하고 있다. 다른 한편으로는 통일국가론에 대해 북한은 문재인의 일방적인 주장과 노선으로 인식하는 경향이 있어 수용할 수 있는 가능성이 매우 낮아 보인다.

문재인 대통령이 국운을 변화시키기 위해 발동을 건 통일국가론은 전쟁으로부터 벗어나 평화를 구축하려는 남북한 통일론이며, 민족자결주의에 기초한 자주적인 민족론이며, 경제경쟁, 정치경쟁, 패권경쟁 등에 기초한 현재적이며 미래적 역사충돌을 해결하려는 희망적인 통일이데올로기이며 정책이라고 할 수 있다. 다만 국내에서는 국민들의 문재인 정부에 대한 불신을 해소하여 적극적인 지지를 확보하고, 북한과의 협력을 끌어내어 같이 만들어가야 하는 숙제를 안고 있다. 동시에 한국의 남북통일론은 한중일미가 추구하는 동아시아에서의 패권확보, 국가번영과 국익, 집권당의 집권 창출과 유지 등을 위해 사용하는 민족주의와 충돌하는 상황을 피하기 어려울 것이다. 한국은 통일국가론을 통해 북한의 왕조국가론, 중국의 영도국가론, 일본의 중

222) threemen@munhwa.com (2020년 11월 11일 검색)

223) https: //namu.wiki/문재인지지율 (2020년 11월 10일 검색)

224) www.gallup.co.kr (한국갤럽 데일리 오피니언 제39호)

225) https: //ko.wikipedia.org/wiki 한반도운전자론 (2020년 11월 10일 검색)

심국가론, 미국의 독식국가론 등에 대응하고 있는 양상이다. 그 과정에서 한중일미조는 협력과 경쟁, 견제와 지지, 동맹과 반목, 충돌과 타협 등 다양한 외교전략으로 대응하는 복합적인 외교프레임을 구사하고 있다. 남북통일론의 운명은 문재인 정부의 국내외 대응역량에 의해서 정해질 것으로 보인다.

Ⅲ. 일본의 중심국가론

1. 천황의 국가관

일본에서 천황은 국가와 국민의 중심에 있고 최고의 지위에 있으며, 전통성과 정통성을 보유하고 있고, 문화정체성과 민족정체성의 근본으로 역사적이며 현실적인 존재로 여기고 있다. 전전의 일본천황은 대일본제국헌법의 규정에 의거 모든 권력과 권한을 행사하는 절대적인 존재였고, 일본국가와 민족의 중심에 있는 신성불가침적 천황이었다. 국민의 주권은 천황으로부터 유래하며, 천황은 국민에게 살아있는 신으로 모든 국민의 총의를 갖고 행사하는 유일한 존재이다. 이 시점에서 천황은 곧 일본민족이고 국가인 것이다.

전후 일본천황은 새로 제정된 일본국헌법에 의거 일본국 및 일본국민통합을 상징하는 상징천황으로 존재하고 있다. 국가와 국민을 대표적으로 상징하며, 국가지도자로서의 지위와 존엄을 유지하는 가운데 국가와 국민의 중심에 있다. 일본천황은 전쟁을 하지 않는 국가 일본을 칭송하고, 국기와 국가를 강제하지 않으며, 칸무천황의 한국과의 관련성을 인정하고, 전후 일본국가의 번영에 기여한 국민에 대해서 감사하는 마음을 갖고 있다. 일본국헌법에 기초한 국정운영에 충실하고, 세계평화와 번영 등을 중시하는 정책적 입장을 표명해왔다. 일본의 국가관에 대해서는 직접적으로 언급하지 않고 있지만, 천황은 국민의 핵심적 지위에 있으면서 국민의 결속을 다지고 국가체제를 유지하는 중심체로 기능하고 있다는 점에서 일본이 추구하는 민족주의의 근간이 되고 있다.[226)]

226) 宮台真司(著), 2006,『天皇と日本のナショナリズム＿神保·宮台マル激トーク·オン·デマンド

일본의 125대 아키히토(明仁)천황은 1989년 1월 7일 즉위하고 2019년 4월 30일에 퇴위하면서, 레이와원년(令和元年)이 되는 2019년 5월 1일부터 상황(上皇)으로 재위하고 있다. 쇼와천황(昭和天皇)과 고우준황후(香淳皇后)의 제1황자(2남 5녀)이다. 1989년 1월 7일 쇼와천황의 사망으로 일본국헌법과 황실전범에 근거 헤이세이(平成)천황으로 즉위하였다. 그리고 2019년 4월 30일 헌정사상 처음으로 생존하는 상태로 양위하였다. 따라서 현재 퇴위특례법에 의거 황위계승권을 갖지 않은 유일한 남성황족이 되었고, 양위와 함께 현행 황실전범에서는 최초의 황족 및 내정황족(皇族及び內廷皇族)으로 복귀하였다.

천황은 기본적으로 황족 및 내정황족에 포함되지 않는다. 아키히토 천황은 쇼와천황을 계승하였으면서 일본과 세계의 평화와 번영을 제일 중요한 화두로 제시하였고, 전쟁없는 일본을 희망하는 발언을 지속적으로 해왔다. 그리고 재임하는 동안에 일본국 및 일본국민통합의 상징, 국민의 행복과 국가의 발전기원, 세계평화와 번영을 기원하는 입장을 일관되게 유지하여왔다. 일본의 상징적인 대표이면서 정치적 입장이나 과거의 국가와의 연결을 자제하는 듯한 입장이나 국가관을 취하고 있다. 다만 자의적이든 타의적이든 일본국가와 민족의 대표적인 상징으로 자리하고 있다는 점은 변함이 없다.

다음은 쇼와 천황을 계승한 아키히토 천황이 다양한 국가행사에서 일본의 국체와 천황의 지향점을 밝힌 발언을 정리한 것이다.

〈표 18〉 아키히토천황의 천황관[227)]

구분	발언내용
천황의 임무	1998년 12월 18일 발언에서 '일본국헌법에 천황은 일본국의 상징이고 일본국민통합의 상징이라고 규정하고 있다. 그 규정과 국민의 행복을 항상 기원해온 천황의 역사에 대해서 생각을 하고, 국가와 국민을 위해 사명을 다하는 것이 천황의 임무라고 생각한다. 천황 활동의 존재방식은, 시대와 함께 급격하게 변하는 것은 아니지만, 시대와 함께 변해가고 있는 부분도 있는 것이 사실이다'라고 규정하였다.

IV』, 春秋社. 쇼와천황의 메모와 친왕탄생으로 우왕좌왕하는 일본열도, 그리고 천황은 무엇인가, 일본은 무엇인가 등 일본민족주의의 근간을 파헤치고 있다. 保阪正康(著), 2016,『ナショナリズムの昭和』, 幻戲書房. 천황제는 무엇인가, 국가의 존재 방식은 무엇일까, 1945년 이전과 이후 국가상, 이후의 국가이념, 좌익적 편견, 우익적 독재로부터 해방되고, 후세에 전해야 할 민족주의를 제시하고 있다.

227) 辻田真佐憲(著), 2019,『天皇のお言葉 明治·大正·昭和·平成』, 幻冬舍新書. 천황의「5개조어맹서(五箇条の御誓文)」부터「탄생일회견(誕生日会見)」까지 250개의 천황 발언에 대해서 분석했다.

칸무천황과 한국관계	2001년 12월 18일 탄생을 맞이한 발언에서 '저 자신으로서는 칸무천황의 생모가 백제의 무녕왕의 자손이라는 『속일본기』에 기록되어 있는 것에 한국과의 관계를 느끼고 있다'(私自身としては, 桓武天皇の生母が百済の武寧王の子孫であると続日本紀に記されていることに韓国とのゆかりを感じています.)고 언급했다. 이 발언은 내외의 흥미를 끌었고, 한국에서도 크게 보도되었다.
천황의 존재방식	2009년 4월 8일 '대일본제국헌법 하의 천황의 존재방식과 일본국헌법 하에서의 천황존재방식을 비교해보면, 일본국헌법 하의 천황의 존재방식이 천황의 긴 역사에서 보면, 전통적인 천황의 존재방식에 따른 것이라고 생각한다'(大日本帝国憲法下の天皇の在り方と日本国憲法下の天皇の在り方を比べれば, 日本国憲法下の天皇の在り方の方が天皇の長い歴史で見た場合, 伝統的な天皇の在り方に沿うものと思います)라고 피력하였다.
황위계승	2009년 11월 11일 즉위 20주년 기자회견에서 '황위계승제도에 관련해서는, 국회논의에 맡겨야 된다고 생각하지만, 장래 황실의 존재 방식에 대해서는, 황태자와 그것을 지탱하는 아키시노미야(秋篠宮)의 생각이 존중되는 것이 중요하다고 생각한다. 두 사람이 오랫동안 나와 함께 생활하고, 나를 지탱해 주었다. 천황의 존재 방식에 대해서도 충분한 생각을 깊이 해왔다고 기대하고 있다'라고 답하였다.
천황의 영향	2016년 8월 8일 천황의 생전퇴위를 밝히는 연설에서, '천황의 고령화로 대처방법이, 국사행위, 그 상징으로서 행위를 끊임없이 축소해가는 것은 무리가 있을 것이라 생각한다. 또한 천황이 미성년이거나, 중병 등으로 기능을 수행하기 어려운 경우에는, 천황의 행위를 대행하는 섭정을 놓는 것도 생각할 수 있다. 그러나 이 경우에도 천황이 충분히 그 입장에 요구되는 업무를 수행하지 않는 채로, 생애를 마치는 시점까지 천황으로 지속되는 것은 변함이 없다. 천황이 건강을 잃고, 심각한 상태에 이르면 사회가 정체되고, 국민의 생활에도 다양하게 영향을 주는 것이 우려가 된다. …그런 사태를 피할 수 있는 것일까라고 생각하지만, 가슴에 와 닿은 무엇인가가 있다'라고 소견을 피력하였다.
천황사명의 종료	2019년 4월 30일 퇴위식(退位礼正殿の儀にて)에 즈음해서, '오늘로서, 천황으로서 사명이 끝나게 되었다. 지금 국민을 대표해서, 아베내각총리대신이 밝힌 말에, 깊이 사의를 표한다. 즉위 이래 30년, 지금까지 천황으로서 사명을, 국민에 대한 깊은 신뢰와 경애로 행할 수 있는 것은 행복한 것이었다. 상징으로서의 나를 수용하고, 지탱해준 국민에게, 마음으로부터 감사를 한다. 내일부터 시작되는 새로운 레이와의 시대가 평화롭게 많은 결실이 있기를 황후와 함께 기원하고, 여기에 우리 국가와 세계 사람들의 안녕과 행복을 기원한다'(今日をもち、天皇としての務めを終えることになりました。ただ今、国民を代表して、安倍内閣総理大臣の述べられた言葉に、深く謝意を表します。即位から30年、これまでの天皇としての務めを、国民への深い信頼と敬愛をもって行い得たことは、幸せなことでした。象徴としての私を受け入れ、支えてくれた国民に、心から感謝します。明日から始まる新しい令和の時代が、平和で実り多くあることを、皇后と共に心から願い、ここに我が国と世界の人々の安寧と幸せを祈ります)라는 말을 남겼다.

아키히토 천황은 절대천황의 경험이나 식민지 지배를 직접적으로 경험하지 않았지만, 천황이 일본국가와 국민의 중심에 있고 핵심체라는 역사적으로 부여된 임무

와 사실을 자각하고 있다고 할 수 있다. 더욱이 전후를 직접적으로 경험하면서 대중 천황으로 전환되는 과정에서 천황이 일본 민족의 중심에 있다는 사실을 인식하였다. 그런 관점에서 보면, 과거사와 현대사에서 정치적 행보를 하기보다는 문화적 행보를 통해 천황의 사명을 수행하였다. 그리고 갈등이나 전쟁 등과 같은 부정적인 현상과 연결되기보다는 위로, 격려, 평안, 평화, 발전 등과 같이 희망적이며 인간적인 행보에 중점을 두고 활동하여 국내외적 이미지를 쇄신해왔다. 동시에 천황과 천황제가 일본 국가나 국민이 결속하는 최고가치이고 이념으로 작용하였다고 평가할 수 있다.

다음은 아키히토 천황이 국사에 참여하거나 관여하면서 밝힌 국가와 관련된 발언을 중심으로 소개한 것이다.

〈표 19〉 아키히토천황의 국가관

구분	내용
천황의 사명	1990년 11월 12일 천황즉위식을 즈음해서, '일본국헌법 및 황실전범이 정한 것에 의해, 황위를 계승했지만, 여기에 「즉위예정전의 의식(卽位礼正殿の儀)」을 행하고, 즉위를 내외에 선명하게 선언하였다. 이에 즈음하여, 새롭게 쇼와 천황의 60여 년 간에 걸친 즉위의 기간, 언제나 국민과 고락을 함께 한 어심으로, 항상 국민의 행복을 기원하고, 일본국헌법을 준수하고 일본국 및 일본국통합의 상징으로 업무를 수행하는 것을 맹세하고 국민의 예지와 끊임없는 노력으로, 우리국가가 한층 발전을 달성하고, 국제사회의 우호와 평화, 인류의 행복과 번영에 기여하는 것을 절실히 희망한다'고 발언을 하였다.
국기 및 국가	2004년 10월 28일 '역시 강제하지 않는 것이 바람직하다'(やはり, 强制になるということではないことが望ましいですね)라고 가을 원유회에서 밝혔다. 그것은 도쿄도교육위원회의 요네나가 구니오(米長邦雄)의 '일본에서 학교에 국기를 게양하고 국가를 제창하는 것이 나의 일이다'(日本中の学校に国旗を揭げ, 国歌を齊唱させるのが私の仕事です)라는 발언에 대한 대답이다.
역사인식	- 2005년 12월 19일 '일본은 쇼와 초기부터 20년 종전까지 거의 평화로운 시대가 없었다. 그 과거 역사를 그 후 시대와 함께 올바로 이해하려고 노력하는 것이 일본인 자신에게, 또한 일본인이 세계 사람들과 교제해 가는 데 매우 중요하다고 생각한다'(日本は昭和の初めから昭和20年の終戦までほとんど平和な時がありませんでした。この過去の歴史をその後の時代とともに正しく理解しようと努めることは日本人自身にとって、また日本人が世界の人々と交わっていく上にも極めて大切なことと思います)하고 피력하였다. - 그리고 '황실에서 여성이 수행해온 역할에 대해서는, 나는 유형무형으로 큰 것이 있다고 생각하지만, …나의 황실에 대한 생각은, 천황 및 황족은, 국민과 고락을 함께 하는 것에 노력하고, 국민의 행복을 기원하며 업무를 수행해가는 것이…황실의 전통이라고 생각한다'는 의견을 밝혔다.

애국심과 교육	- 2006년 6월 6일 교육기본법개정에 동반해서 애국심의 표현을 담은 것이, 전전의 국가주의적 교육으로 전환되는 것에 대한 질문의 답으로 '앞으로 일본의 교육존재방식에 대해서는, 관계자가 충분히 논의를 해서, 일본사람들이 자신의 국가와 자신의 국가사람들을 소중히 하면서 세계국가사람의 행복을 위해 마음을 써가도록 교육해가기를 기원한다. 전전(戦前)과 지금의 상황은 크게 다른 면이 있다. …1930년부터 1936년까지 6년간 주요 인물에 대한 습격이 이어지고, 총리 또는 총리 경험자가 죽어, 더욱 총리1인(岡田啓介)이 겨우 습격으로부터 구제되는 이상한 사태가 일어났다. 그런 상황 하에서는 의원이나 국민이 자유롭게 발언하는 것이 매우 어려웠다고 생각한다. 이전의 대전에 앞서, 그와 같은 시대가 있었다는 것을 많은 일본인이 마음에 담아, 그와 같은 일이 두 번 다시 일어나지 않도록 일본의 길을 추진할 것으로 믿는다'는 의견을 표명하였다.
대미인식	2013년 12월 23일 '전후, 연합국군의 점령하에 있던 일본은, 평화와 민주주의를 지켜야하는 중대한 일이 있었고, 일본국헌법을 제정하고, 다양한 개혁을 행하여 오늘날 일본을 구축했다. 전쟁으로 황폐해진 국토를 재건하고, 개선해가기 위해 당시 우리국가의 사람들이 투여한 노력에 대해서, 깊은 감사의 마음을 갖고 있다. 또한 당시 지일파 미국인의 협력도 잊을 수 없는 것이라고 생각한다'(戦後、連合国軍の占領下にあった日本は、平和と民主主義を、守るべき大切なものとして、日本国憲法を作り、様々な改革を行って、今日の日本を築きました。戦争で荒廃した国土を立て直し、かつ、改善していくために当時の我が国の人々の払った努力に対し、深い感謝の気持ちを抱いています。また、当時の知日派の米国人の協力も忘れてはならないことと思います)고 발언하였다.

아키히토 천황의 국가관은 부정적인 일본민족주의를 촉발하는 형태로 발현되지는 않고 있다. 각종 행사에서 행한 발언을 통해서 보면, 분명히 천황만이 간직하고 있는 국가관이나 민족관이 존재하고 있다. 아키히토 천황은 '우리국가가 한층 발전을 달성하고, 국제사회의 우호와 평화, 인류의 행복과 번영에 기여하는 것을 절실히 희망', '역시 강제하지 않는 것', '과거 역사를 그후 시대와 함께 올바로 이해하려고 노력', '일본사람들이 자신의 국가와 자신의 국가사람들을 소중히 하면서 세계국가사람의 행복을 위해 마음을 써가도록 교육', '일본은, 평화와 민주주의를 지켜야하는 중대한 일' 등과 같은 일본 국가상을 그리고 있다. 일본천황은 평화, 번영, 올바른 역사, 일본인이 소중하게 생각하는 국가, 민주주의 등을 실천하는 국가라는 점을 강조하고 있지만, 동시에 일본국가와 국민의 한 가운데 천황이 있다는 사실을 암암리에 밝히고 있다.

다음은 현재 금상천황(今上天皇)으로 불리는 나루히토 천황의 발언을 소개한 것이다. 나루히토천황(徳仁, 1960년 2월 23일-)은 일본의 제126대 천황으로 2019년 5월 1일 즉위하였고, 연호는 레이와(令和)로 개원하였다. 재위 중에 있기 때문에 금상천황(今上天

皇)이라고 불린다. 제2차세계대전이후, 일본국헌법과 현 황실전범 하에 태어나 즉위하였다. 해외유학을 경험한 천황이며, 과거 역사와의 관계에서 한발 물러설 수 있는 입장에 있는 천황이다. 그리고 상황인 아키히토천황과 유사한 국가관, 천황관, 민족관을 갖고 있다고 할 수 있다.

〈표 20〉 나루히토천황의 연설[228)]

구분	발언내용
황태자비에 대한 소견	- 1985년 유학한 영국에서 귀국 후 장래 황태자비에 대한 기자회견에서 '아름다운 것을 아름답다고 평가할 수 있는 사람'(美しいものを見たときに, それを美しいと評価できる人), '지금부터는 어느 정도 외국어를 말할 수 있는 사람이 좋다'(これからはある程度の外国語が話せたほうが良い)라고 하였다. - 혼약내정 기자회견에서 1992년 11월 '황실에 들어오는 것이, 여러 불안이나 염려가 있을지라도, 마사코 씨의 일은 내가 열심히 전력으로 지킬 것이다'(皇室に入られるということには, いろいろな不安や心配がおありでしょうけれども, 雅子さんのことは僕が一生全力でお守りしますから)라고 발언하였다.
태자즉위식	1991년 2월 23일 태자즉위식에서 '입태자 선명의 의식을 하고, 정성이 마음에 다가오는 것을 느낍니다. 황태자로서의 책무의 중대사를 생각하고, 힘을 다해 그 사명을 다하겠습니다'(立太子宣明の儀が行われ, 誠に身の引きしまる思いであります. 皇太子としての責務の重大さを思い, 力を盡くしてその務めを果たしてまいります)
황실전범 개정	2006년 2월 21일 황실전법 개정문제에 대해서 '황실전범에 관한 유식자회의가 최종보고서를 제출한 것과 그리고 그 내용에 대해서는, 나도 인지하고 있다. 여러 가지 생각하고 있지만, 그 이상의 발언을 즉답하지 않겠다'라고 의견을 말했다.
사회적사명	2013년 2월 21일 국제연합 지속가능한 개발회의에 대해서, '젊은 세대가 국내외에서 자신을 갖고 활약하고, 여성, 고령자, 장애자를 포함한 모든 사람들이, 사회에 적극적으로 참가할 수 있도록 활력넘치는 사회를 구축하기 위해, 저 자신 매년 국내외에 젊은이나 볼런티어들과 만나고 싶다'고 하였다.
천황의 사명	장래 천황이 되는 입장에서 공무에 의견을 피력하였다. 즉 '과거 천황이 걸어온 길과, 그리고 천황이 일본국, 그리고 국민통합의 상징이라는 일본헌법의 규정에 마음을 두고, 국민과 고락을 함께 하면서, 국민의 행복을 기원하고, 상징이라는 것을 어떻게 해야 하는가, 그 바람직한 존재방식을 계속 찾아가는 것이 중요하다. 동시에 지금까지 행한 공무를 기초로, 미래에 발생할 일본사회의 변화에 대응해서, 공무에 대한 사회의 요청에 대응해 가는 것이 중요하다. 나로서 항상 공부하는 자세를 갖고 있다'고 하였다.

228) メディアックス, 2020,『令和の天皇陛下と雅子さま お言葉編』, メディアックスMOOK. 주요한 식전에서 발언을 한 천황과 황후의 말과 사진을 게재하였다. 국가의 행복, 국가의 발전, 세계의 우호평화, 안심하고 안전한 지구환경 등의 생각에 대해서 분석했고, 레이와원년의 대상제 이후 의식사진, 레이와 천황과 황후 등에 대해서 소개하고 있다.

황실의미래상	- 2019년 2월 21일 최종 황태자 자격으로 맞는 생일기자회견에서, '앞으로의 것을 생각하면, 엄숙한 기분이 들지만, 자기 연마를 하고, 과거 천황이 해온 대로 마음을 잡아 국민을 생각하고, 국민을 위해 기도함과 동시에 양 폐하가 해 오신 것처럼 국민에게 항상 가까이에서 함께 즐기고, 함께 슬퍼하는 상징으로의 임무를 실천하고 싶다'고 하였다. - 황실의 미래상에 대해서는 '남성 황족의 분포가 감소하고, 고령화가 진행된 것, 또한 여성 황족은 결혼으로 황적을 이탈하지 않으면 안 되는 것은 장래 황실의 존재방식과 관련된 문제이다. 그러나 제도에 관한 사항에 대해서는, 저의 입장을 언급하는 것은 적절하지 않다. 황실의 존재방식에 대해서는 국민과 마음을 함께하고, 고락을 같이 하는 것이 황실의 기본이고, 그것은 시대를 초월해서 계승되는 것이다. 과거 천황이 걸어온 길과, 천황은 일본국 및 일본국민통합의 상징이라는 일본국헌법의 규정에 근거, 국민과 고락을 함께 하면서, 국민의 행복을 빌고, 상징이라는 것은 어떻게 존재해야 하는가, 그 바람직한 존재방식을 지속적으로 생각하면서 노력하는 것이 중요하다. 지금도 변함이 없다'고 하였고, '동시에 시대 시대에 따라 눈과 바람이 부는 것처럼, 황실의 존재방식도 그 시대 시대에 따라 변해가는 것이다. 저도 과거로부터 다양한 것을 배우고, 전통을 잘 지켜가는 동시에, 각각의 시대에 대응해서 요구되는 황실의 존재방식을 추구하겠다'고 밝혔다.
즉위후조견의 의식	2019년 5월 1일 즉위 후(卽位後朝見の儀の天皇陛下のおことば)의 기자회견에서 '일본국헌법 및 황실전범특례법이 정한 것에 의해, 여기 황위를 계승했다. 몸에 버거운 무거움을 생각하면 숙연해진다. 바라건대, 상황 폐하에 즉위 이래 30년 간 장기에 걸쳐, 세계의 평화와 국민의 행복을 기원하고, 항상 국민과 고락을 함께하면서, 그 강한 마음을 스스로의 모습으로 표현하고 공무를 진심으로 대하였다. 상황 폐하가 표현한 상징으로의 모습에 마음으로 경의와 감사를 드린다. 여기 황위를 계승함에 있어, 상황 폐하의 지금까지의 걸음에 깊이 감사하고, 역대의 천황이 행한 것을 마음에 담아, 자기연마에 진력을 다하고, 항상 국민을 생각하고, 국민에 가까이 하면서, 헌법에 근거, 일본국 및 일본국민통합의 상징으로서 책무를 다할 것을 맹세하고, 국민의 행복과 국가의 한층 발전, 그리고 세계의 평화를 간절히 희망한다'(日本国憲法及び皇室典範特例法の定めるところにより, ここに皇位を継承しました. この身に負った重責を思うと粛然たる思いがします. 顧みれば, 上皇陛下には御卽位より, 三十年以上の長きにわたり, 世界の平和と国民の幸せを願われ, いかなる時も国民と苦樂を共にされながら, その強い御心を御自身のお姿でお示しになりつつ, 一つ一つのお務めに真摯に取り組んでこられました. 上皇陛下がお示しになった象徴としてのお姿に心からの敬意と感謝を申し上げます. ここに, 皇位を継承するに当たり, 上皇陛下のこれまでの歩みに深く思いを致し, また, 歴代の天皇のなさりようを心にとどめ, 自己の研鑽に励むとともに, 常に国民を思い, 国民に寄り添いながら, 憲法にのっとり, 日本国及び日本国民統合の象徴としての責務を果たすことを誓い, 国民の幸せと国の一層の發展, そして世界の平和を切に希望します)고 소신을 표명하였다.
즉위례정전의식 발언	2019년(令和元年) 10월 22일 즉위례정전의 의(卽位礼正殿の儀)를 맞이한 발언에서, '먼저 일본국헌법 및 황실전범특례법의 규정에 의거, 황위를 계승했다. 여기 『즉위례정전의 의(卽位礼正殿の儀)』을 통해 즉위를 내외에 선명하게 알렸다. 상황 폐하가 즉위한 이래 30년 이상에 걸쳐 항상 국민의 행복과 세계의 평화를 기원하고, 항상 국민과 고락을 함께 하면서, 그 마음을 자신의 행동으로 표현하고, 새삼 깊이 마음에 새기고, 여기 국민의

	행복과 세계의 평화를 항상 기원하고, 국민에 가깝게 있고, 헌법에 의거, 일본국 및 일본 국민통합의 상징으로서의 공무를 실현할 것을 맹세한다. 국민의 예지와 함께 끊임없이 노력하고, 우리나라가 한층 발전을 달성하고, 국제사회의 우호와 평화, 인류의 복지와 번영에 기여하는 것을 간절히 희망한다'고 피력하였다.

나루히코 천황은 선대인 아키히토 천황이 추구해온 일본국 및 일본국민통합의 상징으로서의 공무와 역할, 국민과의 고락, 일본의 발전, 국제사회의 우호와 평화, 인류의 복지와 번영에 기여 등을 계승하여 실천하는 것이 일본천황으로서의 사명이라고 인식하고 있다. 일본천황은 국정에 대한 간섭 또는 의견을 내지 않고 있으며, 천황의 권위와 권능에 대해서 일본국헌법에 의거 행하고, 황실의 존재방식에 대해서는 황실전범에 의거 계승하는 입장을 고수하고 있다. 따라서 천황과 황실은 정치적으로 좌우되거나 이념에 의해서 변화를 겪는 위치나 지위에 있지 않다.

그런 점에서 일본천황은 국가관, 국가론, 민족주의 등의 형성이나 활동에 직접적으로 관여하고 있지 않다. 그러나 상징천황으로서 국사행사참여, 형식적 정치활동, 천황과 관련된 각종 의식, 외국국가원수초청만찬, 국내외공식적 비공식적 방문, 각종 대소의 국정행사, 각종 발언과 의견표명 등은 일본국가와 국민의 결속을 의식적 무의식적으로 다지는 기회가 되고 있다. 그런 활동과 인식은 일본국가와 일본국민을 대표해서 하는 행위로 일본이 추구하는 중심국가론이나 민족주의의 근간이 되고 있다는 점을 부인할 수 없을 것이다.

2. 일본국가개조론

일본이 추구하는 국가개조는 일본국헌법을 개정하여 새로운 국가체제를 구축하는 것에 집중되어 있다고 할 수 있다. 일본국가개조는 일본국헌법개정과 상통하고 있으며, 새로운 일본국헌법의 내용과 가치는 일본이 주변이 아니라 중심에서 활동하는 국가를 구축하는 것을 목포로 하고 있다는 점에서 중심국가론과 연결되고 있다. 헌법개조론자들은 현행 일본국헌법을 시행하는데, 타국가의 헌법과 비교해서 일본국민의 권리를 보장하는데, 일본국민의 의지를 담지 않고 있고, 법률에 위임하는 부분이 많아 개정이 필요하다고 주장하고 있다.

따라서 일본국가지도자나 우익적인 국민의 입장에서 자주적인 국방이나 일본적인 국가제체를 형성하기 위한 관점에서 자위대의 합헌화, 천황의 국가원수화, 국가의식교육명문화 등을 제언하는 헌법초안을 내고 있다.[229] 그리고 헌법전문의 난해성, 일본의지 부재, 국민의 권리보호와 강제, 의원내각제의 권력분립기능부전, 한 표의 격차, 헌법53조의 임시국회 개최의무에 대한 국회의원의 부작위와 태만, 내각총리대신의 해산권 제한, 최고재판소의 위헌입법심사권에 대한 소극적 대응, 상고나 특별항고의 헌법위반지적을 삼행결정(三行決定)으로 끝내는 심의 부재 등의 사유로 헌법개정의 필요성을 제시하고 있다.

〈표 21〉 일본국 헌법개정내용과 각당 입장[230]

정당명	조문형 개헌초안	96조 선행개정 (국민투표변경)	9조개정	일원제 이행
자유민주당	유	해야 한다. 국민투표의 엄격화도 가능	해야 한다. 자위대는 국내법규에서 정규군으로 규정하지 않으면 전범으로 여겨질 가능성이 있음	논의중
공명당	무	신중 일정완화여지 있음	가헌	불요
일본 유신의회	유(일부)	-	해야 한다. 국제정세의 변화에 대응해서 국민의 생명과 재산을 지키기 위해	추진
국민민주당	2020년중 개헌초안 발표예정	불요	개정필요, 자위대의 자위권행사의 한계를 명기해야 한다.	불요

2010년 자유민주당의 헌법개정추진본부(憲法改正推進本部)는 '헌법개정논점 정리의 요지'(憲法改正論点整理の要旨)를 발표하고, 천황의 명문 원수화(天皇の明文元首化), 국기국가법의 제정, 영주외국인의 참정권부정, 징병제도규정 등에 대해서 검토하였다. 2012년에는 오사카유신의 회(大阪維新の会)가 이원제로의 이행을 기본으로 하는 '유신판 후나나카8책'(維新版·船中八策: 維新八策)을 제시하면서 의원정수 삭감 방침을 명기하였다.[231] 2012년 자유민주당은 2005년 작성한 개헌초안을 수정하고 신헌법개정초

229)中曽根康弘(1961年), 維新政党·新風(2003年), 愛知和男(2004年), 読売新聞(2004年), PHP総合研究所(2004年), 自由民主党(2005年), 創憲会議(2005年), 大石義雄, 中川八洋 등이 대표적이다.

230) https: //ja.wikipedia.org/wiki/日本国憲法改正案一覧 (2021년 2월 1일 검색)

231) 田村重信(著), 2013,『改正·日本国憲法』, 講談社. 2013년 아베총리는 헌법개정을 위해 노력해가는 것 그것이 나의 역사적 사명이라고 생각한다고 말했다. 여기에서는 자유민주당정무조사회의 헌

안(新憲法改正草案)을 국회에 제출하고, 국가운영의 체제개혁을 시도하였다.

일본국헌법을 개정하는 배경은 매우 다양하지만, 전후 70여 년 동안 많은 변화를 겪으면서도 일본국헌법을 그대로 적용하는 것은 한계가 있다는 의견이 대두하였고, 동시에 일본적인 헌법으로 개정할 필요가 있다고 강조하는 정치계의 발언이 빈번하게 노출되었다. 2013년 참의원 선거에서는 자민당과 공명당이 과반수를 크게 넘기는 의석을 확보하고 구체적인 개정내용을 검토하는 한편, 현실적인 개정수순을 모색하였다. 2016년 제24회 참의원의원 통상선거에서 개헌세력인 자유민주당(自由民主党), 공명당(公明党), 오사카유신회(おさか維新の会), 일본의 마음(日本のこころ) 등이 처음으로 중참양원에서 3분의 2에 달하는 의석을 확보하여 일본국헌법을 개정하기 위한 정족수를 확보했다.

다음은 자유민주당 의원 중심으로 구성된 신헌법제정촉진위원회(新憲法制定促進委員会準備会)가 추진하고 있는 신헌법대강안(新憲法大綱案)을 소개한 것이다.

〈표 22〉 신헌법대강안의 방향

구분	헌법개정의 내용
신헌법제정촉진위원회	헤이세이 19년 5월 3일 현재 좌장은 후류야 게이시(古屋圭司, 自由民主党·衆議院議員), 사무국장은 하기우다 코이치(萩生田光一, 自由民主党·衆議院議員)이고, 위원으로는 중의원 자유민주당 아카이케 마사아키(赤池誠章, 稲田朋美, 今津寛, 奥野信亮, 加藤勝信, 木原稔, 高鳥修一, 戸井田徹, 西川京子, 古川禎久, 松本洋平), 민주당 마쓰바라 진(松原仁, 笠浩史, 鷲尾英一郎), 무소속 히라누마 다키오(平沼赳夫) 등이 있다. 그리고 참의원으로는 자유민주당 아키모토 쓰카사(秋元司, 有村治子, 鴻池祥肇, 中川義雄, 福島啓史郎), 민주당 오오에 야스히로(大江康弘, 芝博一), 국민신당 가메이 이쿠오(龜井郁夫) 등이 포함되었다.
헌법전문	전문에서는 일본국 역사나, 일본국민이 소중하게 지켜야 온 전통적 가치관 등, 일본국의 축성까지 우리 국가성격을 명백하게 함과 동시에, 미래를 향해서 그것을 계승발전시킬 결의를 선언하는 것이어야 한다(前文は, 日本国の歴史や, 日本国民が大切に守り伝えてきた伝統的な価値観など, 日本国の特性すなわち国柄を明らかにするとともに,未來へ向けてこれを継承發展させてゆく決意を宣言するものでなければならない)는 의견이다. 새로운 헌법전문에는 일본의 역사, 전통, 문화 기술이 없기 때문에 역사, 문화, 전통을 명기해야 한다는 점을 강조하고 있다.

법초안에 대한 내용을 소개하고 있다. 伊地知紀子(編集), 新ヶ江章友(編集), 2017, 『本当は怖い自民党改憲草案』, 法律文化社. 헌법이 개정되는 사회가 될 것인가, 개헌에 어떤 내용이 있는가, 자민당이 어떤 국가를 만들 것인가 등 일본의 미래에 대해서 분석하고 있다.

천황의 지위	- 천황에 대해서는 우리국가의 역사를 관통하는 기본원칙으로서 상징천황제를 계속유지하고, 일본국 및 일본국민의 통합의 상징에 어울리는 지위 및 권능을, 헌법상, 명백하게 해야 한다. 즉 역사와 전통에 유래하는 상징으로서 지위, 국가원수로서의 지위, 상징적 원수에 어울리는 국가행위의 규정상징으로서 공적행위, 황실경제의 기본원칙 등을 강조하고 있다. - 상징천황제(象徵天皇制)의 존재방식이다. 제2차세계대전이 끝나면서 공산주의자와 근대정치학자(丸山真男) 등은 천황제 폐지를 주장하였다. 2004년 현재 일본공산당은 원수 통치자가 아니면 천황제의 시비는 주권재민의 사상에 기초 국민이 판단할 사안으로 규정하였고, 호헌파 중에는 천황제폐지론자도 있다. 여론조사에서는 상징천황제의 현상 유지에 의견이 다수 있고, 일본을 입헌군주제로 인식하여 천황을 실명으로 국가의 원수로 명기해야 한다는 의견이 있다. 또한 상징천황제에서 외국대공사의 수여식, 국회개회의 선언 등 천황의 국사행위와 준 국사행위에 대해서 정리하고 명기할 필요가 있다고 주장하고 있다. 따라서 현재 상징천황제의 성격, 천황의 지위, 국사범위 등을 헌법으로 규정할 필요가 있어 헌법개정이 필요하다는 입장도 있다.
안전보장(일본국헌법제9조)	- 국가의 중요역할과 존재의의는, 국가주권, 독립 및 명예를 보호하고, 국민의 생명자유재산을 보전하는 데 있다. 일본국민은 문민통제 하에 고도의 전문능력과 규율을 준비한 방위군을 보유하고, 국토의 방위와 국민의 보호에 만전을 기함과 동시에, 평화주의 국가의 명예와, 세계평화유지와 국제분쟁의 평화적 해결에 공헌해야 한다. 즉 현행 헌법9조항의 이념 견지와 명확화, 현행 헌법9조 2항의 삭제 및 방위군의 보유, 국가비상사태조항의 신설, 국방책무규정 등이 필요하다는 주장이다. - 일본국헌법 제9조에서는 전쟁방기와 전력의 불보유를 규정하고 있지만 군사력으로서 자위대가 존재한다. 일본은 역코스과정을 통해 무장해제 재무장저지(武裝解除·再武裝阻止), 민주화촉진(民主化の促進), 경제부흥(経済復興) 등에서 한정적 재군비(限定的再軍備) 방침으로 전환하였다. 그러나 그것으로 부족하다고 인식하고, 자유민주당 헌법개정론자는 헌법 제9조와 자위대존재 간의 모순을 해결하기 위해 전쟁포기를 규정한 제9조 1항의 평화주의 이념을 수호하고, 제9조 2항을 개정해서 전력의 보유를 인정하고, 자위대를 자위군 또는 국방군으로 개정해야 한다고 주장하고 있다. 2015년 아베내각은 안보법안에 대해서 집단적 자위권에 대한 헌법해석을 통해 개헌의 필요성을 주장했다.
기본인권 및 공공복지	- 헌법개정론자는 권리에는 의무가, 자유에는 책임이 동반되는 공동사회의 기본원칙, 기본적 인권의 보편적 가치를 승인하고, 우리역사, 전통, 문화에 기초한 고유권리, 의무관념을 기반으로 한 인권조항을 재구축하고, 현대의 요청에 대응하는 새로운 인권을 적극적으로 도입한다는 점을 강조하고 있다. 즉 인권제약원리 명확화, 다신교적 풍토에 배려한 정교분리원칙 완화, 가족의 보호규정신설, 공교육에 대한 국가의 책임, 사회적 비용을 부담할 의무, 프라이버시권, 알권리, 환경권, 환경보존의무, 범죄피해자의 권리, 생명윤리보호, 지적재산권의 보호 등을 규정하는 것이다. 일본국헌법 제12조에서 공공의 복지에 대한 해석이 대립하고 있어 국가배상소송으로 이어져 사법적 논점이 되고 있고, 국가긴급권이나 징병의 논의가 종종 일고 있다. - 일본국헌법 제11조 일본국헌법 제13조 한 표의 격차 등 시정요구, 환경권, 프라이버시권 등 새로운 기본적 인권의 추가, 민의를 국정에 반영하기 위한 수상공선제, 대통령제도입, 중앙관청주도의 행정개선을 위한 도주제(道州制)도입, 중의원 및 참의원 양원제 수정, 사학조성금이 위헌이라는 모순해결, 헌법개정절차의 기준완화, 국회의 행정

	감시기능 추가 등 다양하게 주장되고 있다.
내각권한 강화	민의에 기초한 실효적인 통치를 실현하고, 국가적 위기에 신속하게 대처 가능하도록 내각총리대신의 지위 및 권한을 강화하는 것이 필요하다는 주장이다. 즉 중의원해산의 결정권 및 행정각부의 지휘감독, 총합조정권을 내각총리대신의 전권으로 한다. 그리고 내각총리대신의 새로운 권한은 내각총리대신에게 방위군의 최고지휘권 및 비상조치권을 부여하는 것이다.

개헌찬성파는 천황제와 헌법제9조 개정을 특히 지지하고 있다. 천황을 국가원수로 규정하는 개정에 찬성하는 것이다. 그리고 헌법제9조는 일본자위대를 일본군대로 명명하고 기능을 확대하는 방향으로 개정하려고 하고 있다. 일본국헌법개정을 지지하는 야스오카 마사히로(安岡正篤)는 1945년 10월 '천황제하에 타국과 취지가 다른 민주주의 운용이 이루어져야 한다'고 주장하였고, 대일본순황회(大日本殉皇会)는 '천황을 현인신을 숭상하는 황국으로 인식하고 내외일체의 반대세력을 절멸해야 한다. 대일본제국헌법 부활과 핵무장에 의한 황국재건' 등을 주장하였다. 1961년 설립된 우익단체 치안확립동지회(治安確立同志会)는 '천황제하에 일본민족의 주체성을 파악하라'라고 하였고, 와타나베(渡部昇一)는 '일본황실의 계도는 그대로 신화시대에 거슬러 올라간다'고 하였다. 전통적으로 헌법개정론자는 천황의 지위와 위상을 높이는 방안을 강조하고 있다.

다음은 자유민주당 헌법개정추진본부(自由民主党 憲法改正推進本部)가 밝힌 일본국헌법 초안 중 천황에 대한 부분이다. 자유민주당이 헤이세이 24년 4월 27일 결정한 일본국헌법개정초안 중의 천황관련조항이다.

〈표 23〉 자민당의 천황관련개정안

구분	내용
천황지위와 원호	제1장 제1조 천황은 일본국의 원수이고, 일본국 및 일본국민통합의 상징이고, 그 지위는 주권이 있는 일본국민의 총의에 의한다. 제2조 천황은 세습하고, 국회가 의결한 황실전범의 규정에 의거 그것을 계승한다. 제3조 국기는 일장기로 하고, 국가는 히노마루로 한다. 2 일본국민은, 국기 및 국가를 존중해야 한다. 제4조 원호는 법률이 정한 것에 의하고, 황위의 계승이 있을 때 제정한다.
천황의 권능	제5조 천황은 이 헌법이 규정한 국사에 관한 행위를 하고, 국정에 관한 권능을 갖지 않는다. 제6조 천황은 국민을 위해 국회의 지명에 의거 내각총리대신을 임명하고 내각의 지명에 근거해서 최고재판소의 장인 재판관을 임명한다. 2 천황은 국민을 위해 다음의

	국사에 관한 행위를 한다. 1). 헌법개정, 법률, 정령 및 조약을 공포하는 것 2). 국회를 소집하는 것 3). 중의원을 해산하는 것 4). 중의원의원의 총선거 및 참의원의원의 통상선거 시행을 공포하는 것, 5). 국무대신 및 법률이 정한 그 이외의 관리임면 및 전권위임장 및 대사 및 공사신임장을 인증하는 것 6). 사면 특별사면, 감형, 형의 집행면제 및 복권을 인증하는 것 7). 영전을 수여하는 것 8). 비준서 및 법률이 정한 그 이외의 외교문서를 인증하는 것 9). 외국의 대사 및 공사를 접수하는 것 10). 의식을 행하는 것 3. 천황은 법률 규정에 의해 전2항의 행위를 위임할 수 있다. 4. 천황은 법률이 규정한 것에 의해 그 국가에 관한 행위를 위임할 수 있다. 천황의 국사에 관한 모든 행위는 내각의 진언을 필요로 하고, 내각이 그 책임을 진다. 단 중의원 해산에 대해서는 내각총리대신의 진언에 의한다. 5. 제1항 및 제2항에 제시한 이외 천황은 국가 또는 지방자치체 그이외의 공공단체가 주최하는 식전참석, 그 이외 공적행위를 한다.
섭정 및 재산	제7조 황실전범이 정한 규정에 의거 섭정을 설치할 때 섭정은 천황의 명으로 그 국사에 관한 행위를 한다. 2. 제5조 및 전조 제4항의 규정은 섭정에 대해서 준용한다. 제8조 황실의 재산을 양도하고, 황실이 재산을 양도받거나 하사하는 것은 법률이 정한 경우를 제외하고 국회의 승인을 거쳐야 한다.

현재 일본 정부는, 국가는 각종 부정의 침해로부터 자국을 지킬 권리를 가지고 있다는 입장에서 헌법개정에 적극적이다. 개별적 자위권(個別的自衛權)은 성질상 헌법제9조에 의해 포기되지 않기 때문에, 그것을 위해 최소한의 실력을 보유할 수 있는 것이 자위대이다. 때에 따라서는 방위용 핵무기도 그 실력에 해당될 수 있다고 주장하고 있다. 개헌파 중에는 자위대가 헌법상 명기되어 있지 않아 자위대가 합헌인지 위헌인지 매매한 상황이 지속되고 있어 문제라고 하여 자위대의 헌법 명기를 주장하고 있다. 1990년대 이라크전쟁에서 헌법규정으로 자위대파견대신에 재정지원을 하였지만 공헌을 평가받지 못하자 개헌을 통해 군사적 공헌을 하자는 주장이 설득력을 얻었다. 그리고 'PKO협력법'이 제정되어 PKO활동이 시작되면서 자위대의 해외PKO활동이 높게 평가받고 있지만 '헌법위반이다'(憲法違反だ)라는 주장이 있어 자위대에 대한 헌법규정이 필요하다고 주장하고 있다.

그러나 다른 한편으로는 일본국헌법을 일본국평화헌법으로 규정하여 헌법개정을 반대하는 세력이 많다. 개헌발의와 헌법개정, 헌법내용 등에 대해서 국민이 새로운 헌법을 희망하는가에 대한 의견수렴이 필수적이며, 헌법존중옹호의무을 갖고 있는 국회의원이 헌법개정을 주창하는 것은 신헌법의 제정이나 쿠데타에 해당하는 것으로 인식하는 견해도 있다. 또한 반전단체와 일부 시민단체는 일본을 전쟁이 가능한 국가로 전환하는 문제에 대해서, 그리고 전쟁을 포기하고 평화를 국가기조로 하는 평화헌법이라고 하여 반대하고 있다. 미국 군인인 아미테지(Richard Lee Armitage)는 헌법 제9조와 집단적 자위권에 대해서 '일본은 헌법을 개정할 필요가 없다'고 보았고, 국제정치학가 나이(Joseph Samuel Nye)는 '개인적인 견해이지만, 헌법제9조개정이라는 싸움에 정력을 쏟는 것보다는 해석헌법으로 가야 한다'는 의견을 제시하였다.

그리고 일본에서 천황과 천황제의 존부에 대한 논란이 제기되어왔다. 천황지위와 위상, 천황제 개정에 대해서 비판하는 의견이 있다. 전후 일부 역사가들은 일본의 실패가 천황 때문이라고 비난하고 있다. 전후 일본의 좌파는 반천황, 반황실을 주창하고 있다. 천황폐지론을 펼친 사카구치 안고(坂口安吾)는 1946년 '천황을 인간으로 돌려보내는 것이 현재 일본에서 절대적으로 필요하다'(天皇をたゞの人間に戻すことは現在の日本に於て絶対的に必要)고 주장했다. 미야모토 유리코(宮本百合子)는 1949년 '천황제가 침략전쟁을 시작했다'라고 했고, 칸 다카유키(菅孝行)는 '천황제는 천황이라는 성(聖), 피차별자(部落, 障碍者, 在日韓国·朝鮮人, 女性)라는 천민을 서로 대립하게 하였다'고 인식하였다. 특히 쇼와천황은 제2차세계대전 당시 일본군의 최고지휘권을 가지고 있음에도 군사재판에서 전범으로 재판받지 않아 좌파와 외국으로부터 비판받고 있다.

일본국헌법 개정에 대해서는 야당이나 각 언론사에 따라 의견이 매우 다양하다. 야당인 입헌민주당(立憲民主党)은 2017년에 발표한 일본국헌법개정강령에서 '상징천황제 하에서 일본국헌법이 내세운 국민주권, 기본적 인권의 존중, 평화주의를 견지하고, 입헌주의를 존중하는 입장에서 헌법 논의를 추진한다'고 언급하고 상징천황제를 유지하는 방침을 밝혔다. 우익신문으로 알려진 《산케이신문》(産経新聞)은 2013년 발표한 헌법개정초안 '국민의 헌법'의 제1조에서 '일본국은, 천황을 국가의 영속성 및 국민통합의 상징으로 하는 입헌군주국이다'라고 명기하고, 상징천황의 규정을 유지하는 안을 내놓았다. 제2조에서는 '천황은 일본국의 원수이고, 국가를 대표한다'라고 하고 원수의 지위를 명문화할 것을 제시하였다. 《요미우리신문》(読売新聞)은 상징천황의 규정을 유지한 헌법개정시안을 발표하였다. 2020년 10월 현재 일본천황의 지위와 권능에 대해서 일본국헌법 개정을 통해서 새롭게 규정하려고 하는 움직임과 반대하는 의견이 상충하는 가운데 일본국헌법 개정을 위한 움직임이 일고 있다.

일본국헌법개정을 둘러싸고 다양한 논란이 일고 있는 가운데 자유민주당과 아베 정부는 기본적으로 일본국헌법을 개정할 의지를 강하게 갖고 있다. 일본국헌법은 1945년 미군정이 일본을 점령하면서 새로운 일본의 탄생을 바라는 차원에서, 과거역사로 회귀하지 못하도록 하는 차원에서, 군비와 군의 역할을 제한하는 차원에서, 그리고 일본천황의 역할을 변화시키는 차원에서 전략적으로 개정한 헌법이라는 인식이 뿌리 깊게 남아있다. 그리고 일본위정자는 일본이 새로운 시대에 대응하고, 일본적인 방위와 안보를 추구하는 데 헌법개정의 필요성과 정당성이 있다고 주장하고 있다. 더욱이 새로운 일본국가를 중심으로 하는 일본, 동아시아, 국제사회체제를 구축하고 중심적인 역할을 하기 위해 일본국헌법의 개정이 필요하다는 점을 역설하고 있다.

3. 일본의 중심국가론

일본이 추진하고 있는 중심국가론(中心国家論)은 일본 내에서 국가를 중심으로 결속하고, 국제사회에서 일본이 중심적인 역할을 하는 새로운 국가체계와 국제질서를 구축하는 내용을 함의하고 있다고 할 수 있다.[232] 국내에서는 국민보다는 국가가 중심적으로 기능하는 것이고, 국제사회에서는 미국, 중국, 한국 등 다른 국가보다는 일본이 중심적으로 기능하는 질서를 구축하는 움직임을 의미한다. 그런 의미에서 지금까지 주장해온 보통국가론보다는 한걸음 진보한 형태와 방향에서 일본이라는 국가의 역할을 강조하고 있다는 점, 그리고 국민보다는 국가를 중시하고 있는 경향이 있다는 점, 동아시아와 국제사회에서 일본 중심적인 역할과 공헌을 강조하고 있다는 점, 강한 국가를 만들기를 전면에 내세우고 있다는 점 등에 근거하고 있다. 그 중심국가론에는 아베 신조의 이념과 정책이 작동하고 있다고 볼 수 있다.[233]

---

232) 여기에서 사용되는 중심국가론이라는 개념은 저자가 임의로 규정하여 사용하는 개념이며 이론이라는 점을 밝혀둔다. 아베 총리가 추구하는 강한 일본 만들기는 결국 일본이나 국제사회에서 일본이라는 국가의 역할을 강화해서 일본 중심적인 국가체제와 국제질서를 구축하는데 귀착하고 있다. 그 과정과 실체를 포괄적으로 중심국가론이라 규정하였다.

233) 南彰(著), 望月衣塑子(著), 2018,『安倍政治100のファクトチェック』, 集英社新書. 수상, 관료, 여당의원, 관료국회발언 등에 대한 사실을 확인하고, 평가하였다. 望月衣塑子(著), 特別取材班(佐々木芳郎)(著), 2015,『「安倍晋三」大研究』, ベストセラーズ. 초기 헌법개정을 향한 아베 신조, 제1차 내각사임 등의 에피소드와 사건을 소개하고 있다. 安倍晋三(著), 2013,『新しい国へ 美しい国へ』, 文藝春秋. 장기화되고 있는 디플레이션 탈각은 가능한가, 외교안전보장에 어떻게 대응할까, 그에 대한 답을『文藝春秋』에 게재한 정치구상으로 2006년 50만부 팔렸다. 安倍晋三(著), 2006,『美しい国へ』, 文春新書. 일본이 어떻게 변화할 것인가, 보수의 자세, 대미외교, 아시아국과의 관계, 사회보장의 미래, 교육의 재생, 소자국가의 미래, 진정한 민족주의의 존재방식 등을 소개하고 있다. 野上忠

현재 일본은 근대사긍정론, 일본재생, 일본영토회복, 자학사관폐지, 강국으로서 아시아맹주역할회복, 경제회복과 성장추진 등과 같은 실천을 통해서 과거 일본의 영광을 회복시키려는 의도를 강하게 가진 회복민족주의를 적극적으로 추진하고 있다. 더불어 일본재흥전략, 일본역사 중심주의, 새로운 일본국가만들기, 일본국헌법개정, 아시아 및 국제사회에서의 일본역할론, 군사확대주의, 일본우익화, 레이와시대활성화 등과 같은 미래지향적인 국가정책을 추진하는 일본중심적 민족주의가 발흥하여 확산되고 있다.[234] 그런 점에서 일본은 자주적인 국가를 의미하는 보통국가론에서 국가의 역할과 공헌을 강조하는 중심국가론으로 전환되고 있다.

동아시아에서는 일본의 아베 신조 총리가 추구하는 중심국가론, 중국공산당 중심으로 단결하고 권력을 집중시키며 국가와 국민, 동아시아와 국제사회를 주도하겠다며 추진하고 있는 시진핑 주석의 영도국가론, 일본과 중국의 움직임에 대응하고 외세의 간섭을 받지 않고 한반도 통일을 통해 주도적으로 힘을 발휘하는 국가를 구축하겠다는 문재인의 통일국가론 등이 작동하고 있다. 동아시아에서 3국이 추진하고 있는 중심국가론, 영도국가론, 통일국가론 등이 충돌하면서 새로운 냉전과 질서 만

興(著), 安倍晋三, 2015,『沈黙の仮面その血脈と生い立ちの秘密』, 小学館. 시대의 독재자 아베수상, 스스로 말한 조부 기시노부스케 수상을 존경하고, 보수사상에 빠지며, 부모와 떨어진 교육, 면학을 싫어하는 성장과정 등에 대해서 소개하고 있다.

234) 北田曉大(著), 2005,『嗤う日本の「ナショナリズム」』, NHK出版. 젊은이들이 왜 우익화하는가? 왜 그들은 순애에 빠지는가, 1970년대 이후 감성의 변용과정, 기묘한 민족주의의 정체를 고찰하고 있다. 梅田正己, 2017,『日本ナショナリズムの歴史I「神国思想」の展開と明治維新』, 高文研. 신화사관에 기초한 일본의 신국민족주의(神国ナショナリズム)는 아시아태평양전쟁에서 패배하여 소멸했어야 했다. 그러나 72년을 거치면서 일본민족주의는 소환되고 헌법개정을 추진하고 있다. 일본민족주의의 원류, 형성, 확립기, 붕괴 등의 과정을 분석하고 있다. 子安宣邦(著), 2007,『日本ナショナリズムの解読』, 白沢社. 小熊英二(著), 2002,『〈民主〉と〈愛国〉―戦後日本のナショナリズムと公共性』, 新曜社. 전후(戦後)에서 민족주의와 공공성을 둘러싼 논의를 시작으로 대표적인 전후지식인 丸山真男·大塚久雄·吉本隆明·江藤淳·竹内好·鶴見俊輔, 공산당, 일교조, 역사학자, 문학자 등의 논쟁을 검증하고 있다. 전후는 무엇이었던가에 대한 질문에 답을 내는 과정이다. 安倍晋三(著), 田原総一朗(著), 松井孝治(著), 2019,『安倍政権が目指す令和の日本とは？』, 中央公論 Digital Digest. 아베수상의 인터뷰, 지방경제와 격차에 민감하게 대응한 아베 신조, 국회개혁, 레이와민주주의 등에 대해서 소개하고 있다. 青山和弘(著), 2015,『安倍晋三のことがわからなすぎて 安倍さんとホンネで話した700時間』, PHP研究所. 일본국헌법개정, 아베노믹스는 괜찮은지, 아베총리는 이상한 정치가인가, 기시노부스케 수상의 손자, 아베신타로의 자식, 북한납치문제나 역사교과서문제에 대한 고집, 동료도 많지만 적도 많은 아베의 속내를 밝히고 있다.

들기를 촉발시키고 있다. 거기에 미국의 국익을 독자적으로 추진하고 있는 트럼프의 독식국가론과 김씨독재체제를 강화하는 김정은의 왕조국가론이 교차하면서 동아시아는 일촉즉발의 위기에 몰려 있다.

일본이 추구하는 중심국가론은 아베 총리가 일본재흥전략(日本再興戦略)을 추진하면서 구체화되었다고 할 수 있다. 그것은 일본재생, 일본산업발전, 일본강국 등을 위한 일본성장정책을 포함하고 있다. 아베 총리는 일본재흥전략을 통해서 일본성장과 부흥을 추진해왔다. 일본재흥전략은 아베2차내각에서 성장전략으로 2013년 6월 14일 각의결정하였고, 2014년, 2015년, 2016년 각각 개정되었으며, 2019년까지 국가 수준에서 적극적으로 추진한 성장전략이다.

다음은 국내의 경제성장을 추구하는 각종 정책과 내용이 포함되어 있고, 아베의 국정운영과 방향성이 함축되어 있는 일본재흥전략의 내용을 소개한 것이다.[235)]

〈표 24〉 아베의 일본재흥전략

구분	내 용
2013년 실천계획	- '2013년 일본재흥전략'(日本再興戦略: JAPAN is BACK)은 일본경제재생본부가 명명한 것으로 아베노믹스의 3개 화살에 의한 성장정책이며, 3개의 구체적인 실천계획을 갖고 있다. - 일본산업재흥플랜은 일본의 산업재생과 고용창출을 목적으로 한다. 즉 긴급구조개혁프로그램, 고용제도개혁 인재력강화, 과학기술이노베이션추진, 세계최고수준의 IT사회실현, 입지경쟁력강화, 중소기업과 소규모사업자의 혁신 등으로 구성되어 있다. - 전략시장창조플랜은 미래산업육성을 지향하는 것이다. 즉 국민의 건강수명시장, 클린 경제에너지수급실현, 안전하고 편리한 경제적 차세대인프라구축, 세계를 뛰어넘는 지역자원으로 이익을 창출하는 지역사회실현 등이다. - 국제전개전략은 일본경제의 국제화를 지원하는 것이다. 즉 전략전인 통상관계구축과 경제연대추진, 해외시장획득을 위한 전략적 접근, 우리국가의 성장을 지탱하는 자금인재에 관한 기반정비 등이다.
2014년 실천계획	'일본재흥전략 2014: 미래에 대한 도전'은 2014년 6월 각의결정되었다. 2013년판의 3개의 행동계획을 각각의 KPI(Key Performance Indicato, 주요경영지표)를 명시하고, 시책진보확인과 새롭게 생각해야 할 구체적 정책을 제시하였다. 여성활약추진이나 전략자유화가 생겨나고 코퍼레이트거버넌스(Corporate Governance, 기업통치)강화로 민간기업에게 이익창출의 힘을 재생시키고 일본국외의 투자가로부터 높게 평가 받는 전략이다. 그리고 일본판 컨파셔네트(日本版コンパッショネート, compassionate use, 인도적 사용) 사용도입, 새로운 보험구조 환자신청요양창설 등이다.

235) https: //ja.wikipedia.org/wiki/ 日本再興戦略; https: //sharing- economy.jp/ja/news/

2015년 실천계획	'일본재흥전략 개정 2015년: 미래에 투자생산성혁명'은 미래투자에 의한 생산성 혁명으로서 3개의 목표를 구체적으로 제시하였다. 즉 이익창출 힘을 높여 기업행동을 활성화하고, 신시대에 대한 도전을 가속하며, 개인의 잠재력을 철저하게 연마하는 것이다. 시책은 생산성 향상과 지역활성화(로컬 아베노믹스, ローカル·アベノミクス)로 대별한다. 생산성 향상을 위한 시책으로는 코퍼레이트 거너번스의 강화, 이노베이션 벤처창출, 제4차산업혁명, 다양한 인재 활용과 강화 등이다. 그리고 지역활성화시책으로는 중소사업자 및 서비스산업의 생산성 향상, 농림수산업, 의료개호관광산업의 기간산업화, 관제시장의 민간개방 등이다.
2016년 실천계획	'일본재흥전력 2016 제4차산업혁명을 향해서'는 전년도 정책유도로만은 불충분하여 중기목표를 세워 구체적으로 개혁하는 로드맵을 책정하였다. 일본1억총활약플랜(ニッポン一億総活躍プラン)은 2016년 6월 2일 각의결정하였다. 일하는 방법개혁과 생산상 향상에 도전하는 것이다. 비정규직 고용노동자의 대우개선, 최저임금인상, 고령자고용촉진, 어린이나 개호지원충실 등이다. 그리고 2025년도까지 희망출생 1.8달성, 2017년 말까지 50만 명 분의 보육수용정비, 2025년까지 개호이직 0 달성, 2020년 초까지 개호시설 50만 명 수용정비, 2018년까지 동일노동 동일임금실현지침책정 등이다.
2017년 실천계획	'미래부흥전략 2017; 사회 5.0'은 2017년 6월 9일 각의결정되었다. IoT, 빅데이터, 인공지능 등을 산업이나 생활에 적용하고, 사회문화해결을 위한 소사이어티 5.0 사회를 실현하는 것이다. 소사이어티 5.0 실현을 위한 전략 분야로서 5개의 사업을 실시한다. 즉 건강수명신장, 이동혁명실현, 무인자동주행, 무인항공기를 이용한 화물집배, 자동운행실용화 등으로 물류인력부족을 해소하고 지방거주고령자의 과제해소가 목적이다. KPI(Key Performance Indicato, 주요경영지표)로서 2020년 일본국내에서 판매되는 신자동차 90% 이상이 자동브레이크를 부착하도록 한다. 서프라이체인차세대화(supply chain, サプライチェーンの次世代化), 쾌적한 인프라 마을만들기, 핀태크 등이다.
2018년 실천계획	'미래재흥전략: 미래투자전략 2018'은 소사이어티 5.0(Society5.0), 데이터구동형사회(データ駆動型社会)로의 변혁 등을 추진하여 중소소규모 사업자의 생산성 혁명을 더욱 강화하는 것이다.
2019년 실천계획	- '2019년 미래재흥전략'은 골격방침 2019(骨太方針2019), 성장전략 2019(成長戦略2019), 마을 사람 일 창생기본방침2019(まち·ひと·しごと創生基本方針2019) 등으로 세어링 이코노미(シェアリングエコノミー, 공유경제)가 중점정책이다. 성장전략 팔로업(成長戦略フォローアップ, follow-up, 추적조사)은 레이와 원년에 계획되었다. Society 5.0 실현은 디지털시장정비, 핀태크금융분야, 모빌리티, 코퍼레이트 거버넌스, 스마트공공서비스, 차세대 인프라, 탈탄소사회실현, 소사이어티 5.0 등을 실현하기 위한 이노베이션, 소사이어티 5.0 시대를 위한 인재육성, 해외성장시장도전, 외국인재활약추진 등이다. - 전 세대형사회보장개혁은 70세까지 취업기회확보, 중도채용경험자채용촉진, 다양하고 유연하게 일하는 방법확대, 병원개호예방, 차세대헬스케어 등이다. 인구감소 지방시책 강화는 지역의 인프라유지와 경쟁정책, 지방으로의 인재공급, 인구급감지역의 활성화, 국가전략특구, 샌드박스제도활용(サンドボックス制度の活用, sandbox),[237] 중소기업소규모사업자의 생산성향상, 농림수산업전체에 걸친 개혁과 스마트농림수산업실현, 관광 스포츠 문화예술 증진 등이다.

자료: https: //sharing-economy.jp/ja/news/日本再興戦略 (2020년 11월 3일 검색)

아베 총리는 일본이 아시아와 국제사회에서 대국으로서의 지위를 얻고 역할을 하는데 경제성장이 중요하게 기능한다는 사실을 인식하고, 경제성장을 위한 일본재흥전략을 야심차게 추진했다. 그것을 통해서 지속적인 경제성장을 실현하여 경제대국 일본으로 확고하게 자리매김하고, 일본에 대한 불신을 해소하며, 일본신화를 재연해서 일본중심적인 국제사회질서를 구축하는 중심국가일본를 구축하려고 하였다. 따라서 아베가 추진한 일본재흥계획, 아베노믹스와 신아베노믹스, 로컬 아베노믹스 등은 중심국가론의 이론적 핵심이며 실천정책이라고 할 수 있다.

일본이 추구하는 중심국가론은 아베총리가 등장하면서 외교정책과 전략으로 확대되었다.[237] 제1차 아베내각에서 외무상을 지낸 아소 타로는 2007년『자유와 번영의 고리(自由と繁栄の弧, The Arc of Freedom and Prosperity)』에서 일본이 추진해야 할 국제외교전략을 제시하였다. 패전 후 일본의 기본적인 외교정책은 일미기축, 국제연합중심, 근린우호 등 3가지 외교전략에 의존하였다. 그러나 국제사회에서 각국의 입장과 주장이 충돌하면서 일본의 외교전략도 변해야 한다는 점을 강조하면서 자유와 번영의 고리(自由と繁栄の弧)라는 외교전략이 대두하였다. 거기에서는 민주주의나 법의 지배 등과 같은 보편적 가치를 공유하는 점을 강조하고 있다. 그리고 국제적 존재감의 저하, 센카쿠열도문제에 상징되는 일중간의 힘관계의 변화 등 새로운 국제정세 하에 인접국이나 이해관계국과 정면충돌을 피하며, 아시아에서 힘균형을 적정하게 유지하고 아시아 및 세계의 안정과 발전에 기여하는 외교정책을 재평가하였다.

자유와 번영의 고리(自由と繁栄の弧)는 일본에서 가치관 외교라는 생각을 구체화하는 계기가 되었다. 애당초 고리(弧)는 지정학에서 유래한 개념이다. 영국의 지리학자 맥킨더(Sir Halford John Mackinder, 1861-1947)는 아프리카, 발간반도에서 중동, 동남아시아, 한반도 등에 걸친 분쟁다발지역의 연결망을 위기의 고리(危機の弧, arc of crisis)라

236) 규제샌드박스제도는 IoT, 불록체인, 로봇 등 새로운 기술의 실용화, 플렛폼형 비즈니스, 셰어이코노미 실시가 현재의 규제로 인하여 곤란한 경우에 신기술이나 비즈니스모델의 사회실현을 위해 사업자의 신청에 기초해서 규제관청의 인정을 받아 실증하고, 실증으로 얻은 정보나 데이터를 이용해서 규제를 수정하는 제도이다.

237) 渡龍人, 2018,『安倍晋三 内閣総理大臣所信表明演説集』, バズラス. 2013년부터 2018년까지의 아베 신조 총리의 소신표명연설을 담고 있다.

고 정의하였다.[238)] 미국은 미군 재편성을 위한 국방계획수정에서 동지역을 불안정 고리(不安定の弧, arc of instability)라고 하여 군사충돌의 가능성을 제기하였다. 인도의 만모한 신(Manmohan Singh) 수상은 불안정 고리(不安定の弧)를 번영의 고리(繁栄の弧, arc of advantage)라고 정의하고 안정 및 발전적 아시아형성을 위한 아시아공동체 신설을 제기하였다.

다음은 일본이 추구하는 외교전략으로서 제시한 자유와 번영의 고리에 대한 구체적인 내용을 소개한 것이다.

〈표 25〉 자유와 번영의 고리 외교정책

구분	내용
발생	자유와 번영의 고리(自由と繁栄の弧)라는 개념은 제1차아베내각에서 외무대신이었던 아소 타로(麻生太郎)가 2006년 11월 한 강연회에서 제창한 것이다. 당시 외무차관이었던 야치쇼타로(谷内正太郎)를 중심으로 기획되고 입안된 것이다. 자유와 번영의 고리는 제1차아베내각에서 일본의 새로운 외교방침과 방향을 제시하였다.
가치관 외교	- 제창자 아소 타로는 저서『터무니없는 일본(とてつもない日本)』(新潮新書)에서 비 구미권에서 자유, 민주주의, 법의 지배 등의 가치선구자로 활동한 일본의 지위를 새롭게 하여 고리(弧)로 연결된 지역 전체의 번영에 공헌하고, 그 결과 경제나 안전보장으로 일본도 국익을 향유할 수 있다고 주장했다. 더욱이 민주화 지원, 법률정비, 법률가의 인재육성 등으로 일본의 제도 및 경험활용을 위한 법정비지원, 자위대PKO활동, 일본문화교류 등을 구체적인 시책으로 중시하고 활용할 필요가 있다고 주장했다. - 2007년 아베가 물러나면서 계승한 후쿠다 야스오(福田康夫)는 중국, 한국을 중심으로 하는 동아시아외교를 강조하여 자유와 번영의 고리정책은 후퇴하였다. 2008년 추진자였던 야치쇼타로(谷内正太郎)가 퇴임하면서 중단되었다. 그러나 2008년 아소 내각이 발족하면서 국제연합연설 등에서 가치관 외교를 강조하면서 부활하였다. 2011년 칸내각(菅内閣)의 방위대신 기타자와 도시미(北沢俊美)는 아시아태평양지역의 평화와 안정을 위해 주변국과의 협력관계를 긴밀하게 하는 것이 불가피하다 라고 발표하여 '자유와 번영의 고리'를 강조하였다.
대상국과 협력 내용	가치관외교로서 자유와 번영의 고리(自由と繁栄の弧)는 아베내각의 기본적인 외교방침이 되었다. 자유와 번영의 고리를 지칭하는 지역은 '북미지역, 발트제국, 중유럽, 동유럽, 중앙아시아, 코카사스, 중동, 인도아시아대륙, 동남아시아, 북동아시아(北欧諸国から始まって、バルト諸国、中·東欧、中央アジア·コーカサス、中東、インド亜大陸、さらに東南アジア, 北東アジア) 등이다. 그 지역에 물심의 협력을 통해서 보편적 가치를 심고, 지역의 정치 및 경제의 안정을 실현하며, 테러위험을 없애고 평화를 구축하려는 시도이다. 그 목적을 달성하기 위해 선진각국 및 역내 민주주의, 시장경제체제의 국가와 적극적으로 협력하는 것이다. 특히 인도와의 관계를 강화하고 수뇌, 각료회담, 무역, 투자, 정부개발원조 등의 화해정책을 실시하는 것이다.

238) 曽村保信譯, 1985,『デモクラシーの理想と現実』, 原書房.

실천 내용	제2차아베내각은 아세안과의 외교관계뿐 아니라 국가관계를 중시하는 외교를 강조했다. 즉 자유, 민주주의, 기본적인권 등의 보편적 가치의 정착 및 확대를 위해 아세안(ASEAN) 제국과 노력하고, 힘이 아니라 법이 지배하는 자유로운 해양이 공공재로서 그것을 아세안과 합심해서 지키는 노선을 지향했다. 그리고 아시아를 중시 및 존중하고, 경제연대 네트워크를 통해 물건, 돈, 사람, 서비스 등의 무역 및 투자의 흐름을 추진하며, 일본경제의 재생으로 연결시켜 아세안과 함께 번영하는 구상이다. 아시아의 다양한 문화 및 전통을 지키고, 교육하며 미래를 담당할 젊은 세대의 교류를 활성화하는 것이다. 일본의 가치관외교에 대해서는 항만, 도로의 하드인프라정비, 투자환경정비, 법정비지원, 인재육성과 같은 소프트 인프라 정비 등에서 협력하여 일본역할을 자리매김하는 데 목적을 두었다. 2012년 12월 27일 NPO사이트에 'Asia's Democratic Security Diamond'(アジアの民主主義保安四角形)라는 아베의 논문이 게재되었고, 민주주의, 인권존중 등의 가치관을 공유하는 자유와 번영의 고리 외교를 강조하였다.

2006년 발족한 제1차아베내각은 자유와 번영의 고리(自由と繁栄の弧)를 외교정책의 기본방침으로 설정하였다. 제1차 아베내각에서 추진한 자유와 번영의 고리라는 외교방침에서 가치관외교는 중국이나 러시아에 대해서 일본의 포위망으로 인식하여 의심과 경계심을 가졌을 뿐 아니라 비판의 대상으로 하였다. 2012년 발족한 제2차아베내각은 아베 신조 총리와 아소 타로 부총리의 자유와 번영의 고리를 입안한 야치 쇼타로(谷内正太郎) 외무성차관과 내각관방도 참가하여 자유와 번영의 고리로서 가치관외교(価値観外交)를 외교의 기본방침으로 재차 강조하였다.

제2차아베내각에서 자유와 번영의 고리에 기초한 가치관외교는 중국이나 인도 사이에 위치하고 경제와 안전보장에서 중요해지고 있는 동남아시아를 중시하였다. 그 일환으로 아소 타로(麻生太郎副総理兼財務相·金融相)는 외유할 때 처음으로 미얀마를 방문하였다. 아베총리도 2013년 베트남, 태국, 인도, 인도네시아 등을 방문하고 아시아태평양지역의 전략환경을 변화시키는 가운데 지역평화나 번영을 확보하기 위해 자유, 민주주의, 기본적 인권, 법의 지배 등 보편적 가치의 실현과 경제연대네트워크를 통한 번영을 강조하였다. 그리고 일본은 ASEAN의 대등한 파트너로서 동행하고 메시지를 각국 수뇌에게 전달하는 아베독트린(安倍ドクトリン)을 발표하였다.

그러나 일본이 추진하는 자유와 번영의 고리와 가치관외교에 대한 비판이 있다. 외무심의관을 지낸 다나카 히토시(田中均)는 '가치관외교가 효과적일까?, 국가와 국가간의 관계는 상대의 입장을 고려하는 것이 필요하다'라고 인식했다. 그리고 중국의 민주화를 희망해도 '가치관을 올바르게 해서 사물(物事)를 추진하는 것은 오히려 반감을 불러일으킨다'고 분석했다. 중국의 《인민일보》(人民日報)는 '아베도 아소도, 어디에 가든 그것을 말하여 점차 편집적이 되고 있다. 재해를 타국에 넘기는 파괴자가 아니라 인접국과 친해지는 건설자가 되는 것을 시도하도록 양인에게 충고를 드린다'라고 가치관외교를 비판하였다. 일중협회(日中協会) 회장 노다 다케시(野田毅)는 가치관외교를 중국입장에서 보면, 대중포위망(対中包囲網)이기 때문에 이익되는 정책은 아니라고 하였다.

아베 총리가 추진하는 대외정책은 2019년『외교청서』에서도 잘 나타나고 있다.『외교청서』는 일본외무성이 지난 1957년부터 발표하는 외교정책 백서로 국제정세에 대한 분석과 일본 정부의 외교정책 방향을 담고 있다. 특히 한국과 관련된 현안을 언급하고 있어 일본의 대한외교정책을 볼 수 있다. 다음은 2019년 일본외부성이 발표한『외교청서』의 내용을 소개한 것이다.

〈표 26〉 2019년 일본의『외교청서』 주요내용

구분	내용
발행	2019년 6월 23일 고노 타로(河野太郎) 일본 외무상은 국무회의에서 2019년판『외교청서』를 보고했다.
한일 관계	- 한일관계가 악화됐다고 인식하고 있다. 2018년 10월 한국대법원의 일제 강제 징용에 대한 배상 판결 이후 악화한 양국 관계가 반영되어 한일관계가 후퇴했다는 내용이 담겼다. 2018년판에 담겼던 '관리 지속을 위해 미래지향적으로 발전시켜야 한다'는 내용은 삭제되었다. 그리고 '한국 측의 부정적 움직임이 이어지고 있어 매우 어려운 상황에 직면했다'고 밝혔다. 한국과의 관계에 대한 우호적인 표현을 지운 채 갈등을 부각시키고 있다. - 일본의 위안부문제에 대한 의견을 제시했다. 2018년에는 위안부 문제와 관련 기사를 1페이지에 걸쳐 소개했는데, 2019년 외교청서에서는 2페이지로 늘렸다. 화해·치유 재단 해산 등을 다루면서 위안부문제는 '2015년 12월 양국간 합의에 따라 최종적·불가역적으로 해결됐다'는 일본 측 입장을 자세히 전했다. - 강제징용판결에 대한 일본의 견해를 밝혔다. 한국대법원의 일제 강점기 시절 강제징용배상 판결에 대해서 언급하였다. 강제징용 문제에 대해서는 그동안 사용했던 구(舊) 민간인 징용공이라는 표현 대신 구 한반도출신 노동자라고 표현하였다. 징용공을 자유로운 의사에 의해 노동력을 제공한 것처럼 노동자로 지칭한 것이다. 일본 정부는 2018년 한국대법원의 강제징용 판결이 나온 직후 징용공이 강제성을 포함한 단어에 위화감을 가져 바꿨다. 외교청서는 한국 강제징용 소송의 원고가 징용된 분은 아니다는 아베 신조(安倍晋三) 정부의 입장을 반영했다. - 독도에 대해서는 '한국에 의한 불법 점거를 주장하며 국제법에 따라 평화적으로 해결하는 외교적 노력을 하고 있다'는 2018년판 주장을 유지했다. 일본 정부가 매년 반복하고 있는 독도 영유권 주장은 2019년 외교청서에도 게재하였다. 일본은 '다케시마가 사적으로도 국

	제법상으로도 명확히 일본 고유의 영토이며, 한국에 의한 불법점거가 국제법상 아무런 근거가 없이 행해지고 있다'는 주장을 하고 있다. - 동해와 관련해서도 '일본해가 국제적으로 확립된 유일한 호칭'이라는 기존 주장을 되풀이했다. 이에 대해 한국 외교부는 일본의 부당한 영유권 주장에 강력히 항의하고, 독도에 대한 일본 측의 어떤 도발에도 단호히 대응해 나갈 것이라고 밝혔다. 그리고 계기레이더 갈등에 대해서는 한국 측에 의한 부정적인 움직임에 책임을 돌렸다. - 한국의 일본천황언급에 대한 입장을 밝혔다. 과거사 문제와 관련해서 문희상 국회의장의 일왕 사죄 발언에 대해서도 반응하였다. 문 의장이 구체적으로 어떤 발언을 했는지는 적지 않으면서 '극히 부적절한 발언을 행해 강하게 항의하면서 사죄와 철회를 요구했다'고 설명했다. - 한일관계에서 민간 교류에 대해서 긍정적으로 표현하였다. 즉 '(양국의) 경제관계가 긴밀하게 이행되고 있다'고 표현하는 한편, 문화 교류에 관해서 '한국의 K팝과 드라마가 일본에서 다양한 세대에서 폭넓게 받아들여지고 있다. 한국에는 일식(日食)이 침투했고 일본 만화와 애니메이션, 소설이 인기를 끌고 있다'고 적었다.
대미. 대북 관계	일본은 전통적인 동맹국으로 미국과의 친밀도를 강조하는 입장을 거듭 강조했다. 미일 관계가 어느 때보다 굳건하고, 양국 지도자와 외교장관들의 신뢰가 있다는 점을 부각시켰다. 일본 정부는 북한에 대해서 완곡한 표현을 하여 관계개선을 강조했다. 2019『외교청서』에서 북한 정권에 대한 이전의 강경한 표현을 삭제하거나 완화했다. 북한의 핵·미사일 개발에 대해 '중대하고 임박한 위협'이라고 규정했던 표현을 삭제했고, '가능한 모든 수단을 동원해 북한에 최대 압박을 해야 한다'는 표현도 없어졌다. 아울러 북한 정권에 대한 국제사회의 압박을 지렛대로 삼아 일본인 납북자 문제를 조기에 해결하도록 압박한다는 표현도 사라졌다. 북한 핵·미사일 문제에 대해서는 북일 관계 항목을 다시 만들어 아베 총리가 지난해 2월 한국 평창 동계올림픽 때 북한 인사와 접촉했던 상황 등을 언급했다. 2018판에 기재됐던 '압력을 최대한 높여나갈 것'이라는 문구는 삭제되었다.

2019년『외교청서』에서 일본은 인접국으로서 우호적인 관계를 유지해온 한국과의 관계를 강경자세로 일관하고 있다. 각 사회영역에서 갈등과 반목을 거듭하고 있는 실정과 사실을 반영한 결과이다. 그리고 한국과의 관계개선이나 미래지향적인 방향에 대해서 언급하지 않고 있다. 적어도 이 시점에서 일본은 한국과 대화하거나 외교적 양보, 현안에 대한 구체적인 협의를 할 것이라는 암시도 하지 않고 있어 한일 간의 냉각기류는 지속될 것으로 보인다. 한국과 일본 국가지도자의 외교정책이 바뀌지 않는 한 한일관계는 변하지 않을 것이다.

특히 군사분야에서의 협력체계가 무너지고 있다. 2019년 9월 27일 발표한 일본의『방위백서』는 일본의 안보에서 한국의 중요도를 크게 낮추고 한국을 부정적으로 인식한 특징이 있다. 일본의『방위백서』에서는 2018년 9월부터 1년간 한일군사관계에서 발생한 사건을 수차례 언급하면서 한국에 대해서 비판적으로 표현하였다. 한국과의 불편한 관계에 대해서 『방위백서』에서는 2018년 10월 제주 국제관함식에 참석하려던 해상자위대 함정에 욱일기를 달지 못하도록 한 조치, 2018년 12월 동해에서 발생한 한국 구축함과 일본 초계기간 대치, 2019년 8월 한국 정부의 한일군사정보보호협정(지소미아)파기 결정 등을 심도있게 다루었다.

다음은 2019년 일본 국방성이 발표한 『방위백서』에서 나타난 아베정부의 방위정책과 전략을 소개한 것이다.

〈표 27〉 2019년 일본 『방위백서』 주요 내용

구분	주요내용
발표일시	제목은 '레이와원년판 『방위백서』일본의 방위'(令和元年版 防衛白書 日本の防衛)이다. 2019년 9월 27일 각의결정하고 2019년판 방위백서를 채택하였다.
신방위대강	- 레이와원년판 『방위백서』는 신방위대강 및 신중기방위에 대해서 정리하였다. 또한 신방위대강에서 중시해온 미국, 중국, 북한 및 러시아의 동향, 우주, 사이버, 전자파 등과 같은 새로운 영역이나 군사기술을 둘러싼 동향에 대해서 상세하게 설명하고 있다. - 소항목인 '영공침범에 대비한 경계와 긴급발진'에서는 자위대법 84조에 따라 우선적으로 대치하고 있다고 설명했다. 그 법에 근거하면, 일본 방위상은 외국 항공기가 국제법규와 항공법을 어기고 영공을 침범할 시 착륙시키거나 퇴각시키기 위한 조치를 할 수 있다. 일본이 『방위백서』를 통해 그런 주장을 한 것은 이번이 처음이다.
한일방위관계	- 2018년 12월 20일 동해상에서 일본초계기의 저공 위협비행 시 발생했던 레이더 조사(照射)에 대해서 소개하고, 해상자위대 소속 P-1초계기가 한국구축함으로부터 화기 관계 레이더 조사당했다고 기술하고, 자위대로서는 이런 현안에 대해서 계속해서 한국에 적절한 대응을 요구할 것이라고 기술하였다. - '일본의 주권을 침해하는 행위에 대한 조치' 항목에서는 러시아 조기경계관제기 1대가 시마네현 다케시마 영해 상공을 침범하는 일이 있었다고 소개하며, 당시 러시아기에 경고사격을 한 한국 정부에 외교적 루트로 항의했다고 썼다. 즉 독도 상공은 일본 영해상 영공으로 한국군이 러시아기에 대응한 것은 주권 침해적 행위라고 인식하였다. - 한국 측의 주요 부정적 대응 사례로 2018년 10월 한국 주최 국제관함식에 참석하려던 해상자위대 함정에 전범기인 욱일기를 달지 못하도록 한 조치, 12월 발생한 한국 구축함과 일본초계기 간 대립 사태, 한국 정부가 내린 지소미아 종료 결정 등을 거론했다. 특히 북한이 미사일 발사를 반복하는 등 일본 주변 정세가 심각함을 더해가는 상황에서 한일·한미일 안보 협력이 중요하다며, 한국의 지소미아 종료 결정에 대해 이와야 다케시(岩屋毅) 당시 방위상이 '실망을 금할 수 없고, 지극히 유감'이라는 입장을 밝힌 사실을 적시했다. 특히 북한의 핵·미사일 문제 등 한일 양국이 당면한 안보상 과제가 많은 상황에서 한국 측의 부정적 대응이 양국 간 방위 협력·교류에 영향을 주고 있다고 주장했다.
대외방위관계	- '각국 및 지역과의 방위협력·교류'를 다루는 항목에서 기술 순서를 호주→인도→아세안(ASEAN)→한국→유럽→중국→러시아 순으로 바꿨다. 호주 다음으로 한국 관련 내용이 다뤄졌던 작년판과 비교하면 한국의 기술 순서가 2번째에서 4번째로 밀려났다.

	- 북한에 대해서는 대량파괴무기 폐기가 이뤄지지 않고 핵·미사일 능력에도 본질적 변화가 없다면서 일본의 안보에 '중대하고도 절박한 위협'이라는 종전 표현을 강조했다. 더불어 북한이 탄도미사일에 탑재할 수 있는 핵무기의 소형화·탄두화를 이미 실현했을 것이라고 분석했다. - 중국에 대해서는 무력을 배경으로 일방적 현상 변경을 시도하는 동시에 동중국해를 비롯한 바다와 하늘에서의 군사 활동 강화로 안보상 강한 우려를 낳고 있다고 지적했습니다. - 러시아에 대해서는 극동에서도 군사 활동을 강화하는 경향이 나타나고 있다며 그 동향을 주시할 필요가 있다고 강조했다.
영토관련 주요내용	'우리나라(일본) 고유의 영토인 북방영토(쿠릴 4개 섬의 일본식 표현)와 다케시마(竹島·일본이 주장하는 독도의 명칭)의 영토 문제가 여전히 미해결 상태로 존재한다'고 하여 기존의 영유권주장을 이어갔다. 일본 주변 해역과 공역(空域)의 경계감시 태세를 설명하는 지도에 독도를 다케시마로 표시해 자국 영토임을 계속 강조했다. 일본이 방위백서에 독도 영유권을 명기한 것은 고이즈미 준이치로(小泉純一郎) 내각 시절인 2005년 이후 15년째이다.

일본은 매년 4월 내놓는 외교 백서인『외교청서』에서 독도 영유권을 주장하고 있고, 군사 문제를 다루는『방위백서』에서도 그런 주장을 반복해서 언급하고 있다. 독도를 자국의 영토라고 주장하는 견해는 한국과의 잠재적 무력 충돌 가능성을 내포하고 있는 것이다. 일본이 주장한 가치관외교의 핵임인 자유, 민주주의, 인권 등과 같은 기본적 가치가 한국에는 적용되지 않고 있다. 한국은 아베외교정책에 대해 다양한 각도에서 대응할 필요가 있다. 더욱이 2019년『방위백서』에는 2018년 10월 일제 징용 피해자들에 대한 일본기업의 배상을 명령한 한국대법원 판결이 나온 이후 악화한 한일 관계가 반영되면서 한국과의 방위협력을 경시하고 한국의 방위대응에 대해서 부정적이며 대결하는 구도로 표현하고 있다.

아베 정부가 추구하는 대내외적 정책과 전략이 담겨있는『외교청서』와『방위백서』는 중심국가론을 지탱하고 있는 중요한 근거가 되고 있다. 아베가 추구하는 대한전략은 한일기본조약과 부수협정을 둘러싼 갈등이 현실화되면서 더욱 강경하게 나타났고 한국과 첨예하게 대립하는 요인이 되었다. 2006년 제1차아베내각은 '한국은 일본과 동일한 가치관을 갖고 있다'고 발언하였다. 군함도(軍艦島) 등 메이지일본의 산업혁명유산의 세계문화유산등록을 둘러싸고 한국과의 교섭에서는 한반도출신의 징용에 대해서 한국 측과 협의하였다. 그러나 2012년 이후 제2차아베내각이 들어서면서 대한 강경외교를 추진하여 한일관계는 점차 악화되었다.

그런 가운데서도 아베 총리는 2015년 한일국교정상화 50주년기념식에서 조부 기시 노부스케(岸信介)총리, 대숙부 사토 에이사쿠(佐藤栄作)총리 등이 한일 국교정상화와 상호협력에 크게 공헌했다고 자랑스럽게 밝혔다. 더욱이 자신의 부 아베 신타로(安部晋太郎)가 친한파로 활동하면서 부친과 친밀했던 박근혜 대통령에게 관방장관 시절 고베쇠고기를 보내고 서신을 교환했었다는 사실을 밝히면서 개인적으로 한국과는 매우 좋은 외교관계를 가졌었다는 말을 강조하였다. 선대들의 관계에서 보면, 아베는 한국과 깊은 인연이 있는 것으로 인식하여 긍정적인 관계를 유지하려는 의지가 있었던 것으로 보이지만, 일본과 아베가 처한 국내외환경과 위기가 대한 강경자세를 취하게 하는 원인으로 작용했다고 볼 수 있다.

아베 총리가 발표한 아베내각총리대신담화(安倍内閣総理大臣談話)는 전후 70년에 즈음하여 2015년 8월 14일 제97대 총리대신 아베 신조가 각의결정해서 발표한 성명이다. 그것은 전후70년담화(戦後70年談話)로 알려졌고, 아베의 역사관, 대한자세, 앞으로의 한일관계 등에 대해서 언급하고 있어 아베의 국정정책과 전략이 잘 나타나 있다.

〈표 28〉 아베의 전후70년담화

구분	내용
담화 목적	아베 총리는 담화작성에 즈음하여 21세기구상간담회(21世紀構想懇談会)를 열어 유식자에게 철저하게 논의하도록 요청하였다. 그리고 전후 70년을 맞이하여 2015년 8월 14일 전후70년담화(戦後70年談話)를 발표하였다. 아베 총리는 역사의 교훈을 얻어 금후 지향할 길을 천명하고, 종전70년에 즈음하여 '이전 대전에 대한 길, 전후의 길, 20세기라는 시대에 대해서, 우리는 역사의 교훈 가운데서 미래를 위한 지혜를 배워야 한다'고 모두 발언하였다.
평화 국가 추구	전화를 경험한 국가에서 장래가 촉망한 젊은이의 목숨을 많이 잃었다. 중국, 동남아시아, 태평양섬 등 전장이 된 지역에서 전투, 식량난 등으로 고통을 받고 희생이 되었다. 전장의 아픔은 명예와 존엄에 상처받은 여성 등을 잊어서는 안 된다. 이전의 대전에 깊은 회오의 념(悔悟の念)과 함께, 우리국가는 자유롭고 민주적인 국가를 창출하고 법의 지배를 존중하며, 부전의 결의를 견지하였다. 70년간에 걸쳐 평화국가로서 길을 걸었고, 우리들은 조용한 자부심을 안고 그것을 부동의 방침으로 지속적으로 실천한다. 우리국가는 이전의 대전에서 행한 것에 대해서 반복해서 통절한 반성과 마음으로부터의 사죄의 마음을 표명하였다. 그런 생각을 실제 행동으로 보이기 위해 인도네시아, 필리핀을 시작으로 동남아시아국가, 대만, 한국, 중국 등 인근 아시아 사람이 걸어온 고난의 역사를 마음에 새기고 전후 일관되게 평화와 번영을 위해 힘을 기울여왔다.

일본 의길	- 패전 70년이 되면서 발표한 아베의 전후 70년 담화에서는 침략, 사죄 등을 키워드로 하고 차세대에게 '사죄를 계속해야 하는 숙명을 지게해서는 안 된다'(謝罪を続ける宿命を背負わせてはならない)라고 천명하였다. 일본에는 전후 태생의 세대가 인구 중 80%를 넘고 있다. 그 전쟁은 관계가 없다. 우리 자손, 그리고 이후 세대들이 사죄를 계속하는 숙명을 지게해서는 안 된다. 우리 일본인은 세대를 넘어 과거 역사에 정면으로 향해야 한다. 겸허한 마음으로 과거를 계승하고 미래로 이끌어갈 책임이 있다. - 우리는 스스로를 자책하는 힘으로 타개해온 과거를 가슴에 새기고, 우리는 어떤 분쟁도 법의 지배를 존중해서 힘의 행사가 아니라 평화적이며 외교적으로 해결해야 한다(我が国は, いかなる紛争も, 法の支配を尊重し, 力の行使ではなく, 平和的·外交的に解決すべきである). 이 원칙을 앞으로 깊이 지키고 세계의 국가들에게 독려한다. 유일한 전쟁 피폭국으로 핵병기불확산과 폐절을 향해 국제사회에서의 책임을 다한다. - 우리는 경제블록화가 분쟁의 씨앗으로 자란 과거를 가슴에 새긴다. 우리국가는 어떠한 자의에도 좌우되지 않고, 자유롭게, 공정하게 열린 국제경제시스템을 발전시켜, 도상국지원을 강화하고, 세계의 더욱 번영을 견인하고자 한다. 번영 그 자체가 평화의 초석이고, 폭력의 온상이 되는 빈곤에 대처하며, 세계 모든 사람들에게 의료, 교육, 자립의 기회를 제공하기 위해 한층 노력한다. - 우리들은 국제질서에 대한 도전자가 되었던 과거를, 이 가슴에 지속적으로 새기고 있다. 우리국가는 자유, 민주주의, 인권 등과 같은 기본적 가치를 흔들림 없이 견지하고, 그 가치를 공유하는 국가와 손잡고, 적극적 평화주의(積極的平和主義) 기치를 내걸어, 세계평화와 번영에 지금 이상 공헌하고자 한다. 종전 80년, 90년, 더욱이 100년을 향해, 그와 같은 일본을, 국민과 함께 창조해 가기를 결의한다.

아베 총리는 종전 70년을 통한 담화에서 과거에 대한 일본의 자세, 앞으로 일본이 가야할 길, 일본이 지속적으로 추구해야 할 가치 등을 국내외에 선언하였다. 그런 가운데서도 일본은 과거에 대한 자학사관적 입장과 자세를 버리고 새로운 시대로 전환할 것을 중점적으로 강조했다. 과거역사에 대한 일본 중심적 자세로의 전환은 일본 정부의 각 기관의 대응에서도 나타났다. 아베담화를 계기로 2015년 8월 14일부터 외무성홈페이지「역사문제Q&A」가 삭제되었다가 9월 18일 개정된「역사문제Q&A」가 게재되었다. 개정 전에 기재되었던 '식민지 지배', '침략' 등의 문언이 삭제되고, '전쟁과는 어떤 관계가 없는, 장래세대가, 사죄를 계속해야 하는 상황을 만들어서는 안 된다. 그것은 지금을 사는 현재 세대의 책임이라고 생각하고 있다'(戦争とは何ら関わりのない, 將來の世代が, 謝罪を続けねばならないような狀況を作ってはなりません. これは, 今を生きる, 現在の世代の責任であると考えています)라는 아베담화의 내용을 반영한 문언이 새롭게 추가되었다.

일본은 식민지 지배에 대한 반성이나 사죄의 마음을 담은 고노담화(河野談話, 1993),

무라야마담화(村山談話, 1995), 고이즈미담화(小泉談話, 2005)를 발표하였다. 그 담화에서는 식민지 지배, 침략, 통절한 반성, 사죄와 같은 단어를 통해 과거사에 대해서 반성한다는 의지를 밝혀왔다. 종전 70주년담화에서 아베는 그런 단어를 명백하게 표현하지 않았다. 침략에 대해서는 전후일본의 부전맹서형태로 언급하였고, 이전처럼 침략은 직접적으로 언급하지 않았다. 또한 통절한 반성(痛切な反省)과 사죄(おわび)는 과거담화를 인용하면서 언급하였고, 수상 자신의 언어로서 직접 사죄를 하지 않았다. 다만 역대 총리들의 입장은 이후 흔들림 없는 일본의 입장이라는 것을 인정하였다. 특히 과거 담화에 담았던 사죄(おわび)에 대해서는 '그 전쟁에는 어떤 관계도 없는, 우리들의 자식과 손자, 그리고 그 후세대의 어린이들에게, 사죄를 계속하는 숙명을 지게해서는 안 된다'라고 언급하여 사죄 반복을 멈추게 하겠다는 의지를 표명하였다.

아베가 절실하게 강조한 '사죄를 계속하는 숙명을 지게해서는 안 된다'라는 발언은 매우 중요한 의미를 담고 있다. 그것은 이후 과거 역사에 대한 일본의 입장과 국제관계의 방향을 명백하게 천명한 것이라는 의미가 있다. 과거사와 관련된 국가와 당사자는 더 이상 일본으로부터 사죄를 받지 말아야 한다는 의미가 있고, 일본은 더 이상 국가와 당사자에게 사죄를 하지 않겠다는 의미이다. 《일본경제신문》에 따르면, 사죄외교에 종지부를 찍는 의사를 표명했다고 인식하였다. 일본은 과거역사에서 전쟁을 통해 입힌 손해와 고통에 대해서 '통절한 반성과 마음으로부터의 사죄'를 반복적으로 천명하였기 때문에 이후 세대에게 그런 반성과 사죄를 지속적으로 하지 않겠다는 의지를 표현한 것이고, 과거역사에 대해 가졌던 자학사관과 단절하겠다는 입장을 표명한 것이다.

아베 총리가 자학사관을 더 이상 유지하지 않고 사죄와 반성을 반복하지 않겠다고 한 것은 과거역사와 단절하겠다는 것이다. 근대사에 대해서 일본의 입장을 정사로 하여 역사교과서에서 담아내고, 한일기본조약과 부수협정을 착실하게 준수하며, 인근 국가와의 다양한 경쟁, 갈등, 영유권분쟁 등에 대해서 적극적으로 대응하여 일본의 주장과 역사를 만들어 가겠다는 것을 함의하고 있다. 더욱이 일본과의 갈등에 있는 인근 국가와의 외교경쟁이나 단절을 부정하지 않겠다는 의미이기도 하다.

지금까지 일본 국가지도자들은 그 나름대로 한국, 중국, 기타 아시아국과의 관계를 유지하고 발전시키기 위해 과거사를 보듬는 방향에서 대응하고, 갈등을 극복하면서 평화관계를 만들어왔다. 그러나 아베 총리가 70주년담화에서 밝혔듯이 일본 중심적인 역사인식, 대외외교, 국익주장 등을 추진할 것을 천명하고 있어 주변국과의 다양한 갈등이 야기될 것으로 보인다. 특히 한일 간에는 역사적 사실과 현안을 두고 충돌하고 있는 상황에 있어 한일간에 전면적인 대결구도가 고착화될 가능성이 높다. 역사논쟁이 국력전쟁으로 와전되거나 사회영역간의 갈등으로 표출되어 한국과 일본이 추구하는 민족주의간의 충돌은 극에 달할 것으로 보인다.

아베 총리는 2019년 10월 4일 새롭게 시작된 레이와(令和)시대에 즈음하여 처음으로 열린 임시국회에서 연설을 하였다. 그것은 아베총리가 앞으로 추진해야 할 국정운영에 대한 소신을 표명한 것이다. 아베총리는 앞으로 헌법개정달성, 소자고령화극복, 경제성장지속, 소비세 10%로 인상, 그리고 전후외교를 총결산하는 의미에서 북방영토회복, 일본인 납치문제해결 등을 제시하였다. 특히 일본국헌법 개정을 정치적 유산으로 상정하고 강력하게 추진할 것이라는 의지를 밝혔다. 적어도 자신이 총리로 재임하는 기간에 완성하고 싶다는 생각을 거침없이 표현하였다.

아베 총리는 2019년 11월에 통산재직일수가 역대최장기간을 기록하였고, 2021년 9월 스스로 자민당총재임기를 2년으로 종료한다고 밝혔다. 다음은 나루히토 천황이 즉위하면서 시작된 레이와시대에 아베 총리가 제200회 임시국회에서 발언한 내용을 소개한 것이다.

〈표 29〉 아베총리의 제200회 임시국회연설 주요내용

구분	내용
일시	아베총리는 2019년(레이와 원년) 10월 4일 제200회 중참의원 본회의에서 소신표명을 하는 연설을 하였다.
헌법개정	아베 총리는 소자고령화의 극복을 최대도전이라고 위치 지움과 동시에 헌법개정을 위한 국회의 헌법심사회 논의를 촉구했다. 헌법개정에 강한 의지를 반복적으로 표명했다. 그리고 '지금을 사는 우리는 레이와의 새로운 시대, 그 후의 미래를 응시하면서 이 나라의 목표로 하는 이상을 확실히 내세워야 할 때'라고 개헌의 필요성을 역설하였다.
경제정책	아베 총리는 소신표명연설에서 새로운 '레이와시대에 어울리는 희망 넘치는, 자부심있는 일본을 창조하고, 다음 세대에 연결해 간다. 그 책임을 함께 실현하지 않겠는가'(新しい令和の時代にふさわしい, 希望にあふれ, 誇りある日本を創り上げ, 次の世代へと引き渡していく. その責任を, ともに果たしていこうではないか)라고 호소하였다. 또한 지금부터 아베내각은 경제최우선이라고 하고, 소비세 10% 인상에 대해서 영향을 충분히 인식하고 있고, 리스크가 발생할 경우 기동적이며 만전에 기하도록 대책을 강구하며, 경제의 성장궤도를 확실하게 한다는 점을 강조하였다.

인권 정책	100년전 1919년 일본이 참가한 파리강화회의를 언급하면서 '1000만 명의 전사자를 낸 비참한 전쟁이었던 제1차세계대전을 거친 후 새 시대를 향한 이상적인 미래를 응시하는 새로운 원칙으로, 일본은 인종 평등을 내걸었다'고 말하고 '전 세계에 구미의 식민지가 퍼지고 있던 당시 일본의 제안은 각국의 강한 반대에 노출됐지만 결코 무서워하지 않았다'며 '일본이 내건 큰 이상은 세기를 넘어 지금 국제인권규약을 시작으로 국제사회의 기본 원칙이 되고 있다'고 발언하였다. 일본이 식민지 지배를 비판하며 '인종 평등을 위해 나섰다'고 주장하였다. 그런 발언과 주장은 한반도 지배 역사를 통째로 부정하는 심각한 역사인식이라는 비판을 받았다.

아베 신조 총리는 자신이 신봉하는 국가관, 역사관, 민족관, 천황관 등을 갖고 대내외정책을 국가중심적으로 끌어가는 선봉에 섰다.[239] 21세기 일본에서 발흥하고 있는 중심국가론은 아베가 제2차내각을 성립시키면서 국내외에서 발생하는 일본위기를 극복하고 경제성장을 지속하는 한편, 급속하게 성장하고 있는 한국과 중국을 견제하며, 동아시아에서 패권을 잡으려는 목적에서 추진되는 특징이 있다. 아베가 추구하는 민족주의의 선상에서 진행되고 있는 중심국가론에는 국가가 중심이 되는 것을 의미하지만 결국 강한 국가지도자가 중심에 서서 국정을 운영하는 것을 함의하고 있다.

다음은 아베 신조 총리가 일본을 아시아와 세계의 중심국가로 만들겠다는 의도를 가진 중심국가론의 실체를 소개한 것이다.

239) 아베 신조 총리의 가계를 보면, 수상을 지낸 조부 기시 노부스케(岸信介)는 사토가에서 기시가로 양자 입적하고, 그의 딸은 아베 신타로와 결혼하였다. 기시 수상의 형제로 수상을 지낸 사토 에이사쿠(佐藤栄作) 대숙부이다. 외무대신을 지낸 아베 신타로(安倍晋太郎)는 기시노부스케의 딸과 결혼하여 형 아베 히로노부(安倍寛信), 실제 아베노부오(기시가에 양자입적하여 岸信夫가 되었고, 국방상), 아베 신조를 낳았다. 대외숙부 사토 에이사쿠는 1964년 11월 19일부터 1972년 7월 7일까지 수상을 지냈고, 1965년 6월 22일 한일기본조약의 비준을 하였다. 아베 신조는 외대숙부 사토 에이사쿠가 한일기본조약을 비준하였고, 자신이 한일위안부협의 등을 추진하는 실적을 남겼지만, 한국대법원의 강제징용배상판결과 위안부협정 파기로 인하여 사토 에이사쿠 업적과 자신의 업적이 동시에 부정되는 상황이 몰렸다. 그것이 한국에 대한 보복조치를 단행하는 중요한 배경 중의 하나가 되었다고도 해석할 수 있다.

〈표 30〉 중심국가론의 요체1

구분	내용
아름다운국가 일본[240]	- 2006년 7월 19일 정치 신조를 밝힌 자서전『아름다운 국가로(美しい国へ)』는 50만 부를 발행한 베스트셀러가 되었다. 아베는 여기에서 일본(日本)이라는 국가의 형태가 변하고 있다고 강조하고, 보수의 모습, 대미외교, 아시아제국과의 관계, 사회보장의 장래, 교육의 재생, 진정한 민족주의 존재방식 등의 지침을 명시하고 자신감과 자부심을 가진 일본을 만들 것을 강조하고 있다. 정치 슬로건으로 '아름다운 일본을 만들자'(美しい国日本を作る)를 내세웠고, 자신의 정권을 '아름다운 국가만들기내각'(美しい国づくり内閣)이라고 명명하였다. 자신의 정권을 '전후체제로부터의 새로운 선단'(戦後レジームからの新たな船出)이라고 규정하였다. - 아베 총리는 2013년 저서『새로운 국가로, 아름다운 국가로 완결판』(新しい国へ 美しい国へ 完全版)에서 일본을 둘러싼 환경이 더욱 악화되고 있다고 진단하고, 장기간의 경기침체, 압박해오는 외교 및 안전보장위기, 소자고령화사회에 따른 사회보장확충 등이 발생하는 가운데 국가 지도자로서 아름다운 국가를 만들기 위한 정책구상과 공약을 제시하였다. 2014년『일본의 결의(日本の決意)』에서 '낡은 일본을 새롭게 하여 새로운 일본을 강하게 하자'(古い日本を新しく, 新しい日本を強くする)라는 것을 강조했다. 그것이 자신과 일본이 가야할 방향이라고 제시했다. 그리고 아베 총리는 워싱톤에서 일본의 부활선언(日本の復活宣言), 아시아제국에 대한 외교 신5원칙, 적극적 평화주의실천 등을 밝히고 강한 일본만들기를 재천명되었다.
새역사 만들기	- 아베 총리는 일본의 역사교육에 대해서 이의를 제기하고, 일본적 근대사를 새롭게 구축하려는 시도를 가진 새로운 역사교과서를 만드는 모임(新しい歴史教科書をつくる会)을 지원해온 자민당 내부의 의원연맹 일본의 전도와 역사교육을 생각하는 젊은 의원모임(日本の前途と歴史教育を考える若手議員の会)의 사무국장을 맡아 활동을 하다가 총리가 되면서 고문을 맡고 있다. 이 모임에서는 침략전쟁, 위안부 문제의 교과서기술에 비판적이며, 증거없는 상태로 구 일본군에 의한 위안부 강제연행을 인정한 고노담화(河野談話)를 발표한 노고 요헤이(河野洋平)를 이 모임에 불러 담화 철회를 요구하였다. - 아베 총리는 1997년 국회에서 위안부 강제연행의 근거가 되어온 요시다 세이지(吉田清治)의 증언이 허위라고 판명되었기 때문에, 고노담화(河野談話) 및 교과서에서의 종군위안부(従軍慰安婦)의 기술을 실은 것은 문제가 있다고 지적했다. 그리고 자민당간사장대리 시절인 2005년 3월 27일 강연회에서 '종군위안부는 조작된 이야기'(従軍慰安婦は作られた話)라고 주장했다. 그리고 과거 식민지지대를 자랑스러운 일본역사로 규정하고 식민지에 대한 전후 반성을 담은 자학사관을 버리고 일본적 정사를 구축하는 시도를 지속적으로 주장해왔다.
일본중심의 헌법개정	- 아베 총리는 아름다운 국가 일본을 구축하는데 현행 일본국헌법을 정점으로 한 행정시스템, 교육, 경제, 안전보장 등의 구조가 시대변화에 대응하지 못하고 있다고 판단하고, 일본국헌법을 수정하여 일본적인 국가체제를 새롭게 구축하는 정책을 추진해왔다. 새로운 국가는 일본국헌법을 개정하여 천황의 국가원수, 헌법9조개정을 통한 전쟁이 가능한 국가로의 전환, 역사교육강화를 통한 애국시민양성, 과거대국경제의 재생과 지속가능한 발전체제구축, 동아시아와 국제사회에서 일본위상고양 등을 추구한다. - 아베 총리는 2017년 일본헌법기념일 연설에서 '도쿄올림픽이 열리는 2020년을 일본이 새

	롭게 태어나는 계기로 삼아야 하고, 2020년 헌법개정을 시행하겠다'고 하였다. 일본국헌법 개정안의 구체적 내용은 현행 헌법의 제9조1항 및 2항을 견지하고 자위대의 근거규정 추가, 고등교육을 포함한 교육무상화 등이 포함되고 있다. - 2017년 9월 중의원선거에서 아베의 일본국헌법에 자위대를 명기하는 공약이 공명당을 당혹하게 하였고, 헌법학자 집회에서는 집단적 자위권의 행사가 가능하다고 하여, 헌법을 개정할 수 있는 자격이 없고, 총리대신이 일본국헌법을 순수하게 접근하고 있지 않다고 비판하였다. 그러나 최근 벚꽃을 보는 모임, 학원을 둘러싼 스캔들, 코로나사태실패 등 아베의 불상사가 발생하는 가운데 개헌의 동력을 잃고 있다. 아베는 헌법개정을 완수하기 위해 2022년까지 임기를 채우기를 원했지만, 결국 2020년 9월 총리직을 사임하여 헌법개정임무는 종료되었다.
레이와(令和) 제국건설	- 레이와(令和, れいわ)는 일본원호로 126대 나루히토 천황(第126代天皇徳仁)이 즉위한 2019년 5월 1일부터 시작되었다. 2019년 2월 내각관방장관 스가 요시히데(菅義偉)는 원호담당 후루야 가즈유키(古谷一之) 등이 사전에 20개 후보군을 정리하여 아베총리에게 보고하였다. 아베는 마음에 드는 후보가 없어 재검토를 지시하고, 국문학, 한문학 전문가를 정식위촉하였다. - 2019년 3월 27일 아베수상, 관방장관, 스기다 가즈히로(杉田和博), 후루야 가즈유키(古谷一之) 등은 협의하고 국문학자 나카니시 스스무(中西進)가 고안한 '레이와'(令和)가 적합하다는 데 일치하였고, 최종 연호로 선정하여 발표하였다. 아베는 '천황을 숭상하는 국서로 만요슈의 것이 좋다'(天皇をたたえる国書よりも万葉集の方がいい)라는 의견을 표명하였다. 아베는 담화를 발표하고 '레이와'는 '사람들이 아름다운 마음으로 서로 기대는 가운데 문화가 태어나 성장한다'(人々が美しく心を寄せ合う中で文化が生まれ育つ)라는 의미가 있다고 설명했다. 총리가 개원에 관해서 총리담화를 직접 발표한 것은 이례적이다.[241] 아베는 기자회견에서 '새로운 원호하에서 한 사람 한 사람의 일본인이 내일에 대한 희망과 함께, 각자의 꽃을 크게 피울 수 있는 시대를 국민과 함께 만들어가겠다'(新しい元号の下、一人一人の日本人が明日への希望とともに、それぞれの花を大きく咲かせることができる。そういう時代を国民の皆様と共に築き上げていきたい)고 강조하였다. - 2019년 10월 22일 나루히토 일본천황의 즉위식에서 천황은 '국민의 행복과 세계의 평화를 항상 바라며, 국민에게 다가가면서 헌법에 따라 일본국과 일본국민통합의 상징으로 임무를 다할 것을 맹세한다'고 하였다. 이에 대해서 국민을 대표한 아베총리는 '일본국헌법에 근거해 상징으로서의 책무를 다하겠다는 생각에 깊이 감동했습니다. 우리 국민 일동은 평화와 희망이 넘치는 일본의 밝은 미래를 만들 수 있도록 노력하겠다'고 답변했다. 이후 허리 90도를 굽혀 '덴노 헤이카 반자이'(天皇陛下万歳) 삼창을 하였다.

240) 安倍晋三(著), 2006,『美しい国へ』, 文春新書. 安倍晋三(著), 2013,『新しい国へ 美しい国へ 完全版』, 文春新書. 安倍晋三(著), 2014,『日本の決意』, 新潮社. 安倍晋三(著), 百田尚樹(著), 2013,『日本よ、世界の真ん中で咲き誇れ』, ワック.

241) 아베 총리는 새로운 원호를 다음과 같이 발표하였다. '오늘 원호를 새롭게 개정한 정령을 각의결정하였습니다. 레이와(令和)에는 사람의 아름다운 마음을 나누는 가운데 문화가 생겨나 육성된다는

아베 총리가 주창하는 중심국가론은 우선 사람들이 살기 좋고 매력이 있는 아름다운 국가 일본을 만드는 것이다. 그리고 전후 일본과 일본국민을 짓눌려왔다고 인식한 자학사관으로부터 탈출하여 과거 역사에 얽매이지 않으며, 과거역사를 일본중심으로 새롭게 해석하여 정사로 만드는 것이다. 더욱이 아름답고 새로운 역사를 가진 새로운 일본을 만들기 위해서는 일본국헌법개정을 통해서 국가체제와 이념을 일본적으로 구축하는 것이다. 그리고 나루히토 천황의 즉위와 더불어 새로운 연호를 쓰는 시대에서, 모든 국민이 각자의 아름다운 인생을 만들어가는 일본을 구상하였다. 다음은 중심국가론의 요체를 구성하는 요소를 소개한 것이다.

〈표 31〉 중심국가론의 요체2

구분	내용
아베독트린	- 아베독트린(安倍ドクトリン)은 2013년 1월 18일 아베 총리가 동남아시아방문지 싱가포르에서 발표한 ASEAN외교5원칙이다. 아베는 중국의 해양 진출에 대해서 대응하기 위해 미국과의 동맹을 기축으로 일본과 ASEAN의 관계를 강화하고 경제와 에너지 해양안전보장에서 협력을 촉진하는 선언을 하였다. - ASEAN외교5원칙은 인류의 보편적 가치인 사상, 표현, 언론의 자유 실현, 해양에서 법과 룰의 지배실현, 자유롭게 개방된 상호연결된 경제관계추구, 문화적으로 연결되는 일층충실(一層の充実), 미래를 담당할 세대의 교류촉진 등이다. ASEAN외교5원칙 발표에 대해서 중국 외무성은 '아시아에서는 다원적인 문화와 다양한 사회제도가 병존하고, 우리는 다양성의 존중을 일관되게 주장한다'고 하고 '당사국 간의 대화로 평화적으로 문제를 해결하는 것이 각국의 공통인식이다'라고 발표하였다. 특히 대중견제에 경계감을 표시함과 동시에 일미양국이 남중국해의 해양문제에 개입하는 것에 반발했다.
아시아중심국가	- 아베 총리는 2006년 9월 29일 제165회 국회 소신표명연설(第165回国会の所信表明演説)에서 '일본이 아시아와 세계의 연결고리가 되는 아시아게이트구상을 추진합니다'(日本がアジアと世界の架け橋となる『アジア・ゲートウェイ構想』(AGW)を推進します)라고 하고, 내각관방에 아시아게이트웨이전략회의(アジア・ゲートウェイ戦略会議)설치를 지

의미가 있습니다(人々が美しく心を寄せ合う中で文化が生まれ育つという意味が込められております). 엄동설한을 지나 봄이 오면 꽃을 피우는 매화꽃처럼 우리 일본인이 내일에 대한 희망과 함께 각자의 꽃을 피울 수 있는 그런 일본이 되고 자하는 염원을 담고 있는 것이 레이와입니다. 원호는 황실의 오랜 전통과, 국가의 안위, 국민의 행복에 대한 깊은 염원과 함께, 1400년에 걸쳐 전해져 우리 국가의 역사를 만들어 왔습니다. 일본인의 심정에 용해되어, 일본국민의 정신적인 일체감을 지향하게 됩니다. 그런 새로운 원호가 널리 국민에게 수용되어, 일본인의 생활 가운데 뿌리를 내리기를 마음으로부터 기원합니다'라고 새로운 원호의 의의와 가치에 대해서 언급하였다. https: //ja.wikipedia.org/wiki/令和 (2020년 9월 10일 검색)

	시하였다. 제166회 국회 시정방침에서 2007년 5월 아시아 각국과 적극적인 교류를 시도하고 일본역할과 지위를 고양하는 '아시아게이트웨이전략회(アジア・ゲートウェイ戦略会議)를 설치하였다. - 주요10대과제로는 항공자유화를 위한 항공정책전환, 무역절차개혁프로그램 실시, 아시아고도인재네트워크 허브를 지향한 유학생정책재구축, 세계에 개방된 대학만들기, 아시아이용자에게 최고의 매력적인 금융자본시장구축, 글로벌화에 성장하는 농업변혁, 아시아게이트웨이구조개혁특수창설, 일본매력의 해외발신, 아시아공통과제 협력 및 연구중핵기능강화 등을 제시하였다. 중점7대분야로는 일류물류빅뱅, 국제인재수입교류전략, 일본과 아시아금융자본시장의 기능강화, 국내시장형산업의 경쟁력강화, 아시아활력을 위한 지역전략, 일본매력향상과 발신, 아시아공통발전기반정비 등을 제시하였다.
대한정책	- 2006년 제1차아베내각에서 '한국은 참으로 일본과 동일한 가치를 갖고 있다'(韓国はまさに日本と同じ価値観を持っている)라고 발언하였다. 그러나 제3차아베내각에서는 외무성 2국간 관계를 소개하는 웹사이트에서 한국에 대해 '기본적인 가치를 공유하고 있다'(基本的な価値を共有する)는 부분을 삭제하였다. 더욱이 2018년에는 '최고로 중요한 근접국'(最も重要な隣国)이라는 표현을 삭제하였다. - 아베 총리는 새로운 일본역사, 아름다운 일본국가 등을 구축하는 데 걸림돌이 되고 있는 한국과 관련된 과거사 지우기를 적극적으로 시도하고 있다. 그것은 위안부합의를 통한 과거지우기, 강제징용배상판결에 대한 완전해결주장, 그 연장선에서 추진되고 있는 대한수출규제강화정책, 한일기본조약과 청구권협정으로 인한 과거종결, 새역사만들기 등을 강하게 시도하고 있다. 그런 가운데 2019년부터 '한국은 국제법을 위반하는 신뢰할 수 없는 나라'라고 규정하고 각종 대한 강경정책을 이어갔다.
세계중심국가	- 2006년 제1차아베내각에서는 가치관외교, 주장하는 외교를 외교기본노선으로 하였다. 가치관외교는 자유, 민주주의, 기본적 인권, 법의 지배 등 보편적 가치관을 공유하는 국가의 범위를 세계와 아시아로 확대하는 외교전략으로 자유와 번영의 고리(自由と繁栄の弧)에서 제창하여 시행하였다. - 일본은 민주주의와 법의 지배 등 가치를 통해 미주국가, 북동아시아, 동남아시아, 인도, 중동, 중앙아시아, 중유럽, 동유럽 등에 걸쳐 자유와 번영의 고리를 구축하는데 리더십을 갖고 가치를 공유하고 지역전체의 번영에 공헌하는 과정에서 경제나 안전보장과 같은 국익을 향유하는 구상을 갖고 있다. 그리고 국제NPO단체 PROJECT SYNDICATE의 웹사이트에 게재된 아베 총리의 논문 '아시아민주주의 세큐리티다이아몬드 구상'(アジアの民主主義セキュリティダイアモンド構想)을 세계를 향해 주장하였다.

아베 총리는 아름답고 새로운 역사와 헌법, 시대를 통해서 새로운 국가를 구축하여, 아시아, 유럽, 북미 등에서 중심적인 역할과 기능을 하는 일본을 구상해왔다. 그것을 위해서 국내에서는 진정한 애국심고양, 사회보장강화, 교육의 재생, 민족주의정착, 일본적인 역사과 국가, 새로운 국가 주체성을 가진 국민, 헌법개정을 통한 천황중심의 국가, 자위대정식군대화, 군사적 대응과 경쟁 강화, 일본적 성장 등을 완성하는 것이다. 그리고 국제사회에서는 일본을 중심으로 한 자유와 번영의 공동체구축,

PKO활동을 통한 일본의 군사력발휘, 대유럽과 대미외교강화, 아시아제국과의 관계 등을 새롭게 설정하여 국제질서를 만들어 가는 역량과 능력을 발휘하는 일본을 만드는 것이다. 그처럼 일본의 중심국가론에는 다양한 목적이 함의되어 있고 실천전략이 있다. 일본이 추구하는 중심국가는 아시아와 세계에서 중심적인 역할을 하는 국가 일본을 의미한다고 할 수 있다.

4. 중심국가론의 행방

아베 총리는 중심국가론을 추구하는 과정에서 일본의 최장 총리라는 기록을 세웠고, '아베1강독주'라는 전대미문의 강력한 권한과 권능을 행사하는 총리로 부각되었다. 그리고 국내에서 정적이 존재하지 않을 정도로 확고하게 총리 지위와 권한을 행사하였으며, 자민당이 독주할 수 있는 환경을 조성하였다. 그러나 아베가 추진하고 있는 중심국가론에 대해서 국내외적으로 다양한 의견과 비판이 이어지고 있는 것이 현실이다. 그것은 중심국가론을 구성하고 있는 각종 실천정책과 전략이 국내외적으로 갈등을 야기하고 있기 때문이다. 따라서 중심국가론을 추구하기 위해서는 그런 장애와 갈등을 극복하는 것이 중요한 과제로 등장하였다.

다음은 아베가 추진하는 국정운영에 대한 문제점을 소개한 것이다. 그것은 중심국가론이 내포하고 있는 문제제기이기도 하다.

〈표 32〉 아베 총리의 국내정책 한계

구분	내용
국가관의 대치	'일본국헌법'에 의거해보면, 천황은 일본국가의 최고지위에 있으면서도 최고권능을 행사하지 않고 있다. 천황은 국가와 국민을 통제하는 지위가 아니라 국가와 국민의 곁에서 존재하여 통합의 상징으로 존재한다. 천황은 국가의 발전과 국민의 행복을 추구하는 일본을 상정하는 국가관을 가지고 있으며, 국가의 발전과 국민의 행복을 위해 전쟁이 없고 평화로운 국가를 전제로 하고 있다. 그러나 아베 정부가 추진하고 있는 강한 국가만들기와 맥을 같이 하는 중심국가론은 전쟁이 가능한 국가를 만들려는 의도를 가지고 있어 천황의 국가관과 대치되는 측면이 있다고 할 수 있다. 헌법상 일본 통합의 상징이며, 최고지위에 있는 천황의 국가관과 상이한 중심국가론은 표면상 모순관계에 있다는 것을 의미하고, 아베 정부가 천황의 국가관을 초월하고 있다는 것을 의미할 수 있다.
반전쟁 운동	현재 일본에는 전쟁을 경험한 세대와 전쟁을 경험하지 않은 신세대가 일본 정부의 군사대국화와 전쟁이 가능한 국가체제를 구축하는 의제를 두고 강하게 대치하고 있어 중심국가

	론을 추진하는 데 큰 걸림돌이 되고 있다. 정치계에서는 일본 정부의 친군사적이며 친전쟁적 국정운영을 주도하는 정치세력과 그것에 반대하는 정치세력이 갈리고 있다. 특히 공산당을 비롯한 전통 야당은 전쟁이 가능한 국가를 상정한 일본국헌법의 개정에 반대하고 있다. 일부 지식인들은 평화와 번영, 전쟁에 대한 반성 등에 기초해서 아베정부가 헌법개정을 통해서 추진하는 친전쟁적 국가체제에 적극적으로 반대하고 있다. 일본에는 민족, 민주, 애국, 근대, 시민, 평화, 번영, 전쟁 등을 둘러싸고 갈등이 일어나고 있다.[242]
일본중심적역사관	- 2015년 8월 14일 아베 신조 총리는 전후70년담화에서 침략, 식민지 지배, 통절한 반성, 마음으로부터의 사죄의 기분 등의 문언을 담은 무라야마담화(村山談話)와 다른 문맥이나 표현을 담은 아베담화(安倍談話)을 각의결정하여 발표하였다. 담화에서는 제2차세계대전에 대해서 깊은 회개의 뜻(深い悔悟の念)을 표명하고, 전후 아시아국가에 대한 지원을 언급하면서 역대 내각의 입장을 계승하는 간접적 표현으로 '마음으로부터의 사죄의 기분'(心からのお詫びの氣持ち), '통절한 반성'(痛切な反省)을 언급하였다. 또한 만주사변과 제2차세계대전으로 경위에 대해서, '일본은 전진해야 할 침로를 잘못하여 전쟁으로 길의 걸었다'(進むべき針路を誤り, 戦爭への道を進んだ)라고 했다. - 그러나 아베 총리는 과거역사를 인식하는데 있어 '사변, 침략, 전쟁 어떤 무력의 위협이나 행사도 두 번 다시 사용해서는 안 된다', '식민지 지배로부터 영구히 결별해야 한다'라고 하여 침략, 식민지 지배의 문언을 담은 무라야마담화와 다르게 일본의 행위를 침략으로 표현하는 것을 의도적으로 외면하였다. 담화기자회견에서 일본행위가 침략에 해당되는지 아닌지에 대해서는 명언하지 않았다. 다만, '그 전쟁에는 어떤 관계도 없는, 우리들의 자식과 손자, 그리고 그 후세대의 어린이들에게, 사죄를 계속하는 숙명을 지게해서는 안 된다'(あの戦爭には何ら関わりのない, 私たちの子や孫, そしてその先の世代の子どもたちに, 謝罪を続ける宿命を背負わせてはなりません)라고 하여 일본중심적인 역사관을 세워 가겠다는 의지를 분명하게 천명하였다. - 아베정부의 야스쿠니신사참배 및 공물제공, 일본중심적인 역사관과 식민지 지배의 부정성 거부, 자학사관일소 등은 한국, 중국 등으로부터 공분을 사고 있으며, 아베 정부와 일본에 대한 신뢰를 무너트리는 원인이 되고 있다. 또한 국제사회에서 일본의 자기도취적인 국정운영과 독자적인 외교정책으로 질서를 흔드는 동력으로 작용하여 일본에 대한 경계와 불신의 목소리를 내게 하는 부정적인 효과를 내고 있다.
아베의 실정	- 아베 총리는 모리토모(森友)학원의 국유지 헐값 매입과 재무성 문서조작 의혹, 2015년 에히메현 이마바리시에 가케(加計)학원 수의학부 신설 특혜 의혹 등과 관련된 스캔들에 휘말려있다. 2020년 3월 후쿠다 야스오(福田康夫)전 총리는 아베 신조(安倍晋三)총리를 둘러싼 각종 의혹이 불거지는 가운데 공문서 관리 실태가 엉망이라고 아베 정권을 비판했다. 그리고 총리 주최 벚꽃을 보는 모임을 둘러싼 문제, 재무성에 의한 결재 문서 고쳐쓰기, 코로나19에 대한 대책실패 등도 도마에 올랐다.[243] - 아베 정부는 방송의 공평성을 규정한 방송법 조항을 폐지하려고 하다가 방송을 장악하려 한다는 여론의 거센 비판에 몰려 방송계와 국민으로부터 비판을 받았다. 《아사히신문》 등에 따르면, 아베정부는 방송 사업자가 프로그램 편집에서 정치적으로 공평해야 한다는 내용을 담은 방송법 4조를 폐지하려는 시도를 하였지만, 방송사와 야권, 시민단체 등으로부터 정치적 중립 조항 철폐를 통해 아베 신조(安倍晋三) 정권에 우호적인 프로그램을 만들도록 압력을 행사하려는 것이라고 비판받았다.

아베1강독주 비판	외신들은 한일 간의 갈등을 둘러싸고 대치하고 있는 일본의 외교와 한국의 외교를 비판적으로 보고 있다. 중국의《환구시보》는 'GSOMIA, 한일 게임 새로운 변수',《 FAZ》(프랑크푸르터 알게마이네 차이퉁)은 '아베, 친구 트럼프 광란에 전염됐나?',《뉴욕타임스》는 '세계 자유무역 수호하던 아베, 추악한 모습', 영국의 시사주간지《이코노미스트》와 프랑스의 경제일간지《레제코》는 '일본의 현 정부가 가지고 있는 모순된 무역정책' 등의 기사를 통해서 비판을 제기했다.《블룸버그》에 따르면, '아베 무역전쟁 희망없어(hopeless)'라고 하고, '참의원 선거에서 승리한 아베 총리가 가장 먼저 해야 할 일은 이웃 나라 한국을 상대로 시작한 어리석은 무역전쟁중지'(foolish trade war)이라고 표현하였다. 아베1강독주는 국내뿐 아니라 국제사회에서도 비판을 받고 있어, 아베가 추구하는 중심국가론은 위기에 빠지고 있다.

외국의 많은 언론들은 아베 정부의 한국에 대한 외교정책이 실패했다고 평가하고 있다. 강제징용배상판결에 대한 조치로서 수출규제강화정책을 시작한 대한강경정책은 무모한 한국 때리기나 보복외교정책에 불과하다는 비판이다. 그리고 역사적으로 묻혀왔던 과거사에 대한 현안이 정식으로 거론되면서 아베정부의 대한 불만과 강경정책이 거세졌다. 일본 언론들은 아베 정권의 한국에 대한 강경 자세가 이어질 것으로 내다봤다. 2018년부터 현재까지 진행되고 있는 한일 간의 역사전쟁과 경제전쟁은 과거사를 묻고 넘어가려는 아베 정부의 정책과 다시 꺼내 해결하려는 한국 정부의 시도에서 유래한다고 볼 수 있다. 한국에서는 징용배상판결에 대해서 아베 정부가 취한 수출강화조치가 경제전쟁의 단초가 되었을 뿐 아니라 한일간에 잠재되어있던 갈등의 분화를 분출시키는 힘으로 작용했다고 평가하고 있다.

다음은 아베 정부가 한국에 대한 제재정책, 보복정책, 유도정책, 압박정책 등을 취하면서 한국때리기로 인식되고 있는 내용을 소개한 것이다.

〈표 33〉 아베 총리의 한국 때리기 정책

구분	내용
대한강경정책의 부작용	-《교도통신》 등에 따르면, 아베 총리는 한국에 대한 외교 자세와 관련해서 '새로운 체제 하에서도 먼지만큼도 안 바뀐다'고 강조했다. 그리고 '우선은 국가와 국가의 약속을 지켜라'라고 강하게 주장했다. 모테기 외무상은 강제징용 문제에 대한 기자회견에서 '한국이 국제법을 위반해 일한 관계의 기초를 뒤집고 있다. 시정을 계속 강하게 요구하겠다'고 주장했다. 스가와라 잇슈 경제산업상은 취임 직후 한국 정부가 일본의 경

242) 小熊英二(著), 2002,『〈民主〉と〈愛国〉—戦後日本のナショナリズムと公共性』, 新曜社.

243) http: //www.opinionnews.co.kr (2021년 2월 3일 검색)

	제보복 조치에 대해 세계무역기구(WTO)에 제소한 것과 관련해서 'WTO위반이라는 지적은 전혀 맞지 않는다'며, '(WTO 위반이 아니라는)인식을 갖고 일본의 입장을 확실하고 엄숙하게 밝히겠다'고 말했다.[244)] - 일본수뇌부의 한국에 대한 수출규제조치는 강제징용배상판결에 대한 보복조치로서 그 정당성을 의심받고 있다. 그럼에도 불구하고 일본 정부는 수출규제조치와 기타 대한강경조치는 징용배상판결과 무관하다고 주장하고 있다. 그런 주장은 일본이 취하고 있는 각종 정책에 대한 논리성을 떨어뜨려 부당한 조치라고 비판하는 근거가 되고 있다. 그것은 일본 정부와 정책에 대한 불신으로 이어지고 있다. 일본의 한국때리기 외교는 한국과의 외교 마찰을 불러오는 한편 강대강의 외교를 구축하는 힘으로 작용하고 있다. 또한 한국 정부나 시민들에 의한 NO JAPAN, NO ABE 운동으로 전환되고 있어 국가적 국민적 수준으로 갈등이 확산되어 한일 간의 관계를 악화시키고 있다.
식민지 지배배상역행	- 우쓰노미야 겐지(宇都宮健兒) 일본변연회장은《한겨레신문》2019년 7월 2일 강제징용해결에 대한 기고문에서 '국가간의 협정으로 개인청구권이 소멸하지 않는 것은 국제법상에서 상식'이며 '지금까지도 일본 정부나 일본의 최고재판소에서도 인정해온 것'이라고 예를 들었다. '1991년 8월 27일 참의원예산심의회에서 외무성의 야나이 슌지(柳井俊二) 조약국장은 일한청구권협정에서 양국간의 청구권의 문제는 최종 그리고 완전하게 해결됐지만 그것이 의미하는 것은, 일한양국이 국가로서 갖고 있는 외교보호권을 상호 포기한 것이라는 의미다. 따라서 개인의 청구권 그 자체를 국내법적인 의미에서 소멸시킨 것은 아니다'라는 답변을 소개했다. - 2007년 4월 27일 일본의 최고재판소는 중국인 강제연행 피해자가 일본기업 니시마쓰건설에 배상을 요구한 판결에서 중국과의 사이에 배상관계 등에 대해 '외교보호권은 포기하였지만, 피해자 개인의 배상청구권에 대해서는 청구권을 실태적으로 소멸시킨 것까지를 의미하는 것은 아니고, 당해 청구권에 기초해서 소를 청구하는 기능을 잃게 한 것에 머물고 있다'라고 판단했다. 이 판결에서 중국인 노동자의 배상청구는 포기한 것이지만, '니시마쓰건설이 강제노동에 종사시켜 이익을 얻은 것과 관련해서, 동사 관계자가 구제를 위한 노력을 할 것을 기대한다'라는 견해를 밝혔다. 그 후 시니마쓰건설은 노동자에게 사죄하고 기념비를 건설했고, 노동자에게 화해금을 지불하는 데 동의했다. - 우쓰노미야변호사는 동일한 강제연행에서 중국인 노동자와 한국인 노동자의 대응이 다른 것은 이중잣대일 뿐이라고 비판했다. 그는 '신일철주금을 시작으로 일본기업은, 피해자 전체의 해결을 위해 나서야 한다. 그것이 국제적 신뢰를 얻고, 장기적으로 보면 기업가치를 높이는 것이다. 또한 일본의 경제계에서도 그와 같은 조지를 지원할 것을 기대한다. 일본 정부는 한일청구권협정을 내세워, 일본기업의 자발적인 해결을 위한 조치를 억제하지 말고, 진정으로 해결을 위한 조치와 지원을 해야 한다'라고 하였다. - 일본 정부나 기업이 중국 노동자에게 배상을 하고 한국 징용자에게는 청구권협정으로 모두 해결됐다고 하여 배상을 하지 않을 뿐 아니라 한국에 대해서 다양한 형태로 보복성 조치를 하는 것은 모순적 대응이라고 할 수 있다. 따라서 일본 정부나 관련 기업의 한국에 대한 대응은 정당성을 상실하고 있고 국제사회의 신뢰를 떨어트리는 움직임에 불과하다고 할 수 있다.

그리고 한국에서는 아베 총리의 대한 강경정책에 반발해서 반 일본운동이 촉발되어 전개되었다. 아베 총리의 야스쿠니신사참배, 역사왜곡발언, 수출규제강화 등과 같은 일련의 대한 강경정책이 계기가 되었다. 한국과 일본이 대치되는 상황에서 한국에서의 반 일본운동은 점차 정화되면서 반 아베운동으로 전환되었다. 그것은 아베의 한국정책이 모순이며 정당성에 대한 의문에서 생기는 현상이라고 말할 수 있다. 더욱이 일본시민과 연대해서 범 반 아베운동으로 확산되고 있다. 반일본이 아니라 반 아베를 의미하기 때문이다. 다음은 한국과 일본에서 전개되고 있던 NO아베운동을 소개한 것이다.

〈표 34〉 NO아베운동 현황

구분	내용
일본의 NO아베 운동[245]	- 일본에서 일어나고 있는 반 아베운동은 다양한 요인에 의해서 발생되고 있다. 국가삼권의 분립변용, 모리카케사쿠라(モリカケサクラ) 사적 스캔들 발생, 국정을 가정정치로의 전환시도, 무모한 병기구매, 미국속국외교(犬外交アメリカ属国), 소비세증세, 영양실조 어린이발생(飢えた子どもが7人に1人), 자살률 세계1위와 미수 50만 명, 아베입맛일당의 정치외교(アベ一味一党の政治外交), 기민매국정치(棄民売国) 등과 같은 실정에 대한 반향으로 일어났다. - 아베정부는 강제징용배상판결과 관련해서 2019년 8월 8일 한국에 대해서 수출규제조치를 단행하였다. 잘못된 조치라고 여긴 일본의 시민들은 아베 총리 집무실 앞에 모여 'NO 아베'가 적힌 푯말을 들고 NO아베운동을 벌였다. 일본에서 NO아베운동을 하는 시민은 반도체 소재수출규제와 화이트리스트 배제조치가 징용배상판결에 반발한 명백한 보복이라고 규정했다. 그리고 한국대법원의 징용 배상 판결을 존중한다고 하여 대응하지 않는 한국 정부에 대한 보복조치라고 인식했다. 그런 아베정부의 한국에 대한 조치는 일본 경제와 한국경제에 악영향을 미치는 보복조치라고 비판했다. - 일본시민 200여 명이 도쿄 신주쿠(新宿)역 앞에서 '아베 정권 타도' 등의 구호를 외쳤다. 이어 '일한시민교류를 추진하는 희망연대' 등 일본 시민단체는 도쿄 참의원 회관과 총리 관저 앞에서 집회를 열고 한국에 잇따라 보복 조치를 감행한 아베 정권을 비판했다. 일본 정부가 단행한 한국에 대한 수출규제 조치를 비판하는 집회는 도쿄와 오사카 등 대도시에서 종종 열렸다. - 일본기업들은 한국에 대한 수출규제조치가 일본만 득이 되는 건 절대 아니라고 비판하며, 아베의 보복적 경제정책을 부정적으로 분석하였다. 특히 한국기업과 직간접적으로 경제협력을 해온 일본기업관계자는 수출규제조치로 인하여, 한국기업이 대체기업과 대체기술 및 상품 찾기로 한국의 시장을 잃거나 경쟁력을 잃을 것을 우려하였다. - 그리고 '아베 1강독주'에 대해서 일본 시민단체들은 공동 기자회견을 열고 역사에 대한 진심어린 반성 없는 아베 정권 퇴진을 위해 연대해 나가기로 뜻을 모았고, 자민당 교육정책에 의

244) http: //www.ijejutoday.com (2021년 2월 3일 검색)

	해 역사가 왜곡돼 왔기 때문에 아베 정권은 하루라도 빨리 퇴진해야 한다고 주장했다.[246)] - 프리랜서 언론인으로 알려진 오오게사 타로는 자신의 트위터에 한국의 광복절 광화문 NO 아베 집회 영상을 올리면서 일본 진보 네티즌들의 공감을 받았다. 그는 '한국의 광복절, 반일 집회가 아니라 반 아베 집회였다'면서 '일본에서 한국에 대한 비판적인 집회는 인종차별을 포함하지만 한국에서는 아베 정권에 대판 비판이 전부이며, 헤이트스피치는 전무하다'고 전했다. 이어 '문서조작이나 역사 왜곡 등 (아베 정권에 대한) 논리적 주장이 전부'라고 하였다.
한국의 NO 아베운동	- 한국에서 반 아베운동을 벌이는 운동 배경에는 양심과 혐한 극우로 나뉜 일본 시민과 사회, 야스쿠니신사참배, 욱일승천기를 든 각종 코스프레, 일본에서 벌어지고 있는 혐한 문화, 아이치 트리엔날레 소녀상 철거, 전시 주최 측의 한국기자 취재 문전박대, 인권의 문제인식, 한국때리기, 수출규제조치, 강제징용배상판결에 대한 보복조치 등이 있다. - 일본 정부의 경제보복조치로 한일 간의 갈등이 지속되면서 한국국민과 일본국민 사이에 갈등의 골이 깊어지고 있다. 그런 가운데 시민 사이에서는 무조건 NO JAPAN(日本反対)를 경계하고, NO아베(NO安倍)에 집중해야 한다는 목소리를 내었다. NO아베운동이 일어나면서 극일(克日) 분위기가 진정되고, 자정작용을 거처 시민들은 관주도의 반일마켓팅에 제동을 걸렀다. 시민들은 NO JAPAN의 깃발을 내리고 일본시민들과 연대해서 아시아평화운동와 연결하는 제안을 하기도 했다. - 한일양국대학생들은 피스 노아베(ピース、ノー安倍, PEACE、NO安倍！)운동을 전개하였다. 2019년 8월 7일 오전 11시, 서울 서대문구의 현대백화점에서 약 10여 명이 평화도전(Peace Challenge)운동을 하였다. 그리고 민주노총, 한국진보연대, 한국YMCA, 흥사단, 광복회 등 700여 개 단체가 모여 아베규탄 촛불대회를 하였다. 그런 촛불시위는 서울, 광주, 부산, 대구, 제주에서도 개최됐다. 촛불시위 참가자들은 아베의 보복제재를 계기로 '국민적 합의도 없이 진행된 일본과의 지소미아를 즉각 파기하고, 이미 해산된 화해치유재단에 일본이 출연한 10억 엔을 즉각 반환하여 한일 위안부합의의 파기를 확정' 할 것을 촉구했다.[247)]

한국 시민과 일본 시민은 아베 총리가 추구하고 있는 정책과 한국이 추구하는 정책이 부정적인 결과를 도출하고 있다고 비판하고 연대해서 국가를 움직여야 한다는 목소리를 내고 있다. 그것은 동시에 한국의 통일국가론과 일본의 중심국가론에 대한 이의제기이기도 하다. 한국의 통일국가론과 일본의 중심국가론에 대한 부정적인 인식과 비판은 한국의 국가지도자와 일본의 국가지도자를 움직이는 힘으로 작용할 수 있다는 데 의의가 있을 것이다. 그들은 일본 시민과 한국 시민이 연대해서 현안을 둘러싼 갈등을 해결하고 한일관계를 개선해야 한다는 점을 강조하고 있다. 더욱이 한

245) 岡本健次郎(著), 2019,『反アベ、大衆の反逆: 安倍晋三への果たし状』, Kindle版.

246) https: //www.ytn.co.kr/ (2020년 11월 12일 검색)

247) http: //www.mediatoday.co.kr (2020년 11월 12일 검색)

국과 일본이 자행하고 있는 상호보복정책은 우매한 정책이고, 한일 간의 대결은 결국 양국 국가와 국민에게 타격과 상처만을 주기 때문에 대국적인 차원의 결단이 필요하다고 강하게 주장하고 있다. 그것은 자국 중심적으로 추진되고 있는 통일국가론과 중심국가론의 유효성에 대한 비판이며 질책이기도 하다.

Ⅳ. 맺는 글

일본의 중심국가론은 동아시아와 세계국가에 일본을 중심에 놓는 일본국가 만들기와 국제질서 만들기라고 볼 수 있다. 일본은 새로운 국가를 만들기 위해 일본국헌법을 개정하고, 근대사를 정당하다고 주장하며 일시에 총괄적으로 해결하려는 의도를 갖고 역사적 잔재 청소운동을 하고 있다. 그리고 한국과의 영해권 문제와 역사적 갈등문제, 중국과의 역사적 갈등, 영공권 갈등, 러시아와의 영유권 등을 둘러싼 경쟁에서 유리한 지위를 확보하고 해결하기 위해 미국과의 관계를 더욱 친밀하게 하는 한편 국제연합상임이사국으로 진입을 강력하게 추진하고 있다. 또한 국내결속을 다지는 다양한 정책을 구사하는 가운데 일본 중심적 국가, 전쟁이 가능한 국가 등으로 새롭게 위치 지우려 하고 있다. 중심국가론에 대해서 정치권, 시민단체, 국민 등은 전쟁을 부추기고 전쟁이 가능한 국가만들기에 불과하다고 하여 반대하고, 주변국과의 협치와 협력을 통해서 평화로운 일본으로 자리매김하기를 강력하게 요구하고 있다.

아베 총리가 추구하는 중심국가론은 다양한 측면에서 허점을 보이고 한계를 드러내고 있어 그 유효성이 의심받고 있다. 아베 총리는 G20 정상회의를 개최하면서 자유무역수호를 강조하였다. 그러나 아베 총리의 행동은 각종 국가 간의 정상회의나 국내정책을 추진하는 과정에서 정반대 방향으로 이끌어 가고 있다. 《FAZ》(프랑크푸르터 알게마이네 차이퉁)은 TPP에서 아베 총리의 행동에 대해서 강하게 비판했다. 즉 TPP의 맨 앞줄에 서서 자유로운 세계무역체계를 수호한다고 외쳤던 아베는 한국과의 관계에서 무역을 싸움터로 만드는 외교모습을 유감없이 발휘하여 자유무역수호의지를 뭉게 버렸다고 비판했다. 그리고 동북아에서 민주주의의 첨병으로 여겨졌던 일본이 중국의 무역전쟁을 모방하면서 체면이 혹독하게 손상됐다고 비판하였다.

문재인 대통령이 추진하고 있는 통일국가론은 북한과의 평화통일을 추구하여 한반도의 발전과 성장을 추구하는 것이다. 그리고 한반도의 힘과 능력을 키우는 계기로 삼고, 주변의 대국과 동등한 지위를 확보하려는 의도를 가지고 있다. 미국이나 일본, 중국, 러시아 등 사이에 껴 민감하게 영향을 받는 샌드위치 위상에서 벗어나 통일을 하여 국제사회에서 목소리를 내겠다는 포석이 있다. 한편 강대국과의 등등한 외교관계를 만들어 동아시아에서 힘의 균형을 유지하고 동시에 한반도에 유리하도록 정치공학적 지렛대로 활용하려는 의도가 있다. 이런 구도는 한미관계, 한중관계, 한일관계 등을 유지하면서도 동시에 북한 편향적인 외교정책을 추진하는 것을 포함하고 있다. 따라서 한국의 통일국가론은 국내외적으로 갈등과 분열을 야기할 수 있는 여지가 있다는 약점이 있다.

문재인 대통령이 추진하고 있는 통일국가론에 대한 평가도 국내외적으로 다양하게 표출되고 있다. 미국 해군연구소(CNA) 켄 가우스는 한미관계와 관련해서 문 대통령에게 미국과의 관계는 도전이었다. 트럼프 대통령과 아베 신조(安倍晋三) 총리가 밀착된 가운데 한미일 3국 관계에서 문 대통령이 소외된 듯한 측면이 없지 않았기 때문이라고 분석하였다. 그러나 문 대통령은 북한 문제 해결을 이끌어가면서 트럼프 대통령의 지지를 확보해내는 데 성공했다고 평가했다. 이어서 한반도의 완전한 비핵화와 평화를 달성하는 일은 많은 장애물로 가득 찬 긴 여정이 될 것이라며, 성공이냐 실패냐는 문 대통령의 노력과 외교적 역량에 상당 부분 달려있다고 강조했다. 이것은 문재인 대통령이 추구하고 있는 통일국가론의 현실적 과제에 대한 실현가능성과 불가능성을 동시에 지적하고 있다는 데 의의가 있다.

한국연구가로 활동하고 있는 시즈오카(靜岡) 현립대 오쿠조노 히데키(奥園秀樹) 교수는 문 대통령이 김정은 북한 국무위원장과 도널드 트럼프 미국 대통령 사이의 치열한 긴장상태를 효과적으로 완화했다며, 대결 모드를 대화 모드로 바꿨고 주변국들이 따라갈 수밖에 없는 분위기를 만드는 데 성공했다고 설명했다. 한일 간 과거사 문제와 관련해서는 위안부 문제가 여전히 남아 있고, 강제징용 관련 대법원배상 판결로 한일 관계에 큰 고비가 발생할 수 있다면서 양국 간 입장 차이가 큰 만큼 한국 정부가 과거사 문제를 잘 관리해가면서 북한 문제나 경제 등에서 협력해가는 투트랙 외교를 앞으로도 펼쳐야 한다고 제안했다. 오쿠노조 교수는 문재인 정부가 추구하는 통일국가론에 대해서 긍정적으로 보고 있지만, 실제로 눈에 보이는 결과가 없는 상황이다.

한국정치계에서는 문 대통령이 추구하고 있는 통일국가론에 대해서 다양하게 비판을 하고 있다. 통일국가론은 종복의 성격이 강하다는 점, 1인독재통일론, 북한과의 협력이나 합의를 끌어내지 못하는 나홀로정책, 미국과 일본과의 외교협력보다는 북한지향적인 외교를 통해 우호적인 한미 및 한일 질서를 흔들고 있다는 점, 민족통일을 외교차원이 아니라 감상적으로 대응하고 있다는 점, 문재인 정부의 실정을 극복하기 위한 수단과 명분에 불과하다는 점, 그럼에도 불구하고 실적이 없다는 점 등의 부정적인 평가가 있다. 한국에서 부정적인 평가는 문재인 정부의 레임덕뿐 아니라 통일국가론의 레임덕을 조기에 불러와 퇴장을 촉진시키는 동력으로 작용하고 있다. 한국의 통일국가론은 현재의 대미관계, 대일관계를 소원하게 하고 그동안 유지해 오던 안전보장, 상호신뢰, 동맹관계 등에 금을 내고 있다고 평가하고 있다.

한국의 통일국가론과 일본의 중심국가론은 서로 상생하는 구조라기보다는 편파적인 자국살리기라는 데 공통점이 있다. 따라서 한일관계를 끌어가는데 자국이 추구하는 이념이나 이익 등을 양보거나 타협하기보다는 상대국에 양보나 책임을 전가하는 방식의 외교정책을 하고 있어 타협의 여지가 보이지 않고 대립, 갈등, 반목 등이 벌어지고 있다. 그 과정에서 한국과 일본의 대립, 한국국민과 일본국민의 대립이 극단적으로 진행되고 있다. 따라서 한국이 추구하는 통일국가론과 일본의 중심국가론에 대한 방향전환을 요구하는 목소리가 커지고 있다. 현재 한국과 일본이 자국의 모든 힘을 동원하여 벌이고 있는 총력적 경쟁과 대결은 아베 정권과 중심국가론, 그리고 문재인 정권과 통일국가론의 퇴조를 부추기는 힘으로 작용할 것으로 보인다.

한국의 문재인 대통령이 추진하고 있는 통일국가론과 일본의 아베 총리가 추진하고 있는 중심국가론이 정면에서 충돌하면서 문재인과 아베의 충돌, 한국국민과 일본국민의 충돌로 이어져 한일관계를 악화시키고 있기 때문이다. 문재인 표 통일국가론과 아베총리 표 중심국가론은 국가지도자의 입맛에 맞춰진 정책이라는 비판적 관점에서 보면, 편파적인 민족주의에 불과하다고 할 수 있다는 공통점이 있다. 표면적으로는 자국의 이익과 민족의 결속을 위한 것이라는 명분을 내세우고 있지만, 정권유지, 정치위기극복, 자의적인 이념실현 등을 위한 전략이라는 점이 있다는 것도 부인할 수 없을 것이다. 따라서 한일관계에서 볼 때, 통일국가론과 중심국가론은 진정한 의미에서 양국관계를 개선하거나, 양국의 국가와 국민의 발전을 추구하는 이데올로기로는 부당하고 부적절하다고 할 수 있다.

제5장
한국과 일본의 국력전쟁

제5장 한국과 일본의 국력전쟁

Ⅰ. 머리글

국제사회는 개방과 자유를 주장하고 국가 간의 교류와 협력을 강조하는 가운데서도 국익을 무엇보다도 중시하는 흐름으로 진행되었다. 국익우선과 상호개방이 작동하는 국제사회에는 새로운 국가질서과 국제질서가 맞물리는 모순된 움직임이 가속화되고 활성화되었다. 국익을 우선하는 자의적이며 독자적인 국가적 가치를 강조하였고, 협력과 교류를 추진하면서 국제적 가치를 강조하였다. 국제적 교류와 협력을 통해서 국가성장을 추구하는 새로운 발전모형이 구조화되면서 국제사회는 난장판으로 바뀌어 갔다. 국가성장을 전제로 한 국제교류이며 협력에 불과했던 질서의식은 각국 간의 관계를 새롭게 설정하였고, 다변적인 협력과 다변적인 갈등을 유발하는 가운데 민족주의를 촉진시키는 현상으로 이어졌다.

자유주의와 민주주의를 공동으로 강조해오던 보편적 가치가 흔들리고, 국익과 민족생존을 강조하는 보호주의와 민족주의가 보편적 가치로 일반화되어 갈등으로 폭발하였다. 각각의 국가가 자국의 이익을 추구하는 현상은 세계 각 대륙에서도 발생하였고, 동아시아뿐 아니라 국가 수준에서 진행되었으며, 더욱이 기업이나 개인 수준으로까지 확대되었다. 그런 현상을 촉발시킨 배경에는 독점적 이익을 확보하여 부국을 만들겠다는 명분을 가진 각국 지도자의 리더십과 이념이 존재하였다. 그런 의미에서 보면, 이 시대는 국가지도자가 독단적인 이념과 리더십이 국가질서와 국제질서를 결정하는 지도자 독재 시대를 맞이하고 있는 것이다. 지도자 독재 시대에서는 국가지도자가 경제계, 정치계, 문화계, 사회계 등을 독점적으로 지배하는 현상으로 귀착되고 있다.

특히 동아시아를 둘러싸고 중국의 시진핑 국가주석, 미국의 트럼프 대통령, 일본의 아베 신조 총리, 한국의 문재인 대통령, 러시아의 푸틴 대통령 등과 같은 국가지도자의 리더십과 정책이 드러나면서 더욱 갈등과 경쟁이 격화되고 있는 것이 증거이다. 동아시아에서 세계적인 갈등판이 형성되는 이유이다. 그들은 실제로 갈등판을 구축하고 조정하는 국가지도자이면서 민족주의를 강하게 추진하는 민족주의자로서 활동하여 국가정책과 대외정책을 독점적으로 추진하고 있다. 현재 동아시아에서 한국, 중국, 일본, 미국, 북한 등이 추구하는 민족주의가 맞물리면서 갈등의 깊이와 폭을 폭발적으로 확대시키고 있다. 동아시아에서 발생하고 있는 역사문제에 대한 연쇄적인 증오, 영유권을 둘러싼 충돌, 정권창출과 연계된 독재정치, 국익을 둘러싼 총성없는 전쟁 등으로 표출되고 있다.[248)]

그 중에서도 강한 민족주의 틀 속에서 매몰되어 있는 한국과 일본은 역사분야, 정치분야, 경제분야, 군사분야, 문화분야 등에서 동시다발적으로 갈등을 발생시키면서 기존의 관계를 완전하게 붕괴시키고 있으며 새로운 돌파구를 찾지 못하고 있다. 한일 간의 강제징용자배상판결을 둘러싸고 시작된 한일 간의 불협화음은 국력전쟁으로 전환되고 있는 듯한 풍파로 나가오고 있다. 한국과 일본은 국익과 명분, 국격, 역사, 국가지도자 등을 둘러싸고 경제충돌, 군사충돌, 정치충돌, 문화충돌, 사회충돌 등으로 진행되어 승자없는 전쟁을 하고 있다. 역사이래 가장 혹독한 경쟁과 갈등으로 국력을 소비하고 있는 상황이다.

《로이터통신》에 따르면, 국방장관이었던 에스퍼는 일본을 방문하면서 일본의 한국에 대한 경제보복으로 증폭된 한일갈등에 관해서 '한일양측이 이슈를 조기에 해결하도록 요청했다'고 하였다. 또한 한일군사정보보호협정(GSOMIA)에 관해서는 정보공유가 지속되도록 요구했고, 한일 간의 군사적 협력을 강조하였다. 한일갈등과 관련해서 미의회조사국(CSR)이 발행한 보고서에서는 '한일갈등의 고조로 한미가 북한과 화해국면에 있는 시기에 한미일국가의 안보공조는 어렵게 되고 있다'고 진단하였다. 보고서는 2018년부터 위안부 문제, 한국대법원의 강제징용판결, 초계기위협론쟁(哨戒機威嚇論爭) 등 일련의 사건으로 한일관계가 급속하게 악화되고 있어, 일본의 한국수출규제조치까지 발생하여 3국안보공조가 매우 곤란해졌다고 분석했다.

한일 양국은 1965년 청구권협정을 체결하고 국교를 정상화하면서 처음으로 교역

---

248) 半藤一利, 保阪正康, 2014,『日中韓を振り回すナショナリズムの正体』, 東洋経済新報社. 松本健一, 2006,『日·中·韓のナショナリズム—東アジア共同体への道』, 第三文明社. 日本政治学会(編集), 1994,『ナショナリズムの現在 戦後日本の政治』, 岩波書店. 새로운 민족주의 현상이 갖는 의미를 지역이나 국가의 구체적 문제를 통해서 검증하고 있다. 渡辺治(著), 2001,『日本の大国化とネオ·ナショナリズムの形成—天皇制ナショナリズムの模索と隘路』, 櫻井書店. 1990년대 발생한 일본의 군국대국화의 움직임과 특징, 네오민족주의의 대두, 원인 등에 대해서 고찰하였다.

을 시작했다. 당시 대일본 무역적자액은 1억 3천만달러였다. 이후 한국의 빠른 경제 성장과 함께 적자도 늘어나기 시작했다. 한일 간의 경제 관계는 일본우위의 구조로 정착되고 있어 한일 간의 교역 이래 일본이 대한무역흑자를 지속적으로 기록하고 한국이 대일무역적자를 기록하고 있다. 특히 국제시대에 민간하게 작용하는 경제적인 측면에서 보면, 한국과 일본은 경제민족주의를 추구하는 가운데서도 수출입 불균형을 이루고 있으면서 상생하기 위해 강도와 깊이가 있는 경제협력과 경쟁을 유지해왔다. 그 과정에서 상호경제발전에 중요한 역할과 기능을 해왔다고 평가할 수 있다.[249)]

대일무역적자를 보면, 1974년 12억 4천만 달러, 1994년 118억 7천만 달러로 확대되었다. 1998년과 1999년에는 외환위기로 주춤하던 적자액이 2000년대 들어 다시 100억 달러대를 기록했고, 2010년에는 361억 2천만 달러까지 확대되었다. 이후로 다소 줄기는 했지만, 여전히 200억 달러대에 머물고 있다. 대일본 무역적자액은 세계 각국과 비교하더라도 두드러진 현상이다. 2018년 국가별 무역수지 적자액을 비교한 결과, 일본이 240억 8천만 달러로 가장 컸고, 사우디아라비아 223억 8천만 달러, 카타르 157억 7천만 달러, 쿠웨이트 115억 4천만 달러 등으로 뒤를 이었다. 2019년 한국무역협회(KITA)와 관세청의 수출입통계에 따르면, 1965년부터 2018년까지 54년간 한국의 대일 무역적자 누적액은 총 6천 46억 달러(약 708조원)로 집계됐다.

대일무역적자의 요인은 기초과학의 소재, 기술, 기계, 제품 등의 격차에서 오는 측면이 있다. 한국의 대외수출이 증가하면서도 일본으로부터의 부품수입, 기계수입, 원료수입 등이 지속적으로 유지되고, 일본에 대한 특허사용권료가 증가하고 있는 경제구조를 가지고 있어 전후 일관되게 대일무역적자를 기록하고 있다. 산유국이 아닌 일본과의 교역에서 이처럼 유독 적자가 발생하는 구조는 한국이 해결해야할 과제로 새롭게 등장했다. 특히 한국은 그간 소재·부품 기술력을 일본에 의존한 채 반도체

249) 中野剛志(著), 2011,『国力とは何か―経済ナショナリズムの理論と政策』, 講談社現代新書. 동 일본대지진이 가져온 위기상황은 국가가 단결해 행동할 수 있는 국력을 요구하면서, 국력의 중요성과 풍부한 경제사회를 회복하기 위한 경제민족주의의 유효성을 강조하였다. 일본의 지배이데올로기는 글로벌화로 인한 국가의 퇴장으로 규제완화, 작은 정부, 헤이세이의 개국 등으로 대표된다. 中野剛志, 2008,『経済はナショナリズムで動く』, PHP研究所. 일본은 세계화라는 환상으로 구조개혁을 지속해와 망국의 길로 들어섰다. 미국의 금융공황으로 글로벌화는 종식되고 있다. 글로벌화에 의해서 민족주의가 발생하였고, 민족주의가 경제발전에 절대적인 요소가 되었다. 경제민족주의는 국력을 신장시키고, 국가번영을 위한 기초개념이고 이론임을 강조하였다.

와 디스플레이, 전자, 첨단기술 등에 바탕을 둔 산업의 몸집을 키워왔다. 2018년 품목별 무역수지를 보면, 원자로·보일러·기계류 수입으로 85억 7천만 달러의 적자가 발생했고 전자기기·녹음기·재생기에서 43억 3천만 달러, 광학기기·정밀기기 등에서는 35억 7천만 달러의 적자가 났다. 특히 반도체 디바이스, 전자집적회로 제조 기계, 전자기기 프로세서·컨트롤러 등이 무역적자의 주요인으로 꼽혔다. 대부분 장시간 축적한 기술력이 있어야 하는 부품·소재 제품으로, 공급 점유율도 압도적이다.

그리고 한국과 일본 간에는 환율정책에 의한 손익관계가 구축되고 있어 한일 간의 격차를 확대하는 요인으로 작용하고 있다는 견해가 있다. 한일 간의 무역거래는 기본적으로 기술과 제품의 격차에 의해서 오는 문제가 있지만 국제시장에서 일본의 엔 환율 변동에 의한 무역역조현상이 일어나고 있다고 국제회의나 선진국회의에서 지적되고 있다. 일본의 경제정책에서 위채 변동(為替変動)이 한일무역적자의 중요한 원인 중의 하나로 보고 있다. 2013년 모스코바에서 열린 G20에서 엔저는 일본 정부의 의도적인 정책에 의한 것이라고 지적하였고, 동년 워싱턴에서 열린 G20에서는 일본의 양적 완화가 한국수출경쟁력에 타격을 줄 우려가 있다고 지적하였다. 한국이 세계무역에서 번 돈의 반 이상을 일본에게 인도하는 경제구조를 갖고 있는 것이다.

한일은 경제협력을 위해서 2003년부터 자유무역협정(自由貿易協定, FTA)체결을 위해 노력하여왔다. 한일간 FTA가 어려움에 봉착하는 가운데 한중일 정상회담을 통해서 한중일 FTA로 전환하기로 합의하고 한중일간의 자유무역협정을 체결하기 위해 협의하고 있다. 그리고 2008년 세계금융위기가 도래하면서 국제통화위기를 상호극복하기 위해 일본과 한국은 300억 달러의 통화스와프협정을 체결했다. 동시에 다양한 교류와 협력을 통한 상생 노력으로 한국내에서 보충이 안되는 기술, 부품, 소재 등을 일본의 도움을 받고, 일본은 가공기술이나 주문생산을 통해서 상호 신뢰성에 바탕을 둔 발전전략을 추진하기도 하였다. 특히 2020년 세계최대 FTA이라고 불리며 15개국이 참가하고 있는 RCEP(역내포괄적경제동반자협정; Regional Comprehensive Economic Partnership)에 한중일이 가입하면서 경제협력가능성이 높아졌다.

그러나 최근 한국대법원이 강제징용배상판결을 내리면서 한일 간의 협력체계와 네트워크, 각종 인적 물적 인프라는 한꺼번에 무너지고 있다. 일본이 가장 아프고 취약하다고 여기는 역사문제 중의 하나인 강제징용배상문제가 옳거나 그름에 대한 정당성과 부당성의 판단을 초월해서 일본을 자극하는 신호탄이 되고 말았다. 그 반향으로 일본은 한국이 가장 취약하다고 여기는 경제규제를 통해서 반격을 하면서 역사문제가 경제전쟁으로 비화되었다. 일본 정부는 한국을 화이트리스트로부터 제외하는 수출무역관리령개정안을 공포하고 시행세칙으로 '포괄허가취급요령'을 발표했다. 여기에는 1000개 품목의 전략물자가운데 몇몇 제품은 수출절차를 어렵게 하는 개별허가 규제를 받는 상황이 되어 갈등을 심화시키고 있다.

현재 일본은 수출규제 품목으로 선정한 플루오린 폴리이미드와 포토리지스트(감광액)의 전 세계 공급량 가운데 90%를 한국에 제공하고 있다. 에칭 가스(고순도 불화수소)는 70%가 일본에서 만들어지고 있다. 반면 한국기업이 흑자를 내는 품목으로 광물성 연료 31억9천만 달러, 천연진주·귀금속 5억6천만 달러, 어류·갑각류 3억7천만 달러 등이 있지만 그것은 대체 가능한 분야로 알려지고 있다. 일본은 한일 간의 상황에 따라 제2차규제조치로서 금융제재, 핵심산업규제, 외교관계단절 등과 같은 대책을 준비하고 있는 것으로 알려지고 있다. 그것은 제1차규제의 효과가 미비하고, 제2차제재가 필요한 상황이 발생할 경우 일본 정부가 비장의 카드로 준비하고 있는 조치이다.

일본이 추진하고 있는 수출규제조치는 매우 다양한 측면에서 부정적인 영향을 줄 것으로 보고 있다. 호주《ABC》는 삼성과 SK하이닉스의 반도체 공급이 차질이 생기면 전세계 스마트폰 가격이 올라 소비자들에게 피해가 간다고 인식했다.《AP통신》에 따르면, 일본의 수출규제는 한국 업체뿐 아니라 일본을 포함한 글로벌기술 생태계에 모두 위협이 된다고 하였다. 영국《텔레그래프》에 따르면, 실리콘밸리가 두려워하는 것은 미중무역전쟁이 아니라 한일 간의 분쟁으로 인터넷 경제자체가 타격을 입을 수 있다는 점이다.《니혼게이자이》는 아베 정권이 환태평양경제동반자협정(TPP)을 주도하는 등 자유무역을 지키는 역할을 해왔으나 이번 규제는 일본의 기존 노력을 해칠 수 있다고 보도하였다. 그런 부작용을 낳기 때문에 국내외통신은 한일 간의 갈등이 종결되기를 바라고 있다.

한국의 일본에 대한 대응 방식은 일본의 현실적이며 실효적인 제재와 공격에 대해서 적절하게 대응하지 못하고 있는 듯하다. 원칙적으로 보면, 역사문제로서 강제징용배상판결과 현실문제로서 수출규제조치는 별개의 건이다. 그럼에도 불구하고 한일 간의 대응은 동일선상에서 다양한 사회영역과 연쇄적으로 연결시키면서 대응하고 있는 양상이다. 더욱이 문제가 되는 것은 합리적인 대응이라기보다는 감정적인 대응이라는 점, 국민여론몰이식의 대응이라는 점, 보복과 타격을 입히기 위한 제재라는 점, 국가지도자의 독재성과 자존심을 건 싸움이라는 점, 현재 한국의 국가지도자와 일본의 국가지도자가 해결할 수 없다는 점, 한국과 일본이 동시에 손실과 피해를 보고 있다는 점 등의 문제가 있고, 매우 다양한 부작용이 발생하고 있다는 점이다.

한일 간의 정치와 경제영역에서의 갈등은 사회문화영역으로 확산되었다. 한일 간의 갈등이 고조되면서 상품불매운동, 관광과 교류자제운동, NO일본과 한국, NO아베와 문재인 등이 일어나 개인과 기업, 국가와 국민 수준에 부정적인 영향을 주는 재난이 되고 있다. 메스 미디어도 한일갈등에 한 몫을 하고 있다는 비판이 나오고 있다. 『주간포스트』(週刊ポスト)는 2019년 7월부터 9월까지 2개월에 걸쳐 혐한특집이라고 할 정도의 캠페인을 지속적으로 하였다. 2019년 8월 2월호에서 「일본단교로 한국경제는 대붕괴 ! 」(日韓斷交で韓国経済は大崩壊 !)라는 제목하에 단교하면 타격을 받는 쪽은 한국이라는 취지의 글을 게재하였다. 그처럼 한일 간의 갈등은 각각의 민족주의를 촉발시키고 있는 것이다.

현재 동아시아에는 한중일 3국과 미국, 북한 등이 얽혀 더욱 복잡해지고 있어 정치공학적으로 풀 수 없는 퍼즐이 형성되고 있다. 미중 간의 무역전쟁으로 인한 세계경제재편움직임, 한중관계에서 사드 배치를 둘러싼 금한령, 일중간의 센카쿠열도영유권분쟁, 한미간의 북한 비핵화를 둘러싼 의견차이와 방위비분담문제, 한일 간의 역사문제를 기초로 한 복합적 갈등 등에 기초한 민족주의가 형성되어 다양한 질서를 요동치게 하고 있다. 특히 한일갈등은 협력과 상생을 전제로 하기보다는 편가르기와 명분대치에 치우친 무모한 행위이어서 승자 없는 전쟁이 되고, 국격과 국민손실로 이어질 수 있다는 우려를 낳고 있다.[250] 한일관계는 정상 간의 갈등, 실무담당자 간의 갈등, 사회영역간의 갈등, 국민개개인 간의 갈등 등으로 확산되고 있어 총체적 난국에 빠지고 있다. 한일 간의 총체적 난맥상은 갈등과 대치를 넘어 국운을 좌우할 수 있는 국력전(国力戦)으로 비화되고 있는 듯하다.

---

250) 崔銀姫(著), 2019, 『「反日」と「反共」: 戦後韓国におけるナショナリズム言説とその変容』, 明石書店. 한국은 어떻게 민족적 정체성을 구축해왔는가, 그리고 8.15=광복절이라는 국가적 축일이 공공방송공간에서 이루어지고 있는 민족주의의 실천과 변용을 반일과 반공이라는 관점에서 설명하고 있다.

Ⅱ. 한국과 일본의 정치전쟁

1. 한국과 일본의 국운

한국과 일본의 갈등은 역사적 사실에 근거해서 시작되어 전개되고 있다는 특징이 있다. 그것은 전전 식민지 지배에서 발생한 사실과 현실적 해결을 두고 벌이는 갈등이 연속적으로 이어지는 과정에서 일어나고 있다. 한일 간의 갈등은 어느 한 시점에서 생긴 사실이나 어느 한 사실이 원인이 되고 있는 것이 아니라 역사적 사실이 시계열적이며 연쇄적으로 이어져 발생하는 것이다. 일본이 항복하고 한국이 해방을 맞으면서 한일간에 발생한 역사적 과제에 대해서 양국가와 양국민, 그리고 당사자가 납득할 수 있는 방법으로 해결되지 않은 상황이 현실에 소환되어 충돌되고 있는 것이다.

한국과 일본간의 해결해야 과제는 양국 국가지도자의 이념과 정책에 의해서 크게 영향을 받는 경향이 있고, 국가지도자 간의 첨예한 대립으로 좌우되고 있다. 전후 한일정상은 다양한 갈등과 협력관계를 유지해오면서도 한일간에 얽힌 문제를 해결하여왔다. 다음은 전후 한국과 일본의 정상이 만들어낸 협력과 갈등 내용을 소개한 것이다.

〈표 1〉 전후 한국과 일본정상 간의 협력과 갈등상황

구분	정상	내용
1950년대	이승만-요시다 시게루	1952년 1월 18일 이승만 대통령은 대통령령 '대한민국 인접해양의 주권에 대한 대통령의 선언'을 공표하여 '대한민국과 주변국가 간의 수역 구분과 자원 및 주권 보호를 위한 경계선'이라는 이승만 라인을 선언하였다. 일본과는 어로 문제, 독도를 포함한 해양 영토 문제로 이후 13년간의 분쟁을 불러일으켰다. 일본은 평화선 선언에 대해 공해자유의 원칙을 내세워 반대하였다. 1952년 1월 24일 공해에 국가 주권을 일방적으로 선언한 전례가 없고, 한일 양국의 친선을 위해 이는 신중히 검토되어야 한다는 성명을 발표하였다.
1960년	박정희-사토에이사쿠	한일기본조약, 한일청구권협정 등 1개조약과 5개협약을 체결하고, 한일 간의 단절된 국교가 정상화되어 정부 간 교류가 시작되었고, 조약과 협약에 따른 후속조치가 시작되었다.
1980년	전두환-나카소네 야스히로	나카소네 야스히로 총리는 대통령적 수상을 자처하였고, 처음으로 야스쿠니 신사를 공식참배하여 한국에서 참배반대운동이 일어났다. 나카소네는 1986년 중국의 호요방(胡耀邦)를 배려하여 참배를 중지하였다. 전두환 대통령이 일본을 공식방문하는 자리에서 일본의 과거사에 대한 회한을 언급하였다.

1990년	김영삼-무라야마 도미이치	김영삼 대통령은 조선총독부 건물 철거를 통해 과거일본지우기를 시작하였고, 반일민족주의가 고양되었다. 그리고 '일본의 버르장머리를 고쳐줘야 한다'는 발언을 하였다. 무라야마 일본총리는 과거식민지 지배에 대한 '반성'을 공식화하는 무라야담화를 발표하여 한국에 대한 식민지 지배의 부당함을 천명하고, 사죄를 하였다.
2000년	노무현-고이즈미 준이치로	노무현 정부는 법원이 강제동원 피해자들의 요구를 받아들이는 판결을 내려 40년간 비공개되었던 한일협정문서를 공개하기로 결정하였다. 친일청산작업의 일환으로 친일파 명단작성, 친일재산환수절차를 추진하였고, 그리고 식민지 지배 피해자에 대해서 국가보상을 해 주었다. 고이즈미는 야스쿠니신사를 참배하여 한중의 비판을 일으켰고, 독도에 대한 영유권문제를 제기하여 한일간의 영유권분쟁이 첨예화되었다.
2010년	이명박-노다 요시히코	역대 대통령으로서 최초로 독도를 방문하였고, 일왕의 사죄요구발언을 하여 한일갈등이 격화되었다. 노다 일본총리는 이명박 대통령의 일왕사죄요구발언을 강하게 비판하여 한일관계는 극도로 냉각되었다.
2013-2015년	박근혜-아베 신조	2013년 일본 아베총리가 야스쿠니신사를 참배하면서 한국 정부는 강력하게 반발하였고, 정상외교가 중단되었다. 2014년 일본 중고교학습지도요령 해설서에 독도는 일본 고유영토라고 명시하였고, 한국은 일본의 독도영유권 주장에 대한 반발로 정상회담을 유보하였다. 2015년 한일정부 간의 한일위안부합의가 이루어졌고, 일본 정부는 화해재단에 국가예산 10억 엔을 출연하였다.[251] 한일역사문제가 전향적으로 해결됨에 따라 한일정상회담이 성사되었다.
2017년 2019면	문재인-아베 신조	- 2017년 한일위안부합의에 의거 일본 부산총영사관 앞 소녀상철거를 일본관방장관은 요구하였다. 일본의 역사책임과는 별도로 당사자 간의 청구권존재를 둘러싼 인식에 차이가 발생하였다. - 2018년 한국대법원은 일제강제징용 피해자 배상책임을 판결하고 한국 정부는 행정의 사법개입불가를 선언하였다. 일본 정부는 한일기본조약과 한일청구권으로 완전 그리고 최종적으로 해결됐다고 주장하였다. 일본초계기의 해군 함정에 대한 저공 위협비행사건과 한국의 초계기 조사사건이 발생하여 한일간 긴장이 증대하였다. - 일본은 2019년 7월 강제징용배상판결에 대해서 한국의 한일청구권협정 위반으로 인식하여 반도체소재 등 3개 품목의 대한수출규제를 발표하였다. 8월 한일양국은 자국 백색국가(수출절차우대국)목록에서 상대국가를 제외하면서 한일 간의 경제전쟁이 본격화되었고 다른 사회영역의 갈등으로 확산되었다. 8월 22일 한국 정부는 한일군사정보보호협정(지소미아) 연장을 불허하고 종료결정을 발표하여 한미일간의 지소미아를 둘러싼 논쟁이 격화되었다. 한국 정부는 11월 22일 한일군사정보보호협정 종료 통보효력정지, WTO 제소 절차 중지를 결정하여 한일 간 수출규제에 대한 협의가 개시되었다. - 한국 재판소가 매각 명령을 내려 2019년 5월 일본제철의 자산차압명령서류의 공시송달 절차가 8월 4일 완료되어 자산을 현금화할 가능성이 높아졌다. 8월 4일 0시를 넘으면, 일본제철의 수령여부와 관계없이 결정문의 송달시효가 발생하고 한국재판소가 압수한 일본제철의 한국내 자산을 강제로 매각 및 현금화가 가능하였다. 일본 정부는 그것을 막기 위한 보복조치로 여행목

		적의 단기체제비자면제중지, 기타 비자신청엄격화 등을 구상하였다. 외교적으로는 도미다(富田浩二) 주한일본대사의 무기한소환 등을 검토하고, 한국제품에 대한 추가관세와 송금제한 등을 검토하였다.[252]
2020. 11	문재인-스가요시히데	스가 요시히데 관방장관은 9월 16일 일본총리로 취임하면서 한국에 대해서 언급하지 않았다. 스가 요시히데 총리는 한중일 정상회의에 대해서 강제징용 판결과 관련해서 한국 정부의 전향적 조치가 없는 한 참석이 어렵다는 입장을 고수하고 있다.

현재 한국과 일본을 전쟁상황으로 몰아넣고 있는 동기, 배경, 원인 등은 매우 다양하고, 하나의 문제가 다른 문제로 확산되는 방향으로 진행되고 있어 한일관계는 매우 위태로운 상태이다. 한일관계가 이번 사건을 계기로 악화되고 있지만 실제로 한일 간에는 다양한 차원에서 갈등이 항존하고 있다. 인권주의자라고 평가받고 있는 한국의 문재인 대통령과 전후 최장총리를 기록하고 지한파로 알려진 일본의 아베총리 간의 대결과 갈등이 부각되었다.[253] 문재인 대통령과 아베 총리는 한일 간의 문제나 과제를 자국이나 자신의 입장에서 해석하고, 상대방에게 해결안이 있다고 주장하여 서로 압박하였다. 상대방 원인과 상대방 책임이라는 맞대응은 결국 한일 간의 갈등을 폭발시켰다.

다음은 한국과 일본을, 그리고 한국국민과 일본국민을, 문재인 대통령과 아베 신

251) 2019년 12월 24일《산케이신문》에 따르면, 한국헌법재판소는 2015년 12월 위안부합의가 위헌인가 아닌가를 논의하였다. 당시 원고인 위안부는 한일합의가 합의과정에서 배제되고, 합의내용도 충분히 설명되지 않아 알권리를 침해당했고, 재산권과 인간으로서의 존엄, 국가로부터 외교적 보호받을 권리를 침해받았다고 주장하였다. 한일은 위안부합의로 '화해 치유재단'을 설립하고 일본 정부는 10억 엔을 제공하였다. 헌법재판소는 전 위안부의 헌법상 권리가 침해됐는가를 판단하는데 외교적 문제는 고려대상이 아니라는 입장을 표명하였다. 만약, 위헌판결이 내려졌다면, 한일합의는 한국 내에서 무효가 된다. 문재인 정부는 일본과 합의한 것을 인정하지만, '합의로는 위안부문제가 해결되지 않는다'라고 하고, 합의를 파기하였다. 아베정부는 한일위안부합의 파기에 대해서 국가간의 약속을 지키라고 강력하게 요구하였다.

252) https: //www.kyodo.co.jp/共同通信 (2019년 10월 검색)

253) 石橋文登(著), 2019,『安倍「一強」の秘密』, 飛鳥新社. 아베의 정적분석과 고립전략, 아베인맥과 나가다죠의 비밀과 명암에 대해서 밝히고 있다. 아베1강의 비밀, 과격한 정치가 아베 신조의 얼굴, 최대파벌 세이와켄(清和研, 清和政策研究会, 福田派→安倍派→三塚派→森派→町村派→細田派)) 의 내막, 인생최대의 시련, 정권교대, 악몽의 나날, 정치생명부활과 장기집권포석, 장기집권의 공죄 등을 다루고 있다. 菊池正史, 2017,『安倍晋三「保守」の正体 岸信介のDNAとは何か』, 文春新書. 渡竜人, 2018,『安倍晋三 内閣総理大臣 所信表明演説集』, バズラス.

조 총리를 질곡으로 몰아넣고 있는 현실적 과제를 소개한 것이다.

〈표 2〉 한국과 일본의 현안

구분	한국의 주장	일본의 주장
한일청구권	1965년 한일청구권협정과는 별도의 법원에 의한 개별청구권 판결에 정부가 개입할 문제가 아니다.	1965년 한일청구권협정으로 대일청구권은 완전하게 최종적으로 해결되었다.
위안부합의	2015년 한일위안부합의는 국민의 정서에 반하는 합의로 파기되어야 한다. 2019년 한일위안부합의 파기를 선언하였다.	한일위안부합의는 국가 간의 약속이므로 준수되어야 한다. 일본 정부예산으로 10억 엔의 기금을 마련하였다. 한일청구권협정은 완전 그리고 최종적으로 해결되었다.
강제징용피해자배상	대법원판결대로 관련 일본기업이 배상을 해야 한다. 다만 일본기업과 한국기업이 공동으로 기금조성에 참여하여 피해자에게 지급하는 안을 제안하였다.	징용배상문제는 1965년 청구권협정으로 최종적으로 해결됐다. 일본기업의 배상금지급은 불가하다. 한국 정부가 책임지고 징용문제를 해결하라고 요구했다.
일본의 수출규제	일본의 수출규제조치는 징용피해배상판결에 대한 보복성 조치로 부당하다. 한국에 대한 수출규제조치와 화이트국가배제를 철회하라.	수출규제조치는 전략물자의 제3국 유출우려에 따른 조치로 역사문제와 무관하다. 전략물자의 사용을 투명하게 공개하고 시정하라.
지소미아파기	한국을 신뢰하지 않는다는 일본과 군사정보를 교류하는 것은 무리가 있다. 일본이 먼저 수출규제를 철회하면 지소미아의 연장이 가능하다.	한국의 일방적인 지소미아파기는 유감이고, 수출규제와 연결하지 말아야 한다. 파기해도 일본방위에 지장 없고, 경제조치인 수출규제와 무관하다. 다만 연장을 바란다.
한일질서재편경쟁	불평등한 역사과제를 청산하라. 한국과 일본의 동등한 관계와 질서를 지향하고, 더이상 일본에게 패배하지 않겠다.	과거와 현재에서 한일간에 맺어진 조약과 협정을 준수하라. 일본 우위적 관계와 질서를 선호하고 있다. 한국에게만은 질 수 없다.

한국과 일본의 전쟁상황을 멈추기 위한 해법은 현재로서 없다. 한일관계를 악화시키는 직접적인 계기가 된 강제징용배상판결에 대해서 서로 선제적으로 조치하기를 요구하고 있기 때문이다. 한국은 해결하기 위해서 대화의 장에 나와야 한다는 주장과, 일본은 우선 한국이 조치를 취해야 한다는 주장이 맞서고 있다. 한국이 일본의 입장을 적극적으로 수용하든지 아니면 일본이 한국의 입장을 전폭적으로 수용하는 방법이외 해결안은 없는 것이다. 양국의 정상은 그런 결단을 상대방에게 미루고 있

다. 한일 양국의 정상들의 대처와 대응에 대해서 각국의 전문가, 한일의 국민이나 기업, 시민 수준에서 강하게 비판을 하고 있다.

그런 비판과 함께 한국과 일본에서는 양국 정상이 회담을 통해서 일괄타결하기를 바라고 있다. 한일관계와 갈등을 풀기 위해서는 아베총리와 문재인 대통령이 해결해야 한다는 의견이다. 양국 정상이 나서지 못하는 배경에는 다양한 요인이 있다. 한일이 당면한 역사적인 과제는 한일기본조약과 청구권협정으로 해결됐다는 일본과 해결되지 않았다는 한국과의 의견충돌이 있기 때문이다. 만약 양국 정상이 현안에 대한 해법의 손익계산이 잘못되면 정권위기, 역사위기, 국격손실 등을 감당해야 할 책임이 있기 때문에 그 책임을 상대방에게 넘기고 있는 것이다. 더욱이 해결하는 방식이나 해법에 따라 근대사의 진위변화, 한일의 국격과 위상, 과거역사에 대한 연쇄적 책임 등에서 중요한 변화가 초래되기 때문이다. 그리고 한일 민족주의의 근간이 되고 있는 한국이 국내외위기를 극복하는 대안으로 규정하여 야심차게 추구하고 있는 통일국가론과 일본이 국내외위기 극복용으로 추진하고 있는 중심국가론이 굳건히 자리잡고 있어 포기할 수 없기 때문이다.

2. 한국과 일본의 정상회담

2018년 한국대법원은 강제징용 피해자로 구성된 원고가 일본기업을 상대로 배상을 요구하는 소송에서 일본기업이 배상하라는 판결을 내리면서 한국 정부와 일본 정부는 극도로 대립하였다. 2019년에 한국대법원의 일본기업배상판결에 대해서 문재인 대통령은 대법원의 징용배상 판결이 존중되어야 한다고 하였다. 한국의 해당 법원은 징용배상문제가 법원판결대로 일본기업이 실행하지 않으면서, 일본기업의 한국자산(보유주식, 특허권 등)을 매각하여 현금화하는 절차에 직접 돌입하였다.[254] 한국 정부는

254) 일본기업들은 2018년 가을 대법원판결 후에도 징용피해자에 대한 배상금지급을 거부하고 있다. 피해자들은 일본기업의 보유주식을 강제로 매각해달라고 법원에 요청했다. 그 중에서 2019년 5월 대구지법 포항지원에 접수된 일본제철 건이 가장 빠르게 진척되었다. 포항지원은 2019년 7월 8일 일본제철이 포항제철과 합작한 PNR주식 19만 4,794주(약 9억 7천만 원)에 대한 매각심문서를 일본으로 발송했다. 심문서는 2019년 7월 14일 외무성이 도착했다. 민법에 따르면, 일본제철측이 심문서가 송달된 후 60일 이내에 답변하지 않으면, 법원은 강제매각여부를 결정할 수 있다. 2021년 2월 현재 강매되지 않고 있어 폭풍전야와 같은 분위기가 지속되고 있다.

그와 관련해서 행정이 사법에 개입할 수 없다는 입장과 함께 다시는 일본에게 패배하지 않을 것이라는 강한 자세를 보였다.

일본의 아베 신조 총리는 한국대법원의 판결과 문재인 대통령의 주장에 대해서 이미 한국과 일본 간의 역사문제가 1965년 한일기본조약과 한일청구권에 의해 모두 해결되었으며, 국제법을 준수해야 한다고 강력하게 반발하였다.[255)] 더욱이 징용배상문제를 법원판결에 맡기지 말고 한국 정부가 직접 해결하라고 요구하였다. 만일 법원판결대로 일본기업의 한국자산을 현금화하면 대한 강경조치를 취할 것이라고 경고하였다. 한국 정부가 청구권협정에 의거 자주적으로 해결하는 것이 국제법을 준수하는 것이며 한일관계를 푸는 열쇠라고 인식하였다. 그와 동시에 일본은 수출규제조치와 화이트국가배제 조치에 돌입하였다. 일본도 결코 한국에게만은 양보하거나 질 수 없다는 불패자세로 대응하였다.

징용배상문제를 둘러싼 한국정상 간의 대립으로 국가 수준에서 다양한 조치가 내려지고 난타전이 벌어지면서 양국 관계는 전후 최악의 관계로 치달았다. 한국과 일본을 대표하는 문재인 대통령과 아베 총리는 최전선에서 국운을 둔 강제징용배상 대리전을 치렀다. 대리전은 한일 양국의 정상이 공식적 또는 비공식적 정상회담을 의도적으로 회피하는 상황으로 반복해서 나타났다. 그런 가운데 2019년 6월 23일 '주요 20개국정상회담'이 일본 오사카에서 아베 신조 총리를 호스트로 하는 회의가 열려 반 강제적으로 만날 수 있는 기회가 되었다.

---

255) 1996년 1월부터 2월에 걸친 위안부국련보고서『구마라스와미보고』(クマラスワミ報告)에서는 개인청구권에 관한 일본 정부의 주장에 대해서 이의를 제기하고 있다. 그리고 국제법률위원회는 1994년 공표된 위안부에 관한 보고에서 일본 정부가 언급하고 있는 비인도적 처우에서 개인이 행하는 청구권을 인정하려는 의도가 전혀 없다고 보았다. 청구권이라는 용어는 불법행위에 의한 청구권을 포함하지 않고, 합의의사록이나 부속협의서에서도 정의되어 있지 않다고 주장했다. 그리고 전쟁범죄나 인도에 대해서 범죄로 생기는 개인의 권리침해에 대해서 어떤 교섭도 없었다고 주장했다. 한국의 경우 일본과 맺은 1965년 한일청구권 협정은 정부에 대해서 지불되는 배상과 관련된 것으로 피해를 입은 개인의 청구권은 포함되어 있지 않다고 단언하였다. 그리고 일본의 단체인 강제동원진상구명네트워크(强制動員真相究明ネットワーク)는 당시 일본 정부 내에서 완전 그리고 최종적으로 해결됐다(完全かつ最終的に解決された)라는 애매한 청구권해결은 미해결된 것으로 인식하고 있다고 오카라쇼(大藏省)의 내부자료에서 명백해졌다고 주장했다. 그리고 한일회담문서 전면공개를 요구하는 회(日韓会談文書·全面公開を求める会)는 문서의 전면공개를 요구하고 사실관계를 밝혀야 한다고 주장했다.

다음은 문재인 대통령과 아베 신조 총리가 만난 오사카 주요 20개국 회의 내용을 소개한 것이다. 이 회의에서 양국의 정상은 극히 이례적인 형태로 만남을 종료하고 말았다.

〈표 3〉 오사카 주요 20개국(G20) 정상회의[256)]

구분	내용
일시	2019년 6월 28일-29일 주요 20개국(G20) 정상회의가 일본이 의장국이 되고 아베 신조 총리가 호스트가 되어 오사카에서 열렸다.
목적	G20 정상회의 공식 의제는 '세계 경제, 불평등, 환경오염 등에 대한 논의'였다. 세계의 관심은 공식의제 이외에 정상들 간의 글로벌 외교전에 집중되었다. 특히 한일정상이 불편한 관계를 해결하기 위한 별도의 회담이 열릴지 여부가 초유의 관심거리가 되었다.
오사카 선언	- 일본 오사카(大阪)에서 열린 주요 20개국(G20) 정상회담에서 '오사카 선언'으로 명명된 이번 공동성명에는 자유롭고 공정하며 차별 없는 무역체제의 중요성을 확인한다는 내용이 포함됐다. 그러나 G20의 창립 정신인 '보호무역에 대항한다'는 문구는 2018년 아르헨티나 부에노스아이레스 회의 때에 이어 이번에도 포함하지 못했다. - 의장국 정상인 아베 신조(安倍晋三) 총리는 이날 폐회식에서 '자유롭고 공정하며 차별 없는 무역체제를 유지하고 발전시킬 수 있는 공통점을 찾아낼 수 있었다'고 강조했다. 그는 이후 기자회견에서도 '급속한 변화와 각국의 대립에 따른 무역을 둘러싼 긴장 속에서 자유롭고 공정하며 차별 없는 무역체제에 대한 원칙을 확인할 수 있었다'고 이번회의 결과에 대해서 긍정적으로 자평했다.
한일정상회담	- 2019년 6월 26일 청와대에 따르면, 문 대통령은 G20 정상회의 기간에 최소 7개국 정상과 양자 회동을 한다. 중국, 러시아, 인도네시아, 캐나다 등 4개국 정상과는 정식 회담을 하고, 아르헨티나와 네덜란드, 인도 등 3개국 정상과는 격식을 갖추지 않고 회담장 밖이나 한쪽에서 이뤄지는 풀 어사이드(pull aside)형식의 약식 회담을 가질 예정이었다. 30일에는 G20 정상회의 참석을 계기로 방한하는 도널드 트럼프 대통령과 만날 예정이었다. 그러나 오사카 정상 외교에서 문재인 대통령과 일본의 아베총리와의 공식회담은 일정에서 없었다. 2019년 6월 26일 청와대 관계자는 '일본이 준비가 안 된 것 같다'며, 'G20회의 기간에 한일 정상회담은 이뤄지지 않을 것'이라고 밝혔다. 그 원인으로는 일본 기업을 대상으로 한 2018년 10월 한국대법원의 강제징용배상 판결 이후 갈등을 빚고 있는 상황이 작용한 것으로 보였다. - 문재인 대통령은 6월 28일 일본 오사카 국제컨벤션센터에서 열린 주요 20개국(G20) 정상회의 공식 환영식에서 의장국인 일본 아베 신조 총리와 웃으며 악수를 했다. 두 정상의 인사는 8초간의 짧은 악수가 전부였고 약식회담조차 없었다. 아베 총리는 문 대통령 다음에 입장한 엠마뉘엘 마크롱 프랑스 대통령과 포옹을 하고 등을 두드리는 친밀감을 보여, 한일 간의 냉랭한 분위기가 더욱 크게 부각되었다. 결국 의장국이자 한미일 대북 삼각 안보 협력 체계의 한 축인 일본과의 정상회담은 무산됐다.

256) https: //ja.wikipedia.org/wiki/ 第14回20か国·地域首脳会合 (2020년 8월 10일 검색); https: //namu.wiki/w/오사카G20정상회의 (2020년 8월 10일 검색)

한일 간의 불협화음	문재인 대통령은 6월 27일 일본 오사카에 도착하자마자 홀대론에 휘말렸다. 이날 오후 3시 40분쯤 오사카 간사이 국제공항에 도착한 문 대통령은 비행기 트랩에 레드카펫이 깔린 가운데 직접 우산을 들고 부인과 함께 계단을 내려왔다. 폭우가 내리는 날씨 속에서 문 대통령이 직접 우산을 쓴 채 지붕이 없는 트랩으로 걸어 내려온 것을 두고 일본 측이 홀대했다는 지적이었다. 그러나 비슷한 시간 일본에 도착한 시진핑(習近平) 중국 국가주석은 지붕이 있는 트랩을 이용했기에 우산을 사용하지 않았다. 이 같은 의전 차이를 두고 한국과의 관계가 냉랭해진 일본 측이 문 대통령을 의도적으로 홀대한 것 아니냐는 의견이 나왔다. 홀대론이 나오자 도널드 트럼프 미국 대통령과 테리사 메이 영국 총리도 같은 형태의 개방형 트랩을 사용했다는 반박이 나오면서 논란이 됐다. 청와대는 그런 상황에 대해서, '공항 도착 시 개방형 트랩을 설치한 것은 사진취재 편의 등을 고려한 우리 측의 선택'이었고, '비를 좀 맞더라도 환영 나오신 분들에 대한 예의를 갖추기 위한 것이기도 하다'고 해명했다.

2019년 6월 28부터 29일 오사카(大阪)에서 열리는 G20회의를 목전에 두고 한일 간에는 치열한 기싸움이 벌어졌었다. 6월 24일 한국의 외교부 당국자는 한일 정상회담 개최 여부에 대해 '결정된 것이 없다'고 밝혔다. 일본 정부는 징용배상판결 해결을 위한 실무 접촉 때 강제징용 문제와 한일 정상회담을 연계시키면서 한국이 중재위원회 요구를 수용하지 않는 한 의장국 정상인 아베 총리의 일정상 회담 개최가 어렵다는 입장을 전한 것으로 알려졌다. 《교도통신》(共同通信) 통신에 따르면, 일본 정부는 이미 한국 측에 일정을 이유로 회담 개최가 곤란하다는 뜻을 전달했다고 보도했다. 외교소식통을 인용해서 '문재인 대통령이 방침을 바꾸면 모르겠지만 지금대로라면 (회담은) 무산될 것'이며, '아베 총리가 G20 정상회의 직전 한일 정상회담 개최 여부를 최종 결정할 방침'이라고 전했다. 그러나 결과적으로 한국은 일본이 제안한 중재위원회 설치에 대해서 답을 내지 않았고, 일본은 계획대로 한일정상회담을 거부하였다.

G20 정상회의에서 형식적인 인사로 일관하며 한일정상 간의 회담이 무산된 사태를 두고 한일전문가들은 양국이 억지로라도 마주 앉아 논쟁이나 스킨십을 하면서 강제징용해법을 강구해야 한다고 인식했다. 최악으로 치닫는 한일관계가 전환하는 계기가 될 것이라는 주요 20개국(G20) 정상회의는 양국 갈등의 골의 깊이만 확인시켜 주었다. 그리고 한일정상 간의 불신이 고조되면서 서로가 납득할 만한 대안도 찾지 않아 양보와 타협의 여지가 없다는 사실을 대외에 크게 알리는 기회가 되었다. 한일정상 간의 냉랭한 외교자세는 한일외교 무능과 전략 부재가 있다는 약점을 그대로 노출시켰을 뿐이었다.

아베 신조 총리와 문재인 대통령이 한일 간의 과제를 두고 정상회담에서 기싸움이나 자존심 싸움을 펼치는 모습과 태도는 국가적 수준에서의 전략을 초월한 지도자 개인 간의 감정적 대응에 불과했다고 보는 것이 옳은 판단일 것이다. 한일 간의 과제는 지도자 간의 과제로 이행되는 과정에서 외교전략이 아니라 개인적인 감정전략으로 전환되고 말았다. 한국과 일본의 양국민에게 아무 도움이 되지 못하는 한국 정부의 대일 외교전략과 일본 정부의 대한 외교전략을 총체적으로 재검토해야 하는 이유이다. 국가지도자는 분명 국가와 국민의 이익을 위해서 외교정책을 추진해야 할 의무와 책임이 있다. 그런 점에서 양국정상은 '국가와 국민을 위해서 라는 표면상의 명분'과 '개인적인 감정외교'를 접고 외교다운 외교로 문제에 접근할 필요가 있다.

한국정상과 일본정상이 만날 수 있는 기회가 된 것은 레이와(令和)시대를 개원한 일본천황의 즉위예정전 의식(即位礼正殿の儀)이었다.[257] 2019년 4월 30일 '천황 퇴위 특례법'에 따라 제125대 아키히토(明仁) 천황이 퇴위하고, 2019년 5월 1일 황태자 나루히토(德仁) 친왕이 제126대 일본천황으로 즉위하였다. 연호는 헤이세이(平成)에서 레이와(令和)로 바뀌었다. 전임 아키히토 천황은 같은 날 상황(上皇)이 되었다. 일본역사에서 보면, 아키히토 천황이 상황이 된 것은 제120대 닌코 천황이 상황이 된 이후 약 202년 만의 일이었다. 그리고 나루히토천황은 메이지 시대 이후 헌정 사상 처음으로 천황의 생전 퇴위에 따라 즉위한 천황이 되었다. 즉위 시점의 나이도 59세로, 제49대 고닌 천황의 61세에 이어 역대 천황 중 2번째로 고령에 즉위하였다.[258]

257) 일본 정부는 국가 행사로 천황이 국내외에 즉위를 선언하는 즉위예정전 의식(即位礼正殿の儀)에 외국 사절 등을 초청하였다. 당초에는 2019년 10월 10일 계획했지만, 직전에 동일본지역을 강타했던 제19호 태풍 하기비스의 피해를 고려해 10월 22일로 연기했다. 일본 왕실이 위치한 황거의 궁전에서 천황의 즉위식 시작을 알리는 징소리가 울리고, 궁내청 시종이 행사용 옥좌(玉座)인 다카미쿠라(高御座)의 장막을 걷어 올렸다. 황색 전통 관복 고로젠노고호(黃櫨染御袍)를 입고 검은색 모자를 하얀 실로 고정한 레이와 천황이 등장했다. 다카미쿠라의 절반 규모인 미초다이(御帳臺)에서도 마사코(雅子) 왕후가 모습을 드러냈다. 천황즉위의 의식은 전통성을 강조한 것으로 일본적인 특색을 국제사회에 알리는 기회가 되었고, 일본은 전통을 중시하는 문화국가라는 새로운 이미지를 만들어낸 것이었다는데 의의가 있다.

258) 일본에서 천황으로 즉위하는 천황 즉위일 2019년 5월 1일과 즉위를 내외에 선명하는 즉위예정전 의식 10월 22일은 관련 법률에 따라 공휴일로 지정되었다. 즉위 일인 2019년 5월 1일, 나루히토 황태자는 황궁으로 이동해 즉위 의식인 검새 등 승계 의례에 임한 후 마사코 황후를 비롯해서 황태자비가 될 후미히토 친왕비 기코 등 성년의 여성 황족도 참여하는 즉위 후 조현(朝見) 의식에서 천황으로서는 처음으로 황족의 인사를 받았다. 5월 4일에는 천황의 즉위를 축하하는 일반참하(一般参賀)가

일본 천황의 즉위예정전 의식(即位礼正殿の儀)에 참석하는 축하사절로는 각국의 정상과 국가를 대표하는 정부 요인들이 참석하였다. 이 행사는 한국의 문재인 대통령과 아베 신조 총리가 자연스럽게 만날 수 있는 기회가 되었다. 그러나 한국에서는 일본과의 외교관계를 고려해서 대통령이 가지 않고 일본전문가로 알려진 이낙연 총리가 참석하여 한일정상 간의 만남은 불발되었다. 아베 총리는 2019년 10월 21일에 이어 축하 사절로 참석한 50여개 국의 대표와 즉위외교를 가졌다.[259] 다음은 레이와천황의 즉위를 국내외에 선명하는 의식을 둘러싸고 벌인 한일 간의 조율과정을 소개한 것이다.

〈표 4〉 레이와천황 즉위식의 한일정상 만남조율상황[260]

구분	한국과 일본의 대응
일시	즉위예정전 의식은 2019년 10월 22일-24일 황거 궁전에서 있었다.
만남장애 요인	- 한일정상회담의 장애가 되는 징용배상문제를 해결하기 위해 2019년 9월 이낙연 총리는 징용배상에 대해서 일본기업+한국기업+한국 정부가 해결하는 안을 제시하였으나, 일본은 '일본기업이 배상금을 내면 한일청구권이 무너지기 때문에 일본 측에 배상을 요구하는 것은 무리'라고 발언하여 접점을 찾지 못하고 정상회담의 가능성은 낮아지는 상황이 되었다. - 한국의 여권 관계자는 한일관계를 풀 핵심은 징용배상판결에 대한 양국의 협의가 중요하다고 발언하였고, 조세영 외교1차관은 '사법부의 판결을 행정부가 간섭할 수 없다'는 입장을 발표하여, 징용배상문제가 한일 간의 정상만남의 장애요인이 되었다. 일본 외무차관 아키바 다테오(秋葉剛男)는 '징용판결은 국제법위반'이라는 기존의 주장을 거듭 강조하였다.
한일총리 회담결과	- 레이와 천황 즉위예정전의식(即位礼正殿の儀) 축하사절로 일본을 방문한 이낙연 총리는 2019년 10월 22일 천황즉위식과 천황의 즉위식 외국사절초청 축하연에 참가하였다. 문재인 대통령 대신에 참석한 이낙연 총리와 아베 총리 간의 회동에서 '한국은 1965년 한일기본조약과 한일청구권협정을 존중하고 준수해 왔으며 앞으로도 그럴 것'이라고 답변했고, '정부가 청구권을 어긴 것이 아니'라고 주장하였다. 그리고 아베 총리와의 회동에서 '두 정상이 만나면 좋겠다'고 전언하였다. - 아베 총리는 '한국대법원의 배상판결은 양국관계의 법적 기반을 근본부터 뒤집는 것'이고, '한국은 국교정상화의 기초가 된 국제조약을 일방적으로 깨고 있다. 국제법을 위반하고 있는 상태를 개선하지 않으면 안 된다'라고 역설하였다. 《도쿄신문》에 따르면, 이낙연 총리가 대통령의 친서를 아베 총리에게 전달을 하였지만 문재인 대통령의 친서에 눈길도 주지 않았다고 전했다.

열렸다. 5월 9일 중의원은 천황 즉위에 축하의 뜻을 나타내는 하사(賀詞)를 만장일치로 의결했다. 나루히토 황태자가 천황을 계승하였지만, 황계할 수 있는 아들이 없기 때문에 1933년 아버지 아키히토의 출생 이후 86년 만에 처음으로 황태자 자리가 공석이 되었다. 이에 따라 황위 계승 순위 1위가 된 동생 후미히토 친왕이 2020년 4월 19일에 입태자례(立太子禮)를 치르며 황태자가 될 예정되었다.

259) http: //news.chosun.com/site/ 즉위예정전의 의식 (2020년 5월 10일 검색)

일본 천황의 즉위예정전의 의식은 한국과 일본이 질곡으로부터 벗어나 새로운 돌파구를 찾을 수 있는 좋은 기회로 평가되었다. 일본국내에서는 축하분위기가 형성되었고, 일본 정부도 즉위예정전 의식을 계기고 갈등보다는 화합할 수 있는 분위기를 만드는데 명분이 충분했기 때문이다. 한국은 축하사절로 방문하면서 자연스럽게 일본과 화해할 수 있는 호기가 되었기 때문이다. 한국은 이낙연 국무총리를 축하사절로 파견하기 전에 일본 도쿄를 방문해 아베 총리를 만나 한일정상이 만나면 좋겠다는 의향을 전달한 바 있었다. 그러나 강제징용배상문제, 일본의 수출규제조치, 화이트리스트의 한국 배제 등에 대한 양국 간의 해법을 찾지 못하면서 문 대통령과 아베 총리의 회담이 어려울 것이라고 예견되었다. 결과적으로 한일현안에 대한 출구를 찾지 못하면서 문재인 대통령과 아베 신조 총리의 회담은 무산되었고, 한일현안은 한일관계를 악화시키는 도화선 역할을 하였다.

레이와천황의 즉위식이라는 호기를 잃은 한국의 문재인 대통령과 아베 신조 총리는 다시 아세안+3정상회의에서 만날 수 있는 기회가 되었다. 양국정상은 2019년 11월 태국에서 열리는 ASEAN+3국수뇌회담에 참석하기 위해 방문하면서 예정에 없던 일대일 즉석회담이 2019년 11월 4일 11분간 이루어졌다. 다음은 정상들이 대기하는 장소에서 즉석으로 이루어진 한일정상회담을 둘러싼 내용을 소개한 것이다.

---

260) 즉위예정전의 의식(即位礼正殿の儀)은 즉위한 천황이 일본국내외에 즉위를 선명하는 의식으로 대관식이며 즉위식이다. 레이와의 즉위예정전의 의식은 2019년 10월 22일 황궁의 정전에서 거행되었다. 195개국의 원수가 초대되었다. 레이와천황은 즉위식에서 '일본국헌법 및 황실전법특례법의 규정에 따라 황위를 계승했습니다. 여기 즉위예정전의 의식을 행하고, 즉위를 내외에 선명하였습니다. 상황폐하가 30여년에 걸친 즉위기간에 국민의 행복과 세계의 평화를 기원하고, 언제든지 국민과 고락을 함께 하면서 마음을 자신의 모습으로 표현하여온 것에, 새롭게 깊게 새기고, 여기 국민의 행복과 세계의 평화를 기원하고, 국민에게 의지하면서 헌법에 의거, 일본국 및 일본국민통합의 상징으로서 업무를 수행할 것을 맹서합니다. 국민의 예지와 끊임없는 노력으로 우리국가가 한층 발전을 이루고, 국제사회의 우호와 평화, 인류의 복지와 번영에 기여할 것을 희망합니다'('さきに、日本国憲法及び皇室典範特例法の定めるところにより皇位を継承いたしました。ここに「即位礼正殿の儀」を行い、即位を内外に宣明いたします。上皇陛下が三十年以上にわたる御在位の間、常に国民の幸せと世界の平和を願われ、いかなる時も国民と苦楽を共にされながら、その御心を御自身のお姿でお示しになってきたことに、改めて深く思いを致し、ここに、国民の幸せと世界の平和を常に願い、国民に寄り添いながら、憲法にのっとり、日本国及び日本国民統合の象徴としてのつとめを果たすことを誓います。国民の叡智とたゆみない努力によって、我が国が一層の発展を遂げ、国際社会の友好と平和、人類の福祉と繁栄に寄与することを切に希望いたします。'라고 하였다.

〈표 5〉 아세안+3(한중일) 정상회의[261)]

구분	한국과 일본의의 대응
일시	ASEAN+3국수뇌회담에 참석하기 위해 태국을 방문하고, 2019년 11월 4일 12: 59분 정상들의 대기실에서 문재인 대통령과 아베 신조 총리간 즉석회담이 성사되었다.
한일정상회담 배경	- 문재인 정부와 아베 정부는 징용배상문제를 둘러싸고 서로 강경자세를 유지하면서 반일(反日)과 반한(反韓) 상황을 적극적으로 묵인하였다. 문재인 정부는 아베 정부에 수출우대국 배제 조치철회를 요구했고, 아베 정부는 문재인 정부에 징용배상판결을 해결하고. 지소미아 연장을 요구하였다. 그리고 한국과 일본은 악화되어 가는 한일관계를 풀기 위해서 2019년 10월 22일 일본천황의 즉위대외선언식을 계기로 접점을 찾으려 하였지만 성과를 거두지 못했다. - 태국에서 열린 아세안 +3국의 다자회의를 계기로 만날 수 있는 기회가 되었지만, 아베 신조 총리와 문재인 대통령 간의 공식적인 정상회담을 위한 사전조율이 이루어지지 않았다. 징용배상문제에 대한 한국의 해결방안과 수출규제조치에 대한 일본의 방안이 나오지 않은 상황에서 정상 간 만남은 시기상조라고 인식되었다.
한일정상환담의 한국발표	2019년 11월 4일 오전 문재인 대통령과 아베총리는 노보텔 방콕 임팩트(IMPACT Challenger) 내 정상 대기실에서 우연히 만나 약 11분간 약식대화를 하였다. 한국 청와대 대변인에 따르면, 이날 약 11분간 정상대기실 환담에서 두 정상은 한일 관계가 중요하다는 데 의견을 같이하고, 양국현안은 대화를 통해 해결해야 한다는 원칙을 재확인했다고 밝혔다. 문 대통령은 '필요하다면 보다 고위급 협의를 갖는 방안도 검토해 보자'고 제안했고, 아베 총리는 '모든 가능한 방법을 통해 해결 방안을 모색하도록 노력하자'고 말했다고 전하였다. 청와대 대변인은 이날 만남을 회담이 아닌 '환담'으로 표현한 것과 관련해 '미리 협의된 자리가 아니어서 회담이나 약식회담이 아닌 환담으로 표현한 것'이라고 설명했다. 이어서 문재인 대통령부부는 태국 방콕 임팩트 챌린지(IMPACT Challenger)에서 열린 갈라 만찬에 참석하며 아베 신조 일본 총리 부부와 간단하게 인사를 나누며 악수했다.
한일정상환담의 일본발표	일본 정부와 언론들은 아베 총리의 단호한 입장 전달이라는 측면에 무게를 두고 당시 상황을 전달하였다. 일본 정부의 보도자료 제목은 '아세안 관련 정상회담에 있어서 일·한정상의 대화'라고 하였다. 일본은 한일정상의 대화 시간에 대해서 약 10분 정도라고 전했다. 일본 외무성은 이날 환담과 관련해 '아베 총리가 문 대통령에게 우리의 원칙적 입장을 확실히 전달했다'고 밝혔다. 니시무라 부장관은 '우리 보도자료의 상황 그대로다. 한국 측의 설명은 한국 측에 물어보길 바란다'고 했다고 한다. 약 10분간의 대화가 이뤄진 경위에 대해 니시무라 부장관은 '정상대기실에서 아베 총리가 다른 국가 정상들과 순차적으로 악수를 하는 도중에 문 대통령과도 악수를 했고, 자연스럽게 빈 소파에 앉게 된 것'이고, '회의 전에 이야기를 나눈 것'이라고 했다. 그리고 '다음 정상회담이나 문희상 국회의장이 구상 중이라는 양국 기업·국민 기부에 의한 징용 해결방안에 대한 대화는 없었다'고 했다. 《니혼게이자이》는 '한국 대법원의 징용 판결은 명확한 국제법 위반으로, 한국에 시정을 요구한다는 일본의 입장을 아베 총리가 재차 전달했다'고 보도했다. 일본 기자들은 '1965년 청구권협정에 대한 원칙적 입장에 변함이 없다는 내용을 전달했다'는 취지에 대해서 '한국은

261) https: //ja.wikipedia.org/wiki/ (2020년 8월 11일 검색); https: //namu.wiki/ (2020년 8월 11일 검색)

	분위기가 아주 우호적이었다고 했는데 뉘앙스가 다르다'고 전했다. 일본《NHK》는 아베총리가 최근 모친상을 당한 문 대통령에게 위로의 말을 건넸고, 이낙연 총리의 천황 즉위 행사 참석에 대한 감사 표시를 했다고 전하였다.

아세안+3(한·중·일) 참석하는 과정에서 한일정상이 만난 사실에 대해서 한일 간의 반응이 서로 대조적이었다. 한국에서는 비교적 한일정상환담을 희망적이며 기대하는 입장에서 보도를 하고 긍정적으로 평가를 했다. 청와대에 따르면, 문 대통령 내외가 만찬에서 아베 총리 내외와 같은 줄에 서서 악수를 하고 단체사진을 찍었다고 밝히는 등 태국에서 아베총리와의 만남을 긍정적으로 인식하여 보도하였다. 한일정상의 만남에 대해서 한국언론들은 청와대의 긍정적인 발표에 대해서 고무적인 분위기가 있었고, 한일문제가 한일정상만남을 통해 해결될 수 있을 것이라는 막연한 기대를 한 것도 사실이었다는 내용을 전했다.

반면, 일본 언론들은 전날 사진 촬영 때 두 정상이 악수를 나누는 장면에 이어 이날 양국 정상간 대화 역시 한국 측이 더 적극적으로 공개한 데 주목하였다.《요미우리TV》는 '초조한 문 대통령'이란 제목으로 현재 한국의 입장을 소개하기도 했다. 그리고 일본언론들은 '지소미아의 종료가 임박한 가운데 미국의 종료 결정 철회 압박이 거세지고 있고, 반면 일본은 수출규제 조치를 풀 생각이 없어 시간에 쫒기며 답답해하는 한국의 입장이 드러났다'는 취지의 보도를 하였다. 더욱이 일본 측은 약 11분 만났다는 한국의 보도를 정정하고 약 10분의 환담이라고 수정하여 발표하는 등 냉랭한 총리관저의 분위기를 전하였다.

한일정상 간의 문제인식과 해결에 대한 온도와 인식 차이로 인하여 이렇다할 만한 성과를 거두지 못한 채 한일정상 간에는 여전히 상대방에 대한 불신과 선행조치를 바라는 감정이 깊게 남아있다는 것을 국내외에 알렸다. 한일정상회담이 성사되지 못하고 만남을 약속하지도 못하는 상황에서 한미일 간의 큰 이슈로 등장한 지소미아 파기 일정이 다가와 한미일을 긴장하게 하였다. 한국 정부는 '8월 달에 우리가 보낸 지소미아 종료 결정 통보 내용의 효력을 정지시키겠다고 일본 측에 전달했다'고, 하고, '일본도 대화의 의지가 있으니 그렇게 한 것'이라고 말했다. 그리고 '우리 측이 세계무역기구(WTO)에 제소한 사건에 대해서도 정지시키겠다는 입장을 밝혔다'고 하였다. 한국 정부의 지소미아종료효력정지 결정은 2019년 11월 23일 0시를 기해 지소미아가 종료될 예정인 가운데 전격적으로 내려졌다. 한국 정부는 지소미아종료 시점까지 최선을 다해 협상한다는 방침 하에 일본 측에 일종의 패키지 딜을 제안한 것으로 알려졌다.

다음은 한국 정부와 일본 정부가 지소미아 종료효력정지와 관련된 WTO제소를 둘러싸고 벌인 대응과정을 소개한 것이다.

〈표 6〉 한일정상의 지소미아와 WTO 대응현황

구분	한국과 일본의 대응
일시와 목적	2019년 11월 22일 한국 정부의 지소미아 종료효력정지와 WTO제소 정지를 선언하고, 일본 정부도 수출규제에 대한 대화재개를 선언하였다.
한국의 대응	한국 정부는 문재인 대통령이 참석한 국가안전보장회의(NSC) 상임위를 열어 일본의 수출규제조치 문제를 논의한다는 조건을 달고 지소미아 종료를 연장하기로 하였다. 김유근 국가안보1차장은 '정부는 언제든지 지소미아 효력을 종료시킬 수 있다는 전제하에 지소미아 종료 통보의 효력을 정지시키기로 했다'고 하고, '한일간 수출관리정책대화가 정상적으로 진행되는 동안 일본 측의 3개 품목 수출규제에 대한 WTO제소 절차를 정지시키기로 했다'고 발표했다.
일본의 대응	일본은 '한국과 무역관리협의를 시작하기로 합의했다'고 발표하였다. 일본 정부는 수출규제와 한국을 화이트리스트에서 제외한 조치에 당장 변화는 없지만 수출관리와 관련된 국장급대화를 열겠다고 하였다. 아베총리는 '북한에 대한 대응을 위해 한미일의 연대와 협력이 극히 중요하다. 이번에 한국도 그런 전략적인 관점에서 판단했다고 생각한다'고 말했다.
결과	한국 정부의 지소미아종료 효력정지선언과 WTO제소 절차정지를 발표하고, 일본 정부의 수출규제조치에 대한 전향적인 자세로 2019년 12월 16일 한일 경제관련 국장급대화가 열렸다.

한국 정부는 미국의 미소미아 종료철회에 대한 압박과 한미동맹의 균형 유지, 그리고 일본과의 관계개선도모, 한일지소미아필요성, 수출규제원상복귀 등을 염두에 두고 지소미아종료 효력정지를 일본에 통보하고 더불어 WTO제소 절차를 정지시키는 조치를 단행하였고, 일본과의 대화를 기대하였다. 한국 정부의 지소미아종료 효력정지와 WTO제소 절차정리를 계기로 일본 정부는 수출규제와 관련된 대화의 장에 나오는 결정을 하였다. 한일 간의 전향적인 자세는 국장급 고위회담에서 강제징용배상문제, 화이트국가제외철회 등 기존의 현안을 해결할 수 있는 모티브가 될 것으로 인식하였다. 그러나 2019년 12월에 열린 국장급회담에서 양국 간의 의견차이만 확인하고 구체적인 해결안을 제시하지 못했다.

당초 한국과 일본은 큰 틀에서 일본의 수출규제 조치와 한국의 지소미아 종료 결정에 대해 각각 일정 부분 양보하는 방향인 것으로 알려졌지만 이후 한국과 일본 간의 경쟁적인 승패론이 대두하면서 다시 갈등을 보이는 양상을 보이고 말았다. 양국 정부가 인정하고 있지 않지만, 한국 정부는 갈등의 원인이 되었던 일본의 수출규제 조치에 대응하기 위해 지소미아종료와 WTO제소로 접근하였고, 일본 정부는 징용배상판결에 대응하기 위해서 수출규제조치로 접근하였다. 그런 현실적 협상에서 징용배상판결, 수출규제조치, WTO제소, 지소미아종료 등이 동시에 거론되고 있어 한일 정부는 좀더 솔직하게 대응하고 협력을 추구할 필요가 있다. 한일 간의 갈등을 해결하려는 전제, 의도, 목적 등이 신뢰를 얻지 못하기 때문에 접점을 찾지 못하고 있는 것이다.

한국과 일본이 해결구도와 해법을 서로 달리하면서 첨예하게 대립하는 가운데 한국불패론과 일본불패론이 한일갈등을 지탱하는 힘으로 작용하였다. 한일정상은 이후 중국이 호스트국으로 주최하는 한중일 정상회담이 예정되어 있어 한일정상회담의 성사 가능성이 예측되었다. 당시《교도통신》(共同通信)에 의하면, 아베 총리와 문재인 대통령의 한일수뇌회담은 2019년 12월 24일 중국 청두에서 열릴 것으로 보도하였다. 그 회담에서도 징용공소송판결(元徵用工訴訟判決), 일본의 수출규제관리강화, 군사정보포괄보호협정 연장 등 3개 의제를 해결하는 데 초점이 맞춰질 것으로 예상되었다. 한일정상에 대한 해결기대감이 감소되고, 불신이 사라지지 않은 상태에서 성사되는 수뇌회담은 난항할 것으로 보였다.

《교도통신》에 따르면, 한일수뇌회담에서 한일관계개선을 위한 포괄적 합의에 이를 것인지, 아니면 유보될 것인지 회담의 성부는 50%정도라고 예측하였다.《한겨레신문》에 의하면, 한중일 수뇌회담에 출석하기 위해 15개월만에 방중한 한일양자회담에서 수출규제와 징용배상에 대한 협의, 지소미아연장 등이 중요한 의제가 될 것이라고 예측하였다. 2019년 12월 20일《아사히디지털》(朝日新聞デジタル)에 따르면, 일본 정부는 2019년 7월 한국에 강화했던 수출규제의 일부를 완화했다고 전했고, 한국 정부는 징용배상문제로 일본기업의 부담을 강제하지 않도록 한 문희상 국회의장의 법안에 부정적인 견해를 표시했으며, 강제징용자 원고측의 변호사와 지지자들도 반대하고 있다는 내용을 전했다.

한국과 일본이 첨예하게 대립하는 가운데 중국 정부는 2019년 12월 10일 제8회 중

한일의 수뇌회담을 2019년 12월 24일 사천성 청두(四川省の成都)에서 열린다고 발표했다. 보도관은 한중일 경제협력을 시작한지 20년이 되는 해라고 하고, 회담에 대해서 이후 10년간의 경제협력이나, 세계와 지역의 평화와 안전에 관한 논의에 주목한다고 말하였다. 북경에서는 시진핑 국가주석과 한일수뇌와의 개별회담이 열릴 것이라고 발표했다. 2019년 12월 13일 아베총리는 12월 24일 청두에서 일중한 정상회의에 출석하고, 문재인 대통령과 한일수뇌회담도 할 예정이라고 말했다. 한국외교부는 아직 확정되지 않았다고 하고, 한일정상회담은 여전히 조율중이라고 답변하였다.[262)]

다음은 중국 청두에서 열린 한중일 수뇌회담을 계기로 한일정상회담이 성사된 과정과 회담내용을 소개한 것이다.

〈표 7〉 중국 청두의 한일 정상회담[263)]

구분	내용
일시	한일 정상회담은 2019년 12월 24일 중국 쓰촨성 청두 샹그릴라 호텔에서 한국 문재인 대통령과 일본 아베 신조 총리가 만나 성사되었다. 아베 총리는 방중기간이 2박 3일이었고, 문대통령은 1박 2일이었다. 《마이니치신문》에 따르면, 아베 총리는 24일 문재인 대통령과 방문지 사촌성 청두에서 만나 예정시간을 넘기고 약 45분간 진행되었다. 한국 언론 보도에 따르면, 2019년 12월 24일 한중일 정상회담 참석차 중국 쓰촨성을 방문한 문 대통령과 아베 총리는 이날 오후 중국 쓰촨성 청두 샹그릴라 호텔에서 약 50분(일본은 45분이라고 말했다)간 한일 정상회담을 가졌다.
회담장소	- 한일 당국은 회담 장소를 놓고도 신경전을 벌였다. 한국은 한일관계 상황을 고려해 국제회의장 등 제3의 장소가 바람직하다는 뜻을 전했다. 일본은 아베 총리 숙소를 끝까지 고집한 것으로 알려졌다. 정부 당국자는 '이번 회담은 순서상 일본이 호스트를 맡아 회담 장소를 정했다'고 말했다. 정상회담은 아베 총리가 머물고 있는 청두 샹그릴라 호텔에서 진행됐다. 일정과 동선을 고려해 이렇게 정했다고 설명했다.[264)]
한일정상 인사	문재인 대통령과 아베 신조 일본 총리는 회담장에 도착해 1초간 짧게 악수를 나눴다. 전날 한중 정상회담에서 문 대통령과 시진핑(習近平) 중국 국가주석은 기념촬영 도중 서로 대화를 나누며 환하게 웃었던 것과는 분위기가 사뭇 달랐다. 우여곡절 끝에 성사된 한일 정상회담에서 양국의 팽팽한 긴장감이 이어진 것이다.

262) 실제 한중일 회담에서 한국은 중국으로부터 선물을 받지 못했다고 전했다. 문 대통령은 정상회담에서 중국의 한한령(限韓令)해제를 통해 문화협력을 강조했지만 시진핑 주석은 그에 대한 답을 주지 않았다. 아베 총리 방중에 맞춰 중국 언론은 18년 만에 일본산 쇠고기 수입 금지령을 해제하기로 했다고 보도했다. 중국은 2001년 일본에서 광우병이 발생하자 쇠고기 수입을 금지해왔고, 2010년엔 구제역을 이유로 일본산 육류제품도 수입 금지했다. 이 금지령이 아베 총리와 시진핑 주석이 만나는 날에 맞춰 해제한다고 발표했다. 《중앙일보》 2019년 12월 25일

회담모두 발언	- 한일정상회담이 시작된 후 문 대통령의 모두발언 도중 일본 측은 취재기자들의 퇴장을 요구하였다. 상대 정상의 모두발언이 끝난 뒤 취재기자를 퇴장시키는 것이 관례인데도 회담 시간을 이유로 기자들의 퇴장을 요구한 것을 두고 일본의 외교 결례라는 지적이 나왔다. 아베 총리는 통역포함 1분 정도 모두발언을 하였고, 문 대통령은 3분을 넘겨 일본외부성직원이 한국 측의 통역발언 중 보도진의 퇴실을 요구했다. 일본에서는 보도진이 없는 장소에서 허심탄회하게 논의하고 싶은 일본 측과, 카메라 앞에서 자기주장을 확실하게 한 한국 측과의 사심이 얽힌 것으로 인식하기도 했다. -《아사히신문》에 의하면, 아베 총리는 회담후 12월 27일 텔레비도쿄(テレビ東京) 방송에서 문재인 대통령에 대해서 '매우 언동이 부드러운 신사이며 자주 만날 수 있는 관계를 만들면 좋겠다'(非常に物腰が柔らかい紳士」, もっと頻繁に会える関係を作れるとよい)라고 말했다고 전했다.《中央日報》일본어판 12월 28일

중국 청두에서 한중일 정상회담의 일환으로 추진된 한일정상회담 준비과정이나 상호 대하는 자세를 보면, 여전히 갈 길이 멀다는 것을 알 수 있다. 그것은 한국과 일본의 갈등에 대한 해결안이나 방법이 임기응변식으로 행해왔고, 미해결되거나 미봉된 역사적 사실이나 갈등이 현실적인 필요에 의해 반복적으로 소환되는 구조에서 오는 문제라고 할 수 있다. 한일정상은 역사적 갈등을 미봉책으로 덮지 말고 모두 들어내어 시간이 걸려도 양국이 납득할 만하게 해결할 필요가 있다. 한일 간의 문제는 양측의 갈등을 양측이 원하는 방안과 방법으로 명백하게 해결할 필요가 있다. 다음은 중국 청두의 한일정상회담에서 도출한 결과를 소개한 것이다.

263)《요미우리신문》에 따르면, 한중일수뇌는 공동기자회견에서 한반도의 비핵화를 위해 협력하기로 의견을 모았다. 아베 총리는 북한의 탄도미사일발사에 대해서 국제연합안전보장이사회결의 위반과 지역안전보장을 심각하게 위협하는 것으로 비판하고, 북한의 완전한 비핵화를 위해 미조 프로세스를 최대한 지지하는 것이 중요하다고 지적했다. 문재인 대통령은 조기에 미조회담을 통해서 비핵화와 평화가 실질적으로 진전하기를 함께 노력하자고 제안했다. 중국의 수상은 국제사회와 함께 정치적인 방법으로 한반도 문제를 해결하고 싶다고 하였다. 아베수상은 북한에 의한 일본인납치문제의 조기해결을 위한 지원과 협력을 요청하고 이 수상과 문재인 대통령은 일본입장에 대해서 공감을 표시했다. 회담에서는 자유무역추진을 위해 협의하고, 일중한과 아세안에 의한 동아시아지역 포괄적 경제연대(東アジア地域包括的経済連携, RCEP) 협정에 서명한다고 합의했다. 그리고 일중한자유무역협정(日中韓自由貿易協定, FTA) 체결을 위한 교섭을 지속하기로 하였다. 이 수상은 자국제일주의를 지향하는 미국을 염두에 두고 자유무역을 추진해야 한다고 강조했다. 징용공배상문제를 둘러싼 한일관계가 냉랭해진 것을 염두에 두면서도 인적 교류를 적극적으로 추진할 것을 주문했다.

264) http: //www.donga.com/news (2020년 10월 21일 검색)

〈표 8〉 중국 청두의 한일정상회담 결과

구분	내용
한일관계 설정	-《마이니치신문》에 따르면, 아베 총리는 '모두에서 일한양국은 서로 중요한 이웃국 동지이고, 북한문제를 시작으로 안전보장문제에 대해서 일한, 일미한의 연대가 극히 중요하다'고 강조하고 ' 중요한 일한관계를 꼭 개선하고 싶다' 말했다. -《교도통신》에 따르면, 아베 총리가 '중요한 일한관계를 개선하고 싶다'는 말에 대해서 한국의 문재인 대통령은 '일본과 한국이 지리적으로도 역사적으로 문화적으로도 가까운 이웃국가로 무역이나 인적교류의 면에서도 매우 중요하고 함께 살아가는 그리고 번영하는 파트너다. 일시적으로 편하지 않아도 결코 멀어질 수 없는 사이다'라고 말했다.
한일현안 해결	-《후지테레비》(フジテレビ)에 의하면, 모두발언에서 일한의 현안에 대해 언급하지 않았다. 아베 총리는 '나로서도 이 중요한 일한관계를 꼭 개선하고 싶다고 생각하고 있고, 오늘은 솔직한 의견교환을 하고 싶다'고 말하였고, 문 대통령은 '양국의 현안을 해결하기 위해서는, 직접만나 솔직한 대화를 하는 것이 무엇보다도 중요한 방법이라고 생각한다'고 말했다. 아베 총리는 '일한관계가 엄중한 상황에 있지만, 근본원인은 전 징용공문제에 관한 최고재판소의 판결에 있다'(韓関係は引き続き厳しい状況にあるが, 根本原因は, 元徴用工問題に関する最高裁判決にある)라고 말하고, '일한관계를 건전한 관계로 돌려놓기 위해, 한국 측의 책임으로 해결책을 제시하기 바란다'(日韓関係を健全な関係に戻すため, 韓国側の責任で解決策を示してほしい)고 요구했다. - 문 대통령은 모두발언에서 일본에게 수출규제철회를 요구하고, 일본의 전향적인 자세를 기대했다. 아베 총리의 발언에 대해서 문 대통령은 '한국입장을 반복하지 않지만, 해결의 중요성은 자신으로서도 인식하고 있다. 조기에 문제해결을 꾀하고 싶다'고 말했다. 한일 간의 대화는 그 이상 진전되지 않았고, 이후 한일의 외교당국간 협의가 지속하게 되었다. -《중앙일보》에 따르면, 문재인 대통령은 24일 일본의 수출규제 조치와 관련해 '일본이 취한 조치가 7월 1일 이전 수준으로 조속히 회복되도록 결단을 내려달라'고 당부했다. 이에 아베 신조 일본 총리는 '수출관리 정책 대화가 유익하게 진행됐다고 들었다'며, '이 문제는 수출 당국 간 대화로 풀어나가자'고 답했다.
회담결과	- 양국수뇌는 징용배상문제에 관해서 당사국의 협의를 계속하는 데 일치했지만 이후 구체적인 답을 내지 못했다. 이 번 회담은 포괄적이고 구체적인 해결안을 제시하기보다는 대화의 중요성을 확인하는 정도였다는 평가이다. - FNN서울지국장에 따르면, 문 대통령은 일본의 수출관리강화에 대해서 '조기에 원상회복해야 한다'고 요구하였고, 아베 총리는 '이후도 당국 간의 대화를 통해서 문제를 풀어갈 것이다'라고 말했다. 수뇌회담은 예정된 15분을 초과하여 45분에 걸쳐 행해졌다. 한일당국자들은 각각의 주장을 말했지만, 구체적인 해결에 도달하는 길을 제시못했다. (FNNソウル支局長. 2019.12.24.) - 이 회담에서 문 대통령은 납북자 문제의 지지와 지원을 요청한 아베 총리에게 '일본의 노력을 계속 지지하겠다'고 답했다. 양 정상은 2020년에 열리는 도쿄올림픽을 통한 스포츠·인적 교류로 많은 국민이 서로에 대한 마음을 열도록 경주해 나가기로 했다.
회담후 발언	- 회담후 기자회견에서 아베 총리는 '국가 간의 약속인 일한기본조약과 일한청구권협정이 지켜지지 않으면 관계는 성립되지 않는다. 한국은 일한관계를 건전한 관계로 돌리

는 계기가 될 것으로 본다. 징용공문제는 한국 측의 책임으로 해결책을 제시하도록 강하게 요구한다'라고 문 대통령에게 요구했다. 회담 후 청와대 대변인 브리핑에서, 정상은 이날 회담에서 지난 7월 한국을 상대로 한 일본의 수출규제 사태 이후 악화한 한일관계 회복 방안을 논의했다. 아베 총리는 '우리는 이웃이고 서로 관계가 중요하다는 데 의견을 같이했고, 대화를 통해 문제를 해결하자'고 말했다. 문 대통령은 '실무협의가 원활하고 속도감 있게 진행되도록 아베 총리와 함께 독려하고, 이번 만남이 양국 국민에게 대화를 통해 문제가 해결될 수 있도록 희망을 주는 계기가 되길 바란다'고 밝혔다. 양국 정상은 수출규제 문제를 촉발한 한국 대법원의 강제징용배상 판결에 대해서는 서로의 입장차를 확인했다고 대변인은 전했다.

- 문 대통령은 자신의 트위터와 페이스북을 통해, '청두를 떠나며'에서 '한중일 정상회의를 마치고, 청두를 떠나며 돌아가는 비행기 안에서 생각해 봅니다. 한·중·일 3국은 불행한 과거 역사로 인해 때때로 불거지는 갈등 요소가 분명히 있습니다. 그러나 우리는 오랜 역사와 문화를 공유하는 가장 가까운 이웃입니다. …과거의 역사를 직시하면서도 미래 지향적인 협력을 계속 발전시켜 나가야 합니다. …아베 총리와의 한일 정상회담도 매우 유익한 진전이었다고 믿습니다. 양국 국민들께 희망을 드릴 수 있기를 바랍니다. 중·일 정상들이 북미 대화 재개의 중요성에 공감하고 한반도 평화를 위해 함께 노력해 주고 계신 것에 대해서도 감사드립니다'라는 글을 남겼다.[265]

청두의 한일정상회담은 한일현안을 구체적으로 해결하기 위한 안을 준비하지 않았고, 또한 제시하지도 않았다. 한국은 일본에 의한 수출규제조치를 해제할 것을 요구하였고, 일본은 징용배상판결에 대해서 한국이 해결해주기를 요구하였다. 한일정상은 누가 먼저 해결할 것인지를 생각하기 보다는 상대방이 해주기를 바라고 있다. 여전히 정상회담을 통해서 한일 간의 갈등을 해결하는 것은 아직 시기상조인 상황이다.

문재인 대통령과 아베 신조 총리가 해결하지 못하는 상황에서 아베 총리의 퇴진으로 한일 간 변화의 조짐이 일었다. 일본 총리로 스가 요시히데가 취임하였기 때문이다. 한국은 스가 총리가 취임하면서 축하메시지를 보냈고 일본은 그에 대응을 하였다. 스가 총리는 한일관계에서 기존 아베 총리가 주장한 입장과 해결방법을 고수한다고 밝혔고, 또한 한국이 먼저 징용배상문제에 대한 해결안을 제시할 것을 요구하였다. 한국은 만나 대화를 통해서 해결하자는 입장을 고수했다. 그런 가운데 문재인 대통령과 스가 요시히데 총리는 2020년 11월 15일 RCEP에 서명하는 온라인회의에서 처음으로 마주하였다.

일본 정부는 RCEP가 중국 주도로 이뤄진 무역 협정이라는 점에서 거부감을 가지고 있었다. 중국은 트럼프 행정부 취임 이후 미국과 무역 갈등을 겪으며 아시아 태

265) https: //www.edaily.co.kr/news (2020년 10월 21일 검색)

평양 지역의 경제적 중요성을 통감했다. 중국이 지역 내 존재감을 확대할 수 있는 RCEP 서명을 서두른 이유이다. 당초 중국은 한중일과 아세안 중심으로 RCEP를 추진하려 했으나 일본이 지역 내에서 중국 입김이 거세질 것을 우려해 미국의 전통적 우방국인 인도, 호주, 뉴질랜드 등을 추가하자고 해 지금의 형태에 이르게 됐다. 인도는 대중 무역적자가 더욱 커질 것을 우려해서, 일본 정부의 끈질긴 설득에도 결국 탈퇴했다. 인도를 포함한 RCEP를 밀어 붙이던 일본 정부는 코로나로 아세안 국가들의 경제가 급격히 위축되자 인도를 제외한 협정에 서명했다.

2020년 11월 15일 《산케이신문》은 '인도의 불참이 심히 유감스럽다'며, '일본 정부가 강력하게 원했던 인도의 합류를 끈질기게 시도해야 한다'고 주장했다. 《닛케이》도 '인도가 이탈해 RCEP의 가치가 줄어든 건 부정할 수 없다'며. '당장 복귀를 재촉하긴 어렵겠지만 포기할 일은 아니다. 끈질기게 설득해야 한다'고 주장했다. 인도는 인구와 경제력 기준으로 중국과 맞대결할 수 있는 유일한 국가인데다 민주주의를 채택한 미국의 동맹국이라는 점에서 일본과 여러모로 뜻이 통했다. 일본, 호주, 뉴질랜드와 함께 아시아 태평양 지역에서 중국을 견제하는 미국 주도의 새로운 안보 협의체 쿼드(QUAD)에 속해있기도 하다. 결과적으로 RCEP서명으로 아시아 태평양 지역에서 중국의 영향력이 더욱 커질 가능성이 높아졌고, 미중경제 갈등에서 일본은 중국과 미국 사이에 끼이는 상황에 놓이고 말았다.

다음은 2020년 11월 15일 한국의 문재인 대통령과 일본의 스가 요시히데 총리가 참석하고 15개국이 서명한 동아시아지역포괄경제연대(RCEP)에 대해서 소개한 것이다.

〈표 9〉 RCEP의 한일관계

구분	내용
조인식	동아시아지역포괄경제연대(Regional Comprehensive Economic Partnership; RCEP)는 아시아 태평양지역의 자유무역협정으로, 회권국 15개국, 세계인구 30%, 세계GDP 30% 등을 점하고 있다. 2011년 인도네시아 발리에서 개최된 ASEAN수뇌회담에서 구상되었고, 2012년 캄보디아 수뇌회담에서 교섭이 시작되었다. 2020년 11월 15일 RCEP교섭은 ASEAN의장국 베트남정부 주최로 온라인회의로 합의하고 서명하여 성립하였다.
구성국	RCEP 가맹국가는 동남아시아 ASEAN가맹 10개국인 말레이시아, 필리핀, 싱가포르, 인도네시아, 태국, 브루나이, 베트남, 라오스, 미얀마, 캄보디아 등과, FTA파트너국가 5개국인 호주, 중국, 일본, 뉴질랜드, 한국 등으로 총 15개국이다. 2017년 1월 환태평양경제연대협정(TPP)에서 이탈한 미국은 포함되지 않았고, 무역적자를 우려한 인도도 서명하지 않았다.
협정문	협정문에는 상품, 서비스, 인력이동, 전자상거래, 투자, 원산지, 통관, 위생 및 검역조치, 기

	술규제 및 적합성평가, 경쟁, 지식재산권, 정부조달, 중소기업 경제기술협력, 총칙 등이 포함되었다. 가맹국은 정상회의에서 채택된 공동성명을 통해 역내 일자리 창출, 공급망 제고 등 코로나19 위기 극복뿐 아니라 개방적이고 포괄적이며, 규범에 입각한 무역·투자 시스템을 구축하는 등에 큰 의의가 있음을 확인했다.[266]
한국 입장	- 문 대통령은 정상회의 모두발언에서 스가 총리를 향해 '반갑다'는 인사를 하였고, 이어지 발언에서 '이번 RCEP 협정의 서명을 통해 세계 최대 규모의 FTA가 탄생하게 된 것은 코로나19로 인한 세계적인 위기 상황에도 불구하고 거대 경제공동체를 출범시켜 보호무역주의에 대한 경종을 울리고 자유무역의 중요성을 전 세계에 알리는 큰 의미가 있다'고 밝혔다. 한편 RCEP 회원국들은 협정에 끝내 불참을 선언한 인도에 대해서도 꾸준히 참여할 수 있도록 하겠다는 방침이다.[267] - 한국은 이에 따라 세계 경제대국 1위에서 5위인 미국, 중국, 일본, 독일, 인도 등과 FTA를 체결하게 되었고, 10위 경제대국(브라질 제외)과도 모두 FTA를 보유하게 된다. 한국은 참가국에 대한 2019년 수출액이 2,690억 달러로 전체 수출의 50%를 차지하고 있고, 협정으로 수출시장이나 무역구조의 다각화가 기대되며, 2017년 11월 내세운 신남방정책이 가속화될 것으로 보인다. - 한국과 개별적으로 FTA(자유무역협정)을 맺지 않은 일본과 처음으로 맺은 자유무역협정이다. 이번 협정으로 일본과 첫 FTA를 맺는 효과가 생긴다. 한국 정부는 국내산업에 대한 영향을 고려해서 일본에 대한 자동차나 기계 등의 제품을 제외하고 수산물의 개방도 최소화하였다. 한국 정부는 '일본과는 우리의 민감성을 최대 반영해 전체 이익 균형을 도모했다', '일본과는 자동차·기계 등 민감 품목이 관세철폐 대상에서 제외했다'고 밝히면서 다만 자동차 부품은 관세 철폐 대상이 아니라고 했다. 《니혼게이자이신문》은 '한국에 대한 수출에서, 에어백과 전자계 부품 등 자동차 관련 품목 중 80% 가까이는 관세가 철폐된다'며, '일본의 한국 수출 공산품의 관세 철폐률이 현재 19%에서 92%까지 단계적으로 상승할 것'이라고 보도했다.
일본 입장	스가 요시히데 총리는 '일본은 일관해서 자유롭고 공정한 경제권을 확대하고 다각적 자유무역체제를 유지하고, 강화하기 위해 솔선해서 행동해 왔다. RCEP는 시장접근을 개선하고 지적재산권이나 전자상거래 규칙을 정비하고, 지역의 무역이나 투자를 개선하며, 서플라이체인의 효율화를 촉진시킬 것이고, 코로나 위협으로 세계경제가 혼미하는 가운데 자유무역을 추진하는 것이 무엇보다도 중요하다'고 말했다. 그리고 서명에서 빠진 인도에 대해서 '지역경제틀에 불가결한 플레이어이고, 협정에 복귀하는데 주도적으로 역할을 할 것'이라고 하였다. 일본에게는 최대 무역상대국인 중국과 3번째인 한국과 맺은 경제연대협정이다. 일본 정부는 이후 조기에 발효하도록 필요한 국내절차를 진행할 것으로 보인다.
과제	한국은 중국이 주도한 RCEP에 가맹함으로써 한미관계가 미묘해졌다. 앞으로 포괄적이며 선진적 파트너십 협정인 CPTPP에 한국과 미국이 참가할 가능성이 높다. 중국은 15개국과 자유무역협정을 맺음으로서 동아시아와 동남아시에서 경제적 주도권을 행사하고 미국과의 경제전쟁에 이용할 것으로 보인다. 일본은 RCEP에 참가함으로써 일시에 FTA효과를 얻을 수 있게 되었다. 중국과 첨예하게 대립하고 있는 상황에서 한국과 마찬가지로 미국이 직간접적으로 중국을 견제하기 위해 협력해줄 것을 강력하게 요구받을 것으로 보인다. 중국을 견제하기 위해 일본이 강력하게 가입하기를 바랐던 거대시장인 인도가 중국과의 무역적자가 커질 것을 우려해서 서명을 하지 않은 것은 일본의 입지를 좁히는 원인이 될 수 있다.

자료: https: //www3.nhk.or.jp/news/html/ RCEP (2020년 11월 17일 검색)
https: //ja.wikipedia.org/wiki RCEP (2020년 11월 17일 검색)

한국과 일본의 갈등상황이 격하게 진행되는 과정에서 한국은 한일청구권협정으로 모든 청구권이 해결됐다는 일본의 주장에 대해서 긍정적이든 부정적이든 구체적인 답을 내야 한다. 한국의 한일청구권에 대한 입장을 정확하게 정리하고, 징용배상문제를 풀어가야 한다. 그렇지 않은 상태에서 유리한 지위에 있는 일본에 대해서 만나서 해결하자고 하는 것은 의미가 없다. 그리고 일본은 식민지 지배에 대한 한국의 입장이나 주장에 대응해 올바른 역사인식을 솔직하게 천명하고 그에 따른 다양한 책임을 지는 자세가 필요할 것이다. 그 연장선에서 한일협약, 한일병합, 한일기본조약이나 청구권협정 등은 한국 측이 불리한 상태에서 체결된 것이라는 점을 감안해야 할 것이다.

현재 한일 간의 갈등은 한일 간에 벌어진 역사적 사실을 서로 다르게 인식하여 책임을 떠넘기는 정책으로 대응하고, 공동이익을 추구하는 해결안을 도출하지 못하는 과정에서 발생해왔다. 그리고 한일 간의 해결안은 당사자와 그에 따른 세부요구안이 무시된 채 일시적이며 일괄적으로 덮는 미봉책으로 일관해온 것도 큰 원인이 됐다. 따라서 역사적 사실과 해결안이 반복적으로 소환되지 않도록 구체적이며 장기적인 해결안을 마련할 필요가 있다. 그 중에서 제일 중요하게 역할을 하고 책임을 질 수 있는 위치에 있는 존재가 한국과 일본의 국가지도자이다. 현재 한일 간의 경색된 관계는 기본적으로 한국을 대표하는 국가지도자로서 문재인 대통령과 일본을 대표해 온 아베 신조 총리와 뒤를 이은 스가 요시히데 총리가 책임을 통감하고 새로운 흐름과 시대로 전환시킬 필요가 있다.

3. 한국의 외교부와 일본의 외무성

국제화시대에 들어서면서 외교정책이 국내외적으로 미치는 영향이 매우 커졌다. 국가와 국가의 관계가 어느 때보다도 국익을 추구하는데 직접적으로 영향을 미치면서 국가 간의 갈등을 외교적으로 극복하고 협력해야 하는 상황이 종종 발생하기 때문이다. 최근 한일관계, 한미관계, 한중관계, 동아시아관계, 동남아시아관계 등에서 국익을 신장시키고 국가경쟁력을 높이는 데 고난도의 외교정책이 요구되고 있다. 특

266) http: //www.seoulilbo.com (2020년 11월 17일 검색)

267) https: //www.ajunews.com/view/20201115 (2020년 11월 17일 검색)

히 상호 관계를 개선하고 난제를 풀어가는데 외교담당자와 외교정책의 중요도가 점점 높아지고 있다.

다음은 일본의 외무성을 협상파트너로 역할을 하고 있는 한국의 외교를 담당하고 있는 외교부의 조직과 임무를 소개한 것이다.[268)]

〈표 10〉 한국 외교부의 조직과 임무

구분	조직과 임무내용
외교부장관	외교부의 수장, 직속 산하에 대변인, 감사관, 제1차관, 제2차관, 한반도평화교섭본부, 국립외교원, 산하기관, 재외공관 등이 있다.
제1차관	- 차관보, - 기획전략기회관, - 기획조정실, - 의전장: 의전기획관, - 아시아태평양국(아태1과, 아태2과, 아태지역협력과), 동북아시아국(심의관, 동북아1과, 동북아2과, 동북아협력과), 아세안국, 북미국(심의관, 북미1과, 북미2과, 한미안보협력, 한미지위협정과), 중남미국, 유럽국, 아프리카중동국, - 아태1과: 과장, 대일본업무, 연구원, 행정지원, - 아태지역협력과: 한중일3국협의체 및 3국협력사업, 3국협력사무국, 분담금, - 동북1과: 과장, 대중국업무, 행정지원, 정세분석, - 동북2과: 과장, 대중국업무, 언론분석, - 동북아협력과: 과장, 대몽골업무, 중국대외관계 및 국내정세
제2차관	- 대외조정관, 경제외교조정관, 기후변화대사, 국제안보대사, 재외동포영사실, - 원자력비확산외교기획관, 국제기구국, 개발협력국, 국제법률국, 공공문화외교국, 국제경제국, 양자경제외교국, 기후환경공학외교국
한반도평화교섭본부	- 북핵외교기획단 - 평화외교기획단
국립외교원	- 원장, - 경력교수, 기획부, 교수부, - 외교안보연구소(안보통일, 아시아태평양연구부, 미주연구부, 중국연구센터, 일본연구센터, 국제법센터 등), - 일본연구센터: 일본연구센터고문, 책임교수: 일본정치외교, 한일관계, 동아시아국제관계, 대한민국외교사. 연구교수: 일본정치외교, 한일관계, 동북아다자협력, 일본연구센터연구원, - 중국연구센터: 중국연구센터 고문, 책임교수(조교수): 중국정치와 외교정책, 부교수: 국제안보, 미중관계, 동아시아안보. 중국연구센터연구교수, 연구원
산하기관	한국국제협력단, 한국국제교류단, 재외동포재단, 한아프리카재단
재외공관	각 국대사관, 영사관, 문화원

현재 외교부조직에서 보면, 한일관계에 영향을 주는 기관으로는 국무위원으로 참가하고 있는 장관이 있고, 장관 산하에 제1차관, 제1차관 산하의 일본담당조직인 아시아태평양국산하의 아태1과(과장, 대일본업무, 연구원, 행정지원), 아태지역협력과(한중일3국

268) http: //www.mofa.go.kr/www/index.do (2019년-2020년 검색)

협의체 및 3국협력사업, 3국협력사무국) 등이다. 그리고 국립외교원의 일본연구센터가 있고, 일본연구센터고문, 책임교수(일본정치외교, 한일관계, 동아시아국제관계, 대한민국외교사), 연구교수(일본정치외교, 한일관계, 동북아다자협력, 일본연구센터연구원), 기타국책연구소, 일본관련기관에서 공적 경험을 한 재패스쿨 등이 있다. 그리고 대일외교와 직간접적으로 관련하는 기관과 담당자는 청와대 국가안보실 외교정책 제1, 2차장, 청와대 비서관과 행정관, 국무위원 등이라고 할 수 있다.

다음 그림은 한국 정부의 대일정책관련기관이나 관련자를 소개한 것이다. 한국 정부에서 일본에 관한 정책이나 외교를 담당하는 일본전문기관이나 기관이라고 불릴 수 있는 인적 풀은 국무위원, 국가안보실, 대통령 비서실, 외교부, 국립외교원, 산하기관, 제외공관, 자문기관 및 국가연구단체 등이라고 할 수 있다.

〈그림1〉 한국 정부 대일정책관련 기관

대통령 비서실, 청와대정책실 국무회의	국가안보실 외교정책 제1.2차장	각부처 각부처 자문기관
외교부 장관, 아시아태평양국 아태1과, 동북아시아국 아태지역협력과	국립외교원 일본연구센터 주일한국대사관, 영사관, 한국문화원	재팬스쿨 국책연구기관 일본연구관련자 일본관련기업 및 연구소

현재 권력을 갖고 한일관계에 대한 실무를 담당하는 실효적인 기관은 청와대조직과 외교부조직이라고 할 수 있다. 한국과 일본 사이에 벌어진 강제징용배상 판결을 둘러싼 한일 갈등이 격화되면서, 대일정책과 대응정책을 제시하고 있는 조직과 담당자에 대한 관심이 높아지고 있다. 최종적으로는 대통령이 결정하는 것이지만, 정책이나 대안이 결정되기까지 기획, 입안, 제시 등을 어떤 기관과 누가 제시하고 있는가에 대해서 불명확한 상황이다. 한국의 일본대응은 기본적으로 외교부가 담당할 사안이지만, 청와대조직이 전면에 나서 대응하는 것으로 나타나 각 기관에 대한 업무분장이 혼선을 빚고 있을 뿐 아니라 정책의 타당성에 대해서도 의구심을 갖게 한다. 그것은 한국 청와대의 권력적 결정과 한국 외교부의 역량에 대한 불신으로 이어지고 있다.

다음은 한국 정부에서 일본에 관한 정보와 지식을 겸비하고 일정하게 역할과 기능을 해온 이른바 '재팬스쿨(Japan School)'에 대해서 소개한 것이다.

〈표 11〉 한국의 재팬스쿨[269)]

구분	내용
유래와 의미	- 한국에서 외교전문가 집단을 지칭하는 스쿨이라는 말이 언제 사용되었는지는 정확하지 않지만, 가장 먼저 등장한 것은 워싱턴 스쿨과 재팬스쿨이다. 정부 수립 직후 6·25 전쟁을 겪고 국가의 안보를 한미동맹에 의존하게 된 상황에서 한국 외교가 한미관계에 집중하면서 워싱턴 스쿨이 형성되었다. 1950년대 초반에서 1960년대 중반까지 한국 외교에서 가장 큰 현안은 한일관계였다. 일본이 패전하고 한국이 해방을 맞이하면서 한일간에 산재된 과거사와 국가적 현안을 해결하기 위해 추진된 한일국교정상화 교섭에 외교부의 엘리트 외교관이 투입되었다. 이 엘리트 그룹이 외교부의 핵심을 이루면서 재팬스쿨을 형성하였다. - 외교부와 관련해서 워싱턴 스쿨, 재팬스쿨, 차이나 스쿨 등이 존재하고 있다. 외교부에서 미국을 담당하는 북미과장이나 북미국장을 거치고, 주미대사관 근무 경험을 가진 미국통 외교관들을 워싱턴 스쿨이라고 부른다. 그리고 일본을 담당하는 동북아1과장이나 동북아국장을 지내고 주일대사관 근무 경험이 있으면 재팬스쿨로 분류한다. 중국을 담당하는 동북아2과장이나 동북아3과장을 거쳐서 동북아국장과 주중대사관 근무의 경력을 가진 사람은 차이나 스쿨로 분류한다. 그런 점에서 외교와 관련된 스쿨은 지역전문가 그룹을 일컫는 말이라고 할 수 있다.
재팬스쿨인물	- 한국 외교부의 장관은 초대 장택상 장관부터 강경화 장관까지 약 36명에 이르고 있다. 그 중에는 직업외교관이 20명이고 정치인이나 교수 등 외부인사가 16명이었다. 직업외교관 출신 장관 20명 가운데 워싱턴 스쿨이 9명, 재팬스쿨이 3명, 양쪽 모두에 해당되는 경우가 6명, 어느 쪽에도 해당하지 않는 경우가 3명이었다. 외교부 출신 장관 20명 중 18명이 미국 또는 일본 관련 업무 경력자로 나타나 워싱턴 스쿨과 재팬스쿨 비중이 높다. - 고등고시와 외무고시 출신이 주류를 이룬 1990년 이후 외교부 장관 16명 가운데 외교부 출신이 11명이었고 이들 중 워싱턴 스쿨이 7명으로 압도적이며 재팬스쿨이 공노명 1명, 양쪽 모두에 해당하는 경우가 유명환 1명, 어느 쪽에도 해당하지 않는 경우가 이정빈, 최성홍, 강경화 3명이었다. 워싱턴 스쿨 출신 장관은 북미과장이나 북미국장, 주미대사관의 보직을 제대로 거친 정통파 대미외교 전문가들이다. - 한국 외교부와 관련된 일본통이라 불리는 이른바 재팬스쿨(ジャパンスクール)의 인재는 한일관계를 개선하는 데 많은 역할을 해왔다. 일본통이라는 의미는 일본에 대해서 많은 지식과 경험을 갖고 활동하는 지일파이기도 한다. 한일관계가 중요한 만큼 힘이 있는 일본통이 일본대사로 부임하는 경향이 있었다. 재팬스쿨에 속한 지일파로는 공노명, 최상룡, 권철현, 신각수, 유흥주 등이라고 할 수 있다. - 외교부에는 미국, 일본, 중국 3개 분야의 전문가 그룹만 있는 것은 아니다. 본부에서 경제통상 업무를 경험한 인력, 제네바대표부, 세계무역기구(WTO) 또는 경제관련 국제기구경

269) http: //www.hani.co.kr/arti/politics/diplomacy/ 재팬스쿨 (2020년 11월 17일 검색)

	험자 등 다자외교 전문가 그룹도 많다. 최근에는 환경, 군축, 개발, 재외동포영사와 같은 영역으로 전문가 그룹이 좀 더 세분화되는 추세를 보이고 있다. 그렇지만 '스쿨'이라는 이름이 붙는 것은 미국, 일본, 중국의 3개뿐이다.
문재인 정부의 재팬스쿨	- 문재인 정부와 아베 정부가 들어서면서 징용배상문제가 경제분쟁으로 전환되어 한국의 외교부와 일본의 외무성 사이에 전통적인 채널로 문제를 해결할 수 없는 상황이 되었다. 징용배상을 둘러싸고 한국에서는 청와대, 산업통상자원부, 외교부, 국방부 등이 접근하고 있고, 일본에서는 총리관저, 외무성, 통상산업성, 국방성 등이 관여하고 있다. 한일 간의 외교문제에 외교부가 역량을 발휘하지 못하고 있다. - 문재인 정부에서 주일대사의 정치적 위상이 이전과 달라졌다는 평가가 있다. 노무현 정권 하에서 민정수석으로 문재인 밑에서 있던 남관표가 주일대사로 부임하였다. 그는 1992년부터 1995년까지 주일한국대사관에 근무한 경험이 있다. 최근 남관표 대사는 한일관계에 관한 《도쿄신문》과의 인터뷰에서 한일수뇌회담재개 추진의 의사를 표명한 것에 대해서, 청와대는 '청와대와 조정하지 않은 입장'이라고 하여 선을 그었다. 이어서 도쿄대학에서 유학을 하고 한일의원연맹 한국회장을 지낸 강창일이 일본대사로 부임하였다. - 외교부에서 재팬스쿨의 꽃이라고 불리는 동북아시아국장 출신의 상당수는 2012년 지소미아체결과 2015년 한일위안부합의에 관련되어 불이익을 받았다는 비판이 있다. 현 정부 외교라인 중 유일하게 재팬스쿨의 조세영 외교부 제1차관도 2012년 지소미아체결과 관련되어 공직에서 물러난 지 6년만에 복귀하였다. 조세영 차관은 한국 정부가 기업의 자발적 거출금으로 징용자의 위자료를 지불하는 '1+1기금'안을 제안하기 전 비공식으로 일본을 방문하여 협상에 임하기도 하였다.

한일간에 발생하고 있는 문제는 기본적으로 외교정책으로 풀어야 하는 것이 정통적인 해결방식이며 또한 관례이기도 하다. 그러나 한일의 현안에 대해서 국가의 최고 권력기관을 중심으로 접근하고 있어 혼란을 가중시키고 있을 뿐 아니라 국가 대 국가의 대결양상으로 악화시키는 비정상적인 상황이 발생하고 있다. 한일관계가 악화되고 있는 현상을 타개하기 위해서는 최종적인 국가운영결정자의 역할도 중요하지만, 외교부가 본연의 업무인 외교로 해결하는 한편, 더불어 일본관련 전문가 집단인 재팬스쿨과 같은 지일파 전문인력을 적극적으로 활용할 필요가 있을 것이다. 현재 한국 정부나 외교부는 한일관계를 극복하는데 재팬스쿨과 같은 지일파를 활용하지 못하는 한계가 있다.

한국의 외교부를 상대로 협상과 협의를 하는 외무성(外務省, Ministry of Foreign Affairs, MOFA)은 외국과의 외교업무를 전담하는 행정기관 중의 하나이다. 1869년 설치되었고, '외무성설치법' 제3조에 '평화적으로 안전한 국제사회의 유지에 기여함과 동시에 주체적이며 적극적 시도를 통해서 양호한 국제환경정비를 꾀하고, 동시에 조화있는 대외관계를 유지하고 발전시키며, 국제사회에서 일본국 및 일본국민의 이익증진을 꾀하는 것'을 임무로 규정하고 있다.

다음은 일본의 외교를 전문적으로 담당하는 조직과 인력을 구성하고 있는 외무성의 조직을 소개한 것이다.[270]

〈표 12〉 일본외부성 조직

구분	내용
외무대신	외무대신, 외무부대신(2인), 외무대신정부관(3인), 외무대신보좌관(1인), 외무사무차관, 외무심의관(2인), 외무대신비서관
내부부국	- 대신관방 총무과, 인사과, 정보통신과, 회계과, 재외공관과, 보도과, 광보문화외교전략과, 문화교류해외홍보과, - 총합외교정책국 총무과: 안전보장정책과, 국련기획조정과, 국련정책과, 인권인도과(人權人道課), 군축불확산과학부 군비관리군축과, 불확산과학원자과 - 아시아대양국(ジア大洋州局)[271] 북동아시아제1과, 북동아시아제2과, 중국몽골제1과, 중국몽골제2과, 대양주과, 동남아시아부 남동아시아제1과, 동남아시아2과, 남서아시아과, - 북미국 북미제1과, 북미제2과, 일미안전보장조약과, 일본지위협정실, - 경제정책과, 국제경제과 국제무역과, 경제연대과, 경제안전보장과, - 국제협력국 정책과, 개발협력총괄과, 지구규모과제총괄과, 지구환경과, 긴급인도지원과, 국별개발협력제1과, 국별개발협력제2과, 국별개발협력제3과, - 국제법국 국제법과, 해양법실, 국제재판대책실, 조약과, 경제조약과, 사회조약과, - 영사국 정책과, 해외안전과, 여권과, 외국인과, - 국제정보총괄관 국제정보관, 국제정보총괄관조직
특별기관	대사관, 공사관, 총영사관, 영사관, 정부대표부 및 일본 정부재외사무소
소관법인	외무성 산하의 독립행정법인인 국제협력기구, 국제교류기금의 2법인, 국제교류기금(国際交流基金)

현재 일본 정부조직으로서 외무성에는 형식적으로 외무부의 수장인 외무상이 외교관계를 총괄하고 있다. 그리고 외무성에서 한국관련 외교를 담당하는 기관은 아시

270) https: //www.mofa.go.jp/mofaj/ (2019년-2020년 검색)

271) 아시아대양주국(アジア大洋州局)은 일본 외무성의 내부부국으로 2001년 아시아대양주지역의 안정과 번영의 확보를 목적으로 하고, 역내 지역과 국가 간의 우호관계를 구축하며, 바람직한 국제환경을 확보하는 데 목적을 두고 활동하고 있다. 임무는 동아시아에서 지역협력강화, 한반도의 안정화노력, 미래지향적 한일관계추진, 태평양지역국가와의 우호관계강화 등이다. 조직은 국장, 참사관, 지역정책참사관, 외지정리실, 중국, 몽골제1과 총합정책담당, 중국몽골2과 경제관계담당, 북동아시아제1과 한국담당 일한교류실, 북동아시아제2과 북한담당, 대양주과, 오세아니라담당, 남부아시아부 등이 있다.

아대양국(ジア大洋州局)산하에 있는 북동아시아제1과, 북동아시아제2과 등이다. 최근 한일외교관계는 한국의 청와대, 일본의 총리관저 등이 직접적으로 대응을 하고 있어 외교부나 외무성의 역할과 기능이 약화되고 있는 듯하다. 그 가운데서도 전통적으로 일본 외무성에는 한국에 대한 지식과 정보를 갖고 있는 인적풀을 코리아 스쿨이라고 명명하고 한국에 대한 외교정책을 전담하는 역할을 한 것으로 알려지고 있다. 현재까지 그들은 일본의 대한외교정책에 대해서 총리의 참모로서, 외교부의 한국전문가로 활동해왔다. 그런 점에서 보면, 한일관계가 악화되고 있는 것은 그들의 역할과 기능의 한계에서 오고 있다고 평가할 수 있다.

다음은 일본 정부조직으로서 대한외교관계에 직간접적으로 관여하고 있는 기관과 담당부서를 소개한 것이다.

〈그림 2〉 일본 정부의 대한정책관련 기관

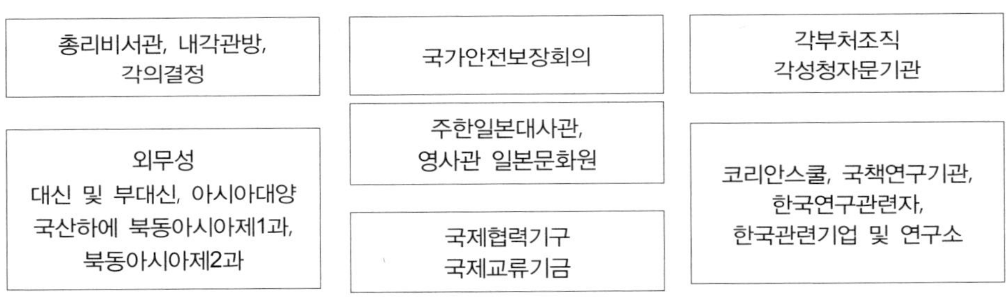

일본 정부기관 중에서 한국뿐 아니라 타국과의 외교업무를 전담하는 기관은 외무성의 전담부서, 그리고 내각관방장관 산하의 각 담당부서, 각 부처별 업무담당장관과 담당부서, 그리고 국가안전보장회의 등으로 다양한 자료와 분석을 통해서 총리에게 보고하여 대응하고 있다. 그러나 총리를 보좌하는 비서관, 관방, 각의결정 등에서 일본의 외교정책이 최종적으로 결정되는 경향이 있다. 특히 한일관계에 관해서는 더욱 그런 결정이 두드러지고 있다. 그 이외에 외무성과 관련된 다양한 조직과 인력으로 대한외교정책을 이끌어가고 있다. 그리고 외무성 출신 인재로 구성된 코리안 스쿨이 가동되어 한일관계를 개선하고 미래지향적으로 끌어가는 데 일익을 담당하고 있다.

다음은 한국과 관련된 외교활동에 적극적으로 참가하고 있는 일본외무성의 엘리트 외교관 그룹으로 구성된 코리안 스쿨을 소개한 것이다.

〈표 13〉 일본의 코리안 스쿨[272)]

구분	내용
유래	일본외무성내에 있는 코리안스쿨(コリアンスクール, korean school)은 한국전문가 집단이다. 1970년초까지 한국에서 근무한 직원이 대부분이다. 일본은 한국과의 외교가 중요해졌기 때문에, 1970년대부터 외무성에서 3-4년에 1명씩 외교관시험 합격자를 서울에 파견하여 한국전문가로서 양성하였다. 이렇게 해서 코리안 스쿨이 구체적으로 구성되어 활동하였다.
역할	외무성에는 코리안스쿨, 차이나스쿨, 아메리카스쿨, 독일재팬스쿨, 러시아스쿨 등이 있다. 코리안스쿨은 일본과 한국 간에 가열되고 있는 역사인식문제, 다양하게 발생하는 현안에 대해서 활동을 하는 경향이 있다. 그들은 일본이익만을 추구하기 위해서 한국과의 관계를 구축하는 것이 아니라 한국 측의 입장을 지지하는 언동과 행동을 하는 경향이 있다. 또한 일본정계와 한국정권과 긴밀한 관계를 갖고, 한일기본조약체결이후 발생한 한일관련현안, 기업에 의한 기술이전, 정부간 경제협력(ODA, 엔차관) 등을 주도하였다. 한국의 주요 산업으로 정착한 해운, 조선, 자동차, 전자, 기계, 제철, 금융 등이 일본산업과 닮은 것은 그들의 친한적인 활동과 역할 때문이라는 평가도 있다.
인물	한국대사 경험자 가운데 한국어가 가능했던 외교관은 일본통치시대에 도쿄제국대학을 졸업하고 1980년대 처음으로 주한일본대사를 지낸 마에다 도시가즈(前田利一)가 있다. 주한일본대사관의 미치가미(道上尚史) 총괄공사 겸 공보문화원장은 외무성 상급직의 캐리어 외교관 중에 한국과 한국어에 능통한 코리안스쿨의 대표적인 인물이다. 한국에 3번 근무했다. 한편 동일 코리안 스쿨 출신으로 미치가미 선배이면서 한국주재공사였던 야마모토(山本栄二)가 있다. 그가 한국에서 영국으로 전근을 했을 때, 한일관계가 어렵게 되고 있는데 '이런 인사가 무엇인가, 외무성은 해결할 마음이 있는가'라고 한국주재 일본대사관을 비판하기도 했다. 외무심의관을 퇴임한 가나스 겐지(金杉憲治)는 아시아대양국장을 경험하였고, 2010년에 주한일본대사관의 총괄공사를 지냈다. 2011년 3월 11일 동일대지진이 발생했을 때, 한국의 구조대를 최초로 수용한다고 하여 주목을 받았다.
아베정권하의 코리안 스쿨	- 최근 아베정권 하에서는 코리안 스쿨출신을 배제하는 경향이 있었다. 도쿄외교부소식통은 압류당한 일본기업의 자산이 현금화될 가능성이 높아지는 가운데 아베 내각에서 코리안 스쿨출신이 배제되는 경향이 있다. 한국과 다시 충돌할 경우에는 강경대응한다는 메시지라고 생각할 수 있다. 다른 소식통은 아베내각에는 한국에 배려하려는 생각이 전혀없다는 인사이며, 한일관계가 보다 불안정하게 될 우려가 있다고 분석했다. - 아베 총리는 외무성의 한국통인 가나스 겐지(金杉憲治) 외무심의관을 2020년 7월 27일 경질하였다. 야치 쇼타로(谷内正太郎) 국가안전보장국장(NSS)에 이어 이른바 '코리아 스쿨'(Korea School)의 좌장격인 가나스 겐지까지 물러나 아베 총리에게 한일관계에 대한 조언자가 사라졌다는 평가가 나왔다. 이번 인사로 한국에 대한 수출규제를 주도한 이마이 다타야(今井尚哉)의 독주를 막을 수 있는 사람이 없어졌다는 평가이다. - 일본에서『한국인으로 태어나지 않아 좋았다』(韓国人に生まれなくてよかった)라는 혐한

272) https: //s.japanese.joins.com/JArticle/コリアンスクール (2020년 11월 18일 검색); https: //blog.goo.ne.jp/nonpiyot; https: //www.donga.com/jp/article/コリアンスクール

	서적을 낸 무도 마사토시(武藤正敏) 전 주한일본대사는 대표적인 지한파 외교관이었다. 그는일본외무성의 코리아스쿨출신으로 외교관시험을 통해 최초로 한국전문가로 육성된 인물이며, 한국에서 12년간 근무했다. 2011년 동일본대지진 당시 한국의 기부심이 쇄도하여 '이 정도로 한국인의 정을 느낀 적이 없었다'라고 하고 퇴임시 '한국과 40여 년간 연을 맺어 행복했다. 양국 간의 상호이해를 위해 노력하겠다'고 하였다. 그러나 그는 저서에서 '최악의 대통령, 문재인은 어떤 사람인가?, 집요한 반일의 폭풍, 국가도 국민도 고립하고 있는 한국, 이런 혹독한 사회에서 살 수 없다' 등과 같은 발언을 하여 논란이 되었다.

한국과 일본 사이에 강제징용배상을 둘러싼 갈등이 격화되는 가운데 외교네트워크를 갖고 있는 조직이 한국의 외교부와 일본의 외무성이다. 그러나 한국의 강경화 장관과 일본의 고노타로 외무상이 담당하면서 한일 간의 외교관계는 더욱 경색되어 존재가치를 상실하고 있는 듯 역할을 하지 못했다는 평가가 지배적이었다. 그것은 한일관계가 어려운 처지에 있고 또한 한일외교가 외교로 해결되기 어려운 사안이라는 점에서 오는 문제이기도 하다. 그러나 다른 한편으로는 외교수장들이 제 역할을 하지 못하거나 외교적으로 결정하고 매듭을 짓는데 필요한 지식과 역량의 한계에서 오는 점도 있다는 것을 간과할 수 없을 것이다.

한국과 일본의 외무장관 간의 외교전쟁은 매우 긴박하고 격렬하게 진행되었다. 한일간에 강제징용배상문제를 둘러싼 갈등이 심화되면서 한국의 외교부 장관은 2019년 5월 22일-23일 프랑스 파리에서 개최되는 경제협력개발기구(OECD) 연례 각료이사회 참석을 계기로 일본과 페루, 프랑스 등의 외교장관과 회의를 가졌다. 한일 외교장관 회의에서 강제징용 배상 판결 이후, 경색된 한일관계 개선방안 등에 대해 논의할 계획이었다. 그리고 2019년 6월 일본 오사카에서 열리는 주요 20개국(G20) 정상회의에서 한일 정상회담개최를 타진하기 위한 것이기도 하였다. 한국은 한일외교장관 회의를 통해서 강제징용배상문제를 구체적으로 논의하는 한편 일본 총리가 호스트가 되는 20개국(G20) 정상회의에서 한일정상회담을 통해 한일관계를 개선할 기회로 삼으려고 하였다.

그러나 고노 타로(河野太郎) 일본 외무상은 2019년 5월 21일 강제징용에 대한 강경한 입장을 밝혀 논란을 일으켰다. 《한국일보》에 따르면, 외무성 기자회견에서 고노 타로 일본 외무상은 한국대법원의 강제징용 배상 판결과 관련해서 '문재인 대통령이 한국 정부를 대표해 제대로 책임을 갖고 대응해 주길 바란다'고 말했다. 외교가에선 강경화 외교부 장관과 동급인 고노 외무상이 한국 대통령을 언급하며 외교 문제를 압박한 것은 외교결례라는 지적이 나왔다. 고노 외무상은 '국내적으로 (한국 정부 차원의) 대응책 검토에 한계가 있다면 당연히 중재위에 응해야 하는 것 아니냐'며, '필요하다면 국제사법의 장에서 제대로 해결하고 싶다'고 주장했다.

고노 타로 외무상은 강제징용배상문제에 대해서 한일이 중재위원회를 구성해서 해결을 하든지 아니면 국제사법재판소(ICJ)에 제소해서 해결을 하자는 입장이다. 일본 외무성이 꺼내든 중재위 카드는 2019년 1월 9일 강제징용 판결 관련 외교 협의를 요청한 뒤, 한국 정부가 약 4개월 간 반응하지 않자 내놓은 것으로 대응 수위를 한 단계 더 높인 조치이다. 한일청구권협정 제3조에 따르면 협정과 관련한 양국 간 분쟁이 외교 협의를 통해 해결되지 않을 경우 제3국 인원을 포함한 중재위를 통해 해결하도록 명시돼있다. 한국은 대법원판결을 존중하는 입장을 고수해왔고, 일본은 청구권협정위반이므로 중재위원회를 구성해서 해결하자는 입장을 제시했다.

2019년 5월 21일 《요미우리 신문》과 《산케이신문》에 따르면, 일본 정부가 한일정상회담 개최를 조건으로 중재위원회 요청을 제안한 것이라고 해석하며, 한국 정부의 중재위원회 수용여부를 지켜본 뒤 회담 개최 여부를 결정하겠다는 입장이라고 보도했다. 그러나 결과적으로 한일 간의 강제징용배상문제를 해결하기 위한 입장 차이가 커서 한일정상 간의 회담 약속은 성사되지 못하였다. 그 이후 일본의 일본 중심적 대응과 한국의 한국 중심적 대응이 대치되면서 강제징용배상문제는 외교사안에서 국가사안으로 전환되고 말았다.

이후 한일외교장관 간의 외교전쟁은 다양한 모습으로 전개되었다. 2019년 8월 1일 제26차 아세안지역포럼(ARF; ASEAN Regional Forum) 외교장관 회의가 태국 방콕에서 열리면서 한일외교장관의 만남이 성사되었다.[273] 강경화 장관은 2019년 7월 31일 방콕

---

273) ARF(ASEAN Regional Forum)은 아시아·태평양 지역 국가들이 건설적인 대화와 상호신뢰 증진을 통해 역내의 평화와 안정을 추구하려는 목적으로 1994년 7월 출범한 다자 정치·안보협의체이며 역내의 안보현안을 논의한다. 회원국은 아세안(ASEAN; 동남아시아국가연합) 10개국, 아세안 대화 상대국 10개국 유럽연합 의장국, 미국, 일본, 중국, 러시아, 한국, 호주, 캐나다, 뉴질랜드, 인도, 기타 7개국 스리랑카, 파키스탄, 방글라데시, 동티모르, 북한, 몽골, 파푸아뉴기니 등 27개국이 가입되어 있다. 아세안 의장국에서 해마다 1회씩 열리는 외교장관회의는 지역 및 국제 안보·정세에 대해 중요하다고 생각하는 사안들을 자유롭게 논의한 후 회의결과를 의장성명 형식으로 발표한다. ARF 외교장관회의는 표결이 아니라 각 회원국의 합의에 의하여 의사결정을 하기 때문에 회의 결과물인 의장성명에 포함될 내용과 문구를 특정 회원국이 반대하면 의장국이 문구수정 제안 또는 설득 작업 등 다양한 방법을 통해 외교력을 발휘하여 전원합의를 이끌어낸다. 지금까지 논의된 주요 의제는 북핵과 남북문제, 남중국해문제, 동티모르 유혈사태, 미얀마 민주화, 말라카해협 해적문제, 자연재해, 재

도착 후 기자회견에서 '일본이 취한 수출규제조치 또는 각의결정에서 화이트리스트 제외 결정이 이뤄진다면 우방국으로는 할 수 없는 조치라고 생각한다'며, '분명히 부당하여 즉각 중단해야 한다는 부당함을 지적할 것'이라고 밝혔다. '그러나 외교적 해결을 위해 외교당국간 협의해야 한다는 필요성에 대해서는 일본 측과 공감을 이뤄낼 생각을 가지고 내일 회담에 임할 것이다'고 설명했다. 한편, 일본의 고노 타로 외무상은 2019년 7월 31일 방콕 호텔에 도착했을 때 기자들의 질문에 아무런 답을 하지 않았다. 그는 회담장에서도 '회담이 관계 개선으로 이어질 것 같으냐'는 일본 취재진의 질문에 일체 답변을 하지 않았다.[274)]

다음은 아세안지역포럼에 앞서 한일 현안을 해결하기 위해서 한일외교장관이 회의한 내용을 소개한 것이다.

〈표 14〉 第26차 아세안지역포럼(ARF) 외교장관 회의[275)]

구분	내용
일시 및 배경	2019년 8월 1일, 태국 방콕 제26차 아세안지역포럼(ARF) 외교장관 회의에 참석하는 과정에서 한국 측은 강경화 장관, 김정한 아시아태평양국 국장, 통역 담당자 등이 참석했고, 일본 측은 고노 타로 외무상, 가나스기 겐지(金杉憲治) 일본 외무성 아시아대양주 국장, 통역 담당자 등이 참석했다. 일본은 2019년 7월 4일 수출규제조치에 이어 한국을 백색국가에서 배제하는 정령을 2019년 8월 2일 각의 결정할 것으로 예상되었다. 이런 문제를 논의하기 위해 8월 1일 오전 8시 40분 강경화 장관과 고노 타로 외무상은 방콕에서 회담을 했다.
한일외교장관 회의내용	- 강경화 장관은 모두발언에서 일본이 한국에 대한 수출규제조치나 백색국가에서 제외하는 조치에 대해서 우려를 표했고, 임의적인 조치라는 점을 국제사회에 알려 관심을 환기하고 싶다고 말했다. 그에 대해서 고노 타로(河野太郎) 외상은 일본의 백색 국가 제외 결정이 국제 규범상 문제가 없다고 주장했다. 필수적이고 합법적인 수출통제에 대한 검토는 세계무역기구(WTO) 협정과 관련 규정과 양립한다고 발언하였다. - 한국의 외교당국자에 따르면, 한국 측은 수출규제문제에 대해 이야기하고, 화이트리스트 제외조치를 보류·중단해줄 것을 강하게 촉구했고, 한국을 화이트리스트에서 배제할 경우 관계가 훨씬 더 어려운 상황에 처할 수 있다는 메시지를 강력하게 전달했다고 설명했다. 그리고 일본 측 반응에 큰 변화가 없었고, 양측 간 간극이 상당했다고 전했다.

난구호, 테러, 해양안보, 초국가적 범죄, 대량살상무기 비확산 등 이었다. 외교장관회의 외에도 외교장관회의를 준비하는 고위관리회의와 신뢰구축, 테러 및 초국가적 범죄, 재난구호, 그리고 국방차관급이 참여하는 안보정책회의, 실무자급의 전문가회의 등이 운영되고 워크숍과 세미나 등이 개최된다.

274) http: //www.mofa.go.kr/minister/제26차 아세안지역포럼 (2020년 10월 5일 검색)

275) https: //www.asean2019.go.th/en/news/26th- asean- regional- forum- arf- 2/ (2020년 10월 5일 검색)

회담결과	강경화 외교부 장관은 회담 후 기자회견에서 한일군사정보보호협정(GSOMIA) 유지에 대한 질문에 '내일(8월 2일) 각의결정에서 한국을 화이트리스트에서 제외하는 결정이 나온다면 우리로서도 필요한 대응 조치를 강구할 수밖에 없다'고 밝혔다. 이어 '일본의 수출규제 조치의 원인이 안보상의 이유로 취해진 것으로 인식하고 있어 우리도 여러 가지 한일 안보의 틀을 검토할 수밖에 없다고 이야기했다'고 말했다. 한일외교장관 회담의제는 수출규제 조치, 한국의 화이트국가배제, 지소미아파기 등이었지만, 한일 간의 차이를 좁히지는 못하고 입장 차이만 확인한 채 마무리됐다.

일본 정부는 2019년 7월 4일 수출규제조치에 이어 8월 2일 화이트국가배제를 결정하여, 한국은 지소미아파기를 기정사실화하였다. 일본 정부는 2019년 8월 2일 예정대로 각의결정을 통해 한국을 백색국가에서 배제하는 결정을 내렸다. 일본의 백색국가 배제결정에 대응해서 한국은 지소미아파기를 결정하기 위한 조치에 들어갔다. 한국과 일본의 외교당국자 간의 회담에서 문제가 해결되지 않으면서, 한일 간에는 한일청구권을 둘러싼 갈등, 징용배상을 둘러싼 갈등, 경제제재를 둘러싼 갈등, 국가안보를 둘러싼 갈등 등이 발생하면서 탈출구를 차지 못하는 상황이 되었다.

아베 총리는 한일관계에 극도의 갈등이 발생하면서 2019년 9월 11일 4차 제2개정 내각을 단행하고 고노 타로 외무상을 국방상으로 하고, 모테기 도시미쓰(茂木敏充)를 외무상으로 새롭게 임명하였다. 한일 외교장관은 유엔총회 참석을 계기로 2019년 9월 26일 뉴욕에서 만나 현안에 대해 의견을 교환했다. 외교부에 따르면, 이날 회담에서 강경화 장관과 모테기 외무상은 강제징용 문제와 일본 수출규제 문제 등 현안에 대해 상호 입장을 설명했고, 북한 문제와 관련해 양측은 한일 양국간 공조가 중요하다는 점에 대해 뜻을 같이 했다고 밝혔다. 이어서 양측은 미래지향적 한일관계를 위해 계속 노력하는 것이 중요하다는 데 공감하고, 장관급을 비롯해 외교당국간 각급 차원에서 소통과 협의를 이어 나가기로 했다고 전했다.

《NHK》는 한일 외교장관이 뉴욕 회담에서 수출규제와 징용배상판결 등을 논의했지만 뚜렷한 진전을 보지 못했다고 보도했다. 모테기 외무상은 '징용 배상판결과 관련해 한국이 국제법을 위반하고 있다면서 신속하게 시정해 달라고 재차 요구하였다'고 말했다. 그런 모테기 장관의 요구에 대해서 강경화 장관은 '한국 사법부의 판단을 존중한다'는 입장을 전했다. 모테기 외무상의 발언은 징용배상판결이 국제법을 위반하고 있어 국제법을 지키는 차원에서 한국이 해결하라는 의미가 담겨있다. 강경화 장관의 발언은 국제법위반이 아니라 사법부의 판결이기 때문에 당사자가 해결해야 한다는 의미이다. 이 시점에서도 강경화 장관과 모테기 외무상은 한일간에 얽힌 문제를 해결하는 데 여전히 차이를 보이고 있고, 서로 양보하거나 밀리지 않는 외교를 지향하였다.

한국이 2019년 8월 22일 지소미아파기를 결정하면서 한미일간의 문제로 확산되었다. 모테기 도시미쓰 일본 외무상은 한국의 한일군사정보보호협정(GSOMIA) 종료 결정과 관련해 '미국 측이 강한 우려를 갖고 있다'고 말했다. 그리고 미국의 마크 밀리 합참의장과의 면담 내용을 소개하고 '반드시 한국에 현명한 대응을 재차 요구할 것'이고, 밀리 합참의장은 '한미일이 제대로 발을 맞추지 못하면 북한뿐만 아니라 중국과 러시아에 이익이 되며, 가장 좋은 방법은 미일에 한국까지 더해지는 형태로 연계의 강력함을 확실하게 보여주는 것'이라고 말했다. 밀리 의장은 일본 언론과의 간담회에서 '효력을 잃게 해선 안 되며 한국을 방문해 협정 연장을 촉구하겠다'는 뜻을 밝혔다. 한일외교장관 간의 협의가 잘 추진되지 않는 상황이 이어지고, 지소미아 종료가 확실시되는 가운데 11월 22일 종료일을 맞이하였다.

한국 정부는 국가안전보장회의를 통해서 지소미아효력 통고의 정지를 결정하고 일본과의 대화를 시도하였다. 2019년 11월 22일 《NHK》 보도에 의하면, '한국 정부는 국가안전보장회의에서 지소미라협정 실효 통고의 정지를 결정하고 일본 정부에 통고했다'고 전했다. 이후 일본 우익 성향의 주간지 『슈칸분슌(週刊文春)』은 2019년 11월 28일 '한국 외교 주역은'이란 제목에서 한국 정부가 11월 22일 종료될 예정이었던 한일 군사정보보호협정종료를 유예한 배경을 소개하였다. 당초 모테기 외무장관과 지소미아 유지 의견을 갖고 있던 강경화 장관 간 대화가 검토됐으나, 이 채널은 작동하지 않았다. 이 과정에서 모테기 외무상은 강경화 장관에 대해 '청와대에 통하지 않는다. 그녀는 장식품(お飾り)으로, 아무리 얘기해도 문(재인) 대통령을 움직일 수 없다'고 말했다고 일본 외무성 관계자를 인용해 전했다. 지소미아 효력을 연장하는데 한국 외무장관의 영향력이 없다는 평가라고 할 수 있다. 그런 배경에는 실제 협상 창구 역할을 맡은 일본의 아키바 다케오(秋葉剛男) 외무성 사무차관과 오랜 친분이 있는 한국의 조세영 외교부 1차관 채널이 작동했다는 주장이었다. 동북아 국장 등을 지낸 조세영 1차관은 외교부 내 대표적 지일파로 통한다.

한국과 일본은 명확한 외교적 성과를 내지 못하는 상황에서. 한국이 지소미아 종료 효력정지와 WTO제소 정지를 하고, 일본이 수출규제에 대한 대화개시를 선언하였다. 그런 상황에서 한일외교장관은 2019년 11월 23일 일본 나고야에서 열린 G20 외교장관회담에서 조우하였고, 그 내용을 소재하면 다음과 같다.

〈표 15〉 나고야 G20 외교장관회담[276)]

구분	내용
일시목적	2019년 11월 23일 일본 나고야, 주요 20개국(G20) 외교장관회의, 강경화 외교부장관과 모테기 도시미쓰 일본외무상 간의 회담
참가국 및 의제	나고야 회의에는 유럽연합(EU)을 포함한 G20 회원국 외에 스페인, 칠레, 이집트, 네덜란드, 뉴질랜드, 세네갈, 싱가포르, 태국, 베트남 등 9개국이 초청됐다. 의장국인 일본은 외무장관 회의 의제를 '자유무역 추진, 지속가능개발목표(SDGs) 실현, 아프리카 개발' 등으로 설정했다. 일본은 2019년 6월 채택된 오사카 G20 정상회의 선언이 자유롭고 공정한 무역·투자 환경 실현을 제창한 것에 기초해서 세계무역기구(WTO) 개혁의 중요성 공유와 디지털 경제 규칙 만들기 구체화 등을 G20 외교장관 회의의 목표로 제시하였다.
한일회담 의제	- 한국 외교부에 따르면, 2019년 11월 23일 모테기 도시미쓰(茂木敏充) 일본 외무상과의 회담할 예정이다. 한국 정부가 한일군사정보보호협정(GSOMIA 지소미아) 협정 종료 통보의 효력을 정지시키기로 결정한 후의 방일이었다. 강경화장관은 G20 외교장관회의 계기에 일본 및 미국 측과 접촉하고 11월 22일 한국이 국가안전보장회의(NSC) 상임위원회 회의를 거쳐 지소미아협정종료 통보와 관련해서 한국 정부 입장을 설명하였다. - 한국 정부의 지소미아 종료 조건부 연기 결정을 계기로 일본의 수출규제 해소 방안에 대해서 그리고 한일 갈등 현안을 풀기 위한 정상회담 개최에 대한 협의도 중요한 의제가 되었다. 2019년 12월 말 중국에서 열리는 한일중 정상회의를 계기로 한일 정상회담 개최를 일본 측과 조율하는 것이다.
회담결과	- 한일외교장관회담은 약 35분여 동안 진행되었고, 주요의제는 한일정상회담 개최, 수출규제 철회를 위한 협의, 강제징용배상 문제, 한반도 정세 등 한일 현안이 논의된 것으로 알려졌다. 양국 외교장관은 '한·일 관계의 중요성에 대한 공감대를 재확인하는 한편, 양국 외교당국 간에 진행되고 있는 강제징용 판결 문제 해결을 위한 소통과 협의를 지속해 나가자는 데 뜻을 같이 했다'고 설명했다. 그리고 강경화 외교부 장관과 모테기 도시미쓰 일본 외무상은 12월 중국 청두에서 한일 정상회담을 갖기로 사실상 합의하였다. 아베 신조 일본 총리는 12월 3일 정부·여당 연락회의에 참석해 이달 하순(12월 23- 25일) 중국 쓰촨성 청두에서 개최될 한중일 정상회의 때 문재인 대통령과 개별 양자 회담을 하기 위해 일정을 조율 중에 있다고 밝혔다. -《연합뉴스》에 따르면, 강 장관은 회담 직후 회담 시간이 길어진 이유에 대해서 '모테기 장관과 두 번째 만났다. 상당히 진지한 면담이었다'고 말했고, 이후 과정에서 대해서는 '강제징용 판결 관련해서 서로 간에 이견은 있지만 외교 당국 간 집중 논의를 해온 것을 짚어보고 앞으로 그러한 협의를 지속해 나가기로 했고, 서로 선의의 협의를, 수출 당국은 수출 당국대로, 외교 당국은 외교 당국대로 진행해 나가기로 했다'고 말했다.

276) https: //www.megaeconomy.co.kr/나고야 G20 외교장관회담 (2020년 10월 5일 검색); https: //www.mofa.go.jp/mofaj/G20 愛知·名古屋外務大臣会合 (2020년 10월 5일 검색); http: //www.mofa.go.kr/www/index.do (2020년 10월 5일 검색)

일본 나고야에서 열린 한일외교장관회담에서는 징용배상문제를 지속적으로 협의하자는 것과, 중국에서 한일정상회담을 열자는 합의를 도출하였다. 그러나 실제적으로 한일관계를 악화시키고 있는 사안에 대해서 괄목할만한 해답을 내거나 합의하는데 실패하였다. 한일외교장관회담 결과에 대해서 일본《교도통신》은 한일 양국이 12월 하순 한중일 정상회담에 맞춰 중국 쓰촨(四川)성 청두(成都)에서 정상회담을 개최하는 방향으로 추진하고 있다고 보도했다. 그리고《니혼게이자이신문》도 같은 소식을 전하며 양국 정상의 정식 회담이 성사되면 2018년 9월 이후 처음 있는 일이라고 의미를 부여했다. 한일 간의 외교장관은 한국과 일본을 잇는 파이프라인이며 해결선이지만, 한일문제를 외교로 풀어가는 데 일정한 한계에 봉착했다.

다음은 스페인 마드리드에서 열린 아시아유럽정상(ASEM)의 외교장관회의에서 한일정상회담을 조율할 것으로 알려져 주목을 받은 회의내용을 소개한 것이다.

〈표 16〉 아시아유럽정상회의(ASEM)의 외교장관 회의[277]

구분	내용
일시	2019년 12월 15-16일, 스페인 마드리드
한일회담 의제	-《NHK》에 따르면, 모테기 외무상이 스페인 마드리드에서 2019년 12월 15-16일 열리는 아시아유럽정상회의(ASEM)의 외교장관 회의에서 강경화 장관과 회담을 조율 중이라고 전했다. 그리고 모테기 외무상이 징용 문제와 관련해 한국 정부가 책임지고 국제법 위반 상태를 시정하고 일본이 수용할 수 있는 해결책을 내놓으라는 요구를 할 것이라고 전했다. - 한국 외교부 부대변인은 12월 12일 정례 브리핑에서 '강경화 장관이 15-16일 스페인 마드리드에서 열리는 제14차 아시아유럽정상회의(ASEM) 외교장관회의에 참석한다'고 밝혔고, 한일 외교장관 회담 개최 여부에 대해 '아직 확정되지 않았다. 조율 중'이라고 밝혔다. 청와대는 문재인 대통령이 12월 24일 중국 쓰촨성 청두에서 열리는 제8차 한중일 정상회의를 계기로 아베 총리와 한일 양자회담을 하는 방안을 조율하고 있다고 밝혔다. 한일외교장관 회담이 성사되면, 징용배상문제, 수출규제관련사안, 12월 24일 중국에서의 한일정상회담 등에 대해서 논의할 것으로 알려졌다.
한일외상 회담결과	-《NHK》에 의하면, 12월 5일 일본당국자를 인용해 일본의 모테기 요시미쓰 외무상과 한국의 강경화 장관이 마드리드에서 열리는 아시아유럽정상회의(ASEM)를 계기로 외교장관회담을 여는 방안을 검토했지만 결국 무산됐다고 보도했다. 일본외무성은 두 장관이 만날 의지는 있었지만 일정 조률이 어려워 회담이 무산될 가능성이 크다고 하였다.

277) https: //www.mofa.go.jp/mofaj/ (2020년 10월 5일 검색); http: //www.mofa.go.kr/www/index.do (2020년 10월 5일 검색)

	- 한국 외교부는 회담개최 여부를 아직 모른다고 하였다. 외교가에서는 모테기 장관이 강경화 장관에 대해서 '장식물'이라고 비하 발언을 한 것이 회담 무산에 영향을 미친 것이 아니냐는 지적이 나왔다. 《텔레비전 아사히》에 의하면, 12월 16일 ASEM 외상회담에 출석하기 위해 스페인을 방문중인 모테기 외무상과 한국의 강경화 장관은 서서 약 10분간 이야기하고, 수출관리를 둘러싼 한일국장급대화의 개최를 환영한다는 데 일치했다. 그리고 12월 하순 중국에서 열리는 한일정상회담이 실현되는데 연대하는 사안을 확인했다.

한국은 2019년 11월 22일 한일 군사정보보호협정의 공식 종료 6시간을 앞두고 종료 효력을 정지하는 결정을 내렸고, 일본은 수출당국 간 대화를 통해 수출규제 문제를 풀기 위한 협의를 하기도 결정함으로써 대화로 풀어갈 기회를 만들었다. 그렇지만 양국 갈등의 핵심인 강제징용배상 해법을 내는데 실마리를 풀지 못하는 상황이 이어지고 있어 한계를 보이고 있다. 그런 가운데 한일 수출당국회담이 3년 6개월 만에 재개되었다. 이호현 산업통상자원부 무역정책관과 이이다 요이치 경제산업성 무역관리부장을 수석대표로 하는 양국 대표단은 2019년 12월 16일 도쿄에 있는 일본 경제산업성에서 제7차 수출관리정책대화를 개최하였다.

다음은 2019년 12월 23일 중국 청두에서 한일정상회담이 예정된 상황에서 열린 한일외교장관 회담을 소개한 것이다.

〈표 17〉 한일외교장관회담[278)]

구분	내용
일시	2019년 12월 23일 쓰촨(四川)성 청두(成都) 리츠칼튼호텔에서 한국의 강경화장관과 일본의 모테기 도시미쓰(茂木敏允) 외상이 만났다.
회담 의제	- 한일외상은 12월 24일 정상회담직전에 의제를 최종 조절하였다. 양국외상은 수뇌회담의 의제, 수출규제조치 철회, 배상문제해결책 등에 대해서 협의하였다. 12월 24일 한국 외교부는 한일중 정상회의를 계기로 강경화 외교부 장관과 모테기 도시미쓰(茂木敏充) 일본 외무상 간 회담에서 '강제징용 판결 문제와 관련, 모테기 외무상이 일본 측의 기존 주장을 언급한 데 대해, 강 장관은 우리 입장을 들어 강하게 반박했다'고 전했다. 모테기 외무상은 강제 동원 문제가 1965년 한일 청구권 협정으로 종료되었고, 2018년 한국 대법원의 판결이 국제법을 위반한 것이라는 기존 입장을 재확인하고, 강경화 장관은 사법부의 판단이라는 한국의 입장을 전달한 것으로 보인다.

278) https: //www.mofa.go.jp/mofaj/; http: //www.mofa.go.kr/www/index.do (2020년 10월 5일 검색); 《聯合ニュース》 2019년 12월 23(月); 《ソウル聯合ニュース》 (2020년 11월 18일 검색)

- 한국 외교부는 '강 장관은 최근 수출관리 당국 간 대화가 진행되고 제한적이나마 1개 품목에 대해 포괄허가 조치가 내려진 것은 일본의 자발적 조치로서 나름의 진전이지만, 궁극적으로는 수출관리 당국간 대화를 통해 일본 측 수출 규제조치가 조속히 철회되어야 한다는 점을 재차 강조했다'고 밝혔다. 그리고 양국외교장관은 15개월 만에 개최되는 한일정상회담이 성공적으로 개최되어야 한다는 데 인식을 같이하고 있다는 점을 확인했다.

결과적으로 정상 간에 대화와 협력이 불발되면서 외교정책을 담당하고 있는 한국의 외교부와 일본의 외무성 수장의 고민이 깊어지고 있다. 2019년에 들어서 8월 1일 제26차 아세안지역포럼(ARF) 외교장관 회의, 11월 23일 나고야 G20외교장관회담, 12월 5일 아시아유럽정상회의(ASEM) 외교장관 회의, 12월 23일 한일외교장관회담 등을 통해서 한일 간의 현안을 두고 협상을 벌였지만 실질적인 해답을 내는 데 실패하였다. 그런 가운데 양국정상이 추진하고 있는 대일전략과 대한전략이 꼬이면서 한일관계는 더욱 악화되고 있어 추진되고 있는 한일외교정책이 국민을 위한 것인가 하는 의구심이 생기고 있다.

현재 한일관계는 양국정상과 외교장관 간의 외교전에 의해서 성격이 규정되고 있다. 양국 정상은 자국의 국운을 걸고 정책과 전략을 구사하고 있으며, 국익을 위한다는 명분으로 강경정책으로 대응하고 있다. 문재인 대통령이 갖고 있는 애국이나 국익의 실체와, 아베총리가 갖고 있는 애국과 국익의 실체가 명확하지 않은 채 강경정책을 구사하고 있는 가운데 양국기업, 국민 등이 다양한 위험에 처하는 상황이 되고 있다. 양국 국민은 한일문제가 대결과 대립하기보다는 협의를 통해서 미래지향적으로 해결되기를 바라고 있다. 따라서 한국과 일본의 외교전은 서로에게 책임을 전가하거나, 보복외교책을 사용하거나, 일방적인 항복을 요구하거나, 갈등을 야기하는 외교에서 벗어나야 할 필요가 있다. 한일외교는 한일 간의 현안을 해결하지 못한 채 경제전쟁, 군사전쟁, 사회문화전쟁 등이 확산되고 있다는 데 문제가 있다고 할 수 있다.

Ⅲ. 한국과 일본의 경제전쟁

1. 일본의 경제산업성과 한국의 산업통상자원부

한국과 일본 간에 벌어진 강제징용배상판결에 의한 일본기업의 재산압류상황은 경제전쟁으로 비화되었다. 그것은 잠재되어 있던 경제민족주의가 발흥하는 계기가 되었다.[279] 일본은 가장 잘해온 경제발전과 성장으로 힘을 축적한 일본경제력이 한국 경제력보다 우위에 있다는 것을 증명하고 위력을 발휘할 수 있는 위치에 있다. 한국은 일본의 경제적 지원과 협력으로 성장을 달성했으면서도 일본에 경제력을 발휘하는데 일정한 한계에 있다. 전후 한일 간의 경제교역에서 불균형을 이루는 가운데 한국은 만성적자를 내고, 일본은 만성 흑자를 내고 있는 것이 증명하고 있다.

일본은 과학, 고도기술, 대형기업, 무역흑자 등에 의존하며 월등한 경제력을 바탕으로 한국에 대해서 제재를 가할 수 있는 능력을 보유하고 있다. 일본은 한일 간의 과제를 해결하기 위한 수단으로 제재의 성격을 가진 경제민족주의를 이용하였다. 특히 강제징용배상판결에 의한 일본기업자산압류가 진행되는 문제를 해결하기 위해 한국에 경제적 타격이 되는 경제제재로 대응하는 방안을 선택하였다. 일본은 한국의 의지와 힘을 무력화시키는 한편, 일본의 의도대로 징용배상판결문제를 해결하기 위해서 경제제재라는 조치를 취하면서 한일 간의 경제전쟁이 시작되었다.

한국에 대한 경제제재를 직간접적으로 구상하고 대응한 기관이 일본의 경제산업성(経済産業省, Ministry of Economy, Trade and Industry, METI)이다. 경제산업성은 경제산업성 설치법, 경제산업성조직령, 경제산업성조직규칙, 중소기업청설치법 등의 규정에 의거 구성되어 운영되고 있다. 경제산업성은 외국으로 자원에너지청, 특허청 등을 두고 있다.[280]

---

279) 中野剛志(著), 2008,『国力論 経済ナショナリズムの系譜』, 以文社. 경제민족주의는 위험한 사상인가라고 질문하고, 리스트, 흄, 헤겔 등의 사상을 분석하여 경제민족주의의 유효성을 역사철학적으로 실증하고 있다. 글로벌리즘이 위기에 처하면서 발흥하고 있는 경제민족주의의 이론적 핵심을 소개하고 있다. 神武庸四郎(著), 1991,『経済思想とナショナリズム―歴史的概観』, 青木書店.

280) 2019년 경제산업성의 일반회계 예산은 1조 2,841억 6,958만 6천엔이었다. 그 중에서 경제산업성은

다음은 2019년 한국에 대한 수출규제조치를 취하고 화이트리스트배제를 진두지휘한 기관으로 알려진 경제산업성의 조직을 소개한 것이다.

〈표 18〉 경제산업성의 조직[281)]

구분	내용
장관	경제산업성 대신 가지야마 히로시(梶山弘志)
부장관	경제산업 부대신 마키하라 히데키(牧原秀樹), 마쓰모토 요헤이(松本洋平), - 경제산업 대신정무관 나카노 히로마사(中野洋昌), 미야모토 슈지(宮本周司), - 사무차관, - 경제산업 심의관
장관산하 기관	심의회(산업구조심의회 등 13심의회), 경제산업국, 산업보안감독부, 경제산업연구소, 특수법인(주식회사일본무역보험 등), 국립행정법인, 국립연구개발법인
각부서	- 대신관방: 관방장, 총괄심의관, 정책입안총괄심의관, 공문서감사관사이버시큐러티정보화심의관, 지역경제산업심의관, 기술총괄 보안심의관, 상업서비스심의관, 원자력사고재해대책심의관, 심의관, 참사관, 비서과, 총무과, 회계과정책평가공보과, 정보시스템후생과, 후쿠시마부흥추진그룹, 조사통계그룹, - 경제산업정책국: 국장, 총무과, 조사과 산업구조과, 산업조직과, 산업창조과, 산업자급과, 기업행동과, 참사과 등 지역경제산업그룹 - 통상정책국: 국장, 총무과, 국제경제과, 미주과, 구주과, 중동아프리카과, 아시아대양주과, 북동아시아과, 통상구조부(부장, 참사관), - 무역경제협력국: 국장, 총무과, 무역진흥과, 통상금융과, 기술인재협력과, 투자촉진과, 무역관리부(부장, 무역관리부, 무역심사과, 안전보장무역관리정책과, 안전보장무역관리과, 안전보장무역심사과), - 산업기술환경국: 국장, 기술진흥대학연계추진과, 연구개발과, 기준인정정책과, 국제표준과, 국제전기표준과, 환경정책과, 자원순환경제과, - 제조산업국: 국장, 총무과, 금속과, 화학물질관리과, 소재산업과, 생활기계과, 산업기계과, 자동차과, 항공기무기우주산업과, - 상무정보정책국: 총무과, 정보경제과, 사이버시큐러티과, 정보기술이용촉진과, 정보산업과, 콘텐츠산업과, 상무서비스그룹, 산업보안그룹

5,224억 3천만 엔, 경제산업국 148억 6천만 엔, 산업보안감독관 28억 3천만 엔, 자원에너지청 6,453억 6천만 엔, 중소기업청 987억 4천만 엔 등이다. 특허청예산은 1,641억 1천만 엔 등이다. 경제산업성의 일반직 재직자 수는 2018년 7월 1일 7,667명(여성 1,810명)이다. 본성 4,355명(여성1,161명), 자원에너지청 431명(여성 70명), 특허청 2,690명(여성 556명), 중소기업청 191명(여성 23명) 등으로 구성되어 있다. 직원은 인사원이 실시하는 국가공무원채용통합직시험(대학원졸업자시험), 총합직시험(대학졸업자시험), 일반직시험(대학졸업자시험), 일반직시험(고졸자시험) 및 일반직시험(사회인시험) 합격자로 구성되어 있다. 경제산업성이 관장하는 통계조사가운데 공업통계조사, 경제산업성생산동태통계, 상업통계, 매장광량통계, 가스사업생산동태통계, 석유제품수급동태통계, 상업동태통계조사, 특정서비스산업실태통계, 경제산업성특정업종석유등 소비통계, 경제산업성기업활동기본통계 등 10개통계는 총무대신에 의한 기반통계로 지정되었다.

281) https: //www.meti.go.jp/ 経済産業省 (2019년 10월 18일 검색)

외국	성에너지 신에너지부, 자원연료부, 전력가스사업부, 총합자원에너지 조사부, 조달가격산정위원회, 특허청: 총무부, 심사업부, 심사제1부, 심사제2부, 심사제3부, 심사제4부, 심판부, 공업소 유권심의회, 중소기업청(국가행정조직법 제3조2항, 중소기업청설치법, 법률14조2항)

경제산업성은 일본의 행정조직 중의 하나로 경제정책과 전략전반, 경제산업발전, 국제경제관계, 무역, 광물자원, 에너지자원, 기타 경제관련국내외사안 등에 관한 행정을 담당한다. 경제산업성은 매년『통상백서』(通商白書),『제조기반백서』(製造基盤白書),『물건만들기백서』(ものづくり白書), 중소기업의 동향과 정책에 관한 보고서『중소기업백서』(中小企業白書), 에너지 수급에 관한 동향과 정책보고서『에네르기백서』(エネルギー白書) 등을 발간한다.『통상백서』를 제외하고는 법률에 근거 정부가 국회에 제출하는 연차보고서로 구성되는 법정백서이다. 특허청은 특허행정연차보고서를 공표하고 있다. WTO협정, 경제연대협정, 투자협정 등에 대한 연차보고서는 통상무역분과회 불공정무역정책 조치소위원회가 발간한다. 이 연차보고서는 WTO협정을 시작으로 국제적으로 합의된 룰을 기준으로 해서, 주요국의 무역정책 조치의 문제점이나 불공정사안을 지적하고, 철폐나 개선을 촉구하고 있다.

일본경제의 국내외정책에 대한 정책과 전략을 기획하고 시행하는 경제산업성은 2019년 강제징용배상판결과 동반된 일본기업자산압류건에 대한 대응책으로 한국에 대한 경제제재를 구체적으로 기획하여 시행한 기관이다. 경제산업성은 강제징용배상판결 대응책으로 한국에 대한 반도체관련 부품과 소재의 수출규제조치, 한국의 화이트국배제 등을 구체화하였다. 그리고 일본이 취한 수출규제조치, 한국의 화이트배제조치, 한국이 제소하여 발생한 WTO분쟁 등과 관련한 사안, 한국과의 협상, 대결, 경쟁, 조율 등에 대응하고 있다.

일본의 경제산업성에 대응하고 있는 한국의 산업통상자원부는 제1장 총칙에서 다음과 같은 목적을 두고 설립되어 운영되고 있다. 제1조(목적) 이 규칙은 산업통상자원부와 그 소속기관에 두는 보조기관·보좌기관의 직급 및 직급의 정원, '정부조직법' 제2조 제3항 및 제5항에 따라 실장·국장 밑에 두는 보조기관과 이에 상당하는 보좌기관의 설치 및 사무분장 등 산업통상자원부와 그 소속기관 직제에서 위임된 사항과 그 시행에 필요한 사항을 정함을 목적으로 한다. 산업통상자원부 장관 하에는 본부에 1차관, 본부장, 1차관보, 7실, 2국, 20관, 2단, 79과 1팀이 있고, 소속기관에 2개의

위원회, 2개의 원, 1개의 사무소, 1개의 기획단 등이 있다.[282)]

다음은 한국의 산업전반에 관한 정책을 추진하고 일본의 경제산업성이 추진하는 대한 정책과 전략에 대해서 대응해온 산업통산자원부의 조직을 소개한 것이다.

〈표 19〉 산업통상자원부[283)]

구분	내용
장관실	산업통상자원부 장관, - 장관정책보좌관, 대변인, 감사관, 홍보담당관, 감사담당관, 무역위원회, 전기위원회, 국가기술표준원, 경제자유역기획단, 자유무역지역관리원, 광산안전사무소
차관실	- 기획조정실: 정책기획관, 기획재정담당관(기획재정담당관, 혁신행정담당관정보관련담당관, 정보보호담당관), 비상안전기획관(산업재난담당관), - 산업정책실: 산업정책관(산업정책과, 산업일자리혁신과, 산업환경과), 소재부품산업정책과(소재부품총괄과, 반도체디스플레이과, 섬유화학탄소과, 철강세라믹과), 제조산업정책관(기계로봇과, 자동차항공과, 조선해양플랜트과, 전기전자과, 바이오융합산업과), - 산업혁신성장실: 산업기술융합정책관(산업기술정책과, 산업기술개발과, 산업기술시장혁신과, 엔지니어링디자인과, 규제샌드박스팀), 지역경제정책관(지역경제총괄과, 지역경제진흥과, 입지총괄과), 중견기업정책관(중견기업정책과, 중견기업혁신과, 유통물류과), - 에너지자원실: 에너지혁신정책관, 자원산업정책관(자원안보정책과, 석유사업과), 원전산업정책관, 신재생에너지정책단

282) 산업통상자원부의 업무분장은 산업통상자원부와 그 소속기관 직제 시행규칙 산업통상자원부령 제232호에 근거하고 있다. 통상을 담당하는 통상협력국장은 제12조(통상협력국)에서 고위공무원단에 속하는 일반직 공무원으로 보하도록 하고 있다. 통상협력총괄과장은 산업·자원 협력 종합계획의 수립 및 시행, 산업자원 관련 중장기적 범 지역적 국제협력 전략의 수립, 산업통상자원부 소관 국제개발협력(ODA)의 지원에 관한 사항, 기업의 해외프로젝트 수주 지원 등에 관한 사항, 국제개발은행(IBRD) 및 아시아개발은행(ADB) 등의 경제협력개발기구 등 다자 간 산업·무역·자원 협력에 관한 사항, 지역통상의 진흥 지원교섭 및 평가에 관한 시책의 수립 및 시행, 외국의 수입규제에 대한 국내종합대책의 수립 및 시행, 세계무역기구, 경제협력개발기구, 아시아태평양경제협력체, 아시아유럽정상회의, 주요 20개국협력체 및 그 밖의 국제기구와 국제회의 등 다자간 산업자원 협력에 관한 사항, 자유무역협정과 관련한 산업자원 분야 대응정책의 수립 및 이행점검에 관한 사항 등을 담당한다. 그리고 동북아통상과장은 중국, 일본, 대만, 몽골 등 동북아지역의 통상에 관한 정책의 수립시행 및 총괄조정, 동북아지역 국가와의 통상교섭 및 통상교섭의 총괄조정, 동북아지역 국가와의 통상장관회담 등 통상분야 협의체의 운영, 자유무역협정을 제외한 동북아지역 국가와의 통상 관련 조약협정의 교섭, 총괄 및 조정, 그 밖에 동북아지역과의 주요 통상 현안 총괄, 동북아지역 국가와의 산업자원협력에 관한 사항, 동북아지역 국가에 대한 시장개척 및 투자유치활동 지원, 동북아지역 국가와의 민간경제협력 지원, 동북아지역 국가의 수입규제에 대한 국내 대응활동 등을 담당한다.

283) http: //www.motie.go.kr/motie/ 산업통산자원부 (2019년-2020년 검색)

통상교섭 본부장실 (차관급)	- 통상정책국: 통상정책총괄과, 디지털경제통상과, 미주통상과, 구주통상과, - 통상협력국: 신북방통상총괄과, 동북아통상과, 신남방통상과, 중동아프리카통상과, - 통상교섭실: 자유무역협정정책관(자유무역협정정책기획과, 자유무역협정협상총괄과, 자유무역협정이행과), 자유무역협정교섭관(자유무역협정상품과, 자유무역협정서비스투자과, 자유무역협정무역규범), 동아시아자유무역협정추진기획단(동아시아자유무역협정담당관), - 신통산질서전략실: 신통상질서정책관(세계무역기구과, 다자통상협력과, 한미자유무역협정대책과), 신통상질서협력관(통상법무기획과, 통상분쟁대응과, 홍보소통과), - 무역투자실: 무역정책관(무역정책과, 무역진흥과, 수출입과, 무역안보과), 투자정책관(투자정책과, 투자유치과, 해외투자과), 통상국내정책관(총괄기획과, 국내대책과, 활용촉진과)

그리고 산업통산자원부의 소속기관이 별도로 설치되어 산업통상에 대한 업무분장을 하고 있다. 다음은 산업통상자원부의 별도 소속기관을 소개한 것이다.

〈표 20〉 산업통상자원부 소속기관

구분	내용
장관실	장관
차관실	- 국가기술표준원 원장실, 지원총괄과, 표준정책국(표준정책과, 국제표준협력과, 산업표준혁신과, 전기전자정보표준과, 기계융합산업표준과, 바이오화학서비스표준과), 제품안전정책국(제품안전정책과, 제품시장관리과, 제품안전정보과, 전기통신제품안전과, 생활어린이제품안전과), 적합성정책국(시험인증정책과, 적합성평가과, 인증산업진흥과, 계량측정제도과), 기술규제대응국(기술규제정책과, 무역기술장벽협상과, 기술규제조정과, 기술규제협력과) - 무역위원회상임위원, 무역조사실(무역구제정책과, 산업피해조사과, 덤핑조사과, 불공정무역조사과) - 광업등록사무소: 동부광산안전사무소, 중부광산안전사무소, 서부광산안전사무소, 남부광산안전사무소, 전기위원회
통상교섭 본부장실	- 경제자유구역기획단(정책기획팀, 혁신지원팀, 서비스투자지원팀, 개발투자지원팀) - 마산자유무역지역관리원, 군산자유무역지역관리원, 대불자유무역지역관리원, 도동해자유무역지역관리원, 율촌자유무역지역관리원, 김제자유무역지역관리원, 울산자유무역지역관리원

일본의 경제산업성과 한국의 산업통상자원부는 자국의 국내외경제와 통상전반에 대해서 기획하고 대응하고 시행하는 기관이다. 최근 한일간에 벌어지고 있는 경제전쟁은 이 두 기관이 주도한 것으로 알려지고 있다. 일본 경제산업성은 강제징용배상 판결에 대한 제재로 한국에 대해서 수출규제조치와 한국의 화이트리스트배제조치 등을 취하였다. 한국의 산업통상자원부는 그에 대한 대응조치로 일본의 화이트리스

트배제조치, WTO에 대한 일본의 불공정거래제소, 일부품목에 대한 수출규제조치 등을 취하였다. 이후부터 수출규제조치 등 한일간에 벌어지고 있는 경제전쟁을 수습하기 위한 협상과 전략을 담당하고 있어 주목을 받고 있다.

2. 일본과 한국의 수출규제명분

경제영역에서 한국과 일본의 경제전쟁은 일본이 한국에 대한 구출규제조치와 화이트국가배제조치를 취하면서 본격화되었다. 경제적으로 우위에 있는 일본은 한국의 강제징용배상처리에 대해서 불만을 갖고 선제적으로 경제조치를 취하였다. 일본 정부는 한국대법원이 일본기업에게 강제징용배상을 하라는 판결을 내린 것과, 한국 정부가 그 판결을 존중하고 개입하지 않겠다고 발표하면서 경제제재에 가능성을 선언하고 구체적인 작업에 돌입하였다. 일본기업이 한국기업에 수출하고 있는 첨단산업소재에 대한 수출규제조치를 단행하고, 한국을 화이트리스트에서 배제하였고, 한국도 동일한 수준의 경제적 대응을 단행했다. 이렇게 해서 한일은 강제징용배상문제가 발단이 되어 경제분쟁과 전쟁에 돌입하였다.

한국과 일본 사이에는 일본이 취한 경제제재 이유가 강제징용배상에 대한 대응인지 아니면 한국이 수입하고 있는 신소재에 대한 관리 잘못으로 벌어진 것인지 하는 진실 공방이 벌어졌다. 다음은 강제징용배상문제로 촉발된 경제분쟁 배경과 대응과정을 소개한 것이다.

〈표 21〉 수출규제조치의 한일명분

구분	한일의 대응
	- 2018년 한국대법원은 일본기업에게 징용배상을 하라는 판결을 내렸다. 그리고 2019년 5월 1일 한국의 징용공배상소송 원고측은 이미 압수한 일본제철(日本製鉄)과 후지코(不二越)의 자산 1억 7천만 엔 정도를 현금화하기 위해 매각 명령을 내리도록 5월 1일 재판소에 신청했다. 징용소송 원고측이 자산을 현금화하는 법적 절차에 들어가자 일본제철은 '당사의 자산이 제3자에게 매각되면 실손이 생기는 상황이 발생하는 것에 대해서 매우 유감이다. 일본 정부와 연대해서 적절히 대응하고 싶다'고 하였다. 일본 외무성은 한국 정부에 대해서 '부당하게 매각되는 사태가 발생하면 결단코 수용하지 않고, 정부로서 사태를 심각하게 인식하고 있다'고 강하게 항의하였다. - 2019년 6월 19일 한국 정부는 일본기업과 한국기업이 자금을 거출하여 배상에 충당하

강제징용배상판결에 대한 인식	는 안을 일본 정부에 전했다고 발표했다. 일본 측이 제안에 응하는 경우, 일본 정부가 요청해온 2국간 협의에 대해서 '수용을 검토할 용의가 있다'고 했다. 일본 외무성은 6월 19일 '(한국 정부의 제안은)한국의 국제법 위반 상태를 시정하는 것이 못되고, 문제의 해결책이 아니다'라고 제안을 명백하게 거부했다. 일본 정부는 '징용배상문제는 일한청구권협정에서 이미 해결완료됐다'는 입장을 표명했다.
일본의수출규제조치명분	- 일본은 2019년 6월 30일 '국가 간 조약을 지키지 않은 국가는 안전보장상 우대조치대상이 아니다'라는 이유로 '한국을 화이트국가에서 제외한다'고 발표하였다. 경제산업성은 징용배상을 둘러싼 외교 관계를 배경으로 한국과의 신뢰관계가 무너지고, 수출관리상의 '부적절한 사안'이 발생한 것을 이유로 들었다. 그리고 이번 조치에 대해서 '한국과 관련한 수출관리상의 조치이고, 대항조치가 아니다'라고 설명했다. 하기우다 고이치 자민당 간사장 대행은 '화학물질의 행선지가 알 수 없는 듯한 사안이 있다'라고 하여 한국에 수출한 전략물자의 북한 유출가능성을 시사하고 화이트국가제외 정당성을 주장했다. - 7월 1일 경제산업성 세코 경제상(世耕經産相)은 '한국에 반도체재료 3품목의 수출에 대해서, 7월 4일부터 계약 건마다 심사 및 허가하는 방법으로 전환한다. 또한 한국에 관한 수출관리상의 카테고리를 수정하고, 절차 간소화의 대상국인 화이트국가에서 제외하는 정령개정 절차에 들어갔다'고 발표했다.
한국의 수출규제 명분인식	한국에 수출한 전략물자의 북한 유출 가능성을 시사한 일본의 지적에 대해서 산업통산자원부 박태순 차관은 7월 1일 '화학물질이 한국을 거쳐 북한으로 수출된 일은 없었고', 일본에 의한 반도체 재료에 대한 수출규제에 대해서, '국제법에 위반하는 불공정한 조치로 한국으로서는 엄격하게 처리한다'고 발표했다. 그리고 일본의 수출규제조치는 세계무역기관(WTO)의 합의에 금지되고 있는 것으로 유감의 뜻을 표명하였다. 7월 3일 홍남기 경제부수상 겸 기획재정부장관은 라디오 인터뷰에서 '징용배상소송으로 일본기업에 배상을 명한 한국최고재판소판결에 대한 명백한 경제보복으로 국제법 위반이며, 철회되지 않으면 상응하는 조치를 반드시 취한다'고 대응의지를 밝혔다.

일본과 한국의 경제 갈등의 배경에는 분명히 한국대법원의 일본기업에 징용배상을 명하고 일본기업의 자산매각신청을 재판소에 제기한 것이 직접적인 원인이다. 한국 정부는 대법원판결에 따른 후속 절차가 사법부의 조치이기 때문에 행정부가 개입할 수 없다는 입장을 취하고, 매각절차 등에 관여하지 않았다. 한국 정부는 대법원판결과 후속조치로서 일본기업의 자산을 매각하는 절차가 정당한 것으로 인식하였다. 다른 한편으로는 한일청구권과 직간접적으로 연결된 것을 의식했는지는 모르지만, 일단 배상당사자인 일본기업과 청구권혜택을 받은 한국기업이 거출해서 충당하자는 안을 제시하였다.

일본은 징용배상문제가 한일청구권협정으로 완전하게 해결됐기 때문에 징용관련 기업이 배상할 필요가 없다고 인식하고, 한국이 배상을 청구하는 것은 한일청구권협정을 어기는 것으로 국제법의 위반이며, 관련된 한일기업이 기금을 마련해서 대응하는 것은 문제해결이 되지 않는다고 거부하였다. 일본 정부는 일본기업의 자산매각을 통해서 배상을 하게 되면, 기존의 한일청구권협정이 무효가 되어 한일청구권 문제가 원점에서 다시 시작하는 상황을 인정할 수 없다는 입장이다. 만약 한국 정부가 해결하지 않으면, 수출규제조치와 한국을 화이트국가에서 배제할 것이라 점을 천명하였다.

한국은 일본의 경제제재조치가 WTO합의 위반으로 국제법 위반이며, 경제보복이라고 하여 반발하였다. 그에 대해서 일본은 경제제재조치가 수출관리상 부적절한 사안이 발생하여 시행하는 것으로 대항조치가 아니라고 하였다. 일본은 한일청구권의 정당성과 부당성에 대해서 직접적으로 논쟁을 하기보다는 청구권협정에 근거 중재위원회를 구성하여 해결하자고 제안했다. 일본의 제안에 대해서 한국 정부는 중재위원회를 구성해서 해결하기보다는 개인청구권이기에 재판의 결정을 존중해야 한다고 인식하여 미온적으로 대응하였다. 일본은 2019년 7월 1일 '징용배상을 둘러싸고 한국과의 외교신뢰가 무너졌고, 수출관리상 부적절한 사안이 발생했다'라고 하여 수출규제조치를 단행하였다.

일본은 경제조치를 단행하면서 징용배상문제로 인하여 한국에 대한 신뢰가 무너졌고, 수출관리상 부적절한 사인이 발생했다는 이유를 들었다. 그런 이유를 보면, 일본은 징용배상문제로 생긴 불신 때문에 수출관리 상의 부적절한 사안을 표면적 이유로 등장시켰다. 그런 논리는 징용배상문제가 없었다면 수출관리상의 부적절한 사안이 문제가 되지 않았을 것이라는 의미와 상통한다. 그럼에도 불구하고, 일본은 징용공배상문제와 수출규제조치와는 직접적인 원인이 아니라는 입장을 고수했다. 한국은 명백하게 징용배상문제가 일본의 수출규제조치를 취하게 된 직접적인 원인이라고 주장하였다. 현실적으로 징용배상문제가 일본의 경제조치를 촉발시키는 결정적인 계기가 된 것은 명백해 보인다.

이 시점에서 징용배상문제는 경제제재를 동반하였고 경제전쟁으로 확산되었다. 일본은 징용배상판결의 후속조치로 일본기업자산이 강제적으로 매각이 되는 것을 인정하면, 한국의 주장을 감당하기 어렵다고 판단하여 총력적으로 대응한 것으로 보인다. 더욱이 한일청구권해결 완료라는 일본의 입장이 무너지고 앞으로 개인청구권 소송이 다양하게 발생하고, 더불어 식민지 지배에 의해 발생한 개인배상문제에 대해서 책임을 져야 하는 상황이 될 것이다. 일본 정부는 그런 차원에서 수출규제조치를 취하여 한국기업에 손실을 발생시켜 한국경제에 타격을 주어 한국 정부가 징용배상문제를 스스로 해결할 수 있도록 압박하였다. 일본의 경제조치는 개별청구권에 대한 한국법원판결을 원초적으로 무시하여 재발되지 않도록 하고, 한일청구권협정을 수호하며 일본기업손실을 방지하고, 한국 정부를 길들이는 차원에서 시행된 것이라고 해석할 수 있다.

3. 한국과 일본의 화이트국가배제조치

일본은 2019년 7월 1일 외환법 수출무역관리령이 정한 화이트국가에서 한국을 삭제하기 위한 정령개정의 의견수렴절차를 선언하고 7월 24일까지 추진하였다. 한국은 일본의 외국환 관리법상 화이트리스트 대상국에 속했기 때문에 그동안 수출허가신청을 면제받아왔다. 화이트국가에서 제외되면, 한국에 수출하는 일본기업이나 사람은 계약건마다 개별허가를 획득해야 한다. 소요기간은 약 90일이 걸리고, 불허가 또는 심사기간 장기화 등의 상황이 발생하여 한국기업에 타격을 줄 수 있다. 한국이 백색(white)국가에서 비화이트국가로 전환되면, 약 1,100여 개 물품을 허가대상으로 하는 캐치올규제(Catch- All Controls)가 발동될 것으로 예상되었다.[284)]

일본은 2019년 8월 2일 한국을 화이트국가에서 제외하는 정령 개정 각의 결정, 2019년 8월 7일 정령 천황 공포, 2019년 8월 23일 시행 등의 일정으로 추진하였다. 일본은 한국을 화이트리스트에서 제외하는 조치를 단행하는 조치이유에 대해서 '징용공소송과의 관련성이나 보복조치라는 것을 부인하고, 수출관리 차원에서 내려진 것'이라고 발표하였다. 다음은 일본 정부의 화이트리스배제 조치 과정을 소개한 것이다.

284) 캐치올규제(Catch-All Controls)는 보완적 수출규제로 외국이채, 외국무역법을 근거로 2002년 4월 도입되었다. 일본은 안정보장무역관리 틀에서 대량파괴병기, 통상병기개발에 사용될 가능성이 있는 화물의 수출이나 기술제공에 대해서 경제산업성대신에게 허가를 받을 의무를 부과하고 있다. 일본 정부는 수출관리제도에 근거해서 우대조치대상국을 화이트국으로 규정하여 시행하고 있다. 2019년 8월 2일 화이트국 가운데 그룹a, 비화이트국, 그룹 b, c, d 등으로 변경하였다. 일본 정부는 대량파괴병기 등에 사용될 수 있는 물품을 규제할 목적으로 제도를 이용하고 있다. 특히 한국을 수출규제대상으로 규정하면서 한국과의 갈등이 심화되었다.

〈표 22〉 일본의 화이트리스트배제조치[285)]

구분	내용
화이트리스트배제조치의 성격	- 2019년 8월 2일 아베 신조 총리는 '전 징용공소송문제의 대항조치라는 견해를 부정하고, 안전보장상의 무역관리에 관한 국내운용의 수정'이라고 주장하였고, 안전보장의 수출관리로 우대조치를 하는 화이트국가에서 한국을 제외하는 정령개정을 각의결정했다. - 아소 타로 부총리는 '한국이 엄청난 양의 불화수소를 수입하고 있다. 대량의 불화수소가 어디로 유출되었는지 한국이 설명할 수 있어야 한다. 한국이 수입한 불화수소가 (북한의) 사린 가스에도 자로 쓰일 수 있다'라고 발언하였다. - 스가 요시히데(菅義偉) 관방장관은 8월 2일 기자회견에서 '아시아에서 유일하게 한국에 제공하고 있는 우대조치를 철회했다. 수금 조치가 아니다. 부품공급망에 대한 영향은 전혀 고려하지 않았다. 더욱이 대항 조치가 아니다'라고 하였다. - 고노 타로(河野太郎) 외상은 '징용공문제에 대해서 납득할 수 있는 회답을 제시하지 않은 한국의 대응은, 일본에게 있어 제2차세계대전후의 국제질서를 근본부터 뒤집는 것과 같다'라고 하였다. - 세코 히로시게(世耕弘成) 경제산업상은 '금수조치가 아닌 만큼 절차를 제대로 밟으면 된다'고 하였다. 그리고 세코 대신에 입각한 스가와라 잇슈 경제산업상은 취임 첫마디부터 '일본의 한국에 대한 수출규제는 세계무역기구(WTO) 협정을 위반한 것이 아니다'라고 주장했다. - 《NHK》 등 일본 언론들은 스가와라 경제산업상이 취임 직후 가진 기자회견에서 '한국정부가 일본의 수출 규제조치에 대해 WTO에 제소한 것과 관련해 WTO위반이라는 지적은 전혀 맞지 않는다'고 보도하였다.
화이트배제정령발표	- 일본 정부는 2019년 8월 7일 백색국가 제외를 위한 수출무역관리 일부를 개정하는 정령(輸出貿易管理の一部を改正する政令)을 발표하고, 2019년 8월 28일부터 한국을 백색국가에서 제외하였다. 세코 히로시게 경제산업상은 8월 27일 기자회견에서 한국을 우대대상국에서 제외한 것에 대해서 '수출관리를 적절하게 시행을 수정하고, 일한 관계에 영향을 줄 의도를 갖고 있지 않다'라고 발언하였다. - 정령시행으로 한국은 그룹 B에 들어갔다. 일본기업이 군사전용의 우려가 있는 규제품목을 수출할 경우, 그룹A는 원칙적으로 3년간 개별허가 절차가 면제되지만 한국은 거기에서 제외됐다. 일본은 자국이 정한 1,194개 전략물자를 한국기업이 수입하려면 특별포괄허가 또는 개별허가를 받도록 해놓고 절차와 허가기준을 까다롭게 바꿨다.

일본은 한국을 백색국가에서 배제하는 이유로 '안전보장상의 무역관리, 부적절한 관리'라고 규정하여 징용배상문제와는 관련성이 없다는 입장을 주장했다. 또한 경제조치 성격에 대해서 아베 총리는 '대항조치가 아니다', 스가 관방장관은 '금수조치가 아니다',

285) 일본은 미국, 영국, 아르헨티나, 한국 등 27개국을 정부의 허가 없이 수출이 가능한 화이트국가로 지정하고 있다. 화이트국가는 아르헨티나, 호주, 오스트리아, 벨기에, 불가리아, 캐나다, 체코, 덴마크, 핀란드, 프랑스, 독일, 그리스, 헝가리, 아이랜드, 이탈리아, 한국, 룩셈부르크, 네덜란드, 뉴질랜드, 노르웨이, 폴란드, 포르투갈, 스페인, 스웨덴, 스위스, 영국, 미국 등이다.

고노 타로 외무상은 '한국이 징용배상 안을 내놓지 않는 것은 국제질서 뒤집기다', 세코 히로시게 경제산업상은 '금수조치가 아니다', 후임 스가와라 경제산업상은 '한국에 대한 수출규제는 세계무역기구(WTO) 협정을 위반한 것이 아니다'라고 각각 항변하였다. 이구동성으로 일본총리와 관련 대신들은 일본의 수출규제조치와 백색국가제외의 명분이 수출품관리부실 때문이며 경제보복이 아니라는 주장을 일관되게 주장하였다. 일본은 백색국가제외의 국제적인 명분을 명확하게 하고 WTO분쟁에 대응하는 한편, 경제제재조치의 정당성을 확보하기 위한 전략적 명분을 구축한 것이라고 해석할 수 있다.

만약 일본의 경제조치 이유가 수입품관리부실이라고 한다면, 한국은 일본기업으로부터의 수입품 사용처를 밝혀 정당성을 증명하면 경제조치는 철회되는 것이다. 그러나 일본 정부는 관리부실을 증명하는 자료를 제공하지 않고 일방적으로 화이트국가에서 한국을 배제하였다. 그런 전후 상황을 보면, 일본 정부는 징용배상문제에 대한 대응책으로 경제조치를 취한 것이며 동시에 경제보복이나 대항조치였다는 점을 부인하기 어려울 것이다. 일본이 경제조치를 하면서 내세운 '부적절한 관리', '징용공배상에 납득할 수 있는 회답을 제시하지 못한 한국대응', '징용배상판결을 둘러싼 외교관계를 배경으로 한국과의 신뢰관계가 무너지고', '일본기업자산 매각에 대한 경고', '한국 정부의 부적절한 대응', '배상청구는 한일청구권위반이고 국제법위반' 등과 같이 비경제이유를 언급한 것은 경제문제라기보다는 비경제적 문제에 대한 경제조치라는 것을 스스로 자인한 것이 될 것이다.

특히 아베 총리의 한국에 대한 언급에서 보면, 경제보복이며 대항조치라는 것을 알 수 있다. 아베 총리는 2019년 8월 6일 '한국이 일한청구권협정을 위반하는 행위를 일방적으로 하면서 국제조약을 깨고 있다'고 하고, '한국 측에 절절한 대응을 강력하게 요구한다'고 말했다. 히로시마 평화기념공원에서 열린 원폭투하74주년 위령식 기자간담회에서 '한일관계의 가장 큰 문제는 국가 간 약속을 지킬지에 관한 신뢰문제'라고 말했다. 그리고 수출규제발표 후 열린 당수회의해서 '약속을 지키지 않는 국가에 대해서는 수출우대조치를 할 수 없다'고 하고, '징용공문제는 역사문제가 아니라 국제법상 국가와 국가의 약속을 지키느냐 하는 문제이며, 1965년 한일청구권협정에서 서로 청구권을 포기했다. 위안부합의는 정상 간의 협의이어서 유엔과 오바마 당시 미국 대통령도 높게 평가하였는데 지키지 않고 있다'고 하였다.

다음은 일본 정부가 한국을 화이트국가로부터 배제하기 위해서 각의결정하고 단행한 화이트리스트배제 정령의 내용을 소개한 것이다.

〈표 23〉 일본의 한국화이트리스트배제정령 내용

구분	내용
정령공포 일시	- 무역수출관리의 일부를 개정하는 정령을 공포한다(輸出貿易管理の一部を改正する政令ここに公布する). 천황옥쇄(御名御璽) - 레이와원년 8월 7일 내각총리대신 아베 신조(令和元年八月七日 内閣総理大臣 安部晋三)
정령번호	정령제71호(政令第七十一号)
정령내용	- 수출무역관리의 일부를 개정하는 정령(輸出貿易管理の一部を改正する政令), - 내각은 외국환 및 외국무역법(쇼와24년 법률228호) 제48조 제1항의 규정에 의거, 이 정령을 제정한다. 수출무역관리령(쇼와24년 정령제378호)의 일부를 다음과 같이 개정한다. 별표제3중 대한민국을 삭제한다. (内閣は外国為替及び外国貿易法(昭和二十四法律228号)第四十八条第一項の規定に基づきこの政令を制定する. 輸出貿易管理令(昭和二十四政令第378号)の一部を次のように改正する. 別表第三中「大韓民国」を削る.) - 부칙 이 정령은, 공포일부터 기산해서 21일을 경과한 일부터 시행한다. (附則 この政令は, 公布の日から起算して二十一日を経過した日から施行する.)
서명	경제산업 대신 세코 히로시게(経済産業大臣 世耕弘成), 내각총리대신 아베 신조(内閣総理大臣 安部晋三)

일본 정부는 수출무역관리의 일부를 개정하는 정령(輸出貿易管理の一部を改正する政令)을 각의결정하고 천황의 재가를 받아 한국을 화이트국가 A에서 B국가로 내려 개별허가체제로 전환하였다. 다음은 정령개정으로 바뀐 일본의 화이트국가현황을 소개한 것이다.

〈표 24〉 일본의 화이트국가현황

<table>
<tr><th colspan="2">변경 전</th><th colspan="3">변경 후</th></tr>
<tr><td rowspan="5">구출관리신뢰도</td><td rowspan="3">화이트국가(미영한등 27개국)</td><td>-</td><td>규제품목</td><td>비규제품목</td></tr>
<tr><td>그룹A: 26개국</td><td>많은 품목 포괄허가</td><td>절차면제</td></tr>
<tr><td>그룹B: 한국포함 10-20개국 전후</td><td>일정품목 포괄허가, 나머지는 개별허가</td><td rowspan="3">군전용 우려제품 개별허가</td></tr>
<tr><td rowspan="2">비화이트국가</td><td>그룹C: 대만, 싱가포르 등</td><td>일부품목 포괄허가, 많은제품 개별허가</td></tr>
<tr><td>그룹D: 북한, 이라크 등 10개국</td><td>개별허가</td></tr>
</table>

일본은 2019년 8월 7일 한국을 화이트리스트 B그룹으로 분류하고, 특별 일반포괄허가를 적용했다. 특별일괄포괄허가는 수출관리 자유준수프로그램(CP, Compliance Program)을 잘 이행하고 있는 일본기업이 화이트국이 아닌 타국의 기업과 거래할 때 개별허가없이 3년 단위 허가를 내주는 것이다. 일본은 전략물자 1,120개 중 비민감 품목 857개를 수출하는 일본기업을 심사해 CP인증을 준다. 한국기업이 CP인증을 받는 일본기업과 거래하면 개별허가를 받을 필요 없이 기존처럼 3년 동안 소재와 부품을 공급받을 수 있다.

화이트국가배제에 근거해서 일본이 상정하고 있는 해제조치대상은 반도체재료 3품목, 1,000품목 이상, 석유화학, 자동차 부품 등이 해당될 가능성이 높다. 반도체 디스플레이 분야 소재·부품·장비는 실리콘 웨이퍼, 블랭크 마스크 등 핵심 소재를 포함해 37개, 석유화학·화학제품 8개, 공작기계 7개, 철강·알루미늄 7개, 광물 광물성생산품 6, 플라스틱제품 4, 2차전지소재 1, 기타 13품목 등이다. 스미토모, 무라타, DNP, 도레이 등 화학 소재 부품관련 1,300여 개 일본기업은 CP를 받은 상태이다. 일본이 세부 규제품목을 추가로 정하면 CP제도와는 관계없이 바로 수출규제를 받는다.

일반적으로 일본의 경제조치는 한국에 악영향이 미칠 것이라고 분석했다.《한국경제신문》이 수출무역관리령의 통제 대상 품목에 기재된 전략물자를 전수 조사한 결과, 일본으로부터 수입 실적이 있는 품목은 1,383개로 집계됐고, 한국경제성장률 목표 2.2% 달성이 어려울 것이라고 보도했다. 한편 세코 경제산업상은 일본기업에 대한 부정적인 영향이 없다고 설명하였지만, 수출지연의 영향이 있을 것으로 일본기업들은 예측하였다. 군사전용 가능성이 있는 공작기계 등을 수출하는 일본기업은 계약할 때마다 경제산업성의 허가를 받아야 하기 때문에 특별일반포괄허가 실시로 수입하는 한국기업과 함께 영향을 받는다.

현대경제연구원에 따르면, 일본의 규제조치는 화학, 기계, 자동차부품, 비금속 등 48개 주요수입품이 2018년 전체수입액 중 일본수입액 비중이 90%로 27억 8천만 달러이다. 한국이 일본에서 수입하는 4,227개 품목 중 일본에 대한 의존도가 50% 이상인 품목은 253개이며, 90% 이상인 품목이 48개로 나타났다. 일본 정부의 수출통제품목후보군에 오른 소재는 한국의 미래먹거리로 알려진 반도체, 수소차, 전기차 배터리 산업의 핵심 소재라는 점에서 산업경쟁력에 치명타가 될 것으로 보인다. 대외경제정책연구원(KIEP)에 의하면, 일본의 대한수출규제와 전망에서 한국의 대일 캐치올 규제 대상 품목이 6,275개이며, 그 중에서 4,898개 품목이 캐치올규제에 의해 부정적인 영향을 받을 것으로 분석했다.

일본의 조치는 한국과 일본에 동시에 부정적인 결과를 낳는다는 점에서 실익이 적은 전략이라는 평가도 있다. 장기화되면 결국 양국 경제네트워크의 변화를 초래하고 한국기업의 기술적 자립과 네트워크 다변화를 촉진시키기 때문에 일방적으로 한국에게 불리하고 일본에게 유리한 조치는 아니다. 다음은 한국의 화이트국가배제가 양국과 경제에 미치는 영향을 소개한 것이다.

〈표 25〉 일본의 한국화이트국가배제가 양국에 미치는 영향

구분	한국에 미치는 영향	일본에 미치는 영향
정치 영역	- 문재인 정부는 봉착하고 있는 다양한 위기 극복용으로 한일관계를 이용하고, 2020년 4월 총선에서 지지자의 결집을 의도한 정책이라는 비판도 있다. - 한일 간의 GSOMIA 파기, 상호 군사훈련 불참, 상호경제제재 등으로 일본과의 관계를 통한 성장이나 미래비전보다는 남북한 우호관계를 통해서 그것을 추진하기 위한 정치적 전략이다. - 일본에게는 패배할 수 없다는 주장을 현실화해서 한일 간의 기존의 질서를 재편할 수 있는 기회로 삼고 있다.	- 2019년 7월 21일 참의원선거용으로 이용하고 있다는 평가가 나왔다. 아베정부는 참의원 124명 중 과반수를 획득하였지만 헌법개정 수에는 부족한 상황이다. - 문재인 정부길들이기 또는 교체하기 위한 정치적 전략이라는 평가가 있다. - 한일간에 맺은 조약이나 협정 수호, 한일 간의 과거사를 정리할 수 있는 기회로 이용하고 있다. - 2019년『방위백서』에서 안전보장협력분야에서 호주, 인도, 아세안, 한국 등의 순으로 정한 것처럼 한일밀착보다는 중일밀착, 미일밀착을 위한 계기로 이용하고 있다.
경제 영역	- 한국의 국내총생산(GDP)의 약 40%가 수출을 통해서 이루어지고, 그 중 반도체가 20%를 차지하고 있어 이 분야에 부정적인 영향이 있을 것이다. - 한국경제연구원에 의하면, 한국내의 반도체 소재 30%가 부족할 경우 한국의 국내총생산(GDP) 2.2% 감소될 것으로 예측하였다. - 일본으로부터 반도체, 디스플레이용 장비 부품수입은 약 58억 1,500만 달러로 수입이 금지되면 관련기업의 운영에 지장이 발생할 것이다. - 산업통상자원부는 실무협의추진, WTO제	- 한국경제연구원에 의하면, 일본의 대한 수출규제로 인하여 한국내 반도체소재가 30% 부족하면, 일본은 국내총생산(GDP)이 0.14% 정도 감소할 것으로 예측하였다.[286] - 한국이 맞대응하면서 일본의 GDP 1.8% 감소 또는 GDP 3.1% 감소 예상된다. - 한국으로부터 D램반도체, 랜드, OLED 등을 수입하는 일본기업에 부정적인 영향을 줄 것으로 보인다. - 한국 정부의 실무협의제안거부, WTO제소 맞대응, 국제사회친일본여론형성, 수출관리 개선요구, 한국 정부의 강제징용배상문제

	소, 국제사회여론현성, 수입선다변화, 소재산업의 국산화, 매년 1조투자, 수출규제 3대품목지원 3,000억 추경, 전방위적 탈일본화 정책 등을 추진할 것으로 보여 한국경제재편의 기회가 될 것이다.	직접해결요구 등을 추진하고 있다. - 일본은 한국내 일본기업자산매각을 미연에 방지하고, 일본보다는 한국에 타격을 주어 한국이 문제해결에 직접 나설 것으로 예상하고 있다.
한일기업	- 코오롱생명과학, SK이노베이션, 삼성전자, LG 등에 영향을 줄 것으로 보인다. D램반도체 삼성전자 40.6%, SK하이닉스 29.8% 생산감소, 낸드플래시반도체 삼성전자 34.1%, SK하이닉스 9.6% 생산감소, TV용대형 OLED의 100%를 생산하는 LG디스플레이생산차질, 스마트폰용 OLED(중소형)을 생산하는 삼성디스플레이 86.5%, LG디스플레이 3% 생산이 감소할 것으로 예측하고 있다. - 2019년 8월 1일 일본의 수출규제조치 발표 후 상장기업 15개사의 주식급락, GMB코리아 14.35%, SCD 13.8%, 롯데 13.14%, 유니손(ユニソン) 12.9% 하락, 롯데의 주식시가총액은 4조 6,317억 원에서 8월 22일 4조 233억 원으로 감소하였다. - 수출규제 후 반사이익으로는 2019년 7월 20일 삼성전자 +0.43상승, SK하이닉스 +9.71, 동진쎄미켐 +33.33, 솔브레인 +33.47 주가가 상승했다. - 현대경제연구원에 따르면, 일본수입의존도가 높은 상품은 방직용섬유 99.6%, 화학공업관련 98.4%, 차량항공기 97.7%, 플라스틱시멘트 97.5%, 광물성생산품 97.3%, 고무 96.2%, 광학 및 정밀기기 94.2%, 비금속 92.1%, 기계류 전작기 91.7% 등이다. - 한국의 AI, 자율자동차주행 등 첨단산업을 이끌고 있는 기업은 필수품 제한으로 부정적인 영향을 받을 것으로 보인다. - 일본여행신규예약 작년비율 30% 감소하였다.	- LG로부터 대형OLED를 수입하는 후지쓰, 파나소닉, 도시바, 샤프, 닌텐도 등은 부정적인 영향을 받을 것으로 보인다. - 일본수출규제후 일본기업 주가는 스미토모화학 -5.44%, 스텔라케미칼 -3.99%, 신에쓰화학 -3.17%, 다이킨공업 -2.65%, JSR -1.08%, 도쿄오카(TOK) -0.15% 등으로 하락하였다. - 플르오린 플리이미드 세계시장 90%를 생산하는 스미토모, 포토레지스트의 90% 이상을 생산하는 스미토모, 신에쓰, TOK, JSR , 불화수소의 70%을 생산하는 스텔라, 모리타 등의 생산 감소가 이어질 것으로 예상됐다. - 반사이익으로는 솔부레인(ソルブレイン), 산와전기(三和電機), 아쿠토 일본(アクト日本)이 직접 투자한 한국기업의 주가가 상승하였고, 적층세락믹콘텐츠(MLCC)주가 급상승, 세계시장 60% 정도를 차지하는 산와전기 주가가 19.39% 상승, 불화수소를 생산하는 솔브레인의 주가 40% 상승했다. - 한국수출상품 포트레지스트 2018년 3,643억 원(93.2%), 2019년 상반기 1,548억 원(92.3%), 불화수소 2018년 815억 원(41.9%), 2019년 상반기 411억 원(44.6%), 플루오린 플리이미드 2018년 240억(84.5%), 2019년 상반기 181억 원(94%) 등에 영향을 주고 있다. - 일본제품 불매운동으로 일본맥주 판매 19% 감소, 유니클로 매출 30% 감소했다.

일본이 한국을 백색국가리스트에서 배제함으로 미치는 영향에 대해서, 일본제품을 수입하는 국내중소기업 300여 개를 중소기업중앙회가 조사한 결과, 그 중 156개사

286)『週刊ポスト』2019年 8月 2日号

(52%)가 수출규제 대책이 없다고 발표했다. 대비중이라는 144개사 중에 재고분확보를 제시한 기업이 46.5%였고, 일본과 거래를 줄이고 대체 시장을 발굴하는 기업이 31.3%였으며, 기술개발 등 경쟁력 강화에 나선 기업은 15.3%였다. 이번 조사에서 전체기업의 67.3%가 화이트리스트배제가 기업경영에 영향을 줄 것이라고 답했고, 영향받을 시기는 2내지 3개월 후라고 답했다. 그리고 정부가 추진해야 할 대책은 일본과의 외교적 해결 44.7%, 기업피해최소화 및 공정환경조성 34.4%, 소재부품장비산업경쟁력강화 21.0%로 답했다.

그리고 국가 핵심 산업으로 키우고 있는 리튬이온배터리 기업들은 배터리 화학물질 공급망 관리에 나섰고, LG화학, 삼성SDI, SK이노베이션 등 국내 배터리 3사는 배터리 셀 제작에 쓰이는 양극화물질, 전해질 등을 다수의 일본 업체로부터 조달받고 있어 다양한 대책을 세우고 있다. 현재 AI 자율주행차 등 미래기술 핵심부품 가운데 하나인 메모리 반도체에서 한국의 영향력은 압도적이다. 2019년 8월 대만의 시장조사업체 D램익스체인지에 의하면, 2019년 2분기 세계D램 시장에서 삼성전자 45.7%, SK하이닉스 28.7% 각각 점유율을 차지하여, 한국산 D램의 점유율이 전체의 74.4%였다. 그리고 랜드플래시, OLED(유기발광다이오드) 디스플레이 시장에서 한국은 세계 1위이다. 파운드리(반도체위탁생산) 분야에서 삼성전자가 2위를 차지하였다. 1980년대 일본 NEC, 히타치, 도시바 등이 세계 메모리반도체 1위부터 3위를 차지했던 것과는 대조적이다.

일본이 화이트국가에서 한국을 제외한 조치를 두고 많은 해석이 있다. 일본이 국제사회에서 경쟁력을 갖고 있는 한국기업에 타격을 주어 한국 정부가 징용배상문제를 스스로 해결하도록 유도하고 있다는데 일치된 해석을 하고 있다. 그리고 한국의 반도체, 디스플레이 경쟁력에 타격을 줘 인공지능(AI), 5G(5세대 이동통신), 자율주행차 등 4차 산업혁명 시대에 한국의 입지를 약화시키려는 목적이 있다는 해석이다. 그리고 일본은 자신들로부터 기술을 전수받은 한국이 일본산 소재를 싸게 수입하여 비싼 반도체로 만들어 이익을 남긴다고 인식하고, 수출규제를 통해 한국을 견제해 과거의 영광을 되찾고, IT산업 주도권을 갖고 오겠다는 의도도 있다고 보고 있다. 한편 미국은 한국 반도체 경쟁력이 줄어들면, 마이크론, 인텔 등이 반사이익을 얻을 것이고, 한국 의존도가 높은 중국의 IT에 타격을 줄 수 있어 속으로 반기고 있다는 의견이 있다.

일본 정부의 경제제재 결정에 대해서 일본정치계는 우려와 함께 관계개선을 강조하였고, 일본재계는 우려를 표명하였으며, 여론에도 한일관계개선을 위한 의견이 나왔으며, 국민들도 관계개선을 위한 대책의 필요성을 제기하였다. 일본 FNN여론조사에 의하면, '수출규제조치를 지지한다'는 응답이 67.6%, '지지하지 않는다'가 19.4%로 나타났다. 2019년 8월 5일 TBS계 JNN여론조사에서 일본 정부가 수출관리상 최우대국 그룹A에서 한국을 제외한 것에 대해서 64%가 타당하다고 답했고, 타당하지 않다는 18%로 나타났다. 아베 내각을 지지하는 사람은 60.1%, 지지하지 않는다는 37.0%로 나타났다. 여론조사를 보면, 일본국민들은 한일관계가 개선되기를 바라고 있으면서도 한국에 대한 견제의식을 가지고 있다는 것을 알 수 있다.

한국에서는 화이트국 제외에 대해서 다양한 비판이 나왔다. 한국 정부는 전면적으로 일본 정부에 책임이 있다고 격렬하게 반발하였고, 일본의 굴복 요구에 단호하게 대응할 것을 천명하였다. 정부 수준에서는 문 대통령의 일본조치비판과 정부대응조치, 국제법위반상태(강제징용판결, 역사교과서비판, 독도영유권)에 대한 무시비판, 후쿠시마산농산물문제제기, GSOMIA파기경고, WTO, ARF, RCEP(동아시아경제연대협력) 등을 통한 일본의 부당한 조치호소, 경제기획부총리의 일본화이트국가제외조치 등을 취하였다.

한국 국회는 일본의 수출규제철회를 촉구하는 결의를 채택하였다. 한국 여당의 강창일 한일의원연맹 한국 측 회장는 일본 정부에게 수출규제철회를 요구하였다. 그리고 일본대사관 앞에서 항의집회가 열리고, 7월 22일 한국 대학생 6명이 부산일본총영사관 마당에 시위하였고, 일본제품불매운동으로 유니클로, 일본자동차, 일본관광자제운동 등이 일어났다. 그리고 한국에 있는 일본대사관 앞에서 8월 2일 화이트리스트제외결정에 항의하는 대규모 데모가 발생하였다. 데모참가자들은 '경제적 침략이다'라고 하고 일본을 비난했고, 노아베(ノーアベ)라는 쓴 플래카드를 들고 경찰관이나 기자들을 포위하며 '아베정권은 역사를 왜곡하고, 경제적 침략을 하고 있다'고 항의를 하였다. 비정부조직 한국진보연대(KAPM)는 화이트국제외에 대해서 항의하고 일본에 대해서 '한국의 제2차독립운동(韓国の第2次獨立運動)'으로 발전시키자고 주장하였다. 한국갤럽조사에 따르면, '일본에 호감간다' 11%, '호감가지 않는다' 77%, 한일갈등원인의 한국 정부책임 17%, 일본 정부책임 61%, 일본인에 대한 호감은 41%, 일본인에 대한 비호감 43% 등으로 나타났다.

한국 정부는 맞대응방식으로 일본을 화이트국가에서 배제하는 조치를 단행하였다. 다음은 한국에 의한 일본의 화이트리스트배제조치 과정을 소개한 것이다.

〈표 26〉 한국의 화이트리스트배제조치

구분	조치내용
화이트배제조치성격	- 문재인 대통령은 2019년 8월 2일 일본의 백색국가리스트배제에 대해서 '앞으로 벌어질 사태의 책임은 전적으로 일본 정부에 있다. 맞대응한다. 우리는 다시는 일본에 지지 않을 것, 승리의 역사를 국민과 함께 또 한 번 만들겠다'라고 발언하였다. - 산업통상자원부 성윤모 장관은 '국제수출통제체제의 기본원칙에 어긋나게 제도를 운영하고 있거나 부적절한 운영 사례가 지속적으로 발생하는 국가와는 긴밀한 국제 공조가 어렵다'며, '이를 감안한 수출통제제도의 운영이 필요하다'고 말했다. '이번 수출입고시 개정안은 최근 일본의 수출규제강화조치에 대한 상응조치는 아니며, 일본이 정치적 목적으로 관련 조치를 취했기 때문에 우리와는 목적과 취지 자체가 다르다'고 설명했다. 산업통산자원부 무역투자실장은 '이번 조치는 국내법과 국제법 선례에 따라 적법하게 진행되는 것이고 상응조치가 아니다'며, 'WTO 제소와 관련해서도 영향은 없을 것'이라고 강조했다.
수출입고시개정안 발의	- 한국 정부는 8월 12일 전략물자 수출입고시 개정안 발표, 20일간 의견수렴을 거쳐 9월 중 시행할 예정이다. 산업통상자원부 무역정책관은 '8월 중순부터 9월 초순에, 일본을 제외하기 위한 제도변경에 대해서 국민참여입법센터, e메일 등으로 의견을 접수한 결과 찬성이 91%로 대다수가 전략물자 수출입고시 개정안을 지지했다'고 말했다. - 산업통상자원부 성윤모 장관은 8월 12일 '전략물자 수출지역에 가의2 지역을 신설하고 일본을 여기로 분류하기로 했고, 가의2 지역은 4대 국제수출통제 가입국 가운데 국제수출통제 원칙에 맞지 않게 수출통제제도를 운영하는 국가를 포함한다'고 설명했다. 한국 정부는 2019년 9월 18일 수출절차를 간소화할 수 있는 우대국리스트에서 일본을 정식으로 제외하였다. 산업통상자원부는 백색국가에서 일본을 제외하는 내용의 전략물자 수출입고시 개정안을 18일 관보에 게재하고 시행한다고 밝혔다.

한국 정부는 일본을 백색국가리스트에서 배제한 것이 일본에 대한 맞대응차원이 아니라 전략물자수출관리에서 일본의 신뢰도가 떨어졌기 때문에 취한 조치라고 하였다. 한국이 일본을 화이트국가에서 배제함으로 미치는 영향은 미미할 것으로 일본 정부, 일본여론, 일본기업 등은 분석했다. 다음은 한국의 산업통상자원부의 전략물자 수출입개정안을 소개한 것이다.

〈표 27〉 한국 산업통상자원부 전략물자 수출입개정안[287)]

구분	내용
개정안 공고	산업통상자원부공고 제2019-495호, '전략물자 수출입고시'를 개정하려는 내용을 국민에게 미리 알려 의견을 수렴하고자 그 개정이유와 주요내용을 행정절차법 제46조의 규정에 따라 다음과 같이 공고합니다. 2019년 8월 14일 산업통상자원부장관

287) http: //www.motie.go.kr/ 산업통상자원부 (2020년 10월 5일 검색)

개정이유	국제수출통제체제의 기본원칙에 어긋나게 제도를 운영하고 있거나 부적절한 운영사례가 지속적으로 발생하는 등 국제공조가 어려운 국가에 대해 전략물자 수출지역 구분을 변경하여 수출관리를 강화하려는 것임
주요내용	① 전략물자 수출지역 중 현행 가 지역을 가의1 지역, 가의2 지역으로 세분화 (제10조제3호 등), ② 가의2 지역에 대한 수출통제 수준 규정 - 전략물자 수출허가 신청서류 (제18조제2항제2호), - 개별수출허가 제출서류 (제21조제9항), - 사용자포괄수출허가의 재수출 효력 (제28조제4항), - 품목포괄수출허가를 신청할 수 있는 자율준수무역거래자의 등급(제34조제2항제2호), - 상황허가를 신청하여야하는 대상 (제50조제1항), - 중개허가 심사 면제 (제53조제1항제2호), ③ 고시 재검토 기한 3년 연장 (제99조)
의견제출	이 개정규칙안에 대하여 의견이 있는 단체 또는 개인은 다음 사항을 기재한 의견서를 2019년 9월 3일까지 국민참여입법센터(http: //opinion.lawmaking.go.kr)를 통하여 법령안을 확인한 후 온라인으로 의견을 제출해 주시기 바랍니다(우편 및 팩스를 이용하여 산업통상자원부장관(참조: 무역안보과)에게 제출하고자 할 경우 아래 주소 참조 바랍니다).

산업통산자원부는 개정에서 수출통제 구분을 기존 가·나 지역에서 3개 지역(가의1, 가의2, 나)으로 개편했다. 일본은 신설되는 가의2 지역에 유일하게 포함된다. 가의1은 미국 등 28개국이다. 가의2는 4대 국제수출통제 가입국가 중 국제수출통제 원칙에 맞지 않게 수출통제제도를 운영하는 국가들이다. 자율준수무역거래자(CP)에 내주는 사용자포괄허가는 원칙적으로 불허하되 예외적인 경우 동일 구매자에게 2년간 3회 이상 반복수출에만 허용한다. 최종사용자 확인을 받아 재수출허가를 받아도 개별 수출허가는 면제되지 않는다. 또한 가의2는 제출서류가 최종사용자 서약서 등 총 5종으로 가의1(3종)보다 많다. 심사기간은 15일 이내로 가의1(5일 이내)보다 3배 늘어났다.

한국이 일본을 화이트국가에서 배제하기 위해서 기존에 없던 '가의 2지역'을 신설하고 일본을 지정하였다. 일본의 백색국가리스트배제의 일환으로 추진된 일본의 백색국가리스트 배제는 실제로 일본경제와 기업에 얼마나 영향을 줄 것인지 의심을 하고 있다. 다음은 한국이 개정한 전략물자수출허가 지역별관리제도를 소개한 것이다.

〈표 28〉 전략물자수출허가 지역별 관리제도

구분	종류	가의1 지역	가의2 지역(신설)	나지역
		총28개국	일본	북한, 중국 등
포괄허가	사용자포괄	원칙적 허용	예외적 허용	예외적 허용
	품목포괄	AAA AA등급만 허용	AAA등급만 허용	AAA등급만 허용
	재수출	가능	불허	불허

	신청서류	1종(신청서)	3종	3종
	유효기간	3년	2년	2년
개별허가	신청서류	3종	5종	7종
	심사기간	5일	15일	15일
	재수출, 중개수출	심사면제	별도심사	별도심사
중개허가	-	심사면제	심사면제	별도심사
상황허가	허가대상	- 인지한 경우 - 통보받은 경우	- 인지한 경우 - 통보받은 경우 - 의심되는 경우	- 인지한 경우 - 통보받은 경우 - 의심되는 경우

한국기업의 대일수출은 원칙적으로 한 번의 허가로 일정 기간 수출이 인정되는 포괄허가의 대상에서 제외하고, 개별허가로 변경하였다. 대상이 되는 기업은 100사 미만인 것으로 알려졌다. 이번 수출입고시 개정에 따라 일본기업의 전략물자 품목은 1,735개였다. 한국무역협회자료에 따르면, 2018년 한국이 일본에 수출한 전제품목의 목록 중, 국제통일상품분류제도(HS)코드로 총 3,943품목에 달한다. 그중에서 한국이 50% 이상을 일본에 수출하는 제품은 103개 제품이다. 일본을 압박할 수 있는 카드로 거론된 반도체와 OLED(유기발광다이오드)는 103개 제품에 포함되지 않았다.

다음은 한국이 추진한 일본화이트국가배제가 양국, 기업, 국민 등에게 미치는 부정적인 영향을 소개한 것이다.

〈표 29〉 한국의 일본화이트국가배제가 양국에 미치는 영향

구분	한국의 영향
한국에 미치는 영향	한국의 화이트배제조치가 주는 영향은 다음과 같다. 100% 제품: 넘치, 중유, 질산, 황질산 등 3개 품목, 90% 제품: 롤류엔, 프로펜, 파라지이렌, 테레프로탈디메탈, 벤젠, 냉동국, 김, 전복 등 26개품, 80% 제품: 비금속, 할로겐화물, 페놀, 신선냉장어류, 크레인, 평판압연, 토일형구리판, 철갈판, 아세톤, 은 16개 품목, 70% 제품: 막걸리, 스티렌, 이소프렌, 차체, 곡식가류, 고추류 21개 제품, 60% 제품: 석유와 역청유, 열언압연, 철, 비합금강선, 축전지, 게르마늄, 톳 21개 제품, 50% 제품: 어육, 반가공금, 다이아몬드공구, 선박추진용엔진 16개 제품 등이다. 한국이 일본에 수출하는 D램은 2017년 2,279억 원(0.80%), 2018년 222억 원(0.53%), 2019년 상반기 829억 원(0.69%)(한국무역협회자료) 등으로 나타났고, 이 분야에도 영향을 줄 것으로 보인다.
일본에 미치는	한국이 일본으로 50% 이상 수출하는 103개 제품에 대해서 일본은 대체가 가능한 것으로 나타났다. 그리고 한국산 100% 제품인 질산, 황질산 등은 일본이 직접 생산하거나 독일로

영향	부터 수입이 가능하다. 한국수출품 42종 중 가장 많은 것이 철강제품이고, 수출규제시 중국기업이 반사이익을 얻을 것으로 보인다. 한국의 독보적 제품이 없어, 타격 카드로 백색국가를 배제하는 것은 큰 실효성이 없다는 평가가 나왔다.

화이트리스트국가 상호 배제는 한국과 일본의 각 영역에 영향을 미칠 것으로 예상된다. 경제성장정체, 기업성장위축, 수출위축, 한국전략산업위축, 대일수출입감소, 대외무역환경악화 등 연쇄적으로 이어질 것으로 예상되고 있다. 더욱이 한국의 주력수출상품인 반도체와 디스플레이 산업에 쓰이는 핵심소재에 대한 수출제재는 수입대체가 어려운 제품이기 때문에 한국기업에 부정적인 영향을 줄 것이다. 그러나 다른 한편으로는 한국 정부와 한국기업은 수입대체기업을 발굴하고 수입국가를 확대하는 기회가 되며, 관련기술을 자국화함으로써 경제의 탈일본화로 전환하는 중요한 계기가 될 것으로 분석되었다.

경제전쟁은 한국과 일본과 경쟁하고 있는 외국기업이 어부지리를 얻을 것으로 예상하고 있다. 한일 간의 무역분쟁이나 첨단소재 갈등으로 인하여 경쟁국에 있는 중국이나 대만이 반사이익을 얻을 것으로 예측되었다. 이에 발맞춰 중국반도체 칭와유니는 D램 시장진출선언, 푸젠진화는 삼성, SK하이닉스 인력 스카우트시도, BOE(디스 플레이)는 애플에 중소형 OLED패널공급타진, TSMC(대만 파운드리)는 3000여 명 신규채용 및 대규모설비투자, 원본드는 20나노 D FOA 대규모 장비투자 등을 시도하고 있다고 알려졌다. 그리고 전기차용 배터리분야에서 세계1위 중국 CATL은 경쟁업체인 한국LG화학, SK이노베이션과의 격차를 벌릴 기회가 되고 있다. CATL은 독일의 BMW, 폴크스바겐 등에 납품하면서 기술력과 양산능력을 인정받고 있다. 일본에서 들여오는 핵심소재인 배터리용 파우치 필름을 공급받지 못하는 경우 자동차업체의 주문이 CATL에 몰릴 것으로 보인다.

한국과 일본 사이에 촉발된 강제징용배상문제는 한일 간의 경제질서를 무너뜨릴 뿐 아니라 대결구도를 반복적으로 재생산하여 국력을 소모시키고 있다. 이 과정은 한국의 문재인 대통령과 일본의 아베 신조 총리 간의 국운을 두고 벌이는 전쟁으로 비화되고 있다. 다음은 양국 정상의 수출규제조치에 대한 의견 차이를 소개한 것이다.

〈표 30〉 화이트국가배제에 대한 양국정상의 의견

구분	아베 주장	문재인 주장
불화수소3품목 수출규제강화	한국수출에 부적절한 사안이 발생하여 새로운 인허가제로 변경했다.	전략물질의 부정수출의 적발을 강화하고, 적발한 불화수소 가운데 일본산은 없었다.
한국의 수출관리체제평가	규제수준이 일본 등과 비교해 낮다. 장기간대화가 없어 화이트국가에서 제외하였다.	적발상황을 매년 공개하고 있다. 국제적으로도 모범적인 수출통제국가이다.
금후의 대응	협의에 응하지 않겠다. 규제의 강화 또는 완화는 한국이 하기에 달렸다.	일본은 국제무역 룰을 위반하고 있다. 규제강화를 철회하지 않으면 WTO제소도 시야에 넣겠다.

출처: 《每日新聞》 2019년 7월 24일(水)

한국과 일본이 상호 화이트국가에서 제외하는 정책을 시행한 후 일본 경제산업성은 2019년 8월 7일 포트레지스트 수출과 8월 19일 포토레지스트 2차 수출을 승인했다. 한국 산업통상자원부는, 일본경제산업성이 삼성전자로 수출하는 불화수소 한 건에 대해서 승인했다고 밝혔다. 한국 정부는 한 건의 수출승인이 갖는 의미는 미미하다고 보고, WTO제소에 대응하기 위한 전략적 수출허가라고 분석했다. 한일 간의 갈등 정국이 지속되는 상황에서 백색국가 제외 카드는 상대국에 대한 불신과 견제에 기초한 맞대응 조치에 불과하고 실질적으로 양국에게 타격을 주는 무모한 정책이라고 할 수 있다. 한국과 일본은 이런 질곡에 빠져 해결하지 못하고 있는 가운데 제2차 경제제재를 포함하는 다양한 조치를 강구하고 있다.

4. 한국과 일본의 WTO 대전

한국과 일본은 수출규제를 둘러싸고 국제기구를 통해서 자국의 주장이 정당하다는 논거를 확보하는 전략을 구사하고 있다. 첫 번째가 세계무역기구(WTO)에 대한 무역자유규정위반 여부를 판단해달라는 문제제기였다. 세계무역기구(World Trade Organization)는 자유무역촉진을 목적으로 창설된 국제기구로 상설사무국은 스위스 제네바에 있다. GATT 우루과이 라운드 합의에서 세계무역기구를 설립하는 마라케슈협정(マラケシュ協定, WTO設立協定)에 근거해서 1995년 1월 1일에 GATT를 발전시켜

설립되었다. WTO는 GATT를 계승하는 것이지만, GATT가 협정체약국에 한정하고 있는데 비해 WTO는 좀더 포괄적으로 규정하고 있다는 점에서 기본적으로 차이가 있다.[288)]

WTO는 저감금지와 수량제한의 원칙금지를 강조하는 자유주의, 최혜국대우와 국민대우 등을 강조하는 무차별주의, 자각적 통상체제 등을 기본원칙으로 하고 있다. 또한 물품무역뿐 아니라 금융, 정보통신, 지적재산권, 서비스무역 등을 포함해서 포괄적으로 국제통상룰을 협의하는 장이다. WTO의 중요한 업무 중의 하나는 국가 간의 경제분쟁을 해결하는 것이다. 경제분쟁은 패널설치, 패널보고, 상급위원회의 보고 채택, 대항조치의 승인 등의 과정과 결과에 대해서 가맹국의 반대가 없으면 채택된다. 채택하는 결정과정이 만장일치로 부결되지 않는 한 채택되는 '네거티브 컨센서스(negative consensus)' 방식에 따르기 때문에 사실상 자동적으로 채택된다.

국가 간의 경제분쟁을 WTO에 제소하는 경우, 판결까지는 최소 12개월이 걸리고, 최장 15개월 걸리며 판결이 구속력을 갖는 것은 아니다. 제소절차는 제소국가의 협의 요청, 양당사국협의를 통한 타결, 합의실패시 패널설치(패널구성, 위임사항결정), 분쟁당사국패널보고서제출, 전체회원국에게 패널보고서 회람, 패널보고서 채택, 패소국분쟁해결기구(DSB) 권고결정에 대한 이행계획보고, 타결, 분쟁당사국상소심리 후 보고서 채택, 패소국이행계획보고, 보상 및 타결 등의 절차를 행한다. 국가 간에 발생하는 경제분쟁의 합리적인 해결을 위한 조치이며, 동시에 당사국의 주장에 대한 정당성을 국제사회에서 승인받는 절차이기도 하다.

2019년 한일 간의 수출규제를 둘러싼 논쟁이 본격화되면서 한국은 일본의 수출규제조치가 WTO 기본원칙에 위배된다고 하여 WTO에 제소하였다. 일본이 취한 수출규제조치의 정당성과 부당성에 대한 논쟁이 시작되었다. 한국 정부는 2019년 한국에 대한 일본의 수출규제조치가 WTO의 자유무역에 위반하는 행위(自由貿易に違反する行為)라고 인식하였다. 그리고 WTO가 수출입에서 수령제한을 금지하고 있는 관세 및

---

288) 深作喜一郎, 2019,『超不確実性時代のWTO: ナショナリズムの台頭とWTOの危機』, 勁草書房. 세계무역기구(WTO)는 다각적인 룰에 기초해서 개방적인 세계무역체제를 유지하고, 보호무역주의 조류를 방지하는 데 목적이 있다. WTO교섭, NAFTA교섭, WTO분쟁해결안, 일미, 미중경제대화 등의 사례를 통해 국제사회의 움직임을 소개하고 있다. 瀧川敏明(著), 2010,『WTO法 第2版』, 三省堂. WTO구조, 분쟁해결절차 등을 소개하고 있다.

무역에 관한 일반협정(関税及び貿易に関する一般協定(GATT) 11조에 위반하고 있다고 판단하여, 일본 정부의 부당성을 주장하는 제소를 하였다.

다음은 일본의 수출규제조치로서 단행한 수출규제조치가 부당하다는 이유로 WTO에 제소한 과정, 진행 상황을 소개한 것이다.

〈표 31〉 WTO에서의 한일 간의 분쟁현황

구분	한국의 대응과 일본의 대응
한일의 제소근거논쟁	- 한국 정부는 일본의 수출규제조치가 WTO협정 제3조항에 위반했다고 인식하였다. 한국 정부가 제시한 근거는 3가지이다. 첫째, 일본의 수출규제는 WTO 원칙인 차별금지의 무위반이다. 둘째, 가맹국 간에 최혜국대우를 인정하는 의무에 위반했다. 셋째, 수출량의 할당이라는 수출제한을 금지하는 규정에 위반했을 뿐 아니라 무역규칙을 공정하게 운용해야 하는 의무를 실행하지 않았다는 점이다. 한국 정부는 2019년 8월 28일 일본이 화이트리스트(전략출자수출심사우대국)에서 한국을 제외한 조치에 대해서는 이번 제소에 포함하지 않았다. 한국 정부는 백색국가리스트제외에 의한 피해 상황이 아직 명확하지 않았기 때문이라고 설명했다. - 일본 정부관계자는 지금까지 '한국에 수출한 불화수소 등 군수물자가 북한에 유입되고 있다'(韓国に輸出したフッ化水素など軍需物資が北韓に流入している)고 하고, '국가안전보장을 위해 피할 수 없는 조치다'(国家安全保障のために避けられない措置だ)라고 주장했다. WTO는 안전보장상 피할 수 없는 수출규제를 예외사항으로 인정하고 있기 때문이다. 일본의 세코 히로시게(世耕弘成) 경제산업상은 '일본의 조치가 WTO에 적합하다'(日本の措置はWTOに整合的だ)라는 입장을 밝혔다. 일본의 주장은 수출규제를 안보상의 조치라는 이유를 제시하였고, 한국은 강제징용배상판결에 대한 경제보복조치라는 점을 강조하고 있다.
WTO 제소	- 한국의 제네바한국 정부대표부대사는 2019년 7월 10일 스위스 제네바에서 열린 WTO 물자무역이사회에 출석하여, '일본 정부에 의한 반도체재료의 수출규제강화는 수출통제를 금지한 WTO 협정상 근거없는 조치'라고 주장했다. 그리고 7월 23일-24일 WTO 일반이사회에서 일본조치가 WTO 규정을 위반했다고 피력하였다. 여기에서는 일본무역보복조치가 반도체사용국가인 한국에 피해를 주었다는 점을 강조하였다. - 일본 정부는 '한국에 대한 수출규제조치가 WTO규칙에 근거하고 있으며 자유무역에 역행하는 것이 아니며, 우대조치를 제외한 것일 뿐으로, 수출을 금지한 것이 아니기 때문에 WTO 협정에는 위반한 것이 아니다'(優遇措置を外しただけで, 輸出を禁じたわけではないのでWTO協定には違反してない)라는 점을 강조했다. 한국 정부는 일본이 수출규제조치를 한후 2개월만인 2019년 9월 11일 일본의 수출규제조치를 세계무역기구(WTO)에 제소했다고 발표했다. 한국산업통산자원부 통상교섭본부장은 기자회견에서 '일본의 수출규제는 한국의 대법원에 의한 강제징용판결과 관련한 정치적 동기로 실시된 차별적인 조치이다. 정치적 목적으로 교역을 악용하는 행위가 반복되지 않도록 WTO에 제소했다'고 밝혔다.

제1단계협의	- 한국의 산업통상자원부는 스위스 제네바에서 일본의 수출규제조치에 관한 WTO 분쟁의 양자협의를 진행한다고 밝혔다. 이 협의는 WTO 분쟁해결료해규정에 근거 개최되는 제1단계로서 한일양국의 수석대표단이 참석했다. - 2019년 10월 제1회단계 한일협의에서 한국은 일본의 수출규제조치의 부당성과 WTO 비합리성에 대해서 지적하고, 수출규제조치를 조기 철회할 것을 주장했다. 철회해야 하는 이유로서 일본의 수출 3품목에 대한 규제조치는 차별적이며 부당한 수출제한조치로 WTO 상품무역협정(GATT), 서비스협정(GATS), 무역관련지식재산권협정(TRIPS), 무역관련투자조치협정(TRIMS) 등에 위반되며, 또한 일본이 제시한 수출규제이유가 구체적이지 않고, 한국만을 대상으로 한 자의적이며 차별적인 조치라고 주장했다. - 한국의 주장에 대해서 일본은 전략물자가 제3국으로의 유출우려가 있어 국가안보상이유로 수출규제를 실시한 것이며, 그와 같은 조치는 WTO협정에 위반되지 않는다고 주장했다. 제1차협의결과, 양국은 팽팽한 의견대립으로 협의의 성과를 내지 못한 채 한일간 협의의 필요성을 인식하고, 외교채널을 통해 두 번째 협의의 일정을 정하는 데 합의하였다.
제2회단계협의	- 2019년 11월 19일 스위스에서 제2회한일회담이 열렸다.[289] 한국은 산업통상자원부 정해관 신통상질서협력관과 일본의 구로다 통상기구부장(黒田淳一郎 通商機構部長)이 참석하였다. 2번째 회담에서도 차별적 조치라고 주장하는 한국과 룰위반이 아니라는 일본측의 주장이 반복되었다. - 구로다 통산기구부장은 WTO 협정위반에 전혀 해당되지 않으며, 한국 측이 정치적 동기에 의한 WTO에 제소한 것은 부적절하다고 주장했다. 종료 후 구로다는 군사전용의 가능성이 있는 품목의 적절한 관리를 위한 것으로, WTO 위반에 해당되지 않는다고 반복해서 주장했다. 한국의 정해관 신통상질서협력관은 일본의 조치에 대해서 차별적인 무역제한이라고 비판하고, 일본의 조치가 자의적이며 차별적인 무역제한이라고 발언했다. 그리고 3회째의 2국가협의가 이루어질 가능성은 높지 않아서, 협의결과를 기초로 소위원회의 설치를 포함해 이후 대응을 검토하겠다고 말했다. - 2번째협의에서도 한일의 주장은 변하지 않았다. 한일협의가 결론을 얻지 못할 경우, 한국은 WTO 소위원회에 심리를 요구할 가능성이 있다. WTO 규정에는 협의요청부터 60일 이내 당사국의 협의로 해결할 수 없을 경우, WTO의 재판소에 해당되는 소위원회에 심리를 요구할 수 있도록 하고 있다.

한국과 일본 간의 수출규제를 둘러싸고 WTO에서의 주장은 팽팽하였고, 한발도 양보하지 않았다. 스위스 제네바의 세계무역기구에서 일본의 수출규제강화를 둘러싼 일한 간의 협의가 시작한 것에 즈음하여, 모테기(茂木敏充) 외무상은 기자회견에서 '이번 수출관리의 수정이 WTO 협정에도 적합하여 어떤 문제도 없다는 점을 확실하게 설명하고 싶다'고 말했다. 다음은 한일 간의 수출규제논쟁을 해결하기 위한 WTO 분쟁처리소위원회설치와 한일의 분쟁현황을 소개한 것이다.

289)《日テレNEWS24》(2020년 11월 18일 검색)

〈표 32〉 WTO분쟁처리소위원회 설치와 분쟁현황

구분	내용
분쟁처리소위원회설치논쟁	- 한국은 회합에서 결론을 내지 못하고, 일본의 조치를 정치적 동기에 기초한 무역제한이라고 인식하고, WTO 제1심에 해당되는 분쟁처리소위원회(판넬) 설치를 요구했다. 일본은 군사적으로 전용되지 않도록 적절하게 관리하는 것이 목적이라고 하고 분쟁처리소위원회 설치를 반대했다. 판넬은 전 가맹국이 반대하지 않으면 설치되기 때문에, 한국이 제소를 취하하지 않는 한 설치될 전망이다. - 2020년 6월 30일 《런던시사》에 따르면, 일본 정부에 의한 수출관리강화가 부당한 조치라는 이유로 한국이 세계무역기구(WTO)에 제소한 무역분쟁에 대해서 미국은 6월 29일의 WTO회합을 통해 일본에 대한 지지를 선명하게 했다. 미국은 일본의 조치가 안전보장을 고려한 상황에서 이 문제에 대한 WTO에서의 판정은 부적절하다라고 표명하였다. 관계소식통에 따르면, 미국은 WTO와는 별도의 장에서 문제를 해결하도록 요구하고, 분쟁처리소위원회 설치에 부정적인 견해를 밝혔다.
패널설치	- 산업통상자원부에 따르면, WTO 분쟁해결기구(DSB)는 2020년 7월 29일 WTO본부에서 열린 정례회의를 통해 한국 정부의 요청에 따라 일본 수출제한조치 분쟁(DS590)에 대한 분쟁처리소위원회설치를 확정했다. 한국의 산업통산자원부 관계자에 의하면, '향후 패널절차를 통해 일본의 수출제한 조치가 자의적이고 차별적인 무역제한조치이며, WTO 협정에 합치되지 않는다는 점을 입증하고 조속한 조치 철회를 촉구할 계획'이라고 밝혔다. 일본은 6월 29일 열린 DSB 회의와 마찬가지로 패널설치에 반대하였다. 2020년 7월 31일 경제산업성 가지야마 히로시(梶山弘志) 장관은 세계무역기구(WTO)에서 일본의 대한국 수출규제 강화가 WTO 협정 위반인지를 판단하는 패널이 설치된 것에 대해 '매우 유감'이라고 했고, '한국에 대한 수출관리 조치의 운용 재검토는 WTO 협정에 적합한 것'이라고 주장했다. 그리고 '한국 측이 지적하는 것처럼 서플라이 체인(공급망)에 영향을 미치는 것은 아니며, 한국 측의 일방적인 대응은 일한 양측이 대화를 통해 현안을 해결하기로 한 지금까지의 수출관리정책대화에서의 합의를 어긴 것으로 매우 유감'이라고 했다. 특히 '이런 상황에서 정책대화의 개최는 곤란하다'고 하였다. 그리고 앞으로 'WTO 협정의 절차에 따라 차분히 대응해갈 생각'이라고 말했다. - 《교도통신》에 따르면, '일본과 한국이 대화로 타협점을 찾지 않는 한 분쟁의 장기화는 불가피하다. WTO 개혁을 요구하는 미국의 반대로 최종심을 담당할 상급위원회의 공석이 채워지지 않아 WTO가 제 기능을 못하고 있다'고 전했다. 《산케이신문》은 '한일 양국 사이의 정치적 긴장이 높아지는 가운데 무역 갈등이 당사국 사이의 대화에서 국제기구를 통한 조정 절차로 이행함에 따라 양국의 대립이 한층 심각해질 것으로 보인다'고 전망했다. - WTO 분쟁해결을 위한 패널 설치 요청 시 회원국들이 만장일치로 거부하지 않으면 자동으로 패널 설치가 결정된다. 분쟁처리소위원회가 설치되면, 패널위원 선정- 서면공방- 구두심리 등 쟁송절차가 진행되고, 패널설치부터 패널 최종판정 발표까지 약 10~13개월이 소요될 것으로 보인다.
	- WTO 제소를 통해 한국과 일본이 첨예하게 대립하는 가운데, WTO 사무총장선거에 출마한 한국의 유명희는 2020년 7월 16일 스위스 제네바 WTO 본부 기자회견에서 '일본은 무역분쟁의 관점이 아니라, 다국간무역체제유지를 추진하는 관점에서 행동할 것이라고

WTO 사무총장한일 입장	확신한다'고 말하고 일본의 지지확보에 자신감을 보였다. 통상담당본부장으로 활동하면서 일본에 의한 반도체재료의 수출관리에서 대일비판을 했다. WTO 사무총장선거는 전회원찬성일치가 원칙이어서 사무총장선거에서 승리를 하려면 일본의 지지가 필요하다. 그러나 일본의 입장은 냉랭한 것으로 알려졌고 유명희 후보를 지지하지 않고 다른 후보를 지지하였다. - 2020년 7월 23일《교도통신》(共同通信)에 따르면, 일본 정부는 WTO 사무총장선거에서 아프리카출신의 후보를 지지하는 방향으로 조정하고 있다. 일본은 국제실무경험이 풍부하고 관료경험이 있어 중책을 담당할 수 있는 관점에서 나이지리아 출신후보자를 적임자로 판단한 것으로 보인다. 그러나 일각에서는 한국의 후보자가 당선될 경우 WTO 분쟁에서 일본에게 불리해질 것이라는 우려가 있어 지지하지 않는 것으로 분석하기도 하였다.

한일 간의 경제제재를 둘러싼 WTO 제소는 분명히 강제징용배상건에서 출발하고 있다. 한일의 관계자는 WTO에서의 논쟁이 비경제적인 측면에서 출발해서 경제적인 측면으로 확산된 것이라는 사실을 잘 알고 있다. 일본은 강제징용배상문제와는 별도로 수출규제조치가 국가안보차원에서 이루어진 것이라고 대외적인 명분을 내세워 대응하고 있어 WTO 규정에 적합한 조치라는 점을 강조하고 있다. 한국은 일본의 수출규제조치가 강제징용배상판결에 따른 일본기업자산의 매각에 대응하기 위한 정치적 전략에서 추진된 경제보복조치로 WTO 규정에 위반하고 있다는 점을 명백하게 주장했다.

경제전쟁은 WTO에서뿐 아니라 다양한 경제공동체로 확산되고 있다. 한국과 일본은 인도네시아에서 열린 제6회 동아시아지역포괄경제연대(東アジア地域包括的経済連携, RCEP) 회의를 통해 한일양자회의를 개최하였다. RCEP는 동남아시아제국연합 10개국, 한국, 중국, 일본, 호주, 뉴질랜드 등 전 15개국이 참가하는 아시아 태평양지역의 주요무역협정이다. 한국의 여한구 산업통상교섭실장은 수석대표로 참가하고, 일본 측은 외무성 요시다 야스히코(吉田泰彦) 심의관 4명이 출석했다. 한국은 회의에서 일본의 수출규제조치가 명확한 근거가 없고, 일방적으로 취한 조치이며, 국제무역규범과 RCEP의 기본정신에 위반되고, 역내서프라이체인(supply chain, 개개 기업의 원료, 제품 및 서비스 등이 소비자손에 닿을 때까지의 전 프로세스)에 심각한 피해를 주기 때문에 곧바로 철회해야 하고, 일본 측의 변화가 없는 점에 대해서 유감을 표명하였다.

그리고 한국은 중국 정주에서 열린 제27회 공식교섭에서 일본 측과 협의하고 일본의 조치가 부당하다고 지적하였다. 이어서 중국 북경에서 여린 RCEP 각료회의에서도 한일 간의 회의는 성사되지 못했다. 이 회의개막식에서 유명희 산업통상교섭본부장은 일본의 일방적 조치가 경제통합을 저해하고 있다는 점에서 RCEP 취지에 반한다고 지적했다. 그러나 일본은 WTO, RCEP 등과 같은 국제기구회의에서도 여전히 일본이 취한 수출규제조치가 순수하게 국가안보 차원에서 취한 조치로 국제기구가 추구하는 기본원칙에 부합하는 것이라고 강하게 주장하고 있다.

경제전쟁은 결과적으로 한국과 일본의 경제영역뿐 아니라 다양한 영역에 부정적인 영향을 주고 있다. 이미 한일정상 간의 커뮤니케이션 통로가 붕괴되어 가고 있고, 공식적이며 비공식적인 외교채널이 무너지고 있다. 더욱이 한국기업과 일본기업이 오랜 기간 구축해온 기업협력공동체나 네트워크가 기능부전 현상을 일으키고 있어 기업 성장과 다양한 시너지 효과를 감소시키고 있는 상황이 발생하고 있다. 양국에게 기업쇠락과 붕괴는 국가경제와 국민경제에 부정적인 결과를 초래할 것이다. 한일 간의 경제전쟁은 정치로 경제를 통제하면서 생기는 현상이다. 더욱이 경제전쟁은 군사경쟁이나 사회문화전쟁으로 이행되어 국력전으로 확전되고 있다.

Ⅳ. 한국과 일본의 국방전쟁

1. 한국과 일본의 군사력

동북아시아에서 안보협력과 군사협력을 해야 하는 상황임에도 불구하고 한일간에 군사와 관련된 동맹 협정이 없다. 그것은 일본이 식민지 지배를 하는 과정에서 일본군에 대한 거부감과 위화감이 작용한 결과이며, 한국의 일본에 대한 불신에 기인한다고 볼 수 있다. 지정학적으로 보나 군사학적으로 봐도, 이웃국가이기 때문에 협력을 해야 하는 상황이다. 그러나 최근 독도를 둘러싼 영유권, 동해를 둘러싼 바다명, 영공권과 영해권 등을 둘러싸고 한국과 일본은 군사적으로 비군사적으로 종종 충돌을 빚고 있다. 그것은 한일 간의 군사력 증강경쟁과 군사적대결구도를 강화하는 힘으로 작용하고 있다. 한국국방은 국방부가 담당하고 있고, 일본국방은 방위성이 담당하고 있다.[290]

290) https: //www.mod.go.jp/한국국방부; https: //namu.wiki/; https: //www.mod.go.jp/ (일본 방위성, 2019

현재 한국과 미국 사이에 맺어진 군사동맹과 같은 제도적 장치로서 그리고 신뢰와 협력장치로서 한일군사동맹이 맺어지지 않고 있어 협력하는 데 한계가 있다. 더욱이 해상을 둘러싼 해양권과 영유권에 대해서 서로 대치되는 주장이나 정책으로 인하여 군사적 갈등이 야기되고 있다.

한국과 일본의 군사력을 비교해보면, 일본군사력이 우위에 있는 것으로 나타났다. 2018년 세계 8위였던 일본의 군사력이 2019년 한국을 제치고 전년 대비 두 단계 오른 세계 6위라는 분석이 나왔다. 세계 각국의 무장력과 경제력을 종합하여 매년 총체적 군사력을 평가해 온 글로벌파이어파워(GFP, Global Firepower)가 2019년 세계 군사력 순위를 발표한 결과이다.[291] 군사력을 좌우하는 55개 요소를 종합해서 파워지수(power index)를 산출하는데 육해공 각군 장비의 규모, 인구, 가용 병력, 예비군, 석유 생산 및 소비량, 구매력평가(PPP) 등이 포함된다. 반면 핵무기 숫자는 배제되며, 각국의 정치적 상황이나 군 지휘부의 리더십도 평가에 포함되지 않았다.

GFP(Global Firepower)에 따르면, 세계 137개국의 총체적 군사력을 분석한『2019년군사력랭킹』(2019 Military Strength Ranking)에서, 미국이 파워지수 0.0615로 1위에 올랐다. 파워지수는 0에 가까울수록 군사력이 높다는 뜻이다. 이어 러시아가 0.0639로 2위, 중국 0.0673, 인도 0.1065, 프랑스 0.1584 등을 각각 차지하였다. 2018년 7위였던 한국은 2019년 평가에서 0.1761로 자리를 지킨 반면, 8위였던 일본은 6위 0.1707로 상승하였다. 6위였던 영국이 8위로 밀려났으며, 터키와 독일이 각각 9위와 10위로 뒤를 이었다. 올해 2단계나 상승한 일본은 해군전력 분야에서 높게 평가됐고, 헬기모함을 포함한 항공모함 부분에서 미국, 이탈리아, 프랑스에 이어 4위를 차지했으며, 구축함 부분에선 미국에 이어 2위를 차지했다.

다음은 2019년 세계글로벌파이어파워(GFP) 평가의 세계군사력순위를 나타낸 것이다. 미국, 러시아, 중국, 인도, 프랑스, 일본, 한국 등의 순이다.

년-2020년 검색)

291) Since 2006 GlobalFirepower (GFP) has provided a unique analytical display of data concerning 137 modern military powers. The GFP ranking is based on each nation's potential war- making capability across land, sea and air fought with conventional weapons. The results incorporate values related to resources, finances, and geography with over 55 different factors ultimately making up the final list. The results provide an interesting glimpse into an increasingly volatile global landscape where war seems all but an inevitability.

〈표 33〉 세계글로벌파이어파워(GFP)평가의 세계군사력순위

순위	국가명	파워인덱스	순위	국가명	파워인덱스
1위	미국	0.0615	7위	한국	0.1761
2위	러시아	0.0639	8위	영국	0.1797
3위	중국	0.0673	9위	터키	0.2089
4위	인도	0.1065	10위	독일	0.2097
5위	프랑스	0.1584	18위	북한	0.3274
6위	일본	0.1707	22위	대만	0.3956

*파워인덱스는 0에 가까울수록 군사력이 높음

다음은 한국과 일본의 방위력을 세계글로벌파이어파워(GFP)가 평가한 내용을 소개한 것이다. 방위력 순위는 일본이 6위이고 한국이 7위이어서 일본이 우위에 있다고 평가할 수 있다. 한국은 병력 수, 항공전력, 전투기, 주요 함정 등에서 앞서는 것으로 나타났고, 일본은 항공모함, 군사예산 등에서 앞서는 것으로 나타나고 있다.

〈표 34〉 한국과 일본의 GFP평가

구분	한국	일본
순위	7위	6위
순사력지수	군사력지수 : 0.1761	군사력지수 : 0.1707
인구	5141만8097	1억2612만8156
군사력	병력(추정) : 58만7150 항공전력 : 1614(137개 중 5위) 전투기 : 406(6위) 전차 : 2654(9위) 주요함정 : 166(항공모함1) 군사예산 : 383억 달러	병력(추정) : 30만 3157 항공전력 : 1572(137개국 중 6위) 전투기 : 297(8위) 전차 : 1004(25위) 주요함정 : 131(항공모함4) 군사예산 : 470억 달러

자료: Global Firepower.『2019년 군사력랭킹』(2019 Military Strength Ranking)

일본의 약진은 아베 신조(安倍晋三) 총리 집권 뒤 기존 '전수방위'(專守防衛) 원칙을 사실상 접고 적극적 평화주의의 슬로건 하에서 '적극방위'로 전환한 게 영향을 미친 것으로 보인다. 일본의 방위력증강에 대해서 전범국의 군사대국화라고 하여 국제사회의 비난이 크지만, 해양권에서 점점 패권을 노리고 팽창하는 중국을 견제할 수 있는 실력을

갖춰야 하는 게 일본이 처한 현실이기도 하다. 특히 해상 전력에 대해 집중적으로 투자해 온 결과 일본은 현재 4척의 헬기모함, 최첨단 기술의 종합체전략으로 일컫는 최신예 이지스 구축함도 6척을 보유하고 있다. 일본은 2018년 12월 확정된 5개년중기방위력정비계획(2019년~2023년)에서 '대양해군'이라는 목표를 더욱 선명하게 드러냈다.

한국은 남북이 분단된 상태로 대치하고 있는 상황이어서 징병제를 기초로 군 인력이나 국방비를 일률적으로 책정하고 있다. 세계적인 군사국가는 아니지만 남북의 대치로 준비된 기본적인 군사력을 보유하고 있고, 미군이 주둔하고 있어 국가방위를 담당할 수 있는 상황이라고 평가할 수 있다. 또한 군작전지휘와 관련해서도 연합사령관과의 협의를 통해서 행사할 수 있도록 하고 있다. 문재인 정부가 들어서면서 월광정책을 추진하는 가운데 남북한의 군사적 대결구도에서 평화구도로 전환되고 있어 한미군사훈련축소, 남북평화분위기 조성, 한일군사협정약화 등으로 군사력을 약화시키고 있다는 비판을 받고 있다. 이런 상황에서 강제징용배상문제에 시작된 갈등이 한일 간의 초계기사건, 한일 간의 지소미아, 한일군사훈련이나 협력 등에 악영향을 주어 긴장이 고조되고 있다.

2. 한국의 함정과 일본의 초계기충돌

한국과 일본의 군사적 충돌은 2018년부터 해양에서 한일 양국 해군 간의 갈등이 일어나면서 본격적으로 점화되는 양상을 보였다. 그것은 해양권과 영유권을 둘러싼 오래된 갈등이 존재하는 가운데 해양에서 한국의 함정과 일본의 초계기간에 벌어진 충돌사건이다. 일본은 한국의 해군함정이 일본의 초계기를 향해 레이더를 조사하여 위협을 가했다고 주장했다. 그에 대해 한국은 일본의 초계기가 한국함정에 저공위협비행을 했다고 주장했다. 한 가지의 사실을 가지고 서로 다르게 인식하는 진실공방이 이루어지는 상황이 되었다.

다음은 한국의 함정과 일본의 초계기 간 갈등의 단초가 초계기 사건의 전말을 소개한 것이다.

〈표 35〉 한일 제1차 초계기사건의 전말[292)]

구분	내용
일시	2018년 12월 20일부터 2019년 1월 23일까지 총 4차례 이뤄진 일본 해상자위대 소속 초계기와 대한민국 해군 함정 간에 벌어진 위협행위에 대한 공방이다. 장소는 한국과 일본이 동해와 일본해라는 명칭을 두로 대립하고 있는 동해상이었다.
제1차 사건	- 2018년 12월 20일 오후 3시경 동해상에서 북한 어선에 대한 구조 활동을 하던 한국해군 소속 광개토대왕함과 해양경찰 소속 삼봉함을 향해 일본 해상자위대 소속 P-1 대잠초계기가 정찰 비행을 하던 중 광개토대왕함이 일본의 P-1 대잠초계기를 향해 STIR-180 레이더를 발사한 후 조사를 진행했다고 일본 측이 주장했다. - 한국 측은 2018년 4월 27일과 28일, 8월 23일에 일본 해상자위대 소속 초계기가 500m, 500m, 550m, 각각 고도 150m, 150m, 150m 각각 근접해서 광개토대왕함을 초계했지만 당시 한국 정부는 문제 삼지 않았다고 하였다.
제1차사건공방	- 한국국방부는 2018년 12월 23일 일본이 오해하고 있는 부분에 대해서 통상절차에 따라 양국의 소통과 합의로 해소될 것이라고 밝혔다. 2018년 12월 27일 한일 간의 실무급 화상회의를 개최하였지만 서로의 의견을 좁히지 못하였다. - 2019년 1월 1일 아베 신조 총리는 TV아사히와의 인터뷰에서 '화기관제 레이더를 조사하는 것은 위험한 행위로 재발방지책을 확실히 해 주기 바란다. 한국 측도 받아들여주기 바란다'고 직접적으로 언급했다. 2019년 1월 2일 한국국방부는 '일본은 더 이상 사실을 왜곡하는 행위를 중단하고 인도적 구조 활동 중이었던 우리 함정에 대해 위협적인 저공비행을 한 행위를 사과해야 한다'는 보도자료를 냈다. - 일본 외무대신은 2019년 1월 3일 트위터를 통해 '재차 위협비행은 없었으며 국제법에 부합하는 비행이었고, 한국이 증거를 내놓으라'고 언급했다. 1월 4일 한국 국방부는 통신 불량을 보여주는 자료 및 당시 촬영한 초계기 근접비행 영상을 담은 영상을 일본어, 중국어, 아랍어, 러시아어, 프랑스어, 스페인어 총 6개 국어로 번역된 반박 영상을 유튜브에 추가 공개했다.
한일회담	- 2019년 1월 14일 정경두 국방부 장관과 이와야 다케시(岩屋毅) 일본 방위상은 회담을 진행하였지만 입장 차이를 좁히지 못하고 회담은 끝났다. 일본은 한국의 함정이 사격통제레이더를 쐈다고 주장하며 재발방지를 요구했고, 한국은 일본초계기의 저공위협비행에 대해 강하게 항의하며 사과할 것을 요구하였다. - 2019년 1월 16일 이와야 다케시는 미국 워싱턴에서 미국 국방장관 대행 패트릭 섀너핸과 회담을 하면서 한일 간 레이더 관련 문제를 설명하고 미국의 중재를 요청한 것으로 알려졌다. 그러나 미국 측은 이번 사안이 실무 협의를 통해 해결해야 할 문제라며 여기에 미국이 개입하길 원하지 않는다는 입장을 보인 것으로 알려졌다. 2019년 1월 18일 미국을 방문 중인 이와야 다케시가 1월 20일 일본으로 귀국하는 대로 최종적으로 판단하여 증거자료를 공개할 방침이라고 하였다. 이 증거에는 레이더를 조사받았을 때 자위대 초계기 내 탐지 장비가 반응한 소리에 대한 기록이 담겨있다고 전해졌다. 2019년 1월 22일 일본 정부는 레이더 문제에 대해서 더 이상 거론하지 않고, 북한 문제와 관련된 협력을 한국과 계속하겠다고 발표했다.

292) https: //namu.wiki/w/한일초계기사건; https: //ja.wikipedia.org/wiki/ (2020년 10월 20일 검색)

2018년 12월 동해상에서 일본초계기와 한국해군함정 간에 벌어진 일련의 사건은 동해라는 해상과 독도 부근이라는 지역이 문제가 되고 있다. 일본은 일본해로 표기하고 한국은 동해로 표기하고 있어 대립하고 있으며, 일본은 다케시마라고 하여 일본영유권을 주장하고, 한국은 독도라고 하여 한국영유권을 주장하여 실효적 지배를 하고 있는 상황이다. 그리고 영유권에 따라 해상과 영공에 대한 지배권이 달라지고 있다는 점에서 보면, 한일 간의 초계기와 함정사건은 일종의 영유권과 해상권을 둘러싼 갈등이라고 할 수 있다.

한국과 일본 간의 해양갈등은 독도와 그 해역을 둘러싸고 벌이는 영유권싸움의 일환으로 진행되고 있다. 다음은 제1차사건 이후 벌어진 한일초계기 사건을 정리한 것이다.

〈표 36〉 한일 초계기 제2. 3. 4차사건[293)]

구분	대응내용
한국의 주장과 대응	- 2019년 1월 23일 한국 국방부는 긴급 브리핑을 하였다. 이날 오전 11시 39분 울산 동남방 83㎞ 수역에서 일본 해상자위대 소속 P-1(대잠초계기) 1대가 대한민국 해군 소속 율곡이 이함을 향해 거리 1.8㎞, 고도 60~70m로 저공근접비행을 실시하여 위협했다고 발표했다. 2019년 1월 23일 한국 국방부는 긴급 브리핑에서 이날 오후 2시 23분 제주 동남방 95㎞ 수역에서 일본 해상자위대 소속 P-3(대잠초계기) 1대가 대한민국 해군 소속 노적봉함을 향해 거리 3.6㎞, 고도 30~40m로 저공근접비행을 실시하여 위협했다고 발표했다. - 2019년 1월 23일 한국 국방부는 오후 2시 3분부터 오후 2시 38분까지 36분 동안 이어도 서남방 131㎞ 수역에서 일본 해상자위대 소속 P-3(대잠초계기) 1대가 대한민국 해군 소속 함정인 대조영함에 대해 거리 540m, 고도 60~70m로 저공근접비행을 실시하며 위협을 가했고, 당시 대조영함은 20차례 경고 통신을 했지만 일본 초계기는 무시했다고 발표했다. - 2019년 1월 23일 오후 4시 35분경 한국 합동참모본부 작전본부장 서욱 육군중장은 긴급 브리핑에서 '일본 초계기가 이어도 근처에서 임무를 수행하고 있는 우리 해군 함정에 대해 근접 비행한 것을 명백한 도발행위로 간주한다'면서 '일본의 저의를 의심하지 않을 수 없으며, 이를 강력하게 규탄한다'고 밝혔다. - 2019년 1월 23일 한국 외교부 강경화 장관은 일본의 저공위협비행 논란에 관하여 스위스 한일 외교장관 회담에서 '일본초계기 저공근접 비행, 우려스럽고 유감'이라고 지적하고, 대화를 통해서 잘 해나가자고 말했고, 일본 외무대신 고노 타로는 '동의했다'고 전하였다. - 2019년 1월 24일 한국 합동참모본부는 잇따른 일본의 초계기저공위협비행에 대해서 초계기 동시 발진, 무장헬기 대응, 경보 단계 상향 등과 같이 적극적으로 대응하는 방안을 검토하였다고 발표하였다.

293) https: //namu.wiki/w/한일초계기사건; https: //ja.wikipedia.org/wiki/ (2020년 10월 20일 검색)

일본의 대응	2019년 1월 23일 오후 4시 50분에 일본 내각관방장관 스가 요시히데는 '보고는 받았지만, 상세히 아는 내용이 없고, 한일 의사소통이 중요하다'고 말했다. 오후 5시 50분이 되어 일본 방위성 관계자는 '저공근접비행을 한 사실이 없다'고 밝혔다. 오후 7시 30분 일본 방위대신 이와야 다케시는 기자들의 질문에서 '종래대로 500m 이상 제대로 거리를 뒀고, 고도도 150m 두는 등 적절한 비행운용을 했다고 알고 있다'하여 저공위협비행 사실을 부인했다. 2019년 1월 23일 일본 방위상 이와야 다케시가 '우리는 최종견해를 밝혔고 그게 사실이며 한국은 사실 그대로 받아들여야 하고, 반박할 증거가 있기는 하지만 반박 증거를 공개할 생각이 없다'고 말했다. 2019년 1월 25일 이와야 다케시 방위상은 한국 측 발표와 관련해서 '사실과 다르다. 우리 쪽은 제대로 기록을 남겼으므로 (한국 측의 사진으로) 제시된 수치는 정확하지 않으며, 증거를 발표할 계획은 '특별히 없다' 고 밝혔다. 2019년 4월 22일 일본 측은 '한국 측이 일본 군용기가 접근하면 사격레이더를 조사할 것을 지시했다'라는 말을 언급하면서 다시금 논란에 불을 지폈다.

한일 간의 초계기와 해군함정 간의 갈등은 동해와 독도를 둘러싼 영해권과 영유권과 얽혀있는 것이다. 그리고 군사력에 대한 견제이기도 하고 자존심의 싸움이기도 하다. 한국은 동해와 독도에서 실효적인 지배를 하고 있어 국제사회의 논란의 대상으로 확산시킬 필요성이 없다. 일본은 이 사건을 빌미로 영해권이나 영유권을 주장하는 근거로 삼기 위한 대응이라는 분석도 있다. 더욱이 한국과 일본이 역사적인 사실을 두고 여전히 줄달리기를 하고 있는 가운데 선점을 놓치지 않기 위해 주장을 강하게 하고 있다고 판단하고 있다.

한편 이 사건을 계기로 득을 보는 측은 한국보다는 일본이며 아베 총리라는 평가가 나왔다. 한국은 독도를 중심으로 실효 지배하고 있는 지역을 지키는 데 주력을 하고 있고, 일본은 지키는데 주력하는 한국에 대해서 일본의 주장을 관철하기 위해 논란을 일으켜 문제가 있다는 점을 부각시키려는 노이즈전략이 포함되어 있다고 할 수 있다. 더욱이 아베 정부는 다양한 측면에서 지속적으로 한국에 대해서 강경정책을 추진해오고 있다. 그런 강경 대응을 통해서 일본국민의 지지를 받고 있어, 어느 정도 아베 정부 지지율 상승 효과를 일으키기도 했다. 최근 아베 총리는 일본이 군사적으로 강한 군대를 구축하고 전쟁이 가능한 국가를 만들겠다는 의지가 강하다는 점에서 그 연장선에서 취한 것이며 한국과 군사적 경쟁에서도 밀리지 않겠다는 의지의 표현이기도 하다.

한국과 일본 간의 초계기를 둘러싼 갈등은 양국 국방장관 간의 싸움으로 지속되었다. 일본 정부는 2019년 5월 31일 싱가포르에서 개막하는 아시아 안전보장회의 기간 별도로 한일 국방장관 간 공식 회담을 갖지 않기로 방침을 정했다고 《요미우리신문》이 2019년 4월 28일 보도했다. 《요미우리신문》에 따르면, 싱가포르에서 이와야 다케시(岩屋毅) 방위상과 정경두 국방장관 사이에 정식 회담을 하지 않고 잠시 서서 얘기하는 정도로 접촉할 예정이라고 전했다. 그 배경에는 '이와야 방위상이 정 장관과 만나는 것에 의욕을 나타냈으나 한국 해군의 해상자위대 초계기에 대한 사격 관제 레이더 조준 논란에 초점이 맞춰지는 것을 피할 수 없기 때문에 시기상조라는 판단이 내려졌다'고 소개했다. 이번 한일 국방장관 무산은 2019년 6월 28부터 29일까지 오사카에서 열리는 주요 20개국(G20) 정상회의 때 문재인 대통령과 아베 신조(安倍晋三)의 정상회동에도 영향을 미칠 전망이다.

한일 국방장관은 2018년 10월 싱가포르에서 열린 아세안 확대 국방장관회의(ADMM-Plus)에 참석한 이후 공식적으로 만나지 않았다. 그 이후 2018년 10월 일본이 해상자위대 호위함 욱일기 게양 문제로 제주 국제관함식에 불참했고, 12월 '초계기 위협비행 레이더 비추기' 논란이 불거지면서 양국 군사 교류와 협력관계는 악화일로를 걸어왔다. 일본 언론들은 한일국방장관이 싱가포르 아시아안보회의 현지 만찬회 장소에서 짧은 시간 대화를 나눴고, 이와야 방위상은 기자들에게 '한일 간 방위 교류를 원활히 하기 위해서는 솔직한 대화를 통해 서로의 입장을 이해하고 문제를 극복해 가는 게 중요하다'고 전했다. 다음은 싱가포르에서 열린 아시아안보회의에 참석하면서 한국과 일본의 국방장관회담이 열린 과정과 내용을 소개한 것이다.

〈표 37〉 싱가포르의 아시아안보회의[294]

구분	내용
일시	2019년 6월 1일 싱가포르, 한국의 정경두 국방부 장관과 일본의 이와야 다케시(岩屋毅) 일본 방위상, 아시아안보회의를 계기로 샹그릴라 호텔에서 현지 시간 오후 2시 30분부터 3시 10분까지 40분간 비공개로 회의가 진행됐다.
회의결과	- 정경두 장관과 이와야 방위상은 회담에서 동북아지역의 안정적 안보환경을 유지·강화하기 위해 한일 간 현안의 조속한 해결이 중요하다는 점에 공감하고, 이를 위한 실무협의를 지속적으로 추진하기로 했다. 양측은 한반도 및 동북아 안보 환경에 대해 의견을 교환하고 한반도 비핵화, 평화체제 구축 과정에서 한일 간 국방협력의 중요성을 확인했다. 정경두 장관은 회담을 마친 뒤 기자회견에서 '일본 방위상과 함께 한일 국방

294) http: //www.kyongbuk.co.kr (2020년 11월 18일 검색)

	협력과 관련해 좋은 얘기를 나눴고, 초계기 근접 위협비행 관련해서도 허심탄회하게 솔직한 의견을 나눴다'고 말했다. 양측은 '양국이 긴밀하게 협력하면서 앞으로 이런 일이 재발하지 않도록 발전시켜 나가자는데 의견이 일치했고, 인접한 우방국으로서 국제사회에서 일어나는 일에 대해 긴밀하게 협조하고 공조를 해야 할 필요성이 있어 같이 협력해서 발전시켜 나가자고 하는 데에도 의견일치를 봤다'고 강조했다. - 국방부에 따르면, 정 장관이 이와야 방위상에게 우리 함정이 일본 자위대 초계기를 향해 추적레이더를 조사했다는 것은 명백한 사실무근이라는 점을 직접 설명하고 문제의 본질은 일본 초계기의 근접 위협비행 행태에 있다고 말했다. 정 장관은 문제를 해결하기 위해서는 CUES(해상에서의 우발적 충돌 방지에 관한 규범; Code for Unplanned Encounters at Sea)와 국제법을 준수할 필요가 있다는 점도 강조했다. 이와야 방위상은 한국 측 군함이 자국 초계기에 레이더를 겨냥했다는 주장을 반복했다. 일본 자위대기가 지난해 12월 당시 적절하게 비행했으며 한국 측이 저공위협비행이라고 주장한 것에 대해서도 자위대기 비행이 적절하며 문제없다는 입장을 전달했다. - 《교도통신》에 따르면, 논의는 평행선으로 끝났고, 재발방지가 중요하다는 데 일치했다. 그리고 양측은 초계기레이더 문제를 놓고서 상대방 탓으로 공방을 벌이며 양보를 하지 않으면서도 해상 군사갈등의 재발방지가 중요하다는 점에 합의하여 국방교류 협력을 할 수 있는 기회가 되었다는 평가였다. 《일본 후지TV》에 따르면, 정경두 장관은 동행기자단 간담회에서 사과 요구는 하지 않은 것이냐는 질문에 '현실적으로 이해해주셨으면 한다. 사과하라고 말할 그런 분위기는 아니다'라고 대답했다. 이와야 방위상은 회담에 응한 이유에 대해서 '진실은 하나인데, 이야기를 나누면 답이 나오는 상황은 아니라고 판단했고, 미래 지향적 관계를 만들기 위해 한걸음 내딛고 싶다'고 말했다.

한일 간에 벌어진 일본초계기의 저공비행과 한국함정의 레이더조사문제는 양측의 잘잘못을 가리지 못하고 봉합되는 상황이 되고 말았다. 한일 간의 독도에 대한 영유권과 동해명칭을 둘러싼 논쟁이 매듭을 짓지 못하듯이 하나의 사실을 두고 문제가 있다는 차이만을 인식한 채 해결은 보류되었다. 그러나 분명히 초계기저공비행과 레이더조사문제에는 한국국방부와 일본방위성 간의 자존심, 영유권을 둘러싼 입장, 군사력강화를 둘러싼 전략 등이 함의된 갈등이라고 할 수 있다. 그리고 그것은 강제징용배상 및 수출규제조치와 연결되면서 한일 간의 유일한 군사협력을 맺은 미소미아의 파기문제로 확산되었다.

3. 한국과 일본의 지소미아 충돌

한일 간의 징용배상판결에 따른 일본기업자산압류 상황은 경제분쟁, 안보분쟁, 문화분쟁, 사회분쟁 등으로 확산되었다. 안보분쟁의 핵심사안은 한일군사정보보호협정(GSOMIA)의 연장을 둘러싼 문제이다. 지소미아는 한국과 일본이 군사정보를 공유를 위해 체결한 군사관련 한일협정이었다. 한국내에서는 한일 간의 군사정보협정이었기 때문에 국민적 반발이 있었음에도 불구하고 협정 체결이 추진되었다. 당시 한국의 한민구 국방부 장관과 나가미네 야스마사(長嶺安政) 주한 일본대사는 2016년 11월 23일 국방부 청사에서 양국을 대표해 군사정보보호협정(GSOMIA, General Security of Military Information Agreement)에 서명했으며, 상대국에 대한 서면 통보를 거쳐 이날 발효됐다.[295)]

지소미아 협의 과정은 매우 어려운 상황에서 추진되었다. 지소미아는 한국과 일본간에 처음으로 체결한 군사협정이라는데 의의가 있다. 지소미아는 군사정보의 전달, 보관, 파기, 복제, 공개 등에 관한 절차를 규정하는 21개 조항으로 구성됐다. 협정문에서 군사비밀은 '당사국이 생산하거나 보유한 국가안보 이익상 보호가 필요한 방위 관련 모든 정보'로 정의하여 한일간에 국가안보와 관련된 정보를 공유할 수 있게 됐다. 양국이 공유할 수 있는 정보의 수준을 한국은 군사 2급 비밀(Secret)과 3급 비밀(Confidential)로 하였고, 일본은 극비, 특정 비밀(Secret)과 HI급 비밀(Confidential) 등으로 정하여 1급 비밀을 제외한 모든 정보가 교환 대상이 되었다. 이 협정의 발효로 한일 양국은 북한의 핵과 미사일 동향 등 대북 군사정보를 미국을 거치지 않고 직접 공유할 수 있게 되었다.

다음은 한일간에 맺어진 지소미아 협정의 진행 과정을 소개한 것으로 한일 간의 군사동맹이 체결되지 않은 상태에서 유일하게 군사적으로 협력할 수 있는 근거가 된다는 점에서 가치가 있다.

295) 군사정보에 관한 포괄적 안전협정(軍事情報に関する包括的保全協定, General Security of Military Information Agreement, GSOMIA)은 친밀한 관계에 있는 2국 또는 복수국가 간에 비밀군사정보를 서로 공유하는 경우, 제3국에 누설을 방지하는 협정이다. 2019년 8월 일본은 미국과 NATO 7개국, 미국은 60개국 이상, 한국은 21개국과 협정을 맺고 있다. 이 협정은 군사기술, 전술데이터, 암호정보, 고도시스템 통합기술 등 유사시 공동작전에 필요한 정보가 대상이 된다. 한일비밀군사정보보호협정은 일본과 한국 간의 비밀군사정보를 제공할 경우, 제3국에 누설을 방지하도록 2016년에 체결하였다. 이 협정은 1년마다 자동갱신되며 종료시킬 경우 갱신기간 90일전까지 상대국에 통고하도록 하였다. 2019년 8월 22일 한국이 협정파기를 결정하고, 일본 측에 전달했지만, 미국이 계속요청을 하고 2019년 11월 22일 개최된 국가안전보장회의에서 협정실효통고 정지를 결정했다.

〈표 38〉 지소미아 협의과정

구분	내용
2010	2009년 1월 한일정상이 합의한 한일신시대공동연구포르젝트 보고서가 2010년 10월 발표되었다. 12월 7일 한일외상회담에서 일본의 마에하라 세이지(前原誠司) 외상은 안전보장, 방위분야에서 한일 간의 협력을 추진하고 싶다고 한국 측에 전달했다.
2011	1월 10일 한일국방장관회담에서 자위대와 한국군이 군사물자나 역무를 협력하고, 물품역무상호협정(ACSA)에 대해서, 그리고 지소미아(GSOMIA)의 내용에 대해서 의견을 교환하는 등 양국방위협력과 교류를 확대 심화해가자는 데 합의했다.
2012	한일 간 최초의 방위협력이기 때문에 이명박 정부 하에서 일본 정부와 비밀교섭을 해왔지만, 체결 직전에 조약의 존재가 국민에게 명백해지면서 강한 반대운동이 일어났다. 지소미아협정은 2012년 6월 29일 체결될 예정이었지만, 체결 1시간 전에 한국 정부는 연기신청을 했고, 일본 정부는 연기를 수용했다. 2012년 7월 16일 김성환 외교통상부장관은 서울을 방문한 마에하라(前原誠司) 민주당 정조회장에게 미국 뉴저지주에 설치된 구 일본군위안부기념비의 철거운동을 일본 측이 한다는 것이 서명연기의 원인이라고 주장했다.
2016	10월 27일 한국 정부는 지소미아 재추진을 발표하고, 도쿄에서 첫 실무회의를 개최하였다. 11월 23일 한일간 지소미아협정 서명식이 한국국방부에서 비공개로 열렸고 즉시 발효되었다. 일본의 나가미네 야스마사(長嶺安政) 주한일본국특명전권대사와 한국의 한민구 국방장관이 협정문에 서명했고, 이어서 박근혜 대통령이 서명했다.
2018	10월 30일 한국대법원은 일본 신일철주금에 일제강징용피해자 배상을 하라는 판결을 내렸고, 11월 29일 한국대법원은 일본 미쓰비시중공업에 일제 강제징용피해자 배상을 하라는 판결을 내렸다. 2018년에 발생한 한국해군함정과 일본초계기 문제가 발생하면서 《산케이신문》은 지소미아 연장 가부를 언급했다.

한국과 일본의 국가안보와 동아시아의 안보를 안정화시키기 위해 맺은 지소미아는 강제징용배상판결, 3품목수출규제, 화이트국가제외 등으로 인하여 협정이 폐기되는 상황에 몰렸다. 한국은 일본과의 관계에서 경제 분야에 약한 위치에 있었기 때문에 일본의 경제적 조치가 미칠 악영향에 대해서 대응할 수 있는 경제적 조치가 제한된 상태였다. 그나마 일본과의 관계에서 압박할 수 있는 조치는 지소미아에 불과하였다. 한국은 일본의 경제적 조치에 대해서 군사적 조치로서 지소미아종료로 대응하는 선택을 하였다. 한국, 일본, 미국 등에서 한일간 지소미아의 연장 및 폐기를 둘러싼 논쟁이 시작되었다.

다음은 한국과 일본 사이에 맺은 지소미아의 효력이 종료되기까지 한국, 일본, 미국 간의 협상과정을 소개한 것이다.

〈표 39〉 지소미아의 종료과정[296)]

구분	내용
종료 원인	지소미아분쟁은 한국대법원의 징용배상판결과 그에 대한 일본의 수출규제조치 등이 직접적인 발단이 되었다. 한국대법원의 일본기업배상판결 이후 일본은 1965년 한일청구권협정으로 완전 그리고 최종적으로 해결됐다 말하였고, 한국은 '판결을 존중한다'라고 대응하였다. 일본은 한국법원이 징용배상판결에 따라 일본기업자산을 매각하기 위한 절차에 들어가면서 7월 1일 수출규제를 발표하였다. 7월 18일 청와대 정호용 안보실장은 일본이 화이트국가에서 한국을 제외하는 조치 가능성에 대응해서 지소미아 종료 검토가 가능하다고 발언하여 폐기 가능성을 시사하였다. 8월 7일 일본은 백색국가에서 한국을 제외하는 시행령을 발표하였고, 8월 12일 백색국가에서 한국을 제외하였다.
종료 검토	- 《마이니치신문》에 따르면, 한국 정부는, 일본 정부에 의한 안전보상 상의 수출관리절차를 우대하는 화이트국가에서 제외하는 조치를 철회하기를 요구하였지만 수용되지 않았기 때문에 지소미아파기를 진행하였다고 보도했다. 2019년 7월 17일 일본의 고노 타로(河野太郎) 외상은 '양국관계가 악화되어도 한반도정세를 안정시키기 위해서 지소미아를 갱신하고 유지해야 한다'고 발언하였다. - 2019년 청와대는 7월 19일 일본수출규제조치와 지소미아는 연계돼 있지 않고, 교환하는 정보를 질적 양적으로 면밀하게 검토해 최선의 결론을 내리며 모든 옵션을 고려한다고 발언하였다. 2019년 7월 25일 일본은 한국을 화이트리스트 제외를 위한 여론조사에서 3만 건 이상 접수한 결과 90% 이상이 찬성하는 것으로 나타났고, 일본은 8월 28일 한국 백색국가제외를 발표하였다. - 2019년 7월 26일 국회국방위원장은 일본이 화이트리스트에서 한국을 제외하면 지소미아파기 등을 고민할 수 있다고 발언하였다. 한국은 화이트리스트에서 납득할 수 없는 이유로 한국을 제외시켰다고 인식하였다. 일본의 대한수출규제강화를 징용피해자배상판결과 관련한 보복이라고 인식하고, 대응조치로서 지소미아파기를 선택지로 설정하였다.
한국의 지소미아파기와 일본반응	- 한국은 화이트국가로서 한국을 일본에 대해 안전보장상 신뢰할 수 없는 국가라고 인정하는 것이어서 강하게 반발하였다. 2019년 8월 22일 청와대는 지소미아의 종료를 결정한다고 발표하였다. 발표전문은 다음과 같다. '국가안전보장회의 사무처장입니다. 한일간 군사비밀정보의 보호에 관한 협정 연장여부에 관한 정부의 결정에 대해 말씀드리겠습니다. 정부는 한일간 군사비밀정보의 보호에 관한 협정을 종료하기로 결정하였으며, 협정의 근거에 따라 연장 통보시한 내에 외교경로를 통하여 일본 정부에 이를 통보할 예정입니다. 정부는 일본 정부가 지난 8월 2일 명확한 근거를 제시하지 않고, 한일간 신뢰훼손으로 안보상의 문제가 발생하였다는 이유를 들어 수출무역관리령 별표 제3의 국가군(일명 백색국가 리스트)에서 우리나라를 제외함으로써 양국간 안보협력환경에 중대한 변화를 초래한 것으로 평가하였습니다. 이러한 상황에서 정부는 안보상 민감한 군사정보 교류를 목적으로 체결한 협정을 지속시키는 것이 우리의 국익에 부합하지 않는다고 판단하였습니다. 이상입니다.' - 아베 총리는 8월 22일 오후 6시 30분 경 총리관저에 돌아오면서 기자들의 지소미아파기

296) https: //www.bbc.com/korean/news; https: //www.yna.co.kr/view/ 지소미아종료발표 (2020년 11월 23일 검색)

에 대한 질문에 아무런 답을 하지 않았다. 일본방위성 고위관계자는《NHK》를 통해서 '믿을 수 없다. 한국은 도대체 어디로 가고 있는가. 정부로서는 이후 대응을 검토하고 있다'고 말했다. 일본 고노타로 외상은 지소미아 파기결정이 내려진 후 저녁 9시 30분 남관표 주일한국대사를 초치하고 '한국 정부가 본 협정의 종료를 결정한 것은, 현재 지역의 안전보장환경에 대해 잘못한 대응이며, 매우 유감'이라고 말했다. 또한 '한국 정부는 지금 발표내용 중에서 지소미아협정종료와 일본의 수출규제운영을 연결시켰다'고 하고, 그러나 '전혀 차원이 다른 문제를 혼동한 결정이라고 단언하며 항의한다'고 강조했다. 동시에 '일한관계는, 이번 결정을 포함해 한국 측의 부정적이며 비합리적인 움직임이 이어져 매우 어려운 상황이 지속되고 있다'고 하고, '일본 정부는 다양한 문제에 대해서 일관된 입장에 기초하고 있고, 대화를 통해서 한국 측에 현명한 조치를 취해 주기 바란다'고 말했다.

한국의 지소미아종료 결정 이유는 일본의 수출규제조치와 화이트국가에서 한국을 제외시킨 것에 있다고 할 수 있다. 일본은 강제징용피해자 배상판결을 계기로 한국 정부가 해결하지 않는다는 이유로 사실상 수출규제조치와 화이트국에서 한국을 배제하는 조치를 하였다. 일본은 한국의 징용배상판결과 한국 정부의 무대응에 대한 보복으로 수출규제와 화이트국가배제를 선택한 것이고, 한국은 일본의 수출규제조치와 화이트국가배제에 대한 대응으로 지소미아파기를 선택한 것이라고 할 수 있다. 한국은 일본의 조치에 대해서 강제징용배상과 수출규제조치와 백색국가제외를 연결시키는 것이 비합리적이라고 비판하였다. 일본은 한국의 조치에 대해서 수출규제조치와 미소미아폐기를 연결시키는 것이 비합리적이라고 비판하였다. 결국 한일안보에 대한 정보공유의 필요성이 증대하면서 박근혜 대통령과 아베 신조 총리간의 합의로 2016년 체결되었지만 다시 2019년 8월 문재인 정부에 의해 지소미아 종료가 결정되었다.

4. 한국과 일본의 지소미아봉합

한국은 일본이 강제징용배상판결과 관련시켜 수출규제조치를 취한 것이라고 인식하고, 적극적으로 대응하는 차원에서 지소미아 파기라는 새로운 카드를 제시하였다. 그것은 강제징용배상판결에 대한 경제적 대응으로 취한 수출규제조치에 대응하는 군사적 조치에 해당된다. 일본은 한국의 수출규제조치와 연관시켜 지소미아종료를 취한 것이라고 인식하고 철회를 요구하였다. 이처럼 한국과 일본이 취하고 있는 조치 근간에는 강제징용배상문제가 있다. 따라서 한일간에는 청구권문제, 경제적 문제, 군사적 문제 등이 서로 연결되고 있는 것이다.

지소미아종료선언에 대해서 일본은 민감하게 반응하였다. 2019년 8월 23일《교도통신》(共同通信)에 의하면, 이와야(岩屋毅) 방위상은 지소미아를 종료한 한국 정부에 대해서 '실망을 금지 못하겠다. 극히 유감이다'라고 발언하고, 24일 갱신기간까지 재고를 요청하였다. 그리고 북한에 의한 미사일발사나 지역문제에 대해서, 일한이나 한미일이 적절하게 연대할 수 있는 현명한 대응을 강하게 요구했다. 더욱이 경제제재를 단행하는 부서를 담당했던 세코 경제산업상은 '일본의 수출관리상, 국내의 행정절차적 조치와 전혀 차원이 다른 문제를 관련시켜 전혀 수용할 수 없는 행위다. (수출관리문제는) 어디까지나 행정절차이고, 이미 각의결정된 것으로 담담하게 실행하겠다'고 말했다.[297)]

다음은 한국이 일본에 의한 화이트배제조치에 따른 대응책으로 제기한 지소미아 종료선언을 둘러싸고 벌인 한국와 일본간의 종료정지 교섭과정을 소개한 것이다.

〈표 40〉 지소미아연장 교섭과정

구분	한국의 대응과 일본의 대응
이낙연과 가와무라 대화	2019년 9월 2일 이낙연 총리는 일본 측이 취한 조치를 원상회복하면 한국도 한일군사정보보호협정 종료를 재검토할 수 있다고 가와무라 다케오(河村健夫) 일한의원연맹 간사장에게 말했다. 가와무라 간사장은 답변에서 '징용문제이기 때문에 그것은 그것대로 검토하지 않으면 안 된다'라고 말하고, 아베총리에게 보고하면서 '한일갈등의 근간에는 징용을 둘러싼 문제의 해결이 최우선'이라며 '국가와 국가의 약속이므로 제도를 지켜야 한다'고 하였다.
서울 안보 대화	- 2019년 9월 4일부터 6일까지 서울 롯데호텔에서 국방차관급 다자안보협의체인 2019 서울안보대화(SDD, Seoul Defense Dialogue)가 개최되었다. 정경두 장관은 개회사에서 '최근 한반도 주변에서 이웃 국가와 안보 갈등을 조장해 자국 이익을 추구하려는 우려스러운 움직임이 있다'고 하였다. 박재민 국방부 차관은 '강제징용갈등이 있는 사이에 일본이 안보상의 이유로 수출규제를 결정했고, 한국을 믿지 못하는 나라와 어떻게 민감한 군사교류를 할 수 있느냐는 판단에서 지소미아 종료를 결정했다'고 하였다 - 모리모토 사토시(森本敏) 방위상은 '북한이 여전히 위협과 도발을 하는 가운데 이런 결정이 내려 유감스러운 일이며, 북한은 아직도 미사일을 발사하고 있다. 지소미아와 한일경제갈등은 별개문제이며, 한미일의 삼각공조에 있어 심각한 변화가 일어날 수 있다. 미래에 지금의 상항을 되돌아볼 기회가 있다면 아마도 심각하고 중요한 전환점이었다고 평가하지 않을까 생각한다'고 했다. - 2019년 10월 3일 한국은 2일 북한이 발사한 미사일의 정보제공을 하도록 일본에 요청했다. 일본은 협정 자체는 유효한 것으로 하고 정보제공을 하였다.

297) https: //abema.tv/『AbemaNews』(2020년 6월 20일 검색)

일본의 입장	2019년 10월 11일 아베 신조 총리는 지소미아파기에 대해서, '일한은 안전보장에 대해서 이해가 일치하고 있다. 한국에게 현명한 판단을 하기 바란다.'고 하였다. 일본중의원 예산위원회에서 국민민주당 고토(後藤祐一) 의원은 아베총리에게 '역사인식의 문제는 한국에 전혀 양보할 필요는 없지만… 안보문제는 역사문제와 분리해야 한다. 지소미아는 지속하는 것이 좋은가'라고 질문하였다. 아베는 '일한, 한미일의 적절한 연대라는 관점에서 한국 측에게 현명한 판단을 요구하고 있다. 그런 점은 일본도 미국도 같은 뜻이다. 한국의 현명한 판단이 있기를 바란다'라고 답변하였다.
한국의 입장	- 2019년 11월 5일 《시사통신》에 따르면, 한국 정부는 11월 4일 방콕 정상회의에서 아베 신조 총리와 문재인 대통령의 대화를 제시했다. 그 배경에는 지소미아의 종료기간이 다가오는 가운데 한미일의 안보협력에 영향을 줄 것이라는 미국의 의향이 작용한 것으로 보인다. 문재인 대통령은 아베 총리와의 대화에서 유의미한 회합이었다고 트위터에 올렸지만 구체적인 해결책은 나오지 않았다. - 《경향신문》에 따르면, 2019년 11월 15일 문재인 대통령은 한미보안협의로 방한한 에스퍼 장관에게 '일본의 수출규제조치가 철회되면 지소미아종료결정을 재고 할 수 있다'고 말했다. 한국미디어에서는 11월 20일 일본의 수출규제조치가 철회되지 않으면, 23일 0시 지소미아효력은 끝나는 것이다. 연장해야 한다 라는 목소리가 나오고, 한미동맹의 약체화, 주한미군철수의 위기, 미국의 방위부담증액압박 등으로 이어질 것이라는 목소리가 나왔다. 11월 21일 한국 강경화 외무장관은 수출규제관리강화를 일본 측이 수정하지 않는 한, 지소미라파기는 재고하지 않겠다는 것이 현재 한국의 입장이라고 밝혔다.

지소미아가 가져올 파국이나 여파는 다양하게 예견되었다. 즉 대북한 정보 불제공, 한일안보 틀 변화, 미국정부나 의회 등의 전문가그룹 친한파 등돌림, 폼페이오의 지소미아파기 실망발언 등으로 한국은 미북중일러 등으로부터 외면당하는 5면초가가 될 가능성이 높았다. 더욱이 지소미아파기에 대해서 미국은 미국안보나 미국국익을 정면에서 건드린 것으로 한일갈등을 동맹국 간의 갈등이 아니라 미국의 안보를 위협하는 미국문제로 인식하였다. 지소미아 종료로 발생할 수 있는 북한 및 한반도 군사정보 교류 불가능, 한일안보협력불가능, 한미일정보공유 부재 등으로 미국이 일본을 지지할 것으로 예상되었다.

2019년 11월 14일 미한군사위원회회합에 맞춰 방한한 마크 미리통합참모본부의장, 에스퍼국방장관 등은 문재인 대통령을 면담하고 한일지소미아파기철회를 요구하였다. 문재인 대통령은 '일본이 수출규제를 해제하지 않은 한 파기철회는 어렵다'고 답했다. 11월 21일 미국상원은 한일지소미아의 중요성을 주장하는 결의안을 가결하였다. 김현종 안보실 2차장은 미국이 실망하는 것은 당연하고 그것을 기회로 한미관계를 업그레이드할 수 있다고 하였다. 미국의 제안으로 맺은 한일 지소미아 파기가 예정된 가운데 2020년에는 군사작전에 관련된 통제권이 한국군으로 이관될 예정으로 알려졌다. 이것을 계기로 미국으로부터 자립하고 자율적으로 군사정책을 운영하기 위한 기회로도 인식하고 있다는 분석이 나왔다.

일본의 정부고관은 일미가 확실하게 정보교환을 하면 지소미아종료의 영향이 없다며, 곤란한 것은 한국이라고 분석했다. 자민당의 나카다니(中谷元) 전 국방상은 미사일이 날라오면, 한미일의 각 부문이 발사상황이나 예측낙하점의 정보를 맞춰 판단하고, 저격태세가 된다. 그런 시스템이 기능정지된다고 반박하였다. 그리고 방위경험자는 미국과의 정보교환만으로는 신속성이 떨어진다고 판단했다. 그리고 나카다니는 정말로 대치하는 상대가 북한이므로 한미일이 연대할 수밖에 없다. 근본적인 것을 이해하지 못하고 있다고 말했다.

지소미아종료를 앞두고, 방콕에서 2019년 11월 17일부터 18일 아세안확대 국방장관회의가 열려 한국과 일본의 국방장관들이 회의에 참석하여 만날 수 있는 기회가 됐다. 다음은 태국에서 열린 제6차 아세안확대 국방장관회의의 과정과 내용을 소개한 것이다.

〈표 41〉 제6차 아세안확대 국방장관회의

구분	한국과 일본의 국방장관의 실무진 대응
일시 및 참가국	제6차 아세안확대 국방장관회의(ADMM-Plus: ASEAN Defense Ministers' Meeting- Plus), 2019년 11월 17일-18일 태국 방콕, 참가국은 아세안 회원국으로 브루나이·캄보디아·인도네시아·라오스·말레이시아·미얀마·필리핀·싱가포르·태국·베트남, 아태지역 주요 8개국: 한국·미국·중국·일본·러시아·호주·뉴질랜드·인도 등이다.
한일 국방장관 회의 배경	문재인 정부의 지소미아 파기 결정 이후, 종료일을 앞두고서 한일 국방장관이 태국에서 마주앉았다. 한미일 국방장관 회담도 열려, 미군 수뇌부의 방한(訪韓) 압박으로도 풀리지 않은 3국 안보협력 현안의 해결점을 도출할 수 있을지 귀추가 주목됐다. 한국 정부 관계자에 따르면, 정경두 국방부 장관은 11월 17일 오전 10시 고노 타로 일본 방위상과 만나 한일 국방장관 회담을 갖는다. 지소미아가 11월 23일 0시부로 공식 종료될 예정이어서 한일 국방장관은 직접적인 안보 의제인 지소미아 문제를 집중 논의할 예정이다. 정경두 국방장관은 11월 17일 고노 일본 방위상과 회담을 갖고, 양국 간 국방현안 및 지역 안보정세에 대해 의견을 교환하였다.
한국 국방장관 입장	정경두 장관은 한일 간의 문제해결을 위해서는 일측의 전향적인 태도변화가 중요하다는 점을 강조하면서도, 동북아지역의 안정적 안보 환경을 위해서 양국 국방당국 간의 대화와 소통을 통해 해결방안을 마련하자는데 의견을 같이 하였다. 그리고 우리 함정이 일초계기에 추적레이더를 조사한 바가 없음을 명확히 하였고, 문제의 근본은 일본 측의 근

	접 비행에 있으므로 이의 시정을 위한 일본 측의 노력을 요청하였다. 또한 우리 정부가 지소미아 종료를 결정한 것은 일본 측이 안보상 이유로 수출규제 조치에 따른 불가피한 선택이었음을 강조하면서 일본 측의 태도 변화를 강력하게 요청하였다. 정경두 장관은 '일본의 수출규제 철회가 없는 한 지소미아 재연장을 검토하기 어렵다'는 입장과 함께 '우리 정부의 입장은 변한 것이 없다'고 전했다.
일본 방위상 입장	《교도통신》에 따르면 이번 회담에서 고노 방위상은 한국 측에 지소미아 종료 결정 재고를 촉구할 방침으로 전해졌다. 《요미우리신문》은 17일 한국 정부가 지소미아 연장 조건으로 내건 수출규제 조치 철회 요구에 일본 정부가 응하지 않기로 최종 방침을 정하고 미국에 통보했다고 보도하기도 했다. 고노 타로 방위상은 북한이 미사일을 발사하는 것에 대해서 말하고 '동아시아의 안전보장환경이 매우 엄중한 상황에 있는 가운데, 일한미의 연대는 매우 중요하다. 북한정세, 일한방위협력, 교류에 관해서 솔직하게 의견을 교환하고 싶다'라고 하였다. 일본에서는 지소미아파기가 문재인 대통령의 방침으로 국방장관인 정경두장관에게는 결정권이 없기 때문에 국방장관 간의 회담이 한국 정부의 방향전환으로 연결되기는 어렵다는 관측이 나왔다.
회담결과	양국 장관은 현안 문제들에 대한 양측의 기존 입장을 재확인하였다. 한국과 일본의 국방장관은 양국 간 국방교류협력과 관련된 의견을 교환하면서, 다양한 교류협력을 정상적으로 추진해 나가는 것이 중요하다는 데 의견을 같이했다. 또한 양국의 신뢰관계 구축을 위한 국방당국 간 소통을 지속해 나가기로 하였으며, 해적퇴치 등 국제사회의 평화유지 활동분야에서도 양측간 협력을 적극적으로 추진해 나가기로 하였다. 이번 회담은 고노 방위상의 취임 후 한일국방장관 회담으로서, 솔직한 분위기에서 회담을 진행하였으며, 양 장관은 수시로 소통하면서 긴밀한 유대를 지속해 나가자고 하였다.

지소미아 종료를 둘러싸고 한일국방장관 간의 의견과 합의가 봉합되지 않은 상황에서 지소미아와 밀접하게 관련된 미국의 압박도 지속되었다. 마크 에스퍼 미 국방장관이 참여하는 한미일 국방장관 회의는 2019년 11월 17일 오후 1시 35분부터 방콕에서 개최될 예정이고 지소미아 문제가 주요 의제가 되었다. 미국의 애덤 스미스 미국 하원 군사위원장은 16일 성명을 통해 '한일 갈등은 궁극적으로 한국과 일본 만이 해결할 수 있다'면서, '두 나라는 미국의 가장 중요한 동맹이며, 미국은 한국과 일본의 국가안보와 역내안보 증대를 위해 두 나라 간 갈등 해결을 적극 도와야 한다'고 강조했다. 다음은 한일 간의 지소미아종료효력 정지선언을 둘러싼 과정을 소개한 것이다.

〈표 42〉 지소미아의 종료효력정지선언

구분	내용
지소미아 종료효력 정지선언	2019년 11월 22일 한국 정부는 지소미아종료 효력정지와 WTO제소 정지를 선언하고, 일본 정부도 수출규제에 대한 대화재개를 선언하였다. 한국 청와대는 지소미아에 대해서 11월 22일 지소미아파기 통보를 정지한다고 발표하였다. 김유근 국가안보 제1차장은 '우리정부는 언제든지 한일군사비밀보호협정의 효력을 종료시킬 수 있다는 전제조건하에 2019년 8월 23일 종료통보의 효력을 정지시키기로 하고, 일본 정부는 그것에 대해서 이해를 표했다'고 말하고, 일본이 반도체재료 3품목의 수출관리를 강화한 조치를 둘러싸고, 대화가 정상적으로 진행되는 사이에는 WTO에 대한 제소 절차를 중지한다고 말했다.
일본 정부의 반응	- 아베 총리는 11월 22일 한국 정부가 지소미아 종료정지선언을 했다는 내용을 전달 받고, 취재진에게 '북한에 대한 대응을 위해 일한, 한미일의 연대와 협력은 극히 중요하다. 그것은 나도 반복적으로 이야기해 왔기 때문에, 이번 한국도 그러한 전략적 관점에서 판단한 것일 것이라고 생각한다'라고 하였다.[298] - 고노 타로 국방상은 '동아시아의 안전보장이 중요해지는 상황에서 일미, 일한, 한미일의 연대가 중요하다는 것을 반복적으로 이야기했다. 그것을 한국 측이 전략적으로 생각한 결정이라고 생각한다'라고 답했고, 한편 '정상화를 향해 한미일의 참가국이 확실하게 연대하고, 이 엄중한 안전보장상황에 대응하고 싶다'라고 하였다. - 모태기(茂木敏充) 외무상은 '한국 정부가 일한지소미아종료 통고를 정지하는 뜻의 통보가 있었다. 북한문제 등에 대응하기 위해, 안전보장상 일한, 그리고 한미일의 긴밀한 연대가 중요하다. 현재 지역의 안전보장환경을 토대로 한국 정부로서도 이와 같은 전략적 관점에서 이번 판단을 한 것이라고 본다. 말할 것도 없이 지소미아문제와 수출관리문제는 완전히 별도의 문제다. 수출관리에 대해서 한국이 WTO 프로세스를 중단한다는 통보를 받고 이후 관계당국자 간에 대화가 이루어질 것으로 알고 있다고 전했다. 현재 최대현안의 근본적인 문제는 한반도출신자 노동자문제이고, 한국 측에 대해서 하루라도 조속히 국제법위반의 상태를 시정하도록, 계속 강하게 요구하고 싶다라고 평했다. - 일본 텔레비전 뉴스24(日テレNEWS24)에 따르면, 한국은 이후 일한관계가 정상으로 복원되기를 희망하고, 노력을 계속할 것이라고 하였다. 《NHK》 보도에 의하면, 한국 정부는 국가안전보장회의에서 협정 실효 통고의 정지를 결정하고 일본 정부에 통고했다고 전했다.
미국의 반응	미국무성은 결단을 환영한다라는 성명을 발표했다. 트럼프정부의 고관은 지소미아파기는 중국과 북한을 이롭게 하는 것이다라고 하고, 그 뜻을 수용했다고 보았다. 미국의 유력지는 미국의 격렬한 로비활동이 한국의 결단을 이끌었다고 전했다.

한국이 지소미아종료 철회와 WTO 제소중지를 하게 된 배경에 대해서는 다양한 해석이 나오고 있다. 당시 한국경제는 크게 흔들리고 있었다. 그런 상황에서 한일 간의

298) 『AbemaNews』 (2020년 6월 20일 검색)

대립은 양국의 경제에 악영향을 점점 주어 피해를 촉발시키고 있었고, 정부관계자, 기업이나 국민들은 피부로 느끼고 있었다. 만약 한일대립이 장기화되면 한국이 크게 타격을 받을 것이라는 분석이 지배적이었다. 일본이 수출규제를 확대하면, 한국의 GDP는 손실을 보고 최대 6%을 넘을 것으로 예측되었다. 한국 정부는 일본의 경제적 조치가 현실화되기 이전에 한일대립을 종식시키고 경제관계를 정상화하기를 기대하였다.

한일대립으로 수출규제가 이루어지고 피해가 점점 확대되고 있는 상황에서 한국경제는 경제환경악화, 소비자심리와 투자심리위축, 노동시장의 유연성위축, 반도체 생산과 가격하락, 미중무역마찰의 영향, 부동산경기경색, 주식과 부동산 가치하락 등으로 500조 원의 한국예산을 무료하게 만들 수 있는 불확실성이 내포되었다. 반면에 일본에는 최소한의 부정적인 영향이 있을 것으로 예측되었다. 한국 정부는 일본과의 교섭우위에 있는 유일한 카드인 지소미아를 이용해서 한일간에 막혀있는 수출규제, 화이트국가재제, 미래 2차·3차제재극복, 국내외정치위기극복, 미국의 압박 등 많은 문제를 일괄적으로 해결하기 위한 정치적 결단을 내린 것으로 보인다.

일본 정부는 지소미아의 실효를 회피하는 한국 정부의 대응을 '전략적 판단이다'라고 평가하고 일본의 완승이라고 인식했다는 보도가 나왔다. 지소미아종료철회를 주도했던 정의용 실장은 지소미아연장과 WTO 제소중지는 조건부이며 잠정적인 결정으로 이후 교섭은 일본의 태도에 달린 것이라고 말했다. 일본의 태도에 의해 지소미아문제가 원점으로 돌아갈 수도 있다는 점을 경고하기 위한 조치라고 분석되고 있다. 지소미아를 둘러싼 한국과 일본의 대결은 여전히 문제해결의 주도권을 잡기 위한 싸움이고, 해결을 해야 한다는 현실적 과제에 대한 실효적인 접근보다는 상대방에 대해서 승리해야 한다는 자존심과 명분 싸움으로 비춰지고 있다.

그런 현상은 당분간 한일 간의 정상, 외교, 국방, 경제, 문화 등에서 지속적으로 발생할 것으로 예상되고 있다. 그것은 역사적으로 가까우면서도 먼 길을 걸어온 유산이고 흔적이며 앞으로도 작용할 수 있는 제거되지 않을 딜레마이다. 한국의 지소미아종료효력정지와 WTO 제소절차정지, 그리고 이에 부응하는 일본의 조치는 정치적 결단이며 양국의 위기극복용과 국내외전투용으로 이용되고 있다. 따라서 양국은 서로에 대해서 전략적 대응, 자국 중심적 접근과 시도, 겉돌기 외교 등이라는 다양한 비판을 받으면서도 국운이 달린 싸움으로 인식하고 있어 특단의 해법이 없는 한 지속적으로 지루하게 유지할 것으로 예상된다.

V. 한국과 일본의 문화전쟁

1. 한류문화의 위력

한국은 문화관광부가 문화정책과 문화교류를 담당하고 있다.[299] 일본은 문화청이 국내외 문화정책과 문화교류를 담당하고 있다.[300] 한국의 대중문화는 일본대중문화가 개방이 되어 한국에서 위력을 발휘한 이후부터 일본에서 활성화되었다. 한국의 대중문화는 한류 붐이 일어나기 전 한국가수로 활동한 조용필, 김연자, 계은숙 등 같은 한국가요가수가 일본에서 '엔카(演歌)'라는 장르에서 활동하면서 알려졌다. 조용필은 일본에서 〈돌아와요 부산항에〉라는 가요곡이 인기를 끌면서 활동하였다. 당시 인기는 가수 개인이나 개별 작품이 끈 것이지, 한류라는 사회 현상을 일으킬 만한 상황은 아니었다.

일본에는 2000년대 들어서 본격적으로 한류라는 문화 현상이 발생하여 한류문화가 유입되었고 동시에 한류문화소비자가 증가하면서 정착하였다.[301] 그 과정에서 문화마니아가 형성되어 확고한 문화팬층이 구축되고 종합적인 문화장르로서 한류문

299) https: //www.mcst.go.kr/kor/main.jsp (2019년-2020년 검색)

300) https: //www.bunka.go.jp/ (2020년 11월 18일 검색)

301) 岩渕功一, 2007,『文化の対話力—ソフト·パワーとブランド·ナショナリズムを越えて』, 日本経済新聞出版. 글로벌화는 일본문화를 어떻게 변화시켰는가, 쿨재팬(クール·ジャパン)현상, 관광입국전략, 한류드라마붐 등으로 '일본적'인 것을 재정의하고 그것이 국익이나 국적과 어떻게 연결되는지, 문화를 민족적으로 회귀시키는 시장역할과 문화정책논의를 다문화현상, 문화대화력 등의 관점에서 극대화하는 방향을 제시한다. 吉野耕作(著), 1997,『文化ナショナリズムの社会学—現代日本のアイデンティティの行方』, 名古屋大学出版会. 鈴木貞美(著), 2005,『日本の文化ナショナリズム』, 平凡社新書. 민족주의는 정치나 경제에 한정되지 않고, 문화영역에서 보다 폭넓게 나타난다. 근대국민국가의 생성은 문화적 자화상의 편성을 촉진하고, 메이지 일본도 국민문화 창조에 의존하였다. 국어제정, 일본문화, 전통만들기가 진행되었다. 문화민족주의의 문화현상에 대해서 분석하고 있다. 大澤真幸(編集), 塩原良和(編集), 橋本努(編集), 和田伸一郎(編集), 2014,『ナショナリズムとグローバリズム』, 新曜社. 白川 俊介, 2012,『ナショナリズムの力: 多文化共生世界の構想』, 勁草書房. 글로벌리즘의 파탄으로 어떤 선택을 할것인가, 다문화공생에 필요한 것은 민족주의로 인식하고, 새로운 자유주의에서 도출되는 신세대의 철학에 근거한 다문화공생구축에 대해서 소개하고 있다.

화라고 총칭하게 되었다. 일본 내 한류의 특징은 한국영화와 드라마, 배우와 가수 등에 대한 일본여성팬이 많다는 점이다. 초기 한류가 유행할 당시에 중장년 여성들이 주축이 되었고, 점차 젊은 층이 선호하는 K-POP으로 한류 열풍이 전이되면서 본격적으로 한류팬, 한류시장, 한류문화가 소비되었다.

이후 젊은이들이 한류문화를 향유하면서 한류팬이나 소비자는 다양화되었다. 일본에 진출했던 아이돌그룹으로서 동방신기, 카라, 소녀시대, 트와이스, 블랙핑크, 아이즈원, BTS 등은 젊은 여성들 사이에서 인기가 높았다. 더욱이 일본에서 한류거리가 형성이 되면서 여성 팬층의 움직임이 두드러지는 가운데 남성의 팬들도 생겨났다. 특히 2010년대 K-POP 열풍이 불면서 걸그룹 콘서트나 쇼케이스, 하이터치회 등을 찾는 남성들도 많아졌다. 2018년 일본에서 열린 트와이스 쇼케이스 라이브 투어를 보면 관객층이 매우 다양해졌다는 것을 알 수 있다. 다음은 일본에서 유행한 한류문화붐의 내용을 소개한 것이다.

〈표 43〉 일본에서의 한류붐

구분	내용
한류 내용	한국가요, K-POP과 가수, 한국 드라마와 남녀 배우, 한국 애니메이션, 한국화장품, 웹툰, 학습만화, 웹소설, 한국 온라인 게임, 한국 영화, 예능 프로그램, 웹드라마, 웹예능, 인터넷 방송(유튜버) 등이다.
제1차 한류붐	- 1998년 한국이 일본대중문화를 개방하고 양국 간의 문화교류가 시작되면서 대중문화가 자연스럽게 상륙을 하여 일본에 한류라는 새로운 문화영역이 형성되었다. 영화로는 〈쉬리〉가 일본으로 수출되어 매출 15억 엔의 흥행을 기록하면서 인기를 얻기 시작했다. 2000년대 초반 남북한 소재를 이용한 〈공동경비구역 JSA〉, 코믹 멜로물인 〈엽기적인 그녀〉 등이 일본에 상륙하면서 한국영화를 알렸다. - 일본에서 제1차 한류붐을 형성한 것은 2004년 청춘드라마 〈겨울연가〉에서 출발했다. 그 작품이 일본에서 상영되어 드라마뿐 아니라 등장 배우가 동시에 인기를 얻었다. 〈겨울연가〉의 출연배우로 욘사마로 불린 배용준과 최지우가 제1차 한류의 주역이 되었다. 그 작품이후 〈대장금〉이 방영되면서 한류 4대 천왕이 생기는 등 한국 배우가 인기를 얻게 된다. 한국산 멜로드라마가 일본의 중장년층을 자극하면서 시작된 한류는 중년이라 불리는 아줌마 전용이라는 인식이 강했다. 초기에 일본 젊은 층과 남성들은 한류에 상대적으로 무관심하거나 혹은 아줌마들을 이해할 수 없다는 식으로 조소까지 보내는 경향도 있었다. - 가요계에서는 BoA라는 가수가 일본 가요계에서 활동하여 한국가요와 가수에 대한 흥미를 생기게 했다. 보아는 일본 프로듀싱 에이벡스가 담당했고, 일본인 작사가 및 작곡가와 같이 활동하면서 밀리언을 두 번 기록하였다. 대표곡 〈No.1〉은 오리콘차트 일간 3위를 기록하였다.

제2차 한류붐	- 2000대 후반 들어 한국 K-POP을 대표하는 동방신기가 활동하면서 정상급 아이돌 그룹으로 성공하였다. 이후 빅뱅 등과 같은 그룹이 진출하여 일본젊은층 사이에서 K-POP 가수들이 일본아이돌그룹을 대체하게 되었다. K-POP 아이돌은 댄스, 가창력, 외모 등이 부각되면서 새로운 문화현상을 만들어 한류열풍으로 자리잡아 제2차 한류붐의 주인공이 되었다. - K-POP의 남자그룹이 진출하여 성공하면서 걸그룹의 진출도 본격화되어, 카라, 소녀시대 등이 활동하면서 한류를 이어갔다. 2010년 전후해서 본격적으로 K-POP 아이돌 그룹이 큰 인기를 얻기 시작한다. 이후 f(x), 2NE1, 원더걸스, 티아라 등이 대표적이다. 특히 소녀시대와 카라 두 걸그룹에 대한 일본의 팬층이 형성되면서 한국의 K-POP이 점차 10-20대 청년세대들에게 어필하기 시작했다. 한류를 이끈 소녀시대와 카라 등은 프로듀싱, 활동곡, 한국활동곡 등을 한국기획사가 직접담당하면서 한류문화의 질적 양적 팽창을 가져왔다. - K-POP은 한국 음악, 한국 음식, 패션, 화장품, 패션잡지, 아이돌 사진과 용품 등이 일본인들에게 인기를 얻는 계기가 되어 한류상품과 문화의 다변화를 가져왔다. 그 중에서도 가장 각광받았던 것은 바로 화장한듯 안한듯하게 하는 민낯 화장법이 유행하면서 유행했던 갸루 패션을 압도하기도 하였다.
제3차 한류붐	- K-POP 아이돌 트와이스와 BTS가 활약하면서 제3차 한류붐을 형성하고 있다. 2017년부터 10-20대 청년층 사이에서 보이그룹 방탄소년단이나 걸그룹 트와이스가 주목받게 되고, K-POP뿐 아니라 패션, K뷰티, 치즈닭갈비, 불닭볶음면, 치즈핫도그 같은 한국산 먹거리들이 큰 유행을 타게 된다. - 세계적으로 인기를 얻고 있는 방탄소년단과 일본인 멤버가 있는 트와이스는 2017년 연말 뮤직스테이션 슈퍼 라이브에 출연했고, 트와이스는 홍백가합전까지 출전하면서 3차 신한류 열풍을 일으켰다. 2018년 들어서 트와이스는 일본에서 최고인기를 누리고 있는 AKB48 사단과 연합해 아이돌 서바이벌 프로그램 프로듀스 48을 찍었다. 방탄소년단은 아시아 가수 중 최초로 빌보드 메인 차트인 빌보드200에서 1위를 기록하면서 인기가 급상승했다. 2019년 여전히 오리콘 차트 1위, 방송출연 재개, 스타디움 투어 등까지 성공하면서 팬층은 더 확산되고 있다.

일본에서는 K-POP 가수가 세련된 패션스타일을 보여주면서 한국아이돌에 대한 호기심과 관심이 증가하였고, 일본의 10-20대 청년층들은 음악이나 아이돌을 넘는 새로운 한류붐을 확산시켰다. 그것은 한국의 10-20대 동세대에서 유행하는 패션, 뷰티, 먹거리, 한국어, 한글 공부, 한국여행, 한국콘서트 등에 대한 관심으로 활성화하였다. 일본에서 인기가 많은 한류 스타들의 한국식 화장법으로 알려진 이른바 K뷰티에 대한 관심이 증대하면서 한국산 화장품의 수요량이 급증하고, 젊은이 거리인 하라주쿠에도 한국 화장품을 취급하는 전문샵과 패션 가게들이 2017년부터 점포를 내기 시작했다. 더불어 한식도 유행하게 되는데 1-2차 한류붐 당시 김치, 김뿐 아니라 막걸리, 간장게장, 삼계탕, 갈비, 삼겹살, 홍초 등이 팔렸고, 3차 한류 붐 때는 불닭볶음면, 치즈닭갈비, 치즈핫도그 등이 일본 사회에서도 대중화되는 계기가 되었다.

2000년대부터 2010년대 후반까지 인기를 누리던 한류는 약간 침체기에 접어들게 된다. 그것은 문화적인 요인보다는 비문화적인 요인에 의한 것이라는 평가가 있다.

〈표 44〉 한류의 침체기

구분	내용
한류침체 요인	- 한류문화가 침체기에 접어든 이유 중의 하나는 일본 국내사정으로 인한 것이다. 2011년 동일본대지진이 발생하며 시들해졌다. 다른 하나는 정치적인 요인이다. 2012년 이명박 대통령의 독도 방문 등과 같은 정치적 변화가 한일관계를 악화시키면서 일상생활에서 접하던 한류 드라마나 K-POP이 일본 민방에서 사라지기 시작했다. - 그리고 일본내의 우익들이 혐한운동을 벌이면서 한류가 위기를 맞았다. K-POP 인기에 불만을 가졌던 우익들이 혐한 운동을 본격화하면서 소녀그룹으로 인기를 얻었던 카라와 소녀시대를 제외하곤 이후 일본에 진출한 f(x)와 아이유, 걸스데이, 레인보우, 원더걸스 등은 인기를 얻는데 한계에 봉착했다.
현지화 전략실패	- 일본에서 한류가 침체를 겪은 이유는 한일관계가 좋지 않은 면도 있었지만, 다른 한편으로는 미흡한 현지화 전략과 잘못된 진출 방향이라는 분석도 많다. 한일관계가 악화되기 전 2011년에도 많은 그룹들이 진출했지만 카라와 소녀시대를 제외하고는 인기를 얻지 못했다. 일부 아이돌기획사는 금전적 보상을 염두에 두고 콘테츠를 준비하지 못한 채 무모하게 진출하였다. K-POP이라는 것만을 갖고 진출하여 일본의 시청자 피로감을 부추기는 역할을 하였다. - 2015년에는 한국을 방문한 일본 여행객이 2백만 명 밑으로 추락할 정도로 한일관계가 악화되었고, 기존의 한류붐을 일으킨 소녀시대, 동방신기, 빅뱅, 엑소 등 한국 아이돌 가수들의 활동이 줄어들고 있다. 일본에 한류가 붐이 꺾이면서 한류는 중국으로 진출하게 되었다. 청춘드라마 〈별에서 온 그대〉 등이 중화권에서 한류붐을 일으키면서 드라마, 예능 인력, 배우, 가수 등이 중국에 진출하였다. 한류가 중국에 진출하면서 한류산업의 축은 일본에서 중국으로 전환되는 경향이 생겼다.

2010년대 이후 일본에서 유행한 한류열풍은 10-20대들이 주축이었다. 한류문화의 중심축이 되었던 K-POP이나 젊은이문화가 일본 젊은층에서 서브컬처로 자리매김했다. 제3차 신한류 붐이 일어난 2017년 들어서는 유행을 즐기는 일본젊은이들이 한국식 라이프 스타일 문화를 즐기는 경향이 많아졌다. 댄스 동아리로서 K-POP 그룹 춤을 커버하는 활동이 활발해졌고, SNS에서 유행하면서 한류문화가 주도하게 되는 상황이 되었다. 전통적으로 강했던 패션, 팝문화, 디저트, 설빙, 홍차, 각종 SNS 최적화 디저트 및 카페 등이 일본젊은이들에게 유행하고 있다. 한류붐의 원조격인 중년여성의 활동이 주춤해지면서 10-20대 젊은이들이 한류의 흐름을 끌어갔다. 그들은 문화의 경계를 초월해서 문화자체에 관심을 갖는 신세대이기도 하며, 한일의 문화교류를

이어가고 있는 새로운 주인공으로 활동하고 있다는 데 의의와 가치가 있다.

2. 일류문화의 위력

일본은 메이지 유신 이후부터 현대에 이르기까지 대륙과 구미로부터의 영향을 받아오며, 다양한 형태의 독자적인 일본문화를 구축해왔다. 오늘날, 일본의 전통문화와 대중문화는 동아시아뿐 아니라 세계적으로 전파되어 주목받는 문화 중 하나이기도 하다. 일본문화의 특징을 나타내는 개념으로는 와(和)가 있다. 일본을 가리키는 용어로 사용된 와는, 중국이나 서양 문화와 구분되어 일본적인 것(日本的なもの)을 함의하고 있다. 와를 함의하고 있는 용어는 야마토(大和), 와쇼쿠(和食), 와후쿠(和服) 등으로 쓰이며 일본정신과 일본적인 특징을 가진 문화를 지칭하고 있다.

한국과 일본간의 문화교류는 1965년 국교가 정상화되면서 비공식적으로 시작되어왔다. 그런 가운데 박정희 정부는 1965년 한일국교 정상화를 하면서 일본대중문화와 일본 상품을 구분했다. 그리고 민족교육을 강조하면서 일본과 일본문화에 대해서 위화감을 갖게 되어 문화와 역사가 연결되는 상황이 되었다. 다른 한편으로는 일본대중문화에 대한 다양한 금지조치가 암묵적으로 취해져 전파를 차단하였다. 일본노래가 라디오에서 방송되는 것을 금지하면서 일본곡이 수록된 음반이 밀수되어 레코드 가게에서 판매되는 모순이 생겨났다. 그리고 이미자의 노래 〈동백아가씨〉가 왜색풍이라는 이유로 금지곡으로 지정되었다. 그런 현상은 일본 대중문화에 대한 견제와 폐쇄정책의 영향이었다.

그러나 이미 TV에서는 일본 애니메이션이 방영되면서 큰 인기를 끌어 일본문화의 소비층을 확산시켰다. 당시 대표적인 일본애니메이션 〈철완 아톰〉이 한국어판 〈우주소년 아톰〉으로 방영되어 대중문화를 교류하고 공유할 수 있다는 가능성을 증명해주었고, 개방의 필요성이 대두하였다. 많은 어린이들이 한국어판 〈우주소년 아톰〉을 국산 애니메이션으로 알고 있었다. 1980년대 텔레비전 방송과 시청자는 일본 대중문화가 유입되는 데 크게 영향을 주었다. 방송국들은 표면적으로 일본 프로그램을 방송하면서 일본색이 짙은 일본어, 일본복장, 배경 등을 감추면서 방송하였다. 그런 가운데 일본대중문화가 국민들 사이에 위화감없이 소화되었고, 한일문화교류가 활성화되면서 대중문화개방에 대한 분위기가 조성되었다. 마침내 1998년 일본 대중문화가 한국에 개방되고 한국문화가 일본에 개방되면서 문화교류와 공유가 본격화되었고, 일본문화가 한국에서 힘을 발휘하면서 일류붐을 일으켰다.

다음은 일본문화로서 한국에 수용되어 유행하면서 한국의 일본문화화를 촉진시킨 일본문화의 흐름을 소개한 것이다. 한국문화가 일본에 들어가 한류가 되었듯이 일본문화가 한국에 들어와 일류를 일으켰다.

〈표 45〉 일류문화의 위력1

구분	내용
일본영화	- 1998년 10월 20일 제1차 일본대중문화가 개방되면서, 공동제작 영화, 일본 배우가 출연한 한국영화, 세계4대영화제(칸, 베를린, 베니스, 아카데미) 수상작에 한해서 개방되었다. 구로사와 아키라 감독의 〈카게무샤〉, 이마무라 쇼헤이의 〈우나기〉, 기타노 다케시의 〈하나비〉, 한일 공동으로 제작된 박철수 감독의 〈가족시네마〉 등이 방영되었다. 그러나 〈하나비〉와 〈카게무샤〉의 흥행이 부진하면서 당초 영화계에서 우려했던 일본영화의 한국시장 잠식은 기우가 되었다. - 1999년 9월 10일 제2차 일본대중문화개방으로 공인된 국제영화제 수상작과 전체관람가 영화로 확대되어 대표적인 일본 영화 〈러브레터〉가 한국에 개봉되어 큰 인기를 끌게 되었다. 2000년 6월 27일 제3차 일본 대중문화 개방이 실시되어 꾸준히 다양한 일본영화가 수용되어 영화계와 영화소비자에게 영향을 주었다. 그런 가운데 2001년 7월 12일 일본 역사 왜곡 교과서 논란으로 정부가 개방 일정 중단을 선언했다. 2004년 1월 1일에 제4차 일본 대중문화 개방이 실시되었고, 2007년에 일본문화 수입 제한과 관련 규제 조치를 철폐하여 2007년부터 일본 영화, 음악, 게임 등이 한국문화시장에서 소비되었다.
일본만화와 아니메	- 1998년 제1차 일본 대중문화 개방이 되면서 일본 출판만화의 수입 제한이 완화되었다. 대원씨아이가 일본 카도카와쇼텐과 라이센스 계약을 통해서 1999년 6월 한국판 뉴타입을 창간하였고, 1999년 7월호를 시작으로 2015년 6월호까지 16년간 발행하여 한국에 일본만화를 소개하고 전파하였다. 일본만화가 붐을 조성하면서 대형전문서점에 만화서적 전문코너가 개설되어 일본만화를 한국시장과 소비자에게 알렸다. - 한국에서 일본대중문화의 존재가치를 높인 것이 일본애니메이션이다. 미야자키 하야오의 작품 〈바람이 분다〉, 신카이 마코토의 〈언어의 정원〉, 호소다 마모루의 〈늑대아이〉 등 극장판 애니메이션이 흥행에 성공하였다. 장편애니메이션 〈진격의 거인〉과 〈원피스〉, 제2차세계대전의 일본전투기를 설계한 인물을 다룬 〈바람이 분다〉, 그리고 〈진격의 거인〉, 〈드래곤볼〉, 〈세일러문〉, 〈슬램덩크〉, 〈포켓몬스터〉, 〈강철의 연금술사〉, 〈나루토〉 등이 상륙해서 한국의 아니메시장을 점령하고 일본아니메팬을 구축하였다. - 케이블 보급이 늘어나면서 투니버스와 애니원을 위시한 애니메이션 전문채널이 일본애니메이션을 수입하면서 붐을 일으키는 투니버스 리즈시절이 생겨났다. 〈디지몬 시리즈〉, 〈신의 괴도 잔느〉, 〈아즈망가 대왕〉, 〈아따맘마〉, 〈달빛천사〉, 〈개구리 중사 케로로〉 등이 대표적이다. 그리고 이후 〈천하무적 크래쉬비드맨〉(KBS2), 2011년 〈전설의 용자의 전설〉(KBS1), 2012년 〈GON〉(EBS), 2014년 〈꿈의 보석 프리즘 스톤〉(SBS) 등이 방영되었다.

일본게임	2000년 6월 27일 3차 개방으로 일본대중문화가 위력을 발휘하는 가운데 게임도 개방되었다. 일본어로 된 게임은 수입이 허가되지 않았으나 2003년 9월 16일 4차 개방에서 완전개방되면서 일본어로 된 게임이 발매되기 시작된다. 일본어 음성 및 자막 게임이 수입되면서 비디오 게임시장이 본격적으로 형성되었고, 일본대중문화의 열렬한 팬으로 불리는 오타쿠들은 일본문화, 일본어, 일본인, 일본 등에 관심을 갖게 되었다.

한국에서 인기를 얻은 일본애니메이션은 로맨스, 코미디, 공포, 모험, 스포츠, 일상생활과 같은 내용을 담았다. 그 가운데 신화적 모티프를 차용한 작품이나 일상에서 벌어지는 소소한 행복들을 그린 작품들이 인기를 얻었다. 신화적인 작품으로 〈드래곤볼〉, 〈나루토〉 등이 인기가 있었고, 일상생활을 그린 작품으로는 〈세일러문〉과 〈카드캡터 체리〉 등이 대표적이다. 일본 애니메이션이 인기를 얻은 이유는 사실적 묘사, 생동감 있는 연출, 인물의 표정, 행동, 일상, 탄탄한 콘텐츠 등이 섬세하게 표현된 점이다. 일본애니메이션은 미국 애니메이션의 과장되고 단순화된 캐릭터 표현에 비해 큰 호소력을 가져 한국애니메이션 시장을 파고들었고, 소비자를 매혹시켰다.

그러나 일본애니메이션이 한국방송과 시장을 압도하면서, 한일 간의 문화교류가 정치적인 상황과 연결되면서 다양한 제한정책에 포함되는 상황이 되었다. 2000년대 후반 강화된 방송심의와 애니메이션 쿼터제의 영향으로 케이블채널들의 일본 애니메이션 방영에 제약을 받았다. MBC는 2002년 12월 10일 〈도라에몽〉, KBS는 2007년 6월 4일 〈원피스〉, SBS는 2008년 〈메이플스토리〉를 끝으로 순수 일본애니메이션 편성을 하지 않았다. 기존 지상파 3사가 방송해오던 애니메이션이 한국의 교육열과 제한적인 쿼터제가 시행되면서 방송이 중단되어 일본애니메이션은 새로운 국면에 직면하였다.

다음은 한국에 상륙해 대중문화시장과 문화소비자를 구축하면서 형성된 일류문화를 구성했던 일본대중문화를 소개한 것이다.

〈표 46〉 일류문화의 위력2

구분	내용
일본 문학	- 근현대 일본 문학은 다양한 사조로 등장하고, 일본정서에 바탕을 둔 문학 작품으로 창작되면서 일본 내 뿐만이 아니라 전 세계적으로 인기를 끌었고 한국문단과 문학소비자에게 영향을 주었다. 대표적인 일본작가는 나쓰메 소세키, 가와바타 야스나리, 오오에 겐자부로, 무라카미 하루키, 히가시노 게이코, 오쿠다 히데오, 다자키 쓰쿠루, 에쿠니 가오리 등이다.

	- 교보문고가 집계한 인기있는 일본 소설 TOP10은 히가시노 게이코『나미야 잡화점의 기적』,[302] 무라카미 하루키『IQ84』, 오쿠다 히데오『공중그네』, 다자키 쓰쿠루『색채가 없는』, 무라카미 하루키『그가 순례를 떠난 해』, 무라카미 하루키『노르웨의 숲』, 히가시노 게이코『용의자 X의 헌신』, 무라카미 하루키『여자없는 남자들』, 히가시노 게이코『가면산장 살인사건』, 히가시노 게이코『라플라스의 마녀』, 에쿠니 가오리『냉정과 열정사이』 등의 순이다.
J- POP 과 가라오케	- 가요계에서는 2차 개방을 통해서 2천석 이하의 소규모 공연이 허가되었고, 3차 개방에서 좌석 제한이 철폐되었으며, 4차 개방에서 음악 매체의 판매가 허용되었다. J-POP(Japanese Pop)은 일본에서 제작된 대중음악을 지칭하는 말로 1989년 이 개념이 생겨나 음악의 한 장르가 되었고, 1993년경부터 젊은이들이 선호하여 확산되었다. 한국에 잘 알려진 그룹과 가수는 X-JAPAN, 아무로 나미에 등이 대표적이며 마니아층이 형성되었다. 2003년 SMAP의 〈세계에 하나뿐인 꽃(世界に一つだけの花)〉, 2010년대 AKB48 등이 알려졌다. - 특히 한국가요계와 음악계, 그리고 일반음악소비자를 열광하게 한 것이 가라오케(カラオケ, 空からオケ)이다. 가라오케는 비어 있다는 의미 空(から 가라)와 오케스트라(Orchestra) 뜻을 일본식으로 조어한 것이다. 한국에서는 1991년 와와전자가 부산광역시에 보급하면서 급성장하였다. 당시 노래방 기기는 자막을 컴퓨터로 처리하여 반주와 동기화를 시키고, 배경으로 일반 TV나 비디오 영상을 공급하여 믹싱하는 형태로 제공되어 큰 반향을 불러 일으켰다. 이후 한국에 노래문화로서 가라오케문화가 형성되어 오늘날까지도 유행을 이어가고 있다.
음식 문화	- 일본의 대중문화가 수입되는 가운데 일본에서 유행하는 일본음식문화가 한국에서 활성화되었다. 대표적인 일본음식문화를 알린 스시(すし, 壽司), 사시미, 라멘 (ラーメン), 소바(そば, 蕎麥), 각종 계절 야채와 산채, 텐뿌라(天ぷら, 天婦羅), 돈카츠(トンカツ), 카레(カレー), 타코야키, 낫토 등이 유행하였다. - 일본 서민들이 이용하는 술집 이자카야가 인기를 끌었다. 일본의 이자카야는 지역 특산물을 애용하는 데에 비해 한국의 이자카야는 해산물 요리, 회, 꼬치구이, 탕류, 튀김 등이 나온다. 술은 일본술을 의미한 사케를 판매하고 있고, 소주와 맥주 등도 판매되고 있으며, 젊은이들의 거리에는 일본음식점과 일본식의 이자카야점이 있어 한국의 젊은이들이 일본문화를 접하게 하는 기회가 되고 있다.

한국에서 일본대중문화는 금지된 문화로 비공식적으로 봐야하는 문화였다. 그러

302) 히가시노 게이코의『나미야 잡화점의 기적』에서 주인공은 우리 주변에서 흔히 발견하는, 흠결 가득한 하자(瑕疵) 인생들이었다는 점이다. 돈도 없고, 가방끈도 짧고, 연줄도 없으며, 편의점 아르바이트나 카센터 수리공을 전전하는 결점 투성이 세 청년이 삶의 벼랑에 몰려 빈집을 턴 뒤 숨어든 폐가가 나미야 잡화점이었다. 이 잡화점에서 이상한 일이 생겼다. 셔터 앞 종이 상자에 40년 전 고민 상담 편지가 배달되었다. 과거에서 온 편지는 일회성도 아니었다. 세 청년은 진심으로 최선을 다해 나름대로 답변을 쓰기 시작한다.『나미야 잡화점의 기적』은 출간 5년 만에 국내에서만 70여만 부가 판매됐다. 한국에서 많이 팔린 일본 소설 30위 안에 하루키 작품은 4편, 히가시노 게이고 작품은 8편을 기록하였다.

나 문화개방이 이루어지면서 일본대중문화에 대한 갈증이 해소되었고, 대중문화가 한국과 일본을 연결해주고 상호이해하며 교류하는 중요한 매체로서 기능과 역할을 하였다. 한국 청소년들은 일본문화 개방 및 온라인 문화의 발달로 일본문화에 접하면서 향유하였다. 그리고 일본, 일본문화, 일본작품 등에 빠지는 이른바 '일뽕'이라 불리는 극렬 팬들이 늘어나게 되었다.[303)] 일본문화를 접한 과거 세대는 일본문화에 대한 경계심을 갖고 있는 것도 사실이다. 그러나 젊은이들은 일본문화 자체에 가치를 두고 향유하는 경향이 있다.

2010년대에 들어서 한일문화교류를 변화시키는 요인이 종종 발생하고 있다. 일본 애니메이션과 게임들의 질적 저하, 한국문화의 질적 양적인 발전, 2012년 아베 내각이 들어서면서 심화되는 일본의 우경화, 혐한문화형성 등과 같은 문화적이며 비문화적인 현상은 일본문화와 일본에서 대한 환상으로부터 자각하게 하는 역할을 하였다. 그럼에도 불구하고 한국문화시장 저변에는 일본적인 것, 일본음식, 일본문화, 일본여행 등에 대한 수요와 소비가 꾸준하게 자리잡고 있다. 일본대중문화는 한국에 직간접으로 영향을 주어 일본문화 마니아층을 형성하고 있다. 한국과 일본에서 활동하는 문화생산자, 문화마니아, 문화소비자 등은 단순하게 문화를 즐기는 층이라기보다는 한일 간의 문화교류를 비정치적이며 미래지향적으로 끌어가고 있다는 점에서 매우 소중하고 중요한 자산이며 연결매체라고 할 수 있다.

---

303) 일뽕은 일본 빠돌이 빠순이와도 관계가 있다. 일뽕은 일본에 뽕 맞았다는 의미이고, 종일(從日) 또는 혹은 종일본(從日本)을 의미한다. 그리고 쪽발이와 뽕을 합친 쪽뽕도 있다. 그와 관련된 단어로 국뽕이 있다. 국뽕은 국가와 히로뽕(philopon)의 합성어다. 유튜브나 인터넷사이트에서 국가에 대한 자부심을 높여 부르는 말이다. 국뽕 신드롬이 일면서 국뽕에 대한 반발로 '국까'라는 말도 등장했다. '국가'와 '뽕가다'라는 말이 섞여서 만들어진 합성어 국뽕이다. 국뽕이라는 말은 한국사 분야에서 처음 사용된 것으로 알려졌다. 인터넷 커뮤니티 디시인사이드 역사 갤러리에서 '단군 이전 한민족이 세계 4대 문명인 메소포타미아 지역 수메르왕국을 세웠다'거나 '명나라 황제 주원장조차 조선의 군사력을 두려워했다'며 아무런 근거 없이 한국사를 미화하는 이들을 국뽕이라고 했다. 일각에서는 때와 장소를 가리지 않고 외국인만 보이면 다가가 김치, 싸이, 김연아, 독도 등에 대해 물어보는 'Do you know…' 시리즈가 유행처럼 번졌다고 지적했다. 그리고 이러한 행태가 국가에 대한 자긍심에 과도하게 취하는 것을 경계하자는 취지에서 국뽕이라는 단어가 탄생했다는 견해도 있다. 또한 국뽕이라는 용어가 등장하면서 '똥송합니다'라는 단어도 나타나기 시작했다. '동양인이라 죄송합니다'라는 뜻을 가진 '똥송합니다'는 서양인이 동양인보다 태생적으로 우월하다고 여기는 일부 젊은 세대가 가진 열등의식과 자조가 반영된 신조어다. https: //namu.wiki/w/일뽕 또는 일빠 (2021년 2월 2일 검색)

3. 한국과 일본의 문화충돌

한국에서는 일본문화가 유행을 하고, 일본에서는 한국문화가 유행하는 바람직한 기류가 한일관계를 개선하는데 매우 중요하게 작용 할것으로 보였다. 그러나 다양한 국내외적 환경변화에 의해서 한국문화와 일본문화 간의 충돌이 일어나고 있다. 그것은 이질성이나 차별성에 의해서 일어나기보다는 비문화적인 요인과 정치적인 요인에 의해서 촉발되고 있다. 일본에서 혐한운동이나 혐한문화가 우익들에 의해서 형성되었고, 한국에서 혐일운동이나 혐일문화가 일어나 충돌하는 측면이 있다. 기본적으로 한일 간의 정치적, 역사적 갈등은 상대 사회나 문화를 경시하거나 배제하는 경향으로 나타났다. 더욱이 한국과 일본에는 위정자의 실정을 정치적으로 위장하거나 강경정책을 추진하는 가운데 상대 국가지도자를 반대하거나 비판하는 운동으로도 확산되거나 상대국가의 제품이나 문화에 반대하는 심각한 상황이 발생하고 있다.

문화분야의 충돌 현상은 일본에서 유행하는 한류에 대한 거부반응이나 비판으로 나타나고, 한국에서 유행하는 일류에 대한 거부반응이나 비판으로 나타나고 있다. 그 저변에는 사회적으로 우익이라고 평가받는 문화인, 문화소비자 등이 비판하는 경향이 있어 일반화시키는 것은 무리가 있지만 하나의 흐름으로 존재하고 있는 것은 사실이다. 일본에서 일어난 한류에 대해서 부정적으로 보는 시각을 가진 일부 우익들은 2010년 후반에 들어서 한류가 국책의 일환이라는 인식을 하고 비판하였다. 일본의 한 프로에 나온 전직 일본 넷우익 출신 패널이나 아키모토 야스시와 같은 영향력이 있는 프로듀서까지도 K-POP은 일종의 국가가 주도하는 국책문화라고 평가했다.

한류가 국책에 의해서 육성되고 성장되는 국책문화라고 평가하는 부정적인 이미지가 있는 가운데 2018년 10월 한국대법원의 강제징용배상판결이 나오면서 한일 관계가 악화되기 시작했다. 2019년에 들어 일본 방송에서 한류 관련 영상 송출 빈도가 현저하게 줄어드는 등 반문화적 현상이 강하게 일어났다. 특히 최근에 일어난 한일 간의 문화충돌은 한국의 강제징용배상판결을 둘러싸고 벌이는 한국 정부와 일본 정부에 의해 추진된 수출규제조치, 화이트국가제외, 지소미아파기, WTO제소 등과 같은 역사적, 경제적, 정치적 갈등이 원인이 되어 발생한 것이라고 할 수 있다.

한일정부가 비문화적인 조치와 대결을 하는 가운데 한국국민과 일본국민 사이에서는 여행중지 내지는 자제하라는 분위가 조성되는 등 문화적 대결 양상을 보이고 있다. 다음은 한일 간의 여행중지 현황을 소개한 것이다.

〈표 47〉 한일 여행중지 현황

구분	내용
배경	한국에서는 한국대법원의 징용배상판결이 전해지고, 일본에서는 2019년 7월 1일 수출규제 조치와 화이트국가제외가 실시되면서 한일관계가 냉랭해져 여행업계에 부정적인 영향을 주었다. 한국에서는 일본관광금지운동, 여행자제, 비행기항로취소 및 감축, 여행계약자 취소, 신규여행감소 등의 현상이 벌어졌다. 일본에서는 한국여행에 대한 불안감조성, 혐한분위기 조성 등으로 한국여행을 자제하는 움직임이 일어났다.
한국 여행 계의 움직임	- 일본여행을 자제하는 SNS인증운동이 확산되었다. 세계적 미디어 아티스트 작가는 페이스북 글을 통해 일본 미술관 여행을 취소했다고 밝혔다. 그는 스태프와 함께 5박 6일 오사카, 동경, 가고시마 여행을 계획했지만, 스태프들이 여행을 취소하자고 해서 그렇게 했고 참 기분 좋았다고 밝혔다. 일본여행 자제를 SNS을 통해서 인증하는 여행자제 운동이 자연스럽게 국민 사이에 확산되었다. - 하나투어에 따르면, 최근 일본여행 신규 예약 건수는 같은 기간보다 절반 이상 줄었다. 일본은 2018년 자연재해 발생으로 하락세를 보였는데, 7월부터 심화한 한일 양국 간 갈등으로 침체가 더 장기화할 것으로 예상된다며 신규 여행 예약이 급격한 감소세를 보여 8월부터는 감소세가 더욱 뚜렷해질 것이라고 전망했다. 여행업계는 일본 여행 보이콧이 장기화 될 것으로 예상했다. 2019년 7월 한 달간 확산된 일본제품 불매운동으로 일본여행 상품 취소률이 최대 80%까지 치달았다. 일본여행 침체가 지속되면, 내국인 일본관광과 외국인 유치시장에도 악영향을 줄 것으로 분석했다. 여행업계는 일본의 화이트리스트 제외 결정 이후인 8월부터 일본여행수요가 악화될 것을 전망해 대체지 홍보 및 취소수수료 할인 등의 방안을 모색하였다. - 일본여행 보이콧은 시간이 갈수록 더 심화되어 단체여행 상품이 80% 이상의 취소률을 보였고, 온라인여행사의 항공권 신규 예약은 50% 줄고, 예약 취소도 2배가량 늘었다. 관광공사 관계자에 따르면, 2019년 초부터 매달 일본인 관광객 숫자가 두 자릿수 성장을 보였다며 관광객 대다수가 정치적으로 영향을 덜 받는 20~30대여서 크게 문제가 없을 것으로 보였으나, 앞으로 항공공급이 줄면 어쩔 수 없이 방한 시장도 위축될 것이라고 밝혔다. - 한국 정치권에서는 방사능 도쿄를 관광금지구역으로 지정하라는 주장까지 나왔다. 그리고 《마이니치신문》 보도에 의하면, 한국에서 노 재팬 움직임이 확산되어 대마도를 찾는 한국 관광객이 과거의 10분의 1수준으로 줄었다. 인구 3만 명인 대마도가 부산항에서 50㎞ 밖에 떨어져 있지 않아 한국 관광객에게 인기가 높아 2018년에는 41만 명이 다녀갔다. 그러나 2019년 7월 일본의 수출규제 조치 이후 노 재팬 열풍으로 한국인 관광객이 90%나 급감했다.
일본 여행 계의 움직임	- 일본 대표 포털 사이트인 야후재팬에는 한국여행이라는 키워드를 입력하면, 자동 검색어로 '한국여행 괜찮을까'(韓国旅行大丈夫か)가 뜨며, 주요 블로그에서는 한국의 성 범죄율은 세계 4위 등이라고 게재하는 등 혐한 분위기를 조성하는 단어들이 오가고 있어 한국방문이나 여행에 대한 불안감을 조성하고 있는 상황이다. - 일본 정부관광국(日本政府観光局, JNTO)의 2019년 7월 21일 방일외국인여행자통계를

	보면, 7월 일본을 방문한 한국인은 56만 1,700명으로 전년 동월 60만 7,953명과 비교해 약 4만 6,000명 줄어 약 7.6% 감소했다. 1월부터 7월까지 일본을 방문한 한국인은 2018년 대비 4.3% 감소하였다. 2019년 7월 일본을 방문한 외국인은 299만 1,200명으로 오히려 전년대비 5.6% 늘었다. 그 가운데 한국인은 중국인 105만 500명에 이어 2번째 많았다. 국가별 감소폭은 한국이 최대이고, 중국인은 19.5% 증가했다. 여행관계업자는 7월 여행 예약이 많지만, 일본을 방문하는 한국인의 감소폭은 8월 이후부터 더욱 커질 것으로 전망했다.

한국여행사들은 중국이나 동남아를 일본 대체여행지로 두고 영업 및 마케팅 활동을 진행할 예정이다. 그리고 일본을 중심으로 운항했던 저비용항공사들도 2019년 9월부터 중국이나 동남아 노선을 적극적으로 확장하는 작업에 들어갔다. 더불어 국내 여행 업계에서는 일본여행 취소 시 할인해주는 애국 마케팅도 활발하게 이루어졌다. 하이원리조트는 해외여행을 취소한 고객을 대상으로 리조트 내 호텔과 콘도의 숙박권을 정상가 대비 4분의 3 이상 할인해주고, 포항과 울릉도를 오가는 여객선사 대저해운은 포항- 독도 구간 요금을 30% 할인했다. 일본은 중국 다음으로 가장 큰 방한 관광 시장으로 2019년 상반기에 26.5% 성장세를 보였다. 그러나 여행업계 내에서는 일본인 유치시장도 큰 타격을 입을 것으로 분석했다.

한국도 일본여행객의 축소로 타격을 받고 있지만, 일본도 한국의 일본여행자제운동으로 많은 타격을 받고 있다. 대마도에서 기념품을 판매하는 종업원은 국가간의 사정에 의해 발생하는 것이지만, 일시에 한국 단체손님이 사라졌고, 기도하는 마음으로 한일 관계가 좋아지기를 기다릴 수밖에 없다고 말했다. 가고시마(鹿兒島)에서도 관광에 대한 영향이 우려되어 미타조노 사토시(三反園訓) 지사는 심각한 상황이라고 한 후 이 영향을 극복하기 위해 관광객유치 프로모션을 강화할 것이라고 말했다. 일본은 지역관광지 수입감소를 극복하기 위해서 정부장려금지급이나 국내여행운동을 벌이고 있고, 쓰시마, 규슈, 후쿠오카, 오사카, 오키나와, 홋카이도 등의 지역관광담당자들은 비행기로선 취소연기요청을 하는 등 사활을 건 여행활성화운동을 추진하고 있다.

한일관계가 악화되면서 지역간, 학교간, 기관간의 교류활동이 전면적으로 중지되는 상황이 벌어졌다. 그동안 풀뿌리운동과 교류로 한일관계가 친숙해져 상대방의 문화를 이해하는 중요한 배경이 되었지만, 지금은 상대방을 견제하는 방향으로 선회하고 있다. 다음은 한일 간의 교류중지현황을 소개한 것이다.

〈표 48〉 한일 간의 교류중지현황

구분	내용
배경	일본에 의한 수출규제조치로 한일 관계가 최악으로 치달으면서 양국 간 아동·청소년 교류 행사도 잇따라 취소되고 있다. 한일 간의 여행이 자제되고 있는 한편, 한국의 학교나 지방자치단체가 일본에 학생들을 보내지 않기로 결정하는 사례가 확산되어 한일민간교류가 위기를 맞고 있다.
일본의 교류자제사례	- 하나마키시(花巻市松園町)의 하나마키히가시고교(花巻東高)는 2019년 12월 한국으로 수학여행을 계획하였지만, 한일관계의 악화가 진행되어 실시를 유보하였다. 동교는 한국 부산시 부산정보관광고와 2013년 10월에 국제자매교 협정을 맺었다. 수학여행은 2학년 대상이며, 2019년 행선지는 오키나와, 한국, 칸사이, 미국 등 4개 장소로 한국을 희망한 학생은 15명 정도였다. - 2019년 7월 26일《교도통신》에 따르면, 아오모리(青森)현 히라나이마치(平内町)의 쇼후주쿠(松風塾) 고등학교는 2019년 9월 예정됐던 한국으로의 수학여행을 취소하기로 결정했다. 교류 상대인 한국 고등학교의 사정, 우리 학생들의 안전을 고려했다고 이유를 설명했다. 나리타 히로아키 교장은 인터뷰에서 '상당히 유감이지만, 학생들의 안전을 최우선으로 생각했다'고 말했다. 이 학교는 지난 1975년부터 한일 교류 차원에서 매년 학생들의 수학여행을 한국으로 보냈고, 만돌린 연주 등을 통해 한국 고교생들과도 교류해 왔다고 밝혔다.
한국의 교류자제사례	-《NHK》에 따르면, 한국 울산시 동구는 2019년 4일 일정으로 초등학생들의 일본 오카야마(岡山)현 비젠(備前)시 방문 계획을 취소했다. 초등학생 13명을 자매결연 관계인 비젠시로 보내 현지의 일반 가정에서 묵는 교류 프로그램을 실시하려 했었으나, 예상치 못한 국가 간 특별한 사정 때문에 이번 방문을 취소했다. - 일본 기후현 오가키시와 한국 창원시간의 어린이 축구 및 합창단 교류가 중단됐고, 충남 당진시는 우호 교류도시인 다이센시와의 청소년 홈스테이 교류활동을 무기한 연기했다. 논산시는 13개 고등학교 학생들의 일본 고텐바시 방문을 취소했다. 서산시는 시청사 한쪽에 '역사를 잊은 민족에게 미래는 없다'는 대형 현수막을 내걸고 일본 상품과 일본 여행 보이콧을 선언했다. 충북 괴산군도 최근 청소년 일본 연수 계획을 취소했다. -《교도통신》에 따르면, 일본 니가타(新潟)시에서 개최되는 한중일 3국 고교생 교류 사업에도 한국 측이 불참 방침을 전해 왔다고 전했다. 경기 안산의 청소년극단 '고등어'도 일본 극단과의 교류 행사에 소속 고교생들을 참여시키지 않기로 했다. 강원 횡성군은 일본 돗토리현 야즈초(八頭町)에서 하려던 어린이 방문 교류 일정을 무기한 연기했고, 전남 나주시도 관내 중학생 10명을 대상으로 일본 돗토리현 구라요시시(市)에서 실시하려던 홈스테이 체험 계획을 포기했다. 전남에서는 초중고 통틀어 10개 학교가 일본 방문 일정을 취소하거나 보류하고 이 중 상당수 학교는 방문지역을 중국 상하이 등으로 변경했다. 광주시는 일본의 보복조치가 철회될 때까지 의원들의 일본 연수는 없을 것이라고 밝혔다.

2019년 7월에 벌어진 수출규제조치와 화이트국가 제외 움직임은 일본에 대한 한국국민의 공분을 샀다. 그것은 여행자제운동, 교류보류 및 중지운동, 일본제품불매

동 등으로 확산되었다. 일본제품불매운동은 한국에서 인기가 있는 일본제품과 기업에 타격을 주기 위한 목적이며, 일본 정부에게 수출규제조치를 철회하라는 한국 국민의 목소리이며 움직임이라고 할 수 있다. 일본이 세계시장에서 높은 경쟁력으로 발전하고 있는 한국기업의 소재를 제재하였기 때문이며, 일본 정부의 조치는 해당기업에 대한 수출규제라는 의미라기보다는 한국경제에 대한 조치라고 인식하였기 때문이기도 하다. 그런 목적을 갖고 한국 국민이 자발적으로 움직인 불매운동이라는 점에서 장기화될 가능성이 있다.

한국과 일본에서는 동일한 유형으로 진행되지는 않았지만 전체적으로 여행자제운동, 교류중지운동, 불매운동 등이 동시에 벌어졌다. 그 중에서 불매운동은 매우 심각한 상황을 초래하였다. 불매운동은 담배와 술, 브랜드, 옷, 일본음식, 화장품, 골프용품, 생활용품, 소지제품, 메이드인 재팬제품, 메이드인코리아제품 등에서 벌어졌다. 일본제품불매운동이 생활화되는 가운데 한국에 진출한 일본기업과 제품, 일본에 진출하고 있는 한국기업이나 제품, 그리고 상대국의 문화를 팔고 있는 문화산업이나 문화상업, 상점이나 음식점 등이 타격을 입고 있다. 다음은 한국에서 벌어지고 있는 일본제품불매운동 현황을 소개한 것이다.

〈표 49〉 한국의 일본제품불매운동

구분	내용
배경	일본 상품 불매운동은 2019년 7월 수출규제조치가 한국경제와 기업에 타격을 줄 것이라고 예상되면서 시작되었다. 징용배상판결문제에 대한 대응책으로 취한 수출규제조치가 양국관계를 악화시키면서 한국에서의 일본제품 불매운동을 촉발시켰다. 한국에 의한 지소미아파기결정은 경제계에 충격을 주었다. 경제단체의 간부는 한일 간의 외교나 안전보장에 대해서 이야기할 입장이 아니라고 하면서 안보분야의 대립은 심각한 사태를 발생시키고 불매운동을 더욱 촉발시킬 것이라고 우려하였다.
한국의 불매운동	- 정치권, 경제계, 일선 학교, 문화계, 생활인 등도 사회관계망서비스(SNS)나 집단행동 등을 통해 일본제품불매운동에 동참하고 있다. 전남상인연합회는 일본상품 판매중단과 불매운동 선포식을 갖고, 메이드 인 재팬이나 일본에 본사를 둔 기업체들의 제품은 사지도 팔지도 말자는 운동을 전개하였다. 일본의 경제제재에 맞서 일본제품 판매 중단과 불매운동에 전통시장도 적극 동참해 나라사랑을 실천하고자 선포식을 갖게 됐다고 말했다. - 광주에 있는 고교생들은 일본제품 불매 운동을 공개 선언했다. 일본의 수출규제에 대응해 무엇을 할 수 있을지, 학생회에서 논의한 결과 불매운동에 나서기로 했다며 무역전쟁이 끝날 때까지 불매운동에 적극적으로 참여하겠다고 밝혔다. 학생들은 성명서를 통

	해 일본학용품보다 국산 구입, 일본음식보다 한국음식 먹기, 부모님에게 알리기, 태극기 상설전시관 수시 방문 등을 실천사항으로 제시했다. - 전국중소유통업자협회 27개 단체로 구성된 한국중소상인자영업자총연합회는 불매운동에 참여하는 입장을 표명한 뒤 전국 매장에서 일본제품을 철거하는 움직임이 퍼졌다고 전했다. 그리고 불매운동에 참여한 상점은 일본제품을 매장에서 철거하였고, 일본음식점은 일본재료가 아니라 한국재료를 사용한다는 문구를 통해서 직간접적으로 불매운동에 참여하였다.
한국의 불매운동영향	- 일본제품불매운동이 일상화되어 일본제품판매가 현저하게 떨어졌다.[304) 《요미우리신문》에 따르면, 2019년 7월 1~25일 기준으로 전월 동기 대비 일본맥주매출 48%, 라면 33%, 화장품 21% 각각 줄었다. 2019년 10월 30일 9월 일본산 맥주의 한국수출은 99.9% 감소하였다. 일본 여행 예약자 수가 7월 8일 이후 하루 평균 55% 급감했다. 또한 유니클로 매출 30%, 일본의 식료품 수출액 58.1%, 승용차 수출액 63.6%, 반도체 등 제조장치 49.0%, 금속가공기기 50.7%, 전자부품 43.2%, 의류와 의류 부속품 25.8% 감소했다. 관세청의 자료에 따르면, 일본산 골프채 수입규모는 전년대비 17.6% 줄었고, 한국이 필리핀으로부터 수입한 궐련 담배는 403.0톤으로 지난달 434.9톤보다 7.3% 줄었다. 일본산 자동차불매운동이 지속되면서 미쓰비시자동차는 한국에서 철수하였고, 다른 자동차메이커도 고전을 거듭하고 있다. - 일본 재무성의 무역통계에 따르면, 2019년 10월 일본의 한국 수출액은 3천 818억 엔으로 지난해 10월보다 23.1% 감소했다. 이것은 일본제품불매 운동이 미친 타격이 확대된 것으로 분석된다. 또한 한국의 대일본 수출액은 지난해 10월보다 12.0% 감소한 2천733억 엔(약 2조9천511억 원)을 기록했다. 이런 현상으로 일본이 한국과의 무역에서 거둔 흑자는 1천 85억 엔으로 2018년 10월보다 41.5% 줄었다. - 한국의 일본제품불매운동에 대해서 스가 요시히데 일본 관방장관은 기자회견에서 일본산 맥주의 한국 수출이 99.9% 줄었다는 일본 재무성의 발표와 관련해 '한국에서 우리나라기업에 경제적 악영향을 주려는 불매운동이 일어나고 있는 것은 유감'이라고 밝혔다. 그리고 '한일 양국 관계가 엄중한 상황이지만 양국 간 인적 교류와 경제 활동은 제대로 이뤄져야 하고, 일본에 미칠 또다른 영향에 주목하면서 한국 측의 현명한 대응을 기대한다'고 말했다.[305)]

한국에서의 일본제품 불매운동은 전방위적으로 전제품 대상으로 확산되었다. 한국의 불매운동은 일시적일 것이라는 일본기업의 예측이 나오면서 불매운동을 촉발시키는 계기가 되었다. 《요미우리신문》에 따르면, 한국의 불매운동은 오래 가지 못했던 과거의 사례와 다르게 이례적으로 장기화 양상을 띠고 있다고 진단했다. 한국 소비자의 참여 의식이 높아지고 있다며 불매운동에 참여한다는 응답률이 7월 10일 48%, 7월 17일 54.6%에서 7월 24일 62.8%로 상승했다는 리얼미터의 여론조사 결과를 소개했다. 또

304) http: //www.sentv.co.kr/,: https: //tv.naver.com/sen (2020년 11월 18일 검색)

305) http: //news.chosun.com/ (2020년 11월 18일 검색)

한 한국갤럽의 조사에서는 일본제품구매에 주저한다는 응답률이 80%에 달했다.

한국에서 벌어지고 있는 일본제품불매운동에 대해서 《요미우리신문》은 상품명을 거명하며 일본제품에서 한국산으로 바꾸길 권하는 '노노 재팬' 목록이 인터넷에 등장했다고 보도했다. 한국에서는 일본의 대한수출규제조치에 대해서 '일본 제국주의의 재침략'이며, 일본 군국주의와 한민족의 명운을 건 싸움이라고 자각하는 인식이 확산되어 일본제품불매운동과 NO 아베운동이 장기화되고 있다. 아베 총리에게 불의의 공격을 당했다고 판단한 한국국민은 불매운동이 일본정치계와 아베 등에게 타격을 주기 위한 시민수준의 조치라고 생각하고 있다. 한편 시민일각에서는 감정싸움으로 번지는 것을 경계하는 목소리와 신중을 기하자는 움직임도 일었다.

일본은 한국제품이나 일본에서 활동하고 있는 한국기업, 한류제품, 재일 동포기업에 대한 불매운동을 하고 있다. 일본인들은 한국의 일본 불매운동 확산 소식에 '한국 불매운동으로 맞서자', '우리도 한국 제품을 구매하지 말자' 등의 목소리를 높이며 맞서고 있다. 다음은 일본에서 벌어지고 있는 한국과 한국제품에 대한 불매운동을 소개한 것이다.

〈표 50〉 일본의 한국제품불매운동

구분	내용
배경	일본의 한국에 대한 수출규제는 일제 징용피해자배상 판결로 인한 보복이라는 의견이 지배적이다. 그럼에도 불구하고 일부 과격한 일본인은 '차라리 더 관계가 나빠져 단교했으면 좋겠다. 재일교포들을 밖으로 내보내라, 한국 어차피 약소국이라 일본 경제에 문제 없다' 등과 같이 노골적으로 반응했다.
불수출운동	- 일본은 만든 물건을 수출하지 말자는 불수출운동을 벌였다. 일본 정부는 한국으로의 수출관리 규정을 개정해 스마트폰 및 TV의 소재로 사용되는 반도체 등의 제조 과정에 필요한 플루오린 폴리이미드, 리지스트, 에칭가스(고순도 불화수소) 3개 품목의 수출 규제를 강화한다고 발표했다. - 민영 TV《와이드뉴스쇼》에서는 한국의 반일(反日) 운동을 소개하며 불매운동의 당위성을 주장하였다. 일제라고 하면, 과자도 먹지 않겠다는 한국 초등학생의 다짐은 일본 방송에 출연한 패널들을 놀라게 했다. 촛불운동으로 벌어진 한국 내 NO아베, 보이콧 재팬의 열기가 일본에 전달되었다. - 일본내의 반 한국기업감정으로 확산되고 있다. 일본의 네트유저사이트에는 반한기업 코멘트가 증가하였고, '이런 진출 결코 허용할 수 없다(こんな進出, 決して許してはいけない), 위안부 합의를 파기하고, 징용공재판으로 일본기업의 자산을 압수하면서 왜 일본에 진출하는가'라고 비판하였다.

한국 불매운동에 대한 대응	- 사쿠라다 겐고 경제동우회 대표는 기자회견에서 일본의 수출규제 조치 후 한국에서 일고 있는 일본상품불매운동에 대한 질문을 받고 '플러스로 작용할 일은 물론 없다. 양국 소비자 모두 최종적으로는 품질이 좋고 가격이 합리적인 것을 선택하리라고 믿으며, 정치적 이유로 인한 에너지로 (생긴 불매 운동이) 오래가지 못할 것이라고 생각한다'고 말했다. 그리고 한국인들의 일본 여행 영향에 대해서는 '일본의 소프트파워인 애니메이션, 패션, 음식 같은 것들이 있다. 한국 요리를 좋아하는 일본인들이 많은 것처럼 좋은 것은 좋은 것이다. 정치적인 다툼이 있어도 불행한 상태가 오래 지속될 것이라고는 생각하지 않는다' 말했다.[306] - 그는 불매운동과 수출금지의 영향에 대해서 '일본경제계에서는 우려하고 있지만 당장 실질적 피해는 없다'고 말했다. 일본 정부가 취한 반도체·디스플레이 3개 품목의 수출규제 강화에 따른 영향에 대해 '일본의 수출 비중보다 한국의 수입 비중이 압도적으로 낮아 일본 쪽은 거의 피해를 보지 않았으며, 앞으로도 부메랑 효과를 포함한 알 수 없는 부분이 있지만 일희일비할 필요가 없으며, 앞으로 한국이 미국이나 다른 선진국에 로비 활동 등을 할 것이라고 생각한다. 외압으로 우리의 스탠스를 바꿀 필요는 없다'고 말했다. - '한국불매운동 오래 못간다'라고 발언이 알져지자, '한국 소비자를 우습게 보는 것'이라는 여론이 격화됐고, 일부 한국소비자는 유니클로 매장 앞에서 '보이콧 재팬' 푯말을 든 1인 시위를 벌이기도 했다. 유니클로 대신 한국 패스트패션 브랜드 제품을 이용하자는 제안도 줄을 이었다. 유니클로 불매운동이 확산되자 모기업인 패스트리테일링 그룹간부는 2019년 7월 16일 '심려를 끼쳐 드려 대단히 죄송하다'고 사과했다.[307] - 불매운동이 격화되면서 한국인 기피현상이 벌어졌다. 도쿄에 있는 한국회사에 근무 중인 한국인은 일본인 지인들이 나를 피해 다닌다고 실토했다. 일본인 직원은 한국인과 함께 식사하는 게 부담스럽다고 약속을 취소했다는 것이다. 그리고 일본대학의 한국인 교수는 지금처럼 일본 사람들이 한국에 화가 난 적은 없는 것 같았고, 일상생활에서 접하는 일본인들의 반한 감정이 고조에 달했다고 전했다. 세미나 참석차 도쿄를 방문한 전직 외교부 고위관계자는 '이제 어떤 수단을 동원하더라도 양국 관계가 예전으로 돌아가기는 어려울 것 같으며, 몇 십 년 전부터 알고 지낸 외교 분야 전문가들의 태도, 세미나에 참석한 사람들의 말투를 보면, 일본의 공기가 변했다고 하였다. 일본에서의 불매운동은 한국인에 대한 직간접적인 인종차별로까지 확산되는 양상을 보였다.

일본의 불매운동 포스터의 내용을 소개하면 다음과 같다. 여기에서는 불매운동목적, 불매기업, 한국과 거래하고 있는 일본의 매국기업 등을 구체적으로 적시하고 있다.

306) http: //www.hani.co.kr/arti/international/japan/ (2020년 11월 18일 검색)

307) 유니클로 코리아는 2004년 패스트리테일링 그룹이 지분의 51%, 롯데쇼핑이 49%를 출자해 만들어졌다. 2015년 매출 1조 원을 넘기면서 고속 성장했다. 전국 180개 매장을 보유하고 있으며 지난해 1조 3,700억 원의 매출을 올렸다. 일본 페스트리테일링 그룹은 유니클로 외에 지유(GU), 띠어리, 꼼뚜아 데 꼬뚜니, 헬무트랑 등 패션 브랜드 9개를 보유한 대형 패션회사이다. 지난해 매출은 2조 1,301억 엔에 달한다.

〈표 51〉 일본 불매운동 포스터

구분	내용
슬로건	다케시마 불법점거, 천황폐하모욕에 항의! 한국제품불매운동
불매운동 방향	한국에 대해서 노여움을 느끼는 사람은 항의활동으로서 한국기업, 재일 한국계기업, 조선기업의 상품, 서비스를 사지 않고, 이용하지 않는다는 불매운동을 합시다. 한국에서는 일본제품불매, 일본문화수입금지는 당연한 행위입니다. 불매운동은 모리야마(森山真弓) 전 법무대신도 효과적인 방법이라고 옹호하였다.
불매기업	롯데 및 그 계열사인 롯데리아 고지코나, 버거킹, 파칭코(경영자의 80%가 대일한국 조선인), 풍속점(70%가 재일한국계기업, 노래광장, 만화광장), 안락정(安樂亭), 모란봉, 야키니쿠야, 하국히라메, 사라금(サラ金), 다케후지아이플(武富士アイフル), 상공펀드(商工ファンド), 니치에이(日栄), 삼성, LG전자, DAEWOO, 신라면, JINRO, 김무치(キムチ), 소프트뱅크, 야후재팬, 올림피크, 돈키호테
매국기업	한국에 진출한 매국기업 가오(花王), 로도제약(ローと製薬), 이온(イオン)
불매광고 운동	일본의 대부분 메스미디어는 이미 한국, 조선 세력의 강한 영향 하에 있어, 한류붐을 반성하지도 책임도 지지 않는다. 현명한 소비자가 조금 행동을 바꿔도 모두가 실행하면 큰 힘이 된다. 한국의 반일에 대해서 자세히 알고 싶은 사람은 '한국은 왜 반일인가(韓国はなぜ反日か)'라는 사이트를 열람하기 바랍니다.

2019년 7월 18일 국내 주요 온라인 커뮤니티에는 '한국제품 불매운동'이라는 제목의 일본어로 된 포스터가 게시됐다. 해당 포스터는 김치를 비롯해 농심 신라면과 하이트진로의 막걸리, 양반김, 과자 같은 식료품과 삼성, LG, 대우 등의 가전제품, 화장품을 불매 대상으로 꼽았다. 재일교포인 손정의 회장이 운영하는 일본 정보통신(IT) 기업 소프트뱅크나 재일교포들이 많이 운영한다는 소문이 있는 파칭코도 이름을 올렸다. 김치에서 기생충이 나왔다는 등의 설명도 덧붙이고 있다. 일본 내 한국 관련 불매운동은 극우세력이 선동하는 수준에서 진행되고 있다.

불매운동이 일어나면서 한국이나 일본경제계에서는 한일 간의 문제를 해결하기를 강력하게 요구하였다. 직간접적으로 불매운동에 휩싸인 대기업이나 중소기업도 자사 제품에 대한 부정적인 영향이 있는 것으로 분석되었기 때문이다. 양국의 재계인이 모이는 한일경제인회의(日韓経済人会議)는 2019년 9월에 모임을 개최하였다. 일본의 경단련과 한국의 재계단체는 정기협의를 열어 경제교류 방안을 지속적으로 협의하였다. 현재 한일의 경제문제는 순수한 경제문제가 아니라 정치, 역사, 보안 등 다양한 영역과 엮어 있어 해결하기 어려운 실정이다.

일본에서의 불매운동은 반한류운동이나 혐한운동과도 연결되었다. 2010년대 한류가 인기를 끌면서 넷 우익 같은 혐한 성향의 네티즌들은 일본 내에서 지속적으로 확산되고 있는 한류 열풍에 불만을 가졌다. 그래서 일본 웹에서 한류 아이돌의 국책 음모론, 덴츠를 중심으로 한 재일자본의 언론을 매수하여 날조한 인기라는 식의 음모론을 퍼뜨리기 시작했다. 2011년엔 후지TV가 한국 드라마를 많이 틀었다는 이유로 방송사 앞에서 우익들의 대규모 시위가 일어나면서, 이후 한국 드라마 방영도 주춤하기 시작했다. 2012년 이명박 대통령 독도 방문과 일왕 사과 요구 사태로 인하여 일본인을 자극하면서 반한류는 〈재특회〉를 중심으로 혐한 시위로까지 이어지며 절정으로 달렸다. 동일본대지진 후 유언비어를 날조하고 한국인을 적대시했다는 점에서 관동 대지진과 비슷한 양상을 보인다는 의견도 있었다.

일본내에서의 한류문화확산에 대한 불만이 발생하고, 한국에서의 일본제품불매운동에 대한 대응이 격화되면서 혐한운동이 확산되는 계기가 되었다. 일본내 극우로서 혐한운동을 하는 주체는 방송, 방송인, 극우인사, 극우넷, 일본기업과 경영자, 문화가, 정치가 등 매우 다양하다. 다음은 일본에서 벌어지고 있는 혐한운동의 내용과 현황을 소개한 것이다.

〈표 52〉 일본의 혐한운동

구분	내용
일본방송의 혐한운동	- 일본 화장품 기업 DHC 자회사 인터넷방송 《DHC 텔레비전》에서 한국의 불매 운동을 비하하거나 한글을 왜곡하는 등 혐한 방송을 해 논란을 일으켰다. 《JTBC》 보도에 따르면, DHC의 자회사 인터넷방송 DHC 텔레비의 시사프로그램 진상 도라노몬 뉴스에서 '한국은 원래 금방 뜨거워지고 금방 식는 나라라며 일본은 그냥 조용히 두고 봐야 한다'고 했다. 또 다른 패널은 '조센징들이 한문을 썼는데 한문을 문자화시키지 못해 일본에서 만든 교과서로 한글을 배포했다. 일본인이 한글을 통일시켜 지금의 한글이 됐다'고 왜곡했다. 이외 위안부 평화의 소녀상에 대해서도 예술성이 없다며 막말을 한 것으로 전해졌다. - DHC의 한국지사 DHC코리아는 사과문을 내고 'DHC텔레비전 출연진의 모든 발언에 대해서 동의하지 않지만, 관련 문제로 물의를 일으킨 점은 깊이 사죄한다. DHC텔레비전과 반대 입장으로 이 문제에 대처하겠다. DHC코리아는 대표를 포함해 임직원 모두가 한국인이며 해당 방송 내용은 본사의 자회사가 운영하는 채널로, 저희는 참여하지 않고 공유도 하지 않는다'고 설명했다.
주간포스트의 혐한 내용	- 『주간포스트』(週刊ポスト)는 매주 한국비판의 특집을 6호 연속으로 게재하였다. 2019년 8월 2일 호에서 '일한단교로 한국경제는 대붕괴'(日韓断交で韓国経済は大崩壊！), 2019년 8월 9일호에서 '반향오오(떠들썩함) 제2탄, 성가시고 유치한 이웃국과 사귀는

	데 알아야 할 것'(反響囂々、第2弾 この厄介で幼稚な隣国と付き合うために知っておくべき)이라는 글과 함께 '한국이 반복하는 거짓말, 과장, 망상을 완전히 논파하는 일본인의 정론'(韓国が繰り出す『嘘』『誇張』『妄想』を完全論破する『日本人の正論』50)」이라는 제목으로 한국의 주장과 일본인이 주장해야 할 정론을 대비시켜 열거하고 있다.[308] - 2019년 8월 16일호에서 '대반향제3탄, 왜 일본인은 그렇게 약한가'(大反響第3弾『なぜ日本人はあんなに甘いのか』)라는 제목으로 한일관계나 한국에 대해서 어떻게 생각하는지 보고하였다. 8월 30일호에서는 '8월 15일 서울발 양식파 한국군 결사의 각오로 한국을 질책한다'(8月15日ソウル發『良識派韓国軍』決死の覚悟で『韓国を叱る』)라는 제목으로 한국을 비판하는 특집을 게재하였다. 2019년 9월 3일호에서는 '혐한이 아니라 단한이다. 악운인 이웃에 결별. 한국 따위 필요 없어'(『嫌韓』ではなく『斷韓』だ/厄介な隣人にサヨウナラ/韓国なんて要らない)라고 하는 표지를 대서특필하였다. 9월 6일호에서는 '야쿠자와『한국』한일의 정재계를 돈과 폭력으로 연결한 암사회의 주인들'(ヤクザと『韓国』日韓の政財界をカネと暴力で繋いだ闇社会の住人たち), 9월 13일호에서는 '한국 따위 필요없어'(韓国なんて要らない)라는 특집을 게재하였다. 이 기사가 계기가 되어 와이드쇼(ワイドショー)를 필두로 한국에 관한 기사나 보도가 넘쳤다. - 그러나 '10인 중 1인은 치료가 필요- 화를 억제할 수 없는『한국인이라는 병리』(10人に1人は治療が必要-怒りを抑制できない『韓国人という病理』)라는 언급은 차별적이라는 비판이 이어졌다. 한국에 대한 악감정적 기사를 게재한『주간포스트』편집부는 2019년 9월 5일 '한국 따위 필요없어'(韓国なんて要らない)라는 특집을 둘러싸고 '배려가 결여되었다'라는 사죄를 발표하였다.
우익의 반한활동	2019년 4월 3일 NHK 〈아사이치〉(あさイチ)에서는 '어른들은 알지 못한다. 최신 중고생 트렌드'라는 한국문화에 대해 방송을 하였다. 이후 K-POP이나 한국화장품까지 타부시하는 혐한 징후가 발생하였다. 10대를 위한 패션잡지『니코라』(ニコラ)는 모델을 안내인으로 한국문화의 거리 도쿄 신오구보를 산책하고, 인터뷰를 넣고, 중고생이 K-POP, 한국화장품, 한국맛, 한글 등 한국문화를 향유하는 모습을 보도하였다. 그러나 방송 후 네트우요(ネトウヨ)로부터 항의가 쇄도하였다. 그들은 'NHK는 한국방송이냐, 거짓말만 보내는 국영방송 어느 국가방송인가, 아사이치의 방송내용은 거짓말, 날조다, 중학생 부모이지만 한 번도 한국을 좋아한다는 말을 들은 적이 없다. 어른 중에도 극히 소수이다. 일반적으로 일한관계가 냉랭한 상황에서 한국 붐은 있을 수 없다. 억지로 유행을 만든 허위뉴스로 NHK의 역할을 끝났다. 누구도 좋아하지 않는 데 중고생이 한국을 좋아한다고 당당하게 방송하는 것이 정당하느냐'라고 비판하였다.

한일 간의 문화교류와 공유현상은 대중문화개방이후 많은 우역곡절을 겪으면서도 지속되었다. 그러나 일본에서는 2018년부터 시작된 강제징용배상판결, 수출규제조치, 레이다조사문제, WTO제소, 불매운동 등이 계기가 되어 혐한이나 한국 헤이트가 늘어나고 있다. 일본에서는 조금이라도 한국에 긍정적인 의견을 말하면 곧 반일이나 매국노라고 공격을 받는 현상도 벌어졌고, 일본 메스미디어는 한국문화나 관

308) 小学館編集部, 2019,『週刊ポスト』, 小学館.

광을 소개하는 것에 대해서 부정적으로 민감하게 반응하고 있다. 한국에서는 일본에 대해서 긍정적인 의견을 말하면 친일파 등으로 낙인을 찍고, 일본제품을 구매하거나 사용하면 경계를 당하는 이상현상이 벌어지고 있다. 일본젊은이가 대로에서 일본인이라는 이유로 구타를 당해 인종차별문제로 번졌다. 한국미디어나 우익들도 일본을 비판하는 목소리를 내고 있어 한일관계에 부정적인 영향을 주고 있다. 한일간에는 하나의 문제가 다양한 문제로 연결되어 한일문제 클러스트를 형성하여 해결하지 못하게 하고 있다. 한일관계를 풀기 위해서 문화는 문화로, 정치는 정치로, 경제는 경제로, 국민은 국민으로, 개인은 개인으로, 정상은 정상으로 소통할 필요가 있다.

4. 문화제전 도쿄올림픽 공방

일본 정부는 2020년 도쿄올림픽을 일본재생과 새로운 성장의 전환기로 만들기 위해 총력을 기울였다. 유치를 결정하는 장에서 아베의 출연은 많은 사람들을 놀라게 했다. 아베 총리가 도쿄에서 리오까지 드릴로 땅을 파고 나타났다는 설정으로, 슈퍼마리오를 상징하는 빨간 모자를 쓴 채 일본 국기를 상징하는 빨간 구형의 공을 들고 등장했기 때문이다. 일본에 유행하고 있는 대중문화 아이콘들을 활용한 홍보 전략은 파격적이며 강한의지를 표현하는데 성공했다는 평가가 나왔다. 일본은 협동정신을 강조하는 차원에서 전통적인 화(和)정신을 강조했던 것과는 다르게, 올림픽이라는 국가적 행사를 축하하는 의미에서 문화콘텐츠를 전면에 내세워 친근하고 유쾌한 이미지를 만드는 데 성공했다고 볼 수 있다.

아베 신조(安倍晋三) 총리는 올림픽 유치를 장기 침체를 탈출하는 기폭제로서 인식하고, 일본부흥올림픽으로 규정하여 유치와 개최에 만반의 준비를 해왔다. 2020년 도쿄올림픽은 2011년 동일본 대지진의 후유 중에서 벗어나고 재생과 부흥을 하기 위해 국력을 모아 준비를 했다. 1964년 도쿄올림픽을 일본의 성장을 과시하고 재도약의 신호탄으로 활용한 것처럼 2020년 도쿄올림픽을 재생과 부흥의 계기로 삼고 있다.

재생과 부흥을 내건 도쿄올림픽을 준비하고 선전하고 있는 일본 정부와 언론은 일본의 재생과 부흥의 초점이 되고 있는 후쿠시마의 재생과 부흥에 힘을 기울였다. 일본 정부와 일본올림픽위원회는 후쿠시마산 농수산물의 소비를 촉진하기 위한 캠페인을 하고 도쿄 올림픽 선수촌에 후쿠시마산 농수산물을 공급할 예정이라는 사실을 크게 보도하였다. 그리고 도쿄 올림픽을 홍보의 장으로 활용하기 위해 후쿠시마경기장과 성화봉송을 동시에 추진하는 계획을 발표하였다. 아베 정부와 일본올림픽위원회는 도쿄올림픽을 계기로 일본이 후쿠시마 원전 사고로부터 다시 일어섰다는 점과 재도약한다는 점을 대내외에 과시하려는 의도를 가지고 있다.

그러나 일본 정부가 후쿠시마를 이용해서 일본이 방사능위협으로부터 벗어나 안전한 국가가 되었다는 의도적인 국가 홍보에 거부감이 일고 있다. 그리고 원자력발전소가 폭발하면서 방사능이 오염되었던 후쿠시마를 올림픽에 이용하고 있다는 점, 방사능 유출로 인한 선수들의 안전위협, 후쿠시마산의 농산물과 해산물제공, 후쿠시마경기장활용 등에 대해서 국내외적으로 비판이 일고 있다. 후쿠시마 방사능유출에 대한 위험성을 알리는 움직임이 국내외적으로 일어나고 있는 가운데 일본 정부는 후쿠시마가 방사능으로부터 안전하다는 점을 강조하여 논쟁이 되고 있다. 후쿠시마의 안전성논쟁은 도쿄올림픽의 안정성논란으로 확산되었다.

최근 후쿠시마 방사능에 민감하게 반응하고 있는 한국의 반응에 대응하기 위해 일본 정부는 방사능으로부터 안전하다는 홍보를 게재하였다. 다음은 일본의 방사능홍보내용을 소개한 것이다.

〈표 53〉 일본 정부의 방사능검증현황[309)]

<table>
<tr><th>구분</th><th colspan="4">내용</th></tr>
<tr><td>목적</td><td colspan="4">도쿄도, 후쿠시마시, 이와키시 등의 공간선량률을 보면 서울과 비교해 동등하다는 사실을 홍보하고 있다. 일본 정부는 앞으로도 과학적 근거에 기초한 정확한 정보를 제공하고 투명성을 가지고 공개하여 일본이 방사선의 위험으로부터 벗어났다는 점을 홍보하고 있다.</td></tr>
<tr><td rowspan="3">방사능한일비교</td><td colspan="4">일본과 한국의 각 지역 9월 26일 12시 00분 시점 (단위: μSv/h)</td></tr>
<tr><td>후쿠시마시</td><td>이와키시</td><td>도쿄</td><td>서울</td></tr>
<tr><td>0.133</td><td>0.060</td><td>0.037</td><td>0.120</td></tr>
<tr><td>설명</td><td colspan="4">일반적으로 측정되는 공간선량률은 대지 등의 자연 방사선에 의한 것이고, 방사선은 건물의 벽, 바닥, 천장 등에 존재하는 천연 방사성 물질로부터도 나온다. 건물이나 터널 내</td></tr>
</table>

309) 방사능 자료는 후쿠시마시보건복지사무소, 이와키합동청사, 후쿠시마현 환경방사능 감시 텔레시스템, 도쿄도 건강안전연구센터 등이 제공하였다. http: //www.atom- moc.pref.fukushima.jp. 한국자료는 한국원자력안전기술원에서 제공하였다. https: //radioactivity.nsr.go.jp/map (2020년 11월 18일 검색)

	부 등에서는 외부보다 방사선 양이 많아지며, 외부에서도 콘크리트 건물이 많은 도시에서 공간선량률의 수치가 비교적 높아진다. 또한 비가 오면 공기 중에 떠돌고 있는 먼지가 비에 섞여 지상에 떨어지며, 먼지 속에 들어있는 비교적 수명이 짧은 천연 방사성물질들이 지상에 모이게 된다. 일본 정부는 세계와 한국이 방사능위협에 대한 의심을 하고 있는 도쿄도, 후쿠시마시, 이와키시의 방사선 공간선량률이 서울과 크게 다르지 않아 안전하다는 점을 강조하고 있고, 위협에 대한 대응자료로 활용하고 있다.

일본 정부의 적극적인 대응과 안전책임을 명확하게 하고 있음에도 불구하고 도쿄하계올림픽이 방사능 올림픽이 될 것이라는 공방이 일고 있다. 올림픽 참가국들은 후쿠시마 원전사고로 인한 위험이 가시지 않았다며 자국 선수단의 도쿄 올림픽 출전을 우려하고 있다. 올림픽을 주관하는 국제올림픽위원회(IOC)와 일본올림픽위원회는 문제가 없다는 일본의 입장을 대변하고 있듯이 공식적인 의제로 하고 있지 않다. 미국 시사주간지『더 네이션』은 '후쿠시마는 올림픽을 치르기에 안전한가?'라는 기사를 통해 이 지역을 탐사한 결과를 공개하기도 했다.

다음은 일본에서 열리는 도쿄올림픽을 앞두고 후쿠시마에서 방출된 방사능으로 오염되고 있는 오염수의 안전성에 대한 논의를 소개한 것이다.

〈표 54〉 방사능 오염수안전성

구분	내용
오염수현황	동일본대지진 당시 폭발된 후쿠시마(福島) 원자력발전소는 1만 8,000t에 달하는 고농도 핵물질 오염수가 통제되지 않은 것으로 알려졌다. 《세계일보》는 '일본. 도쿄올림픽 앞두고 방사능 오염수 1만 8,000톤 통제 안돼'라는 가사를 《아사히신문》의 보도를 참고해서 보도하였다.[310] 일부 환경단체는 후쿠시마 방사능 오염수는 이미 100만 톤을 넘겼고, 매주 2,000내지 4,000톤 정도가 새로 발생하고 있다고 주장했다. 아베 총리는 도쿄올림픽을 후쿠시마 복구와 부흥의 홍보장으로만 생각하고 있고 오염수에 대한 구체적인 대책을 외면하고 있다고 지적했다.
오염수방출계획	- 오염수와 관련해서 숀 버니 그린피스 수석 원자력 전문가는 '일본 정부가 정화하지 못한 방사성 오염수 100톤 이상을 태평양에 방류할 예정'이라고 주장해 파문이 일어났다. 숀 전문가는 일본 정부가 비용 절감 등을 위해 이 같은 조치를 취하려 한다고 지적했다. - 2019년 12월 23일 일본 경제산업성 오염수처리대책위원회는 전문가 소위원회를 열어 후쿠시마 오염수 처분 방안으로 물로 희석하는 해양 방출, 증발시켜 대기로 내보내는 수증기 방출, 해양 방출과 수증기 방출 병행 등 세 가지 방안을 제시했다. 그러나 지하 2500m 이하 지층에 오염수를 주입하는 지층 주입 방법, 전기분해 후 수소로 환원해 배출하는 수소 방출, 시멘트로 고형화해 땅에 묻는 매설 등의 대안은 발표에서 거론되지 않았다.

	- 일본 정부는 오염수를 해양 방류하는 쪽으로 가닥을 잡은 것 아니냐는 관측이 제기됐다. 2019년 12월 24일 시민방사능감시센터와 환경운동연합은 '방사능 오염수를 희석하여 방출한다고 해도 버려지는 방사성 물질의 총량은 변함이 없으며, 후쿠시마 방사능 오염수의 삼중수소의 누적 총량은 내년 1월 기준 860조 베크렐(Bq)로 최악의 누적량으로 예측되는 만큼 결코 안전을 말할 수 없다'고 지적했다. 그리고 일본 내에서 방사능 오염수를 저장할 탱크를 증설하거나, 시멘트와 모래를 섞어 고형화하는 방법 등 여러 대안을 제시하였다. - 2019년 9월 16일 국제원자력기관(国際原子力機関, IAEA) 총회에서 한국 대표는 '후쿠시마제1원자력발전소에서 나온 오염수를 처리한 물로 세계에 공포와 불안이 증대하고 있으며, 해양에 방출한다면, 이미 일본의 국내문제가 아니라 세계전체의 해양환경에 영향을 주는 심각한 국제문제'라고 하였다. - 2020년 일본 정부는 방사능 오염수가 쌓이고 있는 문제를 해결하기 위해 태평양에 오염수를 방출한다는 계획을 발표하였다. 오염수 방출에 대해서 국내외적으로 논의와 반향을 일으키고 있는 상황이다. 방사능 해양방출에 대해서 동경공업대학 사와다 교수(東工大の沢田哲生助教)는 국제기준에서 방사성물질인 토리우침이 1리터당 6만베크렐 이하이면 환경 중에 방출할 수 있다고 되어있으며, 후쿠시마제1원전은 국제기준의 40분의 1이라고 주장했다.
후쿠시마 오염수방출비판	- 메스미디어는 일본 정부가 손쉬운 해결책인 해양 방류 계획을 세우기보다 후쿠시마 어민들과 한국 등 주변국들의 피해를 최소화할 방법을 찾아야 한다고 강조했다. 그리고 방사능 오염수 방류는 인류에게 씻을 수 없는 죄를 짓는 것이며, 일본 정부가 방사능 오염수 해양 방출을 포기해야 한다고 주장했다. - 일본 정부가 경제성을 고려해 오염수를 해양 방출하거나 대기에 방출할 가능성이 커지자, 후쿠시마 어민과 일본 내 시민단체도 우려를 표하였고, 일본 정부 발표 후 오염수의 해양 방출을 재고하라는 호소문을 발표했다. 한국에서는 2019년 8월 13일 후쿠시마 원전 사고 여파가 지속되는 가운데 핵발전소 재가동을 추진하고 도쿄 올림픽을 강행하는 아베 정권을 규탄하는 시민·사회단체의 공동 기자회견이 열렸다. 30개 시민·사회단체와 진보정당으로 구성된 탈핵시민행동은 서울 옛 일본대사관 앞에서 기자회견을 열어 원전 피해 우려에도 불구하고 올림픽을 강행 준비하는 아베 정권을 비판하고, 항의 서한을 대사관 측에 전했다.

원자력발전소를 통제하고 있는 도쿄전력은 후쿠시마 제1원전 방사성물질 오염수 대책을 내놓지 못하고 있는 상황이어서 일본 정부의 판단과 정책에 의존하고 있다. 아베 신조(安倍晋三) 총리는 2013년 9월 도쿄올림픽 유치연설에서 '상황은 컨트롤되고 있다'고 말했지만 현재도 오염수를 제어하는데 어려움을 겪고 있는 상황이다.[311] 일본 내부에서도 아베총리의 발언이나 그 같은 견해를 가진 상황에 대해서 불신이 쌓이고

310) http: //www.segye.com/newsView/ (2020년 11월 18일 검색)

311) http: //www.gobalnews.com/news (2020년 11월 18일 검색)

있다. 오염수처리에 대해서 하라다 요시아키(原田義昭) 전 환경상은 '처리는 희석해서 바다에 방출할 수밖에 없다'라고 하였지만, 고이즈미 환경상은 '어업자에게 불안을 준 것'이라고 하여 안전성에 오해를 부르는 발언을 하였고, '논의를 거처 해결되야 한다'는 생각을 표명하였다.[312)]

방사능물질오염수 처리와 관련된 논쟁이 일어나고 동시에 도쿄올림픽 선수단의 식자재로서 후쿠시마산 농산물을 제공한다는 발표를 하면서 식자재안전성에 대한 논란이 일어났다. 다음은 식자재안정성을 둘러싼 논쟁을 소개한 것이다.

〈표 55〉 후쿠시마 식자재안정성

구분	내용
제공계획	도쿄올림픽 조직위원회는 2020년 도쿄올림픽 때 선수단 식자재로 후쿠시마산 농산물을 쓰겠다고 밝혔다.
후쿠시마 산식자재 현황	일본 정부는 후쿠시마 농수산물의 안정성을 확보하겠다고 하지만 문제는 후쿠시마 산 농수산물에서 방사성물질이 검출되고 있다는 점이다. 시민방사능감시센터와 환경운동연합은 2018년 일본 후생노동성 자료를 분석한 결과, 일본산 농산물 18.1%, 수산물은 7%, 야생육 44.6%에서 방사성물질 세슘이 검출됐다고 주장했다. 특히 멧돼지는 세슘 기준치의 52배인 1kg당 5,200베크렐이 검출되었고, 두릅은 1kg당 780베크렐, 고사리는 430Bq/kg, 죽순류는 430Bq/kg까지 검출되어 안정성에 의문을 제기했다. 일본 정부는 2015년 8월 이후 방사능 안전기준을 초과한 쌀이 없다고 하였지만 후쿠시마 산 쌀 검사는 대부분 정확도가 떨어지는 간이검사를 하고 있어 미량의 방사성물질 검출은 어렵다는 의견도 있다.
대책요구	환경운동연합 관계자는 '한국올림픽위원회는 국제올림픽위원회와 도쿄올림픽 조직위원회에 선수들의 안전문제를 위해 강력히 항의하고 후쿠시마 산 식자재 공급 중단을 요청해야 하며, 한국 정부가 도쿄 올림픽에 대한 종합적인 방사능 안전 점검 및 대책을 마련해야 한다'고 주장했다. 푸른세상그린월드는 세계무역기구(WTO)가 한국의 일본 후쿠시마 수산물 수입금지 조치가 타당하다고 최종 판정한 점도 상기시켰다. WTO의 결정은 후쿠시마 원전으로 인한 방사능 오염을 국제사회가 인정한 것이며, 선수단과 취재진, 올림픽 여행객 안전을 위해 도쿄올림픽 개최를 강행할지 검토가 필요하다고 주장했다. 또한 올림픽이 후쿠시마 원전 사고 위험과 방사능오염 문제를 은폐하고 축소하기 위한 홍보의 장이 되어서는 안 되며, 일본 정부는 원전 사고 위험을 감출 것이 아니라 투명하게 정보를 알리는 게 우선이라고 말했다.[313)]

도쿄올림픽의 문제는 방사능물질오염수과 식자재오염, 그리고 경기장사용문제 등

312) 《週刊新潮》 2019年 10月 3日号 (2020년 11월 18일 검색)

313) http: //www.newsee21.com (2020년 11월 18일 검색)

과 연결되고 있다. 일본올림픽위원회는 후쿠시마에서 야구와 소프트볼 경기를 하고 미야기와 이바라키에서는 축구를 할 예정이다. 그러나 후쿠시마로부터 멀리 떨어진 도쿄의 한 공원에서는 기준치 이상의 방사성물질이 검출됐고, 후쿠시마 올림픽 야구 경기장이 건설되고 있는 500m 떨어진 곳에서는 방사능오염토가 쌓여 있는 등 도쿄 올림픽 안전성에 대한 우려가 높아지고 있다. 다음은 후쿠시마경기장의 안정성을 둘러싼 논의를 소개한 것이다.

〈표 56〉 후쿠시마 경기장의 안전성

구분	내용
도쿄안정성	도쿄올림픽이 방사능으로부터 안전한가라는 문제가 제기되었다. 한국의 환경단체 푸른세상그린월드는 '후쿠시마 원전 사고로 인한 방사능 오염과 올림픽 안전성에 대한 의문'이란 제목의 문서를 문화체육관광부와 대한체육회에 보냈다고 밝혔다. 이 단체는 대한체육회를 경유해 국제올림픽위원회(IOC)에 보내는 문건에서 후쿠시마 원전사고로 인한 방사선 누출에 대해 전 세계가 염려하고 있고, 2020년 도쿄올림픽이 방사능으로부터 안전한지, 그리고 신뢰할만한 방식으로 안정성이 검증된 것인지 답해달라고 요구했다.
후쿠시마 경기장	도쿄 올림픽조직위원회는 야구 개막전과 소프트볼 예선 라운드 6경기를 후쿠시마 제1원전에서 약 70㎞ 떨어진 곳에서 개최할 예정이며 성화봉송도 사고지역 20㎞ 지점에서 출발할 계획이다. 후쿠시마 야구장 인근 방사능 흙 야적장은 안전한지 의무를 제기했다.[314] 2020 도쿄올림픽 조직위원회 공식 홈페이지의 후쿠시마 아즈마 구장 소개에는 액세스 정보와 교통편, 위치 등 일반정보만 적혀 있을 뿐 제염작업 사실이나 인근 제염토 야적장의 현재 방사선량 등 방사능 안전정보는 나와 있지 않다. 매년 후쿠시마 현지의 방사능 오염실태 실사를 진행 중인 그린피스 측은 '후쿠시마의 방사능 수치는 전반적으로 국제기준에 비해 높으며, 일부 핫스폿에서는 국제안전기준의 100배를 넘는 수치가 나오기도 했다'고 주장한다.[315]

국제적인 환경단체인 그린피스는 후쿠시마 원전사고 8주기에 즈음하여 발표한 '후쿠시마 원전재앙의 최전선' 보고서에서 방사능의 실체를 분석했다. 시민방사능감시센터는 국제올림픽위원회(IOC)가 후쿠시마 경기장 사용을 승인했다고 하지만 방사능 안전문제에 대해 어떤 대비를 하고 있는지 확인할 필요가 있다'고 말했다.[316] 아베 정부의 안정성을 강조하는 움직임에 대해서 영국 《BBC》는 '일본 정부가 방사능에 대

314) http: //news.khan.co.kr/kh_news (2020년 11월 18일 검색)
315) http: //news.khan.co.kr/kh_news (2020년 11월 18일 검색)
316) http: //news.khan.co.kr/kh_news (2020년 11월 18일 검색)

한 안전을 과시하려는 시도'라고 비판했다. 일본 정부는 부흥올림픽을 모토로 후쿠시마가 원전사고로 인한 피해를 극복했다는 점을 전 세계에 부각시키려고 다양한 활동과 대책을 하고 있지만 이 지역의 불안은 여전히 해소되지 않고 논란이 되고 있다.

불안요인이 해소되지 않으면서 국내외적으로 발생하고 있는 도쿄올림픽의 안정성에 대한 논란이나 일본 정부의 대응책에 대한 불신은 도쿄올림픽반대운동을 촉발시키는 원인이 되고 있다. 핵전쟁방지국제의사회(IPPNW) 독일 지부는 'Tokyo 2020-The radioactive Olympics'라는 글을 게재하여 관심을 끌었다. 다음은 도쿄 올림픽의 안전성에 의문을 갖고 반대하는 움직임을 소개한 것이다.

〈표 57〉 도쿄올림픽 안전성 제기현황

구분	내용
한국	- 한국에서는 도쿄올림픽을 방사능올림픽으로 규정하는 의견도 있다. 청와대 국민청원 게시판에는 '도쿄 올림픽을 보이콧해야 한다'는 내용의 청원이 올랐었다. 그 배경에는 일본이 수출규제에 이어 한국을 화이트리스트에서 제외하면서 생긴 반일 감정을 계기로 청원에 2만 명 이상이 동의하였다. 청원인들은 도쿄 지역의 방사능 수치가 여전히 높으며, 일본은 후쿠시마산 농수산물을 선수촌에 공급하겠다는 등 올림픽을 정치 수단화하고 있다며 우리 선수들을 위험으로 내몰아서는 안 된다고 주장했다. - 한국의 여론조사 기관인 리얼미터 조사에 의하면, 일본의 추가 조치가 없을 경우 올림픽을 보이콧해야 한다는 의견이 68.9%로 과반을 차지했다. 《SBS》 조사에 의하면, 올림픽 보이콧이 61.3%로 과반을 넘었다. 안전성논쟁이 지속되는 가운데 문화체육관광부는 '올림픽 보이콧은 부적절하고 안전성을 검증하는 데 초점을 맞추겠다'고 하였다.
외국	IPPNW 독일 지부는 사이트를 개설하고 올림픽의 위험성을 지적하고, 국가올림픽위원회에 안전성 검사를 촉구하는 서한을 홈페이지에 게시하였다. 도쿄 2020 방사능올림픽 운동에 동참하는 단체들로는 베를린, 뒤셀도르프 지부, 미국의 할머니평화여단, 밝은 빛 협회, 평화재향군인회뉴욕 지부, 프랑스의 후쿠시마 이후의 삶, 반원자력조합 프라이부르크, 반원자력자주(에너지)민주노동조합 루드비히스부르크, 일독 교류 협회 도르트문트 지부, IPPNW 도르트문트지부, IPPNW스웨덴 지부, 영국의 핵 퇴출 협회 등이다.
일본	- 반원자력후쿠시마, 도로치바, 후쿠시마 공동진료, 이와테현 모리오카시 방사능측정 협회, 이와테현 봄을 부르는 모임, 반핵아시아포럼, 핵없는 세상을 위한 맨해튼프로젝트, 모든 원전의 즉각 폐쇄를 위한 국제회의(NAZEN) 등은 도쿄올림픽의 안전상에 의문을 제기하였다.

일본이 추진하고 있는 도쿄올림픽의 안정성에 대한 문제가 다양한 각도에서 제기되는 가운데 2020년 7월에 개최하기로 한 도쿄올림픽은 코로나19사태로 인하여 2021년으로 순연되었다. 도쿄올림픽에 대한 한국의 반대 분위기는 일본과의 관계가

악화된 상황에서 촉발되고 있는 측면이 있다. 한국 정부와 국민은 2019년 8월 3일 일본이 한국의 백색국가리스트에서 배제하는 결정을 하면서 대일강경자세를 취하고 있다. 한국 정부관계자에 따르면, 국민들의 안전과 관련한 관광, 식품, 폐기물 등의 안전조치를 강화해갈 계획이며, 일본산 수입품에 대한 방사능 검사 등 비관세 무역방벽을 높이겠다는 의지를 갖고 있다. 한국과 일본은 국제적인 문화행사를 하는데 경쟁하면서도 협조하면 좋은 결과를 낼 수 있다는 것을 2002년 월드컵공동개최로 경험하면서 증명하였다. 문화교류와 협력문제는 문화적으로 해결하는 것이 옳다고 한다면, 도쿄올림픽이 열리는 데 정치적인 대응이나 해석이 개입되서는 안될 것이다.

VI. 맺는 글

한국과 일본은 역사분쟁 중의 하나로 발생한 강제징용배상판결에 따른 일본기업의 한국내 자산매각이 구체화되면서 총력전을 전개하는 양상을 만들고 있다. 강제징용문제의 한일청구권협정 위반여부, 국제법의 위반여부, 수출규제조치의 WTO 기본원칙위반여부, 보복조치인가 아니면 수출관리조치인가 여부, 지소미아 파기와 연장여부, 한일위안부합의 파기, 일본제품구매반대운동, 한국제품구매반대운동, 협일혐한운동, 한일상호여행금지운동, 도쿄올림픽반대운동, 한일정상간 포괄적 대결구도, 한일관련부처간의 대결, 한국과 일본의 대결구도 등은 총력전으로 진행되고 있다. 그것은 한국과 일본이 만들어놓은 함정에 서로 빠지고 있는 양상으로, 누구도 이익을 볼 수 있는 상황이 아닌 것만은 분명해 보인다.

한국과 일본은 국격을 높이려는 유의미한 경쟁이나 논쟁을 하기보다는 서로 타격을 주거나 위기 속으로 빠지게 하여 손실을 유발하려는 악의가 담긴 경쟁과 논쟁을 하고 있다. 한일간에 벌이고 있는 경제전쟁, 정치전쟁, 외교전쟁, 문화전쟁 등은 서로 불리하다고 판단되는 약점을 골라 대응하고 있고, 서로 유리할 것이라는 점만을 부각시켜 국내외적으로 정당성을 주장하고 있다. 그 과정에서 한국과 한국국민은 일본과 일본국민에 대해서, 일본과 일본국민은 한국과 한국국민에 대해서 믿지 못하고 비난하고 비방하는 흐름을 이어가고 있다. 2019년 12월 23일 《중앙일보》 일본판에 의하면, 일본국민 70%는 '한국에 양보하면서 관계를 개선할 필요는 없다'고 답한 것으로 나타났고, '관계개선을 위해 일본의 양보가 필요하다'고 보는 답이 20%였다. 한일간에 얽혀있는 난제를 풀어가는데 일본인이 양보할 필요가 없다고 일본국민 스스로가 인정하고 있다. 양보할 수 없다는 결과가 나온 것은 일본국민과 한국국민이 그렇게 만든 것이 아니다. 한일 관련 지도자들이 만든 것이라는 인식이 지배적이다. 그런 점을 보면, 현재 한일관계를 만들어가는 지도자의 방법과 방향성은 옳지 않다는 것을 의미할 것이다

2021년 2월 6일 현시점에서 한일 간의 관계가 지속적으로 경색되는 것을 보면, 당사자인 한국과 일본이 갖고 있는 지혜와 능력으로 문제를 해결하기가 어려울 것으로 보인다. 한일관계가 악화의 길로 들어서면서 한국과 일본은 동맹관계를 맺고 있는 미국의 입장과 역할을 기대했다. 그러나 미국은 한일관계의 악화를 좋아하지는 않지만 개입할 의사가 없는 것 같다. 미국의 트럼프 대통령은 미국우선주의에 바탕을 두고 미국의 이익을 극대화하는 방향으로 국내외정책을 시도하는 과정에서 퇴임을 하였다.

동아시아에서는 일본과 한국이 만들어 내고 있는 부정적인 구도에 대해서 중국이 어부지리를 얻는 형상을 하고 있어 노골적으로 불편한 관계에 대해서 찬성하고 있지 않지만 즐기고 있는 것이 사실이다. 중국 외교부 겅솽(耿爽) 대변인은 정례브리핑에서 일본의 대한 수출규제 조치에 대해서 '중국은 세계 경제가 일방주의와 보호주의의 도전에 직면하고 있는 상황에서 한·일이 서로 존중하고 평등하게 대하며 서로에게 이익을 주어 윈윈하는 기초 위에서 대화와 협상을 통해 관련 문제를 원만하게 해결하기를 바란다'고 말했다. 그러나 강제징용배상문제로 촉발된 일본의 수출규제 조치와 한국의 대응조치로 갈등이 고조되는 과정에서 발생하는 손실은 중국의 반사이익으로 전환될 가능성이 높다. 한국과 일본이 갈등이 증폭되면, 중국기업이나 제품성장에 긍정적으로 작용할 수 있다. 홍콩의 《사우스차이나모닝포스트》(SCMP)는 이번 한 일 분쟁을 놓고 중국에 외교적으로 경제적으로 '굿 뉴스'가 될 것이라고 분석했다.

경제적으로 한국, 중국, 일본 등은 첨단분야의 국내외시장에서 치열하게 경쟁을 벌이고 있다. 한국의 성장은 중국과 일본의 저성장으로 이어질 개연성이 있고, 일본의 성장은 한국과 중국의 저성장을 유도할 가능성이 있으며, 중국의 성장은 한국과 일본의 저성장으로 이어질 수 있기 때문이다. 한국의 반도체 산업이 타격을 받으며 동시에 일본이 충격을 입으면서 발생하는 손실과 이익은 중국에게 유리하게 작용할 수

있다. 첨단산업을 둘러싼 경쟁이 치열해는 가운데 중국은 '중국제조 2025' 계획에 따라 반도체 자급률을 끌어올리고 있는 상황이어서 한일 갈등이 중국의 계획을 촉진시킬 수 있는 촉매제로 기능할 수 있다.

또한 안보 관점에서 한일관계는 한일, 한미일, 동아시아의 안보에 영향을 주고 있다. 한국과 일본이 맺은 안보협정인 지소미아는 미국이 적극적으로 중재해서 만들어낸 한미일 안보네트워크이고 정보교류협정이다. 지소미아를 통해서 한미일이 긴밀하게 협조하여 동아시아에서 안보를 견고하게 하여왔으나, 미소미아 파기는 안보환경 구도를 흔드는 기회가 될 수 있다. 중국은 동북아시아에서 가장 우려하는 안보구도는 한미일 3국이 안보 동맹을 맺어 중국을 견제하는 방식이다. 그런데 한일 갈등이 한미동맹과 미일동맹에도 악영향를 주게 되고, 한미일 3국 공조에서 엇박자가 작용할 경우 중국에게 유리할 수 있기 때문이다.

동아시아에서 중국, 한국, 일본 등은 다양한 영역에서 강력한 경쟁상대국이 되었다. 한일관계가 악화되면, 군사, 경제, 정치, 문화 등에서 다양한 환경이 조성될 수 있다. 한일관계가 악화되면서 발생하는 손해는 결국 양국가의 손실이 되고 있다. 그것은 다른 경쟁국가의 이득으로 연결되고, 경쟁력을 높이기 때문에, 한국과 일본의 성장체계와 생태계를 교란시키는 역기능으로 작용할 수 있다. 21세기 국가는 국익을 전제로 국내외정책을 추진하고 타국의 희생을 통해서 자국의 이익을 추구하는 제로섬게임을 하고 있기 때문에 한국과 일본이 소모적인 싸움을 지속한다면 양국은 국제사회의 희생양이 될 수 있다.

한국과 일본의 대결구도는 한쪽의 일방적인 승리나 희생을 안겨다 줄 수 있는 상황이 아니다. 서로의 파멸을 초래할 개연성이 높다는 점에서 위험성이 매우 크다. 한일관계에서 일본이 더 많은 혜택을 봤다는 비판도 맞고, 한국이 손해를 봤다는 견해도 옳은 판단일 수 있다. 그러나 한일관계를 불균형 상태로 방치할 수 있는 상황이 아니다. 그렇다고 과거 관계에서 발생한 손익계산을 현시점에서 완전하게 새롭게 터는 것도 불가능하다. 지금의 한일대결은 양국에게 손해만을 가져온다는 사실을 명백하게 증명해 주었다. 따라서 한국과 일본은 역사적 사실을 현실에서 해결하는데 상호 이익이 되거나 상호 최소한의 손실을 내는 방향으로 해결할 한일해결프레임을 새롭게 창출할 필요가 있다.

제6장
한국과 일본의 행방

제6장 한국과 일본의 행방

Ⅰ. 머리글

현재 한국과 일본은 역사적인 갈등 구조로부터 벗어날 수 있는 출구를 찾지 못하고 대치되는 관계를 이어가고 있다. 한국에서는 박근혜 대통령이 취임하고, 일본에서는 아베 신조 총리가 취임한 후 정상 간의 역사적 사실에 대한 입장을 두고 날카롭게 대립해왔다. 다양한 방향에서 출구를 찾지 못하면서도 그동안 협의를 지속해왔던 한일간 군사협력을 규정하는 지소미아를 체결하여 화해 무드가 일시적으로 조성되었다. 그리고 역사적으로 깊은 골을 만들어 왔던 한일위안부합의가 성립되면서 관계정상화가 촉진되었다. 아베 총리와 박근혜 대통령 간의 갈등과 대결은 지소미아와 한일위안부합의를 체결하면서 새로운 돌파구를 찾아 일단락되었다.

그러나 한일화해 무드가 조성된 후 박근혜 대통령이 탄핵되고, 2017년 5월 문재인 대통령이 취임하면서 한일관계는 새로운 국면으로 향했다. 한국대법원은 징용배상소송에서 일본기업에 배상을 하라는 판결을 내렸고, 일본은 그것에 반발하는 과정에서 수출규제라는 제재수단을 대응책으로 내놓았다. 그리고 일본의 아베 신조 총리는 '국가간의 약속을 지키라'고 강력하게 한국에 요구하며 대한강경자세를 취했다. 문재인 대통령은 일본에 대한 대응책으로 한일위안부합의와 지소미아를 염두에 두었다. 특히 문재인 대통령은 역사문제에 대해서 강경하게 대응하면서 '다시는 일본에 지지 않겠다'는 선언을 하였고, 반일(反日)외교자세를 굽히지 않았다.

아베 총리는 강한 리더십을 발휘하여 동아시아에서 일본패권을 추구하는 동시에 과거 강한 일본의 모습을 재현하려는 시도로 제왕적 권력을 가진 국가지도자의 역할을 하였다. 일본정치계에서는 야당이나 자민당 내에서 경쟁자가 없을 정도로 탄탄대로를 걷는 가운데 최장 일본총리라는 기록도 세웠다. 일본내에서 독보적인 힘을 바탕으로 전쟁이 가능한 국가체제 다지기에 국력을 사용하고, 동북아시아에서 일본의 위상을 높이기 위해 강경정책을 추진하였다. 특히 한국과의 관계에서 발생하고 있는 갈등에 대해서 유화정책보다는 대결을 마다하지 않으며, 재생과 부흥의 일본, 정권유지, 1인독재, 위기돌파 등을 달성하기 위해 강경정책을 구사하였다.

한국과 일본정상 간의 대결이 최악의 상황으로 치달으면서 다양한 의견이 나왔다. 일본의 국제정치학자 마스조에 요우이치(舛添要一)는 문재인 대통령이 반일을 정치적으로 이용하고 있다고 평가하였다. 문재인 대통령은 국내외적으로 발생하는 다양한 위기를 극복하고, 새로운 성장전략으로서 기존의 외교관계나 성장모델에서 벗어나 남북통일로 해결하려는 경향이 있다. 따라서 국내상황에 대해서도 다양한 위기돌파와 정권위기를 극복하기 위해서 북한을 염두에 둔 정책을 추진하고 있다. 더욱이 한일관계에 영향을 주는 현안에 대해서 양보하기보다는 정면에서 대응하면서, 통일한반도, 성장한국, 정권유지, 위기돌파 등을 실현하기 위해 강경외교정책을 구사하였다.

다음은 문재인 정부와 아베 정부 간 갈등의 단초가 된 강제징용배상판결의 흐름을 소개한 것이다. 한일 간의 갈등은 역사적인 문제부터 현안에 이르기까지 광범위하게 퍼져있어 해결하기 어려운 상황이다.

〈표 1〉 한일 간의 강제징용배상갈등 일지

날짜	갈등내용	날짜	갈등내용
2018.10.30	한국대법원의 일본기업에 강제징용-배상판결	11.22	한국 지소미아 조건부 유예 및 WTO 제소중지
2019.5.2	강제징용-피해자 일본기업 국내 자산매각명령신청	2020.6.1	대구지법 포항지원, 일본제철국내 소유 자산 압류명령공시송달
7.1	일본의 반도체 소재 세 가지 한국수출규제	6.2	한국 WTO 제소절차 개개
8.2	일본의 백색국가에서 한국제외	7.26	일본 정부는 일본기업의 자산재각시 보복조치강구예정, 단기비자중지, 일본대사무기한 귀국조치 등 강구
8.12	한국의 백색국가에서 일본제외	8.4	공시송달효력발생, 일본제철자산 강제매각가능
8.22	한국 지소미아종료선언		
9.11	한국 WTO에 일본 제소		

한일관계를 극도로 악화시킨 징용배상진행일지를 보면, 강제징용배상판결을 둘러싸고 한일 간의 대응방식이 정면에서 충돌하고 있다는 것을 알 수 있다. 그리고 한일 간의 강제징용배상문제는 개인 당사자와 기업당사자, 한국법원과 일본 정부, 한일

관련기관, 한국 정부와 일본 정부, 국제기구 등과도 얽혀있고, 한일 그 어느 쪽도 양보와 타협을 하지 않고 있다. 한국과 일본은 징용배상판결을 시작으로 해서 수출규제조치, 지소미아종료, WTO제소, 여행금지, 상호 불매운동, 반한반일운동, 혐일혐한운동 등 다양한 방식으로 대응하면서 부작용이 나타나고 한일 간의 위기를 촉발시키고 있다. 이런 상황은 국가 간의 국력 경쟁과 전쟁으로 치닫을 가능성이 있다는데 그 심각성이 있다.

다음은 한국 내 일본자산이 강제적으로 매각될 경우, 일본이 한국에 대해서 취할 개연성이 있는 조치를 나열한 것이다. 일본이 한국에 대해 취한 제1차대응조치로서 수출규제카드에 이어 제2차대응카드로 사용할 수 있는 조치이다.

〈표 2〉 일본의 제2차대응 예상조치

구분	내용
수출규제조치 강화	일본의존도 높은 첨단소재에 대한 수출규제조치를 강화한다. 예를 들면 실리콘웨이퍼 탄소섬유, 한국기업과 경제에 치명적인 경제제재 추가조치단행, 화이트리스토 조치강화
통상제재	통상관계에서 취할 수 있는 것으로 한국산 상품에 대한 관세 인상, 한중일FTA협상 중지, 국제경제기구를 통한 반한운동전개, 직간접적으로 일본이 한국에 투자한 일본자금을 회수하는 조치, 각종무역제재조치 등
자산압류	일본기업의 자산압류에 대한 대응조치로 일본에 있는 한국기업자산압류 등
금융제재	한국과 일본 간에 이루어지고 있는 송금제한, 일본금융권으로부터의 대출규제, 한일간 통화스와프해제 등
외교제재	한국인에 대한 무비자 입국 제한, 재일한국인에 대한 차별조치, 한국인의 일본취업금지조치, 일본대사 무기한 귀국조치, 외교단절, 한일정상회담 거부 등
사회문화제재	한국대중문화수입금지, 일본내 한국대중문화방영제재, 정부수준의 한일민간교류단절, 정부수준의 반한정책조장 등

한일관계가 파국으로 치닫고 있는 것은 한국의 문재인 대통령과 일본의 아베 총리가 내세운 한일 간의 역사적 과제를 둘러싼 대내외 명분, 각 집권 정부가 처한 국내외 위기를 극복하기 위한 처방과, 지속적인 정권유지와 창출 등을 위한 수단으로 사용하는 데서 오는 것이라고 해석할 수 있다. 문재인 대통령과 일본의 아베 총리가 대결구도를 이어가는 과정에서 양국에서는 다양한 피해와 다량의 손해가 발생하고 있다. 양국의 제품에 대한 보이콧 운동이 전개되면서 무역량이 줄고 관광객의 왕래가 줄어

드는 상황이 발생하고, 양국기업 간의 경제파트너자리를 잃어 가고 있고 한일 간의 수익창출 네트워크가 무너지고 있다. 더욱이 그동안 노력해온 한일 간의 교류와 협력 네트워크, 양국민 사이의 협력체계와 신뢰가 무너져 가고 있어 회복하기 어려운 상황에 직면하고 있다. 그리고 국내외적으로 경제성장의 둔화, 국민소득악화, 코로나 사태로 인한 전 사회영역붕괴 등이 발생하여 성장과 활력을 잃고 있다.

한일 간의 위기에 대해서 국내외적으로 한일관계를 개선하라는 목소리가 나오고 있다. 2019년 8월 7일《중앙일보》에 따르면, 미국 CSIS는 '한일갈등에서 일본의 이미지손실 아베수상, 성찰해야 한다'라는 보고서를 내놓았다. CSIS 부회장은 보고서에서 '일본은 과거수년 간 국제경제영역에서 지역 및 글로벌리더십을 강화하고, 무역이나 인프라투자 부분에서 공헌하였다. 그러나 일본은 수출규제결정과 함께 경제리더로서 이미지가 한국과의 갈등으로 잃어버렸다'고 평가했다. 그리고 미국 CSIS는 문재인 대통령의 남북경제협력 발언을 소개하면서, '문재인 대통령이 남북경제협력을 통해 평화경제를 실현하면, 일본을 따라잡을 것이다라는 발언이 일본의 신뢰를 회복하는데 거의 도움이 되지 않는다. 문재인 정부는 아베정부가 제안한 징용문제에 대한 중재위원회 구성에 동의해야 한다'고 지적했다. 더욱이 한일갈등은 한일안전보장과 동아시아의 안보문제에도 부정적으로 작용할 것이라고 지적했다. 한국과 일본은 즉시 실무대화에 동의할 필요가 있고, 한국이 건설적인 방법으로 대화에 참여하면, 일본도 수출규제를 중단해야 한다고 촉구했다.

한국 대통령과 일본 총리는 국가와 국민의 안녕을 위한다는 명분이 퇴색하는 과정에서도 권력을 상대국에 대한 공격과 흠집내기에 집중하고 있는 듯하다. 그런 현상은 한국의 대통령 문재인과 일본의 총리 아베 간의 권력 크기와 자존심 싸움과 국력싸움으로 전환되고 있는 측면이 있다. 양국국가지도자에 대한 불신과 회의가 증폭되면서 양국국가 수준에서, 민간수준에서, 관련기관수준에서 양국관계를 개선하기를 바라는 다양한 요구가 발생하고 있다. 양국 국가지도자의 정책과 행위가 자국 국민의 이익과 행복을 위한 것이라면, 현실에서 양국 국민이 그 행복을 실감해야 정당성이 확보되고 검증되는 것이다. 그러나 양국 국민은 행복해하지 않고 있어 그 정당성이 의심받고 있다.

그럼에도 불구하고 양국 정부는 한치의 양보도 허용하지 않고 있고, 배려나 수용도 하지 않으며 대화도 하지 않은 방향으로 한일외교를 운영하고 있다. 거기에는 이

전부터 전승되어 자리잡고 있는 한국과 일본의 민족주의가 강하게 작용하고 있다. 한일 국가지도자가 그것에 의존하고 있어 관계 개선이 어려워지고 해방구를 찾지 못하는 것이다. 한일관계가 악화되면서 문재인 대통령은 다양한 위기에 처해있고, 아베 총리는 사임하는 상황이 되었다. 따라서 한일 간의 문제는 정상의 획기적인 발상의 전환뿐 아니라 다양한 각도에서 해결하기 위한 방안을 모색할 필요가 있다. 한일 간의 전쟁을 종식시킬 수 있는 장단기적이며 현안 중심적인 출구를 찾아야 하는 시점에 와있는 것만은 분명하다. 본 고에서는 현재 한일간에 놓인 문제를 해결하기 위한 출구를 다양한 각도에서 분석하고 구상하고자 한다.

Ⅱ. 한일화합의 기본원칙

1. 한일 간의 역사인식

한국과 일본은 역사 인식을 정확하게 할 필요가 있다. 역사 인식은 역사와 현안에 대한 사실을 사실대로 정확하게 인식하는 것을 의미한다. 한국과 일본은 공통 사안에 대한 인식이 일치하기보다는 서로 다르게 인식하여 대처하고 있다. 하나의 역사적 사실을 두고 서로 다른 시각과 해석을 하여 정당성과 부당성을 주장하고, 그에 따른 책임과 무책임의 공방을 지속적으로 하고 있다. 역사가의 연구와 해석, 양국 국민의 정서, 당시 경험자 간의 실증차이, 정치가들의 아전인수적 시각 등이 작용하면서 한일 간의 역사적 사실은 여전히 갈등과 불협화음의 단초가 되어 반복적으로 현실에 소환되고 있다. 따라서 앞으로도 그런 상황은 지속적으로 재생될 것으로 보인다. 역사적 사실과 현안에 대한 인식 차이는 한일간에 '증오의 연쇄'로 작용하여 분쟁과 갈등을 이어갈 것으로 보인다.[317)]

---

317) 半藤一利, 保阪正康, 2014,『日中韓を振り回すナショナリズムの正体』, 東洋経済新報社. 현재 타오르고 있는 한중일 민족주의의 실체를 분석하고 멈출 수 있는 안을 제시하고 있다. 타국의 움직임에 흔들리지 않는 건전한 일본민족주의의 존재방식을 제시하고 있다. 한일중 민족주의에 이용되는 '증오의 연쇄(憎悪の連鎖)'를 깨기 위해 역사를 직시하면서 해결안을 제시하고 있다. 木村幹(著), 2014,『日韓歴史認識問題とは何か』, ミネルヴァ書房. 민주주의국가이며 경제적으로 강한 한일은

고대사나 중세사를 별도로 하더라고 근대사에서 발생한 역사적 사실은 매우 다양한 형태로 존재하고 있다. 한일협정과 한일병합의 유효성과 무효성, 식민지 지배의 정당성과 부당성, 종군위안부시비, 강제징용배상시비, 여자정신대시비, 역사교과서기술의 타당성과 부당성, 한일기본조약의 찬반, 청구권협정의 내용과 해결범위, 독도영유권, 야스쿠니신사참배의 정당성과 부당성 등을 둘러싸고 한일은 뜨겁게 논쟁하고 있는 가운데 시대의 흐름에 따라 종종 총성 없는 전쟁을 하고 있다. 그것은 역사적 사실에 대한 인식의 차이와 오류에서 오는 것이라고 할 수 있다.

다음은 전후 일본이 전쟁을 종식하고 한국이 해방되면서 한일간에 발생한 다양한 역사적 사실을 소개한 것이다.

〈표 3〉 전후 한일 간에 발생한 역사적 사실

구분	자료집명
1950-1960년대	1945년 8월 14일 종전칙서, 1945년 9월 2일 일본항복문서, 1951년 9월 8일 샌프란시스코평화조약, 1953년 10월 27일 한일회담 구보다 발언, 1957년 12월 31일 한일전면회담재개에 관한 공동발표, 1965년 6월 22일 한일기본조약 및 청구권협정
1980년대	1982년 8월 26일 역사교과서에 대한 미야자와 관방장관담화, 1985년 8월 14일 총리대신과 국무대신에 의한 야스쿠니신사공식참배에 관한 고토관방장관담화
1990년대	1992년 7월 6일 한반도출신의 종군위안부문제에 관한 내각관방장관발표, 1993년 8월 4일 위안부관계조사결과발표에 관한 고노 내각관방장관담화(고노담화), 1994년 8월 31일 전후50년을 향한 무라야마 도미이치 내각총리대신 담화(무라야마담화), 1994년 12월 7일 종군위안부문제에 대한 제1차보고, 1995년 6월 14일 종군위안부 기금구상과 사업에 관한 이가라시 내각관방장관발표, 1995년 7월 18일 여성을 위한 아시아평화국민기금(女性

왜 역사인식에서 계속 대립하고 있는가, 1980년대 역사교과서문제, 1990년 종군위안부문제가 지속되는 배경은 무엇인가. 양국민족주의가 고양되는 가운데 양국 엘리트지도자가 기능부전에 빠져 기대와 실망을 반복하는 구조를 분석하고 있다. 内海愛子(著), 川上詩朗(著), 吉沢文壽(著), 太田修(著), 加藤圭木(著), 殿 平善彦(著), 2020,『日韓の歴史問題をどう読み解くか—徴用工·日本軍「慰安婦」·植民地支配』, 新日本出版社. 2018년 한국대법원의 징용공배상판결을 계기로 일본 정부나 메스미디어의 이상적인 반응이 국민감정, 역사인식에 악영향을 주고 한일관계를 악화시키고 있다. 한국을 식민지화한 한국병합부터 110년이 지난 지금 일본관계를 해결하기 위해 필요한 것은 무엇인가를 질문하고 다각적으로 고찰하고 있다. 木村幹(編集), 田中悟(編集), 金容民(編集), 2020,『平成時代の日韓関係: 樂觀から悲觀への三〇年』, ミネルヴァ書房. 헤이세이 시대는 한일관계가 롤러코스트를 타는 시기였다. 냉전종결, 버블경기, 민주화 등이 낙관적인 한일관계를 만들었고, 위안부문제, 독도영유권문제, 강제징용배상문제 등이 비관적인 한일관계를 만든 시기였다.

	のためのアジア平和国民基金) 거출호소문, 1995년 8월 15일 전후50년 무라야마내각총리 대신의 담화 및 기자회견, 1996년 위안부에 대한 내각총리대신의 편지, 1998년 10월 8일 일본과 한국의 공동선언 21세기를 향한 새로운 일본과 한국의 파트너십
2000년대	2000년 9월 1일 아시아여성기금설립5주년활동보고, 2001년 8월 13일 고이즈미내각총리담화(야스쿠니시간참배), 2003년 1월 종군위안부문제에 대한 일본 정부의 시책, 2005년 1월 24일 아시아여성기금의 2007년 해산방침에 관한 내각관방장관의 발표, 2005년 8월 15일 전후60년에 즈음 고이즈미총리담화, 2010년 8월 10일 한일병합100주년에 즈음한 간 총리의 담화, 2014년 10월 14일 위안부에 대한 일본 정부의 지금까지의 시책, 2015년 8월 14일 내각총리대신담화(아베담화), 한일위안부합의, 지소미아협정, 2018년 한국대법원 강제징용배상판결, 2019년 수출규제조치발표, 화이트리스트배제, 한일위안부합의파기, 지소미아종료, WTO제소

역사적 사실을 어떻게 해석하고 대응하느냐에 따라 한일 간에서 그 여파가 다양한 영역으로 확산되어 국가적 과제나 갈등으로 벌어지고 있다. 전후부터 현재까지 한국과 일본이 갖고 있는 역사적 사실로서 항복문서, 샌프란시스코평화조약, 한일기본조약과 청구권협정, 고노담화, 무라야마담화, 야스쿠니신사참배, 역사교과서 문제, 위안부기금활동, 한일파트너십구상, 한일위안부합의, 징용배상판결 등에 대한 인식은 서로 다르다. 한국은 역사적 사실에 대해서 인식하면서 일본을 불신하고 있고, 일본은 역사적 사실을 인식하면서 한국을 등한시하고 있다. 그것은 역사적 사실을 만드는 과정에서 일본이 가해자 역할을 했고, 한국이 피해를 입는 피해자가 되었다는 구도가 만들어내는 현상이라고 할 수 있다.

다음은 일본에서 벌어졌던 역사교과서를 둘러싼 논쟁을 소개한 것이다. 역사교과서는 역사적 사실을 담은 것으로 한일 간의 인식차이가 확연하게 드러나고 있다는 것을 알 수 있다.

〈표 4〉 역사 교과서 논쟁

구분	내용
이에나가 교과서 재판	1962년 이에나가 사부로(家永三郎) 등이 집필한 고등학교 일본사교과서『신일본사(新日本史)』(三省堂)가 교과도서검정에서 불합격되어 사용되지 못했다. 이에나가는 교과용도서검정이 검열에 해당되며, 헌법위반이라고 주장하고 3회에 걸쳐 소송을 제기했지만 일본국헌법 하에서 교과용도서검정은 제도로서 합헌이고 적법하다고 하였다. 이에나가 교과서 재판은 일본에서 근대사에 대한 인식과 해석이 일본 정부와 학자 간의 차이를 부각시켰고, 근대사라는 역사적 사실을 어떻게 인식할 것인가라는 숙제와 과제를 던졌다는 의의가 있다.

제1차교과서역사인식	- 마쓰노(松野幸泰) 국토청장관은 1982년 '한국의 역사교과서에도 잘못된 내용이 있다. 한일병합에 대해서 한국은 일본이 침략한 것으로 하였지만, 당시 한국의 국내정세에서 어떤 것이 옳았는지는 알 수 없다'라고 하였다. 이런 역사인식은 한국의 근대사인식과 한일병합에 대한 인식 차이를 확연하게 들어내는 계기가 되었다. - 마쓰노의 발언에 대해서《동아일보》는 침략미화를 우려하는 보도를 냈다. 이후 이 문제를 해결하기 위해 미야자와 내각관방장관은 미야자와담화(宮沢喜一談話)를 발표했다. 일본 정부는 담화에 담긴 내용을 잘 준수해갈 것이라고 말했고, 한국은 일본 정부의 그런 노력을 인정한다고 대응했다. 이후 문부과학성은 교과용도서검정기준 중에 '근린 아시아국가와의 사이에 근현대의 역사적 사상의 취급에 대해 국제이해와 국제협력 견지에서 배려를 한다'라는 근린제조항을 추가하여 담화와 연결시켰다. 이후 일본에서는 자학사관기술이 강하게 나타나는 계기가 되었다.
제2차교과서역사인식	- 일본을 보호하는 국민의회(日本を守る国民会議; 日本会議)가 편찬한 고교용교과서『신편일본사』(新編日本史)에 대해서 중국이 강하게 비판을 했다. 나카소네(中曽根康弘) 총리는 문부성에 검토를 요청하여 재심의를 했다.『신편일본사』는 황실에 대한 경의를 표하는 교육과 신화를 통해서 건국을 이해시키는 방침에 의거해 편찬되었다. 천황의 인간선언을 게재하지 않고, 천황중심의 기술을 많이 했다. 천황의 인간선언을 게재하지 않은 사안을 두고 문부성과 국민회의 측이 충돌하는 가운데 국민회의 측은 신격부정의 어구만은 절대로 게재할 수 없다고 주장했다. 결국 국민회의를 지지하는 40개 시민단체가 문부성을 비판하는 가운데 검정에 합격하여 1987년 32교 8,900부가 사용되었다. - 근대사에서 중요한 역할을 한 천황에 대해서 국민회의는 천황이 여전히 신적인 존재이며 일본국가의 중심에 있다는 점을 강조하였다. 그러나 일본 정부는 근린조항과 이웃국가의 입장을 고려해서 천황의 인간선언을 게재할 것을 요구하여, 역사에 대한 일본 내의 인식차이를 들어내면서 자학사관이 점차 약화되는 계기가 되었다.
2000년대역사인식	1990년대와 2000년대 들어서 역사교과서문제는 역사인식문제와 연동되면서 한국과 종종 외교마찰을 일으켰다. 2001년 새 교과서를 만드는 모임(新しい歴史教科書をつくる会)이 편찬한 중학교용 역사교과서『새로운 역사교과서(新しい歴史教科書)』(扶桑社)가 교과용 도서검정에 합격하였다. 노벨문학상 수상자 오오에 겐자부로 등은 교과서가 '종군위안부, 731부대 내용이 격감했고, 일본의 조선식민지 지배나 중국침략을 정당화하고, 가해에 대한 기술을 후퇴시키는 점을 우려하여 정부에 수정을 요구하는 요망서를 공표했다. 2014년 3월 한국에서 교학사가 출판한 역사교과서에서는 '일본의 식민지 지배가 조선반도를 근대화시켰다'고 기술하여, 역사를 왜곡한 것으로 인식하여 문제화되었다.
대학입학시험기술문제	2002년 1월 시행한 대학입시센터시험에서 세계사 B 제1 제5문제에서 '일본통치하의 조선에서, 제2차세계대전중 일본으로 강제연행이 일어났다'라는 선택지가 정답으로 설정된 것에 대해서, 한 수험생이 '제2차세계대전 당시의 표현에는 없었다'라고 하여, 채점에서 이 문제를 제외하는 가처분신청을 2004년 2월 도쿄지방재판소에 냈다.

일본에서 역사교과서를 둘러싼 논쟁은 기본적으로 자학사관과 자부심사관으로 분리되고 있다. 일본 정부는 과거 한일간에 발생한 근대사에 대해서 반성하고 사죄

하는 분위기가 있는 자학사관으로 대응했다. 그러나 다른 한편으로는 자학사관을 배제하는 자부심사관을 역사교과서에 노골적으로 표현하고 기술하는 상황이 되면서 교과서검정논쟁이 촉발하였다. 우익론자들로 구성된 지식인그룹은 자학사관이 아니라 자부심사관이라는 시각에서 새로운 역사인식과 교육을 강조하였다. 따라서 일본에서 역사적 사실에 대한 인식은 자학사관에서 점차 자부심사관으로 이동하고 있다고 할 수 있다. 그것은 역사적 사실을 일본 중심적으로 보고 해석하고 대응하겠다는 것을 의미한다.

다음은 한국에서 열린 '일제 식민지 피해 실태와 과제'라는 심포지엄을 통해서 한국인이 역사적 사실을 어떻게 인식하고 있는지를 소개한 것이다. 기본적으로는 한일 양국이 상호이해하고 역사화해를 해야 한다는 입장이 많았고, 그것을 위해 역사교육과 학술연구활동이 활성화되어야 한다는 점을 강조했다.

〈표 5〉 역사심포지움을 통해서 본 한국의 역사관[318]

구분	내용
목적	명확한 역사적 사실 인식을 바탕으로 한일 양국의 상호이해와 역사화해를 하는데 초점을 두었다.
강제동원 인식	- 강제동원실태에 대한 '충남지역 강제동원 현황과 거부투쟁'이라는 발표에서 '조선인들이 순순히 응했던 것은 아니다. 개인적 탈출, 조직적 집단탈출을 비롯해 비밀결사를 조직해 징용 반대투쟁을 전개했고, 파업·태업·무력행사 등의 노동쟁의 방식으로 저항했으며, 일제의 조선인 강제동원은 식민정책의 연장선에서 수행된 반인륜적 인력 수탈정책이자 조선민족 말살정책으로 식민정책의 최종착지로서 의미를 담고 있다'고 주장했다. - 위안부실태에 대한 '조선총독부 자료를 통해 보는 일본군위안부'라는 발표에서 '일본군위안부관련 조선총독부자료는 동원이나 이송 배경을 보여주는 것이 많다. 조선총독부 도항통계 자료들은 한국 국가기록원에 소장되어 있고, 위안소에 이송되기까지 본적지 관할 경찰서에서 형식적으로 신분 확인을 받고 경찰과 군의 엄격한 통제를 받았음을 입증한다. 공권력에 의한 한국인 위안부 동원 관리, 통제를 성명할 수 있는 중요한 자료'라고 밝혔다.
식민지 지배인식	- '일본의 전후처리와 식민지배에 대한 역사인식'이라는 발표에서 '전쟁배상책임에 관한 샌프란시스코평화조약에는 일본에 의해 가장 많은 피해를 입은 중국과 한국이 참석치 못했고, 동남아시아 각국은 미국의 냉전정책에 동조할 수밖에 없는 상황이었다'고 밝혔다.

318) http: //www.ikoreanspirit.com (2020년 10월 5일 검색)

	- 그리고 '국제인권법에 비추어본 대법원 강제동원 판결의 의미'라는 발표에서 2018년 10월 30일 대법원판결에 관해 '피해보상이 요구된 이래 73년 만에 처음으로 강제동원 피해자들의 권리를 인정했다. 판결은 강제동원 문제를 한국의 민법을 근거로 불법행위책임에 따른 손해배상 청구문제로 다루었고, 대법원판결이 반인도적인 불법행위라고 한 것은 국제법상 인도에 반하는 범죄(crimes against humanity)와 연관된다. 더 나아가 일본 정부의 한반도에 대한 불법적인 식민지배 및 침략전쟁수행과 직결시키고 있다'고 밝혔다.

심포지엄에서 발표된 역사적 사실로서 제기된 식민지 시대의 강제징용자와 종군위안부가 피해자이며 희생자는 점을 강조하고 있다. 일본인이 가해자이며 한국인이 피해자라는 역사인식이다. 한일간에는 강제징용과 종군위안부가 '존재한다'는 사실에 대해서 공통적으로 인식하고 있지만, 그 존재의 표현, 발생원인, 성격, 실태, 책임 등과 관련해서는 인식과 해석에서 차이가 있다. 동일한 역사적 사실에 대한 존재를 인정하면서도 그와 관련된 정당성, 타당성, 적합성, 적법성 등에 대해서는 차이를 보이고 있다.

그 이유는 명백하다. 역사적 사실이 '존재했다'는 것을 인정하는 단계에서는 역사적 사실에 대한 책임소재가 불문명하여 책임으로부터 면제될 수 있기 때문이다. 그러나 한일간에는 '존재했다'는 사실을 인정하지만 적법한 역사적 사실이었는가 아니면 불법적인 역사적 사실이었는가를 두고 인식에서 차이를 보이고 있다. 한일간에 큰 차이를 보이는 이유는 역사적 사실에 대한 책임소재 때문이다. 한일간에 맺어진 한일기본조약과 청구권협정도 그런 연장선에서 논쟁이 일어나고 있다. 역사적 사실로서 한일청구권협정의 존재는 인정하나 그 내용에 대한 해석과 의미에 대해서는 서로 차이를 보이고 있다. 한일간에 발생한 대부분의 역사적 사실은 그런 문제점을 갖고 있다.

한일 국교정상화 50주년을 맞아 한국의 《동아일보》와 일본 《아사히신문》이 실시한 공동여론조사에 따르면, '역사문제에 대한 한일 간 인식차이가 점점 더 커지고 있다'고 밝혔다. 한일 간의 역사적 사실에 대한 인식차이는 국가, 연구자, 전문가, 당사자, 시민운동가, 국민 등의 차원에서 발생하고 있어 해결점을 찾지 못하고 있다. 그런 현상은 역사를 통해서 계속적으로 반복되고 재생될 수 있다는 점에서 한일관계도 그런 사이클에 의해 움직여질 것으로 보인다. 특히 2018년 한국대법원에 의한 강제징용 배상판결로 구체화되면서 청구권협정의 내용과 의미에 대한 갈등을 일으켰고 한국과 일본 사이에 보복과 대결을 촉발시켰다.

한국은 역사를 일본의 존재와 역사적 관계를 통해서 인식하는 경향이 있다. 특히 근대사를 인식할 때 일본의 존재를 떠나서 독자적으로 인식하는 것이 불가능하다. 한국의 근대사는 어두운 역사, 피해자 역사, 보상과 배상이 필요한 역사, 일본의 반성과 배상을 요구하는 역사, 피식민지사 등으로 인식하는 피해사관에 의존하는 경향이 있다. 따라서 일본이 한국과 관련된 역사적 사실에 대한 인식이 다를 경우, 망언, 잘못된 역사인식, 일본적 역사인식, 왜곡사관이라고 규정하여 비판하고 있다. 일본 입장에서는 한국의 피해사관과 왜곡사관이 충돌하는 이유라고 여길 가능성이 높다.

일본은 역사를 한국의 존재와 역사적 관계에 매몰되어 인식하고 싶어하지 않는다. 근대사에 대해서 인식할 때 한국을 떠나서 자부심, 긍정적 힘을 가진 독자적인 역사로 인식하고 싶어한다. 그런 점에서 일본의 근대사는 제국역사, 승리의 역사, 자랑과 자긍심을 갖는 역사, 열강과 당당하게 경쟁하던 역사, 아시아를 해방시키기 위한 역사, 재생하고 싶은 역사 등으로 인식하는 승리사관을 갖고 있다. 다만 한국이나 중국 등 식민지 지배와 관련해서 반성할 여지가 있는 역사로 인식하기 때문에 자학사관이 생겨났지만, 새롭게 자부심사관이 발생하고 있다. 한국 입장에서는 승리사관과 자부심사관이 한국과 일본이 충돌하는 이유라고 단언하고 있다.[319)]

한일간에 발생한 역사적 사실은 하나이지만 한국과 일본 사이에서 발생한 인식은 하나가 아니다. 하나의 역사적 사실은 한국에서 보는 역사적 사실과 일본에서 보는 역사적 사실로 갈라지고 있는 것이다. 이것이 역사적 사실을 둘러싸고 벌어지고 있는 갈등의 원인이다. 역사적 책임은 역사적 사실을 만들어낸 양국의 국가, 당사자 등이 솔직하고 정확하게 인식하여 인정할 때 생기는 것이며, 책임을 짐으로써 해결되는 것이다. 역사적 사실에 대해서 상호 인정하지 않으면 해결되지 않으며, 설령 해결되었다 하더라도 미완의 역사적 사실로 남을 가능성이 높다. 따라서 한일양국은 역사적

319) 자학사관(自虐史觀)은 태평양전쟁 후의 일본사회, 역사학계, 교육계 등에서 특정의 역사관을 비판하고 부정적으로 평가하는 언어이다. 이 관점에서는 일본의 역사를 부의 역사로 보고 비판하고 있다. 그와 비슷한 용어는 일본아쿠다마(악역)사관(日本惡玉史觀), 도쿄재판사관(東京裁判史觀) 등이 있다. 자학사관의 병리를 주장한 후지오카(藤岡信勝)는 자학사관을 하나의 병리로 보고 대체어로 자유주의사관(自由主義史觀)을 제창하였다. 이 사관은 새로운 역사교과서를 만드는 모임의 활동표어가 되었고 일본중심적 사관을 강조하는 흐름을 이어갔다. 현대송 편, 2008,『한국과 일본의 역사인식 독도, 야스쿠니, 위안부, 교과서 문제의 근원과 쟁점』, 나남. 한중일3국공동역사편찬위원회 저, 2012,『미래를 여는 역사; 한중일이 함께 만든 동아시아 3국의 근현대사』, 한겨레출판.

사실에 대한 존재만을 인정할 것이 아니라 하나의 역사적 사실에 대한 전모를 파악한 후 인정하여 책임을 지는 해결안을 내놓는 대응방식이 필요할 것이다.

2. 한일 간의 조약 및 협정

근대에 들어서 한국과 일본 사이에는 국가 간 다양한 조약, 협약, 협정 등이 맺어졌다. 전전에 맺어진 것은 한일협약, 한일병합 등이 있고, 전후에서 한일기본조약, 청구권협정, 한일위안부합의, 지소미아 등이 대표적이다. 한일간에 맺어진 협약, 조약, 협정, 합의 등의 준수와 위반을 둘러싼 갈등이 첨예하게 대립하고 있어 한일관계를 악화시키고 있다. 한국과 일본 간의 조약 등을 둘러싼 갈등을 해결하는 것이 한일관계 개선의 전제조건이 되고 있다. 따라서 국제사회에서 통용되고 있는 국가 간의 협약, 협정, 조약, 합의 등의 일반원칙이나 기준에 대해서 고찰할 필요가 있다.

한일간에 맺은 조약준수를 둘러싼 논의를 해결하는 기준의 하나가 바로 빈협약이라고 할 수 있다. '조약법에 관한 빈협약'(Vienna Convention on the Law of Treaties, VCLT)은 1969년 5월 22일 오스트리아의 빈에서 채택된 조약법에 관한 국제협약이다. 조약을 체결하게 된 목적은 그동안 암묵적으로 적용해왔던 국제관습법의 약점을 보완하고 일반원칙으로 적용하여 국가 간의 조약준수에 대한 논란과 혼란을 없애는 데 있다. 이 협약은 오랫동안 국제관행으로 맺어진 조약에 관한 국제관습법을 성문화한 것이며, 유럽 중심의 기존 국제법 체제에 반대하는 개발도상국가의 주장을 많이 반영하였다는 특징이 있다.

빈협약은 전문, 8부, 81조 및 부속서 등으로 구성되어 있다. 전문에는 국가 간의 조약에만 적용되고, 국제조직이나 교전단체가 체결하는 조약에는 적용되지 않으며, 규정하지 않은 사항에 관해서 국제관습법이 적용된다는 규정을 두고 있다. 특히 71조에서 강행법규에 반하는 조약은 무효라는 규정하고 있는 점이 특징이다. 한국은 1980년 1월 27일 이 협약에 가입하였다. 다음은 가입한 국가들이 준수하고 있는 조약법에 관한 빈협약의 배경, 목적, 구성, 총강, 조약의 체결과 발효 등을 소개한 것이다.

〈표 6〉 빈협약의 목적 및 조약체결발효[320)]

구분	내용
배경	1949년부터 ILC(유엔 국제법 위원회)에서 초안을 내고 1966년에 75개의 조항을 작성했다. 1968년-1969년에 오스트리아의 수도 빈에서 협의를 했고 1969년 5월 22일 채택되었다. 그 동안 국가간 조약을 맺을 때 암묵적인 규칙으로 관습법이 있었지만 성문화되지 않아서 그 기준이 애매하였다. 따라서 범국가적으로 조약에 관한 공통된 규칙을 제정하고 이를 명문화 하는 작업이 절실하여 탄생한 것이 빈협약이다.
목적	목적은 국제관습법을 성문화하는데 있다. 즉 이 협약은 오랫동안 국제관행으로 맺어진 조약에 관한 국제관습법을 성문화한 것이며, 유럽 중심의 기존 국제법체제에 반대하는 개발도상국가의 주장을 많이 반영되어 일반원칙으로 적용가능하다는 점에서 가치가 있다.
구성	협약은 전문, 8부, 81조 및 부속서 등으로 구성되어 있다.
제1부 총강	제2조 (용어 사용) 1항 1호: '조약'이라 함은 단일의 문서에 또는 2개 또는 그 이상의 관련 문서에 구현되고 있는가에 관계없이 또한 그 특정의 명칭에 관계없이, 서면 형식으로 국가간에 체결되며 또한 국제법에 의하여 규율되는 국제적 합의를 의미한다.
	제7조 (전권위임장) ① 누구나 다음의 경우에는, 조약문의 채택 또는 정본인증을 위한 목적으로 또는 조약에 대한 국가의 기속적 동의를 표시하기 위한 목적으로 국가를 대표하는 것으로 간주된다. (a) 적절한 전권위임장을 제시하는 경우, 또는 (b) 관계 국가의 관행 또는 기타의 사정으로 보아, 상기의 목적을 위하여 그 자가 그 국가를 대표하는 것으로 간주되며 또한 전권위임장을 필요로 하지 아니하지만 관계 국가의 의사에서 나타나는 경우
제2부 조약의 체결과 발효	제19조 (유보의 형성) 국가는 다음의 경우에 해당하지 아니하는 한, 조약에 서명, 비준, 수락승인 또는 가입할 때에 유보를 형성할 수 있다. (a) 그 조약에 의하여 유보가 금지된 경우, (b) 문제의 유보를 포함하지 아니하는 특정의 유보만을 행할 수 있음을 그 조약이 규정하는 경우, 또는 (c) 상기 세항 (a) 및 (b)에 해당되지 아니하는 경우에는 그 유보가 그 조약의 대상 및 목적과 양립하지 아니하는 경우
	제25조 (잠정적 적용) ① 다음의 경우에 조약 또는 조약의 일부는 그 발효시까지 잠정적으로 적용된다. (a) 조약자체가 그렇게 규정하는 경우, 또는 (b) 교섭국이 다른 방법으로 그렇게 합의한 경우 ② 조약이 달리 규정하지 아니하거나 또는 교섭국이 달리 합의하지 아니한 경우에는, 어느 국가가 조약이 잠정적으로 적용되고 있는 다른 국가에 대하여, 그 조약의 당사국이 되지 아니하고자 하는 의사를 통고한 경우에 그 국가에 대한 그 조약 또는 그 조약의 일부의 잠정적 적용이 종료된다.

빈협약의 목적 및 조약체결발효 1항 1호에서는 조약이 무엇인가를 규정한 것으로 국제법학자들이 가장 좋아하는 문구이기도 하다. 조약은 문서화되어야 하고, 조약, 협약, 선언 등도 조약을 의미하며, 국제법에 의해 규율되는 합의라고 정의할 수 있다. 조약은 국가 간에 맺어진 조약, 협약, 선언 등을 포함하는 것으로 주체로서 국가가

320) https: //www.law.go.kr/조약법에 관한 빈협약 (2020년 11월 30일 검색)

아닌 경우는 국제법에서 조약으로 인정하지 않고 있다. 예를 들면, 한 국가와 기업 간 특약을 체결하였어도 그 특약은 조약이 아니다. 왜냐하면 기업은 국제법상 능동적인 주체성이 없어 조약 체결권자가 될 수 없기 때문이다.

그리고 국가 간의 조약을 주도하는 주체에 대한 규정이다. 조약을 맺을 수 있는 대표는 직무상 또한 전권 위임장을 제시하지 않아도, 자국을 대표하는 자, 조약의 체결에 관련된 행위를 수행할 수 있는 국가원수, 정부수반 및 외무부장관, 파견국과 접수국 간의 조약문을 채택할 수 있는 외교공관장, 국제회의, 국제기구 또는 그 국제기구의 어느 한 기관 내에서 조약문을 채택할 목적으로 국가에 의하여 그 국제회의 그 국제기구 또는 그 기구의 그 기관에 파견된 대표 등이다. 조약을 체결하는 주체는 국가를 대표할 수 있는 자격을 갖춘 국가구성원이어야 한다. 일반적으로 국제법에서는 국가원수, 행정부 수반, 외교장관 등 소위 트로이카는 전권위임장을 제시하지 않아도 국가를 대표하는 것으로 간주되고 있다.

국가간의 조약을 체결하는데 발생할 수 있는 것이 유보이다. 유보는 어떤 국가가 다자조약에 서명, 비준, 수락, 가입 시에 특정 조항의 효력을 변경하거나 배제하기 위해 행하는 일방적 선언이다. 유보는 다른 당사국 중 이를 수락한 국가들에 한해 상호주의적으로 원용할 수 있으며, 유보를 반대한 국가들은 유보를 행한 국가와의 조약관계까지 거부할 수도 있고, 유보로 반대하되 조약관계 자체는 유지할 수도 있다. 또한 유보에 대해 아무런 반응이 없으면 묵인한 것으로 추정되는 등 전체적으로 유보는 체약국이 자유롭게 행할 수 있는 것으로 하나의 외교전술로 인식하고 있다.

다음은 빈협약의 제3부와 4부에 규정하고 있는 조약준수 및 적용, 조약의 개정 및 변경 등을 소개한 것이다.

〈표 7〉 빈협약의 조약준수 및 적용

구분	내용
조약의 준수	제26조 조약은 준수(遵守)되어야 한다(Agreements of the parties must be observed). 유효한 모든 조약은 그 당사국을 구속하며 또한 당사국에 의하여 성실하게 이행되어야 한다.
조약문맥 준수	제31조 (해석의 일반규칙)① 조약은 조약문의 문맥(context) 및 조약의 대상과 목적으로 보아, 그 조약의 문맥에 부여되는 통상적 의미에 따라 성실하게 해석되어야 한다. ② 조약의 해석 목적상 문맥은 조약문에 추가하여 조약의 전문 및 부속서와 함께 다음의 것을 포함한다. (a) 조약의 체결에 관련하여 모든 당사국 간에 이루어진 그 조약에 관

	한 합의, (b) 조약의 체결에 관련하여, 1 또는 그 이상의 당사국이 작성하고 또한 다른 당사국이 그 조약에 관련되는 문서로서 수락한 문서 ③ 문맥과 함께 다음의 것이 참작되어야 한다. (a) 조약의 해석 또는 그 조약 규정의 적용에 관한 당사국 간의 추후의 합의 (b) 조약의 해석에 관한 당사국의 합의를 확정하는 그 조약 적용에 있어서 추후의 관행, (c) 당사국간의 관계에 적용될 수 있는 국제법의 관계규칙 ④ 당사국의 특별한 의미를 특정용어에 부여하기로 의도하였음이 확정되는 경우에는 그러한 의미가 부여된다.
의무해제	제34조 (제3국에 관한 일반 규칙) 조약은 제3국에 대하여 그 동의 없이는 의무 또는 권리를 창설하지 아니한다.
조약의 개정	제40조 (다자조약의 개정) ① 조약이 달리 규정하지 아니하는 한, 다자조약의 개정은 아래의 조항에 의하여 규율된다. ② 모든 당사국 간에서 다자조약을 개정하기 위한 제의는 모든 체약국에 통고되어야 하며, 각 체약국은 다음의 것에 참여할 권리를 가진다. (a) 그러한 제의에 관하여 취하여질 조치에 관한 결정, (b) 그 조약의 개정을 위한 합의의 교섭 및 성립 ③ 조약의 당사국이 될 수 있는 권리를 가진 모든 국가는 개정되는 조약의 당사국이 될 수 있는 권리를 또한 가진다. ④ 개정하는 합의는 개정하는 합의의 당사국이 되지 아니하는 조약의 기존 당사국인 어느 국가도 구속하지 아니한다. 그러한 국가에 관해서는 제30조4항(b)가 적용된다. ⑤ 개정하는 합의의 발효 후에 조약의 당사국이 되는 국가는 그 국가에 의한 별도 의사의 표시가 없는 경우에 다음과 같이 간주된다. (a) 개정되는 조약의 당사국으로 간주된다. (b) 개정하는 합의에 의하여 구속되지 아니하는 조약의 당사국과의 관계에 있어서는 개정되지 아니한 조약의 당사국으로 간주된다.
조약의 변경	제41조 (일부 당사국에서만 다자조약을 변경하는 합의) ① 다자조약의 2 또는 그 이상의 당사국은 다음의 경우에 그 당사국간에서만 조약을 변경하는 합의를 성립시킬 수 있다. (a) 그러한 변경의 가능성이 그 조약에 의하여 규정된 경우 또는 (b) 문제의 변경이 그 조약에 의하여 금지되지 아니하고 또한 (i) 다른 당사국이 그 조약에 따라 권리를 향유하며 또는 의무를 이행하는 것에 영향을 주지 아니하며 (ii) 전체로서의 그 조약의 대상과 목적의 효과적 수행과 일부 변경이 양립하지 아니하는 규정에 관련되지 아니하는 경우 ② 상기 1항 (a)에 해당하는 경우에 조약이 달리 규정하지 아니하는 한 문제의 당사국은 그 합의를 성립시키고자 하는 의사와 그 합의가 규정하는 그 조약의 변경을 타방당사국에 통고하여야 한다.
조약의 종료	제42조 (조약의 적법성 및 효력의 계속) ① 조약의 적법성 또는 조약에 대한 국가의 기속적 동의의 적법성은 이 협약의 적용을 통해서만 부정될 수 있다. ② 조약의 종료, 그 폐기 또는 당사국의 탈퇴는 그 조약의 규정 또는 이 협약의 적용의 결과로서만 행하여질 수 있다. 동일한 규칙이 조약의 시행정지에 적용된다.
조약무효	제53조 (일반국제법의 절대규범(강행규범)과 충돌하는 조약) 조약은 그 체결당시에 일반국제법의 절대규범과 충돌하는 경우에 무효이다. 이 협약의 목적상 일반 국제법의 절대규범은 그 이탈이 허용되지 아니하며 또한 동일한 성질을 가진 일반 국제법의 추후 규범에 의해서만 변경될 수 있는 규범으로, 전체로서의 국제 공동사회가 수락하며 또한 인정하는 규범이다.

여기에서는 조약의 대원칙을 규정하고 있다. 국가 간의 조약은 신의성실원칙 하에

체결된 것으로 법적 안정성을 중시하여야 하는 점을 강조하고 있다. 강제적으로 법을 집행할 수 있는 권위체가 없는 국제사회의 현실에서 이 원칙은 매우 중요하다. 제31조에서는 최초로 조약을 해석하는 객관화된 규칙을 제시했다는 점에서 큰 의미가 있다. 지금까지도 강제 관할권을 가진 국제적인 재판소나 국제법을 강제적으로 집행할 수 있는 수단이 부재한 상태이다. 그런 이유로 국가 간 조약에 대해서 일방적인 주관적 해석, 국가주권을 제약하는 해석 등에 대해서 제한하는 제한적 해석을 관행적으로 용인해왔다.

조약 체결은 본질적으로 국가간 합의된 의사를 문서로 확인하는 행위라는 점에서 그런 해석 관행은 비판의 소지가 있다. 빈 협약에는 조약의 문언, 문맥, 객체와 목적 등과 같은 3가지 기준에 의거 해석을 하도록 하고 있다. 조약의 문맥에 대해서는 당사국이 합의한 내용에 충실하는 것이 기본원칙이다. 문맥을 해석하는 데는 '조약의 문맥에 부여되는 통상적 의미에 따라 성실하게 해석'할 것을 요구하고 있다. 따라서 조약 문맥을 자의적이며 자국 중심적이며 편파적으로 해석하는 것을 금하고 있다. 위의 기준이 조약해석의 일반규칙이며, 국가 간의 조약해석을 둘러싼 분쟁을 해결하는 중요한 지침이 되고 있다.

빈협약(VCLT)은 최초로 조약의 무효, 종료 사유를 체계적으로 정리하여, 국가간 조약을 둘러싼 갈등을 해소하는 기준을 제시하였다. 조약의 무효 및 종료 사유는 '조약의 규정 또는 이 협약의 적용의 결과'로만 가능하다. 조약의 무효는 '체결당시에 일반국제법의 절대규범과 충돌하는 경우'에 한하고 있다. 무효 사유의 경우 사유를 근거로 무효를 주장할 수 있는 상대적 무효사유와 그 자체만으로 바로 조약 체결이 무효인 것이 되는 절대적 종료사유로 구분된다. 대표적으로는 무력 사용 금지, 인권 존중 원칙, 제노사이드 금지, 고문 금지 등이 무효를 주장할 수 있는 강행 규범이라고 할 수 있다. 그리고 종료 사유의 경우도 크게 국가 간 합의에 근거한 종료 사유, 그렇지 않은 종료 사유로 구분되며, 조약 규정이 새로이 출현하는 국제법의 강행규범과 충돌하는 경우를 제외하고 모두 상대적 종료 사유에 해당한다.

한일간에 맺은 조약, 협약, 합의, 협약 등은 기본적으로 빈협약에 준거해서 지켜져야 한다. 현재 한국과 일본은 1910년 한일합방, 1965년 한일기본조약 및 청구권협정, 2015년 지소미아, 2016년 한일위안부합의 등과 같은 조약, 협정, 국제규약, 합의 등을 맺었다. 그것은 한일 간의 문제를 해결하는 기준으로 작용하는 한편 갈등을 유발하는 경향이 있다. 한일간에 맺은 조약과 협정에 해석과 유효성을 둘러싸고 논쟁과 대결이 격렬해지고 있다. 따라서 한일 간의 문제를 해결하기 위해서는 한국과 일본 간에 맺은 조약, 협정, 합의 등에 대한 공통된 의견을 만들어 내어 적법하게 대응하는 것이 중요할 것이다.

한국과 일본 정부는 국가 간에 맺은 조약, 협정, 합의 등에 대해서 당시 '합의한 내용'에 충실하게 해석하고, '조약의 문맥에 부여되는 통상적 의미에 따라 성실하게 해석'하여야 하고, VCLT규정을 성실하고 정확하게 준수할 필요가 있다. 한국과 일본이 조약이나 협정 등에 대해서 해석하고 적용하는데 갈등이 지속되어 한일 간의 경제적, 정치적, 문화적, 사회적 마찰은 더욱 심화되고 있기 때문이다. 기본적으로 양정부뿐 아니라 관련당사자, 국민, 관련기관 등은 한일간에 맺은 조약, 협정, 협약, 합의 등을 충실하게 이행하고 따라야 할 의무를 갖고 있다. 한일간 미래지형적인 관계를 구축하는 데, 그리고 양국의 현안을 해결하는 데 필요하다면, 기존의 조약, 협정, 합의 등의 유효성과 효력에 대해서 점검하여 보완하거나 재규정하는 발상의 전환이 필요할 것이다.

3. 한일 간의 외교적 해법

국가 간의 문제나 과제를 해결하는 데는 조약, 협정, 협의, 관련 국제법 등에 의해서 해결되기도 하고, 강한 국가나 기업의 힘, 국가적 약점에 대한 공격, 당사자 간의 재판이나 구상청구운동, 국제기구호소, 민간활동 등에 의해서 해결되기도 한다. 그러나 국제법적으로 효력이 있다고 인정되는 조약, 협정, 합의 등에 의해서도 마찰이 일어나거나 갈등으로 해결되지 않은 경우가 많다. 그 경우는 기본적으로 국가 간의 공식적인 채널이나 비공식적인 채널을 인정하고 있는 외교에 의한 해법에 의존할 수밖에 없다.

외교적 해법에는 각 국가의 수뇌에 의해 일괄적이며 포괄적으로 해결하기 위한 정상회담, 현안 담당주무기관의 장이 주도하는 장관회담, 그리고 각 기관의 실무담당자, 관련 양국시민단체의 중재나 개입, 제3자에 의한 중재, 그리고 당사자 간의 직접 해결해법 등이 있다. 그런 가운데 국가 간에 얽혀있는 현안을 해결하기 위해서는 공공외교(Public Diplomacy)로 해결하자는 의견이 많이 대두하고 있고, 또한 장기적인 차원에서 보면, 현실적이며 실효적인 수단이 될 수 있다. 공공외교는 일부 편의에 의한 비공식적이며 비밀교섭에 의한 해결이 아니라 문제를 노출시켜 모두가 공감하도록 해결을 하여 공정성과 항구성을 확보하자는 의미가 있다.

보편적 의미에서의 공공외교는 상대국과의 직접적이고 다양한 소통을 통해 이해하고 교감하여 신뢰를 갖고 화합하는 외교방법이다. 목적 중심적인 외교가 아니라 교류와 공유를 중심으로 하는 외교이다. 양국이 서로에 대해 열린 자세를 갖고 상대국에 자국의 역사, 전통, 문화, 예술, 가치, 정책, 비전 등에 대한 공감대를 확산하고 신뢰를 확보함으로써 외교관계를 증진시키는 방법이다. 그리고 자국의 이미지와 국가 브랜드를 높여 양국관계에서, 지역국가 사이에서, 그리고 국제사회에서 자국의 영향력을 높이는 외교활동을 총체적으로 지칭한다.

공식적인 정부간 소통과 협상 과정을 일컫는 전통적 의미의 외교와 대비되는 개념이다. 양국이 서로 문화예술, 원조, 지식, 언어, 미디어, 홍보 등 다양한 기제를 활용하여 외국 대중(Foreign Public)에게 직접 다가가 그들의 마음을 사고, 감동을 주어 긍정적인 이미지를 만들어나가는 것이 공공외교의 기본 개념이다. 이것은 소프트파워(Soft Power)에 입각한 외교전략을 의미한다. 즉 군사적 개입, 강압적 외교, 경제제재 조치 등의 물리적 힘으로 표현되는 하드파워(Hard Power)가 아니다. 소포트파워는 강제력보다는 매력을 통해, 명령이 아니라 상대방이 자발적으로 이끌리게 함으로써 스스로가 바라는 것을 획득하게 하는 힘을 나타내는 용어이다. 더욱 복잡해지고 다변화되고 다양화되고 있는 21세기 국제사회에서 하드파워에 소프트파워가 결합된 스마트 파워(Smart Power) 외교가 중요하게 대두되고 있다.

외교역사를 보면, 20세기의 국가간 외교는 제국주의에 기초한 세계대전과 이데올로기에 기초한 냉전프레임을 배경으로 등장하였고, 국가의 힘에 의해 강제되는 일방적인 외교였다. 21세기의 공공외교는 증오와 대결로 인하여 하드파워의 한계가 드러나면서 소프트파워의 중요성이 부각되었다. 또한 세계화의 급속한 진전과 민주화의 확산으로 다양한 비국가 행위자가 외교의 주체로 등장하면서 피플파워, 소셜미디어, 소셜네트워크, 공감사회형성, 보덜레스현상, 인류공동체, 뉴미디어 매체발달, 개인중심사회 등으로 시공간의 격차 해소와 공감능력이 가능해졌다. 그리고 정보민주화와 보편화가 확산되면서 외교주체로서 국민과 대중, 비국가 등에 의한 개방형 외교의 중요성이 강조되면서 국가간 외교 패러다임이 변화하고 있다.

다음은 한국 외무부가 주창하고 있는 공공외교의 변천과정과 특징을 소개한 것으로 외교는 전통외교, 20세기 공공외교, 21세기 공공외교 등의 개념으로 변천해왔다는 것을 알 수 있다.

〈표 8〉 한국 외무부의 공공외교[321)]

외교의 요소	전통외교	20세기 공공외교	21세기 신공공외교
주체	정부	정부	정부와 다양한 민간주체
대상	상대국 정부	상대국 정부 및 대중(자국민은 불포함)	상대국 정부 및 대중(자국민도 포함)
자원과 자산	하드파워	하드파워 〉 소프트파워	하드파워 〈 소프트파워
매체	정부간 공식협상 및 대화	선전, PR캠페인, 구미디어	인터넷, SNS 등 디지털 매체 등 다양화
관계유형	수평적(정부간)	수직적, 일방향적, 비대칭적	수평적, 쌍방향적, 대칭적
소통의 양식	Closed Negotiation	Closed Communication	Open Communication

21세기 공공외교는 민관 모두가 외교의 주체로서 참가하고 활동하여 답을 내는 외교전략이다. 한국과 일본의 경우를 예로 든다면, 지금까지 한국과 일본은 전통적인 외교전략에 의해서 관계를 맺어왔고 문제를 해결하는 접근방식을 취해왔다. 그 결과 정부에 의한 정부외교에 머물렀고, 정부간이 불협화음이 국민으로 전이되는 현상을 반복적으로 하여 부정적인 결과를 낳았다. 21세기에서도 서로 하드파워를 이용하는 강경외교전략에 의지하는 접근방식을 여전히 활용하고 있다. 그러나 그런 방식이 답이 아니라는 사실을 최근 한일 간의 관계악화가 증명하고 있다. 그것은 양국이 소프트파워를 통해서 이해하고 설득하는 외교전략으로 풀어가야 한다는 것을 암시하고 있다.

공공외교로서 하나의 주체인 민간에 의한 공공외교가 일본에서 활성화되고 있다. 한일 간의 관계가 악화되는 현상을 해결하기 위해 일본의 지식인들이 움직였다. 대표적인 지한파로 알려진 와다 하루키(和田春樹) 도쿄대 명예교수를 중심으로 일본의 사회지도층 인사 75명은 한일관계를 악화시킨 일본 정부의 대(対)한국수출규제철회를 촉구하는 서명운동을 하여 새로운 돌파구를 만들고 있다. 그리고 한국의 일부 시민들

321) http: //www.igoodnews.or.kr 공공외교; http: //www.publicdiplomacy.go.kr/introduce/public.jsp (2020년 10월 5일 검색, 2020년 11월 30일 검색)

은 일본과의 관계개선을 촉구하기도 하였다. 민간에 의한 공공외교는 정부간의 대결외교를 새로운 방향으로 바꾸는 건설적이며 실용적인 외교라는데 가치가 있다.

현재 한국 정부와 일본 정부는 한일병합의 정당성과 부당성, 식민지 지배를 둘러싼 갈등, 강제징용문제, 위안부문제, 역사교과서왜곡문제, 야스쿠니신사문제, 독도문제, 욱일기게양문제, 해양권갈등 등을 해결하는데 하드파워 외교를 구사하고 있어 양국관계가 급속도로 경색되었을 뿐 아니라 국력전쟁으로 비화되고 있는 상황에 직면하고 있다. 한일 간의 문제를 타결하는 데 공공외교보다는 관련 장관외교, 정상외교 등과 같은 깜짝 외교에 의존하여 이렇다 할만한 결과를 내지 못하고 공회전하고 있을 뿐이다. 그런 점에서 본다면, 정부간 추진하고 있는 하드파워외교는 현재 급박해진 한일관계를 풀어내는데 효율적이지 못하다고 평가할 수 있다.

한일정상이 만들어낸 깜짝 외교의 장점과 약점을 가진 것이 지금까지 맺어진 한일간의 조약, 협정, 합의 등이라고 할 수 있다. 한일병합조약, 한일기본조약, 한일청구권협정, 그리고 박근혜 대통령과 아베 신조 총리가 만들어낸 한일위안부합의 등이다. 아베 총리는 2015년 자신의 지지기반인 우익들의 반대에도 불구하고 정부 예산 10억엔을 지출하면서 위안부 합의를 만들어냈다. 그는 자신의 신념까지 굽혀가며 '후대가 사죄의 숙명을 짊어지게 해선 안 된다'는 의지로 이끌어낸 위안부 합의였고 외교성과였다. 그러나 문재인 정부가 들어서면서, '국민정서와 당사자의 의견이 충분히 반영된 것이 아니'라는 이유로 한일위안부합의를 파기하였다. 한일위안부합의와 파기는 소프트파워에 의한 결과이기보다는 하드파워에 의해서 만들어진 모순된 결과라고 해석할 수 있다.

양국 정부나 국가지도자가 한일외교를 정치역량 실험장으로 인식할 뿐 아니라 정권창출과 지속, 위기극복, 성장정책 등 다양한 수단으로 이용한다는 비판이 있다. 한국과 일본이 위기에 봉착하면서 한일관계와 문제는 한일정상이 해결해야 한다는 정상외교강박관념에 빠져 있다. 정상회담을 위한 노력은 천황 즉위식, 아세안 관련 정상회의, 아세안+3 정상회의, 한중일정상회의 등 다양한 기회가 주어져 직접 만나 해결할 수 있는 가능성이 있었지만, 만나지도 않고 해결하지도 않아 정상외교는 실패했다고 할 수 있다. 따라서 한국과 일본의 문제는 정상이 해결할 수 없다는 것을 증명하였다.

다음은 기대와 우려를 갖고 출범한 스가 요시히데 일본총리와 남북관계를 기본적인 외교축으로 인식하여 강경자세를 취하고 있는 문재인 대통령 간의 서간을 소개한 것이다.

〈표 9〉 문재인 대통령과 스가 총리의 서간

구분	내용
문재인 서간	-《조선일보》는 2020년 9월 17일 문재인 대통령이 2020년 9월 16일 스가 요시히데 총리에게 '한일관계를 더욱 발전시키기 위해 함께 노력해 나가자'(韓日関係をさらに發展させるため共に努力していこう)는 축하 서한을 보냈다고 발표했다. - 청와대 따르면, 문 대통령의 서간에는 '매우 중요하고 가까운 친구인 일본 정부와는 언제든지 앉아 만나 대화와 소통할 준비가 되어있고, 일본 측의 적극적인 대응을 기대하고 있다'고 전했다. 그런 요청에 스가는 즉답을 피했다. 스가 총리의 서간에는 문 대통령의 축하 서간에 감사를 표시함과 동시에 '한일양국은 중요한 인접국'이라고 강조하였다.
스가의 서간	스가 요시히데 총리는 문 대통령서간이 2020년 9월 16일 전달된 후 3일 만인 9월 19일 '한일은 중요한 인접국'(韓日は重要な隣国)이라는 서간을 보냈다. 그리고 '곤란한 문제를 극복하고, 미래지향적인 일한양국관계를 구축해서 가기를 기대한다'라는 생각을 표명했다. 스가 총리는 취임 후 한국에 대해서 한일수뇌회담에 대해서 언급하지 않았고, 한국에 대해서 유화적인 메시지가 아니라 불쾌한 감정을 표현했다. 스가 총리는 월간『문예춘추(文藝春秋)』10월호 기고에서 '일한양국은 2015년에 위안부문제에 대해서 최종적으로 불가역적인 해결에 합의했기 때문에 한국이 그것을 뒤집을 가능성은 없다', '그 때문에 미국이 그 합의를 환영하는 성명을 냈고, 외교루트를 통해서 조정하는 증인이 되었다' 는 것을 밝혔다. 스가 총리는 '이와 같은 차이를 메우는 외교가 필요하다고 생각한다. 일한관계가 이처럼 급속하고 이상하게 흐를지는 생각하지 못했지만, 일본과 한국 어느 한쪽이 골대를 움직였는지는 증인인 미국이 잘 알 것이다'라고 지적했다.

한국의 대통령과 일본의 스가 총리 간에 교류된 서간에는 상대방에 대한 신뢰보다는 불신이 자리잡고 있으며, 서로 좋은 관계를 만들어가자고 의식하고 있으면서도 구체적인 방안을 제시하고 않고 있다. 더욱이 기존의 방식대로 상대방이 먼저 움직여주길 기대하고 있으며, 자신들의 입장을 고수하고 있는 특징이 있다. 이것은 여전히 한국 지도자와 일본 지도자가 기존의 하드파워외교를 지속적으로 유지하고, 새로운 발상의 외교를 추진하지 않겠다는 것을 의미한다. 따라서 한일강경외교정책은 문재인 대통령과 스가 요시히데 총리에 의해 지속되어, 한일문제는 해결하지 못할 것으로 예측된다. 국가지도자가 추구하는 하드파워외교가 변하는 않는 한 한일관계는 악화될 것이고, 해결안을 마련해도 다시 재생될 가능성이 높다. 따라서 이 시점에서 민관이 참여하고 주도하는 공공외교를 작동시켜 근본부터 해결할 필요가 있을 것이다.

4. 한일 간의 현안해결기구

한일간에는 역사인식, 식민지 지배를 둘러싼 배상, 식민지 시대에 동원된 민간인배상, 식민지해결에 대한 사후처리문제, 한일 간의 현안으로 등장한 영유권, 해양권, 항공권, 군사갈등, 혐한일문화, 경제 및 정치경쟁, 국제기구를 둘러싼 갈등 등이 발생하고 있어 해결해야 하는 상황이다. 그러나 현재 한일 간의 문제가 되는 사안에 대해서 해결할 수 있는 기구가 만들어지지 않아 납득할 만한 정도의 협의안이나 해결안을 내지 못하고 있을 뿐 아니라 대치, 갈등, 전쟁 등이 반복되고 있다.

한국 정부와 일본 정부는 양국기관, 양국 국민, 양국당사자 등이 관련되어 있는 복잡한 문제에 대해서 정부수준에서만 해결하려는 정부해결프레임에서 벗어나지 못하고 있다. 다음은 국가간의 복잡한 문제를 해결하기 위한 대안으로 제시되고 있는 국제사법재판소의 특징에 대해서 소개한 것이다.

〈표 10〉 국제사법재판소[322)]

구분	내용
설립	국가간의 문제를 해결하기 위한 국제법원설치에 대한 논의가 1944년 10월 덤바튼 오크스 회담에서 시작되었다. 1945년 4월 44개국 대표가 참여한 법률가위원회(Committee of Jurists)에서 상설 국제사법재판소(Permanent Court of International Justice)를 설치하는 방안에 논의하였다. 1945년 4월 샌프란시스코 회의에서 총회, 안보리, 신탁통치이사회 및 사무국과 더불어 유엔의 주요 기관으로 새로운 사법기관인 국제사법재판소 설치를 최종 결정하였다.
목적	당사국의 분쟁을 국제사회 수준에서 해결하는 데 목적이 있다. 당사국들이 분쟁을 해결하기 위해서 합의로 국제사법재판소에 재판을 의뢰하면 관할권을 행사할 수 있으며, 분쟁을 국제법에 따라 재판하는 것을 임무로 한다. 유엔 총회 또는 안전보장이사회는 법적 문제에 대해 국제사법재판소에 유권 해석을 내려줄 것을 요청할 수 있다.
구성	재판소는 유엔총회와 안전보장이사회에 의하여 선출된 각기 다른 국적 15명의 판사로 구성하고 각각 다른 국가출신이어야 한다. 법관은 상설중재법원의 국가별 법관단이 지명한 자를 대상으로 유엔 총회와 안전보장이사회에서 각각 독자적으로 선출하며 절대다수표를 얻은 후보자가 당선된다. 안전보장이사회의 법관 선출에서 상임이사국의 거부권은 인정하지 않는다. 유엔 회원국이 아니라도 법원 규정 당사국은 총회에 참석하여 법관을

322) https: //ko.wikipedia.org/wiki/ 국제사법재판소 (2020년 11월 27일 검색); http: //www.mofa.go.kr/www/brd/국제사법재판소

	선출할 수 있다. 재판소 판사로 선출되기 위해서는 각국에서 최고위 법관직에 임명될 수있는 자격을 구비해야 하고, 판사의 임기는 9년이며 재선이 가능하고, 3년마다 15명의 판사 중 5명을 개선하며, 재판소는 법관 중에서 3년 임기의 재판소장 및 부소장을 선출한다.
재판당사자	당사국은 유엔회원국, 국제사법재판소 규정 당사국, 유엔비회원국 등이다. 다만 유엔비회원국은 안전보장이사회의 권고에 입각하여 총회가 개별적으로 정하는 조건 즉 ICJ 규정을 수락할 것, 헌장 제94조에 따른 의무를 수락할 것, 재판소 경비 분담금을 납부할 것 등을 인정하면 당사국이 될 수 있다. 재판소에 제소되는 사건의 당사자는 국가에 한하고, 국제기구나 개인은 당사자가 될 수 없으며, 개인은 그 소속 국가를 통하여 국가의 권리로서 재판소에 제소가 가능하다.
관할	재판소의 관할은 당사자가 재판소에 부탁하는 모든 사건, 특히 헌장, 현행 조약 및 협약에 규정된 모든 사항을 포함한다. 재판소에 대한 제소는 원칙상 임의적이나 재판소 규정 제36조 2항의 의무적 관할조항을 수락한 경우이다. 아래사항에 관한 모든 법률적 분쟁에 대한 재판소의 관할은 동일한 의무를 수락하는 다른 국가에 대한 관계에 있어서 당연히 또는 특별한 합의 없이 의무적인 것, 즉 조약의 해석, 국제법상의 문제가 확인된 경우, 국제의무의 위반이 되는 사실의 존재 여부, 국제의무 위반에 대한 배상의 성질 및 범위 등이다.
제소절차	- 제소할 수 있는 자격은 재판소가 정한 당사국이어야 한다. 예외적으로는 분쟁 당사국이 합의하여 법원에 재판을 부탁하여야 관할권을 행사할 수 있는 임의적 관할 원칙이 있다. 법원이 강제적 관할권을 행사할 수 있는 사유는 특정 조약을 맺으면서 강제적 관할에 관한 재판 조항을 삽입하거나 사전에 약정관할권의 동의가 있는 경우, '국제법원규정' 제36조 2항의 선택조항을 수락한 경우이다. 선택조항의 수락이란 일정 종류의 분쟁에 관하여 규정 당사국이 동일한 의무를 수락한 타방 당사국에 대하여 당연히 특별한 합의가 없어도 법원의 관할권을 의무적으로 인정함을 선언할 수 있다는 것을 말한다. - 국제사법재판소에 분쟁을 제소할 수 있는 조건은 분쟁 당사국 간에 합의가 있는 경우에 한한다. 재판소에 대한 소의 제기는 분쟁의 주체 및 당사국이 하는 특별협정의 통고 또는 서면신청에 의하여 이루어진다. 재판소는 필요하다고 인정할 때 권리를 보전하기 위하여 가보전조치를 행할 수 있는 권한을 가진다. 2001년 LaGrand 사건에서 법원은 가보전조치의 명령이 분쟁국을 법적으로 구속한다고 하였으나 법원이 이를 강제할 수 있는 수단은 없다.
재판 절차 및 판결	- 재판절차로서 ICJ사무처장에 대하여 특별합의 통고(Notification of the Special Agreement) 또는 서면신청(Written Application)으로 공소가 제기된다. 재판소 사무처장은 공소제기가 ICJ 규정에 따라 적법하게 제출되었음을 확인한 후, 이를 유엔사무총장, 회원국 및 재판소에서 재판을 받을 수 있는 국가에 통고한다. 사건의 당사국은 자국의 판사가 재판부에 없을 경우 동 사건에 한하여 특별 또는 자국의 판사를 선임할 권한이 있으며 이렇게 선임된 판사는 다른 판사들과 평등한 조건에서 판결에 참여한다. - 재판은 관할권에 관한 사항과 본안으로 나뉜다. 사항은 분쟁에 대하여 법원이 재판을 할 수 있는지 여부에 대한 심리이다. 통상 법원의 관할권이 인정된 후에 본안이 진행되지만 사건에 따라 관할권 판결과 본안 판결이 일괄적으로 행해지는 경우도 있다. 사건이 제기되었을 때 일방 당사국으로부터 법원의 관할권을 부인하는 항변이 제출되는데 이를 선결적 항변이라 한다. 사건이 두 국가 간에 제기되었다 하더라도 제3국에게도 해당 분쟁이 중요한 사안인 경우에는 필수적 공동당사자가 참여하지 않았음을 이유로 재판을 거

	부할 수 있다. 선결적 항변이 있으면 본안 심리가 정지되고 관할권에 대한 심리가 행해진다. 항변이 인용되면 재판이 종료되지만 기각되면 본안 절차를 개시한다. - 재판소는 규정 제38조에 따라 국제협약, 국제관습, 문명국에 의하여 일반적으로 인정된 법의 일반원칙, 판례 및 국제법학자의 학설을 적용하고, 또한 분쟁당사국이 합의한 경우에 재판소는 형평의 원칙에 따라 사건을 판결할 수 있다. 법원 규정에 다른 명문의 규정이 있는 경우를 제외하고는 원칙적으로 법관 15인 전원이 출석하는 전원합의체에서 재판을 행하며, 전원합의체의 최소 정족수는 9인이다. 판결은 출석한 법관의 과반수에 의하며, 가부동수인 경우에는 소장 또는 소장을 대리하는 법관이 결정투표권을 행사한다.
판결구속력	- 판결이 나면 그 결과를 당사국에 전달한다. 분쟁의 타방 당사국이 판결상 의무를 이행하지 않을 경우 분쟁의 일방당사국은 동 판결의 집행을 위한 조치를 취하여 주도록 안전보장이사회의 소집을 요청할 수 있다. 재판소는 총회, 안보리 또는 기타 유엔기관 및 전문기관의 요청에 의해 그 활동범위 내에서 발생하는 법률적 문제에 대해 권고적 의견(Advisory Opinion)을 제시할 수 있다. 권고적 의견은 법적 구속력이 없다는 점에서 판결과 다르나 판결에 상응하는 법적 정치적 권위를 갖는다. - 법원의 판결은 분쟁의 당사자와 특정 사건에 대해서만 구속력을 가진다. 판결은 종국적이며 상소할 수 없다. 판결의 의미와 범위에 관하여 분쟁이 있는 경우에는 당사자의 요청에 의하여 법원이 해석한다. 재심은 당사자가 판결이 선고되었을 당시에 과실 없이 알지 못하였던 결정적 사실을 발견한 경우에만 한하여 청구할 수 있으며, 판결일부터 10년이 지난 후에는 재심을 청구할 수 없다.

국제사법재판소 재판은 양국이 제소에 합의할 경우에만 성립되는 것이라는 한계가 있다. 유엔회원국은 유엔헌장에 따라 관련 사건에 대해서 법원의 결정에 따를 것을 약속하고 있다. 당사국의 일방이 판결과 동반되는 의무를 이행하지 않을 경우 타방 당사국은 안전보장이사회에 제소할 수 있고, 안전보장이사회는 필요하다고 인정하는 경우 판결을 집행하기 위하여 권고하거나 일정한 조치를 결정할 수 있다. 따라서 국제사법재판소가 결정하는 해결안, 절차와 결과에 대해서 양국정부, 양국 국민, 양 당사자 등이 스스로 수용하고 승복해서 이행하는 것이 무엇보다도 중요하다.

현재 한국과 일본은 독도영유권을 다양한 방법으로 주장하고 있어 불협화음이 일고 있다. 독도를 지키기 위한 분쟁은 정부 간의 홍보, 국제기구에서의 정당성 주장, 간헐적인 독도영해에서의 어업이나 군사갈등, 역사교육과 역사교과서 기재, 시민들의 홍보전, 실효적 지배, 독도주민등록, 정기적인 방문, 자위활동, 외교적 주장과 대응, 독도를 둘러싼 경고와 대응, 독도를 둘러싼 정치가의 방문, 독도기념일 행사, 정부기관의 독도홈페이지 개설, 상대국의 행위에 대한 견제, 행정구역으로 편입 등과 같은 방법으로 진행되고 있다. 독도영유권문제는 논란이나 논의의 대상이 아니라는 한국의 주장과 논의해서 해결하자는 일본의 주장이 맞서고 있다.

독도영유권 등에 대해서 한국은 국제사법재판소의 해결을 원하지 않고 있다. 한국은 당연한 것에 대해서 제소할 필요성이 없다는 견해이다. 그것은 당연한 것과 그에 상응하는 증빙자료부재, 실익부재 등의 이유가 있을 것이다. 그리고 일본은 제소를 원하고 있다. 거기에는 분쟁화해서 자국의 입장을 부각시키고, 그에 상응하는 역사자료가 풍부하며, 실익이 있다는 판단이 작용한 것으로 보인다. 현재 국제사법재판소는 한일문제를 해결하기 위해 양국정부가 제소에 합의하지 않고 있어 무용지물이 되고 있다. 한일 간의 문제를 해결하기 위해서 여러 주체가 모여서 포괄적이며 완전하게 해결할 수 있는 새로운 방안과 발상이 필요하다.

따라서 한일 간의 문제를 해결하기 위해 구체적인 해결기구를 설치해서 대응해야 할 필요가 있다. 양국이 안고 있는 난제를 해결하기 위해서는 사안별로 해결할 수 있는 특별기구를 설치해서 해결안을 제시하는 방안이 효과적이라고 할 수 있다. 사안별 특별기구는 양국에 있어서 정부담당기관, 민간전문가, 관련시민단체, 제3자로서 관련국제기구전문가, 양당사자, 법률전문가 등이 참여하여 구축할 필요가 있다. 사안별 특별기구의 설치, 사안에 대한 역사적 사실확인, 해결해야 할 문제, 해결안제시, 국회비준에 준하는 확인, 해결개시 등과 같은 절차가 필요할 것이다. 다음은 현안해결특별기구를 구성하는 원칙을 소개한 것이다.

〈표 11〉 한일 현안해결특별기구의 구상

구분	내용
목적	한일간에 발생하는 현안을 해결하기 위해 현안 중심의 특별기구를 설치해서, 한일 간의 현안이 발생하면 양국의 주무부서는 문제를 해결하기 위해서 특별기구 설립을 준비해서 대응한다.
구성원	현안해결기구는 양국이 추천하는 관련 현안 주무부서가 협의로 현안관련 정부담당기관, 민간전문가, 시민단체, 제3자로서 관련국제기구전문가, 양당사자로서 개인과 관련단체, 법률전문가 등으로 구성한다.
한일현안	한일청구권협정, 한일기본조약, 위안부문제, 강제징용재상문제, 한일병합유효성문제, 역사교과서문제, 한일수출규제 및 화이트국가배제문제, 지소미아파기와 종료문제, 한국함정과 일본의 초계기조사문제, 독도영유권문제, 해양권문제, 혐한혐일문제, 반일문제, 반한문제, 어업권문제, 불매운동문제 등 충돌하고 있는 사안이다.
심의절차	설치요청은 양국정부, 관련기관, 당사자, 시민단체, 국민 등이 자유롭게 하고, 논의사안이 되는가 안 되는가에 대한 판단은 각국의 관련기관이 판단하도록 한다. 현안해결기

	수 구성절차는 한일 간 갈등현안발생, 특별기구설치를 위한 TF구성, 사안별 특별기구의 설치, 사안에 대한 역사적 사실심의 및 확인, 해결안제시, 국회비준에 준하는 확인, 해결 이해 및 결과확인 등의 절차가 필요할 것이다. 현안해결안이 제시될 때까지 양국정부는 절차에 필요한 제반 사항을 전폭적으로 공동지원해야 한다.
해결원칙	현안에 대한 협의를 중단하거나 폐지하는 것이 없이 해결될 때까지 해결안을 제시한다. 해결안은 정신적 물질적 해결안으로 접근할 필요가 있다. 해결안에 대해서 양국, 양 당사자가 수용하는 승복원칙이 준수되어야 한다. 해결된 현안에 대해서는 재발의, 재심 금지원칙이 준수되어야 할 것이다.

해결안의 법적 수준은 사안별로 조약, 협정, 협의 등으로 정할 필요가 있다. 해결하기 위한 양국합의 성격은 항구적 해결을 목표로 해야 하고, 일시적인 미봉책이나 위기극복용으로 해결하는 것이어서는 안 될 것이다. 사안을 해결하는 데 있어 다른 영역으로 확대해서 해결하는 것이 아니라 그 현안 그 자체에 한하여 해결할 수 있는 방안을 제시하여야 한다. 해결안은 포괄적인 한일 간의 조약, 협정, 합의 등이 아니라 개별적인 사안에 대응할 수 있는 구체적인 개별조약, 협정, 합의 등이 되어야 할 것이다.

한국과 일본은 한일현안을 해결하기 위해서 현안별 해결기구를 설치해 대응하여 해결하는 방법을 생각할 수 있다. 한일이 현안해결기구를 통해 해결하기 위해서는 한일 간의 보편적 가치와 상대에 대한 교류와 공유가 있어야 한다. 자유주의, 휴머니즘, 상대존중, 공유가치의식, 상대방에 대한 배려, 공동개발과 협력, 동반성장과 공존 등과 같은 인류 보편적인 가치가 작동해야 한다. 한일 간의 문제해결을 위한 기금모음 등과 같은 상호실천적 협동네트워크를 구축할 필요가 있다. 아직까지는 한일 간의 문제는 국가지도자, 관련정부기관 등이 주도적으로 해결하는 경향이 있어 국가지도자의 역량과 사상이 중요하게 작용하고 있다는 점을 부인할 수 없다. 한일 간의 역사를 보면, 한일 국가지도자의 역량이나 철학에 기초해서 해결된 것들이 잘 작동하고 있지 않고 있다. 일시적이며 정치적으로 해결하려는 발상에서 나온 미봉책에 불과했기 때문이다. 따라서 사안별 해결기구를 조성해서 장기적이며 근본적으로 해결한다는 원칙을 세울 필요가 있다.

5. 한일 간의 평화기금

한국과 일본 사이의 문제를 현실적으로 해결하기 위해서는 평화기금조성이 필요하다. 한일간에 벌어지고 있는 갈등을 해결하기 위한 기본 조건에는 정신적인 사죄, 용서, 수용 등이 있지만 배상, 보상 등이 연동되기 때문이다. 그 구조는 한국이 피해자라는 위치와 일본이 가해자는 위치가 만들어 내고 있는 것이다. 사죄와 배상은 일반적으로 피해자가 요구하는 주장이다. 한일관계에서 보면, 사죄는 가해자가 해결하고 배상은 피해자가 요구하는 해결안인 경우가 많다. 지금까지 가해자는 사죄, 인정, 반성 등에 의지하여 문제를 마무리하는 경향이 있었고, 물적 배상이나 보상에 대한 해결안을 등한시하였다. 그렇기 때문에 한일간에 역사적 문제를 해결하기 위해서는 양측면의 해결안이 합리적이며 효과적일 수 있다

한일문제를 현실적이며 실효적으로 해결하기 위한 이른바 평화기금은 다양한 형태로 조성되어 활용되었다. 다음은 한일문제를 해결하기 위해 조성된 평화기금을 소개한 것이다.

〈표 12〉 한일 문제해결을 위한 평화기금

구분	내용
한일청구권기금	한일청구권협정으로 조성된 무상3억 달러라고도 할 수 있다. 한국은 일본으로부터 받은 3억 달러 청구권자금과 원조금은 포항종합제철, 소양강댐, 경부고속도로, 한강철교, 영동화력발전소 등을 건설하는 한편 경제발전을 이루는 데 사용하였다. 무상 3억 달러의 사용처를 보면, 원자재도입 44.3%, 농촌지도 및 농토이용 10.3%, 포항종합제철공장건설 10.3%, 농수산부 10.3% 등으로 사용되었다. 그러나 민간에게 배상이나 보상으로 얼마나 어떻게 사용됐는지 확인할 필요가 있다.
박정희 정부	한국 정부는 1971년 '대일민간청구권신고에 관한 법률'(対日民間請求権申告に関する法律), 1972년 '대일민간청구권보상에 관한 법률'(対日民間請求権補償に関する法律, 1982년 폐지)를 제정하여 보상을 하였다. 일제당시 군인, 군속, 노동자로 소집 및 징집된 사람의 유족에게 개인보상금으로 1인당 30만 원(2.24만 엔)을 지불하였다. 개인보상총액은 약 91억 원(5.8억 엔)으로 무상자금 3억 달러(1080억 엔)의 5.45%에 불과했다. 약 91억 원을 개인청구자에게 지불한 것으로 발표되었다.
김대중 정부	1998년 김대중 대통령은 일본인 민간이 위안부를 위해서 설립한 '여성을 위한 아시아평화기금'에 대해서 일본 정부에게 국가보상을 요구하지 않고, 아시아여성기금으로부터 돈을 받지 않는다고 발표하였다. 그리고 기금을 받지 않는다고 선언한 위안부 142명에게 생활지원금 3,100만 원과 매월 5,000천 원의 생활지원금 지급을 결정하였다. 당시 기금을

	실명으로 받은 7명과 서약을 거부한 4명은 제외되었다.
노무현 정부보상	노무현 정부는 당시 위안부 등 일부 개인에 대한 보상을 대상외라는 성명을 발표하고 청구권을 청구하는 것이 협정에 맞지 않는다고 판단하여 보상을 실시하였다. 2005년 노무현 정부는 민관공동위원회를 구성해서 '일본군 위안부, 사할린 한인, 조선인 원폭피해자문제' 등 3개항에 대해서 일본 정부의 법적 책임이 남아있다고 결론내렸다. 그리고 징용, 징병피해자문제는 일단락되었다고 결론을 내렸다. 징용 및 징병피해자보상은 1965년 한일청구권협정에서 종결된 것으로 보았고 다만 그때 돈을 경제건설에 투자하여 피해자구제에 소홀한 점을 인정하여 2007년 특별입법으로 보상해 주었다. 2007년 특별입법으로 2015년까지 징용피해자 7만 2,631명에게 사망자 유족 2,000만 원, 부상자 1,000만 원씩 모두 6,184억 원을 지급했다.

한국 정부가 1976년 발표한 『청구권자금백서』에는 일본 정부로부터 한일청구권으로 받은 3억 달러와 유상대부 2억 달러가운데 일제식민지 하에서 피해를 입은 피해자에게 보상이나 배상의 이름으로 지불된 자금이 없는 것으로 나타났다. 그리고 1972년에는 한국 정부가 일제당시 군인, 군속, 노동자로 소집 및 징집된 사람의 유족에게 개인 보상금으로 총 91억 원을 지불하였다. 김대중 대통령은 1998년 일본민간에 의해 구성된 여성을 위한 아시아평화기금의 기금 수령을 거부하고 국가가 피해여성을 위해 보상을 해 주었다. 그리고 2007년 노무현 정부는 징용피해자에게 6,184억을 보상으로 지급하였다. 한국 정부는 나름대로 보상을 하였지만 2020년 현재 한국에서는 식민지 지배하에서 받은 피해배상을 일본기업에게 요구하는 소송을 제기하고 승소하여 배상을 기다리고 있다.

그리고 위안부문제를 민간차원에서 해결하기 위해 일본인들은 1997년 재단법인 여성을 위한 아시아평화기금(財団法人女性のためのアジア平和国民基金, Asian Women's Fund)을 마련하여 대응하였다. 이 단체는 전 위안부에 대한 보상, 여성의 명예와 존엄 등의 차원에서 일본 정부와는 독립해서 활동하면서 한일관계개선을 위해서 많은 역할을 하였고 2007년 사업수료로 해산되었다. 다음은 여성을 위한 아시아평화기금의 활동 내용을 소개한 것이다.

〈표 13〉 일본 민간의 아시아평화기금[323)]

구분	내용
설립 운명	1995년 7월 설립되어 2007년 사업수료로 해산되었다. 정식명칭은 재단법인 여성을 위한 아시아평화기금이며, 일본 정부출자와 국내외모금으로 운영되었다.

목적	전 위안부 보상사업의 일환으로 생활지원을 하고, 여성의 명예 존엄에 관한 사업, 국내외 편견방지활동을 하는 데 있다.
사업 내용	보상사업을 위해 국민거출금 및 정부예산 의료복지지원사업을 포함해서 약 6억 엔 기금을 확보하였고, 해당자에게 1인당 일률적으로 200만 엔을 지급하였고, 일본총리의 사죄편지를 송부하였다.[324]
한국의 경우	한국에서는 아시아여성기금을 받는 것을 부정적으로 인식하였다. 당시 일부시민단체는 '아시아여성기금의 돈을 받는 사람은, 스스로 자진해서 공창이라는 것을 인정하는 것과 같다'라고 하여 강하게 거부하였다. 김대중 대통령은 아시아여성기금을 받지 않은 위안부에게 생활자금과 생활비를 지급하였다.[325] 위안부에 대해서 한국 정부는 인류의 보편적 가치와 여성존엄이라는 이상적인 차원에서 위안부문제를 인식하였지만, 실제로 위안부들이 겪어 온 부분에 대한 일본 정부배상이 필요하다고 인식했다.
활동 평가	아시아기금 오누마 야스아키(大沼保昭)이사는 '한국사회는 반일을 말하면 좋다고 하는 체질'(韓国社会は反日さえ言っていればいいという体質)이고, 한일관계를 개선하는 데는 역할하지 못할 것이며, 아시아기금은 애당초 한국에서 평가받지 못하여 한국에 사죄해도 의미가 없다'고 하여 위안부문제해결에 소극적이었다.[326] - 한국의 위안부 이용수씨는 '무라야마는 싫다. 위안부 문제는 솔직하게 해결하려고 한다면, 그런 기금을 만들어서는 안 된다'고 거부감을 가졌다. 위안부 심미자씨는 2004년 전 위안부 13인으로 세계평화무궁화회(元慰安婦らと世界平和無窮花会)를 결성하고, 위안부를 이용하는 기만적인 모금활동, 모금운동 등을 비판하였다.

일본 정부와 민간이 중심이 되어 설치한 아시아평화기금은 위안부와 그들의 명예회복을 위해서 설립하여 현실적으로 필요한 생활자금을 지원하는 활동을 하였다. 그러나 한국에서는 시민단체, 당사자, 정부 등에서 의견 차이가 있으면서 수용을 거부하였다. 일부 시민단체는 위안부문제가 인류보편적 가치를 훼손하고 여성을 유린한 행위로 규정하여 물질 보상보다는 정신적 보상을 요구하는 경향이 있었다. 한국 정부도 그런 측면에서 인식하여 지원을 하였다. 따라서 일본 정부, 시민단체, 일본국민 등이 합심해서 만든 아시아평화기금은 한국에서 위안부문제를 해결하는 데 한계가 있었다. 그것은 한국 정부, 시민단체, 당사자 등이 구상하고 있는 해법에 대한 차이가 불러온 것이라고 할 수 있다.

323) https: //www.awf.or.jp/ 財団法人 女性のためのアジア平和国民基金 (2020년 11월 30일 검색)

324) https: //www.mofa.go.jp/mofaj/ (2020년 12월 2일 검색)

325) 《朝日新聞デジタル》 2020年6月4日 (2020년 12월 2일 검색)

326) 日本の大沼教授「韓国、慰安婦問題の少数意見受け入れないおかしな社会」《中央日報》 2015年 12月 2日

다음은 한국 정부, 한국국민, 시민단체 등이 기금조성과 거처마련, 생활보호지원 등을 통해 위안부문제를 해결한다는 명분을 갖고 활동한 나눔의 집의 상황에 대해서 소개한 것이다.

〈표 14〉 한국 민간의 나눔의집 기금[327)]

구분	내용
설립 목적	1992년 일본 미야자와 기이치 총리의 방한 당시 위안부 할머니들이 위안부 피해의 증언을 알리는 계기가 되어 위안부의 생활과 보호를 목적으로 설립되었다. 1992년 불교인권위원회 위원장 송월주 스님이 주축이 되어 위안부 할머니들이 생활할 수 있는 〈나눔의 집〉을 마포구 서교동에 개원하였다. 현재는 경기도 광주시 퇴촌면 가새골길 85 원당리에 있다.
활동	나눔의 집은 위안부 피해자를 보호하고, 생활이 가능한 쉼터로서 활용하는 한편, 위안부의 친목과 위로를 하는 활동을 하였다. 1998년에는 이 곳에 총 350m^2 규모로 일본군 위안부 역사관을 개관하였고, 역사박물관은 일반시민과 일본인들의 성금을 통해 건립되었다. 거주 중인 위안부 할머니들은 위안부 피해를 알리는 그림 전시회를 개최하기도 하였고, 매주 수요일 일본대사관 앞의 수요집회에도 참여하여 일본 정부의 반성과 위안부인권문제를 세계에 알렸다.
기금활용	나눔이 집은 정부기관, 시민단체, 일반국민, 기업가, 독지가 등이 지원하는 기금으로 운영되었다. 그 동안의 활동기금의 내역을 보면, 나눔의 집은 2015년부터 2019년까지 88억 원의 후원금을 모집했다. 그 중에서 위안부들이 생활하고 있는 나눔의 집 양로시설 지원금은 2억 원(2.3%)을 사용한 것으로 알려져 문제가 됐다. 후원금은 재산조성비, 토지매입, 생활관증축, 유물전시관 및 추모관, 추모공원 조성비 등으토 사용된 것으로 밝혀져 기금운영의 문제점이 지적되었다.

한국의 민간단체가 합심해서 위안부 쉼터로 조성된 나눔의 집은 민간차원에서 직접적으로 운영되고, 생활보호와 여생을 마칠 수 있도록 지원했다는 점에서 실질적이고 유용한 보상활동이었다고 평가할 수 있다. 그러나 위안부의 보호와 삶 유지라는 명백한 활동목표가 있음에도 불구하고 간접적이거나 명분을 위한 사업에 기금을 사용하므로 주객이 전도되는 상황이 있었다는 점을 부인할 수 없다.

한국 정부와 일본 정부는 위안부문제를 정부차원에서 해결하기 위해 2015년 한일위안부합의를 하였다. 다음은 일본 정부와 한국 정부가 맺은 한일위안부합의 내용을 소개한 것이다.

---

327) http: //www.hani.co.kr/arti/area/; https: //ko.wikipedia.org/wiki/ 나눔의집; https: //namu.wiki/w/ 나눔의집 (2020년 12월 2일 검색)

〈표 15〉 한일위안부합의 화해치유재단

구분	내용
합의	공식명칭은 위안부문제일한합의(慰安婦問題日韓合意)이며, 일본 정부는 일한합의(日韓合意)라고 칭하고 있다. 2015년 12월 28일 한일외상회담에서 한일 간의 위안부문제가 최종적이며 불가역적으로 해결된 것을 확인하는 일본 정부와 한국 정부간의 합의이다.
일본 활동	일본 정부는 한국 정부가 설립하는 위안부를 지원하기 위해 '화해 치유재단'(和解·癒やし財団)에 10억 엔을 거출할 것을 약속하고, 2016년 8월 31일 이행했다. 화해 치유재단은 일본 정부의 거출금을 기초로 위안부에게 현금으로 지급을 했다. 2016년 10월 시점에서 생존중인 위안부 46명 가운데 36명에게 지급완료 및 지급중이었다. 사망한 35명의 위안부에 대해서는 유족이 받는 데 동의했다. 일본 정부는 그렇게 해서 한국과 일본 사이의 위안부문제는 '최종적이며 불가역적으로 해결된 것'이며, 설치된 평화의 소년상을 철거하는 것으로 인식하였다.
한국 활동	한국 정부는 위안부합의에 따라서 일본 정부의 예산으로 '화해 치유재단'을 설치하여 활동에 들어갔으며, 한일 간의 관계를 개선하는 계기가 되었다. 한국 정부는 한일합의가 법적 구속력이 없는 정치적 합의라고 표명하고, 서울 일본국대사관 앞 위안부상의 이동을 이행하지 않았다. 2017년 9월 대사관 앞 위안부상은 서울시에서 특별공공물로 지정하고, 이동설치를 하지 않았다. 그리고 2017년 부산 일본영사관에 위안부상을 설치하였고, 2018년 한국국내 위안부상이 56개로 증가하였으며, 2018년에는 해외에서 15개소로 증가하였다.
합의 파기	- 2017년 5월 10일 문재인 대통령에 당선되면서 5월 11일 아베 총리와 전화 회담에서 위안부 합의에 대해 '국민의 대다수가 심정적으로 합의를 수용하지 않고 있는 것이 현실'이라고 말해 한일위안부합의에 대한 부정적인 입장을 전달했다. - 2017년 12월 19일 아베총리는 한국 강경화 외무상과 회담에서 위안부문제에 대한 일한합의 이행을 촉구했다. 12월 26일 스가 관방장관이 각의 후 기자회견에서 일한합의에 대해 '국제사회가 높게 평가하고 있다. 서로 실행하는 것이 매우 중요하다'(国際社会が高く評価している. 互いが実行に移していくことが極めて大事だ)고 강조했다. - 2018년 11월 12일 한국 정부는 '화해 치유재단'의 해산을 발표했고, 일본 정부는 국가간의 합의를 파기하는 것은 있을 수 없으며, 한일 간의 위안부문제는 최종적으로 불가역적으로 해결됐고, 한일청구권에서도 이미 완전하게 해결됐다는 점을 강조하였다.
평가	- 와다하루키(和田春樹) 교수는, 일본군위안부문제합의 결정에 대해서 '일본 정부가 국가책임을 인정했다. 아베정권이 그것을 인정한 것은 4반세기 기간 굴복하지 않은 일본군위안부 피해자와 시민운동이 승리한 결과이며, 총리대신의 사죄와 반성은 외상이 대독하거나, 대통령에게 사죄하는 형태로 하기보다는 피해자가 사죄를 수용하는 형태로 새롭게 총리자신이 공식적으로 표명하는 것이 좋다'고 평가했다. - 일본그리스도교협의회는 위안부문제일한합의에 대해서 백지철회하고, 명확하게 공식적인 방법의 사죄, 사죄행위로서의 배상, 일본 정부 보유자료의 전면공개 및 진실표명, 역사교과서에서의 기술과 추도사업 등을 한국과 북한, 전세계에 표명해야 한다는 입장을 발표하였다. - 2017년 5월 12일 국제연합고문금지위원회(国連拷問禁止委員会)는 한국에 대해서 한일합의에 대해 양국에 의한 합의를 환영하지만, 피해자에 대한 보상이나 명예회복, 진상해명, 재발방지의 약속 등에 충분하지 않다고 지적했다. 피해자에 대한 보상과 명예회복이 행해지도록 양국의 재교섭을 촉구했다.

한일위안부합의에 의해서 설치된 화해와 치유재단은 한국 정부와 일본 정부가 추진해서 위안부문제를 해결하기 위한 목적에서 출범하였다. 그러나 한국에서는 위안부 당사자, 위안부관련 조직 등이 거부하는 사태로 이어지면서 결국 2018년 한국 정부가 합의를 파기함으로써 위안부문제는 다시 원점으로 돌아갔다. 한일간에 발생하는 역사적 사실을 둘러싼 갈등은 역사인식, 역사교육, 피해에 대한 현실적 보상 또는 배상, 공식적인 사죄 등과 연결되고 있다. 최근 한일간에 징용공배상과 관련해서 갈등이 심화되고 있는 상황에서 일본에서는 한일문제를 타결하기 위해 경제기금을 마련하자는 움직임이 일었다.[328) 《교도통신》 2019년 10월 28일 보도에 따르면, 일본 정부가 한일 갈등을 타개하기 위해 한국 정부와 기업이 경제협력 명목의 기금을 창설하고, 일본기업이 참가하는 '경제기금 설립안' 초안을 마련했다. 한일 소식통을 인용해 한일정부가 한일 갈등 상황 수습을 위한 합의안 검토에 착수했다며 '경제기금 설립안'이 부상하고 있다고 전했다. 경제기금 설립안은 일본 측에서 초안을 마련한 것이며 양국 협의에서 다뤄질 것으로 보인다고 설명했다.[329) 그러나 배상으로 규정하려고 하는 한국과 배상 책임을 인정하지 않으려는 일본의 인식 차이가 크기 때문에 난항을 겪고 있다고 보도했다.

일제강제징용 배상청구권에 대한 한국의 대법원과 일본의 최고재판소 판결은 상반된 입장을 취하고 있다. 일본최고재판소는 1965년 한일 청구권협정에 의해 '개인의 배상청구권은 주장할 수 없다'라고 판결했다. 이 판결은 '대한민국과 일본국 간의 기본관계에 대한 조약' 제2조 제1항 '양 체약국은 양 체약국 및 그 국민(법인을 포함함)의

328) 스탠포드 대학의 쇼렌스타인 아시아태평양 연구센터 (Shorenstein APARC, Stanford University)는 2019년 '위기에 처한 한일 관계: 불확실한 국제 관계 속에서 고조되는 마찰'(Japan and South Korea on the Brink: Escalating Friction Amidst an Uncertain World)이라 제목으로 세미나를 개최했다. 세미나에서는 일본이 화이트리스트에서 한국을 제외하자 한국 역시 한일 군사정보보호협정 파기로 대응하는 등 한일 관계가 최대의 위기를 치닫고 있는 상황에 대해서 외교 및 무역 관련 전문가들을 초청해 그 원인을 고찰하고 해소 방안을 찾고자하였다. 제1부 외교와 국제 관계(Diplomacy and International Relations)에서는 겐지 구시다 스탠포드 대학 연구교수의 사회, 신각수 전 주일대사, 히도시 다나카 재팬 리서치사의 국제전략 책임자, 조셉 윤 전 미국무부 부차관보 등이 발표했다. 제2부 무역 관련 문제들(Trade Issues)에서는 스탠포드 APARC 한국 프로그램의 부 디렉터 이영숙 사회, 최석영 전 WTO 대사, 유키코 후가가와 와세다 대학 교수, 아이코 래인 미일 상공회의 이사장 등이 발표했다. https: //www.eventbrite.com/ (2020년 12월 2일 검색)

329) https: //www.seoul.co.kr/news/newsView. (2020년 12월 2일 검색)

재산, 권리 및 이익과 양 체약국 및 그 국민 간의 청구권에 관한 문제가 1951년 9월 8일에 샌프란시스코시에서 서명된 일본국과의 평화조약 제4조(a)에 규정된 것을 포함해 완전히 그리고 최종적으로 해결된 것이 된다는 것을 확인한다'라는 조항과 제3항 '일방체약국 및 그 국민의 타방체약국 및 그 국민에 대한 모든 청구권으로서 동일자 이전에 발생한 사유에 기인하는 것에 관해서는 어떤 주장도 할 수 없는 것으로 한다'라는 조항에 근거를 두고 있는 것으로 보인다.

한국대법원은 일본의 판결과는 다르게 판결을 내렸다. 즉 '한일청구권 협정은 국가 간의 협정으로 개인의 청구권을 소멸시킬 수 없으며, 더욱이 일본기업의 불법행위에 따른 위자료 청구권은 피해자들이 일본기업을 상대로 행사할 수 있다'고 판단했다. 그리고 피해자들의 청구권은 일본 침략전쟁이라는 반인도적 행위에 의한 것이며 한반도 지배의 불법성을 전제로 하지 않는 협정이 피해자 개인의 청구권에는 적용될 수 없다고 판결한 것이다. 또한 '일제강점기의 강제동원 자체를 불법으로 보는 대한민국 헌법의 핵심 가치와 정면충돌하는 일본최고재판소의 판결은 국내에서 효력을 가지지 못한다'고 판결했다. 한국대법원은 2018년 10월 30일, 일제 강제징용배상청구소송에서 일본기업이 징용피해자들에게 1인당 1억 원의 위자료를 배상해야 한다고 최종 판결했다.

강제징용배상문제에 대해서 한국의 법원판결과 일본의 최고재판소판결이 서로 상이한 상황이다. 그리고 한국 정부와 일본 정부의 입장도 서로 다르다. 이 문제를 해결하기 위해서 다양한 의견이 나오고 있다. 하나는 국제사법재판소에 제소해서 판결을 받는 것이다. 국제사법재판소 제소는 상대국이 동의해야 하기 때문에 한국이 선호하지 않아 성립되기 어렵다. 일본은 한일청구서협정에 따라 중재위원회를 개최해서 해결해야 한다는 입장이다. 그러나 한국은 개인의 피해배상문제를 한일청구권협정에 근거한 분쟁으로 인식하지 않아 중재위원회 설치에 응하지 않았다. 그 결과 현재 한일간에는 징용배상을 둘러싸고 다양한 영역에서 갈등을 야기하여 한일관계가 악화되고 있다.

현재 한일간에 일어나고 있는 강제징용문제는 배상을 누가 할 것인가하는 문제에 초점이 맞춰지고 있다. 양국가의 대결보다는 효과적인 기부를 통한 기금으로 해결하자는 안이 있다. 또한 한일간에 해결되지 못한 위안부 문제, 강제징용 배상문제 등에 대한 금전적 지원을 할 수 있는 민간재단을 설립하자는 대안도 나오고 있다. 그리고 강제징용판결에 대해서 관련 일본기업의 출연금, 한국의 관련 국내기업출연금, 그리고 자진 참여하는 양국 국민기부 등을 통해 재단을 만들어 가용자금으로 해결하자는 안도 나왔다. 한일관계가 극도로 악화되는 문제를 해결하기 위해서 현실적인 해법이 필요하다. 그 문제를 해결하기 위해서는 정신적 보상뿐 아니라 '피해자보상 또는 배상'으로 대응하는 것이 중요할 것이다. 그런 점에서 한일 양국에서는 관련된 정부, 기업, 당사자, 전문가, 제3국 전문가 등 다양한 주체가 참가하는 해결기구를 만들고 '화해재단'을 출범시켜 모두가 납득할 수 있도록 해결할 필요가 있다.

6. 한일 간의 교차배려

한국과 일본은 상대방에 대한 배려가 매우 부족하다. 국가 간의 문제, 국가의 행사, 국민간의 관계, 국제사회에서의 상호활동 등에서 상대국가에 대한 배려보다는 경계와 질투의 대상으로 인식하여 대응하는 경우가 많이 발생하고 있다. 예를 들면, 일본의 국제연합안전보장이사회 가입에 대한 한국의 반대, 한국의 G7참여에 대한 일본의 반대, 위안부소녀상 설치에 대한 일본의 반대, 소녀상전시회에 대한 일본의 반대, 욱일기게양에 대한 한국의 반대, 각종 스포츠국제경기에서 투쟁의식 등 다양한 형태로 전개되고 있어 한일관계를 힘들게 하고 있다.

다음은 한일간에 행해지고 있는 국가행사에 대한 반응을 일으킨 현상에 대해서 소개한 것이다. 한국은 일본의 국가행사에 대해서 민감하게 반응하고, 일본은 한국의 국가행사에 대해서 민감하게 반응하고 있다.

〈표 16〉 한일 간의 행사에 대한 반응

구분	내용
	- 한국에서 8.15는 1945년 8월 15일 히로히토 천황이 옥음(玉音)방송으로 항복을 선언하여 대한민국이 일본의 통치에서 벗어나 해방을 맞은 날이다. 이날을 기념하기 위해 8월 15일을 광복절로 지정하였다. 1948년 대한민국 정부 수립 후 8.15에 맞춰 매년 기념식을 열고 있다. - 일본에서는 8.15를 천황이 전쟁으로 고생하는 자국민을 불쌍히 여겨 종전을 선언했다고 해서 종전기념일이라고도 하고, 공식적으로는 '전몰자를 추도하고 평화를 기원하는 날'이라고 하여 기념하고 있다. 1952년 5월 2일 처음 열린 추도식은 1963년부터 8월 15일에 치러지고 있다. 1964년 한 차례 야스쿠니 신사에서 진행됐지만 이후에는 종교색을 지우고 닛폰부

8.15일	도칸에서 열리고 있다. 일본 정부는 중일전쟁, 제2차 세계대전의 전사자 등 약 230만 명, 공습 및 원폭투하로 목숨을 잃은 약 80만 명의 일반시민의 명복을 기리고 있다. - 2019년 5월 즉위한 나루히토 천황은 정오에 맞춰 묵념한 뒤 약 1분 30초 동안 추도사를 했다. 아키히토 상왕이 2015년부터 추도사에서 언급한 '깊은 반성'을 레이와 천황도 반복했다. 즉 전쟁 후 긴 평화의 세월을 회상하며 과거사를 뒤돌아보고 깊은 반성 위에 서서, 다시 전쟁의 참화가 일어나지 않길 간절히 원하고, 세계의 평화와 우리나라의 한층 나아간 발전을 기원한다고 말했다.[330] 8월 15을 한국은 광복절기념으로 일본은 전물자추도식으로 치르고 있어 대조적이다.
평화의 소녀상	- 평화의 소녀상(Statue of Peace)은 일본군 위안부 피해자들을 기리고 올바른 역사 인식을 확립하기 위한 예술 조형물이다. 평화비(平和碑)라고도 한다. 1992년 시작된 수요집회는 주한 일본 대사관 앞에서 위안부 피해자들의 명예와 인권회복을 염원하기 위해 한국정신대문제대책협의회가 추진하였고, 수요집회 1000회째를 기념해서 2011년 12월 14일 서울 종로구 일본 대사관 앞에 소녀상을 처음으로 세웠다. - 2016년 12월 28일 부산 동구청은 일본총영사관 앞에 설치된 소녀상을 불법이라며 강제로 철거하였다. 반대 여론이 거세지자 의사를 번복하며 설치를 허용했다. 일본 정부는 유감 표명으로 항의하며 철거를 요청하였다. 그리고 경기도의회 내의 독도사랑모임 소속 의원들이 독도에 소녀상을 설치하기로 하고 2017년 1월 16일 성금 모금에 들어갔다. 일본 정부는 외무성을 통해 자국 영토인 독도에 소녀상 건립을 받아들일 수 없다는 입장을 펼쳤다. - 한국자생식물원은 2020년 7월 26일 강원도 평창 오대산 기슭에서 '영원한 속죄(A heartfelt apology)'라는 제목의 조형물을 공개한다고 발표했다. 이 조형물은 위안부 소녀상 앞에 누군가가 무릎을 꿇고 사과를 하는 작품이었다. 작품 제작자는 '속죄를 모르는 일본이 작품과 같이 머리를 조아리고 우리가 그만 됐다고 할 때까지 속죄해야만 비로소 용서를 생각할 수 있다는 것을 형상화한 조형물이며, 아베 총리는 식민지배와 위안부 문제에 대한 사과를 회피하는 정반대 행보를 하고 있음을 각인시키고 반성을 촉구하는 작품'이라고 했다. 일본 정부는 소녀상 앞에 아베 신조 총리가 무릎 꿇고 사죄하는 듯한 동상을 제작한 것에 대해 강한 불쾌감을 드러내며 반발하였다.[331] 2020년 7월 28일 스가 관방장관은 '아베 사죄상(像)'에 대한 질문에서 '만일 보도가 사실이라면 일한관계에 결정적인 영향을 미치게 될 것이며, 그런 행동은 국제 의례상 허용되지 않는다'며 '한국 측에 위안부 문제의 최종적이고 불가역적인 해결을 확인한 일한 합의의 착실한 이행을 계속 강하게 요구한다는 생각에 변함이 없다'고 했다. 《산케이신문》은 한국 내 인터넷상에서 칭찬하는 목소리도 있지만 외교적 무례, 유치하다는 비판도 나와 찬반이 엇갈리고 있다고 전했다. 《교도통신》도 한국에서도 찬반이 갈리는 소동이 되고 있다고 보도했다.[332]
야스쿠니신사	도쿄 치요다구에 위치한 야스쿠니신사는 우익들이 일본 제국주의와 국가신도를 상징하는 성지(聖地)로 여기고 있다. 야스쿠니신사에는 전쟁과 관련해서 죽은 남녀노소 246만 6,532명의 이름, 본관, 생일, 사망장소를 적은 문서가 봉안되어 있고, 시신이나 유골은 없다. 야스쿠니 신사는 일본이 관여한 전쟁에서 희생된 자를 합사한 곳으로 일본정치인들은 그곳에서 참배를 하고 있다. 일본 정부는 야스쿠니신사가 종교 시설이고, 합사 문제는 종교의 자유와 연관되기 때문에 정부가 관여하기 어렵다는 태도를 취하고 있다. 그러나 정치인이 참배하는 것 자체가 전범 청산 의지가 없다는 것이며, 태평양전쟁 전범자들을 추모를 넘어 신격화하고 과거 일으킨 전쟁을 미화하는 공간이라고 하여 비판받고 있다.

욱일기	구 일본제국의 군기이며 일본의 자위대가 사용하고 있는 공식기이다. 일제 때는 욱광 문양이나 해군 군함기로 부르는 경우가 많았다. 당시 일제의 군사침략을 당한 한국 및 중국 등 동아시아의 국가들은 일본군이 아시아 침략 및 제2차 세계대전 기간 중 사용했기 때문에 일본 군국주의를 상징한다고 하여 부정적으로 인식하고 있다. 한국에서 욱일기는 전범기의 성격을 가진 것으로 인식하여 민감하게 반응하고 있다. 한일스포츠경기시합에서 욱일기를 들고 응원한 사건, 한일군사합동훈련시 욱일기를 게양한 사건, 2020년 도쿄올림픽 메달 디자인이 욱일기를 연상한다고 주장한 사건 등 욱일기 사용을 둘러싼 한일갈등이 이어지고 있다.

한국과 일본은 국가행사로 추진되고 있는 8.15기념식, 위안부문제를 인권문제로 인식하여 설치하고 있는 평화의 소녀상, 야스쿠니신사참배, 욱일기계양 등에 대해서 서로 다른 인식과 행동을 하고 있다. 거기에는 기본적으로 한일양국이 역사에 대한 시시비비를 가리려는 의도가 내재되어 벌어지고 있는 갈등현상이 있다. 만약 한국은 일본이 행하고 있는 전몰자추도식, 야스쿠니신사참배, 욱일기사용 등을 인정하고, 일본은 한국이 행하는 8.15기념식, 평화의 소녀상 등을 서로 인정하면 어떻게 될까? 만약 일본이 독일이 행한 방식으로 과거를 청산하면 어떻게 될까? 한일은 여전히 서로 용서하지 않고 용서를 요구하지도 않는 대응을 지속적으로 유지하고 있다.

한일 간의 갈등은 한일관계에 한정되지 않고 국제무대로 전선을 확대하고 있다. 다음은 최근 한국과 일본 사이에 벌어지고 있는 국제무대에서의 경쟁, 견제, 반대 등을 소개한 것이다.

〈표 17〉 한국과 일본의 국제적 갈등

구분	내용
UN사무총장한국출마	2006년 한국의 반기문 외교통상부 장관이 유엔 사무총장에 출마했을 때, 선출 4차 예비투표 때에도 15개 안보리 이사국 가운데 유일하게 일본은 '의견 없음'으로 기권한 것으로 알려졌다. 볼턴 전 미국 백악관 국가안보보좌관은 2007년 자서전『항복은 선택이 아니다』에서 유엔주재 미국 대사로 근무할 당시 일화를 소개하면서 일본이 막판까지 반기문 장관이 유엔사무총장으로 선출되는데 반대했다고 밝혔다.

330) http: //www.sisajournal.com (2020년 12월 2일 검색)

331) http: //news.chosun.com/site/data (2020년 12월 2일 검색)

332) http: //news.chosun.com/site/data (2020년 12월 2일 검색)

안보리일본가입	일본은 독일, 브라질, 인도 등 4개국(일명 G4 그룹)이 유엔 안전보장이사회 상임이사국 진입을 목표로 활동하고 있다. '안보리확대결의안'의 공동 제안에 참가 의사를 밝힌 국가는 30여 개국이다. 한국은 일본의 유엔 안전보장이사회 상임이사국 진출을 위한 상임이사국 확대 시도에 반대했다. 일본의 유엔 안전보장이사회 상임이사국 진출을 저지하기 위한 국제연대의 서명 캠페인 참가자가 170만 명을 넘었다.
WTO사무총장한국출마	일본은 2020년 유명희 통상교섭본부장이 WTO 사무총장이 되는 것을 우려해 반대하고 있는 것으로 알려졌다. 유명희 본부장은 일본의 수출규제에 대한 한국 정부의 WTO 제소를 이끌어온 인물이다. 일본 정부는 유 본부장의 WTO 사무총장선출이 무역분쟁에 미칠 영향에 부담을 갖고 있는 듯하다. 일본 정부는 유 본부장의 입후보에 공식적인 반대 입장을 밝히지 않았지만, 다른 후보를 지지하는 것으로 알려졌다. 한국의 외교 소식통에 따르면, WTO 사무총장 선출에 모든 회원국 동의가 필요하기 때문에 일본의 반대가 합의 도출 과정에서 지장이 있을 수 있다고 전했다.
G7한국참가	- 2020년 한국이 주요 7개국(G7)에 참여하는 문제에 대해서 일본이 제동을 걸었다. 한국의 국제위상 강화 시도에 대한 일본의 견제이다. 일본 정부의 스가 요시히데(菅義偉) 관방장관은 기자회견에서 '트럼프 미국 대통령의 G7 확대 구상에 대해서 G7 틀 자체를 유지하는 것이 매우 중요하다'는 입장을 밝혔다. 한국을 언급하지는 않았지만, 트럼프 대통령이 기존 G7에 한국, 호주, 인도, 러시아 등을 포함한 새로운 선진국 클럽을 만들겠다는 구상을 밝힌 상황에서 그런 입장을 발표하여 한국의 참여에 대한 반대로 해석되었다.

국제사회에서 한일갈등은 국가수준에서의 갈등 연장선에서 추진하고 있어 그 골이 매우 깊다는 것을 반증하고 있다. 그것은 단순하게 각 사안에 대한 반대라기보다는 한일간에 벌어지고 있는 현안을 총체적인 시야에서 판단한 결과라고 할 수 있다. 따라서 각 사안에 대한 반대, 경쟁, 소외 등이 아니라 한국과 일본에 대한 각각의 반대이고, 갈등이고 소외인 것이다. 만약 한국과 일본이 추구하는 것 모두를 서로 인정하면 어떻게 해결되고 한일관계는 어떻게 진행될까? 예를 들면, 한국이 주장하는 것처럼 G7에 참가하도록 일본이 적극적으로 지지하고, 일본의 안보리이사국에 진출하도록 한국이 적극적으로 지지하고 인정하는 것, 한국이 원하는 대로 유명희를 WTO 사무총장에 진출하도록 일본이 지지하고, 일본이 원하는 대로 WTO 제소를 취하하면, 한국과 일본의 관계는 어떻게 진행될까?

그런 한일 간의 문제는 이스라엘과 독일의 관계에서 참고가 될 수 있을 것이다. 1940년 지어진 아우슈비츠- 비르케나우 강제수용소에서는 유대인 약 110만 명이 학살됐으며 이 중 23만여 명은 어린이들로 추정된다. 예루살렘에는 유대인들의 수난사를 재현해 놓은 '야드바셈' 역사박물관이 있다. 그곳에는 유대인들이 독일인에게 당한 수난사를 기록하여 알리고 있으면서 '그들을 용서해 주자 그러나 잊지는 말자'라는 문구가 있다. 독일에 대한 이스라엘의 용서이고 맹세이기도 하다.《연합뉴스》에 따르면, 앙겔라 메르켈 독일 총리는 2019년 12월 6일 열리는 아우슈비츠-비르케나우 재단 설립 10주년 기념행사에 재단 측으로부터 초청을 받았다. 메르켈 총리는 이스라엘 예루살렘의 홀로코스트 추모관인 야드바셈에 지금까지 4차례 방문한 바 있다.[333)]

한일 간에 벌어진 문제에 대해서 상호 배려하고 수용하는 것은 불가능한 일인지도 모른다. 그러나 현존하는 갈등을 해결하기 위해서는 동일수준에 있거나 서로 방해가 되지 않는 사안들에 대해서는 과감하게 인정하고 수용하고 지지하는 방향으로 가고, 상대방에 대한 견제보다는 배려하는 입장에 서서 생각해볼 필요가 있다. 한국은 일본에 대한 통 큰 배려가 필요하고, 일본은 한국에 대한 통 큰 배려가 필요한지도 모른다. 한국과 일본이 과거보다는 현실과 미래를 위해서 협력하고 성장과 발전에 서로 적극적으로 가담하도록 의도적으로 진행시키는 것이 역사에 죄를 남기는 일은 결코 아닐 것이다.

Ⅲ. 한국과 일본의 출구

1. 한일청구권협정의 출구

한일청구권협정은 한국 정부와 일본 정부가 국교정상화를 규정한 한일기본조약과 함께 식민지 지배를 둘러싼 한일 간의 청구권을 해결하기 위해서 맺은 부수협정으로 존재한다. 양국국가는 국가간의 청구권에 대해서 협정을 맺은 사항과 내용을 이행하고 사안을 지켜야 할 국가적 도덕적 책임과 의무가 있다. 국가 간 자유로운 의지와 절차에 의해서 맺은 정당한 협정이라면, 법적 강제성과 구속력과 관계없이 규정을 준수하고 내용을 이행해야 할 것이다. 한국과 일본 정부는 공식적으로 한일청구권 협정을 파기하거나 준수하지 않는다는 선언을 하지 않았다.

다만 한일간에 한일청구권을 둘러싼 논쟁은 한일청구권이 식민지 지배에 의해 발

333) https: //www.wowtv.co.kr/NewsCenter/News (2020년 8월 19일 검색)

생한 모든 피해를 포함하고 있는가 하는 점, 그와 관련해서 한일양국은 한일청구권의 준수의무를 이행했는가 하는 점이다. 일본 정부는 청구권협정에 식민지 지배를 둘러싼 모든 피해가 포함되어 있고, 완전하게 최종적으로 해결됐다는 주장이다. 그것에 비해 한국 정부는 청구권협정에 식민지 지배를 둘러싼 모든 피해가 포함됐다는 일본 정부의 주장을 인정하기보다는 개인적인 피해는 별도라는 입장을 취하고 있다. 현재 한일 간의 논점은 한일청구권에 개인 피해에 대한 청구권이 포함된 것인지 안 되었는지 하는 것이다.

한국 정부와 일본 정부는 국가 수준에서 조약을 체결한 당사자이기 때문에 개인청구권과 관련된 책임으로부터 면제될 수 없다. 개인청구권에 대한 소송에서 법원이 배상하라는 판결을 내림으로써 그것에 대해서 일본 정부와 한국 정부는 해결안을 제시해야 할 것이다. 다음은 현재 한일청구권 해결을 위한 한국과 일본 간의 입장을 소개한 것이다.

〈표 18〉 한일 청구권협정 논쟁에 대한 한국 정부와 일본 정부입장

구분	내용
일본 정부의 해결안	아베 신조 총리는 한국대법원에 의한 강제징용배상판결에 근거해서 일본기업에 배상책임을 물어 한국내 일본기업자산을 현금화하려는 시도가 국제법의 위반이며 1965년 한일청구권협정에 기초해서 완전하게 최종적으로 해결됐기 때문에 한국 정부가 책임을 져야 한다고 주장했다. 한일청구권협정에 의거 이미 책임을 졌기 때문에 배상문제는 한국 국내문제이며, 한국 정부가 책임을 져야 한다는 주장이다.
한국 정부의 해결안	문재인 대통령은 '위안부 문제가 한일회담으로 해결됐다는 것은 맞지 않고, 강제 징용배상 문제도 양국 간의 합의가 개개인의 권리를 침해할 수는 없으며, 양국 합의에도 불구하고 강제 징용자 개인이 미쓰비시를 비롯한 회사를 상대로 갖는 민사적인 권리들은 그대로 남아 있다는 게 한국의 헌법재판소나 대법원의 판례이고, 정부는 그런 입장에서 과거사 문제에 임하고 있다는 입장을 밝혔다. 법원판결대로 일본기업이 배상을 해야 한다는 주장이다.

위에서 보면, 아베 총리와 문재인 대통령 간의 한일청구권협정 해석을 둘러싸고 첨예하게 대립되어 있다. 위의 내용에 한정해서 한일 간의 문제를 해결하기 위한 기본원칙으로 제시한 역사인식, 조약준수, 외교적 해법, 평화기금, 해결기구, 상대배려 등과 한일관계를 규정하는 중요한 역할을 하는 정상회담 등의 관점에서, 그리고 2020년 현 시점에서 한일청구권협정 해결현황을 지표점수와 그래프로 그려보면 다음과 같다.

〈표 19〉 한일 청구권의 해결현황[334)]

지표	한일현황	점수	지표	한일현황	점수
사실인식	합의	3	평화기금	이의	- 3
정상회담	무론	0	해결기구	므론	0
조약준수	이의	- 3	상대배려	이의	- 3
외교해법	무론	0	지표평균값		- 6/7= - 0.9

* 지표점수: 합의 3, 무론 0, 이의 -3

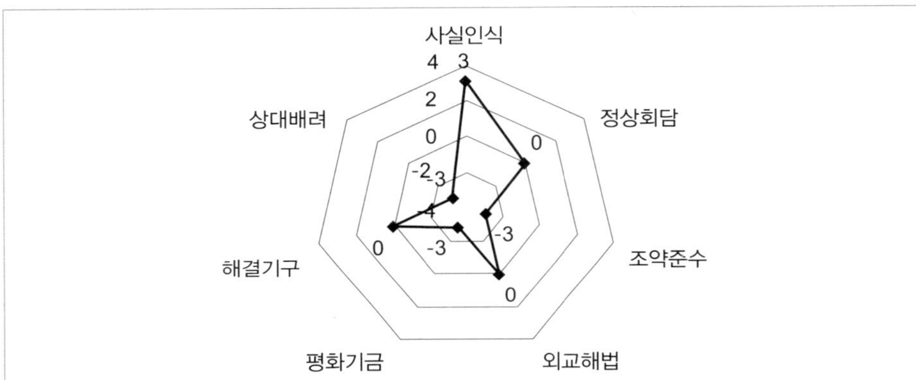

한일청구권협정의 해결현황을 보면, 청구권을 맺었다는 사실인식에 대해서 양국정부는 합의를 하고 있고, 협정논쟁을 위한 정상회담, 외교해법, 해결기구 등이 없으며, 평화기금이나 조약준수에 대해서 이의가 있는 것으로 판단했다. 그리고 조약에 대해서 일본은 준수하라고 강하게 요구하고 있고 한국은 준수하고 있다고 주장하고 있어 대치하고 있는 상황이다. 청구권협정을 둘러싼 현황에 대한 지표 총값은 -6점이고 지표평균값은 -0.9점으로 나타나 문제를 거론하지 않는 것보다 못한 상황이 되고 있다고 할 수 있다. 그것은 한일청구권협정을 둘러싸고 서로 상대국에 해결을 요구하고 있다는 점을 암시하고 있다. 한국과 일본은 한일청구권을 둘러싼 논쟁이나 주장

334) 이하의 결과는 연구자가 연구하는 과정에서 얻은 자의적인 지식과 의견에 기초해서 주관적으로 판단한 수치이다. 객관적인 결과를 위해서는 조사에 기초해야 하지만 다양한 한계로 인하여 실시하지 못했다. 다만 한일이 위기를 극복하는 출구를 찾는데 연구자의 의견이 좋은 단서가 되기를 희망하면서 시도했다는 점을 밝힌다.

에 대해서 구체적으로 규정하고 해결안을 내기 위해 나서야 할 것이다.

다음은 청구권협정을 둘러싼 문제를 해결하기 위한 출구를 다양한 각도에서 구상해본 것이다. 1차적으로는 한일청구권협정을 맺은 당사자인 한국 정부와 일본 정부가 근본적으로 해결을 위해서 적극적으로 협상에 나서야 한다는 점이다.

〈표 20〉 한일 청구권의 출구

구분	내용
협정 재협상	1965년 한일청구권협정을 현 시점에서 미비한 점을 보완하기 위해 새롭게 재협의해서 내용을 조정하는 것이다. 청구권에 대한 한국 정부와 일본 정부, 당사자의 의견을 포함하는 방식으로 재협의하는 것이다. 그리고 원안을 그대로 두고 논란이 되는 사안을 해결하기 위한 보완조항을 별도로 규정하는 것도 생각할 수 있다.
일본 입장 수용	- 한국이 일본의 주장한대로 한일청구권협정과 내용을 충실하게 이행하는 것이다.[335] 즉 한국은 1965년 한일청구권협정에 기초해서 일본의 주장대로 모든 대일청구권이 완전하게 해결된 입장을 전폭적으로 수용하는 것이다. 이 경우 한국 정부가 독자적으로 징용피해자, 종군위안부, 일본군피해자 등에 대해 배상을 해야 한다. 그리고 한국대법원의 일본기업이 배상하라는 판결에 대해서 한국 정부가 책임을 지는 것이다. - 다른 하나는 청구권협정은 협정의 한 당사국이 이의가 있을 경우 중재위원회를 구성해서 해결하도록 규정하였다. 논쟁이 있어 일본 정부는 한국 정부에 중재위원회 구성을 요청하였지만 한국 정부는 대응을 유보하여 논의가 안 되고 있다. 일본 정부의 요구대로 중재위원회를 구성해서 판단을 맡기는 것이다.
한국 입장 수용	한국의 의견을 일본이 완전히 수용하는 것이다. 개인청구권을 인정하고 대법원 판결대로 관련 일본기업이 배상하는 것이다. 이 경우 개인청구권을 인정하는 것은 종군위안부, 강제징용자, 일본군피해자 등에 대해서 일본관련기관이 보상 및 배상을 해야 한다. 한국 피해자의 요구를 가장 완벽하게 충족시키는 방법이다. 이 경우 일본 정부와 관련기관은 장차 발생할 보상 및 배상에 대해서 책임을 져야 한다.
협력 모델 구축	한일청구권협정문제에 대해서 양국국가기관, 담당부서최고책임자, 당사자, 관련전문가, 제3국가의 전문가, 시민 등 다양한 구성원이 모여 해결기구를 만들고, 논의하여 해결안을 제시하는 것이다.

335) 2018년 12월 23일 《산케이신문》의 보도에 따르면, 한국최고재판소가 일본기업에 대해서 전 징용공에 손해배상을 명하는 징용배상판결에 대해서 한일양국의 법률가는 도쿄와 서울에서 각각 기자회견을 통해 1965년 한일청구권협정의 존중을 요구하는 공동성명을 발표했다. 일본 측 법률가는 아베 총리나 중참양원의장에게 성명서를 제출했다. 성명서에서는 양국민의 청구권에 대해서 완전 최종적으로 해결됐다는 사실을 명시적으로 확인한다는 점을 강조했다. 불법으로 반인도적 식민지 지배의 피해에 기초한 위자료청구권을 인정한 한국최고재판소판결에 대해서 특정의 역사해석을 내는 것은 법해석 측면에서도 학문연구측면에서도 결코 바람직하지 않다고 비판했다. 판결에 대해서 한

청구권에 대한 갈등은 기본적으로 각 부처에서 대응하고 있지만 권력이 집중된 한국의 문재인 대통령과 일본의 아베 신조 총리의 대결로 진행되고 말았다. 대통령과 총리가 제왕적인 권력을 갖고 대응하거나 행사하면 실무선의 전략이나 정책은 무용지물이 될 수 있다. 또한 한국과 일본에서는 한일청구권관련 정부산하 부처장관이 문제를 해결하는데 한정적이고 제한적으로 비춰지고 있다. 한일문제는 국가나 국가기관만이 담당해야 하는 전유물이 아니다. 따라서 한일정부는 한일청구권을 둘러싼 갈등과 논쟁을 잠재울 전문가들이 모여 구성하는 해결기구를 통해 필요한 조치와 해답을 내는 방안을 강구할 필요가 있다.

2. 강제징용배상의 출구

현재 한일간에 벌어지고 있는 강제징용배상갈등은 한국대법원이 일본기업에게 배상책임을 내리는 판결을 함으로써 폭발하였다. 2018년 한국대법원은 개인청구권을 인정하는 배상판결을 내려 한일간, 당사자간의 대결양상을 촉발시켰고, 한국과 일본이 전 영역에서 대결하는 상황을 만들어 한일관계가 최악으로 치닫고 있다. 징용배상판결에 의해서 실제로 일본기업의 자산을 매각해서 현금화하는 절차가 진행되고 있어 한일 간의 대립은 극에 달할 것으로 보인다.

강제징용배상에 대해서 한국법원이나 일본법원이 어떤 판결을 내리든 그것은 한일청구권과 관련되기 때문에, 그것을 맺은 한국 정부와 일본 정부가 책임을 져야 한다. 그것 이외에도 징용과 관련된 당사자 간의 책임이 있을 수 있다. 일본 정부는 징용배상이 한일청구권협정으로 완전하게 최종적으로 해결됐기 때문에 한국 정부가 해결해야 한다는 입장을 고수하고 있어 사실상 일본 정부나 일본기업이 책임을 지지 않겠다는 것이다. 한국은 징용배상에 대해서 징용관련 당사자가 제소하여 법원이 독자적으로 내린 판결이므로 정부가 관여할 문제가 아니라고 인식하여 개입을 거부하

일관계에 균열을 만들고, 전후 최악이라고 평하고 있는 한일관계의 악화를 촉진하는 중대한 원인이 됐다고 비난하고, 협정 취지를 존중하는 것이 장래에 양국의 우호관계와 발전을 보증하는 유일한 길이라고 주장했다. 한국의 원고측이 한국내에 있는 일본기업의 자산매각절차를 진행하고 있는 것에 대해서 원고들이 주장하는 청구권은 한국의 국내문제로서, 한국 정부와 사법당국이 자산매각을 둘러싼 강제집행을 정지하는 등 적절한 대응을 취하도록 요구했다.

고 있어 사실상 책임을 지지 않겠다는 것이다.

현재 강제징용배상문제를 둘러싸고 한국의 문재인 대통령, 관련기관, 법원, 국민과 일본의 아베총리, 관련기관, 일본기업, 국민 등의 대결로 확산되고 있다. 다음은 강제징용배상에 대한 한일 간의 입장을 소개한 것이다.

〈표 21〉 강제징용배상에 대한 한일 입장현황

구분	내용
강제징용에 청구권인식	한국과 일본은 한일간에 강제징용이 있었다는데 공통적으로 인정하고 있다. 일본 정부는 징용배상문제가 1965년 한일기본조약과 한일청구권협정으로 완전 그리고 최종적으로 해결됐다는 인식이다. 한국 정부는 한일기본조약과 한일청구권협정이 식민지 지배로 인하여 발생한 모든 손해에 대해서 배상한 것은 아니라는 인식이 있다. 한일청구권은 국가 간의 협정이고 개인청구권은 피해 당사간의 문제로 인식하고 있다.
일본 정부해결안	일본 정부는 청구권협정으로 종료되었기 때문에 한국 측이 해결책을 제시하도록 요구하고 있다. 그리고 한일청구권협정과 관련된 문제이므로 협정의 규정에 따라 외교적 해법으로 해결하든지 아니면 중재위원회를 구성해서 해결하자는 제안을 했다. 《NHK》보도에 의하면, 모테기 도시미쓰(茂木敏充)외상은 한일 간의 현안인 징용문제에 대해서 외교당국 간의 협의를 계속하고, 한국 정부의 책임으로 해결책을 제시하도록 요구하고 있다고 전했다.[336]
한국 정부해결안	한국 정부는 대법원판결대로 당사자인 일본기업이 배상해야 한다고 주장했다. 문희상 국회의장이 제시한 징용배상해결안은 한국 정부가 자금을 내고 운용하는 '기억, 화해, 미래재단(記憶·和解·未來財団)'에 한일쌍방의 기업과 개인이 자발적으로 기부한 자금으로 징용배상자의 위자료로 지불하는 해결방안을 한국국회에 제출했다. 강제징용소송 원고와 시민단체는 이 안에 대해서 '일본기업의 책임이 명확하지 않다'라고 하여 반대하였다.
한일시민의견	한국의 강제징용배상소송의 원고와 시민단체는 일본 정부의 공식적인 사죄, 그리고 법원의 판결대로 가해자인 일본기업이 직접 배상을 해야 한다는 입장이다. 일본의 일부시민단체는 한일 간의 배상문제에 대해서 한국의 극단적인 관련단체의 개입을 배제할 것을 강하게 요구했다. 예를 들면, 한국의 일부시민단체는 아시아여성기금(アジア女性基金), 화해치유재단(和解·癒やし財団) 등을 강하게 반대하여 해결하지 못하게 하고 있다. 그리고 태평양전쟁 전사자에게 2,000만 원을 배상하였는데 징용배상금으로 1억을 지불하는 것은 형평성에 맞지 않는다. 그리고 한국은 문제가 일어날 때마가 골 포스트를 움직이고 있어(ゴールポストを動かすような行為が韓国内では続いている) 해결하기 어렵다.
한일공동부담	한국과 일본이 함께 협의해서 해결하는 방법이다. 일본 정부, 한국 정부, 한국기업, 일본기업 등 관련기관이 책임을 분담하는 방법이다. 즉 일본 정부 + 한국 정부 + 한국기업 + 일본기업, 일본 정부 + 한국 정부 + 한국기업, 일본 정부 + 한국 정부 + 일본기업, 한국기업 + 일본기업, 일본 정부 + 한국 정부, 일본기업, 한국기업 등이 될 수 있다. 현재로서는 일본 정부가 반대하고 있어 현실적으로 합의가 이루어지지 않고 있다.[337]

강제징용배상문제를 해결하는데 있어서 한국과 일본의 입장과 해법이 달라서 첨예하게 대립하고 있다. 한일은 징용공이 있었다는 사실, 어떤 의미에서 보상이나 배상을 해야 한다는 점에 대해서 동의하고 있다. 그러나 배상을 이행했는가 안했는가, 그에 따라 배상을 누가 어떻게 해야 하는가 등에 대한 논란이 있다. 다음은 강제징용배상에 대한 한일 간의 해결현황을 소개한 것이다.

〈표 22〉 강제징용배상 해결현황

지표	한일현황	점수	지표	한일현황	점수
사실인식	합의	3	평화기금	이의	- 3
정상회담	무론	0	해결기구	이의	- 3
조약준수	이의	- 3	상대배려	이의	- 3
외교해법	이의	- 3	지표평균값		- 12/7= - 1.7

* 지표점수: 합의 3, 무론 0, 이의 -3

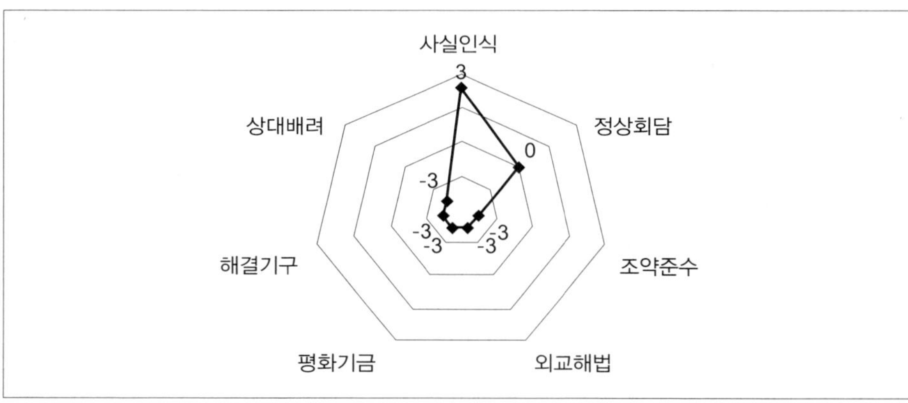

336) 《中央日報》 日本語版, 2019년 12월 28일

337) 일본언론들은 국가 간의 약속을 준수하지 않는 한국이라고 보도했다. 위안부문제에 대해서는 2015년 12월 한일위안부합의에 근거 화해치유재단이 설립되었고 일본 정부가 자금을 조성해서 전달했다. 그러나 문재인 정부는 2018년 11월에 재단해산을 발표하고, 2019년 7월 정식으로 해산했다. 기금가운데 5억 6천만 엔이 남은 상태이다. 화해치유재단을 해산하면서 징용공문제해결을 위해 새로운 재단을 만든다는 생각에 대해서는 당시 외상으로서 한일위안합의를 이끌었던 기시다 자민당 정조회장은 설득력이 없다고 말했다. 동재단의 해산에 대해서는 국가간의 약속을 뒤집는 것이고, 당시 아베 총리는 한국이 국제사회의 일원으로 책임있는 대응을 바란다고 하였다.

현재 강제징용배상을 둘러싸고 극단적으로 대립하고 있다. 강제징용의 해결현황을 보면, 오로지 긍정적인 부분은 징용공이 존재하고 배상이 필요하다는 인식에 일치하고 있다는 점이다. 그러나 그것을 해결하기 위한 수단, 방법, 해결안 등에 대해서 서로 극단적으로 대치하고 있다. 강제징용해결현황의 지표 총값은 -12점이고, 평균값이 -1.7점으로 나타나고 있어 말 그대로 해결하기 위한 움직임이 모든 면에서 대립되어 있는 상황이다. 한일이 징용배상문제를 해결하지 못하고 있는 상황을 그대로 표현하고 있다.

한국대법원은 관련일본기업에 배상책임이 있다고 판결을 하였고, 한국내 일본기업의 자산을 현금화하려는 절차가 진행되고 있다. 일본 정부는 제지하기 위해서 반도체관련 한국기업의 재료수출을 제한하는 규제조치를 취하였다. 한일 간의 맞대응으로 인한 대립은 국가전영역으로 환산되었다. 징용문제가 경제문제, 보안 및 국방문제, 문화문제, 관광문제, 방일방한문제, 혐한혐일문화, 불매운동 등으로 확산되거나 연계되고 있다. 한일 간의 갈등이 격화되는 것을 막기 위해서는 근본적인 원인으로 촉발된 강제징용배상문제를 한국과 일본이 해결할 필요가 있다.

3. 수출규제조치의 출구

한일간에 벌어진 징용배상판결은 한일 간의 수출규제조치로 이어졌고, 경제전쟁으로 확산되고 말았다. 역사적인 문제가 경제적인 문제로 폭발한 것이다. 그러나 명백한 것은 상호 경제제재로 징용배상문제를 해결할 수 없다는 점이다. 징용배상문제는 징용배상문제로 한정해서 협의를 하고 해결을 해야 한다. 한국 정부와 일본 정부가 징용배상문제를 경제문제로 해결하려는 것은 매우 잘못된 선택이며, 주객을 전도시키는 인식이고 방법이다. 따라서 한일 간의 수출규제조치와 경제전쟁은 원점으로 다시 돌아가서 분리해서 해결안을 강구할 필요가 있다.

한일간에 벌어지고 있는 경제분쟁에 대해서 18세 이상 1,146명을 대상으로 한 일본 여론조사에서는 한국에 대한 반도체소재 등 수출규제의 강화조치가 '타당하다'고 답한 비율이 58%, '타당하지 않다'고 답한 비율이 24%로 나타났다. 《아사히신문》은 '보복을 즉시 철회하라'(報復を即時撤回せよ), 그리고 '이번 조치로 한국경제뿐 아니라 일본기업에도 극약처방'이라고 평가했다. 《마이니치신문》은 양국경제에 타격이며 일본기

업도 피해를 입을 수 있으며, 무역을 정치에 이용한 대가는 무겁다는 점을 상기시키면서, '수출규제가 한국대법원의 판결을 의식했다는 것은 공공연한 비밀'이라고 전했다. 《니혼게이자이신문》은 '반도체 공급망재검토우려'라는 제목하에 한국기업의 일본탈출의 우려를 지적했다.

외국언론들도 한일 간의 무역갈등을 보면서 다양한 의견을 내고 있다. 2019년 7월 23일 《불롬버그》는 '아베총리가 무역질서를 강화한다는 이유로 박수를 받아온 지도자라는 면에서 수출규제는 매우 위선적인 행태'라고 하고, 선거에서 이긴 '그(아베)가 가장 먼저 해야 할 일은 한국을 상대로 시작한 어리석은 무역전쟁에서 빠져나오는 것'이라고 하였다. 영국 《이코노미스트》는 일본의 수출규제를 '근시안적인 결정이며 무모한 자해행위'라고 평가절하하였다. 미국 《월스트리트저널》은 '한일간 무역갈등은 루즈-루즈게임(lose-lose game)이 되고 있다'라고 평가하였고, 미국 《LA타임즈》는 '경제나 무역과는 관계없는 문제로 다른 나라를 벌주기 위해 무역제재를 사용해 세계경제에 새로운 위협을 가하고 있다'라고 평하였다.

일본의 한국수출규제조치는 일본 지식인들의 비판을 촉발시켰다. 2019년 8월 22일 도쿄대학 교수 등 77명은 한일관계악화를 우려하여 수출규제철회에 찬동하는 서명운동을 하였다. 그들은 서명운동 성명에서 '한국은 적인가'(韓国は『敵』なのか)라는 내용을 인터넷을 통해 공개하였다. 이 운동에 참여한 사회인사들은 이시자카 코이치(石坂浩一, 立教大学教員), 우쓰미아이코(内海愛子, 惠泉女学園大学名誉教授), 우치다 마사도시(内田雅敏, 변호사), 오카다 다카시(岡田充,『共同通信』客員論說委員), 오카모토 아쓰시(岡本厚, 전『世界』編集長), 다나카 히로시(田中宏, 一橋大学名誉教授), 와다 하루키(和田春樹, 東京大学名誉教授) 등 주도하는 7인을 시작으로 많은 일본지식인들이 서명운동에 참가하였다.

일본은 한국대법원의 징용배상판결에 대응하기 위해 수출규제조치를 단행하였다. 한국은 일본의 수출규제조치에 대응해서 동일한 조치와 함께 WTO에 제소를 하면서 한일은 경제전쟁에 돌입했다. 다음은 수출규제조치 등을 해결하기 위한 한일 간의 고위급회담내용을 소개한 것이다.

〈표 23〉 한일 무역정책국장 회담

구분	내용
회담일정	2019년 12월 16일 일본이 취한 수출규제조치와 한국을 수출관리의 우대대상국에서 제외한 것과 관련해서 양국의 국장급 간부는 회의를 개최하였다. 일본의 도쿄도에 있는 경제산업성에서 한국의 이호현 산업통상자원부 무역정책국장과 일본의 이다 요이치(飯田陽一) 경제산업성 무역관리부장 간의 대회가 시작되었다.[338]
회담내용	- 《한겨레신문》 2019년 12월 17자에 의하면, 한일국장급대화는 예정시간 3시간을 훨씬 넘기고 10시간 마라톤회의를 한 후 종료되었다. 수출관리정책대화는 2016년 이래 3년 만으로 이번 대화는 지난 7월 냉랭한 감정을 표출했던 과장급실무회의와 비교해서 화기애애한 분위기가 연출되었다고 전했다. - 일본의 경제산업성은 안심하고 전략물자를 사고 팔만한 관계가 입증되지 않으면 원상복구가 없다는 입장을 고수했다. 한국이 캐치올규제(전략물자 포괄규정)에 대해서 제도적 보완을 분명히 밝혔다. 《마이니치신문》에 따르면, 일본은 통상병기로 전용가능한 수출을 관리하는 캐치올규제를 한국이 먼저 정비해야 하는 점을 제시하였고, 한국 측은 화이트국제외조치를 수개월내에 철회할 것을 주장하였다. 그에 대해서 경제산업성 간부는 수정에는 수년 걸린다(見直し(原狀回復)には數年かかる)고 말했다고 전했다. - 《산케이신문》에 의하면, 이번 정책대화에서 조기에 문제가 해결될 가능성은 보이지 않은 상태이며, 한국 측의 무역관리체제개선이 보이지 않으면 일본은 조치를 철회하지 않을 방침이고, 일본 정부는 언제까지 수출규제의 철회를 해야 하는지는 기간이 없다는 점을 전했다. 《일본경제신문》에 따르면, 17일 화이트국가 문제는 정령개정절차 등 조건이 어렵지만, 3품목은 산발적으로 수출허가를 하면 그 수정은 통달로 즉시 실행할 수 있다고 하였다. 회담 후 가까운 기일내에 다음의 대책회담을 서울에서 개최하기도 했다.

한일국장급회담에서 일본은 대한수출규제조치와 화이트국가배제조치가 순수한 한일 간의 전략물자 수출과 관련되어 벌어진 것이라고 일관되게 주장하였다. 그런 입장은 강제징용배상에 대한 대응책으로 이루어진 것이 아니라는 점을 명확하게 한 것이다. 2019년 12월 16일 한일국장급의 회의가 있는 날 스가관방장관은 정례기자회견에서 '일본은 상대국의 수출관리를 종합적으로 평가하고, 수출규제를 운용해 갈 방침이다. 애당초 상대국과 협의해 결정하는 성질의 것이 아니다'라고 발언하여 기존의 입장을 고수하였다. 그리고 가지야마 히로시(梶山弘志) 경제산업상은 동일 정책대화에서 '수출규제문제의 결론이 나올 가능성은 없다'고 하였다.

338) 이이다 요이치(飯田陽一)는 도쿄대 공학부를 나와 듀크대에서 유학을 했고, 경제산업성 무역관리부장으로 근무하고 있다. 무기, 법용품과 관련된 기술의 수출관리를 포함한 무역관리, 자산관리 책임자이고, 경제산업성에서 제조산업정책, 항공우주 방위산업 분야에서 풍부한 경험을 갖고 있다.

한일국장급회담에서 수출규제문제는 강제징용배상문제와는 별개의 것이라고 위치 짓는 데 성공한 일본은 국내외적으로 보복조치라는 비난으로부터 벗어나기 위한 후속조치를 단행하였다. 다음은 일본이 취한 수출규제조치를 완화는 움직임을 소개한 것이다.

〈표 24〉 일본경제산업성의 수출규제완화조치

구분	내용
레지스트규제완화조치	2019년 12월 20일 경제산업성은 한국에 대한 수출규제를 강화한 반도체재료 등 3품목 중 하나인 레지스트(レジスト)에 대한 규제강화조치를 완화했다. 경제산업성은 한국의 수출규제관리를 엄격화하고 있던 반도체재료 3품목 중 하나인 감광재 레지스트의 관리조치를 수정했다. 조건을 충족한 기업에 한해서 개별취급할 때마다 요구했던 신청절차를 개선하고 최장 3년분을 일괄해서 신청할 수 있도록 하였다.
한국의 반응	아베 신조 수상과 문재인 대통령이 2019년 12월 24일 청두에서 수뇌회담을 앞둔 상황에서 일본이 취한 조치는 양국관계개선에 좋게 작용할 것으로 보였다. 청와대는 일본경제산업성이 레지스트에 대한 수출규제를 완화한 직후 일부 진전했지만 양국간 문제를 해결하는데 충분하지 않다는 입장을 밝혔다. 한국 정부 관계자는 한국이 한일군사정보포괄보호협정에서 양보한 만큼 일본도 소재3품목과 관련한 수출규제를 철회하는 것이 당연하다고 강조했다. 그리고 한국 정부의 지소미아연장이 일본의 수출규제철회를 전제로 행해졌기 때문에 일본이 약속을 지켜야 한다고 말했다.
일본의 반응	경제산업성은 양국 회사 간의 수출실적이 축적되었기 때문에(両社間の輸出実績が積み上がったため)라고 설명하면서도 사명을 공개하지 않았다. 불화스소와 불화포리이미도에 대해서는 출규제의 완화를 전혀 검토하고 있지않다는 입장을 표시했다. 《아사히신문》에 따르면, 이번 완화조치에 대해서 경제산업성은 양국수뇌회담과는 일체관계없다고 하였지만, 외무성 간부는 양국수뇌회담에 좋은 영향이 미칠 것으로 분석했다. 스가관방장관은 2019년 12월 23일 기자회견에서 한국에 대한 구출관리의 엄격화를 요구하는 과정에서 레지스트 수출을 완화한 점에 대해서 '거래의 실태에 기초한 단순한 신청절차의 변경이다. 완화조치가 아니다(取引の実態を踏まえた單なる申請手続きの変更だ. 緩和措置ではない). 일한관계개선에 대해서 먼저 한국 측이 국가와 국가와의 약속을 준수하고, 건전한 관계에 돌아가는 계기를 만들 필요가 있다(まずは韓国側が国と国との約束を順守し, 健全な関係に戻すきっかけをつくる必要がある). 한국이 징용배상문제에 대해서 수용 가능한 해결책을 제시하는 것이 선결이며, 한국 측에 현명한 대응을 요구한다'고 말했다.

수출규제조치와 화이트국가배제조치가 한일 간의 순수한 경제적 과제로 전환되고 있다는 점을 한일국장회의와 수출규제조치완화과정에서 알 수 있다. 그러나 완전한 해결을 위해서는 한국과 일본의 수출관련갈등의 동기가 되었던 강제징용배상문제가

선결되어야 한다는 점도 분명하게 노출되었다. 강제징용배상문제를 해결하지 않으면 일본은 결코 한국에 취한 수출규제조치, 화이트국제외 철회는 없다고 보는 것이 맞다. 수출규제와 화이트국제외를 철회하는 조건으로 '신뢰할 수 있는 무역관리'를 내세우고 있지만 그것은 국제사회나 일본입장을 지탱하는 중요한 표면적 명분에 불과하기 때문이다. 그러나 한일회담과 경제주무기관이 수출규제일부를 해제한 것은 큰 진전이라고 평가할 수 있다.

다음은 한일간에 벌어진 수출규제조치를 해결하기 위해서 양국이 취한 해결현황을 지표와 그래프로 소개한 것이다.

〈표 25〉 한일수출규제 해결현황

지표	한일현황	점수	지표	한일현황	점수
사실인식	합의	3	평화기금	무론	0
정상회담	무론	0	해결기구	합의	0
조약준수	합의	3	상대배려	합의	3
외교해법	합의	3	지표평균값		12/7=1.7

* 지표점수: 합의 3, 무론 0, 이의 -3

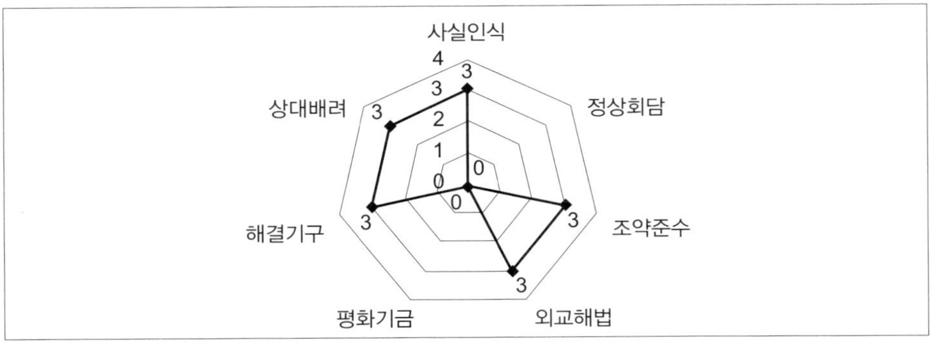

일본수출규제해소 및 화이트국가복원을 위한 대응이 진전되고 있다는 것은 나름대로 높게 평가할 부분이다. 경제적인 과제라고 인식하는 가운데 담당자간의 대화가 빈번하게 진행되어 결정된 수출규제 일부해제조치는 한국과 일본의 미래지향적인 자세가 긍정적으로 작용한 것이라고 할 수 있다. 위의 표에서 보면, 지표 총값은 12점이고, 평균값은 1.7점으로 나타나 점차 개선되는 방향으로 진행될 가능성이 매우 높을 것으로 예상된다.

한일 간의 경제적 갈등은 양국의 경제에 부정적인 영향으로 작용하고 있고 피해를 주고 있다. 양국 국민사이에도 경제적 갈등에 대한 불만이 속출하고 있다. 일본이 수출규제를 확대하면, 한국의 GDP에 최대 6% 정도의 영향을 주고, 일본경제와 기업도 부정적인 결과가 도출될 것으로 보인다. 일본과 한국의 경제적 조치는 양국, 기업, 국민 등에게 악영향을 미친다는 현실적 사실은 한일 간의 경제적 갈등을 해결하기 위한 움직임으로 작용하고 있다. 양국국가, 기업, 국민에게 피해를 주지 않도록 수출규제조치, 화이트국가배제, WTO 제소 등을 원점으로 돌려서 새로운 해법으로 해결할 필요가 있다.

4. 지소미아 종료의 출구

한일간에 다양한 갈등이 촉발되는 가운데 한국은 일본과의 유일한 군사적 통로였던 지소미아 효력을 정지시키는 조치를 내렸다. 한일군사비밀보호협정은 군사적 동맹을 맺지 못하는 상황에서도 군사적 측면에서 협조하여 동아시아 안전을 확보할 수 있는 네트워크로 기능해왔다. 또한 동아시아의 군사력증강과 갈등이 확대되는 가운데 한일군사협력시대를 개관했던 토대가 사라지는 상황이 되었다. 그에 따라 한일간의 군사적 대결을 국방교류와 협력을 통해서 해결할 수 있는 기회를 잃는 상황이 되었다. 한일이 안고 있는 문제가 그 기능을 상실하게 하는 힘으로 작용한 것이다.

한국과 일본은 지소미아 효력정지를 선언하면서 그것을 지속시키기 위해서 협상을 벌였다. 다음은 한일간에 군사영역에서 긴박하게 움직였던 지소미아 효력정지를 둘러싼 상황을 소개한 것이다.

〈표 26〉 지소미아의 종료효력정지선언

구분	내용
지소미아종료효력정지	한국 청와대는 지소미아에 대해서 11월 22월 지소미아파기 통보를 정지한다고 발표하였다. 김유근 국가안보제1차장은 '우리정부는 언제든지 한일군사비밀보호협정의 효력을 종료시킬 수 있다는 전제조건하에 2019년 8월 23일 종료통보의 효력을 정지시키기로 하고, 일본이 반도체재료 3품목의 수출관리를 강화한 조치에 대해서 한일간 대화가 정상적으로 진행되는 사이에 WTO 제소절차를 중지한다'고 말했다.

일본 정부의 반응	일본 정부는 2019년 11월 23일 한국 발표에 대해서 '애당초 지소미아를 무역과 엮은 것이 이상하다'(そもそもGSOMIAを貿易に絡めることがおかしい)라고 하고, 당연한 결과라고 인식하였다. 일본 정부관계자에 따르면, '조건부가 아니다', '양보한 것이 없다'(譲るものはない)라는 목소리가 나왔고, '완승이다'(完勝だ)라는 말까지 나왔다. 모테기외상은 지소미아와 수출관리는 완전히 별개의 문제라고 강조했다. 그리고 일본 정부관계자는 '지소미아 종료효력 정지를 계기로 수출관리대화에 응하는 것은, 경제산업성이 한국 정부가 휘두른 힘을 내리는 계기를 만들어준 형상이다'라고 해석하였다.

그러나 지소미아 종료효력을 정지하기로 한 결정을 둘러싸고 한일간에 다시 충돌이 일어났다. 한국은 지소미아 효력을 인정하는 대신에 수출규제조치에 대해서 대화를 한다는 전향적인 방향에서 조치를 취했다고 밝혔다. 일본은 지소미아와 수출규제조치대화와는 관계가 없는 사안이며, 그 과정에서 일본은 한국에게 양보하지 않았고, 오히려 일본이 승리했다고 인식하였다.

다음은 한국이 전격적으로 지소미아 효력종료정지를 선언하면서 한일간에 벌어진 후폭풍을 소개한 것이다.

〈표 27〉 지소미아 종료효력정지선언 후의 한일갈등

구분	내용
논점	- 2019년 11월 22일 한국 정부는 지소미아 효력종료정지선언을 한다고 발표하면서 종료정지 후 수출규제철회에 관한 협의가 전제조건이라고 하였다. 일본은 그것을 인정하면서도 한국의 전략적 판단이라고 하였다. - 지소미아 효력종료정지를 발표할 시간을 둘러싼 한일 간의 의견차이가 논란이 되었다. 한국은 합의한 내용을 동시에 발표하기로 하였지만, 일본이 어기고 미리 발표한 것에 항의하였고, 그에 대해서 일본이 사죄를 했다고 주장했다. 그것에 대해 일본은 약속한 대로 발표했고 사죄를 한 적이 없다고 하였다. - 지소미아 효력종료정지선언을 둘러싸고 한국과 일본 사이에 누가 승리한 것인가를 두고 논란이 일었다. 한국은 일본의 수출규제철회를 염두에 둔 전략이었고, 일본은 한국의 필요에 의해 취해진 조치라고 하여 일본이 승리했다고 인식하였다.
일본의 주장	- 《니혼게이자이신문》에 따르면, 아베 총리는 '지소미아와 수출규제를 연계하지 마라, 절대 굽혀선 안 된다'라고 지시하였다. 《아사히신문》에 따르면, '일본은 아무것도 양보 안 했다'라고 전했고, 《산케이신문》에 따르면, '일본관리는 우리의 퍼펙트게임(완승)'이라고 말했다. 그리고 일본 측은 '한국 정부가 일본과 미국의 압박에 굴복했고, 일본이 외교적으로 승리했다'고 인식했다. - 2019년 11월 23일 일본 정부는 '애당초 지소미아를 무역과 엮은 것이 이상하다'(そもそもGSOMIAを貿易に絡めることがおかしい)라고 하고, 당연한 결과라고 인식하였다. 경제산업성간부는 '조건부가 아니다', '양보한 것이 없다'(譲るものはない)라는 반응을 했고, '완승이다'(完勝だ)이라는 말까지 했다.

	- 고노 장관은 '동아시아의 안전보장이 중요해지는 상황에서 일미, 일한, 한미일의 연대가 중요하다는 것을 반복적으로 이야기했다. 그것을 한국 측이 전략적으로 생각한 결정이라고 생각한다'라고 답했다. - 모테기(茂木敏充) 외무장관은 '오늘날 한국 정부가 일한지소미아종료를 정지한다는 통보가 있었다. 북한문제 등에 대응하기 위해, 안전보장상 일한, 그리고 한미일의 긴밀한 연대가 중요하다. 현재 지역의 안전보장환경을 토대로 한국 정부로서도 이와 같은 전략적 관점에서 이번 판단을 한 것이고 본다. 말할 것도 없이 지소미아문제와 수출관리문제는 완전히 별도의 문제이다. 수출관리에 대해서 한국이 WTO프로세스를 중단한다는 통보를 받고 이후 관계당국자 간에 대화가 이루어질 것을 알고 있다'고 하였다. 그리고 '현재 최대 근본적인 문제는 구 조선반도출신자 노동자문제이고, 한국 측에 대해서 하루라도 조속히 국제법 위반의 상태를 시정하도록 계속 강하게 요구하고 싶고, 한국이 수정을 요구하는 대한수출규제문제에 대해서는 무역관리협의를 시작하여 유연한 자세를 취할 것이다'라고 하였다. - 11월 25일 스가(菅義偉) 관방장관은 기자회견에서 '지소미아유지를 둘러싼 합의내용을 일본 측이 왜곡해서 발표하고, 항의에 사죄했다'는 한국 측의 주장에 대해서 '정부로서 사죄한 사실이 없다'고 부인했다. 경제산업성은 안전보장상의 무역관리를 둘러싼 설명에 관해서 '골자는 한국 정부와 사전에 맞춘 것이라고 반론을 제기하고 왜곡하지 않았다'고 강조했다. - 가지야마(梶山弘志) 경제산업상은 '11월 22일 밤 한국 외교부가 주한일본대사관 공사를 불러 합의내용과 다른 일본 정부의 입장발표에 항의했을 때, 일본 측이 '외무성차관의 메시지라고 하면서 사죄의 의향을 명백하게 했다'라는 한국 측의 주장이 논란이 되었다. 가지야마 장관은 11월 22일 발표는 양국이 미리 합의한 것이고 동시에 이후 수출관리정책대화의 개재를 위해 조정해갈 방침이며, 수출관리정책대화의 일정과 의제에 대해서 이후 과장급의 준비회합에서 조정되고 현시점에서 그 이상 합의한 사항은 없다고 하였다. 26일 기자단에게 '한국의 주장에 대해서 알고 있지만, 생산적이지 않아 코멘트는 하지 않겠다'라고 강조하고 일본의 사죄에 대해서 '그런 사실이 없다'고 하였다. 각의가 끝나고 열린 기자회견에서 일본 측이 사죄했는가 사실관계를 확인해달라는 질문에 대해서, '그런 사실이 없다'고 재차 답했다.
한국의 주장	- 일본이 완전히 승리했다는 보도에 대해서 청와대는 '미디어에 보도된 아베 총리의 발언이 사실이라면 극히 실망했다. 일본 정부의 지도자로 행한 양심의 가책을 받지도 않고 말하는가라고, 묻지 않을 수 없다'고 지적했다. 그리고 '의도적으로 왜곡한 것이고 견강부회'(意図的に歪曲したもので, 牽强付会)라고 강하게 반발했다. 정의용 실장은 '그런 것이라면, 합의자체가 성립하지 않았을 것이다'라고 반발하였다. - 정의용 국가안보실장은 22일 합의내용 일부가 일본미디어에 먼저 보도된 것, 일본 정부가 동시발표의 시간을 지키지 않고 발표한 것이라고 비판하고 일본 경제산업성의 발표내용을 문제시했다. 그는 '일본의 일련의 행동은 신의성실원칙(breach of faith) 문제이며, 외교통로를 통해서 강하게 항의했다. 일본외무성은 경제산업성이 과장한 내용을 발표한 것에 대해서 사죄했다고 설명했다'(日本の一連の行動は『breach of faith(信義誠実の原則違反)』であり、外交ルートを通じ、そうした問題を指摘し、強く抗議した。日本の外務省は経済産業省が誇張した内容を発表したことについて謝罪した). - 《요미우리신문》은 외무성 간부가 한국 측에 사죄한 사실이 없다라는 내용을 보도했다.

	정의용 실장은 부산 기자회견에서 '지소미아 유지를 둘러싼 합의내용을 의도적으로 왜곡한 것에 유감'을 표했다. 일본의 경제산업성이 22일, 한국이 수출관리의 문제점을 개선하는 의욕을 표명한다고 설명한 점을 들고, '완전히 사실과 다르다'고 지적하고, '한국의 수출관리제도운용을 확인하고, 일본의 수출규제강화의 철회를 협의하는 선에서 합의했다'고 주장했다.

지소미아종료철회를 주도했던 정의용 실장은 지소미아연장과 WTO 제소중지가 조건부이고 잠정적이라는 점을 강조했다. 한국은 지소미아종료정지를 수출규제조치에 대한 대화재개가 조건이라는 입장을 분명하게 밝혔다. 일본은 지소미아와 수출규제조치와는 무관한 것이며, 조건부나 양보한 것이 아니며, 한국이 전략적으로 판단해서 취한 조치라는 점을 주장했다. 한국과 일본은 수출규제조치를 개선하기 위한 대화가 시작되기도 전에 주도권과 명분을 세우는 데 혈안이 되었다. 지소미아가 완전하게 회복되기 위해서는 수출규제조치와 징용배상문제가 선결되어야 한다는 점은 변함이 없다.

한국 정부와 일본 정부는 지소미아가 종료 및 종료효력정지를 둘러싸고 급박하게 조정을 하였다. 다음은 한일간 지소미아가 어느 정도 해결되고 있는가 하는 점을 지표와 그래프로 보면 다음과 같다.

〈표 28〉 한일지소미아의 해결현황

지표	한일현황	점수	지표	한일현황	점수
사실인식	합의	3	평화기금	무론	0
정상회담	무론	0	해결기구	합의	3
조약준수	합의	3	상대배려	합의	3
외교해법	합의	3	지표평균값		15/7=2.1

* 지표점수: 합의 3, 무론 0, 이의 -3

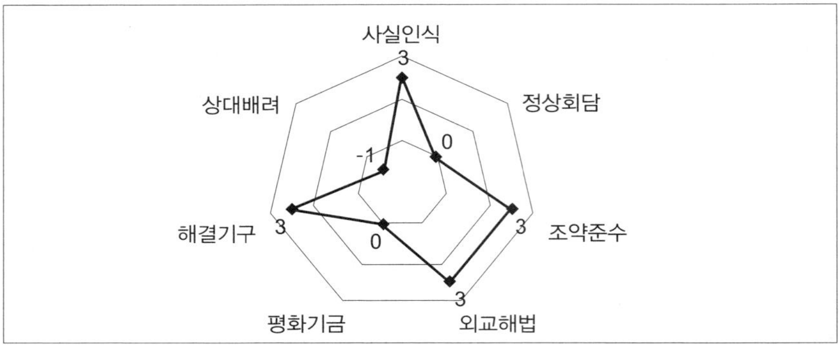

한국과 일본간에 발생한 문제 중에서 가장 해결점에 도달한 것이 지소미아라고 할 수 있다. 표에서 보면, 지표 총값은 15점이고 지표평균값은 2.1점이다. 이것은 한일 간의 지소미아는 어느 정도 해결됐다고 인식할 수 있다. 지소미아가 회복될 가능성이 높은 것은 한국이 안보문제를 일본의 조치에 대한 대응책으로 사용하고 싶지 않다는 점, 일본이 한일 안보네트워크를 깨고 싶지 않다는 점, 양국에 실익이 없다는 점 등이 작용했다고 할 수 있다. 한일 간의 지소미아해법은 보복이나 타격을 주기보다는 협력과 대화를 통해서 해결점을 찾는 것이 무엇보다도 중요하고, 정부가 적극적으로 나서면 해결할 수 있다는 점을 시사하고 있다.

5. 한일문화갈등의 출구

한일간에 문화는 정부의 정책에 의해서 폐쇄, 교류, 개방, 화합, 갈등 등과 같은 다양한 모습으로 전개되어왔다.[339] 그럼에도 불구하고 정부의 정책과는 관계없이 민간수준에서 자의적으로 문화가 교류되고 향유되면서 수용과 화합하는 방향으로 전개되는 측면이 있다. 독립성과 자율성을 갖고 문화생산자, 문화소비자, 문화기업 등이 국가의 한계를 초월하여 활동하기 때문이다. 그러나 여전히 한국과 일본의 관계와 교류, 발전과 협력을 방해하는 요소가 작동하여 문화단절을 촉진하는 힘으로 기능을 하고 있다.

339) 磯崎典世(編集), 李鍾久(編集), 2015,『日韓関係史1965-2015 III 社会·文化』, 東京大学出版会. 한일국교정상화 50주년에 즈음하여 문화교류, 시민운동, 지역사회, 상호인식 등의 과정을 분석하고 한일문화교류의 다양한 측면을 분석하고 있다.; 吉田光男(編集), 2004,『日韓中の交流—ひと·モノ·文化』, 山川出版社.

하나는 한일 간에 얽힌 역사문제이다. 다른 하나는 직간접적으로 한일간 다양한 영역에서 발생하고 있는 현안의 충돌이다.[340] 그런 역사적 과제와 성장을 둘러싼 과제가 한국과 일본사이의 문화적 흐름을 규정하고, 문화교류와 협력을 정치적으로 이용하는 상황으로 몰고 있다. 한일 간의 문제를 해결하기 위해서는 문화적 접근방법이 유용한 측면이 있다. 한일 간의 문제를 접근하는 데 있어 적대가 아니라 대화이어야 하고, 무시가 아니라 존중이어야 하며, 배제가 아니라 수용이어야 한다. 정치적 조작이나 이용이 아니라 비정치적 교류와 공유를 통해서 발전하는 한일동반성장모델이 필요하다.

한일관계가 악화되는 가운데 한일국민간의 인식이 급변하고 있다. 2019년 12월 20일 일본 총리부조사에 의하면, '한국에 친근감을 느낀다'는 답이 2018년 39.4%에서 2019년 26.7%로 낮아져 과거 이래 최저로 나타났다. 강제징용배상을 둘러싼 한일대립이 주요 원인으로 보인다. '친근감을 느끼지 않는다'가 71.5%로 나타나 처음으로 70%를 넘어섰다. 이런 조사에 대해서 일본외무성 광고문화외교전략과에서는 일한의 엄중한 상황이 반영된 것으로 인식하고 문화교류, 인적교류 등을 추진해가는 것이 중요하다고 밝혔다.

한국에서 벌어지고 있는 일본관광 보이콧 운동이 일본 관광산업에 악영향을 미치고 있다. 2019년 방일관광객은 58%나 감소했다. 한국문화관광연구원에서 실시한 설문조사에 따르면, 일본 여행 계획이 있던 국민 69.3%가 일본 여행을 취소하거나 목적지를 변경했고, 그중 43.8%가 국내 여행으로 변경했다. 특히 한국관광객이 많이 찾는 삿포로, 후쿠오카, 대마도 등은 약 50%에서 90%를 한국 관광객에 의존했던 곳이어서 직격탄을 맞아 관광산업이 크게 위축되었다. 한국 관광객의 일본 내 비율은 약 24%를 넘고 있으며, 일본이 예측했던 것보다 한국 관광객의 여행 보이콧 영향이 크게 나타나 일본의 지역 관광과 산업이 위기에 처했다. 일본관광지역은 관광산업을 살리기 위해 일본 정부에 지원금을 요청했고, 한국과 관계를 개선하라는 요구를 강하게 하였다.

한국 국민의 일본방문이 줄어들고, 한일갈등이 격화되면서 일본 내에서도 한국방문이나 여행에 부정적으로 작용하고 있다. 일본 내에서도 한국 국민의 일본여행 보이콧이 메스 미디어를 통해 핫이슈로 전달되면서 한국 여행 결정에 악영향을 주고 있다. 일

340) 小宮修太郎(著), 2016,『脱「戦後日本」のナショナリズム』, 電子本ピコ第三書館販売.

부 일본언론의 과장된 보도로 인하여 일본 관광객들은 한국 여행의 안전성을 우려하고 있다. 그와 더불어 일본인의 방한관광객이 줄면서 한국의 관광시장과 관광지에 부정적인 영향을 주기 시작하여 관광산업이 타격을 입고 있다. 한일 간의 불매운동이 활성화되고, 한일 간의 상호 관광 보이콧운동이 일고 있으며, 한일 간의 비방과 견제가 한일문화네트워크를 붕괴시키고 있다. 그런 현상이 생활속에 정착하면서 한국과 일본을 잇는 문화인프라가 무너지고 있고, 문화생산자와 문화소비자가 사라지고 있다.[341)]

한국 정부와 일본 정부는 한일간에 벌어진 갈등관계에 문화영역을 이용하거나 보복조치로 대응하고 있지는 않다. 정치적인 문제와 문화적인 문제를 연결시키지 않고 자생적으로 자율적으로 움직이기를 바라고 있기 때문이다. 그리고 마지막 보루이며 자생적으로 구축된 문화인프라와 문화네트워크를 유지하고 싶기 때문이다. 한일 사태가 문화영역에 부정적인 영향을 미치면서 일본의 고노 타로 외무대신은 양국 간 정치외교 관계가 악화되었을 때에도 민간과 지역 간 교류는 지속해야 한다는 메시지를 발신하면서 정부의 역할을 강조했다. 한국의 지도자도 문화영역에서의 교류와 협력이 이루어지기를 기대하고 있다.

다음의 표는 한일관계가 악화일로에 있던 2019년 8월 일본에서 개최된 '아이치트리엔날레 2019'를 둘러싼 일본 내의 문화적 갈등과 건설적인 문화활동을 소개한 것이다.

〈표 29〉 아이치토리엔나레 2019[342)]

구분	내용
개최	주제는 정의 시대(情の時代, Taming Y/Our Passion)를 내세웠고, 개최명은 아이치트리엔날레2019(あいちトリエンナーレ2019)였다. 기획발표는 '표현의 부자유전 그후'(表現の不自由展·その後)였다. 개최기간은 2019년 8월 1일부터 10월 14일 장소는 아이치문화센터, 주최는 아이치토리엔나레 실행위원회(あいちトリエンナーレ実行委員会), 참가팀은 79그룹이었다.
전시 작품	- 아이치트리엔날레는 2010년부터 3년마다 열리는 일본 내 최대 규모의 국제 예술제이며 2019년 전시에는 조각가 김운성·김서경 부부가 제작한 평화의 소녀상, 천황과 전쟁, 식민지 지배, 일본헌법9조 등 일본 내에서 금기시되는 주제를 다룬 다양한 작품이 출품됐다.

341) http: //www.sisajournal.com; 名越二荒之助, 2002,『韓共鳴二千年史—これを読めば韓国も日本も好きになる』, 明成社.

342) https: //ja.wikipedia.org/wiki/あいちトリエンナーレ2019 (2020년 11월 25일 검색)

	일본가나가와 현의 한 고등학생은 존엄성을 빼앗기고 침묵을 강요당한 일본군 위안부들의 고통과, 그 사후 처리를 보고 느낀 분노를 화폭에 눈물을 흘리는 위안부 피해자들의 뒤에 인권 유린에 앞장선 일본군들의 모습을 그렸다. - 〈태워져야 하는 그림〉은 시마다 요시코 1993년 작품으로 불에 탄 얼굴을 찍은 인물을 그려 태평양전쟁의 비극을 강조했다. 〈원근을 안고〉는 오우라 노부유키 1982년~1983년 작품으로 쇼와 천황에 대한 모습을 그렸다. 1986년 도야마현립 근대미술관에 전시되자마자 정치권과 언론, 우익단체의 거센 공격을 받은 작품이다. 신성한 천황의 사진을 저속한 문신 사진과 함께 늘어놨다는 이유였다.
전시 중지	- 《아사히신문》은 2019년 7월 31일 평화의 소녀상 전시를 보도하면서 찬부의 논쟁이 벌어졌다. 2019년 8월 2일 가와무라 다카시(河村たかし) 나고야시장은 '표현의 부자유전 그 후'(表現の不自由展·その後)를 시찰하고 오무라(大村秀章) 지사에게 평화의 소녀상 전시중지와 철거를 요구하였다. - 스가 관방장관은 기자회견에서 '아이치트리엔날레가 문화청의 보조사업으로 채택되었다. 심사 시점에서는 구체적인 전시내용의 기재가 없었기 때문에, 보조금 교부결정시에는 사실관계를 확인 후 대응하고 싶다'고 발언하여 전시회 지원금을 제한하겠다는 점을 암시했다. 마쓰이 이치로(松井一郎) 오사카시장은 기자회견에서 '세금을 들여 할만한 전시회는 아니었다. 표현의 자유라고 하더라도, 단순한 비방중상적인 작품전시는 어울리지 않는다. 위안부는 허구다'라고 발언하였다. - 2019년 8월 3월 위안부를 표현한 소녀상, 쇼와천황을 포함한 작품이 전시되었지만, 테러 예고나 협박이 이어지면서 오무라 지사 및 쓰다 감독은 '표현의 부자유전 그후' 전시중지를 발표하였다. 나고야시 국제예술제 아이치토리엔나레 2019에 전시작품 중 하나였던 평화의 소녀상 전시가 중지되었다. - 이후 예술제실행위원회 회장을 맡은 아이치현 오무라(大村秀章) 지사는 2019년 8월 25일 조건을 정비하여 재개하고 싶다고 표명하였다. 오무라 지사는 기자회견에서 공권력을 이용해서 이 내용이 좋다 나쁘다를 말하는 것은 헌법21조의 검열이라고 할 수 있다. 재판을 받으면 즉시 질 것으로 생각한다고 발언하고 가와무라 나고야시장을 비판했다.
전시 중지 반대	- 전지중시결정에 대해 일본펜클럽은 '지금 행정이 해야 할 것은 작품을 통해서 창작자와 감상자가 의사를 소통하는 기회를 확보하고 공공의장으로서 육성해가는 것'이라고 주장했다. 일부 일본예술단체와 민간단체는 전시회중지를 비판하고 재개할 것을 강력하게 촉구하였다. 실행위원회 성명문발표, 일반시민의 중지반대데모, 여성 전쟁 인권학회(「女性·戦争·人権」学会)의 항의성명발표, 일본만화가협회의 중지반대성명발표, 미술평론가연맹의 전시중지에 반대하는 의견표명, 국제미술관회의의 성명문발표, 일본군위안부문제해결전국행동 반대운동, 엠네스티인터내셔널일본의 평화의 소녀상 존엄성훼손 반대운동 등이 일어났다. - 문화청은 아이치트리엔나레 2019에 대한 보조금전액교부금지를 결정하자 참가작가는 문화청에 항의하는 운동을 하였고, 미술평론가연맹은 문부과학대신과 문화청장관에 항의성명을 송부하였으며, 일본현대미술상협회는 문화청의 보조금부교부결정에 철회를 요구하는 의견을 발표하였고, 도쿄대학교원도 문화청에 항의하는 성명을 발표하였다.
전시 재개	- 우익들의 협박과 위협으로 전시 3일만에 중지됐지만, 표현의 부자유전 그 후 실행위원회는 아이치트리엔날레를 상대로 나고야지방법원에 전시 중단 철회를 요구하는 가처분 신청을 제출한 뒤에 전시개시 합의를 이끌어냈다. 2019년 10월 8일 2시부터 일본 아이치현 국제예

	술재 '아이차트리엔날레 2019'가 위안부 피해자를 기리는 평화의 소녀상을 전시 중단 65일 만에 다시 공개되었다. 돌아온 소녀상에 대한 시민들의 반응은 매우 뜨거웠다.[343] - 2019년 10월 8일 표현의 부자유전 그후 전시회는 1회에 30명으로 제한한 가이드안내형식으로 재개하였다. 재개시 첫날은 2회실시하면서 60명 정원에 1,358명이 지원하여 추첨받은 관객만이 입장하였다. 입장자는 금속탐지기 검사를 받고, 신분증명서 제시가 요구되었다. 예술제 기간중에 SNS에 투고하지 않는다는 서약서에 서명하면 사진촬영이나 동화촬영을 허가하였다.

일본의 지방자치단체가 주관하는 아이치토리엔나레 2019는 성공리에 전시회를 마쳤지만 다양한 과제와 희망을 남겼다.[344] 전시작품은 일본 정부와 일부 우익들에게 매우 민감한 메시지를 담고 있었다. 인권유린의 대표적인 상징이며, 일본의 책임과 반성을 요구하는 의미를 가진 평화의 소녀상, 상처입은 일본천황관련 작품이 출품되면서, 다양한 전시반대운동과 협박, 일본 정부의 전시중지 암시발언, 오카사시장의 중지의지 등이 추진되면서 전시가 중지되었다. 그러나 일본 역사를 올바로 보자는 건전한 시민과 관계자 등이 재개를 적극적으로 추진하면서 재전시되는 상황이 되었다. 이것은 역사를 올바로 인식하고자는 하는 건전한 일본지식인과 시민의 힘이 작동한 결과이며, 특히 문화영역에서 새로운 메시지를 전했다는데 가치가 있다. 문화는 왜곡이 아니라 사실이며, 절망이 아니라 희망이라는 점이 국내외에 발신되었다.

다음은 한일관계가 악화되는 가운데 한국에서의 일본문화와 일본에서의 한국문화 활동, 그리고 한일양국이 추진하는 문화교류활동 등에 대해서 소개한 것이다.

〈표 30〉 수출규제이후 한일문화교류활동[345]

구분	내용
일본내한류활동	주일한국문화원장은 '한류 등 문화교류가 현재까지 별 영향이 없으며, 정치와 문화는 별개라고 생각하는 일본 시민이 많다'고 전했다. 일본 정부의 한국 화이트리스트 배제 발

343) https: //bijutsutecho.com/magazine/insight/ (2020년 11월 25일 검색)

344) 太田修, 朴一, 2006,『マンガ嫌韓流』のここがデタラメ―まじめな反論 不毛な「嫌韓」「反日」に終止符を!対話と協力で平和を!!』, コモンズ. 桜井誠(著), 2014,『大嫌韓時代』, 青林堂. 재일특권을 허용하지 않는 시민회 회장 사쿠라이 마코토(桜井誠)의 말을 소개하고 있다. 내용에는 이상 반일국가한국, 독도문제의 새로운 국면, 재일(在日)이라는 이상 반일집단, 신시대를 개척하며 행동하는 보수운동, 아시아주의와의 결별 등을 소개하고 있다.

345) https: //www.yna.co.kr/view/; https: //www.mk.co.kr/news/politics/view/ (2020년 9월 10일 검색)

	표가 있었을 때 SM엔터테인먼트 소속 아이돌그룹 엑소, 레드벨벳 등은 도쿄돔에서 합동 공연 'SM타운 라이브 2019 인 도쿄'를 공연했다. 방탄소년단의 스타디움 투어, 위너의 월드투어, 한일 멤버로 구성된 아이즈원의 일븐도시공연, 트와이스의 도시 아레나 투어, 세븐틴의 일본공연 등이 진행되었다. 《NHK》는 정치 상황에도 한일 문화교류가 지속하고 있다면서 한국문화원의 영화상영회와 한일축제한마당 준비 상황, 도쿄 신주쿠 한인타운 신오쿠보(新大久保)의 한국어학교에서 주최하는 한일교류회 등도 소개하였다.
한국내 일본활동	- 예술의전당에서 열린 '아디오스 피아졸라, 라이브 탱고' 공연에서 일본의 탱고밴드 '콰트로시엔토스' 연주 순서가 되자 한 관객이 '쪽바리'라고 폭언을 하였지만, 일본 플루티스트 유키 고야마 독주회, 일본 출신 더블 베이시스트 미치노리 분야가 연주한 평창대관령음악제 개막공연 등이 진행되었다. - 한국 서점가에서는 일본 관련 서적 출간과 판매가 늘었다. 서경식·다카하시 데쓰야의 『책임에 대하여』, 존 톨런드의 『일본 제국 패망사』, 우치다 타츠루의 『대세를 따르지 않는 시민들의 생각법』, 정혜경의 『아시아태평양전쟁에 동원된 조선의 아이들』, 『반일 종족주의』, 『사쿠라 진다』, 『학교에서 가르쳐주지 않는 일본사』, 『국화와 칼』, 『아베는 누구인가』, 『영속패전론』, 『속국 민주주의론』 등이 관심을 끌었다.
한일공동 활동	- 한일파트너십선언 20주년을 기념해서 2018년 한일지식인회의는 한일문화교류 추진을 제언하였고, 양국의 미래지향적 관계를 더욱 강화하기 위한 방안을 협의했다. 한일지식인회의는 곤도세이치 전 문화청장관과 지식인으로 구성되었다. 2019년 12월 19일 서울에서는 제34회 한일관광진흥협회를 개최하여 한일관광당국자의 협의가 열렸다. 일본의 관광청 국제관광부장 다카(高科淳), 일본 정부관광국이사장대리 가메야마(龜山秀一) 등이 참석했고, 한국에서는 문화체육관광부 관광정책국장 최병구, 한국관광공사국제관광본부장 박정하 등이 참석하였다. 여기에서는 한일 간의 지속적인 관광교류나 청소년교류의 활성화 등에 대해서 논의하고 확인문서에 서명하였다. - 한국과 일본의 시민사회 원로와 지식인들이 악화 일로를 걷는 한일관계 해법을 찾는 노력을 하고 있다. 아시아평화회의, 대화문화아카데미, 일본의 일한온라인회의추진위원회 등은 2020년 7월 25일 서머셋팰리스 서울에서 '코로나 위기와 한일관계'를 주제로 화상회의를 했다. 일본에서 화상으로 참석한 후쿠다 야스오 전 일본 총리는 신종 코로나바이러스 감염증과 이로 인한 경제 위기, 미중 대립 등 한일 협력 없이 타개하기 힘든 상황이 전개되고 있고, 한일이 지금 같은 상태를 지속하고 있어도 괜찮겠냐는 우려를 갖고 있으며, 코로나를 계기로 한일이 각각의 관계 중요성을 다시한번 상기하고 대화를 진지하게 해나가는 것을 간절히 바라고 있다고 밝혔다. - 이홍구 전 총리는 '역사는 계속해서 다시 생각해봐야 하며, 1965년 한일 국교 정상화는 참으로 훌륭한 진전이었지만 역사적인 금과옥조는 아니며, 이번 코로나 사태와 같이 역사를 다시 생각해보고 우리가 함께 나갈 길을 다시 찾는 계기가 왔을 때는 잘된 일도 다시 되돌아봐야 한다'고 강조했다. 주일대사를 지낸 최상용은 '앞으로 두 나라 지도자들이 세계와 동아시아, 그리고 한일 양국관계에서 윈윈할 수 있는 평화협력의 의지와 행동을 보인다면 쟁점 현안들을 외교협상으로 해결할 수 있는 길이 열릴 것'이라고 강조했다. 이와나미문고 오카모토 사장은 '미국과 중국의 대립으로 어려운 선택의 갈림길에 선 한일 양국이 유럽과 함께 협력하면 지역 안정과 번영을 구축할 수 있다'고 주장했다.

한국과 일본이 국가적 차원에서 벌이고 있는 정치적 전략과 정책은 한일 간의 문화교류와 협력에도 부정적인 영향을 미치고 있다. 그런 과정에서도 기존에 구축해온 인프라와 인적네트워크가 가동되면서 교류중지위기를 극복하고 있지만, 갈등이 장기화되면 중지될 수 있는 가능성이 농후하다. 정부정책과 관계에 따라 민감하게 반등하기도 하여 즉각적으로 부정적인 문화효과가 발생하여 문화발신과 수신에 기능부전을 야기할 수 있다. 그러나 2019년 징용배상판결로 불거진 한일 간의 보복 조치와 갈등에도 불구하고 한일양정부, 문화예술계, 문화기업, 시민단체, 국민 등은 한일문화교류가 지속되기를 바라고 있고, 다른 영역의 갈등으로 영향을 받지 않기를 바라고 있다.

다음은 한일간에 벌어지고 있는 각종 갈등에 영향을 받으면서 문화교류를 통해 한일관계를 개선하려는 움직임을 지표와 그래프로 소개한 것이다.

〈표 31〉 한일문화갈등 해결현황

지표	한일현황	점수	지표	한일현황	점수
사실인식	합의	3	평화기금	무론	0
정상회담	합의	3	해결기구	합의	3
조약준수	합의	3	상대배려	합의	3
외교해법	합의	3	지표평균값		18/7 = 2.6

* 지표점수: 합의 3, 무론 0, 이의 -3

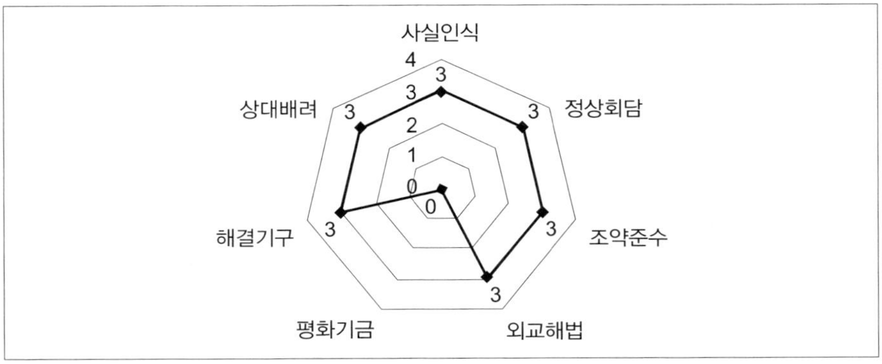

한일간에 벌어지고 있는 다양한 갈등에도 불구하고 문화영역에서는 문화교류와 협력을 하기 위해 다양한 모습으로 활동을 하고 있다. 문화가 생활화되어 문화를 중

시하는 이 시대의 양국 국민은 한일갈등상황을 문화적 활동으로 해결하거나 문화적 교류를 단절하지 않으려는 의지와 희망을 갖고 있다. 그 배경에는 문화가 폐쇄하는 것이 아니라 교류하고 공유하는 것이라는 공감대가 형성되고 있기 때문이다. 위의 표에서 보듯이 한일문화교류 해결현황을 보면, 지표 총값은 18점이고, 평균은 2.6점으로 나타나고 있다. 다른 영역에서의 갈등극복해결현황보다는 매우 긍정적으로 움직이고 있다는 것을 알 수 있다.

문화정책과 향유의 주체이기도 한 국가지도자, 문화생산자, 문화소비자, 문화단체 등은 한일문화에 관한한 교류와 협력을 지속적으로 하기를 원하고 있다. 이런 한일문화를 둘러싼 주체들의 인식과 활동은 한일 간의 문제를 직접적으로 해결하는 데 한계가 있지만 해결분위기를 만들고 움직이게 하는 힘으로 작용한다는 데 가치가 있다고 할 수 있다. 한일문화영역에서의 갈등은 문화자체 간의 갈등이 아니라 다른 영역과의 연계되어 벌어지는 경향이 있지만, 문화협력과 활동은 그것을 해결하기 위한 힘으로 작용하기 때문에 적극적으로 지지하고 지원해야 할 것이다.

Ⅳ. 맺는 글

현재 한국과 일본과 관련된 최대 관심거리는 과연 한국과 일본은 경색되고 전쟁에 가까운 상황에 대해서 스스로 출구를 찾을 수 있을까 하는 점이고, 그 출구는 구체적으로 어떤 모습인가 하는 점일 것이다. 양국은 2020년 8월 4일 한국 내 일본기업인 NTR의 자산매각을 통해서 현금화시킬 것인가 하는 사안에 초점이 맞춰져 있다. 한국은 법원의 판결과 절차에 따라 진행되기를 바라면서도 현재와 미래의 국가와 국민에 미칠 악영향을 고려해서 주춤하고 있고, 대화를 촉구하고 있다. 일본은 한국의 조치에 대한 제2의 대응방안을 강구하고 있으면서도 그 문제가 원만하게 해결되기를 바라고 있다. 그러나 한국과 일본은 전쟁이라는 경계선에 서있다는 것만은 분명해 보인다.

한국경제는 한일관계악화, 경제환경악화, 소비자심리와 투자심리위축, 노동시장 유연성위축, 미중무역마찰, 성장부전, 경제호재부재, 코로나19사태지속 등이 500조원의 한국예산을 무료하게 만들 수 있는 불확실성을 내포하고 있다. 반면에 일본은 수출규제가 최소한의 영향에 미칠 것으로 예상하고 있지만 일본여행금지, 한국기업의 수출규제제품대체, 일본제품불매운동 등 다양한 제재로 인하여 손실을 감내해야 할 처지에 있다. 한국 정부와 일본 정부는 상호 국내외적으로 집권세력에 대한 불신과 경제악화로 새로운 돌파구를 찾기 위한 정치적 결단을 하지 않으면 안 되는 상황에 몰리고 있다.

정치영역에서는 더욱 난해하고 이기적으로 대응을 하고 있다는 의심이 팽배해지고 있다. 아베 총리는 벚꽃 스캔들로 지지율이 10% 포인트 가까이 떨어졌고, 코로나 사태에 대한 잘못된 대응으로 지지률이 더욱 바닥으로 떨어지면서 총리직에서 물러났다. 후임으로 취임한 스가 요시히데 총리는 아베 노선을 유지할 것으로 보여 한국에 대한 강경정책을 고수할 것으로 보인다. 문재인 대통령은 저성장경제, 주택대책, 친대북정책, 매끄럽지 못한 대일외교정책, 4.15부정선거제기, 검찰개혁, 다양한 정치적 부정사건 연루제기 등으로 연결되면서 국가운영에 대해서 비판을 받고 있다.

그리고 사회문화영역에서는 역사적, 정치적, 경제적 갈등이 사회문화영역으로 확산되고 있다. 한국과 일본에서는 다양한 형태로 반한일감정이나 반한일문화운동이 지속적으로 일어나고 현존하고 있다는 것을 부인할 수 없다. 민초 수준에서 반 국가지도자운동, 반일본과 반한국운동, 여행교류금지운동, 상대국문화평가절하, 상대국문화판매점 방문금지운동, 자매학교와 자매도시 간의 교류연기, 특정문화상품불매운동 등과 같이 반한국 반일본 운동이 저변으로 확산되어 뿌리를 내리고 있다.

그러나 한국과 일본이 서로 대치하는 상황에서 그것을 해결하기 위한 행보와 대안찾기는 매우 타격적이고 비합리적이어서 해결하기 어려운 방향으로 흘러가고 있다. 다음은 앞에서 조사한 각 현안에 대한 출구찾기 현황과 가능성을 지표와 그래프로 종합한 결과를 나타낸 것이다.

〈표 32〉 한일갈등의 해결현황

한일갈등지표	지표평균값	한일갈등지표	지표평균값
한일청구권협정출구	- 6/7 = - 0.9	강제징용배상출구	- 12/7 = - 1.7
수출규제조치출구	12/7 = 1.7	지소미아종료출구	15/7 = 2.1
한일문화갈등출구	18/7 = 2.6	총지표평균값	3.6/5 = 0.7

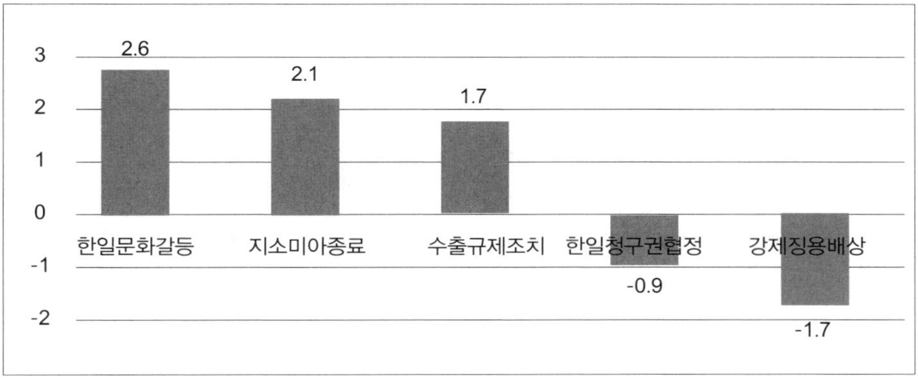

표에서 지표평균값을 순위별로 보면, 해결점수 3점 만점 중에 한일문화갈등 2.6점, 지소미아 2.1점, 수출규제조치 1.7점, 한일청구권협정 -0.9점, 징용배상문제 -1.7점 등의 순이다. 이 순위는 그만큼 해결되고 있다는 의미이고, 그 역순은 그만큼 해결하기 어려운 상황에 있다는 것을 의미한다. 한일간에 가장 해결하기 어려운 숙제가 강제징용배상문제와 청구권협정문제이다. 그러나 현재 한국과 일본이 안고 있는 현안으로서 한일청구권, 강제징용배상, 수출규제, 지소미아, 사회문화갈등 등은 양면성을 갖고 있으며 상호 연계되어 있다는 것을 알 수 있다.

다음은 갈등을 일으키고 있는 각 사안의 지표총값을 통해서 본 해결현황을 소개한 것이다. 완전해결값을 21점으로 상정하면, 각각의 사안별 해결점수는 각각 한일청구권협정 -6점, 수출규제조치 12점, 한일문화갈등 18점, 강제징용배상 -12점, 지소미아종료 15점 등으로 나타나고 있다.

〈표 33〉 각 사안별 지표총값에 의한 해결현황

한일갈등지표	지표총값	한일갈등지표	지표총값
한일청구권협정출구	- 6	강제징용배상출구	- 12
수출규제조치출구	12	지소미아종료출구	15
한일문화갈등출구	18	완결해결	21

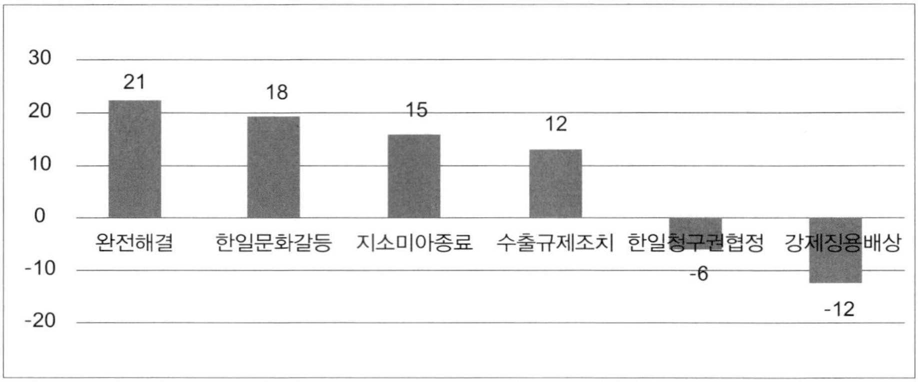

표에서 보면, 가장 근본적이고 해결하기 어려운 난제는 강제징용배상과 한일청구권문제라는 것을 알 수 있다. 따라서 강제징용배상문제가 해결되면 다른 과제는 연속적으로 해결될 수 있을 가능성이 매우 높다. 한국과 일본은 갈등원인을 명분에 기초해서 인식하고 해결안을 찾을 것이 아니라 있는 그대로를 인식하여 대응하고 협의해서 답을 찾는 것이 무엇보다도 중요하다.

한국과 일본의 문제를 해결하기 위해 제시한 원칙으로서 역사적 사실인식, 정상회담, 외교해법, 조약준수, 해결기금, 해결기구, 상대배려 등이 작용하지 않는다면, 아마도 더 큰 손실구덩이에 빠져들 것이다. 특히 한일정상이 해결안을 만들어내지 못하는 상황이 지속되고 있어 그들의 해결방식에 기대하기는 어려울 것이다. 이제는 국가나 정상차원에서 해결하기를 기대하면서도 비국가 수준에서 새로운 해법을 찾아야 하는 상황이 점점 다가오고 있다. 한국국민과 일본국민은 그만큼의 성숙한 시대와 의식을 공유하고 있어 한국과 일본이 처한 전쟁 상황으로부터 해방시키는 출구를 찾아야 하는 시대적 사명을 갖고 있으며 역량이 있다고 확신한다.

참고문헌

구견서, 1999,『현대일본사회론』, 지문당.

______, 2000,『현대일본문화론』, 시사일본어사.

______, 2001,『현대일본사회의 이해』, 한울출판사.

______, 2001,『일본知識人의 사상』, 현대미학사.

______, 2004,『일본민족주의사』, 논형.

______, 2007,『일본영화와 시대성』, 제이엔씨.

______, 2011,『일본애니메이션과 사상』, 제이엔씨.

______, 2016,『21세기 일본: 대국일본 만들기 프로젝트의 실태』, 신아사.

______, 2018,『일본의 지역문화정책』, 신아사.

______, 2019,『일본대중문화론』, 한울아카데미.

국방부, 2020,『국방백서』, 국방부.

국방부, 2018,『국방백서』, 국방부.

국정기획자문위원회, 2017,『문재인 정부 국정운영 5개년 계획』, 진한엠앤비.

국회사무처국제국, 2019,『현안문제를 논의를 위한 국회대표단 일본방문 결과보고서』, 국회사무처국제국.

권혁빈, 2013,『NSC체제의 한미일 비교』, 한국경호경비학회.

김병완 지음, 2012,『이건희 27법칙: 삼성을 300배 성장시킨 숨겨진 비밀 코드』, 미다스북스.

대한민국 지음, 2016,『대한민국헌법 대한민국은 민주공화국이다』, 더휴먼.

대통령 비서실 지음, 2018,『문재인 대통령 말글집』 제1권: 완전히 새로운 시작 ('17-'18), 대통령 비서실.

대통령 비서실 지음, 2019,『문재인 대통령 연설문집』 제2권 세트(2018.5.10.~2019.5.9.) 전3권, 대통령 비서실.

대통령 비서실 지음, 2020,『문재인 대통령 연설문집』 제3권 세트(2019.5.10.~2020.5.9.) 전3권, 대통령 비서실.

대한민국 정부 지음, 2018,『문재인 정부1년 국민께 보고 드립니다』, 진한엠앤비.

더불어민주당 창당60년 기념사업추진위원회 지음, 2016,『더불어민주당 60년사 국민과 함께, 민주60』, 푸른정원.

더불어민주당 편, 2017,『나라를 나라답게; 제19대대통령선거 더불어민주당 정책공약집』, KPBooks.

도널드 커크 지음, 이재범 옮김, 1995,『현대 & 정주영』, 한국언론자료간행회.

리 소데츠 지음, 2019,『김정은이 만든 한국대통령: 문재인 정권 실록』, 글마당.

문재인 지음, 2012,『문재인이 드립니다』, 리더스북.

문재인 지음, 2017,『문재인의 운명』, 북팔.

문재인외 지음, 2017,『문재인의 운명 + 대한민국이 묻는다』, 북팔.

문재인외 지음, 2017,『문재인 운명 + 문재인노믹스』, 북팔.

민변30년사편찬위원회 지음, 2018,『민변 30년: 인권과 민주주의의 한길로』, 궁리.

반민족문제연구소 엮음, 1993,『친일파 99인 1』, 돌베개.

반민족문제연구소 엮음, 1993,『친일파 99인 2』, 돌베개.

반민족문제연구소 엮음, 1993,『친일파 99인 3』, 돌베개.

손욱 지음, 2013,『삼성 집요한 혁신의 역사』, 코리아닷컴.

양현모 지음, 2000,『NGO 의사결정과정; 경실련과참여연대사례』, 한국행정연구원.

외교부, 2020,『외교백서』, 외교부.
외교부, 2019,『외교백서』, 외교부.
외교부, 2018,『외교백서』, 외교부.
연세대학교국가관리연구원(편), 2014,『김영삼 대통령』, 선인.
연세대학교국가관리연구원(편), 2014,『한국대통령 통치기술사료집 5: 노무현 대통령』, 선인.
이병철 지음, 2014,『호암자전: 삼성 창업자 호암 이병철 자서전』, 나남.
이순탁 편저, 1949,『대일배상요구조서1.2』, 기획처기획국 산하 대일배상청구위원회.
이장규 지음, 2016,『대한민국 대통령들의 한국경제 이야기 1: 이승만 대통령부터 전두환 대통령까지 산업화 40년』, 살림.
이채윤 지음, 2015,『현대가 사람들』, 성안당.
임균택 지음, 2002,『한국사』, 서진출판사.
조형곤 지음, 2014,『민변의 궤변』, 백년동안.
참여연대 지음, 2017,『새로고침 대한민국: 촛불개혁과 민주주의의 문을 열 키워드70』, 이매진.
천대윤 지음, 2012,『창발전략경영혁신과 리더십: 삼성 이병철 회장과 현대 정주영 회장 창발전략경영 혁신모형』, 삼현출판사.
편집부 지음, 1995,『이승만 나라세우기』, 소프트라인.
한창 지음, 2017,『한국의 대통령들』, 호박.
한일의회외교포럼, 2019,『전문가간담회』, 한일의회외교포럼.
현대경제연구원 지음, 2011,『정주영 경영을 말하다』, 현대경제연구원.
호사카유지 지음, 2020,『신친일파: 반일 종족주의의 거짓을 파헤친다』, 봄이아트북스.
安倍晋三(著), 2006,『美しい国へ』, 文春新書.
安倍晋三(著), 2013,『新しい国へ 美しい国へ 完全版』, 文春新書.
安倍晋三(著), 2014,『日本の決意』, 新潮社.
安倍晋三(著), 百田尚樹(著), 2013,『日本よ、世界の真ん中で咲き誇れ』, ワック.
安倍晋三, 野上忠興(著), 2015,『沈黙の仮面 その血脈と生い立ちの秘密』, 小学館.
安倍晋三(著), 田原総一朗(著), 松井孝治(著), 2019,『安倍政権が目指す令和の日本とは？』, 中央公論 Digital Digest, Kindle版.
青山和弘(著), 2015,『安倍晋三のことがわからなすぎて安倍さんとホンネで話した700時間』, PHP研究所.
鈴木主税(翻訳), 1998,『知の鎖国―外国人を排除する日本の知識人産業』, 毎日新聞社.
芦部信喜(編集), 高見勝利, 1990,『皇室典範』(日本立法資料全集本巻 1), 信山社.
阿比留瑠比(著), 2016,『総理の誕生』, 文藝春秋.
磯崎典世(編集), 李鍾久(編集), 2015,『日韓関係史1965-2015 III 社会·文化』, 東京大学出版会.
石橋文登(著), 2019,『安倍「一強」の秘密』, 飛鳥新社.
伊地知紀子(編集), 新ヶ江章友(編集), 2017,『 本当は怖い自民党改憲草案』, 法律文化社.
岩渕功一, 2007,『文化の対話力―ソフト·パワーとブランド·ナショナリズムを越えて』, 日本経済新聞出版.
岩見隆夫(著), 2012,『昭和の妖怪 岸信介』, 中央公論新社.
池上彰(著), 2015,『超訳日本国憲法』, 新潮社.

宇田川敬介, 2014,『韓国人知日派の言い分』, 飛鳥新社.
梅田正己, 2017,『日本ナショナリズムの歴史I』, 高文研.
大島裕史, 2012,『魂の相克 在日スポーツ英雄列伝』, 講談社.
萩原猛(著), 2015,『日本の「敗戦記念日」と「降伏文書」』, 論創社.
太田修, 朴一, 2006,『『マンガ嫌韓流』のここがデタラメ―まじめな反論 不毛な「嫌韓」「反日」に終止符を! 対話と協力で平和を!!』, コモンズ.
太田修(著), 2015,『日韓交渉 請求権問題の研究』, クレイン.
太田昌国(著), 2000,『日本ナショナリズム解体新書』, 現代企画室.
岡本健次郎(著), 2019,『反アベ、大衆の反逆: 安倍晋三への果たし状』, Kindle版.
大沢真幸(編集), 塩原良和(編集), 橋本努(編集), 和田伸一郎(編集), 2014,『ナショナリズムとグローバリズム』, 新曜社.
呉善花(著), 2020,『「親日韓国人」ですが、何か?』, 悟空出版.
加瀬英明(監修), 加地悦子, 2016,『岸信介 最後の回想: その生涯と60年安保』, 勉誠出版.
外務省, 2020,『外交青書 2020』令和2年版, 日経印刷.
外務省, 2019,『外交青書 2019』令和元年年版, 日経印刷.
外務省, 2018,『外交青書 2018』平成30年版, 日経印刷.
小倉武之助編, 1958,『小倉コレクション目録』, 小倉コレクション保存会.
小倉コレクション保存会編, 1981,『小倉コレクション写真集』, 小倉コレクション保存会.
小倉コレクション保存会編, 1983,『小倉コレクション保存会関係資料』, 小倉コレクション保存会.
小倉和夫(著), 小倉紀蔵(著), 小此木政夫(著), 金子秀敏(著), 黒田勝弘(著), 2014,『日韓関係の争点』, 藤原書店.
海野福寿(編集), 1995,『日韓協約と韓国併合』, 明石書店.
外務省アジア局北東アジア課, 1964,『日韓会談における韓国の対日請求8項目に関する討議記録』, 外務省アジア局北東アジア課.
加藤陽子(編集), 歴史学研究会(編集), 2019,『天皇はいかに受け継がれたか: 天皇の身体と皇位継承』, 績文堂出版.
加藤周一(著), 凡人会(著), 1999,『「戦争と知識人」を読む―戦後日本思想の原点』. 青木書店.
錦正社, 佐々木聖使, 2010,『天皇霊と皇位継承儀礼』, 新人物往来社.
木村幹(著), 2000,『朝鮮/韓国ナショナリズムと「小国」意識―朝貢国から国民国家へ』, ミネルヴァ書房.
菊池正史, 2017,『安倍晋三「保守」の正体 岸信介のDNAとは何か』, 文春新書.
北田暁大(著), 2005,『嗤う日本の「ナショナリズム」』, NHK出版.
木村幹(著), 2014,『日韓歴史認識問題とは何か』, ミネルヴァ書房.
木村幹(編集), 田中悟(編集), 金容民(編集), 2020,『平成時代の日韓関係: 楽観から悲観への三〇年』, ミネルヴァ書房.
韓国経済企画院, 1976,『請求権資金白書』, 韓国経済企画院.
小室直樹(著), 2002,『日本国憲法の問題点』, 集英社インターナショナル.
小林節(著), 2013,『白熱講義! 日本国憲法改正』, ベストセラーズ.
小宮京(著), 2010,『自由民主党の誕生―総裁公選と組織政党論』, 木鐸社.

小宮修太郎(著), 2016,『脱「戦後日本」のナショナリズム』, 電子本ピコ第三書館販売.

子安宣邦(著), 2007,『日本ナショナリズムの解読』, 白沢社.

小熊英二(著), 2002,『〈民主〉と〈愛国〉—戦後日本のナショナリズムと公共性』, 新曜社.

共同通信社出版センター(編集), 山田侑平(翻訳), 2015,『「ポツダム宣言」を読んだことがありますか？』, 共同通信社.

桜井誠(著), 2014,『大嫌韓時代 (SEIRINDO BOOKS)』, 青林堂.

白川俊介, 2012,『ナショナリズムの力: 多文化共生世界の構想』, 勁草書房.

白川豊, 2008,『朝鮮近代の知日派作家, 苦闘の軌跡 廉想渉, 張赫宙とその文学』, 勉誠出版.

鈴木貞美(著), 2005,『日本の文化ナショナリズム』, 平凡社新書.

辻田真佐憲(著), 2019,『天皇のお言葉 明治·大正·昭和·平成』, 幻冬舎新書.

曽村保信訳, 1985,『デモクラシーの理想と現実』, 原書房.

神武庸四郎(著), 1991,『経済思想とナショナリズム—歴史的概観』, 青木書店.

崔銀姫著, 2019,『「反日」と「反共」: 戦後韓国におけるナショナリズム言説とその変容』, 明石書店.

滝川敏明(著), 2010,『WTO法 第2版』, 三省堂.

田村重信(著), 2013,『改正·日本国憲法』, 講談社.

名越二荒之助, 2002,『韓共鳴二千年史—これを読めば韓国も日本も好きになる』, 明成社.

大韓民国政府, 1954,『対日賠償要求調書』, 大韓民国外務部政務局.

大韓民国国立文化財研究所, 2005,『小倉コレクション韓国文化財: 日本東京国立博物館所蔵』(海外所在文化財調査書 第12冊), 大韓民国国立文化財研究所.

高野孟(著), 2020,『安倍政権時代: 空疎な7年8カ月』, 花伝社.

高橋紘(著), 竹前栄治(監修), 2000,『日本国憲法·検証1945-2000資料と論点〈第2巻〉象徴天皇と皇室』, 小学館.

出原政雄(編集), 赤沢史朗(著), 平野敬和(著), 2015,『戦後日本思想と知識人の役割』, 法律文化社.

茶谷誠一(著), 2017,『象徴天皇制の成立—昭和天皇と宮中の「葛藤」』, NHK出版.

都築勉(著), 1995,『戦後日本の知識人—丸山真男とその時代』, 世織書房.

統監府(著), 2008,『韓国ニ関スル条約及法令』(韓国併合史研究資料61), 龍溪書舎.

手嶋龍一(著), 佐藤優(著), 2019,『日韓激突-「トランプ·ドミノ」が誘発する世界危機』. 中央公論新社.

東京国立博物館, 1982,『寄贈小倉コレクション目録』, 東京国立博物館.

同時代史学会(編集), 2006,『日中韓ナショナリズムの同時代史』, 日本経済評論社.

文在寅, 矢野百合子訳, 2018,『運命文在寅自伝』, 岩波書店.

橋本五郎(著), 2018,『官房長官と幹事長』, 青春出版社.

内海愛子(著), 川上詩朗(著), 吉沢文寿(著), 太田修(著), 加藤圭木(著), 殿平善彦(著), 2020,『日韓の歴史問題をどう読み解くか—徴用工·日本軍「慰安婦」·植民地支配』, 新日本出版社.

中野剛志, 2008,『経済はナショナリズムで動く』, PHP研究所.

中野剛志(著), 2008,『国力論 経済ナショナリズムの系譜』, 以文社.

中野剛志(著), 2011,『国力とは何か—経済ナショナリズムの理論と政策』, 講談社現代新書.

内藤陽介(著), 2019,『日韓基本条約』(シリーズ韓国現代史1953-1965), えにし書房.

日本政治学会(編集), 1994,『ナショナリズムの現在 戦後日本の政治』, 岩波書店.

原貴美恵(著), 2012,『サンフランシスコ平和条約の盲点』, 溪水社.

原彬久(編集), 2014,『岸信介証言録』, 中央公論新社.
藤田省三(著), 宮村治雄, 2012,『天皇制国家の支配原理』, みすず書房.
深草徹(著), 2020,『戦後最悪の日韓関係』, かもがわ出版.
朴裕河(著), 安宇植(翻訳), 2020,『韓国ナショナリズムの起源』, 河出書房新社.
半藤一利, 保阪正康, 2014,『日中韓を振り回すナショナリズムの正体』, 東洋経済新報社.
深作喜一郎, 2019,『超不確実性時代のWTO: ナショナリズムの台頭とWTOの危機』, 勁草書房.
保阪正康(著), 2016,『ナショナリズムの昭和』, 幻戯書房.
保阪正康, 2020,『保阪正康解説 日本ニュースが伝えた戦中·戦後~昭和·激動期の首相たち』, NHKエンタープライズ.
防衛省(編), 2020,『防衛白書2020』, 日経印刷.
防衛省(編), 2019,『防衛白書2019』, 日経印刷.
防衛省(編), 2018,『防衛白書2018』, 日経印刷.
文藝春秋編集部,『文藝春秋』, 2019年11月号.
増田弘(編集), 2016,『戦後日本首相の外交思想: 吉田茂から小泉純一郎まで』. ミネルヴァ書房.
松本健一, 2006,『日·中·韓のナショナリズム―東アジア共同体への道』, 第三文明社.
宮台真司(著), 2006,『天皇と日本のナショナリズム 神保·宮台マル激トーク·オン·デマンドIV』, 春秋社.
南彰(著), 望月衣塑子(著), 2018,『安倍政治100のファクトチェック』, 集英社新書.
望月衣塑子(著), 2015,『「安倍晋三」大研究』, ベストセラーズ.
真弓常忠, 2019,『大嘗祭』, ちくま学芸文庫.
松本弦人(編集), 2019,『日本国憲法』, TAC出版.
松本厚治(著), 2019,『韓国「反日主義」の起源』, 草思社.
田崎史郎(著), 2014,『安倍官邸の正体』, 講談社現代新書.
三橋貴明(著), 2020,『自民党の消滅』, ベストセラーズ.
李鍾元(著), 木宮正史(著), 磯崎典世(著), 浅羽祐樹(著), 2017,『戦後日韓関係史』, 有斐閣.
李御寧(著), 裵康煥(翻訳), 1978,『恨の文化論―韓国人の心の底にあるもの』, 学生社.
八幡和郎, 2019,『ありがとう,「反日国家」韓国 文在寅は日本にとって"最高の大統領"である! 』, ワニブックス.
山本七平(著), 1989,『「派閥」の研究』, 文藝春秋.
山本晴太(著), 川上詩朗(著), 殷勇基(著), 張界満(著), 金昌浩(著), 青木有加(著), 2019,『徴用工裁判と日韓請求権協定: 韓国大法院判決を読み解く』, 現代人文社.
吉沢文寿(著), 2015,『日韓会談1965』, 高文研.
古田博司, 1999,『悲しみに笑う韓国人』, 筑摩書房.
吉野耕作(著), 1997,『文化ナショナリズムの社会学―現代日本のアイデンティティの行方』, 名古屋大学出版会.
吉田光男(編集), 2004,『日韓中の交流―ひと·モノ·文化』, 山川出版社.
渡竜人, 2018,『安倍晋三 内閣総理大臣 所信表明演説集』, バズラス.
渡辺久丸(著), 1990,『象徴天皇制と憲法』, 文理閣.
渡辺恒雄(著), 2014,『派閥―保守党の解剖』, 弘文堂.

渡辺 昭夫(著), 2001,『戦後日本の宰相たち』, 中央公論新社.

渡辺治(著), 2001,『日本の大国化とネオ·ナショナリズムの形成—天皇制ナショナリズムの模索と隘路』, 桜井書店.

日本製鉄徴用工事件再上告審判決(韓国大法院2018年10月30日判決).

日本製鉄徴用工事件上告審判決(韓国大法院2012年5月24日判決).

西松建設強制労働事件上告審判決(最高裁判所2007年4月27日判決).

元徴用工の韓国大法院判決に対する弁護士有志声明(2018年11月5日).

日本弁護士連合会と大韓弁護士協会の共同宣言(2010年12月11日).

日韓請求権並びに経済協力協定(財産及び請求権に関する問題の解決並びに経済協力に関す日本国と大韓民国との間の協定(1965年6月22日).

日韓請求権並びに経済協力協定合意議事録(1)(1965年6月22日).

日韓基本条約(1965年6月22日).

日韓共同宣言: 21世紀に向けた新たな日韓パートナーシップ(1998年10月8日).

韓国民官共同委員会見解(韓日会談文書公開後続関連民官共同委員会開催に関する国務調整室報道資料(2005年8月26日).

カイロ宣言: 日本国ニ関スル英、米、華三国宣言(1943年12月1日).

ポツダム宣言: 米、英、華三国宣言(1945年7月26日).

サンフランシスコ平和条約(1951年9月8日).

柳井俊二·外務省条約局長の国会答弁(1991年8月27日参議院予算委員会 第121回国会参議院予算委員会会議録3号10頁).

伊藤哲雄·外務省条約局法規課長の第二次世界大戦後の日本の賠償·請求権処理(外務省調査月報1994年度1号112頁).